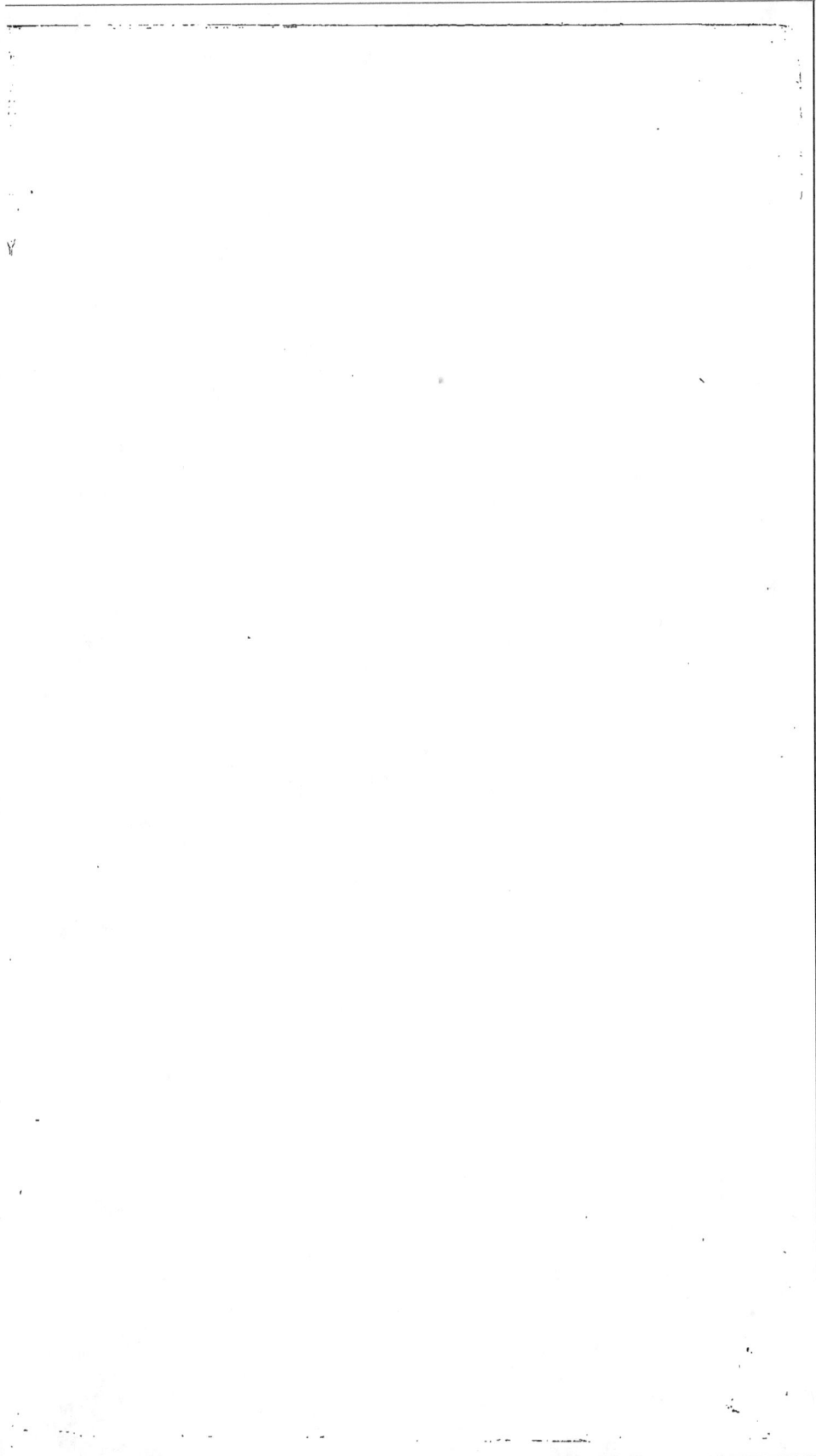

Ⓒ

Mang. file 38 (pag. 295-302)

AIRE

Provençal-Français.

X.

SE TROUVE CHEZ LES LIBRAIRES CI-APRÈS

AIX , chez Aubin , Libraire.
ANTIBES , chez Giraud , Libraire.
ARLES , chez Serre , Libraire.
AVIGNON , chez Aubanel et Peyri, Imprimeurs-Libraires.
BARCELONNETTE , chez
BRIANÇON , chez
BRIGNOLLES , chez Pereymond-Dufort, Imprimeur-Lib.
CARPENTRAS , Devillario-Quenin , Imprimeur-Libraire.
CASTELLANNE , chez Aycard , Libraire.
DIGNE , chez Repos , Imprimeur-Libraire.
DRAGUIGNAN , chez Bernard , Imprimeur-Libraire.
GAP , chez Silve , Libraire.
GRASSE , chez Dufort , Imprimeur-Libraire.
HYÈRES , chez Guibert, Libraire.
MANOSQUE , chez l'Auteur, et chez Audibert , Libraire.
MARSEILLE , chez Bousquet , Libraire , place Noaille, 43.
SISTERON , chez Simon , Libraire.
TARASCON , chez Gondard , Imprimeur-Libraire.
TOULON , chez Aurel , Imprimeur-Libraire.

DICTIONNAIRE

PROVENÇAL-FRANÇAIS,

CONTENANT TOUS LES TERMES INSÉRÉS ET CEUX OMIS DANS LES DICTION-
NAIRES PROVENÇAUX PUBLIÉS JUSQU'A CE JOUR ; LEURS DÉFINITIONS,
LEURS GÉNRES, LEURS DIFFÉRENTES ACCEPTIONS ET
L'INDICATION DE LEUR EMPLOI, TANT DANS LE
SENS PROPRE QUE DANS LE SENS
FIGURÉ.

Suivi d'un

VOCABULAIRE,

FRANÇAIS-PROVENÇAL.

et enrichi

DANS QUELQUES-UNS DE SES ARTICLES, DE NOTES HISTORIQUES ET CURIEUSES SUR
CERTAINS USAGES DE LA PROVENCE, ET D'OBSERVATIONS RELATIVES
A L'HISTOIRE NATURELLE ET A L'ÉCONOMIE RURALE.

PAR J. T. AVRIL.

Dieu,
honneur
et
patrie

APT,

EDOUARD CARTIER, IMPRIMEUR-LIBRAIRE.
1839.

PRÉFACE.

On a dû s'apercevoir depuis longtemps, qu'il manquait à nos Bibliothèques un livre indispensable à l'initiation de la langue des Troubadours, c'est-à-dire, un Dictionnaire qui contint, autant que possible, tous ses mots, et tel qu'il pût enfin suppléer à l'insuffisance et aux imperfections des Dictionnaires Provençaux existans.

Le plus ancien connu, est celui du P. Pellas imprimé à Aix en 1723. Ce n'est qu'une compilation de mots provençaux-français surannés, réunie à la nomenclature française des termes relatifs à la fauconnerie et aux oiseaux, et sur lesquels l'auteur peut être utilement consulté par les amateurs.

Celui que M. Achard de Marseille publia en 1785, bien que moins laconique que celui du P. Pellas, n'est pas toutefois plus exact ni plus correct dans ses définitions. (1).

Le dernier qui a été mis au jour en 1823, par M. Garcin, professeur à Grasse, offre beaucoup de défectuosités, tant sous le rapport de ses omissions, que par ses définitions insuffisantes et des méprises qui, ne pouvant qu'induire le Public en erreur, l'ont laissé dans un fâcheux et complet désapointement. (2).

---

(1) Telle est, par exemple, celle de NESTOU (le Cresson Alenois) qu'il définit une espèce de Cerfeuil.

(2) Nous citerons seulement le mot BROUQUET, terme de moulin à huile, qu'il prend pour le tuyau du pressoir, tandis qu'il est universellement reconnu que c'est là le nom même du BAQUET qui reçoit l'huile par ce tuyau : et celui de BOUTOUN D'OR, qu'il nomme TANAISIE et qui n'est autre chose que le BACINET des prés à fleur double appelé encore *Grenouillette*, *Pied Corbin* et *Renoncule-Bulbeuse*, dont la fleur d'un beau jaune luisant est une renonculacée au lieu que celle de la Tanaisie n'est qu'une flosculeuse et nullement le BOUTOUN D'OR de nos parterres, ni le BOUTOUN D'OR des prés.

Au reste, les deux premiers de ces trois auteurs n'ayant presque puisé que dans le dialecte d'Aix, ou de Marseille, et le dernier dans celui du Var, ne peuvent satisfaire complètement au besoin des autres contrées de la Provence.

Le DICTIONNAIRE PROVENÇAL-FRANÇAIS que nous offrons à nos compatriotes, n'a pas l'inconvénient d'abonder plus dans les termes d'une région que dans ceux d'une autre; chaque département de la Provence y trouvera son langage sans exclusion ni préférence. C'est l'ouvrage de plusieurs années et le fruit d'un travail assidu et consciencieux. Il ne peut manquer d'être accueilli favorablement, étant augmenté d'un grand nombre de mots qui ne sont pas dans les dictionnaires précités. On y trouvera non seulement quantité de termes oubliés, mais encore une définition exacte de chaque mot et éclaircie par plus d'un synonyme et des exemples pris dans les locutions populaires, tels que proverbes, sentences, maximes, etc., qui en font mieux sentir la justesse et l'énergie.

Nous nous sommes étendus plus particulièrement sur les termes qui ont rapport à l'économie rurale, nous proposant de remplir par là l'attente d'une population agricole, qui, jusqu'à présent, n'a pu se satisfaire entièrement dans aucun des Dictionnaires provençaux publiés jusqu'à ce jour. Ceux de botanique sont également traités dans le nôtre un peu plus au long que dans ceux des auteurs précités.

Nous faisons suivre notre DICTIONNAIRE Provençal-Français, d'un *Vocabulaire* Français-Provençal, pour faciliter le lecteur qui ignore ce langage, dans la recherche des mots provençaux qu'il désire connaître.

Cet ouvrage, résultat d'une pénible recherche, ruminé, et digéré avec une scrupuleuse attention, en réunissant les avantages dont nous avons parlé ci-dessus, peut être regardé comme le plus complet. Il doit plaire à toute personne qui a une affection réelle et particulière pour la langue provençale, comme à l'étranger qui est bien aise de la connaître à fond et de se la rendre familière. Enfin, tout homme instruit doit sentir de quelle utilité va être ce livre dans toutes sortes d'affaires. Un Ecrivain quel qu'il soit, un Notaire, un Magistrat, un Commerçant, un Médecin, etc., y trouvera l'explication claire et précise de plusieurs termes obscurs ou ignorés de cet idiome, dont le vrai sens difficile à découvrir retardait ses opérations. Le Prêtre même dans l'exercice de son ministère, peut se trouver embarrassé par rapport à la signification de certains termes qu'il lui importe de savoir-

Voici quelques remarques auxquelles le Lecteur voudra bien faire attention :

1° Aucun lexicographe provençal n'ayant fait jnsqu'à présent la distinction des termes universellement usités dans la Provence, d'avec ceux qui ne sont propres qu'à une seule contrée, si ce n'est M. Garcin, en quelques articles ; nous en faisons connaître la différence par une caractéristique placée avant le mot, et qui est la lettre initiale du département où il est particulièrement en usage. On verra donc les mots CAVAOU, EMMOURSI, LEN, précédés d'un V, de cette manière: V. CAVAOU, V. EMMOURSI, V. LEN, pour désigner que ces termes sont du département du Var. B. R. BOUENEIS-HERBOS et B. R. ADOUBA, de celui des Bouches-du-Rhône ; et B. A. PETENVIA de celui des Basses-Alpes. Chacun des articles ainsi caractérisés indique celui équivalent usité dans le reste de la Provence; ceux qui ne le sont pas, sont ceux généralement employés dans les trois principaux départemens que forme cette ancienne province,

2° Il existe une différence entre le dialecte de la Haute et celui de la Basse Provence, qui ne provient souvent que du changement d'une seule lettre dans un mot, et qui distingue tout-à-fait les habitans de ces deux régions. L'on semble reconnaître l'aspérité du sol montagneux des Basses-Alpes dans le R et E qu'emploient ses habitans, là où ceux des Bouches-du-Rhône et du Var (dont le climat est beaucoup plus doux) énoncent un L et un A. Nul provençal ne se méprendra sur la patrie de celui qui dit JHALA, PALO, AMOULOUNA, ANAS, MANJHAS, etc., qu'il ne confondra jamais avec celui qui prononce JHARA, PARO, AMOUROUNA, ANÈS, MANJHÈS, etc. comme on dit à Manosque, Sisteron, etc.

3° Tout en appréciant, jusqu'à un certain point, les motifs qui ont déterminé M. Reynouard et M. Dieuloufet à consacrer dans leurs productions l'orthographe provençale du 13ᵐᵉ siècle, et encore que leur opinion en ceci doive être d'un grand poids, néanmoins, l'auteur du présent Dictionnaire, n'a pas cru devoir l'adopter dans les infinitifs que ces auteurs terminent en AR et en IR; parce que les R finals ne se prononcent plus que dans quelques localités montagneuses contigües au Piémont et au ci-devant Dauphiné, dans lesquelles on prononce encore *Anar, Tuar, Venir, Dourmir*, etc. au lieu de *Ana, Tua, Veni, Dourmi*.

L'Auteur a retranché ces R de leurs infinitifs comme y étant une superfluité pour les neuf dixièmes, au moins, des Provençaux, et un embarras pour ceux à qui leur langage est étranger; en quoi il s'est autorisé de l'exemple des grammairiens qui ont purgé la langue française des lettres inutiles, qui non émises dans la prononciation, embarrassaient une infinité de mots tels que *même, nôtre pâque, tête, apôtre*, etc., qu'on écrivait *mesme, nostre pasque, teste et apostre*;

4° Le CH provençal se prononce comme le C italien devant E. J. Ainsi Chièro, Chin, etc., doivent se lire comme CIÈRO CIN italien. Il en est de même du JH qui vaut le G italien devant IA, IE, I, IO, IU, comme dans JHANET, JHUÉC, JHOOUSÈ, qui se prononcent GIANET, GIUÉC, GIOUSÈ, en passant légèrement sur l'i.

Tous les E non accentués ont la valeur des É fermés du français; ceux marqués de l'accent grave sont ouverts et se prononcent comme dans MÈSTRE, VENÈS.

La diphtongue AI ne se rend pas en provençal par un E fermé comme dans le français, mais on appuye tant soit peu sur l'A comme pour le séparer de l'I, sans cependant dire tout-à-fait AHI. Celle AU se prononçant toujours AOU il convenait de l'admettre au rang de nos triphtongues, puisqu'elle doit naturellement y occuper la première place, et c'est ce que nous avons fait; ainsi donc, nous écrivons, *Houstaou, Musclaou, Rigaou* et *faou* au lieu de

Houstau, *Musclau*, *Rigau et Fau* qui figurent une prononciation française (1).

La lettre H que l'on trouvera au milieu d'un mot entre
deux voyelles, n'y a été interposée que pour séparer leur
son respectif; de plus, elle exclura deux L d'une langue
qui n'admet point de lettre mouillée. Ecrits de cette manière: DENTIHOUN, FIHETTO, POOUTIHO, rendent
mieux notre prononciation, que *Dentilloun*, *Filletto* et
Poutio.

5° Ainsi que d'autres lexicographes qui nous ont précédé
dans la voie, nous n'avons pas admis dans notre Dictionnaire les mots provençaux qui ne diffèrent de leurs corres-
pondans français que par la prononciation ou la terminaison, sauf le cas, où des locutions usitées leur attribuent
un sens différent; ni, non plus, nous y occuper des éti-
mologies, car outre que ce travail excède nos forces, il
n'eut fait avec le précédent que grossir inutilement ce
volume pour la plupart des lecteurs, et le rendre plus
coûteux.

6° Les mots qu'on ne trouvera pas écrits par la lettre
S on pourra les voir sous celle C; il en est de même de
ceux en C qui pourront quelquefois être sous la lettre Q.

Certains verbes commençant par DE, DEI, ou DES, étant
prononcés de ces trois différentes manières, selon le pays
ou les personnes, se trouveront écrits par DEI, DES,
s'ils ne le sont en DE, comme DEIBARCA, DESCAMPA,
etc.

La lettre T à la fin d'un mot ne se prononce pas, mais
elle désigne que le mot est bref, comme dans COUQUET,
SOULET, COOULET qu'on prononce COUQUÉ.

Nous observerons enfin, que le terme français corres-
pondant n'étant pas toujours du même genre que le mot
provençal; la désignation grammaticale qui le suit n'est
que pour ce dernier. HOLI, qui est un substantif mascu-

---

(1) Les auteurs qui ont écrit sur la langue provençale et ceux qui
l'ont employée auraient dû remarquer depuis bien longtemps ; que puisqu'il y a cinq triphtongues dans notre langue, chacune desquelles commence par une voyelle différente, il était ridicule, ce semble, de ne
pas écrire AOU, lorsque nous écrivons, EOU, IOU, OOU, UOU.

l'n en provençal, devient féminin en français, où l'on dit toujours *de la bonne huile.*

Quoique nous ayons fait notre possible pour mettre à profit toutes les observations qu'une critique judicieuse a faites des divers Dictionnaires qui ont précédé celui-ci, nous ne prétendons cependant pas avoir rendu le nôtre tel qu'il n'y ait rien à retoucher, c'est au lecteur impartial à juger jusques à quel point nous avons atteint notre but, celui de faire mieux connaître le génie de notre langue en cherchant à être utile à nos compatriotes.

TABLE
DES ABRÉVIATIONS.

actif	a.	populaire populairment	pop.
Adjectif	adj.	économie rurale	écon. rur.
adjectif de tout genre. adj. d.		participe	part.
	t. g.	pronom pronominal	pro.
adjectif masculin	adj. m.	préposition	prép.
adjectif féminin	adj. f.	proverbe	
adjectif et substantif adj. et s.		proverbial alc.	prov.
agriculture, agricol agr. agric.		proverbialement	
augmentatif	augm.	substantif ivement	s. subs.
botanique	bot.	substantif masculin	s. m.
adverbe adverbial	adv.	substantif féminin	s. f.
conjonction	conj.	substantif et adjectif	s. et adj.
démonstratif ive	demons.	superlatif	superl.
dénomination natif	dénom.	verbe	v.
diminutif	dimin.	verbe actif	v. a.
exclamation	excl.	verbe auxiliaire	v. aux.
familier ière ièrement	fam.	verbe impersonnel	v. imper.
féminin	f.	verbe neutre	v. n.
figuré figurément	fig.	verbe réciproque	v. récip.
interjection	interj.	terme	t.
masculin	m.	terme d'agriculture, t. d'agr.	
neutre	n.		

DICTIONNAIRE

PROVENÇAL-FRANÇAIS.

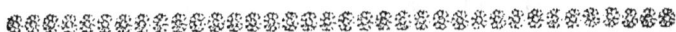

A

V. ABADARNA ADO. part. et adj. Ouvert Fêlé. Crévassé. Fendu, fenduc. On le dit d'un mur, d'une futaille, d'une planche, etc., *Muraiho abadarnado* : mur crevassé. Voyez DEIBADARNA.

V. ABADAIHA, ADO. } part. et adj.
ABADAYA. ADO. }
Tout ouvert. On le dit des portes et fenêtres d'une maison. *Houstaou abadaiha* : maison toute ouverte. On se sert plus souvent et presque exclusivement du mot *Badiè*. Voyez BADA, BADIE, DEIBADARNA.

ABALAOUDI IDO. adj. Stupefait, Surpris. Ravi, Abalourdi.

ABANDEIRA. v. a., t. de marine. Pavoiser, Décorer, Garnir un vaisseau de pavois.

ABANDOUN, A L'ABANDOUN. adj. au Pillage. A la merci des passants, des voleurs et des animaux A l'abandon. *L'an tout leissa à l'abandoun* : on a tout laissé à l'abandon. *Vioure à l'abandoun* : s'abandonner, se livrer à toute sorte de vices.

ABAOUVA. v. a. Renverser, Placer, certains meubles ou ustensiles du ménage le creux en dessous. *Abaouva uno bassino* : placer un bassin sens dessus dessous.

ABARBA. v. a., Enraciner. Mettre une plante, un scion d'arbre, un sarment de vigne, une bouture en terre pour qu'elle prenne racine, afin de pouvoir la transplanter ensuite.

ABARBADOU. s. m. Pépinière. Lieu où l'on fait prendre racine aux boutures et sarmens de vigne que l'on se propose de transplanter.

ABARI v. a. Garder. Tenir. Conserver. Demeurer. Rester. Avoir à sa disposition. *L'on poou ges abari de soulié eis enfants* : les enfans usent tant de souliers qu'on ne saurait leur en tenir. *N'en poou ges abari* : il ne peut pas en fournir à tout le monde, il lui est desuite enlevé. *Pouden ren abari din l'oustaou* : tout disparait dans la maison, nous ne pouvons rien conserver. *Aqueou marchand à lou sort, quand l'y arribo de marchandiso n'abari pas* : ce marchand est très-heureux à la vente, lorsqu'il reçoit de la marchandise elle lui est enlevée desuite.

ABASANI IDO. adj., Pâle. Livide. Languissant. Maladif. *Air abasani* : visage pâle, livide. *Est tout abasani* : il est tout malade.

ABASIMA. v. a., Fracasser. Briser. Rompre. Friper. Gâter. User. Bosseler. On le dit des meubles et du linge.

n'a pas souin de ren es pecca de l'y ren presta, v'abasimo tout : il dégrade et fripe tout. *Regardas soun habit coum'es abasima :* voyez comment son habit est tout fripé ; c'est un superlatif d'*Abima.* Au fig. Accabler. Harasser de fatigues.

ABASINA. Voyez ABASIMA.

B.-R. ABBA. s. m. Roi. Prince de la fête. C'est celui qui dans les fêtes patronales dites vogues et romerages, joue le premier et principal rôle.

ABBADIE. s. f. Abbaye. Bâtiment. Terrain qui appartenait ou qui dépendait autrefois d'un monastère d'hommes ayant titre d'abbaye.

B.-A. ABECH. s m. Sud-ouest. Nom d'un vent. Voyez LABECH.

ABEIHO. s. f. Abeille. Mouche à miel.

ABEISSA. v. a. Abaisser. Incliner.

ABELANO. Voyez ABIELANO.

ABENA. v. a. Terme de Vaucluse. User. Consommer. Débiter. Tirer parti. *S'en abeno fouesso :* il s'en use beaucoup. *Aco s'abenarié :* cela se débiterait, on en tirerait parti. Voyez CHABI.

ABEOURA. v. a. Abreuver. Arroser. Faire boire. *Abeoura l'ay :* faire boire l'âne. *Abeoura lou pra, lou jardin :* arroser le pré, le jardin. Au fig. Faire accroire, donner à garder. *M'es vengu abeoura :* il est venu m'en conter. *Leis abeouro :* il leur en fait accroire. On dit prov. et fig. *L'an abeoura coumm'un cougourdie :* on l'a fait boire comme une plante de courges, pour diré, qu'on lui en a fait accroire tant qu'on a voulu.

ABEOURADOU. Voyez ABEOURAIRE.

ABEOURAGI. s. m. Arrosage. Action d'arroser. De faire boire. D'humecter. De mouiller avec de l'eau, soit des arbres, des plantes, etc., de faire boire des animaux.

— Breuvage. Liqueur mixtionnée. Médicamens liquides que l'on donne aux personnes et aux animaux domestiques. *I'y an douna l'abeouragi :* on la médeciné. *Leis puerjhos sount de marris abeouragis:* ce sont de breuvages peu ragoutans que les médecines.

ABEOURAIRE. s. m. Arroseur. Celui qui arrose un jardin, des plantes, etc., qui mène boire les bestiaux.

— Abreuvoir. Endroit où l'on fait boire les bestiaux.

— Conteur. Celui qui cherche à faire accroire ce qui n'est pas. *Aço n'est qu'un abeouraire :* c'est un conteur de fables.

ABÉQUA. v. a. Paître un oiseau, lui donner la becquée.

B. R. ABIELANO. } adj. f. Demi-fines.
B. A. ABIERANO. }
On ne le dit au propre que des amandes, ce sont celles dont la coquille quoique épaisse est néanmoins tendre et facile à casser. On dit d'une personne qui donne des tapes facilement et qui frappe à propos de rien, *qu'A leis mans abielano :* que les mains lui demangent.

ABIMA. v. a. Fripper. User. Gâter. Ruiner. abimer. *En garbejant leis lincoous s'abimoun :* les draps dans lequel on met les gerbes en les transportant sur l'aire s'usent extrêmement.

— Accabler. Harasser de fatigue. *Lou mounta et descendre tant souvent, abimo :* le monter et descendre continuel écrase. *N'y a per s'abima :* il y en a pour se tuer.

ABIMA ADO. part. Écrasé. Accablé. Harassé de fatigue. Meurtri. *Quand se retiro lou soir de la campagno es tout abima :* lorsqu'il revient le soir des champs il est tout harassé. *Siou touto abimado :* je suis accablée de fatigue.

V. ABISSA. Voyez ABIMA.

ABOOUCA. Voyez BOOUCA.

ABOOUDI, S'ABOOUDI, v. récip. Prendre l'essort. Se produire. Se hasarder. *Aquel enfant éro crentous, aro s'aboudis:* cet enfant était timide, mais ça lui passe. *Leissa li faire s'aboudira :* laissez lui faire il deviendra moins farouche. *Noueste malaou va miou, coumenço à s'aboudir :* notre malade est mieux, il prend l'essort.

ABORD. adv. Beaucoup. Abondamment. En grand nombre. *L'y avié un'abord de mounde :* il y avait beaucoup du monde. *Eroun abord :* ils étaient en grand nombre. Voyez FOUESSO.

ABOUCASSIT.
ABOUSCASSIT. } adj. m. Dégénéré.
Abâtardi. Chiffonné. Étiolé. On le dit des arbres. Voyez BOUSCAS. ENBOUISSOUNI.

V. ABOUGNA. v. a. Entasser. Mettre en un tas. Pressés les uns sur les autres. On le dit des personnes. *Erian abougnas:* nous étions les uns sur les autres.

V. ABOUGNA. Terme de jardinier. Voyez POUMA.

ABRA. v. a. Allumer. Enflammer. Mettre le feu. *Abra lou fuech:* allumer le feu. *Abru lou lume :* allumer la lampe.

Lou boues verd s'abro pas eizu : le bois verd ne s'allume pas facilement : on dit fig. *Abra d'iro :* enflammé de colère.

ABRAGUIT. Voyez ABREGUIT.

ABRAMA. Voyez ABRASAMA.

ABRASA. Voyez ESTAMA.

ABRASAMA ADO. adj. Avide. Cupide. Qui a de la cupidité. Qui désire et travaille avec beaucoup d'ardeur à acquérir des richesses. *Fremo abrasamado :* femme avide et jalouse de gagner de l'argent. Il s'emploie aussi substantivement. *Es un abrasama :* c'est un avide qui ne se donne aucun relâche pour amasser du bien et des richesses.

V. **ABREGUIAT.** Voyez APOUSTEMI.

ABREIGAT. Voyez EMBRIGA, ABASIMA.

ABREGUIT IDO. adj. Ulcéré, ulcérée. *Plago abreguido :* plaie ulcérée.

V. **ABRIGAT.** Voyez EMBRIGA, ABASIMA.

ABRIOU s. m. Avril. Le quatrième mois de l'année. On dit prov. *Abriou est de trento, quand plouorié trente-un farié maou en degun :* avril à trente jours, s'il en pleuvait trente-un il ne nuirait à aucun ; pour dire, que les pluies de ce mois sont si salutaires qu'il ne saurait en tomber trop.

ABRIVA. v. a. Attraper. Donner un poisson d'avril. *L'an abriva :* on lui a donné un poisson d'avril.

ABRIVA (s'). v. récip.. Chéoir. Tomber. *S'abriva au soou :* tomber, chéoir.

— Se ruer Se jeter impétueusement sur quelqu'un. *Se l'y abriveroun dessus :* ils se ruèrent sur lui. Il est populaire.

B.-R. **ABROUAT.** Voyez BROUAS.

ABRUDI. v. a. Ébruiter. Divulguer. Rendre public. *Abrudisseroun qu'èro mouer :* ils ébruitèrent qu'il était mort. Il est aussi récip. *Faou tacha mouyen que s'abrudisse pas :* il faut faire en sorte que personne n'en sache rien.

ABRUDI IDO. part Ébruité. Ébruitée. *Mariagi abrudi :* mariage ébruité. *Nouvello abrudido :* nouvelle répandue.

ABUCA. v. n. Chéoir. Chopper. faire un faux pas, tomber par terre, il est vieux. On dit aujourd'hui BRUCA dans le même sens. Voyez BRUCA.

AÇA. interj. Qui marque l'étonnement et la surprise. Tout de bon !

Est-ce bien. *Bonaparte es debarqua ! Aça ?* Bonaparte est débarqué !... Tout de bon ?

AÇAVAI. intej. Qui marque l'impatience et la désaprobation. Allonsdonc !

ACCABA. v. a. Achever. Finir. Terminer une chose commencée. *An acaba de meissouna :* ils ont terminé leur moisson. *S'avian un home de mai, acabarian :* si nous avions un homme de plus nous achèverions.

ACABA. v. a. Dissiper son avoir. Prodiguer. Manger son bien. Voir la fin de son argent. *N'a plus ren, a tout acaba :* il a tout mangé, il ne lui reste plus rien.

ACABADO. s. f. Achèvement. Fin. Parachèvement. Terminaison d'une chose commencée. *Eiço es uno acabado :* c'est ici une fin.

— *A l'acabado !* A l'achèvement. Au reste ! Cris que font entendre dans nos halles et quelquefois aussi dans nos rues, les fruitières et certains marchands au détail, lorsqu'ils touchent à la fin du débit de leur marchandises. *A l'acabado deis peros :* au reste de mes poires.

ACABAIRE. s. m. Dissipateur. Prodigue Boute. tout cuire. Celui qui dissipe et mange tout son avoir. *Es un acabaire :* c'est un dissipateur.

V. **ACAGNA.** Voyez ENCAGNA, ENVERINA.

V. **ACAGNA (s').** v. récip. Voyez ENCAGNA.

ACAMBA. v. a. et récip. Enfourcher. ACALIFOURCHONNER. Monter à cheval jambe deçà, jambe delà. *Acamba lou su l'aze :* montez le sur l'âne. *Leis homes s'acamboun su leis chivaoux et leis fremos se l'y assetoun.*

ACAMINA (s'). v. récip. S'acheminer. Se mettre en chemin.

ACAMPA. v. a. Amasser. Faire un amas. Entasser. Mettre ensemble. *Leis fourniguos acampoun. Acampa leis garbos, acampa d'argent.* On dit qu'un *boutoun acampo :* qu'un bouton, une humeur amasse, lorsqu'il grossit et que le pus commence à s'y former.

On dit d'une personne, *que fai acampa lou mounde,* lorsqu'en se querellant dans la rue, elle excite la curiosité du public qui se rassemble.

On dit prov. *Matou qu'u desiro*

sagi qu'u acampo : insensé qui souhaite et sage qui amasse.

ACAMPA. est aussi récip. Se rassembler. *Leis souldats s'acampoun :* les soldats se rassemblent.

On dit, fig. et prov. *La fièro sera bello, leis marchands s'acampoun :* la foire sera belle les marchands y affluent : lorsque pour une chose de rien les gens se portent quelque part en foule.

ACAMPAGI. s. m. Chariage.

ACAMPAIRE. s. m. Amasseur. Qui amasse, qui entasse, qui charie et transporte quelque chose à diverses reprises pour l'entasser et en faire un amas.

ACAMPASSI. Voyez ACHAMPASSI.

ACANA. v. a. Abattre. Faire tomber. Mettre à bas. On le dit des fruits. *Acana leis noses, leis amendos :* abattre les noix, les amandes ; les faire tomber de l'arbre avec une gaule pour les ramasser. Voyez DERRAMA.

ACANADOUIRO. s. f. Gaule. Longue perche dont on se sert pour abattre des noix, amandes, etc.

V. **ACANDOULA.** Voyez ACHALANDA.

ACANEN. intcaj. C'est assez. Finissez. Allons-donc. *Açanen, teisa-vous :* c'est assez, finissez.

ACANTOUNA (s'). v. a. et récip., accouver. S'acouver. Garder le coin du feu. Se Tapir. Se mettre dans un coin.

ACANTOUNA ADO, part. Accouvé, Accouvée. Tapi. Tapie. *S'es acantouna coumo si fasiè fre :* il s'est acouvé comme s'il faisait froid.

V. **ACARNA.** } v. Exciter. Animer.
B.-A. **ACHARNA.** } Irriter.

ACHARNA (s'). v. réciq. S'acharner. S'attacher avec fureur avec opiniâtreté.

ACATA. Voyez AMATA. ATUPI

ACCLAPA. v. a. Enfouir. Enterrer. Mettre dans la terre. *Acclapa soun argent :* enfouir son argent. *Acclapa de fumiè :* enterrer du fumier, c'est-à-dire, le couvrir de terre dans un champ pour l'engraisser.

ACCLAPA. v. a. et récip. Couvrir. mettre une chose sur une autre pour la cacher. *Acclapa tou fuech :* couvrir le feu, pour dire, y mettre de la cendre par dessus, ou le couvre-feu. *S'èro acclapa de paiho :* il s'était couvert del a paille.

ACCLAPA. terme d'agri. et de jardi-nage. Butter. Entourer de terre. On le dit de quelques plantes que l'on met en terre après les avoir arrachées, pour qu'elles y blanchissent et y acquièrent une tendreté que ne peut leur donner le grand air. *Acclapa de poucris, de céleri, de cardos :* butter des porreaux, du céleri, des cardes.

ACCLAPA. Enterrer. Ensevelir. *L'y a que dous jours qu'an acclapa soun home et penso dejha à si remarida :* il n'y a que deux jours que l'on a enterré son mari et elle pense à se remarier.

ACCLAPAGI, s. m., terme d'agricul., Fumages. Herbages et plantes légumineuses que l'on enfouit lorsqu'elles montent en graine. C'est un bon demi-engrais. *L'esparcet, leis favos et leis erres, sount leis mihoux acclapagis :* le sainfoin, les fèves et les ers, sont des excellents fumages.

V. S'**ACCOUASSA.** Voy. ESCAGASSA.

ACCOUCHA. v. n. Enfanter. Mettre un enfant au monde. Accoucher.

ACCOUCHA. Accoucher. v. n. Aider à une femme à accoucher. *Soun ana crida la sago fremo per l'accoucha.*

ACCOUCHADO. s. f. Accouchée. Celle qui vient d'enfanter.

ACCOUMENÇA. V. A. Commencer. Débuter. Entamer une chose.

ACCOUMOUDA. v. a. Accommoder. Raccommoder. Terminer à l'amiable. *Accoumouda leis bas :* ravauder.

ACCOUSEGRE. v. a. Atteindre. Attraper en chemin. Joindre en chemin.

— Courir après pour atteindre quelqu'un. Poursuivre. *Si vas pas pu vite pourras pas l'accousegre :* si tu ne vas pas plus vite tu ne peux l'atteindre.

ACCOUSTUMADO. A L'ACCOUSTU-MADO. Façon de parler adverbiale. Comme d'usage. Comme d'habitude. Comme de coutume. A l'ordinaire. *Coumo voulès faire? à l'accoustumo :* comment faisons-nous? comme d'habitude.

ACEBENCHI. v. n. Rabougrir. Rétrécir. On ne le dit proprement que des arbres et des plantes que la mauviase nature du terrain et les vents empêchent de profiter. Il se dit aussi des fruits que les intempéries de l'air, resserrent et retrescissent. *Leis grossos jhalados acebenchissoun leis jouines aoubres :* les fortes gelées resserrent les jeunes arbres. On l'emploie plus ordinairement au participe.

B.-A. ACEBENCHI IDO. part. Rabougri. Rétréci ie. Abortif ive. *Lou fre à
ben acebenchi leis oulivos.* Il se dit
fig. d'une personne de petite taille,
mal conformée et de mauvaise mine.
Pichoun home tout acebenchi : petit
homme engoncé. *Vieiho acebenchido :*
vieille décrépite.

ACIPA. Voyez ASSIPA.

ACIPADO. s. f. Choc. Heurt. Coup
donné en heurtant contre quelque
chose. On ne le dit que des personnes.
Si douna uno acipado : Heurter.

ACHA. v. a., Hacher. Couper à petit
morceaux.

B.-A. ACHA. prép. signifiant Après
que l'on emploie dans ces façons de
parler adverbiales. *Van doux acha doux :*
ils s'en vont deux à deux. *Acha moucou :*
morceau après l'autre. *Paou acha paou :*
peu à peu, petit à petit. On dit prov.
et fig. *Soou acha soou leis escu si fan :*
petit à petit la bourse se remplit.

V. ACHADOU s. m. Couperet. Sorte
de couteau de cuisine fort large propre
à hacher de la viande. Voyez ACHOUAR.

B.-A. ACHAMPASSI. ⎫ adj. Inculte, qui
ACAMPASSI IDO. ⎰ est sans culture,
abandonné. On ne le dit au propre que
des terres. *Ben acampassi :* champ inculte. *Terro acampassido :* propriété
négligée.

V. ACHAPA. Voyez ATRAPA.

V. ACHAPADOU. Voyez ATRAPA-
TOIRO.

V. ACHAPAIRE. Voyez ATRAPAIRE.

V. ACHAPATORI. Voyez ATRAPA-
TORI.

B.-A. ACHOUAR. Voyez PARTIDOU,
ACHADOU.

ACLUCHA· Voyez ACUCHA.

ACO· ⎫ pron. dém. Cela. *Aco
ACOTO. ⎰ es aco :* c'est cela même. En parlant de
certaines choses, on dit, famil. *Es d'aco
fin :* c'est du beau, du recherché. On
dit encore des personnes et des choses :
Aco es d'aco eme d'aco : voila qui est
du rare, de l'excellent, du beau, du
recherché, etc. On dit prov. et fig. :
Ave d'aco deis enfants : avoir comme
les enfants, c'est-à-dire, agir d'une
manière puérile.

ACOUFIGNA. Voyez RAMBLA.

V. ACOUTRIA. Voyez ACOUTRI.

ACOUTRAMEN. s. m. Accoutrement,
Manière de s'habiller, de se parer.
Pouli, vilen acoutramen : Joli, Vilain
acoutrement.

ACOUTRI. v. a. Accoutrer. Attinter.
parer d'habits. Il est populaire.

ACOUTRI IDO. partic. Accoutré ée,
Paré, parée. *S'aguessias vis coumo
s'èro acoutrido :* si vous eussiez vu
comme elle s'était parée.

ACRAPULI IDO. adj. Crapulé ée, être
dans la crapule, vivre avec la crapule.

ACUCHA. v. a. Terme de moissonneur. Tasser les gerbes, mettre les
gerbes en tas dès qu'elles sont liées,
pour que le grain y acquière une maturité parfaite.

B.-R. ACUÈLA. ⎫
A.-A. ACUÈRA. ⎰ v. n. Éculer. On
le dit des souliers dont les quartiers
sont affaissés par derrière sur le talon,
par la faute de celui qui les porte.
Les enfants sont beaucoup sujets à
éculer leurs souliers en tenant les
pieds de côté.

ACUERA. part. , Éculé. *Soulié
acuèra :* soulier éculé.

ACUERNI. s. m., Cornouille. Fruit
du cornouiller. Voyez ACURNIÈ.

ACUHI. v. a. et récip. s'Acuhi. Se
transporter. Aller. Se rendre. Parvenir. Arriver quelque part malgré certaines difficultés. *Toumberi en camin eme
maleis penos m'acuiheri à l'houstaou :*
je tombai en route et ce ne fut qu'avec
grand peine que je pus arriver chez
moi. *ne li pouèdi p'acuhi :* je ne saurais
y arriver. *Vouest'ai es trop carga,
pourra pas se li acuhi :* votre bourrique est si chargée qu'elle ne pourra
s'y rendre.

ACUHI. v. a. terme de vendange.
Accueillir. Recevoir et placer dans sa
cuve avec les siens propres, les raisins
d'autrui, pour lui remettre du vin à pro-
portion, lorsqu'on en fera la décuvaison.
Acuhi leis rasins : mettre la vendange
d'autrui dans sa cuve.

On donne soixante livres du vin clair
pour chaque quintal de raisins qu'on
accueille.

ACULA. Voyez ACUELA.

ACURNEN ENCO. adj. Qui a la forme
de la cornouille. On ne le dit que des
oliviers dont le fruit ressemble à une
cornouille, et que l'on nomme par

cette raison *oouliviè acurnen*, *ooulivo acurnenco.*

ACURNIÉ. s. m. Cornouiller. Arbre qui porte les cornouilles. Fruit rouge et longuet à la manière des olives, quoique plus petites.

ADAMOUN.
ADAOU. } adv. Là-haut.

ADARRET. adv. Sans exception. Tout de suite. De file. Pied à pied. Sans interruption. *Foou pas choousi, foou prendre tout adarret :* ne choisissez pas, mais prenez sans exception. *Prendre lou travail adarret :* c'est travailler sans discontinuer, au même endroit et au même ouvrage, sans changer de place ni rien laisser entre deux.

ADAVAOU. adv. Là bas.

ADÈS. Adv. Dè temps. Tantôt. Il Ne s'emploie que pour désigner le passé. *Adès es vengudo per ti parla :* Elle est venue tantôt pour te parler. Voyez TOUT-BEOU-JUS.

ADICIAS.
ADIOUCIAS. } terme familier de salutation. Adieu. Salut A dieu soyez vous !

B.-R. **ADIN.** adv. Dedans. Voyez DEDIN.

B.-R. **ADOUBA.** v. a. Raccommoder. Rapiécer. *Adouba mi meis bas :* raccommodez-moi mes bas.

B.-R. **ADOUDA.** Préparer. Apprêter. Arranger. Mettre dans l'ordre convenable. *Adouba lou soupa :* préparer le souper. *Es maou adouba :* il est mal arrangé. *Lou paoure es maou adouba :* il est bien malade le pauvre homme. Voyez EYGA.

B.-R. **ADOUBADOU.** s. m. Abattoir public. Voyez TUARIÉ.

ADOUBÀGI. s. m. Accommodage. Aprétage. Préparation des mets. *Foou paga la dindo emai l'adoubagi :* il faut payer le dinde ainsi que l'aprétage.

ADOUNC. adv. Ensuite. Puis. Or donc. Alors. En même temps.

ADOULENTI, voyez ENDOULENTI.

ADOULOURI IDO, adj. Souffrant ante. En proie aux douleurs et aux souffrances.

ADRAYA. Voyez ENDRAYA.

ADRECH, ADRECHO. adj. Adroit. Adroite. Qui a de l'adresse, de la dextérité. *Jouin'home adrech : a leis mans advrechos.*

ADRECH. A L'ADRECH. adv. Terme d'agriculture Abri. Exposition du midi.

Site. Position d'un bien fonds. C'est l'opposé *d'ubac.* Voyez UBAC. *Soun ben est situa, mita à l'adrech et mita à l'ubac :* sa propriété est située moitié au midi et moitié au nord.

ADRESSO. s. f. Terme de savetier. Dresse. Hausse. Petite pièce de cuir que l'on met au talon ou au bord d'un soulier.

ADUERRE. v. a. Apporter. Amener. *Vous adusi de nouvellos :* je vous apporte des nouvelles. *Qu'es que m'aduas?* Que m'apportez-vous? *Adurras l'aze :* tu amèneras l'âne.

AERA AERADO. adj. Aêré, aêrée, qui est en plein air, en bel air, en bon air. *Houstaou ben aéra, yero ben aérado :* maison, aire, en bon air, en bel air.

AFFALIT IDO. adj. Terne. Pâle. Sombre. Obscur. On le dit des lieux et des couleurs.

AFFAMA. v. a. Affamer. Causer la faim.

AFFAMA ADO. partic. Affamé ée. Qui a faim, qui est avide de manger.

AFFAMA. part. et adj. Éventé. Gâté. Corrompu par l'air. On le dit du vin et des futailles. *Veisseou affama :* tonneau qui a resté vide trop longtemps. *Vin que sente l'affama :* vin éventé.

AFFAMINA ADO. adj. Affamé ée. Dévoré de la faim. Pressé du besoin de manger. *Siou tout affamina, cro affaminado.*

V. **AFFANA** (s'). v. r. S'empresser. Travailler. S'affectionner à faire quelque chose avec ardeur et diligence.

AFFATRACI IDO. adj. Languissant ante. Qui languit, dont les forces et la vigueur sont abbatues, paralysées, et qui s'en va mourant. On le dit des arbres, et par extention des hommes et des animaux. *Poumiè affatraci :* Perière touto affatracido :* pommier languissant, poirier qui se meurt.

B.-A. **AFFECTIOUNA.** Voyez AFFANA.

AFFENA. v. a. Affourager. Donner de foin du fourrage aux bestiaux, pour leur nourriture.

AFFENAGI. A l'affenagi. adv. En discrétion. En pension. Terme d'écurie. On le dit des chevaux que l'on met en pension dans une écurie pour qu'on leur donne à manger du fourrage à discrétion. *Ai moun chivaou à l'affenagi :* mon cheval est en pension.

AFFENIANTI. Voyez AGOURRINA.

AFFERA ADO. adj. Animé éc. Emporté. Furieux. Acharné éc. Troublé. Qui agit avec un empressement, un trouble, une ardeur extraordinaire. *Visagi affera:* visage, figure troublée. *Hueis afferas:* yeux agards. *Regardas coum'es afferado:* voyez comme elle s'anime. Il est pop.

V. AFFICA v. a. Ficher. Enfoncer. Planter dans la terre, des pieux, des poteaux, des bornes, etc. Voyez TANCA.

B.-R. AFFIÈLA ADO. | adj. Effilé ée.
B.-A. AFFIERA ADO. |
Menu et délié. *Nas affièla:* nez aquilin. *Taiho affèlado:* taille longue et déliée. Au fig. on dit qu'une personne *à la lenguo ben afièlado:* qu'elle a la langue délibérée, pour dire qu'elle parle avec beaucoup de facilité et sans trop de ménagement.

AFFINADOU. s. m. Terme de peigneur de chanvre et de cordier. Affinoir. Séran.

AFFLATA S'AFFLATA. v. r. S'approcher de quelqu'un. L'acoster. Il est peu usité.

AFFLEGIT, voyez PATOUX.

AFFLOUCA. v. n. Affuer. Abonder. Arriver en abondance. Venir en nombre. *Lou mounde affloucavoun de partout:* les gens affluaient de tous les côtés.

AFFOUGA ADO. adj. Fougeux. Rapide. Violent. Impétueux. On le dit des hommes et des animaux. *Chivau affouga:* cheval fougeux.

AFFOURTI. v. a. Affirmer. Soutenir. Assurer qu'une chose est vraie. *Affourtissié qu'aco èro ansin:* il affirmait que cela était ainsi. Il ne se dit qu'en mauvaise part.

AFFROUNTA ADO. | adj. Effronté
AFFROUNTUR USO. | ée. Impudent. Qui n'a honte de rien. Impertinent. On le fait plus souvent substantif. *Es un affrounta:* c'est un effronté. *Siès uno affrountado:* tu es une impertinante.

AFFUGA. v. a. récip. Empresser. S'empresser. Agir avec ardeur. Etre affairé. *Vesès coumo s'affugo:* voyez comme il s'empresse. *S'affugoun coumo s'avien poou de li pa estre à tems:* ils se hâtent comme si le temps devait leur manquer.

AFFURA, voyez AFFERA, AFFUGA.

OFFUSCA. v. a. Affusquer. Eblouir.

Au fig. Troubler l'esprit, la raison.

AFFUSCA (s'). v. récip. S'appliquer. S'empresser. *De que t'affusques?* de quoi te troubles-tu?

AFFUSCATIEN. s. r. Offuscation. Trouble. Application demesurée. Empressement.

B.-R. AGACA. v. a. Agacer. Causer aux dents une sensation désagréable et incommode, telle qu'est celle que causent les fruits verts et les acides quand on les mange. Voyez ENTERI-GOU.

V. AGACHIA. Voyez BADA. REGARDA.

AGACHOUN. s. m. Cabane de chasseur. C'est une espèce de hutte en verdure, portative, dans laquelle se mettent les oiseleurs qui vont à la chasse des oiseaux de passage. *Ana à l'agachoun:* aller à la pipée. Voyez MACHOUETTO.

AGACIN. s. m. Cors. Durillon, qui vient aux pieds et que souvent occasionne l'étroitesse des souliers. M. Gros a dit fort plaisamment d'un bossu: *A'n'agassin darnié l'esquino, un aoutre davant la peitrino:* pour dire, qu'il avait bosse devant et derrière.

B.-R. AGAGNAOU. s. m. Espèce de sauterelle. Voyez PRÉGO-DIOU.

B.-R. AGALANCIÈ. s. m. Églantier. Rosier sauvage, dont le fruit ou baie qui est d'un rouge de corail s'appelle gratteu, et les fleurs églantines. Voyez GRATO-CUOU.

AGAMOOUTI (s'). v. récip. Se blottir. S'accroupir. Se mettre tout en un tas. On dit familièrement *qu'Un home es tout agamoouti:* qu'il est entassé, pour dire, qu'il est contraint dans sa taille, qu'il a la tête enfoncée dans les épaules. Voyez AGROUMOULI et AMOU-ROUNA.

AGANTA. v. a. Agripper. Prendre. Saisir avidement. Il est bas et populaire. *Courrié, mai l'an aganta:* il fuyait mais on l'a agrippé. *L'an pas pousquu aganta:* on n'a pu s'en saisir. On donne encore au mot Aganta toutes les significations d'ARRAPA voyez ARRAPA.

AGARRAS. Voyez AVAOUX.

AGARRI. v. a. Assaillir. Attaquer. Harceler. Provoquer. Agacer quelqu'un jusqu'à le tourmenter. *Quand l'estjou*

2

leis mouscos agarrissoun leis ais, s'en pouedoun pa apara : lorsque en été les mouches assaillent un âne, il ne peut s'en défendre. *Es lou pu sot home doou mounde quand uno fes vous a agarri es pa poussible de s'en despétra :* c'est l'homme du monde le plus désagréable lorsqu'une fois il est à vos trousses on ne saurait s'en débarrasser.

AGAS. s. m. Érable. Arbre.

AGASSO. s. f. Pie. Oiseau de plumage blanc et noir.

AGASSO - TAMBOURLO. s. m. Pie grièche. Oiseau. Voyez DARNAGAS.

AGASSOUN. s. m. Pia. Pion. Oiseau. C'est le nom que l'on donne aux jeunes pies avant qu'elles quittent leur mère.

B.-A. **AGAVOUN.**
B.-R. **AGOUN.** } s. m. Arrête-bœuf. Plante qui croît dans les champs. Il y en a de plusieurs espèces.

AGEBI. v. n. et récip. Terme d'ag. Rider. Dessécher. On ne le dit que des raisins qui étant murs se rident et se dessèchent lorsqu'on tarde trop longtemps de les cueillir. *Foou vendumia, leis rins s'agebissoun ;* il faut vendanger, les raisins se dessèchent.

On donne dans le commerce le nom de raisins *aux jubis*, aux raisins secs que l'on expédie en caisse de la basse Provence, et que nous appelons du nom de panses. Voyez PANSOS.

AGI. s. m. Âge. Durée de la vie. *Es enca d'un bouen agi :* il n'est pas encore vieux.

AGI. s. m. Grain de raisin. *Gros agis, pichos agis :* gros, petits grains de raisins. On dit famil. à une personne qui mange du raisin, *pilas l'agi ?* Vous égrenez ! c'est-à-dire, vous enlevez un grain après l'autre pour le croquer.

AGIBASSI 'IDO. adj. Bossu uc. Qui a la bosse. Qui fait la bosse. Qui a des inégalités. On ne le dit que des choses et non des personnes. *Muraiho agibassido :* muraille bossue. *Bujhet agibassi :* mur de cloison bossu. *Tarren agibassi :* terrain inégal. Les vocabulistes qui ont traduit le mot *Agibassi* par celui de bossué bossuée, n'ont pas fait attention que l'adj. français ne s'applique qu'en parlant de la vaisselle, etc., ainsi que nous l'avons fait au mot ENCLOUTI. Voyez ENCLOUTI.

AGITA, (s'). v. r. Se déjeter. Il se dit du bois qui se tourmente, se courbe, s'enfle et s'étend. *Leis countrovens fach de boues vert s'agitoun :* les contrevents faits du bois récemment coupé se déjettent.

AGITA ADO. Part. Déjeté. Déjetée. *Pouerto agitado, countrovent agita.*

AGLAN. s. m. Gland. Fruit du chêne.

AGLANA. v. a. Paître le gland. Donner. Distribuer le gland aux pourceaux.

AGLANAGI. s. m. Glandée. Récolte du gland. Saison pendant laquelle on le ramasse. *Ajhuda faire l'aglanagi :* aider à faire la glandée.

AGLEYO. s. f. Église. Temple consacré à Dieu. Il est populaire. *Ana à l'agleyo :* aller à l'église.

AGNELA. v. n. Agneler. On le dit de la brebis qui met bas.

AGNELET.
AGNELOUN. } s. m. Agnelet. Jeune et petit agneau.

AGNIN. s. m. Agneline. Laine des agneaux.

AGNOCO. s. m. Meurtissure. Contusion. Il est vieux. *A'n'agnoco oou bras :* il a le bras meurtri. Au fig. Désagrément, chagrin, affection, contretemps, contradiction. *Ai toujours caouqu'agnoco à avala :* j'ai toujours quelque désagrément à essuyer.

AGNUS. s. f. Agnès. Nom de femme chez le bas peuple.

AGOULOUPA ADO. adj. Enveloppé. Fagoté. Couvert d'un habillement, d'une couverture, etc. *Sèro agouloupa din soun manteou :* il s'était entièrement enveloppé de son manteau. au fig. Caché, dissimulé, mystérieux. *Es un home ben agouloupa :* c'est un homme bien dissimulé.

B.-R. **AGOUN,** voyez AGAVOUN.

AGOURRINA. v. a. et Récip. Acagnarder. S'acagnarder. S'accoutumer à l'oisiveté. Demeurer dans l'inaction par fainéantise. *S'es agourrina :* il s'est adonné à l'oisiveté. Voyez GOURRINA. GOURRINARIÉ.

AGOUTA. v. n. Tarir. Mettre à sec. Cesser de couler. *Leis grandeis sécaressos agoutoun leis sourços :* les grandes sécheresses tarissent les sources d'eau.

AGOUTA ADO. Part. Tari. Tarie. *Pousso*

agouta. Fouen agoutado : puits tari, fontaine tarie. On le dit aussi au fig. *Sa bourso s'es agoutado :* sa bourse s'est tarie, c'est-à-dire, qu'il n'y a plus de l'argent dedans.

AGRADA. v. n. Agréer. Plaire. Convenir. Être au gré. *Aquelo estoffo m'agrado pas :* cette étoffe ne me plaît point. *S'agradoun :* ils se plaisent l'un à l'autre. *Avo ai agrada que mi fa :* maintenant j'ai plu, peu m'importe. On dit prov. : *N'es pas becu ce qu'es beou, es beou ce qu'agrado :* ce n'est pas le beau qui est beau, mais ce qui plaît.

AGRAMOUTI. Voyez AGAMOOUTI.

AGRANAS. s. m. Prunelier. Prunier sauvage. Arbrisseau qui vient dans les haies.

AGRENO, s. f. Prunelle. Fruit du prunelier ou prunier sauvage. Les prunelles non encore mûres, écrasées dans un mortier sont excellentes pour rétablir le vin tourné.

B. A. AGROUA, s'AGROUA } B. R. AGROUCHA, s'AGROUCHA, } v. récip. S'accroupir, *m'agrouchi, t'agrouches, s'agroucho, s'agroucham, vous agrouchas, s'agrouchoun, m'agrouchavi, m'agroucheri, m'agroucharai, agrouche-ti, que m'agrouchi, que m'agrouchessi.* s'Asseoir sur ses talons, sé tenir dans une posture où la plante des pieds touchant à terre le derrière touche presqu'aux talons. *Leis paourcis gens faouto de cadièros s'agrouen* ou *s'agrouchoun :* lorsqu'elles n'ont pas de chaises, les pauvres gens s'asseyent sur leurs talons.

AGROUMANDI, v. a. et récip. Affriander. Affrioler. Rendre friand. Attirer par quelque chose d'agréable au goût. *Un enfan agroumandi vou plus mangea lou pan soulet :* un enfant affriandé ne veut plus manger le pain seul, il lui faut toujours quelque chose avec. *Sa maire l'agroumandisse :* sa mère le rend gourmand. — Au fig. Allécher, attirer par le plaisir.

AGROUMOULI, IDO. } adj. Transi, ie. Penché. AGROUMOULIA, ADO. } Concentré et comme rétréci par le froid ou par le vent.

On le dit seulement des personnes. *L'ai vis tout agroumouti :* je l'ai vu tout transi de froid. *Ero touto agrou*

moulido : elle était toute transie. Voyez ESPAROUFI, AGAMOOUTI.

AGROUNCHA. Voyez AGROUA.

AGROUPA. Voyez AGOULOUPA.

AGRUÈ. s. f. Grue, oiseau de passage fort gros, qui vole très-haut et par bandes.

AGRUÈTTO. s. f. Griotte, fruit du griottier. Les griottes sont d'espèces de cerises à courte queue et d'un goût aigrelet.

B. R. AGRUFIÈN. s. f. Cerise. Fruit du cerisier, il est rouge et aussi sain qu'agréable à la vue. La queue des cerises bouillie dans l'eau, donne une décoction souveraine pour la colique, tant des petits enfans que de toute personne.

AGRUFIÈN - DURAND. Bigarreau. Sorte de cerise qui a la chair blanche et rouge, elle est de plus difficile digestion et plus sujette aux vers que les autres.

AGRUFIÈN D'ESPAGNO. Guigne. Cerise à chair plus molle que le bigarreau. Elle est très-succulente.

AGRUFIÈN-SOOUVAGI. s. m. Mérise. Fruit du mérisier, ou grand cerisier des bois. Ces sortes de cerises sont noires, petites et à longue queue. Les mérises donnent par la distillation une eau-de-vie connue sous le nom de Keyserwaser. Le ratafiat de Grenoble ne se fait qu'avec les mérises ou cerises sauvages.

B. R. AGRUTIÈ. s. m. } Griottier. B. A. AGRUTIERO. s. f. } Arbre qui porte les griottes.

AGUA. v. a. Terme d'agricul. Éguiser, refaire la pointe d'un instrument aratoire. Voyez APOUNCHA.

AGUE. v. a. Avoir. Voyez AVE.

AGUFO. s. f. Gratecu. Fruit de l'églantier.

AGUIHA. s. r. Sanglier. Sorte de poisson de mer.

B. A. AGUIHA. Voyez AGUIHADO, suivant.

AGUIHADO. s. f. Terme de laboureur. Aiguillon. Pointe de fer qui est au bout d'un bâton, et dont on se sert pour faire aller les bœufs.

AGUIHADO. s. f. Aiguillée. Certaine longueur de fil, que l'on met à l'é-guille.

AGUIHETO. Dim. Voyez AGUIHO.

B. A. AGUIHETOS. } s. f. Géranion. B. R. AGUIHOS. }

Bec-de-grue. Herbe-à-Robert. Plante dont la sémence dans quelques-unes de ses espèces, approche de la figure du bec d'une grue, et se termine en pointe comme une aiguille.

AGUIHO. s. f. Aiguille. Petite verge de fer ou d'acier servant à coudre, broder, etc.

AGUIHOUN. s. m. Peigne de Vénus. Plante.

AGUIHOUN. s. m. Aiguillon, Piquant de certains insectes et reptiles, tels qu'abeilles, serpents, etc.

AGUIHOUN. s. m. Terme de labourage. Voyez AGUIHADO.

AGUZI. AGUZIDO. particip. et adj. Appauvri, ie. Tombé dans la misère, devenu pauvre comme un gueux. *Soun ben aguzis*: ils sont dans la misère.

AHURO. Voyez ARO.

AI. s. m. Ane, animal domestique. Au fig., stupide, ignorant. On dit ordinairement : *Faire lou repas de l'aï* : faire un repas de brebis, pour dire, manger sans boire.

AI. s. m. Terme de scieur de long. Baudet, Chevalet.

AI. s. m. Terme de serrurier. Chevrette. Petit chenêt bas, qui est de fer et n'a point de branche devant. *Juga à Meni moun Aï* : jouer à Colin-Maillard, sorte de jeu d'enfant.

AI-CABANIÉ. s. m. Terme de mépris. Stupide. Sot. Bête.

AI. interject. Ah! Hélas! Eh! *Aï paoure iou!* Ah pauvre moi!

AI et HOU. Exclamation de douleur et de souffrance. Ah! Houf! On dit famil. d'une femme, *que N'en es cis ai et cis houis* : qu'elle en est au terme de sa grossesse, c'est-à-dire, aux douleurs de l'enfantement. On dit fig. *Counta seis ai et seis houis* : conter ses peines, ses chagrins, ses afflictions; pour faire allusion aux soupirs que l'on pousse lorsqu'on est dans le chagrin ou la souffrance.

AIGAGNAOU. } Voyez EIGAGNO et
AIGAGNORO. } LAGAGNORO.

AIGASSOUX, voyez EIGASSOUX.

AIGRES, FAIRE AIGRES. v. n. Soulever. Élever tant soit peu, quelque chose de lourd ou qui résiste, comme serait un fardeau, une porte, un bloc de pierre, etc., à l'aide d'un levier

de fer ou de bois que l'on passe par-dessous. Voyez EIGREJHA.

AIGLO. s. f. Eau. Celui des élémens qui est liquide.

DOUNA L'AIGLO. v. a. Ondoyer. Baptiser quelqu'un sans y joindre les cérémonies que l'église fait hors le cas de nécessité. On dit proverb. et fig. *Qau roou de boucn'aigo foou que vague à la boueno fouen* : il n'est rien de tel que de puiser à la source, pour donner à entendre que lorsqu'il s'agit de se procurer, de connaître, ou de s'instruire de quelque chose, il ne faut pas s'adresser indifféremment au premier venu pour bien rencontrer, mais aux personnes les plus entendues et les plus en état de vous servir.

AIGU'ARDÉN. s. f. Eau-de-vie. Liqueur spiritueuse tirée du vin distillé.

AIGLO-BOUHIDO. s. f. Potage à l'ail. C'est tout simplement de l'eau bouillie avec une gousse d'ail, un peu de sel et de l'huile. On dit fam. et popul. de toute soupe claire et sans saveur, comme d'une sauce qui lui ressemble. *qu'Es que d'aigo bouhido* : que ce n'est que de l'eau bouillie.

AIGLO-DE-MARLUSSO. s. f. Trempis de morue. Eau dans laquelle on a fait tremper et dessaler ce poisson.

AIGLO-NEOU. s. f. Verglas.

AIGLO-POUNCHO. s. m. Nerprun. Bourg-épine. Arbrisseau qui croît le long des haies.

AIGLO-QUÉTO. s. f. Chattemitte. On le dit d'une personne qui affecte une contenance douce et flatteuse pour parvenir à ses fins.

AIGLO-SAOU. s. f. Saumure. Eau où l'on a fait fondre du sel en quantité, et dans laquelle on conserve de la viande, du poisson, etc.

AIGLO-SEGNADO. s. f. Eau bénite. Les catholiques font le signe de la croix sur eux avec de l'eau bénite, en entrant dans l'église.

AINET. s. m. Anon. Petit âne, appelé aussi Bourriquet.

AIR. Voyez ER.

AISSE, AISSO. adj. Grossier. Revêche. De mauvais goût. On le dit presqu'exclusivement du pain dont on n'a point passé la farine, ou fait de mauvais grain.

AISSO. s. f. Herminette. Hâche de charpentier.

AIZE. s. m. Aisance. Bien-être. Moyens de vivre commodement. *Aquel home es à soun aize.*

AIZES. s. m. pl. Commodités. Aisances d'une maison. *En aquel houstaou l'y a fouesso aizes* : il y a beaucoup de commodités dans cette maison.

AJHARD. *Faire ajhard.* v. n. Se prévaloir. Tirer avantage de sa force, de son crédit, de ses richesses, de ses talents, etc., ou de la faiblesse des moyens de son adversaire.---Abuser de l'ascendant que l'on a sur quelqu'un qui vous craint ou qui ne voudrait vous désobliger. *Fai ajhar qu'a d'amis* : il se prévaut de ses amis, *Coumo siou bouen n'en fai ajhard* : il abuse de ma bonté.

AJHASSA ADO. adj. Gisant ante. Couché, couchée.

AJOUCA S'AJOUCA v. a. et récip. Jucher. Il ne se dit au propre que des poules et de quelques oiseaux, lorsqu'ils se mettent sur une branche d'arbre ou sur une perche pour y dormir.

AJHOUCADOU. Voyez AJOUQUIÈ.

AJHOUGNE. v. a. Atteindre. Frapper de loin avec quelque chose. *Leis peiros que li mandavoun l'an p'ajhoun* : les pierres qu'on lui a lancé ne l'ont pas atteint. *Si l'ajhougnessoun lou tuavoun* : s'il l'eussent atteint il était perdu.

S'AJHOULINA, v. récip. S'agenouiller. Se mettre à genoux.

AJHOULINOUAR. s. m. Agenouilloir. Petit banc sur lequel on s'agenouille.

AJHOUQUIÈ. s. m. Juchoir. Lieu où les poules se juchent.

AJHUDA. v. a. Aider. Secourir. Assister quelqu'un dans le besoin. On dit prov. *Ajhudo-ti, Dicou t'ajhudara* : aide-toi, le ciel t'aidera.

AJHUDO. s. f. Aide. Secours. Assistance qu'une personne donne à une autre. On dit communément et familièrement : *Un pauo d'ajhudo fa toujours grand ben.* : si petit que soit le secours, il est toujours bien venu.

AJHUDO. s. f. Aide. Celui ou celle

qui aide à un autre. *Si pouès pa faire soulet, pren uno ajhudo* : si tu ne peux pas faire tout seul, prends un aide.

V. AJHUGASSI. } adj. Folichon.
B. A. AJHUGUI, IDO. } Folichonne.
Adonné au jeu. On ne le dit que des enfans. *Es encaro fouesso ajhuguido* : elle est encore beaucoup adonnée au jeu.

AJHUS. s. m. Ajout. Ce que l'on met de plus, ce que l'on ajoute.

AJHUS. s. m. Alonge. Pièce qu'on met à un habit, à un meuble, pour l'alonger. *Sa raoubo cro courto, l'y a fach un ajhus* : sa robe était courte, elle y a mis une allonge. *L'y a de taoulos qu'an plusieurs ajhus* : il y a des tables qui ont plusieurs alonges.

AJHUSTA. v. a. Ajouter. Mettre quelque chose de plus. Joindre ensemble. Faire addition d'un nombre avec un autre. *Si n'avès pas proun ajhusta n'in* : si vous n'en avez pas assez ajoutez-en.

AJHUSTA. v. a. Terme d'instituteur primaire. Épeler. Nommer les lettres de l'alphabet et en former des syllabes. *Coummenço d'ajhusta leis lettros* : il épèle.

AJUSTORIUM. s. m. Diminutif d'ajus. Petit ajout. Petite alonge. Il est pop. *N'a jamai tout dich, l'y a toujours cuouqué ajhustorium* : il n'a jamais tout dit, toujours il a quelque chose à ajouter.

ALACHA. v. a. Allaiter. Faire téter un enfant. *Sa fremo alàcho* : sa femme nourrit. *Creyne l'alacha* : Elle craint le nourrir.

V. ALAI. adv. démonst. Là. Delà. De delà. De ce côté-là.

ALAN. s. m. Enjoleur. Emboiseur. Celui qui trompe par de belles paroles.

ALANTA. v. a. Emboiser. Enjoler. Charlataner. Tromper par des promesses, des flatteries, etc.

ALANTARIÈ. s. f. Tromperie. Hablerie. charlatanerie. Il est familier.

ALANTO. s. f. Hableuse. Enjoleuse. Emboiseuse.

ALANTUR. Voyez ALAN.

ALASSA. v. a. et récip. Lasser. Se lasser. se fatiguer. Au fig. Importuner.

ALAOUSO. s. f. Alose. Sorte de poisson de mer qui remonte ordinairement les rivières au printemps.

ALEGANT, ANTO. adj. Arrogant, ante. Fanfaron. Fashionable. Freluquet. Il est familier. *J'ai soun alégant* : il fait l'arrogant.

ALÉGANTISO. Arrogance. Hauteur. Fierté. *N'a que d'alégantiso* : il n'a qu'arrogance.

B. R. ALEN. Voyez AREN.

B. R. ALENA. Voyez ARENA.

B. R. ALENADO. Voyez ARENADO.

B. R. ALENO. Voyez ARENO.

ALERA , ADO. adj. Élevé, Elevée. posé sur une éminence. *Villagi ben alera* : village très-élevé.

ALESTI. v. a. Préparer. Disposer. Apprêter. *Vai m'alesti lou chivaou* : va me préparer le cheval. *S'alestissoun per parti* : ils se disposent à partir. *Alestiras lou dina* : tu apprêteras le dîner.

S'ALESTI. v. récip. Se préparer. Se disposer à. . . *S'alestissiè* : il se préparait. Voyez LEST.

ALESTI, IDO. participe. Prêt, prête. *Sies panca alestido?* N'est-tu pas encore prête ?

ALEYO. s. f. Allée. Terme d'agricul. Rang d'arbres, de vignes, d'arbrisseaux, etc. *Aleyo d'amouriès* : allée de mûriers. *Planta d'aleyos, faire d'aleyos, netejha l'aleyo.*

ALIBOUFIÉ. s. m. Storax. Arbrisseau.

ALIÉCHA , s'ALIÉCHA. v. a. et récip. Aliter, s'aliter. Se tenir au lit, pour cause de maladie. Dans quelques endroits on le dit aussi des blés versés. Voyez COUCHA.

ALIGOUFIÉ. Voyez ALIBOUFIÉ.

ALIN. adv. démonst. Là-bas.

ALIOUJHA, s'ALIOUJHA. v. a. et récip. Alléger. décharger de la partie d'un fardeau. *Si siès troou carga , alioujho-ti* : si tu es trop chargé, allège-toi. *Mi siou alioujha* : je me suis allégé.

ALIOUJHA. v. réfl. Dégarnir. Quitter un vêtement, un habit, une couverture en été pour être plus au frais, plus à l'aise. On dit proverb. *Alioujha lou planchiè* : décharger le plancher. pour dire sortir, se retirer. Il est famil.

B. R. ALIOULA. ⎰ v. a. Terme de
B. A. ALIOURA. ⎱ balancier. Etalonner. Ajuster un poids, une mesure. *Alioula uno roumano* : ajuster une romaine. *Alioura uno panaou* : étalonner une panal.

B. R. ALIOULA. ⎰ v. a. Peser. Dé-
B. A. ALIOURA. ⎱ terminer par le moyen d'une balance la juste pesanteur d'une chose. Le mot, *Alioula* ou *Alioura* signifie : déterminer les livres, parce qu'avant l'usage du système métrique, l'on ne vendait qu'à livres, les comestibles ou tout autre chose que l'on est dans l'usage de vendre au poids. Le kilogramme vaut deux livres poids de marc. *Alioula - m'en douès liouros* : pesez-m'en deux livres.

B. R. ALIOULA. ⎰ v.a. Allivrer. Ter-
B. R. ALIOURA. ⎱ me d'ancien cadastre. Fixer. Désigner le poids cadastral d'un bien fonds.

Avant le nouveau cadastre, l'Allivrement était la base du revenu net (d'un bien fonds), qui déterminait la fixation de l'impôt foncier. La livre cadastrale était de quarante-huit onces ou quatre quarts de douze onces chaque. Chaque once cadastrale était fixée trois francs de revenu net. Ainsi une terre aujourd'hui évaluée soixante-quatre francs cinquante centimes de revenu net , aurait été allivrée un quart neuf onces et demi sur l'ancien cadastre, que l'on écrivait ainsi : 1 lb 9 on. 1/2.

ALIOURAMENT. s. m. Allivrement. Détermination. Fixation du poids cadastral.

ALISCA . ADO. adj. Pincé, pincée. Affecté dans la parure comme dans la démarche. — V. a. et récip. Ajuster, s'ajuster. Embellir. par des ajustemens. Se parer avec élégance. *Jhouìnhome alisca* : jeune homme pincé. *Aquelo dameisello s'alisco pas maou* : cette jeune personne se pare avec élégance.

ALISCA. v. a. et récip. Elever, s'élever. Se placer sur une éminence d'où l'on puisse voir et être vu. Voyez ALERA.

ALLETO. *Fairé l'Alleto* v. n. Planer en l'air. Battre tant soit peu de l'aile pour se soutenir. On ne le dit que des oiseaux.

ALO. s. f. Aile. Ce qui sert aux oiseaux pour voler et à se soutenir en l'air. Il se dit aussi par analogie, de diverses choses. *Leis alos d'un capeou* : les bords d'un chapeau. On dit fig.

qu'une personne *Se prend un poou troou d'alos* : qu'elle se donne trop de licence.

ALLONGHI. s. m. Alongement. Lenteur affectée et recherchée dans ce que l'on fait. *Faire d'allonghis, cerca d'allonghis* : veiller, user de longueurs inutiles dans un travail, une affaire, etc. On dit proverb. qu'un homme n'ira point en tel lieu, *que noun ague fu tous seis allonghis* : qu'il n'ait fait ses quinze tours, pour dire, qu'avant d'y aller, il fera selon sa coutume mille choses inutiles.

ALOUBATI, IDO. adj. Alouvi, alouvie. Insatiable et vorace comme un loup.

ALOUCHA. Voyez LOUCHA.

ALOUCHAIRE. Voyez LOUCHAIRE.

ALOUNGA. v. a. Alonger. Faire qu'une chose soit ou paraisse plus longue plus étendue. *En estiran l'estoffo s'alongo.*

ALOUNGA. Prolonger. Faire durer plus longtemps. *Si passas d'aqueou camin aloungas* : si vous passez par ce chemin vous prolongez.

ALOURO. adv. d. t. Alors. Dans ce temps-là. Lors. Il ne faut pas le confondre avec l'*Houro* l'heure. *Puisque fes proun alouro, mi retourni* : puisque vous suffisez, alors je me retire.

ALUCA. v. a. Fixer. Regarder fixement quelque chose. Bayer. On le dit par dénigrement. *Vesés coumo v'aluco* : voyez-le bayer.

ALUCAIRE. s. m. Bayeur. Celui qui s'arrête pour regarder fixement quelque chose. Voyez BADAIRE.

ALUENCHA. v. a. Eloigner. Ecarter une personne ou une chose d'une autre.

S'ALUENCHA. v. r. S'éloigner. Se retirer loin d'un lieu. *Erian vésins, aro se sian aluenchas* : nous étions voisins, maintenant nous nous sommes éloignés.

ALUMA. v. a. Allumer. Voyez ABRA.

ALUMAIRE. s. m. Eclaireur. Celui qui dans une église ou dans une salle de spectacle, est chargé d'allumer les cierges, bougies, lampes, quinquets, etc., etc.

ALTERA, ADO. adj. Altéré, altérée. Qui a une grande soif. On le dit au propre comme au figuré.

B. A. AMA, voyez EIMA.

AMADOUA. v. a. Amadouer. Flatter. Caresser pour attirer à soi. Il est familier.

AMADOUA. v. a. Adoucir. Appaiser. Calmer la colère, l'émotion. *Ero ben facha, mai l'en amadoua* : il était irrité, mais on a su le calmer.

AMAGA. Voyez AMATA, dans ses différentes acceptions.

AMAGIE. s. m. Sortilège. Opération de magie. — Amulette, figure ou caractère que l'on fait pour soi ou pour autrui, dans la fausse persuasion d'obtenir par là la guérison de quelque mal, ou d'empêcher qu'on en fasse.

AMAREJHA. v. a. Etre amer. Avoir un goût d'amertume. On le dit au propre comme au figuré. *L'y a d'agrufièn qu'amarejhoun* : il y a des cerises qui ont un goût d'amertume.

> Per pousquè passa soun envejho,
> Foou boutao de ce qu'amarejho.

pour pouvoir parvenir à son but, il faut souvent dévorer bien du chagrin, essuyer bien des traverses.

AMARUN. s. m. Espèce de Gesse nommée Aphaca par les botanistes. Lorsque sa sémence se trouve mêlée avec le bled que l'on met en farine, elle donne au pain un goût amer, d'où lui vient ce nom d'*Amarun*, qui, en notre langue, veut dire amertume.

AMARZI. v. a. et récip. Matter. Faner. Flétrir. Sécher. Oter la vivacité, la fraîcheur. On le dit des végétaux (les fleurs exceptées), qui étant coupés, commencent à sécher. *Avant d'aduerre leis gaveoux leis foou un paou leissa amarzi* : avant d'apporter les brins de sarment il faut les laisser fâner. *Leissas souleya aqueleis feissinos per que s'amarzissoun* : laissez prendre le soleil à ces fagots, pour qu'ils s'y mattent.

AMARZOU. s. f. Amertume. Saveur amère.

AMASSA. Voyez MASSA.

AMATA s'AMATA, v. récip. Se blottir, se mettre tout en un tas. *S'amatei en un cantoun* : il se blottit dans un coin. Se tapir, se cacher en se tenant dans une posture racourcie et resserrée. Au figuré. Aterré, abattu, maté, dompté, affaibli, découragé par la fièvre, la maladie, les revers ou les chagrins. *Leis chagrins l'an amata* : les chagrins l'ont bien abbatu. Il est dans quelques occasions synonyme, d'ATUPI. Voyez ATUPI.

AMBLUR. s. m. Hâbleur. Celui qui débite des mensonges, qui parle avec ostentation.

AMBRETO FERO. s. f. Jacée. Plante.

AMBRICO. s. m. Abricot. Fruit à noyau.

AMBRICOUTIE. s. m. Abricotier Arbre qui porte les abricots.

AMBROSI. s. m. Ambroise. Nom d'homme.

AMECHI, IDO. adj. Disposé et aplati comme la mêche d'une lampe. On le dit des cheveux. *Chevus amechis* : cheveux disposés en touffes aplaties.

AMENDO. s. f. Amande. Fruit de l'amandier. *Amendo de pesseguí* ou *d'ambrico* : noyau de pêche, etc.

AMENDOUN. s. m. Amande verte. C'est le nom qu'on donne aux amandes pendant que leur coquille encore tendre, permet aux jeunes gens de les manger. Les personnes du sexe les mangent volontiers dans cet état à cause de leur saveur aigrelette. *Mangea d'amendoun* : manger des amandes vertes.

AMENDRI. v. a. Diminuer de prix. *An amendri lou pan* : le prix du pain est diminué.

AMERITA. v. a. Mériter. Être digne de puniton. *Aco l'amérito* : cela l'est bien justement dû.

AMIRA. v. a. Mirer. Viser à quelque chose avec un fusil. On dit fam. et pop. d'une personne: *qu'es amira dcis matras*: qu'il est vu de mauvais œil, que chacun lui tourne le dos, et que personne ne veut lui rendre service.

AMISTADOU, OUE. ⎱ adj. Flatteur. Ca-
AMISTOUX, OUE. ⎰ ressant. Patelin. *Er amistoux*: air caressant, air coquet.

B. R. AMOULA. v. a. Émoudre. Aiguiser sur une meule. *Faire amoula un couteou*: faire aiguiser un couteau.

AMOULAIRE. s. m. Emouleur. Gagnepetit. Celui qui fait le métier d'émoudre les couteaux, etc., en parcourant les rues avec sa meule.

AMOUN. ⎱ adv. Là-haut.
AMOUNDAOU. ⎰

B. A. AMOURA. Voyez AMOULA.

S'AMOURACHA, v. récip. S'éprendre d'amour pour quelqu'un d'un sexe différent.

AMOUREN, EN AMOUREN, adv. En diminuant. En amoindrissant. On le dit des choses matérielles que l'on taille, coupe ou façonne de manière qu'elles

vont en diminuant d'épaisseur ou de largeur, ou de l'une et de l'autre tout ensemble. *Leis crayons se tailloun en amouren* : les crayons doivent être taillés en diminuant, et se terminerr en pointe.

B. A. AMOURET. s. m. Voyez AMOULAIRE.

AMOURIE. s. m. Mûrier. Arbre qui porte des mûres, et dont la feuille est la seule nourriture qui convienne au ver-à-soie.

AMOURIE-SOOUVAGI. s. m. Ronce. plante ligneuse. Voyez ROUMI.

AMOURO. s. f. Mûre. Fruit du mûrier.

AMOURO - D'ESPAGNO. Mûre noire, dite d'Espagne.

AMOURO-DE-ROUMI. ⎱ s. f. Mûre
AMOURO-DE-TIRASSO. ⎰ de ronce. De renard, ou sauvage.

B. R. AMOULOUNA. ⎱ v. a. Ameulon-
B. A. AMOUROUNA. ⎰ ner. Entasser. Mettre en meules. En tas. *Amourouna de paiho* : ameulonner de la paille. *Amourouna de terro*, *de peiros* : entasser de la terre, des pierres. *Amourouna de fumié* : empiler, mettre du fumier en pile. On dit fig. et fam. d'une personne *qu'Es tout amourouna*, *touto amourounado* : qu'il est tout entassé, toute entassée, pour dire qu'il est contraint dans sa taille, qu'il a la tête enfoncée dans les épaules.

S'AMOURGUNA adj v. récip. Se blottir. se mettre tout en un tas. *S'amourouno dins lou liech* : il se blottit dans le lit.

S'AMOURRA. v. récip. Mettre le visage, le museau. Il ne s'emploie que dans ces différentes manières de parler populaires : *S'amourra oou flascou*, *à la fouen*, *à la bouteiho* : boire au flacon, à la fontaine, à la bouteille. Au fig. *s'Amourra oou soou* : donner du nez en terre en choppant. *S'amourra oou veisseou*: buffeter.

AMOURRAYA. v. a. Affourager. Remplir de fourrage le morceau d'une bête de somme. *Amourraya l'aze* : affourager l'âne. Au fig. Donner à manger. En ce sens il est familier et insultant.

AMOUSSA. v. a. Eteindre. Faire mourir. On ne le dit au propre que du feu ou de la lumière qu'il produit. *Amoussa lou lume* : éteindre la lampe.

AMOUSSOUAR. s. m. Eteignoir. Instrument creux en forme d'entonnoir, dont on se sert pour éteindre les bougies et les chandelles.

AMPÈRI. *Faire l'emperi*, Façon de parler populaire. Faire l'impossible. Faire des merveilles. *Aquel home eme seis quatre soous fa l'ampèri :* cet homme avec le peu d'argent qu'il a, fait des merveilles.

AMPEROUR. s. m. Empereur. Souverain d'un empire.

AMPEROUR. s. m. Espadon. Poisson de mer.

AMPOULO. s. f. Cloche. Vessie qui se fait sur la peau aux pieds et aux mains, et qui est occasionnée par une forte pression. *Leis souliès groussiès fan veni d'ampoulos :* les souliers forts procurent des vessies aux pieds de ceux qui n'en portent pas habituellement.

AMUSA, S'AMUSA. v. a. et récip. S'amuser. Faire perdre le temps. Se divertir. *S'amuserian ben :* nous passâmes très-agréablement notre temps.

AMUSAIRE. s. m. Plaisant. Divertissant. Enjoué. Qui amuse. Qui divertit.

ANA. v. n. Aller. *Voou, vas, vai, anam, anas, vant, Aneri, ancroun, siou ana, anarai, anariou. Vai, que ane, ou que vague, qu'anessi, anen, ana.* On dit quelquefois *fouqueri, ai ista, aviou ista,* pour *aneri, siou ana, eri ana.* Se mouvoir. Se transporter d'un lieu dans un autre. On dit prov. et fig. *Qu n'a pas souin de l'aze mérito d'ana à pèd :* qui n'a soin de l'âne doit aller à pied ; pour dire, que celui qui ne reconnait pas les services rendus, n'a plus le droit d'en attendre.

S'EN ANA. v. récip. S'en aller. Partir. Sortir d'un lieu. Au fig. Se mourir, tomber en défaillance.

On dit proverb. et populairement d'un homme, *que Leis pès li van, que la lengo li vai :* que les pieds, que la langue lui frétillent, pour dire, qu'il a impatience d'aller ou envie démésurée de parler.

ANA EN DEMEN. Voyez DEMEN.

ANANQUIT. Voyez ENEQUELI.

ANANTI. v. a. Elever. Nourrir. Prendre en soin. *Es eleis que l'an ananti :* ce sont eux qui l'ont élevé. *Leis meinagiers croumpoun lou bestiari jhouine per l'ananti :* les fermiers et les métayers achètent le bétail fort jeune, qu'ils élèvent jusqu'à ce qu'il soit en état.

ANANTI. v. a. Grandir. Croître. De-

venir grand, fort et vigoureux. *Aquel enfant es ben ananti per soun tems :* cet enfant est bien formé pour son âge. *Leis ai tous vis anantis dins l'houstaou :* je les ai tous vu croître et grandir dans la maison.

ANAOU. s. m. Echaudoir. Espèce de huche dans laquelle les charcutiers échaudent les cochons pour mieux leur arracher la soie.

ANAOUSSA. Voyez. ENAOUSSA.

ANAOUTO. s. f. Galbule. Noix du cyprès. C'est le fruit boiseux de cet arbre.

ANCHOYO. s. f. Anchois. Petit poisson de mer sans écaille, que l'on sale pour manger cru. Les meilleurs se préparent à Saint-Chamas. On dit fig. et pop. *Esquicha l'anchoyo :* presser l'anchois, pour dire, lésiner, épargner par esprit d'avarice jusques dans les moindres choses. On dit par mépris d'une personne qui a les yeux chassieux et éraillés. *Qu'A leis hueils bourdas d'anchoyo:* qu'il a les yeux bordés d'écarlatte. *Estre esquichas coumo d'anhoyos :* être pressés comme des harengs.

ANCOUAS. }
ANCOUÈS. } s. m. Poires tapées. Ce sont des poires coupées par moitié, aplaties et séchées au four.

ANCOUÈS. s. f. Esquinancie. Angine. Maladie de la gorge qui restreint le larynx et le pharynx. Au fig. Peine, douleur, angoisse. *A leis maous encouès :* il est accablé de maux. On dit au fig. *Mourre d'ancouès :* vilaine figure, laide trogne, mauvaise mine. On dit par malédiction. *Leis ancouès que ti creboun!* que tu peux-tu crever de suite !

ANCOULO. s. f. Contrefort. Pilier. Boutant. Mur contre-boutant servant d'appui et de soutien à un mur beaucoup chargé.

ANDANO. s. f. Terme d'agriculture. Andain. Etendue qu'un faucheur peut faucher à chaque pas qu'il avance, voyez ENDAI.

ANDOUIHETTO. s. f. Andouille. Boyau de porc farci et rempli d'autres boyaux du même animal récemment faits.

ANDROUNO. s. f. Ruelle. Petite rue. Cul-de-sac. Rue sans issue.

ANDUÈCHO. s. f. Andouille. Voyez ANDOUIHETO. MARSOUN.

ANECOURI. Voyez NEQUELI.

3

ANÊLO. s. f. Anneau de fer ou de laiton. On place *leis anêlos en ferri* : les anneaux en fer, auprès de la porte et dans l'intérieur d'une écurie pour y attacher une bête de somme. *Leis anêlos en loutoun* : les anneaux en laiton, sont ceux qu'on met aux rideaux d'un lit ou d'une fenêtre pour les tenir suspendus à la tringle.

ANEN. impératif du verbe ANA. Aller. C'est une interjection pour animer. Allons courage. Hâtez-vous. *Anen fes leou !* Allons, hâtez-vous!

ANEOU. s. m. Anneau. Bague. *Aneou redoun* : bague ronde ou maritale.

ANEOU. s. m. Terme de serrurier. Verterelles. *Aneou d'uno cheino* : chaînon.

ANEQUELI. Voyez NEQUELI.

ANEVACHI. adj. m. Neigeux. Chargé de neige. Disposé à la neige. On ne le dit guères qu'en parlant du temps. *Temps anevachi* : temps neigeux.

ANGOUISSO. s. f. Angoisse. Douleur. Souffrance. Chagrin. *Siou tout plen d'angouissos* : je suis accablé de maux.

ANGOUSTIN. s. m. Augustin. Nom d'homme.

B. A. ANGOUNAYO. s. m. Vieillerie. Harde. Meuble. Instrument. Outil. Usine, etc., vieux, détraqué, dépareillé, dérangé ou hors d'usage, que l'on délaisse. *A'no chambro pleno de touto sorto d'angounayos* : il a un appartement rempli de toutes sortes de vieilleries.

B. R. ANGUIÈLO.) s. f. Anguille.
B. A. ANGUIÈRO. Poisson d'eau douce, long et menu de la figure d'un serpent.

ANIS. s. m. Agnelin, Agneline. Laine que l'on tire des peaux d'agneaux.

ANISSA, S'ANISSA. v. récip. S'animer. S'échauffer dans la dispute ou la querelle. Il est du style plaisant et familier. *Regardas coumo s'anissoun!* Voyez comme ils s'animent!

ANISSA, ADO. part. Échauffé. Animé, ée. *Avès vis coumo s'es anissado?* Avez-vous vu comme elle s'est animée?

ANISSA, ADO. Ébouriffé, ée. *Chevux anissas* : cheveux en désordre. *Testo anissado* : chevelure ébouriffée.

ANISSES. Voyez ANIS.

ANOUGE. s. m. Annonois. Antenet.

agneau d'un an bistourné.

ANOUI, IDO. adj. Retrait. Maigre. On le dit des blés dont les grains murissent sans se remplir, et qui, par ce défaut contiennent beaucoup moins de farine que les blés bien conditionnés. *Bla anouï* : blé retrait. *Civado anouïdo* : avoine maigre ou retraite.

ANQUO. s. f. Hanche. Partie du corps humain, dans laquelle le haut de la cuisse est emboîté.

ANSIN. adv. Ainsi. En cette manière. Comme cela. De cette façon. Par conséquent. *Es counvengu ansin* : il est ainsi convenu. *Ansin l'y anarès pas* : par conséquent vous n'y irez pas.

ANSIN-SIÈGUE. Ainsi-soit-il. Manière d'acquiescer et d'aprouver ce qui vient d'être dit ou fait. On dit fig. d'une personne qui n'a pas la tête solide, qui a le cerveau timbré, et de celui qui est pris de vin: *Es un paou ansin* : il est un peu ainsi.

ANSINTO. Voyez ANSIN.

ANTAN. adv. Autrefois. Jadis. Anciennement. L'an passé. L'an dernier. Il est vieux et hors d'usage.

ANTIFLO. *Battré l'antiflo.* adv. Gagner les champs. S'évader. Se dérober à la poursuite. Il est plaisant et populaire. *Es ista ooubligea de battre l'antiflo* : il a été obligé de déguerpir, de s'enfuir. *N'es plus ici despui quaouque temps, batte l'antiflo* : il n'est plus ici depuis quelques temps, il est en fuite.

ANTIFONI. Voyez ANGOUNAYO.

ANUECH. adv. Ce soir. A la nuit. hier soir. On le dit de la soirée précédente, comme de la plus prochaine. *Vendrem anuech* : nous viendrons ce soir. *Es anuech qu'arriberoun* : ils arrivèrent hier soir.

ANUECHA, S'ANUECHA. v. récip. S'anuiter. S'exposer à être surpris en chemin par la nuit.

AOUBARESTO. Voyez OOUBARESTO.

AOUBENO. Voyez OOUBENO.

AOUBEQUO. s. f. Aubier. Couche de bois tendre et blanchâtre qui est entre l'écorce et le cœur de l'arbre. On prétend que les planches où il reste de l'aubier sont sujettes à la vermoulure.

AOUBERJHO. s. f. Pavi. Espèce particulière de pêche qui ne quitte pas le noyau.

AOUBETO, ou **PREMIÈRO AOUBO.** s. f. Première pointe du jour. Point du jour. Voyez l'article suivant.

AOUBO. s. f. Aube. Pointe du jour. *Foou arriva à l'aoubo* : il faut arriver à l'aube du jour.

AOURO. Aube. Vêtement sacerdotal.

AOUBO. s. f. Orme blanc. Arbre appelé aussi, mais improprement, l'peuplier blanc.

AOUBRADO. s. f. Charge de fruit. Tout le fruit qui est sur un arbre, qu'un arbre porte. *L'y avié de beleis aoubrados de peros* : les poiriers étaient bien chargés de fruits.

AOUBRE. s. m. Arbre. Plante boiseuse qui pousse différentes branches. C'est le plus haut et le plus gros de tous les végétaux.

AOUBRE. s. m. Terme de moulin à huile. Arbre. Pièce de bois fixée au milieu de l'Auge, et à laquelle est attachée par son essieu, la meule qui broie les olives.

AOUBRE-DRECH. s. m. Arbre fourché. *Faire l'aoubre drech* : faire l'arbre fourché : faire cul par-dessus tête, poser la tête à terre et tenir les jambes en l'air en s'appuyant sur les mains. Au fig. *Faire l'aoubre drech* : faire l'impossible. On ne le dit que des enfans, des polissons. *Per un soou ou per coouearren de boucn, li farièn faire l'aoubre drech* : il est si intéressé ou si gourmand, que rien ne lui est pénible lorsqu'il s'agit de l'argent ou de la friandise.

AOUBRET. m. s. Pipée. Sorte de chasse dans laquelle on attire avec des appeaux, les oiseaux sur un arbre factice ou naturel, dont les branches sont garnies de gluaux (*l'arguettos*), où ils se prennent. *Ana à l'oubret* : aller à la pipée.

AOUBRIHO. s. m. collectif. Arbres. Arbustes. *L'y a foucsso aoubriho* : il y a beaucoup d'arbres et d'arbustes.

AOUCO. s. f. Oie. Espèce d'oiseau aquatique plus grand et plus gros qu'une cane. Les grandes plumes de ses ailes servent à écrire.

AOUFFO. s. f. Offe. Spartz. Sorte de jonc qui nous vient d'Alicante en Es-

pagne, et qu'on travaille à Marseille, où on l'emploie ensuite à faire des cordes, des cabas, etc. Voyez COUFIN, EISSARRIS et les deux articles suivans.

AOUFFO - DURO. Spartz en rame. C'est le jonc d'Espagne battu, et prêt à être travaillé.

AOUFFIÈ. s. m. Offier. Spartier. Artisan qui travaille l'offe, qui l'a met en œuvre, ou qui fait le commerce de la sparterie. Dans ce dernier cas, on dit ordinairement marchand offier.

AOUGEA. v. n. Oser. Entreprendre hardiment, avoir la hardiesse de faire ou dire quelque chose. *Fooougearas pas faire* : tu n'oserais le faire.

AOUGO. s. f. Algue. Plante marine. On se sert de l'algue pour couvrir le poisson que l'on transporte dans des mannes.

AOULAME. s. m. Faucille. Instrument dont on se sert pour couper les blés. La faucille des Provençaux n'ayant point de dents comme celle des Bourguignons, etc., on ne peut pas dire scier les blés, comme on le dit là où les faucilles sont dentées comme une scie.

V. **AOURA.** Voyez VOULA.

AOURADO. s. r. Dorade. Poisson.

AOURO. s. f. Vent. Air poussé avec violence. *Aouro bruno* : vent roux, vent chaud , vent d'Est. *Quand l'aouro meno* : lorsqu'il fait vent. *Tout aouro* : exposé à tout vent. Il est vieux.

Le charmant hermitage de Saint-Pancrace de Manosque, est situé sur le plateau d'une colline qui porte le nom de *Touto Aouro*, en français Toutes aures , à cause de son exposition.

AOUROUX. adj. Venteux. Il est vieux et presque hors d'usage.

B. A. **AOURRE.** adj. Restant. Qui reste. Ce qui reste d'une plus grande quantité, d'une plus grande somme. *Vaqui ben un trouès, ountès l'aourre ?* voilà bien une partie, où est le reste ?

B. A. **AOURRE.** s. Reste. Autre chose *Voueli p'aco, douna-mi l'aourre* : je ne veux pas cela, mais le reste. *Si aco vous couonven pas vouren coouquarren aourre* : si cela ne vous plaît pas, nous aurons quelqu'autre chose. On dit ordinairement. *L'y pouedi faire aourre* je n'y puis faire plus.

18 API

AOUSSO. } int. Hisse! Élève!
AOUTO. }

AOUTAR. Voyez OOUTAR.

AOUTUROUX, OUÈ. adj. Hautain.
hautaine. Fier. Orgueilleux.

AOUZI. Voyez OOUZI.

AOUZIDO. Voyez AOUZIDO.

V. APAREISSOUN. Voyez PAREISSOUN

V. APAREISSOUNA. Voyez EMPA-
REISSOUNA.

APAYA. v. a. Epandre. Jeter çà et
là. Eparpiller de la paille. — Faire la
litière aux bêtes de somme. *Apaya la
carrièro* : épandre de la paille dans la
rue, en faire une jonchée. Voyez
PAIHADO.

V. APAYUN. Voyez PAYADO.

APENSATIF, IVO. } adj. Pensif.
APENSAMENTI, IVO. } Pensive.
Rêveur. En souci. *Ero ben apensamenti*:
il était tout pensif.

APERALIN. adv. démonst. Par là bas.
C'est le superlatif d'ALIN. Voyez ce
mot.

APERAMOUN. adv. démonst. Superlatif d'AMOUN. Par là-haut.

APERAMOUNDAOU. adv. démonst.
superlatif du précédent. Par-làhaut.
Très-haut. *Es descendu d'aperamoundaou deis pu haoutris mountagnos* : il
est venu de par là-haut des hautes
montagnes.

APERAQUI. adv. démonst. Par là.
out près. *Deou estre aperaqui tout
prochi* : il doit être par là tout près.
—Par-ci, par-là, adv. *Coumo sias?...
— Aperaqui* : comment êtes-vous? —
Par-ci, par-là, clopin clopant.

APERAVAOU. adv. démonst. Par là-
bas. Superlatif d'AVAOU. Voyez AVAOU.

APERESI, IDO, part. Devenu paresseux, paresseuse. Voyez AGOURRINA.

B. A. APERO s. f Poire. Fruit du
poirier.

APEVOUN. s. f. Tronc. Tige d'un
arbre. *Bello apevoun* : beau tronc
d'arbre.

APEYSANI, s'APEYSANI. v. n. et récip. Se rendre paysan. Travailler sa
terre comme les gens de la campagne.
S'allier, vivre, demeurer avec des
paysans, ou vivre à leur manière.

API. s. f. Hache. Instrument de fer
tranchant, qui a un manche, et dont
on se sert pour fendre le bois.

API. s. m. Céleri. Plante potagère
de celles que l'on mange en salade.

APP

Elle est très-chaude. *Api de la couesto
pleno* : céleri à pleine côte. Le céleri
ordinaire qui a la côte vuide s'appelle
céleri à chalumeau.

API. Franquette. Il n'a d'usage dans
ce sens, que dans cette phrase familière. *A la boueno api* : à la franquette,
pour dire, franchement, ingénûment.

API-FER. s. m. Ache. Plante. C'est
le céleri sauvage, non cultivé. il est
plus piquant au goût que le céleri des
jardins. L'ache est recommandée dans
les maladies chroniques.

APIÉ. s. m. Rucher. Lieu où l'on
place les ruches des abeilles. Dans le
canton de Forcalquier, aux environs
de la montagne de Lure, on voit
des ruchers qui ont plus de 150
ruches en plein rapport. Le miel de
cette contrée est le plus délicieux que
l'on connaisse, parce que les abeilles
qui le forment trouvent dans ces montagnes les plantes les plus aromatiques
de la Provence.

V. APIOUN. Ache. Voyez API.

APLUGI. adj. Pluvieux. Disposé,
tourné à la pluie. On le dit du temps.
Lou temps es aplugi : le temps est à la
pluie. *Temps aplugi* : temps pluvieux.

APPAOURI v. n. Appauvrir. Rendre
pauvre. il est aussi récip.

S'APPAOURI. S'appauvrir, devenir
pauvre.

APPARA. v. a. Tendre. Présenter
en avançant pour recevoir quelque
chose. *Appara lou fooudaou, lou capeou, la man* : tendre le tablier, le
chapeau, la main pour recevoir quelque chose.

APPARA, s'APPARA. v. n. et récip.
Défendre. Se défendre. *Dins l'estiou
leis bouchiers poudoun pas s'appara
deis mouscos* : en été les bouchers ne
peuvent se défendre des mouches qui
les obsèdent. *Pouden pas s'appara eis
voulurs (deis fruits)* ; nous ne pouvons
nous défendre des voleurs.

APPARO! Impératif du verbe APPA-
RA ci-dessus. Défendez! C'est un cri
d'avertissement du danger actuel que
court d'être volée, la chose que l'on
désigne. On ne s'en sert qu'en ce qui
regarde les fruits et les productions
de la terre, tandis qu'elles ne sont
pas encore rentrées. *Apparo leis
grafiens! Apparo leis muscats!* Défendez les cerises! gardez les muscats!
Il est popul. et rustique.

APPARIA. v. n. Apparier. Appareiller. Accoupler. Assortir. Joindre. Mettre ensemble deux chose pareilles. Comparer. *Apparia un parcou de pigeoun*: apparier, accoupler une paire de pigeons. *Apparia un parcou de gants*: appareiller une paire de gants. *Apparia uno estoffo*: assortir une étoffe. *Veguen qu es pu grand de touteis dous, apparia-vous*: voyons qui de vous deux est le plus grand, comparez-vous. On dit prov. parlant de deux époux qui ont les mêmes défauts ou les mêmes inclinations: *Lou boueu Dieou lei fai et pui leis apparié*: après les avoir fait Dieu les unit.

S'APPARIA. v. récip. S'accoupler. Se comparer. Se rendre égal. Aller de pair. On dit le premier des oiseaux, et le second se dit des personnes. *Appariavous*: allez ensemble, marchez de pair.

APPIÈLA. v. a. Soutenir. Appuyer. Arc-bouter un mur, un édifice.

APPLANA. v. a. Terme d'agricult. Herser. Passer la herse ou le rateau dans un champ que l'on vient de semer pour en applanir la surface. On dit aussi dans le même sens : *Ramena*.

APPLANA. v. a. Terme de tonnelier. Doler. Passer les douves sur la colombe pour en polir les côtés.

APPLANA. v. a. Aplanir. Rendre uni ce qui était inégal. Au fig. Manger son bien, dissiper son avoir. En se sens il est synonyme, D'ACABA. Voyez ACABA.

APPLANTA, S'APPLANTA v. a. et récip. Arrêter. S'arrêter. Se fixer. Cesser d'aller. *Applanta-vous* : arrêtez-vous. *Leissa li faire, s'applantara proun*: laissez le courir, il s'arrêtera bien.

APPOINTA. v. a. Terme de jeu de boule. Pointer. Diriger sa boule vers le but.

APPOINTAIRE. s. m. Terme de jeu de boule. Assidut. Pointeur qui sait diriger sa boule vers le but.

APPOULONI. s. f. Apollonie. Nom de femme.

APPOULTROUNI. S'APPOULTROUNI v. récip. Apoltroner. Rendre poltron. s'accouardir. S'acoquiner. Devenir poltron, lâche, indolent, paresseux, etc. *S'appoultrouni autour doou fuèh*: s'apoltronier, s'accouardir, s'acoquiner autour du feu. *Dins l'hiver, lou fuèch et lou souleou appoultrounissoun*: en hiver le feu et le soleil accouardissent, ils attachent trop.

APPOUNCHA. v. a. Aiguiser. Rendre aigu. Rendre plus pointu. On le dit en parlant d'un outil, d'un instrument de fer. *Appouncha uno reyo*: aiguiser le soc d'une charrue. Tailler la pointe, faire la pointe, se dit d'une pièce, d'un objet en bois. *Appouncha de pareissouns*: faire la pointe à des échalas. On dit proverb. et plaisamment à celui qui dit n'avoir pas le sou: *Foou appouncha un troun*: il faut tailler un morceau de bois pour vous en procurer (en creusant la terre.)

APPOUNCHEIRA. }
APPOUNCHA.   } v. a. Terme de maçon. Etager. ETANÇONNER. Mettre des étançons, à une maison, à un mur pour le soutenir. Arc-bouter.

APPOUNTELA. S'APPOUNTELA a. et récip. Se cramponner. S'attacher fortement à quelque chose pour n'en être point arraché. *Regardas coumo aquou pichoun s'apountelo à la pousso de sa màire*: voyez comme cet enfant se cramponne au sein de sa mère.

S'APPOUNTELA. v. récip. S'agriffer. On ne le dit que des animaux.

V. APPOUNTHA. v. a. et r. S'accoter. Appuyer. S'appuyer par derrière ou par côté.

APPOUSTEMI. v. n. et récip. Apostumer. Se former en apostume. *Seis cambo s'appoustemissoun ‧ ses jambes s'apostument, c'est-à-dire, que les plaies qu'il a aux jambes s'apostument. A la man apoustemido*, il a la main apostumée.

APRADI. v. a. Mettre en pré. On le dit en agriculture, d'un champ que l'on dispose et sème pour en faire un pré. *Es un mouceou de ben arrousable qu'apradirai*: c'est un coin de terre arrosable que je veux mettre en pré.

V. APREISSA. v. n. et récip. Empresser. S'empresser. *T'apreisses pas tant*: ne soit pas si empressé.

APPRENDIS, ISSO. s. Apprenti, apprentie. Celui et celle qui est placé chez un maître ou une maîtresse pour y apprendre un état.

APPRENDISSAGI. s. m. Apprentissage. L'état, l'emploi, l'occupation d'un apprenti.

s'APPRENDRE. v. récep. Etre la cause, le principe, l'occasion de quelque chose désagréable qui arrive. *S'es toumba s'apprend à tu*: s'il est tombé tu en est la cause. *S'a maou devina s'apprend à n'éou qu'a vougu escouta degun*: s'il a mal rencontré c'est sa faute, parce qu'il n'a pas profité des avis qu'on lui donnait. *S'apprend pas a iou*: je n'en suis pas la cause.

APPRIMA. v. a. Emincer. Amenuiser un corps. Une étoffe s'émince par l'usure et par le frottement, et on l'amenuise à dessein avec quelque outil en retranchant de son épaisseur. On dit prov. *Avant que groussiè siè apprima fin seis enana*: étoffe fine est plutôt usée qu'une grossière émincée.

APPRIVADA. v. a. Apprivoiser. Rendre doux et moins farouche. *Passeroun apprivada*: moineau apprivoisé.

APPROUVAIRE. s. m. Approbateur. Celui qui approuve.

AQUELEIS. pron. démonst. Ceux-là. Ceux.

AQUELO. pron. dém. Celle. Celle-là.

AQUEOU. pron. dém. m. Celui-là.

AQUEST. pron. dém. m. Celui-ci

AQUESTO. pron. dém. f. Celle-ci.

AQUESTOU. Voyez AQUEST.

AQUI. } adv. démont. Là. *La*
AQUITO. } *vaqui* : la voilà.

AQUISSA. Voyez ATISSA.

B. A. AQQUERA. Voyez ACUÈLA.

V. ARABANO. s. f. Amande fine. C'est celle dont la coquille se brise entre les doigts, et que l'on appelle vulgairement et improprement, *pistacho*.

ARABRE. s. m. Arabe. Nom de nation que l'on n'emploie qu'au figuré et qui signifie, cruel, dur. *Aco es un arabre*: c'est un homme dur.

ARABRENO. s. f. Salamandre. Reptile qui est une espèce de lézard à longue queue, dont la peau tirant sur le noir est tachetée de mouches jaunes rapprochées. Bien que certains auteurs croient que la salamandre n'a point de venin, néanmoins des gens de la campagne dignes de foi, assurent que soit par son souffle ou autrement, la présence de ce reptile dans une bergerie, y repand une contagion mortelle qui se manifeste d'abord sur l'animal qui en est le plus près, par un gonflement du ventre suivi immédiatement de la mort, à laquelle n'échappe aucune bête du troupeau renfermé. La salamandre est aveugle et amphibie.

ARAFAN. s. m. Terme de mépris. Glouton qui mange avec excès et avec avidité. On lui donne aussi la signification d'Aragan. Voyez l'article suivant.

ARAGAN. s. m. Harpagon. Avare. Qui prend et ramasse quelle chose que ce soit, qui se trouve sur ses pas ou qui lui tombe sous la main pourvu qu'elle lui serve à quelque chose.

B. R. ARAGNAN. s. m. Sorte de raisins blancs dont les grains oblongs sont doux et mols. Voyez ESFOUIRAIRE.

ARAGNO. s. f. Araignée. Insecte qui a plusieurs pieds.

ARAGNO. s. f. Vive. Poisson de mer appelé aussi Dragon.

ARAIRE. s. m. Charrue. Machine à labourer la terre.

ARAMOUN. s. m. Cep de charrue. C'en est une des pièces principales. Elle est de bois, applatie en dessous et garnie par devant d'un morceau de fer acéré et tranchant qu'on nomme le soc. Voyez REYO.

ARAN. s. m. Archal. Il ne s'emploie qu'avec le mot fil. *Fiou d'aran*: fil d'archal. C'est le fil de fer cuit. *Panie daran*: égouttoir.

B. R. ARANGELIE. } s. m. Oranger.
B. A. ARANGIÉ. } Arbre qui porte les oranges.

ARAPEDO. Voyez ARRAPEDO.

V. ARARI. s. m. Hilaire, nom d'homme.

B. R. ARBIHO. s. f. Argent. Terme pris de l'argot des petits marchands des montagnes du Dauphiné. *N'a ges d'arbiho* : il est dépourvu d'argent.

ARBUTAN. s. m. Pied-de-biche. Barre de fer qu'on met à travers de l'un des vanteaux d'une porte pour la tenir fermée. *Vai mettre l'arbutant*: va-t-en mettre le pied-de-biche, ce qui veut dire : fermer la porte.

ARCADO. s. f. Arche. Partie d'un pont qui forme l'arc et qui est comprise entre deux piles.

ARCHEIROT. } s. m. dimin. Petit
ARCHEROT. } archer. On ne l'emploi guère qu'en

poésie pour désigner Cupidon et les blessures qu'il fait avec son arc et ses flèches.

ARCHIÉ. s. m. Archer. Petit officier de justice ou de police, dans les villes. Au fig. homme rigide, dur, impitoyable. *Es vengu coum'un archié*, il est venu avec un ton menaçant comme un archer.

ARCHIÈRO. s. f. Voyez ARQUIÈRO.

ARCHIPOUÉ. s. m. Hachis. Marmelade. *Mettre en archipoué*: rendre semblable à un hâchis, à de la chair à pâté, par les mauvais traitemens, les coups, l'orage, etc. Il se dit au propre comme au figuré, tant des personnes que de toutes choses matérielles. *La grèlo a mes leis rins en archipoué*: la grêle a fait un dégat terrible de nos raisins. M. Gros, a dit, parlant d'un loup:

Lou cruvelonu de coou de la testo à la couë.
Es mes en peços, en archipoué.
Lou mooceou lou plus gros dieu que fougue l'oouiho

ARÇOUN. s. m. Courbet. Partie d'un bât de mulet.

B. R. ARELLOS. s. f. pl. Échauboulures. Petites élevures rouges qui viennent sur la peau.

AREN. s. m. Hareng. Petit poisson qu'on ne pêche que dans l'Océan; lorsqu'il est fumé et tel qu'on nous l'apporte dans des caques ou barriques où il est entassé, on lui donne le nom de hareng-saur ou hareng-sauret.

B. A. AREN. s. m. Haleine. Air attiré et repoussé par les poumons. *Teni l'aren*: retenir son haleine, ne pas respirer. *Haren fouer*: haleine forte.

B. A. ARENA. v. a. Respirer l'air dans sa poitrine, et le pousser dehors par le mouvement des poumons. *Poou plus arena*: il est hors d'haleine. *Laissa m'arena*: laissez moi respirer.

B. A. ARENADO. s. f. Halenée. Air qué l'on souffle par la bouche en une seule respiration et qui est accompagnée d'odeur. *Vous gietto d'aqueleis arenados que vous toumboun*: il exhale de ces halenées qui tuent.

ARENCADO. s. f. Hareng blanc. Petit poisson de mer, salé.

B. A. ARENO. s. f. Alène. Outil de cordonnier. Espèce de verge emmanchée avec laquelle on perce le cuir. *Areno drecho, aleno touerto* · alène droite · alène courbe.

ARES. }
ARESCLE. } s. m. Archet. Chassis. Cerceau, que l'on met sur le berceau des enfans pour soutenir la couverture au-dessus de leur tête. *Ooussas l'arescle, que lou pichoun est troou estoufa*: relevez l'archet parce que l'enfant n'a pas assez d'air. Voy. ENCRUNCEOU.

AREST. s. m. Rets. Filet à prendre des oiseaux ou du poisson.

ARESTO. s. f. Arête. Os de poisson. Echarde. Petit éclat de bois qui entre dans la chair. *En manejhant de plancho l'on si mette d'aresto dins leis mans*: en maniant des planches il entre quelquefois des échardes dans les mains.

ARGEIROLO. s. f. Azerole. Fruit de l'azerolier. Arbuste qui est de la famille des néffliers.

ARGENTIÉ. s. m. Orfèvre. Artiste qui travaille les matières d'or et d'argent. Il est vieux.

ARGENTINO. Voyez CACHO-MAIHO.

ARGENTOUX, ARGENTOUÈ. adj. Pécunieux euse. Qui a beaucoup de l'argent comptant.

ARGIÉLAS. s. m. Genêt épineux. Arbrisseau.

B. A. ARGIEIROUX OUÈ. adj. Argileux, argileuse. Qui tient de l'argile. *Tarren argieiroux*: terrain argileux. *Terro argielouè*: terre argileuse.

B. R. ARGIÉLO. s. f. Argile. Terre grasse dont on se sert pour faire de la poterie.

B. R. ARGIÉLOUX. Voyez ARGIEIROUX.

B. A. ARGIÈRO. Voyez ARGIÉLO.

ARGUE. s. m. Terme de marine. Cabestan.

ARJHOOU. s. m. Argeolet. Tumeur qui vient sur les paupières et qui se dissipe dans cinq ou six jours.

ARLATEN, ARLATENCO. s. Arlésien, Arlésienne. Homme, femme natif de la ville d'Arles.

ARLÈRI. s. m. Extravagant. Original. Il est formé de deux mots : *Air* et *Leri*, qui a l'air, les manières et la démarche d'un homme en démence. Voyez FOULIGAOU, LÈRI.

ARMA. v. a. Armer. Fournir. Révêtir d'armes.

ARMA. v. a. Terme d'agr. Ramer. Garnir les plantes de pois et haricots, de rames, qu'on plante en terre pour les soutenir. *Arma leis pezes*:

ramer les pois.

ARMADO. s. f. Armée. Grand nombre de troupes assemblées en un corps sous la conduite d'un chef.

ARMADOUIRO. s. f. Rame. Petite branche d'arbre qu'on fiche en terre pour soutenir des plantes légumineuses, telles que pois, haricots, etc.

ARMANAG. Voyez SONGEO-FESTO.

ARMARI. s. m. Armoire. Meuble de bois dans lequel on met les viandes et le pain que l'on doit servir, ou qui est resté d'un repas.

ARMARI. s. m. Buffet. Armoire dans lequel on renferme la vaisselle et le linge de table.

ARMAS. Voyez HARMAS.

ARMENTÈLO. s. f. Pimprenelle. Plante ou herbe potagère.

ARMETO. s. f. diminutif. Petite ame. Ame de jeunes enfans.

ARMOUN. s. m. Anserine. Plante.

ARMOOU.
ARMOUX. } s. m. Arroche. Bonnedame. Plante potagère d'un vert blanchâtre. Elle remplace les épinards pendant l'été. Le potage dans lequel on a mis de cette plante prend une couleur dorée.

ARNA, ARNADO. adj. Rongé, éc. Percé. Piqué des teignes, des vers. Vermoulue. Drap arna: drap piqué des teignes. Estoffo arnado: étoffe attaquée des vers.

ARNAVEOU. s. m. Paliure. Argalou. Porte-chapeau. Epine-de-Christ. Arbrisseau hérissé de deux sortes d'épines, il est très-commun dans la Basse-Provence où il vient naturellement. On en forme des haies, des échaliers, etc. L'on croit communément que la couronne d'épines que les juifs mirent sur la tête de N. S. J. C. était de paliure, ce qui lui a fait donner le surnom d'épine de Christ.

ARNIÈ. s. m. Martinet. Martin-pêcheur. Alcyon. Oiseau d'un plumage bleu, brillant, nacré en-dessus, roux en-dessous, il suit ordinairement le cours des rivières, vivant de petits poissons qu'il saisit en volant à la surface des eaux, bien que ses serres soient très-courtes. On en voit souvent sur la Durance du côté de Manosque. On prétend, que mis parmi des vêtemens de laine, cet oiseau les garantit des teignes, ce qui lui a fait donner le

nom provençal d'arniè qui veut dire contre les teignes.

ARNO. s. f. Teigne. Insecte qui ronge les étoffes de laine et les pelleteries, c'est un espèce de ver. Leis draps vieis soun sujhets eis arnos: les vieux draps sont sujets aux vers. Au fig. Avare. Chiche. Aco es un arno: c'est un avare fieffé.

ARNO. s. f. Piramiste. C'est le papillon de la teigne. Il est de couleur blanc sale argenté; l'éclat d'une lampe allumée l'attire même en plein jour, il est fort sujet à se précipiter dans sa flamme autour de laquelle il se plaît à voltiger.

ARNOUX. Voyez ARMOOU.

ARO. adv. A présent. Maintenant. A cette heure. Actuellement. Aro même: à présent même, à cette heure.

ARO. s. f. Are. Nouvelle mesure agraire de 100 mètres carrés, faisant 25 cannes carrées mesure ancienne de Provence. 64 ares font la charge de 1600 cannes carrées.

AROI. s. m. Eloi. Nom d'homme. Par Sant Aroï: pour la Saint-Eloi.

ARPATEGEA. s. n. Tendre les griffes. Chercher. Palper avec les mains. Au fig. tâtonner, tâter avec les pieds et les mains. Toujours arpategeo: il a toujours les mains levées pour palper ou chercher quelque chose. Il est ironique et populaire.

ARPIAN. s. m. Harpagon. Riche avare. Au fig. Voleur. Larron qui se prend à tout.

ARPIEN. s. m. Griffe, ongle, serre. Ongle pointu et crochu de certains animaux. Serre d'un oiseau de proie. Patte d'un animal. Au fig. Main d'un homme; en ce sens il ne se prend qu'en mauvaise part.

ARPO. Voyez ARPIEN.

ARPOS. Voyez SET-ARPOS.

ARQUIÈRO. s. f. Fenêtre très-étroite d'une bergerie. Chante-pleure. Fente pratiquée dans un mur pour laisser écouler les eaux.

ARRA. v. a. Arrher. S'assurer de quelque chose en donnant des arrhes.

ARRAMBAGI. s. m. Terme de marine. Abordage. A l'arrambagi: à l'abordage.

ARRAPA. v. a. Agripper. Prendre. Saisir avec les mains. Dérober. Ar *arrapa tout ce qu'an pousqui* : ils ont agrippé tout ce qu'ils ont pu.

ARRAPA. v. a. Tromper. Attraper. Surprendre artificiellement. *Mi siou ben arrapa* : je me suis bien attrapé. Il est quelquefois réciproque ainsi qu'on le voit dans l'exemple précédent, elle suivant. *M'arraperoun ben* : l'on me trompa joliment.

ARRAPA. v. a. Donner la main. Tendre la main à quelqu'un pour lui aider à marcher, à se conduire, ou à se relever. *Arrapen si* : tenons-nous par la main. *Vou lès que v'arrapi?* voulez-vous que je vous donne la main?

ARRAPA, S'ARRAPA. v. r. Coller. Se coller. Se prendre. S'attacher à.... S'accrocher à.... *L'y a doux fueihets d'arrapas en aqueou libre* : il y a deux feuillets dans ce livre qui sont collés ensemble. *Lou fricot sés arrappa* : le fricot s'est pris à la casserolle, ou au fond du plat. On dit ord. *Qu'un avare s'arraparié a uno barro de ferri rouge* : qu'un avare s'attacherait à une barre de fer rougie. *Ave leis dets arrapas* : avoir les doigts collés.

s'ARRAPA. v. récep. Harpailler. En venir aux mains. Se jeter l'un sur l'autre pour se battre. *L'y a mié houro que si disputoun toutaro s'arrapoun* : ils sont à se quereller depuis demi heure, ils ne tarderont pas à en être aux mains.

ARRAPA, VA, v. a. terme d'agr. Reprendre. Prendre racine de nouveau. On dit des arbres et des plantes que l'on a transportés. *Leis cooulets an arrapa* : les choux on repris.

ARRAPEDO. s. f. Lépas. Sorte de coquillage.

ARRAPAIRE. s. m. Voleur Racrocheur, celui qui prend et dérobe.

ARRAPO-FERRI. s. m. Manique. Instrument de repasseuse, servant à prendre et à tenir le fer pendant qu'on repasse le linge.

B. A. ARRAPO-MAN. s. m. Grateron. Glouteron. Rièble. Plante commune dont les semences s'attachent aux habits et aux bas des passants. Voyez L'A-POURDOUN. On donne également le nom D'ARRAPO-MAN à la garance sauvage; les gens de la campagne les confondent ensemble.

ARRAPO-MAN. s. m. Manique. Chif-

fon de cuisine dont on se sert pour prendre et ôter du feu toute grosse ustensile du ménage, telle que chaudron, marmite, etc., qui est trop chaude.

ARRAPO-PEOU. s. m. Semence de la Bardane. Cette plante qui est la grosse espèce de glouteron, a les semences semblables à une olive hérissée de pointes. Les polissons se plaisent à les jeter aux cheveux des enfans qui ont de la peine à les en détacher, c'est là la raison qui leur a fait donner le nom d'*Arrapo-Peou*.

ARRARI. v. a. Éclaircir. Rendre moins épais, moins fourni, diminuer le nombre. *La counscriptien arrarissiè leis homes* : la conscription éclaircissait bien les hommes. *Arrari uno taoulo d'espinars* : éclaircir une planche d'épinard. *Leis louis d'or s'arrarissoun* : les louis en or deviennent rares.

ARRENDA. Voyez ARRENTA.

B. A. ARRENGUEIRA. v. a. Aligner. Mettre, ranger sur une même ligne.

ARRENJIIA. v. r. Arranger. Agencer. Raccommoder. Préparer. *S'arrenjhavo lou fichur* : elle arrangeait son schal. *Aquelo filho s'arrenjho ben* : cette demoiselle est toujours bien ajustée. *Arrenjha lou soupa, arrenjha de bas* : apprêter le souper, raccommoder des bas.

ARRENTA. v. a. Affermer. Passer un bail à ferme. *Arrenta un houstaou* : louer une maison.

ARRESTA. v. a. Arrêter. Empêcher la continuation d'un mouvement, le cours, le progrès de quelque chose, l'écoulement de quelque liqueur. Empêcher quelqu'un d'agir. Cesser de marcher. Prendre, saisir une personne. Étancher, arrêter l'écoulement. *N'y a proun, arresta-vous* : c'est assez arrêtez-vous. *Arresta lou sang d'uno blessuro* : étancher le sang d'une blessure.

ARRESTA, ADO. adj. Posé, posée. Modeste. Grave. Rassis. *Enfant, filho, dameisello, ben arrestado* : garçon, fille, demoiselle, posée, modeste, sensée.

ARRET. s. m. Sorte de filet d'oiseleur.

ARRI. interj. Allez. C'est le cri que l'on adresse aux anes pour les faire aller en avant, et aux négligens pour les exciter. On dit prov. *Li fooù toujous dire arri* : il faut le pousser, l'exciter sans cesse. On dit fig. et fam.

Arri eme soun pas: chacun avec son égal.

ARRIBA. v. a. Arriver. Parvenir au lieu où l'on voulait arriver.

ARRIBADO. s. f. Arrivée. Temps où une personne arrive en quelque endroit: *Es vouest'arribado?* est-ce votre arrivée?

ARRIEIRA. v. a. et récip. Arriver. Retarder. Demeurer. Être en retard, en arrière de son travail, de ses affaires, de ses payemens, etc.

ARRIEIREN, ENCO. adj. Tardif, ive. Fruit. Légume, qui vient ou mûrit dans l'arrière saison. *Frui arrieiren*: fruit tardif.

ARROUINA. v. n. Ruiner. Démolir. Détruire. Tomber en ruine. Causer la perte de la fortune, du crédit, de la santé, etc. *Se soun arrouinas*: ils se sont ruinés. *Houstaou arrouina*: maison ruinée.

B. A. ARROUINA. v. a. Terme de maçon. Aplanir. Niveler. Rendre un plancher uni. Le mettre de niveau pour le carreler ensuite.

ARROUSA. v. a. Arroser. Humecter. Mouiller quelque chose en y versant de l'eau ou quelqu'autre liquide dessus.

ARROUSAGI. s. f. Arrosage. *Païs, canaou, vala d'arrousagi*: pays, canal, ruisseau d'arrosage.

ARTÉMISO. s. f. Armoise. Plante anti-hystérique.

ARTEOU. s. m. Orteil. Doigt du pied.

BARTICHAOU. s. m. Artichaut. Plante et fruit légumineux. *Artichaou doou premiè greou*: pomme d'artichaut de la première pousse.

B. A ARTICHAOU. s. m. t. de danse. Entrechat, sorte de mouvement qu'on fait dans la danse haute, où l'on croise les jambes en sautant. *Battre leis artichaoux*: faire des entrechats.

ARTISANOT. s. m. Jeune artisan. Fréluquet.

ARTISANOTTO. s. f. Jeune personne légère ou coquette, appartenant à la classe ouvrière, ou à celle des artistes.

ARTOUN. s. m. Terme pris de l'argot de nos montagnards. Pain. Principal aliment de l'homme.

V. ARUSCLE. Voyez ARESCLE.

ASCLO. Voyez ESCLO et ESCLAPO.

ASPIC. Voyez ESPI.

ASSA. Voyez ACA.

B. A. ASSACHET. s. m. Annonce. Avis par lequel on donne officiellement connaissance à des parens, des amis, des voisins, etc., d'un mariage, d'une naissance ou d'une mort. *Faire leis assachets*: faire les annonces d'un mariage, les invitations pour un baptême.

ASSADOULA. v. a. Assouvir. Rassasier pleinement. *S'en pou p'assadoula*: il ne peut s'en rassasier. Au fig. Lasser. Ennuyer. *M'assadoulo*: il me lasse.

ASSAJHA. v. a. et récip. Essayer. Faire l'essai. Éprouver. *Assajhas si vous vai ben*: essayez s'il peut vous aller. *Foou tout assajha*: il faut tout éprouver. *S'assajhavoun*: ils s'essayaient pour voir s'ils pourraient ou s'ils sauraient le faire.

ASSAJHAIRE. s. m. Essayeur. Celui qui essaye, qui éprouve, qui fait l'épreuve.

ASSARIA. v. a. Assaler. Savourer. Donner, faire manger du sel aux bêtes du troupeau. *Assaria l'ave*: donner, faire manger le sel au troupeau.

V. ASSAS. adv. suffisamment. Voyez PROUN.

ASSEBENCHI. Voyez ACEBENCHI.

ASSEGURA. v. a. Arrher. Arrêter. S'assurer de quelque chose pour son service, pour son usage, etc. *Avem assegura lou tincou per fa bugado*: nous avons arrêté le cuvier pour faire la lessive. *S'assegura d'un varlet*: s'assurer d'un domestique.

—Assurer. Affirmer une chose. *T'assegure qués vérai*: je t'affirme que c'est vrai. *Poudès estre assegura que...* vous pouvez être assuré que....

ASSETA. v. a. Asseoir. Mettre dans un siège. On dit famil. et communément. *Serai puleou asseta qu'uno bugado*: je serais assis beaucoup plutôt qu'une lessive. Voyez l'article suivant.

ASSETA. v. a. Terme de lavandière. Encuver. Placer, asseoir le linge dans le cuvier. *Asseta la bugado*: encuver le linge de la lessive. Voyez DESASSETA.

ASSETOUN. (*marcha d'*) Se trainer sur son cul. Marcher accroupi.

ASSIOUNA. v. a. et récip. Ajuster, s'ajuster. Embellir. Parer. Orner. Mettre en bon ordre. Ranger. *Assiouno t'un paou*: mets toi proprement. *N'a* *ges de gaoubi si soun p'assiouna* : elle n'a pas du biai et ne sait pas s'ajuster. *Estre assiouna* : être propre et bien arrangé. *S'assiounavo ben quand ero jouino*, étant jeune elle était toujours bien ajustée.

ASSIOUNA, ADO. part. Ajusté. Paré. Bien arrangé. Propre. *J'houine home assiouna, fremo ben assiounado*. Chambro propro et ben assiounado. Voyez COUROUX.

ASSIPA. v. n. Heurter. Chopper. Faire un faux pas en heurtant. Broncher. Donner un coup contre quelque chose. *Mi siou assipa à uno peiro* : j'ai heurté contre une pierre. Il est popul. Au fig. s'ASSIPA. v. r. se Formaliser. Trouver à redire. Se scandaliser. *Tout l'assipo* : il se formalise de tout. *En que t'assipes?* de quoi te formalises-tu?

ASSIPADO. s. f. Choc. Heurt. Coup donné en heurtant contre quelque chose On ne le dit que des personnes. *Si douna uno assipado* : heurter.

B. R. ASSOULA, S'ASSOULA } v. a. B. A. ASSOURA, S'ASSOURA. } et récip. Se taire. Garder le silence. Cesser de parler, d'agir, de faire du bruit. *T'assoueres* : veux tu te taire! *Assoure vous, que tapagi fès* : taisez-vous, quel tapage faites-vous donc.

ASSOULA ou ASSOURA COOUQU'UN. C'est l'Apaisser, l'adoucir, le calmer. On ne le dit guères qu'en parlant des petits enfans. *Lou poudi p'assoura* : je ne puis l'appaiser. Il est populaire.

ASSOUNTOUX. adj. m. Terme de boulanger. Brun. Bis. On le dit du pain dans la fabrication duquel on fait entrer des recoupes. *Pan assountoux* : pain bis. Voyez ROUSSET. MEJHAN.

ASSOUSTA S'ASSOUSTA, v. récip. S'abriter. Se mettre à couvert, à l'abri de la pluie, de l'orage. *S'assousteriam soul'un aoubre* : nous nous mîmes à l'abri sous un arbre. *Ounte t'assousteres?* où fut-tu t'abriter? *Puisque ploou anen s'assousta* : puisqu'il pleut allons nous mettre à couvert.

ASTE. s. m. Broche. Ustensile de cuisine servant à faire rôtir la viande. On dit prov. et famil. *Qui viro l'aste ren nen taste* : celui qui prépare le rôti n'est pas celui quile mange.

ASTROLOC. Voyez ESTARLOGO.

ATIC. adj. Étique. Celui ou celle qui est atteint d'une maladie qui dessèche et consume toute l'habitude du corps. *Es atic* : il est étique. *Es atico* : elle est étique. — Maigre. Exténué.

ATISSA. v. a. Attiser. Exciter des chiens â se jeter sur quelqu'un Émeuter.

ATO. Interjection qui marque la surprise, le mécontentement ou l'indignation. Ah! *Ato, que dies aqui* : ah! que me dis-tu là. *Ato per aro* : ah pour le coup!

V. ATOU. conjonc. Aussi. Pareillement. *Vas soupa, et you a tou* : tu t'en vas souper, et moi aussi.

ATOUMIÈ. s. f. Squelette. Anatomie. *Sec coumo uno atoumiè* : desséché comme un squelette.

ATOUS. s. m. Terme de jeu de cartes. Atout. *Faire atous* : jouer un atout.

ATTARRA. v. a. Atterrer. Abattre. Renverser par terre. Au fig. Accabler, Affliger extrêmement.

V. ATTACAGNOS. Voyez ENQUEIRADOS.

ATTENENT, ENTO: adj Contigu, üe. Qui touche une chose sans qu'il n'ait rien entre deux. *Seis houstaoux soun attenent* : leurs maisons sont contiguës.

ATTRAPA. v. a. Tromper. Attraper. Surprendre artificieusement. *M'an attrapa* : l'on m'a surpris. *Attrapa de maou* : prendre du mal. *Attrapa coouqu'un* : donner une baie à quelqu'un.

ATTRAPA. v. a. Trouver. Voyez TROUBA.

s'ATTRAPA. v. récip. Se blouser. Se tromper. Se méprendre.

ATTRAPATOIRO. s. f. } s. Baie. ATTRAPATORI. s. m. } Tromperie qu'on fait à quelqu'un pour se divertir. Bourde.

— Attrapatoire. Tour de finesse dont on se sert pour surprendre, pour tromper quelqu'un. *Aco's un atrapatori* : c'est là un piège qu'on me tend.

V. ATTRAVAIL. v. n. Sommeiller. Voyez PENEQUA.

B. A. ATTROUBA. } v. a. Trouver, ATTROUVA. } Rencontrer. Voyez TROUBA.

ATUPI. v. a. Ahurir. Interdire. Étonner. Rendre stupéfait. Étourdir. *Leis nouvellos l'an atupi* : les nouvelles l'ont stupéfait. *L'atupisseroun en li disent* que *Bonaparte ero revengu de l'île d'Elbo* : on l'interdit en lui apprenant le retour de Bonaparte.

ATUPI, IDO, part. Ahuri. Ahurie. Interdit. Stupéfait. *Es ben atupi* : il est tout ahuri. Il est famil.

ATUVELI, IDO. adj. Chargé. Garni de tuf. On le dit des tuyaux de grès par où passe de l'eau. Voyez TUVE.

AVAI. interj. Qui marque l'impatience et la désaprobation. Allons! Fi donc! *Avai, leisso ista aquo!* Allons donc, laissez ça de côté. Voyez AÇA-VAI.

AVALA. m. a. Avaler. Faire passer par le gosier dans l'estomac quelque aliment, quelque liqueur, ou autre chose.

AVALA, ADO. adj. Affamé, affamée. Qui est pressé par la faim. *N'as ren mangea de tout lou jour, deves estre avala* : n'ayant rien mangé de toute la journée, tu dois être affamé.

AVALAIRE. s. m. Avaleur. Glouton. Goulu. Gourmand.

AVALANCHA (s'). ⎫
V. AVALANCA. ⎬ V. r. S'affaiser.
Se courber. Ployer sous le poids.

— S'ébouler. Crouler. Tomber par l'effet des pluies, des dégels, etc. *Murayo, planchiè avalança : Aqueleis murayo soun gaire soulidos, au proumier deigeou s'avalanchoun* : ces murs ne sont pas trop solides, elles s'écroulent au premier dégel. Voyez VEDEOU.

AVALANCHIÈ. s. m. Amelanchier. Arbrisseau dont les tiges servent à faire des balais grossiers.

AVALANCHOS. s. f. Avalanche. Écroulement. Éboulis. Voyez VEDEOU.

AVALANCHO. s. f. PLUR. Baies de l'amelanchier.

AVALOIRO. s. f. Grand gosier. Avaloire. Il est pop.

AVANCUR. s. m. Avant-cœur. Maladie des chevaux et des bœufs. C'est une tumeur du poitrail.

AVANT. adj. Parage. Extraction. Qualité. Il n'a d'usage que dans ces locutions populaires, et en parlant des personnes du haut rang, de grande naissance. *Es de gens fouesso avant, soun fouesso avant* : ce sont des personnes de haut parage. On dit proverb. *mettre tout avan* : mettre tout par écuelles, pour dire, ne rien

épargner pour faire grand chère à quelqu'un.

AVANI. v. n. Évanouir. Tomber en défaillance. Se pamer, tomber en pamoison. *Avanisset* : il eut une faiblesse. *Siou tout avani* : je tombe en défaillance.

AVANIMENT. s. m. Évanouissement. Faiblesse. Pamoisson. *A agut un avaniment* : il est tombé en faiblesse.

AVANTA. Voyez VANTA.

AVANTAIRE. Voyez VANTAIRE.

AVANTAGEA. v. a. Avantager. Donner des avantages. Faire des faveurs à quelqu'un en dessus des autres. *Estre avantagea* : être favorisé plus qu'un autre.

AVANTURIÈ IÈRO. adj. et s. Terme d'agr. Adventice. Qui croit dans le champ sans y avoir été semé ni planté. *Aoubre avanturiè, planto avanturièro* : arbre adventice, plante adventice. *Es un avanturiè* : c'est un adventice, que l'on n'a ni semé ni planté.

AVAOU, adv. démonst. Là-bas.
V. AVAOUSSES. ⎫
AVAOUX. ⎬
R.-R. AGARRAS. ⎭ s. m. Chêne-vert. C'est celui de la plus petite espèce et sur lequel on ramasse le kermès, appelé aussi graine d'écarlatte. Cet arbre ne s'élève guères plus haut qu'un arbrisseau.

B.-A. AVARANCHIÈ. Voyez AVALANCHIÈ.

AVARI. v. n. Avorter. Mettre bas avant le terme. On ne le dit que des femelles des animaux, et par extension, des fruits qui ne parviennent pas à la grosseur ou à la maturité requise.

AVARI (s'). v. n. et récip. Évanouir. S'évanouir. Disparaître. Il se dit des choses qui se dissipent de telle sorte qu'il n'en reste aucun vestige, ni aucune marque. *Aviè proun ben, mai tout s'es avari* : il avait assez du bien, mais tout a disparu. *Leis nioux si soun avaris* : le nuage s'est dissipé. On dit communément et populairement à un revénant, à une ombre que l'on croit vous apparaître la nuit ou dans l'obscurité. *Si siès boueno amo parlo-mi, si siès marrido avari-t'en* : parle moi si tu es une bonne âme, sinon, disparait.

B.-A. AVAROUN. Voyez VAROUN.

AVE. v. a. Avoir. *Ai*, *as*, *a*, *avem*, *avès*, *an*, *aviou*, *aguere*, *ai*, *aourai*, *àgues*, *aguet*, *qu'àgues*, *qu'àgoun*, *qu'aguessi*, *qu'aguessiam*, *qu'aguessoun*, *aourriou*, *qu'aguessi agu*, *aguent*, *ayent agu*. Avoir, posséder de quelque manière que ce soit. *Ave un houstaou*: avoir une maison. *Agues patienço*: ayez patience. *Aourem proun obro*: nous aurons assez de travail. On dit prov. *Foou ave bouen pèt et bouen hueil*: il faut y voir des pieds et de la tête.

AVE. v. a. Atteindre. *Ave fach*: au fig. avoir rendu l'esprit. Attraper. Joindre en chemin. *Si courres pas miou lou pourras p'ave*: si tu ne cours plus vite, tu ne pourras l'atteindre.

AVE. Voyez AVERA.

AVE. s. m. pl. Bétail. Troupeau de bêtes à laine. Moutons. Brebis. Agneaux, etc. *Garda l'ave*: garder le bétail. *Nourris dedin soun ben doux cents bestis d'ave*: il peut nourrir dans son bien deux cents bêtes à laine.

AVEIRAG. Voyez AVE. Bétail. Le mot *d'aveiragi* n'est guère d'usage qu'en poésie.

AVELANIÉ. s. m. Coudrier. Noisetier. Arbre qui porte les noisettes.

AVELANOS. s. f. Noisettes. Avelines. Fruit du coudrier, du noizettier.

AVEN. s. m. Gouffre. Abîme. Trou rez terre, extrêmement profond, d'où sort, dit-on, un vent continuel.

Celui que l'on voit au milieu d'une montagne de roche tout près de Cruis, dans l'arrondissement de Forcalquier, peut avoir à peu-près un mètre carré d'ouverture. Il n'en sort aucun vent, mais seulement une vapeur le matin au lever du soleil.

AVENA. s. m. Gruau d'avoine. Avoine mondée et moulue grossièrement.

AVENA. v. a. Terme de nourrice. Épuiser. Saigner la veine. C'est ce que fait un nourrisson, quand à force de téter il saigne la veine ou épuise les vaisseaux laiteux de sa nourrice. *Es un gros tetaire, avenariè sabi pas qui*: c'est un enfant goulu qui épuiserait je ne sais qui.

AVENA ADO. adj. et part. Épuisé. Épuisée. *Fremo avenado*: femme épuisée. *Sourço avenado*: source d'eau qui coule avec abondance, comme si on l'avait saignée.

AVENENT, AVENENTO. adj. Avenant. Avenante. Gracieux. Affable. Dont les manières plaisent. *Marchand avenènt*: marchand affable. *Fremo avenento*: femme gracieuse, avenante. *Tont d'ud avenent*: façon de parler adverbiale, tout d'une pièce, tout d'une avenue. *Chambros tout d'un avenent*: pièces d'une maison au même étage toutes attenantes. *Cambos tout d'un avenent*: jambes tout d'une venue. On dit prov. et fam. *Tout d'un avenent coumo leis braihos d'un chin*: d'une seule venue comme les culottes d'un chien, pour dire, d'une seule pièce, sans façon, sans agrément.

AVENENCI.   } s. f. Affabilité. Cour-
AVENENÇO. } toisie. *L'y an fach fouesso avenci*: on lui a fait beaucoup de politesse. Il est familier et populaire.

V. AVENGEA. Voyez REVENGEA.

AVENGUDO. s. m. Avenue. Allée d'arbre. Chemin qui aboutit au devant d'une maison.

AVENI. v. n. Parvenir. Arriver avec difficulté à un terme qu'on s'est proposé. *L'y pouedi p'aveni*: je n'y puis parvenir. *L'y avendras jamai*: tu n'y parviendras jamais.

AVERA. v. a. Aveindre. Tirer une chose du lieu où elle était placée, d'une hauteur, d'une tablette, du fond d'un coffre, etc. *Avera m'un paou acò*: aveignez-moi un peu cela.

AVERNO. Voyez VERNO.

AVIS. s. m. Vis. Pièce ronde de bois, d'acier, de métal, etc., cannelée en ligne spirale. *Pitoun en avis*: piton à vis.

AVIS. interj. d'Avertissement. Prenez garde! Doucement! Faites attention!

AVISA (s'). v. récip. S'aviser. Prendre garde. Faire attention. Surveiller quelqu'un ou quelque chose. *Aviso-ti d'aquou pichoun*: prends garde à cet enfant. *Que noun t'avises*: que ne fais-tu attention.

AVISAMENT. s. m. Circonspection. Prudence. Attention à ce que l'on fait. *N'a ges d'avisament* il ne s'avise de rien. *Es senso avisament*: elle n'est point avisée du tout.

V. AVIS, interj. Voyez AVIS.

V. AVIT. Voyez EMBOURIGOU.

AVOUGA. v. a. Achalander. Faire avoir des chalands.

AVOUGA, ADO. part. Achalandé, éc. *Marchand avouga* : marchand achalandé. *Boutiguo avougado* : magazin achalandé. Le mot *Avouga* veut proprement dire, qui a la vogue, où chacun court et va se fournir. C'est pourquoi l'on dit aussi *Médecin avouga*, *Taihuso avougado*, etc.

AVOUST. s. m. Août. Huitième mois de l'année.

AVOUSTEN, AVOUSTENCO. adj. Aouté, aoutée. Mûri par la chaleur du mois d'Août. Bon au mois d'août. Né au mois d'août, *Chivaou avousten* : cheval du mois d'août. *Cougourdo avoustenco* : citrouille bonne au mois d'Août.

AY. Voyez AI.

AYET. s. m. Ail. Plante potagère, bulbeuse à odeur forte. *Veno d'ayet, couble d'ayet, testo d'ayet* : gousse d'ail, tresse d'aulx, tête d'ail.

AYOLI. s. m. Aillade. Sauce, ou plutôt Moutarde faite avec de l'huile et de l'ail. L'aillade est très en usage à Marseille et dans toute la basse Provence où on la mange avec de la merluche, des haricots verts, etc. *Faire un ayoli, manga l'ayoli* : faire un aillade, manger l'aillade.

AYURO. Voyez ARO.

AZAI. s. m. Aix. Ville, ancienne capitale de la Provence.

AZE. s. m. Ane. Animal domestique. Au fig. Ignorant. Voyez AI. On dit prov. et fig. d'une personne dangereuse, méchante ou embarrassante réchappée d'une maladie : *que mourrié puleou l'aze de cuouque paoure home*: qu'il mourrait plutôt quelque bon chien de berger.

AZURA, ADO.
V. AZURIN, INO. } adj. Azuré. Azurée. Couleur d'azur.

B

BABA. s. m. Terme enfantin. Souliers. *Mette-li seis babas* : mettez lui ses souliers.

BABAROT.
BABAROTO. } s. Blatte. Gros insecte domestique qui fuit la lumière et qui se trouve habituellement autour des cheminées, des boulangeries. Il est plat et de couleur brune, ayant six pattes et deux cornes.

BABEOU. s. f. Élizabeth. Nom de femme chez les gens du peuple. *Vesino Baboou* : voisine Elisabeth.

BABETO. s. f. Terme enfantin. Baiser. Caresse. Petit baiser. *Fai mi babetto* : donne moi un baiser.

BABI. s. m. Dadais. Niais. Badaud. *Siès un babi* : tu es un dadais. *Aqueou babi* : ce niais-là.

V. BABI. Voyez GRAPAOU.

BABO. Voyez BABETO.

BABOT. s. f. Babet. Élisabeth. Nom de femme. *Meisé Babot* : demoiselle Babet.

BABOCHOU. Voyez BABOOU, ci-après.

B.-A. BABOOU, FAIRE BABOOU. v. a. Epier. Regarder à la hâte et à la dérobée, soit d'une fenêtre, d'une porte ou de tout autre endroit d'où l'on ne peut être apperçu, pour voir les personnes qu'il y a, ou ce que l'on fait dans un endroit. *Aoujheroun pas intra, feroun que baboou* : ils n'osèrent entrer, et ne firent que jeter seulement un coup d'œil à la dérobée.

BACARRA. Négation Rien du tout. Néant. Terme qui n'est usité que dans ces locutions familières et populaires. *Mangeavoun et buvièu, et vou bacarra*: ils mangeaient et buvaient et moi je regardais. *Faire bacarra* : jeuner forcément, croquer le marmot.

BACAYAOU. s. m. Racaliau. Morue sèche. C'est celle de la plus grosse espèce salée.

BACELA. v. a. Battre. Frapper. Donner des coups. Il est populaire. *Toujour bacelo* : il frappe sans cesse.

BACEOU. s. m. Battoir. Instrument de lavandière avec quoi on bat le linge de la lessive. Au fig. Soufflet, coup de main sur la joue. *Donna un baccou*: donner un soufflet. Il est pop.

BACHA s. m. Bacher. Banner. Couvrir avec de la grosse paille et une bache les marchandises que l'on voiture sur une charrette pour les garantir de la pluie.

BACHACOUN. s. m. Goujat. Valet de la dernière classe, *Lou pren per soun bachacoun* : il le prend pour le dernier de ses valets.

B.-A. BACHAS. s. m. Bassin d'une fontaine. *Vai t'en bouro oou bachas* : va t'en boire à la fontaine.

BACHAS. s. m. Auge. Pierre ou pièce de bois creusée dans laquelle on donne à boire aux chevaux, etc.

V. BACHAS. s. m. Marre. Gachis. Voyez GOURD.

BACHIQUELIA. v. a. Chucholer. Parler bas à l'oreille de quelqu'un.

BACHIQUÈLOS. s. f. pl. Bagatelles. Vétilles. Choses de peu de conséquence. *Mi foou croumpa encaro cuouqueis bachiquèlos* : j'ai encore quelques bagatelles à acheter. *Soun de bachiquèlos* : ce sont des vétilles.

B.-A. BACHOQUO. s. f. Bigne. Bosse. Tumeur au front provenant d'un coup ou d'une chute. *Es toumba s'es fach uno bachoquo* : il est tombé et s'est fait une bigne.

BACOUN. s. m. Porc gras. Terme familier qui ne se dit que du porc destiné à la consommation du ménage. *Engreissoun un beou bacoun* : ils engraissent un beau cochon. *An tua lou bacoun* : ils ont tué le porc gras pour le ménage.

Au fig. BACOUN se dit de toute personne corpulente. C'est un terme de mépris. *Quintou gros bacoun !* quel cochon ! quelle grosse gagui ! il est populaire.

BADA. v. n. Ouvrir la bouche. On dit famil. *Pouèdi pas bada, pourriou pas bada* : je ne puis, je ne saurais ouvrir la bouche, pour dire, je n'ai pas faim, je ne pourrais manger. On dit prov. *N'ave pas lenguo à bada* : n'avoir pas le mot à dire.

BADA. v. n. S'entrouvrir. Être mal joint. *Pouerto, fenèstro que bado* : porte, fenêtre mal jointe. *Souliers que badoun* : souliers entr'ouverts.

BADA. v. n. Se crévasser, se fendre. On le dit des fruits tels que figues, et melons, qui, étant encore sur pied se crévassent et s'ouvrent après une forte pluie.

BADA. v. n. Bayer. Être ravi. Dans l'admiration. Tenir la bouche ouverte pendant que l'on est à regarder longtemps quelque chose. *Fai ren que bada* : il ne fait que bayer.

BADA. v. n. Béer. Être ouvert. Rester vide. On ne le dit que des futailles, barriques et tonneaux, où l'on n'a rien mis, et que l'on a laissé défoncés par l'un des bouts. *Aquest'an nouestreis veisseoux badoun* : cette année nous avons laissé nos tonneaux gueule bée. *Bouto que bado* : barrique vide.

BADA. v. n. Bailler. Voyez BADAYA.

BADAIRE, BADARELLO. s. Musard, musarde. Qui s'arrête, qui s'amuse partout. Baycur, bayeuse, celui et celle qui regarde avec avidité, comme les gens du peuple.

BADAOU, BADAUDO. s. et adj. Niais, niaise. Badaud. Musard, musarde, qui admire tout d'une manière niaise.

BADAOU. s. m. Baillement. Action de bailler. On dit d'un propos, d'un discours qui ennuye. *Que fa veni leis badaoux* : qu'il fait bailler.

FAIRE LEIS BADAOUX : rendre les derniers soupirs. On le dit d'un mourant. *Fai leis badaoux* : il se meurt, il rend les derniers soupirs.

BADASSO. s. f. Nom générique que nos paysans donnent aux plantes ligneuses, aromatiques, telles que le thym, la lavande, etc. *Anà eis badassos* : aller chercher du thym, etc. *Uno cargo de badassos* : une charge de plantes ligneuses pour faire des jonchées.

BADAYA. v. n. Bayer. Respirer en ouvrant la bouche extraordinairement et involontairement. *A soun, badayo* : le sommeil le prend, il baille.

Un de nos poètes provençaux a dit

Si per hazard sargui uno timo,
Badaye coumo s'avion soun.

BADAYOUN. s. m. Baillon. Ce qu'on met dans la bouche d'une personne pour l'empêcher de parler et de crier ; ou dans la gueule d'une bête pour l'empêcher de mordre et de faire du bruit.

BADAYUN. s. m. Baillement.

BADIÉ, IÉRO. adj. Ouvert, ouverte. Qui n'est point fermé. *Houstaou tout badiè* : maison dont on a laissé les portes et les fenêtres tout ouvertes. *An leissa tout badiè* : on a laissé tout ouvert.

BADIÉ. Voyez EMPENCH.

BADINA. v. n. Badiner. Folatrer.

BADINAIRE. s. m. Badin. Bouffon. Plaisant. Facétieux.

BADOQUO. s. f. Terme de maissonneur. Entaille en bois, dans laquelle s'emboite le tranchant d'une faucille.

V. BADOQUO. Voyez BACHOQUO.

BADUCA. v. Croquer le marmot. Regarder. Attendre pendant que les autres mangent ; il est familier et ironique. *Se l'y a de fricot que per dous leis autres baducaran* : s'il n'y a du fricot que pour deux seulement, les autres croqueront le marmot.

B.-R. BAGATONI. s. m. Terme Marseillais. Vieux quartier. Endroit délabré, sale, mal propre, qu'habitent lesp auvres gens. *Resto à bagatoni* : il habite les vieux quartiers, il est logé dans le plus mauvais endroit.

B.-A. BAGOTS. Terme d'agric. s. m. plu. Faisceaux de paille et d'épis formés des débris de la moisson que l'on a ramassés avec le rateau.

BAGNA. v. a. Mouiller. Humecter. *Bagna lou linjhe* : mouiller le linge. *Si bagna leis mans* : se mouiller les mains.

BAGNA. v. a. Terme de lavandière. Essanger. Voyez EISSAGA.

BAGNA, SI BAGNA v. récip. Se baigner. Prendre un bain dans la rivière.

BAGNA, BAGNADO. part. Mouillé, mouillée. On dit prov. *Sot coum'uno galino bagnado* : aussi sot qu'une poule mouillée.

BAGNADURO. s. f. Mouillure. État de ce qui est mouillé.

BAGNOUAR. s. m. Mouilloir. Petit vase, ordinairement en fer blanc, dont se servent les femmes pour y mouiller l'extrémité de leurs doigts en filant leur quenouille.

BAGNOULET. s. m. Bavolet. Ancienne coiffure de villageoise.

BAGNOULIA, si BAGNOULIA. v. a. et récip. Se mouiller. Se tremper quelque peu dans l'eau. Recevoir l'humidité de la rosée ou de la bruine.

BAGOU. s. m. Babil excessif.

BAGOUN. s. m. Dentelaire. Plante.

BAGUO. s. m. Merelle. Galet. Échelle. Jeu d'enfant, fait en manière d'échelle que l'on trace à terre avec de la craie, et où les joueurs marchant à cloche-pied poussent un petit galet dans chaque espace de l'échelle. *Juga à la báquo* : jouer à l'échelle, jouer à la merelle, jouer au galet.

BAIHA. v. a. Baiser.

B.-A. BAIHAREOU, BAIHARELLO. adj. et s. Baiseur, baiseuse. Celui et celle qui se plait à donner des baisers. On dit ironiquement et par mépris d'une telle personne, qu'*A lou mourre baisareou* : qu'elle a le museau baiseur.

BAIHETTO. s. f. Voyez BABETO.

BAJHANO. s. f. Saugrenée. Salade de légumes secs. *Bajhano de fayoou, de cezes* : salade de haricots, de pois chiches.

BAJANOT. s. m. Sorcier. Magicien.

— Bênet, niais. Il est populaire, et ironique dans ce dernier sens.

BAJHAS. Voyez FACHAS.

V. BAJHAT. s. m. Crotin de brebis. Terme de montagne.

BAILE. s. m. Chef. Maître. Celui qui dans une ferme, une metairie, est à la tête des travaux de la campagne pour donner des ordres et surveiller les travailleurs, etc.

BAILO. s. f. Accoucheuse. Sage-femme. Il est populaire. *Ana crida la bailo* : aller appeler l'accoucheuse.

BAIME. s. m. Baume. Certaine composition médicamenteuse pour les plaies.

— Pâte de senteur.

BAISSO. s. f. Terme d'agric. Terres basses. Vallée. Lieu bas. Terrain inférieur. *A causo deis pluios l'y a ren agu dins la baisso* : à cause des pluies, cette année les terres basses n'ont rien produit. *Dins l'aouturo foou samena de bla de la baisso* : dans les terrains élevés, il faut y semer du blé des terres basses ou des vallées.

BAISSO. s. f. Lieu bas. Région inférieure. *Es ana din la baisso* : il est descendu dans le bas pays.

BALA. v. n. Danser. Il est plaisant et fam.

BALAIRE. s. m. Danseur. celui qui danse. Il est presque hors d'usage comme le précédent, si ce n'est en plaisanterie.

BALAFRO. s. f. Estafilade. Coupure faite avec un instrument tranchant.

BALAN. s. m. Vibration. Mouvement d'un poids suspendu librement et qui étant en branle, décrit une portion du cercle, tel que fait le contrepoids d'une horloge. — Secousse, agitation d'une chose en mouvement.

BALAN. s. m. Agilité. Activité. facilité à se mouvoir. Voyez BALIN.

On dit d'une personne indolente et mal arrangée : *que n'a ni brindou ni balan* : qu'elle n'a ni activité ni arrangement. Voyez BRINDOU.

BALANCA. v. a. Balancer. Tenir en équilibre.

SI BALANCA, JUGA A SI BALANCA. v. récip. Joüer à la bascule. Jeu où deux enfans étant placés chacun sur le bout d'un ais mis en équilibre, s'amusent à se faire réciproquement hausser et baisser.

BALANCADOU. s. m. Balançoire. Escarpolette. Espèce de siège suspendu par des cordes, sur lequel on se met pour être balancé dans l'air.

BALANDINO. s. f. Cigüe. Plante.

BALANDRAN. s. m. Meuble embarrassant. Vieillerie qui tient beaucoup de place.

BALIGOULO. s. m. Champignon. Espèce de plante spongieuse qui vient sans racines et en très-peu de temps. On n'entend par le nom de *baligoulo* que les champignons bons à manger, quant aux espèces vénéneuses, on les désigne sous le nom de PISSOCAN. Voyez PISSOCAN.

A LA BALIGOULO. ad. A la baligoulie. Manière d'apprêter les artichauts à la Provençale.

BALIN-BALAN. adv. Clopin-clopant. Manière de marcher négligemment et comme en se balançant. Voyez DOOULIN DOOULAN.

B.-A. BALIN-BALÈT. s. f. Billebaude. Confusion. Manque d'ordre. Terme populaire qui n'a d'usage que dans cette façon de parler adverbiale. *A la balin-balèt* : à la billebaude, sans ordre et en confusion. A la boule vue. Inconsidérément sans faire attention à ce que l'on fait. *Soun houstaou et ses affaires, tout vai à la balin-balèt* : sa maison comme ses affaires marchent à la billebaude. *Es tout fa à la balin-balèt* : tout est fait à la boule vue.

BALLOIRS. s. m. Guêtres d'étoffe grossière, telles que portent les gens de la montagne.

BALLOTO. s. f. Pillule. Grain de santé. Sorte de médecine sèche, divisée en petites parties rondes comme des pois. *Prendre de ballotos* : prendre des pillules.

B.-A. BAMBAINOS. s. f. pl. Chardons.

Toutes sortes de plantes ligneuses et épineuses qui croissent dans un champ inculte et négligé. *L'y a que de bambainos* : on n'y voit que de chardons.

BAMBAYAN, ANO. s. Hâbleur. Hâbleuse. Enjôleur, euse. Celui et celle qui cherche à enjôler quelqu'un par de belles paroles, ou qui débite des mensonges et parle avec ostentation pour se donner de l'importance. *L'escoutes pas n'es qu'un bambayan* : ne l'écoute pas ce n'est qu'un hâbleur.

BAMBOCHOU. s. m. Terme de dénigrement. Voyez BACHACOUN. Valet.

BAN. s. m. Banc. Comme le nom français change selon les usages auxquels sont destinés les différentes sortes de BANCS provençaux, nous allons les expliquer séparément.

Ban de bouchié : étau de boucher.

Ban de liech : tréteaux de lit.

Ban de menusier : établi de menusier. On dit prov. *Vieil coum'un ban* : vieux comme les rues.

BANS. s. m. Bains. Appartemens destinés pour s'y baigner, pour y prendre les bains. *Ana cis bans* : aller aux bains.

— Eau dans laquelle on se baigne. *Prendre leis bans* : prendre les bains.

BANAIN. s. m. Capricorne. Scarabée ou insecte écailleux et volant.

BANARU, LOU BANARU. s. m. L'encorné. C'est ainsi que l'on nomme quelquefois le diable, parce que ce malin esprit est ordinairement représenté portant des cornes. *S'es leissa gagna oou banaru* : il s'est laissé surmonter par le diable.

BANARU, UDO. adj. Cornu, cornue. Cornard, qui a ou qui porte des cornes.

BANASTO. s. f. Panier de bât. Manne. Hotte. Celle des chasse-marée, s'appelle manne. Celle pour le fruit, mannequin. Celle que certains ouvriers, tels que ferblantiers ambulants ou autres portent derrière le dos, hotte. On dit prov. et fig. *Qu'a fach un panié poou faire uno banasto* : celui qui a fait un panier peut faire une hotte ; pour dire que celui qui a failli en un point peut faillir en d'autres.

BANASTIÉ. } s. m. Vanier. Ouvrier qui travaille en osier et qui fait
BANASTOUNIE. }

des corbeilles, des mannes, des hottes, etc. Voyez PANIAIRE.

BANCAOU. s. m. Banc de pierre.

BANDI, BANDICHO. adj. et part. Banni, bannie. Chassé, expulsé d'un pays. Exclu, exclue d'un lieu.

BANDI. v. a. Abandonner. Laisser en liberté. On le dit des animaux qu'on laisse errer et courir à volonté dans les champs. Il est pop. *A bandi la cabro din lou bouès* : Il a laissé aller en liberté la chèvre dans le bois.

BANDIÉRO. s. f. Bannière. Sorte d'étendard sur lequel est peint l'image d'un saint. On dit fig. Qu'une personne *A vira bandièro* : qu'elle a tourné casaque, pour dire, qu'elle a changé de sentiment, déserté son parti, etc.

BANDINELLO. s. f. Terme de marchand. Toilette. Enseigne en drap ou en toile que les marchands suspendent à l'auvent de leur magasin, et qui leur sert d'ornement et de garniture.

BANDOULIE. s. m. Garde-de-ville. Espèce de militaire attaché au service de l'autorité civile ou de la police d'une ville, et qui porte le sabre suspendu à un large baudrier appelé bandoulière.

BANDOULIERO. s. f. Baudrier. C'est celui que portent les garde terres et les sergens de ville. Il est plus large que ceux des troupes de ligne.

EN BANDOULIERO. adv. En sautoir. de la même manière que l'on porte le baudrier.

BANDOULIERO. s. f. Echarpe tricolore. Large bande de soie aux trois couleurs, que portaient en sautoir les officiers municipaux pendant que la France était sous le régime républicain. Il ne se dit plus.

BANESTIE. Voyez BANASTIE.

BANESTOUN. s. m. Diminutif. Mannequin. Petite manne. Petite hotte. On dit prov. et fig. *Qau fach uno banasto poou ben faire un banestoun* : qui avale un bœuf peut bien avaler un œuf. On dit qu'*uno dindo fai lou banestoun* : qu'une poule-dinde fait sa roue, quand elle déploie sa queue en rond.

BANESTOUNIE. Voyez BANESTIE.

BANETO. s. f. dimin. Petite corne.

B.-R. BANETO. s. f. Terme d'agric. Haricot vert en cosse. On ne le dit que des haricots blancs à œil noir dont les siliques longues ont quelque ressem-

blance avec des cornes. On leur donne en sec le nom de MOUNJHETTOS et FAYOOU NEGRE. Voyez ces mots.

V. BANETOS. s. m. Haricots verts en cosse. *Manjha de Banetos* : manger des haricots en vert.

BANETOS. s. f. Chèvre-feuille. Arbrisseau dont les fleurs non encore épanouies ressemblent à de petites cornes. Voyez MAIRE SIOUVO.

B.-A. BANETS. Voyez FAYOOU NEGRE.

BANIOUN. s. m. Chicot. Partie de branche d'arbre rompue ou mal coupée et que l'on a laissée sur place ou elle paraît comme une petite corne. Voyez BENC.

BANO. s. f. Corne. Partie dure qui sort de la tête de quelques animaux. *Dur coumo de banos* : aussi dur que du bois.

BANQUET. s. m. Banc de pierre. *S'asseta sus un banquet* : s'asseoir sur un banc de pierre.

BANQUETTO. s. f. Chaufferette. Chauffe-pieds. Petit coffre de bois ou de fer dans lequel on met du feu, pour se tenir les pieds chauds en hiver.

BAOU. s. m. Rocher. Roche. Montagne. Colline. il est vieux et peu d'usage. *Baou taiha* : rocher taillé à pic.

BAOU. s. m. Terme de marine. Falaise. Terre et rocher escarpé qui est le long des bords de la mer.

BAOUCA. voyez BOOUCA.

BAOUCO. s. f. Verdage. Espèce de foin grossier qui pourrait servir de pâture aux bestiaux mais qui n'est employé qu'à faire des litières et des jonchées. Voyez GROUSSAN.

BAOUDÉOU. s. m. Terme de marchand ollier. Baudière. Corde de spartz dont on fait les scourtins.

BAOUDO. s. m. Terme de pêcheur. Pierre. *Mettre de Baoudos à n'un tis* : attacher des pierres à une nasse.

BANEJHA. v. n. Montrer ses cornes. On le dit de certains animaux, et principalement du limaçon lorsqu'il sort ses quatre pointes ou nerfs optiques, vulgairement appelés cornes.

V. BAOUJHA. v. n. Renfler. Foisonner. Paraître volumineux. Voyez ENAOURA.

BAOUMO. s. f. Antre. Grotte. Caverne. Cavité naturelle que l'on voit dans les rochers. On donne le nom de SANTO-BAUMO, Sainte-Baume, à la grotte où l'on prétend que Sainte-Magdeleine sœur de Lazare, a fini ses jours' et qui est dans le département du' Var, à trois lieues sud-ouest de Saint-Maximin.

BARAFRO. Voyez BALAFRO.

V. BARAGNA. Voyez EMBARAGNA.

V. BARAGNADO. Voyez BARAGNO.

B.-R. BARAGNO. s. f. Echalier. Haie sèche. Clôture d'un champ ou d'un sentier, faite avec des branches d'arbres, ou d'arbustes épineux pour en fermer l'entrée aux bestiaux.

BARAI. s. m. Blés bas. Reste et débris des gerbes qui sont restés dans le champ lorsqu'on en enlevait les tas, ou sur l'aire en faisant le gerbier. Voyez RASPAI.

BARANDRAN. Voyez BALANDRAN.

BARATA. v. a. Troquer. Echanger.

BARATARIE. } s. f. Troc. Echange.
BARATO.

Au fig. Bulle. Tromperie. Duperie.

B.-A. BARBABOU. s. m. Scorsonaire sauvage.

— BARBE DE BOUC. Plante laiteuse à feuilles déliées et découpées, que le petit peuple mange et mêle dans les salades printanières. Elle croît le long des sentiers et dans les lieux secs. On lui donne le nom de GALINETTO dans le département des Bouches-du-Rhône. Au fig. Un barbabou: un rustre, un grossier.

B.-R. BARBABOUC. s. m. Salsifis sauvage. Plante laiteuse qui croît dans les prés. Elle est de même nature et sert au même usage que la scorsonaire sauvage dont il est parlé à l'article précédent, ses feuilles son longuettes et unies comme celles des œillets, et ses fleurs jaunes et radiées. Voyez CUCUREOU.

BARBAN. s. m. Loup-garou. Bête noire. Mot dont on se sert pour faire peur aux petits enfans, et qui leur imprime l'idée d'un animal monstrueux qui les dévore ou les emporte. Garo, veici lou barban : gare, voici la bête noire qui va te croquer.

BARBAROUX. s. m. Barbaresques ou maroquins rouges. Sortes de raisins rouges marbrés de blanc. Ils ont les grains mols et moins serrés que les grès. Voyez GRES.

BARBATO. s. m. Brouillonne. Tracassière. Tripoteuse. Bavarde, qui

n'ayant ni règle ni ordre dans l'esprit, est cause de brouillerie et de discorde entre parens ou amis, par ses rapports et ses tripotages. il est pop. Lia fouesso fremos que soun de barbatos : il y a beaucoup de femmes bavardes et tripoteuses.

BARBEJHA. v. a. Barbifier. Raser. Faire la barbe. Il est plaisant.

BARBEIROOU. s. m. Voyez DINDOU-LETTO et ROUDEIROOU.

B.-R. BARBET. s. m. Terme de vigneron. Marcotte. Branche ou sarment de vigne que l'on couche en terre pour lui faire prendre racine, afin de pouvoir la transplanter ensuite. Faire de barbets : faire des marcottes de vignes. Voyez MAYOOU-BARBA.

BARBETTO. s. f. dimin. Petite, jeune barbe.

BARBIHOUN. s. m. Terme d'ag. Che velu. Petits filamens, attachés aux racines des arbres ou des plantes et qui sont aussi déliés que les cheveux.

BARBO. s. f. Mousseron. Espèce de champignon bon à manger, il a beaucoup de ressemblance avec la barbe d'une figure d'homme sculptée. C'est l'agaric esculentus que l'on trouve dans les bois auprès des chênes-blancs.

BARBOCANO. s. f. t. de maçon. Corbeau. Grosse pierre ou pièce de bois mise en saillie pour soutenir une poutre.

BARBOUIHA. v. a. Barbouiller. Peindre grossièrement avec une brosse.

BARBOUIHA. v. a. Salir. Gâter. Barbouiller. Mans barbouihados : mains salies. On dit prov. et bassement de celui qui dit quelque chose de ridicule ou d'extravagant, que soou pas ce que se si barbouiho : qu'il se moque de la barbouillée, pour dire, qu'il ne sait ce qu'il dit.

BARBOUIHUR. s. m. Barbouilleur. artisan qui peint grossièrement avec une brosse.

BARBOUIHUSO. s. f. Brouillonne. Voyez BARBATO, TRIPOUTUSO.

BARBOUIHADO. Voyez BROUIHADO et MASSABOINO.

BARBOUTIA. v. a. Balbutier. Parler sur un sujet confusément et sans connaissance, ou peu distinctement et sans trop se faire entendre.

BARBOUTIA. v. n. Barbotter. Remuer. S'agiter sans cesse comme font les canards lorsqu'ils sont dans l'eau.

BARCADO. Voyez BARCADO.

BARCAGI. s. m. Passage du bateau. *Paga lou barcagi*: Payer le passage du bateau.

BARCO. Voyez BARQUO.

BARCOT. Voyez BARQUET.

BARD. s. m. Dalle. Tablette de pierre dure qui sert à carreler les églises, les appartemens, etc., et à faire le foyer des cheminées.

BARDA. v. a. Daller. Placer. Poser des dalles.

V. BARDEQUO. s. f. Ustensile en fer blanc dans lequel mettent l'huile ceux qui vont en faire la quête au moulin. Voyez COUNCIANCO.

BARDETTO. s. f. Corset. Petit corps de robe d'enfant, piqué et sans baleine.

BARDO. s. f. Bardelle. Espèce de selle piquée de bourre.

BARDOT. s. m. Mulet. Bête de somme. Au fig. Porte endosse. Celui qui dans une maison de commerce, ou dans une ferme, fatigue et prend le plus de peine pour la faire aller. *Aco es lou bardot*: c'est le cheval de bât. C'est celui qui porte l'endosse.

BARDOUCHOUN. s. m. Diminut. Petit et jeune mulet.

BARDOUYO. adj. d. t. genre. Bavard, bavarde. On le prend quelquefois dans le sens de bourrouyo. Voyez BOURROUYO.

BAREC.) Voyez BABI.
BARECO.)

BARICO. Voyez BELIQUO.

BARJHA. v. n. Jaser. Babiller. Causer. parler trop. Parler inconsidérément. il est populaire et ne se dit que par mépris. *Fai que barjha*: il ne fait que babiller.

BARJACO. s. f. Babillarde. Bavarde.

BARJHA. v. a. Terme d'Arles. Briser. Teiller le chanvre. Voyez BREGOUNA.

BARJHADISSO. s. f. Causerie. Babil.

BARJHAIRE. s. m. Causeur. Babillard. Celui qui parle indiscretement et à tout propos; qui ne garde point de secret.

BARJHAIRE. s. m. Teilleur. Chanvreur. Celui qui travaille à teiller le chanvre. C'est un terme des environs d'Arles.

BARJHARELLO. Voyez BARJACO.

B.-R. BARJALADO.) s. f. Dragée.
BARJHEIRADO.)

Fourrage mêlé. Tremois. Ce sont les plantes de différents grains mêlés, tels qu'escourgeon, paumelle, avoine et vesse, que l'on fauche en vert comme le foin, et qui est un excellent fourrage pour les chevaux.

B.-R. BARJHEIRETTO. s. f. Bergeronnette. Hoche-queue. Lavandière ou vatemarre. Petit oiseau qui remue continuellement la queue.

BARJHO. s. f. Lèvre. Par extention, bouche. Langue. *Leis barjhos li couèyoun*: les lèvres lui cuisent. *Marrido barjho*: mauvaise langue. On dit pop. d'une personne de mauvaise grâce, qu'*Es uno laido barjho*, et de celle qui mange de tout mets sans difficulté, qu'*Es de bouèno barjho*: que tout lui est bon. Il est bas et populaire.

BARJHO. s. f. Brisoir. Terme des environs d'Arles. Voyez BREGOS.

BARJHOULEIRIS s. f. Bonne d'enfant. Fille qui garde et qui amuse un petit enfant.

BARJHOULIA.) v. a. Terme
B.-A. BARJHOURJA.) de nourrice et de bonne. Porter, tenir un petit enfant dans ses bras et l'amuser par des paroles enfantines en sorte qu'il ne pleure pas. *Fiho per barjhoulia*: fille pour garder le petit.

BARJHOULIARELLO. Voyez BARJHOULEIRIS.

BARJHUN. s. m. Propos. Langage. Manière de parler. Il ne se dit qu'en mauvaise part. *Marri barjhun*: mauvais propos. *Vilen barjhun*: propos indécent. Il est pop.

BARLOCO. s. f. Terme de joueur de cartes. Jeu de hasard. Vendôme. Au fig. *Battre la barloco*: battre la campagne, chercher des raisons évasives pour retirer sa promesse, pour éluder ses engagemens, se dédire d'un marché, etc.

BARNABEOU. s. m. Barnabé. Nom d'homme.

V BARNAGE.) s. m. Batelée. Mul-
BARNAGI.) titude de personnes ou d'animaux. Grande quantité de choses. Voyez TARABASTADO.

BARNIGAOU. Voyez BROUQUET.

BARNISSA. Voyez EMBARNISSA.

BARNISSOTO. adj. f. Bourjassote. Sorte de figue tardive.

BAROUNEJHA, SE BAROUNEJHA. v.
r. Se panader. Se dandiner. Se donner
des airs comme les grands, comme
ferait un baron.

BARQUADO. s. f. Batelée. Charge
d'un bateau. *Passa à la proumièro
barquado* : passer la rivière le matin
à la première traversée du bateau.

BARQUET. s. m. Bachot. Batelet.
Petit bateau d'un passeur de rivière.

BARQUIÉ. s. m. Passeur. Celui qui
mène un bateau ou un bac pour passer l'eau. On l'appelle aussi batelier,
mais improprement.

BARQUIOU. s. m. Reservoir. Lieu où
l'on amasse des eaux pour arroser un
pré, un jardin, etc.

BARQUO. s. m. Bac. Espèce de grand
bateau plat, servant à passer les charrettes, les carrosses, etc., d'un côté
de la rivière à l'autre, par le moyen
d'une corde qui la traverse.

BARQUOT. Voyez BARQUET.

BARRA. v. a. Fermer. Barricader
la porte.

BARRACANA, ADO. adj. Bariolé, ée.
Diversifié de couleurs rudes et tranchantes. *Velours barracana*, velours
barriolé.

BARRAOU. s. m. Barral. Espèce de
baril ayant une anse en bois dans
laquelle est passée la corde qui sert à
le porter. On s'en sert en Provence à
transporter l'huile d'olive du moulin
à la gerlerie des particuliers; il contient
depuis 24 jusqu'à 36 kilogrammes. On
se sert également du barral dans le
département des Basses-Alpes pour
transporter le vin d'une cave à l'autre
lors du décuvage. On ne se sert dans
cette occasion que de ceux qui contiennent exactement deux Coupes, ancienne mesure locale de 16 à 20 kilogrammes l'une, selon le pays.

BARRALIA.   } v. n. Transpor-
B.-A. BARRARIA. }
ter. Porter d'une cave à l'autre le vin
dans un barral. *Qu'ouro barrarias ?*
Quand faites vous transporter votre
vin ?

B.-A BARRARIAIRE. s. m. Porte-faix.
Homme de peine qui transporte le vin
dans le barral. Voyez BRINDAIRE.

V. BARREIROUN. Voyez BROUQUET.

BARRATO. s. f. Terme de mépris.
Attrape. Bulle. On le dit des personnes,
des animaux et de toute autre chose

dont l'extérieur et les apparences promettent beaucoup et qui néanmoins
sont tout le contraire. *A capita uno
bello barrato :* il a rencontré une fa-
meuse bulle. Voyez EMBARATA.

BARRETO. s. f. Berrette. Bonnet de
laine que portent les paysans. Il est
ordinairement de couleur rouge.

V. BARRETTO. s. f. Capiton. Coque
du ver-à-soie. Voyez CHIQUO, BOUR-
RETTO.

BARRI. s. m. Remparts. Murs d'une
ville. Au fig. Nuages sur l'horison. *L'y
a de beis barris :* il s'élève de gros
nuages.

BARRIÈLO.   } s. f. Barrique très-
BARRIÉRO.   }
petite. Ce sont des espèces de cornues
ou bonnes cerclées à bandes en bois,
et qui servent à transporter du vin
ou de l'eau à dos de mulet.

BARRIOU. s. m. Baril. Petite futaille.
*Un barriou d'anchois, barriou d'oou-
lives :* un baril d'anchois, baril d'o-
lives.

BARRO. s. f. Terme de moulin à
huile. Levier. Pièce de bois ronde de
moyenne grosseur à l'aide de laquelle
plusieurs hommes font tourner la vis
qui presse les scourtins.

BARRO DOOU GALINÉ. s. m. Juchoir.
Perche sur laquelle se juchent les
poules.

BARRO. *Juga à barro :* jouer aux
barres.

BARROULA. v. a. Parcourir. Aller çà
et là de côté et d'autre. *Ai barroula
partout senso n'en trouva :* j'ai tout
parcouru sans rien trouver de ce que
je demandais. Il est fam.

BARROULA. v. n. Rouler. Avancer
en tournant comme un baril. Dégringoler. On dit fam. *Faire barroula leis
escaliers en coouquun :* faire sauter les
montées à quelqu'un, pour dire, le
chasser honteusement de chez soi.

BARROUN. s. m. Terme de moulin
à huile. Barreau. Espèce de gros bâton
rond avec lequel le meunier fait tourner la vis du pressoir. Après le *barroun*
on met la *barro*. Voyez BARRO.

BARROUN. s. m. Terme de tourneur.
faiseur de chaises. Traverse. Pièce de
bois qu'on met en travers à la partie
inférieure d'une chaise, pour en assembler et en affermir les montans.

BARROUYO. s. Brouillon. Celui et

celle qui a accoutumé de brouiller. Qui fait les choses avec confusion, qui n'a ni règle ni ordre dans ce qu'il fait. *Es un bourrouyo :* c'est un brouillon.

BARRUCHEOU. s. m. Baril. Petite futaille cerclée à bandes en bois comme les cornues.

BARRUGO. s. f. Verrue. Poireau. Excroissance charnue qui vient ordinairement aux mains.

BARRULA. Voyez BARROULA.

V. **BARSELA.** Voyez BASSELA.

B.-R. **BARTALAI.** s. m. Chardon étoilé. Plante.

BARTAROT. s. m. Bloc. Marché d'un solde, d'une totalité de marchandises, comestibles, etc. *Faire un bartarot :* acheter en bloc, faire un marché du tout. Il est pop.

BARTAS. s. m. Terme de lavandière des environs d'Arles. Essui. Sechoir. Voyez ESTENDEIRE. HALLIER.

BARTOUMIOU. s. m. Barthélemy. Nom d'homme. *Mestre Bartoumiou :* maître Barthélemy.

BARUTEOU. s. m. Bluteau. Blutoir. Sorte de sas fait en soie ou de crin et qui sert à passer la farine.

BASARD. Voyez BARTHAROT.

B.-A. **BASARUETTO** s. f. Tracassière. Celle qui tracasse, qui est sujette à brouiller les gens les uns avec les autres, ou les affaires desquels elle se mêle, par ses propos ou ses discours peu mesurés.

BASSACO. s. f. Paillasse. Espèce de sac de toile fort large, que l'on remplit de paille pour servir à un lit. Au fig. Souffre douleur. Celui qu'on n'épargne en rien, qu'on expose à toutes sortes de fatigues et de blâmes, qu'on ne craint pas de compromettre, et sur lequel même on fait deverser les torts que l'on a. *Es la bassaco de tout :* c'est le souffre douleur en toutes choses. *Foou toujours que siègue la bassaco iou :* il faut que toujours je sois l'inculpé et le souffre douleur. On lui donne encore la signification de porte endosse, dans quelque occasion. Voyez BARDOT.

BASSAQUETTO. s. f. diminutif. Petite paillasse pour le berceau d'un enfant.

BASSEGUE. s. m. Mouton d'une cloche. Grosse pièce de bois dans laquelle

sont engagées les anses d'une cloche pour la tenir suspendue. Voy. CEPOUN.

BASSELA. v. a. Terme propre de lavandière. Battre. Frapper le linge avec un battoir.

BASSELA. v. a. Frapper à coups redoublés. *Bassela uno pouerto :* frapper à une porte à coups redoublés. On dit communément et pop. d'une étoffe ou d'un habillement qui est en grande vogue. *Que chacun s'en bassèlo :* que tout le monde en porte.

BASSEOU. s. m. Voyez BACEOU.

BASSINA. v. a. Bassiner. Fomenter. Humecter. Mouiller une partie du corps, une plaie, avec du linge imbibé d'une liqueur tiède. Au fig. SI BASSINA. v. récip. Se dorloter. Prendre ses aises, ses plaisirs, etc. Dans ce sens il est plaisant et familier. *Ty bassines :* tu te choyes.

V. **BASSINO.** s. f. Bassine. Ustensile de cuivre avec ou sans anses.

V. **BASSINO.** Voyez TINEOU.

BAST. s. m. Bât. Espèce de selle rembourrée, d'une bête de somme.

BASTADO. s. f. Charge. Ce que porte une bête de somme avec le bât.

BASTA. v. n. Suffire. Ce verbe n'est plus d'usage. Voyez BASTÓ.

BASTARDIÈRO. s. f. Terme d'arboriculture. Bâtardière. Plan d'arbres greffés qu'on élève dans une pépinière.

BASTET. s. m. diminutif. Petit bât. C'est celui que les rouliers mettent au limon et sur lequel appuye le support qui soutient les brancards d'une charrette.

BASTI. v. a. Bâtir. Construire des ouvrages de maçonnerie. Au fi. Flaquer. Jeter avec impétuosité quelque chose contre le mur ou autre part. *Basti par la figuro :* jeter par la figure.

BASTIAN. s. m. Sébastien. Nom d'homme. *Mestre Bastian :* maître Sébastien.

BASTIDAN, BASTIDANO. s. Paysan, paysanne qui habite la campagne.

BASTIDAN. s. m. Campagnard. Propriétaire qui demeure habituellement à la campagne, à la bastide. *S'es fach bastidan :* il s'est fait campagnard.

BASTIÈRO. s. f. Bardelle sans courbet. Espèce de selle de grosse toile piquée de bourre.

BASTIDO. s. f. Bastide. Maison de

campagne. — Grange.

BASTIDOUN. Cassine. Petit logement à la campagne.

BASTIÉ s. m. Bâter. Artisan qui fait des bâts.

BASTISSO DE TERRO. s. f. Bousillage.

BASTO. v. Impers. Il suffit. C'est assez, pourvu que...

BASTO. Façon de parler adverbiale. Soit, j'y consens. On dit prov. et famil. *Mette que mette basto que pette :* mettez toujours dut elle crever. On le dit d'une bête de somme ou d'une personne que l'on charge outre mesure.

BASTOUN. m. Bâton. Juchoir d'une cage. On appelle fig. et prov. *Tour d'oou bastoun :* le tour du bâton. Le profit casuel, souvent illicite d'un emploi.

BASTOUNA.
BASTOUNEJHA. } v. a. Bâtonner. Rosser, Donner des coups de bâton.

BATAREOU. s. m. Claquet. Petite latte dans un moulin à farine, qui est sous la trémie et qui appuyant sur la meule fait du bruit lorsqu'elle tourne. On dit famil. d'un grand parleur que : *La lenguo li va coumo lou batareou d'un moulin :* sa langue va aussi vite que le claquet d'un moulin.

BATAYA. v. a. Guerroyer. Se débattre. S'agiter. Se tourmenter. On dit d'un moribond, *Que batayo, que fach que bataya :* qu'il s'agite et se débat avec la mort.

BATEJHA. v. a. Baptiser. Administrer le sacrement de Baptême. Au fig. Frélater. Mêler de l'eau dans le vin, comme font certains cabarétiers. *Vin batejha :* vin frélaté avec de l'eau.

BATEOU. s. m. Bateau. Voyez BARQUO.

BATO. s. f. Sabot. Corne du pied d'un animal, tel que le cheval, l'âne le bœuf, etc.

BATTENT. s. m. Ventail. Battant d'une porte qui s'ouvre des deux côtés. *Durbès leis doux battents :* ouvrez les deux vantaux

BATTRE. v. a. Ce terme ne différant de celui en français que par la prononciation, il n'est mis ici que pour faire connaître les locutions suivantes. On dit qu'un. homme *Batte plus veno :* qu'il ne palpite plus, pour dire qu'il est mort entièrement. On dit prov. et fig. *Battre la campagno :* tourner la truie au foin,

pour dire, ne répondre pas juste et tâcher de détourner le discours sur une autre matière. On dit également qu'un malade *Batte la campagno :* lorsqu'il n'a plus sa tête, et qu'il ne sait plus ce qu'il dit ni ce qu'il fait.

BATTRE LA BARLOCO. Voyez BARLOCO.

BATUDO. s. f. Terme de filature de soie. Décreusée. Quantité de cocons que l'on met à la fois dans le bassin. et que l'on bat et décruse avec· le balai pour en dévider la soie. *Faire uno battudo :* faire une décreusée.

BATUN. s. m. Ciment.

BATUR D'ESTRADO. s. m. Batteur de pavé. Vagabond. Libertin qui va de côté et d'autre.

BAVA. v. a. Baver. Jeter de la bave.

BAVAIRE. s. m. Baveur. Celui qui bave.

BAVAIRE. s. m. Bavard. Débagouleur. Qui parle excessivement, sans discrétion.

BAVARDEJHA. v. n. Bavarder. Parler beaucoup sans règle ni mesure.

BAVARELLO. s. f. Baveuse. Celle qui bave.

BAVAREOU. s. m. Bavette. Petite pièce de toile que les enfans portent par devant.

BAVO. s. f. Bave. Salive qui découle de la bouche.

BAVO DE MAGNAN. s. f. Araignée. Bourrette. Espèce de coton ou filasse soyeuse, dont s'environne le ver-à-soie avant de commencer son cocon.

BAVOUX, BAVOUE. adj. Baveux, euse. Qui ressemble à de la bave, à de la morve. *Escayoun bavoux :* Cerneau caillet, dont l'intérieur n'est encore que de la morve. *Ooumeletto bavouè :* omelette baveuse.

BAVURO. s. f. Terme d'art. Ébarbure. Bavochure. Voyez REBAVURO.

BAYOCO. Voyez DARDENO.

BAYOFI. s. m. Stupide. Idiot.

B.-R. BAZARD. s. m. Mobilier d'une maison.

B.-A. BE OU CONTRO. s. m. tête ou queue. Jeu d'épingles.

BÉABA. s. m. Union d'une consonne à une voyelle. C'est un terme d'écolier. — Alphabet. *N'es enca qu'oou beaba.* A peine en est-il à joindre une consonne avec une voyelle. Au fig. Le commencement, les élémens d'une science ou d'une langue qu'on étudie. *N'en siou enca qu'oou beaba* : je n'en suis encore qu'aux premiers élémens.

V. BEAOU. Voyez BIAOU.

V. BEASSO. Voyez BIASSO.

BEAT, BEATO. s. Terme populaire. Bienheureux. Prédestiné. Sainte personne.

BÉBO. s. f. Lippe. Grosse lèvre. *Faire la bèbo* : faire la moue, faire la lippe, avancer une grosse lèvre comme font les enfans lorsqu'ils boudent. Il est ironique.

BECA. v. a. Becqueter. Donner des coups de bec. On ne le dit que des oiseaux.

BECADO. s. f. Becquée. Ce qu'un oiseau prend avec le bec pour donner à ses petits. *Douna la becado* : abecquer.

BECAI. adv. Peut-être. *Beçai si* : peut-être qu'oui.

BECAI-BECAI. Peut-être que!... Expression énergique qui termine assez ordinairement la réprimande que fait un père sur une mère à ses enfans. Elle infirme le commandement de se taire et de rester tranquille.

BECCARUT. s. m. Flamant. Oiseau aquatique.

V. BECHA. v. a. Becqueter. Voyez BECA.

BECHAR. s. m. Hoyau. Instrument d'ag. C'est une espèce de bêche ou de marre à deux branches.

B.-A. BECHI. v. a. Toucher à peine. Appuyer tantsoitpeu. — Frôler. Friser. Toucher légèrement, superficiellement et en passant. *Fai que bechi* : à peine touche-t-il. *Dis que l'y ai fa maou, et tout beoujus l'ai bechi* : il dit que je lui ai fait du mal, et à peine l'ai-je touché.

B'-A. BECHOYO. s. f. Pitance. Gourmandise. Friandise. Il est pop. *Manjho jamai lou pan soulet, li faou toujour un paou de bechoyo* : il ne mange jamais le pain seul, il lui faut toujours quelque chose qui l'excite.

BECU. Voyez BECHAR.

BEDÈ. s. m. Niais. Benêt. Idiot.

BEDIGAS. Simple. Niais. naïf. Bon diable qui n'a ni ruse ni finesse. *Es un bouen bedigas* : C'est un bon enfant simple.

BEDOQUO. s. f. Terme de moissonneur. Voyez BADOQUO.

BEDOUVIDO. s. f. Mauviette. Oiseau C'est une sorte d'alouette.

BEDUSCLA. v. a. Terme de rôtisseur. Flamber. Passer une volaille par le feu, pour brûler le duvet qu'on n'a pu enlever en la plumant.

BEERA. Voyez BIERA.

BÈFE, BÉFO. adj. Lippu, lippue. Celui et celle qui a la lèvre de dessous grosse et très-avancée.

BEGNADO. s. f. Charge. Ce que porte un cheval ou toute autre bête de somme avec le bât. On ne le dit que du fourrage, des gerbes et des plantes légumineuses, que l'on transporte dans des draps à l'aide de l'échelette (*begnos*) que l'on adapte au bât de l'animal. *Uno begnado de pezottos* : une charge de pois gri en vert. *N'an agu dez begnados de muou* : ils en ont eu dix charges de mulet. On le dit au fig. de tout ce dont une personne peut être chargée; alors il est familier et quelque peu plaisant. *Adugueriam uno bello begnado de pluyo* : vous apportâmes une bonne charge d'eau. *L'y an beila uno begnado de coumplimens* : on lui a remis une grosse charge de compliments.

BEGIN. Voyez BEJHET.

V. BEGNO. s. f. Arate. Sorte de grandes mannes jumelles de forme carrée, dans lesquelles on transporte à dos de mulet, du verre travaillé.

B.-R. BEGNOS. c. f. Echelette. Sorte de petite échelle que l'on attache au bât d'un cheval ou de toute autre bête de somme, et qui sert à transporter des gerbes. du fourrage, des fagots, etc.

BEGNOUNS. s. m. pl. Cordes à bât. Ce sont les cordes des deux côtés de l'échelette.

B.-R. BEGOUMARD. ⎫
B.-A. BEGOUMAS. ⎬ s. m. Premier lait qui vient à une nouvelle accouchée.

BEGUDO. s. f. Bouchon. Petit cabaret de campagne où l'on s'arrête pour boire. — Petit logis.

BEGUDO. s. f. Bévue. Méprise. Erreur où l'on tombe par ignorance ou par inadvertance. Il est pop.

BEILA. v. a. Bailler. Donner. Livrer. Mettre en main. *Beili, beiles, beilo, beilam, beilas, beiloun, beilavi, beilavoun, beilavias, beiléri, ai beila, beilavai, beilo, beilaran, beilarem.* *Te baili un bacou* : je te donne un soufflet. *N'en beiloun plus ges* : ils n'en livrent plus.

BEILAGI. s. m. Placement. Terme de nourrice. Remise que l'on fait d'un enfant entre les mains de celle qui doit être sa nourrice. *Cerca un beilagi* : chercher quelqu'un qui veuille faire allaiter son enfant.

BEILAGI est aussi le salaire que l'on donne à une nourrice. *Bouèn beilagi* : bon, gros salaire de nourrice. *Marri beilagi* : petit salaire (de nourrice) ou difficile à retirer.

B.-R. BEILETTO. s. f. Nourrice. Celle qui se charge d'allaiter un nouveau né.

BEINECHIE. s. m. Bénitier. Vase dans lequel on met de l'eau bénite.

BEINESI. v. a. Bénir. Consacrer au culte divin. Donner la bénédiction. *Avant que de mettre espeli la grano de magnan foou la faire beinesi* : avant que de mettre éclore la graine de vers-à-soie il faut la faire bénir.

BEINESI. Voyez BENI, BENIDO.

BEIS-HUEILS. s. m. Acarne. Poisson de mer blanc, de la forme et de la grosseur du rouget.

B.-A. BEJHET- s. m. Goret. Petit cochon *Crida lou bejhet* : appeler le goret.

BEL-EIME, A BEL-EIME. adv. Au hasard, à vue d'œil, sans choix. *Croumpa à bel-eime* : acheter à vue d'œil, par approximation, sans nombrer, mesurer, ni peser. *Senso counta, faire à bel-eime* : traiter quelque chose sans calculer, mais seulement à vue-d'œil et au hazard.

BELEOU. adv. Peut-être. *Beleou qu'o* : peut-être qu'oui.

BELICO. }
BELIQUO. } s. m. Basilic. Plante odoriférante qui est quelquefois employée dans les cuisines comme assaisonnement.

BELIQUO-D'HIVER. s. m. Baume. Plante très odoriférante. C'est une espèce de menthe vivace qui se multiplie par bouture.

BELLEIS-DENTS. s. f. Pois quarrés. Gesses. Plante légumineuse de la nature des pois, et dont les semences très-blanches sont anguleuses et assez ressemblantes à une dent.

BELLEIS-VIANDOS. s. f. Orobe. Pois nains, appelés aussi pois de pigeon, parce que ces oiseaux domestiques man-

6

gent ce légume volontiers. Voyez MEREVIHOS.

BELLAS, BELLASSO. adj. superlatif. Très-beau. Très-belle. On l'emploie quelquefois substantivement. *Vene eici bellasso* : viens ici, ô la très-belle.

BELLO-ESTELLO. s.f. Vénus. Une des sept planètes.

BELUGO. s. f. Bluette. Étincelle. Flamèche. Petite parcelle de feu.

BELUGO. s. f. Milan. Poisson de mer volant.

V. BELUGO. Voyez CARREIROCU.

BELUGUEJHA. v. n. étinceler. Briller, Jeter un éclat de lumière. On le dit des yeux, des diamans, des étoiles, etc. *Leis hueils l'y beluguejhoun*; les yeux lui pétillent. *Lou temps es seren leis estellos beluguejhoun* : Le temps est serein les étoiles brillent.

BELURO. }
BELOYO. } s. f. Affiquet. Parure.

Ajustement. Il ne s'emploie guères qu'au plur. *L'y manquo pas beloyos* : il ne manque point de parures ni d'ajustemens. Il est populaire.

BEN. s. m. Bien. Propriété. Champ. *Ac'os de marri ben* : c'est du mauvais terrain.

BEN. s. m. Bien. Ce qui est bon, utile, avantageux, convenable. *Que leis marrideis lenguos v'empachoun pas de fa lou ben ;* que les mauvaises langues ne vous empêchent pas de faire le bien.

BEN. adv. Bien. beaucoup. Fort. *Vous pourtas touteis ben* ? êtes vous tous bien portants ? *Aves ben ista de veni* : vous avez beaucoup tardé de venir. *Li esto ben de canta* : Il lui sied bien de chanter.

BEN-ESTRÉ-VOUS-SIÈ. Souhait de félicitation. Bien vous en soit ! Il est familier et populaire.

BEN-LEOU. adv. Bientôt.

BENC. s. m. Chicot. Petit bout qu'on laisse à une branche d'arbre éclatée ou mal coupée. Voyez BANIOUN.

BENC. s. m. Grosse écharde. Éclat de bois qui entre dans la chair. Voyez TAN.

BENDO. s. f. Bande. Morceau de linge long et étroit dont on se sert pour envelopper, lier ou serrer quelque chose.

BENHURANCO. s. f. Abondance. Quantité prodigieuse. Batelée. *Ni avié uno benhuranço* : il y en avait prodigieusement. Il est vieux.

BENEDI, BENEDITO. s. Bienheureux.

BENEDICHÒ. Voyez BENEDITO.

BENEDITO. s. f. Nom de femme. Benoîte.

BENEDUC. s. m. Orpin. Plante dont les feuilles et les fleurs ressemblent à la joubarbe.

BENI, BENIDO. Voyez BEAT BENEDI.

V. BENESTRUA. Voyez ESTRUGEA.

B. R. BENSIPOUNETOS. s. f. Verge d'or. Plante médicinale.

B. R. BENTPOUNETOS. s. f. Campanule, gantelée. Plante dont la fleur est en forme de cloche.

BENVENGUDO. s. f. Bienvenue. Heureuse arrivée de quelqu'un. *Faire la bonvengudo:* complimenter quelqu'un sur son heureuse arrivée.

BEOU BELLO. adj. Beau, Belle. Il est aussi adv. *An bello faire n'avançaran ren:* ils ont beau faire, ils perdent leur temps. *An bello dire et bello à faire:* ils ont beau dire et beau faire.

BEOU-BEOU. Expression adverbiale dont on se sert dans cette façon de parler. *Faire lou beou-beou:* flatter, caresser quelqu'un, lui témoigner beaucoup d'attachement ou d'amitié dans des vues d'intérêt. *L'y fach lou beou beou per ave soun ben:* il lui témoigne beaucoup d'amitié pour avoir son héritage. *Faire beou.* Terme d'airée. Dégager le blé de toute la paille et le mettre en état d'être criblé.

BEOU JHUEOU. s. m. Beau poupon. Mon trésor. Beau bijou. Qualification que les femmes du peuple donnent quelquefois à leurs nourrissons. *Moun beou jhueou:* mon beau bijou.

BEOU L'AIGUO. s. m. Boit-l'eau. Celui ou celle qui ne boit point du vin. Abstème. *Es beou l'aiguo:* il ne boit point de vin. *Es un beou l'aiguo:* c'est un buveur d'eau.

B. B. BEOU L'HOLI.
B. A. BEOU LORI. } s. m.
Chât-huant. Oiseau nocturne de la nature du hibou. — ORFRAIE. Espèce d'oiseau nocturne que le bas peuple croit être de mauvais augure.

BEOUSSO. s. f. Corbeille. Voyez TARRIÉ.

BEOURE. v. a. Boire. *Bevi, bever, beou, buvèm, luvès, buvoun, buviou, buqueri, beourai, que beve, que buguessi, beouriou.* Avaler une liqueur, s'énivrer. *Beourre coum'un traou:* s'abreuver comme une fosse. On dit que: *Lou papiè beou:* que le papier boit, pour dire, que le papier dont il est question s'abreuve d'encre l'orsqu'on y écrit dessus. Au fig. *Beoure coouqu'un emeis hueils:* couver quelqu'un des yeux, pour dire, se complaire à le regarder à l'observer avec passion, avec un plaisir tel qu'on ne saurait se lasser. *Sa mèro lou beou emeis hueils:* sa mère le couve des yeux. *Beoure l'alen a coouqu'un:* c'est lui couper la parole, l'empêcher de répliquer par le ton avec lequel on lui parle, ou par les paroles qu'on lui adresse. *Beoure à la regalado:* boire au régal, c'est boire à une bouteille, ou à toute autre vase sans y toucher avec la bouche. Cette manière de boire est usitée par certaines gens de la campagne qui en cela sont plus délicates que celles qui boivent dans le pot ou au flacon. Voyez AMOURRA.

BERBI. s. m. Dartre. Mal qui vient sur la peau en forme de grattelle.

B. A. BERENCHIÈ. Voyez SAOUTO-OULAMÉ.

BERENGUIÈRO. s. f. Bourdaloue. Sorte de pot de chambre de grosse dimension; il y en a de forme oblongue.

BERICLES. s. m. Besicles. Lunettes. On ne s'en sert qu'en plaisanterie ou pour tourner en ridicule. *Oou vè a pres leis bericles!* holà il s'est carré les besicles!

BERIGAOU. Voyez BEDIGAS.

BERIGOURO. Voyez BALIGOULO.

BERLO. s. f. Beccabunga. Plante qui croit dans les eaux vives, elle est de la nature et possède les qualités du cresson d'eau.

BERRI. s. m. Filet de cordes. Grand reseau de cordes ayant une barre à chaque extrémité, et servant à transporter du foin, etc.

V. BERRI. s. m. Crochet de bois. Les gens de la campagne se servent de ces crochets qu'ils attachent à un panier pour le suspendre à l'arbre pendant qu'ils en cueillent les fruits.

BESCLIN. Voyez BLESQUET.

BESCOUEL. \
BESCOUIL. } s. m. Terme de boucher. Bout - saigneux. Cou de mouton, tel qu'on le vend à la boucherie. *Mouceou dou bescouc :* morceau du Bout-saigneux.

BESSOUN BESSOUNO. s. et adj. Jumeau, Jumelle. Frères Jumeaux. Sœurs Jumelles. Besson Bessonne. *Soun doux bessouns :* ce sont deux frères jumeaux. *Amendo Bessouno :* amande jumelle, amande double. On le dit également des autres fruits qui se trouvent doubles et adhérens l'un à l'autre sur la même queue.

BESSOUNADO. s. f. Accouchement de jumeaux ou de jumelles. *A fach uno bessounado :* elle est accouchée de deux jumeaux ou de deux jumelles. *Aco es uno bessounado :* ce sont là deux frères jumeaux, ou deux sœurs jumelles.

BESTI. s. f. Bête. Animal. Au fig. ignorant, stupide.

BESTI-DOOU-BOUEN-DIOU. Voyez BUOU-DE-NOUESTE-SEGNE.

BESTIARI. s. m. plur. Bétail. Bestiaux. *Rejhougne lou bestiari :* clore le bétail. Au fig. bête, animal, ignorant. *soun tous de bestiari :* ce sont tous des ignorans, des animaux.

BESTIAS, ASSO. adj. et substantif. C'est un superlatif de BESTI, dans le sens figuré. *Oh lou bestias !* oh l'anima ! *Siès uno bestiasso finido :* tu es un animal achevé.

BESTIOUNO. s. f. diminutif. Jeune, petite bête.

BESUSCLA. v. a. Flamber. Passer par le feu. Voyez BEDUSCLA.

BETUÈRTO. s. de t. g. Lourdaut. Stupide.

BEVEDOU. Voyez BUVADOU.

BEZOUN. s. m. Besoin. Indigence. Nécessité. Manque de quelque chose dont-on a à faire. *Ave bezoun d'argent :* avoir besoin d'argent. Il signifie aussi nécessité naturelle. *Faire seis bezouns :* faire ses nécessités.

BEZUDIA. v. n. Vetiller. S'amuser à de vaines ou à de légères occupations. S'occuper à des riens ou à des minuties.

BIAI. s. m. Tournure. Manière d'être. *Douna lou biai :* donner la tournure convenable. S'y prendre comme il faut. *De tout biai :* de toute façon.

BIAI. s. m. Adresse. Dextérité. Industrie. Habileté. Aptitude à tout faire. *Fremo qu'a fouesso biai :* femme industrieuse et pleine d'adresse. *Ave fouesso biai, estre plen de biai :* avoir beaucoup d'habileté, être très adroit. On dit d'un artisans habile. *Que l'y manquo pas biai :* qu'il a beaucoup du génie, qu'il est capable de bien de choses. On dit d'une personne mal-adroite, ou qui ne sait pas faire grand chose. *Qu'a ges de biai :* qu'elle n'est bonne à rien.

BIAI. s. m. Biais. Travers. Ligne oblique. *Estoffo de biai :* étoffe qui est de travers, dont les fils ne vont pas en ligne droite.

BIAOU. s. m. Biez. Canal qui conduit les eaux pour les faire tomber sur la roue d'un moulin.

BIASSO. s. f. Bissac. Espèce de sac ouvert par le milieu et formant deux poches.

BICHARD. Voyez BECHARD.

BIDOUSSA. SI BIDOOUSSA v. récip. Voyez BALANÇA, SI BALANÇA.

BIÈRA. v. n. Bêler. On le dit au propre du cri de l'agneau, du mouton, de la brebis et de la chèvre, et par analogie des cris aigus que poussent les petits enfans en pleurant. *Per paou que lou toqoun bièro :* si peu qu'on le touche, il pousse les hauts cris. Il est populaire.

BIGANAOUDO. s. f. Sottise. Faute. Bevue. Action imprudente.

BIFRA. Voyez BRAFA.

BIGARRA, ADO. adj. Bigarré, ée. Chamarré de diverses couleurs. On le dit des étoffes. etc.

BIGNETTO. s. f. Tache. Souillure d'huile, de graisse ou de cambouis, sur les vêtemens. *Es tout plen de bignettos :* il est tout sali d'huile. Il est popul.

BIGO. s. f. Perche. Brin de bois de l'épaisseur du bras a peu-près, et long de 10 à 15 pieds. On en place souvent aux avenues du bac d'une rivière, pour servir de guide à ceux qui vont la passer.

BIHA. v. a. Garroter. Lier. Attacher. Serrer avec de gros liens.

Bilia une carreto; Lier, serrer le chargement d'une charrette.

BIHO. s. f. Garrot. Bâton court dont on se sert pour serrer des nœuds de corde, pour comprimer les cordes d'un chargement de charrette, de mulet. etc.

BIHO DE CARRETO. s. f. Moulinet. Machine fixée au devant d'une charrette et au derrière d'un charreton, par le moyen de laquelle on comprime les cordes qui en relient le chargement.

BIHO. s. f. Bille. Petite boule d'ivoire pour jouer au billard. — Gobille, très-petite boule de marbre ou de pierre, servant à l'amusement des enfans. *Juga eis bihos:* jouer aux gobilles.

BIHOUIRE. s. m. Tricot. Bâton gros et peu long. *Si vèn mai coucha lou em'un bouèn bihouire:* s'il revient chassez le avec un bon tricot.

BIHOUN. s. m. Billot. Tronçon de bois.

BIJHOUN. s. m. Bijon. Espèce de ésine servant au même usage que a thérébentine avec laquelle on le compose quelque fois.

BILOUX, OUÉ adj. Bilieux, bilieuse. Qui abonde en bile. Qui excite, qui donne, qui provoque la bile.

B. A. BINDOUSSIA. v. a. Brandiller. Mouvoir déça et delà sur ses jambes, comme l'on fait au jeu de l'Escarpolette. Il est aussi récip. *Si bindoussia:* se brandiller.

BINDOUSSOS. s. f. pl. Escarpolette. Balançoire. Bascule. *Faire leis bindoussos;* jouer à l'escarpolette.

BINDOUSSOUAR. Voyez BALANÇADOU.

BIOU. Voyez BIAOU.

BIOU. s. m. Buccin. Coquillage.

BISBI. ⎰ s. m. Rumeur. Chuchotement.
BISBIS. ⎱

BISCA. v. n. Chevrotter. Perdre patience. Se fâcher. Se dépiter Prendre la chèvre. Il est familier. *Regardas coumo bisco:* voyez comme il se fâche.

BISCAIN, INO. adj. Traître. Traîtresse. Maudit, ite comme CAIN. Il n'a presque d'usage que dans cette locution populaire, *Raco biscaïno:* méchante race. Génération maudite.

BISCAN. s. m. Terme d'Église.

Bis. Permis de biner. Pouvoir qu'a un Prêtre de dire deux messes en un seul jour. *A lou biscan:* il a le bis.

BISCO. s. f. Chèvre. Emportement. Dépit. Colère. Impatience. *A la bisco:* il a pris la chèvre.

BISCOTO. adj. Cuite deux fois. Cet adjectif ne s'emploie qu'avec le mot CASTAGNO. *Castagno biscoto:* châtaigne sèche ayant son écorce, et étant cuite deux fois dans le vin blanc.

B. A. BISCOU. s. m. Buvette. On ne s'en sert que dans cette façon de parler familière. *Prendre un biscou:* prendre un morceau pour boire. Il est populaire.

BISET, BISETO. adj. BEGE ou BEIGE. Nom d'une couleur qui forme la nuance entre le gris et le noisette, et qui participe de l'un et de l'autre. On l'appelle aussi *Coulour de la besti* lorsqu'il s'agit d'une grosse étoffe de laine, parce qu'ordinairement les étoffes de cette couleur, ne sont qu'un mélange des couleurs naturelles de la laine des moutons ou des brebis, sans être aucunement teinte. *Cadix biset: estoffo bisetto:* cadix bège. *Estoffo coulour de la besti:* Étoffe gris naturel.

BISTOURTIÉ. s. m. Bistortier. Instrument de pâtisserie. Sorte de rouleau pour abaisser la pâte.

BLA. s. m. Blé. Plante qui produit le grain dont on fait le pain. *Bla anouï:* blé retrait. *Bla degres:* blé grouctte.

BLA de BARBARIÉ. s. m. Maïs. Blé de l'Inde ou de Turquie.

BLA de COUGUOU. s. m. Blé de çocu.

BLA de RAPUGO. s. m. Blé de Smyrne. Sorte de blé qui produit des épis latéraux à côté de l'épi principal et sur la même tige, à la manière des grapillons qui sont à la queue d'une grappe de raisin.

BLA DOOU DIABLE. s. m. AEgilops. Gramen à épis longs.

BLA MOOUNIÉ. ⎰ s. m. Blé d'Afrique. Ce blé
BLA DE PONTIS. ⎱ maintenant
BLA DE PONTUS. si connu en Provence, y fut apporté sur la fin du siècle dernier, par un riche propriétaire de Pontiaux

près de la Garde-Frainet, dans le départ. du Var, qui en fit semer deux charges dans ses terres; le produit surpassant de beaucoup celui du blé froment, tous les habitans s'en fournirent, et c'est delà qu'il s'est répandu dans tout le midi, où on lui donne indifféremment le nom de. *Bla pontis* ou de *pontus :* par corruption du nom de pontiaux.

BLA SARRAZIN. s. m. Blé noir.

BLA TUZELLO. s. m. Blé froment. Le plus blanc et le plus fin des blés.

BLA VESTI. s. m. Blé couvert. Ce sont les grains de blé couvert de leur balle, que l'on trouve parmi les autres grains dépouillés.

BLA de LUNO. s. m. Vol domestique. C'est le terme populaire que l'on donne à ces enlèvemens de blé ou de tout autre denrée, que fait une femme à son mari, pour se procurer de l'argent. *Sa fremo et seis enfans li fan de bla de luno :* sa femme et ses enfans le volent.

BLA de LUNO. Se dit encore par extension du commerce illicite d'une femme mariée. *Sa fremo li fa de bla de luno :* sa femme lui est infidèle. Le nom de *Bla de luno,* vient de ce que ces vols de denrées se font le plus souvent au grenier et à l'aide du clair de lune.

BLAÇAS. s. m. Chêneau. Jeune chêne blanc. Arbre.

BLADIÉ. s. m. Blatier. Marchand de blé.

BLADO. s. f. Vergadelle. Poisson.

BLAGA. v. n. Bavarder. Parler excessivement sans discrétion ni mésure, de choses frivoles ou que l'on devrait tenir secrètes.

BLAGAIRE. Voyez BLAGUR.

BLAGO. s. f. Babillage désordonné. Bavardage.

BLAGUR, BLAGUSO. adj et s. Bavard, bavarde; qui parle indiscrètement sans mesure ni retenue.

BLAI. s. m. Blaise. Nom d'homme.

BLANÇADO. s. f. Gelée blanche. *Grosso blancado :* forte gelée.

BLAN, BLANCO. adj. Propre. Net. C'est l'opposé de sale. *Linçoou blan.*

BLANCAS, ASSO. adj. Pâle. Blanchâtre. *Mino blancasso :* visage, figure pâle. *Drap blancas :* drap de couleur blanchâtre.

BLANCHISSAGI. s. m. Blancherie. Blanchisserie. Lieu où l'on blanchit les toiles. L'action et l'effet de blanchir le linge.

BLANCOU. s. f. Blancheur. *Es d'uno blancou que lévo l'hueil :* il est d'une blancheur éblouissante.

BLANQUEJHA. v. n. Blancheyer. Paraître blanc. *La couèlo de Luro blanquejho :* la montagne de Lure blancheye de la neige.

BLANQUET. s. m. Blanc-Raisin ou Cerat de Gallien. Espèce d'onguent adoucissant où il entre de la cire.

BLANQUET, ETTO. adj. Diminutif de blanc. Blanc, blanche. *Aqueou vieihard a la testo blanquetto :* ce vieillard là a la tête blanchie.

BLANQUETTO. s. f. Turquette. Herniole. Herbe au Turc. Plante.

BLANQUIA. Voyez BLANQUEJHA. *La nejho si ves banquia :* la blancheur de la neige se voit paraître.

BLANQUIADO. Voyez BLANCADO.

BLANQUINEOU, BLANQUINELLO. adj. Blanchâtre. Tirant sur le blanc.

BLANQUINOUX, BLANQUINOUÉ. Voyez BLANQUINEOU.

BLASTEMA. v. n. Blasphemer. Dire des blasphèmes, des imprécations. — Maudire. On dit prov. et fig. *Chivaou blastema lou peou li luze :* cheval déprécié vaut souvent plus qu'un autre.

BLASTEMAIRE. s. m. Jureur. Blasphémateur.

BLED. s. m. Mèche d'une lampe, d'une bougie, d'une chandelle.

BLEDO. s. f. BETTE. Poirée. Plante potagère.

BLESJ, IDO. adj. Élimé, élimée. Usé à demi. On ne le dit proprement que du vieux linge qu'on a lavé plusieurs fois et qui est à demi usé, et par extension des personnes. *Home blesi :* homme usé. *Camié blesido :* chemise élimée.

BLESQUET. s. m. Terme de boucherie. Rate. Partie mollasse de l'animal qui est attenante aux côtes et jointe au foie.

BLESQUET. s. m. Sang de rate. Maladie des bêtes à laine. C'est un vice redhibitoire, il n'entraîne la rédhibition du troupeau qu'autant que dans le délai de la garantie, la perte s'élève au moins au 13me des bêtes vendues.

BLESSA. v. a. Blesser. Donner un coup qui cause de la douleur, soit qu'il fasse une plaie ou qu'il n'en fasse point. — *Si blessa.* v. récip. Se blesser se faire du mal par accident. Parlant d'une femme grosse: Avorter, accoucher avant le terme.

BLEST. Voyez BRE, BRETUÉGNO.

BLESTENCO. s. f. Détente de fusil. Il est vieux. Voyez GACHETO.

BLESTO. s. f. Terme d'agricult. Javelle. Fraction de gerbes (déliées et éparses sur l'aire pour être foulées), dont les épis sont encore appareillés.

BLESTO. Voyez BLESTOUN.

BLESTOUN. s. m. Quenouillée. Terme de filandière. Quantité de chanvre que l'on met à la quenouille, chaque fois qu'on la garnit.

BLESTOUNEJHA. Voyez BRETOU-NEJHA.

V. BLETAS. s. m. superl. Voyez BLETTO.

BLET BLETTO. adj. Blet, blette. Se dit de certains fruits lorsqu'ils sont trop mùrs; et Mou, molle de certains autres de nature accrbe, tels que cormes, nefiles, etc. qui ne sont bons à manger que lorsqu'ils ont molli sur la paille. *Aqueleis peros soun blettos:* ces poires là sont blettes ou trop mùres. *Leis nèspos soun panca blettos:* les nefiles ne sont pas encore bonnes à manger.

BLET BLETTO. adj. Matté. Cassé. Se dit au fig. des personnes et des choses, qui par leur âge ou leur vetusté ne sont presque plus bons à rien. *Vcni blet:* mollir, vieillir, tomber en décrépitude, s'affaiser.

BLETTO. s. f. Gaule. Houssine dont on se sert pour faire aller son cheval.

BLETTOUNEJHA. v. a. Gauler. Battre. Frapper quelqu'un avec une gaule, une houssine.

BLETTOUNEJHA. Voyez BRETOU-NEJHA.

BLETTORABO. s. f. Betterave. Plante et racine légumineuse rouge ou jaune, dont on fait du sucre.

BLIN. s. m. Gouttelette d'eau.

V. BLINACHORO. s. f. Bruine. trèspetite pluie. Voyez LAGAGNORO.

BLODO. s. f. Sarrau. Blouse. Sorte de chemise de toile bleue que portent les rouliers par dessus leurs vêtemens.

BLOU. s. m. Brou. Ecale de noix ou d'amande.

BLOUCA. v. a. Boucler. Mettre une boucle.

BLOUCO. s. f. Boucle. Anneau de métal qui a une traverse et un ardillon au milieu.

BLUR BLURO. adj. Bleu, bleue qui est de la couleur du ciel.

BLURASTRE. adj. Bleuâtre tirant sur le bleu.

BLUREST. s. m. Les bleus. C'est le nom que le bas peuple donne aux gardes de ville et aux agens de police, parce qu'ils ont l'habit bleu.

BLURET. s. m. Bluet. Barbeau. Fleur de la plante appelée aubifoin.

BOCHO. s. f. Boule. Corps rond en tout sens. *Redoun coum'uno bócho:* rond comme une boule.

BOFFO. s. f. Bosse. Enflure ou élcvure qui vient de contusion. Elevure dans toute superficie qui devrait être plate et unie. *Boffo d'un capeou:* forme d'un chapeau.

BOGOU. s. m. Diablotin. Celui qui dans un moulin à huile est employé à paître la meule. Il est quelquefois synonyme de *Bachacoun.* Voyez BA-CHACOUN.

BOLI. s. m. Craie. Sorte de pierre tendre bonne à marquer, et dont les maçons et autres ouvriers se servent pour tracer des lignes.

BOLI ROUGE. Ocre rouge. Sanguine.

BOLI JAOUNE. Ocre jaune.

BOMI. s. m. Vomissement. Action de vomir. *Aco fai veni lou bómi:* cela soulève le cœur.

BONO. s. f. Viande. Il est famil. et populaire. *Manjha de bóno:* manger de la viande.

BOOU. s. m. Terme de pêcheur. Coup de filet. Bonne pêche. Pêche considérable. Au fig. Capture. Butin. Gain considérable.

BOOU. s. m. Terme de jeu de vendome. Faire la vole. Gagner gros jeu. *Faire un boou:* faire la vole.

BOOUCA. v. n. Calmer. Cesser. Discontinuer. Ralentir. *Despuis estou matin lou vent n'a pas boouca:* depuis ce matin le vent ne discontinue pas. *Quand la pluyo boooucara, partirem:* lorsque la pluie calmera, nous partirons. Il est aussi v. a. et récep. Se Ralentir. Se modérer se calmer, s'appaiser. *La vento a boouca :* la vente s'est ralentie. *Aquelo taverno a boouca :* ce marchand de vin, ne vend plus guères. *Crido proun mai s'aboucara :* il fait beaucoup de bruit mais il s'appaisera.

BOOUDRÈS. Voyez BOUDRES.

BOOUDROI. s. m. Diable. Pecheteau. Poisson de mer.

BOOUDUFIA. v. n. Toupiller. Tournoyer comme une toupie. il ne se dit que des personnes. Aller et venir sans dessein.

BOOUDROOU. s. m. Insecte. Mêle de la sauterelle.

BOOUDROOU. Voyez BOUDRES.

BOOUDUFO. s. f. Toupie. Sabot. Jouets d'Enfans. *Booudufo doou fouit :* sabot. *Booudufo doou grame :* toupie.

BOOUFIGA, ADO. part. et adj. Encaumé. Encaumée. Garni, plein de petites pustules ou vessies. *Ave la man booufigado :* avoir la main pleine de pustules.

BOOUFIGO. s. f. Vessie urinaire d'un animal. — Encaume. Pustule, Ampoule. Petite enflure qui se fait sur la peau. On dit fam. *vuijha la boufigo :* pour dire, uriner.

V. BOOUJHO. s. m. Soufflet de forge.

BOOUMIAN BOOUMIANO. Bohémien, bohémienne. Sorte de vagabonds qui courent les foires ; les hommes y troquant et vendant des mauvaises ou vieilles bêtes de somme, et les femmes y disant la bonne aventure. Au fig. Hâbleur. Personne de mauvaise foi.

B. A. BOOUMIANCHARIÉ. s. f. Tromperie. Action de bohémien.

B. A. BOOUMIANCHAYO. nom collec. Vagabonds. Canaille. Ceux qui vagabondent, qui agissent et se conduisent comme des bohémiens. *Est tout des booumianchayo :* ce sont tout des vagabonds. Il est popul.

BOOUTUGA. v. a. Froisser. Déranger quelque chose avec les pieds, ainsi que l'on fait en marchant dans une terre tout fraichement semée.

BORI. Voyez BOLI.

BORNI. adj. de t. g. Borgne. Celui ou celle à qui il manque un œil. On dit fig. *Ave de ce que fa canta lou borni :* pour dire avoir de l'ar-

gent. On dit fig. d'une chose nécessaire, avantageuse, qui arrive ou tombe sous la main dans le temps le plus opportun. *Qu'es un pesca borni :* que c'est une rencontre heureuse, une pêche d'aveugle. On dit prov. *Oou pays deis avugles leis bornis soun leis reis :* au pays des aveugles les borgnes sont les rois, pour dire, que là où il n'y a que des ignorans, l'on tient pour habile celui qui sait la moindre chose.

BORNO. s. f. Cavité. Creux.. *Borno d'un roure :* creux d'un chêne blanc. *Borno d'uno chamineyo :* tuyau de cheminée. On dit prov. et fig. d'une personne de campagne et de toute autre, qui n'ayant pas l'usage ni la connaissance du monde, est timide et embarrassé lorsqu'il lui faut paraître ou parler à quelqu'un. *Semblo que soucrte de la borno d'un roure :* il paraît être tout fraîchement né.

BOTI. s. m. Mal-adroit. Lourdaut. Benêt. Voyez TOTI.

BOTTO. s. f. Botte. Terme de moissonneur et de foulaison. Faisceau, assemblage des épis ramassés avec le râteau après la moisson, ou formés des débris d'un gerbier transporté ailleurs. Voyez BAGOTS.

BOUAMO. s. f. Hâbleuse. Enjôleuse, qui surprend, trompe et dupe par de belles paroles.

V. BOUAN VISCLES. s m. Guimauve. Voyez MAOUVO BLANCO.

BOUAN. Voyez BOUEN et ses dérivés.

BOUC. s. m. Outre. Peau de bouc préparée pour y mettre et transporter des liqueurs.

BOUCA. Voyez BOOUCA.

BOUCADO. s. f. Bouchée. Gorgée. Petit morceau de pain, quantité de liqueur qu'on met dans la bouche en une seule fois. *Boucâdo de pan :* bouchée de pain. *Boucâdo des boulhoun :* gorgée de bouillon. Voyez GOURJHADO.

V. BOUCERLO. Voyez BOUSSUELLO.

BOUCHOUN. s. m. Cochonnet. But. Très petite boule. On dit, en terme de jeu de boule, *Ave lou bouchoun :* être le premier à jouer.

DE BOUCHOUN. adv. Sur le ventre. Ventre à terre. *Couchu de bouchoun :* couché sur le ventre. *D'ourmi de bouchoun :* dormir couché sur le ventre.

BOUCO. s. f. Bouche. Partie du visage de l'homme par où sort sa voix. *La bouco d'un four :* la gueule du four.

BOUCOS. s. f. pl. Lèvres. Parties extérieures de la bouche qui couvrent les dents. On dit ord. et fig. *Oou vira deis boucos :* à l'air du visage, au remuement des lèvres. *Vai coumpres oou vira deis boucos :* je m'en suis aperçu au remuement des lèvres.

BOUDENFLE BOUDENFLO. adj. Enfle et dur, à la manière d'une figue tournée. On le dit des personnes et de certaines choses par analogie. *A lou couer boudenfle :* il a le cœur gros. *Man boudenflo :* main enflée.

BOUDENFLO. adj. f. Tournée. Qui commence à mûrir, qui tourne en maturité. On ne le dit que des figues. *Leis figuos soun p'anca maduros tout beou jus soun boudenflos :* les figues ne sont pas encore mûres, à peine sont elles tournées. Voyez PURGA.

BOUDOLI. s. m. Ragot. qui est de petite taille, court et gros.

BOUDOUIRE, BOUDOUIRO. adj. Ventru, ue. Pansard. Pansu. Pansue. Qui a une grosse panse, une grosse bedaine.

BOUDOURROU. s. m. et adj. Bourru, bourrue. Bizarre. Fâcheux. Brutal.

BOUDOUSCLA. v. a. Vider les ruches. Dépouiller les ruches de la cire et du miel qu'elles renferment. On dit aussi, CURA LEIS Voyez ce mot.

BOUDOUSCO. s. f. Cire brute. Résidu des gâteaux d'une ruche d'abeille, desquels on a retiré le miel. On le dit quelquefois aussi de la dépouille entière d'une ruche, c'est à dire, du miel et de la cire que l'on en retire mêlés.

BOUDRES. A BOUDRES. Façon de parler adverbiale. A BAUGE. en abondance, sans mesure, à profusion. *Plouu à boudres :* il pleut sans mesure. *Leis gens venoun à booudres :* les gens arrivent en foule. *Leis fruits toumboun à booudres :* les fruits tom-

bent en grande quantité. *Gitta, douna à booudres :* répandre, donner à pleines mains.

A BOUDRES. adv. A la volée. Terme d'agric. Manière de semer en jetant les grains à pleine main. *Aco si sameno à booudres :* cela se sème à la volée.

A BOUDRES. adv. A plein. *Planta la vigno à booudres :* planter de la vigne à plein, c'est à dire, tout en entier sans observer des intervalles, ni laisser des allées vides dans le terrain. *Fouire, licheta à booudres :* travailler, fouir la terre en menant tout à la fois et allant de front, tous les travailleurs.

BOUDROI. s. m. Crasse. Sédiment d'une liqueur.

BOUÈN BOUÈNO. adj. Bon, bonne. Benin. On dit prov. *Quu a bouèn vesin a bouen matin :* qui a bon voisin a bon matin. *De bouèn de Diou :* très certainement! Espèce de serment par lequel on affirme une chose. Il est populaire.

BOUÈN HOME. s. m. Ormin. Sauge des prés. Plante vulnéraire.

BOUÈN RIBLE. s. m. Marrube blanc. Plante commune à odeur forte, qui croît le long des grands chemins.

BOUÈN SÈDI. s. m. Herbe du siège. Scrophulaire aquatique majeure. Plante.

BOUÈN TOUS TEMPS. Bonheur et prospérité sans fin! Souhait de bonne amitié que les anciens Provençaux, nos bons aïeuls, s'adressaient réciproquement en se visitant dans les grandes solemnités de l'année, et dans certaines rencontres de réjouissance publique ou particulière. *Si souheteroun leis bouèn tous temps :* ils se souhaitèrent tous les biens possibles. *Diou vous doune leis bouens tous temps!* Dieu vous comble de bonheur et de prospérité, dans tous les temps! On disait, *Leis maoux tous temps :* dans un sens opposé. Voyez MAOUX TOUS TEMPS. L'une et l'autre locution a vieilli.

BOUÈNAMENT. adv. Bonnement. A la bonne foi. *Mi lou siou bouènament crésu :* je l'ai bonnement cru.

BOUENO BRUISSO. s. f. Crapaudine, Plante vulnéraire qui croît dans les lieux incultes.

BOUÈNO-SALUT! Bien-vous en soit! Remercîment familier que le maître ou ses gens adressent aux hommes de peine, qui en buvant portent la santé à quelqu'un de la maison. *A vouesto santa!* — *Bouèno-salut!* A votre santé. — Bien vous en soit!

BOUÈNO-VOYO. s. de tout genre. Terme de mépris et ironique. Indolent. Cagnard Fainéant. Paresseux qui n'a aucune bonne volonté de travailler.

BOUERDO. s. f. Balayure. Ordure que l'on a amassé avec le balai.

BOUÈRO. s. f. Terme de jeu de boule. Mesure. Ce qui sert de règle pour déterminer dans un point douteux, laquelle des boules contendantes est la plus rapprochée du but et gagne ce point. *Ès de mesuro, bouras:* le point est douteux, mesurez.

BOUÈS. s. m. Bois. Substance dure et compacte des arbres. Lieu planté d'arbres. *Bouès de campech:* bois d'Inde. *Bouès de viouletto:* bois de palixandre. *Bouès de la Santo-Baoumo:* if. On dit fig: *manda coouquen oou bouès:* envoyer paitre quelqu'un, pour dire le renvoie avec mépris. *Si ven maï mi parla d'aco lou mandi oou bouès:* s'il revient encore me parler de cela je l'envoie bien paître.

BOUÈS. adj. masc. plur. Bons. *Soun pa boues parens:* ils ne sont pas bons parens.

BOUÉSAGI. s. m. Boiserie. Ouvrage de menuiserie.

B. A. BOUÈS HOMES. s. m. Brusc. Petit houx. Houx-frelon. Plante ligneuse dont les feuilles toujours vertes sont armées de piquans. Ses baies que l'on nomme cenelles sont rondes et d'un très-beau rouge; on leur donne également le nom de *Bouès Homes* comme à la plante.

BOUFA. v. n. Souffler. Faire du vent en poussant l'air avec la bouche. Respirer avec effort. *Bouffa lou fuech:* souffler pour allumer le feu. *Si bouffa leis dets:* respirer fortement sur ses doigts pour les échauffer. *Bouffa doou rire:* pouffer de rire. On appelle ironiquement et populairement une fille: *Un bouffo cendre:* au fig. *Boufa.* Manger. Bafrer. Il est pop. *Maï que bouffe es content:* pourvu qu'il mange bien il est content.

7

BOUFA. Signifie encore au figuré, parler indiscretement. *N'en bouffu en dequn:* n'en parler à personne.

BOUFFADO. s. f. Coup de vent.

BOUFFAIRE. s. m. souffleur. au fig. Mangeur.

BOUFFAREOU, ELLO. adj. Joufflue. Qui a de grosses joues. *Caro bouffarello:* mine joufflue. On dit familièrement d'un enfant gros et joufflu. *Es gras coumo un angi bouffareou:* il est gras comme un ange joufflu.

BOUFFET. s. m. Soufflet. Instrument dont on se sert pour allumer le feu. On donne fig. et par mépris le nom de Bouffet à celui qui dans un lieu public sert d'amusement aux autres. *Nès jamai que lou bouffet:* il n'est jamais que le jouet des autres.

BOUFFETI. Voyez BOUFFAREOU.

BOUFFETO. s. f. Touffe de plumes.

BOUFFIN. s. m. Bouchée. Pleine bouche. *Faire de bouffins:* manger à pleine bouche.

BOUFFINA. v. n. bafrer. Manger goulument et à pleine bouche. *S'avia vis commo bouffinavo!* Si vous eussiez vu comme il baffrait!

BOUFFIS ISSO. adj. Enflé, enflée. Boursouflé. Hydropique. *Visagi bouffis:* visage boursouflé. *Cambos bouffissos:* jambes enflées. On dit absolument, en parlant d'un homme ou d'une femme: *es tout boufis:* il est tout enflé. *Ven boufis:* il devient hydropique.

BOUFFOUNA. v. n. Bouffonner. Dire ou faire des choses qui portent à rire.

BOUFFOUNADO. s. f. Bouffonnerie. Plaisanterie.

BOUFFOUNAIRE. s. m. Bouffon. Celui qui cherche à amuser, à faire rire.

V. BOUGNA. v. a. Boucher. Mettre le bouchon à une futaille, une bouteille, etc.

BOUGNETTO. s. f. Voyez BIGNETTO.

BOUGNO. s. f. Bigne. Voyez BACHOQUO.

BOUGNOUN. s. m. Pomme d'un chou, d'une laitue.

BOUGNOUN. s. m. Magot. Figure grotesque. Au fig. Magot. Amas d'argent caché.

BOUIHEI v. a. terme de Vigneron. Fermenter. Cuver. *La tino bouihe:* le vin est en fermentation dans la cu-

ve. Oou bouhi deis tinos : pendant que la fermentation a lieu dans les cuves.

BOUHIÉ. s. m. Bouvier. Celui qui conduit les bœufs et qui les garde.

BOUHIE. s. m. Laboureur. Celui qui mène habituellement la charrue. *Lou bouhie vai jhougne* : le laboureur va atteler ses bœufs.

BOUHIGA. v. a. Bouhir. On le dit du pourceau lorsqu'il fouille dans la terre ou le fumier, avec le grouin, appelé aussi boutoir.

B. R. BOUHIGA. v. a. Fouir. Défoncer. Creuser la terre. Voyez FOUHIGA.

BOUHIGOU. s. m. Croissant. Instrument de fer fait en forme de faucille ayant un long manche, et dont les jardiniers et les bûcherons se servent pour tondre des palissades, couper, tailler des buissons, etc.

BOUHIGOUN. s. m. Grouin. Boutoir. Museau d'un pourceau.

BOUHIMENT. s. m. Ébullition. Mouvement que prend un liquide qui bout sur le feu. *Bouhiment de sang* : émotion subite. Alarme, frayeur, épouvante. *A près un bouhiment de sang terrible* : il était dans une émotion effrayante.

BOUJHA v. n. Bouger. Se mouvoir de l'endroit où l'on est.

BOUJHARRA. v. a. Flanquer. Donner des coups. Il est populaire et malhonnête de s'en servir. *N'in boujharret tant et piei maï* : il lui en donna une forte volée.

BOUIHO-BAISSO. s. f. Matelotte. Potage au poisson. C'est le potage favori des Marseillais. *Mangea la bouiho-baisso* : manger le potage au poisson, la matelotte.

BOUIS. s. m. Buis. Arbrisseau toujours vert, dont le bois est universellement employé par les tourneurs à faire certains petits objets d'utilité et d'agrément.

V. BOUISSO. s. f. Tampon. Gros bouchon de bois, de linge ou de papier.

BOUISSOUN s. m. Buisson. Hallier. Touffe d'arbrisseaux sauvages épineux.

BOUISSOUNADO. s. f. Collect. Haie vive.

BOUITA.
BOUITEJHA. } v. n. Boiter. Clocher. Clopiner. Ne pas marcher droit.

BOUITOUX, OUSE. adj. Boiteux, boiteuse. Celui ou celle qui boite. Voyez GOI.

B. R. BOULA. v. a. Fouler. Presser avec les pieds quelque chose qui cède, qui ne résiste pas beaucoup. *Boula leis rasins* : fouler la vendange.

BOULEGA. v. a. Mouvoir. *Boulegui, boulegues, boulego, boulegam, boulegas, boulegoun, boulegavi, boulegueri, boulegaraï, boulégo, que boulegue, que bouleguessi, que boulequessiam*. Remuer. Bouger. Faire changer de place. Frétiller. ⚓ Grouiller. Remuer. *Leis enfans toujour boulegoun* : les enfans grouillent sans cesse. *Faï que boulega* : il ne fait que frétiller. On dit d'un mourant, *Que boulego plus* : qu'il a trépassé, qu'il ne palpite plus. On dit prov. et fig. *Oou maï boulegas la merdo oou maï sente* : plus on remue la merde plus elle pue, pour dire que plus l'on cherche à justifier une mauvaise action plus on déshonore ceux qui y ont participé.

BOULEGAMENT. s. m. Frétillement. Remuement. Mouvement de ce qui frétille.

BOULEGOUN.
BOULEGUET, ETTO. } s. et adj.

Semillant. Frétillant. Qui remue sans cesse. On le dit presqu'exclusivement des enfans. *Quintou boulegoun!* quel remuant.

BOULINO. Voyez BOURINO.

BOUMBA. adv. adj. Convexe. Il se dit de la surface extérieure d'un corps renflé par le milieu. C'est l'opposé de concave.

BOUMBARDÉLO.
BOUMBARDIÉRO. } s. f. Canon-
BOUMBARDO.
nière. Instrument de polisson. Bout de sureau coupé entre deux nœuds et dont on a vuidé la moelle. Au moyen d'une baguette qui sert de piston, et qu'on introduit dans ce vide, on comprime l'air (entre deux tampons de filasse ou de papier maché), qui, en chassant le tampon de l'extrémité supérieure, fait un bruit semblable au claquement d'un fouet. Voyez ESCARBUTO.

BOUMBOUN. s. m. Boisson. Liqueur à boire. Il est populaire. *Aimo lou boumboun* : il aime la boisson.

BOUMBOUNIA. v. n. Siroter. Boire. Il est populaire.

BOUMBOUNIA. v. a. Battre. Picoter, palpiter. On ne le dit que d'une tumeur, d'un abcès qui en se formant cause du picotement et une impression pulsative. *Lou det mi boumbounie, foou qu'acampe* : le doigt me bat, sans doute qu'il s'y forme un abcès.

BOUMBOUNIA. v. n. Bourdonner. Faire des bourdonnemens.

BOUMBOUNIA. v. n. Corner. On le dit de l'espèce de sifflement que l'on entend quelquefois dans les oreilles.

BOUNDA. v. n. Bondir. Faire un ou plusieurs bonds.

BOUNDOUN. s. m. Bondon. Bouchon. Tampon de bois ou de liège servant à boucher le trou par où l'on remplit un tonneau.

BOUNDOUNA. v. a. Bondonner. Mettre un bondon à un tonneau. Boucher le trou d'une futaille avec un bondon ou un tampon.

BOUNDOUNA. v. n. Sangloter. Voyez GOUDOUNFLA.

BOUNIAS, ASSO. adj. Bonasse. Bénin. Simple et sans malice. Doux. Humain. Très-bon. On ne le dit que des personnes.

BOUNIFIA. v. a. Bonifier, améliorer. Rendre bon.

BOUNIQUET, ETTO. adj. Très-bon. De bien bon goût. On ne le dit point des personnes. *Froumaqi bouniquet* : fromage de bien bon goût. *Uno saoumo bouniquetto* : une bien bonne petite ânesse.

BOUQUETTO. s. f. Diminutif. Petite bouche. Lèvre. *Faire bouquetto* : sourire.

BOURA. v. a. Mesurer. Comparer deux ou plusieurs longueurs, largeurs ou distances entre elles. On s'en sert particulièrement au jeu de boule. *Lou pouin est douteux, bouras* : le point est incertain, mesurez.

BOURDEJHA. v. n. terme de marine. Louvoyer. Faire plusieurs routes sur mer en cotoyant.

BOURDIFAIHO. s. f. collect. Ravanderies. Bagatelles. Guenilles. Petits restes. Rebut soit de marchandises, de fruits, de denrées, etc. *N'y a plus que la bourdifaiho* : il n'y a plus que des rebuts ou de petits restes.

BOURDIHO. s. f. Balayures. C'est un diminutif de *bourdoi*. Voyez BOUERDO.

BOURDIHO. s. f. Broutilles. Plusieurs petites choses inutiles et de nulle valeur. *Aco vaou ren, jhita va eme la bourdiho* : cela ne peut servir à rien, jettez-le parmi les broutilles.

BOURDOUNIERO. s. f. Terme de Marine. Pantoquières.

BOURET. s. m. Morille. Sorte de champignon très-bon à manger. Il est fait comme une éponge de couleur gris cendré, quelquefois jaunâtre, et vient dans les vignes au commencement du printemps, lorsque le soleil paraît subitement après une ondée.

V. BOURIGO. Voyez BOURET.

BOURJHA. v. a. Dégorger. Déboucher avec une baguette ou tout autre outil, un passage engorgé, tel que le conduit d'un évier, le tuyau d'une cuve, d'un tonneau, etc.

BOURJHADOUIRO. s. f. Dégorgeoire. Baguette de fer ou de bois, dont on se sert lors de la décuvaison, pour enlever le tampon qui bouche intérieurement le tuyau de la cuve, et pour le déboucher lorsqu'il est engorgé.

B. A. BOURINO. *Ana de bourino, faire coucarren de bourino.* Façon de parler adv. Aller de travers, obliquement. Faire mal un travail, s'y prendre dans un sens contraire à celui que suivent les autres. On ne le dit guères que des travaux champêtres.

BOURNA. v. a. Creuser. Faire des cavités. Rendre creux.

BOURNA. v. a. Borner. Limiter. Resserrer. Mettre des bornes.

BOURNA. v. a. Offusquer. Empêcher de voir, de plaire à la vue. *Soun houstaou me borno* : sa maison borne ma vue. *Aco mi borno* : cela m'offusque, je ne puis le voir.

BOURNA, ADO. part. et adj. Creusé creusée. Creux, creuse. *Aqueou roure est tout bourna* : le tronc de ce chêne est entièrement creux. *Es tout bour-*

na : il est plein de cavités. On n'y voit que cavités. *Leis lapins an bourna tout à l'entour de sa gareno* : les lapins ont creusé tout autour de leur garenne.

BOURNEJHA. v. n. Lorgner. Examiner. Regarder quelque chose en fermant un œil.

BOURNELA. v. a. Placer les tuyaux. Garnir de tuyaux. *Lou counduc ci fach, y'a plus qu'a lou bournela* : l'aqueduc, ou la conduite est faite, il ne reste plus qu'à y placer les tuyaux. (*Bourneou*).

BOURNELAGI. s. m. Conduite. (En parlant des eaux). Suite de tuyaux de terre cuite, qui portent d'un lieu à un autre, les eaux d'une fontaine, d'un jet d'eau, etc., ou qui l'y conduisent. *Lou bournelagi est vengu ben chier* : cette conduite a coûté bien de l'argent.

BOURNEOU. s. m. Tuyau de grès, ou de terre cuite, dont on fait un conduit par lequel coule et passe l'eau. *Plaça leis bourneoux* : mettre, placer les tuyaux.

BOURNICLET, ETO. adj. Borgne, borgnesse. Terme de mépris. On le dit par extent. dans le même sens du personnes myopes ou dont la vue est mauvaise. *Es bourniclet, es uno bournicletto* : il est borgne, c'est une borgnesse.

BOURRA. v. a. Bourrer. Mettre de la bourre après la charge dans une arme à feu. Au fig. *si bourra* : se gorger, manger démesurément. *Bourra coouquun* : presser vivement quelqu'un dans une dispute. Le bourrer avec la crosse d'un fusil ou avec les poings, l'acculer même contre un mur, etc.

BOURRADO. s. f. Secousse. Tiraillement. Atteinte qu'une personne donne à une autre en l'acculant avec les mains, ou le bout d'un fusil. Bourrade.

B. R. BOURRAGI. s. m. Bourrache. Plante potagère.

B. R. BOURRAGI-FER. s. m. Buglosse. Plante.

B. A. BOURRAJHO. s. f. Voyez BOURRAGI.

B. A. BOURRAJHO-FERO. s. f. Voyez BOURRAGI-FER.

BOURRAS. s. m. grosse toile d'em-ballage. Elle sert à faire des draps pour le transport des fourrages, etc. *Foou vingt pans de bourras per un bourrassiè* : il faut vingt pans de grosse toile pour un drap.

BOURRASSIE. s. m. Drap de grosse toile, dans lequel on transporte les gerbes, le foin, la paille, etc. On dit également : *Linçoou bourrassiè* : drap de toile d'emballage.

BOURRASCADO. s. f. Bourrasque. Tourbillon de vent impétueux et de peu de durée. — Caprice. Mauvaise humeur d'une personne. — Mutinerie d'un enfant. — Giboulée. Pluie subite et qui dure peu. *Laissa li passa sa bourrascado* : laissez-lui passer sa bourrasque. Voyez MURATIADO. MUTINADO.

BOURRI. v. n. Bourgeonner. Jeter. Pousser des bourgeons au printemps. On le dit de la vigne. *Leis soucos bourrissoun* : la vigne bourgeonne. Au fig. BOURRI. Paraître. Se montrer après avoir resté quelque temps caché. *De ounte bourrisses* : d'où sors-tu ? *A pui bourri, à la fin* : à la fin il s'est montré, il s'est fait voir. Il est famil. et pop.

BOURRIDO. s. f. Ragoût de poisson bouilli. L'ail et le jaune d'œuf sont les principaux ou presque tous les ingrédiens qu'il entre dans cette sorte de sauce que l'on prépare si bien à Marseille et qui est particulière à ses habitans. *Faire la bourrido, manjha la bourrido*. Au fig. *Courre bourrido* : signifie, être en désordre, mal dans ses affaires, beaucoup affairé, dans le tracas, la fatigue, etc. *Faire courre bourrido* : susciter de mauvaises affaires à quelqu'un, le chasser, lui donner de l'embarras, le mettre dans la peine, etc.

BOURRIOUX, OUE. adj. Bouchonné, bouchonnée. Plein de bouchons. Les bas en filoselle se bouchonnent les premiers jours qu'on les met aux jambes. La toile dite de Grenoble est toute bouchonnée, *Bas bourrioux* : bas bouchonnés.

BOURRISCOOU s. } Bourrique.
BOURRISCOU. }
Ane, Anesse. Animal domestique.

BOURRO. s. f. Masse ou maillet en fer. Outil de carrier et de mineur.

BOURRO. s. f. Bourgeon. Bouton qui pousse aux arbres et aux arbris.

scaux. On le dit plus explicitement de la vigne. *Jhitta de bourros* : pousser, bourgeonner. On dit fig. et famil. *Avis deis bourros* : garde aux bourgeons, pour dire, donnez-vous de garde, arrangez-vous pour que l'on ne vous froisse.

BOURROUYO. s. m. Brouillon. Qui ne fait que brouiller. Voyez BARROUYO. *N'est qu'un bourrouyo* : ce n'est qu'un brouillon.

BOURSEJHA. v. n. Boursiller. Contribuer d'une petite somme pour quelque dépense. Il est familier. *L'an fa boursejha* : on l'a fait boursiller.

BOURTHOULAIGRO. s. f. Pourpier. Plante potagère, grasse.

BOUSCA. v. a. Busquer. Chercher. Il est populaire. *Lou poouras, bousco sa vido coumo poou* : le misérable, il cherche à trouver de quoi manger là où il peut.

BOUSCARLO. s. f. Fauvette. Petit oiseau du genre des bec-figues.

BOUSCAS. adj. Sauvage. Agreste. *Perussiè bouscas* : poirier sauvage.

BOUSCATIÉ. s. m. Bûcheron. Celui qui travaille habituellement à faire du bois dans une forêt. — Fendeur, dépeceur de bois.

BOUSCATIÈRO. s. f. Bûcher. Hangard. Lieu où l'on tient dans une maison, la provision du bois de chauffage.

B. A. BOUSERACO. s. f. Curures. Bouc. Lie très-épaisse que l'on trouve au fond d'un puits, d'une marre, d'un réservoir et d'une cave après qu'on en a tiré le vin et la rafle. C'est un superlatif de BOUSO. Voyez BOUSO.

BOUSETTI. s. m. Ragot. Pansard. Ventru.

BOUSIHA. v. a. Bousiller. Sabrenauder. Travailler mal quelque ouvrage que ce soit. *Fai que bousiha* : il ne fait que bousiller. *Aco es bousiha* : cela est tout à fait mal travaillé.

BOUSIHUR, BOUSIHUSO. s. Bousilleur, euse. Mauvais ouvrier en toute sorte d'ouvrages.

BOUSIN. s. m. Lieu de débauche. Lieu où l'on se dispute, se querelle. Vacarme. Tapage. Il est populaire comme ses dérivés. *Quintou bousin*

quel vacarme. *Fasien un bousin de malhur* : ils faisaient un tapage épouvantable.

BOUSINA. v. a. Quereller. Faire du tapage. Chercher noise. Provoquer. *As panca proun bousina* : est-ce que tu n'es pas encore décidé à te taire ?

BOUSINUR s. m. Tapageur. Querelleur. Qui provoque. Qui cherche noise. Voyez BOUTA-BUIRO.

BOUSO. s. f. Bouse. Fiente de bœuf ou de vache.

BOUSO. s. f. Curures. Lie. Sédiment. Bouc. Ce que l'on trouve au fond d'un égoût, d'un puits, d'un tonneau, d'une bouteille, etc., et qui y a été déposé par le liquide qui y était contenu.

BOUSQUO. s. f. Chaleur. Temps chaud. Il se dit au propre comme au figuré. *Quinto bousquo que fa* : quelle chaleur, grand Dieu ! *L'y fasiè bousquo* : il y faisait chaud.

BOUSSELANO. s. f. Buccin. Sorte de coquillage.

BOUSSELANO-VIRANTO. s. f. Cornet. Coquillage.

BOUSSEOU. s. m. Terme de jardinier. Touffe de graines. C'est l'ensemble de graines de chaque plante réunies sur la même tige. Voyez El-BOUSSELA.

B. A. BOUSSERIO. s. f. Galle. Noix de galle que l'on trouve sur les chênes, et qui sert à la teinture en noir.

BOUSSICOTO. s. f. Petite bosse. Bigne. Excroissance ou enflure qui vient sur quelque partie du corps, et que l'on voit aussi sur des branches ou des troncs d'arbres. Voyez BOUSSUELLO.

B. A. BOUSSO. s. f. Herbe d'amour. Herbe maure. Réséda inodore blanc. Plante commune dans nos champs et nos vergers d'oliviers.

BOUSSOUN. s. m. Gousset. Petite poche qui est au haut des chausses, des culottes, etc. On l'appelait autrefois bourson, mais on ne dit plus aujourd'hui que Gousset. *Boussoun de mouestro* : gousset à tenir la montre.

BOUSSOUNADO. s. f. Bourse. Peau qui enveloppe les testicules. On les appelle bourses, parlant d'un homme; Mulette, parlant d'un veau; Gaillette, parlant d'un agneau. *A la boussou-*

nado enflo : les bourses lui ont enflé.

BOUSSUELLO. s. f. Bosse. Enflure. Élévation sur la peau causée par une contusion ou une meurtrissure.

BOUSSUELLO. s. f. Loupe. Bosse du bois.

BOUSSUELLO. s. f. Pustule. Élevure qui vient sur la peau et qui est souvent occasionnée par la piqûre d'un insecte. *La piquuro deis cousins fa veni de boussuellos* : la piqûre des cousins fait venir des pustules.

BOUSTIGA. v. n. Fouiller. Fureter. Voyez, FURNA. VARAYA.

BOUSTIGOUN. s. et adj. Frétillant. On le dit des enfans et de certains animaux très-agiles qui remuent sans cesse et qui vont grattant et furetant partout.

BOUT. s. m. Terme de filature. Brin. *Coutoun à tres bouts* : coton filé à trois brins. *Bas à doux bouts* : bas à deux brins.

BOUT D'UNO COURDÈLO. s. m. Ferrat. Petit morceau de laiton, ou de tout autre métal, dont on garnit l'extrémité d'un lacet.

BOUTA. v. a. Mettre. *Boute ou bouti, boûtes, boûto, boûtem, ou boûtam, boûtas, boûtoun, boutavi, boutéri, boutarai, Boûto, que boûte, que Boutessi, que boutessiam.* Poser. Placer quelqu'un ou quelque chose dans un certain lieu. Il n'est usité que par les gens du peuple. Voyez METTRE.

BOUTA-BUÏRO. s. d. t. g. Tapageur Carillonneur. Celui ou celle qui cherche grabuge, qui fait du bruit, du tapage, etc.

BOUTA-COUIRE. v. a. Mettre le pot. Placer au feu le pot ou la marmite dans laquelle on a mis de la viande pour faire la soupe.

BOUTA-COUIRE. s. m. Portion-à-cuire. Quantité de légumes que l'on fait cuire en une seule fois, pour le besoin du ménage. *Un bouen, un gros, un pichoun bouta-couire* : une bonne, grosse, petite portion de légumes. *Bouta couire de fayoous, de cezes*, etc. Portion-à-cuire de haricots, pois, etc. *Bouta-couire* est un composé des deux mots, *bouta*, mettre, et *couire*, cuire. Mettre-à-

cuire. *Bouta-man à un veisseou.* Mettre un tonneau en perce. Par métaphore, on dit encore *bouta-man*, pour dire mettre la main à l'œuvre. Commencer un ouvrage, débuter. Il est popul.

BOUTAREOU. s. m. Barrique. Voyez BOUTO.

BOUTAS! interj. Menaçante. Allez!..

BOUTEOU. s. m. Mollet. Gras de la jambe. On dit prov. et fig. à une personne qui va faire quelque démarche qui sera nuisible à autrui, sans lui être avantageuse à lui-même. *Qu'aco li rendra pa lou bouteou miou fach* : que son mollet n'en deviendra pas plus joli ; pour dire qu'il n'en sera pas plus avancé pour cela.

BOUTEYA. v. a. Décuver. Tirer le vin de la cuve pour le mettre dans les tonneaux.

B. A. BOUTEYAN. s. m. Sorte de raisin, blanc ou noir, dont les grains fort gros et qui donnent beaucoup de moût, ont toujours quelque âpreté que la peau leur donne. Son nom lui vient de ce qu'ayant plus de jus que toute autre qualité de raisins, il en remplit plutôt la bouteille.

BOUTEYESOUN. s. f. Décuvage. Action de décuver le vin, de le tirer de la cuve pour en remplir les tonneaux. *Oou temps de la bouteyesoun* : dans le temps du décuvage.

BOUTEYETTO. s. f. Dimin. Petite bouteille. Petite fiole de verre.

BOUTEYO. s. f. Bouteille. Vaisseau en verre de capacité médiocre propre à contenir une liqueur.

B. A. BOUTIÉRO. Voyez TOURTEIRIÈRO.

BOUTICARI. s. m. Pharmacien, autrefois apoticaire. Celui qui prépare et qui vend les médicamens.

BOUTIGO. s. f. boutique. Magasin.

BOUTIGOUN. s. m. Echoppe. Petite boutique.

BOUTIGUIÈ, IÈRO. adj. Boutiquier. Regratier, regratière. Celui et celle qui revend des comestibles. On lui donne aussi le nom de revendeur et de revendeuse.

B. R. BOUTIS, ISSO. adj. Cotonneux, cotonneuse. Cordé, cordée. On le dit de certaines racines potagères, telles que radis, panais, carrotes, raves, etc., qui sont devenues molasses et comme spongieuses; et de celles dans lesquelles il s'y forme comme une espèce de corde. Ce qui arrive lorsque la saison commence à passer: *Rifouèr boutis* : raifort cotonneux. *Panet boutis* : panais cordé. On dit aussi TANA PANOUS CHOUÉ, ESTOUPOUX. Voyez ces mots.

BOUTO. s. f. Barrique. Sorte de tonneau.

BOUTO. interject. menaçante. Va. *Bouto, bouto! mi la pagaras!* Va, va, tu me la payeras belle!

BOUTOUN. s. m. Bouton. Petit bourgeon que poussent les arbres et les plantes. Certaines bubes qui viennent quelquefois sur différentes parties du corps. Petit rond de bois ou de métal couvert d'étoffe de soie, de fil, etc., servant à attacher ensemble différentes parties d'un habillement. *Ave de boutouns oou visayi*: avoir le visage bourgeonné.

BOUTOUN. s. m. terme de charron. Moyeu d'une roue de charrette, de carosse, etc.

BOUTOUN D'ARGENT. s. m. Matricaire, Espargoute. Plante hystérique, dont les fleurs blanches et rondes comme des boutons sont admises dans les jardins et les parterres de nos villageois.

BOUTOUN D'OR. s. m. Grenouillette. Bacinet. Pied corbin. Renoncule bulbeuse. Plante de la famille des renoncules, dont la fleur d'un beau jaune luisant ressemble un bouton d'or bruni. Il y en a de doubles que l'on cultive dans les parterres.

BOUTOUNA. v. n. Boutonner. Pousser des boutons. On ne le dit que des arbres et des plantes. — Passer des boutons dans des boutonnières.

BOUTOUNA, ADO. part. et adj. Boutonné. Bourgeonné. *Habit boutouna*: habit boutonné. *Visaqi boutouna*: figure bourgeonnée. On dit au fig. *Qu'un home est boutouna*: qu'un homme est boutonné, pour dire, qu'il est mystérieux, caché, dissimulé.

BOUYENT, ENTO. adj. Bouillant, bouillante. Qui bout. *Aigo bouyento*: eau bouillante.

BOUYENS. s. m. pl. Transes. Agi-

tations. Ce terme qui est une corruption de *bouyouns* (bouillons, agitations), n'a d'usage que dans cette façon de parler métaphorique et proverbiale, que l'on emploie parlant d'une bataille , d'une opération chirurgicale, des débats d'un procès, etc. , qui a lieu actuellement, et du succès duquel dépend le sort d'un état , d'une ville ou d'un individu : *Es aro que leis bouyens s'y dounoun* : c'est maintenant que les coups se portent, que les transes et les agitations ont lieu.

BOUYEOU. s. m. Boyau. Intestin.

BOUYO - BAISSO. Voyez BOUIHO-BAISSO.

BOUYOUN. s. m. Bouillon. Eau bouillie avec de la viande ou avec des herbes.

BOUYOUN. s. m. Terme de balancier. Peson. Espèce de contrepoids de laiton ou de fer, attaché à un anneau qu'on fait aller et venir sur la verge d'une romaine et d'une balance, pour déterminer le poids des choses que l'on pèse.

V. BRADALA. v. n. Brailler. Parler fort haut, beaucoup et mal à propos.

BRADALAIRE. s. m. Braillard. Brailleur. Qui parle fort haut, beaucoup et inconsidérément.

BRAFA. v. n. Bafrer. Manger avec excès. Il est bas.

BRAFO. s. f. Bafre. Repas abondant. — L'action de manger excessivement. Il est bas.

BRAGOUN. s. m. Globulaire. Plante appelée aussi Asphilante de Montpellier.

BRAGOUS , BRAGOUSO. adj. Sale. Malpropre. Plein d'ordures.

B.-A. BRAGUETINADO. s. f. Criaillerie. Vacarme. Action de braillard, de criailleur. Il est pop. *Faire seis braguetinados* : faire de l'éclat. Criailler.

B.-A. BRAGUETTO. s. et adj. de t. genre. Braillard, braillarde. Criailleur, criailleuse. Voyez BRADALAIRE. *Es un braguetto* : C'est un braillard.

B.-A. BRAGUETTO. s. f. Criaillerie. Vacarme. Action de braillard. *Faire braguetto* : faire des éclats. Criailler de manière à exciter la curiosité des passants, comme ferait un bateleur ou un charlatan. *Quinto braguetto*:

quel vacarme. *Passoun pa un jour senso faire braguetto*: ils ne sauraient passer un seul jour sans se criailler.

BRAGUETTO. | BRAGUETTIN. | Voyez BREGUET-TIAN. BRAGUETTIN. |

BRAM. s. m. Cris. Voix haute et avec effort. Il est populaire et ne se dit qu'en parlant des petits enfans. *Touto la nuech fa qu'un bram* : il ne discontinue pas toute la nuit de pleurer à grand cris.

BRAMA. v. n. Crier. Pousser des cris. Criailler. Brailler. Piailler. Il est bas et populaire comme le précédent.

BRAMA. v. n. Braire. il se dit du cris de l'âne. *L'aze bramavo* : l'âne braillait.

B.-A. BRAMAIRE. adj. m. | Brail-B.-A. BRAMARELLO. adj. f. | lard, braillarde. Criard, criarde. Celui et celle qui parle fort haut et comme en se querellant. Il est bas et popul.

BRAMO-FAM. s. m. Cresson sauvage. Plante.

BRAMO-VAQUO. s. m. Colchique. Tue-chien. Plante liliacée.

BRANCADO. s. f. Banc. Lieu sur les galères où l'on enchaîne les forçats.

BRANCAI. s. m. Pancrace. Nom d'homme.

BRANCAN. s. m. Limon. L'une des deux grosses pièces de devant d'une charrette, entre lesquelles on attèle le cheval.

B.-A. BRANCAN. | BRANCARD. | s. m. Niche. Espèce de pavillon surmonté d'un baldaquin orné de draperies et de panaches, dans lequel on porte dans les processions la statue de la Vierge ou d'un Saint.

BRANCAS. Voyez BRANCAN.

BRANCASSI. Voyez BRANCAI.

BRANDA. v. a. Branler. Secouer. Chanceler. Agiter. Remuer. Faire aller de ça et de-là *Branda un aoubre* : secouer un arbre. *Taoulo que brando* : table qui chancelle. *A quel uou brando* : cet œuf cloque. *Lou chin brando la quouè* : le chien frétille de la queue. Au fig. *Si branda leis cambos*, se dandiner, fainéanter. On dit au fig. d'une personne. *Que brando vou man-*

che : Qu'elle branle au manche, pour dire, qu'elle est sur le point de faire telle ou telle chose, de perdre son emploi, d'essuyer tel désagrément, d'être compromise, etc.

BRANDADO. s. f. et adj. Branlade. Ragoût de morue, fait avec l'huile d'olive et de l'ail. Il est très en usage à Marseille. Le nom de BRANDADO désigne l'action que fait le cuisinier en le préparant, qui est de tenir continuellement la casserole sur le feu en la secouant avec le poing, pour que le mélange de l'huile et de l'ail s'opère avec la morue et sans se brûler. *Manjha la brandado. Faire la brandado. De martusso à la brandado.*

BRANDADO. s. f. Secousse. Agitation. Ebranlement. *douna uno brandado à un aoubre* : secouer un arbre pour en faire tomber les fruits.

B.-A. BRANDALÈSO. s. de t. g. Dandin. Niais. Décontenancé.

BRANDINEJHA. v. n. et récip. Dandiner. Se dandiner. *Si brandinejho tout lou jour* : il se dandine toute la journée.

BRANDOU. s. m. Branle. Danse de plusieurs personnes qui se tiennent par la main. *Faire lou brandou*: danser en branle.

B.-R. BRANDOULIA. | B.-A. BRANDOUYA. | v. a. Brandiller. Mouvoir deçà et delà. *Brandouliè seis bras et seis cambos* : il brandille ses bras et ses jambes.

BRANLADO. Voyez BRANDADO.

B.-A. BRAQUET. s. m. Bubon. Charbon. Furoncle. Tumeur maligne, qui vient en certaines parties du corps. *Es tout plen de braquets* : il est tout couvert de bubons.

BRASSADEOU. s. m. Echaudé. Tortillon. Espèce de patisserie de forme annulaire, faite avec de la pâte fermentée ou simplement échaudée.

BRASSADO. s. f. Brassée. Ce que peuvent contenir les bras ouverts. *Uno brassado de qaveoux* : une brassée de sarmens de vignes.

BRASSETO, ANA EN BRASSETO. Façon de parler adv. Se prendre l'un l'autre sous le bras. *Pourta en brasseto* : porter à bras le corps, ou à brasse-corps. C'est ainsi que les Romains portaient les Sabines qu'ils enlevaient.

BRASSIERO. s. f. Terme de batelier. Bras d'un rivière. *Passa leis brassièros:* passer les divers bras ou branches d'une rivière.

BRAVADO. s. f. Cavalcade. On appelle ainsi dans les petites communes de la moyenne et basse Provence, la marche des habitans qui assistent en armes à la procession, en tirant des coups de fusil, le jour de la fête patronale du lieu. *Ana à la bravado:* être de la cavalcade.

BRAVADO. s. f. Décharges réitérées des armes à feu, que font les personnes ou les gens composant la cavalcade d'une fête patronale. *Oousian la bravado:* nous entendions le bruit des armes à feu de la cavalcade.

BRAVAMENT. adv. Quantité. Beaucoup. Raisonnablement. *N'y a bravament:* il y en a quantité.

BRAVE, BRAVO. adj. Sage Docile. Honnête. *Es un brave enfant:* c'est un enfant sage. *Bravo fiho:* honnête fille. *Brav'home:* honnête homme, homme de probité.

BRAVET, ETTO. adj. dimin. Sage. Docile. Gentil. Intéressant. *Lou brave pichoun:* le charmant petit, qu'il est gentil! *Aquèlo pichouno es ben bravetto:* cette petite fille est bien sage.

BRAZIERO. s. f. Brasier. Grand bassin de fer ou de fonte dans lequel on met des charbons allumés pour échauffer des appartemens, etc.

V. BRAYASSI. ⎱
B. BRAYASSO. ⎰ **s. m. de t. genr.**
Déanché, éc. Il se dit de celui ou celle qui porte si mal ses culottes et ses jupes qu'elles paraissent lui tomber.

BRAYETTI. Voyez BRAYASSO.

BRAYETTO. s. f. Haut-de-chausse. Partie supérieure des culottes qui contient et enveloppe les goussets. *Avc leis mans din la brayetto:* avoir les mains cachées dans le gousset de la culotte.

BRAYET. s. m. Braie. Espèce de sachet en linge que l'on met au derrière des petits enfans qui se salissent.

BRAYOS. s. f. Culottes. Pantalon. Partie de l'habillement d'un homme qui le couvre depuis la ceinture jusqu'aux pieds. Autrefois les culottes ne descendaient que jusqu'aux genoux

8

et on leur donnait le nom de haut-de-chausses. On dit ironiquement d'un poltron et d'un blèche. *Qu'es un cago eis brayos:* que c'est un poltron et un lâche, que la peur fait chier dans ses culottes. On dit prov. et familièrement: *Moussu eis oou lièch seis brayos si secoun:* Monsieur est au lit, on apprête ses culottes, pour dire, que celui qui n'a qu'un habit est forcé de rester au lit quand on le lui brosse. On dit d'une femme. *Que pouerto leis brayos:* qu'elle porte les chausses pour dire qu'elle a le commandement dans la maison de son mari.

BRAYOS. s. f. Les gens de la campagne comme les enfans donnent ce nom aux amandes jumelles, c'est-à-dire, à deux amandes qui venues sur le même pedicule ont leurs coquilles réunies par le haut et séparées pas le bas à la manière d'une culotte courte.

BRE, BREUTO. adj. Bègue. Celui ou celle qui a de la peine à parler à prononcer les mots. hésitant et répétant souvent la même syllabe avant de dire celle qui la suit.

BREGA. v. a. Terme d'art. Maquer ou macquer. Brayer le chanvre avec une marque (bregos) pour le disposer à être sérancé.

BREGUETTIAN. s. m. Charlatan. Bateleur. Opérateur. Arracheur de dents. Vendeur d'orviétan. Il ne se prend qu'en mauvaise part.

BREGUETUAN. s. m. Braillard. Voyez BRADALAIRE. BRAGUETTO.

BREGO. s. f. Mine. Contenance que l'on tient pour quelque dessin. Il ne se dit que par mépris. *Faire leis brégos:* bouder, faire la moue. *Oh! la laido brego:* fi! la vilaine mine! *Brego* est quelquefois synonyme d'appétit. *A boueno brego:* il est de bon appétit. On dit communément et familièrement d'une personne comme d'un animal qui mange indistinctement de tout sans difficulté: *qu'Es de boueno brego:* que tout lui est bon, que c'est un avaleur de pois gris.

BREGOS. s. f. Braye. Marque. Instrument propre à broyer le chanvre pour le dégager entièrement des chenevottes et le disposer à être sérancé.

BREGOS. s. f. Épaules. Échines. On

On ne le dit que par mépris. *Grosseis bregos* : grosses épaules. *Pica su leis bregos* : frapper sur le dos.

BREGOUN. s. m. Brisoir. Instrument dont on se sert à briser du chanvre. Il est fait d'un morceau de latte tranchant d'un côté en forme de sabre.

BREGOUNA. v. a. Teiller. Échanvrer. Rompre les brins du chanvre avec le brisoir , et séparer les chenevottes de l'écorce qui doit se filer.

BREGOUNDELOS. Voyez BREGOS. s. m. Broye.

V. BREIGO. Voyez BRIGO.

V. BREIME. Voyez BROUME.

BREN. s. m. Son. Partie la plus grossière du blé moulu. On dit prov. et fig. d'une personne qui lésine sur les petites choses et qui prodigue celles de prix. *Es estrech au bren et large à la furino* : il ménage la paille et prodigue le grain.

BRÈS. s. m. Berceau. Sorte de petit lit où l'on couche les enfans à la mamelle.

BRESCO. s. f. Gauffre. Rayon de miel. Gâteau de miel tel qu'on le tire de la ruche.

BRESCO est aussi le nom que l'on donne quelquefois à la cire brute. Voyez BOUDOUSCO.

BRESSA. v. a. Bercer. Remuer le berceau d'un enfant pour le faire dormir.

BRESSIÈRO. s. f. Table à bercer. Espèce de banc sur lequel on pose le berceau pour le mettre en branle. On donne encore le nom de *bressièro* à une sorte de berceau de menuiserie élévé sur quatre pieds et construit de façon à pouvoir être mis en branle à volonté.

BRETOUNEJHA. } v. n. Bredouiller.
BRETOUNIA. }
Parler d'une manière peu distincte et mal articulée.

B.-A. BRETUÈGNO. s. de t. g. Bredouilleur , bredouilleuse. Celui et celle qui bredouille. Terme de mépris. *L'oousez aqueou bretuègno* : l'entendez-vous ce bredouilleur.

BRICOLE. s. f. Bretelle. Large bande de cuir , de tissu , etc. , servant à soutenir les culottes , les pantalons des hommes et les jupes de femme.

Pouerto leis bricolos : il fait usage des bretelles.

BRIDIÈ. s. m. Terme de cordier. Officr. Caramel à quatre filés de liguette. Moyenne corde fine de spartz à quatre branches servant à coudre les enserres.

BRIDOUN. s. m. Bridon. Bride légère et qui n'a point de branches.

BRIÉ. s. f. Miette. Débris. Petites parties qui tombent du pain quand on le coupe ou le mange. *Briés de pan* : miettes de pain. *Briés de froumagi* : débris de fromages.

BRIÉ. s. f. Petit morceau. Petit peu d'une chose. *N'y a plu qu'uno brié* : il n'en reste plus qu'un bien petit morceau , qu'un petit peu.

B.-A. BRIGADÉOU. s. m. Niais. Bênet. Voyez SOUNGEO FESTO.

B.-A. BRIGADEOU. s. m. Bouillie. Sorte de potage fait avec de la farine de légumes, telle que pois, fèves , etc. Voyez FARINETTO.

V. BRIGADEOU. Voyez GATIHOUN.

BRIGAOU. Voyez BROU.

BRIGO. Voyez BRIÉ.

BRIGOUN. s. m. Miette. Voyez BRIE.

B.-R. BRIGOULIA. v. a. Remanier. Manier et repasser plusieurs fois dans la main, du linge, du pain, des étoffes, etc., à la manière des enfans. *L'y a mieich houro que va brigouliè* : il y a demi heure qu'il est à le remanier.

V. BRIGOULIE. Voyez FARABREGUIÉ.

V. BRIGOULO. Voyez FARABREGO.

B.-A. BRIGOURIA. Voyez BRIGOULIA.

BRIGUETTO. s. f. diminutif de BRIGO. Très-petit morceau. Tant soit peu. Un petit peu. *Douna mi n'en uno briguetto* : donnez-m'en tant soit peu.

B.-A. BRIANDO. s. f. Complément de Mars. La classe du peuple étant dans la persuasion que le temps variable du mois de Mars, continue encore les trois premiers jours d'Avril, a donné le nom de *brihando* à cet espace de temps qui lui parait être le complément du mois de mars : *Leis jours de la briando* : les trois premiers jours d'avril.

BRIME. s. m. Terme de marchand ofsier. Menue corde de spartz en dessus du filé.

B.-R. **BRINDAIRE.** s. m. Hotteur. Celui qui transporte le vin dans une hotte de bois.

B.-R. **BRINDO** s. f. Hotte. Sorte de vaisseau de bois fait en forme de hotte de ferblantier ambulant, et servant à transporter le vin. Il n'est d'usage que dans la Basse-Provence. On se sert du *barraou* pour le même usage dans la Haute-Provence, c'est-à-dire, dans le département des Basses-Alpes et ses environs. Voyez BARRAOU.

B.-A. **BRINDOU.** s. m. Adresse. Capacité. Tournure. Habileté. On dit familièrement d'une personne qui ne sait rien faire : qu'*A ges de brindou.* Et d'un indolent qui n'a point de capacité *Que n'a ni brindou ni balan :* qui n'a ni bouche ni éperon. Voyez BALAN.

BRIQUET. s. m. Terme de balancier. Peson. Très-petite romaine. Sorte de balance sans coupe ni fléau.

BRISCAMBIHO. s. dét. g. Terme de mépris. Bancalle. Bancroche. Qui marche de travers, qui a les jambes tortues. Au fig. joueur ruiné, homme méprisable.

BROC. s. m. Sebile. Vaisseau de bois rond et creux de la forme et tant soit peu plus gros qu'un baquet. Voyez BROUQUET.

BROCO. s. f. Greffe. Petite branche que l'on coupe à un arbre pour l'enter sur un autre.

BROCO. s. f. Terme de tonnelier et de marchand de vin. Fausset. Petite brochette servant à boucher le trou que l'on fait à un tonneau pour en goûter le vin ou la liqueur qui est dedans. *Tira de vin par la broco :* tirer du vin par le fausset. On lui donne également le nom de *Caviot,* et on dit indifféremment, *mettre lou caviot :* mettre le fausset.

BROCO. s. f. Terme de cordier. Pieu en fer. Voyez PAOU-FERRI.

BROCO. s. f. Terme d'oiseleur. Gluau. Voyez VARGUETTO.

BROU. s. m. Brin. Scion. Petites et menues branches d'arbre, d'arbuste et de plante. Bouquet de fruit. Nouvelles pousses. *Brou d'ooulivié :* scion d'olivier. *Brou de beliquo :* brin

de basilic. *Brou de laousiè,* branche de laurier. *Brou d'agrufien :* trochet de cerises. *Brou d'uyet :* pied d'œillet. *Faouto d'aiguo leis oouliviers n'an gis fach de brous aquest'an :* par manque de pluie cette année, les oliviers n'ont pas fait de nouvelles pousses.

BROU. s. m. Terme de boucherie. Trumeau. Haut de poitrine du bœuf. Pièce de poitrail d'un mouton.

BROUAS. s. m. Hallier. Buisson. Touffe. Amas de plusieurs arbrisseaux ou d'arbustes venus, ou plantés les uns contre les autres.

BROUCANTA. v. a. Brocanter.

BROUCHADO. s. f. Brochée. Toute la quantité de viande que l'on fait rôtir à une broche. *Brouchado de tourdres :* brochée de grives.

BROUEI. s. m. Brouet. Bouillon. Sauce peu liée. Il est familier. On dit par mépris d'une goûte-sauce. *Es un tasto brouei :* c'est un tâte brouet. On dit communément et fig. d'une personne qui est actuellement dans une grande sueur, comme de celle qui est trempée de la pluie. *Qu'es touto broueis :* qu'elle est toute en eau.

BROUEI-D'UOU. s. m. Potage aux œufs.

BROUIHARIE. s. f. Brouillerie. Rupture. Division entre des personnes jadis unies et vivant en bonne intelligence.

V. **BROUIHO.** s. f. Fane du blé.

V. **BROUIHO.** s. f. Tâches rousses qui viennent principalement au visage, et aux mains. Rousseur.

V. **BROUIRE.** Voyez BROUEI.

V. **BROUIT.** Voyez ARELLOS.

BROUME. s. m. Terme de marchand ofsier. Filé. Menue corde de spartz ou jonc d'Espagne. — Lignette. C'est un filet plus fin et plus tord que le filé ordinaire.

BROUMO. s. f. Terme de Bridier. Gourmette. Chaînette de fer qui tient à un des côtés du mors du cheval. Sous gorge. Partie d'une bride.

BROUNDIHO. s. f. Broutille. Menue branche d'arbre dont on fait des fagots.

BROUNDOS. s. f. pl. Émondes. Branches superflues que l'on retranche des arbres en les émondant.

BROUQUET. s. m. Buquet. Terme d'art. Espèce de petit cuvier de bois qui a les bords fort bas et que l'on met sous la presse du moulin à huile, pour recevoir celle qui en découle.

BROUQUETA. v. a. Percer. Donner un coup de foret à un tonneau pour en faire sortir du vin.

BROUQUETIA. v. a. Fouiller. Fourgonner dans la cendre ou le foyer avec une buchette, les pincettes, une allumette, etc. — Vétiller, s'amuser comme les petits enfans à des bagatelles, à des riens.

BROUQUETIE. s. m. Fabricant. Vendeur d'allumettes.

BROUQUETTO. s. f. Allumette. Petit bâton de chenevottes souffré.

BROUQUETTO. Voyez CAVIOT. BROCO.

BROUQUIE. s. m. Barrillat. Artisan qui fait des menues futailles, comme barils, sceaux, baquets, etc.

BROUSSA. v. a. Brosser. Frotter avec une brosse.

BROUSSA. v. n. et récip. Tourner. S'altérer. Etre changé. C'est un terme de cuisine qui ne se dit qu'en parlant de certains alimens. *Leisses pas prendre lou bouhi en aquelo saouço que si broussariè*: ne laissez pas trop chauffer cette sauce crainte qu'elle ne tourne.

SI BROUSSA. v. récip. Se grumeler. Devenir en grumeaux. Se dit du lait.

BROUSSA, ADO. part. Tourné, tournée. Grumelé, éc. *Lach broussa*: lait grumelé. *Sausso broussado*: sauce tournée.

BROUSSO. s. f. Jonchée. Fromage de crême ou de lait récemment caillé. Caille-botte.

BROUSSO. s. f. Recuite. Partie caseuse que l'on sépare du lait pendant qu'on le tient sur le feu pour faire du petit lait.

BROUSSOUN. s. m. Goulot. Sorte de tuyau adhérant à une cruche ou à une écuelle fermée, et par où l'on verse ce qui est dedans.

BROUTOUN. s. m. Broque. Rejetton d'un chou frisé.

BROUYA. v. a. Brouiller. Mettre pêle mêle. Mêler. Au fig. mettre deux ou plusieurs personnes en mauvaise intelligence. *Aquelcis doux amis se soun brouyas*: ces deux amis se sont brouillés.

BROUYA. s. a. Broyer. Piler. Reduire en poudre. — Broyer, mélanger des matières colorées avec de l'huile sur le prophire avec la molette, pour en aire des couleurs propres à peindre de suite.

BROUYADO. s. f. Terme de cuisine. OEufs brouillés. Manière de préparer les œufs.

BROUYARD. s. m. Brouillon. Ce que l'on écrit d'abord sur le papier pour le mettre ensuite au net.

BRU, BRUTO, adj. Sale. Mal propre. Couvert, empreint d'ordures, de crasse, etc.

BRUCA. v. n. Broncher. Chopper. Faire un faux pas. On dit prov. et fig. *Tout bouen chivaou bruco*: il n'y a si bon cheval qui ne bronche, pour dire, que l'homme le plus habile peut quelquefois se tromper.

BRUG. Voyez BRUGI.

BRUGAS. Voyez BRUGIERO.

BRUGI. s. m. Bruyère. Sorte de petit arbuste qui croît dans des terres incultes et stériles. *Escoubo de brugi*: balai fait de bruyères.

BRUGIERO. s. f. Bruyère. Lieu où croît la bruyère.

BRULA. v. a. Bruler. Consumer par le feu.

BRUME,
BRUMI. } s. m. Voyez BROUME.

BRUN. adj. m. Terme de boulanger. Bis. On le dit du pain de basse qualité. *De pan brun*: du pain bis.

BRUNET. s. m. Panaris. Tumeur maligne qui vient au bout des doigts.

BRUNET, ETTO. adj. Brun, brune. De couleur tirant sur le noir. On le dit du teint des personnes. Il se prend aussi substantivement. *Es uno poulido brunetto*: c'est une jolie brune.

BRUSC. s. m. Ruche. Abeillon. Sorte d'usine faite d'un tronc d'arbre creux ou d'une espèce de caisse, et où l'on met les abeilles pour qu'elles y travaillent.

BRUSTI. s. f. Brosse. Petite ustensile servant à enlever la poussière des habits et à les nettoyer. — Brosse à nettoyer la tête des petits enfans.

B.-A. BRUSTIA. v. a. Brosser. Frotter. Nettoyer avec une brosse.

— Débrider se dit frg. et familièrement de tout ce que l'on fait avec hâte et précipitation. *Aviè foucsso obro mai alcou agu tout brustia*: il avait bien du travail à faire, mais il a eu bientôt tout débridé. *Aco es leou ista brustia :* ça été bientôt fait.

BRUT. s. m. Bruit. Querelle. Tapage. Vacarme. *S'aouze de brut :* l'on entend du bruit. *Fan ben de brut per ren :* ils font bien du vacarme pour peu de chose. *An agu de bru :* ils se sont querellés. On dit prov. et fig. *Voou mai bouen brut que boun vin :* bonne renommée vaut mieux que ceinture dorée. On dit encore prov. fig. d'un homme qui ne s'étonne point de ce qu'on lui fait, ni des menaces qu'on lui dit. *Es bouen chivaou de troumpetto cregne pas lou brut :* il est bon cheval de trompette, il ne s'étonne pas du bruit.

V. BRUTA. v. a. Salir. Embrener. Voyez EMBRUTI.

BRUTALISA. v. Rudoyer. Traiter rudement de paroles. *Foou pas brutalisa leis enfans parçoque leis desmoucourarias :* il ne faut pas rudoyer les enfans parce que vous les désespérriez.

BRUTIÉ. s. m. Butor. Buse. Oiseau mal de proie.

BRUTISSI. s. f. Saleté. Ordure. Vilenie. Quantité de ce qui est sale, propre.

BRUZI. v. n. Bruire. Rendre un son confus. — Causer une douleur sourde qui appartient de l'engourdissement. *Leis mans mi bruzoun doou frech :* les mains me bruisent du froid.

V. BRUZI. Voyez ABRUDI.

BUAS. s. m. Bouze ou bouse. Fiente de bœuf ou de vaches, terme de montagne.

B.-A. BUCHIA. Voyez BUSCAYA.

BUDEOU. s. m. Boyau. Intestin. Il n'est d'usage que dans cette locution populaire. *Lou budeou li souerte :* il a une chute du fondement.

BUEIRO. s. f. Noise. Dispute. Querelle.

BOUT-BUEIRO. s. m. Querelleur. Tapageur. Qui cherche noise.

BUERBAYO. } s. f. Tripaille. Intes-
BUERBO. } tins. Entrailles des animaux.

BUERRI. s. m. Beurre. Crême épaisse à force d'être bâtue dans la baratte. *Pan de buerri :* pain de beurre. *Buerri d'Aguyo :* beurre d'Éguille. On trouve tous les jours sur la place du marché à Aix, des petits pains de beurre tout récemment faits au village d'Éguille qui en est tout près. Ce beurre est très-recherché des amateurs par sa délicatesse. *Uno roustido de buerri :* une tartine de beurre.

BUFO. s. m. Moue. Grimace que l'on fait par mécontentement. Mauvaise humeur que l'on témoigne par son air et son silence. Il est familier et plaisant. *Faire un pan de buffo :* avoir un air de mécontentement et de mauvaise humeur très-marqué. On dit plaisamment et populairement *Qu'u si trufo, Dieu lou bufo, et lou fa vira coum'uno booudufo :* Dieu voit le moqueur d'un œil de mépris et le châtie.

BUGADA. v. a. Lessiver. Blanchir le linge.

BUGADIÉRO. s. f. Buanderie. Lieu destiné expressément à faire la lessive.

BUGADIÈRO. s. f. Lavandière. Celle qui fait ou qui lave la lessive.

BUGADO. s. f. Lessive. Quantité de linge que l'on met dans un cuvier, sur lequel on verse de l'eau chaude pour le blanchir. *Eissaga bugado :* essager le linge de la lessive. *Coula la bugado :* couler la lessive. On dit d'un enfant qui pisse au lit. *Qu'à fach la bugado :* Qu'il a fait la lessive. On dit fig. d'une personne qui au lieu de payer ce qu'il doit à son créancier augmente sa dette. *Qu'à mai mes su la bugado :* qu'elle a ajouté une nouvelle dette à l'ancienne. Au fig. *Faire uno bugado :* faire une sottise, s'endetter, perdre gros jeu.

BUGADOUN. s. m. diminutif. Petite lessive. Lessive peu considérable. *Fen pas bugado, n'es qu'un bugadoun :* nous ne faisons pas la lessive, nous blanchissons seulement quelque peu de linge en attendant. Voyez CHICOUDOUN.

BUJHET. s. m. Cloison. Mur de cloison. Espèce de muraille dans œuvre, faite de charpente, de brique de maçonnerie, ou seulement de planches.

BUJETTA. v. n. Cloisonner. faire des murs de cloison.

BULO. s. f. Attrape. Tromperie. Apparence trompeuse. On dit communément d'une femme ou d'une fille sans capacité, qui ne sait rien faire. *Qu'es uno bulo* : que c'est une attrape.

BUOU. s. m. Bœuf. Taureau châtré.

BUOU DE NOUESTRE SEGNE. s. m. Coccinelle. Bête-à-Dieu. Scarabé à étuis rouges avec des points noirs; il y en a également à étuis blancs, violets, jaunes, etc. On l'appelle encore *Besti doou bouen Diou.*

B.-R. BUOU-L'HOLI.   }
B.-A. BUOU-LORI.   } s. m. Duc.
Oiseau nocturne qui habite et se plaît dans les vieilles masures.

B.-R. BUOU-VIN. s. m. Terme de vigneron. Rejeton. Espèce de branches gourmandes qui croissent au tour du bois et du cep de la vigne, et qui sucent la sève au détriment des bonnes branches et des raisins.

BUQUET. s. m. Terme de boucherie. Manche d'une éclanche.

BUQUET. s. m. Terme de maçonnerie et de menuiserie. Tasseau. Support. Sorte de pieu planté horisontalement contre le mur et servant à soutenir des planches, des tablettes, etc. *Planta de buquets per fa d'estagièros* : poser des supports, des tasseaux pour y placer des tablettes.

BURBO. Voyez BUERBO.

BURLO. s. f. Tromperie. Bourde. Mensonge. Défaite. *Va crezi pas, es uno burlo* : je ne le crois pas, c'est une bourde.

BUSCAYA. v. a. Bucheter. Ramasser des buchettes, des menus brins de bois.

BUSCAYHO. s. f. Buchettes. Broutilles. Menues broussailles. Débris de fagots.

BUSCO. s. f. Buchette. Petite buche de bois. Menu brin de bois avec lequel on montre les lettres de l'alphabet aux enfans qui apprennent à lire.

BUSCOS. s. f. plur. Buchettes. Pailles qu'on trouve dans le pain bis dont la farine a été mal sassée.

BUSQUEJHA. Voyez BUSCAYA.

BUTA. v. a. Repousser. Pousser quelqu'un en le fesant réculer avec quelque effort. *Mi fa que buta* : il me repousse à chaque instant.

BUTADO. s. f. Repoussement. Heurt. Choc. Secousse.

BUTO. s. m. Terme de maréchal-Ferrant. BUTOIR. Paroir. Boutoir. Instrument avec lequel les maréchaux parent le pied du cheval avant de le ferrer.

BUTO-AVANT. s. m. Boule longue. Sorte de jeu de boule.

BUTO-FOUÈRO. s. m. Terme de maçon. Défense. Pièce de bois que les maçons sont tenus de placer autour et aux avenues des murs qu'ils abattent, pour avertir les passans.

BUTO-RODO. s. m. Borne. Pierre taillée à pans ou à piramide, qu'on met au coin des rues, aux parapets des ponts, etc., pour les garantir de l'essieu des roues.

BUVADOU. s. m. Auget. Petit vase dans lequel on met l'eau qu'on donne à boire aux oiseaux dans la cage.

V. BUVENO. s. f. Boconi. Boisson empoisonnée. *Avala la buveno* : boire le bocconi. Prendre le poison. Au fig. *Avala uno buveno* : recevoir un affront, être contraint de faire une démarche qui répugne, qui contrarie, etc.

B.-R. BUVOLI. s. f. Branche gourmande. Ce sont ces branches droites comme des cierges, qui viennent sur le tronc et les grosses branches des oliviers C'est un terme d'ag. et d'arboriculture. A l'égard des autres arbres, ces mêmes branches sont appelées TETAIRE, TETARELLOS. Voyez ces mots.

BUVOUCHIA, v. n. Buvoter. Siroter. Boire souvent et à petit coup.

C

CA. s. m. *Chas.* Trou d'une aiguille.

CABAN. s. m. Cape. Espèce de manteau à capuchon avec des manches, et dont se servent les marins et les bergers.

CABANETO. s. f. dimin. Petite cabane.

B. R. CABANIÈ. Voyez AI CABANIÈ.

CABANO DEIS MAGNANS. s. f. Berceau. Petite cabane de thym, de bruyère ou d'autres arbustes, que l'on dresse dans les ateliers de versà-soie, et où cette chenille va faire son cocon. Voyez ENCABANA.

CABANO de VERDURO. s. f. Tonnelle. Sorte de berceau de treillage couvert de verdure.

CABANOUN. s. m. dimin. Petite cabane. Hutte pour s'y mettre à l'abri de la pluie et du mauvais temps.

CABASSUDO. s. f. Chardon jaune. Plante épineuse.

CABEDE. s. m. Chabot. Poisson de rivière.

CABES. s. m. Chevet. Oreiller sur lequel on appuye sa tête quand on est dans son lit, il n'a presque plus d'usage qu'en poésie.

CABESSO. s. f. Caboche. Tête. Sens. *Ave de cabesso*: avoir du sens, de la tête. *Boucno cabesso*: bonne, forte tête, qui a du jugement. *Vira ca besso*: tourner, perdre la tête.

CABORNO. s. f. Antre. Caverne. Réduit. Enfoncement où l'on peut cacher quelqu'un ou quelque chose.

CABOSSO. Voyez CABESSO.

V. CABOUIIA. Terme d'agric. Voyez CLOOUSSA.

CABRA. SI CABRA. v. récip. Se roidir. Se cabrer contre quelqu'un.

CABRETTO. s. f. Petite, jeune chèvre.

CABRETTO. s. f. Toupin. Terme de cordier. Voyez CABRO.

CABRI. s. m. Chèvre. Machine composée de trois perches d'égale dimension, que l'on attache par le haut et que l'on élève à la manière d'une piramide, du centre de laquelle pend une corde ou un crochet. On s'en sert à élever des poutres, des fardeaux, à peser des forts colis, et à divers autres usages.

CABRI. s. m. Chevreau. Petit d'une chèvre.

CABRIDA. v. n. Chevrotter. Faire, mettre bas de petits chevreaux. *La cabro a cabrida*: la chèvre a chevrotté.

CABRIDAN. Voyez CHABRIAS.

CABRIÉ. s. m. Chevrier. Celui qui mène paître les chèvres.

CABRIEN. s. m. Terme de charpentier *chevron*. Pièce de bois qui sert à la couverture des maisons. On dit proverb. et fig. d'une personne extrêmement fachée et irritée, *Que s'en prendriè eis cabriens*: qu'elle s'en prendrait au premier venu, voire même à la toiture de la maison, et, *Soouta jusqueis cabriens*: renier, crème et baptème.

B. R. CABRIMET. s. m. Chèvremorte. Brise-cou. Manière de porter quelqu'un sur les épaules. *Pourta à cabrimet:* porter à brise-cou. Voyez PERI-COULEIRI.

CABRIOULA. v. n. Cabrioler. Bondir comme des chevreaux. — Faire des cabrioles. Au figuré Dégringoler.

CABRIOUN. Voyez CABRIEN.

CABRO. s. f. Chèvre. Femelle du bouc.

CABRO. s. f. Terme de cordier. Toupin. Instrument dont on se sert pour corder. C'est un morceau de bois tourné en forme de roue tronquée, et qui a autant de canelures que la corde que l'on fait a de branches.

CABRO. s. m. Terme de scieur de long. Chevalet. Machine qui soutient le baudet sur lequel porte le billot.

CABRO. Machine propre à élever des fardeaux. Voyez CABRI.

CABRORO. s. f. Chevreuil. Sorte de chèvre sauvage.

CABRUN. s. m. Collect. Les bêtes chevrotines. Boucs, chèvres et chevreaux réunis. *Mena lou cabrun*: conduire les bêtes chevrotines.

CABUCELA. v. a. Couvrir. Mettre le couvercle à un pot, à une huche. etc.

CABUCÈLO. s. f Couvercle. Ce que l'on met à un pot, à une marmitte, à un plat, etc., pour le couvrir.

FAIRE DE CABUCÈLOS. Terme de vigneron. Effleurer terre. Frauder le travail. Bécher a demi la terre qu'on travaille, en franchissant certains intervalles qu'on ne fouit pas, et qu'on recouvre légèrement avec de la terre piochée pour masquer la fraude. *Seis peysans l'y fan de cabucelos*: ses journaliers lui font bien du travail manqué.

CABUCEOU. s. m. Couvercle en bois. Ce qui sert à couvrir un coffre, une huche, une trappe.

CABUDEOU. s. m. Peloton. Espèce

de boule que l'on forme en dévidant du fil, du coton, de la laine, de la ficelle, etc.

V. CABUERNI. Voyez CACALUCHO.

CABUS. s. m. Terme d'agr. Provin. Rejeton d'un cep de vigne provigné. *Faire de cabus*: provigner. Voyez CABUSSA.

CABUS. adj. m. Terme de jardinier. Pommé. *Caoulet cabus*: chou pommé.

CABUSSA. v. a. Provigner. Coucher en terre les brins d'un cep de vigne afin qu'ils prennent racine et qu'il s'en forme d'autres ceps.

CABUSSA. v. n. Plonger. Terme de natation. S'enfoncer dans l'eau.

CABUSSET. s. m. Action de plonger dans l'eau. *Faire lou cabusset*: plonger.

CACAI. s. m. Terme de nourrice. Caca. Matière fécale d'un enfant.

CACALAQUA. v. n. Coqueliner. Mot formé par onomatopée et qui désigne le chant du coq. Au fig. *Un cacalaqua*: un réjoui. Celui qui est le coq du voisinage.

B. A. CACALAQUA. s. m. Terme enfantin. Noix sans coquille. Fruit du noyer resté entier lorsqu'on a cassé la coquille qui l'enveloppait.

CACALAOU.   } s. Limas. Limace.
CACALAOUSO. } Sorte d'insecte rampant et à coquille, que l'on trouve dans les jardins après une pluie.

B. R. CACALEJHA. v. n. Coqueliner. Closser. Chanter comme le coq et les poules. Le premier se dit en parlant du coq, et le second des poules. Au fig. Jaboter, caqueter.

CACALUCHA. Voy COUCOULOUCHA.

CACALUCHO. s. f. Coqueluche. Maladie des petits enfans.

CACANDRE. Voyez CAGONIS.

CACAPUCO. s. f. Ricin ou Palma-Christi. Plante qui s'élève fort haut et dont les semences pulvérisées mêlées avec quelque aliment, donnent une diarrhée extrême à celui qui en use. Bien de gens de campagne en introduisent quelquefois dans les figues fleurs, pour se venger des maraudeurs qui les leurs dérobent.

B. A. CACARELLEJHA. Voyez CACALEJHA.

CACHA. adj. masc. Affiné. On ne

le dit que du fromage. *Froumagi cacha*: fromage affiné. On affine le fromage, dans nos montagnes en le mettant à la cave enveloppé de feuilles de noyer.

CACHA. v. a. Cacher. Mettre une chose en un lieu où l'on ne puisse la découvrir. — Couvrir une chose, la soustraire à la vue. Voyez ESCOUNDRE.

CACHA. v. a. Terme de Vaucluse. Casser Briser, rompre la coque des fruits à coquille. Voyez PESSA.

CACHET. s. m. Pain à cacheter. Voyez HOSTI.

CACHET. s. m. Terme de Vaucluse. Casé. Voyez CACHEYO.

CACHETA. v. a. Cacheter. Appliquer un cachet sur quelque chose. — Fermer et sceller une lettre.

B. A. CACHEYO. s. f. Casé. Rhubarbe de fromage. Sorte de fromage liquide d'un goût relevé. Ce mets piquant, si fort du goût des gens de la campagne qui ont des troupeaux, se fait en délayant du fromage dans du lait, que l'on fait fermenter au soleil après l'avoir assaisonné du poivre et du vinaigre. *Manjha de cacheyo*: manger du casé. *Bouèno, fouarto cacheyo*: casé fort, piquant, excellent.

CACHIÉRO. Voyez QUECHIERO.

CACHIMBAOU. s. m. Terme de marin et des Marseillais. Pipe à fumer.

CACHO CACHOUN. (de) adv. En cachette. A la dérobée. Voyez DESCOUNDOUN.

CACHO DENT. s. m. Craquelin. Voyez NOUGA DE PARIS.

B. R. CACHOFLE. } s. m. Artichaut. Sorte
CACHOFLO   } chaut. Sorte de légume.

CACHO FUECH. s. m. Tresseau. Espèce de fronde sans croisillon.

CACHO FUECH. s. m. Souche. Buche de Noël. Grosse pièce de bois de chauffage, que les gens du peuple mettent au feu la vieille de la Noël et qui entretient le feu pendant ces fêtes. Autrefois les Provençaux, nos ancêtres, auraient cru manquer à un devoir essentiel qui leur ait attiré bien des malheurs, si la veille de la noël ayant d'allumer la *buche* la famille réunie n'eut protédé à sa bénédiction, en chantant avec l'accent de la joie la plus vive : *Quand nouvè vèn, tout bèn vèn* : lorsque la naissance du Sauveur arrive, tout bien descend sur nous. L'usage de la Buche de Noël, est tout à fait restreint aujourd'hui à quelques familles du bas peuple, et des gens de campagne qui n'ont pas devié de la croyance de nos bons aïeux.

CACHO MAIHO. Tire-lire. Petit vaisseau de poterie creux ayant une fente pour toute ouverture, et par laquelle on y fait entrer de la monnaie. Il est formé de deux mots, *cacho* cache et *maiho* maille. La maille était autrefois une petite monnaie de compte valant demi denier.

CACHO MECHO. s. de t. g. Sournois. Défiant. Celui ou celle qui parle peu, et qui par défiance ne se communique à personne. Il ne se dit que par dénigrement.

CACO. s. f. Lie. Sédiment que l'huile déposé dans les gerles.

CADAI. s, m. Chas. Terme de tisserand. Colle faite avec de la farine de seigle et de la graisse, et dont les tisserands se servent pour en coller les pièces de toile.

CADAOULA. v. a. Fermer un loquet.

CADAOURA. Loqueter.

CADAOULO. ⟩ s. f. Loquet. Cado-
CADAOURO. ⟨ le. Espèce de pêne qui s'ouvre et se ferme en se haussant. Au fig. Outil, meuble, machine démantibulée.

GADE. s. m. Grand genevrier. Arbuste qui s'élève quelquefois fort haut. Ses baies sont d'une couleur jaunâtre et plus grosses que celles du genièvre.

CADE. adverbe. de t. g. Chaque. Il n'a point de plur. et ne se met jamais qu'avant le substantif. On dit prov. *Cade besti a soun verin* : Chaque animal a sa malice.

CADEBIOU. ⟩ s. m. Diantre. Té-
CADEBIOURI. ⟨ te bleue. Sorte de juron.

CADELA. v. n. Chienner. On ne le dit que de la chienne qui met bas.

CADELADO. s. f. Portée. Ventrée. On le dit des petits qu'une chienne a porté et mis bas en une fois. *Chins de la memo cadelado* : chiens de la même ventrée.

9

CADELAS. s. m. superl. de *cadeou*. Jeune et gros chien. Au fig. grand jeune homme simple et sans malice.

CADÉLO. s. f. Charançon. Espèce de petit ver qui ronge les blés dans les greniers.

CADENO. s. f. Chaîne. Espèce de lien composé d'anneaux entrelacés les uns dans les autres. On dit prov. d'un homme dont le caractère est froid et insensible, qu'*Es fre coum'uno cadeno de pous* : qu'il est froid comme un landier.

CADENO. s. f. Épine du dos de l'homme, et de plusieurs animaux. *Si roumpre la cadeno* : se rompre l'épine du dos.

CADENOUN. Voyez CADEBIOU.

CADEOU. s. m. Chien de lait. N'*Es ença qu'un cadeou* : ce n'est encor qu'un chien de lait. — Sorte d'écume qui s'élève au-dessus de l'huile récente, pendant qu'elle est encore dans les tonnes du moulin.

CADIEIRAIRE. s. m. Tourneur. Faiseur de chaises.

CADIEIRETO. s. f. dim. Petite chaise. Chaise pour enfant.

CADIÈRO COURRERELLO. s. f. Chaise roulante, ou simplement Roulette. Machine roulante où l'on met les petits enfans, pour les apprendre à marcher et à se soutenir seuls sans risquer de tomber.

CADUN, CADUNO. pronom. Chacun; chacune. Chaque personne, chaque chose. *Cadun n'en disié uno* : chacun glosait sur cela.

CAFFI. Voyez CLAFFI.

CAFFORNO. Voyez CABORNO.

CAFFOURNIA. v. n. Fouiller. Fureter dans un réduit, un enfoncement. Voyez FURNA.

CAFUÈ. s. m. Chenêt. Partie principale d'une garniture de feu.

CAFUÉ. s. m. Contre-hâtier. Grand chenêt de cuisine.

CAGA. v. n. Chier. Aller à la selle.

CAGADO. s. f. Cacade. Décharge de ventre. Au fig, *Uno cagado* : un pas de clerc, une bévue, une entreprise manquée.

CAGADOU. s. m. Voyez CAGAREL-LO.

CAGADURO. s. f. Chiure. Ordures. Fiente de mouche, d'oiseau, d'insecte, etc.

CAGAGNO. s. f. Diarrhée. Foire. Cours de ventre. Il est famil.

CAGAIRE. s. m. Chieur. Celui qui se décharge actuellement le ventre. On dit prov. et popul. *Voou mïou estre prochi d'un cagaire, que d'un chaputaire*: mieux vaut être près d'un chieur que d'un abateur (Bucheron), parce que le premier ne peut vous donner que des mauvaises odeurs, tandis que le second peut faire jaillir sur vous quelque éclat de bois qui vous blesse. On dit fig. et plaisamment. *Mino de cagaire*: air de constipé.

CAGARELLET. Voyez CAGAGNO.

CAGARELLO. s. f. Latrine. Lieu d'aisance public.

CAGARELLO. s. f. Mercuriale. Plante appelée aussi foirolle. Voyez MOURTURIAOU.

CAGNARD. s. m. Abri. Lieu exposé au soleil.

CAGNO. s. f. Mine refrognée. Mauvaise humeur. Mécontentement. Ennui. *Leissa lou qu'a la cagno*: laissez-le, car il est de mauvaise humeur. Voyez ENCAGNA.

CAGNO. s. f. Paresse. Nonchalance. Fainéardise. *A mai la cagno, pouan pas lou mourre*: il est encore en proie à la paresse, nous ne pouvons le mettre en train.

B.-R. CAGO-NIS. s. m. Culot. Le dernier oiseau d'une couvée. — Cadet. Le plus jeune des enfans d'une famille. Il est familier.

CAGO OOU LIÈCH. s. m. Chie-en-lit. Petit enfant qui fait ses nécessités au lit sans demander le pot. Il est bas et fam. *Es un cago oou lièch.*

CAGO EIS BRAYOS. s. m. Chieur. Qui fait ses ordures dans ses culottes. Au figuré. BLÈCHE. Terme injurieux qui se dit d'un homme mou qui n'a point de fermeté, et qui n'a pas la force de tenir la parole qu'il a donnée. *N'es qu'un cago eis brayos*: c'est un vrai blèche. Il est fam. et populaire.

CAGO-TROUES. s. m. Trognon. Cette partie d'un chou qui est entre les feuilles et la racine.

CAGO-TROUES. s. m. Tige étêlée d'un chou, ou de toute autre plante ou même d'un arbre coupé jusqu'à fleur de terre.

B.-A. CAGUEGNO. s. f. Cacade.

Besoin. Nécessité pressante d'aller à la selle. Il est bas et populaire. *Ave caguègno*: être dans le pressant besoin d'aller à la selle.

CAIHA. v. a. et récip. Cailler. Figer. Épaissir. Coaguler. *Sang caiha*: sang caillé. *La ciro foundudo en si refrejhan si caiho*: la cire fondue en refroidissant se fige.

CAIHA. Au figuré. v. n. Céder. Bouquer. Se taire. Se désister. *L'an fach caiha*: on l'a fait bouquer. Il est ironique et populaire. On dit prov. *Ounte papier soun, barbos caihoun*: là où sont des titres, la chicane échoue.

CAIHA. s. m. Caillé. Lait épaissi par le moyen de la présure. *Manjha de caiha*: manger du caillé.

CAIHAOU. s. m. Caillou. Pierre très-dure.

CAIHET, ETTO. adj. En lait. Semblable à du lait épaissi. Baveux, caillé, à peine formé. On ne le dit au prop. que des grains non encore mûrs, et des fruits à coquille qui n'ont pas encore acquis de la consistance. *Leis blas soun enca caihets*: les blés sont encore en lait. *Leis amendos soun tout-broujhas caïhettos*: les amandes sont à peine formées. Au fig. *Estre caihet*: être suspect, d'une réputation équivoque. Voyez SAFRANOUX.

CAIHO-LACH. s. m. Caille-lait. Gallium. Plante appelée encore petit muguet jaune. Elle a l'odeur de la cire jaune et la vertu de faire cailler le lait. On la trouve le long des sentiers.

CAIHOUN. s. m. Cailleteau. Jeune caille. Oiseau. On dit prov. *Gras coum'un caihoun*: gras comme un moine.

CAIHOUN. s. m. Caillot. Grumeau de sang caillé. Petite masse de sang épaissi.

CAIN, CAIHINO. adj. et s. Traître, traîtresse. Qui agit comme le traître Caïn qui tua son frère Abel.

CAIRE. s. m. Côté. Partie d'une chose. *D'aqueou caire*: de ce côté. *De cade caire*: de chaque côté. *Ana par caire et cantouns*: aller de côté et d'autre dans les coins et recoins. Au fig. *Ficha un caire*: Lasser, ennuyer.

DE CAIRE. adv. De côté. De biais

De travers. Obliquement. *Si vira de caire* : se mettre de biais. *Marcha de caire* : marcher de travers. On dit figurément. *Vira de caire*: tourner du mauvais côté, pour dire, se détourner des sentimens honnêtes, prendre un mauvais parti.

CAISSO. s. f. Caisse. Espèce de coffre dans lequel on emballe de la marchandise.

CAISSO. s. f. Terme d'art. Maye. Partie creuse en forme de caisse, sur laquelle est posée la presse du moulin à huile, ou le pressoir de la vendange. Elle reçoit le vin ou l'huile qui est exprimé, et le transmet à des baquets ou des cornues par des issues qui sont à ses extrémités. *Caisso d'un destrech* : maye d'un pressoir.

CAISSO DE MOUER. s. f. Bière. Cercueil. Voyez TEI.

CAISSOUN. Voyez QUEISSOUN.

CALA. v. a. Caler. Mettre une cale. *Cala uno taoulo, uno peiro* : caler une table, une pierre pour qu'elle ne bouge.

CALA. v. a. Taper. Donner un coup. Mordre. *Cala un coou de poung* : donner un coup de poing. *Fàgues rèn en aqueou chin que ti calariè un coou de dent* : n'irrite pas ce chien qui te mordrait.

CALA. Au fig. est verbe neutre. Se taire. — Cesser, discontinuer, calmer. *Lou vent a cala* : le vent a calmé.

— Bouquer. Céder à la force. Etre contraint à faire quelque action de soumission. Mettre pavillon bas. Voyez CAIHA.

CALA. v. a. et récip. Terme de pêcheur. Arrêter. S'arrêter pour jeter le filet. *Calo t'aqui que l'y a de pey*: arrête-toi là qu'il y a de quoi pêcher. Au figuré, s'établir, se placer en bon lieu, dans un poste avantageux. *Aqueou moussu s'est ben cala* : ce monsieur là a bien su se placer. Voyez SI JIIARDINA.

On dit proverbialement et fig. *Foou cala ounte prenès lou pey* : il faut s'arrêter, s'établir, là où l'on fait le mieux ses affaires. On dit *Qu'uno dameiselto est ben calado* : qu'elle est bien plantée, pour dire, qu'elle est d'une belle stature et se tient de bonne grace.

CALABASSO. s. f. Bilboquet. Instrument qui sert à un petit jeu d'adresse. Voyez VIROBOUQUIN.

CALABRUN, OOU CALABRUN. adv. A l'entrée de la nuit. A la nuit tombante.

CALADA. v. a. Paver. Couvrir le terrain, le sol d'un chemin, d'une rue, etc., avec des cailloux, de la pierre dure, etc., pour y marcher plus commodément.

CALADAGI. s. m. Pavage. Ouvrage de paveur.

CALADAIRE. s. m. Paveur. Celui dont le métier est de paver des rues, des chemins, des aires, etc.

CALADA, ADO. part. Pavé, pavée. *Camin ben calada*: chemin bien pavé. *Carrièro maou caladado* : rue mal pavée. Au fig. *Calada*. Couvrir, joncher la terre. *Lou vent à tant fach toumba de poumos que la terro n'èro caladado* : le vent a abattu une telle quantité de pommes que la terre en était couverte. *Lou soou n'en semblavo calada* : la terre en était comme jonchée.

CALADO. s. f. Pavé. Chemin, rue, lieu qui est pavé. *Pouèdi pas marcha su la calado* : je ne puis marcher sur le pavé.

CALAMAN. s. m. Faitage. Pièce de bois qui fait le sommet de la charpente d'un bâtiment.

CALAMANDRIE. s. m. Germandrée. Plante apéritive.

CALAMANDRINO. s. f. Petite germandrée. Plante fébrifuge appelée aussi petit chêne. Voyez CHAINE (*pichot*).

CALAMANTRAN. s. m. Carnaval. Carême prenant. On appelle ainsi les trois derniers jours du carnaval. — Mannequin que promènent dans les rues, le premier jour de carême, les ivrognes qui regrettent le carnaval.

CALAMELLO. s. f. Chalumeau. Tuyau de paille avec lequel on hume du vin ou tout autre liqueur.

B.-R. CALANDRO. s. f. Alouette. Petit oiseau d'un chant agréable, et qui se nourrit de grains. On appelle Cujellier, celle des bois ; Farlouse, celle des prés ; et Rousseline celle des marais.

CALANDRO CAPELUDO. s. f. C'est

l'Alouette hupée, appelée aussi Co-chevis.

CALANDROUN. s. m. diminutif. Petit d'une alouette. Au fig. Petit poupon. Terme de nourrice. *Aco es moun beou calandroun* : c'est là mon joli petit poupon.

CALAPITO. s. f. Ivette. Plante.

CALEGNA. v. a. Courtiser. Faire la cour à une personne du sexe. Faire l'amour.

— Fréquenter une personne d'un sexe différent, lui parler en vue de mariage. *Si calegnoun despuis long temps* : ils se fréquentent depuis long-temps.

CALEGNA. v. a. Muguoter. Recher-cher et épier l'occasion de se rendre maître d'une chose qu'on souhaite.

— Convoiter, désirer avec pas-sion, avec avidité. *I'y a longtemps que calegno aquelo péço* : il y a long-temps qu'il muguette cette pièce de terre. *Lou cat eis aqui que calegno la bôno, pren ti gardo* : donne-toi de garder du chat qui est là à convoiter cette viande.

CALEGNAIRE. s. m. Garçon nubile. Amant. Coquet. Galant. Soupirant qui cherche à donner de l'amour. *Voues l'enfant es un calegnaire* : votre enfant est déjà bien grand. *Es soun calegnaire* : c'est son amant.

CALEGNAOU. s. m. Bûche de Noël. Voyez CACHO FUECH.

CALEGNEIRIS. s. f. Fille nubile. Amante. *Seis filhos soun de calegneiris* : ses filles sont déjà bien formées. *Vaqui sa Calegneiris* : voilà son amante.

CALEN. s. m. Lampe-à-main. Cette sorte de lampe en fer et que l'on suspend par le crochet qui y est adhérant, n'est usitée que chez le peuple ou dans les fabriques; ici ces lampes ont deux ou plusieurs mèches, et celles des maisons particulières n'en ont qu'une.

CALEN. s. m. Terme de cuisine. Sorte de petite lèchefrite en fer blanc ou en tôle sans queue, dans laquelle on fait cuire certaines choses.

CALEN. s. m. Petite caisse en papier dans laquelle on fait cuire ou fondre certains ingrédiens.

CALEN. s. m. Sorte de filet à prendre du poisson. Ablerel.

CALENDAOU. s. m. Viande. Alimens quelconques que l'on a fait cuire dans la lèchefrite appelée *calen*. *Mangea lou calendaou* : manger le contenu de la lèchefrite. Voyez CALEN.

CALENDAOU. s. m. Bûche de Noël. Voyez CACHO-FUECH.

B.-R. CALÈNOS. s. f. pl. Festin. Ré-gal. Présent que l'on fait à l'occasion de la solennité de Noël. *Fan calènos* : ils sont en festin. *N'en fan scis ca-lènos* : ils en font leur régal. *Pourta leis calènos* : porter les présens de Noël. *Faire calènos* : Se réunir en famille pour se réjouir et solenniser la veille et les fêtes de la Noël.

CALENOS signifie quelquefois aussi les fêtes mêmes de la Noël, *Anaren vous veire per calènos* : nous irons vous voir ces fêtes de la Noël.

CALEOU. s. m. Lampe-à-main. Voyez CALEN.

CALIVIE. s. m. Viorne. Plante boi-seuse dont on fait quelquefois des liens pour des fagots.

CALOT. s. m. Fortune. Gain consi-dérable. Amas de richesses. *A fach soun calot* : il a fait fortune. *S'es revengu de l'Ameriquo quand agu fach soun calot* : il s'en est retourné d'Amé-rique lorsqu'il y a eu amassé de quoi vivre commodément. Voyez FARRET.

CALOUES. s. m. Trognon. Tige d'un chou ou d'une laitue dont on a ôté les feuilles. Voyez CAGO TROUES.

CALOUR. s. f. Chaleur. Qualité de ce qui est chaud.

CALOUREN, ENTO. adj. Chaleureux, chaleureuse. Qui a beaucoup de cha-leur naturelle. Il ne se dit que des personnes.

CALOUTOUN. s. m. Béguin. Espèce de coiffe de linge pour les enfans, qui s'attache sous le menton.

CALOUSSADO. s. f. Rossée. Baston-nade. Volée de coups de bâtons. Il est popul.

CALOUX. Voyez CALOUES.

CALUSTRA. v. a. Gronder. Voyez ESCALUSTRA.

CALUSTRADO. s. f. Algarade. Voyez ESCALUSTRADO.

CAMBADO. s. m. Terme d'agr. Em-jambée. Espace de terrain qu'enfile en travaillant celui qui pioche ou fouit la terre. Voyez ANDANO.

CAMBAJHOUN. Voyez GAMBA-JHOUN.

CAMBARELLETTO. s. m. Culbute. Espèce de saut que l'on fait, mettant la tête en bas et relevant les jambes en haut pour retomber de l'autre côté.

Charlot plaço sa testo en bas,
Et deviro tres fes senso reprendre aleno
Sa ventresco qu'es pas troou pleno.

CAMBETTO. s. f. dim. Petite jambe. *Faire la cambetto* : donner un croc en jambe.

CAMBIA. v. a. Terme pris de l'italien. Changer. Faire un troc. Échanger de la monnaie.

CAMBIS. Voyez GAMBIS.

CAMBO. s. f. Jambe. Partie du corps de l'animal qui est depuis le genou jusqu'au pied.

CAMBO-LASSO. s. f. Course inutile. Il ne s'emploie jamais qu'avec le verbe *Faire*.

FAIRE CAMBO-LASSO. v. n. Chevaler. Faire plusieurs allées et venues pour une affaire. *Anerian fa cambo-lasso* : nous fûmes nous lasser inutilement.

CAMBOI. s. m. Cambouis. Vieux oing des roues d'une charrette que le frottement a rendu noir.

CAMBOROUSSO. s. f. Pariétaire. Plante. Voyez ESPARGOULO.

CAMBRA. v. a. Cambrer. Courber en arc.

CAMBROUISO. s. f. Servante. Domestique femelle. Voyez l'article suivant.

CAMBROUSSO. s. f. Terme pris de l'argot, en usage dans nos hautes montagnes, comme le précédent. Chambre à coucher. Cabinet.

B.-R. CAMBRO. s. f. Chambre. Terme des environs d'Arles et de Tarascon.

CAMBRURO. s. f. Cambrure. Partie d'un soulier qui forme l'arc autour du talon.

CAMEOU. s. m. Chameau. Animal qui a une espèce de bosse sur le dos. On dit d'une personne qui a de grosses épaules, *Qu'a uno esquino de cameou* : qu'elle a un dos de chameau.

CAMIE. s. f. Chemise. Vêtement de linge que l'on porte sur la chair.

CAMIN. s. m. Chemin. Voie. Route. Espace par où l'on va d'un lieu à un autre.

CAMIN DE SANT-JHAQUE. s. m. Voie lactée. Amas d'étoiles qui font comme une espèce de trace blanche et lumineuse dans le ciel.

CAMINA. v. n. Cheminer. Marcher. Aller. Faire du chemin pour arriver quelque part. *Pouèdi plus camina* : je ne puis plus marcher.

CAMINAIRE. s. m. Marcheur. Celui qui marche. *Es un gros caminaire* : c'est un très-bon marcheur.

CAMINAIRES. s. m. plur. ⎫ Promenettes. Lizières avec lesquelles on tient les petits enfans pour les apprendre à marcher.
CAMINETTOS. s. f. plur. ⎭

CAMISETTO. s. f. dim. Petite chemise. Chemise d'enfant.

CAMISO. s. f. Chemise. Voyez CAMIE.

CAMISOUN. s. m. Chemisette. Espèce de chemise qu'on met aux petits enfans et qui ne descend que jusqu'à la poitrine. Elle est ouverte par derrière.

CAMOCHO. s. m. Camarde. Celle qui a le nez plat et écrasé.

CAMOT. s. m. Camard. Camus. Celui qui a le nez court et applati.

CAMPANETTO. s. f. Clochette. Petite cloche qui se peut porter à la main.

CAMPANETTO. s. f. Pervenche. Plante dont la fleur bleue est en forme d'entonnoir ou de clochette. L'herbe de la pervenche mise dans un tonneau clarifie le vin trouble qu'il y a.

CAMPANETTO (*grosso*). s. f. Grand lizeron. Plante vulnéraire.—Fleur du lizeron.

CAMPANIE. s. m. Sonneur. Celui qui sonne les cloches.

CAMPANO. s. f. Cloche. Instrument de fonte creux, ouvert, où il y a un battant pour tirer du son.

CAMPAS. adj. m. Inculte. En friche, sans culture. On le dit d'un champ qu'on a laissé quelque temps sans le cultiver. *Tout soun ben es campas* : toutes ses terres sont en friche. On le dit aussi des landes, qui sont des terres où il ne vient que des bruyères, du genêt, etc.

CAN. s. m. Chien. Animal domestique. Il n'est plus usité qu'en poésie pastorale :

Meis avets, meun can, ma musetto
l'ouan pasmi counsoula deis rigours de Jhauetto.

CAN. adj. de quantité. Combien. *Can avès d'enfans ?* Combien avez-vous des enfans ? *Can sias ?* Combien êtes-vous ?

B.-R. CANADÈLO. Voyez CADÈLO.

CANAGI. s. m. Cannage. Mesurage des étoffes qui se fait à la canne.

CANAGI. s. m. Mesure. Ce qui sert de règle pour déterminer la quantité des cannes. *L'y aviè pas lou canagi* : il n'y avait pas la mesure.

CANAOU. s. m. Canal. Conduit par où l'eau passe.

CANARDA. v. a. Canarder. Tirer sur quelqu'un, d'un lieu où l'on est à couvert. — Tuer avec une arme à feu.

SI CANARDA. v. récip. Se battre à coup de fusil. Il est populaire et quelque peu plaisant.

CANASTO. Voyez CANESTÈLO.

V. CANAT. s. m. Sorte de claie sur laquelle on met les figues ridées pour qu'elles achèvent de s'y sécher.

CANAVETO. s. f. Bouteille carrée. Ce sont des bouteilles de forme carrée, garnies en paille, où l'on met l'huile d'olive.

CANCAN. s. m. Vacarme. Bruit. Tumulte. Il est famil. et popul. *Fas ben de cancan* : tu fais bien du vacarme.

V. CANCES. }
B.-R. CANCIS. } s. m. Terme de laboureur. Extra-sillon. Petit espèce de terrain que l'on n'a pu labourer avec la charrue, et que l'on recherche ensuite à la marre ou à la pioche. *Faire leis cances* : faire la recherche avec la pioche, de ce que la charrue n'a pu faire, et qui se trouvait en dehors des sillons. *Prendre cances* : passer en dehors des guerets ou de ce qui est labouré.

CANDELETTO. s. f. Chandelle petite. Très-petit flambeau de cire.

CANDELETTO. s. f. Glaçon. Morceau de glace qui pend en forme de chandelle aux goutières des toits, et aux tuyaux de fontaine en hiver quand il gèle. *A ben jhala esto nuech, leis cannouns de la fouen soun plen de candelettos* : Il a fortement gelé cette nuit, les coulans des fontaines sont pleins de glaçons.

CANDÈLO. s. f. Chandelle. Petit flambeau de suif ou de cire.

CANDÈLO. s. f. Terme de moulin à huile et d'art. Arbre. Vis de la presse.

B.-A. CANDEOU. s. m. Terme de fournier. Flambart. Allume. Morceau de bois très-sec qui s'allume dès qu'on le présente au feu. On s'en sert pour éclairer dans le four. On dit communément d'un bois qui brûle facilement, *Brulo coumo de candeou* : Il brûle comme une torche.

CANDI, IDO. adj. Figé, figée. Cristalisé. On l'emploie plus souvent au fig., où il signifie immobile, stupéfait, pétrifié, interdit. *Resteri candi quand mi digueroun que...* je restai immobile quand on me dit que... *Semblavo candido quan l'y agueroun dich*: Elle parût pétrifiée quand on lui eut dit....

CANDIHOUN. s. m. Chenevotte. Menu éclat de la partie boiseuse du chanvre, qui tombe sous la macque ou le brisoir, lorsqu'on le teille. *Rebaya leis candihouns* : ramasser les chenevottes.

CANDOU. s. m. Terme de maréchal-ferrant et de quelques autres professions. Abonnement. Salaire annuel que les maréchaux reçoivent de leurs pratiques pour ferrer et soigner leurs bêtes de charge. Dans certaines petites communes, les habitans s'abonnent avec le médecin à tant l'année, soit qu'ils soient malades ou non.

CANEBAS. s. m. Alcée. Mauve sauvage. Plante émolliente.

B.-R. CANEBE. s. m. Chanvre. Plante dont l'écorce sert à faire de la filasse et de la toile. *Grano de Canebe* : chenevis, graine du chanvre.

CANEBIÈRO. s. f. Chenevière. Champ semé de chenevis. Champ où croît le chanvre.

CANEJHA. v. a. Arpenter. Mesurer des terres par arpent ou par cannes.

CANEJHAIRE. s. m. Arpenteur. Celui dont la profession est d'arpenter, de mesurer des terrains.

CANELA. adj. m. Terme de magnaguier. Plâtré. On le dit du vers-à-soie atteint d'une maladie qui le fait devenir blanc comme du plâtre, et le rend ainsi semblable à ces morceaux d'écorce de citron sucrés que l'on appelle vulgairement *canelus*. Cette maladie fait devenir bruns après leur mort, les vers-à-soie qu'elle a fait périr

CANESTEOU. } s. m.
CANESTÈLO. } s. f. Corbeille. Espèce de panier d'osier ou d'éclisse qui a deux anses latérales.

CANESTOUN. s. m. Corbillon. Petite corbeille.

CANETO. s. f. Terme de pêcheur. Ligne courte pour pêcher à fleur d'eau.

CANIE. s. m. Cannaie. Lieu planté de roseaux.

CANJGOUN. s. m. Cahutte. Petite cabane. — Chenil. Voyez CHABOUTOUN.

CANISSA. v. a. Terme de maçon. Lambrisser avec des claies de roseau.

CANISSO. s. f. Claie. Ouvrage à claire voie ayant la forme d'un quarré long. On le fait ordinairement de roseaux joints ensemble. C'est sur ces sortes de claies qu'on élève les vers-à-soie. On dit fig: *Senso abandouna la canisso* : sans sortir de chez soi.

CANISSO. adj. f. Confite. On le dit exclusivement des figues, lorsque étant mûres elles commencent à se rider et à se dessécher sur le figuier. *Figuo canisso* : figue confite.

CANO. s. f. Canne. Mesure linéaire de la Provence et du Languedoc, elle a une aune et deux tiers, mesure de Paris, et cent quatre-vingt dix-huit centimètres, nouvelle mesure. La canne est de huit pans, chaque pan de neuf pouces. On dit proverb. et fig. *Leis homes si mesuroun pas à cano* : on ne mesure pas les hommes à la toise, pour dire, qu'il faut faire attention au mérite d'une personne plutôt qu'à sa taille.

CANO. s. f. Roseau. Sorte de plante aquatique, dont la tige droite et fort lisse sert à faire des claies pour y élever les vers-à-soie.

CANOUN. s. m. Canon. Pièce d'artillerie. On dit fig. d'une personne très-active, ou d'une grande vivacité : *Quès un canoun* : que c'est un diable.

CANOUN. s. m. Tuyau. *Canoun de la fouen* : tuyau d'une fontaine. *Canoun d'un bouffet* : tuyau ou bec d'un soufflet. On dit prov. et fig. d'une personne qui a une forte diarrhée : *Vèn coumo lou canoun de la fouen* : elle ne discontinue pas d'aller à la selle.

CANOUNS. s. m. plu. Plumes naissantes des ailes des petits oiseaux. *Aquelcis calandros n'an enca que leis canouns* : ces alouettes n'ont encore que les plumes naissantes.

CANOUNGE. s. m. Chanoine. Celui qui possède un canonicat.

CANSOUN. s. f. Chanson. Vers que l'on chante sur quelque air.

CANSOUNETTO. s. f. Diminutif. Chansonnette. Petite chanson.

CANTA. v. a. Chanter. On dit populairement d'une personne qui chante long-temps et presque toujours sur le même ton : *que canto coumo uno ourgheno* : qu'elle chante comme une serinette. *Canta grèlo a coouquun* : injurier, chanter pouille.

CANTA. s. m. Terme de liturgie catholique. Bout-de-l'an. Anniversaire. Service que l'on fait pour un mort, onze mois après son décès. *Faire dire lou canta* : faire faire le service, faire dire la messe du bout-de-l'an.

CANTAIRE. s. m. Choriste. Chantre. Celui dont la fonction est de chanter dans l'Église au service divin, ou qui fait partie du chœur.

CANTARELLO. s. f. Choriste. Celle qui fait partie du chœur dans une congrégation. — Chanterelle, corde la plus déliée d'un violon.

CANTECAN. adv. Incontinent. Aussitôt. Lorsque. En même temps. Dans l'instant. Il est vieux et presque hors d'usage. *Cantecan qu'arribarem* : sitôt que nous arriverons.

CANTEOU, DE CANTEOU. adv. De champ. Posé sur la partie la plus mince ou la moins large. On ne le dit que des corps plats, tels que planches, solives, briques, dalles, pierres, etc. *Mettre de canteou* : poser de champ.

CANTO-BRUNO. s. f. Chalumeau. Tuyau de paille, ou de roseau avec lequel on hume le vin d'un baril.

CANTOUN. s. m. Coin. Angle d'une rue, d'une maison.

CANTOUNADO. s. f. Angle. Coin

d'une rue, d'une maison, d'un édifice. *La cantounado de soun houstaou vai oou soou :* l'angle de sa maison s'écroule.

CANTOUNET. s. m. Diminutif. Petit coin. Voyez CANTOUN.

CANTUR, USO. adj. Chanteur, chanteuse. Celui, celle qui fait métier de chanter.

CAOU. s. m. Chaleur, Chaud. *fasiè ben caou :* il faisait grand chaud. On dit fig. d'une chose qui ne sert ni ne nuit à une affaire : *Aco l'y fach ni fre ni caou :* cela ne fait ni froid ni chaud.

CAOU, CAOUDO. adj. Chaud, chaude. Qui a de la chaleur. *Tems caou : aiguo caoudo :* temps chaud, eau chaude. On dit familièrement à une personne qui conserve bien la chaleur naturelle en hiver. *Sias caoudo coum uno bouito :* vous êtes chaude comme une étuve. On dit prov. de celui qui a l'habitude de dérober ; *Maï que siègue ni trop haou ni trop caou v'aoura :* il saura bien l'accrocher pourvu que ce ne soit ni trop haut ni trop chaud, pour dire, pourvu qu'il puisse y porter la main. On dit fig. d'un homme prompt et emporté, comme de celui qui a trop bu : *qu'à la testo caoudo :* qu'il a la tête chaude.

CAOU. s. f. Chaux. Pierre calcaire calcinée ou cuite au four-à-chaux.

CAOU, CALO. Pron. rél. Lequel, laquelle. *Caou deis dous ?* lequel des deux ?

CAOUCA. Voyez COOUCA.

CAOUDET, CAOUDETTO. adj. Diminutif. Chaud, chaude, tant soit peu chaude. *A leis mans caoudettos :* il a les mains chaudes. *Eis un paou caoudet :* il est quelque peu chaud.

CAOUNO. s. f. Trou. Sorte d'ouverture à peu près ronde que l'on voit dans la terre, dans un mur, un rocher, etc, et où vont se mettre différents petits animaux ou des reptiles. — Terrier. *Intret dins sa caouno :* il rentra dans son trou.

CAOUQUE. adj. m. Quelque. Un entre plusieurs. *Es caouque pichoun que va près :* c'est quelque petit enfant qui l'a pris.

CAOUQUEIS. s. plu. Quelques. *Caouqueis-uns :* quelques-uns, ou plusieurs.

L'y a caouqueis semanos : il y a quelques semaines.

CAOUQUO. adj. f. Quelque. *L'y a caouquo apparenço que n'est facha :* il y a quelque apparence qu'il s'en repent.

CAOUQUO. s. f. Foulaison. Action de fouler le blé sur l'aire. — temps du foulage des blés. *Oou temps de la caouquo :* dans le temps de la foulaison des blés. Voyez le verbe COOUCA.

B. R. **CAOUQUO-TRAPO.** } s. f.
CAOUQUO-TRIPO. }
Chausse-trape. Chardon étoilé. Plante épineuse de la famille des centaurées, qui croît le long des haies et des sentiers.

CAOUSE, CAOUSO. s. Chose. Tel. Nom que l'on donne à une personne, dont on ne peut se rappeler le nom à l'instant. *Lou vesin caouse :* le voisin chose. *La caouso.... Nouesto rentièro :* La chose... Notre fermière.

CAOUSO. s. f. Chose. Ce qui est. On dit prov. *Caouso facho counscou pres :* à chose faite conseil pris.

CAOUSO. s. f. Cause. Motif. Sujet. Raison. Principe d'une chose qui est. *N'en siou pas la caouso :* je n'en suis pas la cause.

CAOUSSA. v. a. Chausser. Mettre des bas ou des souliers. On dit prov. *Leis courdouniers soun toujours leis plus maou caoussas :* les cordonniers sont toujours les plus mal chaussés, pour dire, que ceux qui devraient être les mieux fournis d'une chose, sont ceux-là même qui en sont les plus dépourvus.

CAOUSSA. v. a. Terme d'agric. Butter. Garnir de terre tout le pied d'un arbre. *Foou ben caoussa leis oouliviers :* les oliviers doivent être bien buttés.

V. **CAOUSSANIÈ.**
B. A. **CAOUSSIGNIÈ.** } s. m. Chau-
B. R. **CAOUSSINIÈ.** }
fournier. Artisan qui fait cuire la chaux.

CAOUVO. s. f. Cause. Voyez CAOUSO.

B. R. **CAOUVETTO.** s. f. Diminutif. Petite chose. Menue bagatelle. *Ai encaro cinquanto pichounos caous* *vettos à croumpa* : j'ai encore mille petites bagatelles à acheter.

CAPEIROUN. s. m. Chaperon. Décoration en velours rouge et noir, dont se revêtaient dans certaines solennités, les Consuls des villes, avant la révolution, et qui depuis a été remplacé par l'écharpe.

CAPEIROUN. s. m. Chaperon. L'ornement entouré d'une frange, qui est au dos de la chape d'un Evêque ou d'un prêtre.

CAPEIROUN. s. m. Epervier. Filet à prendre du poisson. Il est fait en forme de côme.

CAPELADO. s. f. Plein un chapeau. Tout ce qu'un chapeau peut contenir. *N'aduguet uno capelado* : il en apporta plein un chapeau.

CAPELADO. s. f. Salut de chapeau *A reçu fouesso capelados* : tout le monde le saluait en se découvrant. Il est plaisant et fam.

CAPELAN. s. m. Prêtre. Ecclésiastique. Il dérive de chapelle.

CAPELAN. s. m. Caplan. Petit poisson dont on fait des amorces pour prendre des morues à la ligne.

CAPELANIHO. s. f. pl. Prêtraille. Terme de mépris, que réprouve non-seulement tout catholique ; mais universellement toute personne qui a le moindre sentiment des convenances.

CAPELET. s. m. Dim. Petit chapeau.

CAPELETTO. s. f. Petite chapelle.

CAPÈLO. s. f. Chapelle, petite Église consacrée à Dieu.

CAPÈLO. s. f. Terme de moulin à huile. Cage. Enfoncement entre deux piliers, dans lequel se trouve la presse.

CAPELUDO. adj. f. Huppée. Qui a une huppe. *Calandro capeludo* : alouette huppée.

CAPEOU. s. m. Chapeau. Coiffure d'homme, ordinairement en feutre. On dit prov. et fam. *fremo mouerto capeou noou :* femme morte, mari joyeux. Ce qui équivaut au proverbe français : le chagrin d'une femme morte, ne dure que jusqu'à la porte. On dit encore prov. *Ounte leis capeoux soun, leis couiffos devoun ren :* là où les deux sexes se trouvent réunis pour se recréer, les femmes n'ont rien à payer. On dit figurément et familièrement : *Mettre soun capeou*

10

de caire : mettre son bonnet de travers, pour dire, entrer en méchante humeur.

CAPEOU. s. m. Champignon. Espèce de petit bouton qui se fait au lumignon d'une bougie, d'une chandelle, ou d'une mèche qui brûle. Il a vieilli et n'est presque plus d'usage. On dit aujourd'hui MOUC. ROUSETTO. CARBOUN. Voyez ces mots.

CAPEOU-DE-BUGADO. s. m. Couvercle de paille ou d'éclisse, servant à couvrir le cuvier de la lessive.

B. A. CAPITA. v. n. Rencontrer. Faire bien ou mal, dans un achat, un troc, une acquisition, un mariage, etc. *Adugueroun doux chivaoux de la fièro, mais capiteroun maou :* ils amenèrent deux chevaux de la foire, mais ils rencontrèrent mal.

CAPITA. Signifie encore, Se trouver, se rencontrer, arriver. *Si capito que dilun es nouesto fièro :* il se trouve que lundi c'est le jour de notre foire. Voyez DEVINA.

CAPITANI. s. m. Capitaine. Chef d'une compagnie de gens de guerre.

CAPITANESSO. s. f. Capitainesse. Celle qui marche ou se montre à la tête d'une troupe de femmes ou de filles, dans une réunion, une corvée, une fabrique, un atelier, etc. Il est populaire et ne se dit que par mépris. *Es la capitanesso :* c'est celle qui mène les autres.

CAPITO. s. Terme populaire qui signifie Capital. Seigneurie. Riche domaine, et qui n'a d'usage que dans cette locution proverbiale, parlant d'un gouliafre, d'un dissipateur, etc. *M'angearië capito :* il avalerait la mer et tous les poissons.

CAPO. Voyez CABAN.

CAPO. s. f. Chappe. Ornement sacerdotal. Sorte de long et ample manteau qui descend jusqu'aux talons.

CAPOCHOU. Voyez CAPOUCHOUN.

CAPOUCHIN. s. m. Capucin. Moine. Religieux mendiant, de l'ordre de Saint-François d'Assise. Parlant d'une somme d'argent considérable. On dit figurément et fam. *Que si trovo pas dins la mancho d'un capouchin :* qu'elle ne se trouve pas dans la manche d'un capucin, pour dire, qu'elle n'est pas facile à trouver.

CAPOUCHOUN. s. m. Capuce. Capuchon. Couverture de tête qui fait partie de l'habillement des moines.

CAPOULIÈ. s. m. Chef. Celui qui est à la tête des autres dans les travaux champêtres.

— Premier valet dans une ferme.

— Maître ouvrier dans un atelier.

CAPOULIÈRO. s. f. Conductrice. Celle qui est à la tête des autres Il est du style plaisant et familier. *Es la capoulièro* : c'est la principale, la conductrice. Voyez CAPITANESSO.

CAPOUN. s. m. Chapon. Coq châtré. On dit d'une personne qui a la jaunisse, *Qués jauno coumo un pé de capoun* : qu'elle est jaune comme un coing.

CAPOUN. s. m. Vaurien. Vagabond. Fripon. Vicieux. Libertin, qui ne veut rien valoir.

CAPOUN. s. m. Poulet. Quignon de pain frotté d'ail, que l'on met en été dans la salade de chicorée, pour la rendre apétissante. *Faire lou capoun* : préparer le poulet. *Manjha lou capoun* : manger le poulet.

CAPOUNA. v. a. Chaponner. Châtrer les jeunes coqs.

CAPOUNARIÉ. s. f. Friponnerie. Action de fripon, de vaurien.

CAPOUNAS. s. m. Superlatif de *capoun*. Grand vaurien. Libertin fieffé.

CAPOUNEJHA. v. n. Vagabonder. Crapuler. Se livrer habituellement à toute sorte de mauvais penchans.

CAPOUNOT. s. m. dimin. Jeune vaurien. Voyez CAPOUN.

CAPOUNOTTO. s. f. Jeune effrontée qui a toute sorte de mauvais penchans.

B. A. CAPOURIÈ. Voyez CAPOULIÈ.

B. A. CAPOURIÈRO. Voyez CAPOULIÈRO.

V. CAPUTA. Voyez CHAPUTA. CHAPUTEJHA.

B. A. CAQUOUA. Voyez CAGO-NIS.

CAQUOUADO. s. f. Cadette. La plus jeune des filles d'une famille. Il est familier et populaire. *Es ma caquouado* : c'est la dernière des filles que j'ai eu.

CAR. s. f. Chair. Viande. On dit prov. et fig. : *Es pu prochi la car que la camié* : ma peau m'est plus proche que ma chemise, pour dire, qu'on doit préférer ses intérêts à ceux

des autres , quelque liaison qu'on ait avec eux.

CARABACO. s. f. Crabe. Crustacée. Voyez FAVOUIHO.

V. CARABRUL. Voyez CARAI.

CARAGI. s. m. Figure. Visage. Mine. Il est familier. *Quintou pouli caragi !* Quel joli petit minois !

CARAGOOU. Voyez CACALAOUSO.

CARAI. s. m. Chenevottes. Menus débris des tiges de chanvre qui tombent sous la macque ou brisoir, lorsqu'on le teille. Voyez CANDIHOUN.

— Filasse de chanvre , chanvre brut non encore peigné.

CARAMI. adj. de t. g. Laide trogne. Mine désagréable. Figure contrefaite. Terme de mépris.

CARAMANTRAN. s. m. Carême-prenant. Voyez CALAMANTRAN.

CARAMBOOU. s. m. Crevette. Petite écrevisse de mer.

CARANCO. s. f. Terme de marin. Anse. Golfe de peu d'étendue où les vaisseaux vont s'abriter.

CARANCO. s. f. Terme de pêcheur. Marc. Gord. Vivier. Endroit profond au bord de la mer ou d'une rivière, où l'on trouve habituellement du poisson. *L'y a caouqueis carancos, vai l'y pesca* : il s'y trouve quelques mares, vas y pêcher.

B. A. CARANDRO. Voyez CALANDRO.

B. A. CARBE. Voyez CANEBE.

CARBOUN. s. m. Charbon. Tronçon de jeune bois brûlé à demi, et qu'on allume lorsqu'on en a besoin.

CARBOUN-DE-PEIRO. s. m. Houille. Sorte de charbon de terre. *Mine de carboun* : mine de houille.

CARBOUN DOOU BLA. Voyez CARBOUNIHO.

CARBOUN DOOU LUME. Voyez ROUSETTO. MOUC.

CARBOUNADO. s. f. Terme de boucherie. Rouelle de mouton. Tranche de gigot. On lui donne aussi le nom de charbonnée en certains pays où l'on est dans l'usage de la manger grillée sur les charbons.

CARBOUNADO. s. f. Terme de cuisine. Haricot. Sorte de ragoût fait avec du mouton et des navets ou autres légumes, qu'on y met en garniture. *Faire uno carbounado* : préparer un haricot.

CARBOUNIÉ. s. m. Charbonnier. Celui qui fait et qui vend du charbon.
— Mineur. Celui qui fouille et tire le lignite, la houille ou charbon de terre de la mine.

CARBOUNIERO. s. f. Charbonnière. Lieu où l'on fait le charbon dans une forêt.
— Houillère. Mine de lignite ou de houille.

CARBOUNIHO. s. f. Blé charbonné. L'opinion des agronomes diffère sur la cause du charbon. (Cette maladie qui affecte les blés et en change la farine blanche en poussière noire). Les uns croient que c'est une maladie héréditaire ; d'autres, qu'elle provient du contact d'une poussière contagieuse qui se communique d'un champ à l'autre et d'année en année. De troisièmes assurent, et c'est l'opinion la plus accréditée, qu'elle est occasionnée par la Nielle, espèce de brouillard, qui, s'élevant dans les temps de chaleur, et tombant sur les blés lorsqu'ils sont en lait, y laisse comme une goutte de rosée qui, faisant ouvrir la balle, si le soleil se montre tout-à-coup, en pénètre le grain qui en mûrissant devient semblable au noir de fumée. Voyez NIERADO.
Le moyen le plus sûr pour garantir les blés du charbon, c'est d'en chauler les semences avec du vitriol ou de la cendre. Voyez LISSIOU.

CARBOUNOUX. adj. m. Charbonné. Niellé. On ne le dit que des blés. Voyez CARBOUNIHO.

CARBOUNOUX, OUE. adj. Charbonné. Sali, noirci par le charbon qu'on y a mis. Gouerbo carbounoué : corbeille salie de charbon. On dit proverb. et fig. D'un sac carbounoux poudès pas tira de farino blanco : on ne saurait puiser du lait dans un encrier, pour dire, qu'il ne faut pas s'attendre à de bonnes actions, de la part d'un mauvais sujet.

CARCAGNA. v. a. Presser. Assaillir. Fatiguer, tourmenter. Loù souen mi carcagno : le sommeil me presse.

CARCAGNAS. s. m. Crachat. Matière épaisse et gluante que l'on expectore. Voyez ESCARAGOOU.

CARDA. v. a. Carder. Peigner avec des cardes.

CARDAGNO. s. f. Terme de cardeur. Cardée. Feuille de laine cardée, que l'on retire de la carde. Voyez RAMO, TRACHEOU.

CARDAIRE. s. m. Cardeur. Ouvrier qui carde et prépare la laine pour être filée.

CARDALINETTO. s. f. dimin. Petit et jeune chardonneret. Voyez CARDALINO.

CARDALINO. s. f. Chardonneret. Petit oiseau de chant d'un beau plumage, qui se repose volontiers sur les chardons.

CARDÈLO. s. f. Laiteron. Plante laiteuse que les lièvres et les lapins aiment beaucoup.

CARDO. s. f. Carde. Peigne d'un cardeur.

CARDO. s. f. Cardon. Plante potagère qui ressemble à celle de l'artichaut, et qui ne porte point de fruit.

CARDO. s. f. Côte. Partie charnue de certaines herbes potagères, telles que poirées, etc, que l'on mange cuite. Leis cardos de bledo soun bèn bouénos en saouço : les tiges ou côtes de poirée sont excellentes à manger.

CARDOUN. s. m. Chardon. Plante dont la tête et les feuilles ont beaucoup de piquants.

B. A. CAREGNA. Voyez CALEGNA.
B. A. CAREGNAIRE. Voyez CALEGNAIRE.
B. A. CAREGNEIRIS. Voyez CALEGNEIRIS.
B. A. CARENOS. Voyez CALENOS.

CARESTIE. s. f. Disette. Manque d'une chose nécessaire. On dit proverbialement, Jamai se caresso a mena carestiè : jamais la sécheresse n'amena la disette.

CARESTIE. s. f. Cherté. Prix trop élevé d'une chose à vendre. On dit proverb. d'une chose trop chère, Que la carestiè fa passa la fantesiè : que le coût fait passer le goût. On dit encore proverb. Bouen marca de plaço, carestiè d'houstaou : marchandise à vil prix ruine la maison, pour dire, que la quantité que l'on consomme de plus d'une chose lorsqu'elle est à bas prix, occasionne plus de dépense dans une maison, que si on l'achetait chèrement.

CARGA. v. a. Charger. Mettre une charge sur.... — Peser sur.

CARGA, ADO. part. Chargé, chargée. *Ai carga de bouesc* : âne chargé de bois. *Tems carga de néblos* : temps nébuleux. On dit proverb. et ironiq. de celui qui n'a pas le sou, *Qu'es carga d'argent coumo un ou de lano* : qu'il est chargé d'argent comme un œuf est chargé de laine.

CARGADOU. s. m. Terme de vendangeur. Chargeoir. Entrepôt. Lieu où l'on dépose dans le vignoble, les raisins que l'on cueille pendant la vendange, et où vont charger ceux qui les transportent.

B. A. CARGADOUIRO. s. f. Corde-à-charger. Corde qui soutient ou supporte la charge d'un mulet à bât. *Renjha leis cargadouiros* : disposer les cordes de la charge.

CARGO. s. f. Charge. Faix. Fardeau. Ce que peut porter une personne ou un animal. *Cargo d'ai* : ânée, charge d'un âne.

B. R. CARGO. s. f. Charge. Poids et mesure de convention auxquels on vend et on achète certaines denrées dans quelques communes des Bouches-du-Rhône et de Vaucluse, et qui est censé être la charge d'une bête de somme. A Aix, la charge de raisins est de quatre quintaux ancien poids de table, donnant 164 kilog. 2/5. Et celle d'amandes, de seize panaux rases.

B. A. CARGO. s. f. Charge. Mesure agraire. Elle varie selon la localité, depuis douze cents jusqu'à deux mille cannes. Dans le canton et aux environs de Manosque, elle est de seize cents cannes carrées et vaut 64 ares en nouvelles mesures. La panal qui en est la dixième partie est de 160 cannes et vaut 6 ares et 40 centiares ou 640 mètres carrés.

CARGO. Charge. Mesure de capacité pour les grains. Elle est composée de dix panaux qui équivalent à huit doubles décalitres, mesure nouvelle. En quelques endroits elle est de 8 émines et vaut environ dix-sept décalitres, en d'autres, comme Apt, Salon, etc., elle est de sept boisseaux faisant 8 doubles décalitres et 3/4 ou 40 panaux et 3/5.

CARGUET. s. m. Terme de chasseur. Chargeoir, Mesure de la poudre qu'on met dans le fusil à chaque fois qu'on le charge.

CARITA. s. f. Charité. L'une des trois vertus théologales. Amour de Dieu et du prochain, en vue de Dieu. — Aumône. *Faire la carita* : faire l'aumône. *Obro de carita* : bonne œuvre, œuvre de bienfaisance, œuvre de charité.

CARIVEN, ENTO. adj. Cher, chère. On le dit de celui et de celle qui vend sa marchandise à un plus haut prix que les autres, et de l'ouvrier qui surfait son travail. *Marchand cariven* : marchand qui vend trop cher. *Es fouesso carivent* : il vend beaucoup cher. Il s'emploie aussi subst. *Aquel ouvriè es un cariven* : Cet ouvrier se fait surpayer.

CARLAMUÉ.
CARNAMUÉ. } s. f. Cornemuse.

Instrument de musique à vent. On dit proverb. et popul. d'une personne grogneuse, *Qu'es uno carlamuè* : que c'est une cornemuse, pour dire, qu'elle ressemble exactement à cet instrument rustique dont le son n'est qu'une espèce de grognement.

CARN. s. f. Chair. Viande. Voyez CAR.

CARNASSÒ. s. f. Terme de tanneur et de corroyeur. Drayure. Ce que l'on enlève au cuir avec la drayoire. Voyez ESCARNADOU.

— Recoupes. Échancrures de tannerie.

CARNIÈ. s. f. Carnassière. Espèce de petit sac de peau à plusieurs poches, dans lequel on met le gibier qu'on a tué à la chasse. Aujourd'hui nos journaliers ont substitué la carnassière, (*Carniè*), à la bésace dont se servaient leurs pères, pour porter aux champs les alimens dont ils ont besoin dans la journée.

CARNIHET. s. m. Behen-blanc. Plante que les gens de la campagne mangent quelquefois en soupe, dans le printemps, comme les épinards.

CARNIVAS. s. m. Carnosité. Fongus. Excroissance charnue. On ne le dit qu'en parlant des plaies autour desquelles ont poussé de nouvelles chairs inutiles et défectueuses.

CARO. s. f. Mine. Visage. Figure. *Bello caro* : belle mine. *Laido caro* :

vilaine figure. *Caro d'or !* Figure ravissante ! Cette dernière locution est une exclamation passionnée que les mères et les nourrices adressent à leurs jeunes enfans. *Bello caro d'home* : physionomie heureuse et intéressante. Bonne mine. *Boueno caro d'hoste* : air obligeant, manières empressées de celui qui invite ou régale quelqu'un chez lui. On dit famil. et proverb. *Bouen pan, bouen vin, boueno caro d'hoste* : bon pain, bon vin et bon accueil du maître de la maison.

B. A. CARO. pronom relatif. Laquelle. Voyez QUALO.

CARPAS. s. m. Escoffion. Coiffure de tête pour les femmes. Il ne se dit qu'au burlesque et par mépris. *L'y derrabet soun carpas* : elle lui arracha son escoffion. Il est populaire.

CARRA, si CARRA. v. récip. Se Carrer. Marcher les mains sur les côtes, ou de quelqu'autre manière qui marque de l'arrogance.

— Se placer. Se mettre hardiment et ostensiblement à une place reservée à d'autres. *Vèses coumo si carro.* Voyez comme il se carre, comme il fait l'arrogant. *Ounte sès ana carra ?* Où a-t-il été se placer ? Il est familier dans l'un et l'autre sens.

CARREJHA. v. a. Charrier. Voiturer. Transporter. *Carrejha leis garbos, leis rasins, lou fumié* : charrier les gerbes, les raisins, le fumier. Au fig. SI CARREJHA. v. récip. Se porter bien ou mal. *Coumo ti carrejhes ?* Comment te portes-tu ? En ce sens il est populaire.

CARREJHAIRE. s. m. Voiturier. Celui qui conduit la charrette, les mulets ou autres bêtes de somme qui transportent des denrées, du bois, etc.

B. R. CARREIROOU. s. m. Sentier. Chemin étroit au travers des champs, des bois, etc.

CARRELET. s. m. Plie. Poisson de mer, plat.

CARRELA. v. a. Carreler. Faire, tracer des carreaux.

CARRÈLO. s. f. Poulie. Sorte de roue dont la circonférence est creusée en demi cercle, et sur laquelle passe une corde pour élever ou descen-dre des fardeaux. *Carrèlo de pous* : poulie d'un puits. *Carrèlo de fenièro* : poulie de grenier. — Au fig. grogneuse. On dit fig. et par mépris d'une personne grogneuse et chagrine, *Semblo uno carrèlo maou vouncho* : elle ressemble à une poulie mal graissée.

CARREOU. s. m. Carreau.

CARRETIÉ. s. m. Charretier. Roulier. Celui dont le métier est de conduire des charrettes.

CARRETADO. s. f. Charretée. La charge d'une charrette.

CARRETO. s. f. Charrette. Sorte de voiture à deux roues et à deux limons. On dit fig. et ironiquement d'une personne peu diligente. *Que va vite coum'uno carreto à la mountado* : qu'elle va aussi lentement qu'une charrette à la montée.

CARRETOUN. s. m. Charreton. Petite charrette ordinairement à un collier.

CARRI. s. m. Chariot. Sorte de voiture à quatre roues, propre à porter diverses choses. On dit prov. et fig. *Mettre lou carri davant leis buous* : mettre la charrue au devant des bœufs, pour dire, commencer une chose par où l'on devrait finir. Mettre devant ce qui doit être derrière.

CARRI. s. m. Chariot. Terme d'astronomie. Char d'Orion. Constellation de la grande Ourse.

CARRIÈRO. s. f. Rue. Chemin dans un pays. *Courre leis carrieros* : courir les rues.

CARRIÈRO. Terme de tailleur. OEil. Rue. Caisse dans laquelle les tailleurs mettent les restes et les retailles de l'étoffe qu'on leur a donné à travailler ; ce qui présente une équivoque au moyen de laquelle ils couvrent leur friponnerie. *Ce qu'aven de resto vu gittan à la carriero* : les restes ou les retailles nous les jetons à la rue.

CARROUBI. \
CARRUBI.   } s. m. Carrouge. Fruit du carroubier.

B. A. CARSOUN. s. m. Caleçon. Vêtement qu'on met sous le haut des chausses et qui couvre depuis la ceinture jusqu'aux genoux.

CARTABLO. s. m. Porte-feuille.

C'est celui dont se servent les dessinateurs pour y mettre leurs dessins, et les écoliers pour y tenir leurs cahiers d'écriture.

B. R. CARTEIRADO. s. f. Cartérée. Mesure agraire. Elle est de 506 cannes carrées et un quart, et vaut 20 ares et 44 centiares ou 2044 mètres carrés, nouvelle mesure. La dextre qui est la 144ᵐᵉ partie d'une carterée, vaut 14 mètres carrés et 475 ou 225 pans carrés. Elle n'est guère plus forte que le journal. Voyez JOURNAOU.

CARTOUN. s. m. Carton. Carte grosse et forte, faite de papier hâché, battu et collé.

CARTOUN. s. m. Quartier de la lune. La durée de l'une des phases de cette planète. On dit familièrement et populairement d'une personne peu active et difficile à se mettre à l'ouvrage : qu'Avant que se siè boulegado, la luno nouriè fach un cartoun : qu'avant qu'elle se soit mise au travail, on passerait un quartier de la lune.

V. CAS. Voyez. CHAS.

V. CASCA. v. a. Secouer. Voyez GANGASSA.

CASCALA. v. n. Cacaler. On le dit du cris de la caille et de la perdrix.

CASCAVEOU. s. m. Grelot. Petite sonnette de métal creuse et ronde, dans laquelle est une petite boule, aussi de métal, et qui rend un son dès qu'on l'agile

— Écervelé. Jeune étourdi. Tête légère.

CASCAVELET, ETTO. subt. diminutif. Écervelé, éc. Étourdi. N'ei qu'un cascavelet : ce n'est qu'un étourdi. Es uno cascaveletto : c'est une tête légère.

CASPI.
CASPITÈLO. } Interjec. d'étonnement. Certes ! Peste ! Morbleu ! Quel coup !

CASSA. v. a. Chasser. Poursuivre toute sorte de gibier pour le tuer. Ana cassa : aller à la chasse. On dit prov. et fig. que deux personnes Cassoun pa ensen : qu'elles ne chaussent pas à même point, pour dire, que leurs humeurs et leurs inclinations ne se conviennent pas, ou qu'elles ne se fréquentent pas et n'ont aucune liaison ensemble. On dit encore dans le même sens, que deux ou plusieurs personnes Cassoun plus ensen, qu'elles ne fravent plus ensemble, pour dire, qu'elles sont en froideur et ne se voient plus.

V. CASSAFUÈ. Voyez CACHOFUÈCH. Tresseau.

CASSAIRE. s. m. Chasseur. Celui qui chasse ou qui aime à chasser.

CASSAIRE-DE-FIÈLA. s. m. Oiseleur. Celui qui chasse à la pipée. Voyez FIÈLAS.

CASSEIROT. s. m. Petit chasseur.

CASSETO. s. f. Poêlon. Petite poêle ordinairement de cuivre jaune, et plus profonde qu'une poêle à frire.

CASSO. s. f. Chasse. Action de chasser, de poursuivre le gibier.

CASSO. s. f. Terme de moulin à huile. Sasse. Pelle en bois creuse, servant à prendre et transporter l'eau de la chaudière sur les escourtins, pour échauder la pâte et faire distiller l'huile. Voyez l'article suivant.

CASSO. s. m. Terme de moulin à huile. Poêlon à cuvier. Feuille de cuivre ou de fer ayant un rebord et un manche à la manière d'une lèchefrite, avec lequel on recueille l'huile qui surnage au-dessus des tomes. On lui donne aussi en français le nom de Cueiller-à-cuvier.

CASSOLO. s. f. Casserole. Instrument de cuisine.

CASSOU. interj. Certes ! Voyez CASPI. On dit d'une chose : Que vaou pan cassou : qu'elle ne vaut pas le diable, pour dire qu'elle ne vaut rien du tout.

CASSOULETTO. s. f. }
CASSOULOUN. s. m. } Brasier. Partie mobile d'un chauffe-pied, dans laquelle on place le feu. Leis banquettos en ferri n'an ges de cassouloun : les chauffe-pied en fer n'ont point de brasier particulier.

CASTAGNIÈ. s. m. Châtaignier. Arbre qui porte les châtaignes.

CASTAGNO. s. f. Châtaigne. Fruit du châtaignier.

CASTAGNO-BISCOTO. s. f. Châtaigne cuite deux fois dans le vin blanc. Voyez BISCOTO.

CASTAGNO-BLANCO. s. f. Châtaigne sèche, sans écorce.

CASTAGNO-FÈRO. s. f. Marron. Fruit

du marronier d'Inde qui n'est pas bon à manger.

CASTAN. adj. m. Châtain. Couleur marron clair.

CASTELLEJHA. v. n. Cousiner. On le dit de ceux qui dans leurs courses à la campagne, ou voyageant, vivent aux dépens d'autrui, tantôt chez l'un tantôt chez l'autre, en allant se heberger chez eux comme pour leur faire visite.

CASTELÉT. s. m. Petit château. *Juga oou castelet* : jouer à la rangée ou à la rangette. Jeu d'enfans dans lequel ils mettent chacun un certain nombre de noix ou d'amandes dont ils forment un rang au milieu duquel ils élèvent un petit tas appelé *Lou castelet*, que chacun des joueurs cherche à abattre avec une amande, de la distance donnée, afin de gagner le tout.

CASTELAR. } s. m. Gros château.
CASTELAS. }

CASTEOU. s. m. Château. *Tira lou casteou.* Terme populaire. Renifler. *Tiro vers casteou* : il renifle.

CASTIA. Terme de montagne. Voyez CASTIGA.

CASTIGA. v. a. Châtier. *Castigui, castigues, castigo, castigarai, castigaras, castigara, castigaren, castigares, castigaram, que castiguessi,* etc. Punir, corriger quelqu'un qui a failli. On dit prov. *Qau ben aimo ben castigo* : qui bien aime bien châtie.

B.-A. CAT. s. m. Chat. Animal domestique qui prend les rats et les souris. On dit d'un homme fin et rusé. qu'*Es un fin cat* : que c'est un renard. On dit prov. et fig. *Cat escooula l'aigo frejho li fa poou* : chat échaudé craint l'eau froide, pour dire, que lorsqu'on a été attrapé en quelque chose, on craint tout ce qui en a la moindre ressemblance. On dit encore prov. et fig. *Qu'u reviho lou cat quand dort, si lou mouerde li fa pas tort* : qui éveille le chat qui dort, ne doit se plaindre des égratignures qu'il en reçoit, pour dire, que réveiller une affaire qui était assoupie c'est chercher un danger qu'on pouvait éviter. On dit encore prov. et fig. *Ounte leis cats soun pas leis ratos dansoun* : là où il n'y a pas de chats les souris font fête, pour dire, qu'en l'absence du maître tout est à la merci des valets.

On dit encore que *La nuech leis cats soun gris* : la nuit tous chats sont gris, pour dire, que la nuit on ne saurait juger des couleurs, ni appercevoir les défauts ou reconnaître la supériorité d'une marchandise, comme dans le jour.

CAT. s. m. Sanglier. Poisson de mer.

CAT-FER. s. m. Chat sauvage. Sorte de chat qui vit dans les bois.

CATAMIAOULO. s. de t. g. Chatemite. Sainte Nitouche. Hypocrite. Celui ou celle. qui affecte une contenance humble, douce et flatteuse pour mieux tromper quelqu'un. *Eis un fin catamiaoulo* : c'est un fin matois. *Fa sa boueno catamiaoulo* : elle fait la sainte-nitouche.

B.-A. CATAPLAMUS. s. m. Cataplasme. Sorte d'emplâtre propre à fomenter, à amollir et à resoudre des duretés.

CATECAN. Voyez CANTECAN.

CATIÈOU, CATIÈVO. adj. Cauteleux, cauteleuse. Rusé. Fin. Dissimulé. Malin. *Regard catièou* : yeux malins. Il se prend toujours en mauvaise part.

V. CATIGOU. Voyez COOUTIGOU.

V. CATIGOULA. Voyez COOUTIGA.

CATIN. s. f. Catherine. Nom de femme usité chez le bas peuple. *Vesino Catin* : voisine Catherine.

CATO. s. f. Chate. Femelle du chat. On dit prov. *S'en anet coum'uno cato bagnado* : il s'en fut aussi sot qu'une poule mouillée.

CATOUN. s. m. Chaton. Jeune chat. On dit fig. et fam. Qu'une personne *A changea leis catouns* : qu'elle a changé les chats de place, pour dire, qu'elle ne fréquente plus la maison où elle allait habituellement, et de deux commères qui ont rompu ensemble. *Qu'an changea leis catouns* : qu'elles ne se voient plus.

V. CATOUN. s. m. Brûlure. Impression de feu sur un vêtement occasionné par une bluette qui jaillit du feu. Voyez USCLE.

CATOUNA. v. n. Châter. Action par laquelle une chate met bas ses petits. *La cato a catouna* : la chate a mis bas.

CATOUNIÈRO. s. f. Châtière. Trou qu'on laisse aux portes des greniers ou ailleurs pour que les chats puissent y passer.

CATOYO. s. f. Terme de jardinier. et d'agr. Jaunisse. Maladie contagieuse des plantes légumineuses, que l'on voit jaunir et dépérir chaque jour. *Leis fayooux an la catoyo* : les plantes de haricots ont la jaunisse. Lorsque les personnes du sexe passent dans les plants de légumes au temps de leurs purgations, elles procurent indubitablement la jaunisse à ces plantes. On dit fig. et famil. d'une personne valétudinaire. *Qu'a la catoyo:* qu'elle va dépérissant.

CAVA. v. n. Creuser. Caver. Fouir. Fouiller. *Cava un pous* : Creuser un puits. *Cava les hueils* : crever les yeux. Éborgner. *Cava d'aigo* : creuser pour trouver de l'eau.

CAVALAS. s. m. augmentatif. Grosse jument. Cavale de haute taille. Au fig. Terme de mépris. Hommasse.

CAVALET. s. m. Casse-cou. Échelle à support. On se sert de cette sorte d'échelle pour recueillir les fruits, tailler les arbres, ramasser les feuilles de mûrier, etc., lorsqu'on ne peut appuyer une échelle ordinaire, ou que l'on craint d'endommager les arbres.

CAVALET-DOUBLE. s. m. Double échelle. Ce sont deux échelles jointes ensemble par l'extrémité supérieure. Elles se servent mutuellement de support l'une à l'autre.

CAVALET. s. m. Terme de mesureur public. Tremie. Sorte d'auge carrée, dans laquelle on met le grain qui de là tombe dans la mesure que l'on place en dessous. *Mesura cou cavalet* : mesurer à la tremie.

B.-A. CAVALET. Terme de foulaison des grains. Monceau de paille taillé. Paille de l'aïrée que l'on dispose comme un rempart à mesure qu'on la sépare du blé en l'éventant. *Faire lou cavalet* : tailler, aligner la paille de l'aïrée.

CAVALETTO. s. m. Cheval fondu. sorte de jeu où plusieurs enfans sautent l'un après l'autre, sur le dos d'un d'entre eux qui se tient courbé en forme de cheval. Lorsque celui qui est dessous est fatigué, il le manifeste en disant *Cebo*, qui signifie je cède, je me rends, on le décharge alors et on recommence le jeu. *Juga à cavaletto* : jouer au cheval fondu. On donne

encore le nom de *Cebo* à cette sorte de jeu, et l'on dit pareillement. *Juga à cebo* : jouer au cheval fondu.

CAVALOT. s. m. Petit cheval. Bidet.

CAVALUN. s. m. plur. Terme générique. Chevaux et jumens. Bêtes chevalines. *La mesclo voou ren per lou cavalun, li foou de fen* : la melée n'est pas bonne aux bêtes chevalines, c'est du foin qu'il leur faut.

CAVAOU. s. m. Cheval. Animal domestique. — Tas de paille. Voyez CAVALET.

CAVE. Voyez. CAOUSE.

CAVET. s. m. Terme d'art. Échanvroir. Support. Espèce de trépied en bois ayant une cavité en haut, dans laquelle on appuye le chanvre pendant qu'on le brise avec un brisoir. Voyez BREGOUN.

CAVIHA. v. a. Terme de menuisier. Cheviller. Joindre ensemble avec des chevilles.

CAVIHA. v. a Terme de jardinier. Planter. Placer. Mettre en terre une plante dans un trou que l'on fait avec un plantoir, pour faire qu'elle prenne racine et qu'elle croisse. *Caviha de cooulets* : planter des choux.

CAVIHO. s. m. Cheville. Morceau de bois ou de fer que l'on fait entrer dans un trou, soit pour le boucher ou pour faire de l'assemblage.

CAVIHO. s. f. Plantoir. Outil de bois en forme de grande cheville, dont les jardiniers se servent pour faire des trous en terre, dans les endroits où l'on veut planter des herbages, des laitues, choux, oignons, etc.

CAVIHO. s. f. au fig. Chicane. *Mette toujours caouquo caviho* : il cherche toujours quelque chicane.

CAVIHO D'UN ESCAVEOU. s. f. plur. Travouilletles. Ce sont les deux chevilles d'un travouil.

B.-A. CAVIHO-QUOUÈ. s. f. Terme de filandière et de devideuse. Passe-travouil. Méprise que fait une fileuse qui devide son fuseau sur le travouil, en portant le fil sur une autre travouillette que celle sur laquelle il devait porter. *An tant fach de caviho-quoue en escagnan lou fiou, que s'embuyo tout en lou debanan.* L'on a tant fait de méprises sur le travouil que le fil s'embrouille tout en le dévidant.

CAVIHO. Voyez BROCO.

CAVIHOUN. s. m. plur. Terme de marine. Cabillots. Voyez GUINSOUNEOU.

CAVO. s. f. Terme populaire. Sens. Prudence. Circonspection. Prévoyance. Discernement. Prévenance. *Ave ben de cavo* : savoir faire le discernement des personnes et des choses, agissant à leur égard selon que leurs qualités, les lieux et les circonstances le requièrent. *N'ave ges de cavo* : manquer de discernement, d'honnêteté et de prévoyance. *Es proun uno bouèno fihasso; mai aco n'a ges de cavo* : C'est bien là une bonasse personne ; mais elle n'a ni prévenance ni discernement.

CAVO. s. f. Amour-propre. Sensibilité. *N'a pas mai de cavo que ren* : elle n'a pas plus d'amour-propre qu'un chien chassé.

CAVO. Voyez CAOUSO.

CAVOOUCA. v. a. Cahoter. Causer des cahots.

CAVOOUCAMENT. s. m. cahotement. Action de cahoter.

CAZA, SI CAZA. v. récip. Loger. Se loger. Fixer sa demeure. Il se dit au propre et au fig. Se placer. Il est familier. *S'es caza coum'un prince.* Il s'est logé comme un prince. *Ti sies ben caza* : tu t'es bien placé.

CAZAOU. s. m. Masure. Vieille, mauvaise maison.

CAZOT. } s. m. Casaquin. Espèce **CAZOU.** } d'habillement de femme court, que l'on porte pour sa commodité.

CEBETTO. s. f. diminutif. Petit oignon. Voyez CEBOULA.

CEBIÈRO. s. f. Oignonnière. Lieu planté d'oignons.

CEBO. s. f. Oignon. Plante potagère bulbeuse. Au fig. *Dire cebo* : céder, plier sous le poids, sous la fatigue. Se rendre, se soumettre. Voyez CAVALETTO.

CEBOULA. s. m. Jeunes plants d'oignon. Ce sont ceux venus de graine et non encore transplantés.

CEBOUYOUN. s. m. Vaciet. Ail des chiens. Plante bulbeuse dont la fleur grasse en forme de petit cyprès, est de couleur bleue. Voyez PÉNITENT-BLUR.

11

V. CECAI. s. m. Chicot. Voyez CIGOUÈS.

V. CECAIHOUN. s. m. Argot du bois. Voyez BENC. CHICOT.

CENADO. Voyez SENADO.

CENCHA. v. a. Ceindre. Serrer. Presser. Il est populaire. *Cencha vous* : serrez-vous les uns contre les autres. *Cencho ti ta raoubo qu'es oou soou* : ceins-toi ta robe qui tombe.

CENDRIÈ. s. m. Cendrier. Partie d'un fourneau dans lequel tombent les cendres. Lieu où l'on tient les cendres dans une maison.

CENDROULET, ETTO. } s. cen-
CENDROULIÈ, IÈRO. } drillon. Celui, celle qui se plaît à tisonner, à remuer les cendres du foyer par amusement. *Pichouno cendrouletto* : petite cendrillon.

CENDROULIA. } v. n. Tisonner.
CENDROURIA. } Cendriller. Remuer la cendre sans besoin et par passe-temps. *Quan es oou fuech soun bouen plesi es de cendoulia* : lorsqu'il est au feu tout son plaisir est de tisonner, de cendriller.

CENDROUX, CENDROUÈ. adj. Cendreux, euse. Qui est plein de cendre. Sali, couvert de cendre. *Houlo cendrouè* : marmitte cendreuse. *Aleis mans touteis cendrouès* : il a les mains toutes salies de la cendre.

CENGLA. v. a. Sangler. Ceindre avec des sangles. Au fig. *Cengla doou nervi, doou fouit, un soufflet, doou bastoun* : sangler d'un nerf de bœuf, du fouet, un soufflet, des coups de bâtons, pour dire, frapper avec force, appliquer des coups de nerf de bœuf, etc. On dit aussi fig. *L'an sengla* : on l'a rossé, on lui a donné la volée.

CENGLO. s. f. Sangle. Bande plate et large de cuir, de tissu, de chanvre, etc., qui sert à ceindre, à serrer, et à divers autres usages.

CENGLO D'ENFANT. s. f. Sangle. Large bande en tissu de coton ou de laine avec laquelle on emmaillotte les enfans à la mamelle. On l'appelle aussi LIAME. MAIHOTTO. FAISSO.

CENSAOU. s. m. Agent de change. Courtier de marchandise. On donne également le nom de *censaou* aux mesureurs publics dans les petits endroits.

CENSÉLAGI. s. m. Courtage. Droit, salaire du courtier.

CENSO. s. f. Le cens. Redevance en argent, que certains biens devaient autrefois au seigneur du fief dont ils relevaient. *Nouestcis houstaux li fasien censo :* nos maisons leur devaient le cens. *Paga la censo :* payer le cens.

CENTAOURI. s. m. Petite centaurée. Plante fébrifuge.

CENTENO. s. f. Sentène. Brin de fil ou de soie qui lie ensemble tous les fils d'un même écheveau, et par lequel on commence à le dévider.

CEOU. s. m. Ciel. Le séjour des bienheureux. Il est vieux et presque hors d'usage.

CEOU. s. m. Suif. Graisse préparée pour calfater les tonneaux que l'on va remplir de vin.

CEOUCLA. v. a. Terme de tonnelier, de barrillat, etc. Relier. Mettre des cercles ou des cerceaux à un tonneau, à une barrique, etc.

CEOUCLAGI. s. m. Reliage. Action de relier des cuves, des tonneaux, etc.

CEOUCLE. s. m. Cercle. Cerceau. Cercle de fer ou de bois, qui sert à relier des tonneaux, des barils, etc. On dit famil. et fig. d'un homme qui varie dans ses réponses : *Que tantôt piquo oou ccoucle, tantôt piquo oou tambour.*

V. CEPEIHOUN. Voyez SOUQUET.

CEPO. s. f. Souche. Partie d'en bas du tronc d'un arbre, accompagné de ses racines et séparée du reste de l'arbre. — Éclat de souche. *Uno cargo de cepos :* une charge de souches. *Cepos d'oouliviè :* morceaux ou éclats de souches d'olivier. Voyez MATO.

CEPOUN. s. Billot. Tronçon de bois. Support pour soutenir ou relever quelque chose trop basse.

CEPOUN. Au fig. Souche. Titre. Document. Acte ou pièce authentique qui sert à établir un droit, une qualité, etc. *Foou ana veire lou noutari qu'a lou cepoun :* il faut aller trouver le notaire dépositaire du titre.

CEPOUN D'UNO CAMPANO. s. m. Mouton d'une cloche. Grosse pièce de bois dans laquelle sont engagées les anses d'une cloche, pour la tenir suspendue.

CERCA. v. a. Chercher. Se donner du mouvement, des soins, de la peine pour trouver. *Cerca de pctos :* ramasser du fumier. On dit prov. *Cerca uno caplingo dins un pahiè :* chercher une aiguille dans une botte de foin, pour dire, se donner beaucoup de la peine pour chercher une chose qu'il est presque impossible de trouver. On dit prov. et fig. d'une personne qui cherche à faire des mauvaises difficultés sur des choses où il n'y en a point à faire. *Que vai toujours cerca miejhour quatorj'houro :* ou en terme plaisant et populaire : *Que vai toujour cerca lou vingt t'un de sarrian :* quelle cherche toujours midi à quatorze heures. Voyez SARRIAN.

CERCAIRE. s. m. Chercheur. Celui qui cherche.

CERCO-NIS. s. m. Dénicheur. Celui qui déniche les petits oiseaux.

CEQUO. Voyez SEQUO.

B.-A. CERETOUN. s. m. Fromage de sang. C'est le sang d'un animal tué à la boucherie que l'on a fait cailler dans un moule, et que l'on vend aux gens du peuple. *Manjha de ceretoun :* manger du fromage de sang.

CERO. s. f. Suserre. Grosse grive de gui. Oiseau.

CERO-GAVOUETTO. s. f. Litorne. Grive de genevrier, appelée encore oiseau de nerte. Chacha. Ce dernier est formé par onomatopée et désigne le chant même de cet oiseau.

CERO. Voyez SERO.

CERVEOU. s. m. Cerveau. Substance molle et renfermée dans le crâne. Au fig. Écervelé, écervelée. Tête légère. *Cerveou rou :* tête légère.

CEZE. s. m. Pois-chiche. Pois bécu. On appelle ainsi les pois (pois bécu) dont les grains pointus ne ressemblent pas mal à la tête d'un bélier.

CEYOS. s. f. plur. Cils. Poils des paupières supérieures.

B.-R. CHABENCO. s. f. Chevance. Domaine. Héritage. Propriété. Fortune. *Cerca chabenço :* chercher fortune.

B.-R. CHABI. v. a. et récip. Se défaire. Vendre. Débiter. Aliéner une chose, en transporter la possession et le droit à un autre. — User. Consommer. *Chabi seis danrcos :* vendre, tirer parti de ses denrées. *N'en chabissem foucsso :* nous en consommons beaucoup. *Chabi sa fiho :* Marier sa fille. Voyez ABENA.

CHABI, IDO. part. *A tant fa et tant dit que la chabido* : il a tant tourné et tant pris de la peine, qu'il est parvenu à la placer, à s'en défaire. *L'ai chabi tant ben que maou* : je m'en suis défait si bien que mal.

CHABI. v. a. Rencontrer. Trouver une personne, une chose que l'on cherche. *Ai pres un varlet, mai n'ai pas ben chabi* : j'ai pris un domestique mais j'ai mal rencontré. *Ben chabi* : bien rencontrer, faire une bonne affaire. Voyez CAPITA.

CHABOUTOUN. s. m. Terme populaire. Petit logement. Mauvaise petite boutique. Petit réduit. — Chenil. Lieu où l'on met les chiens.

CHABRIAN. }
B.-A. CHABRIAS. } s. m. Frélon. Très-grosse mouche. Sorte de guêpe.

CHAINE. s. m. Chêne-blanc. Arbre qui porte le gland. On dit du vin, *Que sente lou châine* ou *qu'a dou châine* : qu'il est fusté, pour dire, qu'il a contracté le goût du bois dont est fait le tonneau, parce qu'ordinairement les tonneaux sont en bois de chêne. Voyez ROURE.

CHAINE (*picho*). s. m. Petite germandrée. Plante fébrifuge appelée aussi petit chêne, par l'exacte ressemblance de ses feuilles avec celles du chêne-blanc.

CHALA, SI CHALA, v. récip. Se plaire. Se délecter. Se réjouir. Être à cœur joie. *Quand soun ensen si châloun* : ils éprouvent un plaisir extrême à se trouver ensemble. *Mi chali de leis vousi parla* : j'éprouve le plus grand plaisir à les entendre causer. *Mi chali* : je me régale, je jouis.

CHALE. s. m. Plaisir. Jouissance. Délectation. Régal. *L'estiou la campagno es un châle* : la campagne en été est une jouissance indicible, pour ceux qui l'habitent.

CHALE. s. m. Schall. Fichu de femme d'une grande largeur. *Châle de merinos* : schall de mérinos.

B.-A. CHALENDAOU. s. m. Terme de montagne. Voyez CALENDAOU.

V. CHALOU. Voyez CHALE.

CHAMA. v. a. Terme du jeu des trois sept. Aviser. Demander à sa partie la carte qu'on veut qu'elle joue, par le moyen de celle qu'on met sur jeu. — Appeler.

CHAMADO. s. m. Huée. Cris de dérision que poussent contre quelqu'un des gens assemblés. *L'y an fach la chamado* : on l'a hué.

CHAMAILA. v. a. et récip. Chamailler. Se chamailler. Se disputer. Se débattre avec bruit. Ergoter.

CHAMATAN. s. m. Rumeur. Tapage. Vacarme. Train. Il est fam.

CHAMBARD), ARDO. adj. }
B.-A. CHAMBALET, ETTO. adj. }
Terme de dénigrement. Bancroche. Qui a les jambes tortues. — Cagneux, cagneuse. Qui a les genoux et les jambes tournées en dedans.

CHAMBAROT. Voyez CARAMBOOU.

CHAMBREIROUN. s. f. Terme de dénigrement. Chambrillon. Petite chambrière. Petite bonne d'enfant. *Es soun chambreiroun* : c'est sa petite servante.

CHAMBRI. s. m. Écrevisse. Sorte de poisson de rivière, crustacé.

CHAMBRIÈRO. s. f. Servante. Domestique femelle. Ce n'est plus aujourd'hui qu'un terme de mépris.

CHAMBRIÈRO. s. f. Terme de charretier. Épontille. Support d'une charrette. Pièce de bois placée entre les deux limons d'une charrette et servant à la soutenir pendant que les chevaux sont dételés. *Mettre la chambrièro* : mettre l'épontille.

CHAMBRIÈRO. s. f. Terme de cuisine. Main de fer. Instrument servant à décrocher une marmite suspendue à la cremaillère pour l'ôter de dessus le feu.

CHAMBRIOUN. s. m. Bouge. Petit cabinet. Petit réduit.

CHAMBRO-VERDO. s. f. Cabinet de verdure.

B.-R. CHAMECISSO. s. f. Lierre terrestre. Plante pectorale.

CHAMETTO. s. f. Terme du jeu des trois sept. Invite. Carte que l'un des joueurs met sur jeu, pour indiquer à son partner ce qu'il doit lui jouer.

CHAMINEYO. s. f. Cheminée. Endroit où l'on fait du feu dans les maisons.

B.-A. CHAMPAS. Voyez CAMPAS.

CHAMPASSI. Voyez ACHAMPASSI.

B.-A. CHANASSO. s. f. Chaleur étouffée. État de l'atmosphère lorsque pendant les grandes chaleurs de l'été il ne fait pas un brin d'air ; ce qui procure un espèce de malaise qui paralyse les forces et gêne la respiration. On dit fig. d'une personne qui a l'air maladif, et d'un indolent qui n'a ni vigueur ni activité, qu'*A la chanasso* : qui n'a ni force ni santé, qu'il se laisse gagner à l'indolence ou à la paresse. Voyez CAGNO.

CHANGEA. v. a. Changer. Quitter une chose ponr en prendre une autre à sa place.

SI CHANGEA. v. récip. S'habiller. S'endimancher. Mettre ses habits de parade.

B.-A. CHAMPEIRA. v. a. Chercher. Se donner de la peine et du mouvement. Courir de côté et d'autre pour trouver quelqu'un. Il ne se dit qu'en mauvaise part. *Foou toujour l'ana champeira* : il faut toujours aller le chercher de part et d'autre. *Si fa toujours champeira* : il se fait toujours courir après pour l'avoir. Il est populaire.

CHANTIHA. v. a. Plaisanter. Goguenarder. Tourner en ridicule. Louer ironiquement. Châtouiller par des paroles flatteuses.

CHANTIHAIRE. s. m. Plaisant. Facétieux. Bouffon. Impertinent. Ridicule. Chicaneur.

B.-A. CHANUEYO. s. f. Terme populaire. Sorte. Espèce. Qualité. Classe. *De la bouena Chanueyo* : de la bonne espèce. *Boueno chanueyo de carbe, de fayoou*, etc. : chanvre de bonne qualité, haricots de la bonne espèce. *Es tout de la mémo chanueyo* : c'est tout de même sorte. *Gens de la basso chanueyo* : gens de la basse classe.

CHAOU. Terme de nos montagnes. Il faut. C'est l'indicatif du verbe impersonnel Falloir. Voyez FAYET. *Chaou gardia lous fiès* : il faut prendre soin des brebis.

B.-A. CHAOUCHEIS-TRIPOS. Voyez CAOUCO-TRAPO.

B.-A. CHAOU. s. m. Le chaud. Voyez CAOU.

B.-A. CHAOUCHOLLO. ⎫ s. f. Soupe
CHAOUCHORLO. ⎭
au vin. *Faire la chaouchollo* : Mettre des tranches de pain dans du vin, pour les manger en guise de soupe. Voyez ESPOUMPOCHI.

CHAOUCHORLO, s. f. Vétille. Chose de peu de valeur, de rebut. Voyez FICHESO. — Bourde. Voyez TALOUNADO.

CHAOUCHOUIRE. s. m. Voyez COOUCAIRE.

CHAOUSSIGNIÉ. Voyez CAOUSSANIÉ.

B.-A. CHAOUTRIASSO. s. f. Dégingandée. Femme ou fille dont la contenance et la démarche sont mal assurées, et l'habillement toujours dérangé. Voyez DEIGOUYA, ADO.

CHAPITRA. v. a. Réprimander. Faire une réprimande à quelqu'un sur qui l'on a autorité. Il est plaisant. *T'an beçai ben chapitra* : on t'a dit-on chapitré généreusement.

CHAPITRA. v. n. Médire. Dénigrer. S'entretenir de quelqu'un en mal. *L'an chapitra coumo foou* : On l'a drapé joliment. Il est familier.

CHAPLA. v. a. Hacher. Déchirer. Couper à petits morceaux. Sabrer. *Chapla de viando* : hacher de la viande. *Chapla de linge* : déchirer du linge. *Mouchoir chapla* : mouchoir déchiré, coupé en plusieurs endroits.

CHAPLA, ADO. particip. Coupé, ée. Déchiré, déchirée. On dit figurément *Chapla de marchandiso* : couper, déchirer de la marchandise, pour dire, vendre, débiter beaucoup. *Marchand que chaplo fouesso marchandiso* : marchand qui vend extrêmement.

CHAPLADIS. s. m. Débris des choses que l'on gâte, que l'on brise ou que l'on déchire.

CHAPLADIS. s. m. Abatis. Quantité de choses abattues par la faulx, la hache ou la grêle. Il est quelquefois synonyme de *chaple*.

CHAPLE. s. m. Dégat. Ruine. Massacre. Ravage. *La grêlo n'a fach un beou chaple* : La grêle en a fait un terrible dégat. *Toumberoun su l'ennemi et n'en feroun un chaple de malhur* : ils tombèrent sur l'ennemi et en firent un massacre épouvantable. *Vegues un paou quintou chaple*. Voyez un peu quel ravage.

CHAPLE. Au fig. Consommation sans ordre et sans économie. *Nous foou terriblament de boués et de vin din l'houstaou, se n'in fach un chaple de malhur* : il nous faut terriblement du vin et du bois dans la maison, il s'y en fait une consommation à faire trembler. Il est familier.

B.-R. CHAPPA, ADO. adj. Détraqué, ée. Qui a perdu la tête. Dont le cerveau est troublé. *Es un poou chappa* : il a la tête troublée.

B.-R. CHAPPA. adj. m. Terme de charpentier. Fêlé. Fendu. On le dit du bois. *Bouès chappa* : bois fêlé, appelé aussi cantibal.

B.-R. CHAPPADURO. s. f. Fente. Gerçure. Fêlure. Voyez ESCLADURO.

CHAPUTA. v. a. Découper. Aménuiser. Equarrir une pièce de bois, une pièce d'étoffe, la couper à petits morceaux. Au fig. Médire. Détracter.

CHAPUTEJHA. Voyez CHAPUTA.

B.-A. CHAQUUA. v. a. Houspiller. Provoquer. Tirailler. Secouer quelqu'un pour le maltraiter. *Fan jamai que si chuquua* : ils sont continuellement à se houspiller.

B.-A. CHARAMALIA, ADO. adj. Ébaubi, ie. Ébaudi, ébaudie. Étonné. Surpris. Ravi d'admiration. Émerveillé émerveillée. Il est plaisant et familier. *Es tout charamalia* : il est tout ébaudi.

CHARBOUNCLE. s. m. Charbon. Espèce de gros furoncle, très-souvent pestilentiel.

CHARENOS. s. f. plur. Terme de montagne. Voyez CALENOS.

CHARNEGOU. s. m. Charnaigre. Chien issu du courant et du levrier.

CHARNEGOU. }
CHARNIGOU. } adj. m. Hargneux.
Bourru. Mutin. Capricieux. Il est populaire.

CHAROSPO. s. f. Gouine. Coureuse. Femme de mauvaise vie. Il est populaire.

CHARPA. Voyez BISCA.

CHARPIN. s. m. Gratelle. Échauboulure. Sorte de gâle sèche et invétérée qui vient par tout le corps et qu'on ne peut détruire. Au fig. Mutinerie. Inquiétude. Mauvaise humeur. On dit dans l'un et l'autre sens, *Lou charpin lou devoro* : la gratelle le dessèche, le dépit le tue.

CHARPINA. Voyez JHASPINA.

CHARPINARIÈ. s. f. Gratelle. Au fig. Aigreur. Dépit. Colère. *Charpinarie de tems* : frimas, grésil.

CHARPINOUX, OUÈ. adj. Hargneux, euse. Bourru. Inquiet. D'humeur chagrine et querelleuse. — Qui a la gratelle. *Charpinoux*, en parlant des arbres, signifie rabougri.

CHARRA. v. a. Parler. *Charri, charres, charro, charram, charras, charroun, charravi, charráves, charravoun, que charressi, que charresses, que charresso, charrarai, charrariou.* Causer, s'entretenir familièrement avec quelqu'un. Il est fam. On dit prov. *Charroun coumo dous bornis:* ils causent à tout plaisir.

CHARRADISSO. Voyez CHARRADO.

CHARRADO. s. f. Causerie. Babil. Action de causer. Caquetterie. *Faire la charrado* : cailleter, causer, babiller.

CHARRAIRE. s. m. }
CHARRARELLO. s. f. } s. Causeur, causeuse. Babillard, babillarde. Qui cause, qui parle beaucoup. *Es un grand charraire* : c'est un grand parleur. *Teiso-ti charruso* : tais-toi babillarde.

CHARRIN, INO. adj. Terme de mépris. Bourru, ue. Hargneux, euse. D'humeur fâcheuse et contrariante. *A l'er ben charrin* : il a bien l'air hargneux. *Es uno charrino finido* : c'est une bourrue accomplie. On le confond quelquefois avec CHARPINOUX. Voyez CHARPINOUX.

CHARRINARIÈ. s. f. Mauvaise humeur habituelle. Mélancolie. Chagrin. Inquiétude. Il ne se dit qu'en mauvaise part. *La charrinariè lou gagno* : la mauvaise humeur le domine. Il est quelquefois synonyme de CHARPINARIÈ. Voyez ce mot.

CHARRO. s. f. Babil. Superfluité de paroles. *Vous fises pas à n'cou, n'a que de charro* : ne vous fiez pas à lui, il n'a que du caquet.

B.-A. CHARROUNTIA. v. a. Transporter. Voiturer quelqu'un ou quelque chose. Il est familier et populaire.

CHARRUA. v. a. Labourer avec la charrue.

CHARRUSO. adj. et s. f. Babillarde. Voyez CHARRARELLO.

CHAS. s. f. Claveau. Clavelée. Maladie contagieuse qui attaque les bêtes à laine.

CHASPA. v. a. Tâtonner. Tâter. Palper. Toucher avec la main. *Chaspa lou pous* : tâter le pouls. Chercher dans l'obscurité en tâtant. Manier, toucher doucement un chose pour connaître sa qualité, si elle est molle ou dure, froide ou chaude, sèche ou humide, etc. *Va chaspi* : je le touche avec la main.

CHASPIN. Voyez JHASPIN.

CHASSA. v. a. Chasser. Mettre dehors. Forcer. Contraindre de sortir de quelque lieu.

CHASSO. s. f. Corde à fouet. Petite corde de chanvre, de brin à trois branches bien torses.

B.-R. CHATO. s. f. Terme des environs d'Arles. Fille. Demoiselle. *Sabes que toun drole ven veire ma chato* : sais-tu que ton garçon vient voir ma fille?

CHATOUN. s. f. Châton. Folle fleur de certains arbres, tels que noyers, ormeaux, etc.

CHATOUNA. v. n. Châtonner. Pousser des châtons. On le dit de certains arbres. Pousser des fleurs.

CHAVANO. s. f. Orage. Tempête. Grosse pluie ordinairement de peu de durée, accompagnée d'éclair et de tonnerre, et quelquefois de vent et de grêle. *Rejhougnè-vous, veici la chávano* : hâtez-vous de rentrer, voici l'orage.

CHAVANO. s. f. Ondée. Giboulée. Grosse pluie subite qui n'est pas de durée. Voyez RAISSO. Au fig. Bourraque, caprice et mauvaise humeur de quelqu'un. On dit fig. d'une personne délaissée, *Qu'es abandouna eis chavanos* : qu'il est à la merci de l'orage.

B.-A. CHAYO. s. f. Corneille. Oiseau de proie de la nature des corbeaux, mais moins gros. Voyez GRAIHO.

B.-A. CHÈCHOU. s. m. Surplus. Supplément. Haïe au bout. Il n'a d'usage que dans cette façon de parler proverbiale. *Eme lou chèchou* : haïe au bout, ce qui signifie : Et quelque chose de plus, avec le supplément. *N'en a douna millo francs eme lou chèchou* : il en a donné mille francs et haïe au bout.

CHENERIHO. s. f. Chenille. Insecte qui ronge les feuilles et les fleurs des plantes et des arbres. On dit familièrement d'une personne qui a longtemps souffert la faim, ou manqué de l'absolue nécessité, qu'*A*

mai pati que leis chenerihos : qu'il a plus souffert de la faim que les chenilles.

CHEREVELIN. s. m. Charivari. Bruit tumultueux de poêlons, chaudrons, etc, accompagné de huées et de chansons que l'on fait à la porte d'un veuf ou d'une veuve qui se remarie.

CHERFUEI. s. m. Cerfeuil. Herbe potagère à feuilles de persil.

CHERPO. s. m. Écharpe. Large bande d'étoffe en soie ou d'autre matière, que l'on porte comme un ceinturon.

CHEVU. s. m. Cheveu. Poil de la tête.

V. CHIC. Voyez CRAQ.

CHICA. v. a. Parler. Causer. Babiller. On ne le dit guères qu'en parlant des enfans. *A un pichoun que chicarië tout lou jour* : elle a un enfant qui ne discontinuerait jamais de parler.

CHICA. v. a. Mâcher du tabac.

CHICA. v. a. Manger. Avaler des alimens pour se nourrir. Prendre son repas. Il est plaisant et familier. *Vene emen'aoutres, pourtam de que chica* : viens avec nous, nous portons de quoi mettre sous la dent.

CHICADO. s. f. Causerie. Conversation.

CHICADO. s. m. Mangeaille. Le manger. Ce que l'on prend pour se nourrir. Il est plaisant et familier.

CHICANA. v. a. Chicaner. Vétiller.

CHICANUR. s. et adj. m. ⎱ Vétiller.
CHICANUSO. s. et adj. f. ⎰ Pointilleux. Chicaneur, euse

CHICARROT. Voyez MÉRITAPO.

B.-A. CHICHA. Voyez CHOOUCHA. CHOOUSSETIA.

B.-A. CHICHA. v. a. Terme enfantin. Presser. Appuyer fortement son pain sur un anchois que l'on mange pour en pomper le suc avec la sauce. *Faire chicha* : tremper son pain dans la sauce.

CHICH'ACUERNI. s. de tout g. Chiche. Avare qui pour ne rien débourser se prive et rétranche même de son absolu nécessaire. Le mot de *chich'acuerni* qui veut dire, pressureur de cornouilles, caractérise parfaitement bien un avare. Voyez ESQUI-CH'ANCHOYO.

CHICHET. s. m. Petit, jeune chien.

CHICHI. s. m. Terme enfantin. Oiseau. — Pou. Insecte. *Tua leis chichis* : Épouiller. Tuer les poux.

CHICHI-BELLI. s. m. Queue de rat. Lambeau de papier, de chiffon, etc., que pendant les jours gras, les gens du peuple suspendent au derrière des passans pour s'en amuser. *Pendre lou chichi-belli* : donner la queue de rat.

CHICHIBUT. s. m. Ortolan. Petit oiseau d'un goût exquis.

CHICHIOU. Voyez CHICHI. CHICHOU-CHIOU.

CHICHOUA. s. m. François. Nom de jeune garçon, parmi le peuple.

CHICHOUN , OUNO. adj. et s. Chiche. Avare qui ne se décide qu'avec peine et après avoir longuement tâtonné, à faire la moindre dépense.

CHICHOUNIA. v. n. Barguigner. Marchander sou à sou , lorsqu'on achète quelque chose.

CHICHOURLIÈ. Voyez CHINCHOUR-LIÈ.

CHICHOURLO. Voyez CHINCHOU-ERLO.

CHICO. Voyez CHIQUO.

B.-A. CHICÓOUDOUN. s. m. Petite lessive. Lorsque les gens du peuple n'ont que peu du linge à blanchir, ils le mettent dans une corbeille sur laquelle ils font passer de la lessive, et appellent *Chicooudoun* cette petite lessive. *Foou pas bugádo , foou qu'un chicooudoun* : je ne fais pas la lessive, mais je blanchis seulement quelque petite chose. Un *chicooudoun* est moindre encore qu'un *bugadoun*. Voyez BUGADOUN.

CHICOT. s. m. Argot. Terme de jardinier. Bois qui dans un arbre est au-dessus de l'œil. Voyez CIGOUES.

CHICOULA. v. a. Agacer. Voyez COOUTIGA.

CHICOULO. s. f. Micacoule. Fruit du micacoulier. Voyez FABRIGOULO.

CHICOULO. s. f. Terme de jeu de carte. Renvi.

CHICOUTA. v. a. Déchiqueter. Découper une étoffe pour en faire certaines façons.

SI CHICOUTA. v. récip. Se débat-

tre. Contester. Voyez DEGATIGNA.

CHICOUTURO. s. f. Déchiqueture. Taillades faites à une étoffe.

CHIER , CHIÈRO. adj. Cher , chère. Qui coûte beaucoup. *Lou vin n'es pas chier* ; le vin n'est pas cher. *La civado n'es pas chièro* : l'avoine est à bon compte.

CHIÈRO. s. f. Chère. Ce qui regarde la quantité, la qualité et l'apprêt des viandes et de tout autre mets. *Amo la bueno chièro* : il aime la bonne chère.

CHIÈRO. s. f. Fête. Bon accueil. Bonne réception que l'on fait à quelqu'un. Il n'est presque plus usité. On dit plutôt dans le même sens, *Faire quechièro* : Fêter , faire fête. Voyez QUECHIÈRO.

CHIERTA. s. f. Cherté. Prix excessif des choses qui sont à vendre.

CHIFFLA. v. récip. Persifler. Se moquer. Se railler de quelqu'un. Voyez TRUFA.

CHIFFLAIRE , CHIFFLARELLO. } s.
CHIFFLUR , CHIFFLUSO. }
et adj. Railleur, railleuse. Moqueur, moqueuse. Qui se moque, qui se raille de quelqu'un. Voyez TRUFAIRE , TRUFET.

CHIFFLO. s. f. Moquerie. Raillerie.

CHIHA. } v. a. Piper. Jouer du
CHILLA. }
pipeau. Contrefaire la voix ou le chant des oiseaux pour les attirer dans le piège.

CHILLE. s. m. Pipeau. Espèce d'instrument, ou de sifflet avec lequel on contrefait le chant des oiseaux, pour les attirer sur des gluaux où on les prend.

CHIMA. v. a. Boire. Siroter. Flûter. Il est plaisant et familier. *Aquelcis doues fremos chimoun pas maou* : ces deux femmes là flûtent assez bien.

CHIMAIRE. s. m. Buveur. Qui aime et boit bien le vin.

CHIMARRA. v. a. Terme d'écolier. Griffonner. Barbouiller du papier en y traçant des caractères , des lignes ou des figures avec de l'encre.

CHIMARRA. v. a. Charbonner. Tracer des caractères , des lignes , etc., avec du charbon ou de la craie sur une muraille.

CHIN. s. m. Chien. Animal domestique remarquable par son attachement à son maître. On dit familièrement de deux personnes qui ne sont jamais l'une sans l'autre. *Aco es Sant-Roch eme soun chin* : c'est là Saint Roch avec son chien, parce que l'on ne peint jamais Saint Roch sans le représenter avec un chien. On dit fig. et prov. *Entre chin et loup* : entre chien et loup, pour désigner cette partie du crépuscule pendant laquelle on ne peut distinguer les objets, et qui ne permet pas de faire la différence entre un chien et un loup. *L'y anaren entre chin et loup* : nous irons à l'entrée de la nuit. On dit prov. et fig. de celui, qui, dans une affaire, n'agit point et détourne même les autres. *Qu'a coumo lou chin doou jardinier, voou ni faire ni leissa faire* : qu'il a comme le chien du jardinier, qui ne mange point de choux et n'en laisse point manger aux autres. On dit encore prov. et fig. d'un homme, que, *Si fasiè aco seriè pas bouèn à douna eis chins* : S'il faisait telle chose il ne serait pas bon à jeter aux chiens, pour dire, qu'en ce cas là tout le monde le blâmerait et crierait contre lui. On dit prov. de deux personnes qui sont toujours à se disputer, que *Soun coumo chin et cat* : qu'elles ont toujours quelque castille ensemble. Voyez GNIC ET GNAC.

CHIN. SAOUTO CHIN. Voyez FREMOGROSSO.

CHIN. s. m. Chien. Pièce qui tient la pierre d'une arme à feu.

B.-A. CHINCHADO. s. f. Jointée. Autant que les deux mains jointes ensemble peuvent contenir. Il est populaire. *Uno chinchado de noses* : une jointée de noix.

CHINCHOUÈRLO. s. f. Jujube. Fruit du jujubier.

CHINCHOURLIÈ. s. m. Jujubier. Arbre qui porte les jujubes, fruit à noyau de la forme d'une olive.

B.-A. CHINIÈ. s. m. Terme d'agr. Chef des journaliers. Homme de confiance, qui, dans les travaux champêtres, est placé par le maître pour être à la tête des journaliers qu'il emploie.

CHINO. s. f. Chienne. Femelle du chien.

CHIOU-CHIOU. Mot qui exprime le gazouillement des petits oiseaux et plus particulièrement celui des moineaux. — Petit oiseau. Terme enfantin.

CHIPOUTA. v. n. Chipoter. Vétiller. Chicaner. Contester sur les moindres choses.

CHIPOUTUR.
CHIPOUTUSO. } adj. Chipotier, chipotière. Celui et celle qui conteste, qui chicane sur un rien, ou pour peu de chose.

CHIQUA. Voyez CHICA.

CHIQUADO. Voyez CHICADO.

CHIQUET. s. m. Petit verre. Doigt de vin ou de liqueur que l'on prend pour se refaire, pour fortifier le cœur, etc. *Boiro lou chiquet* : boire le petit verre.

CHIQUO. s. f. Babil. Caquet. *N'a que de chiquo* : il n'a que du caquet.

CHIQUO. s. f. Terme de fumeur. Bouchée. Morceau de tabac roulé que l'on mache en une seule fois.

CHIQUO. s. f. Terme de filature de soie. Capiton. Reste d'un cocon dévidé auquel on a enlevé toute la soie. — Chique. Cocon mince, faible, qui a peu d'étoffe.

CHIQUO. s. f. Chiquenaude. Coup que l'on donne du doigt du milieu, lorsqu'après l'avoir plié et roidi contre le pouce, on le lâche sur le nez, etc.

CHIQUUR. s. et adj. m.
CHIQUUSO. s. et adj. f. } Causeur, euse. Babillard, babillarde. Il est familier et se dit plutôt des jeunes enfans que des grandes personnes.

CHIROUN. s. m. Artison. Petit ver qui s'engendre dans le bois. — Vermoulure. Poudre qui sort du bois vermoulu.

SI CHIROUNA. v. récip. Se vermouler, être piqué et rongé des vers.

CHIROUNA, ADO. part. Vermoulu, ue. Artisonné, ée. On le dit du bois, du papier, etc., lorsqu'il est percé en plusieurs endroits par les vers. *Libre chirouna* : livre vermoulu. — Carié, cariée. Piqué des vers. *Dent chirounado* : dent cariée.

CHIVAOU. s. m. Cheval. Animal domestique. On dit prov. et fig. *Tout bouen chivaou bruco* : il n'est si bon cheval qui ne bronche, pour dire, qu'il n'y a point d'homme si sage ni si habile, qui ne fasse quelque faute. On dit prov. et fig. *Chivaou de mita, la qaouè li séco* : cheval à deux maîtres, meurt souvent de faim, pour dire, qu'une chose appartenant à deux différens maîtres qui s'en servent, prend bientôt fin parce qu'aucun d'eux ne se met en peine d'en avoir soin ou de le tenir en bon état. On dit prov. et fig. *Chivaou blastema, lou peou li luse*: cheval méprisé, n'en est que plus beau, pour dire, que les insultes de certaines personnes sont l'apologie de celui qui les reçoit. On dit encore prov. *A chivaou douna l'on regardo pas leis dents* : à cheval donné on ne regarde pas l'âge, pour dire, que l'on doit toujours être satisfait du présent que l'on reçoit, et qu'il ne faut pas faire le difficile lorsqu'une chose ne coûte rien.

B.-R. CHIVAOUX-FRUS. s. m. plur. Chevaux-fringants. Nom d'un des jeux que le roi René, comte de Provence, avait institué à Aix en 1462, pour faire partie de la procession solennelle de la Fête-Dieu. C'était une compagnie de jeunes gens de la classe du peuple qui, ayant chacun un cheval de carton attaché à la ceinture, le faisait mouvoir en cadence en parcourant les rues de cette ancienne métropole. Ces jeux qui furent supprimés en 1789, n'ont plus reparu dans les processions de la Fête-Dieu qui ont eu lieu depuis le Concordat, si ce n'est dans quelques occasions extraordinaires, où la ville d'AIX a voulu récréer quelque membre de la famille impériale ou royale qui s'y trouvait pendant cette fête. D'autres villes de la Provence, à l'imitation de la capitale de cette province, avaient aussi leur compagnie de *Chivaoux-frus*, qui précédaient en dansant la procession de leur fête patronale. *Dansa leis chivaoux-frus*: danser à la manière des chevaux-fringants.

CHIVALETTO. Voyez CAVALETTO.

CHIVOOUCHA. v. n. Surmonter. Monter au-dessus. Croiser. On le dit d'une planche, d'une étoffe, d'une partie d'habillement et de toute pièce au-dessus de laquelle il y en a une autre qui la touche immédiatement, qui appuye tant soit peu, et dont les côtés passent l'un sur l'autre. *Faire chivooucha uno plancho su l'aoutro* : faire qu'une planche surmonte et croise l'autre tant soit peu. On dit fig. que *Leis lunos se chivaouchoun* : les lunes se croisent, pour dire, que la lune d'un tel mois se croise avec le mois suivant, c'est-à-dire, qu'elle ne se renouvelle que le mois d'après.

B.-A. CHOOUCHA. v. a. Fouler. Presser avec le pied quelque chose qui cède, qui ne résiste pas. Voyez COOUCA.

CHOOUCHA. v. a. Patauger. Mettre les pieds dans l'eau, dans la boue, dans du margouillis, y marcher.

B.-A. CHOOUCHIÈRO et BOUTIÈRO. adv. En désordre. En confusion. Sens dessus-dessous. Embrouillé et bouleversé à la manière des gerbes déliées que l'on va fouler sur l'aire, c'est ce qu'exprime *choouchièro et boutièro*, qui veut littéralement dire : mettre à fouler. *Seis effets et soun linjho, es tout aqui oou soou*, *choouchièro et boutièro* : son linge et ses meubles sont là par terre, tout embrouillés et sens dessus-dessous. Il est pop. *V'a tout mes aqui choouchièro et boutièro*: il a tout quitté là confusément.

CHOOUMA. v. n. Chômer. Se reposer. Ne rien faire. *Dins l'estiou leis moutouns chooumoun* : pendant les grandes chaleurs les moutons se reposent à l'ombre. *Dins un tems aquel ouvriè travaihavo fouesso, aro chooumo* : dans un temps cet ouvrier avait beaucoup de travail, maintenant on le délaisse.

CHOOUPINA. Voyez CHOUPINA.

CHOOUREYA. v. n. Prêter l'oreille. Écouter.

CHOOUSI. v. a. Choisir. Élire. Préférer une personne ou une chose à une autre. On dit prov. *A forço de choousi, l'on s'embulo* : souvent qui choisit trop, prend le pire.

CHOOUSSET, ETTO. s. Terme de mépris. Souillon. Celui et celle qui tache, qui salit ses habits, qui les traîne ou qui y met les pieds dessus. On ne le dit que des enfans, et plus ordinairement des filles. Il est pop.

12

CHOOUSSETIA. v. n. Patauger. On ne le dit qu'en parlant des enfans. *Ounte vas chooussetia ?* où vas - tu patauger? Voyez CHOOUCHA.

V. CHOU. s. m. Goret. Voyez GORRI.

B.-A. CHOU. interj. Allez. Cris dont on se sert pour chasser et faire aller les pourceaux.

CHOUA. s. m. François. Nom d'enfant et de jeune homme parmi le bas peuple.

CHOUANO. Voyez CHUANO.

CHOUASO. s. f. Françoise. Nom propre de fille.

CHOUASOUN. s. f. Françoise. Nom propre de fillette.

CHOUPINA. v. a. Houspiller. Egratigner. Déchéveler. Arracher la coiffure, déchirer les habillemens avec dépit. Egratigner avec malice, en sorte que les cheveux, les habillemens soient épars et en désordre. Il est aussi réciproque et ne se dit que des femmes et des enfans qui se battent et se déchirent. *Si soun ben choupinados* : elles se sont bien battues et déchirées. Il est populaire. *Regardas coumo si choupino* : voyez comme elle se déchire d é dépit.

CHOUPINADO. s. f. Batterie. Querelle de femme pendant laquelle elles s'égratignent, se déchirent et se déchevèlent.

CHOUQUA. v. a. Choquer. Offenser. Déplaire par des paroles piquantes. *Es t'an chouqua?* est-ce que l'on t'a offensé ? *Regardo pas si choquo coouqu'un quand parlo* : il ne se donne pas de garde d'offenser quelqu'un lorsqu'il est en train de parler.

CHOUQUET. s. m. Hoquet. Mouvement convulsif de l'estomac qui se fait avec une espèce de son mal articulé. Une peur soudaine, une surprise, un verre d'eau bu lentement, fait passer cette indisposition.

B.-A. CHOURROU. s. m. Porcher. Gardeur de cochons.— Valet employé aux plus bas offices d'une ferme. Il tire son étymologie du mot *chou*. Voyez CHOURROU.

CHOURROU. s. m. Terme de moissonneur. Valet. Javeleur. Jeune garçon qui lie les gerbes à la suite des moissonneurs.

B.-A. CHOUSCLO s. f. Tithymale. Euphorbe. Plantes laiteuses.

CHOUYO. s. m. Griblette. Tranche mince de viande de boucherie que l'on fait rôtir sur le gril, et que l'on assaisonne à la manière des cotelettes. *Uno chouyo su la griho* : une griblette sur le gril. Au fig. et par mépris on donne le nom de *Laido chouyo* : vilain groin, à une femme ou fille impolie ou peu affable.

B.-A. CHUANO. s. f. Terme de marchand de vin. Fleurette. Espèce de mousse blanche qui vient au-dessus du vin lorsque le tonneau a pris l'évent , ou que la bouteille n'a pas été bien bouchée.

CHUCHA. v. a. Siroter. Boire à petits coups et par sensualité. Il est plaisant et fam.

CHUCHO. s. f. Vin. Jus de la treille. *Amo la chucho* : il aime le jus de la treille. Il est plaisant et populaire.

CHU-CHU. OOU CHU-CHU. Façon de parler adv. En catimini. En tapinois. A la dérobée. Sourdement. En cachette. *Es un rusa que fai tout oou chu-chu* : c'est un rusé qui fait tout en catimini.

CHUERMAYO. s. f. Terme de mépris. Troupe de petits enfans. *Coucha m'aquelo chuermayo* : chassez-moi tous ces marmots.

CHUERMO. s. f. Troupe. Suite de personnes réunies. Il ne se dit qu'en dénigrement. *Es vengu nous veire eme touto sa chuermo* : il est venu nous voir avec tous ses enfans. *N'y avie uno bello chuermo* : il y en avait une grosse troupe.

CHUT. particule dont on se sert pour imposer silence. Chut. On ne le met ici que pour l'intelligence de la façon de parler adverbiale suivante: *Si croumpa un chut* : garder le silence, se taire.

CHUTTO. participe. Chut ! Taisez-vous ! Gardez le silence.

CICAR.
CICAT. } s. Chef. Tête. Il n'est d'usage que dans cette façon de parler, *De soun sicat* : de son chef. *Faire ou dire coouquarren de soun cicar* : faire ou dire quelque chose de son chef, pour dire, de sa tête, de son propre mouve-

ment, sans qu'il soit suggéré par autrui.

CICORI. s.m. Chicorée. Sorte d'herbe potagère que l'on met d'ordinaire au pot et dans les salades.

CICORI-FER. s. m. Chicorée sauvage.

CICOUREYO. Voyez CICORI.

CICOUREYO DEIS PRATS. s. f. Pissenlit. Dent de lion. Plante apéritive dont les feuilles sont découpées et forment la dent de lion.

CIGALO. s. f. Cigale femelle. }
CIGAOU. s. m. Cigale mâle. }
Espèce de scarabé dont le chant monotone ne se fait entendre que dans les fortes chaleurs. Au fig. *Avé la cigalo* : c'est être pris de vin. *Carga la cigalo* : s'enivrer. *Cigaou* est quelquefois pris dans le sens de *Cicar.* Voyez CICAR.

CIGARET. }
CIGAROUN. } s. f. diminutif. Petite cigale.

CIGARET, ETTO. Au fig. s. et adj. Evaporé, ée. Etourdi, ie. Qui a la tête légère. *Es un cigaret*: c'est un jeune évaporé. *Es un paou cigaretto*: elle a l'esprit léger.

CIGOUÈS. }
CIGQUET. } s. m. Terme d'agric. Chicot. Reste d'arbre qui a été coupé presque à fleur de terre, ou que les vents ont abattu. — Argot. Petit bout de bois éclaté ou mal coupé qu'on a laissé sur une branche d'arbre. Au fig. Incommodité. Maladie. Indisposition. Désagrément. *A toujours cavuque cigoues* : elle est toujours exposée à quelque indisposition, à quelque dérangement de santé.

CIGOUÈS. s. m. Chicot. Reste d'une dent.

CIGOUÈS. s. m. Morte-paye. Personne à charge dans une maison. Voyez SOUQUET.

CIMEOU. s. m. Cime. Tête. Haut de la tête d'un arbre. —Extrémité morte des menues branches de la cime d'un arbre.

CIMEOU. Cime. Sommet. Partie la plus haute d'une montagne, d'un rocher, etc.

CIMOUNCO. s. f. Lisière. Extrémité de la largeur d'une étoffe, d'un drap, d'une toile, etc. *Laido cimounco*: vilaine lisière. *Cimounço unido, ben*

facho, etc. : lisière unie, bien faite, etc.

CIMOUNCA, ADO. adj. Liseré, ée. Qui a des lisières. *Drap ben cimounça*: drap bien liseré. *Telo maou cimounçado*: toile mal liserée.

V. **CINSA.** v. n. Voyez BURNA.

V. **CINSAIRE.** s. m. Voyez FURNAIRE.

CIOUCLA. Voyez CEOUCLA. SIOUCLA.

CIOUCLAGI, Voyez CEOUCLAGI. SIOUCLAGI.

CIOUCLE. Voyez CEOUCLE.

CIOUCLEIRIS. Voyez SIOUCLEIRIS.

CIOUCLUN. Voyez SIOUCLUN.

CIRA. v. a. Cirer. Bougier. Enduire de cire. *Cira leis bottos* : cirer les Bottes. *Cira la telo d'un couissin* : bougier la toile d'un oreiller.

CIRAGI. s. m. Cirage. Matière propre à cirer. Action de cirer.

V. **CIRAMPO.** } s. f. Bise. Vent
B.-A. **CISAMPO.** } très-froid.

CISAIHOS. } s. f. Cisailles. Gros
} ciseaux à couper des
CISOIROS. } plaques de métal.
— Cisoirs dont se servent les chaudronniers et les ferblantiers.

CISEOUX. s. m. plur. Ciseaux. Instrument de fer composé de deux branches tranchantes. — Ciseau. Instrument de fer servant à travailler le bois, la pierre, les métaux.

CISTRE. s.m. Pied-de-griffon. Voyez SCIOURE.

V. **CISTRO.** s. f. Manne. Grande corbeille en osier.

CIVADA. v. a. Donner de l'avoine aux chevaux. Au fig. Battre, châtier quelqu'un. Il est familier et plaisant. *L'an civada* : on lui a donné ce qui lui fallait. *Soun pero lou civado da tems en tems* : son père lui brosse l'habit de temps à autre.

CIVADO. s. f. Avoine. Sorte de grain qui sert à la nourriture des chevaux.

CIVADIÈ. s. m. Quart. Mesure des grains. C'est la quatrième partie d'une panal, et vaut deux picotins.

CIVADIÈ (MIÈ). s. m. Picotin. Litron. C'est la huitième partie d'une panal.

CIVADO-FÈRO. s. f. Averon. Folle avoine. Avoine sauvage. Voyez MARGAOU.

CLAFI, IDO. adj. Plein, pleine. Rempli, remplie. *La plaço es clafido* *de mounde* : la place est pleine de monde. *Me n'a clafi leis mans* : il m'en a rempli les mains.

CLAIRANO. s. f. Eclaircie. Terme de marine. Endroit clair qui parait au ciel en temps de brume. Voyez ESCLARZIADO.

CLAPIÉ. s. m. Tas. Monceau. *Clapié de peiros*; *clapié de bancs* : tas de pierres ; monceau de bois.

CLAOU. s. f. Clef. Instrument d'acier ou de fer pour ouvrir et fermer une serrure.

CLAOU. s. m. Enclos. Terre close par une muraille ou une haie vive.

CLAR, CLARO. adj. Clair, claire. Luisant, lumineux. Transparent, qui n'est pas obscur, qui n'est point trouble, qui a peu de consistance. *Vin clar* : du vin clair. *Naech claro*; *coulour claro*: nuit lumineuse; couleur claire. *Soupo claro* : soupe qui a peu de consistance. Au fig. Intelligible. *Es uno cavo claro* : c'est une chose claire.

CLARO. s. f. Glaire. Blanc d'un œuf qui n'est pas cuit. *Uno claro d'uou* : un blanc d'œuf.

CLARS. s. m. Glas. Sonnerie pour un mort, pour un convoi funèbre. *Souenoun de clars* : on sonne pour un mort.

CLASTRO. s. f. Presbytère. Maison destinée pour le logement du curé dans une paroisse. — Terre bénéficiale d'une cure.

CLAVA. v. a. Fermer à clef. *Clava l'houstaou*: fermer la maison. *Si clava dedins* : fermer la porte sur soi. On dit familiér. d'une personne, que *L'y clavoun tout dins l'houstaou* : que tout lui est fermé dans la maison, pour dire, que tout est à sa disposition et que tout lui est fermé. On dit prov. *Qu'a ben clavo, ben duerbe* : qui bien ferme bien ouvre, pour dire que lorsqu'on met tout en lieu de sûreté, on l'y trouve sans que rien n'y manque.

CLAVELA. v. a. Clouer. Attacher avec des cloux.

CLAVELADO. s. f. Raie. Poisson de mer cartilagineux plus ou moins hérissé de petits os en forme de pointes. On appelle Raie bouclée, celle dont les pointes sont élevées au milieu du dos sur des boutons (*Claveou*) semblables à des caboches ou cloux de souliers, d'où elle tire son nom provençal ; c'est la plus estimée des Raies. La CLAVELADO-PISSOUE, c'est la Raie ordinaire qui n'a que des pointes au lieu de boutons, et dont la chair d'un assez mauvais goût, exhale une odeur de pissat lorsqu'elle est passée.

CLAVELADO. s. m. Tac. Maladie des brebis et des bêtes à laine. Elle est contagieuse. Voyez CHAS.

CLAVOU. Voyez CANDEOU.

CLAVEOU. s. m. Clou. Petit morceau de fer ayant une tête et une pointe, et qui sert à attacher ou à pendre quelque chose.

CLEDA. s. m. Grille. Barreaux de fer ou de bois, se traversant les uns les autres pour empêcher qu'on ne passe par une fenêtre, ou par une autre ouverture.

CLEDO. s. f. Claie d'un parc à brebis. Porte à barreaux de bois. Porte des champs à claire-voie.

CLEDO. s. f. Herse. Instrument de labourage servant à recouvrir les grains et à aplanir la terre labourée.

CLERJOUN. s. m. Enfant de chœur. Enfant dont l'emploi est de chanter dans l'église ou à servir dans le chœur à d'autres fonctions.

CLIGNOUN (DE). } adv. En se courbant. CLINOUN (DE). } *Marcha de clignoun* : marcher tête baissée et en se courbant pour ne point être aperçu.

CLINA. v. a. et récip. Abaisser. Baisser. Pencher. Courber. Incliner. *Clina la testo* : baisser la tête. *Si clina* : se baisser. *Marcha clina* : marcher courbé.

CLINA, ADO. participe. Baissé, baissée.

CLINQUETTOS. s. m. Cliquettes. Sorte d'instrument composé de deux morceaux de bois ou de deux os qu'on se met entre les trois premiers doigts de la main, et dont on tire un son mesuré.

CLOOUSSA. v. n. Terme d'agricul. Taller. Pousser des bourgeons et des branches à côté de la mère tige. On ne le dit que des plantes. *Leis blas an ben clooussa* : les blés ont bien tallé cette année.

CLOOUVISSO. s. f. Coutoir. Came. Espèce de coquillage bivalve.

CLOOUVURO. s. f. Haie sèche. Voyez BARAGNO.

CLOUCHA. v. n. Sonner. Tirer le cordon d'une sonnette.

CLOUET, CLOUETTO.
CLOUA, CLOUATO. } adj. Plain. plaine. Qui est uni, plat, sans inégalités, en parlant du sol. D'aplomb, en parlant d'un meuble de niveau. *Tarren maou clouet* : terrain inégal. *Mettes-va clouet* : posez-le d'aplomb. *Aquelo taoulo brando parce qu'es pa clouetto* : cette table vacille parce qu'elle n'est pas sur un terrain plain. On dit familièrement et figurément. *Semblo tout clouet, mai. . . .* cela paraît facile, mais. . . .

CLUCHA. v. a. Fermer les yeux. Dormir. Au figuré. Mourir. *L'y a tres nuechs que cluchi pas l'huei* : il y a trois nuits que je ne dors pas. *Sa fremo clucho* : sa femme est morte.

CLUCHOUN. *Ana de cluchoun.* Façon de parler adverbiale. A l'aveuglette. Ayant les yeux fermés. A tâtons. *L'y vai de cluchoun* : il y va à l'aveuglette. *Va farié de cluchoun* : il ferait cela les yeux fermés. Au figuré. *Ana de cluchoun* : aller, traiter en toute confiance avec une personne. *Aco's de gens eme quu poudés ana de cluchoun* : ce sont là des personnes avec lesquelles on peut aller les yeux fermés.

CLUI.
CLUEI. } s. m. Glui. Gerbée, paille longue dont on a secoué le grain qui sert à empailler ou à faire certains ouvrages en paille, comme chapeaux, paniers, etc.

CLUISSE.
CLUSSI. } v. n. Glousser. On le dit du cri de la poule qui couve, ou qui appelle ses poussins. On dit proverbialement et figurément, *Touto galino que tant clusse, fa pas lou mai d'uoux* : toute poule qui glousse beaucoup, ne pond pas plus d'œufs. On dit figurément et familièrement d'une personne qui est toujours à gémir et à se plaindre. *Fai coumo leis galinos, toujour clusse* : elle geint continuellement.

CO. s. m. Voyez COOU.

COCO. s. f. Tablette. Espèce de petit corbillon large fait d'osier ou de roseau, dans lequel les gens du peuple de la Provence tenaient le verre à boire qui servait à tout le ménage. Il est passé d'usage depuis environ 80 ans. C'est de là qu'est venu le proverbe, *N'a ni coco ni moco* : il n'a ni feu ni eau, parlant d'un misérable qui ne possède rien, ou d'un marchand très-mal assorti. Voyez MOCO.

COCOTO. s. f. Poulette. Terme d'amitié familier et populaire que l'on adresse à une fille, à une femme. *Ma bello cocoto* : ma belle poulette. *Es sa cocoto* : c'est sa bien aimée, c'est sa fille chérie.

COME. Comite. Bas officier, préposé pour faire travailler la chiourme dans une galère.

CONQUO. s. f. Bassin d'une fontaine. Auge. *Pouas dins la conquo* : puisez dans le bassin.

CONSOU. s. m. Consul. Ancien magistrat civil, nommé aujourd'hui Adjoint de la mairie. On dit prov. et fig. *Consou de villagi, trompeto de bouesc* : selon la fortune est l'équipage.

CONTRO. BE-OU-CONTRO. s. Tête ou queue. Pair ou impair. Sorte de jeu d'épingle, dans lequel un enfant en renferme une ou plusieurs dans sa main qu'il donne à deviner à un autre qui en met autant sur le poing fermé qu'on lui présente en disant *be* ou *contro*. Si l'épingle qu'il a mis se rencontre tête et queue avec celle qui est dedans, alors c'est *be* ou impair, et si elle se rencontre tête contre tête, c'est *contro* ou pair.

COOU. s. m. Coup. Impression que fait un corps sur un autre en le frappant. *Coou de poun* : coup de poing. *Coou de marteou* : coup de marteau. Au fig. *Coou de pato* : coup de patte, trait vif et malin lâché contre quelqu'un.

COOU. s. m. Une fois. *L'y es ana dous coous* : il y a été deux fois. *Vengueroun tous oou coou* : ils vinrent tous à la fois.

COOU DE MAN. s. m. Aide. Secours que l'on donne avec la main. *Pouden pas carga aquel aï, douna-nous un coou de man* : nous ne pouvons charger cet âne, veuillez bien nous aider.

COOUCA. v. a. Fouler. Presser avec les pieds. *Coouca lou bla* : fouler le blé sur l'aire pour le séparer d'avec la paille. *Coouca leis rasins* : fouler la vendange.

COOUCADO. s. f. Foulaison. Action de fouler les blés sur l'aire.

— Temps où l'on foule les blés. *Per la cooucado* : dans le temps de la foulaison. Voyez CAOUCO. ElROOU.

COOUCAIRE. s. m. Fouleur. Celui qui foule la vendange.

COOUCADOUIRO. s. f. Cuve à fouler. Voyez TRUEY.

— Cuvier. Fouloir. Sorte de très-grande huche dans laquelle on foule les raisins de la vendange.

COOUCARREN.⎫
⎬adv. Quelque
V. COOUCARRES.⎭

chose. *Douna-li cooucarren* : donnez-lui quelque chose.

COOUDET, COOUDETTO. adj. Chaud chaude. Qui a de la chaleur. On ne le dit que des petites choses. Lorsqu'on le dit des personnes il ajoute un sentiment d'intérêt pour celle à qui il se rapporte. *Aro que sies cooudet ti leissarai sourti* : maintenant que tu es chaud je te laisserai sortir. *A leis mans coooudettos* : il a les mains chaudes.

COOUFFA v. a. et récip. Chauffer. Donner de la chaleur. *Coouffa lou liech* : bassiner le lit. *Si coouffa* : se chauffer. *Faire couffa l'aiguo* : faire chauffer l'eau.

B.-R. COOULET. s. m. Chou. Plante potagère. *Coooulet cabus* : chou pommé. *Coooulet flori* : chou fleur. *Soupo de coooulets* : soupe aux choux.

COOUQUA. Voyez COOUCA.

COOUQUEJRAN. s. m. Tanneur.

Ouvrier qui tanne les cuirs.

COOUQUIADO. s. f. Cochevis. Alouette hupée. Oiseau.

COOUQUIÉRO. s. f. Tannerie. Lieu où l'on tanne les cuirs.

COOUQU'UN, COOUQU'UNO. s. Quelqu'un, quelqu'une. Un, une. Plusieurs.

COOURAGNADO. s. f. Charogne. Bête morte qu'on jette à la voirie.

COOURETIÉRO. s. f. Terre semée ou plantée de choux.

COOUSSA. Voyez CAOUSSA.

COOUSSANO. s. f. Longe. Licou. Morceau de cuir coupé en long, en forme de courroie, de lanière. *Mena un chivaou per la coooussano* : mener un cheval par le licou. On dit proverbialement et figurément d'une personne. *Qu'a la coooussano sur la testo* : qu'elle a rompu sa gourmette, pour dire, qu'elle vit à sa fantaisie et hors de toute dépendance.

COOUSSETIÉ. s. m. Chaussetier. C'est ainsi que l'on appelait autrefois les marchands de bas, de bonnets, etc. Aujourd'hui l'on entend par COOUSSETIÉ, le marchand fabricant d'habillemens confectionnés pour hommes.

COOUSSIDO. s. f. Chardon-aux-ânes. Chardon hémorroïdal. Plante dont les feuilles et la tige sont épineuses. Le nom d'hémoroïdal qu'on lui donne, vient de ce qu'il se forme sur sa tige une excroissance ronde comme une galle, qui est très-bonne contre les tranchées violentes et les hémorroïdes. On dit figurément et familièrement de celui qui mange en pignochant, *Semblo que mangeo de coooussido* : il semble manger des chardons.

COOUSSIGA. v. a. Fouler. Mettre les pieds sur quelqu'un ou sur quelque chose par mégarde en marchant. *Vai d'aise de me pas coooussiga* : prends garde à ne pas me mettre les pieds dessus.

B.-A. COOUSSIGNIÉ. s. m. Voyez CAOUSSANIÉ.

B.-A. COOUSSIGO. Voyez COOUSSIDO.

COOUSSOUN. s. m. Chausson. Chaussure que l'on met au pied nu, avant de mettre les bas.

COOUVAS, ASSO. adj. Terme de mépris. Blèche. Indolent, indolente. Fainéant, fainéante qui, par molesse, ne peut se mouvoir. *Quintou coouvas!* quel lâche fainéant! *Faire la coouvasso :* demeurer dans l'inaction par molesse. Fainéanter, cagnarder.

COOUTIGA. Voyez COUTIGA.

COOUTIGOU. Voyez COUTIGOU.

CORP-SAN. s. m. Buste d'un Saint, dans lequel sont enchassées des reliques exposées à la vénération des fidèles. *Pourta leis Corps-Sants à la proucessien :* porter les bustes des saints à la procession.

COTO. s. f. Terme enfantin. Poule. *Crida leis côtos :* appeler les poules. Voyez COCOTO, TITO.

V. COUA. s. f. Queue. Voyez COUÈ.

COUA.
V. COUADIS. } v. n. Couver. On le dit des poules et des oiseaux qui se tiennent accroupis sur leurs œufs pour les faire éclore. *Mettre coua :* mettre une poule couver. *Couadissié seis vous :* elle couvait ses œufs. Au fig. *Coua leis fèbres :* couver la fièvre.

COUADIS. adj. masc. Couvi. Gâté. On le dit d'un œuf à demi couvé, ou gâté pour avoir été gardé trop longtemps. *Uou couadis :* œuf couvé.

COUADO. s. f. Couvée. On le dit de tous les œufs qu'un oiseau couve en même temps, et des petits qui en sont éclos. Voyez COUAGNÓ.

COUAGNO. s. f. Couvée. Petits éclos d'une couvée. *Uno couagno de poulets :* une couvée de poulets. Au fig. Famille. Race. Troupe. *Eroun uno belle couagno :* ils étaient en grand nombre. Il est plaisant et familier.

V. COUAR. Voyez COUER.

COUARELLO. s. f. Couveuse, qui couve. On ne le dit que des poules et des oiseaux qui couvent.

COUATO. Voyez COUETTO.

V. COUARROU. Voyez PALOT. PANTOU.

COUAT. adj. m. Coi. Étonné. Interdit. Mystifié. Stupéfait.

COUBLE. s. m. Couple. Paire. Deux choses de même espèces mises ensemble. Il se dit pareillement de deux personnes unies ensemble par mariage. *Vaqui un pouli couble :* voilà un joli couple.

COUBLE. s. m. Terme de tanneur. Couplet. Veau. Peau de veau d'un an, tannée. *N'est pas de cuer, mai de couble :* ce n'est pas du cuir, mais bien du veau d'un an.

COUBLE. s. m. Terme de jardinier. Tresse. Cordée. Rangée. Glane. On le dit des ognons et des aulx que l'on a cordés ou tressés avec du glui. *Couble d'ayes :* tresse d'aulx.

COUBLO. s. f. Term. d'agr. Attelage. Couple. On le dit de deux animaux tels que mules, chevaux, bœufs, etc., qui vont ensemble pour le labour, pour la foulaison des grains. *En aquelo bastido l'y a doues coublos :* dans cette ferme il y a deux charrues, c'est-à-dire, les bêtes nécessaires à deux charrues. *Foou quatre coublos : en aquel hirnou :* il faut quatre couples de bêtes pour fouler ce gerbier, *N'y a per tres coublos :* il y en a pour le labourage de trois charrues.

V. COUBRELLI. Voyez CACALUCHO.

V. COUCA.
COUCHA. } v. a. Coucher. Mettre quelqu'un au lit, le déshabiller pour le coucher. Il est aussi réciproque. Se coucher. S'étendre de son long pour prendre son repos. *Si coucha de bouchoun :* se coucher sur le ventre. *Coucha leis enfans :* coucher les enfans. *S'ana coucha :* aller se coucher, prendre son repos. *Si Coucha,* parlant des bêtes de somme, se laisser choir sur la terre pour s'y reposer. *L'ai ses coucha oou soou :* l'âne s'est couché par terre.

COUCHA. v. a. Chasser. Mettre dehors avec violence. Contraindre quelqu'un de sortir de quelque lieu. Poursuivre. *Coucha leis galinos :* chasser les poules. *Coucha leis mouscos :* émoucher. *L'an coucha de soun pays :* on l'a chassé de son pays. *Lou coucherount à cnou de peiros :* ils le poursuivirent à coup de pierres. On dit prov. et fig. d'une personne qui est dans la misère par cagnardise, *Que coucho leis chins :* et ironiquement. *Que coucho lou marlus :* qu'elle vit misérablement.

COUCHA. v. a. Mener. Faire marcher devant soi. *Coucha l'ai :* faire aller la bourrique. *Coucha de bestis d'avet :* mener, conduire les bêtes à laine.

COUCHA. v. a. Terme d'agr. Verser. On le dit des blés , lorsqu'un orage ou une forte pluie les a couchés. *Leis blas soun couchas* : les blés sont versés.

COUCHA. v. n. Terme de boulangerie. Tendre. Mettre sur couche. Sortir la pâte du pétrin en la coupant en différens blocs , et lui donner ainsi la dernière façon avant qu'elle fermente. *Quand vouesto paste sera lesto couchares* : lorsque votre pâte sera prête vous pouvez tendre. Voyez PASTOUN. PASTOUNEJHA. ESTANCA.

COUCHADO. s. f. Couchée. Lieu où l'on loge la nuit en faisant voyage.
— Souper et logement des voyageurs dans une hôtellerie. *Donneroun tres francs per la couchádo* : ils payèrent trois francs leur couchée.

COUCHEIROUN. s. m. Terme de boulanger. Levain. Petit morceau de pâte , qui , étant délayé et mêlé ensuite de la farine dont on veut faire du pain , sert à la faire lever et à la faire fermenter.

COUCHIÉ. s. m. Cocher. Celui qui mène un coche, un carrosse, etc.

COUCHO. s. f. Hâte. Précipitation. Promptitude.
Ave coucho.
Ana de coucho. } Avoir hâte, être extrêmement pressé de faire une chose. *A toujours coucho* : il est toujours pressé.

COUCHO-MOUSCO. s. m. Emouchoir. Touffe de papier découpé en ruban, attachée à un manche , et dont on se sert pour chasser les mouches.

COUCHOUX , OUÉ. adj. Pressé, ée. Qui agit à la hâte et avec un empressement très-marqué.

B.-R. COUCOULOUCHA. Voyez COUCOUROUCHA.

COUCOUMARD. s. m. Coquemard. Petit pot de terre vernissé ayant une anse.

COUCOUN. s. m. Terme enfantin. OEuf de poule. *Fasé-li manjha un coucoun* : donnez-lui un œuf à manger.

COUCOUN. s. m. Cocon. Coque dans laquelle s'enveloppe le ver-à-soie en filant. *Coucouns minces* : cocons faibles. *Coucouns barralets* : petits cocons renforcés. *Per leis coucouns , ou temps deis caucouns* : à l'époque où l'on récolte les cocons.

B.-A. COUCOUNIA.
COUCOUNEJHA. } v. a. Terme de nourrice et de bonne d'enfant. Pouponner. Délicater. Choyer. Dorloter. Il est dérivé de *coucoun* , œuf de poule. Terme enfantin, et veut littéralement dire, régaler, satisfaire un enfant, ainsi qu'on le fait en lui donnant un œuf à manger. Voyez POUPOUNA. POUPOUNEJHA.

COUCOUNET , ETTO. adj. et subst. Douillet , douillette. Délicat avec affectation , qui veut être dorloté. Il ne se dit guère que des enfans. — Efféminé, ée.

COUCOUNIÉ. s. m. Coquetier. Marchand en gros d'œufs et de volailles.

COUCOUNIÉRO. s. f. Coquetier. Petit ustensile de table fait en forme de petit calice, où l'on met l'œuf que l'on mange à la coque.

COUCOURELLET. s. m. Très-petit coquemard. Voyez COUCOUMARD.

B.-A. COUCOUROUCHA. v. a. Combler. Remplir un vaisseau, une mesure jusque par-dessus les bords. tant qu'il y en peut tenir. On ne le dit qu'au propre.

COUCOUROUCHA , ADO. part. Comblé , comblée. *L'avien coucourouchado per que l'y anesso tout* : pour que tout put y aller, on l'avait remplie jusqu'au dessus des bords.

B.-A. COUCOUROUCHOU. s. m. Comble. Surcroît de ce que contient une mesure rase.

V. COUCOUROUCHOU. s. m. Coqueluche. Voyez CACALUCHO.

COUCOUROUMASSO. s. f. Concombre sauvage. Plante cucurbitacée.

COUDA. v. a. Terme de vigneron. Courber. Ployer le sarment que l'on met en terre (lorsqu'on plante la vigne) pour y faire prendre racine.

COUDADURO. s. f. Terme de Vigneron. Courbure. Partie du sarment ou de la souche , que l'on courbe pour qu'elle prenne racine.

COUDEJHA. v. a. Coudoyer. Heurter quelqu'un du coude.

COUDÉNO. s. f. Couenne. Peau de pourceau.

COUDOLO. s. f. Terme de juif. Pain azyme. Gâteau des juifs. Pain sans levain que les juifs préparent pour manger pendant qu'ils célèbrent la Pâque.

COUDOUN. s. m. Coing. Gros fruit à pepin, de couleur jaune. Au fig. Creve-cœur. Déplaisir extrême. Affliction. *Ave lou coudoun su l'estoumach* : avoir le cœur gr:s.

COUDOUNA. s. m. Cotignac. Confiture de coings.

COUDOUNIÉ. s. m. Cognassier. Arbre qui porte les coings.

COUDOULET. s. m. diminutif. Voyez COUÈDOU.

COUÉ. s. f. Queue. Cette partie qui est à l'extrémité du corps des animaux. Au fig. *Faire la coué à couquun* : faire la queue à quelqu'un, c'est lui jouer un tour, lui faire quelque pièce, le mystifier. On dit dans le même sens, d'une femme. *Que fa la coué à soun home* : pour dire, qu'elle lui est infidèle.

COUÉ. s. f. Terme de jardinier. Fane. Feuilles réunies de certaines plantes légumineuses, telles que porreau, ognon, ail, qui forment la queue. *Coué de pouerri* : fane de porreau.

COUÉ-ROUSSO. s. f. Rouge-queue. Oiseau.

B. A. COUÈDE. 〉 s. m. Galet.
B. R. COUÈDOU. 〉

Caillou poli et plat, communément de couleur grisâtre, que la mer et les rivières poussent sur quelque plage. Les casseuses d'amandes se servent du galet dans leur travail, et les gens du peuple le font chauffer en hiver pour leur tenir les pieds chauds dans le lit. *Faire coouffa lou couedou* : faire chauffer le galet.

COUEI.
COUEL. 〉 s. m. Cou. Col. Partie
COUELE. 〉

du corps qui joint la tête aux épaules. *Couel d'uno boutiho* : goulot. *Mouchoir de couel* : fichu. Schall. *Pourta su lou couel* : porter sur son cou.

COUÉ-LÈVO. s. f. Bascule. Contrepoids servant à lever et à baisser quelque support. On dit qu'une chose. *Fai coué-lèvo* : lorsqu'elle perd l'équilibre et fait un mouvement semblable à celui d'une bascule.

COUÉLO. s. f. Montagne. Mont.

13

Grande masse de terre ou de roche fort élevée au-dessus de la surface du reste de la terre. On dit prov. et fig. *N'es pas leis couèlos que si rescouentroun* : ce ne sont pas les montagnes qui se rencontrent, pour dire, qu'il peut toujours dans la vie, se rencontrer des occasions où l'on peut reconnaître un service, comme venger une injure.

COUENTRO. prép. Contre. Auprès. Proche. *Ero couentro you* : il était auprès de moi. *Tout li vai couentro* : tout s'oppose à lui, il trouve de l'opposition par tout. On dit de deux personnes *Que si van pas couentro* : qu'elles ne se contrecarrent point l'une l'autre ; pour dire, qu'elles s'entendent, agissent de concert, ou sont de connivence.

COUENTRO-CARRA. v. a. Contrecarrer. S'opposer directement à quelqu'un.

COUENTRO-COUER. s. m. Répugnance. Opposition. Sorte d'aversion à faire quelque chose. *l'a fuou couentro-couer* : je le fais avec répugnance et contre ma volonté.

COUENTRO-COOU.
COUENTRO COP. 〉 s. m. Contre-

coup. Répercussion d'un corps sur un autre.

COUENTROFACH, ACHO. adj. Contrefait, contrefaite. Difforme, défiguré. *Home couentrofach* : homme contrefait, qui a la taille toute gâtée, toute diforme.

COUENTRO-PEOU. s. m. Contrepoil. Le rebours du poil. *A couentro-peou.* Adverb. Voyez REBOUR DE PEOU.

COUENTRO-PES. s. m. Contre-poids. Poids qui contrebalance un autre poids.

COUENTRO-TEMS. s. m. Contretemps, accident qui contrarie, qui traverse le succès d'une affaire. *Agueriam touto sorto de countro-tems* : nous eûmes toute sorte de contre-temps.

COUER. s. m. Cœur. Partie noble de l'homme, dans laquelle on croit communément que réside le principe de la vie.

COUER. s. m. Terme de chanvrier. Premier brin, ou simplement Brin. Partie la plus longue et la plus fine du chanvre, comme l'étoupe en est la plus courte et la plus grossière. *Télo de couer* : toile de brin, c'est-à-dire, toile faite avec du chanvre de premier brin. Voyez PIÉ.

COUÈRDO. s. f. Corde. Tortis fait de chanvre. *Couerdo de barco* : cable. *Couerdo trepougnièro* : gros ligneul à piquer.

COUEST. s. f. Cocq. Plante potagère odorante et vivace, appelée encore menthe grecque, menthe notre-dame.

COUESTO. s. f. Côte. Os qui s'étend depuis l'épine du dos jusqu'à la poitrine. On dit fig. et famil. Qu'une personne *A leis couestos eou long* : qu'elle ne peut se plier, pour dire, qu'elle ne veut rien faire.

COUESTO. s. f. Nervure. Partie la plus charnue d'une feuille d'arbre ou de plante. *Couesto d'àpi, de lachugo* : nervure de céleri, de laitue.

COUÈSTO. s. f. Coût. Ce qu'une chose coûte. *Acheta uno titè a n'un pichoun, n'est pas uno tant grand couèsto* : acheter une poupée à un enfant, ce n'est pas une grande dépense.

COUESTO-COUNHIÈRO. s. f. Terre-crèpe. Petit laiteron. Plante dont les lapins sont très-friands et que l'on mange volontiers en salade au commencement du printemps.

COUETTO. s. f. Tape. Taloche. Coup du plat de la main donné sur le derrière ou par côté de la tête. Il est plaisant. *Douna uno couetto* : donner une tape.

COUETTO. Voyez COUPET.

COUETTO-ARRIÈRO. Expression prov. Reculer. *Tira couetto-arrièro* : détourner la tête, passer outre.

COUFFADO. s. f. Plein une manne. Ce qu'une manne peut contenir.

COUFFO. s. f. Manne. Gros cabas. Espèce de sac en jonc, dans lequel les épiciers tiennent certaines marchandises de leur commerce, telles que riz, sucre, etc. *Uno couffo de ris* : une manne de riz.

— Au fig. *Uno couffo*. Un nigaud, un sot, un imbécille.

COUFFIN. s. m. Cabas. Espèce de corbeille de jonc ou de sparte.

COUGNA. v. a. Cogner. Pousser fortement. Frapper sur une chose

pour la faire entrer ou pour la faire joindre avec une autre.

COUGNET. s. m. Coin. Pièce de fer ou de bois qui aboutit en angle aigu, et qui est propre à fendre du bois, des pierres, etc.

COUGNET. s. m. Terme de bûcheron.

— Angrois. gros coin en fer.
— Ebuard. Coin de b. très-dur. } dont on se sert pour fendre des bûches, des troncs d'arbre.

COUGNET. s. m. Cale. Ce que l'on met sous les pieds d'un meuble pour le consolider, lorsque le terrain est mal uni ou les pieds inégaux. *Mettez un cougnet souto aquelo taoulo que brando* : mettez une cale à cette table pour la consolider. On appelle *Cougnet de froumagi* : un morceau de fromage coupé en forme de coin.

B. A. COUGOURDANO. *Pero cougourdano.* s. f. Poire d'estranguillon. Sorte de poire fort âpre et graveleuse.

COUGOURDIÈ. s. m. Citrouiller. Plante potagère qui porte des citrouilles ou des courges. On dit prov. et fig. d'un homme à qui on en a beaucoup fait accroire. *L'an abcoura coum'un cougourdiè* : on lui en a fait accroire tant qu'on a voulu.

COUGOURDO. s. f. Citrouille. Courge. Gourde. Fruit du citrouiller. Plante potagère.

COUGOURDO-PER-COUNFI. s. f. Melon-d'eau. Sorte de pastèque blanche, bonne seulement à confire, et dont les pepins ou graines qui sont rouges, sont une des quatre semences froides.

COUGOURDOUN. s. m. Diminutif. Petite citrouille ronde. Il n'est guères d'usage, excepté néanmoins dans cette locution populaire et bouffonne, *A lou nas coum'un cougourdoun* : il a le nez comme une petite citrouille, ce que l'on dit de quelqu'un qui a le nez fort gros ou enflé.

COUGUOU. s. m. Coucou. Oiseau qui tire son nom de son chant.

COUGUOU. s. m. Terme de mépris et quelque peu libre. Cocu. On le dit de celui dont la femme manque à la fidélité conjugale.

COUHIÈ. s. m.
COUHIÈRO. s. f. } Benêt. Nigaud.

Imbecille. Celui, celle qui par bon-
homie ou indifférence se laisse faire
tort, ou se prête à tout ce qu'on
veut. Il est populaire.

B. A. COUIJHA. v. a. Coucher.
Voyez COUCA.

V. COUIJHO. s. f. Couche. Enduit
qu'on fait avec des couleurs pour
peindre, ou avec du plâtre pour re-
erêpir, etc.

V. COUIMA. v. a. et récip. Terme
de moulin à huile. Se parfaire. On
le dit des olives que l'on a entassées
dans le grenier, pour qu'en s'y échauf-
fant, l'huile s'en distille mieux.

B. R. COUINA. Terme marseillais. Voyez COUSINA.

COUIRE. v. a. Cuire. Préparer les
alimens par le moyen du feu, pour
les rendre propres à manger. *Couire
lou pan, Couire lou dina.* Cuire le
pain. Cuire le dîner.

COUIRE. Signifie aussi, Faire cuire.
Il se met quelquefois absolument
pour Cuire du pain. *Aquou boulangiè couit touteis leis jours :* ce boulanger cuit tous les jours. *Couiren
deman :* nous cuirons demain.

COUIRE. v. n. Cuire. Causer une
douleur âpre et cuisante, telle qu'est
celle d'une brûlure ou d'une écorchure. *S'es grata soun maou et l'y
couit :* il a gratté sa plaie et elle lui
cuit.

COUIRE. v. n. Brûler. On le dit
de certaines plantes potagères, telles
que piment, porreaux, ail, etc. Qui
étant mangés crus, causent à la
langue et à la bouche une cuisson
qui brûle par leur saveur âcre et
piquante. *Lou pebre couit :* le poivre brûle. *Leis cebos roujhos couc-
youn :* les ognons rouges brûlent.

COUISOUN. Voyez COUYESOUN.

COUISSIN. s. m. Coussin. Carreau de siège. — Traversin de lit.
— Oreiller qu'on met sous le traversin. Sorte de sac cousu de tous
les côtés et rempli de plumes, de
bourre, ou de crin.

B. A. COUISSINIÈRO. s. f. Taie.
Sorte de sac de toile de coton blanche
ou peinte, qui sert d'enveloppe à
un coussin, à un oreiller, etc.

COULA. v. a. Couler. Passer une
chose liquide, au travers du linge,
du drap, etc, pour l'épurer ou la

clarifier. *Coula de lach :* couler du
lait. *Coula la buyado :* couler la lessive.

COULA. v. n. Fluer. Couler. Se
dit des choses liquides qui suivent
leur pente. *Lou nas li coulavo :* le
nez lui dégouttait. *Leis larmos li
coulavoun :* les larmes lui tombaient
des yeux.

COULA v. a. Coller. Joindre avec
de la colle.

COULADO. s. f. Accolade. Trait
de plume qui joint plusieurs articles
pour n'en faire qu'un.

COULADO. FAIRE LA COULADO.
Saluer. Complimenter. Congratuler.
L'y anerian fa la coulado : nous fûmes le congratuler, lui faire la bienvenue. Il est vieux.

COULAR. }
COULAS.   } s. m. Collier. Partie d'un harnais des chevaux de
charrette ou de labour, faite de bois
et rembourrée, et qu'on leur met
au cou pour tirer.

COULATIEN. s. f. Collation. Léger repas du soir, que l'on fait les
jours de jeûne.

COULET. s. m. Colline. Mont.

COULOBRE. s. m Couleuvre.
Reptile du genre des serpens.

COULOUMBET. s. m. Cloche-pied.
Sorte de jeu d'enfant. *Juga oou cou-
loumbet :* jouer à cloche-pied. Voyez
PÉ-COUQUET.

COULOUMBETTOS. s. f. pl. Terme
de tonnelier. Anses. Ce sont les deux
anneaux en fer de la bonde ou
huisset d'un tonneau, et qui servent
à l'y fixer. *Leis couloumbettos d'un
usset :* les anses de la bonde. Voyez
USSET.

COULOUMBINO. } s. f. Fiente
COULOUMBRINO. } de pigeon.

B. R. COULOUMBRINO. s. f. Canonnière. Instrument de polisson,
fait d'un bout de sureau coupé entre
deux nœuds dont on a vidé la moelle. Après en avoir bouché fortement les deux extrémités avec de la
filasse ou du papier mâché, on pousse
avec une baguette l'un des bouchons,
qui, en chassant l'air comprimé,
fait sauter avec bruit le bouchon
opposé.

COUMANDA. v. a. Commander. Or-

donner. Avoir autorité. Gouverner.

COUMANDA. v. a. Terme de muletier. Diriger. Fixer. Arrêter la corde
d'une charge de mulet.

COUMBLA. v. a. Combler. Remplir
un creux, un vide.

COUMBLE. Voyez COUCOUROU-
CHOU.

COUMBO. s. f. Combe. Vallée. Vallon. Lieu bas et enfermé entre deux
montagnes. — Grotte.

COUMBOURI. v. a. Consumer. Dissiper. User. Dévorer. On ne le dit
qu'en parlant de ce que la terre consume et dévore. *Lou fumiè n'es p'anca coumbouri :* le fumier n'est pas
encore consumé. Au fig. COUMBOURI,
IDO adj. Pâle. Triste. Défait. Langu s-
sant. On ne le dit que des personnes.
Il est familier. *Air coumbouri :* air
pâle, défait.

COUMENÇOUN. s. m. Terme de dévideuse. Bobine. Espèce de gros fuseau sur lequel on commence à dévider le fil que l'on met en pelotou.

COUMENÇOUN. s. m. Commencement. Introïbo d'une affaire, d'un
travail. Début. Noyau. *Ai vis lou
coumençoun :* j'ai vu le commencement. *Siou oou coumençoun :* je suis
au début. *An mes lou coumençoun :*
on a formé le noyau.

COUMO. adv. Comme. Ainsi que.
De même que. Presque. *Blanc cou-
me la neou :* blanc comme la neige.
— Comment. De quelle manière,
de quelle sorte. *Coumo va que sias
vengu ?* Comment se fait-il que vous
soyez venu?

B. A. **COUMO.** adj. de t. g. Comble. Rempli, remplie avec surcroît.
Il ne se dit proprement que de la
mesure des choses sèches, comme
des noix, grains, son, farine, etc.
*Leis noses si mesuroun à panaou cou-
mo :* les noix se mesurent à panal
comble. La mesure comble est opposée à la mesure rase.

COUMOU. s. f. Volume. Étendue
d'une masse, d'un corps, etc. Par
rapport à l'espace qu'il tient. *Faire
fouesso coumou :* faire beaucoup de
volume.

COUMPAIRE. s. m. Compère. Celui qui a tenu un enfant sur les fonts
du baptême. On dit prov. *Tout vai
par coumpaire et par coumaire :* tout

se fait par compère et par commère,
c'est-à-dire, par faveur, et par rapport aux liaisons qu'on a.

V. **COUMPAN.** s. m. Compagnon.
Camarade. Voyez SOCI.

COUMPANAGI. s. m. Aliment. Nourriture. Ce qui se mange. On ne le
dit au propre qu'en parlant des animaux. Il est du style pastoral et
poëtique. On fait dire au rossignol.

Un vermisseou me sert de coumpanagi,
Dins un ruisseou trovi moun abeuragi.

COUMPANEJHA, (SE). v. récip.
Se mesurer. Se ménager. Régler proportionnellement sa pitance et ses alimens, aux circonstances difficiles où
l'on se trouve. *Quand l'on n'a gaire
de fricot foou si coumpanejha :* Lorsqu'on n'a pas beaucoup de pitance
il faut se ménager. *T'an fach ta part,
coumpanejho-ti :* l'on t'a fait la portion, mesure toi. Il ne se dit qu'en
parlant des mets ou de tout ce qui
se mange avec le pain et qui lui sert
d'assaisonnement. C'est ce quò signifie le mot *Coumpanejha* qui veut
dire manger avec du pain.

COUMPLANTA. v. n. Terme d'agr.
Complanter. Garnir. Fournir d'arbres.

COUMPLANTA, ADO. part. Complanté, complantée. *Tarren coumplanta d'oouliviers :* terrain complanté
d'oliviers. *N'es pas terro nuso, mai
ben coumplantado :* ce n'est pas une
terre nue, ou seulement à blé, mais
bien complantée d'arbres.

COUMPRENSIEN. s. f. Compréhension. faculté de comprendre. Voyez
COUNCETIEN.

COUMPRENURO. s. f. Terme familier et populaire. Compréhension. Intelligence. *Es uno fiho que n'a ges de
coumprenuro :* c'est une fille bornée
et sans intelligence.

COUNCEBRE. v. a. Concevoir. Il
se dit au propre, d'une femme qui
devient grosse, et des femelles des
animaux. Au fig. Entendre bien une
chose, s'en faire une juste idée.

COUNCETIEN. s. f. Conception.
Action par laquelle un enfant est conçu dans le sein de sa mère. Au fig.
Intelligence. Intellection. Faculté de
comprendre et de concevoir les cho-

ses. *N'a ges de counceticn* : il n'a point d'intellection.

COUNDUC. s. m. Aqueduc. Canal couvert pour conduire les eaux.

— Egoùt. Conduit par où s'écoucoulent les immondices d'une rue, d'une ville.

COUNEISSE. v. a. Connaître. Avoir dans l'esprit, l'idée, la notion d'une chose ou d'une personne.

— Discerner les objets, les distinguer. On dit proverb. *Qui ben amo de luènc counei* : qui bien aime quelqu'un, de loin le reconnaît.

COUNEIGU, UDO.   } part. Connu,
COUNEISSU, UDO. } connue.

COUNFESSA. v. a. et récip. Confesser. Se confesser.

COUNFESSIOUNOIR. s. m. Confessionnal. Siège où se met le prêtre qui entend les pécheurs en confession, dans une Église.

COUNFESSOUR. s. m. Confesseur. Celui qui a confessé la foi. — Prêtre qui a le pouvoir d'entendre les confessions.

COUNFI. v. a. Confire. Assaisonner et faire cuire des fruits, des légumes, etc., dans certain suc ou certaine liqueur, qui les pénètre, s'y incorpore et les conserve. *Counfi de peros, de coudouns* : confire des poires, des coings. *Counfi de pebroun dins lou vinaigre* : confire des pimens.

COUNFISA. v. a. Familiariser. Vivre familièrement avec quelqu'un. Agir en confidence. *Counfisoun ensen* : ils vivent familièrement ensemble. *Dins un temps counfisavoun ensen, mai aro counfisoun plus* : dans un temps ils vivaient et agissaient en confidence, mais aujourd'hui ce n'est plus ainsi.

COUNFRONT. s. m. Tenant. Aboutissant. Adjacent. Limitrophe. On le dit de l'héritage, du chemin, de la rue, etc., qui avoisine une propriété, un héritage, en direction d'un des quatre points cardinaux. *Douna leis counfrons d'un houstaou, d'uno terro* : désigner les tenans et les aboutissans d'une maison, d'une terre.

COUNFROUNTA. v. a. Être l'imitrophe. Avoisiner. Confiner. Avoir pour tenant et aboutissant. *Soun pra counfrouto doou levant N.* : son pré a pour tenant et aboutissant du côté du levant, N...

COUNFROUNTA. v. a. Confronter. Mettre en présence.

COUNGLAÇA. v. a. Congeler. Figer. Durcir par le froid. *Lou fre counglaço l'aiguo* : le froid congèle l'eau. *Vin counglaça*. Vin congelé.

COUNGOUSTO, (ESTRE EN) adv. Se délecter. Être à cœur joie, à tout plaisir. *Soun en coungousto* : ils se délectent, ils sont à cœur joie.

COUNGRIA. v. a. Couver. Engendrer. Produire. *Aquel home coungrié leis febres* : cet homme couve les fièvres. *La maouproupreta coungrié la pevouino* : la malpropreté engendre la vermine.

COUNGRIAIRE. s. m. Corroyeur. Il est vieux. Voyez CURATIÉ.

COUNHIÈRO. s. f. Rabouillère. Trou peu profond que les lapins creusent pour y faire leurs petits.

COUNIOU. s. m. Lapin. Animal sauvage, timide, appelé anciennement connil. On dit popul. et plaisamment. *Aco nès pas de petos de couniou* : ce ne sont pas là des vetilles, pour dire, que la chose dont on parle est assez importante, ou d'une valeur considérable.

COUNSEGAOU. s. m. Méteil. Mélange de plusieurs espèces de blé, ordinairement froment et seigle.

COUNSEIHA.   } v. a. Conseiller.
COUNSIHA. } Donner un conseil.

COUNSIANCO. s. f. Conscience. Sentiment intérieur par lequel l'homme se rend témoignage, etc.

COUNSIANÇO. s. f. Terme de faiseur de chaises. Planchette. Support qu'on attache sur la poitrine, et sur lequel appuie la pièce de bois qu'un ouvrier polit avec la plane.

— Terme de couvent d'ordre mendiant. Cantine. Usine en fer blanc dans laquelle, autrefois les Capucins et aujourd'hui les ermites et les quêteurs, mettent le vin ou l'huile qu'on leur donne.

COUNTA. v. a. Raconter. Conter. Narrer quelque chose vraie ou fausse. *Nous countavo la pèco que li juguè-*

roun : il nous raconta la pièce qu'on lui joua.

COUNTA. v. a. Terme d'instituteur. Epéler. Nommer les lettres de l'alphabet et en former des syllabes en les assemblant les unes avec les autres. — Compter, nombrer, calculer.

COUNTADOU. s. m. Terme de marchand. Banque. Comptoir. Sorte de table longue ayant un tiroir fermé à clef, et dont les marchands se servent pour y déplier et entreposer leurs marchandises, comme pour y compter leur argent et l'y renfermer.

COUNTAROLE. ⎫ s. m. Contrôle.
COUNTOROLE. ⎭

Registre dans lequel les receveurs de l'enregistrement transcrivent les actes publics.
— Bureau de l'enregistrement.

COUNTENENCI. s. f. Contenance. Capacité. Etendue. — Maintien, posture. On dit proverbialement et figurément, d'un homme à qui il est arrivé quelque chose d'humiliant et de fâcheux. Que snou plus que countenenci teni : qu'il ne sait à quelle sauce manger le poisson.

COUNTOUROULA. v. a. Enregistrer. Contrôler un acte public. Il est aussi récip. Faire countouroula un testament. Faire enregistrer un testament. Au fig. Countouroula : censurer, critiquer.

COUNTOUROULUR. s. m. Contrôleur. Receveur de l'enregistrement. Au fig. et en mauvaise part. Censeur.

COUNTOUROULUSO. s. f. Contrôleuse. Celle qui censure, blâme et critique. Il est famil. et ne se prend qu'en mauvaise part.

COUNTRARI. adj. m. Contraire. Qui est opposé, nuisible. Lou tems nous es countrari : le temps nous est contraire. Lou vin l'y es countrari : le vin lui est nuisible.

COUNTRARI. (Faire de) v. récip. Nuire. Faire des malices. Houspiller. Provoquer. il ne se dit qu'en parlant des enfans. Es un marri pichoun que fa rèn que de countrari : c'est un mauvais petit garçon qui ne cherche qu'à nuire.

COUNTRARIA. v. a. Contrarier. Traverser quelqu'un dans ses desseins. Contredire.

COUNTRARIVÈN, ENTO. ⎫ adj.
COUNTRARIVOUX, OUÉ. ⎭

Contrariant, contrariante. Querelleur, querelleuse, qui est d'humeur à contrarier, à provoquer les autres sans sujet. On ne le dit guère que des enfans.

COUNTUNI. s. f. Continuité. Durée continue. On dit prov. La countuni rende mestre : la continuité rend maître.

COUNTUNI. adv. Continûment. Sans interruption. Escriou de countuni : il est continûment occupé à écrire.

B. A. COUNTUNIA. v. a. Continuer. Poursuivre ce qui est commencé. Prolonger.

COUNVENTUAOU. s. m. Religieux. Celui qui s'est obligé par vœu à demeurer dans un cloître pour y suivre une règle.
— Conventuel, qui est du couvent, qui appartient au couvent. Ben counventuaou : bien conventuel.

COUNVIDA. v. a. Convier. Inviter quelqu'un à un repas, à une cérémonie. Il est quelquefois substantif. Leis counvidas.

COUPA. v. a. Couper. Trancher. Séparer. Diviser un corps continu, avec quelque chose de tranchant. Coupa de bouès, coupa leis chevus. Si coupa : se faire une coupure. On dit famil. Coupa court : trancher court, pour dire, terminer en peu de mots, abréger un discours, une conversation, etc.

COUPA. v. n. Trancher. On le dit des couleurs lorsqu'elles sont de nuances fort vives et très-différentes les unes des autres. Lou rouge coupo trop su lou vert : la couleur rouge tranche trop avec la verte.

COUPADURO. s. f. Coupure. Incision faite par un instrument tranchant, sur une personne ou sur des animaux.

COUPAIRE. s. m. Compère. Voyez COUMPAIRE.

COUPET. s. m. Nuque. Occiput. Chignon. Partie du derrière du cou, entre le dos et la tête.

COUPETEJHA. v. a. Déchiqueter.
Couper en petits morceaux.

COUPO. s. f. Bassin d'une balance.

COUPO-CUOU. s. m. Terme populaire. Veste courte.

B. A. COUQUET. s. m. Terme de jardinage. Trochet. On le dit des fleurs qui viennent et qui croissent ensemble comme par bouquet.

B. A. COUQUET. s. m. Groupe. Assemblage, petite réunion de choses identiques.

— Groupe de personnes.

COUQUIADO. s. f. Cochevis. Alouette huppée. Oiseau.

COURA. Voyez COULA.

V. COURADETTO. s. f. Fressure d'agneau ou de chevreau. Voyez LAVADETTO.

V. COURADO. Voyez LEVADO. Fressure.

COURANTO. s. f. Diarrhée. Dévoiement. Cours de ventre. Il est du style plaisant et famil. Leis rasins li an fa veni la couranto : les raisins lui ont procuré la diarrhée.

COURAOU. s. m. Corail. Arbuste marin d'un très-beau rouge, et qui durcit hors de l'eau.

COURAOU. s. m. Cœur d'une Pastèque ou melon d'eau. Mangeas lou couraou : mangez le cœur de la pastèque.

COURBADO. s. f. Terme d'agriculture. Provin. Faire de courbados : provigner. Faire de provins en ravalant la vigne ; ce qui se fait en découvrant le cep jusqu'à la racine, le rabaissant et le couchant dans une fosse à niveau, étendant de côté et d'autre, selon le besoin, un ou plusieurs des plus beaux jets qui y tiennent, pour en faire tout autant de provins, que l'on recouvre de terre ainsi que le cep.

COURCHOUN. s. m. Grignon. Morceau de l'entamure du pain, du côté qui est le plus cuit et qui a le plus de croûte. A de bouencis dents douna li lou courchoun : donnez-lui le grignon parce qu'il a de bonnes dents.

B. A. COURCOUSSÈLLO. s. f. Culbute. Certain saut qu'on fait, mettant la tête en bas et les jambes en haut pour retomber de l'autre côté. Voyez CAMBARELLETTO.

COURCOUSSOUN. s. m. Cuceron. Cosson. Insecte, espèce de charençon qui s'introduit dans les légumes et qui en mange la farine. Les pois et les fèves y sont très-sujets.

COURCOUSSOUNA, ADO. Adj. Véreux, euse. Piqué rongé par les cucerons. On le dit des légumes. Lentios courcoussounados : lentilles véreuses, attaquées des cucerons.

COURDA. v. a. Corder. Lier avec une corde.

— Cordeler. Tresser en forme de corde.

COURDAT. s. m. terme de marchand et de tisseur à toile. Cordat. Linge de table croisé, uni, par opposition à façonné.

COURDEJHA v. n. terme de boulangerie. Filer. Faire la corde. On le dit de la pâte, lorsqu'étant suffisamment travaillée elle s'étend et forme la corde en la laissant couler des mains.

COURDEJHA. v. a. Corder. Former la corde. — Faire de la corde.

COURDELA v. a. Lacer. Serrer avec un Lacet. Courdela un corps : Lacer un corps de jupe.

COURDELA, ADO. Part. Lacé, lacée. Sés courdelado souletto : elle s'est lacée toute seule.

COURDETTO. s. f. Cordelette. Petite corde.

COURDELO. s. f. Lacet. Cordon de fil dont les femmes se servent pour serrer leur corps de jupe. Courdélo de sedo : lacet de soie. Passa uno courdélo : enfiler un lacet. Bout de courdélo : ferret de lacet.

COURDURA. v. a. Coudre. Attacher et joindre deux ou plusieurs choses ensemble, avec du fil ou de la soie passée dans une aiguille. On dit prov. et fig : Aco soun de finessos courdurados cme de fiou blan : ce sont là de ces ruses qui percent au grand jour.

COURDURADO. s. f. Aiguillée. Etendue de fil, de soie ou de laine, coupée de la longueur qu'il faut pour travailler à l'aiguille. On dit famil. et fig. de celui qui a dormi toute la nuit d'un sommeil non interrompu, Que n'a fach qu'uno courdurado : qu'il a fait la nuit tout d'un somme. On dit d'une personne qui tient son secret caché : Qu'es ben courdurado : qu'elle est bien boutonnée.

COURDURO. s. f. Coûture. Assemblage de deux choses par le moyen de l'aiguille ou de l'alène, et avec du fil, de la soie etc. C'est aussi l'action et l'art de coudre. On appelle, *Courdure blanco* : couture blanche, la couture du linge blanc, comme chemises, draps, percales, etc. *Et Filo de courduro* : celle qui travaille habituellement à la couture chez un tailleur ou chez une couturière.

COURET. s. m. Terme de boucherie. Cœur des animaux que l'on tue à la boucherie. *Couret de moutoun, couret de pouarc* : cœur d'un mouton, cœur de cochon. *Manja lou couret* : manger le cœur.

COURIANDRE. s. m. Grésil, Sorte de menue grêle assez dure et dont la blancheur égale celle de la neige. *Toumbo de couriandres* : il tombe du grésil.

COURLIOU. s. m. Courlis. Oiseau aquatique et bon à manger.

COURNU. s. m. Baquet. petit cuvier de bois qui a les bords fort bas.

COURNUDO. s. f. Cornue. Benne. Espèce de cuvier de bois à bords fort hauts et ayant deux anses ou portants, en forme de corne. On s'en sert à charrier la vendange, et à transporter du vin, de l'eau et autres liquides. *Cournudo de muou* : cornues pour un mulet. *Un pareou de cournudos* : une paire de cornues. *Cournudo de rasin, cournudo d'holi, bastoun de cournudo* : bâton à porter les cornues. On dit populairement et figurément, quand il pleut bien fort, que *N'en toumbo à cournudo* : qu'il pleut à seaux.

COURNUDOS. s. f. plur. Oreillons. Maladie. Tumeur qui vient aux glandes des oreilles, et qui fait enfler le cou, *Ave leis cournudos* : avoir les oreillons.

COURNUDOUN. s. m. diminutif. Petite benne. Petit cuvier. Voyez COURNU.

COURO. adv. de temps. Lorsque. Dans quel temps. Gondouli a dit, parlant de la mort d'une bergère :

« Coursolo-ti Tyrcis , tounervo toun laseil que plouro,

« Cai te n'en pende coutau et roun sabes pas couro.

B.-A. COUROUGNO. s. f. Quenouille. Sorte de petite canne, de bâton renflé par le haut, et que l'on entoure de chanvre, de lin, de laine ou de filoselle, etc., pour filer.

COUROUN. s. m. Tortillon. sorte de gâteau fait en forme de couronne.

COUROUNA. v. a. terme d'agr. Etêter. Etronçonner. Couper entièrement la tête à un arbre, lui laisser seulement la naissance des branches au-dessus du tronc; ce qui en forme le couronnement.

B.-A. COUROURAGI s.m. ⎫
COUROUREYO s. f. ⎭ Collation.

Léger repas que l'on donne en signe de réjouissance et au retour de l'Eglise, aux personnes qui ont assisté au baptême d'un enfant ou à la célébration d'un mariage, pour y boire à la santé du nouveau né, ou des nouveaux époux. Voy. GANJHOURIO. *Assista oou courouragi* : assister à la collation.

COUROUX COUROUE adj. Propret. Net. Bien séant. Joli. Aimable. Bien arrangé. Engageant, qui a de la grace. Ce mot de *Couroux* donne tout à la fois l'idée de la propreté et de l'arrangement. *Air couroux* : air propre. *Chambro couroué* : chambre bien arrangée. *Aquelo peysano est toujour ben couroué* : cette paysanne est toujours propre et bien arrangée. Lorsqu'on le dit des aliments, le mot de *Couroux*, ajoute à l'idée de propreté celle de bon et d'agréable à la vue. *Mouceou couroux* : morceau délicat. *Viando couroué* : belle viande. *Fruit couroux* : beau fruit de choix. *Toumos ben couroués* : fromages frais bien apétissants. On appelle *Maou couroux, maou couroué* : impoli, grossier, rustique , celui ou celle qui manque de belles manières , qui n'en a que de désagréables ou de choquantes qui déplaisent et rebutent. C'est l'opposé d'affable. *Es uno maou couroué* : c'est une malhonnête.

COURPOURANÇO, s. f. Corpulence. Grandeur et grosseur d'une personne.

COURRADOU. s. m. Corridor. Vestibule. Pièce de batiment qui s'offre la première à ceux qui entrent, et qui sert de passage pour aller aux autres pièces. On ne le dit qu'en parlant des maisons du peuple, dont le vestibule étroit et peu éclairé n'est effectivement qu'un simple corridor. *Sarra lou courradou:* fermer le corridor. *Poussa, tira la poucrta doou courradou:* pousser, fermer sur soi, la porte du corridor.

COURRANTIA. v. n. Courir. Aller çà et là, de part et d'autre sans s'arrêter longtemps à chaque endroit. — Vréder. Aller et venir sans objet. Il ne se prend qu'en mauvaise part. *D'ounte vèn mai de courrantia?* D'où revient-il encore de courir?

COURRANTIN. Adj. s. m. ⎫
COURRANTINO. Adj. s. f. ⎬ Coureur, coureuse.
COURRANTIHO. s. m. de t. g ⎭ Celui et celle qui ne fait que courir de côté et d'autre.

COURRATAGI. s. m. Courtage. Travail. Entreprise. Négociation. Salaire d'un courtier.

B.-A.—Mesurage. Action par laquelle on mesure. Droit pris sur chaque mesure. *Affarma lou courratagi:* affermer le droit de mesurage. *Paga lou courratagi:* payer le mesurage.

B.-A. COURRATIÉ. s. m. Courtier. Entremetteur des ventes et achats de marchandises, principalement des denrées locales dans les petits endroits.

B.-A. COURRATIE s. m. Mesureur public. Celui qui, dans nos petites communes afferme le droit de mesurer les denrées qui se vendent à mesures; parce que ces fermiers font toujours l'office d'entremetteur entre les vendeurs des denrées locales et l'étranger qui vient les y acheter. *Ana crida leis courraties per mesura lou vin:* appeler les courtiers pour mesurer le vin.

B.-A. COURRATIERO. s. f. Courtière. Fripière, celle qui dans certaines communes, vend ou fait vendre pour le compte d'autrui, de vieux meubles et de vieux habits.

COURRE. v. n. Courir. *Courre, courres, courre, courrèm, courrès, courroun, courriou, courriès, courrièn, courreri, courrerai, courre, que courre, que courreguessi.* Aller de vitesse et avec impétuosité. *Courre*

la patantcino: courir la prétentaine, aller et venir çà et là sans motif.

COURRE v. n. Chevaler, Faire plusieurs allées et venues pour une affaire. *L'y a tres mes que mi fa courre per aco:* il me fait chevaler depuis trois mois pour cette affaire. On dit prov. et fig. *Touto Peiro que courre tant, n'accampo pas moffo:* pierre qui roule, n'amasse point mousse, pour dire, qu'un homme qui change souvent de profession et de domicile, n'acquiert point de bien.

COURREJHADO. Voyez ESCOURREJHADO.

COURREJHO. s. f. Courroie. Pièce de cuir coupée en long, étroite, et qui sert à lier et à attacher quelque chose. *Estaca eme de courrejhos:* lier avec des courroies.

B.-R. COURREJHOLO. s. f. Liseron. Herbe rampante et vulnéraire, dont la fleur est en cloche. Voyez COURRIASSO.

COURREJHOUN. s. m. diminutif. Courroie très-étroite, avec laquelle on lie les souliers, et qui tient lieu de boucles aux gens du peuple.

COURREJHOUX, OUE. Adj. Coriace. Qui est dur comme du cuir et difficile à mâcher. *Viando Courrejhoué:* viande coriace.

COURREIRE. s. m. Coureur. Qui est léger à la course. Qui se pique de bien courir. On appelle *Courreire de plato:* celui qui court la bague dans une fête patronale.

B.-A. COURRENÇO. s. f. Foire. Diarrhée. Il est popu.

COURRENT. s. m. Terme de jardinier. Courant d'eau pour arroser. Voyez VALAT.

B.-A. COURRIASSO. Voyez COURREJHOLO.

COURRUBI. Voyez CARROUBI.

B.-A. COURRUBIEROS. Adj. f. plur. Terme de jardinier. Semblables à un carrouge, à large silique. C'est la qualification qu'on donne à cette belle espèce de fèves, dont les gousses ou siliques, plus longues et plus larges que les espèces ordinaires, ont quelque ressemblance avec un carrouge (*courrubi*). *Favos courubièros:* fèves à large silique.

COURSETOUN. s. m. dimin. Petit corset. Corset d'enfant.

14

COURTO-FARINO. s. f. Terme de boulanger. Recoupe. Voyez FLOURET-TO.

COURT-HALEN. s. m. Asthme. Maladie. *A lou court-halen :* il est asthmatique.

COUS. s. m. Etage. Espace entre deux planchers, dans une maison. *Loujha oou secound cous:* loger au 2ème étage. On appelle plaisamment, *Lou premiè cous en descenden doou ciel:* le plus haut étage d'une maison.

COUS. s. m. Terme de moulin à huile. Gîte. Auge. Meule de forme concave, sur laquelle tourne celle qui broye les olives. Voyez VIRANT. PEISSENT.

COUSINA. v. a. Cuisiner. Apprêter les viandes, faire la cuisine. *Cousina lou soupa:* apprêter le souper. *Sachét cousina:* savoir faire la cuisine.

COUSINO. s. f. Cuisine. Endroit d'une maison où l'on apprête les viandes. — Art d'apprêter les viandes.

COUSSAOUDO. s. f. Prèle. Queue de cheval. Plante rude au toucher, et dont les tourneurs se servent pour polir leurs ouvrages. Dans le ménage on en fait des bouchons tortillés (*fretadou*), dont on recure la vaisselle.

COUSSAOUDOUN. s. m. diminutif Petite prèle. Voyez COUSSAOUDO.

COUSSO. s. f. Ecousse. Mouvement impétueux que l'on fait en avant, pour mieux s'élancer. *Prendre cousso:* s'élancer, prendre son écousse.

COUSSU, UDO. adj. Etoffé, ée. Riche. Cossu, ue. A l'aise. Qui a en abondance toutes ses aises et ses commodités. *Es un home coussu:* c'est un homme bien étoffé. *Houstaou coussu:* maison riche, cossue.

COUSTA. v. n. Coûter. Être acheté à un certain prix. *Quand vous couesto?* combien vous coûte-t-il ?

COUSTA. s. m. Côté. Partie droite ou gauche de l'animal, depuis l'aisselle jusqu'à la hanche. — Endroit, partie d'une chose. *Maou de cousta:* mal de côté. A COUSTA. Prépos. A côté. Au côté. DE COUSTA. adv. De côté. De biais. De travers. Obliquement. *Marcha de cousta:* aller de travers.

COUSTADO. s. f. terme d'agr.

Talle. Bourgeon. Drageon. Branche que pousse une plante à côté de la principale tige. *A fach fouesso coustados:* il a bien tallé, il a poussé beaucoup de drageons. voyez FIHOLO.

COUSTEJHA. v. a. Côtoyer. Suivre. Aller tout le long des côtes. *Coustejheroun tout de long doou bouès:* ils côtoyèrent tout le long de la forêt. *Leis veisseoux ennemis coustejhoun:* les vaisseaux ennemis côtoyent.

COUSTIE. COUSTIERO. adj. A côté. De côté. Par côté. De biais. De travers. En terme de jeu de boule, on le dit de celui qui joue de côté, dont la boule va de côté ou qui passe à côté. *Siègues pas coustie:* ne donnez point de côté. *Es ista un pavu coustiè:* il a été un peu par côté.

COUSTIOU } adj. Coûteux, coûteuse. COUSTOUX } Dispendieux, euse. Qui engage à de la dépense. *Vouyagi coustoux:* voyage dispendieux.

COUSTIPA, ADO. adj. Constipé, ée qui a le ventre resserré.

COUSTREGNE. v. a. et récip. Contraindre. Obliger forcément quelqu'un. — Se contraindre, se gêner, se forcer, se violenter.

COUSTREGNE. v. a. Serrer. Presser bien fortement. *Qand embrasso sa pichouno, la coustregne couentro ello:* lorsqu'elle embrasse sa petite, elle la serre fortement contre elle.

COUSTREN, ENCHO. Part. Contraint, contrainte. *Est ista coustren de parti:* il a été forcé de partir. *M'a coustren lou bras:* il m'a fortement pressé le bras.

COUTA. v. a. Terme de roulier et de charretier. Enrayer. Fixer une roue. La caler avec une pierre ou un morceau de bois, pour qu'elle n'avance ou ne recule point. *Couta la rodo per qu'avance pas:* fixer, caler la roue pour qu'elle n'avance pas.

COUTA. v. a. Caler. Mettre une cale ou un coin sous les pieds d'une table, ou de quelque autre chose chancelante qu'on veut raffermir. Au figuré, COUTA. S'opiniâtrer, s'entêter. Il est populaire. *Quan a couta, aco es fini:* lorsqu'il a conçu une chose, il n'en demord point. On dit d'un entêté, *Quan a couta a couta* : lorsqu'il veut une chose, il le veut bien.

COUTAOU. s. m. Côteau. Penchant d'une colline depuis le haut jusqu'en bas.

COUTELET. s. m. diminutif. Petit couteau.

COUTELLO. Voyez COUTEOU. Plante, et JHUSIOUVO. Fleur.

COUTELOUN. s. m. Mauviette. Petit oiseau du genre des alouettes.

COUTEOU. s. m. Couteau. Instrument servant à couper. On dit des personnes qu'on voit si peu d'accord qu'elles se querellent pour la moindre chose, *Quesoun toujour espazo et couteou* : qu'ils en sont toujours aux épées et aux couteaux. On dit proy. et fig. d'une mauvaise langue : *Qu'a coumo lou couteou d'uno tripièro*, *que coupo de tout caire*: qu'elle est comme le couteau d'une tripière, qui tranche des deux côtés, pour dire, que deux personnes qui lui ont fait la confidence de leur différend, elle en dit du mal à tour de rôle.

COUTEOU. s. m. Glais. Glayeul. Plante qui croît dans les champs et les blés, et dont les feuilles, longues, plates et roides, ressemblent assez à la lame d'un couteau, d'où elle tire son nom.

COUTEOU-SERRE. s. m. Scie-à-main. Couteau-à-scie. Instrument d'agriculture, ayant la forme d'un couteau, et dont la lame est taillée d'un côté de petites dents à la manière d'une scie. On s'en sert dans la taille des arbres et celle de la vigne.

COUTERLO. s. f. Morelle. Baguenaude. Alkekenge. Plante qui vient dans les vignes. Il y en a de plusieurs espèces.

COUTET. Voyez COUPET.

COUTIGA. v. a. Chatouiller. Agacer. Causer à certaines parties du corps, par un attouchement léger, un mouvement, un tressaillement qui provoque ordinairement à rire. —Pincer. Jouer. Provoquer, etc. *Mi coutigavo* : il me chatouillait.

COUTIGOU. s. m. Chatouillement. Agacement. Agaceries. Action de chatouiller. *Cregne lou coutigou*: il est chatouilleux.

COUTIHOUN. s. m. Jupe. Cotillon. Jupon. Partie de l'habillement des femmes qui descend depuis la ceinture jusqu'aux pieds. *Coutihoun de dessous* : jupon de dessous. *L'hiver si mette tres coutihouns* : en hiver elle met trois jupes.

COUTREIA.
COUTREJHA. v. a. Labourer avec
COUTRIA. le *coutris*. Voyez l'article suivant.

COUTRI.
COUTRIÉ. s. m. Coutris. Sorte
COUTRIS. de charrue qui défonce davantage le terrain et enfouit mieux les engrais que la charrue ordinaire, dont elle diffère en ce que n'ayant qu'une seule oreille (qui est en tolle), elle ne deverse la terre que d'un côté, et oblige le laboureur qui ne veut point perdre du temps, à ouvrir deux sillons séparés qu'il recouvre tour à tour; l'un en allant l'autre en revenant.

COUVERT. s. m. Toit. La couverture d'un bâtiment. La toiture d'une maison. *Recoura lou couvert* : faire la recherche. *Eiga lou couvert* : reparer le couvert d'une maison.

COUYEN, COUYENTO. adj. Cuisant. Vif. Piquant, piquante. *Fre couyent*: froid très-vif. *Froumagi couyent* : fromage piquant.

COUYESOUN. s. f. Cuisson. Douleur que l'on sent d'un mal qui cuit.

— Effet que causent à la bouche et à la langue, certains alimens acres et piquants.

CRACHA. v. a. Cracher. Expectorer. On dit proy. et fig. *Cracha oou bassin*: cracher au bassin, pour dire, donner de l'argent pour contribuer à quelque dépense. Boursiller. Il est populaire.

CRACHAIRE. s. m. Cracheur. Celui qui crache souvent.

CRACHOURIA.
CRACHOUTIA. v. fréquentatif. Cracoter. Cracher peu et souvent. *Tout lou jour crachourié* : il ne fait que crachoter toute la journée.

B.-A. CRAINA. v. n. Craquer. Se dit pour exprimer le bruit que font certains corps en se frottant violemment ou en éclatant. *Lou planchié*

est tant carga que leis fustos craï-
noun : le plancher est si chargé que
les poutres craquent et gémissent
sous le poids. *Plancho que craïno :*
ais qui craque. On dit fig. et famil.
d'une personne d'humeur fâcheuse qui
trouve toujours à redire. qu'*A coumo
lou nouguié, toujour craïno :* qu'elle
est comme le bois de noyer, qui toujours craque. On dit fig. et fam. d'une
femme qui commence à ressentir les
douleurs de l'enfantement : *Que
craïno :* qu'elle a des atteintes.

CRANIHA. v. n. Grincer les dents.
Craniha, se prend aussi dans beau-
coup d'endroits pour *Craïna.* Voyez
CRAÏNA.

CRAPIÉS. s. m. plur. Criblures. Le
mauvais grain et les ordures que l'on
sépare du bon grain en le criblant.
*Leis crapiés soun bouen per la vou-
laiho :* les criblures sont bonnes pour
la volaille.

CRAPOS. s. f. plur. Gravois. Partie
la plus grossière du plâtre, et qui
reste après qu'on l'a sassé. *Piqua leis
crapos :* battre le gravois. On donne
par extension le nom de *Crapos*,
généralement à tout reste et rebut
de marchandises, de denrées, etc.,
comme aussi à la lie, au sédiment
d'une liqueur, etc. Il est populaire.
*N'en vouéli ges, l'y a plus que leis
crapos :* je nen veux point, il n'y a
plus que du rebut.

CRAPO-D'HOLI. }
CRASSO-D'HOLI. } s. f. Lie. Sédiment, dépôt d'huile d'olive. Partie
la plus grossière de l'huile et qui
va se déposer au fond des gerles.
On l'appelle *Amurgue* en terme d'art.
Voyez CACO.

CRAQ. FAIRE CRAQ. adv. Manquer.
Il se dit d'une arme à feu qui manque
à tirer. Voyez RATA.

CRAQUA. v. n. Mentir. Craquer.
Hâbler. Se vanter mal à propos et
faussement.

CRAQUO. s. f. Mensonge. Hâblerie.
Propos d'un hâbleur, d'un menteur.

CRAQUUR. s. m. Craqueur. Menteur.
Celui qui ne fait que mentir et se
vanter faussement. *Es un craquur :*
c'est un craqueur. Il est populaire,
comme les deux précédents.

CRASSAIHO. s. f. Gueusaille. Lie du
peuple.

CRASSARIÉ. s. f. Ladrerie. Vilaine
et sordide avarice. Il est populaire.

CRASSO-D'HOLI. Voyez CRAPO-
D'HOLI.

CREBA. v. a. Crever. Faire éclater.
Ouvrir. Rompre. Faire rompre avec
un effort violent. *Creba leis hueich :*
crever les yeux. On dit fig. d'une
personne. *Que crebo de santa :* qu'elle
crève de santé, pour dire, qu'elle
ne saurait être en meilleur état de
santé.

CREBA (SANT). s. m. Crevaille.
Repas où l'on se pique de manger
avec excès et comme pour se crever.
Il est populaire. *Faire sant creba :*
manger à crever. *La veyo de noué
faren sant creba :* la veille de la
Noël nous mangerons à crever.

CREBADO. MALO CREBADO! Sorte
de juron et de malédiction. Que ne
peut-il crever. *Malo crabado fesses !*
malheureux, puisses-tu crever ! *Que
malo crebado sié!* que ne peut-il crever
sur l'heure !

CREGNE. v. a. Craindre. Appré-
hender. *Cregne leis voulurs :* il craint
les voleurs. *Aco es de cregne :* cela
est dangereux.

CREGNENT, CREGNENTO. adj.
Craintif, craintive. Timide. Peureux.
Aquel enfant es fouesso cregnent : cet
enfant est beaucoup craintif.

CREI. s. m. Croît. Accroissement.
Produit. Multiplication. On ne le dit
proprement que des bêtes à laine
qui composent le troupeau appartenant à une ferme, à une métairie,
et par analogie de l'accroissement
d'une famille. *Aven agu crei :* il nous
est né un enfant

A MITA CREI. Terme de jurisprudence et d'économie rurale. A
cheptel. Bail des bestiaux dont le
profit ou l'accroissement doit se partager entre le preneur et le bailleur.

CREI. s. m. Terme de décuvaison
ou de vinification. Croît. Augmentation. Excédent de vin qu'a produit
au-delà de l'évaluation ordinaire, la
quantité de raisins mise à la cuve.
L'y a fouesso creis aquest'an : cette
année les raisins produisent beaucoup.
L'y aoura de crei, leis raisins soun

louens : il y aura du croît, les raisins donnent bien du mout.

CREIRE. v. a. Croire. *Cresi, creses, crei, cresèm, cresès, cresoun, cresiou, cresiam, cresias, cresien, crei, que cresi, que cresem, que cresessi, que cresesses, que cresesso, que cresessiam, que cresessias, que cresessoun :* estimer une chose véritable. Ajouter foi à quelqu'un. Avoir opinion que... *Creire à l'Evangilo :* croire à l'Évangile. *Foou pas creire tout ce que si dis :* il ne faut pas ajouter foi à tout ce qui se dit.

CREISSE. v. n. Crojtre. Accroître. Augmenter. Devenir plus grand. Augmenter de quelque façon que ce soit. *Creisse a visto d'ueil :* il grandit à vue d'œil. *Leis chevux li creissoun:* les cheveux lui croissent. *Leis jours creissoun :* les jours grandissent. On dit prov. *Jours creissent frech couyent:* jours grandissant, froid plus piquant, pour dire, que nous avançons plus dans la saison des frimats à mesure que les jours croissent que lorsqu'ils diminuent. *Diou ti creisse :* Dieu te fasse croître! Souhait familier que l'on fait aux petits enfans lorsqu'ils éternuent. Il est populaire.

CREISSEN. s. m. Croissance. Douleur que les jeunes gens ressentent aux aines dans le temps de leur croissance. *Avc leis creissen :* ressentir les douleurs qu'occasionne la croissance.

CREISSOUN. s. m. Cresson. Herbe anti-scorbutique, qui croît dans les eaux vives et que l'on mange ordinairement crue.

CREISSENÇO. s. f. Croissance. Augmentation en grandeur. *Aquel enfant n'a p'anca agu touto sa creissenço :* cet enfant n'est pas encore parvenu à toute sa croissance.

CREMA. v. n. Terme de boulangerie. Brûler. On dit que *Lou four cremo :* le four brûle, pour dire, que le bois qui est dans le four est enflammé et qu'il brûle.

CREMESINO. PÈRO CREMESINO. Poire perle, ou Muscat robert. C'est la plus excellente de toutes les poires d'été.

CREMASCLE. s. m. Terme d'Avignon et d'une partie de Vaucluse. Cremaillère. Voyez CUMASCLE.

B.-A. CREMESOUN. **V. CREMEYOUN.** **V. CREMOUR.** } s. f. Acrimonie.

Aigreur, picotement qui se fait au gosier à l'occasion de quelque aliment qu'on a mangé. *Aco fai veni la cremesoun :* cela picote le gosier. *Ti fara veni la cremour :* cela te donnera de l'acrimonie.

CRENTO. s. f. Honte. Vergogne.

CRENTOUX, CRENTOUÈ. adj. Craintif, ive. Timide. Honteux. On dit prov. *L'y a que leis crentoux que moueroun de fam :* il n'y a que les honteux qui perdent, pour dire, que faute de hardiesse et de confiance, on manque de bonnes occasions.

CRESEREOU, CRESERELLO. adj. Crédule. Celui ou celle qui croit trop facilement tout ce qu'on lui dit.

CRESPEOU. s. m. Riblette. Morceau de pâte faite avec de la farine, des œufs et du sucre, et que l'on fait cuire dans de l'huile à la poêle comme une omelette.

CRESPEOU. s. m. Gratin. Craquelin. Partie de la bouillie qui demeure attachée au fond, au devant ou au dessus du pot ou du poêlon, et qui s'y durcit comme une croûte. Il est popul. *Manjha lou crespeou :* manger le gratin.

CRESPINO. s. f. Sagène. En terme d'anatomie, Épiploon. Membrane très-fine et très-mince plus ou moins graisseuse qui couvre les intestins au devant. C'est cette membrane dont les bouchers couvrent les rognons et la fressure d'un agneau, d'un chevreau, etc. *Uno levado eme sa crespino :* une fressure enveloppée de la sagène. *Crespino de pouerc :* sagène de cochon. CRESPINO est encore le nom de ces membranes que les anatomistes appellent amnios et chorion, et qui enveloppent le fœtus dans la matrice. Si le hasard fait que le fœtus en venant au monde se présente ayant à la tête quelques lambeaux de ces membranes qu'il a déchirées, on a imaginé que dès-lors cet enfant ne pourrait manquer d'être heureux, de là le proverbe, *Es na eme la crespino :* il est né coiffé, tout lui réussira.

CRESPISSAGI. s. m. Crépissure. Le crépi d'une muraille.

CRESTA. v. a. Châtrer. Oter les testicules. Faire une opération à un animal qui le mette hors d'état d'avoir des petits.

CRESTA. v. a. Terme de jardinier. Retrancher. Raccourcir une plante pour qu'elle ne s'étende pas plus loin, et que la sève réduite donne plus de force au reste de la plante. *Cresta leis melouns, leis cougourdiès* : châtrer, arrêter les plantes de melons, de courges.

CRESTA. Terme de couturière. Ravauder. Raccommoder à l'aiguille de méchantes hardes. *Cresta un pareou de bas* : raccommoder une paire de bas.

CRESTA, CRESTADO. part. Châtré, ée. *Chin cresta, truyo crestado:* chien châtré, truie châtrée.

CRESTADURO. s. f. Retranchement. Ce que l'on ôte ou retranche d'un animal ou d'une plante en le châtrant. *Manjha leis crestaduros d'un agneou* : manger les testicules qu'on a ôté à un agneau.

—Terme de couturière. Ravaudage. Raccommodage de méchantes hardes.

—Ravauderies. Ce que l'on retranche ou enlève d'un habillement en le rapiéçant.

CRESTAIRE. s. m. Châtreur. Celui qui fait le métier de châtrer des animaux.

CRESTEN. s. m. Crête d'une montagne. Élévation d'un terrain.

CRESTEN. s. m. Terme de maçon. Chaperon. Le haut d'une muraille qui est fait en forme de toit. —Faîte d'un édifice.

CRESU, UDO. part. Cru, crue. *Si l'aguesso cresu, serié pas dins lou cas qu'est* : s'il l'eut cru, il ne serait pas dans telle peine.

CRETA. v. n. Cicatriser. Faire, laisser des cicatrices. *La veirolo la ben creta* : la petite vérole la bien marqué.

CRETO. s. f. Cicatrice. Marque des plaies et des ulcères qui restent après la guérison. *A uno creto oou front, li resto uno créto, es plen de créto* : il a une cicatrice au front, il lui reste une cicatrice, il est plein de cicatrices.

CRIDA. v. a. Crier. *Cridi, crides,*

crido, cridam, cridas, cridoun, cridavi, cridaves, cridavoun, crideri, crideres, crideroun, ai crida, cridarai, cridaras, cridam, que cridessi, crido: Jeter un ou plusieurs cris. *Ausès coumo crido ?* entendez-vous comme il crie ?

—Criailler. *Toujours cridoun* : ils ne font que criailler.

— Piailler. *Es insupourtable, fai que crida* : il est insupportable, il ne fait que piailler.

— Appeler. Se servir de la voix pour faire venir quelqu'un. Envoyer chercher. *Crid'un paou la vesino* : appelle un peu la voisine. *Vai crida lou medecin* : va-t-en appeler le médecin. On dit prov. et fig. d'un enfant qui pleure à grand cris : *Que crido coum'un tooureou* : qu'il meugle comme un veau. On dit proverbialement et figurément de ceux qui, cohabitant ensemble, se reprochent publiquement ce qu'ils avaient intérêt à cacher. *Que cridoun, que fan crida soun vinaigre* : qu'ils étalent leur linge sale.

CRIDAIRE.
CRIDARELLO. } s. Crieur, crieuse. Piailleur. Criard, criarde. Qui ne fait que crier, piailler, etc.

CRIDAIRE. s. m. Crieur public. Celui qui dans les petites communes fait les publications, crie les objets perdus et annonce certaines choses à vendre.

CRIDO. s. f. Criée. Publication en justice pour vendre des biens. Annonces. Avis par lequel on annonce verbalement quelque chose au public.

CRIDOS. s. f. plur. Bancs. Publication de mariage. *Faire leis cridos* : faire les publications. *Pourta leis cridos oou cura* : porter l'annonce des bancs.

CRISTERI. s. m. Clystère. Lavement. On dit pop. et fig. d'une personne qui ne garde pas le secret, *Que soou pas teni lou cristeri.*

CHRISTOOU. s. m. Christophe. Nom d'homme.

CROCHO. s. f. Potence. Béquille. Long bâton traversé au haut par un autre très-court et plus épais, à la manière d'un maillet, et dont se sert un homme faible ou estropié, pour marcher. *Vai eme leis crochos* : il ne va qu'avec des potences.

CROTO. s. f. Cave. Lieu creux et souterrain, où l'on met ordinairement du vin et d'autres provisions.

CROUCHET. s. m. Petit croc.

— Agraffe. Sorte de crochet qui passe dans une anneau appelé porte (*maihetto*) et qui sert à réunir et joindre ensemble les deux côtés d'un manteau.

CROUCHET. s. m. Terme d'orfèvre joaillier. Clavier. Cercle et chaîne d'argent qui, dans son origine, ne servait qu'à tenir plusieurs clefs ensemble, et qui, depuis plus d'un demi-siècle, est devenu un joyau des femmes du peuple qui s'en servent à tenir leurs ciseaux. *Cheino d'un crouchet :* chaîne d'un clavier. *Crouchet d'argent :* clavier d'argent. Au fig. *Un crouchet*, un avare, personne chiche qui ne se dessaisit de son argent qu'avec une peine extrême.

CROUCHETA. v. a. Agraffer. Attacher avec une agraffe. Passer le crochet d'une agraffe dans sa porte. *Croucheta un manteou :* agraffer un manteau.

CROUCHU, UDO. adj. Crochu, crochue. On dit fig. d'une personne sujette à dérober. *Qu'a leis mans crouchudos.*

CROUÈS. s. f. Fosse. Endroit que l'on creuse en terre pour y ensevelir un mort. — Tombeau. On dit ordinairement d'un homme qui garde du ressentiment contre quelqu'un : *Va li pourto oou crouès :* il le lui garde jusqu'au tombeau, et de celui qui est profondément affecté de quelque chose. *Aco lou mette oou crouès :* ceci le met au tombeau.

CROUMPA. v. a. Acheter. Acquerir une chose à prix d'argent.

CROUMPAIRE. s. m. Acheteur. Celui qui achète. *L'y aviè mai de croumpaires que de vendeires :* il y avait plus d'acheteurs que de vendeurs.

CROUPATAS. s. m. Corbeau. Gros oiseau carnassier, de plumage noir, et qui se nourrit ordinairement de charognes.

CROUQUU, UDO. Voyez CROU-CHU.

CROUSA. v. a. Croiser. Mettre, disposer quelque chose en forme de croix. — Traverser. *Crousa leis cambos :* croiser les jambes. *Camin que crouaso :* chemin qui traverse.

— Rayer. Passer la plume sur quelque écriture, pour la rendre nulle. *Aro qu'ay paga, crousas moun compte :* maintenant que je vous ai payé, rayez mon compte.

CROUSA, ADO. adj. Croisé, croisée. On le dit des étoffes dont les fils bien entrelassés ensemble et bien serrés, forment une façon différente de celle ordinaire qu'on appelle lisse. *Lou cadis es unò estoffo crousado et la tèle es lisso :* le cadix est une étoffe croisée, et la toile est unie ou lisse.

B.-A. CROUSENTS. }
CROUSETS.   } s. m. Lazagnes. Régales. Espèce de pâtisserie en forme de rubans que l'on fabrique dans la vallée de Barcelonnette et dans les Hautes-Alpes. Elle est faite de la même pâte et sert au même usage que les *Loouvans.* Voyez LOOUVANS et LOOUZANS.

CROUSETS. s. m. plur. Fossettes. Petit creux qui se forme au milieu de la joue de certaines personnes, et plus ordinairement encore dans celles des petits enfants lorsqu'ils rient.

CROUSTEJHA. v. n. Croustiller. Manger de petites croûtes de pain.

CROUSTET. s. m. Croûton. Morceau de croûte de pain. — Croustille. Petite croûte de pain.

CROUSTO. s. m. Croûte. Ce qui s'attache et s'endurcit sur quelque chose.

CROUSTO-LEVA. adj. m. Morfondu. Gras-cuit. On le dit du pain, lorsque surpris par la chaleur du four qui est trop forte, la croûte se sépare d'avec la mie. *Aqueou pen es ista surpres, es tout crousto-leva :* ce pain a été surpris par le feu, il est gras-cuit.

CROUTA. v. a. Voûter. Faire une voûte.

CROUTA, ADO. part. Voûté, voûtée. *Estable crouta :* Écurie voûtée.

CROUTA. v. a. Crotter. Salir avec de la boue des rues, de la crotte, etc. *L'on poou pa sourti di senso si crouta :* l'on ne peut sortir sans se crotter.

CROUTADO. s. f. Terme d'économie rurale et domestique. Plein une cave. La quantité de vin contenue dans les tonneaux d'une cave. *Douce croutados de vin* : deux caves pleines de vin.

CROUTOUN. s. m. Caveau. Petite cave.

CROUVEOU. s. m. Côque. Coquille. Ecale d'œuf ou de noix. Couverture des limaçons. *Crouveous d'uous* : coquilles d'œuf. *Uou senso crouveou* : œuf sans coque, ou œuf hardé. *Crouveou de limaço* : coquille d'escargot. *Un sac de couveou* : un sac de coquilles d'amandes. Le nom de coquille ne se donne en français à la coque d'un œuf, d'une noix, d'une aveline, etc., que lorsqu'elle est ouverte ou cassée; mais en provençal on lui donne indifféremment le nom de *crouveou* soit qu'elle soit entière ou non. On dit fig. d'une personne, *Que tout beoujus souerte doou crouveou :* qu'elle sort à peine de sa coque, pour dire, qu'elle est encore bien jeune et bien ignorante.

CROUX. s. f. Croix. Espèce de gibet sur lequel Notre-Seigneur Jésus-Christ est mort.

— Figure de bois, de métal, de peinture, etc., qui représente la croix de Notre-Seigneur. — Affliction. *Croux d'or, de peyro, d'argent : En aquestou mounde chacun à sa croux* : en ce monde-ci chacun a sa croix.

V. CRUBECÈLO. Voyez CABUCÈLO.

V. CRUBECEOU. Voyez CABUCEOU.

V. CRUBI. Voyez CURBI.

CRUFEN. s. m. Croquant. Sorte de raisin noir qui craque sous la dent, lorsqu'on le mange.

CRUCENTÈLO. s. f. Terme de boucherie. Croquant. Tendron. En terme d'anatomie, cartilage. Partie blanche, élastique dure et polie privée de sentiment, qui se trouve surtout aux extrémités des os de quelques animaux. *La crucentèlo doou nas* : le cartilage du nez. *Eiga de crucentèlo* : apprêter du croquant. *Leis ooureyos de pouer n'an que de crucentèlo* : les oreilles de cochon n'ont guères que du croquant.

CRUCI. v. n. Croquer. Il se dit des choses dures ou sèches qui font du bruit sous la dent quand on les mange. *Lou nougat cruce* : le nougat croque sous la dent. *Lou pan dur cruce :* le pain durci, croque. *Faire cruci leis dents* : faire grincer les dents. On dit fig. qu'une chose *Fai cruci leis oues :* qu'elle pénètre de douleur jusqu'aux os.

CRUCIFICA. v. a. Crucifier. Attacher à une croix. Au fig. Éprouver des douleurs, être en proie à des afflictions extrêmes.

CRUPI. s. f. Crèche. Mangeoire. Auge où les chevaux, les ânes, les bœufs, etc., mangent. On dit figurément d'une personne au service de quelqu'un qui paye et nourrit bien ses gens, *Qu'es à uno boueno crupi:* qu'elle est à un bon râtelier.

CRUS, CRUSO. adj. Écru, écrue. Qui n'a point encore été lavé ni blanchi. On le dit des toiles de fil comme de celles en coton. *Fiou crus, tèlo, camiè cruso*: fil écru, toile, chemise écrue.

— Roux, rousse. Couleur naturelle de certain chanvre et lin, qui donne sur le jaune. *De tèlo cruso* : de la toile rousse.

CRUVELA. v. a. Cribler. Passer par le crible. Voyez DRAYA. PASSA.

CRUVELIÉ. s. m. Boisselier. Artisan qui fait des cribles, des sas, des boisseaux, des panaux et autres ustensiles de bois ployé en cercle.

CRUVEOU. s. m. Crible. Voyez DRAY. Sas. Petit crible de peau, dont on se sert pour cribler le plâtre.

CRUVEOU. s. m. Coque. Coquille. Voyez CROUVEOU.

B.-A. CUBERCHA. s. m. Poêle. Voile que l'on met sur la tête de l'épousée, pendant une partie de la messe des épousailles dans certains pays.

CUBERT. s. m. Toit. La couverture d'un bâtiment, d'une maison. *Eiga lou cubert* : raccommoder le toit. *Mounta su lou cubert* : monter sur le toit.

CUBERTO. s. f. Couverture, se dit de certaines choses qui servent à en couvrir d'autres; quand il est dit absolument, on l'entend d'une couverture de lit. *Cuberto de pan, de muou, de brès, de lano* : couverture de pain, de mulet, de berceau, de laine.

CUBERTO DE BATÈMO. s. f. Tavaïole. Sorte de linge ordinairement piqué et garni en dentelle, dont on recouvre l'enfant, lorsqu'on le porte à l'église pour y recevoir le baptême.

CUCHA. v. a. Tasser les gerbes. Voyez ACUCHA.

CUCUREOU. s. m. Salsifix sauvage. Plante laiteuse à fleur radiée, qui croît dans les prés et le long des sentiers. Voyez BARBABOUC.

CUECH, CUÈCHO. adj. Cuit, cuite. Préparé par le feu. *Vin cuech*, *poumo cuècho* : vin cuit, pomme cuite. Il est aussi participe. *Pan ben cuèch* : pain bien cuit. *Pézés de boueno cuècho* : pois de bonne cuisson.

CUÈCHO. s. f. Cuite. Cuisson. Action de cuire ou de faire cuire.

— Fournée. Quantité que l'on cuit en une seule fois. *Uno cuècho de pan* : une cuite de pain. *Cuècho de caou, de teoules* : fournée de chaux, de tuiles.

CUHI. v. a. Cueillir. Détacher des fleurs, des fruits, des légumes, de leurs branches ou de leurs tiges. *Cuhi de rosos, d'agrufien, de fayoou* : cueillir des roses, des cerises, des haricots.

CUHI. v. a. Ramasser. Prendre ce qui est à terre. *Cuhi soun capeou, cuhi d'espigo* : ramasser son chapeau, ramasser des épis.

CUHI. v. a. Arracher. Détacher avec effort ce qui tient à quelque chose. On ne le dit en ce sens qu'en parlant des herbes ou de certains légumes, bien qu'il serait mieux et plus exact de dire *derraba*, que l'on emploie indifféremment. *Cuhi d'herbo, de cebos, de lachugos* : arracher de l'herbe, des ognons, des laitues. On dit fig. et fam. d'une chose, *Que voou pas lou cuhi doou soou* : qu'elle ne vaut pas la peine d'être ramassée, pour dire, qu'elle ne mérite pas que l'on s'en occupe, ni qu'on y fasse la moindre attention. *Cuhi de sus en sus* : adv. Ramasser. Prendre seulement ce qui est au-dessus, ce qui surnage. *Leis peros soun toumbados, foou leis cuhi de sus en sus* : les poires sont par terre, ramassez-les en prenant toujours celles qui sont au-dessus des autres. *L'holi si cueihe de sus en sus* : l'huile se ramasse au moulin en prenant ce qui surnage dans les tonnes. On dit que le vin *Cueihe*

d'aigo, que cueihe fouesso aigo : qu'il porte beaucoup d'eau, pour dire, qu'étant plus chargé de couleur, ou que contenant plus d'esprit, on peut y mettre beaucoup plus d'eau en le buvant.

CUHI. v. a. Terme de couture. Faire boire. Froncer, plisser du linge, des étoffes en les cousant, pour qu'ils occupent moins de place. *Cuhi leis maihos d'un bas* : reprendre les mailles d'un bas.

CUHIÉ. s. m. Cueiller. Ustensile de table, dont on se sert pour manger le potage.

CUHIEIRADO. s. f. Cueillerée. Ce que contient une cueiller.

CUHIEIRAS. s. m. Picarel. Palette, appelée encore pocheeuiller. Oiseau de mer qui est une espèce de canard à large bec.

CUHIÈRO. s. f. Cueiller-à-pot. Ustensile de cuisine servant à dresser le potage.

— Cueillerée. Ce que contient une cueiller-à-pot.

CUHIEIRE s. m. Cueilleur. Ramasseur.

B.-R. CULEIROUN. s. m. Culeron. Partie de la croupière sur laquelle porte la queue du cheval.

CULEIROUN. Voyez PEDAS.

CUMASCLE. s. m. Cremaillère. Instrument de cuisine ordinairement en fer, qu'on attache à la cheminée et qui sert à y pendre le chaudron, la marmite, etc.

B.-A. CUNCHIA. v. a. Salir. Rendre sale. Il est populaire. On dit prov. et fig. *Qu'u se sente cunchia que se touerque* : qui se sent gâleux qu'il se gratte, pour dire, que celui qui se sent coupable de la chose qu'on blâme, qu'il s'en fasse l'application, et la répare.

CUOU. s. m. Cul. Le derrière. Cette partie de l'homme qui comprend les fesses et le fondement. On dit fig. et pop. qu'une personne *A lou cuou paihoux, que si sente lou cuou paihoux* : qu'elle se sent la paille au cul, pour dire, qu'elle se sent coupable, et se voit compromise. On dit famil. d'un importun qu'on a toujours après soi et qui vous suit partout, *M'es toujours oou cuou, l'ai toujour oou cuou*. On dit prov. et fig. d'une personne qui

15

a failli ou fait banqueroute, *Qu'a mounstra lou cuou* : qu'elle a failli, qu'elle a tourné le dos à la probité, à la bonne foi, aux sentimens d'honneur.

CUOU. s. m. Lie. Sédiment. Effrondilles. Ce qu'il y a de plus grossier dans une liqueur et qui se précipite au fond du vase. *Cuou de veisscou* : lie du vin d'un tonneau. *Cuou de boutciho* : fond d'une bouteille. *Lou cuou de l'houlo* : les effrondilles du pot.

CUOU. s. m. Reste. Ce qui demeure d'un tout, d'une plus grande quantité. *Cuou de jarro* : (parlant de l'huile) Fond, reste de la gerle. On appelle *Cuou de magazin*, en terme de commerce, la marchandise qui n'est plus de goût ni de mode. *Es un cuou de magazin* : c'est un fonds de magasin.

CUOU. s. m. Fin. Bout. Fond. Ce qui termine. *Lou veisscou es oou cuou* : (parlant du vin) nous en sommes à la fin du tonneau. On dit fig. qu'une personne *Es à cuou* : qu'elle est à bas, pour dire, qu'elle ne peut plus se soutenir dans son état, qu'elle est ruinée. On donne populairement le nom de *Lipo cuou* : vil adulateur, à celui qui fait bassement la cour à quelqu'un. Au fig. *Lipo cuou* : se dit aussi de la langue d'une personne bavarde. *A un bouen lipo cuou* : c'est une langue bien affilée. On dit fam. d'un discours qui a ni suite ni liaison, *N'a n'i cuou ni testo* : c'est un coq-à-l'âne. On dit encore famil. et fig. d'une personne curieuse qui demeure jusques à la fin pour tout voir et tout entendre. *Foou que vegue lou cuou de tout ; qu'espere lou cuou de tout* : qu'elle attend et demeure jusques à ce que tout soit entièrement fini et terminé.

CUOU-BLANC. s. m. Hirondelle à cul blanc, appelée aussi hirondelle de cheminée. Oiseau qui construit ordinairement son nid sur les toits et les cheminées. *Gasta un nis de cuou-blanc* : dénicher des hirondelles. Enlever une nichée.

CUOU-ROUSSET. s. m. Rouge-queue. Oiseau.

CURA. v. a. Curer. Vider. Nettoyer. Oter les ordures, la terre, le fumier,

etc. *Cura un pous* : curer un puits *Cura uno suyo* : curer un fossé. *Cura. un peyssoun* : vider un poisson. *Cura uno nose* : cerner une noix. *Cura uno voulaiho* : effronder une volaille. *Cura par lou tonnerro* : frappé de la foudre. *Ave lou ventre cura* : avoir le ventre vide. On dit prov. et fig. *Cura coum'un brus* : vide comme une ruche dont on a enlevé le miel et la cire, pour dire, totalement dépourvu d'argent. Voyez PANA.

CURA. s. m. Curé. Prêtre pourvu d'une cure.

CURAIRE. s. m. Cureur. Celui qui cure, qui nettoie un puits, une fosse, une écurie, etc.

CURATARIÈ. s. f. Tannerie. Lieu où l'on tanne les cuirs.

CURATIÈ. s. m. Tanneur. Ouvrier qui tanne les cuirs.

CURET. s. m. Terme de cordier. Paumelle. Morceau d'étoffe de laine que ces ouvriers tiennent à la main, pendant qu'ils filent leur corde.

B.-A. CURETTO. s. f. Curoir. Espèce de petite rape en bois, servant aux gens de la campagne à curer la pioche ou le soc de la charrue.

CURO-PRIVA. s. m. Vidangeur. Celui qui vide les fosses des privés, ou lieux d'aisance publics.

CURBI. v. a. Couvrir. Mettre une chose sur une autre pour la couvrir, la conserver, l'orner, etc. *Curbi un houstaou* : couvrir une maison.

CURUN. s. m. Curures. Débris. Ce que l'on trouve au fond d'un puits, d'une cour, d'un grenier que l'on nettoie. *Lou carboun fa fouesso curun.* le charbon fait beaucoup de débris. *Cuhi lou curun* : ramasser les débris.

CURUN. s. m. Terme de maçon. Gravois. Décombre. Plâtras. Déblai.

CURUN. s. m. Terme de cribleur. Criblures. Ordures et mauvaises graines séparées du blé par le crible. On lui donne plus spécialement le nom de CRAPIÈS. Voyez CRAPIÈS.

CURUN. s. m. Frétin. Menus restes. Choses de rebut, de nulle valeur, que l'on n'a pu vendre. On dit des comestibles. *A tout vendu ce qu'aviè de beou et de bouen, l'y resto plus que lou curun* : elle a tout vendu ce qu'elle avait de bon et de meilleur, il ne lui reste plus que le frétin. *Aco n'es que lou curun :* ce ne sont là que les menus restes. Voyez TRIAYOS.

CUYEIRE. s. m. Ramasseur. Celui qui cueille ou ramasse du fruit, de la feuille de mûriers , etc.

CUYETTO. s. f. Cueillette. Action de cueillir , de ramasser des fruits.

CUYETTO. s. f. Olivaison. Cueillette des olives. — Marché à forfait pour la cueillette des olives. *Douna seis ooulivos à la cuyetto :* donner à cueillir ses olives , à forfait.

CUYI. Voyez CUIII.

D

DAGA. v. a. Daguer. Poignarder. Donner des coups de dague, de poignards.

DAGO. s. f. Poignard. Dague.

DAIHA. Voyez SEGA.

DAIHAGI. Voyez SEGAGI.

DAIHAIRE. Voyez SEGAIRE.

DAIHADO. Voyez ENDAI.

DAISE. adv. Doucement. Lentement. D'une manière douce, et avec précaution. *Ana daise :* aller doucement.

DAMEISELLETTO. s. f. diminutif. Petite, jeune demoiselle.

DAMEISELLETTO. s. f. Bergeronnette, petit oiseau.

DAMEISELLI , IDO. adj. Paré, éc. Affecté, éc. Sucré, éc. On le dit des jeunes gens de la classe du peuple, qui , dans leur parure . leur langage, ou leurs manières, se donnent ou affectent des airs de bourgeoisie. *Er dameiselli :* air damoiseau. *Parla dameiselli :* langage affecté. *S'es dameisellido :* elle s'est parée comme une demoiselle.

DAMEISELLO. s. f. Demoiselle. Terme par lequel on désigne une fille d'honnête famille, qui n'est point mariée. *Es encaro dameisello :* elle est encore fille.

DAMEN (TENI). v. a. Epier. Observer secrètement les actions, les discours de quelqu'un. *Nous tenouns damen :* l'on nous observe. *Teni damen se leis vesi :* j'épie si je puis les voir. Voyez ESPINCHA.

DAMOUN. adv. démonst. En haut. Là-haut. *Mounta damoun :* monter là-haut, au premier ou aux autres étages de la maison. *Damoun oou galatras :* là-haut au galetas.

DANA , ADO. part. et subs. Damné, éc. Celui et celle qui est puni des peines de l'enfer.

V. DANDRAIHA. v. n. Vaciller. Branler. Chanceler. N'être pas bien ferme. Voyez BRANDA.

V. DANDRAIHANT , ANTO. adj. Vacillant, vacillante. Qui vacille, qui chancelle.

DANSA. v. n. Danser. Mouvoir le corps en cadence, à pas mesurés, au son de la voix ou des instrumens. On dit prov. *Qui ben canto et ben danso fa un mestiè que poou avanço:* qui bien chante et bien danse fait un métier qui peu l'avance, c'est-à-dire , que le chant ni la danse ne sont pas dans le cas d'enrichir ceux qui en font leur état.

DANSAIRE. s. m. Danseur. Celui qui est amateur de la danse.

DANSARELLO. ⟩ s. f. Danseuse.
DANSUSO. ⟩ Celle qui danse ou qui aime à danser.

DAOU. s. m. Haut. Elévation. Hauteur. Faîte. Sommet. Cime. *Cuhi leis daous d'un aoubre :* ramasser les fruits qui sont à la cime d'un arbre. *Lou daou d'un houstaou :* le haut d'une maison. *Daou* est quelquefois synonyme de *Damoun.* Voyez DAMOUN.

DARADEL. ⟩ s. m. Phillyrée ou
DARADO. ⟩ phylaréa . Arbuste qui croit aux lieux rudes. Il y en a de deux sortes : le gros, l'alaterne ; et le petit, *Daradel.* C'est de ce dernier que l'on fait des balais pour l'aire.

DARBOU. Voyez DARBOUSSADO.

DARBOUN. ⟩ s. m. Campagnol.
V. DARBOUS. ⟩ Mulot à courte queue. Espèce de souris, qui fait son trou entre deux terres dans les jardins et dans les champs , où il fait beaucoup de dégâts.

B. R. DARBOUSSADO. } s. m. Cu-
V. DARBOU. } roir. Voyez
CURETTO.

DARBOUNIÈRO. s. f. Taupinière.
Petit monceau de terre qu'un mulot
ou une taupe a élevé en fouillant.

DARBOUSSIÈ. s. m. Arbousier. Arbre.

DARBOUSSIÈRO. s. f. Stramonée.
Pomme épineuse. Plante.

V. DARBOUSSIÈRO. Voyez DAR-
BOUNIÈRO.

DARBOUSSO. s. f. Arbouse. Fruit
de l'arbousier.

DARDAIHOUN. s. f. Ardillon. Pointe de fer attachée à une boucle, et
servant à fixer la courroie qui y
sasse.

DARDENO. s. f. Demi-sou. Pièce de
monnaie de cuivre appelée aussi Deux
liards, valant six deniers de l'ancienne monnaie et deux centimes et
demi de la nouvelle.

Le nom de *Dardèno* fut donné à
ces demi-sous, qui, sous Louis XIII
et Louis XIV, furent frappés à Aix sous
la direction de M. d'Ardennes. Ils
portent d'un côté une croix formée
en anneaux, et six L disposées en
triangle ou pile, de l'autre.

DARNAGAS. s. m. Pie-grièche. Oiseau. Pie fort criarde et moins grosse que les autres. Elle a les ongles
et le bec crochus comme un oiseau
de proie. Au fig. Niais. Benêt. Butord.

B.-A. DARNIÈ, IÈRO. Adj. Tardif,
tardive. Qui tarde, qui vient tard.
On le dit des fruits et des légumes
qui viennent ou qui mûrissent tard,
et de toute chose qui vient, qui arrive tard. *Fayos darniers, civado darnièro* : haricots de l'arrière saison.
Avoine tardive. *Aquest an leis Pasquos
soun darnièros :* cette année les Pâques sont tardives.

DARNO. s. f. Cuisse ou côte d'une
noix, fruit du noyer.

DARRET. Voyez ADARRET.

B.-R. DARRIÈREN, ENCO. adj. Tardif, tardive. Voyez DARNIÈ.

DAS. s. m. Dé. Petit morceau d'os
ou d'ivoire de figure cubique, et dont
chaque face est marquée d'un certain
nombre de point. Il sert à quelques
jeux.

DATTI. s. m. Datte. Fruit du palmier.

DAVANT - DARNIER. adv. Devant-
derrière. Qui est placé dans un sens
opposé à ce qu'il doit être. *S'es mes
lou capeou davant-darnié :* il a mis
son chapeau sens devant-derrière.

DAVAOU. adv. démonst. En-bas.
Là-bas. *Descendès davaou :* descendez
en bas.

DAVI. s. m. Sergent. Instrument
de menuisier.

DAYA v. n. Faucher. Couper avec
une faulx. Voyez SEGA.

DAYAGI. s. m. Fauchage. Voyez
SEGAGI.

DAY. }
DAYOUN. } s. m. Faulx. Instrument
dont on se sert pour couper l'herbe
des prés, le foin, l'avoine, le seigle, etc.

DE. s. m. Doigt de la main.

DE-DE-CANO. Terme de moissonneur. Doigtier. Voyez DEDAOU.

DE-DE-PEOU. Doigtier. Ce qui sert
à couvrir un doigt. On se sert ordinairement d'un doigtier en peau,
pour coiffer un doigt blessé ou malade.

DEBA-DEBAS, s. m. Terme pop.
Marchand de bas. Bonnetier. Voyez
DEBASSIAIRE. *Crida lou deba-debas :*
appeler le marchand de bas.

DEBADO. conjonc. Quoique. Encore
que. Bien que. Pourtant. Cependant.
Debádo qu'es paoure : quoiqu'il soit
pauvre.

DEBANA. v. a. Dévider. Mettre en
écheveau le fil qui est sur le fuseau.
—Pelotonner. Mettre en peloton le fil
qui est en écheveau. *Debana uno escagno de fiou :* pelotonner un écheveau
de fil. *Debana de sedo :* dévider de
la soie. Au fig. *Debana.* Dégringoler.
Rouler. Descendre vite sans pouvoir
s'arrêter. Il est familier comme le
suivant. *Debana* se dit encore fig.
d'une personne qui se meurt. *A debana :* elle est morte.

DEBANADOU. } s. m. Dévidoir.
DEBANAIRE. } Instrument dont
on se sert pour dévider, pour mettre
en peloton le fil qui est en écheveau.

DEBANAIRE. s. m. } s. Dévi-
DEBANARELLO. s. f. } deur. Dévideuse. Ouvrier, ouvrière qui dévide
des fils, des laines, etc.

DEBANCA. v. n. Quitter. Abandonner. Se retirer de quelque lieu. On

dit communément à une personne qui importune et dont on n'a que faire. *Pagas et debancas* : payez et allez-vous-en.

B.-R. DEBAOU. s. m. Élévation. Berge. Escarpement. Lieu élevé au bord d'un précipice, d'une rivière, d'un chemin, d'un rocher, etc., d'où en tombant l'on peut perdre la vie. *Es toumba d'un debaou et s'es tua* : il est tombé d'un lieu élevé et s'est tué.

DEBAOUSSA. Voyez DEBOOUSSA.

DEBARAGNA. Voyez DEIBARAGNA.

DEBARTAVELA, ADO. adj. Écervelé, ée. Étourdi. Imprudent.

V. DEBASSAIRE. s. m. Oiseau. Espèce de mésange.

DEBASSIAIRE. s. m. Chaussetier. Fabriquant de bas et de chaussettes. — Marchand colporteur qui vend de la basserie et de la bonneterie.

DEBASTA. v. a. Débâter. Oter le bât à un mulet, à une bête de somme. *Debasta leis muoux :* débâter les mulets.

B.-R. DEBASTADOU. s. m. Tablette d'écurie. Planche large posée dans une écurie, pour y mettre les bâts des mulets. On l'appelle aussi planche de support.

DEBEQUIGNA. v. n. et récip. Contester. Disputer. Se débattre. Se chamailler. *Si debequignoun journelament* : tout les jours ils se chamaillent Il est fam.

DEBEQUIGNAIRE. s. m. Contrariant. Chicaneur. Vétilleux. Qui conteste, dispute et cherche chicane même dans les moindres choses.

DEBESCONTI. s. m. Mécompte. Erreur de calcul dans un compte. Méprise. Inadvertance. *Faire un debesconti, ave un debesconti* : faire une méprise, avoir un mécompte.

DEBESCOUNTA (SI). v. n. Se mécompter. Se méprendre. Faire erreur dans un compte. *Si debescounterian* : Nous fimes erreur dans nos comptes. Au fig. *Se debescounta*. Se méconnaître. Oublier ce qu'on a été, ce qu'on doit à ceux qui sont au-dessus de nous. *Foou pas si debescounta* : il ne faut pas se méconnaître.

V. DEBIFA, ADO. part. Delabré. Dérangé. Débiffé. Affaibli. On le dit d'une personne affaiblie par quelque

excès, et d'un estomac qui ne fait pas bien ses fonctions. *Estouma debifa, figuro debifado* : estomac délabré, visage débifé.

DEBITA. v. a. Débiter. Vendre. Au fig. Répandre. *Débita de nouvellos* : répandre de nouvelles.

DEBITA. v. a. Terme de menuisier et de scieur de long. Couper et réfendre le bois.

DEBLUCI. Voyez DESTRUSSI.

DEBOOUSSA. v. a. Renverser. Précipiter. Culbuter. Faire tomber. *Si mouèntes sud aquel ai ti deboossara* : si tu montes sur cette bourrique elle te faira tomber, elle te jettera par terre. Au fig. *Deboussa un home* : culbuter un homme, le débouter, le ruiner, l'engager dans de mauvaises affaires. Lui faire perdre son procès, lui jouer un tour, lui faire trouver chape-chute. *Leisjhugis l'an deboussa* : les juges l'ont jeté de l'échelle. *Aqueou paire a deboussa sa fiho* : cet homme a fait faire chape-chute à sa fille, c'est-à-dire, il l'a mal mariée.

SI DEBOOUSSA. v. récip. Tomber. Choir. Être porté de haut en bas par son propre poids ou par impulsion. *D'enca un paou mi deboossavi* : il s'en est fallu de peu que je ne tombasse. Au fig. *Si deboossa :* s'engager dans des mauvaises affaires, faire une sottise, se ruiner. On dit aussi fig. et famil. d'un homme. *Qu'a deboussa* : qu'il a renversé, qu'il a culbuté, pour dire, qu'il a fait banqueroute.

DEBORD. s. m. Attaque d'apoplexie. *A ugu un debord* : il a eu une attaque.

DEBOUCA, ADO. adj. et s. Dissolu, ue. Celui et celle qui tient des discours obscènes, des propos dissolus, *Es un debouca* : c'est un dissolu.

DEBOUCHA. ⎫
V. DEBOUGNA. ⎰ Voyez DESTAPA.

DEBOURSA. v. a. Débourser. Payer. Financer, etc.

DEBOUSCA. v. a. Déguerpir. Sortir d'un lieu par quelque motif de crainte. *A debousca nouest'home* : notre homme à déguerpi. Il est populaire.

—Chasser quelqu'un du lieu où

il est , du poste qu'il occupe. *L'an de-bousca* : on l'a chassé de là. Voyez DETOUSCA.

DEBOURSELA. Voyez BOURSEJHA.

DEBOUSSELA. v. a. Terme d'agr. Etêter. Egrener. Enlever les touffes de graine de certaines plantes , telles que chanvre, ognons, porreaux, etc. *Deboussela lou canebe* : ramasser , cucillir les touffes de chenevis.

DEBRAIHA. Voyez DEIBRAIHA.

DEBREGA. v. a. et récip. Défigu-rer. Balafrer. Gâter le visage, par quelque meurtrissure en tombant. *Es tout debrega* : il est tout balafré. *Sès debrega*. Il s'est défiguré. Il est fam. et populaire.

DEBROUAIRE. Voyez FOOUCIS.

DEBROUTA. Voyez EIBROUTA.

DECANA. Voyez ACANA.

DECHETA. v. a. Déchoir. Faire du déchet Diminuer en qualité, en va-leur ou en quantité. *Lou saboun en secant dechèto fouesso* : le savon en séchant fait beaucoup de déchet.

DECO. s. f. Défaut. Imperfection. Infirmité. Mauvaise conformation. Il ne se dit qu'en dénigrement, et ne s'entend jamais que du physique en parlant d'une personne. *Es tout plen de decos* : il est plein d'infirmités. *N'a pas'no deco* : il est sans défaut. Il est populaire.

DECOUPA. v. a. Terme culinaire. Disséquer. Dépécer une pièce de gi-bier , une volaille. *Decoupa un pou-let, uno dindo*.

DECOUPUR. s. m. Disséqueur. Ce-lui qui dissèque , qui dépèce adroi-tement une volaille , une pièce de gibier. *Bouen decoupur* : disséqueur adroit.

V. DEDAIHA. Voyez DESENDEIÇA.

DEDAOU. s. m. Dé. Petit instru-ment de cuivre ou d'ivoire que l'on adapte à un doigt et avec lequel on pousse l'aiguille quand on coud.

DEDAOU. s. m. Terme de moisson-neur. Doiglier, morceau de roseau dont les moissonneurs se garnis-sent les doigts en coupant les blés , pour se les garantir du tranchant de la faucille.

DEDAOU. s. m. Godet. Cupule qui porte le gland du chêne.

DEDAVAOU. adv. dénomi. Par là bas. Là bas. Par en bas. *Descendès*

de davaou : descendez par là bas.

DECA-DELA. adv. De côté et d'au-tre. Au fig. *Ana decà-delà* : Boiter. Clocher , ne pas marcher droit.

DEDIN. adv. de lieu. Dedans. *Aqui dedin* : là dedans. Au fig. *Garda lou dedin* : rester, ne pas sortir de chez soi. On dit fam. et fig. *Douna de-din* : mordre à la grappe, mordre à l'hameçon , pour dire , écouter avec plaisir une proposition que l'on fait pour vous surprendre.

DEDIN. s. m. Dedans. Partie in-térieure de quelque chose. *Lou de-din deis manchos* : le dedans des manches.

DEFA , DEFACHO. part. Défait, défaite. Que l'on a détruit. *An pa-pulcou aqui fa la muraiho que l'an defacho* : on n'a pas plutôt eu fait le mur qu'on l'a défait.

DEFA , DEFACHO. adj. Défait, dé-faite. Amaigri. Exténué. Abattu. Dé-charné. Il est aussi part. *Visaqi defa, fiquro defacho* : visage défait.

DEFAIRE. v. a. Défaire. Détruire ce qui est fait. *Ce que leis uns fan leis aoutres va defant* : ce que les uns élèvent , les autres l'abattent.

DEFAIRE. v. a. Amaigrir. Atténu-er. Affaiblir. Diminuer les forces, l'embonpoint. *Aquelo maladiè la tout défach* : cette maladie l'a tout-à-fait amaigri.

DEFAIRE. v. a. Terme de moulin à huile. Détriter, broyer les olives sous la meule pour les disposer à être pressurées. *Defaire leis ooulivos*: détriter les olives.

DEFAIRE (SE). v. récip. Se dé-faire. Se dessaisir d'une chose, la vendre, l'aliéner, s'en débarasser. *Se defaire d'un varlet* : renvoyer, congédier son domestique. *Lou ben faï plus per iou, foou que m'en de-fasse* : les biens ruraux ne font plus pour moi , je veux m'en défaire.

V. DEFARDO. s. f. Terme de mar-chand et de revendeuse. Solde. Reste. Ce qui demeure encore d'une mar-chandise que l'on a vendue.

B. A. DEFEISSA.
DEFESSEJHA.   } v. a. Oter ,
B. R. DEFESSEGUA. }
défaire , délier la sangle d'un enfant.

— Dégager, débarrasser de ses liens, il est aussi récip. *Si defesse-*

gua. Se débarrasser, se dégager de ce qui lie, qui enveloppe, etc.

DEFIA, ADO. s. Traître. Méchant. Fourbe. Celui et celle dont il faut se défier. *Es un defia* : C'est un traître. Il est vieux et presque hors d'usage.

DEFOOUTA. v. n. Faire défaut. Manquer de se rendre. Manquer de parole. *Leis ouvriès m'an defoouta* : les ouvriers m'ont manqué de parole, ils ne sont pas venus.

DEFOUARO. }
DEFOUÈRO. } adv. de lieu. Dehors. *Es aqui defouaro* : il est là dehors. *Mettre defouèrro* : chasser, congédier quelqu'un. *L'an mes defouèro* : on l'a mis dehors. *Ana defouèro* : aller en voyage.

DEFOUÈRO. s. m. Dehors. Partie extérieure de quelque chose. *Lou defouèro de la villo* : les dehors de la ville. Voyez FOUÈRO.

DEFOUNDRE. Voyez FOUNDRE.

DEFOURELLA. v. a. Dégainer. Tirer une épée de son fourreau.

DEFOURELLA. v. a. Terme d'agriculture. Se montrer. Sortir du fourreau. On le dit des blés, lorsque l'épi se développant, se fait jour au milieu de la tige qui lui sert de fourreau. *Leis blads defourelloun* : les épis se montrent.

DEFRUCHA. v. n. Effruiter. Arracher, enlever, ravager les fruits. Les endommager, y faire du dégât. *Leis voulurs an defrucha tout soun jhardin* : les voleurs ont enlevé tous les fruits de son jardin. Il est pop.

DEFRUTI. }
DEFRUTU. } s. m. Dépense. Consommation de vivres à l'occasion de quelque repas.

— Regal. Festin que l'on fait dans certaines circonstances remarquables, telles que la naissance d'un enfant, l'arrivée d'un ami, le gain d'un procès, etc. — Restes d'un repas, desserte de la table.

DEFUGI. v. a. Dénier. Refuser une chose due. *L'y defugissoun seis gagis* : on lui dénie ses gages. *Ti defugissi pas ce que tès degu* : je ne te refuse point ce qui t'est dû.

DEGAI. s. m. Dégât. Ruine. Ravage. Perte arrivée par négligence ou par une cause violente, comme grèle, incendie, etc. *La grélo a fach*

fouesso degai : la grèle a fait beaucoup de dégât.

— Consommation sans ordre ni économie. *Dins aquel houstaou si fa un degai de tout* : dans cette maison, l'on fait un terrible dégât de toutes choses. *Laissa oou degai* : laisser perdre, laisser déperir. *Mettre oou degai* : mettre à l'abandon.

DEGAIHA. v. a. Gâter. Détériorer.

— Laisser perdre, déperir, gâter, corrompre une chose pour l'avoir négligée.

— Endommager. Faire du dégât. Prodiguer. *Leis enfans degaihoun fouesso papié* : les enfans gâtent beaucoup du papier. *An tant agu de fruit que n'an leissa degaiha la mita* : ils ont eu une telle abondance de fruit, qu'ils en ont laissé perdre la moitié. On dit qu'un marchand, qu'un ouvrier *Degaiho lou mestiè* : qu'il gâte le métier, pour dire, qu'il vend sa marchandise, ou travaille à trop bas prix. *Degaiha l'argent* : prodiguer l'argent, le dissiper en folles dépenses, l'employer à des choses frivoles ou inutiles.

DEGAIHA. (SI) v. récip. Se gâter. Se corrompre. Dégénérer. Perdre de ses bonnes qualités. Se tourner au mal. On le dit au moral comme au physique. *Leis vioures si degaihoun* : les vivres se gâtent. On dit : que *Lou temps si degaiho* : que le temps se gâte, pour dire, qu'il se met au froid. On dit qu'une personne, *Si degaiho* : qu'elle se tourne au mal, c'est-à-dire, qu'elle se pervertit, et d'un malade, *Que si degaiho* : qu'il se tourne en mal, pour dire, que sa maladie prend un caractère sérieux ou allarmant.

DEGAHIÈ, DEGAHIÈRO. s. et adj. Prodigue. Dissipateur. Gaspilleur, gaspilleuse. Qui dissipe son bien en folles et excessives dépenses. *Es un degahiè que veirie la fin de noun sai que* : c'est un dissipateur qui verrait la fin de tous les trésors du nouveau monde.

DEGLENI. Voyez ESCLADANI.

DEGAJHA, ADO. adj. Agile. Expéditif. Léger. Dispos. Hardi. Leste.

DEGAJHAMENT. s. m. Agilité. Légèreté. Grande facilité à se mouvoir.

DEGANUBIA. Voyez DEGOOUBIA.

V. DEGAPINA. Voyez DEGATIGNA.

V. DEGARAMBI. Voyez FOOUSSA et GAMBI.

B. A. DEGATIGNA. v. récip. Contester. Disputer. Se débattre. *Toujour si degatignoun* : ils en sont toujours à disputer, à se débattre.

V. DEGLEIA. Voyez DEIGOOUBIHA.

V. DEGLEIRE. v. n. Maigrir. Amaigrir. Voyez DEFAIRE. 2.me article.

DEGLENI. Voyez ESCLADANI.

DEGOOUBIA , ADO. adj. et s. Malitorne. Mal adroit. Gauche. Inepte. Qui ne sait rien faire. *Es tout-à-fet degoouhia, ou deigooubia :* il est absolument incapable de rien. *Es un degoouhia, uno degoouhiado :* c'est un mal adroit, une malitorne.

V. DEGOUAL.
B. A. DEGOUEL } Voyez DEBAOU.

DEGOUBIHA. v. a. Dégobiller. Vomir le vin et les viandes qu'on a pris avec excès. Au fig. Dégoiser. Parler plus qu'il ne faut. Dire ce qu'il faudrait taire. *L'an tant vira, qu'à ben degoouhiha :* On l'a tellement tourné qu'il a dégoisé joliment.

DEGOULA. v. n. et récip. Choir. Tomber. Se laisser tomber d'un lieu élevé. *A degoula doou grafiounic :* il est tombé du cerisier. Au fig. *Si degoula :* faire chape-chute , en se mariant. Rencontrer mal. *La paourasso sès ben degoulado :* la pauvrette a fait chaque-chute; elle a bien mal rencontré.

DEGOULAIRE.
DEGOULARELLO. } adj. Nuptial, nuptiale. Qui servira , Qui a été fait, pour servir à la cérémonie du mariage. On ne le dit que des habillemens nuptiaux. Il est plaisant et populaire. *S'es mes soun habit degoulaire :* il s'est mis son habit de noces. *L'y fan sa raouho degoularello :* on lui fait sa robe nuptiale.

DEGOUSTA. Voyez DEIGOUSTA.

DEGOUTA. v. n. Dégoûter. Couler goutte à goutte. *A tant ploougu que leis teoules degoutoun encaro :* il a plu si fort que les toits dégoûtent encore. On dit prov. et fig., parlant d'un état, d'une profession, d'un débit, que, *Si noun ploou , degoutto :* s'il n'y pleut il y dégoûte, pour dire, que si l'on n'y fait pas toujours des grands bénéfices, on ne laisse pas

que d'y gagner toujours quelque chose. On dit fig. et famil. *La languo mi degouto , lu bouco mi degouto :* la langue, la bouche me démange , pour dire , qu'on a grande envie de manger quelque fruit, quelque chose qui humecte la bouche ou le palais.

DEGOUYA , ADO. s. et adj. Voyez DEIGOUYA.

DEGU , DEGUDO. Dû , Dûe. participe du verbe *decourre*. Voyez DEOURRE. *A soun degu :* façon de parler adverbiale usitée par le peuple, D'une manière convenable , dans les formes, selon qu'on le doit. *Travaiha à soun degu :* travailler convenablement. *Manjha à soun degu :* se rassasier.

DEGULA. Voyez DEGOUBIHA.

DEGUN. adj. Aucun. Personne. Nul. Qui que ce soit. *L'y a degun :* il n'y a personne. *Degun de naoutreis va fariè :* aucun de nous ne le ferait. *Aquel home es pas degun :* c'est un homme nul. On dit prov. et fam. *Ana ounte lou rei poou manda degun :* aller où le roi n'envoit personne, pour dire , aller à ses besoins naturels.

DEIBADARNA. v. a. Ouvrir. Faire qu'une porte ou une fenêtre ne soit plus fermée. Il est famil. *Houstaou tout deibadarna :* maison toute ouverte. *Es deibadarna de partout :* portes et fenêtres tout est ouvert. Voyez BADIÈ.

DEIBAGUEJIHA. v. a. Déménager. Emporter. Transporter ailleurs les meubles, effets et autres bagages d'une maison.

— Déloger. Déguerpir.

DEIBARAGNA. v. a. Désencager. Oter , enlever la haie ou l'échalier qui entourait un jardin , un champ, des arbres, etc.

DEIBARBA. v. a. Arracher le poil de la barbe.

DEIBARBA. Terme de jardinier pépiniériste. Ébarber. Couper. Enlever les chevelus d'un arbre, d'une plante.

DEIBARATA. v. a. et récip. Débarrasser quelqu'un, se débarrasser soi-même de quelque marchandise , effets , etc. , qui embarrasse et dont on veut se défaire.

DEIBARCA. v. a. Débarquer. Sortir d'un vaisseau, d'un bateau, d'un bac. On appelle , *Un nouveou dei-*

barca : un nouveau débarqué, celui qui, ne connaissant pas encore le monde, s'y trouve embarrassé les premières fois qu'il y paraît. *Sembl'un nouveou deibarca :* il a toujours l'air d'un nouveau débarqué.

DEIBARETINA. v. a. Découffer. Oter, enlever le bonnet, la coiffe, la calotte, le chapeau à une personne. Il est plaisant et familier.

DEIBARLUGA. v. a. Dessiller. Ouvrir les yeux, dessiller les paupières. Voyez DESPARPELA. Au fig. Dessiller les yeux à quelqu'un, pour dire, le détromper, le désabuser sur quelque chose. Il s'emploie plus souvent dans ce dernier sens qu'au propre.

DEIBARRA. v. a. Terme de voiturier. Désenrayer. Oter la corde ou la chaîne qui empêche que la roue d'une voiture ne tourne.

DEIBARRA. v. a. Débarrer. Voyez DESTANCA.

B. A. DEIBARRARIA. v. n. Débagouler. Dire indiscrètement et sans aucune retenue, tout ce qui vient à la bouche. Il est bas et popul.

DEIBARRASSA. v. a. Débarrasser. Oter l'embarras. Il se dit au propre comme au figuré. *Deibarrassa un sac, un panié :* débarrasser, vider un sac, un panier. Il est aussi réciproque. *Si deibarrassa de soun ben per estre libre :* se débarrasser du soin de ses propriétés pour être libre. *Si deibarrassa d'une cavo :* se défaire d'une chose, s'en dessaisir.

DEIBASTA. v. n. Débâter. Oter le bât à un mulet, à une bête de somme.

DEIBASTADOU. Voyez DEBASTADOU.

DEIBATA. v. a. Terme de maréchal-ferrant. Dessoler. Oter la sole à un cheval, à un mulet.

DEIBOUDENA. (SI) v. récip. Sé débrailler. Déboutonner entièrement son gilet ou sa veste pour se mettre le ventre à l'aise. *Sé n'est mai à ventre deiboudena :* il en a pris une telle ventrée qu'il a été obligé de se débrailler. Voyez EIBOUDENA.

DEIBOUNDOUNA. v. n. Débonder. Sortir avec impétuosité, avec abondance. *Lou nas li deboundounavo de sang :* le sang lui sortait du nez

16

avec abondance. *Leis canoun de tá fouen deboundounavoun :* les tuyaux de la fontaine débondaient.

DEIBOURDA. v. a. Déborder. Oter. Enlever les bords, la garniture qui bordait l'extrémité d'un habillement, d'une robe, d'un meuble, etc. *Deibourda leis souliers, deibourda la raoubo :* déborder les souliers, déborder la robe.

DEIBOURDA. v. n. Déborder. Sortir du bord. Franchir les bornes. *La Durenço a debourda :* la Durance a débordé.

DEIBOUSCA. v. a. Déguerpir. Sortir d'un lieu par quelque motif de crainte. Voyez DEBOUSCA et DETOUSCA.

DEIBRAIHA. v. a. et récip. Déculotter. Se déculotter. Oter les culottes, les retrousser pour aller à la selle. Au fig. *Si deibraiha.* Reconnaître son tort. Avouer sa faute. *Negavo tout et pui ses deibraiha :* il niait tout et puis il a tout avoué. Il est bas et popul.

DEIBREGUA. Voyez DEBREGUA.

DEIBRIDA. v. a. Débrider. Oter la bride à un cheval. Au fig. Manger vitement et de bon appétit. *Si l'avias vis coumo debridavo, ourias manjha su soun appetit :* si vous l'eussiez vu manger comme il faisait, l'envie vous eut sans doute pris d'en faire autant.

DEIBROUCHA. v. a. Débrocher. Oter de la broche.

DEIBUYA. v. a. Démêler. Débrouiller. Tirer et séparer les choses mêlées ensemble. *Debuya leis chevux :* démêler les cheveux. *Debuya uno escagno de fiou :* débrouiller un écheveau de fil embrouillé.

DEICENCHA. v. a. et récip. Desceindre. Desserrer. Relâcher ce qui était serré. *Deicencha la raoubo :* déceindre la robe.

DEICENGLA. v. a. Dessangler. Lâcher, défaire les sangles.

DEICERVELA, ADO. adj. Écervelé, ée. Fou. Extravagant. Évaporé, ée. Qui a l'esprit léger. Qui est sans jugement. Il se prend aussi substantivement.

DEICIMA. v. a. Ecimer. Couper la cime des arbres, des plantes.

DEICIMA, DEICIMADO. participe et

adj. Écimé ée. A qui l'on a retranché ou coupé la cime. — Abrouti, abroutie. Ecimé. — Ébourgeonné, brouté par les bestiaux.

V. DEICIMOOUTA. Voyez DEICIMA.

DEIDEGNOUX, OUÈ. adj. Dédaigneux, dédaigneuse. Qui marque du dédain. *Er deidegnoux* : air dédaigneux.

DEIDENTA , ADO. adj. Edenté, édentée. Qui n'a plus ou presque plus de dents. *Rasteou deidenta* : rateau édenté. *Vieiho deidentado* : vieille édentée.

DEIFA, ADO. Voyez DEFA, DEFACHO.

DEIFADOURI. v. n. Affadir. Devenir fàde. Perdre de sa force, de sa bonté, de sa saveur, de sa qualité. Se défaire. S'affaiblir. On ne le dit au propre qu'en parlant du vin, des liqueurs et de certains alimens. *Vin deiffadouri* : vin affadi. *Lou pebre moulina que n'est pas ben plega si deifadourisse :* le poivre mouliné qui n'est pas renfermé, s'affadit.

DEIFAIRE. Voyez DEFAIRE.

DEIFANGA. v. a. et récip. Désembourber. Tirer hors de la bourbe, de la boue. *Si deifanga :* se désembourber.

DEIFARRA. v. a. Déferrer. Oter le fer du pied d'un cheval. — Oter, enlever la ferrure. *Lou chivaou es qòi fusé lou deifarra :* le cheval boite faites-le déferrer. *Deifarra uno pouerto :* déferrer une porte.

DEIFARFOUIIIA. v. a. Dégager. Débarrasser. Tirer quelqu'un de l'embarras, d'une mauvaise affaire, d'une entreprise harsardeuse.

DEIFARFOUIIIA. (SI) v. récip. Se dégager. Se tirer d'embarras. Dégager sa promesse. Il est famil. et populaire.

DEIFARROUIIIA. v. n. Déverrouiller. Ouvrir le verrou.

DEIFIA , ADO. s. Traitre. Méchant. Fourbe. Voyez DEFIA.

B. R. DEIFIÈLA. ⎫
B. A. DEIFIÈRA. ⎬ v. a. Efaufiler.

Tirer le fil d'un bout d'étoffe, d'un ruban, etc., pour juger de sa qualité. — Effiler. Défaire un tissu fil à fil. *Deifièla de vieil linjhe perfaire d'escarpido :* Effiler d u vieux linge pour en faire de la charpie. *Per veire si la télo a bouen fiou, foou la deifièla :* Pour connaitre si la toile est faite d'un bon fil, il faut l'effiler.

B. R. DEIFIÈLA. (SI) ⎫
B. A. DEIFIÈRA. (SE) ⎬ v. récip.

S'effiler. Se défaire fil à fil. *Foou fa n'orle à voueste fichu ooutrament si desfielo tout :* il faut faire un ourlet à votre schall, sinon il s'effile entièrement.

DEIFISA. v. a. Défier. Donner un défi. Provoquer quelqu'un à une lutte, à un combat. *L'a deifisa à courre :* il lui a donné un défi à la course.

DEIFISA. (SI) v. récip. Se défier. Se donner de garde de quelqu'un , soupçonner sa fidélité, douter de sa bonne foi, etc. Voyez MEIFISA.

DEIFISENT , ENTO. adj. Défiant, défiante. Soupçonneux, qui craint d'être trompé. Voyez MEIFISÈNT.

DEIFLOURA. v. a. Défleurer. Oter la fleur à un fruit en le touchant ou en le patouillant.

DEIFLOURI. v. n. Défleurir. Perdre la fleur. Faire tomber la fleur. On le dit des arbres dont la fleur passe, et de ceux à qui les vents ou la gelée l'emportent ou la brùlent.

DEIFOUNÇA. v. a. Défoncer. Oter le fond. Il ne se dit qu'en parlant des futailles. *Deifounça un veisseou, un barriou :* Défoncer un tonneau, un baril.

DEIFOURNA. v. a. Défourner. Sortir du four. *Deifourna lou pan :* défourner le pain. *Deifourna de caou, de gip :* défourner de la chaux, du plâtre.

DEIFOURELLA. v. a. Voyez DEFOURELLA.

DEIFRISA. v. a. Dépiter. Prendre la chèvre. Mettre de mauvaise humeur. Déconcerter. Démonter. *Aco mi deifriso :* cela me démonte. Il est populaire.

DEIFRUCHA. v. a. Voyez DEFRUCHA.

DEIFUIIIA. v. a. Effeuiller. Oter, enlever les feuilles. *Deifuiha uno lachugo , un cooulet , uno roso :* effeuiller une laitue, un chou, une rose.

DEIGAJHA. v. a. Dégager. Retirer ce qui avait été donné en gage, ou nantissement.

— Retirer, dégager sa parole.
— Désengager. Désenrôler. Oter
du rôle. On le dit de celui qui
s'est engagé ou fait enrôler pour
le service militaire, et qui s'en retire.
L'an deigajha : on l'a retiré du service.

DEIGAMACHA. v. a. et récip. Débrouiller. Désembrouiller. Se débrouiller, se dépêtrer, se débarrasser de quelque chose, de quelque
affaire pénible, ou de quelqu'un qui
embarrasse, qui gêne, etc. *Se deigamacha d'un pegoun :* se débarrasser d'un importun. Il est populaire.

DEIGARGAYA. v. a. Démantibuler.
Dejoindre. On le dit des ouvrages
d'art, de charpenterie, menuiserie
et autres dont les parties se déjoi-
gnent, se dérangent et sont hors de
leur place. Il est aussi réciproque.
Taoulo deigargayado : table démantibulée.

DEIGARNI. v. a. Terme de marchand. Détaler. Rentrer, resserrer
la marchandise qu'on avait étalée.
— Dégarnir, ôter la garniture, les ta-
pis, la toilette, l'enseigne, d'un magasin.

DEIGATIGNA. Voyez DEGATIGNA.

DEIGLACA. v. a. Dégeler. Fondre,
rompre, ôter la glace.

DEIGLESI. Voyez ESCLA. ESCLA-
DANI.

DEIGOOUBIA. Voyez DEGOOUBIA.

DEGOOUSSI. v. a. Démêler. Trier
et séparer les choses qui sont mêlées ensemble. On le dit presqu'exclusivement des cheveux. *Deigooussi
leis chevux :* démêler les cheveux.
Voyez DEIBUYA.

DEIGOUBIHA. Voyez DEGOUBIHA.

DEIGOUFA. v. a. Décoiffer. Oter
la coiffe d'un chapeau.
— Déformer. Rompre. Enlever la
forme d'un chapeau, c'est-à-dire,
ôter, abîmer cette partie du chapeau
qui couvre la tête et qui s'élève au-
dessus des ailes.

DEIGOUFA. v. a. Ecaler. Enlever
l'écale. Dérober. Enlever la robe. On
le dit des légumes. *Deigoufa de
favos, de peses :* dérober des fèves,
des pois; c'est leur ôter une première peau. Voyez DEIGRUNA.

SI DEIGOUFFA. v. Récip. S'écaler.

On ne le dit au propre que des légumes qui s'écalent en cuisant. *Leis
peses en bouihent si deigouffoun :*
les pois s'écalent en bouillant.

DEIGOUFA. (SI) v. récip. Se décoiffer. S'ouvrir. On le dit des boutons
recouverts d'étoffe, de soie, ou de fil
qui, étant usés, s'ouvrent et laissent
voir le bouton ou moule qui est dedans. *Leis boutons de soun habit si
deigouffoun :* les boutons de son habit se decoiffent.

DEIGOUMA. v. a. Désapprêter. Faire
perdre à une étoffe la roideur que
l'apprêt lui donne.

DEIGOUNFLA. v. a. et neutre. Dé-
senfler. Cesser d'être enflé. — Oter
ce qui fait qu'une chose est gonflée.
Deiglounfla uno booufigo : faire sortir
le vent renfermé dans une vessie de
pourceau.
Au fig. SI DEIGOUNFLA. v. récip.
Débagouler. Dire indiscrétement tout
ce que l'on pense, tout ce qui pèse
sur le cœur. Exhaler sa bile. *Leissa
li dire, foou que si deigounfle :* leis-
sez-la débagouler, il faut qu'elle
dise tout ce qu'elle a sur le cœur.
— Épancher son cœur, en confiant tout ce qui inquiéte, chagrine
ou affecte. Soulager son cœur en
donnant un libre essort à sa douleur
et à ses larmes. *La paourasso, leissa
la deigounfla :* la pauvre femme,
laissez-la soulager sa douleur.

DEIGOUSSI. Voyez DEIGOOUSSI.

DEIGOURJHA. v. a. Dégorger. Déboucher un passage engorgé. Voyez
BOURJHA.

DEIGOUYA, ADO. adj. Dégingandé,
dégingandée. Celui et celle dont la
contenance et la démarche sont mal
assurées, comme s'il était disloqué;
et celui et celle dont l'habillement
est toujours dérangé. *Fremo deigou-
yado :* femme dégingandée.

DEIGOUYA, ADO. part. et adj. Défait. Dérangé. En désordre. *Fai,
paquet deigouya :* fagot, faix, paquet
défait, démantibulé, tout dérangé.

DEIGRAVA. v. a. Régaler. Graci-
euser quelqu'un de quelque mets de
son goût, pour le réjouir et le dédommager de ses privations. *Voudriou ben ti deigrava de cooucaren, mai
n'ai pas lou deque :* je voudrais bien

pouvoir te régaler de quelque chose, mais je n'ai pas de quoi me le procurer. Il est aussi réciproque SI DEIGRAVA *Pouedi pas mi deigrava d'un mouceou de rousti : je ne puis me régaler d'un morceau de rôti.*

DEIGROUSSÁ. v. a. Dégrossir. Oter le plus gros d'une matière pour la disposer à recevoir la forme et le fini que l'ouvrier veut lui donner. — Apprendre les premiers élémens d'un état ou d'une science.

DEIGRUNA. v. a. Ecosser. Oter les grains de la cosse. *Deighuma de pezes, de favos, de fayooux :* Ecosser des pois, des fèves, des haricots.

DEIGRUYA. Voyez EIGRUYA.

DEIGUENIHA. ADO. adj. Dépenaillé. Déguénillé, couvert de haillons.

DEIJHALA. v. a. Dégeler. Faire qu'une chose qui était gelée, cesse de l'être. *Deijhàlo :* il dégèle.

B. R. DEIJHALADO. s. f. Dégel. Adoucissement de l'air qui résout la glace.

DEIJHALADOU. s. m. Abri. Lieu exposé au soleil. — Grand feu. — Endroit chaud, où l'on est à l'abri du froid.

DEIJHALAIRE. Voyez DEIJHALADOU.

DEIJHEOU. s. m. Dégel. Voyez DEIJHALADO. *Lou jheou et lou deijheou eiffrayuno la terro :* le gel et le dégel émiettent la terre.

DEIJHOUCA. v. a. Déjucher. Il ne se dit proprement que des poules lorsqu'elles sortent du juchoir. — Au fig. Dégoter. Déplacer. Chasser quelqu'un de son poste. Il est familier.

DEIJHOUINTA. v. a. Déjoindre. Faire que ce qui était joint ne le soit plus. On le dit presqu'exclusivement des ouvrages de boiserie et de maçonnerie.

DEILIA. v. a. Délier. Détacher. Défaire ce qui lie quelque chose. *Deilia seis courrejhouns :* Délier la courroie de ses souliers.

DEILIA. v. a. Terme de foulaison des blés. Délier les gerbes, et les épandre sur l'aire à la manière d'une jonchée, pour les y faire fouler. — Fouler. (Délier les gerbes pour les fouler). *Deman deilian :* demain nous foulons les gerbes. Voyez COOUCA.

DEILIASSA. v. a. Délier des liasses.

Délier des paquets de linge. Dépaquetter. Dépareiller.

DEILIOUJHA. v. a. Dégarnir. Oter, enlever une partie des couvertures qui garnissent un lit, pour qu'on y soit plus légèrement couvert. — Alléger. Décharger d'une partie d'un fardeau.

DEILIOUJHA. (SI) v. réci. S'alléger. Se décharger. Se vêtir plus légèrement qu'on ne l'était. Voyez ALIOUJHA.

DEILUGA. v. a. Disloquer. Démettre. Déboîter. Il se dit des os qu'on fait sortir de leur place. *Si deiluga la man :* se disloquer la main, pour dire, se disloquer les os de la main.

DEILUSTRA. v. a. Délustrer. Désapprêter. Décatir. Oter, enlever, faire perdre le lustre, l'apprêt à un étoffe, à un chapeau, etc. *Deilustra lou drap :* Décatir le drap.

DEIMA. v. a. Dîmer. Lever, exiger, prélever la dîme. Au fig. Prendre. Soustraire. Enlever quelque chose d'une partie plus grande. *Avien fousso meloun, mai li leis an deimas :* ils avaient beaucoup de melons, mais on leur en a diminué le nombre.

DEIMAIHOUTA. v. a. Demailloter. Oter du maillot. Défaire le maillot d'un enfant.

DEIMALOUNA. v. a. Décarreler. Oter les carreaux d'une chambre, d'un appartement.

DEIMALUGA. Voyez DEILUGA.

DEIMAMA. v. a. Sevrer. Tirer un enfant de nourrice, ne vouloir plus qu'il tette, le désaccoutumer du lait. Au fig. Priver, désaccoutumer quelqu'un de quelque chose. Il est aussi récip. *Si deimama dou jhuec :* renoncer au jeu.

DEIMAMAIRE. s. m. Sevreur. Reservé. On donne ce nom aux raisins que l'on met en reserve sur de la paille, pour les manger immédiatement après la vendange, pour se désaccoutumer ainsi, peu à peu, de l'usage journalier que l'on avait d'en manger de frais. *Avem enca de dèsmamaires :* nous en avons encore des sevreurs, ou des reservés.

DEIMANCHA. Voyez DEMANCHA.

DEIMANEYA. v. a. Ecourter. Rompre, casser, enlever l'anse, la queue, d'une ustensile de ménage.

DEIMANEYA. Partic. Ecourté, ée. Qui n'a point d'anse ou de queue. *Pechié deimaneya* : pot écourté. *Escudélo deimaneyado* : écuelle écourtée.

DEIMANTENI. v. a. Dépérir. Tomber en ruine, tomber en vétusté. *Va leissoun tout deimanteni* : on laisse tout dépérir.

DEIMANTENI. (SI) v. récip. Se dessaisir. Se désister. Lâcher prise. *Seis enfans l'harceloun per se désempara de soun ben, mai voou pas s'en deimanteni* : ses enfans le pressent de leur remettre le bien fonds, mais il ne veut pas s'en dessaisir.

DEIMANTENGU, UDO. part. Dépéri. Ruiné, ruinée. Dessaisi, dessaisie. *Leis muraiyos que restavoun si soun touteis deimantengudos* : les murs qui restaient sont tombés en ruine. *A la force doou temps ses tout deimantengu* : par le laps de temps tout s'est détruit.

DEIMANTIBULA. v. a. Démantibuler. Rompre. Déjoindre. Voyez DEIGARGAYA.

DEIMARCA. v. a. Démarquer. Oter une marque, enlever une empreinte, effacer une trace, un signe qui indique. On dit qu'un cheval, qu'un âne *a deimarca* : qu'il ne marque plus, pour dire, qu'ayant tombé certaines dents qui indiquaient son âge, il ne reste plus aucun indice pour s'en assurer.

DEIMARDOUHI. v. a. Ebrener. Oter les matières fécales d'un enfant. Nettoyer une personne de ses saletés, de ses ordures. *Quand ero malaou lou deimardouhissié* : lorsqu'il était malade elle le nettoyait de ses ordures.

DEIMARGA. Voyez DEMARGA.

DEIME. s. m. Dîme. Dixième partie des fruits et des autres productions de la terre que l'on payait à l'Eglise ou aux seigneurs, avant la révolution.

DEIMEMOURIA. v. a. [Disloquer la cervelle. Mettre l'esprit hors de son assiette. Perdre la tête. *Leis enfans vous deimemourien* : les enfans vous font perdre la tête.

DEMEMOURIA, ADO. part. Troublé, troublée. *Aquelo paouro fremo svou plus ce que si fa, es deimemouriado* : cette pauvre femme ne sait plus où elle en est, la tête lui manque. Voyez DESTIMBOURLA.

DEIMEMOURIA, ADO. adj. Etourdi, ie. Dissipé. Evaporé, évaporée. Qui ne sait ce qu'il fait, qui ne se rappelle pas de ce qu'on lui dit, qui semble avoir perdu la tête. Il est aussi substantif. *Es un deimemouria* : c'est un évaporé.

DEIMIÈ. s. m. Décimateur. Dîmeur. Celui qui prélève ou qui perçoit la dîme.

DEIMOUCOURA. v. a. Dissuader. Décourager. Faire perdre l'envie, le courage de faire quelque chose. — Détourner de l'exécution d'un dessein. *Si serié fa capelan si lou deimoucouressoun pas* : Il embrassait l'état ecclésiastique si on ne l'eût dissuadé. *S'est deimoucoura* : il s'est découragé.

B. R. **DEIMOURENA.** v. a. Devisser. Défaire une vis.

DEIMOURRA. v. a. Eguculer. Casser, rompre le haut du goulot d'un vaisseau de poterie ou de verre. *Pechiè deimourra* : pot égueulé. *Dourgo deimourrado* : cruche égueulée.

DEIMOURRA. (SI) v. récip. Se meurtir le visage en tombant, en donnant du nez en terre. Il est populaire.

DEIMOUSTOUHI. v. a. Déglutiner. Oter la saleté visqueuse que les raisins ou le moût ont faits à quelqu'un ou à quelque chose. Il est aussi réciproque. *Si deimoustouhi lou visagi* : se déglutiner le visage.

DEIMOUTA. v. a. Terme d'horticulture. Egravillonner. Lever des arbres en motte, et en retrancher une partie de la terre avant de les transplanter.

B. A. **DEINARRA.** Voyez DEIMOURRA.

DEINARRA, ADO. adj. Terme de mépris. Camus. Camard, camarde, celui, celle qui a le nez plat et écrasé, ou qui l'a trop petit.

DEINOUSA. v. a. Dénouer. Défaire un nœud.

DEIRATA, ADO. adj. Deraté, ée. Gai. Enjoué. Fin. Rusé. Eveillé. Il est aussi subst. *Es un deirata* : c'est un dératé. *Avez à faire em'un deirata ; avisa vous !* Vous avez à faire avec un rusé, ainsi prenez-vous garde.

DEIREGUA. v. a. Démarquer. S'écarter, passer la ligne de démarcation. Outre passer les bornes. S'écarter des règles. On le dit au propre comme au figuré, au physique comme au moral. Il est bas et familier. *Foou pas si deiregua* : il ne faut pas s'écarter. *Ti deiregues pas* : ne fais rien qui puisse offenser personne. Voyez DÉMARGA.

DEIREGI. v. a. Déroidir. Désengourdir. *Deiregi loujharret* : déroidir le jarret. Il est aussi récipr. *Ai tant resta asseta que pouèdi plus me deiregi* : j'ai resté si long temps assis que je ne puis me remettre les jambes.

DEIROUHI. v. a. Dérouiller. Oter, enlever la rouille. Fig. et fam. *Deirouhi leis cambos* : marcher; trotter, dégourdir les jambes. *Deirouhi leis escus* : faire aller les écus, les faire circuler. *Deirouhi coouqu'un* : façonner, polir quelqu'un en le produisant dans le monde, ou en le faisant fortement travailler et agir.

DEIROUHA. Voyez DEIROUHI.

DEIROUTA. v. a. Dérouter. Tirer quelqu'un de sa route. Au fig. Déconcerter. Détraquer.

DEIVARDEGUA. v. a. Terme d'agr. et d'horticulture. Cueillir en vert. Cueillir avant le temps. On le dit des fruits et des légumes que l'on cueille ou ramasse avant leur maturité, ou avant qu'ils aient acquis le degré de croissance et de maturité requis. *L'y a tant de ravajhurs de campagno que si l'on voou manjha de fruit foou lou deivardegua* : il y a si grand nombre de maraudeurs par les champs, qu'il faut cueillir les fruits en vert si l'on veut en goûter. *Frucho devardegado* : fruit cueilli avant sa maturité.

DEIVAGA. Voyez DEICERVELA.

DEVAGA.

DEVALISA. v. a. Dévaliser. Détrousser. Enlever, dérober à quelqu'un ses hardes et ce qu'il porte après lui en voyage. Au fig. *Estre deivalisa* : être en proie à l'ennui, à l'inquiétude, au chagrin, par la perte ou la privation d'une chose à laquelle on est attaché. *Avo qu'a vendu sa campagno es tout deivalisa* : mainte-

nant qu'il a vendu son domaine il ne sait quoi devenir.

DEIVERGOUGNA. Voyez DEVERGOUGNA.

DEIVIA. v. a. Dévier. Détourner de la bonne route. *Deivia l'aiguo* : détourner l'eau, la devier de la direction qu'elle doit suivre.

DELEGUA, (SI). v. récip. Se délecter. Se complaire à quelque chose. *Si delegua à lou fa enrabia* : il se complaît à le contrarier.

DELIOUJHA. Voyez DEILIOUJHA. ALIOUJHA.

DEMAN. adv. de temps. Demain. Le jour qui suit immédiatement celui où l'on est.

DEMANCHA. v. a. Démancher. Oter le manche d'un instrument, d'un outil. *Deimancha uno areno, uno issado* : démancher une alène, une bêche.

DEMANCHA. (SI)
DEIMANCHA. (SI) } fig. v. récip.

Se dessaisir. Relâcher. Abandonner. Laisser prendre ce que l'on avait en sa possession, en ses mains. Se demettre d'une charge ou d'un emploi. Il est familier. *S'en demancharié pas voulountié* : il ne s'en dessaisirait pas volontiers.

DEMANJHA. v. n. Démanger. Causer une démangeaison.

DEMAOU. adj. Pénible. Dur. *Estre demaou* : être péniblement affecté. *L'y a ben ista demaou de si separa d'ello* : il lui a été bien pénible de la quitter. *Mi sara demaou de vous plus veire* : il me peinera bien de ne plus vous voir.

DEMARGA. v. n. Extravaguer. Deraisonner. S'emporter.

DEMARGADURO. s. f. Folie. Extravagance. Emportement. Ecart. Incartade. *Quinto demargaduro* : quelle extravagance !

DEMARRA. v. a. Relâcher. Lâcher prise. Voyez DEIMANCHA.

DEMASIA. v. a. Détruire. Dégrader. Gâter. Rompre. Briser. Déranger. *L'y an tout demasia soun jhardin* : On lui a tout dégradé son jardin.

DEMASIA (SI). v. récip. Se Délecter. Se complaire. Prendre plaisir à détruire. Dégrader. Déranger. Briser.

Gâter, etc. , quelque chose que l'on sait être l'agrément ou la satisfaction de quelqu'un, et cela , par esprit de contradiction ou de méchanceté. On ne le dit guères que des enfans. *Si demasien à li descrespi seis muraihos :* ils se délectent à écailler ses murs.

DEMASIA , ADO. parti. et adjectif. Détruit. Degradé. Dérangé. En désordre.

— Dissipé. Déréglé. Evaporé, ée. *Enfant demasia :* enfant dissipé. *Testo demasiado :* tête évaporée.

DEMASIA se prend quelquefois pour **DESAVIA.** Voyez **DESAVIA.**

DE MATIN. adv. Dans la matinée.

DEMEN, ANA-EN-DEMEN. adverb. Diminuer. Décroître. Perdre. S'affaiblir. Tomber. *Soun counmerço vai en demen :* il ne fait plus grand chose. *Leis jours van en demen :* les jours décroissent. *Sa viste vai toujour en demen :* sa vue s'affaiblit toujours plus. *Chioaou que vai en demen :* cheval qui perd tous les jours.

DEMENA, (SI). v. récip. Se hâter. Conduire les choses vîtement.

— Se donner de mouvement, Prendre bien de la peine pour faire aller son train, ses affaires, son négoce, etc.

DEMENI. v. a. Diminuer. Amoindrir. Décroître. *An demeni lou pan :* on a diminué le prix du pain. *Leis jours coumençoun à demeni :* les jours commencent à décroître.

DEMETTO. s. f. Débat. Agitation d'une personne qui se démène. *N'a plus ges fa de demetto :* il n'a plus remué.

DEMENI. (SI) v. récip. S'apetisser Se raccourcir, devenir moins long. *Lu télo en si bagnan si demenisse :* la toile s'apetisse quand on la mouille.

B. A. DÉ-MIEI. adv. Plein à demi.

B. A. DE-MIEIO. adv. Moitié pleine.

— On le dit d'un vase, d'une usine, d'une mesure de capacité, soit pour les solides comme pour les liquides. *Soun goubelet erv de miei :* son verre était plein à demi. *Uno dourgo de mieio :* une cruche à moitié pleine.

DEMONI. s. m. Lutin. Espiègle. *A quel enfant est un demoni :* cet enfant est un espiègle. Il est populaire.

DEMOUARO.
DEMOUÈRO. } s. f. Demeure.

Habitation. Domicile. *V'aqui sa demouaro :* voilà sa demeure.

DEMOURA. v. n. Demeurer. Faire sa demeure. Habiter. *Demouèro à la campagno :* il habite la campagne.

— Tarder. Rester de venir. *Demouèro ben :* il tarde bien. *Li demouères pas troou :* n'y reste pas trop long temps. Voyez **ISTA.**

DENEMBRA. v. n. Oublier. Laisser. quelque chose. Perdre le souvenir. Voyez **DEIMEMOURIA.**

DENOUNÇO. s. f. Dénonciation. Délation. Accusation. *L'y an fach uno denounço :* on l'a denoncé.

DENTI. s. m. Dente. Poisson.

DENTIROUN. s. m. Chicot. Morceau qui reste d'une dent rompue.

DENTADO. s. f. Coup de dents. Morsure. Meurtrisure faite par un coup de dents.

V. DENTIS. s. m. Ononis. Arrête-bœuf. Plante. Voyez **AGAVOUN.**

DEOURE. Voyez **TENDRIN.**

DEOURRE. v. a. Devoir. *Deve, devi, dèvi, deves, deou ou duou, devém ou duvèm , devès ou duvès, devoun ou duvoun, deviou ou duviou, deviès ou duvès, deviè ou duviè, deviam ou duvian, devias ou duvias, devien ou duvièn , deourrai ou duourrai , deourra ou duourra, deourran ou duourran, deourriou ou duourriou. Que deguessi ou duguessi , degu ou devugu.* Etre obligé à payer quelque chose. — Etre obligé à quelque chose par la loi , la justice, par la bienséance . etc. *Deviè ou duviè veni, mai l'ai pas vis :* il devait venir , mais je ne l'ai pas vu. On dit prov. et fig. *Taou mi deou que mi demando :* tel me fait demande, qu'il ne doit lui-même , pour dire , que souvent celui qui a tort est le premier à se plaindre.

DEOUTTE. s. m. Dette. Ce que l'on doit , soit d'argent, de marchandise , ou autre chose. On dit fig. et fam. d'une personne *que cacho pas lou deoutte :* qu'elle ne dénie pas la dette, pour dire , qu'elle convient de son tort , qu'elle avoue sa faute.

DEPINTA. v. a. Dépeindre. Décrire et représenter par le discours. *L'y a depinta soun caractèro taou quès :* il lui a dépeint son caractère tel qu'il est.

DES

DERRABA. v. a. Déraciner. Arracher. Détacher avec effort ce qui tient à quelque chose. Oter de force quelque chose. *Derraba un aoubre*: déraciner un arbre. *Derraba uno dent*: arracher une dent. *Va li derraboun deis mans*: on le lui arrache des mains. On dit fig. *Derraba d'argent de coouqu'un*: arracher de l'argent de quelqu'un, pour dire, tirer avec peine de l'argent de quelqu'un qui nous le doit.

DERRABAIRE. s. m. Arracheur. Celui qui arrache. On dit prov. *Messoungiè coum'un derrabaire de dents*: menteur comme un arracheur de dents.

DERRAMA. v. a. Effeuiller. Enlever, abattre la feuille des arbres. Voyez DESPAMPA.

DERRAMA. v. a. Gauler. Battre un arbre avec une gaule pour en faire tomber le fruit. *Derrama un nougiè, un amendiè*: gauler un noyer, un amandier, pour en abattre les noix, les amandes.

DERRANCA. v. a. Arracher. Tirer une personne, la déjucher du lieu où elle est. *Es talamen apoultrouni ooutour doou fuech quès pas poussible de l'en derranca*: il est tellement acoquiné auprès du feu qu'il est impossible de l'en arracher. *Sa fremo poou pa li derranca un soou*: sa femme ne peut pas lui arracher un sol. Voyez DESTOUSCA.

V. DERROUISSA. v. a. Déclore. Oter, enlever les ronces et les épines qui ferment l'entrée d'un champ, l'issue d'un sentier, etc.

DERRUNA. v. a. Crouler. S'écrouler. Dégringoler. S'ébouler. Tomber en s'affaissant. Il est famil. *Derruna oou soou*: crouler par terre.

DERRUNADO. s. f. Ecroulement. Eboulement. La quantité, le nombre, l'ensemble de ce qui tombe ou dégringole. Au fig. Volée de coups. *Uno derrunado de coou*: une volée de coups.

DERTI. s. m. Dartre. Voyez BERBI.

DESAGRADA. v. n. Désagréer. Déplaire. *Seis manièros mi desagradoun ben*: ses manières me déplaisent tout-à-fait.

DESAJHA. v. a. Egrener. Détacher les grains de la grappe. On ne le dit que des raisins.

— Egrapper. Dépouiller la grappe de ses grains.

DESANAT, ADO. adj. Amaigri, ie. Défait. Atténué, éc. *Es tout-à-fait desanat*: il est entièrement défait.

DESAPARIA. v. a. Dépareiller. Oter l'une de deux ou de plusieurs choses pareilles.

— Déparier. Oter l'une des deux choses qui font une paire.

— Désaccoupler. Détacher des choses accouplées, parlant des animaux. Séparer le mâle d'avec la femelle.

DESAPRESTA. v. a. Désapprêter. Voyez DEILUSTRA.

DESARRAPA. v. a. Décoller. Séparer. Détacher une chose qui était collée. *Desarrapa doux fuihets arrapas ensens*: détacher deux feuillets collés ensemble.

DESASSETA. v. a. Terme de lavandière. Désencuver. Sortir le linge du cuvier lorsque la lessive est faite, pour aller le laver.

DESATELA. v. a. Dételer. Détacher des chevaux atelés.

DESAVANCA. v. a. Devancer. Gagner le devant. Arriver avant un autre. Faire une chose avant le temps fixé. *M'a desavança d'uno houro*: il m'a devancé d'une heure.

DESAVIA. v. a. Troubler. Brouiller. Mettre en désordre. Déranger. Appauvrir. Dérouter. Inquiéter. Contrarier. *Leis mouscos desavièn leis chivaoux*: les mouches inquiètent les chevaux. *Houstaou desavia*: maison en désordre. *Familho desaviado*: famille ruinée, dispersée.

— Détruire. Décréditer. Ruiner. *An fach tout ce qu'an pousquu per lou desavia*: ils ont fait l'impossible pour le détruire. *Es desavia*: il est sans moyen et sans crédit. Il est aussi réciproque. *Si desavia*: s'inquiéter outre mesure, se ruiner, se détruire.

DESAVIA, ADO. part. Troublé. Ruiné.

DESAVIA, ADO. s. Ecervelé, éc. Voyez DESOULA et DISAVERT.

DESAVIADURO. s. f. Désarroi. Désordre dans les affaires. Renversement de fortune. — Chagrin. Inquiétude. *Soun dins uno ben grando desaviaduro*: leurs affaires sont dans un pitoyable état. *Que desaviaduro!* Quel désarroi!

DESCABUCELA. v. a. Découvrir. Oter le couvercle. *Descabucela l'hou-*

lo : découvrir le pot au feu. Au fig. Déceler. Découvrir une chose, un secret qu'on avait intérêt de tenir caché. *Esi tout ana descabucela* : il est allé tout découvrir.

DESCADENA. v. a. Déchaîner. Détacher de la chaîne.

DESCADEISSA. v. a. Dégorger. Oter, enlever le chas d'une pièce de toile neuve, en la lavant jusqu'à ce qu'elle soit entièrement dégraissée.

B.-R. DESCADOOULA. }
B.-A. DESCADOOURA. } v. a. Ou-

vrir. Hausser le loquet d'une porte.

DESCADRANA. v. n. Perdre la tête. Devenir fou. *Descadrâno* : il ne sait plus ce qu'il dit. *Lou paouras a descadrana* : le pauvre homme a perdu l'esprit.

DESCALADA. v. a. Dépaver. Arracher, ôter le pavé qui est en œuvre.

DESCALADAIRE. s. m. Dépaveur. Celui qui dépave une rue.

— Dépaveur. Héros de juillet.

DESCALAJHA. Voyez EIBLOUA.

DESCAMPA. v. n. Décamper. S'enfuir. Se retirer promptement de quelque lieu.

DESCAMPAIRE. s. m. Dissipateur. Dépensier. Prodigue. Voyez PATRAMAND.

DESCAOUSSA. v. a. Déchausser. Oter, tirer les bas ou les souliers à quelqu'un.

— Dégravoyer. Oter la terre qui est autour du pied d'un arbre. Il est aussi récip. *Si descaoussa*: se déchausser.

DESCAOU, DESCAOUSSO. adj. Déchaussé, déchaussée. Qui n'a point de souliers aux pieds. *Estre descaou* : être sans souliers. *Ana descaou* : aller nu pieds.

DESCAREMA. v. a. et récip. Rompre le carême. Rompre carême. Cesser d'observer l'abstinence du carême et manger des viandes défendues. *L'an fa descarema* : on lui a fait rompre carême.

DESCARGA. v. a. Décharger. Oter un fardeau du lieu où il était. Il est aussi récip. *Si descarga* : se décharger.

DESCARGADOU. s. m. Déchargeoir. Rouleau en bois sur lequel le tisserand roule sa toile à mesure qu'elle est faite.

DESCARGADOU. s. m. Déchargeoir. Endroit, lieu où l'on décharge.

DESCARNA. v. a. Décharner. Séparer la chair des os. Amaigrir.

DESCARNA, ADO. part. et adj. Décharné, décharnée. Amaigri, amaigrie. *Visagi descarna* : figure amaigrie. Il est quelquefois employé substantivement. *Es un descarna* : c'est un squelette.

DESCARNA. v. a. Terme de tanneur. Echarner. Oter d'un cuir la chair qui y reste.

DESCASSA. v. a. Destituer. Priver quelqu'un d'une place, d'un emploi, d'une charge. Le déposer. *Bonaparte lou descasset* : Bonaparte le destitua.

B.-R. DESCASSOULA. }
B.-A. DESCASSOURA. } v. a. Disconti-

nuer. Cesser de faire ce que l'on faisait. *Descassouèro pas de manjha* : il mange continuellement. *A ploougu touto la nuech senso descassoula* : il a plu toute la nuit sans discontinuer.

DESCATALANA. v. a. Abattre. Abaisser les bords d'un chapeau monté. Depuis que l'usage des chapeaux ronds a prévalu sur celui des chapeaux montés, le terme *descatalana* n'est plus usité, parce que les gendarmes et les gardes de ville qui sont les seuls à se coiffer de chapeaux montés ne pourraient les porter ainsi abaissés. *Capeou descatalana* : chapeau qui fait le clabaud.

DESCAVIHA. v. a. Déchasser. Faire sortir de force une cheville.

DESCAZA. v. n. Déloger. Quitter un logement. Décamper, sortir d'un lieu qu'on habite, d'un poste qu'on occupe. Il est familier.

— Faire sortir quelqu'un de sa demeure.

— Dégoter, chasser quelqu'un de son poste.

DESCHALANDA. v. a. Décréditer. Désachalander. Faire perdre les chalands. Eloigner d'un magasin ceux qui avaient habitué d'y acheter.

DESCHALANDAIRE. s. m. Détracteur. Celui, qui, par ses menées, détourne ou fait fuir les chalands à un marchand, qui dissuade les pratiques, la clientèle d'un avotat, d'un médecin, etc.

DESCHANJHA. v. a. Déchanger. Annuler l'échange qu'on avait fait.

DESCHANJHA (SI). v. récip. se dés-

17

habiller. Quitter ses vêtemens de parade pour reprendre ceux que l'on porte journellement. *Aro qu'as fach ta visito, vai te deschanjha* : maintenant que tu as fait ta visite, va te deshabiller.

DESCLADANI. Voyez ESCLADANI.

DESCLAOURRE. v. a. Déclorre. Oter la cloture d'un champ, d'un jardin, etc. Enlever ce qui en ferme les issues. — Déparquer. Faire sortir le menu bétail de l'enceinte où il parquait.

DESCLAPA. v. a. Déterrer. Découvrir une chose qui était enfouie dans la terre ou ailleurs. — Exhumer un cadavre.

DESCLAVELA. v. a. Déclouer. Détacher quelque chose en arrachant les clous qui l'attachaient.

DESCOOUSSA. Voyez DESCAOUSSA.

DESCOOUSSANA, ADO. adj. Dechevêtré, ée. Qui n'a point de licou. On ne le dit au propre que des chevaux, mulets, ânes, etc. *Aze descoousana*: âne sans licou. Au fig. Effréné, effrenée. Qui est sans frein, sans retenue. *Fremo, filho descoousanado* : femme, fille sans retenue, devergondée. On dit prov. et fig. d'une personne, *Que semblo un chivaou descoooussana* : que c'est un cheval échappé, pour dire, qu'elle se conduit comme un cheval dechevêtré qui s'enfuit.

DESCOUA, ADO. adj. Ecoué. Ecourté, ée. Qui n'a point de queue. *Chin descoua, chivaou descoua* : chien écoué, cheval écourté.

DESCOUCOUNA. v. a. Deramer. Oter les cocons des rameaux. Terme de magnaguier. *Ajhuda descoucouna* : aider à enlever les cocons des rameaux où l'on fait les vers-à-soie.

DESCOULA. v. a. Décoller. Détacher une chose qui était collée. Voyez DESARRAPA.

DESCOUNDOUN. adv. A la dérobée. En cachette. En catimini. En tapinois. *Es vengu descoundoun* : il est venu en cachette. *Si vesoun descoundoun* : ils se voient à la dérobée.

B.-R. DESCOUNEISSE. }
B.-A. DESCOUNOUISSE. } (SI) v. récip. Se méconnaitre. Oublier ce que l'on a été ou ce que l'on est. *Foou iamai si descounoisse* : il ne faut jamais se méconnaitre. Voyez MESCOUNEISSE.

DESCOUNTA. v. a. Déduire. Excompter. Soustraire.

DESCOUNTUNIA. v. n. Discontinuer. Cesser de faire ce que l'on faisait.

V. DESCOURA. v. n. Se dédire. Perdre courage. Lacher prise. Voyez DEIMOUCOURA.

B.-A. DESCOURCHOUNA. v. a. Dégrignoner. Enlever. Prendre le grignon du pain. Voyez COURCHOUN.

DESCOURDA. v. a. Décorder. Séparer les cordons ou branches dont une corde est composée.

DESCOURDEJHA. Voyez DESCOURDA.

DESCOURDELA. v. a. et récip. Délacer. Défaire un lacet. Se délacer. *Descourdela uno bardetto, un courset*: délacer, défaire le lacet d'un corps de jupe.

DESCOURDURA. v. a. Découdre. Défaire une couture. On le dit aussi des choses dont la couture vient à se défaire. Au fig. Débagouler. Parler hors de propos, dire des sottises, des obscénités. *Ce que dis es descourdura*: ce qu'il dit est hors de propos, c'est tout-à-fait inconvenant ou déplacé.

DESCOURDURA, ADO. part. Décousu, ue. *Raoubo descourdurado, soulié descourdura*.

DESCOURDURADO. s. f. Décousure. L'endroit d'un linge ou d'une étoffe qui est décousu.

DESCOURTINA. v. a. Décabasser. Terme de moulin à huile. Vider les cabas, en faire sortir le marc des olives après le pressurage.

DESCOUTUMA. }
DESACOUSTUMA. } v. a. Déshabituer. Desacoutumer. Faire perdre l'habitude, la coutume. *M'en siou desacoustuma* : je m'en suis déshabitué.

DESCOUTOUN (ANA). adv. Être aux écoutes. *Vai que per escoutoun* : *es toujours per escoutoun* : il va toujours écoutant, il est sans cesse aux écoutes.

DESCOUVER. s. m. Terme de boucherie. Quarré de mouton. Partie de l'animal au-dessous de l'épaule, qui contient les principales côtes. Le mot de *descouver* lui est donné parce que en levant l'épaule (ainsi qu'on le fait en le dépéçant) qui la couvrait, cette partie demeure découverte.

DESCRESPI. v. a. Dégravoyer. Dégrader, déchausser des murs, en enlever la crépissure. *Muraiho des-*

c respido : mur écaillé, c'est-à-dire, dont le plâtre qui la recouvrait s'est détaché en petites écailles.

DESCRESTIOUNA (SI). v. récip. Rénier chrême et baptême. On dit pop. d'un homme, qui, accablé tout-à-coup par un événement malheureux, se livre à une douleur, à des plaintes désespérantes. *Que si descrestiouno* : qu'il renie chrême et baptême, et parlant d'une chose capable de pousser à bout la patience de l'homme le plus sensé, on dit, *Que n'y oourié per si descrestiouna* : qu'elle serait capable de faire renier chrême et baptême.

DESCRIDA. v. a. Décrier. Dénigrer. Décréditer. Oter la réputation et l'estime d'une personne, d'une marchandise, d'une profession, d'une maison, etc.

DESCROUCA. v. a. Décrocher. Détacher une chose qui était attachée.

DESCROUCHETA. v. a. Décrocheter. Dégraffer. Détacher une agrafe. Défaire le crochet d'une agrafe de l'endroit où il était passé. *Descroucheta un habit, un manteou* : Dégraffer un habit, un manteau.

DESCROUSTA. v. a. Écrouter. Oter la croûte. Écailler. *Descrousta lou pan* : écrouter le pain. *Descrousta la muraiho* : écailler le plâtre du mur.

V. DESCRUBECELA. Voyez DESCABUCELA.

DESCRUSA. v. a. Décruer. Préparer par une lessive, le fil, la soie, ou la filoselle, que l'on veut mettre en œuvre ou en teinture.

DESCRUSA. v. a. Terme de filature de soie. Decruser. Mettre les cocons dans l'eau bouillante pour en devider la soie avec facilité.

DESCUBERT. Voyez DESCOUVERT.

DESCUNCHIA, ADO. adj. Mal mis. Mal vêtu. On le dit des personnes. Au fig. Décousu, qui n'a ni sens, ni raison, ni suite. On le dit d'un propos, d'un discours.

DESCURBI. v. a. Découvrir. *Descuérbi, descuérbes, descuerbe, descurbèm, descurbès, descurboun, descurbirai, descurbiras, descurbira, descurbirèm, descurbires, descurbiran, que descurbi, que descurbessi, descubert, descuberto.* Oter ce qui couvrait une chose ou une personne.

Fig. Parvenir à connaitre ce qui était caché. Commencer d'appercevoir. Faire une découverte quelconque. — Dévoiler ce que l'on tenait caché.

DESEIGA. v. a. Déranger un chose, l'ôter de sa place. Défaire un raccommodage. *V'avien ciga, et iou vai deseiga* : on l'avait rangé, et moi je l'ai dérangé.

DESENBASTA. v. a. Débâter Voyez DEIBASTA.

DESEMPACHA. v. a. Dégager. Débarrasser. Oter. Tirer d'embarras une personne ou un animal qui s'était embarrassé.

— Dégager, débrouiller des choses mêlées et embarrassées les unes parmi les autres. *Desempacha uno claou* : dégager une clef de la serrure où elle était engagée.

DESEMPIEI. adv. et prépos. Depuis. Du depuis. *L'ai pas vis desempiei* : je ne l'ai point vu depuis. *Desempiei hier* : depuis hier.

DESEMPLI. v. a. Vider une chose pleine. On se sert plus ordinairement de VIOUJHA. Voyez ce mot.

DESEMPURA. v. a. Déliser. Enlever. Retirer les tisons du feu, le bois, les sarmens, etc.

DESENDEICA. v. a. Terme de faucheur. Faner le foin ou l'herbe que l'on vient de faucher. Défaire les andains. Voyez ENDEIÇA.

DESENDOURMI. v. a. ! égourdir. Faire perdre aux pieds et aux mains l'état d'engourdissement dans lequel ils étaient, soit par l'effet du froid ou par celui de la position.

DESENFANGA. Voyez DEIFANGA.

DESENGAJHA. Voyez DEIGAJHA.

DESENGAVACHA. v. a. Dégorger. Voyez BOURJHA. — Désengouer, débarrasser le passage du gosier. Au fig. et famil. Tirer quelqu'un d'un embarras pénible.

DESENGOURJHA. Voyez DEIGOURJHA.

DESENNUBRIA. v. a. Désenivrer. Faire passer l'ivresse. Cesser d'être ivre. *Jamai se desennubrié* : il ne se désenivre point. Dans cette manière de parler il est neutre.

DESENTARRA. v. a. Déterrer. Exhumer. Retirer un corps de la sépulture.

DESFACHA. v. a. Dépiquer. Oter à

quelqu'un le chagrin qu'il a de quelque chose. Faire qu'il n'en soit plus fâché ni piqué.

DESFACHA (SI). v. rég. Se défacher. S'apaiser, se calmer, s'adoucir après s'être mis en colère.

DESFARFOUIHA. Voyez DEIFARFOUIHA.

DESFOOUFILA. v. a. Terme de tailleur. Éfaufiler. Défiler. Oter les fils de la fausse couture qu'on avait faite.

DESCAJIHA. Voyez DECAJIHA. DEIGAJIHA.

DESOOUREIHA. v. a. Essoriller. Couper les oreilles. *Cat desooureiha*: chat essorillé. Au fig. Couper les cheveux très-bas, de manière à paraître avoir la tête rasée. On dit alors de celui qui est ainsi rasé, *Que sembl'un cat desooureiha.*

DESOULA. v. a. Désoler. Causer une grande souffrance, une extrême affliction, etc.

—Ravager. Ruiner.

DESOULA, ADO. adj. Dissipé, dissipé. Brouillon. Querelleur. Écervellé. Contrariant. On le dit presqu'exclusivement des enfans. *Es un desoula*: c'est un petit querelleur. *Es uno desoulado*: c'est une écervellée.

DESPACHA (SI). v. récip. Se dépêcher. Se hâter. Faire diligence. *Si despachoun tan que pouedoun*: ils se hâtent autant qu'ils peuvent. Il est quelquefois verbe actif. *Despacha besougno*: hâter le travail.

DESPAMPA. v. a. Épamprer. Oter es pampres de la vigne, l'effeuiller.

— Effeuiller les arbres.

DESPAMPAIRE. s. m. Épampreur. Celui qui ôte la pampre de la vigne.

DESPAMPADURO. s. f. Épamprures. Ce que l'on ôte à la vigne en effeuillant.

DESPAMPO. s. f. Chûte des feuilles. *Per la despampo*: à la chûte des feuilles, dans la saison où les arbres et la vigne se dépouillent de leurs feuilles. Voyez PAMPO. TOUMBA.

DESPAR. s. m. Terme de chimie. Séparation. *Faire lou despar*: séparer les métaux qui sont mêlés ensemble.

DESPAR (EN). adv. Séparément. A part l'un de l'autre. *Mettes aco en despar*: mettez ceci à part.

DESPAR-EOU. adv. De lui-même.

De son chef, sans y être engagé ni contraint. *Es vengu des par-eou*; il est venu de son chef.

DESPARA. v. a. Déparer. Oter ce qui pare.—Rendre moins agréable.

—Dégarnir. Oter, enlever ce qui garantit, ce qui protège, ce qui préserve de dommage ou de vol, le bien, les fruits et le bétail. C'est un terme d'agriculture. Voyez PARA.

DESPAREISSOUNA. v. a. Déchalasser. Oter les échalas. On le dit de la vigne.

DESPARIA. Voyez DESAPARIA.

DESPARIÉ, IÉRO. part. Dépareillé, ée. Déparié, dépariée. Séparé de son égal avec lequel il formait la paire, ou la douzaine. *Gant desparié*, *libre desparia*, *mancho desparièro*: gant dépareillé, livre dépareillé, manche dépariée.

DESPARJHUNA. v. récip. Rompre le jeûne. *Si soun desparjhuna*: ils ont rompu le jeûne.

DESPARLA. v. n. Extravaguer. Déraisonner. Débagouler. Dire indiscrètement tout ce qui vient à la bouche. Tenir des discours dénués de sens et de raison.

DESPARPELA. v. a. Oter la chassie des yeux. Il est aussi réciproque. *Si desparpelavo*: il s'ôtait la chassie. Voyez PARPEOU. PARPELOUX.

DESPARPELA. v. a. Enlever, arracher les paupières. *Si parei davant meis hueils lou desparpeli*: s'il parait devant mes yeux je lui arrache les paupières.

DESPARPELA (SI). v. récip. Écarquiller les yeux. Se frotter les yeux avec la main en s'éveillant, comme si l'on voulait en ôter la chassie. *A peno mi desparpelavi que...* j'ouvrais à peine les yeux, que..

DESPASSA. v. a. Défiler. Oter le fil, le cordon qui était passé dans quelque chose. *Despassa uno aguiho*: défiler une aiguille. *Despassa leis anèlos d'uno tringlo*: retirer les anneaux passés sur une tringle. Au fig. *Despassa lou chapelet*. S'impatienter. Prendre la chèvre, s'écarter dans ses propos des bornes de la modération ou des convenances. *L'y an fach despassa lou chapelet*: on l'a poussé à bout. Il est fam. et pop.

DES

DESPASTELA. v. a. Ouvrir une porte.
Déverrouiller. Retirer le verrou qui
la fermait. Faire rentrer dans la serrure la penne (*pasteou*) qui tenait
la porte fermée. *Ana despastela* :
aller ouvrir.

DESPASTELAT , ADO. adj. Violent.
Démesuré. Ardent. Terrible. *Maou
despastelat* : mal violent, *Fèbre des-
pastelado* : fièvre ardente.

DESPAYSA. v. a. Dépayser. Tirer
quelque chose de son pays et le faire
passer dans un autre. — Forlonger.
Chasser. Dépayser des animaux, des
bêtes fauves. Au fig. Placer quelqu'un
à un endroit où il ne puisse se reconnaître.

— Donner des fausses idées à quelqu'un en sorte qu'il ne puisse connaître ce qu'on veut lui cacher.

DESPECOULA. v. a. Oter la queue ,
ôter le pédicule. On ne le dit que
des fruits ou de certains légumes.
Despecoula d'agrufien, de pebrouin :
ôter la queue aux cerises, aux pimens.
Voyez PECOU.

DESPEGA. v. a. Décoller. Détacher
quelque chose qui était jointe ou collée
avec une autre. Voyez DESARRAPA.
Au fig. Désenivrer. Faire passer
l'ivresse. Cesser d'être ivre. Il est
bas et populaire.

B.-A. DESPEGOUHI. v. n. Dégluer.
Oter la glu. Se débarrasser de la
glu , de la poix et de toute matière
gluante qui colle, qui s'attache aux
mains, etc. Au fig. SI DESPEGOUHI.
v. récip. Se débarrasser d'un importun. Il est bas et pop. *M'en poudiou
pas despegouhi :* je ne pouvais m'en
débarrasser.

DESPEISA. Voyez DESPAYSA.

V. DESPEGOUIRE. Voyez DESPE-
GOUHI.

DESPEITRINA. v. a. Décolleter. Découvrir la gorge.

DESPEITRINA (SI). v. récip. Se débrailler. Se découvrir la gorge, l'estomac avec quelque indécence. *S'èro
tout despeitrina :* il s'était débraillé.

V. DESPENDOULIA.
DESPENDRE. } v. a. Dépen-
dre. Décrocher. Détacher. Oter une
chose qui était pendue ou accrochée
quelque part. *Despendre un liame de
rasins :* décrocher un lien de raisins
suspendus.

DESPENDRE. v. a. Dépenser. Faire

de la dépense. Employer de l'argent
à quelque chose. *Aï fouèsso despendu :*
j'ai beaucoup dépensé.

DESPENSA. Voyez DESPENDRE.

DESPENSO. s. f. Dépense. L'argent
qu'on emploie à quelque chose,

— Lieu où l'on tient certaines provisions de bouche, dans une maison,

DESPESTELA. Voyez DESPASTELA.

DESPETRA (SI). v. récip. Se dépêtrer. Se débarrasser de quelqu'un
qui vous ennuye ou de quelque chose
qui vous est à charge. *Poudiou plus
m'en despetra :* je ne pouvais plus
m'en débarrasser. Il est familier.

DESPIA, DESPIADO. adj. Dépenaillé.
Déguenillé , ée. Couvert de haillons.
Celui et celle dont les habits sont en
lambeaux. *Ero tout despia :* il était
tout dépenaillé.

DESPICHA (SI). v. récip. Se dépiter.
Se fâcher. Se mutiner. Agir par
dépit.

DESPICHA , ADO. part. Dépité,
dépitée. *S'es despichado :* elle s'est
dépitée.

DESPICHOUX , OUÈ. adj. Dépiteux,
euse. Qui se dépite. Qui se mutine.
Il est quelquefois substantif. *Es un
despichoux.*

DESPIE. s. m. Dépit. Colère. Fâcherie. On dit par manière de jurement, *Maou d'espiè! Maro d'espiè :*
peste soit-il !

DESPIECA. Voyez DESPEITRINA.

DESPIEI. adv. Depuis. *L'ai pas vis
despiei hier :* je ne l'ai vu depuis
hier.

DESPIEI. Prépos. Depuis. *Despiei
lou pu grand jusqu'oou pu pichoun :*
Depuis le plus grand jusqu'au plus
petit.

DESPINTA. Voyez DEPINTA.

DESPIOUSELA. v. a. Déflorer. Dé-
puceler. Oter, faire perdre la virginité
à une fille.

DESPLEGA. v. a. Déplier. Déployer.
Étendre une chose qui était pliée.
Desplega de lansoou : Déplier des
draps de lit.

DESPLEGA. v. a. Terme de marchand. Étaler. Exposer de la marchandise en vente dans un magasin
ou en foire. *Leis marchands desple-
gavoun :* les marchands étalaient.

DESPOOUSA. v. a. Déplacer. Oter de
place. — Oter une chose posée contre

une autre. *Despoousa uno sarraiho per la miou poousa*: déposer une serrure pour la placer mieux.

DESPOUDERA. v. a. et récip. Déchirer. Rompre, mettre en pièces sans le secours d'aucun instrument tranchant.

DESPOUDERA, ADO. part. Déchiré, éc. *Habit, vesto despouderado*: habit déchiré, veste déchirée. Voyez EILANDRA.

B.-R. DESPOUDERA, ADO. s. Fripeur, fripeuse. Celui, celle qui chiffone fripe, use, déchire et gâte ses habillemens. *Es un depoudera, uno despouderado*: c'est un fripeur, une fripeuse. Voyez DESTRUSSI.

DESPOUNCHA. v. a. Épointer. Émousser. Oter la pointe de quelque instrument. *Cizeou despouncha*: ciseaux épointés. Au fig. Retrancher. Oter une petite partie d'un tout. Entamer. Commencer. *Per noun despouncha soun escu ses priva de miejho*: pour ne pas entamer son écu il s'est privé d'une pinte de vin. *Qu'an es arriba, la messo èro despounchado*: lorsqu'il est arrivé la messe était commencée.

DESPOUPA. v. a. Terme de boucherie. Décharner. Séparer les os d'avec la chair. Enlever, ôter la partie charnue de la viande. *Despoupa un jamboun*: décharner un jambon.

DESPOUTENTA. Voyez DESMEMOURIA.

B.-A. DESPROUVESI. }
R.-R. DESPROUVI. } v. a. Dépourvoir. Dégarnir de ce qui est nécessaire. *Sian tout-à-fait desprouvesis de bouès*: nous sommes entièrement dépourvus de bois.

DESPROUVESI, IDO. }
DESPROUVI, IDO. } part. et adj. Dépourvu, ue. Qui n'a pas ce qui lui est nécessaire. Qui est dégarni de ce qu'il lui faudrait. *Oustaou desprouvi*: maison dépourvue. *Fiho desprouvido*: fille qui n'est pas suffisamment pourvue des hardes qu'il lui faut. Voyez PROUVI.

DESPUPLA. v. a. Dépeupler. Dégarnir un pays d'habitans, une forêt de gibier.

DESQUITA (SI). v. récip. Se racquitter. Regagner ce que l'on avait perdu. C'est un terme de joueur.

DESSENAT, ADO. adj. Insensé, insensée. Qui n'a pas de sens.

DESSEPARA. v. a. Décharpir. Séparer de force des gens qui se battent.
— Séparer, mettre à part.

DESSINA. v. a. Dessiner. Faire le premier trait d'une figure, d'une plante, etc., sur le papier.

DESSINAIRE. s. m. Dessinateur. Celui qui dessine.

DESSOUDA. }
DESSOUTA. } v. a. Surprendre. Prendre quelqu'un sur le fait, le trouver dans un état, dans une action où il ne croyait pas être vu. *L'an dessouda que leis voulavo*: on l'a surpris pendant qu'il les volait.

V. DESSOUFLOURA. Voyez EIFLOURA.

DESSOUS. }
DESSOUTO. } SI FAIRE DESSOUS. adv. Laisser tout aller. On le dit d'un malade qui ne peut plus retenir ses excrémens. *Es ben maou, si fa dessous*: il est très-mal, il laisse tout aller sous lui. *Coumenço a si fa dessous*: il en est au point de laisser tout aller sous lui.

DESSUS-EN-SUS. Voyez SUS.

DESTACA. v. a. Détacher. Délier. Défaire ce qui lie. Au fig. Dégager d'un attachement. *Destaca l'ai*: détacher la bourrique.

DESTACA (SI). v. récip. Se délier. Se défaire. Au fig. Se détacher. Se dégager de ce qui lie, de ce qui attache. *Si destaca deis bens e deis plaisirs doou mounde*: se détacher des biens et des plaisirs du monde.

DESTAFEGUA. v. a. Découvrir. Déterrer. Parvenir à découvrir, à trouver ce qui était inconnu ou caché. Il est familier. *Ounte diantre es ana destafega aqueou libre*: où diable a-t-il été déterrer ce livre.

DESTALENTA. v. a. Décourager. Faire perdre l'envie, le courage de faire quelque chose. *Voulié si fa capelan, mai l'an destalenta*: il voulait se faire prêtre, mais on lui en a fait perdre l'envie.

DESTANCA. v. a. Débarrer. Oter la barre qui tenait une porte fermée. Voyez TANCA.

DESTAPA. v. a. Découvrir. Oter le couvercle, la couverture qui couvre. *Destapa l'oulo*: découvrir la marmitte. Il est aussi réciproque. *Aqueou malaou toujour si destapo*: ce malade ne fait que se découvrir.

DESTAPA. v. a. Déboucher. Oter le bouchon, ce qui bouche.

— Débonder. Oter la bonde à un tonneau, à une barrique, etc. *Destapa lou barquiou* : déboucher le réservoir. Au fig. Découvrir. Parvenir à connaître ce qui était tenu caché. *Foou tacha de destapa lou voulur* : il faut tacher de découvrir le voleur. On dit fig. et prov. *Destapa lou pot à roso* : découvrir le pot aux roses, pour dire, découvrir le secret d'une cabale, d'une intrigue, etc. On dit encore fig. et ironiquement de celui, qui, en vessant ou de tout autre manière, répand une odeur infecte et puante, *Qu'a destapa lou pot à roso* : qu'il a débouché le pot aux roses.

DESTAPADO. s. f. Terme d'agriculture. Voyez TAILHÉ.

DESTAPISSA. v. a. Détendre. Oter, enlever une tapisserie du lieu où elle était tendue.

DESTARAIGNA. } v. a. Housser. Nettoyer les toiles d'araignées avec un houssoir. *Faou escouba et destararina partout* : il faut balayer et housser partout.
DESTARARINA. }

DESTARARINAIRE. s. m. Housseur. Celui qui enlève les toiles d'araignée avec un houssoir.

DESTARARINADOUIRO. s. f. Houssoir. Sorte de balai avec lequel on ôte les toiles d'araignée.

B.-R. DESTARMENA, ADO. } adj.
B.-A. DESTARMINA, ADO. }
Déterminé, ée. Méchant. Emporté. Capable de tout faire. Mauvais sujet. *Es un destarmina* : c'est un mauvais sujet, un déterminé.

DESTARRA. v. a. Déterrer. Retirer un corps de la sépulture. Au fig. Découvrir une chose qui était cachée. On dit qu'une personne *Semblo un destarra* : qu'elle ressemble à un déterré, pour dire, qu'il est aussi pâle qu'un mort.

DESTEIGNE. v. n. Déteindre. Perdre sa couleur. *Estoffo que desteyne* : étoffe qui déteint. *Coulour que desteigne* : couleur qui passe.

DESTENEMBRA. v. a. Égarer. S'écarter du droit chemin.
— Dévier. S'écarter de la bonne route. *Est destenembra* : il a dévié.

DESTESTA. v. a. Étêter. Oter, enlever la tête. *Destesta de sardinos avant de leis fregi* : étêter des sardines avant de les faire frire. *Leis saouzes si destestoun* : on étête les saules.

DESTIMBOURLA. v. a. et récip. Détraquer. Se détraquer. Faire qu'une machine organisée n'aille plus comme elle doit aller, qu'elle se dérègle. On le dit au propre comme au figuré. *Mouestro destimbourlado* : montre déréglée, détraquée. *A l'estouma tout destimbourla* : il a l'estomac tout détraqué. *La paouro fremo es touto destimbourlado* : la pauvre femme ne sait plus où elle en est, elle a le cerveau dérangé.

DESTOOULISSA. v. a. Découvrir. Enlever la toiture d'une maison. *Oustaou destooulissa* : maison découverte.

DESTOUARNI. } s. m. Dérangement. Interruption. Contre-temps. Accident qui empêche de continuer le travail que l'on fait. Il est populaire. *An tant agu de destouarnis, qu'an pas pouscu acaba* : ils ont été dérangés tant de fois, qu'ils n'ont pas encore pu terminer.
DESTOUERNI. }

DESTOUASSE. } v. a. Détordre. Déplier. Défaire ce qui était tors. *Quan lou fiou es troou toursu, foou lou destouesse* : lorsque le fil est trop tordu, il faut le détordre.
DESTOUESSE. }

DESTOURBA. v. a. Détourner. Interrompre. Distraire. Déranger. *Se de ren siou destourba* : si rien ne m'empêche ou m'interrompt.

DESTOURNA. v. a. Détourner. Éloigner. Écarter. Interrompre. *Destourna leis voulurs* : détourner les voleurs. *Destourna de soun prepaou* : interrompre de son discours.

DESTOURNAIRE. s. m. Interrupteur. Celui qui empêche la continuation de quelque chose. Au fig. Importun. Qui dérange, qui interrompt. — Trouble-fête.

DESTOURNIOU. adj. m. Variable. Interrupteur. Qui dérange et empêche la continuation d'un travail. On ne le dit guère que du temps, lorsque, se mettant tout à coup à la pluie ou à l'orage, il interrompt et dérange les travaux de la campagne. *Temps destourniou* : temps variable et interrupteur.

DESTOURTILHA. v. a. Détortiller.

Défaire ce qui était tortillé. Voyez ENTOURTIHA.

DESTOUSCA. v. a. Déjucher. Débusquer. Chasser du gîte. Au fig. Dénicher. Faire sortir, chasser de quelque poste. *Destousqueroun cuouqueis lapins* : ils débusquèrent quelques lapins. Il se prend aussi dans le sens de DESTAFEGUA. Voyez DESTAFEGUA.

DESTRACA. Voyez DELMANTIBULA.

DESTRAINA. v. a. et récip. Délaisser. Quitter, interrompre un travail, une occupation que l'on venait de commencer. Déranger un travail, une personne qui va son train. *A tout moumen mi destraïnoun* : à chaque instant l'on me dérange. Il est pop. Voyez DESTRANÇOUNA.

B.-A. DESTRACHI. v. n. Terme d'ag. Décroître. Se rabaisser. Diminuer. Perdre de la force, de la vigueur. On le dit des plantes et des arbres.

DESTRACHI. v. n. Chômer. Maigrir beaucoup, tomber en chartre. On le dit des enfans. *Aquel enfant se destrachi* : cet enfant se chôme.

B.-A. DETRANÇOUNA. v. a. Interrompre. Déranger. On ne le dit proprement que du sommeil, et par extension, de tout travail ou occupation quelconque. *Esto nuech leis cats man destrançouna* : cette nuit les chats m'ont éveillé, et je n'ai pu me rendormir. Voyez DESTRAINA.

DESTRAOU. s. f. Coignée. Hache. Outil qui sert à fendre le bois, à l'équarrir et à le couper. On dit d'un travail grossièrement fait, *Qu'es fach eme la grosso destraou* : qu'il est fait à coup de hache, qu'il est fait à la fourche.

DESTRATA. v. a. Dénigrer. Chercher à diminuer la réputation de quelqu'un. Médire. Détracter. *Es pas permes de destrata degun* : il n'est pas permis de dénigrer personne.

DESTRECH. s. m. Pressoir. Grande machine servant à pressurer le marc des raisins pour en faire sortir le vin. *Vin doou destrech* : vin du pressoir.

DESTRECH. s. m. Terme de maréchal. Travail. Machine de bois à quatre piliers, entre lesquels on attache les chevaux vicieux, pour les ferrer ou pour les penser.

DESTRECHO. s. f. Pressurée. C'est

et la quantité de marc que l'on met sous le pressoir à chaque fois que l'on pressure, et la quantité de vin qui en provient. *Chaque destrecho de raco, douno anviroun dnues coupos de vin :* chaque pressurée de marc donne à peu près deux mesures de vin.

DESTREGNE. v. a. Pressurer. Presser le marc des raisins pour en retirer le vin qu'il contient, et ce, par le moyen du pressoir.

DESTREGNEIRE. s. m. Pressureur. Ouvrier qui travaille à faire mouvoir un pressoir.

DESTREMPA. v. a. Détremper. Délayer avec une liqueur ou avec de l'eau. *Destrempa de caou* : détremper, éteindre de la chaux.

DESTRIA. v. a. Discerner. Distinguer. Reconnaître. Appercevoir. Déchiffrer. *Es troou luenc, va pouèdi pas destria* : c'est trop loin, je ne puis le réconnaître, le discerner. *Lou vesiou veni senso pousque lou destria* : je le voyais avancer sans pouvoir le reconnaître. *Escrituro que si poou pas destria* : écriture indéchiffrable, qu'on ne peut lire.

DESTRIÉ. s. m. Terme de montagne. Conducteur. Celui des animaux qui marche le premier, et à la tête du troupeau. C'est ordinairement un bouc. *Fai fila lou destrié* : fais avancer le meneur, le conducteur.

DESTRIÉ. s. m. Ferrier. Marteau de maréchal-ferrant, pour battre le fer sur l'enclume.

DESTRIGA. Voyez DESPACHA.

DESTROOUCA, Voyez DESTOUSCA. DESTAFEGUA.

B.-R. DESTROUSSOUNA. Voyez DESTRANÇOUNA.

DESTRUIREOU, ELLO. adj. Destructeur, trice. Nuisible. Qui détruit, qui ravage, qui fait du dommage. *Engeanço destruirello* : engeance nuisible. Qui détruit, qui ravage.

DESTRUSSI. s. de t. g. Fripeur, fripeuse. Qui fripe, consume, gâte, use toutes ses hardes. *Aquel enfant est un beou destrussi* : cet enfant fripe d'habillemens plus qu'on ne saurait dire.

DET. s. m. Doigt. Partie de la main d'un homme. On dit proverbialement de deux frères, ou de deux sœurs qui sont de différente humeur, *Que leis cinq dets de la man soun pa tous egaoux* : que tous les doigts de la main ne se ressemblent pas. On dit prov. et fig. *Qu'u manejho leis peiros s'esquicho leis dets* : qui touche aux pierres se presse les doigts, pour dire, que tout état ou profession dangereuse, expose toujours celui qui l'exerce.

B.-A. DETRAS. prép. locale. Derrière. Ce qui est après une chose ou une personne. C'est l'opposé de devant. Il est populaire. *L'ai vis que par detras* : je ne l'ai vu que par derrière.

DEVAGA. v. n. Extravaguer. Penser et dire des choses extravagantes où il n'y a ni sens ni raison. *Devago, lou paoure* : il extravague, le pauvre homme.

DEVAGA, ADO. adj. Extravagant, ante. Écervelé, ée. Évaporé. Qui fait des actions extravagantes, ou tient des propos dénués de sens et de raison. — Tête légère. *L'escoutes pas es un devaga* : ne l'écoutez pas c'est un extravagant. Voyez DEICERVELA. DISAVERT.

DEVAGADO. }
DEVAGADURO. } s. f. Extravagance. Bizarrerie. Action, propos d'une personne qui extravague.

B.-R. DEVALA. v. n. Devaler. Descendre. Aller d'un lieu haut à un lieu bas. Il n'est usité que dans les arrondissemens de Tarascon et d'Arles. *Devala-vous* : descendez. *Foou devala lou vin à la croto* : il faut descendre le vin à la cave.

DEVALADO. s. f. Pente. Descente. *Prenes gardo à la devalado que l'y a* : faites attention à la pente qu'il y a. Au fig. *Prendre la devalado* : aller en déclinant, vieillir, prendre la pente, être en déroute. *Soun negoci es a la devalado* : son commerce tombe.

DEVANCIÈ, IÉRO. sub. Prédécesseur. Précédent. Celui ou celle qui nous a précédé dans la possession de quelque bien ou de quelque emploi. *Nouesteis devanciers* : ceux qui ont vécu avant nous. Les gens du peuple appellent *moun devancié, ma devancièro* : le précédent conjoint de la veuve ou du veuf qu'elles ont épousé. *D'oou temps de moun devancié* : du vivant, du précédent mari de ma femme.
18

DEVARGA. }
DEVARGUETA. } v. a. Terme de chandelier. Défiler les chandelles des broches où elles étaient suspendues.

DEVARTOUIHA. v. a. Développer. Enlever ce qui enveloppe, ce qui entoure. Voyez ENVARTOUIHA.

DEVARTEGA. } v. a. Détrousser.
DEVERTEGA. } Détacher ce qui était troussé et le laisser pendre en bas. *Devartega laraoubo* : détrousser sa robe. Voyez DEVESSA.

DEVE. v. a. Devoir. Voyez DEOURRE.

DEVE. s. m. Devoir. Ce à quoi l'on est obligé par la loi, la religion, la coutume, les bienséances. *Saoupre soun deve* : connaître son devoir.

DEVEIHA. Voyez REVEIHA.

DEVENS. s. m. Défends. Biens communaux ou de la commune, ou qui lui ont appartenu. Comme sous les lois qui nous régissaient avant la révolution de 1789, il était défendu de couper du bois et de laisser entrer seulement du bétail dans ces biens, de quelle nature qu'ils fussent, on ne les désignait que par le terme de *defens*, que l'ancienne jurisprudence avait consacré, et dont le mot de *devens* qui leur est demeuré est une corruption. *Ana oou devens* : aller aux biens ci-devant communaux.

DEVERDEGA. v. a. Voyez DEIVARDEGA.

DEVERGOUGNA (SI). v. récip. S'enhardir. Perdre, laisser là la honte et la timidité. S'émanciper. Se permettre. *Coumo nous oouffrien ren, si sian devergougnas* : comme ils ne nous ont rien offert, nous nous sommes licenciés à leur demander à manger. *S'es devergougnado* : elle s'est enhardie à ...

DEVERGOUGNA, ADO. adj. et subs. Éhonté, éhonté, Devergondé, ée. Qui n'a point de honte. *Es uno devergougnado* : c'est une devergondée qui a perdu toute honte.

DEVESSA. v. a. Retrousser. Replier. Relever en haut ce qu'on avait retroussé. *Quand l'on espeyo un lapin foou li devessa la peou* : lorsqu'on écorche un lapin, il faut lui retrousser la peau. Il s'emploie aussi dans le sens de détrousser. *Devessa li seis bas* : détroussez-lui ses bas qui sont retroussés. Au fig. Tomber à la renverse. Être en déroute. *Sa boutiqo a devessa* : son magasin est fermé, son commerce est à bas.

DEVESSA, ADO. part. et adj. Deversé, ée. Devers, deverse. Qui penche d'un côté qui a perdu son aplomb. *Muraiho devessado* : mur deversé.

DEVINA. v. a. Deviner. Prédire les choses à venir. — Juger par conjecture. Découvrir les choses cachées. *Devina l'aiguo* : Deviner les sources d'eau qui étaient cachées. *Devina uno enigmo* : deviner une énigme.

DEVINA. Rencontrer. Trouver. Arriver. *Si devinet que l'y èro pas* : il se trouva qu'il était absent. MAOU DEVINA. adv. Mal rencontrer. Faire chappe-chute. *Sa fiho à maou devina*: sa fille a fait chappe-chute. Voyez CAPITA.

DEVINAIRE. s. m. Devin. Celui qui prétend découvrir des choses cachées. *Un devinaire d'aiguo* : un hydroscope.

DEVINARELLO. s. f. Devineresse.

DEVINO-COUÈSTO. s. m. Terme marseillais. Metier-deviné. Sorte de jeu d'enfant. Voyez TELITAPORTO.

DEVIRA. v. a. Culbuter. Renverser. — Retrousser. Tourner d'un autre sens. *Devira soun habit* : retourner son habit. *Devira uno oumeletto* : tourner une omelette, la mettre sens dessus dessous dans la poêle.

DEVISA. v. n. Causer. Discourir familièrement.

DEVISCA. v. a. et récip. Degluer. Enlever la glu. Voyez DESPEGA.

DEVOUYAMEN. s. m. Flux de ventre. Devoiement.

DIA. Voyez JHA.

DIASCLE. s. m. Démon. Diable. Esprit malin. Il ne s'emploie qu'au fig. *Aquelo fremo es un diascle* : cette femme est un démou.

DIDET.
DIDO. } s. f. Nom de femme parmi
DIDOUN.
les gens du peuple. Marguerite. *Fasès veni Didet* : faites venir la petite Marguerite. *Vesino Dido* : voisine Marguerite.

DIJOOU. s. m. Jeudi. Cinquième jour de la semaine. On dit ironiquement et proverbialement à celui que l'on renvoie d'une demande que l'on ne veut pas accorder. *Vendras per la semano deis tres dijoous* : tu retourneras, ce sera aux calendes grecques, pour dire, dans un temps qui n'arrivera jamais, parce que les grecs n'avaient point de calende et que la semaine n'a qu'un seul jeudi.

DILUN. s. m. Lundi. Deuxième jour de la semaine.

DIMAR. s. m. Mardi. Troisième jour de la semaine.

DIMECRE. s. m. Mercredi. Quatrième jour de la semaine.

DIMENCHE. s. m. Dimanche. Jour consacré au service du Seigneur. C'est le premier de la semaine.

DIMENCHE. s. m. Terme de travaux champêtres. Vide. Trouée. C'est l'espace moissonné ou vide, que rencontre un moissonneur dans son andain, et la partie nette ou déjà sarclée, que trouvent sous leurs pas les personnes qui sarclent les blés, et qui leur permet de chômer, de faire une pause, en attendant que ceux et celles qui travaillent avec eux les ayent joint pour aller de pair. *Faire dimenche* : chômer, faire une pause. (en attendant les autres).

DINA. v. n. Dîner. Prendre le repas du midi.

DINA. s. m. Dîner ou dîné. Le repas qui se fait ordinairement à midi. Dans la bonne société et dans les grandes villes, l'on dîne aujourd'hui vers les cinq heures du soir.

DINADO. s. f. Dînée. Repas et dépense qu'on fait à dîner dans un voyage. — Lieu où l'on va dîner en voyageant. *L'y arribaren à la dinado* : nous y arriverons à l'heure du dîner.

DINATORI. adj. d. t. gen. Qui sert de dîner. Qui est aussi abondamment servi qu'un bon dîner. On ne s'en sert que dans cette locution fam. *Faire un dejhuna dinatori* : faire un bon déjeûner qui tienne lieu de dîner.

DIN. Voyez DINS.

DINDA. Voyez TINTINIA.

DINDAS. s. m. Coq-d'Inde. Oiseau de basse-cour. Au fig. Flandrin. Homme efflanqué.

DINDIÈRO. s. f. Dindonnière. Gardeuse de dindons.

DINDIHA
DINDINIA. } Voyez TINTINIA.

DINDO. s. f. Poule-d'Inde. Oiseau de basse-cour.

DINDOULETTO. s. f. Hirondelle. Oiseau de passage.

DINDOULIÈRO. s. f. Chélidoine. Plante appelée aussi Eclaire.

B.-A. DINDOULOUN. FAIRE DIN-DOULOUN. expr. adv. Croquer le marmot. Attendre longtemps sans manger. Il est plaisant et populaire. *Dinavoun et naoutreis fasian dindou-loun :* ils dinaient pendant que nous croquions le marmot. Voyez BADUCA.

DINS. prép. Dans. *Ero dins l'hous-taou :* il était dans la maison. *Ana dins leis bouenos fins :* agir en toute franchise. *L'y serai dins uno houro :* dans une heure j'y serai.

DINTRE. adv. de lieu. Dedans. Dans l'intérieur. *Es dintre :* il est dedans.

DIOU. s. m. Dieu. Le premier, le souverain être par qui toutes choses sont et subsistent. On dit prov. et famil. *Faire un Diou de soun ventre :* se faire un Dieu de son ventre, pour dire, préférer la bonne chère à tout autre chose. On dit d'un homme, qu'il a été occupé, qu'il s'est amusé, qu'il a fainéanté, etc. *Tout lou fraudiou doou jour :* toute la journée, francho, pour dire, qu'il n'a pas discontinué d'un seul instant pendant toute la journée.

DIRE. v. a. Dire. *Disi ou diou, disès ou diès, dis, disem ou diam, disès ou dias, disoun ou dien; di-siou, disiès, disiè; digueri, digueres, diguet; disiam ou dias, disien; digue-riam, diguerias, digueroun; dirai, diras, dira, direm, dires, diran; diriou, diriès, diriè, diriam, dirias, dirien; que digue; que diguessi; disen,* Exprimer. Enoncer. Expliquer. Faire entendre par la parole. *Dire cebo :* Céder. Se rendre. S'avouer vaincu.

Dire de fouire : } Jurer. Blasphé-
Dire de maou : } mer.

Dire de gouayos : } Conter des
Dire de talounados : } sornettes.

Dire de soutisos : injurier. Dire des injures. *Dire de tout en coouqu'un :* chanter pouille à quelqu'un. *Dire uno cansoun :* chanter une chanson. *Dire seis houros :* faire sa prière du matin ou du soir.

Mi diras, va diès : c'est là ton di-re, vas-tu me dire. Locution fort usitée parmi les femmes du peuple, dans leurs entretiens confidentiels, qui veut dire, bien qu'en ce que j'avance mon témoignage doive vous paraître suspect, néanmoins, etc.

B.-R. DISAVERT , ERTO, } adj.
B.-A. DISAVEST , ETO, } Dissipé. Ecervelé, ée. Brouillon, Méchant. Querelleur. Il est aussi subst. On ne le dit que des jeunes gens. *Pichoun disavert :* petit querelleur. *Es ben disavert :* il est extrêmement dissipé.

DISSATO. s. m. Samedi. Dernier jour de la semaine.

DISSOUDA. Voyez DESSOUDA.

DIVAGA. Voyez DEVAGA.

DIVENDRE. s. m. Vendredi. Sixiè-me jour de la semaine.

DOGOU. s. m. Dogue. Sorte de chien.

DONO. s. f. Terme pris de l'Italien. Femme. *Ero eme sa dono :* il était avec sa femme.

DOOU. s. m. Deuil. Affliction cau-sée par la mort d'une personne.

— Habillement noir, etc., qu'on porte à l'occasion de la mort d'un parent. — Dépense qui se fait pour prendre le deuil, temps qu'il dure. *Estre en doou :* être en deuil. *Croum-pa lou doou :* acheter les habits de deuil. On dit prov. et fig. *Vous trufes pas de moun doou, quand lou miou sera vieil lou vouestre sera nouu :* ne vous moquez pas de mon deuil, quand le mien finira le vôtre com-mencera, pour dire, que l'on n'a pas plutôt ri du malheur des autres qu'il vous en arrive pire.

DOOU. particule. Du. Elle tient lieu de la préposition *de* et de l'article *le.* *Papiè doou gran :* du grand papier. On dit prov. et fam. *Doou temps que, sant - Joousè ero enca jhouine home :* du temps du roi Guillemot, pour dire, dans les temps les plus ré-culés.

DOOUDINA (SI). v. récip. Se dodi-ner. Se choyer. Avoir beaucoup de soin de sa personne. — Se dorloter, s: traiter délicatement. — Se câliner, prendre ses aises. *Si dooudinoun :* ils se soignent délicatement.

DOOULIN-DOOULAN. Façon de par-ler adv. Clopin-clopant. Négligem-ment et comme en se balançant.

L'ai vis veni dooulin-dooulan: je l'ai vu venir clopin-clopant. *Marcha dooulin-dooulan:* marcher en se dandinant.

DOOUMASSI. adverbe. Terme de Vaucluse. Parce que. D'autant plus. D'autant mieux.

DOOUMEN. adv. Du moins. *Va fara, dooumen va cresi:* il le fera, du moins je le crois.

DOOURA. v. a. Dorer. Appliquer de l'or.

DOOURA, ADO. part. et adj. Doré, ée. On dit figurément d'une femme. *Qu'es doourado coum'un calici :* qu'elle est dorée comme un calice, pour dire, qu'elle est couverte de bijoux et de dorures.

DOOURADO. s. f. Dorade. Poisson de mer dont les écailles sont couleur d'or.

DOOUSSA. v. a. Terme d'agr. Cosser. Fruiter. Produire des cosses. On le dit des plantes légumineuses, telles que pois, haricots, fèves, etc., dont les siliques ou cosses sont nombreuses et bien fournies de grains. *Leis cézés soun ben dooussas :* les pois-chiches sont bien cossés.

DOOUSSO. s. f. Cosse. Enveloppe de certains légumes, comme fèves, pois, etc.

V. DOOUTRES. Voyez DOUS OU TRES.

DORMITORI ⎰ s. m. Potion som-
DORMITORUM ⎱ nifère. Breuvage qui fait dormir. *Poudiè pas dourmi, l'y an douna un dormitori :* il ne pouvait dormir, on lui a donné un breuvage somnifère. Il est familier.

B.-A. DOUANO. s. f. Repas. Régal. On donne ce nom aux repas que l'on fait faire aux ouvriers employés dans un moulin à huile, et à ceux qui font aller le pressoir de la vendange. *Porta la douano:* porter de quoi faire manger les ouvriers. *Aro qu'an fini foou faïre la douano:* maintenant que le travail est terminé, faisons le régal.

DOUAS. Voyez DOUES.

DOUBLA. v. a. Doubler. Mettre le double. — Joindre une étoffe contre l'envers d'une autre.

DOUBLO-DE-BUOU. s. f. Gras-double. Tripe qui vient du premier ventricule du bœuf.

DOUCEAGNO. s. m. Sorte de rai-

sin précoce de couleur verdâtre très-doux. Il ne diffère du *Sant-Jouanen* ou *Madalenen* qu'en ce qu'il a les grains ronds, au lieu que ce dernier les a un peu allongés.

DOUCEAGNO. s. f. Chose douceâtre. Fruit ou aliment quelconque qui a une douceur fade. *Est de douceagno:* c'est du douceâtre.

DOUCETTO. s. f. Mâche. Plante que l'on mange en salade en hiver et au printemps. Voyez MOUCELETOS.

DOUES. adj. f. Deux. Nombre qui double l'unité.

DOUES-D'AZE. s. m. Dos-d'âne. Dos de bahut. On dit qu'une chose, *Fai lou doues-d'aze :* qu'elle est en dos-d'âne, en dos de bahut, lorsqu'elle est en talus des deux côtés, ainsi que le dos d'un âne ou le dessus d'un bahut.

DOUCINAS, ASSO. adj. Douceâtre. Qui est d'une douceur fade.

DOUGHO. s. f. Douve. Planche servant à la construction d'un tonneau, d'une barrique. On dit prov. et fig. d'une personne qui a dissipé tout son avoir. *Qu'a manjha lou foun et mai leis doughos :* qu'il a mangé le fonds avec le revenu.

DOULIETA (SI). v. récip. Se dorloter. Chercher ses aises. Se délicater. Il est familier.

DOULIHO. s. f. Lambeau. Morceau, pièce d'une étoffe déchirée. *Toumba en douliho :* tomber en lambeaux.

DOUNA. v. a. Donner. *Douni, dounes, douno, dounam, dounas, dounoun; dounarai, dounaras, dounara; dounave, dounaves, dounavo; dounarem, dounares, dounaran ; que douni, que dounessi.* Faire don. Faire présent. *Douna l'aiguo:* ondoyer. Baptiser sans y joindre les cérémonies de l'église. *Douna leis pes à un enfant :* vêtir un enfant, lui mettre sa première robe, le chausser pour la première fois. *Douna dedin:* mordre à la grappe. Voyez PITA.

DOUNAIRE. ⎰ adj. Donneur,
DOUNARELLO. ⎱ donneuse. Celui et celle qui donne. On dit proverb. *Jamai papaïré es isto bouen dounaïre :* jamais homme avide ne fut généreux.

DOUNDOUN. s. f. Cagui. Dondon. Femme ou fille qui a beaucoup d'embonpoint. *Grosso doundoun* : grosse gagui, grosse dondon.

DOUNO. s. f. Distribution. Présent. Don. *Faire seis dounos* : faire ses dons, ses présens. *Deman fan uno douno* : demain l'on fait une distribution aux pauvres.

DOURGHADO. s. m. Cruchée. Plein une cruche. *Uno dourgado d'aigo* : une cruchée d'eau.

DOURGHETTO. s. f. dimin. Petite cruche. Cruchon. Voyez DOURGHO.

DOURGHO. s. f. Cruche. Vase de cuivre ou de terre à anses, qui a ordinairement le cou étroit et le ventre large. On s'en sert à y tenir l'eau dans le ménage.

DOURENT, ENTO. adj. Dolent, ente. Triste. Affligé.

DOURIHO. Voyez DOULIHO.

DOURMI. v. n. Dormir.

B.-A. *Duerme, duermes, duerme* : je dors, tu dors, il dort.

B.-R. *Dourmi, douermes, douerme.* V. et MARSEILLE. *Douarmi, douarmes, douarme.*

B.-R. et V. *Dourmem, dourmes, douermoun* : nous dormons, etc.

B.-A. *Durmem, durmès, duermoun.* Idem. *Durmirai, durmiras, durmiran* : je dormirai., etc.

B.-R. *Dourmiou, dourmiès, dourmiè* : je dormais, etc. Idem. *Que dourmessi, que dourmesses que dourmesso.* Reposer. Etre dans le sommeil. On dit prov. *Dourmi coum'uno marmotto* : dormir comme une marmotte, c'est-à-dire, dormir profondément et longtemps. On dit, *Qu'uno booudufo douerme* : qu'un sabot, qu'une toupie dort, lorsque la toupie, le sabot tourne d'un mouvement si vite, qu'elle paraît ne point bouger.

DOURMIAS, ASSO. adj. Dormeur, dormeuse. Celui et celle qui dort volontiers et outre mesure. *Quinto dourmiasso !* quelle dormeuse !

DOURMIHET. *Faire lou dormihet* : adv. Dormir. Faire son somme. On le dit de la toupie et du sabot lorsqu'il dort. *Regard'un paou coumo fa lou dourmihet* : vois un peu comme elle dort.

DOURMIHOUX, OUÈ. adj. Dormant, ante. Endormi, ie. Qui n'est pas encore bien éveillé. *Es enca tout dourmihoux* : il est encore tout dormant.

DOURMIHOUSO. s. f. Torpille. Poisson qui a la propriété d'engourdir la main de celui qui le touche.

DOUS. s. m. Deux. Nom de nombre. C'est le double de l'unité. *Un dous de chiffro.* Il est aussi adj. *Dous pareous de buous* : deux paires de bœufs.

DOUTA. v. n. Douter. Etre dans l'incertitude. — Doter. Donner à une fille de quoi se marier.

DOUTANÇO. s. f. Doute. Incertitude. Crainte. Appréhension. *Aï doutanço* : je doute.

DOUTOUX, OUÈ. adj. Douteux, euse. Incertain, dont il y a lieu de douter.

DRAGEIHO. s. f. Dragée. Amande sucrée.

— Menu plomb pour la chasse.

DRAGOUN. s. m. Asphilante de Montpellier. Plante.

DRAIHEIROOU. Voyez DRAYOOU.

DRAPA. v. a. Au figuré. Dauber. Railler. Médire de quelqu'un. *L'an drapa coumo foou* : on l'a joliment daubé.

DRAY. s. m. Crible. Van. Instrument fait d'une peau attachée audedans d'un cercle, et percé de plusieurs petits trous, pour séparer le bon grain d'avec le mauvais et d'avec les ordures.

DRAYA. v. a. Cribler. Vanner. Nettoyer avec un crible ou un van. Passer par le crible le blé, le seigle, etc. *An fa beou, l'y a plus qu'a draya* : le grain est totalement séparé de la paille, il ne s'agit plus que de le cribler.

DRAYAIRE. s. m. Cribleur. Celui qui crible le blé sur l'aire.

DRAYO. s. f. Sentier. Petit chemin peu marqué.

— Trace. Vestige. Empreinte que laisse sur la neige la personne qui y passe.

DRAYOOU. s. m. Viol. Petit sentier qui va dans un champ, etc. Voyez CARREIROOU.

DRE. conj. Sitôt. Dès. Aussitôt que. *Dre qu'arribares* : sitôt que vous arriverez. *Dre que l'y fouguèroun* : aussitôt qu'ils y furent.

DRE, DRECHO. adv. Debout. Sur pied. Sur ses pieds. *Si teni drè* : être debout. *Faire teni uno barriquo drecho* : mettre une barrique debout.

c'est-à-dire, sur un de ses fonds.

— Droit. Directement. *Ana l'y tout dre* : Allez-y directement.

DRE, DRECHO. adj. Droit, droite. Qui n'est pas courbé. *Camin drech* : chemin droit. *En ligno drecho* : en droite ligne. On dit fig. et par mépris d'un indolent, *Qu'es un douermo drech* : que c'est un lendore. Voyez DOUERME-DRECH.

DRET. s. m. Droit. Ce qui est juste, équitable. *Aquel home fa ben lou dret* : cet homme est bien équitable.

— Justice. Autorité. Prétention légitime. *Si fa faire seis drets* : se faire faire ses droits. *Avè lou dret de parla* : être en droit de parler.

— Impositions établies pour les besoins de l'État. *Paga leis drets dou vin* : payer les droits du vin. On dit prov. *Ounte l'y a ren, lou rei perde seis drets* : là où il n'y a rien le roi perd ses droits, pour dire, qu'il est inutile de demander à des gens qui n'ont rien, le payement de ce qu'ils doivent.

DRECHIE, DRECHIÈRO. adj. droitier, droitière. Qui se sert de la main droite. Il est opposé à *Gauchiè*. Voyez GAUCHIÈ.

DRECHIERO. *En drechièro*. adv. Directement. En droite ligne.

DRECHO (A). adv. A droite. A main droite. *A drecho en mountant* : à droite en montant.

DREISSA. v. a. Dresser. Lever. Tenir droit. *Dreissa la testo* : relever, dresser la tête. On dit au fig. *Aco fa dreissa leis cheveux* : Cela fait dresser les cheveux, pour dire, que cela fait horreur. *Dreissa de lecos* : tendre des pièges.

DREISSA (SI). v. récip. Se relever. Se tenir debout. Etre sur pied, sur ses pieds. *Dreissa-vous* ! levez-vous ! *Quand lou rei intret toutei se dreisseroun* : lorsque le roi entra tous se levèrent.

DRES. conj. Sitôt. Voyez DRE.

B.-A. DROI. s. m. Bésogne. Travail du ménage qui concerne spécialement les femmes, tel que la préparation des alimens, le lavage de la vaisselle, etc. *Faire lou droi* : Faire le travail, la bésogne du ménage. Il est familier et popul.

DROLE. s. m. Terme des environs d'Arles, de Tarascon et de Brignolles.

Garçon. Enfant mâle. *Ti mandarai moun dróle* : je t'enverrai mon fils.

DROLE DE COR. s. de tout genre. Plaisant, plaisante. Divertissant. Amusant. *Aquelo fremo est un drole de cor* : cette femme est tout-à-fait plaisante.

DROUGUEJHA. v. a. Droguer. Médicamenter. Donner trop de remèdes. Purger avec des drogues. *L'an tant drougejha que belcou n'escapo pas* : on l'a tant drogué, qu'il n'en échappera peut-être pas. Il est aussi récip. *A forço de se drouguejha se perira* : à force de se droguer il ruinera sa santé.

DROUGUR. s. m. Goureur. Celui qui falsifie les drogues, ou qui vend de la mauvaise marchandise. Il est quelquefois synonyme d'ALAN. Voyez ALAN.

DROULARIÈ. s. f. Drôlerie. Trait de plaisanterie, de gaîté.

DROULET. s. m. Terme des environs d'Arles et de Tarascon. Casaque de femme.

DRU, DRUDO. adj. Gras, grasse. Qui a de l'embonpoint. *Dru coum'un caihoun* : gras comme un cailleteau.

DRU, DRUDO. adj. Terme d'agr. Gras. Riche. Fertile. Abondant. *Tarren dru* : terrain gras. *Terro drudo* : terre riche. *Vigno drudo* : vigne pleine de force.

DRUBI. Voyez DURBI.

DRUDOU. s. f. Vigueur. Force. On le dit presqu'exclusivement des terres, des arbres et des plantes. *Terro qu'a de drudou* : terre qui a de la vigueur, et où l'on a mis beaucoup d'engrais. *Vigno en drudou* : vigne en pleine force.

DUBERT, ERTO. part. du verbe. *Durbi*. Ouvert, ouverte. *Houstaou dubert. Fenestro duberto.*

DUBERT, ERTO. Ouvert, ouverte. Qui a de l'esprit, de la pénétration, de la capacité. *Jouine home dubert* : jeune homme ouvert.

DUEOURRE. Voyez DEOURRE.

DUEIHO. s. f. Douille. Extrémité creuse d'un instrument en fer, dans laquelle on met un manche de bois. *La dueiho d'uno eissado, d'uno destraou* : la douille d'une pioche, d'une coignée.

DUERME-DRECH. s. de tout genre. Lendore. Indolent. Lent et paresseux qui semble toujours assoupi. Il es populaire. *Es un douerme-drech* : c'est un lendore.

DUGANÈOU, DUGANELLO. adj. Niais, niaise. Benêt. Nigaud.

DUGÒU. s. m. Grand duc. Oiseau nocturne.

DURADÈOU. Voyez DARADÈL.

DURADO. s. f. Durée. Espace de temps qu'une chose dure.

V. **DURAI.** ⟩ adj. Dur. Ferme. On
DURAN. ⟩ ne le dit que des fruits, par opposition à tendre, mou, molle. *Agrufien duran* : cérise à chair ferme. *Pessegui duran* : pêche à chair dure et ferme. Voyez MOULAN. AGRU-FIEN. PESSEGUI.

DURBÈC. s. m. Etourdi. Sot. Impertinent.

DURBI. v. a. Ouvrir. *Duerbi, duerbes, douerbe, durbem, durbes, douerboun*, etc. *Durbiou ; durberi, durbirai ; durbe, durbès ; que durbi ; que durbessi ; durbiriou*, etc. Faire que ce qui était fermé ne le soit plus. On dit prov. *Qu'a ben fermo ben duerbè* : qui bien ferme bien ouvre, pour dire, que celui qui n'a pas soin de bien fermer ses portes, ne doit pas être surpris si on les lui ouvre.

DURIHOUN. s. m. Durillon. Espèce de calus ou de dureté.

DURMI. Voyez DOURMI.

E

La langue provençale ne distingue que deux sortes d'E : l'E fermé et l'E ouvert. Le premier, qui n'a point d'accent à cause de la généralité de son emploi, se prononce toujours comme dans le mot français ÉCARTÉ. Le second est accentué et se prononce de même que dans le français. Ces deux différens E se rencontrent dans le mot EBÈ qui suit.

EBÈ. interj. Eh Bien !
— Soit ! Peu m'importe ! Ce m'est indifférent

EBRIA, ADO. adj. Ivre. Qui est pris de vin

EBRIAGAS, ASSO. adj. Ivrogne, ivrognesse. Superlatif d'EBRIAGO.

EBRIAGO. adj. et subst. de tout genre. Ivrogne. Celui et celle qui est dans l'habitude de s'enivrer.

ECHURRE. v. n. Echoir. Arriver par sort ou par cas fortuit. Il est peu usité. On se sert du mot TOUMBA en ce sens. Voyez TOUMBA.

EDUCA. v. a. Elever. Donner l'éducation.

EGAOU, EGALO. adj. Egal. Pareil. Semblable.

EGOS. ⟩ s. m. plur. Haras. Ju-
EGUOS. ⟩ mens, ânesses, et poulain de haras, qu'on loue au temps de la foulaison des blés pour les faire fouler et courir sur l'airée. *Prendre leis èqos* : louer les bêtes du haras.

EI. interj. Eh ! Plait-il ? Que veux-tu ?

EIBADARNA. Voyez DEIBADARNA.

EIBARBAYA, ADO. adj. Epanoui, ie. On le dit des plantes, des fleurs dont les feuilles ou le fleurons sont tellement écartés du centre ou séparés les uns des autres qu'ils ne peuvent plus se remettre dans leurs positions naturelles. On le dit par extension de certaines dispositions ou difformités du corps arrivées par quelque accident. *Playo cibarbayado* : plaie élargie et très-dilatée. *Ueil eibarbaya* : œil écartelé.

EIBARBAYA (S'). v. récip. S'épanouir. S'ouvrir. S'élargir. S'étendre. Se dilater.

EIBARCHA. v. a. Ebrécher. Faire une brèche à un couteau, à une rasoir. *Eibarcha un couteou* : ébrécher un couteau.

— Ecorner une pierre, une pièce de marbre ou d'autre matière.

— Oter. Casser. Rompre les bords d'un plat, d'une assiette, d'un vase, etc.

— Eguculer une cruche, une bouteille, un broc, un pot, etc., en casser le bec ou le goulot. *Eibarcha uno taoulo de marbre, un pechiè* : écorner une table de marbre. Eguculer un pot.

EIBARCHADURO. s. f. Brèche faite à un couteau. — Ecornure.

EIBARLUCA. ⟩ v. a. Emberluco-
EIBARLUGA. ⟩ quer. Eblouir. Empêcher l'usage de la vue par une

trop grande lumière. *M'eibarlugavo* : il m'éblouissait, il m'offusquait. *Ave leis ueils eibarlugas* : avoir la berlue. Au fig. *Eibarlugas*. Éblouir. Tenter. Séduire. Surprendre l'esprit par quelque chose de spécieux.

EIBEOURE. v. n. Terme de lingère. Voyez EM-
EIBOUARO. BOUARO.

EIBEOURE (S'). v. récip. S'infil-
EIBOUARO (S'). trer. S'insinuer dans les pores d'une partie solide, dans les cavités, les interstices ou les molécules d'un corps. *S'es eibegu dins la terro* : il s'est infiltré dans la terre.

—S'évaporer. Se résoudre en vapeurs. *L'aigo s'es eibegudo* : l'eau s'est évaporée. On dit ordinairement, *Que lou soulcou a eibegu l'aiguo* : que le soleil a humé l'eau, pour dire, que la chaleur a desséché la terre où l'eau était. *Faire eibouaro un tineou* : Combuger un cuvier. Voyez ENBUGA.

EIBEGU, UDO. part. Infiltré. Évaporé, ée.

EIBERLUGA. Voyez EIBARLUGA.

EIBLOU. s. m. Écale. Couverture extérieure, et qui enferme la coque des noix et des amandes.

EIBLOUA. v. a. Écaler. Oter. Enlever l'écale des noix ou des amandes.

EIBOUARO. Voyez EIBEOURE.

EIBOUDENA. v. a. et récip. S'ouvrir. Se fendre. Se crevasser. On le dit des fruits charnus, et des personnes, qui, par excès d'embonpoint ou par l'effet de quelque maladie, s'entr'ouvrent, s'écorchent ou se crevassent dans certaines parties du corps. *La pluyo fa eiboudena leis figuos* : la pluie fait crevasser les figues. *Scis cambos s'eiboudenoun de partout* : ses jambes s'écorchent et s'entr'ouvrent de toute part. Voyez ESCOUIRE.

EIBOURNIA. v. a. Éborgner. Faire éprouver à l'œil une douleur vive, qui l'oblige à se fermer sans pouvoir demeurer ouvert. *Mi siou eibournia* : je me suis éborgné.

EIBOUSSELA. v. a. Terme d'agr. Égrener. Éteter. Enlever les touffes de graine de certaines plantes, telles que chanvre, ognons, porreaux, etc. *Eiboussela lou carbe* : ramasser, cueillir les touffes de chenevis.

EIBOUSSELADO. s. f. Terme d'agr. Égrenage. Action de ramasser les touffes de graine du chanvre ou de certaines autres plantes.

EIBOUYENTA. v. a. Échauder. *Eibouyenti, eibouyentes, eibouyento, eibouyentam, eibouyentas, eibouyentoun. Eibouyentarai, eibouyentaras, eibouyentara. Eibouyentarem, eibouyentares, eibouyentaran. Eibouyentariou ; qu'eibouyentessi. Eibouyentas. Eibouyentado.* Laver d'eau bouillante. — Tremper dans l'eau chaude. — Verser, jeter de l'eau bouillante sur quelqu'un ou sur quelque chose.. *Eibouenta un pouer* : échauder un cochon, pour lui arracher plus facilement les soies. *Eibouyenta de lioume* : échauder des légumes pour les garantir des cossons.

EIBOUYENTA (S'). v. récip. Se brûler avec de l'eau bouillante. On donne fig. le nom d'*Eibouyenta* et d'*Eibouyentado*, à une personne violente et emportée, parce qu'elle imite dans ses saillies, la vivacité et l'impatience d'un homme sur qui l'on a répandu de l'eau bouillante.

EIBRANCA. v. a. Ébrancher.
EIBRASCA. Dépouiller un arbre de ses branches en le rompant. *Lou vent a eibrasca leis amouriés* : le vent a rompu les branches des mûriers. On dit d'un arbre extrêmement chargé de fruit que *n'eibrasco* : qu'il plie sous le poids de son fruit.

EIBRIA. v. a. Brésiller. Rompre par petits morceaux. — Émietter. Réduire en miettes. *Eibria leis mouttos:* émotter, briser les mottes. Au fig. *Estre eibria* : être brisé, harassé, accablé de fatigue. *Siou tout eibriga:* je suis tout rompu. *Eri touto eibrigado:* j'étais toute moulue.

EIBROUTA. v. a. Ébourgeonner.
EIBRUTA. Oter les bourgeons superflus de la vigne, pour lui faire porter des plus beaux fruits.

EIBURBA. v. a. Vider. Effondrer. Ouvrir une volaille, du gibier, du poisson, pour leur ôter les entrailles et tout ce qui n'est pas bon à manger.

EIBUSCA. v. a. Émonder. Couper. Retrancher à un arbre, certaines branches qui le surchargent, qui le déparent ou l'empêchent de profiter.

Voyez REBROUNDA. *Faire eibusca*: faire émonder. *Eibusca leis oouliviers.*

EIBUSCADO. s. f. Émondage. Action d'émonder les arbres, et principalement les oliviers. — Temps, saison où l'on émonde.

EIBUSCAIRE. s. m. Émondeur. Celui qui émonde les arbres, et principalement les oliviers.

EIÇA.   adv. de lieu. Deçà.
EIÇAI.   De-deçà. Par ici.
EIÇALIN.   adv. Çà-bas.
EIÇAMOUN.   adv. Çà-haut.
EIÇATO.   Voyez EIÇA.
EIÇAVAOU.   Voyez EIÇALIN.
EIÇETTO. Voyez EISSÈTTO.
EICI.   adv. de lieu. Ici.
EICITO.

B.-A. **EICIVIÈRO.** s. f. Civier. Espèce de brancard sur lequel on transporte des pierres, du fumier, etc.

EIÇO.   pron. démons. Ceci.
EIÇOTO.

EIFACA. v. a. Effacer. Rayer. Oter la figure, l'empreinte, les couleurs, les traits de quelque chose. — Biffer. Effacer ce qui est écrit.

EIFAÇADURO. s. f. Rature. Effaçure faite en passant quelques traits de plume sur ce qu'on a écrit.

EIFLEOUPA. Voyez FLEOUPA.

EIFLOURA. v. a. Terme d'agric. Couler. On le dit des arbres fruitiers, particulièrement des oliviers et de la vigne, quand le fruit ou le raisin qui commençait à se nouer, tombe ou se dessèche.

EIFLOURA. v. a. Effleurer. Ne faire simplement qu'enlever la superficie.
— Toucher légèrement en passant.
— Effleurir. Tomber en efflorescence. *Lou coou qu'a agu, tout beou jus l'y a eiffloura la poou :* le coup qu'il a reçu, lui a seulement effleuré la peau. *En passant l'y a eiffloura la gaoutto :* en passant il lui a frolé la joue. Voyez BECHI. *Lorsquo la caou isto aqui senso estre destrempado, s'eifflouro :* lorsqu'on laisse là la chaux sans la détremper, elle s'effleurit.

EIFLOURA. v. a. Ecrêmer, Choisir, prendre la fleur. Faire le premier choix d'une chose et laisser le moins beau. *An eifloura tout ce que l'y avié de mihou :* ils ont écrémé tout ce

qu'il y avait de meilleur.

EIFLOURADUROS. s. f. pluriel. Gerçures. Rhagades au sein. Terme de nourrice. *Souffre un abor en donnant téta, parce qu'a d'eifflourados :* elle souffre beaucoup en donnant le sein, parce qu'elle a des gerçures.

EIFOOUCHA. v. a. et récip. Fouler. Se fouler les nerfs des pieds ou de la main.

EIFOURCHADURO. s. m. Foulure. Contusion au pied ou à la main.

EIFORT. s. m. Effort. Foulure des reins causée par un effort. Tour-de-reins.

EIFOUGASSA, ADO. adj. Écaché. Applati. *Nas eifougassa :* nez écaché, c'est-à-dire, camus et applati. Voyez ESCAGASSA.

EIFOURNIA. v. a. et récip. Échapper. S'échapper du nid. Sortir du nid. On ne le dit au propre que des petits oiseaux qui s'envolent et quittent le nid. *Oou moumen ount'anavo gasta lou nis, leis pichouns s'eifourniguèroun :* au moment où il allait les dénicher, ils s'envolèrent.

S'**EIFOURNIA.** au fig. S'évader. Disparaître furtivement.

EIFOURNIAOU. Terme de chasseur et d'oiseleur. Déniché. Branchier. Jeune oiseau, qui, venant de quitter le nid, se glisse et s'échappe à travers les blés et les mottes de terre, où qui vole de branche en branche pour essayer ses forces. *Soun enca que d'eifourniaou :* ils ne sont encore que des oiseaux branchiers.
— Dru, drue. adj. Oiseau prêt à voler et à quitter le nid

EIFRAY. s. m. Effroi. Frayeur. Épouvante. Alarme. Terreur. *Aven agu un eifray de malhur :* nous avons eu une terrible alarme. *Es uno cavo que fa eifray :* c'est une chose effroyable. *L'y an douna l'eifray :* on l'a épouvanté.

EIFRAYA. v. a. Effrayer. Donner de la frayeur.

EIFRAYA (S'). v. récip. S'effrayer. S'alarmer. S'épouvanter.

EIFRAYA, ADO. part. et adj. Effrayé. Épouvanté, ée. *S'es eifrayado :* elle s'est effrayée.

EIFRAYUNA. v. a. et récip. Émietter. S'émietter. Réduire en miettes. *Leis mouttos de terro s'eifrayunoun,* *quand l'y a ploougu dessus :* les mottes de terre s'émiettent lorsque la pluie les a pénétrées.

EIGA. Voyez ADOUBA. EYGA.

EIGADIÈRO. s. f. Aiguière. Vase fort ouvert dans lequel on met de l'eau pour le service ordinaire d'une chambre à coucher. Le nom d'EIGA-DIÈRO a vieilli, et on lui donne aujourd'hui presque généralement le nom de Pot-à-l'eau.

EIGAGNADO. s. f. Grosse, forte rosée.

EIGAGNAS. } s. m.
EIGAGNO. } s. f. Rosée. Aiguail
Petites gouttes d'eau qu'on trouve le matin à la campagne, sur les feuilles des arbres et des plantes. *Grosso, pichouno eigagno :* grosse, petite rosée.

EIGAGNOLO. Voyez LAGAGNOLO.

EIGAGNOUX. adj. m. Humide de la rosée. *Manteou eigagnoux :* manteau humide de la rosée.

B.-A. EIGARIÈ. s. m. Terme d'écon. rurale. Éparpilleur. Arrangeur. Homme de peine, qui, dans une airée, a soin, pendant que les chevaux foulent les blés, de tourner la gerbée (avec la fourche), pour qu'elle passe tour-à-tour sous les pieds des chevaux. Il est formé de deux mots : EIGA IÈRO

EIGARIÈ. s. m. Gardien des eaux d'arrosage, ou d'un canal d'irrigation.

EIGASSOUX, OUÈ. adj. Aqueux. Humide. Mouillé. *Tarren eigassoux :* terrain humide. *Fruit eigassoux :* fruit aqueux.

B.-A. EIGLARI. s. m. Alarme. Suée. Épouvante. Inquiétude subite mêlée de crainte. *An agu un bel eiglari :* ils ont eu une terrible suée.

EIGLARIA, ADO. s. et adj. Possédé, ée. Énergumène. Démoniaque. Au fig. Enragé. Alarmé. Troublé. Effaré, ée. *Crido coum'un eiglaria :* il crie à tue-tête comme un enragé. *Semblo un eiglaria :* ce semble un possédé.

B.-A. EIGOOURIGNA. v. a. Charcuter. Couper mal-proprement de la viande à table. *A vougu si méla de découpa lu dindo et l'a touto eigoourignado :* il a voulu se charger de découper le dinde, et il l'a charcuté entièrement. *Viando eigoourignado :*

viande tailladée, déchirée mal-proprement et mal-adroitement coupée.

EIGOOUSIHA (S'). v. récip. S'égosiller. Se faire mal à la gorge ou au gosier à force de crier. *S'eigoousiavo à forço de crida :* il s'égosillait à force de crier.

EIGOURJHA. v. a. Égorger. Couper la gorge. Tuer. Massacrer.

EIGOURJHADOU. s. m. Abattoir. Lieu où l'on tue, où l'on égorge les bœufs, les moutons et toute la viande de boucherie. Au fig. Coupe-Gorge. Lieu où il est dangereux de passer à cause des voleurs. — Hotellerie où l'on fait surpayer.

EIGRAS. s. m. Verjus. Raisins verts.

EIGREJHA. v. a. Forcer. Soulever et ouvrir une porte par le moyen d'un levier de fer. *Leis voulurs eigrejheroun la pouerto per intra :* les voleurs firent une effraction à la porte pour entrer.

EIGREJHA. v. n. Avoir le goût acidulé. Être aigrelet. *Leis rasins eigrejhoun encaro :* les raisins sont encore aigrelets. *Aco eigrejho :* cela a un goût acidulé.

EIGRETTO. s. f. Oseille. Plante potagère.

EIGROUVEHHA. } v. a. Erafler.
EIGROUVIHA. }
Excorier. Écorcher une partie de la peau ou d'une membrane par un frottement violent de la peau sur quelque corps raboteux.
— Écrouter. Enlever la croûte d'une plaie.

EIGROUVIHADURO. s. f. Éraflure. Écorchure. Excoriation de la peau. *En toumbant sès fach caouqueis eigrouviaduros :* en tombant il s'est fait quelques éraflures.

EIGRUIHA. v. a. Gruer. Monder. Enlever à certains grains, tel que blé, orge, etc., la petite peau qui les couvre, pour les rendre propres à être mis à la soupe.

EIGRUIHA, ADO. part. et adj. Grué. Mondé. *Blad egruiha :* blé grué. *Civado eigruihado :* avoine mondée.

EIGUIÈ. s. m. Evier. Conduit par où s'écoulent les eaux, les lavures et les immondices d'une cuisine. On donne également ce nom au lavoir.

EIGUIÈ. s. m. Lavoir de cuisine.

lieu où l'on lave la vaisselle dans une maison. *Peiro d'eiguiè* : auge du lavoir. On donne encore le nom *d'eiguiè* à l'Égoutoir, c'est-à-dire, à ces tablettes établies dans certaines maisons au-dessus du lavoir de la cuisine, où l'on place la vaisselle ordinaire après l'avoir lavée.

EIGUESTRE. adj. Terme d'agr. Humide. Marécageux. Aquatique. *Terren eiguestre* : terrain marécageux. *Terro eiguestro* : terre ou sol humide.

EIGUETTO. s. f. Eau claire et limpide. Il n'a d'usage que dans la poésie pastorale, ou en parlant d'un vin qui n'a point de force, et duquel on dit : *Nès que d'eiguetto* : ce n'est que de l'eau claire.

EILA. adv. de lieu. Là.

EILAMOUN. adv. Là haut.

EILAVAOU. adv. Là bas.

EILANDRA. v. a. Déchirer. On ne le dit que du linge et des étoffes usés ou de mauvaise qualité qui se mettent en pièce sitôt qu'on les touche ou qu'ils s'accrochent.

EILANDRE. s. m. Déchirure. Accroc. Rupture faite à une étoffe, ou à du linge.

EIMA. v. a. Aimer. Voyez AMA.

EIME. Voyez BEL-EIME.

EIMAGI. s. m. Image. Gravure. Figure ou dessin tracé sur le papier, représentant des portraits ou figures des saints et des sujets de religion.

EIMALUGA. Voyez DEIMALUGA.

EIMOOURRE. v. a. Emouvoir. Faire émouvoir, mettre en mouvement. Causer du trouble. Exciter quelque passion dans le cœur, d'altération dans les esprits. *Toutes plouravoun mai ello s'eimoouviè pas* : chacun pleurait mais elle ne se troublait pas.

EIMOOUGU, UDO. part. Emu, émue. *Ave la bilo eimoougudo* : être en colère.

B.-R. EINA. adj. m. Aîné. Le premier né des enfans.

B.-A. EINÈ. Voyez EINA.

EINÈYO. adj. f. Aînée. Il se dit de la première née des filles, et par extention de toute personne plus âgée qu'une autre. Il est aussi substantif. *Es moun eineyo* : c'est mon aînée.

EIQUALEIS. pron. rel. de t. g. Auxquels, auxquelles.

EIQUALOS. pron. rel. fém. Auxquelles.

EIQUAOUX. pron. rel. masc. Auxquels.

EIRENA, ADO. adj. Ereinté, éreintée. Qui a les reins rompus.

EIRENA (S'). v. récip. S'éreinter, se rompre les reins.

EIRETA. Voyez HEIRETA.

V. EIRO. Voyez ARO.

B.-A. EIROOU. s. m. Airée. Quantité de gerbes que l'on étend et qu'on foule en une seule fois dans l'aire. — Gerbes foulées ou battues dans l'aire. *Eiroou de doux, de tres coublos* : airée de deux, de trois couples de bêtes. *Ave eiroou, ana à l'eiroou* : avoir fait l'airée, aller à l'airée.

EISA, ADO. adj. Aisé, aisée. Facile. Commode.

EISADAMENT. adv. Aisément. Facilement.

V. EISSA. Voyez HOOUSSA.

V. EISSADETTO. s. f. } Serfouette. Petit outil de jardinier pour serfouetter ou béquiller la terre. C'est une bien petite marre. Voyez l'article suivant.
B.-A. EISSADOUN. s. m. }

B. A. EISSADO. s. f. Marre. On lui donne aussi, quoique très-improprement, le nom de bêche. Outil de labour, instrument de vigneron. C'est une plaque de fer recourbée, qui fait un angle de 45 degrés avec le bâton dont elle est émanchée; au lieu que la bêche est une pelle quarrée qu'on pousse verticalement avec la main et le pied, comme on labourre ici avec le louchet.

On se sert de la marre pour donner le second labour, pour fouir les vignes et les oliviers, pour serfouir. Elle coupe les racines des mauvaises herbes. C'est de là qu'on fait venir tintamarre, à cause du bruit que font quelquefois les vignerons, (paysans) en tintant sur leur marre.

EISSADO-JHARDINIÈRO. s. f. Houe. Instrument de labour émanché comme la marre et la pioche.

V. EISSADOUN. s. m. Voyez PICHO.

EISSADOUN. }
EISSADOUNET. } s. m. Diminutif. Sarcloir. Serfouette. Instrument propre à sarcler, à arracher les mauvaises herbes.

EISSAGA. v. a. Terme de lavandière et de blanchisseuse. Essanger. Esguéer. Aisuer. Laver du linge sale, avant de le mettre dans le cuvier à lessive.

— Faire tremper le linge en grande cuve pour le blanchir plus facilement. On dit familièrement et figurément d'une personne qui a essuyé une forte pluie et qui est mouillée. *Qu'es eissagado* : qu'elle est toute mouillée.

EISSAMA. v. a. Terme d'économie rurale. Jeter. Action des abeilles lorsqu'elles sortent de la ruche en essaim pour aller s'établir ailleurs. On dit aussi essaimer. *Leis abeihos eissamoun p'anca* : les abeilles ne jettent ou n'essaiment pas encore.

EISSAM. }
EISSAME. } s. m. Essaim. Volée de jeunes abeilles qui sortent de la ruche pour aller s'établir ailleurs. *Cuhï un cissame* : ramasser un essaim.

EISSARMA. v. a. et récip. Epoumoner. Fatiguer les poumons. *Leis enfans vous fan cissarma* : les enfans vous font époumoner.

EISSARRI. s. m. Yssarre. Enserre. Sorte de grande besace de spartz, qu'on met sur le dos d'un mulet ou de toute autre bête de somme, et dans laquelle on charrie du fumier, de la terre, du sable, etc. *Un pareou d'eissarris* : une couple d'yssarres. *Eissarri d'aze, de muou* : yssarre d'âne, de mulet.

EISSARRI-MARSEIHES. s. m. Yssarre de voyage, servant à mettre seulement ce dont on a besoin en voyageant, comme linge, aliment, etc. Ils sont construit différemment et beaucoup plus propres que les ordinaires.

EISSARRIA. v. a. Charier. Enlever. Caver. Creuser. On ne le dit que des ravines, qui, en tombant et roulant impétueusement leurs eaux, creusent et sillonnent les terres et entraînent des arbres, des roches, etc.

EISSARRIADO. s. f. Ravine. Espèce de torrent formé d'eaux qui tombent subitement et impétueusement des montages ou autres lieux élevés, après une grande pluie.

— Eboulement de terre causé par une ravine.

— Alluvion. Ce que charie ou emporte un torrent, un ravin.

EISSARRIADO. s. f. Charge. Autant que peut en contenir l'yssarre (*l'eyssari*) d'un mulet. *N'y a enca doues eissarriados* : il y en a encore deux charges.

EISSARRIENS. s. m. Mannes-à-bât. Paniers de bât. Ce sont deux grands paniers faits d'osier ou d'éclisse, de forme carrée, et qu'une bête de somme porte sur le bât, pour charier du sable, des pierres ou autres choses.

EISSART. s. m. Ravin. Lieu que la ravine a creusé.

B.-R. EISSEJHA. v. n. Gémir. Geindre. Se plaindre à diverses reprises d'une voix languissante et continue. Il ne se prend guères qu'en mauvaise part, et se dit de ceux qui, dans la moindre incommodité, se plaignent de cette manière. *Fa qu'eissejha* : il ne fait que geindre.

EISSEROT. s. m. Sorte de vent. Sud-est.

EISSETO. s. f. Aisceau. Aissete. Instrument recourbé à l'usage des tonneliers et de plusieurs autres artisans, avec lequel ils donnent la dernière façon. C'est une espèce de hâche.

EISSIOU. s. m. Essieu. Pièce de bois ou de fer qui passe dans le moyeu des roues d'une charrette. *Chanjhea l'eissiou*. *Roumpra l'eissiou* : changer l'essieu. Rompre l'essieu.

EISSIVIÈRO. Voyez EICIVIÈRO.

EISSOOURA. v. a. Eventer. Essorer. Donner de l'air. Exposer à l'air pour sécher. *Eissooura lou linjhe* : Efflorer le linge.

EISSOOURETTO. Voyez SOOURETTO.

EISSOUR. s. m. Petite source. Lieu où l'eau sourd de la terre en petite quantité. *Beoure à l'eissour* : boire où l'eau sourd de terre.

EISSU. adj. Sec. C'est l'opposé d'humide. Terme populaire dont on se sert en parlant des personnes toutes mouillées, soit de la pluie ou autrement. *Es vengu talament bagna qu'aviè pas fiou d'eissu* : il est arrivé tellement mouillé qu'il n'avait pas un seul fil de sec sur lui.

EISSUBLIA. v. a. Terme de montagne. Oublier. Mettre en oubli. Perdre de vue. Il est populaire. *Vaicissublia* : je l'ai oublié.

EISSUGA. v. a. Essuyer. Souffrir. Endurer. *Eissuga la pluyo* : endurer la pluie. *An eissuga fouesso malhurs* : ils ont souffert et essuyé bien des malheurs.

EISSUGA. v. a. Sécher. Voyez SECA.

EISSUGAN. s. m. Essui. Séchoir. Lieu où l'on étend ce que l'on veut faire sécher. *Leis tannurs fan seca lou cuer à l'eissugan* : les tanneurs font sécher le cuir à l'essui.

B.-A. EIVACHA. v. a. Terme de moissonneur. Percer. Faire des trouées. C'est percer dans un champ de blé en y coupant par-ci par-là ce qui est mûr.

EIVACHA, S'EIVACHA. v. récip. S'ébouler. Tomber en ruine. Se déranger. Se renverser. On le dit des terres, des murs de soutenement, etc. *Muraiho eivachado* : mur éboulé. *Ribo eivachado* : colière éboulée. Voyez VEDEOU.

EIVENTRA. v. a. Eventrer. Fendre le ventre d'un animal.

EIZA, ADO. adj. Aisé. Facile. *L'y a ren de pus eiza à faire* : il n'y a rien de plus facile à faire.

EIZADAMENT. adv. Aisément. Facilement, d'une manière facile.

EIZABEOU. s. f. Elizabeth. Nom de femme chez les gens du peuple. *La tanto Eizabeou* : la tante Isabeau.

EIZINO. s. f. Usine. Nom générique par lequel on désigne d'une manière vague toute sorte de futaille, de vaisseau, meuble ou instrument commode et propre à contenir, à porter, à faire, à conserver quelque chose, ou pour y placer. Ainsi un plat, un panier, un entonnoir, une damejeanne, une civière, une pioche, un baril, etc, sont des usines. *Leis artisans quand van trabaiha pouertoun seis ooutis et leis peysans ses eizinos* : lorsque les artisans

vont travailler ils portent leurs outils et les paysans leurs usines. On dit prov. *Voou mai eizino que soun près* : mieux vaut meuble que son prix, pour dire, que le service que vous rend une chose, vaut infiniment plus que le prix qu'elle a coûté.

ELLEIS. pronom pers. Eux, elles.

ELLO. pronom pers. fém. Elle.

ELLOS. pronom pers. fém. pluriel. Elles.

EMBABOUINA. v. a. Enjoler. Embabouiner. Séduire. Engager quelqu'un par des paroles flatteuses ou des promesses trompeuses, à faire ce qu'on souhaite de lui.

EMBADO. conjonc. Quoique. Malgré que. *Embado l'y eri* : quoique j'y fusse.

EMBAISSO. s. f. Terme de commerce. Tare. Ce qui renferme, conserve et contient une marchandise qui voyage, comme sac, barique, coffre, caisse, cordes, etc, dont on doit prélever le poids, pour reconnaître celui des marchandises mêmes. *Leva leis embaissos* : prélever la tare. *Leis embaissos levados, resto net cent kilos* : la tare prélevée il reste net cent kilogrammes.

EMBALA. v. a. Emballer. Former. Faire une balle. Empaqueter.

EMBALADOUIRO. adj. f. Terme d'emballeur. Qui sert à emballer. *Couardo, aquiho embaladouiro* : corde, aiguille d'emballage.

EMBANA. v. a. Encorner. Prendre. Accrocher. Saisir quelqu'un avec les cornes. *Lou buou anavo l'embana* : le bœuf allait l'accrocher avec ses cornes.

EMBANA, ADO. adj. Encorné, ée. Qui a des cornes. *Moutoun bèn embana* : mouton bien encorné, qui a de belles ou grosses cornes.

EMBANASTA. v. a. Mettre dans des corbeilles, des mannes ou des hottes.

— Remplir les mannes ou les hottes.

EMBANASTA. v. a. Charger. Mettre les mannes, les hottes ou les paniers à fumier sur une bête de somme.

EMBAOUMA. v. a. Parfumer. Répandre une bonne odeur dans l'air.

— Embaumer. Remplir de parfum ou de plantes aromatiques, un corps mort, soit d'homme ou d'animal, pour en empêcher la corruption ou lui donner une bonne odeur. On dit qu'une chose *sente qu'embaoumo* : ou simplement *qu'embaoumo* : qu'elle exhale une odeur suave. *Aqueleis huyets embaimoun* : ces œillets répandent une odeur très-agréable.

EMBAOUSSEMA. Voyez EMBAOUMA et EMBAOUFUMA.

EMBARA. Voyez REBARA. REBAIHA.

EMBARAGNA. v. a. Eucager. Entourer d'une haie sèche ou d'un échalier, un champ, un jardin, des arbres, etc, pour les garantir des insultes des passans et du dégàt du bétail.

S'EMBARAGNA. v. récip. au fig. S'embâter. Se charger. S'embarrasser de quelqu'un ou de quelque chose qui incommode. *Es vengu m'embaragna soun enfant, que mi donno proun d'obro* : il est venu m'embâter de son fils qui me donne bien du souci.

EMBARATA. v. a. Embâter. Charger quelqu'un d'une chose dont on était embarrassé ou dont on voulait se défaire. *Aqueou marchand l'y embaratet touteis seis roussignooux* : ce marchand lui embâta tous ses rebuts.

B.-A. EMBARBA. Voyez ABARBA.

EMBARLUGA. Voyez EIBARLUGA.

EMBARNA. v. a. Ensorceler. Nouer l'aiguillette. Empêcher la consommation du mariage par un prétendu maléfice. Il est pop. *Leis embarneroun* : on leur noua l'aiguillette.

EMBARNISSA. v. a. Vernisser. Enduire de vernis.

Au fig. EMBARNISSA. v. a. Salir. Répandre autour d'un vase, d'un meuble, etc, quelque chose q i le salisse et le recouvre en partie comme ferait le vernis. *Sieto embarnissado* : assiette salie. Il est aussi récip. *S'embarnissa*. Se salir. Se Crotter. S'embrener. *S'embarnissa leis mans* : se salir les mains. *S'embarnissa leis souliers* : se crotter, s'embrener les souliers en passant par mégarde dans le margouillis, etc.

EMBARRA. v. a. Terme de roulier. Enrager. Arrêter une roue par les rais, en sorte qu'elle ne tourne point, mais qu'elle ne fasse que glisser.

EMBARRASSA. v. a. Embarrasser. Causer de l'embarras. Au fig. Mettre dans la peine. *Sabi pas que faire, siou embarrassa* : je ne sais quoi faire, je suis embarrassé.

EMBARRASSA(S'). v. récip. S'embarrasser. Se causer de l'embarras. *S'embarrassa leis mans* : s'embarrasser les mains ; prendre, tenir, avoir dans les mains.

EMBARRASSA, ADO. adj. et part. En peine. Dans l'embarras. Embarrassé, ée. *Home embarrassa* : homme embarrassé. *Mans embarrassados* : mains plaines.

EMBARRASSADO. adj. f. Enceinte. Grosse d'enfant. On ne le dit que des femmes. *Sa fremo es embarrassado* : sa femme est enceinte. Il est populaire.

EMBARRASSIOU, IOUVO. adj. Embarrassant, embarrassante. Qui cause de l'embarras. *Moble embarrassiou* : meuble embarrassant.

EMBARRETINA. v. a. Embonneter. Embéguiner. Garnir la tête d'un bonnet, d'un béguin, etc. Il est plaisant et populaire. Il est aussi récip. *S'embarretina* : s'embéguiner.

EMBASTA. v. a. Embâter. Mettre le bât à une bête de somme. *Vai embasta l'aze* : va-t-en embâter l'âne. Au fig. Embarrasser quelqu'un. Le charger d'une chose qui l'incommode. Voyez EMBARATA.

EMBASTA, S'EMBASTA. v. a. et récip. Terme de joueur. Jouer à l'acquit. C'est lorsque dans une partie de plusieurs personnes ceux qui ont perdu jouent entre eux à qui payera le tout. *Voués que s'embastem?* Veux-tu jouer à l'acquit.

EMBASTARDI. v. n. et récip. Abâtardir. S'abâtardir. Dégénérer. Ne suivre pas les bons exemples de ses ancêtres, lorsqu'on parle des hommes. Déchoir de sa qualité, de son naturel, en parlant des plantes et des animaux.

EMBE. conjonc. Avec. *Vene embe you* : viens avec moi.

EMBEGU, UDO. Voyez EIBEGU.

EMBEGUINA. v. a. Embéguiner. Mettre un béguin.

S'EMBEGUINA. v. récip. S'emmi-

toufler. S'empaqueter la tête. Au fig.
Se coiffer de quelqu'un. S'amouracher.

EMBEOURE. v. a. Terme de couture. Mener-boire. Coudre une étoffe, du linge, etc, un peu lâche et plissé pour qu'il occupe moins de place. Voyez CUHI.

EMBETA. v. a. Hébéter. Rendre stupide. Son plus grand usage est au figuré. Ennuyer. Lasser. Fatiguer. Devenir tout à fait incommode à quelqu'un. Il est fam. et ne se dit que des personnes. *Es toujour à-mi parla de seis affaires, que m'embèto* : il est toujours là à m'ennuyer de ses affaires. Voyez EMBOUNI.

EMBISCA(S'). v. récip. Se salir. S'embrener. Se crotter les pieds ou les mains de matière fécale sans s'en donner de garde. *En prenen leis pedas sès embiscado leis mans* : en ramassant et prenant les langes elle s'est salic les mains. Voyez EMBARNISSA. ENVISCA. Il est plaisant et familier.

EMBLADO. s. f. Emblée. Ce terme ne s'emploie qu'adverbialement avec la préposition *de*, et signifie, de plein saut, du premier effort. *D'emblado* : de plein saut, sans se détourner du premier effort.

EMBOOUFUMA. v. a. Empuantir. Répandre une odeur infecte. Au fig. Enjôler, tromper par des belles paroles. — Mystifier. *Es vengu nous embooufuma* : il est venu nous enjôler. Il est populaire.

EMBOUBINA. v. a. Dévider. Mettre sur une bobine, du fil ou de la soie qui était en écheveau.

EMBOUARO. Voyez EMBEOURE.

EMBOUDOUSCA. }
EMBOUDOUSCLA. } v. a. Salir.
Tâcher avec le résidu du miel (*boudousco*).

EMBOUIHENTA. Voyez EIBOUYENTA.

EMBOUISSOUNI. v. n. Encager. Voyez EMBARAGNA.

EMBOUISSOUNI, IDO. adj. Chiffonné, chiffonnée. Semblable à un buisson. On le dit d'un arbre, qui, n'ayant pas été taillé de longtemps, est surchargé de bois et ressemble à un buisson par ses branches qui s'entrecroisent, et de celui qui a poussé quantité de branches chiffonnes, qui le déparent et lui donnent un aspect sauvage.

EMBOUISSOUNI (S'). v. récip. S'entraver. S'engager dans les ronces et les buissons. Au figuré. Se compromettre. Se mettre dans l'embarras. S'engager dans des affaires pénibles.

EMBOUNI. v. n. Ennuyer. Dégoûter. Perdre le goût, être lassé, fatigué d'une chose dont on a usé longtemps. *Lou gras m'embounisse* : les alimens gras m'ennuyent, je ne puis plus les souffrir. Il est populaire. Voyez EMBETA.

B.-A. EMBOURIGOU. s. m. Nombril. Partie qui est au milieu du ventre de l'homme, et par laquelle on croit que le fœtus tire sa nourriture dans le ventre de sa mère.

EMBOURNIA. Voyez EIBOURNIA.

EMBOUTA. v. a. Entonner. Mettre une liqueur dans une barrique, dans un outre, etc. *Embouta de vin* : entonner du vin.

EMBOUTAIRE. s. m. Entonnoir, instrument avec lequel on entonne une liqueur. *Pichoun emboutaire* : petit entonnoir. Voyez TOURTEIROOU.

EMBOUTEYA. v. a. Soutirer. Mettre en bouteilles du vin ou de la liqueur. Il s'emploie aussi dans le sens de *bouteya*. Voyez BOUTEYA.

EMBRANCA. Voyez EIBRANCA.

V. EMBRANCA. v. a. Ramer. Voyez ARMA. ENCABANA.

EMBRAYA. v. a. Enculotter. Mettre les culottes.
— Revêtir pour la première fois un petit garçon des habillemens d'hommes.

EMBRAYA. (S') v. a. Au fig. S'agencer. S'ajuster. S'arranger. Il est familier et ironique. *Es toujour maou embrayado* : elle est toujours mal arrangée. Voyez ENJHOUMBRIA.

EMBRAYADURO. s. f. Agencement. Voyez ENJHOUMBRIADURO.

V. EMBREIGA. v. a. Briser. Rompre. Voyez EBRIA.

EMBRIAGO. s. f. Doronic ou doronice. Plante radiée. On dit que la racine de cette plante est mortelle aux bœufs et aux vaches.

EMBRIAGO. Voyez UBRIAGO.

EMBRIGA. Voyez EIBRIA.

EMBROI. s. m. Sollicitude. Souci. Embarras. Cassement de tête. Il est familier. *Estre dins l'embroi.*

EMBROUMA. v. a. Indisposer. Altérer la santé.

EMBROUMA, ADO. part. et adj. Incommodé. Indisposé, ée. Dont la santé est délabrée. Il est vieux. *L'y a fousso temps qu'es embroouma* : il ne jouit pas de la santé depuis long-temps. Voyez MAOU-EIGA.

V. EMBROUNDA. v. a. Ramer dé légumes. Vóyez ARMA.

EMBROUNCA. 〉 v. a. Heurter.
EMBRUNCA. 〉

Choquer. Toucher ou rencontrer rudement. Il est aussi récipr. *S'embrunca à n'uno peiro* : heurter contre une pierre. Au figuré S'EMBRUN-CA. Se fâcher, s'offenser de peu de chose. On dit d'une personne inquiète qui s'offense d'un rien. *Que tout l'embrunco* : qu'un rien l'irrite.

EMBRUNCA, ADO. part. et adj. Réchigné, ée. Inquiet. Courroucé, ée. D'humeur chagrine. *M'a l'er ben embrunca* : il m'a l'air bien fâché. *Fremo toujour embruncado* : femme brusque et habituellement de mauvaise humeur.

EMBRUNI. SUR L'EMBRUNI. adv. Sur la brune. Vers le commencement de la nuit.

EMBRUTI. v. a. Salir. Crotter.

EMBRUTI (S'). v. récip. Se salir. Se crotter. S'embrener. Il est populaire. *Passes p'aqui qui t'embrutiriès* : ne passe pas par là, tu t'y salirais.

EMBU. s. m. Entonnoir en bois. C'est celui dont on se sert pendant la décuvaison, pour mettre le vin dans les tonneaux.

— Chante-pleure. Sorte d'entonnoir dont l'extrémité du tuyau qui entre dans la futaille, est percé de plusieurs trous, par où le vin découle sans troubler celui qui est dedans.

EMBUGA. v. a. Combuger. Abreuver. Remplir d'eau un cuvier béant, une futaille crevassée, ou qui a des voies d'eau, pour qu'il s'imbibe et se remette avant de l'employer.

EMBUGADA. Voyez BUGADA.

EMBUL. s. m. Imbroglio. Confusion. Embrouillement. On le dit au propre comme au figuré.

EMBULA. v. a. Tromper. Attraper.

— Surprendre artificieusement. Donner une attrape (*bùlo*). Voyez BULO.

EMBULA (S'). v. récip. S'attraper. Se tromper. On dit proverb. et fig. de celui qui a mal rencontré en se mariant. *Qu'es p'ana Roumo per s'embula* : qu'il n'a pas été à Rome pour prendre une bulle.

EMBUYA. v. a. Mêler. Embrouiller. Entremêler certaines choses ensemble de telle sorte qu'on ait beaucoup de peine à les démêler, à les séparer.

EMBUYA, ADO. part. Embrouillé, ée. Entremêlé, dans la confusion, etc. *Chevux embuyas* : cheveux entremêlés. *Escagno de fiou embuyado* : écheveau de fil embrouillé. *Affaires embrouyas* : affaires embrouillées.

EMMAIGRI. v. n. Maigrir. Devenir maigre.

EMMANCHA. v. a. Emmancher. Mettre un manche.

EMMANDA. v. a. Congédier. Renvoyer quelqu'un, lui donner ordre de se retirer. *Emmanda su fiho de servici* : congédier sa domestique.

EMMANTELA. v. a. et récip. Emmanteler. Couvrir d'un manteau. S'emmanteler.

EMMARGA. Voyez EMMANCHA.

EMMARDOUI. 〉 v. a. Em-
V. EMMARDOUIRE. 〉 brener. Salir de matière fécale. Il est aussi récip. *S'emmardoui leis mans* : S'embrener, se salir de bran. Il est bas et pop.

EMMOUCHOUNA. v. a. Chiffonner. Froisser. Bouchonner. On le dit du linge, d'un torchon que l'on met en un tas pour en former comme un bouchon, pour frotter, etc. Au fig. *S'emmouchouna*. Se blottir dans le lit. Voyez S'AMOULOUNA.

EMMOUROUNA. v. a. Ameuloner. Mettre en meule de blé, du foin, de la paille, etc.

— Tasser. Mettre des choses en tas, de façon qu'elles occupent moins de place. *Emmourouna de fumié* : tasser du fumier. *Emmourouna lou fen* : Ameuloner le foin. Voyez AMOULOUNA.

EMMOURRAHA. Voyez AMOURRA-YA.

V. EMMOURSI. Voyez AMOUSSA.

V. EMMOURSOIR. Voyez AMOUS-
SOUAR.

B.-A. EMMOUSTOUI. }
V. EMMOUSTOUIRE. } v. a. Poisser. Il est aussi récip. *S'emmoustouï,
m'emmoustouïsse, t'emmoustouïsses,
s'emmoustouïsse, s'emmoustouïssem,
t'emmoustouïras, s'emmoustouïran,
que s'emmoustouïssoun ou s'emmous-
touïroun*, etc. Salir de moût. Se salir les mains, le visage ou les vêtemens de moût des raisins. *Visaqi
emmoustouï* : figure, visage poissé.
En vendumian l'on s'emmoustouï :
en faisant la vendange l'on se salit
de moût, ou l'on se poisse.

EMMOUTASSI. v. n. Engrumeler.
Former des grumeaux. On le dit de
la farine, du plâtre et de toute matière pulvérisée, qui, n'ayant pas été
bien délayée dans un liquide, se met
comme en petites pelotes. Voyez GA-
THIOUN.

EMMURAIHA. v. a. Clore. Entourer de murs. — Murer. Boucher. Fermer avec de la maçonnerie. *A fach
emmuraiha soun jhardin* : il a fait
clore son jardin d'un mur.

EMPACHA. v. a. Empêcher Apporter de l'obstacle. *Poudes pas l'empa-
chu* : vous ne pouvez l'empêcher.

EMPACHA. v. a. Embrouiller. Embarrasser. Engager. Empêtrer. Entremêler. Il est aussi réciproque. *Escagno empachado* : écheveau embrouillé. *Empacha la claou dins la sarraiho* : engager la clé dans la serrure. *Chivaou empacha* : cheval empêtré. *Ave leis mans empachados* :
avoir les mains embarrassées.

EMPACHAMENT. s. m. Empêchement. Obstacle. Opposition.

EMPACHI. s. m. Embarras. Obstacle. Empêchement.

EMPACHIOU, IOUVO. adj. Embarrassant, embarrassante. *Moble empachiou* : meuble embarrassant.

EMPACHOURLOUX, OUÉ. adj. Difficile. Embrouillé. *Mots empachourloux* : mots difficiles à retenir. *Questien empachourloux* : question embarrassante et difficile à résoudre. *Affaire empachourloux* : affaire embrouillée.

EMPAIHA. v. a. Empailler. Garnir,
remplir, envelopper de paille. Au

20

figuré. Congédier quelqu'un, le renvoyer. Il est plaisant et familier. *S'es
pas ce que faou, empaiho-lou* : s'il
n'est pas tel qu'il doit être, renvoie-
le.

EMPAOUMA. v. a. Souffleter. Donner des soufflets à pleine main.

EMPAPOULA. v. n. Empiffrer. Faire
manger excessivement. On le dit
presqu'exclusivement des enfans. Au
figuré. Repaître. Amuser quelqu'un
en flattant sa vanité ou en nourrissant faussement son espoir.

EMPAREISSOUNA. v. a. Echalasser.
Garnir une vigne d'échalas. Accoler
la vigne à l'échalas.

EMPASSA. v. a. Avaler. Faire passer par le gosier dans l'estomac quelque aliment ou autre chose. On dit
famil. d'un aliment ragoûtant et de
peu de consistance. *Qu'es d'csquicho
empacho* : que c'est du blanc-manger. Lorsqu'on parle de quelque chose
à manger, et que la manière dont
on en parle excite une espèce d'envie dans celui qui écoute, on dit
que *N'en empasso la salivo* : que l'eau
lui en vient à la bouche.

EMPASTA. v. a. Empâter. Remplir
de pâte. *S'empasta leis mans* : s'empâter les mains.

EMPASTA. Terme de moulin à farine. Engrapper. On dit que les pierres du moulin sont engrappées, lorsque le grain que l'on met dans la
trémie, étant trop humide, elles en
sont empâtées.

EMPATA. v. a. Mettre un appareil.
Couvrir de linge. Il se dit populairement d'un membre blessé. *Dets
empatas* : doigts en poupée. *Ave la
man empatàdo* : avoir un appareil à
la main, y avoir une poupée.

EMPEBRA. v. a. Poivrer. Mettre du
poivre. Au fig. *S'empebra*. Prendre
du mal, de la vermine.

B.-R. EMPECOUYA', ADO. part. et
adj. Accouplé, ée. On le dit d'un
chien et d'une chienne lorsqu'après
l'accouplement ils restent pris l'un
contre l'autre.

EMPEDI. v. a. Embâter. Charger
quelqu'un d'une chose qui l'incommode. Voyez EMBARATA.

— Ennuyer. Lasser. Fatiguer. Voyez EMBETA. EMBOUNI.

EMPEDI, IDO. adj. Embarrassé.
Irrésolu. Indécis.

EMPEGA. v. a. Poisser. Enduire
de poix, de glu, de colle, d'empois, etc, de manière que deux
ou plusieurs choses se prennent ensemble. Il est aussi récip. *S'empega
leis dets* S'EMPEGA. Au fig. Se
Soûler de vin. S'enivrer. *Tous leis
jours s'empego :* il se soûle tous les
jours.

EMPEGA, ADO. part. Poissé. Collé,
éc. Pris par quelque matière gluante
comme la poix. *Dets empegas :* doigts
collés. *Chins empegas :* chiens accou-
plés. Voyez ARRAPA. EMPECOUYA.
— Adj. Soûl, soûle. Pris de vin.
Es empega : il est soûl. Il est populaire.

EMPEGNA. v. a. Attiser. Voyez EM-
PURA.

EMPEGNAIRE. s. m. Brouillon. Provocateur de querelle. Voyez EMPU-
RADOU.

EMPEGNE. v. a. Fermer à demi.
On le dit des portes et des fenêtres
qu'on ne veut pas fermer entièrement. *Farmes pas la pouerto tout
à fet, fases que l'empegne :* ne fer-
mez pas entièrement la porte, mais
qu'elle soit entr'ouverte.
— Attiser. Voyez EMPURA dans
tous ses sens.

EMPENC, ENCHO. part. et adj. En-
trebaillé, ée. A demi fermé, ée.
Entr'ouvert, erte. — Attisé. Rapproché du feu. *Pouerto empencho :* porte entr'ouverte. *Gaveou empenc ou empegna :* javelle de sarment attisée.
Voyez EMPURA.

B.-A. EMPEGOUIRI. (S') }
V. EMPEGOUIRE. (S') } v. récip.
S'engluer. Se poisser. Se salir de
poix, de glu, de moût ou de toute
autre matière gluante.

EMPEIRA. v. a. Garnir de pierres.
Empeira un pous : revêtir de pierres le dedans d'un puits.

EMPÈRI. Voyez AMPÈRI.

EMPES. s. m. Empois. Espèce de
colle faite avec de l'amidon. On donne
aussi le nom d'*Empes* à l'amidon
même.

EMPESA. v. a. Empeser. Donner
un certain apprêt au linge avec de
l'empois. On dit d'une personne que
semblo empesadu : qu'elle semble em-
pesée, lorsqu'elle marche d'une manière roide, composée et comme
d'une seule pièce.

EMPESTA. v. a. Empester. Infecter. Empuantir. Répandre, communiquer une mauvaise odeur. *Sente
qu'empesto :* il pue comme une charogne.

EMPIÈGNO. s. f. Empeigne. Peau
mince dont on garnit le dessus d'un
soulier. Au figuré. Viande de boucherie qui n'est que de peaux ou de
membranes. Voyez PELEGANTO.
PEYANDRO.

B.-R. EMPIÈLA. }
B.-A. EMPIÈRA. } v. a. Empiler.
Former des piles. Mettre en pile.
Empièla de libres : empiler des li-
vres. *Empièra d'indiennos :* empi-
ler des indiennes.

EMPLASTRA. v. a. Souffleter. Donner des soufflets. Il est famil. et
popul. *Si va fa mai, emplastra-lou :*
s'il récidive, flaquez-lui un bon soufflet.

EMPIGNE. Voyez EMPEGNE.

EMPLASTRA. v. a. Embâter. Charger quelqu'un d'une personne, d'une
chose qui l'incommode. *M'es vengudo emplastra de soun pichoun :* elle
est venue m'embâter de son petit.

EMPLASTRA (S'). v. récip. S'empê-
ter. Se mettre de la pâte ou de toute
autre chose qui s'attache aux pieds ou
aux mains, ainsi que fait un emplâtre. *S'emplastra leis pès :* se salir
les pieds de matière fécale.

EMPLASTRE. s. m. Emplâtre. Morceau de linge ou de peau sur lequel
on a étendu du baume, de l'onguent,
pour l'appliquer sur une partie malade ou affligée. Au figuré, soufflet.
Coup du revers de la main sur
la joue. *Flanqua-li un bouen emplastre :* appliquez-lui un bon
soufflet.

EMPLASTRE. Terme de mépris qui
se dit figurément d'une personne incommode qui importune, et d'un
stupide qui n'est bon à rien. *Es mai
aqui aquel emplastre ?* Quoi! cet
emplâtre est encore-là ?

EMPLEGA. v. a. Employer. *Emple-
gui, emplegues, emplego, emplegam,
emplegas, emplegoun, emplegarai,
emplegaras, emplegara, emplegarem,
emplegares, emplegaran, empleguer,*

empleguéres, empleguet, empleguériam, emplegaerias, empleguéroun, qu'em- pléguessi, qu'empléguesses, qu'emplé- guesso, qu'aguessi emplega, emplé- gariou, emplégo. Mettre en usage. — Donner de l'emploi, du travail, de l'occupation à un homme. *Emplé- ga lou vert et lou sec per survéni* : faire l'impossible, mettre tout en œu- vre pour parvenir.

EMPLEGA (S'). v. récip. S'employer. S'occuper. Se rendre utile. *S'emplé- go voulountier per rendre servíci* : il s'emploie avec plaisir lorsqu'il s'a- git d'obliger quelqu'un.

EMPLEGA. s. m. Douanier. Celui qui est employé dans les douanes. *Pren gardo eis emplegas* : donne-toi de garde des douaniers.

EMPLI. v. a. Remplir. Emplir. Ren- dre plein.

EMPLOUMBA. v. a. Terme de ma- rine. Episser. Entrelacer une corde avec une autre.

EMPLOUMBADURO. s. f. Terme de marine. Epissure. Entrelassement de deux bouts de corde.

EMPLUMA. v. a. Emplumer. Gar- nir de plumes.

EMPLUMACHA. v. a. Empanacher. Garnir d'un panache.

EMPOOUMA. Voyez EMPAOUMA.

EMPOOUTA. v. a. Jeter. Entraîner, plonger dans l'eau, dans la boue, etc. Il est vieux et presque hors d'u- sage.

EMPOOUVA. Voyez POOUVA.

EMPOUCHA. v. a. Empocher. Met- tre en poche.

EMPOUCHINA. v. a. et récip. Griser. Se griser. Boire jusqu'à s'enivrer. *S'empouchino caouquo fes* : il se grise assez souvent.

EMPOUGNA. v. a. Empoigner. Pren- dre, tenir avec le poing.

EMPOUGNA (S'). v. récip. S'empoi- gner. En venir aux mains pour se battre. *S'empougneriam et n'in dou- neris tè n'en voués* : nous nous prî- mes aux mains et je lui en donnai tiens en voilà.

EMPOUISOUNA. } v. a. Empoi- EMPOUYOUNA. } sonner. Donner du poison pour faire mourir. On dit d'une chose qui pue extrêmement *Que sente qu'empoui-*

souno : qu'elle pue à faire rendre l'ame.

EMPOUISOUNAMENT. } s. m. Em- EMPOUYOUNAMENT. } poisonnement.

EMPUNEISI. v. a. et récip. Empu- naisir. Garnir, infecter de punaises. *Liech empuneisi* : lit plein de pu- naises. *S'empuneisi* : s'infecter de punaises.

EMPURA. v. a. Attiser. Rappro- cher le bois, les tisons qui sont au feu pour les faire mieux brûler. *Em- pura lou gaveou* : attiser, rappro- cher le sarment du foyer. Au fig. Exciter, pousser, engager fortement quelqu'un à faire ou à dire quelque chose. Voyez EMPEGNA.

EMPURADOU. } s. de t. genre. At- EMPURAIRE. } tiseur. Celui qui attise le bois du feu. Au figuré. Celui, celle qui excite, qui engage quelqu'un à faire une chose soit en bien soit en mal. On dit proverb. et figurément. *Bouen empuradou fa manjha malaou* : hom- me persuasif décide un obstiné.

EN-AMOUREN. Voyez AMOUREN.

EN-AOUBRA. S'EN-AOUBRA. v. ré- cip. Se percher sur un arbre. On le dit des oiseaux, et par extension des personnes.

EN-AOURA. v. a. Voler. Prendre l'essor. S'élever dans l'air. Il est aussi récip. S'en-aoura. S'envoler. S'enfuir en volant.

B.-A. EN-AOURA, ADO. adj. Ter- me d'agriculture et d'économie ru- rale. Exhaussé, ée. Tout en l'air. Bouffant, bouffante. On le dit d'un tas de paille, de foin, de feuillages secs, etc., qui, n'étant ni resserré, ni comprimé, se tient comme en l'air, et donne beaucoup de volume. C'est l'opposé d'affaissé *(esquicha)*. *Mou- loun de fen en-aoura* : tas de foin, qui, n'étant pas pressé, paraît beau- coup. *Après la nègeo la terro es en- aourado* : après la fonte des neige, la terre pénétrée, s'exhausse, se bouffe. Voyez COUFANOUX.

EN-ANA. Voyez ANA.

ENARQUA. v. a. et récip. Voûter. Se voûter. Se courber. On le dit des vieillards et de tout ce qui, de lui même ou par impulsion, s'exhausse et prend la forme d'un arc ou d'une voûte. *Lou cat s'enarquavo* : le chat se voûtait.

ENARQUIHA. v. n. Elever. Percher. Exhausser. Mettre, placer sur une élévation. Il ne s'emploie guères qu'au participe. *Soun houstaou es un abord enarquiha* : sa maison est très-haut perchée.

ÉNARQUIHA (S'). v. récip. Se percher. Se relever sur ses pieds.

— Se rengorger. Exhausser sa taille pour avoir meilleur air. *Regardas un paou coumo s'enarquiho* : voyez un peu comme elle se rengorge.

ENARQUIHA, ADO. part. et adj. Exhaussé. Elevé. Perché. — Hérissé. *Casteou enarquiha* : château élevé. *Chevur enarquihas* : cheveux hérissés.

ENAVAN. s. m. Vigueur. Activité. C'est l'opposé d'indolence. *Fleou, que n'a ges d'enavan* : mou, indolent qui n'est bon à rien. *Avé d'enavan* : être actif, vigoureux. *Senso enavan* : sans force ni vigueur.

ENCA. \
ENCAI. / adverbe. De deçà. Par

deçà. Devers nous. De notre côté. *Vira-vous ença* : Tournez-vous, rengez-vous par ici. *Des-aro-ença* : dorénavant, désormais, à l'avenir. *Desaro-ença foou viouro différemment* : dorénavant il faut changer de conduite.

ENCA. adv. de temps. Encore. De nouveau. De plus. Du moins. *Es p'anca vengu* : il n'est pas encore venu. C'est une abréviation d'*Encaro*. Voyez ENCARO.

ENCABANA. v. a. Terme de sérodocimasie ou de magnaguier. Ramer. Former avec des rameaux de bruyère, de thym ou d'autres arbustes, des espèces de berceaux nommés *cabanas* où les vers-à-soie vontse placer pour faire leur cocon. *Quouro encabanas?* Quand ramez-vous vos vers-à-soie ?

ENCABANA, ADO. adj. Couvert. Sombre. Obscur. On le dit du temps lorsqu'il s'obscurcit par des nuages. *Lou temps es encabana* : le temps est couvert. On dit aussi que *la luno es encabanado* : que la lune se couvre, pour dire, que les nuages la cachent, la couvrent.

ENCABRA (S'). v. récip. S'enchevêtrer.

On le dit au propre d'un cheval qui s'engage le pied dans la longe de son licou. Au figuré. Se cabrer. Se roidir contre quelqu'un. S'emporter de dépit ou de colère.

ENCADEISSA. v. a. Terme de tisserand. Encoller. Mettre le chas à une toile. Voyez CADAI.

ENCADENA. v. a. Enchaîner. Lier, attacher avec une chaîne.

ENCAFOURNA. v. a. et récip. Cacher dans un trou. Se tapir dans un recoin, dans un trou, une cachette, etc. *Ounte s'èro ana encafourna*: où avait-il été se tapir, se cacher. Voyez CAFORNO.

ENCAGNA. v. n. Courroucer. Irriter. *Temps encagna* : temps courroucé. *Gens encagnas* : personnes fâchées, irritées. *Febre encagnado* : Fièvre ardente et continue. Il est aussi récip. *S'encagna* : s'irriter, se courroucer. *Trôno, lou temps s'encagno* : il tonne, le temps se courrouce.

— S'acharner. S'attacher. Se livrer avec opiniâtreté à quelque chose. *S'es encagna oou juech, degun pou l'en derrança* : il s'est acharné au jeu, personne ne peut l'en arracher. *S'encagna oou travai* : S'acharner au travail. *S'encagna à la gourrinarié* : se livrer, s'adonner à la cagnardise, à l'oisiveté.

ENCALA. v. n. Embarrassé. Engagé dans la boue, le sable, un fossé, une ornière, de manière à ne pouvoir plus avancer. *Carreto encalado* : charrette engagée dans un trou, une ornière, etc. Il est aussi réciproque. *Soun equipagi restet encala*: son équipage demeura engagé dans... Voyez ENGRAVA.

ENCAMBA. v. a. Enjamber. Etendre les jambes plus qu'à l'ordinaire pour passer au-dessus ou au delà de quelque chose. *Encamba lou valat* : enjamber le ruisseau. *Encamba un chivaou* : enjamber un cheval, s'y asseoir dessus, jambe deçà, jambe de là. Voyez ACAMBA.

ENCAMBADO. s. f. Enjambée. L'espace qu'on enjambe. L'action qu'on fait pour enjamber. Voyez CAMBADO.

ENCAMBA, ADO. adj. Haut enjambé, qui a les jambes extrêmement

longues. M. J.-T. Gros a dit de l'a-
raignée.

L'encambado et negro Arachné,
Sus un noumbre redoun qu'embrassavo uno vigno,
Venguet fiela sa tarragno,
Et l'ourrougnet en quatre en façu de soun traat,
Aquite en sentinello, oou cagnard, en tepaou,
Madamisello s'oourcapavo,
Taou qu'oautrefes un ampereour,
A casta eis mouscos tout lou jour.

ENCAMBARLA. Voyez ESCAMBAR-
LA.

ENCANAIIIA(S'). v. récip. S'encanail-
ler. S'allier, vivre, avoir commerce
avec de la canaille.

ENCANTA. v. a. Vendre aux enchè-
res. Faire un encan. Mettre à l'encan.

V. **ENCANTUNA.** Voyez BISCA.

ENCAOUVO. s. f. Cause. Sujet. Il
n'a d'usage que dans cette façon de
parler. *N'en siou pas l'encaouvo* : je
n'en suis pas la cause. *N'en es l'encaouvo* : il en est la cause.

ENCAP. s. m. Terme de faucheur.
Tas. Sorte de petite enclume en fer
sur laquelle les faucheurs rebattent
avec un marteau la lame d'une faulx
pour en réparer le tranchant.

ENCAP. s. m. Terme de meunier.
Marteau avec lequel ils rebattent la
meule.

ENCAPA. v. a. Tailler. Rebattre la
faulx, en affiler le tranchant sur l'enclume (*encas*). Au fig. Faire un
choix. Rencontrer. *Per aquesto fes a
ben maou encapa* : pour cette fois il
a bien mal rencontré. *Soun fiou s'es
marida, a ben encapa* : son fils s'est
marié, il a bien rencontré.

ENCAPA. v. a. Terme de meunier.
Tailler. Rebattre la meule. Les surfaces de la meule d'un moulin qui
broie le blé étant raboteuses, ont besoin
de temps en temps d'être rebattues,
parce qu'en s'usant, ces surfaces deviennent unies, et dans cet état,
elles ne font plus qu'écraser ou aplatir le grain au lieu de le broyer.

ENCAPARRA. v. a. Accaparer. Faire
amas d'une denrée, d'une marchandise que l'on présume devoir augmenter ou devenir rare, afin de la
vendre plus cher.

ENCAPARRUR, USO. s. Accapareur,
euse. Celui ou celle qui accapare.

ENCAPELA. v. a. Terme de marine.
Capeler.

ENCARA, **ADO.** adj. Mine. Air du
visage. Abord. On ne l'emploie qu'avec
les adverbes. *Ben* et *maou*, et alors
il est adj. et substantif. *Maou encara:*
inquiet. Bourru. Réchigné, de mauvaise humeur. *Ben encara*: Aimable.
D'un abord agréable. D'un visage
riant, etc. On dit que le temps *Es
maou encara* : qu'il a mauvaise mine,
lorsque sombre ou brumeux, il annonce l'orage ou se met au froid.

ENCARO. adv. de temps. Encore.
Voyez ENCA.

B.-A. **ENCARTA.** v. a. Gommer.
Apprêter. Cylindrer. Donner de l'apprêt
avec de la gomme, de la colle ou
par le moyen du cylindre. Le mot
Encarta veut dire, roide, apprêté,
cylindré comme une carte à jouer.
Mousselino encartado : mousseline
gommée. *Estoffo encartado* : étoffe
roide de l'apprêt. Il est pop.

ENCAS. Voyez ENCAP.

B.-A. **ENCAVALA.** v. a. Terme de
foulaison des grains. Former le tas
de la grosse paille appelé *Cavalet.*
Voyez CAVALET.

V. **ENCAVALA(S').** {
V. **ENCAVAOUCA.** } v. a. et récip.
Enjamber. Acalifourchonner sur un
cheval. Voyez ACAMBA.

ENCEN. s. m. Absinthe. Aluyne.
Plante médicinale très-amère, dont
on fait un extrait qui a beaucoup
de vertu.

ENCEN (*gros*). s. m. Petits cyprès.
Garderobe. Plante.

B.-R. **ENCHAOURRE.** }
V. **ENCHAOUTA.** }
B.-A. **ENCHAOUVA.** } v. récip. Se
ENCHAOUVIA. }
soucier. Avoir envie. Il n'a d'usage
que dans cette façon de parler, *Me
n'en chaou pas* : je ne m'en soucie
pas. Dans le vieux langage français
on disait aussi dans le même sens :
il ne m'en chaut pas.

ENCHASSO. Voyez CHASSO. Terme
de cordier.

ENCHUSCLA. Voyez ENCOUGOURDA
et ENJUSCLA.

ENCIA. v. a. Envier. Jalouser les
biens, les honneurs, etc., d'autrui.
Il est vieux.

ENCIÈ. s. f. Envie. Jalousie. Déplaisir du bien, des avantages d'autrui.
Il est vieux.

ENCLAOU. s. m. Clos. Espace de

terrain cultivé et fermé de murailles ou d'une haie vive.

ENCLAOURE. ENCLAOUVA. } v. a. Clore. Enfermer. Entourer, environner de murailles, de haies, de fossés, etc., un champ, un jardin, etc. Voyez **ENCLÀOU.**

ENCLAOURE. ENCLAOUVA. } Terme de fermier et de berger. Clore. Enfermer le troupeau, le menu bétail. *Ana enclaoure:* aller faire rentrer le troupeau. Au fig. *S'ana enclaoure:* rentrer chez soi. *Es nuech s'anan enclaoure:* voici la nuit nous allons rentrer.

V. **ENCLAOUVA.** v. n. Nouer l'éguillette. Voyez EMBARNA.

ENCLASTRE. s. m. Porte-tringle. Cadre d'un ciel de lit auquel sont attachées les tringles qui supportent les rideaux.

ENCLAVA. v. a. Enclouer. Piquer un cheval avec un clou en le ferrant.
— Enclaver. Enfermer. Enclore une chose dans une autre.

ENCLOUTI. v. a. Bossuer. Faire des bosses. On ne le dit que des bosses que l'on fait à certains ustensiles et à la vaisselle, en les laissant tomber ou en leur donnant quelque choc. *Enclouti un peiroou, uno bassino:* bossuer un chaudron, une bassine.

ENCLOUTI, IDO. part. Bossué, bossuée. *Dourgho encloutido:* cruche bossuée.

ENCLUMI. s. m. Enclume. Masse de fer sur laquelle les forgerons battent le fer.

B.-A. **ENCO.** prép. Chez. Parmi. *Enco de moussu taou:* chez monsieur un tel.

ENCO. adv. Lorsque. Quand. *Enco li sian:* quand nous y serons. *Parlara s'enco es tems:* il parlera lorsqu'il en sera temps.

ENCOOUNA (S'). v. récip. Se clapir. On le dit au propre des lapins. S'enfoncer dans un trou, dans un clapier, dans quelque creux. Voyez CAOUNO.

ENCOOUNA (S'). Au fig. et parlant des personnes. S'enfoncer. Pénétrer avant dans un défilé, dans un lieu qui n'a point d'issue. — S'enfermer dans un appartement pour y rester seul, ou pour y faire compagnie à quelqu'un pendant assez longtemps.

V. **ENCOUAS.** Voyez ANCOUES.

ENCOUBLA. v. a. Terme de jardinier. Tresser. Cordonner en tresses, des ognons ou des aulx pour en former des rangées. *Encoubla de cebo:* tresser des ognons. Voyez COUBLE.

ENCOUBLOS. s. f. Entraves. Ce qui sert à lier les jambes d'un cheval.

ENCOUCA. v. a. Assoupir. Enivrer le poisson d'un lac, d'une rivière, avec de la coque du Levant, afin de le prendre avec plus de facilité.

ENCOUES. Voyez ANCOUES.

ENCOUFFA. v. a. Emplir une manne. (*Uno couffo*). Mettre dans une manne.

ENCOUFFINA. v. a. Encabasser. Remplir des cabas, mettre dans des cabas (*couffin*).

ENCOUFFRA. v. a. Encoffrer. Mettre, enfermer dans un coffre. Au fig. Emprisonner. *En arribant l'encouffreroun:* en arrivant on l'encoffra.

ENCOUGOURDA. v. a. et récip. S'encougourda. Se griser. Se soûler. S'enivrer. Il est fam. et populaire. *L'an fach encougourda:* on l'a fait griser. *S'encougourderoun:* ils se soûlèrent. La signification d'*Encougourda* veut dire devenir gourde ou courge, et comme les courges pour grossir ont besoin d'être souvent arrosées, on a donné ce nom (*d'encougourda*) à un ivrogne, parce qu'il ne peut devenir tel qu'en bien buvant comme les courgiers.

ENCQULO. s. f. Contre-fort. Terme de maçon.

ENCOUMBRA. v. a. Encombrer. Embarrasser une rue, un passage, etc. *Encoumbra lou camin:* encombrer le chemin.

ENCOUMBRA (S'). v. récip. Heurter. Choquer. Toucher. Rencontrer rudement. Il se dit au propre comme au figuré. *Mi siou encoumbra à n'uno peiro:* j'ai heurté contre une pierre. On dit d'une personne susceptible, *Tout l'encoumbro:* tout le choque, un rien l'irrite.

ENCOUMBRI. s. m. Encombre. Embarras. Empêchement. Contrariété.
— Choc. Heurt. Entrave. Contrariété. *Partout l'y a d'encoumbri:* il y a des obstacles à tout. *Agueroun foucsso encoumbri:* ils eurent bien de l'em-

barras, ils éprouvèrent bien des contrariétés.

ENCOUNTRADO. s. f. Contrée. Région. Arrondissement. Certaine étendue de pays. *Es de l'encountrado :* il est des environs.

ENCOURCHI. Voyez ESCOURCHI.

ENCOURDA. ⎫
ENCOURDEJHA. ⎬ v. a. Corder. Lier
ENCOURDETA. ⎭
avec une corde. — Tordre. Tortiller. Former à la façon d'une corde.

ENCOUROUGNA. v. n. Garnir la quenouille. Mettre, arranger sur la quenouille, le chanvre, la laine ou le lin que l'on veut filer.

ENCOURTINA. Voyez ESCOURTINA.

ENCRASSOUHI. v. a. Salir. Remplir de crasse. Il est aussi récip. *S'encrassouhi :* Se salir de crasse.

ENCRASSOUHI, IDO. ⎫
V. ENCRASSOUIRE, OUIRO. ⎬ part.
et adj. Sali, salie. Crasseux, crasseuse. Rempli de crasse.

ENCRE, ENCRO. adj. Obscur. Foncé. Brun, brune. *Lou temps es ben encre :* le temps est obscur. *Coulour encro :* couleur foncée.

ENCRÉIRE. v. n. Accroire. Faire croire ce qui n'est pas. *Es pas difficile de l'y va faire encréire :* il n'est pas difficile de le lui faire accroire.

ENCROUCA. v. a. Accrocher. Attacher. Suspendre à un clou, à un crochet.

— Au fig. Attraper par adresse.

ENCROUCA (S'). v. récip. S'attacher. S'accrocher à quelque chose. Voyez ARRAPA.

ENCROUTA. v. a. ENCAVER. Mettre en cave. Il est peu usité.

B.-A. ENCRUNCEOU. Voyez ARESCLE.

B.-A. ENCUI. adv. de temps. Aujourd'hui. Voyez V'HUI.

ENDAI. ⎫
ENDAN. ⎬ s. m. Andain. Étendue
ENDANO. ⎭
et quantité de foin ou de blé, que coupe un faucheur à chaque pas qu'il avance.

ENDAMEISELLI, IDO. adj. Paré. Mis, approprié comme un damoiseau, comme une demoiselle. Voyez DAMEISELLI.

EN-DARNIÉ. adv. A l'arrière saison. Sur la fin, à la fin. *Leis rasins soun*

mihoux d'en-darnié qu'oou coummençamen : les raisins de l'arrière saison sont les meilleurs. *Aro d'en-darnié degun n'en voou plus :* maintenant que la saison est avancée personne n'en veut.

ENDARREIRA, ADO. part. et adj. Retardé, ée. Resté, demeuré en arrière. *Si sian endarreiras :* nous sommes demeuré en retard. *Leis semencos soun endarreirados :* les semences sont en retard. *Faouto de temps v'aven tout leisa endarreira :* par manque de temps nous avons tout laissé en arrière.

ENDEISSA. v. a. Terme de faucheur. Arranger. Former les andain. Amener régulièrement avec la faulx le foin que l'on coupe à chaque andain.

ENDEOUTA (S'). v. récip. S'endetter. Faire, contracter des dettes. Emprunter de l'argent.

ENDÉS. s. m. Trépied à queue. Instrument de cuisine haut, d'environ 2 pans, et servant à soutenir la poêle sur le feu.

ENDIANO. s. f. Indienne. Toile de coton imprimée, dont on fait d'habillement de femme. *Raoubo d'endiano :* robe d'indienne.

ENDOULENTI, IDO. adj. Souffrant. Douloureux. Affligé. Dolent. Triste. Plaintif.

ENDOURMI. v. n. et récip. Endormir. S'endormir. Faire dormir.

— Engourdir. Endormir une partie du corps, en sorte qu'elle soit sans mouvement et sans sentiment. *Pè endourmi :* pied engourdi.

ENDRAIHA. v. a. Mettre en voie. Acheminer. Diriger quelqu'un dans sa route. Il est populaire et se dit au propre comme au fig.

ENDRAYA (S'). v. récip. S'acheminer. Se mettre en marche. Enfiler un sentier. Se mettre en voie. S'introduire. Se diriger. *A sachu s'endraya :* il a su s'introduire, s'acheminer, etc.

ENDRECH. s. m. Endroit. Lieu. Place. Pays. *L'endrech que l'y avien marqua :* l'endroit qu'on lui avait désigné : *V'aqui l'endrech ounte l'an mes :* voilà le lieu où on l'a placé. *Manosquo es un bouen endrech :* Manosque est un bon pays.

— Partie. Côté. Endroit le plus beau d'une étoffe qui est opposé à l'envers.

Plega de l'endrech : plier de l'endroit, c'est mettre en dehors le beau côté d'une étoffe pour qu'on la voit sans la déplier.

B.-A. ENDRUDI. v. a. Terme d'ag. Engraisser. Bonifier par des engrais. On le dit des terres et par extension des plantes, des hommes et des animaux. *Leis plantos s'endrudivan* : les plantes croîtront et deviendront très-belles. *Es a uno boueno crupi, s'endrudira* : il est à une bonne table, il s'engraissera. Voyez DRU. DRUDOU.

ENDUMIA. Voyez VENDUMIA.

ENDURCI. v. récip. Se durcir. Devenir dur. *A forço de couire leis uaux s'endurcissoun* : les œufs qui cuisent trop longtemps se durcissent.

ENDURMI. Voyez ENDOURMI.

ENEMBRA. Voyez RENEMBRA.

ENEQUELI, IDO. adj. Faible. Sans force, sans vigueur. Tombé dans l'inanition par manque de nourriture.

B.-R. ENEQUELIMENT. ⎰
B.-A. ENEQUERIMENT. ⎱ s. f. Inanition. Faiblesse causée par défaut de nourriture.

B.-A. ENESBEOURE. Voyez EMBEOURE.

ENFAGOUTA. Voyez ENFARIGOUTA.

ENFANGA. v. a. et récip. Embourber. S'embourber. Se mettre dans la boue, dans un bourbier. Au fig. *S'enfanga leis dents* : mordre, enfoncer les dents dans quelque pièce de viande cuite. En ce sens il est familier et populaire.

ENFANT. s. m. Enfant. Fils ou fille, etc. On dit prov. *Enfant venent, enfant tournent* : nous naissons enfant et nous mourons enfant.

ENFANTAS. s. m. Augmentatif. Enfant gros et joufflu.

ENFANTET. s. m. diminutif. Petit enfant.

ENFANTISO. s. f. Puérilité. Enfantillage. Discours, manière, action qui ne convient qu'à un enfant. *Fai que d'enfantisos* : il se conduit toujours comme le ferait un jeune enfant.

ENFANTOUN. s. m. Jeune enfant. Au fig. Celui, qui, comme les enfans, s'amuse à des niaiseries, à des puérilités.

ENFANTOUIJE, IÈRO. adj. Puéril, puérile. Qui aime et joue volontiers avec les enfans.

B.-R. ENFARIGOUTA. ⎰
B.-A. ENFARIGOUTIA. ⎱ v. a. Fagoter. Mettre en mauvais ordre. Tortiller. Rouler dans une enveloppe, dans des habillemens, etc., à la manière d'un fagot. Emmitoufler.

— Engoncer. S'habiller d'une manière maussade, qui donne un air gauche, contraint, qui fasse paraître le cou enfoncé dans les épaules. Il est populaire. *Maou enfagouta* : mal fagoté, mal arrangé. *Aquelo fremo s'enfarigoutiè ben maou* : cette femme se fagote toujours mal.

ENFARINA. v. a. Enfariner. Poudrer de farine. *Enfarina lou pèi* : enfariner le poisson.

ENFARINA. adj. m. Enfariné. Entiché de quelque erreur, de quelque nouvelle opinion. *Es un deis enfarinas* : c'est un des entichés, etc.

ENFARINADOUIRO. Voyez FARINIÈRO.

ENFARMA. v. a. Enfermer. Mettre quelqu'un ou quelque chose dans un lieu qui ferme. Au fig. *Faire enfarma caouqu'un* : faire enfermer quelqu'un, c'est le faire mettre dans une maison de correction ou dans un hôpital de fous. *Senti l'enfarma* : sentir le rélent. Voyez ESCOOUFI. ESTU.

ENFARROUIIIA. v. récip. S'embarrasser. Se mettre dans l'embarras.

ENFARROUIIIA (S'). v. récip. S'engager dans de mauvaises affaires.

— Contracter des obligations qu'on aura de la peine à tenir.

— Prêter de l'argent, livrer de la marchandise à un mauvais débiteur.

— Se charger d'une marchandise ou de quelque chose dont il ne sera pas facile de se défaire. Voyez EMBARATA.

ENFEISSA. v. a. Fagoter. Mettre en fagot. Au fig. Emclopper d'une sangle, d'une bande, d'un linge, etc., d'une manière très-serrée et comme l'on ferait d'un fagot. *Semblo enfeissa* : il semble être fagoté. *Estaca-li sa maihotto, mai l'enfeisses pas* : liez-lui sa sangle, mais ne le fagottez pas.

ENFEISSADURO. s. f. Fagotage. Arrangement. Liure d'un fagot. Voyez ENJHOUMBIADURO.

ENFENIÈRA. v. a. Renfermer. Mettre le foin, la paille, le fourrage, etc., dans le fénil ou dans le grenier.

Engranger. Mettre, placer le foin, etc., dans la grange. *Lou fen es p'anca enfenieira* : le foin n'est pas encore renfermé.

ENFESTOULIA. v. n. et récip. S'endimancher. Orner. Parer. Ajuster comme un jour de fête. Il est fam. *Soun tous enfestoulias* : ils sont tous parés comme un jour de fête.

ENFETA. v. a. Ennuyer. Lasser. Importuner. *M'as enfeta* : tu m'ennuyes.

ENFETAIRE.
ENFETARELLO. } adj. et quelquefois subs. Importun, une. Ennuyeux, euse.

ENFETANT. adj. m. Ennuyant. Qui ennuye, qui lasse, qui fatigue et importune.

ENFIÈLAGNA. v. a. Enfiler. Passer du fil dans certains fruits, tels que figues, cormes, poires, etc., pour les pouvoir suspendre facilement en un lieu où elles puissent sécher. *Enfièlagna de figuos* : enfiler des figues. *Leis figuos enfièlagnados si secoun miou et soun mihouè* : les figues enfilées sèchent mieux et en sont meilleures.

ENFLA. v. a. Enfler. Remplir de vent ou d'autre chose qui fait excéder la grosseur ordinaire. *Enfla uno boou-figo* : enfler une vessie de pourceau.

ENFLA, ADO. part. Enflé. Boursoufflé, ée.

B.-A. ENFLANCADO. s. f. Algarade. Bourrasque. Reproches violens. Il est familier et populaire. *Ave leis enflancados* : avoir les reproches. *Recebre leis enflancados* : essuyer la bourrasque d'une personne irritée.

ENFOUIRA. Voyez ESFOUIRA.

ENFOUNCA. v. a. Enfoncer. Pousser vers le fond, aller au fond. Il est aussi récip. *S'enfounça leis peds dins la fango* : s'enfoncer les pieds dans la boue. Au fig. *Enfounça coouqu'un* : donner une baie à quelqu'un, lui faire accroire quelque chose pour s'en amuser.

ENFOURNA. v. a. Enfourner. Mettre le pain dans le four pour le faire cuire. Au fig. Remplir ses coffres, son ventre, ses poches, etc.

ENFRAGANA. Voyez EMPESTA.

ENFREJHOULI, IDO. }
ENFREJHOULIA, ADO. } adj. Frileux, frileuse. Saisi par le froid.

24

Transi de froid. *Siou tout enfrejhouli* : je suis tout frileux. *S'es enfrejhoulido* : le froid l'a saisie.

ENFRE. prépos. Entre. Au milieu. Parmi. Elle n'a d'usage que dans cette locution, *Enfre tous* : entre tous. Il est pop.

ENFRENA, ADO. adj. Troublé, ée. Saisi. Agité, ée. *Estre enfrena* : ne savoir ce que l'on dit, ni ce que l'on fait. Il est vieux et presque hors d'usage.

ENFRESQUEIRA. v. a. Terme d'ag. Abreuver. Arroser. Humecter. Donner à la terre l'humidité dont elle a besoin. *La pluyo que fa enfresqueirara coumo faou* : la pluie qui tombe donnera à la terre l'humidité dont elle a besoin. *Là terro es ben enfresqueirado* : La terre est bien humectée, elle a eu la pluie qu'il lui fallait. Voyez FRESQUIÈRO.

ENFRESQUEIRA. v. a. Refroidir. Devenir froid. *Lou temps s'enfresqueiro* : Le temps se met au froid. Voyez REFREJHA.

ENFRETUIRIS, ISSO. s. Usufruitier, ière. Qui a la jouissance des fruits, du revenu d'un héritage dont la possession appartient à un autre. *N'en es qu'enfretuiris* : il n'en est qu'usufruitier.

ENFROUNDA. v. a. Défoncer. Effondrer. Remuer, fouiller profondément des terres pour les ameublir ou les bonifier.

—Faire des tranchées. Ouvrir des fossés pour divers usages, comme pour planter de la vigne et des arbustes; faire écouler les eaux, etc.

ENFROUNDADO. s. f. Tranchée. Ouverture profonde que l'on fait à la terre pour planter de la vigne, etc.

—Terrain où la vigne a été nouvellement plantée.

ENFUGI(S'). v. a. S'enfuir. S'évader. S'écouler, en parlant d'une liqueur, du temps, etc.

ENFUMA. v. a. Enfumer. Noircir par la fumée.

V. ENFUMA LA BUGADO. Voyez EISSAGA.

ENGABELA. Voyez ENGABIOULA.

ENGABIA. v. a. Encager. Mettre en cage. On le dit des oiseaux.

ENGABIOULA. v. a. Encager. Mettre en cage. Il ne s'emploie plus aujourd'hui que dans le sens figuré. Emprisonner, qui est plaisant et fam. *L'an engabioula* : on l'a fourré dedans.

ENGAMA. v. a. Engouer. Embarrasser le passage du gosier.

ENGAMA. (S') v. récip. S'engouer. S'embarrasser le gosier.

—S'enrhumer. *Voix engamado* : voix rauque, voix prise.

ENGAMACHA. Voyez ENGAVACHA.

ENGAMBI. s. m. Détour. Prétexte. Difficulté. Raison spécieuse. Subterfuge. *Trobo toujour caouqu'engambi per si tira d'affaire* : il trouve toujours quelque moyen pour se tirer d'affaire. On lui donne aussi la même signification qu'à *Engano*, comme dans ce prov. *Qu'u a fa la lei a fa l'engambi.* Voyez ENGANO.

ENGANA. v. a. Tromper. Duper. Attraper quelqu'un, lui donner le mauvais lot. *S'es engana* : il s'est attrapé, il a pris du mal.

ENGANA. Terme de nourrice. Donner du mauvais lait à un nourrisson, ce qui arrive lorsque la nourrice devient grosse.

ENGANO. s. f. Ruse. Tromperie. Séduction. On dit prov. *Qu'u a fach la lei a fach l'engáno* : qui a fait la loi a laissé les moyens de l'éluder. C'est ce qui a fait dire à un de nos poëtes.

Il est avec la loi des arcommodemens.

ENGANCHA. v. a. Engager. Embarrasser. *Engancha la claou dins la sarraiho* : engager la clé dans la serrure. Il est aussi réciproque. *S'enganchà dins un bouissoun* : s'embarrasser dans un buisson. S'enchevêtrer. Prendre un engagement dont on ne peut plus se dédire.

ENGARBA. v. a. Engerber. Mettre en gerbes. Lier les gerbes.

ENGARBEIRA. } v. a. Enger-
ENGARBEIROUNA. } ber. Monter. Former un gerbier. Entasser des gerbes les unes sur les autres. *Foou vite engarbeirouna avant que plôougué* : il faut vite monter le gerbier avant qu'il pleuve.

ENGARDA. v. a. Garder. Garantir. Préserver. *Vous engardarez ben de lou touca* : vous vous garderez bien de lui faire le moindre mal.

ENGARDA (.S') v. récip. Se préser-

ver. Se garantir. *S'engarda de lanqui* : se divertir, se distraire, se désennuyer.

ENGAVA. v. a. Engouer. Obstruer le passage du gosier en mangeant trop avidement. Il est aussi récip. *A tant manjha que s es engàva* : il a tant mangé qu'il s'est engoué.

ENGAVACHA. superlatif d'ENGAVA. Très-engoué. Voyez ENGAVA.

ENGAVEISSA. Voyez ENGAVA et ENGAVACHA.

ENGAVELA. v. a. Enjaveler. Mettre des sarmens en javelle. Faire des javelles de sarmens de vignes.

ENGIEN. s. m. Industrie. Vieux mot, qui, dans ce sens, n'a d'usage que dans ce proverbe. *Vaou miou engien que forço en qu'u saou s'en servi* : mieux vaut engin que force à qui sait s'en servir.

ENGIEN. s. m. Engin. Instrument. Machine quelconque à l'aide de laquelle on parvient à faire certains travaux, etc. *Leis engiens d'un canejhaire* : les instrumens d'un arpenteur.

ENGINA. (S') } v. récip. S'ingé-
ENGINIA (S') } nier. Tacher de trouver dans son esprit quelque moyen pour réussir.

—S'intriguer. User de ses moyens industrieux pour gagner, pour parvenir, etc.

ENGINOUX, OUÈ. adj. Industrieux. Ingénieux. Adroit. Inventif. Qui a de l'adresse, de l'industrie, etc.

ENGIVA, ADO. Voyez ENGINOUX et ENGOOUBIA.

ENGIVANO. s. f. Industrie. Biai. Adresse. Dextérité. Voyez GAOUBI.

ENGIVOUX. Voyez ENGINOUX.

ENGOOUBIA, ADO. adj. Adroit. Industrieux. Plein de biais et d'adresse. *Fiho engooubiado* : fille industrieuse et très-adroite.

ENGOOUSSI. v. a. Mêler. Brouiller ensemble. Mettre pêle et mêle. On ne le dit au propre que des cheveux; les disposer de telle sorte qu'on ne puisse les séparer. On le dit par extension de plusieurs autres choses embouillées et entremelées ensemble, et au fig., des affaires, d'un discours, etc.

ENGOOUSSI, IDO. part. Embrouillé, ée. *Chevux engoousis* : cheveux embrouillés. *Testo engooussido* : tête dont les cheveux sont embrouillés. Voyez EMBUYA.

ENGOOUCHI, IDO. adj. Dejetté. Gauche. Voyez FAOUSSA.

ENGOOUTA. v. a. Souffletter. Donner des soufflets. Il est fam.

ENGOOUTA. Terme de chasseur. Mirer. Mettre le fusil en joue.

ENGOUGNA. v. a. Contrefaire. Imiter les manières, le ton de voix d'une personne, dans la vue de la tourner en ridicule et de s'en moquer. On a dit du corbeau que :

L'aze et lou buou l'oousen canta,

S'avisérouu de l'engougna.

ENGOURA. v. a. Engouler. Gober. Avaler tout d'un coup avec la gueule comme fait un chien.

ENGOURGA. v. a. Empiffrer. Faire manger ou boire excessivement quelqu'un, de manière qu'il en ait le passage du gosier comme obstrué. L'an engourga : on l'a empiffré. Il est aussi récip. Se gorger. S'engourga d'aiguo.

ENGOURGA. v. a. }
ENGOURJHA. v. a. } Engorger. Boucher. Obstruer le passage par où les eaux et autres liquides doivent s'écouler.

ENGRANA. v. a. Engrener. Mettre le blé dans la tremie du moulin, pour le moudre. On dit fig. et prov. Qu'u premié es oou moulin premié engrano: qui premier est au moulin, le premier engrène, pour dire, qu'en quelque chose que ce soit, les premiers arrivés sont les premiers servis, ou les premiers placés. Au fig. S'ENGRANA. v. récip. Prendre du mal, prendre des poux, de la vermine, etc.

ENGRAVA. v. a. Engraver. Engager un bâteau dans le sable de manière qu'il ne flotte plus. Il est aussi récip. Lou batcou s'es engrava.

ENGREISSA. v. n. et récip. Engraisser. Devenir gras. S'engraisser. Il est aussi v. a. Faire devenir gras.

— Graisser. Oindre de graisse, de suif. Engreissa leis rodos d'uno carreto, engreissa leis souliers.

ENGRISA(S'). v. a. et récip. Se griser. Boire jusqu'à devenir à demi-ivre. L'an fa engrisa : on l'a fait griser. S'es engrisa : il s'est grisé.

ENGRUMELA. Voyez EMMOUTASSI.

ENGRUNA. v. a. Égrener. Faire sortir les grains de leurs cosses, de leurs épines, etc. Il est aussi récip. S'engruna : S'égrener. Sortir de la cosse. Voyez DEIGRUNA.

ENGUENT. s. m. Onguent. Médicament de substance plutôt molle que dure. On dit prov. et pop. d'une chose qui ne fait ni bien ni mal. Aco es d'enguent de meste Arnaou que fa ni ben ni maou : c'est de l'onguent mitonmitaine. On dit par flatterie d'une personne de petite taille, Que dins leis pichouneis bouitos soun leis bouens enguens : dans les petites boîtes sont les bons onguens.

ENGUENTA. v. a. Tromper. Enjôler. Gourer. L'an enguenta : on l'a gouré. Il est aussi réciproque. S'enguenta : se gourer, s'attraper.

ENGUENTIÉ. s. m. Trompeur. Enjôleur. Goureur. Vendeur d'Orviétan.

ENGUETTA. v. a. et récip. Guêtrer. Se guêtrer. Mettre des guêtres. S'enguettavo : il se guêtrait.

ENGUSA. v. a. Enjôler. Attirer. Tromper par de belles paroles. Il est pop.

ENGUSAIRE. s. m. Terme de mépris. Hâbleur. Enjôleur. Trompeur.

ENHAOUSSA. v. a. Relever. Exhausser. Enhaoussa seis raoubos : relever ses jupes. On dit prov. Qu'u maou si caousso de paou s'enhaousso : qui mal se chausse de peu s'exhausse.

ENHERBA. v. a. Mettre en vert. On le dit des chevaux et autres bêtes de somme que l'on pâture avec de l'herbe ou du fourrage vert.

ENIEIRA. Terme de foulaison des blés. Voyez COOUCA. DEILIA.

ENJHANÇA. v. a. et récip. Agencer. Ajuster. Arranger. Aquelo damcisello s'enjhanço ben : Cette demoiselle s'ajuste élégamment.

ENJHINOUX. Voyez ENGINOUX.

ENJHITTA, S'ENJHITTA. v. récip. Se déjeter. On le dit du bois qui s'enfle, se courbe et s'étend. Voyez FAOUSSA. Fenestro enjhittado : fenêtre déjetée.

ENJHOUMBRIA. v. a. et récip. Agencer. Ajuster. Accommoder. Arranger. Il est fam. et ne se dit que des personnes et en mauvaise part. Regardas coumo s'enjhoumbrié : voyez comme elle s'arrange.

ENJHOUMBRIADURO. s. f. Agencement. Manière et façon de s'ajuster, de s'arranger, ou d'arranger quelque chose. *Quint'enjhambriaduro !* quel singulier arrangement.

ENJHOURGIA. v. n. Fagoter. On ne le dit qu'au fig. des personnes gênées et mal arrangées dans leur parure.

ENJHUSCLA (S'). v. a. S'énivrer. Se remplir du jus de la treille. Voyez ENCOUGOURDA.

ENJHUYA. v. a. et récip. Énivrer. Tomber dans un espèce d'assoupissement suivi de mal de tête et d'éblouissement que procure la manducation du pain dans lequel il y entre de l'ivraie (*jhui*). *Si soun enjhuyas :* ils ont mangé du pain dans lequel il y avait de l'ivraie qui les a énivrés.

EN-LA ⎱ adv. démonst. De delà.
EN-LAI ⎰ Par delà. De ce côté là.

ENLIASSA. v. a. Mettre en liasse. Lier, attacher ensemble. *Enliassa de papier :* mettre des papiers en liasse. *Enliassa de linjhe :* lier, attacher du linge.

ENLUECH. adv. Nulle part. En aucun endroit. *N'y a ges enluech :* on n'en trouve nulle part.

EN-LUÈGO. adv. Au lieu de... En place de... A la place. Voyez LUÈGO.

ENLOURDI. v. a. Abasourdir. Étourdir. Causer du trouble dans le cerveau. *Fases teisa aqueleis enfans que m'enlourdissoun :* faites taire ces enfans qui m'étourdissent.

ENNEGRI. v. a. Noircir. Salir de couleur noire. Voyez MASCARA.

ENNEGRI, IDO. part. Noirci, noircie. Sali par la fumée.

EN OOURA. Voyez EN AOURA.

EN-PREMIÈ. D'EN PREMIÈ. adv. Au commencement. En principe. En premier lieu. *D'en premiè que fouqueroun maridas fasien seis affaires :* pendant la première année de leur mariage leurs affaires allaient bien. *D'en premier leis graffien valoun gaire et soun pu chier :* au commencement de la saison les cerises n'ont pas du goût et coûtent plus cher.

ENQUEIRA. v. a. Fronder. Jeter. Ruer des pierres avec une fronde.

— Chasser. Poursuivre quelqu'un à coup de pierres.

ENQUEIRADOS. s. f. Batterie à coup de pierres.

— Fronder. Faire la guerre avec la fronde.

ENQUEISSA. v. a. Encaisser. Mettre, renfermer dans une caisse.

ENQUEISSA. v. a. Endiguer. Terme d'hydraulique. Réduire. Fixer le lit d'une rivière par le moyen des digues. *Si enqueissavoun la Durenço si gagnariè fouesso tarren :* si l'on endiguait la Durance l'on gagnerait beaucoup de terrain qu'elle envahit.

V. ENQUEISSA. v. a. Concevoir. Comprendre. Voyez COUNCEBRE.

V. ENQUILA. adv. Delà. De délà.

ENQÈILAMOUN. adv. La-haut.

ENQUILAVAOU. adv. Là-bas. Par là-bas.

ENQUILIN. adv. Là-bas. Là-dedans.

V. ENQUISSA adv. De de-ça.

V. ENQUISSAMOUN. adv. Ça-haut.

ENQUISSAVAOU. Ça-bas. Par ça-bas.

ENQUITRANA. v. a. Goudronner. Enduire de goudron.

ENRABI. s. m. Peines. Embarras. Sollicitude. Chagrin. *Oustaou plen d'enrabis :* maison où les peines et les embarras affluent.

ENRABIA. v. n. et récip. Endever. Enrager. Se dépiter. Se chagriner. *Lou fan enrabia :* on le fait enrager. *S'enrabiavo :* il se dépitait. Il est pop.

A L'ENRABIADO. adv. A la hâte. Avec une extrême précipitation comme à l'enragée.

ENREGUA. v. a. Terme de jardinier. Enrayer. Planter, semer dans des rayes, par rayes.

— Sillonner. Tracer des sillons. Au fig. Arranger un discours, bien dire, parler à propos. En ce sens il est plaisant et familier. *Li faguet un coumplimen ben enregua :* il lui fit un compliment bien tourné. *Aco es ben enrega :* voilà qui est bien dit.

ENREHIIA. v. a. Mettre le soc (*reiho*) à la charrue. Monter la charrue.

ENRESTA. Voyez ENCOUBLA. RAS.

ENROUHI. v. a. Rouiller. Faire venir de la rouille. Il est aussi récip. *S'enrouhi :* se couvrir de rouille.

ENROUISSA, Voyez EMBOUISSOUNI.

ENROOUMA. v. a. Enrhumer. Avoir le rhume.

ENROOUMA (S'). v. récip. S'enrhumer. Prendre un rhume.

ESTRE ENROOUMA DOOU CERVEOU. Avoir un rhume de cerveau, un enchiffrènement. Être enchiffrené.

ENSACA. v. a. Ensacher. Mettre dans un sac. *Ensaca lou blad* : ensacher le blé. On dit fig. parlant d'une dette à faire rentrer, ou d'une chose à percevoir. *Aco es de blad ensaca*: c'est de l'argent en caisse, pour dire, que l'on peut compter sur le débiteur aussi bien que sur l'argent qu'on a.

ENSACA. v. a. Terme d'ag. Tasser. Serrer. Comprimer la terre, la fouler.

— Battre la terre avec un maillet pour la rendre plus compacte et plus unie. *La plueyo qu'à fach a ensaca la terro* : la pluie qui est tombée a tassé la terre. *Quand l'on trapiè trop la terro après la plueyo, l'on l'ensaco* : lorsqu'on passe trop souvent sur la terre humide on la tasse et la comprime.

ENSACADOUIRO. s. f. Terme de meunier. Garrot. Billot avec lequel on presse la farine qu'on met dans les sacs .

V· ENSAOUNI
EN SAOUNIGA
ENSAOUNOUIRE. } v. a. Ensan-
B.-A. ENSAOUNOUHI.
glanter. Salir. Tâcher avec du sang. Il est aussi récip. *S'ensaounouhi* : se salir de sang. S'ensanglanter.

B.-R. ENSARRI. s. m. Voyez EISSARRI.

ENSERTA. Voyez ENSSETA.

ENSEDA. v. a. Terme de cordonnier. Ensoyer. Mettre de la soie au bout du ligneul qu'on emploie à coudre et à piquer les souliers.

ENSÈN. adv. Ensemble. De compagnie les uns avec les autres.

ENSÈN. s. m. Voyez ENCEN.

ENSEQUESTRA. v. n. Sequestrer. Mettre le sequestre.

ENSER. s. m. Terme d'agr. Ente. Greffe. On ne le dit qu'en parlant de la greffe en fente. *Faire un enser* : greffer en fente.

ENSERTA. v. a. Greffer. Enter un arbre, faire une greffe.

ENSIA. Voyez ENCIA.

ENSIÈ. Voyez ENCIÈ.

ENSIOU ENSIOUVO. adj. Jaloux. Envieux, euse.

ENSOOUCA. v. n. Terme de laboureur. Espacer. Tracer les sillons d'espace. Voyez. SOOUCO. VESSANO.

ENSOUCIA. } Voyez SOUCITA.
ENSOUCITA.

ENSOUPRA. v. a. Ensouffrer. Enduire de soufre. On dit aussi souffrer. *Ensoupra de brouquettos* : ensouffrer des allumettes.

ENSOURCELA. v. a. Fasciner. Ensorceler par une sorte de charme.

ENSSOURDI. v. a. Assourdir. Rendre sourd.—ABASSOURDIR. Étourdir. *Leis fourgeirons en piquant vous enssourdissoun* : les forgerons vous assourdissent en battant le fer.

ENSUCA. v. a. Assommer. Tuer avec une massue ou un bâton, etc.

— Assener. Porter un coup rude et violent sur la tête ou sur la nuque. Il est famil.

ENTA. Voyez ENSERTA.

ENTAI. s. m. Entaille. Coche faite dans un corps dur pour accrocher ou arrêter quelque chose. Au fig. Coupure. Incision.

ENTAILLA. v. a. Entailler. Tailler une pièce de bois, une pierre, en sorte qu'une autre puisse s'y emboîter.

ENTAIHO. s. f. Entaille. Cran. Voyez ENTAI.

ENTAMENA. v. a. Entamer. Oter une petite partie d'une chose entière. *Entamena lou pan* : Entamer le pain.

ENTAMENA. Terme d'économie domestique. Percer. Mettre un tonneau, une pièce de vin en perce. Ouvrir le robinet de la cuve pour en soutirer le vin. *Entamena lou veisseou*: mettre le tonneau en perce. Au fig. Commencer. Entamer un travail, une affaire, un discours, etc.

ENTAMENA(S'). v. récip. Se blesser. S'écorcher. S'excorier la peau. *Chivaou entamena*: cheval blessé. *Malaou que s'entameno*: Malade qui commence à s'écorcher dont la peau s'excorie. Il est aussi verbe actif dans ce sens. *Leis souliers m'entamenoun* : les souliers me blessent.

ENTAMENADURO. s. f. Entamure. La partie d'un pain, d'un jambon, d'une étoffe où l'on a commencé d'en couper.

ENTANDOMEN. } adv. En attendant.
ENTANTERIN. } Cependant. Pendant que. On dit proverb. et figurém.

Sici mes dedins, sici mes defouèro,
Entauterin lou temps s'escouèro.

Moitié d'une façon et moitié de l'autre l'on passe le temps.

ENTARRA. v. a. Ensevelir. Inhumer un corps mort.

ENTARRA. v. a. Enfouir. Cacher dans la terre.

ENTARRO-MOUER. s. m. Fossoyeur. Celui qui fait les fosses pour ensevelir les morts.

ENTARROUI. v. a. Couvrir. Salir de terre.

ENTARROUI (S'). Se salir de terre.— Acquérir, acheter de terres, devenir propriétaire terrier. Il est fam. et populaire.

ENTARTUGA, ADO. adj. Étourdi par le soleil.

ENTÉNO. s. f. Aile d'un moulin à vent.

B.-A. ENTERIGOU. s. m. Agacement Impression désagréable que fait ordinairement un fruit acide sur les dents. *Lou fruit pas madur fa veni l'enterigou* : le fruit non encore mûr agace les dents. Un prompt remède à cette légère indisposition est de mâcher de l'ognon cru ou du persil.

ENTERIN. Voyez ENTANTERIN.

V. ENTERVA. Voyez ENTREVA.

ENTESTA. v. a. Entêter. Envoyer à la tête, des vapeurs incommodes et fâcheuses. *Lou carboun entesto* : le charbon entête.

ENTESTA (S'). v. récip. S'entêter. S'opiniâtrer. S'obstiner. S'aheurter.

ENTESTA, ADO. Part. adj. subs. Opiniâtre. Entêté, entêtée. Obstiné dans son opinion. Prévenu. *S'est entestado vaou pas n'en demouerdre* : elle s'est entêtée à tel point qu'elle ne veut pas en démordre. *Es un entesta* : c'est un entêté, un opiniâtre.

ENTESTAMENT. s. m. Aheurtement. Entêtement. Obstination. Opiniâtreté. Attachement opiniâtre à sa façon de penser ou à sa manière d'agir.

ENTIGO. Voyez ENTERIGOU.

ENTINA.
ENTINELA. } v. a. Encuver. Terme de lavandière. Voyez ASSETA.

ENTOOULA.
B.-A. ENTOOURA. } *S'entooula* v. récip. Attabler, s'attabler. Se mettre à table pour y demeurer longtemps.

ENTOUINA.
ENTOUINIA. } v. a. et récip. Agencer. Ajuster. Accommoder. Arranger. On le dit des personnes comme des petites choses arrangées avec goût, soin et délicatesse. Il est fam. et popul. *Damisello ben entouinado* : demoiselle bien agencée. *Tout lou jouven d'aujourd'hui s'entouino ben* : aujourd'hui la jeunesse se met très-bien. *Paquet maou entouinia* : paquet mal fait.

ENTOURCHOUNA. Voyez EMMOUCHOUNA.

ENTOURNA. v. a. Retourner. revenir au lieu d'où l'on est parti. *S'entourna* : se retourner. Revenir. *Aviè pas fa la mita dou camin que s'entournet* : il n'était pas encore à mi chemin qu'il s'en revint.

ENTOURTI.
ENTOURTIHA. } v. a. Tortiller. Entortiller. Tordre à plusieurs tours, soit du ruban, du papier, de la filasse, etc. Envelopper en tortillant. au fig. Chercher de détours, de subterfuges, etc.

ENTOURTIHA, ADO. part. adj. Entortillé. Embarrassé. Diffus. *Discours, prepaou entourtiha* : discours, propos embarrassé, entortillé.

ENTRAINA. v. a. Commencer. Mettre en train. Il est popul. *Uno fes qoouren entraina va leissan plu* : une fois commencé (en parlant du travail) nous ne le quittons plus qu'il ne soit terminé. Il est aussi récip. *La pluyo s'entraino* : la pluie commence.

ENTRAIRE (S') v. récip. S'adresser. Avoir recours. Aller trouver directement quelqu'un. *Sabi pas en qu'u me traire* : je ne sais à qui m'adresser.

ENTRAMBLA. v. n. Embarrasser. Engager. On le dit proprement des pieds, et des chevaux qui ont les jambes empêtrées ou embarrassées dans leurs traits. Il est aussi réciproque. *Lou chivaou s'es entrambla* : le cheval s'est embarrassé, s'est empêtré. Au fig. Etre embarrassé. Ne savoir quelle détermination prendre. *Sembles entrambla* : tu sembles empêtré.

ENTROUCA. Voyez ENTROOUCA.

ENTRAPA. Voyez ENCABRA.

ENTRAVA v. a. Entraver. mettre des entraves. Lier les jambes d'un cheval pour le dresser ou pour l'empêcher de s'éloigner du lieu où il est. Au fig. Empêcher. Mettre obstacle.

ENTRAVESSA. v. a. mettre en travers. Mettre de travers. Placer obliquement. *Chivaou entravessa*: cheval placé de travers. *Entravessa uno fusto*: mettre une poutre en travers. *Souliés entravessas*: souliers tournés, éculés.

ENTRAVESSA (S'). v. récip. Se mettre en travers. Au fig. S'opposer. Se capricer. Mettre obstacle. Contrecarrer quelqu'un. *Es un home que s'entravesso en tout*: c'est un homme qui contrecarre les autres en tout. On dit fig. et proverb. *Qu'u s'entravesso tèn tout lou camin*: qui contrecarre les autres, se donne à lui-même bien de l'embarras.

B.-A. ENTRAVESSA (S'). Au fig. faire taverne. Vendre du vin au détail. Il n'est presque plus usité. Lorsqu'avant l'établissement des droits sur la vente des boissons en détail, un propriétaire voulait vendre son vin à pot et à pinte, dans certaines communes des Basses-Alpes, il mettait un rameau, un pot de terre fellé, ou autre chose au travers de la rue où il établissait sa taverne; de là l'origine du mot fam. et popul. de *S'entravessa*: pour dire vendre son vin au détail. Faire taverne. *S'es entravessado*: elle vend du vin.

ENTRECHAOU, s m. Terme de danse. Entrechat. Voyez ARTICHAOU.

ENTRECOUÉLO. s. f. Entremont. Parties de terrain entre deux montagnes.

ENTRECOUPA. v. a. Entrecouper. Couper en plusieurs endroits.

ENTRÉCOUPA. (S') v. récip. Se couper. Se contredire. Se démentir dans ses discours. — Vaciller dans ses réponses. *Lou premié témoin s'es entrecoupa*: le premier témoin entendu s'est contredit dans sa déposition. *L'accusa s'entrecoupo, aco sente*: l'accusé vacille dans ses réponses; mauvais signe.

ENTRECOUPA. (S') v. récip. Se couper. Se dit des chevaux et autres bêtes de somme qui s'entrelacent des pieds de devant ou des pieds de derrière en marchant.

ENTRECRIDA. (S') v. récip.. S'entre-appeler. S'appeler l'un l'autre.

ENTREDOUS. s. m. Entre-deux. Partie qui est au milieu de deux choses avec lesquelles elle a relation ou contiguïté. *Ferma la pouerto de l'entredous*: fermer la porte de l'entre-deux.

ENTREDOUS. s. m. Terme de maçonnerie. Entrevous. Intervalle d'une solive à l'autre dans un plancher. Espaces garnis de plâtre ou de brique entre les poteaux d'une cloison.

ENTREFOUIRE. v. a. Terme d'agric. Serfouir. Bêcher légèrement la terre entre les plantes pour y donner une façon, et en arracher les mauvaises herbes.

ENTREFOULI, IDO. adj. Folâtre. Enjoué ée. D'humeur joviale. Il est vieux. Voyez FOULIGAOU.

FTREJHALA. v. a. et récip. Congeler. Se congeler. On le dit d'une liqueur qui se durcit par l'action du froid. *L'holi es entrejhala*: l'huile est congelée.

ENTREJHALA. part. et adj. Congelé ée. — Pris, saisi du froid, se dit des personnes et des animaux.

ENTREINA, S'ENTREINA. v. a. et récip. Commencer. Se mettre en train. Voyez ENTRAINA.

— Commencer. Entreprendre un commerce. Former un établissement. *Mi voou entrina*: je vais travailler à mon compte. *Soun pèro l'y a douna de que s'entreina*: son père lui a donné de quoi commencer un commerce.

ENTRELUSI. v. n. Entreluire. Luire faiblement.

— Luire à travers. — Elimer. On le dit d'une toile, d'un tissu à claire voie, d'une étoffe lache et peu serrée. Ainsi que du linge élimé à travers duquel on voit le jour. *Télo qu'entreluse*: toile lache. *Seis camiés entrelusonn*: Ses chemises dépérissent, le jour y perce de toutes parts.

ENTREMAN. prép. En main. Entre les mains. *Seis papiers soun entremans seguros*: ses papiers sont en mains sûres. *Ave d'affaires entreman*: avoir des affaires en main.

ENTREMARCHA. v. a. Détourner. Faire disparaître furtivement une chose en se la faisant passer de l'un à l'autre. Voyez TREMARCHA.

ENTREMETEIRE. }
ENTREMETOUR. } s. m. Entremetteur. Celui qui s'emploie entre deux personnes dans une affaire

ENTREMETUSO. s. f. Entremetteuse. Il n'est usité qu'en mauvaise part, et rarement.

ENTREMOULI, IDO adj. Frileux, euse. Qui grelotte de froid. Voyez ENFRE-JIIOULI. TREMOULA.

ENTREMUEYO. s. f. Trémie. Vaisseau de bois, fait en piramide tronquée et renversée, d'où l'on fait passer le blé que l'on va moudre.

ENTRENA. v. a. Tresser. Natter. Cordonner en tressant. Tresser en natte. *Entrena leis chevus* : natter les cheveux. *Entrena un courdoun* : tresser un cordon.

ENTREPAOU. s. m. Entrepôt. Lieu où l'on met en dépôt des marchandises ou autres choses. *Mettre par entrepaou* : placer par interim. Déposer une chose en attendant. *Mettre à l'entrepaou*. Laisser à l'entrepôt.

ENTREPOOUVA.
ENTREPOOUSA. } v. a. Mettre.

Déposer pour quelques instans une chose quelconque dans un lieu où l'on ira la reprendre. — Entreposer. Mettre en entrepôt. *Entrepoousa v'aqui* : déposez-le là.

ENTRESEGNES. s. m. plu. Marques. Indices. Signes apparens et probables. *La palour doou soulcou et la couleur terno de la luno eroun les entresegnes doou cholera* : la pâleur du soleil et celle de la lune semblaient être les indices du choléra.

ENTRESEGNE.
ENTRESIGNE. } s. m. Ceinture

d'Orion. C'est ainsi qu'on appelle les trois étoiles de la première grandeur dans la constellation d'Orion.

ENTRE-VISTO. s. f. Entrevue. Visite concertée entre deux ou plusieurs personnes pour se voir, pour parler d'affaires.

ENTREVA (S'). v. récip. S'informer. Prendre des renseignemens, des informations.

ENTREVADIS. s. m. Clématite. Plante.

ENTROOUCA (S'). v. récip. S'introduire. S'insinuer. Pénétrer. *Es un furet que s'entraouco partout* : c'est un furet qui s'introduit partout.

ENTROUNA. v. a. Empuantir. Infecter. Répandre une mauvaise odeur, la communiquer. Il est bas et po-

pulaire. *Sente qu'entrouno* : il empuantit.

EN-UNO. Ce mot n'est employé que dans cette locution adverbiale. *Resta en-uno* : garder le silence. Demeurer en repos. Rester coi.

ENUBRIA. v. a. Enivrer. Rendre ivre. Il est aussi récip. *S'ennubria* : s'enivrer.

ENVAN. s. f. Elan. Essor. Ecousse. Mouvement violent et subit, que l'on donne à quelque chose que l'on veut balancer, lancer, jeter ou faire aller plus vîtement. *Douna l'envan* : agiter, donner l'essor, donner l'élan. *Prendre envan* : prendre l'élan. Prendre son écousse pour mieux sauter, pour s'élancer avec plus de légèreté.

ENVAN. s. m. Terme de marchand et de boutiquier. Auvent. Petit toit en saillie attaché au-dessus des boutiques, pour garantir de la pluie. *Ploou assousta-vous souto l'envan* : il pleut, mettez-vous à l'abri sous l'auvent.

ENVARGEIRA. v. a. Terme d'agric. Former un verger. Complanter, garnir un terrain d'arbres fruitiers. Lorsqu'on parle *d'envergeira uno terro*, sans désigner l'espèce d'arbres, on sous-entend toujours *d'oliviers* dans la moyenne et basse Provence. Voyez VARGIÈ.

ENVARGEIRA, ADO. adj. et part. Complanté, ée. Agregé d'arbres fruitiers. Fourni d'oliviers. *Tarren ben envargeira* : terrain bien fourni d'oliviers. *La couelo de Manosquo la vieiho es touto envargeirado* : le Mont-d'or où était jadis l'ancienne Manosque, est couvert d'oliviers de tous les côtés.

ENVARTOUYA. v. a. Entortiller. Envelopper. Environner. Entourer. Rouler. *S'envartouya dins lou lancoou* : se rouler, s'entortiller dans un drap de lit. *Envartouya un aoubre* : encager un arbre. C'est entourer le pied ou la tige avec des épines, des buissons ou des planches, pour la garantir de tout dommage.

B.-R. ENVEA, ADO. adj. Boudeur, euse. Réchigné. On le dit d'un enfant qui, gâté par ses parens ou sa bonne, pleure se plaint et feint d'être malade pour en obtenir ce qu'il désire. *Fa toujour l'envea* : il fait toujours le patelin.

B.-R. ENVEADISO. s. f. Inquiétude. Mauvaise humeur. Affectation chagrine d'un enfant mal élevé qui cherche à se faire dorloter et à obtenir tout ce qu'il veut des personnes qui le gâtent.

ENVEJHA. v. a. Envier. *Envéjhi, envejhes, envejho, envejham, envejhés, envejhoun ; envejharai, envejharas, envejhara, envejharem, envejhares, envejharan ; qu'envejhi, qu'envejhessi, qu'envejhesses, qu'envejhesso, qu'envejhessoun.* Jalouser ce que d'autres possèdent.

ENVEJHO. s. f. Envie. Désir. Volonté de quelque chose. Déplaisir que l'on a du bien d'autrui. *Quand l'on es riche l'on poou passa seis envejhos* : lorsqu'on est riche l'on peut se satisfaire.

ENVEJHO. s. m. Envie. Marque. Tâche naturelle sur la peau, que quelques enfans apportent en naissant, et qui est produite par l'envie ou le désir démésuré qu'avait la mère pendant sa grossesse, de manger certaine chose qu'elle n'a pu avoir.

ENVEJHOUX, OUE. adj. Envieux, envicuse. Qui porte envie.

ENVENI. (S'). v. récip. Revenir. *M'envèni, t'envènes, s'envèn, s'envenèm, vous envenès, s'envenoun. m'envendrai, t'envendras, s'envendra, s'envendrem, vous envendres, s'envendran, que m'envengui, que t'envengues, que s'envenguoun, que m'envenguessi, que s'envenguessiam.* Retourner au lieu d'où l'on était parti.

ENVENGU, UDO. part. Revenu, ue. *L'y es pa pu leou ista que ses envengu* : il n'y est pas plutôt arrivé qu'il s'en est revenu.

ENVENI (S'). v. récip. Se renverser. S'écrouler. S'ébouler. Pousser au dehors. On le dit d'un mur, d'une terre et de toute chose élevée ou placée debout qui se détache, s'écroule ou s'affaisse. *Si va mantènes-pas s'enven* : si vous ne le soutenez, il se renverse. *Muraiho que s'enven* : mur qui pousse en dehors. *La ribo s'envenié* : la côtière s'éboulait.

22

ENVERGUETTA. v. a. Garnir de gluaux. Terme d'oiseleur. *Foou que la cabàno siè enverguettado* : il faut garnir la cabane de gluaux.

ENVERINA. v. a. Envenimer. Infecter de venin. Communiquer une qualité venimeuse. Irriter. On dit *qu'uno Herbo enverino leis boucos* : qu'une herbe envenime la bouche, pour dire, qu'elle y cause des élévures. *Leis ounglos enverinoun leis plagos* : les ongles enveniment les plaies en les grattant, c'est-à-dire, qu'elles les rendent plus douloureuses en irritant le mal qui devient plus difficile à guérir. *La vigno enverino* : la vigne irrite le mal, elle est totalement contraire aux plaies. Au fig. Animer. Irriter. Aigrir. *La cebo enverino leis dents* : l'ognon irrite, provoque l'appétit.

ENVERINA, ADO. part. Envenimé, ée. *Lengua enverinado* : langue envenimée. *Home enverina* : homme irrité.

ENVESINA, ADO. adj. Envoisiné, envoisinée. Avoir des voisins. *Estre ben ou maou envesina* : être bien ou mal envoisiné.

ENVÈS. s. m. Envers. Côté le moins beau d'une étoffe. *Mettre cooucarren de l'envès* : mettre quelque chose à l'envers, c'est la placer en sens contraire, ou à l'opposé de ce qu'elle devrait être.

ENVINACHA. v. a. Salir de vin. Tâcher avec du vin. *Culotto envinachado* : culotte salie de vin. Il est aussi récip. *S'envinacha* : Se salir de vin.

ENVISCA. v. a. Engluer. Frotter, enduire de glu. Faire des gluaux.

ENVIROOUTA. } v. a. Entourer.
ENVIROUNA. }

Environner. Voyez ENVARTCUYA. **ENVOOUTA.**

ENVOOUTA. v. a Entourer. Environner. Ceindre. *Leis curioux l'envooouteroun* : les curieux l'entourèrent. *Champs envirooouta de muraihos* : champs entourés de muraïhos.

ENVOULA (S') v. récip. S'envoler. S'enfuir en volant. *Leis cardelinos se soun envooulados* : les chardonnerets se sont envolés.

EOU. pronom pers. Lui. *N'ee pas*

eou : ce n'est pas lui. *Douna vo-li à n'eou :* donnez-le à lui.

EOU. (DES-PAR) }
EOU. (DES-PER) } adv. De lui-même. De son chef. De sa propre et libre volonté.

V. EOUGRANIÉ. s. m. Violier. Plante très-commune dans nos parterres. On en distingue plusieurs sortes par la différence de leurs fleurs ; il y en a de rouges, de blanches, de violettes, de jaunes. Ces dernières ont l'odeur beaucoup plus suave que les autres.

EOURRE. s. m. Lierre. Arbuste rampant qui vient communément sur les vieilles murailles à la campagne.

EOUSE. Voyez EOUVE.

EOUVE. s. m. Chêne vert. Yeuse, arbre

EOUVIÈRO. s. f. Chênaie. Forêt de chênes vert.

ER. s. m. Air. Celui des quatre élémens qui environne le globe de la terre. *Changea d'er :* changer de séjour pour respirer un autre air.

— Ressemblance qui résulte de toute la personne et particulièrement des traits du visage. *Freros que si dounoun d'er :* frères qui ont bien de l'air l'un de l'autre. *A un paou de seis faoux ers :* il a quelqu'un des traits de son visage sans lui ressembler aucunement. *Si douna d'ers :* se donner des airs, c'est s'attribuer une autorité de maître, etc. *Estre tout en l'er :* être dans l'empressement, la sollicitude. On dit qu'une personne *a toujour lou pèt en l'er :* qu'elle a toujours le pied en l'air, pour dire qu'elle est toujours prête à courir, à sauter, à danser.

ER (PET-EN-L'). s. m. Terme plaisant et métaphorique qui se disait autrefois d'un habit, d'une casaque, d'une robe dont les pans étendus ou la queue retroussée par derrière aboutissaient à l'anus. *Ès de nouesço, sès messo lou pet-en-l'er :* elle va à quelque noce elle a mis sa robe traînante.

V. ERMÉ. s. m. Terrain inutile et délaissé. Gaude. Voyez HARMAS.

ERRES. s. m. Ers. Vesse noire. Plante légumineuse qui améliore le

terrain où on la récolte, y détruit les mauvaises herbes et le divise presque autant qu'un labour. Elle ne vaut rien pour fourrage, mais recouverte au moment où ses semences sont formées, c'est un bien bon engrais. On nourrit les pigeons avec le grain : pendant l'hiver on en donne aux moutons mêlé avec du son ; mais on ne doit pas en faire manger aux cochons, parce qu'il ne leur convient pas.

ESBALOOUVI, IDO. adj. Ebaubi, ébaubie. Étonné, surpris d'admiration.

ESBARLUGA. Voyez EIBERLUGA.

ESBIAI (EN). adv. Obliquement. De travers. De biais. *Leis manchos de camiso si coupoun en esbiai :* les manches de chemise se coupent de biais.

B.-A. ESBRAMASSA. v. a. Galvauder. Crier contre quelqu'un, le maltraiter de paroles. Voyez ESCALUSTRA. Il est familier et populaire. *Despui lou matin jusqu'oou sero esbramasso seis pichouns :* depuis le matin jusqu'au soir elle galvaude ses enfans.

ESBRUDI. Voyez ABRUDI.

ESBURBA. Voyez EIBURBA.

ESCA. Voyez ESCAS.

ESCABASSA. v. a. Terme de vigneron. Receper. Tailler une vigne jusqu'au pied en coupant tous les sarmens.

ESCABASSA. Etêter un arbre. Couper par le pied les bois taillis afin qu'ils poussent mieux.

ESCABASSA. Ecourter. Rogner. Couper très-court les oreilles d'un cheval.

ESCABELET.
ESCABELETTO } s. Sellette. Petit escabeau.

V. ESCABISSA, ADO. adj. Ruiné. Discrédité. Malheureux qui n'a plus ni fortune ni confiance.

ESCABROUX, OUÈ. adj. Scabreux, euse. Rude. Raboteux.

ESCABUSSA. Voyez ESCABASSA.

V. ESCABOUA. }
ESCABOUÈS. } s. m. Troupeau. Troupe nombreuse de bêtes à laine que l'on mène chaque année sur les montagnes de la haute Pro-

vence pour les y faire paître pendant les grandes chaleurs. *Es lou temps que leis Escaboués passoun* : c'est le temps du passage des troupeaux d'average : *Escaboué de gens* : troupe de gens.

B.-A. ESCACAGNA. v. n. et récip. Rire aux éclats. Faire des éclats de rire. *L'aousian que s'escacagnavo : nous l'entendions éclater de rire.* V. ESCAFAGNA. Voyez ESQUICHA.

ESCAFI. s. m. Feinte. Semblant. Moquerie. *Risiè par escafi* : il riait par moquerie. *Parla per escafi* : parler par feinte et non sérieusement.

ESCAFIA. v. a. Contrefaire. Singer quelqu'un en imitant son ton ou ses manières par moquerie.

ESCAGASSA. v. a. et récip. Affaisser. Faire que des choses s'abaissent, s'affaisent, se foulent et tiennent moins de place en hauteur. *Houstaou escagassa* : maison affaissée. *Muraiho que s'escagasso* : mur qui s'affaisse. On lui donne aussi la signification *d'eifougassa.* Voyez EIFOUGASSA.

ESCAGNA. v. a. Echevoter. Former des écheveaux. Replier en plusieurs tours certaine quantité de fil, de soie ou de laine pour en former des écheveaux.

ESCAGNO. s. f. Echeveau. Fil, soie, laine ou coton repliés en plusieurs tours pour qu'ils ne se mêlent point.

ESCAIHA. Voyez ESCAYA.

ESCALA. v. n. Grimper. Monter sur une échelle. Gravir. Monter sur un endroit roide et escarpé.

ESCALA. v. n. Terme de jardinier. Monter en graine. On le dit des plantes. *Lachugos qu'escaloun* : laitues qui montent en graine.

ESCALETTO. s. f. Echelette. Petite échelle. Voyez ESCALO.

ESCALABROUX. Voyez ESCABROUX.

ESCALIÈ. s. m. Degré. Escalier d'un bâtiment. — Marche. Degré qui sert à monter et à descendre. *Mounta leis escalier de doux en doux* : monter les degrés deux à deux.

ESCALO. s. m. Echelle. Machine de bois pour monter et pour descendre.

ESCALO-FENOU. s. m. Grimpereau. Oiseau qui se nourrit d'insectes et qui grimpe adroitement sur les murailles (ce qui lui a fait donner aussi le nom *d'escaro-barri*). Il a beaucoup de ressemblance avec le colibri par la forme générale de son corps.

ESCALOUN. s. m. Echelon. Petite pièce de bois qui traverse l'échelle et sert de degré pour monter.

ESCALUSTRA. v. a. Gronder. Gourmander de paroles. Réprimander d'un air colère.

ESCALUSTRADO. s. f. Algarade. Réprimande. Mercuriale.

ESCAMBARLA.⎫
ESCAMBARLIA.⎭ v. a. et récip.

Ecarquiller. Ecarter. Ouvrir les jambes. *N'es bouen que per s'escambarlia davant lou fuech* : il n'est bon qu'à rester devant le feu pour s'y écarquiller les jambes.

ESCAMOUSSOUN. Voyez COUMENÇOUN.

ESCAMPA. v. a. Verser. Répandre. Epancher. Verser doucement. *Lou vin s'escampo* : le vin se répand. On dit, par métaphore. *Escampa-d'aiguo* : verser de l'eau, pour dire, uriner, pisser.

ESCAMPETTO. Voyez ESCAPADO.

ESCAMPI. s. f. Echappatoire. Défaite. Subterfuge. — Excuse. Faux prétexte. Moyen adroit et subtil pour se tirer d'embarras. *Cerca un escampi* : chercher une défaite, trouver un prétexte. *A toujour caouquo escampi per si tira d'affaire* : il trouve toujours quelque subterfuge pour se tirer d'embarras.

ESCAMPIHA. Voyez ESCARAIHA.

ESCAMPO. s. f. Défaite. Excuse. Voyez ESCAMPI.

V. ESCAN. s. m. Travouil. Instrument dont on se sert pour mettre en écheveau le fil qui est sur le fuseau. Voyez ESCAVEOU.

ESCANDAIHA. v. a. Jauger. Mesurer.

ESCANDAIHADO. Voyez ESCLARZIADO.

B.-R. ESCANDAOU. s. m. Escandal. Mesure de capacité pour l'huile, en usage dans les Bouches-du-Rhône. Quatre escandaux composent la Millerolle. L'escandal contient un pan cube, et vaut douze livres de jauge, terme de convention, pour exprimer la douzième partie de l'escandal.

V. ESCANDAOU. s. m. Balance à fléau

ESCANDOU. s, m, Eslandre. Malheur. Accident qui fait de l'éclat, et qui est accompagné de quelque honte,

ESCANO. s. f, Cremaillon. Voyez MANEYO DE L'HOULO.

ESCAOU. Voyez ESCAN.

B.-A. ESCANSI. s. m. Terme de laboureur. Voyez CANCES.

ESCANTO-BARNA. s. m. Scélérat. Vaurien, Bandit. Il est vieux et peu usité.

ESCAOUDA. Voyez ESCOOUDA.

ESCAOUFO-LIECH. s. m. Bassinoire. Meuble en cuivre servant à chauffer le lit,

ESCAOUMA. v. a. Ecailler. Oter, arracher l'écaille du poisson.

ESCAOUMO. s. f. Ecaille. Petite partie dure et plate qui couvre la peau de certains poissons, tel que muge, sardine, maquereau, thon, etc.

ESCAOUPRE. s. m. Terme de barrillat et de quelques autres artisans. Traitoire. Ciseau. Clouet. Fermoir. Outil servant à travailler le bois.

— Terme de serrurier. Echoppe.

ESCAPA. v. n. Echapper. *Escàpi, escàpes, escápo, escapam, escapas, escaporai; escaparai, escaparas, escescapara, escaparem, escapares, escaparan, qu'escàpi, qu'escapessi, qu'escapessoun, qu'escapessiam.* Se sauver d'un péril, d'un danger. Eviter. Esquiver. *L'avèn escapa bello :* nous l'avons échappé belle. Il est aussi réciproque. Sortir de. *S'escapa de prisoun :* s'échapper des prisons. S'évader.

ESCAPA DE GALÈRO. s. m. Forçat évadé. Echappé des galères.

ESCAPADO. s. f. Echappée. Action imprudente d'un jeune homme qui sort de son devoir. *A déjà fach cauouqu'escapado :* il a déjà fait plusieurs échappées.

— Evasion. Action par laquelle on s'évade.

V. ESCAPELETTO. Voyez PÈ-COUQUET.

ESCAPOULOUN. ⎱ s. m. Coupon.
ESCAPOUROUN. ⎰

Petite coupe. Petit reste d'une pièce d'étoffe quelconque. *L'y a plus que d'escapouloun :* il ne reste plus que des coupons.

B.-A. ESCARA. Voyez ESCALA.

ESCARABASSO. Voyez ESCARTO.

ESCARABIHA, ADO. adj. Escarbillard, arde. Eveillé. Leste. Réjoui, de bonne humeur. Propre, bien arrangé. *Jouine home ben escarabiha :* jeune homme leste et bien éveillé. *Aquelo filho es toujour escarabihado :* cette fille est toujours bien arrangée.

ESCARADASSO. Voyez ESCARTO.

ESCARAGOT. ⎱ s. m. Escargot.
ESCARAGOOU. ⎰

Sorte de limaçon.

ESCARAGOT. ⎱ s. m. Crachat.
ESCARAGOOU. ⎰

Flegme que l'on crache. Il ne se dit que pour exprimer l'horreur et le soulèvement de cœur qu'il occasionne.

B.-A. ESCARAMIA. v. a. Contrefaire. Singer. Copier par moquerie et en grimaçant les paroles, les actions et les manières de quelqu'un. Voyez ESCAFIA. On ne le dit guères qu'en parlant des enfans qui se moquent ainsi les uns des autres. *Mi fa ren qu'escaramia :* il se plaît à me contrefaire.

ESCARAVAI. s. m. Crachat. Voyez ESCARAGOT.

ESCARAYA. v. a. Etendre. Déployer en long et en large. — Essorer. Exposer à l'air pour sécher. — Elargir. Tenir plus d'espace. *Leis garbos soun bugnados foou leis escaraya per que si secoun :* les gerbes étant mouillées il faut les étendre pour qu'elles s'essorent. *Escaraya lou linge :* élargir, essorer le linge.

ESCARAYA (S'). v. récip. S'élargir. S'étendre. On dit de quelqu'un qui agrandit son domaine, qui étend ses possessions. *Que s'escarayo. Escaraya leis cambos :* écarquiller les jambes. Au fig. *S'escaraya :* faire le généreux. — S'émanciper. Se donner de licence. *Semblo que s'escarayo :* il commence à s'émanciper.

B.-A. ESCARBUTO. s. f. Canonnière. Instrument de polisson, fait d'un bout de sureau coupé entre deux nœuds et dont on a vuidé la moëlle. C'est dans le trou de la moëlle qu'au moyen d'une petite baguette, qui sert de piston, on comprime l'air entre deux tampons d'étoupe ou de papier mâché, ce qui fait sortir l'un des tampons avec bruit.

— Par métaphore. Fusil, arme à feu.

Si lou marbre mi peto, en aqueou que mi buto,
Flanqui un coou de moun escaubuto.

Si l'on me pousse à bout dans un moment de rage,
Je pointe mon fusil sur celui qui m'outrage.

ESCARCAGNA. Voyez ESCACAGNA.

ESCARCAI. s. m. Crachat. Voyez ESCARAGOOU.

ESCARCHA. v. a. Ecraser. Voyez ESCRACHA.

ESCARFA. v. a. Effacer. Biffer. Rayer une écriture, une image, des traits, etc, en sorte qu'on ne puisse plus lire ni reconnaître ce qu'il y avait auparavant. *Escarfa un mot :* effacer un mot.

ESCARNA. v. a. Terme de tanneur et de corroyeur. Drayer. Enlever avec la drayoire, la chair restée contre le cuir. Voyez DESCARNA.

ESCARNADOU. s. m. Drayoire. Boutoir. Couteau de tanneur et de corroyeur à deux manches avec lequel on enlève du cuir, la chair qui est restée.

B.-A. ESCARO-BARRI. s. m. Grimpereau. Voyez ESCALO-FENOU.

B.-A. ESCAROUN. Voyez ESCALOUN.

ESCARPI. v. a. Charpir. Effiler un tissu fil à fil, le défaire comme pour le mettre en charpie.

— Dilater. Elargir. Etendre de la laine, du coton, du chanvre, etc.

ESCARPIDO s. f. Charpie. Amas de petits filets tirés d'une toile usée et dépécée. *Faire d'escarpido :* faire de la charpie.

ESCARPIHA. Voyez ESTARNI.

ESCARPINA. v. a. Echarper. Déchirer. Il est populaire. *L'y escarpina-vo la figuro :* elle lui déchirait le visage.

ESCARPINA DE SORT ! Sorte de juron populaire. Peste soit de ma destinée !

ESCARPINADO. s. f. Déchirure faite avec les griffes, avec les ongles. Voyez GRAFIGNADO.

V. ESCARRANAS. Voyez GRIPET.

ESCARRASSA. v. a. Cardasser. Déchirer la laine avec la cardasse. Au fig. Tirailler les cheveux, les mettre en désordre, les hérisser en se grattant à la tête. En ce sens il est aussi réciproque. *S'escarrasso :* il se tiraille les cheveux. Il s'ébouriffe avec les mains.

ESCARRASSO. s. f. Cardasse. Grosse carde avec laquelle on déchire la laine brute avant de la laver.

ESCARRASSOUN. s. m. Rancher. Pièce de bois servant d'échelle et garnie de chevilles qui sont autant d'échelons.

— Montée raide. Voyez GRIPETO.

— Casse-cou. Voyez CAVALET.

ESCARRO. s. f. Ecart. Faute: Erreur. *Dins seis comptes l'y a toujour caouqu'escarro :* Il n'est pas solide dans ses calculs, on y trouve toujours quelqu'erreur.

V. ESCARROUIRE. v. a. Eloigner. Ecarter. Chasser au loin. Voyez COUCHA.

ESCARSELLO. s. m. Terme de mépris. Taquin. Vétilleux. Chiche. Avaricieux.

ESCARSET. Voyez POURTADOU.

ESCARSINA, ADO. part. et adj. Desséché, ée par le feu. C'est un superlatif de *rebina*. Voyez REBINA.

ESCARSO. s. f. Echasse. Long bâton auquel est attaché un espèce d'étrier où un fourchon du bois même dans lequel l'on met le pied, soit pour marcher dans les marais, soit pour paraître plus grand, etc. Il n'a guères d'usage qu'au pluriel. *Mounta su d'escarsos :* monter sur des échasses. Il se dit au propre comme au figuré.

ESCARTEIRA. }
ESCARTELA. } v. a. Ecarteler.

Mettre en quatre quartiers. Sorte de supplice qu'on faisait souffrir à des criminels de lèze-majesté, en les tirant à quatre chevaux. *Meritarié d'estre escarteira :* il mériterait d'être tiré à quatre chevaux.

ESCARTO. s. f. Gerçure. Crevasse Espèce de fente qui se fait aux lèvres, aux pieds, aux mains, et qui se

fait aussi au sein des nourrices. Elle
est occasionnée par le froid, les an-
gelures, les fièvres, etc. *Ave leis boucos plenos d'escartos* : avoir les lèvres toutes gercées.

ESCARTO. s. f. Solandre. Ulcère
qui vient aux jarrets des bêtes de
charge.

B.-A. **ESCARUSTRA.** Voyez ESCA-
LUSTRA.

B.-A. **ESCARUSTRADO.** Voyez ES-
CALUSTRADO.

ESCA. Voyez JHUS.

ESCAS. TOUT-ESCAS. adv. de temps,
qui s'emploie pour le passé. Tout-à-
l'heure. Il n'y a qu'un moment. A
peine. Dans le moment. *Tout-escas
l'ai vis* : je l'ai vu tout-à-l'heure.

ESCASSAMENT. adv. Expressement.
D'une manière expresse. Il est populaire.

ESCASSOS. Voyez ESCARSO.

ESCAVA. v. a. Echancrer. *Escáve,
escáves, escávo, escavam, escavès,
escavoun ; escavarai, escavaras, es-
cavara, escavarem, escavares, esca-
varan; escavariou, escavariés, esca-
varié; qu'escavessi ; qu'escavessiam.*
Couper. Vider en dedans en forme
de croissant. Il se dit des étoffes,
de la toile, du cuir, du bois, etc.
Escava leis manchos d'un courset :
échancrer les manches d'un corset.
Camiso trop escavado : chemise trop
échancrée.

ESCAVADURO. s. f. Echancrure.
Coupure faite en dedans en forme
de demi cercle.

B.-A **ESCAVEOU.** s. m. Travouil.
Voyez ESCAN.

B.-R. **ESCAVIHOS.** s. f. Jasmin
jaune. Arbrisseau qui vient le long
des haies. Voyez UBRIAGO.

ESCAYA. v. a. Écailler. Oter, arracher l'écaille d'un poisson.

— **ESCAYA (S').** v. récip. S'écailler.
Se détacher par petites parties comme des écailles. *La dooururo sès
escayado* : la dorure s'est écaillée.

ESCAYA. v. a. Terme culinaire.
Casser. On ne le dit qu'en parlant des
œufs. *Vous escayas* : œufs cassés pour
être cuits à la poêle ou au miroir

ESCAYOUN. s. m. Cerneau. Moitié
du dedans d'une noix verte, sortie
de sa coque. *Manjha d'escayouns* :

manger des cerneaux. *Faire d'escayouns* : cerner des noix.

ESCLA, ADO. adj. Fêlé, ée. Fendu, ue. *Bouteyo esclado* : bouteille
fêlée. Au fig. *Ave la voix esclado* :
être enroué, avoir la voix éteinte.
Testo esclado : tête fêlée. On dit fig.
et fam. *Canto coum'uno cano esclado* :
il a le chant d'un roseau fêlé.

ESCLADANI, IDO. adj. Béant. Crevassé. Déjoint. On ne le dit que des
futailles que la sécheresse a déjoint
et fait entr'ouvrir. *Veissoou escladani* :
tonneau déjoint, dont les douves
sont desséchées et entr'ouvertes. Au
fig. Maladif. Valétudinaire. Fêlé. *La
paouro es touto escladanido* : la misérable est toute éclopée. *Testo escladanido, testo deglenido* : tête fêlée.

ESCLADURO. s. f. Fêlure. Fente.
T'ai vis per l'escladuro de la pouerto :
je t'ai vu par la fente de la porte.

ESCLAFFA. v. n. Eclater. Voyez
ESCLATA.

ESCLAOU. s. m. Esclave. Qui est
en servitude.

ESCLAPA. v. a. Terme de bûcheron. Fendre. Dépécer du bois par
quartier.

ESCLAPAIRE. s. m. Bûcheron. Fendeur. Dépéceur de bois.

ESCLAPO. s. f. Quartier de bois.
Bûche. Partie d'un tronc d'arbre
fendu ou rompu en long. On dit
fig. et famil. parlant d'un homme
de belle taille et de grande propor-
tion. *Qu'es uno bèlo esclapo d'home* :
que c'est un beau brin d'homme.

ESCLARZIADO. s. f. Rayon du soleil. Jet de lumière, qui paraît tout-
à-coup dans un temps pluvieux lorsque le soleil se montre dans les interstices des nuages. Voyez CLAI
RANO.

ESCLARZIADO. s. f. Eclat de lumière subit et fréquent qui se montre assez souvent en été, la nuit
pendant les grandes chaleurs lorsque
surtout le temps se dispose à la pluie.
Voyez LUCIA.

ESCLATA. v. n. Eclater. Se briser.
Se rompre par éclats. *Soun fusiou
l'y a esclata dins leis mans* : son fusil s'est brisé dans ses mains.

— Faire grand bruit. *Lou tounerro
esclatavo* : le tonnerre éclatait.

— Briller, avoir de l'éclat. *Lou*

roujhe est uno coulour qu'esclato fouesso : la couleur rouge a beaucoup d'éclat.

ESCLARZIÈRO. s. f. Clairière. Espace dégarni d'arbres dans une forêt.

ESCLEMBO. s. f. Echarde. Petit éclat de bois qui entre dans la chair.

ESCLO. s. f. Fente. Fêlure.

ESCLO. s. f. Agaric. Amadouvier. Sorte de plante parasite qui vient sur le tronc des chênes, etc, et dont on fait de l'amadou.

ESCLOT. s. m. Claque. Espèce de sandale dont le dessous est en bois, et que l'on porte en hiver par dessus les souliers pour se garantir les pieds des crottes et de l'humidité. *Leis eclots tenoun leis pès caous* : les claques tiennent les pieds chauds.

ESCLOUPA, ADO. adj. Eclopé, ée. Incommodé de manière à marcher de travers ou avec bien de la peine.

— Plein d'infirmités. Abimé de fatigue. *Siou tout escloupa* : je suis tout éclopé.

ESCLUSSI. s. m. Eclipse. Obscurcissement du soleil ou de la lune.

ESCO. Voyez ESCLO.

ESCOOUDA. v. a. Terme de moulin à huile. Echauder. Verser de l'eau chaude et bouillante dans les escourtins pour faire distiller l'huile.

ESCOOUDA. Terme de cuisinier. Voyez PREBOUHI.

ESCOOUDADURO. s. f. Terme de moulin à huile. Echaudure. On le dit de l'eau qui a servi à échauder, et de l'huile qu'on a obtenu en échaudant.

ESCOOUFA. v. a. Echauffer. Donner de la chaleur. *Escoouffa lou lič* : bassiner le lit.

ESCOOUFFA (S'). v. réc. S'échauffer. Devenir chaud. Au fig. Se passionner. S'emporter, se mettre en colère. On dit fig. et proverb. de celui, qui, contre son habitude, s'échauffe et prend feu. *Que s'escaouffo coum'un lende :* qui s'échauffe comme un laudier.

ESCOOUFAIRE. s. m. Bouilloire. Vaisseau de cuivre, de tout autre métal ou de poterie propre à faire chauffer et bouillir l'eau.

ESCOOUFAMENT. s. m. Echauffement. Echauffaison. Mal causé par une chaleur excessive et qui paraît par des échauboulures ou petites élévures rouges qui viennent sur la peau.

ESCOOUFESTRE. s. m. Alarme. Epouvante. Suée. Inquiétude subite et mêlée de crainte. *Douna l'escoou-festre :* donner l'épouvante. *An agu un bel escoufestre :* ils ont eu une terrible suée.

ESCOOUFETO. s. f. Rechaud. Ustensile dans lequel on met du charbon allumé pour chauffer les viandes.

ESCOOUFI. s. m. Remugle. Odeur qu'exhale ce qui a été longtemps renfermé ou dans un mauvais air. *Senti l'escooufi :* sentir le remugle. On dit aussi sentir l'enfermé. Voyez ESTU.

ESCOOUMA. Voyez ESCAOUMA.

ESCORCO. s. f. Ecorce. Peau d'un arbre ou d'une plante boiseuse. On dit aussi l'écorce d'une orange, d'un melon, etc. *Escorço de nose :* brou de noix.

ESCOUA. v. a. Ecourter. Couper. Rogner la queue et les oreilles. Il est peu usité au propre où l'on dit *discoua*. Voyez ce mot. Au figuré S'ESCOUA. v. récip. Terme populaire et ironique. Se morfondre. Prendre mal. Se blesser. *T'escouaras pas per ana à l'aiguo :* pour aller chercher un peu d'eau tu ne te morfondras pas. *Vai daise, que noun l'escouaques :* va doucement, prend bien tes précautions de peur qu'il ne te mésarrive.

ESCOUBA. v. a. Balayer. Oter, enlever les ordures d'un lieu, avec un balai. Au fig. Rafler. Enlever tout sans rien laisser.

ESCOUBADUROS s. f. Balayures. Ordures qui ont été ramassées avec le balai.

V. ESCOUBAIHOUN. Voyez ESCOUBIHOUN.

ESCOUBETA. v. a. Vergetter. Housser. Nettoyer avec des vergettes.

ESCOUBETTO. s. f. Diminutif. Petit balai. Voyez ESCOUBO.

ESCOUBETTO. s. f. Ecouvette. Vergette. Houssoir. Plumeau. Ce sont tout autant de différentes sortes de brosses et de balais auxquels on

donne également le nom d'escoubetto.

ESCOUBIHA, v. a. Balayer les rues.
Enlever les ordures et le fumier des
rues avec un balai.

ESCOUBIHIÈ, s. m. Boueur. Celui
qui enlève, soit avec un balai, ou
autrement, la boue et le fumier
des rues dans les grandes villes.

ESCOUBIHOS. Voyez ESCOUBADU-
ROS.

ESCOUBIHOUN. s. m. Ecouvillon.
Vieux linge attaché à un bâton
pour nettoyer un four, un canon, etc.

ESCOUBÒ. s. f. Balai. Instrument
servant à nettoyer, à ôter les ordures d'une chambre, d'une rue, etc.
Escoubo de brugis : balai de bruyères. *Escoubo per destararina* :
houssoir pour enlever les toiles d'a-
raignée.

ESCOUDEN. s. m. Terme de scieur
de long. Dosse. Planche qui n'est
sciée que d'un côté, et qui de l'autre
conserve de l'aubier, de l'écorce ou
des flâches.

ESCOUFIA. v. a. Terme de jeu
d'enfant. Mettre à sec. Gagner à quelqu'un tout ce qu'il avait sur lui.
Il est populaire. *L'an escoufia* : on
l'a mis à sec.

ESCOUIRE (S'). v. récip. S'excorier. S'écorcher la peau. On le dit
des enfans et des personnes, qui,
ayant beaucoup d'embonpoint, s'é-
corchent dans le pli des membres
ou de la chair. Les gens du peuple
font usage de la vermoulure du bois,
pour guérir les écorchures des pe-
tis enfans. *Soun pichoun s'escouit* :
son nourrisson s'écorche.

V. ESCOUIRE. v. a. Rosser. Battre
violemment quelqu'un.

ESCOULA. v. a. Ecouler. Couler dehors de quelque endroit. Mettre à
sec. Vider entièrement un vase ou
il y a du liquide. *Escoula lou flascou* : vider le flacon. Au fig. Ecouler. Achever. Finir. *Escoula soun
argent, seis prouvisiens*, etc : mettre
fin à son argent, écouler ses provisions.

ESCOULA. v. a. Égoutter. Mettre
à sec. Il se dit de certaines choses
dont on fait écouler l'eau peu-à-peu,
ou toute autre liqueur. *Escoula leis
bouteihos* : écouler les bouteilles.

*Faire escoula lou linjhe avant de l'es-
tendre* : Mettre écouler le linge avant
de lé faire sécher. Il est aussi réciproque. *Lou linjhe, la salado s'es-
couelo* : le linge, la salade s'égoutte.

ESCOULADOU. s. m. Voyez ESCU-
DELIÈ.

ESCOULADUROS. s. f. Effondrilles.
Baquetures. Voyez ESCOURADIS.

B.-A. ESCOUMESSO. s. f. Gageure.
Pari. Il est populaire. *Faire uno escoumesso* : faire un pari.

ESCOUMETTRE. v. a. Parier. Faire
gageure.

ESCOUMPISSA, ADÒ. adj. Mouillé.
Trempé dans ses urines. On le dit
d'un enfant.

B.-A. ESCOUNDAIHO. s. f. Cache.
Cachette. Lieu propre à cacher quelque chose.

B.-A. ESCOUNDAIHOS. s. f. Cligne-
musette. Sorte de jeu d'enfans, qui
consiste à se cacher pour se faire
chercher par l'un des joueurs. *Juga
cis escoundaihos* : jouer à cligne-
musette.

B.-A. ESCOUNDE-MOUCHOUAR. s.
m. Cache-tampon. Cache-mitoulas.
Sorte de jeu d'enfant. *Juga à escounde-mouchouar* : jouer à cache-
tampon, à cache-mitoulas.

ESCOUNDOUN. Voyez DESCOUN-
DOUN.

ESCOUNDRE. v. a. Cacher. Mettre
une chose en lieu où l'on ne puisse
la découvrir. *Escoundè-lou* : cachez-
le.

ESCOUNDUDOS. Voyez ESCOUNDA-
YOS.

ESCOUNJURA. v. n. Faire l'abju-
ration. Exorciser. Conjurer, se servir des paroles et des cérémonies
de l'Eglise pour chasser les démons,
l'orage, les tempêtes. *Escounjura
lou temps* : conjurer l'orage.

ESCOURA. v. a. Voyez ESCOULA.

B.-A. ESCOURADIS. }
B.-R. ESCOURIHOS. } s. pluriel.

Baquetures. Effondrilles. Ce qui reste
au fond d'une bouteille, soit de vin
ou de toute autre liquide, et où se
trouve quelquefois de la lie. *L'y an
douna leis escouradis* : on lui a donné
les baquetures. *Soun leis escouradis* : ce sont les effondrilles.

ESCOURCHA. v. a. Ecorcher. Voyez ESPELA. Au fig. *Escourcha lou*

mounde : rançonner , faire surpayer.

ESCOURCHAIRE. s. m. Ecorcheur. Il se dit au propre comme au figuré.

ESCOURCHI. v. a. Raccourcir. Rendre plus court. Diminuer.

ESCOURCHI , IDO. part. Raccourci, ie. *L'y an escourchi sa raoubo* : ou lui a raccourci sa robe.

ESCOURCHO. s. f. Raccourcit. Accourcit. Faux-fuyant. Sentier. Chemin de traverse. *En passant d'aqui l'on gagno d'escourcho* : en passant par là l'on accourcit le chemin.

ESCOURIAN. s. m. Ecolier.

ESCOURPENO. s. f. Rascasse. Scorpion de mer. Sorte de poisson.

ESCOURRAOU. s. m. Térébenthine, c'est celle que l'on tire du mélèze et qui est couleur d'or.

ESCOURREGU , UDO. ESCOURRU , UDO. } part. du verbe *Escourre*, qui n'est pas usité. Terme de tricotteuse. Echappé, ée. *Maiho escourregudo :* maille échappée.

B.-A. ESCOURREJHA. v. a. Écorcher. Déchirer. Emporter une partie de la peau d'un animal ou de l'écorce d'un arbre de telle sorte qu'il semble qu'on en ait enlevé une lanière. *Roure escourrejha per lou tounerro* : chêne écorcé par le tonnerre. Il est aussi réciproque. *S'escourrejha:* s'écorcher.

ESCOURREJHADO. s. f. Écorchure. Enlèvement d'une partie de la peau d'un animal, ou de l'écorce d'un arbre le long du tronc. *Tira uno escourrejhado :* enlever, emporter une partie de l'écorce ou de la peau.

ESCOURTEGA. v. a. Écorcher. Déchirer une partie de la peau. *Cambo escourtegado* : jambe écorchée. Au fig. Déchirer. Dépécer de la viande. Disséquer du gibier, une volaille, mal adroitement et comme en l'écorchant. Voyez EIGOOURINA. On dit d'une pièce de viande de mauvaise allure et mal dépécée. *Que semblo un cat escourtega* : que ce semble du chat écorché.

ESCOURTIN. s. m. Voyez ESPOURTIN.

ESCOURTINA. v. a. Terme de moulin à huile. Remplir les scortins ; y mettre la pâte des olives pour la pressurer. Voyez DESCOURTINA.

V. ESCOUSSEJHA. v. a. Battre le

blé pour en avoir les grains. Voyez ESPOUSSA. FLEIRA.

V. ESCOUSSEJHAIRE. s. m. Batteur en grange. Celui qui s'occupe à battre les blés. Voyez ESPOUSSAIRE. FLEIRAIRE.

V. ESCOUSSOUN. s. m. Fléau. Instrument à battre les grains. Voyez FLEOU.

ESCOUT. Voyez ESCOUTO.

ESCOUTA. v. a. Ecouter. Ouir avec attention. Prêter l'oreille.

— ESCOUTA (S'). v. récip. Se délicater. Se choyer.

ESCOUTO. FAIRE L'ESCOUTO. v. n. Feindre de ne pas entendre lorsqu'on vous appelle. Faire la sourde oreille. *An beou lou crida , fai l'escouto* : on a beau l'appeler, il fait la sourde oreille.

ESCOUTOUN. ANA D'ESCOUTOUN. adv. Epier. Etre aux écoutes.

ESCRACHA. v. a. Ecacher. Ecraser. Froisser. *Escracha leis ooulivos* : Détriter les olives. *Escracha de rasins* : écraser des raisins : *Escracha uno nose* : écacher une noix.

ESCRANCA. Voyez ESCAMBARLA.

ESCRANCHA. v. a. et récip. Accroupir. S'accroupir. S'asseoir sur ses talons. *Fet sembant de s'escrancha per faire seis besouns.* Il feignit de s'accroupir pour décharger son ventre.

ESCREISSENÇO. s. f. Excroissance. Superfluité de chair.

B.-A. ESCRET, ETTO. adj. Pur, pure. Sans aucun mélange. *Pan de seque escret* : pain de seigle pur. *Beou que d'aiguo escreto* : il ne boit absolument que de l'eau pure. Il est populaire.

ESCRI, ICHO. adj. Terme de jardinier fleuriste. Panaché, ée. On le dit des fleurs. *Jhouriflado escricho* : œillet panaché.

ESCRIMA. v. a. et récip. S'époumoner. Se fatiguer les poumons à force de parler. Il est familier. *M'escrime, encaro pouedi pas l'y fa entendre resoun* : je m'époumone sans pouvoir parvenir à le dissuader.

ESCRIOURE. v. a. Écrire. Tracer. Former , figurer des lettres , des caractères.

ESCRITORI. s. m. Écritoire. Petit meuble qui contient un canif , des plumes, de l'encre et autres choses nécessaires pour écrire.

— Encrier. Petit vase pour mettre de l'encre.

ESCRIVAN. s. m. Écrivain. Celui qui montre à écrire.

— Calligraphe. Celui qui enseigne la belle écriture, ou qui s'en occupe.

ESCRUMENTI. v. n. Voyez GRANIHA.

ESCROROS. s. f. Écrouelles. Tumeur pituiteuse et maligne qui vient ordinairement autour du cou.

ESCRUVEIHA. Voyez EIGRUVEIHA.

ESCRUVEIHADURO. Voyez EIGRUVEIHADURO.

ESCUA. Voyez DESQUITTA.

ESCUDELA. v. n. Divulguer. Rendre public ce qui n'était pas su. *l'es tout ana escudela* : il a été tout divulguer.

ESCUDELADO. s. f. Écuellée. Plein une écuelle.

ESCUDELETTO. s. f. Dimin. Petite écuelle. Voyez ESCUDÈLO.

ESCUDELETTOS. s. f. Ricochet. Voyez RESQUIETTOS.

ESCUDELIÉ. s. m. Vaisselier. Dressoir. Égouttoir. Sorte de tablettes où l'on tient les écuelles et toute la vaisselle de terre du ménage. Le mot de Vaisselier, qui est plus récent et qui est la traduction exacte du mot *escudelié*, doit, ce nous semble, être préféré aux deux derniers qui ne le désignent que d'une manière vague et trop générale.

ESCUDÈLO. s. f. Écuelle. Pièce de vaisselle qui sert à mettre du bouillon, du potage, etc. *Escudèlo senso maneyo* : écuelle écourtée, ou sans oreilles. On dit fig. qu'une personne. *Si fach escudèlo* : qu'elle se fait sa portion, pour dire, qu'elle prélève et prend d'avance ce qui lui plaît dans un héritage où elle a droit.

ESCUDET. s. m. Nombril de Venus. Plante grasse qui vient dans le trou des vieilles murailles.

ESCUDET. s. m. Terme de nourrice. Epithème. Sorte d'emplâtre ou cataplasme, que l'on applique sur le nombril des petits enfans à l'occasion de certaines indispositions. *Soun pichoun es malaou l'y a fach un escudet* : son petit est malade, elle lui a mis un épithème sur le nombril.

ESCUMA. v. a. Écumer. Oter l'écume. Au fig. Prélever. Oter. Enlever par avance et furtivement quelque chose. *Avien escuma lou mihou* : ils avaient déjà enlevé le meilleur.

— Ecrémer. Voyez EIFLOURA.

V. ESCUMADOUIRO. s. f. Écumoire. Ustensile de cuisine dont on se sert pour écumer.

ESCUMENJHA, ADO. s. Excommunié. Au fig. Maigre. Décharné. Terme de mépris. *Sembl'un escumenjha* : il ressemble à un excommunié, à une personne anathématisée. *Mino d'escumenjha !* Chicheface !

ESCUMENJHO. s. f. Anathême. Excommunication. Il est vieux et hors d'usage.

ESCUPEIRE. s. m. Cracheur. Crachoteur. Celui qui crache souvent, qui crachote.

ESCUPI. v. n. Cracher. Jeter dehors la salive.

— Crachoter. Cracher souvent et peu à la fois. On dit d'un drap, d'une étoffe, d'un manteau. *Qu'escupi l'aigno* : qu'il rejette l'eau, pour dire, qu'il est imperméable, que l'eau n'y pénètre pas.

ESCUPIÈGNO. s. f. Salive. Humeur aqueuse et un peu visqueuse, que l'on crache.

ESCUPINEJHA.
ESCUPOUNJA. } v. n. Crachoter. Cracher souvent et peu à la fois.

ESCURA. v. a. Écurer. Nettoyer la vaisselle.

— Polir certains meubles de métal, de cuivre, etc., avec du sable, etc. *Escura lou peiroou* : nettoyer le chaudron. *Escura leis candeliers* : nettoyer, polir les chandeliers. Au fig. *S'escura lou gavai* : tousser à diverses reprises pour expectorer ce qui embarrasse le gosier.

ESCUSSA. v. a. et récip. Retrousser. Replier. Relever en haut ce qui pendait en bas. *S'escursa leis manchos* : se relever et retrousser les manches. *Bras escursas* : Bras retroussés jusqu'au coude.

ESCUSSOUN. s. m. Écusson. Terme de blason. Écu d'armoiries.

ESCUSSOUN. s. m. Terme de serrurier. Platine. Plaque de fer ou de laiton percée, que l'on applique au dehors d'une porte en direction de la serrure, et par où s'introduit la clé qui l'ouvre.

ESCUSSOUN. s. m. Écusson. Plaque en forme d'écu sur lequel est représenté le blason ou le patron d'une confrérie, d'une œuvre pie, etc., et à laquelle on attache un cierge. Les marguilliers d'une paroisse ont aussi leurs écussons qu'ils portent dans les processions et les enterremens. *Pourta leis escussouns, garni leis escussouns.*

ESCUSSOUN. s. m. Terme d'ag. et d'hortic. Écusson. Sorte de greffe. C'est un morceau de l'écorce d'un scion d'arbre portant l'embrion d'une branche que l'on applique dans le sujet que l'on veut greffer.

ESCUSSOUNA. v. a. Écussonner. Enter. Greffer en écusson.

ESFOOUCHA. v. a. et récip. Fouler. Se fouler. Blesser. Offenser les nerfs par quelque accident.

ESFOOUCHADURO. Voyez EIFOOUCHADURO.

ESFOUGASSA. Voyez EIFOUGASSA.

ESFOUIRA. (S') v. récip. Foirer. Se décharger des excrémens fluides qui font le cours du ventre. *S'esfouira coum'un reinard* : foirer comme un renard.

B.-A. ESFOUIRAIRE. s. m. Gouet. Sorte de raisin blanc dont les grains très-doux ont la peau si fine qu'ils foirent et laissent échapper ce qui est dedans, si peu qu'on les presse, et même lorsqu'on les détache de la grappe.

ESFRAI Voyez EIFRAI et son dérivé.

ESKEIRA. Voyez ENQUEIRA.

N. B. La lettre K nous paraissant donner un air trop Grec au Provençal, nous avons cru devoir ne l'admettre dans cette langue que dans les mots pris des langues étrangères et dans les noms propres. Ainsi donc au lieu de mettre ici tous les mots qui comme celui d'ESKEIRA auraient dû y être placés, écrits de cette manière, nous les avons écrits par un Q comme ESQUEIRA, à la suite duquel on les trouvera.

ESMOOURE. Voyez EIMOOURRE.

ESPACI. s. m. Espace. Étendue de lieu.

ESPACIÈ. s. m. Vanne. Espèce de porte en bois qui sert à arrêter le cours d'une rivière, d'un canal d'irrigation, ou à en détourner l'eau. Voyez RESTANCO.

ESPACIÈ, se dit également de l'abée d'un moulin, et de l'ouverture ou rigole par où l'eau passe.

ESPACIÈ, se dit encore par métaphore, il signifie alors le gosier ou passage de l'œsophage.

ESPAGNOOUX. s. m. pl. Gendarmes. Bluettes qui sortent du feu en pétillant.

ESPAI. s. m. Place. Large espace que peut occuper une personne ou une chose. *L'y a pas proun d'espai per va plaça* : il n'y a pas assez de large pour le placer.

ESPAIHA. v. n. Enlever. Séparer la paille. Oter légèrement et petit à petit avec la fourche, la paille du dessus d'une airée pour que le grain tombe et demeure sur place.

ESPAIMA. v. a. Allarmer. Effrayer. Épouvanter.

ESPAIME. s. m. Allarme. Frayeur. Épouvante. *Es toujours dins l'espaime* : il est continuellement dans les allarmes.

ESPALA. v. a. Épauler. Rompre, démettre, disloquer l'épaule. *Chivaou espala* : cheval épaulé, qui s'est rompu ou demis l'épaule.

ESPALEJHA. Voyez ESPOOULA.

ESPALETTO. s. f. dimin. Terme de boucherie. Épaule d'agneau ou de chevreau.

ESPALO. s. f. Épaule. Partie du corps qui se joint au bras dans l'homme, et à la jambe de devant dans les animaux. On dit qu'une chose *Fa plega leis espalos* : que N'y a per jougne leis espalos : que cela fait hausser les épaules, pour dire, qu'elle fait pitié et n'inspire que du mépris, ce que l'on manifeste en haussant les épaules. *De l'oouzi parla ansin n'y a per jougne leis espalos* : à l'entendre parler de la sorte cela fait hausser les épaules, il n'y a qu'à hausser les épaules.

ESPALU, UDO. adj. Qui a de grosses épaules.

ESPANDI, S'ESPANDI. v. récip.

Épanouir , s'épanouir. Il se dit des fleurs qui commencent à déployer leurs feuilles et à sortir du bouton. *Leis rosos espandissoun* : les roses épanouissent.

ESPANSA. v. a. Éventrer. Fendre le ventre d'une personne ou d'un animal.

ESPANTA , ADO. part. Ébahi ; ic. Étonné. Surpris.

ESPANTELA. v. a. Ébrancher. Fendre une branche d'arbre. Voyez EI-BRANCA.

ESPARADOU. s. m. Clairine. Sonnette Voyez SOUNAIHO.

ESPARAVIÉ. s. m. Épervier. Oiseau de fauconnerie.

ESPARGI. v. a. Éparpiller. *Espargisse, espargisses, espargi, espargissèm, espargisses, espargissoun. Espargirai, espargiras, esargira, espargirem, espargires, espargiran. Qu'espargissessi , qu'espargissesses , qu'espargissesso. Espargi , espargido.* Épandre çà et là. *Espargi lou fumiè, de paiho, de cendre* : épandre du fumier , de la paille, de la cendre.

ESPARGNA. v. a. Épargner. User d'épargne dans la dépense. Ménager la dépense. Employer avec réserve. *Quand l'on gagno gaire foou espargna:* lorsqu'on gagne peu il faut épargner. Au fig. *Espargna coouqu'un :* épargner quelqu'un, pour dire, ne lui faire pas le mauvais traitement que l'on pourrait. *La mouer espargno degun :* la mort n'épargne personne.

ESPARGNA, ADO. part. Épargné, éc. *Es de peno espargnado :* c'est de la peine épargnée.

ESPARGNI. s. m. Épargne. Ménage dans la dépense. *Faou ana à l'espargni:* il faut aller à l'épargne. *De seis espargni à croumpa un houstaou :* il a acheté une maison de ses épargnes.

ESPARGNI. s. m. Binet. Petit instrument de métal à rebord, que l'on adapte à un chandelier pour brûler une chandelle ou une bougie jusqu'au bout.

— Rebord ou bassinet d'une lampe en verre, dans lequel se rend l'huile qui passe en dehors lorsqu'on la garnit.

V. ESPARGO. ⎱
ESPARGOULO. ⎰ s. f. Pariétaire.

Plante ou plutôt herbe à tige rougeâtre qui vient sur les vieux murs. Elle est émoliente.

V. ESPARJHU. s. m. Blasphème. Imprécation. Malédiction.

ESPARLINGA , S'ESPARLINGA. v. récip. Se rengorger. On le dit des femmes lorsque , pour avoir meilleure grâce , elles avancent la gorge et retiennent un peu la tête en arrière. Il se dit également des hommes et de certaines volatilles , lorsque par un semblable mouvement de la tête , ils affectent un air de fierté ou veulent paraître beaux. *Avès vis coumo s'esparlingavo :* avez-vous vu comme elle re rengorgeait.

— S'approprier. S'ajuster. S'agencer. Se rendre propre. *Es toujours bèn esparlingado :* elle est toujours bien agencée.

ESPARLICA. Voyez LICA. SI LICA.

ESPARLOUNCA. Voyez ESPERLOUN-GA.

V. ESPARMA. v. a. Oindre. Graisser les souliers. Voyez VOUGNE.

ESPAROUFI , IDO. adj. Transi , ic. Il se dit de celui qui est pénétré et comme concentré par le froid ou par le vent.

— Ahuri , ic. Ébouriffé, éc. Se dit des personnes dont le vent a mis les cheveux en désordre.

— Échevelé. Mal peigné. *Siès tout esparoufi :* te voilà tout transi. *Testo esparoufido :* coiffure ébouriffée.

ESPARPAIHA. v. a. Éparpiller. Voyez ESPARGI. EIBARBAYA.

V. ESPARPAYA. Voyez DESPARPELA.

B.-A. ESPARRA. v. n. Broncher. Faire un faux pas.

— Glisser involontairement en passant sur un endroit glissant , comme serait de la glace, des carreaux vernissés , etc. Il est populaire et se dit au propre comme au fig. *Fa qu'esparra :* il bronche à chaque instant. Voyez RESQUIHA.

B.-A. ESPARRADO. s. f. Bronchade. Heurt. Action de broncher.

— Glissade. Action de glisser involontairement. Au fig. Échauffourrée. Entreprise manquée. Il est populaire.

ESPARCET. s. m. Sainfoin ou esparriette. Plante fourragère qui se faucha tous les ans comme les autres foins. Cette plante originaire des plus hautes montagnes, où elle croit sur des rochers exposés à toutes les intempéries des saisons, ne commença à être cultivée en prairies artificielles, que dans le 16me siècle; la force de sa constitution primitive n'a point dégénéré en descendant dans les plaines; plus robuste que la luzerne, elle résiste très-bien au froid et à la sécheresse. Quoique moins abondante en fourrage elle a l'avantage de n'occasionner aucun mal aux bestiaux qui la recherchent et à qui elle peut être donnée sans inconvénient après qu'elle a été récoltée. Le sainfoin réussit dans toutes les terres, excepté dans celles humides et marécageuses, qui glacent ses racines. L'exposition des côteaux déversant vers le midi lui convient le mieux en ce que la chaleur continue est absolument nécessaire à sa végétation et surtout à sa qualité. Bien loin de fatiguer la terre, le sainfoin bonifie singulièrement le fonds où on le cultive, tant par l'humus que produit la décomposition de ses feuilles, que par celle de toute la plante, qui, étant enterrée en pleine végétation, lui donne des sels en abondance, de sorte que l'on peut semer trois ans de suite, du blé ou du seigle dans les champs les plus médiocres où on l'a laissé 4 à 5 ans.

ESPASSA. } v. a. Mesurer un
ESPASSEJHA. } espace, en comptant le nombre de pas qu'il a de l'une à l'autre extrémité.

ESPASSA (S'). } v. récip. Se pro-
ESPASSEJHA (S'). } mener. Se Distraire. Se recréer. Se désennuyer.

ESPASSIÉ. Voyez ESPACIÉ.

ESPAVANT. s. m. Allarme. Frayeur. Épouvante. M'y fa mouri d'espavant: il me donne des allarmes continuelles.

ESPAVANTA. v. a. Épouvanter. Donner l'épouvante. Causer des frayeurs.

ESPAYA. v. a. Oter. Écarter. Séparer la paille du grain.

ESPAZO. s. f. Épée. Arme offensive et défensive que l'on porte au côté. On dit prov. et fam. de deux personnes qui sont dans l'inimitié et qui sont continuellement à se débattre et à se quereller. Que soun espazo et couteou: qu'elles en sont toujours aux épées et aux couteaux.

ESPECA. v. a. Fendre. Couper. Diviser en long. Espeça de bouesc: fendre du bois.

— Briser. Rompre. Mettre en pièces. A espeça lou miraou: il a brisé la glace.

— Brésiller. Rompre par petit morceaux.

— Dépécer. Mettre en pièces, en morceaux. Terme de boucher. Espeça la viando: dépécer la viande.

— Écarbouiller. Écraser. Écacher. S'es espeça la testo: il s'est écarbouillé la tête.

ESPECADO. s. de t. g. Lourdaud. Malotru. Maladroit, qui tombe, gâte ou brise ce qu'il touche.

ESPECAIRE. s. m. Briseur.

ESPECAIRE DE BOUÉS. s. m. Bûcheron. Fendeur et dépéceur de bois.

ESPECI. s. m. Épice. Drogue dont on fait usage en cuisine par l'assaisonnement de certains mets.

ESPÈCI. s. m. Espèce. Sorte. On le dit des choses et des personnes singulières. Es un espèci d'ouriginaou: c'est un espèce d'original.

ESPECULA. v. n. Spéculer. Méditer. calculer sur des objets de commerce, matières de finance, etc.

ESPECULAIRE. s. m. Spéculateur. Celui qui fait des spéculations en matière de commerce ou de finances, etc.

ESPEIREGUA. v. a. Épiérrer. Oter les pierres d'un champ.

— Lapider. Poursuivre quelqu'un à coups de pierres.

ESPELI. v. n. Éclore. Espeli, espelissoun, espelira, espeliran, espelirié, espelirièn, qu'espelisse, qu'espelissoun. Il se dit de quelques animaux qui naissent d'un œuf ou d'une coque comme des oiseaux, des insectes, etc. Leis magnans espelissoun: les vers-à-soie éclosent.

ESPELIDO. s. f. Naissance. Éclosion. Sortir de l'œuf ou de la coque. On le dit presque exclusivement des vers-à-soie. — Les œufs qui éclosent en une seule fois. L'espelido es istado *bouéno* : la naissance a été bonne et nombreuse.

ESPELUCHA. v. a. Éplucher. *Espeluchi, espeluches, espelucho. Espelucham, espeluchas, espeluchoun. Espeluchàvi, espeluchàves, espeluchàvo. Espeluchaviam, espeluchavias, espeluchàvoun. Espelucharai, espelucharas espeluchara, espelucharem, espelucharan. Qu'espeluchi, qu'espeluchessi, qu'espeluchessiam. Espelucha.* Nettoyer en séparant avec la main ce qu'il y a d'ordures, de mauvaise qualité ou de gâté. On le dit principalement des graines, des légumes, des herbes, etc. Voyez TRIA, qui, dans ce sens, est encore plus usité que ce mot.

ESPELUCHA. Éplucher. Épiloguer. Rechercher minutieusement ce qui, dans un plat, contrarie le goût ou la délicatesse ; dans un travail ce qu'il y a d'inégal ou de défectueux ; dans un ouvrage d'esprit ce qu'il y a de mal écrit ou de trop négligé, et dans la vie ou la conduite d'une personne ce qu'il y a de répréhensible.

ESPELUCHAIRE. s. m. Éplucheur. Épilogueur. Tatillonneur. Voyez ESPINPOUNEJHAIRE.

ESPENCHO. s. f. Nagée. Espace qu'embrasse et parcourt dans l'eau celui qui nage, par le mouvement des bras et des jambes.

ESPENDI. Voyez ABRUDI.

ESPEOUIHA. Voyez ESPESOULIA.

ESPEOUIHADOU. s. m. Abri. Lieu exposé au soleil où les mendians et les gueux vont s'épouiller et s'épucer.

ESPEOUTO. s. f. Épeautre. Froment locar. Espèce de menu froment à deux rangs de barbe. Il est excellent en soupe.

ESPEOUTO. s. f. Terme de cordier et de bourrelier. Couteau de bois.

ESPERA. v. a. Attendre. Espérer. On dit prov. *Quu espero languis* : qui est en attente, languis toujours. On dit ord. *Espero qu'esperaras* : attend aussi longtemps que tu voudras, pour dire qu'inutilement on serait longtemps à attendre, que ce serait peine perdue. *L'esperavi, mai espero qu'esperaras, m'a planta aqui* : j'étais à l'attendre, mais inutilement ai-je attendu, il n'a point paru et m'a planté là.

ESPERIT. s. m. Esprit. Substance incorporelle. *Lou Sant-Esperit* : le Saint-Esprit, troisième personne de la Sainte-Trinité.

— Esprit. Nom d'homme dans la classe du peuple.

ESPERO. s. f. Affut. Endroit où l'on se porte pour attendre le gibier. *Ana à l'espero* : aller à l'affut.

ESPERLOUNGA. S'ESPERLOUNGA. v. récip. S'allonger. Étendre les bras et les jambes autant que l'on peut pour être plus long ou se donner plus d'étenduc. Voyez S'ESTIRA. ESCAMBARLIA.

ESPEROUN. s. m. Éperon. Petit instrument qu'un cavalier place à ses talons pour piquer un cheval, afin qu'il aille plus vite.

— Ergot de certains animaux, tels que coqs, perdrix, etc.

ESPES, ESPESSO. adj. Épais, épaisse. Se dit d'un corps solide relativement à sa profondeur. *Libre espes* : livre épais. *Néblo espesso* : brouillard épais. *Espes.* Épais se dit encore d'une chose liquide qui prend une consistance moins claire, plus ferme. *Soupo espesso* : potage épais. *Saouço, ancro espesso* : sauce, encre épaisse. Il se dit aussi d'un amas de certaines choses qui sont près à près. *Bla trop espes* : blés semés trop épais. *Aqui leis oouliviès soun troou espes* : là les oliviers y sont trop épais.

ESPES, ESPESSO. adj. Dru, ue. Qui est planté près à près. Qui est épais. *Samena espes* : semer dru.

ESPES, ESPESSO. subst. et adj. Sot. Stupide. Grossier. Sans esprit ni jugement.

— Étourdi, ie. Qui agit sans considérer ce qu'il fait. *Es tant espes que li fôou repeta dès fes ce que faou faire* : il est si stupide qu'il faut lui répéter plusieurs fois ce qu'il a à faire. On dit prov. et fig. qu'un homme *Es pus espes qu'uno muraiho mestresso* : qu'il est aussi sot qu'un panier, aussi étourdi que le premier coup de matines.

ESPESOULIA. v. a. Épouiller. Tuer. Oter les poux. Épucer. Oter, chasser les puces. Il est aussi récip. *S'espesoulia* : s'épouiller.

ESPESSOU. s. f. Épaisseur. Volume d'un corps solide.

B.-R. **ESPETOURIDO.** Voyez DÉMARGADURO.

B.-A. **ESPEVOUYA.** Voyez ESPESOULIA.

B.-A. **ESPEVOUYAIRE.** Voyez ESPEOUIHADOU.

ESPEYA. v. a. Écorcher. Dépouiller un animal de sa peau. *Espeya un lebraou* : dépouiller un lièvre. Au fig. Exiger plus qu'il ne faut. Faire surpayer. On dit prov. *Tant fach de maou aqueou que tén coumo aqueou qu'espeyo* : autant pèche celui qui tient le sac que celui qui y met dedans, pour dire, que le receleur n'est pas moins coupable que le voleur.

ESPEYANDRA, ADO. adj. Déguenillé. Dont les vêtemens sont tous déchirés et en lambeaux.

ESPEYANDRO. Voyez ESPEYOTI.

ESPEYO-FI. Voyez ESPEYOTI.

ESPEYO-ROSSO. s. m. Écorcheur. Celui dont le métier est d'écorcher les bêtes mortes.

ESPEYOTI. s. de t. g. Fripeur. Celui qui fripe. On le dit des enfans qui ont habituellement leur vêtemens chiffonnés et déchirés. *Es un espeyoti fini* : c'est là un vrai fripeur. Voyez DESTRUSSI.

ESPI. s. m. Aspic. Lavande. Plantes aromatiques de même nature et que l'on confond parce qu'elles ont la même odeur forte, même couleur, fleurs, etc., avec cette seule différence que l'aspic, que quelques botanistes appellent lavande mâle, a les tiges divisées en trois brins à la manière d'une fourche, au lieu que celles de la lavande un peu moins hautes, sont sans division et n'ont qu'un seul épi.

ESPI. s. m. Javelle de brins d'aspic ou de lavande. *Faire, vendre, brula d'espi* : faire, vendre, brûler des javelles d'asp c, ainsi que font les enfans dans la moyenne et la haute Provence, la veille de la Noël, en parcourant les rues le soir en signe de réjouissance de la naissance du Sauveur.

ESPIEN. s. m. Espion. Qui épie.

ESPIERRASSA. Voyez DESPEITRINA.

ESPIESSA, S'ESPIESSA. v. récip. Se rengorger. Il ne se dit que des femmes qui s'habillent et se lacent

de manière à faire ressortir et paraître avantageusement leur gorge. Il vient de *Piès*, gorge, sein. Voyez PIÈS.

ESPIGA. v. n. Épier. Monter en épi. Monter en graine. *Leis blads espigoun* : les blés épient.

ESPIGAI.
ESPIGAOU. } s. m. Épi de blé, mal foulé ou mal battu qui se trouve encore parmi les grains non vanés.
— Bouriers. Paille dans le blé foulé ou battu. *L'y a enca leis espigaoux* : il reste encore les épis mal battus. — Ablais. Voyez PEYOUN.

ESPIGNO. s. f. Épine. Arête. Écharde. *Espigno de bouissoun* : piquant de buisson. *Espigno de peissoun* : arête de poisson. *Espigno de bouès* : Écharde. Petit éclat de bois qui entre dans la chair. Au fig. Chiche, avare, satyrique. *Es uno espigno* : c'est une avaricieuse. *Marrido espigno* : méchante femme.

ESPIGO. s. f. Épi. Tête du tuyau de blé dans laquelle est le grain. *Cuhi leis espigos* : ramasser les épis. On dit prov. et fig. à celui ou celle à qui l'on a lancé quelque brocard : *Metté aquel'espigo à ta gleno* : met cela dans tes tablettes et fais en ton profit.

ESPINARD. s. m. Épinard. Herbe potagère.

B.-A. **ESPINARD-BASTARD.** Voyez MOOUDUI.

ESPINCHA. v. a. Épier. Espionner. *Espinchi, espinches, espincho, espincham, espinchas, espinchoun, espincharai, espincharas, espinchara ; espincharem, espinchares, espincharan, espinchave, espinchaves, espinchavo ; espinchaviam, espinchavias, espinchavoun; qu'espinchessiam, qu'espinchessias, qu'espinchessoun ; espincho.* Regarder. Observer secrètement ce qui se passe dans un lieu où l'on ne peut pénétrer et d'où l'on ne puisse être aperçu.

ESPINCHAIRE. s. m. Épieur. Épionneur. Celui qui guette, qui épie.

ESPINGOLO. s. f. Épingle. Terme populaire. Petit brin de fil de laiton ou de cuivre pointu, ayant une tête et servant à attacher quelque chose.

ESPINGOULA.
ESPINGOULIA. } v. a. et récip. Ajuster. S'ajuster avec un extrême soin

et de manière à ce qu'il ne manque pas une seule épingle. *Fremo ben espingoulado* : femme tirée à quatre épingles.

ESPINGOULA , ADO. adj. Pointu , ue, à la manière des épingles.

— Armé de pointes, d'épingles, d'éguillons ou de piquants. *Leis gats an leis arpos espingoulados* : les chats ont les pattes pointues comme des épingles.

ESPINO. Voyez ESPIGNO.

ESPINOUX, OUÉ. adj. Épineux, euse. Qui a des piquants, des épines. Au fig. Plein de difficultés. *Homme espinoux* : homme épineux. *Affaire espinouè* : affaire épineuse.

B.-R. ESPINPOUNEJHA. } v. a. Éplu-
B.-A. ESPIPIOUNIA. } cher. Épiloguer. Tatillonner. Vetiller. Entrer inutilement, par délicatesse, sensualité, avarice, scrupule ou esprit de contradiction, dans toute sorte de petits détails. Voyez ESPELUCHA.

B.-R. ESPINPOUNEJHAIRE. } adj. m.
B. A. ESPIPIOUNIAIRE. } Tatillonneur. Épilogueur. Qui vétille, tatillonne et s'occupe attentivement à des choses de rien. Voyez ESPELUCHAIRE.

ESPIOUNA. v. a. Espionner. Servir d'espion. Épier. Observer les démarches, les actions de quelqu'un.

ESPIRA. v. n. Expirer. Rendre le dernier soupir.

ESPIRA. v. a. Terme de tonnelier. Suinter. Il se dit du vin et des liqueurs qui s'écoulent d'une manière imperceptible, soit de quelque fêlure du bois ou d'entre les douves. *Barriquo qu'espiro* : barrique qui suinte.

ESPIRAOU. s. m. Soupirail. Ouverture faite à une cave ou à tout autre endroit, pour donner de l'air.

ESPIRAOU. s. m. Terme de tonnelier. Suinte. L'endroit par où la liqueur s'écoule et sort d'une futaille fermée ou d'un vase fêlé.

ESPIRITOUN. s. m. Lutin. Jeune enfant espiègle et étourdi. Il est fam. *Es un espiritoun que poou pa'sta de repaou* : c'est un petit espiègle qui ne saurait demeurer en repos.

ESPITALET. s. m. diminutif d'ESPITAOU. Petit hospice.

ESPITAOU. s. m. Hôpital. Hospice. Hôtel-Dieu. Maison de charité ou l'on reçoit les pauvres, les malades, etc.

ESPITAOU. s. m. Bataille. Sorte de jeu de cartes populaire. *Juga à l'espitaou* : jouer à la bataille.

ESPITOURIDO. Voyez DEMARGADURO.

ESPLENTO. s. f. Écharde. Petit éclat de bois qui entre dans la chair.

ESPLINGO. s. m. Épingle. Voyez ESPINGOLO.

ESPLUMASSA , ADO. adv. part. et adj. Déplumé, ée. Qui a perdu ses plumes. *Gaou esplumassa* : coq déplumé.

ESPOOU. s. m. Terme de tisserand. Époule. Se dit de la quantité de fil que l'on met chaque fois dans la navette, et du tissage que l'on fait avec ce même fil. *L'y a caouquis espoou groussiès dins aquelo télo* : l'on trouve dans cette toile des époules plus grossières.

— Canette. Tuyau de roseau chargé de la trame pour mettre dans la poche de la navette.

ESPOOULA. v. a. Épargner. Faire grâce. *L'espooulas cou per mi fa tua iou* : vous l'épargnez pour me forcer. *Si me manques t'espoouli pas* : si tu me désobéis, je ne te fais point de grâce.

ESPOOULADOU. s. m. Guindre. Petit instrument de mécanique.

ESPOOURI. v. a. Effrayer Donner l'alarme. Faire peur. — Effaroucher. Causer de l'éloignement.

— Appauvrir. Voyez EMPOOURI.

ESPOOUSSA. v. a. Secouer. Remuer une chose fortement. Ébranler. *Espooussa lou linjhe , leis linçous de la bugado* : secouer, éventer le linge pour le faire sécher. Au fig. *Espooussa leis arnos* : battre quelqu'un.

— Épousseter. Battre des habillemens avec un martinet pour en faire sortir la poussière.

ESPOOUSSA. v. a. Terme d'ag. Battre. Faire sortir le grain de la paille, en la battant soit avec un fléau, soit de tout autre manière. *Espooussa de segue* : battre du seigle. *Espooussa de cancbe* : battre du chanvre pour en faire sortir le chenevis.

ESPOOUSSADO. s. f. Égrenage. On le dit des plantes en graine, lorsque celle-ci tombe et se répand.

— Ébranlement. Secousse que l'on donne à un arbre pour en faire tomber le fruit.

ESPOOUSSADO. s. f. Au fig. Volée de coups. *L'y an douna l'espooussado : on l'a joliment brossé.*

ESPOOUTA. v. a. Effrayer. Faire peur. Effaroucher. Craindre. *Ero espoouta, n'ooujhavo pas avança :* il avait peur et n'osait s'avancer.

ESPOOUTI. v. a. Écraser. Aplatir et briser par le poids. *Rasins espooutis :* raisins dont les grains sont crevés ou écrasés.

ESPOUDASSA. v. a. Terme de vigneron. Sabrenauder. *Espoudàssi, espoudàsses , espoudàsso ; espoudassam , espoudassas , espoudàssoun , espoudassarai, espoudassaras, espoudassara; espoudassarem , espoudassares ; espoudassaran; espoudassavi, espoudassares, espoudassavo ; espoudasseri , espoudasses , espoudasset ; espoudasseriam , espoudasserias, espoudasseroun ; qu'espoudassessi, qu'espoudassesses, qu'espoudassesso; qu'espoudassessiam, qu'espoudassessias , qu'espoudassessoun.* Tailler la vigne d'une manière pitoyable et contre les règles.

— Ébrancher. Déshonorer un arbre.

ESPOUFA. v. n. Épouffer. Éclater de rire.

ESPOUFA. (S') v. récip. S'enfuir. S'évader.

ESPOUGNE. v. n. Terme de boulanger. Poindre. Brasser. Donner une façon à la pâte qui lui fasse prendre de l'eau et la rende moins dure. Ce verbe se conjugue comme POUGNE.

ESPOUMPI. v. a. Gonfler. Imbiber. On le dit presque exclusivement du pain que l'on met dans la soupe, dans du bouillon, pour qu'il s'en imbibe et s'en pénètre. Il est aussi récip.

ESPOUMPI (S'). Se gonfler. S'imbiber. S'enfler. On dit fig. de quelqu'un que *S'espoumpis :* qu'il se complait, qu'il se délecte, qu'il est à cœur joie., *D'entendre parla de soun fiou s'espounpissiè :* elle prenait un plaisir extrême à entendre parler de son fils.

ESPOUNPISSA. Voyez ESPOUMPI.

ESPOUNCHO. s. f. Terme de nourrice. Trait. Épreinte. Pointe de lait qui jaillit du sein d'une nourrice et qui la presse de donner à téter. *Ave l'espouncho :* avoir l'épreinte du lait.

ESPOUNPOCHI. s. m. Soupe au per-

24

roquet. Terme populaire. On donne ce nom à des tranches ou morceaux de pain que l'on met avec ou sans d'autres alimens, dans une sauce claire ou dans une boisson quelconque. *Faire l'espounpochi :* faire la soupe au perroquet. Lorsque c'est dans du vin que l'on met ces tranches ou morceaux de pain, on lui donne le nom de soupe au vin. Voyez CHAUCHOLLO.

ESPOUNGO. s. f. Éponge. Plante marine.

ESPOURTIN. s. m. Escortin. Escoufin. Sorte de cabas fait de cordes de spartz et à réseau, dans lequel on met la pâte des olives pour en faire sortir l'huile sous la presse. On se sert également d'un scortin pour extraire l'huile ou le jus des amandes, des graines et de certains fruits que l'on met sous la presse.

ESPOUSC. s. m. Éclaboussure. Boue. Margouillis, etc. , que l'on fait rejaillir sur quelqu'un. Au fig. Éclat. Partie des injures, des reproches que l'on adresse à d'autres et même des coups que le raprochement a procuré. *Ave des espous :* avoir des éclaboussures. *L'y fouguesses pas ana oouriès p'agu deis espous :* si tu n'y fusses pas allé tu n'aurais pas eu des éclats.

ESPOUSA. v. a. Épouser. Prendre en mariage.

ESPOUSA. v. a. Exposer. Mettre en vue. Expliquer, faire connaître.

ESPOUSA (S'). v. récip. S'exposer. Se hasarder. Se mettre en péril.

ESPOUSA, ADO. adj. et participe. Exposé, ée. En terme d'agr. Aoûté, ée. Exposé au soleil levant ou du midi. On le dit des arbres et des fruits. *Aoubre ben espousa :* arbre bien aoûté.

ESPOUSCA. v. n. Jaillir. Saillir. Sortir impétueusement. Il ne se dit que des fluides. *Quand l'an soouna soun sany espouscavo :* lorsqu'on l'a saigné son sang jaillissait.

ESPOUSCA. v. n. Éclabousser. Faire rejaillir de la boue, de marguillis, etc., sur quelqu'un. *Faire espousca d'aigo sus caouqu'un :* faire éclabousser de l'eau sur quelqu'un.

ESPOUSCA. au fig. Se fâcher. S'impatienter. Prendre la chèvre.

ESPOUSCADO. s. f. Éclaboussure. Voyez ESPOUS.

ESPOUSCADO. au fig. Boutade. Saillie d'esprit et d'humeur.

B.-A. ESPOUSCAIRE. s. m. Clifoire. sorte de seringue de roseau dont se servent les polissons pour élancer de l'eau les uns les autres.

ESPOUSCAIRE. au fig. Emporté. Qui se laisse aller facilement aux saillies de son caractère vif et impétueux.

ESPOUSSA. Voyez ESPOOUSSA.

ESPOUSSADO. Voyez ESPOUSSADO.

ESPOUSSETA. v. a. Épousseter. Housser. Époudrer. Vergetter. Nettoyer. Enlever la poudre, la poussière des habillemens, des meubles, d'un tableau, etc., avec la main, un houssoir, des baguettes ou une vergette.

ESPOUSSO-SALADO. s. m. Égouttoir. Panier fait en fil de fer, dans lequel on met la salade ou des herbages pour les y faire égoutter après les avoir lavés.

B.-A. ESPOUTI. Voyez ESPOOUTI.

ESPOUVANTA. Voyez ESPAVANTA.

ESPOUVANTA, ADO. adj. Épouvanté. Saisi d'épouvante, de frayeur.

B.-A. ESPOUVANTAOU. v. m. Épouvantail. Espèce de mannequin, ou vieux haillon que l'on met au bout d'un bâton dans les chénevières, les champs et les jardins, pour épouvanter les oiseaux qui viennent y faire des dégâts.

ESPRAGNA. Voyez ESPARGNA.

ESPRAGNIT. Voyez ESPARGNI.

ESPRAVANT. Voyez ESPAVANT.

ESPRAVANTA. Voyez ESPAVANTA.

ESPRAVANTAOU. Voyez ESPOUVANTAOU.

ESPRIMA. v. a. Exprimer. Énoncer. Représenter par le discours ce qu'on a dans l'esprit.

ESPRIMA. v. a. Terme d'ag. Émietter. Ameublir la terre. Lou jheou et lou dejhcou esprimo ben la terro : le gel et le dégel émiette singulièrement la terre. Esprima leis moutlos : émietter les mottes.

ESPRI-VIOU. s. m. Épervier. Oiseau de fauconnerie.

ESPROVO. s. f. Épreuve. Essai.

ESPROUVA. v. a. Éprouver. Essayer.

ESPROUVANTAOU. Voyez ESPOUVANTAOU.

ESPUISA. v. a. Épuiser. Tarir. Mettre à sec. Dissiper. Perdre ses forces, sa santé, son argent. Si soun espuisa per li faire un home : ils se sont épuisés pour lui acheter un remplaçant. Per nouris soun enfant s'es espuisado : pour vouloir allaiter son fils elle s'est ruinée la santé.

ESPUISA. v. a. Terme d'ag. et d'horticulture. Effriter. User. Épuiser une terre. Tarren espuisa que pouerto plus : terre effritée qui ne produit plus.

ESQUAIRE. s. m. Équerre. Instrument pour tracer un angle.

ESQUEIRA. Voyez ENQUEIRA.

ESQUEIRADOS. Voyez ENQUEIRADOS.

ESQUEIRAIRE. s. m. Frondeur. Celui qui lance des pierres avec ou sans la fronde.

ESQUEIREJHA. Voyez ENQUEIRA.

ESQUEIREJHADOS. Voyez ENQUEIRADOS.

ESQUEIREJHAIRE. Voyez ESQUEIRAIRE.

ESQUERICHOUN, OUNO. adj. Fluet. Maigrelet. Voyez MISTOULIN.

ESQUICHA. v. a. Presser. Épreindre. exprimer. Esquicha leis dets : presser les doigts. Esquicha uno limo : Épreindre un citron pour en exprimer le jus. On dit prov. et fig. Esquicha l'enchoyo : Lésiner, faire maigre chère. Voyez ESQUICH'ANCHOYO. POUNG-SARRA.

ESQUICHA (S'). v. récip. Se serrer. Se presser les uns contre les autres pour être en plus grand nombre. Esquicha-vous un paau per que l'y anen tous : pressez-vous quelque peu pour que nous puissions nous y placer tous.

ESQUICHA (S'). v. récip. S'efforcer. Faire des efforts. S'esquichavo tant que poudiè per faire seis besouns : il faisait des efforts terribles pour aller à la selle. S'esquicho per crida pu fouor : il fait des efforts pour crier plus fortement.

ESQUICHA. (S') Se contraindre. Se blotir. Se mettre comme en un tas. Lou fre lou fai esquicha : le froid le rend contraint. S'esquicha a n'un cantoun : se blotir en un coin. Voyez AGRAMOOUTI. On dit prov. et fig. Qu manejho leis peiro s'esquicho leis dets : qui remue les pierres se presse les doigts, pour dire, que celui qui fait un état ne saurait se garantir des dangers, ni éviter les risques auxquels il expose.

ESQUICHA (S'). aufig. Céder. Bouquer. Se rendre. Se soumettre. Baisser pavillon. *Becai vous creirias de mi faire esquicha :* vous croiriez peut-être me réduire au silence et me faire bouquer. *Aquel grand gaou de ren dire et de s'esquicha :* force lui fut de bouquer et de se taire.

ESQUICHADO. } s. f. Pression.
ESQUICHADURO. }
Serrement. —Meurtrissure causée par une forte pression.

ESQUICHAMENT. s. m. Tenesme. Épreinte. Envie continuelle d'aller à la selle.

ESQUICH'ANCHOYO. s. de t. g. Pince-maille. Fesse-mathieu. Celui, celle qui fait paraître son avarice jusques dans les moindres choses. *Es un veritable esquich'anchoyo :* c'est un vrai pince-maille. Il est pop.

ESQUICH'EMPASSO. s. m. Blanc-manger. Terme plaisant que l'on donne à toute sorte de mets ou friandise légère, de peu de consistance comme crême, gelée, blanc-manger, etc., que l'on avale sans presque la mâcher. *Aquo n'es que d'esquich'em-passo :* ce n'est là que du blanc-manger, de ce qu'on avale sans mâcher.

V. **ESQUICHOUN.** s. m. Pinçon. Pince. Voyez PESSU.

V. **ESQUIÈ.** s. m. Briquet. Petite pièce d'acier dont on se sert pour tirer du feu d'un caillou.

ESQUIELLA. v. n. Glapier. Il ne se dit au propre qu'en parlant de l'aboi aigre des petits chiens et des renards. Son plus grand usage est au fig. Il se dit en parlant du son aigre et perçant d'une personne qui chante.

ESQUIELLA (S'). v. récip. Glapir. Forcer sa voix en chantant pour la rendre plus perçante. *S'esquillavo tant que poudiè per si fa oousi :* elle glapissait plus qu'un renard pour se faire entendre.

ESQUIELLAMENT. s. m. Glapissement. Cri aigu d'une personne qui parle ou chante en glapissant.

ESQUIÈRLO. s. f. Écharde. Voyez ESCLEMBO.

B.-A. **ESQUIFOU.** s. m. Terme de

couturière. Vêtement ridicule qui est trop court et trop étroit. *Soun taihur li fa jamai que d'esquifoux :* son tailleur l'habille si mal qu'il semble toujours que l'étoffe lui a manqué.

ESQUIHA. v. n. Fuir. Échapper. Glisser. Couler tout-à-coup sur quelque chose de gras, de poli ou de glissant. *Fai leou que m'esquiho :* hâte-toi, la chose m'échappe. *L'a-siètto l'y a esquiha deis mans.* l'assiette lui a glissé des mains. Voyez RES-QUIHA. ESPARRA.

ESQUIHA. S'ESQUIHA. v. récip. Échapper. S'esquiver. S'évader. S'épouffer. Se dérober d'une compagnie sans dire mot et sans qu'on s'en aperçoive.

ESQUIHADO. s. f. Glissade. Action de glisser involontairement. Voyez ESPARRADO.

—Fuite. Échappée. Action de s'échapper. De se dérober quelques momens de son travail, d'une compagnie, etc. *De tems en tems fa caou-qu'esquihado :* il sort quelque peu de temps en temps. *Faire uno esquihado :* faire une échappée.

ESQUINA. v. a. Échiner. Rompre l'échine. — Éreinter. Voyez ESRENA.

ESQUINA (S'). v. récip. Plier sous le poids. *N'an tant mes sur aquel axe que s'esquino :* on a si fortement chargé cette bourrique qu'elle plie sous le poids.

—Au fig. Se ruiner. Se mettre à l'étroit.

ESQUINA, ADO. part. Éreinté, ée. Courbé, courbée. — Ruiné, ée. On dit d'une personne dont la taille est courbée, qu'*Est esquinado :* qu'elle est voûtée. *Marcho tout esquina :* il commence fort à se voûter, il marche courbé.

ESQUINADO. s. f. Cancre. Homard. Grosse écrevisse de mer.

ESQUINADO. s. f. Travail forcé. Fatigue extrême qui écrase, qui éreinte.

ESQUINADO. Volée de coups de bâton.

ESQUINETTO. s. f. dim. Petite échine. *Faire esquinetto :* faire la tortue. Se courber en forme de cheval pour servir de degré à quelqu'un pour monter. *Si poues pas l'y ana, ti farai esqui-netto :* si tu ne peux y atteindre je ferai la tortue.

ESQUINO. s. f. Épine du dos.

ESQUINO-D'AI. Voyez DOUÈS-D'AZE.

ESQUINTA. S'ESQUINTA, v. récip. Se battre à coups de poing. Se prendre aux cheveux. S'entredéchirer les habits.

ESQUIPOT. s. m. Tire-lire d'un barbier, appelé aussi Equipot.

ESQUIPOT. Se dit famil. et par analogie, à tout dépôt ou amas d'argent. *Manda la man à l'esquipòt :* mettre la main sur l'argent, s'en emparer. Il est pop.

ESQUIROOU. s. m. Écureuil. Petit animal très-agile.

ESREYA. v. a. Éreinter. Fouler. Rompre les reins.

ESSE.
ESTRE. } v. auxiliaire, appelé le verbe substantif par les grammairiens. Être. *Siou, siès, es, siam, sias, soun ; eri, fougueri, ai ista; serai, seriou, seriès, serièn ; siègue ou sièche, siègues ou sièches ; que siè ou siègue ou sièche ; que sieguem ou que sièchem, que siègues ou que sièches , que sièggoun ou que sièchoun. Que foussi ou fouguessi, que fousses ou fouguesses, que fousso , fouguesso , sieguesso ou sièchesso, que foussiam, fouguessiam sièguessiam ou sièchessiam, Eri, eres, ero; eriam, erias, eroun; qu'ague ista, qu'aguessi ista ou que sièchesse ista : istent, ayent ista.* Exister. Appartenir, etc. *Es nuech :* c'est nuit close. *Aquo's miou :* cela m'appartient. *Siècheroun malooux tous ensen :* ils furent tous malades en même temps.

ESSUYADOU. Voy. TOUERCO-MAN.

ESTA. Voyez ISTA.

ESTABLA. v. a. Etabler. Mettre dans une étable, dans une écurie.

ESTABLÉ. s. m. Étable. Écurie. Lieu où l'on met les chevaux, les bœufs, les ânes, etc.

ESTABOURA. v. a. et récip. Terme d'agricul. Ressuyer. Ressuer. Sécher de nouveau. On le dit de la terre, lorsqu'après une forte pluie, elle commence à sécher, et des fourrages, graines, plantes, etc. , qui rendent et laissent perdre leur humidité intérieure,

— Terme de lavandière. Essorer. Exposer le linge au grand air pour s'y sécher à demi.

ESTABOURA, ADO. part. Ressuyé, ée. Essoré, ée. *Es encaro mouel,*

foou espera que la terro siè estabourado per lichcta : la terre est encore trop humide, il faut attendre qu'elle soit ressuyée pour pouvoir loucheter. *Lou linjhe es staboura :* le linge est essoré.

V. ESTABOURNI , IDO. adj. Stupéfait, stupéfaite. Interdit. Immobile.

V. ESTAC. Voyez ESTACO.

ESTACA. v. a. Attacher. Joindre une chose avec une autre, en sorte qu'elle y tienne.

ESTACA (S'). v. récip. S'attacher. Se prendre à quelque chose. Au fig. S'appliquer. *L'y ero estaca :* il lui était attaché. On dit proverb. et fig. *Foou estaca l'aï ounte lou mestre voou :* il faut placer l'âne là où le maître veut, pour dire, que celui qui paye a le droit de commander et doit être obéi ponctuellement.

ESTACA. } s. Avare. Interessé.
ESTACADO. } Chiche. Attaché à l'argent et à ses intérêts outre mesure. *Es un estaca :* c'est un avare. Il est aussi adj. *Es un'abord estacado :* elle est beaucoup intéressée, elle tient extrêmement à ses intérêts.

ESTACO. s. f. Attache. Tresse. Lien. Courroie qui sert à attacher, à lier quelque chose.

ETACO. s. f. Attache. Attachement, se dit au fig. de tout ce qui occupe l'esprit ou engage le cœur. *Aviè fouesso estaco per cou :* elle avait beaucoup de l'attachement pour lui.

ESTADIS, ISSO. adj. Gâté. Détérioré. Eventé. Passé. Corrompu. *Drap estadis :* drap brûlé, détérioré. *Uou estadis :* œuf gâté, passé. *Vin estadis :* vin éventé. *Viando estadisso :* viande gâtée, passée.

ESTAFIÈ. } s. Rusé, Renard.
ESTAFIÈRO. } *Marrit estafiè :* mauvais sujet. *Quint'estafiè :* quel fin compère ! *Es uno estafièro :* c'est une rusée commère.

ESTAJHA. v. n. Terme de maçon. Echaffauder. Dresser des échaffauds pour bâtir.

ESTAJHAN, ANO. adj. Locataire. Qui habite ou qui occupe un étage. *An plusieurs estajhans :* ils ont plusieurs locataires.

ESTAJHI. s. m. Etage. Espace entre deux planchers dans une maison. *Iesto oou secound estajhi :* il demeure au deuxième étage.

ESTAJHIÈRO. s. m. Terme de maçon. Echaffaud. Espèce de plancher en bois sur lequel les ouvriers montent pour travailler aux lieux où ils ne peuvent atteindre autrement.

ESTAJHIÈROS. s. f. plur. Terme de marchand. Etagères, Tablettes dont on garnit un magasin. — Ais dont on garnit l'office, les armoires, un placard, etc.

V. ESTAGNA. v. a. Combuger. Remplir d'eau une futaille avant de s'en servir pour qu'elle s'imbibe. Voyez EIBOUARO. ENBUGA.

B.-A. ESTAITO, *Faire estaito.* Terme de nourrice, et de bonne d'enfant. Allécher. Faire station. S'accroupir à une certaine distance, au devant d'un petit enfant que l'on conduit par les lisières, et l'engager par des manières aimables en lui tendant les mains, et criant : ESTAITO, à venir vers soi, afin de l'exercer à marcher. *Fasè-li estaito :* faites station pour l'engager à aller vers vous. *Faire estaito :* exercer un nourrisson à marcher.

ESTAMA. v. a. Etamer. Enduire d'étain certains vases ou vaisseaux de cuivre.

ESTAME. s. f. Etaim. Partie la plus fine de la laine cardée. Au fig. *Prendre l'estame :* effleurer une marchandise, prendre ce qu'il y a de mieux.

ESTAMPA. v. a. Bosseler. Travailler en bosse.

ESTAMPAGI. s. m. Terme d'orfèvre. travail en bosse.

ESTAN. s. m. Étain. Métal le plus léger de tous.

ESTANAYA. v. a. Tenailler. Tourmenter un criminel avec des tenailles ardentes. *Meritarié d'estre estenaya :* il mériterait d'être tenaillé.

ESTANAYO. s. f. Tenaille. Instrument de fer pour tenir ou pour arracher quelque chose.

ESTANCA. v. a. Étancher. Arrêter l'écoulement d'une chose liquide qui s'enfuit par quelque ouverture. *Estanca lou sang d'uno plago :* étancher le sang d'une plaie.

ESTANCA. v. a. Terme de boulanger. Tendre. Sortir la pâte de la huche pour la resserer dans des tables où elle opère sa fermentation. Voyez COUCHA.

ESTANÇO. s. m. Terme de boulangerie. Arrêt. Morceau de bois qui traverse le pétrin, et sert à retenir la pâte pour qu'elle ne s'étende pas et fermente mieux.

ESTANÇOUN. s. m. Etançon. Voyez POUNCHIÉ.

ESTANÇOUNA. v. a. Étançonner. Soutenir par des étançons. Voyez APOUNCHEIRA.

— Cuveler. Revêtir de planches le puits d'une mine.

B.-A. ESTANGOUIRA (S'). v. récip. Se caliner. S'étendre nonchalemment sur un fauteuil, sur un canapé, etc.

— Se tenir dans l'inaction, dans l'indolence. Il est popul. *N'es bouen qu'à s'estangouira à un souleou :* il n'est bon qu'à se caliner au rayons du soleil.

ESTAPOUNA. v. a. Emmitoufler. Envelopper quelqu'un de fourrures ou autre chose, pour le tenir chaudement, principalement la tête et le cou. Il est aussi récip. *S'estapouno coumo si fasiè frech :* il s'emmitoufle comme s'il faisait grand froid.

— S'emmanteler. Se plier, s'envelopper dans son manteau.

ESTAQUETTOS. s. f. Promenettes. Lisières avec lesquelles on soutient un petit enfant que l'on commence à faire marcher. *Lou tenoun enca per leis estaquettos :* on le conduit encore par les lisières.

ESTARDASSA. v. a. et récip. Battre et renverser. On ne le dit au propre que des coqs et des poules, lorsqu'en se combattant ils se renversent l'un l'autre. On le dit aussi par extension de deux champions qui se battent, lorsque l'un des deux abat et tient l'autre sous lui. Il est populaire et quelquefois ironique. *Vesès coumo s'estardassoun :* voyez-vous comme ils se battent et se renversent.

ESTARDO. s. f. Outarde. Oiseau de passage gros et de beau plumage, qui vit ordinairement dans les plaines.

ESTARLOGUO. s. m. terme de mépris. Original. Rêve-creux. Homme bizarre et singulier.

ESTARPA. } v. n. Gratter.
ESTARPEJHA. } Eparpiller. Dis-
V. ESTRAPA. } percer çà et là
ESTRAPEJHA. } avec les pattes,
les mains ou les pieds. *Leis poulos estarpoun :* les poules éparpillent. On

dit proverb. et fig. *Qu'u vìou eme leis poulos aprend à estarpa* : qui vit avec les poules apprend à gratter, pour dire, que l'on s'habitue à vivre et à agir, comme ceux avec qui l'on demeure.

ESTARNI. v. a. Epandre. Etendre. *Estarnissi, estarnisses, estarnis, estarnissem, estarnissès, estarnissoun, estarnissiou, estarnirai, qu'estarnessi.* Eparpiller çà et là dru et menu du fumier, de la paille, etc. *Estarni lou fumiè per l'acclapa* : étendre le fumier pour l'enfouir. *Foou estarni lou fen per que se seque* : il faut épandre le foin, pour qu'il se fane.

ESTATUT. s. m. Statue. Figure d'homme ou de femme en plein relief. — Au fig. Personne ordinairement sans action et sans mouvement. Voyez SANTI-BELLI.

ESTAVANI. v. n. Pâmer. Se pâmer. Tomber en défaillance. Voyez AVANI.

ESTAVOUIRA. (S') v. récip. Se caliner. Se tenir dans l'inaction ou l'indolence auprès du feu ou au soleil. Il est populaire. Voyez ESTANGOUIRA. *Tout lou jour s'estavouiro.* Il est tout le jour à se caliner autour du feu.

ESTEGNE. v. a. éteindre. Il se dit du feu que l'on fait mourir.

ESTEGNE (S'). v. récip. S'attendrir. S'oppresser. Se serrer le cœur. *S'estegne en manjhan* : s'engouer.

ESTENCH, ESTENCHO. adj. Oppressé. Saisi. Attendri. — Éteint, éteinte. *Ero estench* : il était attendri. *Vouas estencho* : voix faible, éteinte.

ESTELLA.. v. a. Terme de chirurgie. Eclisser. Mettre des éclisses le long d'une fracture. *S'es roumpu lou bras a fougu que l'y l'estelessoun* : il s'est cassé le bras, il a fallu qu'on le lui éclissa. On dit familièrement et fig. d'une personne qui a de la peine à se plier, *Que semblo estela* : qu'il semble être tout d'une seule pièce.

ESTELA, ADO. adj. Étoilé, étoilée. Garni, parsemé d'étoiles. On ne le dit qu'en parlant du firmament. *Lou ciel es estela.*

ESTELLETTO. s. f. Petit copeau ou éclat de bois.

ESTELLETTO. s. f. Terme de fidélier. Petites étoiles faites en pâte

de Gênes, et que l'on met dans le potage, ou en garniture dans un haricot de mouton. Quelques personnes donnent aussi, mais improprement, le nom *d'Estellettos*, au vermicelle plat comme une tresse.

ESTÈLO. s. f. Étoile. Corps lumineux qui brille au ciel pendant la nuit. On dit. fig. *Veïre leis estèlos* : voir les anges violets, voir des chandelles. C'est ce qui arrive lorsqu'on a reçu quelque coup qui vous a ébloui par sa violence.

ESTÈLO. s. f. Copeau. Éclat, morceau de bois tombé sous la hache.

ESTELLOS. s. f. plur. Chevilles. Pièces de bois qui embrassent le cou du bœuf lorsqu'il est atelé à la charrue.

ESTELOUN. s. f. Petit copeau. Voyez ESTELO. ESTELLETO.

ESTENDADOU. } s. m. Terme
ESTENDEÏRE. } de lavandière
et de fabrique. Essui. Séchoir.. Lieu où l'on étend le linge mouillé ou tout autre objet, que l'on veut faire sécher. On dit proverb. et famil. *Leissa coouqu'un aqui coum'un pedas à l'estendeïre* : planter là quelqu'un comme un bâton pour revenir, pour dire, quitter subitement quelqu'un avec qui l'on est, et le laisser là à attendre sans venir le joindre. *Mi leisset aqui coum'un pédas à l'estendeïre* : il me planta là comme un bâton pour revenir.

ESTENDAGI. s. m. } Étendage.
ESTENDAHIO. s. f. } Cordes, per-
ESTENDAR. s. m. } ches, haies, etc., sur lesquelles on étend le linge ou autres objets que l'on veut faire sécher.

— Étalage. Marchandise ou autres objets éparpillés et disséminés.

— Étendue. Espace qu'occupent les choses étalées ou étendues. *A fach un estendar de malhur* : il a fait un étalage à ne plus finir.

ESTENDEÏRE. Voyez ESTENDADOU.

ESTENDRE. v. a. Étendre. Déployer en long et en large. Allonger. Augmenter. Agrandir. Éparpiller.

— Faner le foin, l'éparpiller pour le faire sécher.

ESTENDRE. v. a. Terme de lavandière. Tendre. Étendre le linge pour le faire sécher. *Estendre de carbe* :

hâler le chanvre. *Estendre lou fumier:* épandre du fumier.

ESTENDRE (S'). v. récip. S'étendre. S'allonger. Tenir un certain espace.

ESTENT. Voyez ISTENT.

ESTENDUDO. s. f. Étendue. Dimension d'une chose en longueur, largeur et profondeur.

ESTEOU. s. m. Terme de marine. Écueil.

ESTEQUO. s. f. Atelle. Outil de potier de terre.

ESTEREOU. *Pas de l'Estercou :* s. m. Coupe-gorge. Magasin. Cabaret. Boutique où l'on fait payer trop chèrement; par allusion au passage de l'Esterel (forêt dans le département du Var), où l'on détrousse les passants. *Aco es lou pas de l'Estercou:* c'est là un vrai coupe-gorge.

ESTÉRIGOUSSA. ⟩ v. a. Saboûler. ESTÉRIGOUSSIA. ⟨ Tourmenter. Tirailler. Houspiller quelqu'un. Il est aussi récip. *S'esterigoussa :* se chamailler. Se traîner par terre. Se houspiller. Se tirailler. Se déchirer. Se déranger, se froisser les habillemens avec dépit. On ne le dit guères que des enfans.

ESTEVE. s. m. Etienne. Nom d'homme.

ESTÈVO. s. f. Terme de marine. Timon du navire.

ESTÈVO. s. m. Manche de charrue. On dit proverbialement et figurément, *Teni l'estèvo drecho à coouqu'un:* avoir les yeux sur quelqu'un, pour dire, le surveiller de près, le tenir en bride. *Es un ooubrié en qu foou teni l'estèvo drecho :* c'est un cadet qu'il ne faut pas perdre de vue.

ESTIBLA. v. a. Terme de dévideuse. Dérider. Polir le fil, la soie, le lin, etc., que l'on dévide, en le faisant passer dans un morceau de drap que l'on tient à la main en le dévidant.

ESTIBLA. v. a. Elimer. User. Détériorer. Friper une étoffe, du linge, etc.

ESTIBLADO. s. f. Usure. Friperie. Détérioration du linge, des étoffes, etc., des meubles même et des ustensiles. Il est populaire. *L'y an douna uno fouerto estiblàdo :* on s'en est servi de manière à l'user grandement.

B.-A. ESTIBLAIRE. s. m. Polissoir. Dèridoir. Morceau de drap avec lequel on déride et polit en même temps le fil qu'on dévide.

ESTIBLAIRE. ⟩ On donne aussi ESTIBLADOU. ⟨ fig. et famil. ce nom à un morceau de couenne de cochon frais, par la ressemblance qu'il a avec le déridoir.

ESTICANÇO. s. f. Façon de faire. Dextérité. Manière de s'y prendre pour réussir dans une affaire, un travail, etc. Insinuation. Biai. Tournure. Il est familier et populaire. *Soou pas l'esticanço :* il ne sait pas comme il faut s'y prendre, il ne connaît pas la manière de faire.

ESTICATIEN. s. f. Instigation. Sollicitation.

— Vue, intention d'obliger, d'être utile. *Vai fa à soun esticatien :* je l'ai fait pour lui, en vue de l'obliger.

ESTIÉRO. s. f. Hâtier. Grand chenet de cuisine.

ESTIGNE. Voyez ESTEGNE.

ESTIMA. v. a. Estimer. Priser. Faire une estimation. Evaluer. Mettre le prix. *Estima leis hardos d'uno fiho :* faire l'estimation d'un trousseau.

ESTIMAIRE. s. m. Estimateur. Appréciateur. Priseur. Personne chargée de faire l'estimation d'une chose, d'y mettre le prix, de l'évaluer.

ESTIMEIRIS. s. f. Appréciatrice. Femme chargée de faire l'évaluation d'une chose, d'en fixer le prix, d'en déterminer la valeur.

ESTIMO. s. f. Appréciation. Évaluation. Estimation de la valeur d'une chose prisée. *Nouma d'arbitres per fa l'estimo :* choisir des arbitres pour faire une évaluation.

ESTIOU. s. m. Été. Saison la plus chaude de l'année.

ESTIRA. v. a. Allonger. Faire qu'une chose soit plus longue.

ESTIRA (S'). v. S'allonger. Etendre les bras. Grandir. Au fig. *Ana estira, estre estira:* être à l'étroit, réduit à l'étroit, pour dire, être pauvre, n'avoir pas toutes les commodités de la vie. Être réduit au strict nécessaire. *A fa uno despenso que lou fa ana estira :* il a fait une dépense qui le fait aller à l'étroit. On dit prov. *Voou mai estira que roumpre :* mieux vaut se ménager, que se ruiner.

ESTIRA. v. a. Terme de lingère. Repasser. Donner avec le fer chaud une façon au linge qui lui ôte le mauvais pli, le rende uni et en état de servir de suite.

ESTIRADO. s. f. Traite. Terme de piéton. Espace de chemin que l'on fait d'un seul trait sans s'arrêter. *De Marseyo à la visto, l'y a uno fouerto estirado*: de Marseille à la vue, il y a encore une assez bonne traite à faire.

ESTIRO. Voyez ESTIRADO.

ESTIRUSO. s f. Repasseuse. Celle qui fait métier de repasser le linge.

ESTIVA. v. n. Passer l'été. On ne le dit que des bêtes à laine que l'on met au pacage sur les montagnes pendant l'été. *Menoun lou troupeou estiva*: l'on conduit le bétail au pacage d'été.

ESTIVAGI. s. m. Pacage d'été. Voyez ESTIVA.

ESTIVAOU. s. m. Houseaux. Espèce de bottes qui garantissent les jambes de la pluie, et dont se servent les pêcheurs ou autres personnes qui vont dans l'eau.

ESTIVO. Voyez ESTÈVO.

V. ESTIVO. Voyez. QUINTINO.

ESTO. Voyez AQUESTO.

ESTOC. s. m. Etau. Machine de fer nécessaire à plusieurs ouvriers, pour tenir ferme et serrer les pièces qu'ils travaillent.

ESTORI. s. m. Terme de marchand offier. Estère. Natte de spartz. Les voituriers en garnissent et en recouvrent le chargement qu'ils transportent pour le garantir du frottement des cordes qui le relient. On s'en sert dans les maisons bourgeoises pour s'essuyer les souliers en entrant dans le vestibule.

ESTOU. Voyez AQUESTOU.

B.-A. ESTOUBIA. Voyez EISSUBLIA.

ESTOUBIOUN. s. m. Chaume. Partie du tuyau des blés qui reste sur place dans les champs, après qu'on a moissonné.

ESTOUBLO. s. f. Esteulle ou Esteuble. Terre en chaume. — JACHÈRE. Terre labourable qu'on laisse reposer. *Es d'estoublo*: elle est en jachère.

ESTOUBLOUN. Voyez. ESTOUBIOUN.

ESTOUFA v. a. Etouffer. Suffoquer.

ESTOUFA. v. a. Terme de filature de soie. Échauder. Plonger les cocons dans de l'eau bouillante pour étouffer la chrysalide du ver-à-soie.

ESTOUFA ADO. part. et adj. Etouffé, ée. Etouffant, ante. Qui fait qu'on étouffe, qu'on respire mal. *Tems estouffa*: temps étouffant. Temps vain. *S'es estouffado*: elle s'est étouffée.

ESTOUFADO. A L'ESTOUFADO. Terme de cuisine. A l'étuvée. Manière de cuire et d'apprêter certaines viandes ou poisson. *Pigeoun à l'estoufado*: pigeon à l'étuvée.

ESTOUFAGI. s. m. Terme de filature de soie. Echaudage. Action et temps d'échauder les cocons pour faire mourir la chrysalide qui est dedans. *Peiroou per l'estoufagi*: chaudron propre à l'échaudage des cocons.

ESTOUFEGA, S'ESTOUFEGA. v. a. et récip. Engouer. S'engouer. S'obstruer. S'embarrasser le passage du gosier en mangeant ou buvant avidement. *Manjhavo tant vite que s'estoufegavo*: il mangeait si avidement qu'il s'engouait. *Leis castagnos estoufegoun*: les châtaignes engouent et obstruent le passage du gosier.

ESTOUMAGA, S'ESTOUMAGA. v. a. et récip. Estomaquer. S'estomaquer. Recevoir de grands déplaisirs. Avoir le cœur si profondément affecté et affligé qu'il en est oppressé. *Ce que l'y digueroun l'estoumaguet*: ce qu'on lui dit lui oppressa le cœur.

ESTOUMAGA, ADO. part. Oppressé, oppressée. Estomaqué, ée. *La paourasso s'es estoumagado*: la misérable en a eu le cœur oppressé.

ESTOUMAGADO. s. f. Crève-cœur. Oppression. Déplaisir extrême. Chagrin qui affecte, qui oppresse le cœur. *De tems en tems li dounoun d'estoumagado*: de temps à autre on lui départ quelque bon crève-cœur.

ESTOUPADO. s. f. Cataplasme. Sorte D'emplâtre fait avec des étoupes, pour être appliqué sur la partie meurtrie ou affligée. *Leis estoupados dejhouver soun buenos per leis macaduros*: les cataplasme de persil haché avec du sel, sont excellens pour les meurtrissures.

ESTOUPIN. s. m. Tampon. Bouchon d'étoupe, de linge ou de papier.

ESTOUPINA. v. n. Bafrer. Manger goulument. — Remplir extrêmement la bouche en mangeant. Il est fam. et pop. *Es un grivois qu'estoupino ben*: c'est un grivois qui mange comme quatre.

ESTOUPO. s. f. Étoupe. Partie la plus grossière du chanvre, du lin.

ESTOUPOUNA. Voyez ESTOUPINA.

ESTOUPOUX , OUÉ. adj. Cotonneux, euse. Cordé, ée. Spongieux. Molasse et filamenteux comme des étoupes. On le dit de certains fruits et racines qui commencent à passer. Voyez BOUTIS.

ESTOUPOUX , OUÉ. adj. Coriace. Filamenteux , euse. On le dit de certaines viandes , etc.

ESTOURDARIE. s. f. Étourderie. Action inconsidérée.

ESTOURDI, IDO. adj. et subst. Étourdi, ie. Qui agit sans considérer ce qu'il fait.

ESTOURNEOU. s. m. Sansonnet. Étourneau. Oiseau de la grosseur d'un merle. Au fig. Lourdaut. Benêt.

ESTOURNIA.   ⎫
ESTOURNIDA.   ⎬ v. Éternuer. Faire
ESTOURNIGA.   ⎭
un effort involontaire , avec une respiration véhémente, excitée par quelque picotement qui se fait au fond des narines.

ESTOURNIC. s. m. Éternument. Action d'éternuer.

ESTOURNIGATORI. s. m. et adj. de t. g. Sternutatoire. Qui excite l'éternument. La civadiho es un bouen estournigatori : la cévadille est un bon sternutatoire.

ESTOUSSUDO. s. f. Contorsion. Effort. Mouvement violent, qui tord les muscles , les membres d'une personne. Per carga un sac de blad s'est douna uno estoussudo eis rens : pour charger un sac de blé, il s'est tordu les reins.

ESTRADO. s. f. Strade. Chemin. Battur d'estrado : batteur de pavé, coureur , vagabond.

ESTRAMBORD. s. m. Extravagance. Enthousiasme. Délire. Faire d'estrambord : extravaguer.

ESTRANCI. s. m. Ennui. Tristesse. Perplexité. Inquiétude.

ESTRACINA, S'ESTRACINA. v. récip. Transir. Languir. S'ennuyer. Se dessécher. S'inquiéter. Se laisser abattre. S'abandonner à la tristesse , au chagrin , au découragement. Despuis la mouer de soun enfant es aqui que s'estransino : depuis qu'elle a perdu

25

son fils le chagrin la dessèche. Au fig. S'estransina : se mettre à la torture. Prendre peine inutile.

ESTRANGLA. v. a. Étrangler. Faire perdre la respiration et la vie , en pressant ou bouchant le gosier.

ESTRANGLO-BELLO-MERO. s. m. Celerin. Poisson ainsi nommé à cause de ses arêtes. Voyez SUVEREOU.

ESTRANGLO-CHIVAOU. s. m. Folle-avoine. Coquiole. Oegilops: Plante du genre des gramens qui ressemble à l'avoine.

ESTRAPA. Voyez ESTARPA.

ESTRAS. s. m. Terme de filature de soie. Straces. Frisons. Enveloppe soyeuse de la chrysalide renfermée dans le cocon et qui est restée dans le bassin en le dévidant. On retire de cette enveloppe, en la battant , une bourre ou filoselle qu'on emploie à faire du padou et à tramer certaines étoffes. On comprend aussi les frisons sous le nom D'ESTRA. Voyez FRISOUN.

ESTRAS. s. m. Déchirure. Acroc. Se faire d'estras : se faire des accrocs.. Es plen d'estras : il est tout déchiré .

ESTRAS. s. m. Débris. Dégats. chiffon. Ce qu'on abandonne, ce qu'on laisse perdre. On ne le dit que du linge, des habillemens ou des meubles en tant qu'ils sont en étoffe.

ESTRASSA. v. a. Déchirer. Rompre du linge, de l'étoffe , etc. — Vendre à vil prix.

ESTRASSAIRE. s. m. Drillier. Celui qui achète et ramasse les vieux chiffons de toile et de drap, pour les fabriques de papier. On dit fig. Crida coum'un patiaire, coum'un estrassaire : crier comme un aveugle.

ESTRASSADURO. s. f. Voyez ESTRAS.

ESTRASSO. s. f. Terme de filature de soie. Capiton. Cardasse de soie. Voyez ESTRAS.

ESTRASSO. s. f. Chiffon de linge.

V. ESTRATI. v. n. Déroger. Deshonorer sa famille. Se mésallier. Se dégrader. Estratisse pas sa famiho : il ne rabaisse pas sa famille.

ESTRAVAGA. v. n. Extravaguer. Penser et dire des choses où il n'y a ni sens ni raison.

ESTRAVAGA. v. a. Égarer. Il se dit d'une chose qu'on ne trouve pas, et qui néanmoins n'est pas perdue. Puis-

qu'as estravaya la claou, serco-la : puisque tu as égaré la clé, cherche-là.

ESTRAVIA. v. a. Égarer. Fourvoyer. Mettre, tirer hors du droit chemin.

ESTRAVIA (S'). v. récip. S'égarer. S'écarter de son droit chemin. Se fourvoyer.

> L'Amour s'èro estravia sa maire lou cercavo,
> A gorgeo desplegado, en même temps cridavo :
> Si coouqu'un per caire et cantoun,
> A vis roudejba Cupidoun,
> S'es enfugit aquelo grèlo, etc.   J. T. GROS.

ESTRAYA. v. a. Disperser. Éparpiller. Épandre ça et là.

ESTRAYA, ADO. part. et adj. Épars, éparse. Épandu ça et là, de côté et d'autre, confusément et sans ordre. *Lou linjhe ero tout estraya :* le linge était tout épars.

ESTRE. v. auxiliaire Être. Voyez ESSE. *Es nuech :* c'est nuit close.

ESTRECH, ESTRECHO. adj. Étroit, étroite. Qui a peu de largeur. *Souliès estrechs, carrièro estrecho :* souliers étroits, rue étroite. On dit prov. et fig. d'un homme avare qui néanmoins s'entend mal en économie : *Qu'es estrech oou bren et large à la farino :* que c'est un ménager de bout de chandelles.

ESTRECH (A L'). adv. A l'étroit. Dans un espace étroit. *Estre lougea à l'estrech :* être logé à l'étroit. On dit fig. qu'*Un home est à l'estrech, que viou à l'estrech :* qu'un homme est à l'étroit, qu'il est réduit à l'étroit, pour dire, qu'il est pauvre, qu'il n'a pas toutes les commodités de la vie.

B.-R. **ESTRECHANO.** ⎱ adj. f. An-
B.-A. **ESTRECHO.** ⎰ gleuse. On le dit des noix dont les graines sont tellement pressées contre la coquille dans certains petits angles ou coins, qu'il est très-difficile de les en tirer. *Leis nouyos estrechos soun leis pus goustouès :* les noix angleuses sont celles qui ont le plus de goût.

ESTRECHANT, ANO. adj. Serré, éc. Avare. Qui dépense avec regret. Voyez POUNG-SARRA.

B.-A. **ESTREFACIA.** v. a. Défigurer. Rendre la figure difforme. Contrefaire. Il est aussi récip. *S'estrefacia.* Se contrefaire, se rendre difforme par affectation. Il ne se dit qu'en mauvaise

part. *Va fa esprès s'estrefacià per amusa leis aoutres :* il se contrefait à dessein d'amuser les autres.

ESTREFACIA, ADO. adj. Contrefait, contrefaite. Difforme. Défiguré. *Es tout estrefacia :* il est tout contrefait.

ESTREGNE. v. a. Retrécir. Rendre plus étroit, moins large.

V. **ESTREHA.** Voyez ESTRIHA.

V. **ESTREHO.** Voyez ESTRIHO.

ESTREMA. v. a. Rentrer. Clore. Renfermer. Mettre dedans. Serrer. *Estrema lou boues :* mettre le bois dedans. *Estrema lou fen :* renfermer le foin. *Estrema leis fedos :* clore les brebis. *Estrema lou fricot :* serrer la viande.

ESTREMA (S'). v. récip. Rentrer chez soi. Se cacher. Voyez REJHOUGNE. *Estrema-vous que ploou :* rentrez, qu'il pleut. *Fa frech voou m'estrema :* il fait froid, je vais rentrer. *M'a pas pulcou vis que s'es estrema :* il ne m'a pas plutôt vu, qu'il s'est caché.

ESTREMPARA. S'ESTREMPARA. v. a. et récip. Écarquiller. Écarter. Ouvrir les jambes. Il est populaire. *S'estrempara leis cambo,* ou seulement *S'estrempara :* Écarquiller les jambes.

ESTRENA. v. a. Étrenner. Donner les étrennes.

—Étrenner. Être le premier qui achète à un marchand. *Aqueou que m'estreno li foou bouen marca :* celui qui m'étrenne je lui donne bon marché.

—Étrenner. Avoir le premier usage d'une chose qui n'a point encore servi. *Aujourd'hui a estrena soun habit.*

ESTRENO. s. f. Étrenne. Présent que l'on fait le premier jour de l'année.

—Premier argent que reçoit un marchand dans la journée, dans la semaine. *Ai p'anca tira l'estreno :* je n'ai pas encore tiré l'étrenne.

ESTRIHA. v. a. Étriller. Frotter avec l'étrille, Au fig. Étriller. Battre. Châtier. — Faire surpayer.

ESTRIHADO. s. f. Châtiment. Volée de coups. *L'y an douna uno estrihado :* il a eu la volée. Il est plaisant et familier.

ESTRIHO. s. f. Étrille. Instrument de fer avec lequel on ôte la crasse, l'ordure qui s'est attachée à la peau et au poil des chevaux, mulets, ânes, etc. On dit proverbialement et familièrement d'une chose qui n'est à peu près d'aucune valeur : *Que vooù sieis liards coum'un mancho d'estriho:* qu'elle vaut six liards comme un manche d'étrille.

ESTRINCA. S'ESTRINCA. v. a. et récip. Parer. Ajuster. Se mettre. Se parer. Se ranger proprement. Il est familier. *Estrinco t'en paou :* ajuste-toi bien.

ESTRINCA, ADO. part. Ajusté. Bien rangé, éc. *filho bien estricado :* fille bien ajustée. Voyez ASSIOUNA, ADO.

ESTRIOU. s. m. Étrier. Sorte d'anneau de fer suspendu par une courroie à la selle d'un cheval, et qui sert à appuyer les pieds du cavalier. On dit prov. et fig. d'une personne peu scrupuleuse et qui néanmoins se pique d'avoir de la piété. *Qu'à la counscienço coum'un estriou,* ou *qu'arranjho sa counscienço coum'un estriou:* qu'elle fait de sa conscience comme d'un étrier dont on allonge ou raccourcit la courroie, selon qu'il est à sa convenance.

ESTRIPA. v. a. Éventrer. Déchirer. Mettre en pièces. *Se mette jamais de bas que noun 'leis estripe :* jamais il ne se met une paire de bas sans la déchirer.

ESTRO. s. f. Fenêtre. Ouverture faite dans une muraille pour donner du jour.

ESTROPI. s. m. Eutrope. Nom d'homme.

ESTROUEN. s. m. Étron. Matière fécale qui a quelque consistance. Il se dit de celle de l'homme et de quelques animaux.

ESTROUNCHOUN. s. m. Petit étron. Au fig. Petit vilain. Terme de mépris.

ESTROUPA. S'ESTROUPA. v. a. et récip. S'accroupir. Se blottir. Se mettre tout en un tas.

ESTROUPIA. v. a. Estropier. Oter l'usage d'un membre, soit par une blessure, soit par quelque coup.

ESTROUPIA, ADO. part. Estropié, ée. *Bras estroupia :* bras estropié. *Fremo estroupiado :* femme estropiée.

ESTROUPIA, ADO. adj. Disparate. Discordant. Disproportionné. Inégal. inconvenant. *Mariagi estroupia :* mariage disproportionné, disparate, in-

convenant. *Affaires estroùpiados :* affaires désavantageuses.

ESTROUPIADURO. s. f. Disparité. Inégalité. Inconvenance.

—Ridiculité. Discordance dans le discours. On dit par dénigrement d'une personne cacochyme, contrefaite et mal conformée *: Qu'es uno estroupiaduro :* que c'est, un bancroche, un bancal.

ESTRUGA. }
ESTRUGEA. } v. a. Féliciter. Congratuler. Complimenter. *Vous estruge d'un beou fiou :* je vous félicite de votre beau garçon. Il est vieux et presque hors d'usage.

ESTU. s. m. Remugle. Odeur d'enfermé. Odeur désagréable qu'exhale une chose qui a été longtemps renfermée, ou dans un mauvais air. *Aco sente l'estu :* cela sent l'enfermé. *Chambro que sente l'estu :* chambre qui sent le remugle.

ESTUBA. v. a. Parfumer. Faire des fumigations. Bonifier un tonneau en y mettant des raisins bouillis ou du mout tout bouillant. *Estuba leis veisseoux per li leva loou marri goust :* parfumer les tonneaux pour leur faire perdre le mauvais goût qu'ils communiqueraient au vin.

ESTUBA. v. a. Enfumer. Incommoder par la fumée. Il est aussi récip. *S'estuba.* Quan leis chamineyos fumoun foou d'urbi per pas s'estuba. Lorsqu'une cheminée fume, il faut ouvrir l'appartement pour ne pas s'enfumer.

ESTUBA, S'ESTUBA. v. récip. Évaporer. Perdre son humidité par le moyen du feu. On le dit du bois verd, du linge mouillé, etc., qui, étant exposé à l'action du feu, perd en fumée ou en vapeur l'humidité et l'eau dont il est imbibé. *Faire estuba un gaveou verd per que brule :* faire évaporer l'humidité d'un sarment récemment fait pour qu'il s'enflamme. *Lou boues s'estubo :* le bois évapore son humidité par la fumée.

ESTUBADO. s. f. Fumigation. Action de brûler quelque aromate ou quelque liqueur, pour en répandre la fumée. Au fig. Allarme. Alerte. Voyez ESTUBO.

ESTUBASSA. v. a. superlatif D'ESTUBA. Voyez ESTUBA. *S'estubassa,* recevoir la fumée.

ESTUBO. s. f. Étuve. Lieu que l'on échauffe par le feu et qui fait suer les personnes qui y restent quelques momens.

ESTUBO. s. f. Fumigation. Action de brûler quelque plante, quelque aromate, pour en répandre la fumée. Au fig. Alarme. Alerte. Épouvante subite. En ce sens il est famil. *An agu l'estubo :* ils ont été singulièrement alarmés.

ESTUDI. s. m. Étude. Travail. Application d'esprit.

ESTUDIA. v. a. Étudier. Travailler pour apprendre les sciences, les lettres, etc.

ESTUDIA (S'). v. récip. S'étudier. S'appliquer à....

V. ESTUGET. { s. m. Épitème. Voyez
ESTUGUET. { ESCUDET.

ESVEIL. Voyez EVEIL.

ETO. interj. Eh! Hé! Vraiment oui!

EVADA. S'ESVADA. v. récip. S'évader. S'échaper. Disparaître.

EVADAMENT. s. m. Évasion. Action par laquelle on s'évade.

EVE. s. m. Voyez EOUVE.

EVEIL. s. m. Insomnie. Indisposition qui fait que l'on ne peut dormir. *L'y a mai d'un mes qu'ai l'eveil :* il y a plus d'un mois que je ne dors pas.

EVESCA. s. m. Évêché. Étendue de la juridiction d'un Évêque. Dignité épiscopale. — Palais d'un évêque.

EXAMPLO. s. f. Terme d'écolier. Copie d'un modèle d'écriture. — Page d'écriture d'un écolier. *Faire un examplo :* faire une page d'écriture en copiant le modèle. *Faire soun examplo.*

EXCREISSENÇO. s. f. Excroissance. Superfluité de chair qui s'engendre en quelque partie du corps de l'animal.

EXPLIQUA. v. a. Expliquer. Éclaircir un sens obscur. Il est aussi récip. S'expliquer.

EXPLIQUA (S'). v. récip. S'appliquer. Apporter une extrême attention à faire quelque chose. — Se complaire. Il est populaire. *S'explicavo à lou countraria :* il se délectait à le contrarier. *Quan se l'y expliquo va fach ben :* il fait très-bien lorsqu'il veut s'appliquer.

EXPRIMA. v. a. Exprimer. Énoncer par le discours ce qu'on a dans l'esprit.

EXPRIMA. v. a. Terme d'agriculture. Émietter. Rendre la terre meuble et telle qu'il n'y reste aucune motte. *Apres la jhalado leis mouttos s'exprimoun ben :* après les gelées les mottes s'émiettent parfaitement.

EXPURGA, S'EXPURGA. v. récip. Décharger son cœur. Exhaler sa bile. Exhaler sa douleur. Se soulager. Se purger. Se justifier d'une inculpation. *Me li siou expurgado :* je lui ai dit tout ce que j'avais sur le cœur. *Leissa la s'expurga que li fara ben :* laissez-la donner un libre cours à sa douleur, et elle en sera soulagée. On dit que *Lou temps s'expurgo :* que le temps se décharge, qu'il s'épure, lorsqu'il pleut abondamment, qu'il neige beaucoup ou qu'il fait des froids vifs arriérés.

EZAMPLO. Voyez EXAMPLO.

EY. interject. He! Holà! Plait-il.

B.-A. EYGA. v. a. Raccommoder. Rapiécer. Préparer. Apprêter. Assaisonner. Arranger. *Eyga leis souliers :* rapiécer les souliers. *Eyga lou dina :* apprêter le diné. *Eyga la salado :* assaisonner la salade. *Eygo ti toun fichu :* arrange ton fichu, ton schall. Voyez ADOUBA.

EYGA. v. a. Terme pop. Châtrer. Oter les testicules. *Faire eyga un chivaou :* faire arranger un cheval, pour dire, le faire châtrer.

EYGAHIÉ. Voyez EIGAHIÉ.

F

FABRE. s. m. Taillandier. Forgeron. Artisan qui fait toutes sortes d'outils pour les charpentiers, les charrons, les tonneliers, les laboureurs, etc. On donne encore le nom de *Fabre* aux maréchaux-ferrant, et même aux serruriers, en tant qu'ils fabriquent des outils ou instrumens tranchans ou propres aux laboureurs et aux vignerons.

V. FABREGO. Voyez FALABREGO.

B.-A. FABREGOULIÈ. Voyez FALA-BREGUIÈ.

B.-A. FABRIGOULO. Voyez FALA-BREGO.

V. FABRIGUIÈ. Voyez FALABRE-GUIÈ.

B.-A. FACESSI. s. m. Façon. Soin excessif. Attention. Circonspection trop exacte en de certaines choses. — Façons. Cérémonies outrées. Il est populaire et ne se dit qu'en mauvaise part. *Despacho-tí senso tant faire de facessi* : hâte-toi, sans faire tant de façon ou sans être si minutieux.

FAIRE DE FACESSI. v. n. Faire montre. Mettre de l'importance aux moindres choses que l'on fait.

FACH, FACHO. adj. Fait , faite. Créé. Formé. Produit. Composé. Fabriqué, éc. *Home fach :* homme fait, c'est-à-dire, d'un âge mûr, *Sa vesto es p'anca facho :* sa veste n'est pas encore faite.

FACH, FACHO. part. du verbe faire. Voyez FAIRE. On dit prov. en parlant d'un fainéant : *Obro facho li fach gaou :* travail fait lui plaît.

FACHA. v. a. Fâcher. Mettre en colère. Causer du déplaisir.

FACHA (SI). v. récip. Se Fâcher. Prendre du chagrin. Se mettre en colère. On dit prov. *Quaou si facho a doues peno :* celui qui se chagrine a deux peines. (Celle de s'inquiéter et celle de s'adoucir ensuite.)

V. FACHADISSO.
B.-A. FACHARIÈ. } s. f. Fâcherie.
Querelle. Déplaisir. Chagrin. On dit prov. *Cent ans de fachariè pagarien pa un soou de deoute :* cent ans de chagrin ne payeraient pas un sou de dette, pour dire, que l'inquiétude et le chagrin ne remédient à rien , et que c'est en vain qu'on s'y abandonne.

V. FACHIÈ. s. m. Métayer. Celui qui fait valoir une métairie ou un fonds de terre qui ne lui appartient pas.

— Fermier à moitié des fruits.

V. FACHIÈ, IÈRO. adj. Inquiet. Bourru. Emporté. Chagrin. Qui se fâche à propos de rien.

FACHO. s. f. Face. Figure. Mine. Visage. *Bello facho :* belle mine.

FACHOUIRO. adj. f. Confite à l'huile.

On ne le dit que des olives cueillies dans leur maturité et confites au sel et à l'huile. C'est ce qu'exprime le mot de *Fachouiro :* qui veut dire , faite à l'huile. *En hiver l'on manjhco leis ooulivos à la pichoullino , et l'estiou leis fachouiros :* c'est en hiver que l'on mânge les olives confites en vert, et l'été celles confites à l'huile.

FACHOUX , OUÈ. adj. Fâcheux , euse. Qui donne du chagrin.

FADA , ADO. s. et adj. Idiot. Niais. Dadais. Stupide. Au fig. Personne décontenancée. *Ris coum'un fada :* il sourit comme un idiot. *Fiho fadado :* fille idiote.

FADEJHA. v. n. Terme de nourrice. Rioter. Sourire. Rire sans éclater et seulement par un léger mouvement de la bouche et des yeux. On ne le dit que des enfans à la mamelle. *Coumenço à fadejha :* il commence à sourire. *Fadejho :* il sourit. Le mot *Fadejha* veut dire sourire comme un niais , comme un idiot.

FADO. s. f. Fée. Magicienne. Nymphe. Enchanteresse.

FAI. s. m. Fagot. Faisceau. Botte. Assemblage de menues choses liées ensemble. *Fai de boues :* fagot de bois. *Fai de linjhe :* paquet de linge. *Fai d'ooumarino :* botte d'osier.

FAI. s. m. Charge. Fardeau. Paix. Corps pesant qui porte sur une chose et qui la charge. *Descarga soun faï:* quitter son fardeau. *N'en aviè soun faï :* elle en avait sa charge. On dit prov. et fig. d'une personne mal agencée , *Que semblo un fai de fen:* qu'elle ressemble à une botte de foin.

FAIRE. v. a. Faire. *Faou* ou *foou, fas , fai; fèm* ou *fasèm , fès* ou *fasès , fan; fasiou , feri* ou *faqueri; ai fach; que fessi* ou *faquessi ; fasent.* Former, produire , fabriquer , composer. Il se dit généralement de toutes les productions de l'art et des ouvrages d'esprit. *Foou ce que faou :* je fais ce qu'il faut. *Faire ajhar :* se prévaloir. Voyez AJHARD. *Faire leis badaoux :* rendre le dernier soupir. *Faire farino :* moudre le blé. *Faire lequo :* exciter l'envie. Allécher. *Faire leis ooulivos :* détriter les olives. *Faire de magnans :* élever des vers-à-soie.

Faire la salado : assaisonner la salade.
Faire sant miqueou : déménager. *Faire lume* : éclairer à quelqu'un. *Faire vejhai* : feindre. Voyez FEGNA. *Faire un lavado* : chapitrer, réprimander. On dit prov. *Tant fa tant bat* : Aussitôt gagné aussitôt dépensé, en parlant des personnes qui, gagnant de l'argent, n'ont jamais le sou, par le mauvais ménage qu'elles font.

FACH, FACHO. part. Fait, faite. On dit d'un homme qui est dans un âge mûr, qu'*Es un home fach* : que c'est un homme fait, et d'une jeune personne bien formée qui a du sens, *Qu'es uno fiho facho* : que c'est une fille faite. On dit prov. *Caouso facho counseou pres* : chose faite conseil pris, pour dire, que l'on n'a plus à revenir à une affaire conclue. On dit ordinairement d'une personne qui vient d'expirer : qu'*a fach* : que c'en est fait, qu'elle vient de rendre l'esprit. On dit prov. *Roumo s'es pas facho dins un jour* : Rome n'a pas été faite tout en un jour, pour dire, qu'il y a des choses qu'on ne peut faire qu'avec beaucoup de temps.

B.-A. FAISSO. s. f. sangle. Grande bande en tissu de coton ou de laine avec laquelle on emmaillote les enfans à la mamelle.

B.-R. FALABREGO. s. f. Micocoule. Fruit du micocoulier. C'est une baie noire (étant mûre), de la grosseur d'un pois, ayant un pédicule aussi long que celui d'une cerise.

B.-R. FALABREGUIÉ. s. m. Micocoulier. Arbre de haute futaie. Voyez FALABREGO.

FALIÉ. Voyez FALLET.

FALIGOULETTO. s. f. diminutif de FALIGOULO. On le dit de certaines plantes odoriférantes telles que thym, serpolet, sariette, etc., lorsqu'elles sont encore jeunes et peu avancées. Il n'est guère d'usage qu'en poésie.

Dessus la couélo' sa fedetto,
Manjhavo la faligouletto.

FALIGOULO. s. f. Thym. Serpolet. Tymbrée. Sariette, et telles autres plantes odoriférantes, rampantes ou peu hautes.

FALIGOULO-FERO. s. f. Santoline. Garde-robe. Plante. On donne encore ce nom de *Faligoulo-fero* à la crapaudine et autres plantes boiseuses à odeur forte, peu hautes ou rampantes, mais non cependant à celles qui sont odoriférantes ou aromatiques.

FALLET. v. n. et impersonnel. Falloir. *Faou* ou *foou* ; *falié* ou *foulié*; *fouguet*, *a fougu*, *foudra*, *que fougue*, *que fouguesse*. Être de nécessité, de devoir, de bienséance. *S'en foou de foucesso* : il s'en faut de beaucoup.

FAM. s. m. Faim. Désir et besoin de manger. On dit prov. *Que la fam fa sourti lou loup doou boues* : que la faim chasse le loup hors du bois, pour dire, que la nécessité contraint les gens à s'évertuer pour avoir de quoi subsister.

FANAOU. s. f. Falot Espèce de grosse lanterne que l'on porte au haut d'un bâton. — Fanal.

— Lanterne de toile. Au fig. Bourde. Fable. Hâblerie. Sornette. Il est populaire. *Ven nous counta de fanaoux, Ce que dis es un fanaou* : il vient nous faire des contes; ce qu'il nous dit là n'est qu'une bourde.

B.-A. FANFARINETTO. s. f. Bouton. On le dit presqu'exclusivement de celui de la fleur de la scorsonère des prés, et de celui de la barbe-de-bouc, lorsque ces plantes montent en graine. Les gens du peuple qui mangent volontiers en salade ces sortes d'herbes dans le printemps, les rejettent quand le bouton de la fleur y paraît et disent alors qu'*An la fanfarinetto* : qu'elles ont le bouton.

FANFARLUCHO. s. f. Fanfreluche. Prétentaille. Terme familier et de mépris qui se dit de tout ornement vain, frivole et de peu de valeur.

FANFONI. s. f. Mandoline. Instrument de musique. Il est vieux et presque hors d'usage. Au fig. C'est un terme que l'on dit par mépris de l'attirail des objets d'amusemens ou de récréations, etc., dont s'entourent et se munissent les enfans. *Levo-ti d'aqui eme touteis teis fanfonis* : ôte-toi de là avec tout ton attirail.

FANFOUNIA. v. n. Tinter. Faire resonner du métal, du verre, du bois, du papier, etc., comme si l'on grattait la mandoline.

—Farfouiller. Fouiller dans quelque chose avec désordre et en faisant résonner les objets que l'on embrouille.

FANGAS. s. m. Bourbier. Lieux creux et plein de bourbe. Au fig. Embarras. Mauvaise affaire d'où il est difficile de se tirer. En ce sens il est fam. et popul. *Es dins un beou fangas.* il est dans un terrible embarras.

FANGASSIA. v. n. Patrouiller. Marcher dans la boue, dans le margouillis.

FANGASSIÉ, IÈRO. adj. Patrouilleux, patrouilleuse. Celui, celle qui se plaît à passer, à marcher dans la boue et le margouillis.

FANGASSIÉ. s. m. Râle. Oiseau de la grosseur d'un merle qui se tient le long des rivières et des marécages.

FANGO. s. f. Boue. Fange.

FANGOUÉ.) adj. f. Bourbeuse.
FANGOUX.) adj. Bourbeux. Fangeux. Boueux, boueuse.

—Croté, crotée. *Camin fangoux :* chemin boueux. *Pès fangoux :* pieds crotés. *Raoubo fangoud :* jupe crotée.

FANGUEJHA. Voyez FANGASSIA.

FANTAS. adj. et s. Fantasque. Capricieux. Sujet à des fantaisies, à des caprices.

FANTOUMARIÉ. s. f. Caprice. Fantaisie.

FANTOUMEJHA. v. n. Folâtrer. Plaisanter. Passer le temps. Badiner. Il est vieux et hors d'usage. — Rioter. Voyez FADEJHA.

FAOU. s. m. Hêtre. Fouteau. Arbre de haute futaie.

FAOU, FAOUSSO. Faux, fausse. Qui n'est pas véritable. Qui est contraire à la vérité, à la règle, qui est supposé, altéré, contraire à la bonne foi. *Bihet faou, rapport faou, aco est faou, faousso nouvello.*

FAOU-NOUM. s. m. Sobriquet. Sorte de surnom.

FAOU-PLI. s. m. Anguille. Bourrelet. Faux pli donné à un drap.

FAOUCADO. s. f. Terme de certains ports de mer. Partie de plaisir sur mer.

FAOUCIA. v. a. Couper avec la faucille.

B.-R. FAOUCIHETTO. s. f. Martinet. Oiseau. Espèce de petite hirondelle noire.

FAOUCIHO. s. f. Faucille. Instrument propre à couper les blés. Voyez OOULAME.

FAOUCIHOUN. s. m. dimin. Serpe. Petite faucille. Étrape.

FAOUCO. s. f. Macreuse. Oiseau de mer de la grosseur d'une poule. La chair de cet oiseau est compacte et d'un goût approchant de celle d'une grive.

FAOUDADO. s. f. Plein un tablier. Quantité de choses que contient le tablier retroussé d'une femme de la campagne. *Uno faoudado d'erbo :* plein un tablier d'herbe. *n'adusièn de faoudados :* ils en apportaient des tabliers pleins.

FAOUDAOU. s. m. Tablier. Partie d'habillement de femme. *Faoudaou d'indienno, de taffetas,* etc. : Tablier d'indienne, de taffetas, etc.

FAOUDETTO. s. f. Devantière. La partie d'en haut d'un tablier qui n'est point plissée. *Quan lou faoudiou n'a pas ben de foun, foou leissa la faoudetto pu larjho :* lorsque le tablier n'a pas beaucoup d'ampleur, il faut laisser la devantière plus large.

FAOUDIET. s. m. dim. Petit tablier. Tablier d'enfant.

FAOUDIOU. s. m. Devantier. Pièce de serge, de toile, de cuir, etc., que les femmes et les artisans mettent devant eux pour conserver leur habillement en travaillant. On lui donne quelquefois aussi le nom de *Faoudaou,* bien que ce mot désigne un tablier d'ornement ; au lieu que le *faoudiou* n'est qu'un devantier ou tablier de fatigue. *Faoudiou poudaire :* tablier ou devantier (en toile) de vigneron. *Faoudiou de sarjhos :* devantier de demi-laine.

FAOUDO. s. f. Giron. Il se dit de cet espace qui est depuis la ceinture jusqu'aux genoux dans une personne assise. *Asseta su la faoudo :* asseoir sur les genoux. *Dourmi su la faoudo :* dormir sur les genoux

FAOUSSA. SI FAOUSSA. v. récip. Se déjeter. Il se dit du bois qui se tourmente, qui se courbe, s'enfle et s'étend. *Planchos faoussados :* ais dejetés.

FAOUTI. v. n. Faillir. Manquer. Faire faute.

FAOUTOR. s. m. Tricheur. Celui qui triche, qui trompe au jeu.

FAOUVIQ. s. m. Sumac. Arbrisseau employé dans la teinture.

FAQUINO. s. f. Capote. Surtout. Redingote appelée encore anglaise. Sorte d'habillement d'homme. *Faquino de drap* : redingotte de drap.

FARABOURDO. s. f. Bourde. Sornette. Mensonge. Fable. Conte inventé à plaisir. *Nous couento que de farabourdo :* il ne nous conte que des sornettes. *Es uno farabourdo :* c'est une bourde.

B.-A. FARANDOUIHO. ⎫
B.-R. FARANDOULO. ⎬ s. f. Farandoule. Farandole. Sorte de branle, où plusieurs personnes se tenant par la main les uns les autres, parcourent les rues en chantant ou poussant des cris.

FARATI. s. m. Terme de pêcheur. Entrée, ouverture d'une madrague.

FARCEJHA. v. n. Bouffonner. Plaisanter. Folâtrer. Faire des farces.

FARFOUYA. v. n. Farfouiller. Fouiller avec désordre. Voyez VARAYA.

FARIGOOUDAS. Voyez FADAT. BEDIGAS. TATUREOU.

V. FARIBUSTO. s. f. Bourde. Voyez FARABOURDO. GOUAYO.

B.-A. FARIGOURO. Voyez FALIGOULO.

FARINADOUIRO. Voyez FARINIÈRO.

FARINETTO. s. f. Petite farine. C'est ainsi qu'on appelle la farine de légumes, tels que pois-chiches, pois carrés, fèves, etc., mêlés et moulus ensemble. Cette farine délayée dans de l'eau bouillante, cuite et épaissie, donne une soupe nourrissante qui est bientôt faite, ce qui est très-commode pour les gens de campagne et les personnes pressées qui n'ont pas le loisir d'attendre longtemps. On donne à cette soupe le nom de *Boro. Brigadeou. Poutrovo* et *soupo de farinetto.* Voyez BRIGADEOU.

FARINIÈRO. s. f. Boîte à farine. Petit meuble de cuisine dans lequel on tient de la farine pour enfariner quelque chose que l'on va faire frire. — Huche de moulin à farine.

FARINO FOUÈLLO. s. f. Folle farine. Partie la plus subtile de la farine.

FARINOUX, OUÈ. adj. Farineux, farineuse. Qui tient de la nature de la farine. *Leis bouèncis trufos soun*

farinouès : les pommes de terre farineuses sont les meilleures. *Pouns farinoux :* pommes à chair farineuse.

FARLOCO. s. f. Freloque. Pièce de monnaie fausse, hors de cours ou de rejet.

FARMA. v. a. Fermer. Clore ce qui est ouvert.

FARMA, ADO. part. Fermé, fermée.

FARNEIROOU. s. m. Anche. Conduit par lequel la farine tombe dans la huche d'un moulin.

FARNISSIEN. s. f. Frissonnement. Émotion causée par une peur soudaine. — Tressaillement occasionné par une passion violente. *Ave farnissien :* tressaillir de peur ou d'émotion. Voyez FRENISIEN.

FARNOUX. Voyez FARINOUX.

FAROT, FAROTTO. adj. Élégant, élégante. Fier. Vain et recherché dans sa parure.

FAROT. s. m. Terme Marseillais. Phare. Lieu où est la tour du phare en delà de la citadelle de Saint-Nicolas, où les jeunes gens vont se récréer.

FAROUGE, FAROUIHO. adj. Sauvage. Farouche. Qui n'est point apprivoisé. On ne le dit que des animaux.

FAROUTEJHA. v. n. Se pavaner. S'adoniser. Faire l'important. Il est populaire

FARRA. v. n. Ferrer. Garnir de fer. *Farra uno pouerto, uno crousièro :* Ferrer une porte une croisée. — Attacher des fers aux pieds d'un cheval et aux autres bêtes de somme. *Faire farra l'aze :* faire ferrer la bourrique.

FARRA. s. m. Seau. Vase de bois ayant une anse de fer, et servant à puiser de l'eau dans un puits. Voyez POUAIRE.

FARRAGI. s. m. Ferrure. Action de ferrer les chevaux. Manière dont on les ferre. *Farragi* se prend quelquefois pour *Farrayo.* Voy. FARRAYO.

FARRAMENTO. s. f. Ferrure. Garniture de fer.

Tout ouvrage en fer quelconque, soit brut ou poli. *La ferramento d'uno pouerto :* la ferrure d'une porte. *Tènoun de farramento :* ils vendent les objets de ferrure ou les articles de fer. *Marchand de ferramento :* ferrandinier.

FARRAYO. s. f. Ferrage. Terre à blé extrêmement fertile et située aux alentours d'une commune. Au fig. Toute sorte d'immeuble d'un riche produit. *Aco soun de farrayos :* ce sont des terres riches. On dit communément d'un homme pauvre qui s'aventure beaucoup. *Que risquo pas de mangea seis farrayos :* qu'il ne craint pas de se ruiner, puisqu'il n'a rien à perdre.

FARRET. s. m. Fagot. Botte. Quantité. *N'aviè un farret souto lou bras :* il en portait un fagot sous le bras. Son plus grand usage est dans cette locution populaire. *Faire soun farret :* faire ses orges, faire des profits, mettre du foin dans ses bottes. *N'a parti qu'après ave fach soun farret :* il n'a quitté que lorsqu'il a eu bien mis du foin dans ses bottes. Voyez FRETOS. FAIRE SEIS FRETOS.

FARROU. } s. m. Verrou. Pièce
FARROUI. }

de fer, qui va et vient entre deux crampons, qu'on applique à une porte, afin de pouvoir la fermer.

FARROUYA. v. a. Verrouiller. Fermer au verrou.

FARSIFICA. v. a. Falsifier. Altérer par un mauvais mélange.

FARSOUNIOU. Voyez FASSOUNIÈ.

FARSUN. Voyez FASSUN.

FASSAYO. s. f. Bûcher. Gros et long faisceau de bois et de branchages, que l'on place sur une charrette, et que l'on promène, étant allumé, dans les rues d'une commune le soir de la veille de sa fête patronale, en signe de réjouissance publique. *Brula la fassayo :* brûler le bûcher, le faisceau.

FASSÈSSI. Voyez FACÈSSI.

FASSETOUN. s. m. Voyez CAMISOUN.

FASSI. v. a. Farcir. Remplir de farce. Au fig. *Si fassi :* Se remplir, se gorger. Manger outre mesure.

FASSOUNIA. v. n. Façonner. Faire des façons, des cérémonies inutiles. Il est familier comme le suivant.

FASSOUNIÈ, IÈRO. adj. Façonnier, façonnière. Cérémonieux, cuse. Qui est incommode par trop de cérémo-

nies. *Es un home trop façouniè :* c'est un homme trop cérémonieux.

FASSUN. s. m. Farce. Hachis de viande assaisonnée, dont on garnit un morceau de poitrine (*Piès*) de mouton, que l'on met au pot. *Faire un fassun :* farcir un morceau de viande pour mettre au pot. *Manjha un fassun :* manger de la farce.

FASTIGAGI. s. m. Sollicitude. Tracas. Activité. Mouvement accompagné de trouble, de désordre, d'embarras. *Es un fastigagi que feni plus !* c'est un embarras de tous les diables.

FATIGANT, ANTO. adj. Lassant, lassante. Fatiguant, ante. Qui fatigue, qui lasse, qui importune.

FATRASSARIE. s. f. Discours frivole et inutile. — Vétille. Chose de rien.

— Tracasserie. Méchant procédé. Discours, rapport qui tend à brouiller des gens, les uns avec les autres.

FATRASSEJHA. v. n. Vétiller. S'amuser à des vétilles, à des choses de rien. Lanterner. Bargigner.

FAVEROTTOS. } s. f. pl. Fève-
FAVETOS. }

rolles ou fèverolles. Petites fèves ou fèves naines. Sorte de légume.

FAVÒ. s. f. Fève. Plante et légume. La cendre des écorces sèches des fèves, est très-propre à chasser les pucerons de dessus les fèves vertes. Il faut avoir soin de ne l'y répandre que le matin lorsque les plantes sont encore humides de la rosée, ou avant qu'elles soient ressuyées de la pluie.

FAVOS. s. f. Lampas. Terme de vétérinaire. Maladie des chevaux qui affecte le palais et la mâchoire supérieure.

FAVOUN. s. m. Cosse. Dépouille des fèves.

FAVOUYO. s. f. Crabe. Poisson de mer de la famille des cancres et du genre des crustacées, qui ressemble à une araignée. On le mange ordinairement bouilli, à la croque-au-sel. — Au figuré. Sottise. Fausse démarche. Fausse spéculation. *Fairo uno favouyo :* faire une sottise.

FAYARD. s. m. Hêtre. Arbre de haute futaie. Voyez FAOU.

FAYET. v. n. impers. Falloir. *Foou* ou *faou*, *fuliè* ou *fouliè*, *fouguet*, *a fougu*, *foudra*, *que fougue*, *que fouguesse*. Être de nécessité, de devoir, de bienséance. *S'en faou de fouesso* : Il s'en faut de beaucoup. On dit proverb. *Es un faou faire* : C'est en faire le faut, pour dire, c'est une chose qu'il faut absolument faire.

FAYO. s. f. Éraillure. Endroit d'une étoffe, d'une toile, d'un tissu, moins serré que le restant et qui laisse entrevoir le jour. *Télo pleno de fayos* : toile toute éraillée. *L'y a uno fayo* : il y a une éraillure.

FAYO. s. f. Fente. Félure d'un vase, d'un ustensile. Voyez ESCLO.

FAYOOU s. m. Haricot. Plante et légume. *Fayoou blanc*, *fayoou vert* : haricot blanc, haricot vert.

FAYOOU-BANET.
FAYOOU-NEGRE. } s. m. Dolic à onglet, appelé vulgairement haricot noir. Sorte de haricot blanc ayant un œil ou ombilic noir. Il vient très-bien dans la moyenne et Basse Provence aux environs d'Aix, où on lui donne en vert le nom de *Banetos* à cause de la longueur de ses siliques ou gousses, et de *mounjhettos* en sec. Voyez BANETOS. MOUNJHETTO.

FAYOOU. Au fig. Benêt. Niais. Simple. Imbécile. *Sies un beou fayoou de souffri aco* : tu es bien bête de souffrir pareille chose. *Lèvo ti d'aqui, gros fuyoou* : Ote-toi de là, imbéc le.

FAYOOURAS. s. m. Terme de mépris. Voyez FADAT. FAYOOU. C'est le superlatif de ces deux mots.

FAYOS. s. f. Faines ou fouèsnes. Fruit qui est aussi la semence du hêtre.

FE. s. f. Foi. La première des trois vertus théologales, celle par laquelle on croit fermement les vérités que Dieu a révélées. — Croyance. — Dogmes de la religion chrétienne.

— Assurance qu'un homme donne de garder sa parole, de tenir sa promesse, etc. On dit qu'un homme, *n'a ni fe ni lei* : qu'il n'a ni foi ni loi, pour dire, qu'il n'a aucun sentiment de religion . ni de probité.

On dit familièrement et populairement. *L'y ai pas fe* : je n'en crois rien. *Ma fe*, par ma fe! Ma

foi, par ma foi! Sorte de jurement par lequel on affirme une chose.

FEBLE, FEBLO. adj. Faible. Débilequi manque de force. *Visto feblo* : vue faible. On dit fig. *Ave leis reas febles* : avoir les reins faibles, pour dire, n'avoir pas assez de bien, assez de crédit pour venir à bout de ce qu'on entreprend.

On dit fig. parlant du principal défaut ou de la passion dominante d'une personne. *Qu'es soun feble*, *que l'an pres per soun feble* : que c'est son faible, qu'on l'a pris par son faible.

FÈBRE. s. f. Fièvre. Maladie. *Febre cartano* : fièvre quarte. *Febre de lach*. Poil. Fièvre éphémère à laquelle sont sujettes les nourrices et les nouvelles accouchées. On dit prov. et fig. d'une personne qui mange excessivement. *Qu'à leis febres galavardos* : qu'elle mange comme un ogre.

FEBRIÉ. s. m. Février. Le second mois de l'année. On dit proverb. *Febriè lou court*, *lou pu catiou de tous* : février le pire de tous.

FEBROTTO.
FEBROUNO. } s. f. Fièvrotte. Petite fièvre.

FEBROUX, OUÈ. adj. Fiévreux, euse. On le dit des personnes qui sont actuellement attaquées des fièvres, comme des alimens de l'air et du climat qui les procurent. *Pays febroux*, *leis ambricots soun febroux*. Pays fiévreux. Les abricots sont fiévreux.

FEDAN.
FEDUN. } s. m. pl. Terme génériq. Les brebis. *Foou l'y mena tout lou fedan* : Il faut y conduire toutes les brebis.

FEDO. s. f. Brebis. Femelle du bélier. *Trou pou de fedos* : troupeau de brebis. On dit proverb. et fig. *Bello fedo*, *agneou fouiroux* : belle brebis, chétif agneau, pour dire, qu'il est assez ordinaire à une belle femme d'avoir des filles laides. On dit aussi prov. et fig. *Quu fedo si fa*, *lou loup la manjho* : qui se fait brebis, le loup le mange, pour dire, qu'il est quelquefois dangereux d'avoir trop de douceur, trop de bonté.

FEDOUN. Poulain. Cheval ou toute autre bête de somme nouvellement née. Il se dit ordinairement des chevaux jusqu'à l'âge de trois ans. *N'es enca qu'un fedoun* : ce n'est encore qu'un poulin. *Lou croumperian fedoun* : nous l'achetâmes très-jeune.

FEDOUN. Au figuré. Doux. Docile, comme une brebis. On le dit des bêtes de somme de tout âge. Voyez PAI. *Aqueou muou es un fedoun* : ce mulet est aussi doux qu'un agneau.

FEGE. s. m. Foie. Viscère de l'animal, de couleur rougeâtre.

FEGE (SECO). s. m. Terme de mépris. Ennuyeux. Importun. Il est populaire. *N'est qu'un seco-fege* : ce n'est qu'un importun.

FEGNA. v. a. Feindre. Simuler. Faire semblant. Voyez VEJHAI.

FEGO. s. f. Foi. Voyez FE.

FEICELLO. s. f. Eclisse. Ecuelle percée. Espèce d'écuelle en poterie trouée par le fond et par les côtés, servant de moule à faire les fromages, et à les y faire égoutter.

FEISSEOU. Voyez FEICELLO.

B.-A. FEISSET. s. m. Petit paquet de tripes d'agneau ou de mouton. *Manjha de feissets* : manger des boyaux d'agneau ou de mouton.

FEISSETIA. v. n. Terme de nourrice. Marcher, aller en chemise. On le dit des petits enfans qui se dérobent à leurs mères pour courir en chemise dans la belle saison. Il est populaire.

FEISSETIE. s. m. Qui aime à courir en chemise. On ne le dit que des petits enfans.

FEISSETIE. s. m. Paillard. Débauché. Terme un peu libre.

FEISSETTO.
FEISSETTOUN. } s. f. Chemisette.

Petite chemise d'enfant. Voyez CAMISSOUN.

FEISSINO. s. f. Fascine. Fagot de menues branches d'arbres. *Faire de feissinos* : faire des fagots. *Feissino d'oouliviè* : fagots d'oliviers.

V. FELIPOUN. s. m. Passe-partout. Clef commune à plusieurs personnes pour ouvrir la même porte.

— Rossignol. Instrument dont les serruriers se servent pour ouvrir toute sorte de serrures.

FEM. s. m. Fumier. Voyez FÈN.

FEMELAN.
FEMELUN. } s. m. pl. Terme

général. Les femmes. Les femelles. On le dit par mépris en parlant des personnes du sexe en général. *Ren de pu testard que lou femelan* : rien de plus entêté que les femmes.

FÈN. s. f. Foin. Herbe fauchée et séchée dont on nourrit les chevaux et autres animaux. *Secound fen* : Regain. Voyez ROUIBZE.

FÈN.
FÉM. } s. m. Fumier. Paille qui

a servi de litière aux bestiaux et qui est mêlée avec leur fiente. C'est une substance, quoique commune, précieuse et recherchée pour fertiliser les terres stériles ou épuisées. *Carrejha de fèn* : transporter du fumier. *Ana oou fèn* : aller ramasser du fumier.

FENAT. s. m. Méchant garnement. Homme sans frein. Mauvais sujet. *Quintou fenat* : quel mauvais sujet. *Marri fenat* : mauvais garnement.

FENDERASSO. s. f. Crevasse. Fente.

— Grand accroc. Longue, grosse déchirure. Au fig. *Estafilade* : grande coupure.

B.-A. FENDUDO. s. f. Terme de moissonneur. Trace. Trouée. Ouverture que le chef des moissonneurs, (*lou capouriè*) fait dans un champ de blé avec la faucille pour y tracer les espaces que doivent moissonner ses camarades. *La fendudo es facho poudès ana* : la trace est faite, mettez-vous à la besogne.

FENESTRO. s. f. Fenêtre. Ouverture dans un mur pour donner du jour. Voyez ESTRO. *Fenestro d'un cluchiè* : onies d'un clocher. *Fenestro d'uno égliso* : vitrail d'une Église.

FENESTROUN. s. m. Petite fenêtre. Volet d'une fenêtre.

FENETA. v. a. Faucher. Couper le foin. Voyez SEGUA.

FENIAN, FENIANTO. s. et adj. Fainéant, fainéante. Paresseux, euse.

FENIANTAIHO. s. f. génér. Fainéans. Ceux qui fainéantent, qui demeurent sans rien faire par paresse, oisiveté. *Tas de feniantaiho* : tas de fainéans.

FENIANTUN. s. m. Oisiveté. Fainéantise. Faitardise.

FENIEIRA. Voyez ENFENIEIRA.

FENIEIRADO. s. f. Plein le fénil. Ce que contient ou peut contenir le grenier-à-foin étant rempli. *Uno fenierado d'esparset :* plein un fénil de sainfoin.

FENIÈRO. s. f. Fénil. Lieu où l'on serre le foin, et à qui, par cette raison, l'on donne aussi le nom de grenier-à-foin.

FENOU. s. m. Fenouil. Plante aromatique à ombelle. Les semences du fenouil sont apéritives, béchiques, et carminatives.

FENOU, (GROS.) s. m. Férule. Plante ombellifère.

FENTO. s. f. Fente. Félure. Crevasse.

— Fiente. Excrément de l'homme. *Fasiè la fento de la bouco :* il faisait les excrémens par la bouche.

FEOU. s. m. Fiel. Liqueur jaunâtre d'une extrême amertume, contenue dans un petit reservoir adhérent au foie.

Le fiel est le meilleur de tous les ingrédiens connus, pour enlever les taches et la crasse des habits sans altérer la couleur du drap.

V. FÉOUPA. Voyez FLEOUPA.

V. FEOUPO. Voyez FLEOUPO.

FEOUSE. s. m. Fougère. Plante dont la cendre entre dans la composition du verre, et dont la racine coupée obliquement représente un aigle double, tel que le porte dans ses armes l'Empereur d'Allemagne.

FEOUSIÈRO. s. f. Fougeraie. Lieu plein de fougère.

FEOUTRE. s. m. Feutre. Espèce d'étoffe de laine non tissue, dont on fabrique des chapeaux.

FEOUVE. Voyez FEOUSE.

FEOUVIÈRO. Voyez FEOUSIÈRO.

FER, FERO. adj. Sauvage. Non cultivé. On le dit des arbres et des plantes. *Poumiè fer :* pommier sauvage. *Castagno fèro :* marron d'Inde. *Cicori fer :* chicorée sauvage. Au fig. Stérile. Qui ne saurait rien produire. *A'no fremo que n'es pas fèro, tous leis der mes li f'an pichoun :* son épouse, terre fertile, tous les dix mois lui donne un fils.

V. FERRAGNOUN.
V. FERRAI. } Voyez FARRAYO.

FERRAT. s. m. Benitier. Vase dans lequel on met de l'eau bénite et que l'on porte dans l'Église lorsqu'on fait l'aspersion.

FERRAT. s. m. Seau. Voyez FARRA.

FERRE.
FERRI. } s. m. Fer. Métal le plus commun de tous. *Ferri vieil :* vieux morceau de fer. *Ferre per estira :* fer à repasser le linge.

FERROUX, OUÈ. adj. Ferrugineux, euse. Qui tient de la nature du fer.

FES. s. f. Fois. Terme servant à désigner le temps et la quantité des choses dont on parle. *De fes vèn :* parfois il vient. *Dex fes :* dix fois. *Tout à la fòs :* tout à la fois, tout ensemble.

FESTA. v. a. Fêter. Chômer. Célébrer une fête.

FESTIBULA. v. a. Affecter. Être en souci. Offusquer. Chagriner, donner de la tablature. Mettre en considération. Plonger dans l'inquiétude. *Aco mi festibulo :* cela m'affecte, me donne du souci. *Aco lou festibulavo :* cela l'inquiétait.

FESTO. s. f. Fête. *Per la festo de Dieu :* lors de la Fête-Dieu.

FÉLIGNOUX, OUÈ. adj. Fringant. Fort alerte, fort éveillé.

— Qui se donne des airs, qui se pavane. En ce sens il est substantif. *Es un fatignoux :* c'est un fringant.

FIALAS. s. m. Congré. Poisson de mer semblable à l'anguille. On en voit qui pèsent jusques à 150 livres et que l'on coupe par tronçons. Il y en a de blancs et de noirs; ces derniers sont les plus estimés.

FIANCO. s. f. Confiance. Fidélité. Il n'est usité que dans cette façon de parler populaire. *Prenez aco, vous va douni fet et fianço :* prenez cela, je vous le remets en toute confiance. *Vous assuri fet et fianço :* je vous assure en toute fidélité et confiance.

FICAOU. s. m. Terme de muletier. Cheville de fer ou de bois qu'on place aux courbets d'un bât de mulet pour y fixer les cordes qui soutiennent la charge.

— Espèce de boulon attaché avec un cordon au haut d'un bât de mulet, pour y accrocher la longe du licou.

FICHA. v. a. Ficher. Faire entrer par la pointe.

— Tapper. Donner un coup. *Ficha un soufflet* : donner un soufflet.

— Jeter. Lancer avec la main ou avec quelqu'autre chose.

— Abattre. Faire tomber. *Ficha un coou de peiro* : donner un coup de pierre. *En passan va tout ficha oou soou* : en passant il a tout fait tomber à terre. *Ficha un caire* : ennuyer. Importuner. Lasser. *Ficha lou cam* : s'évader. S'enfuir. Se dérober aux recherches d'autrui.

FICHA (SI). v. récip. Se moquer. Braver. Mépriser. Il est populaire. *Si fichoun de n'aoutres* : ils se moquent de nous. *Mi fichi d'eou et de tout ce que dis* : je me moque de lui et de ce qu'il dit.

FICHA, ADO. part. *L'as ficha oou soou* : tu l'as jeté à terre. *L'an fichado à la carrièro* : on la mise à la rue. Le mot de *ficha* dans tous ses divers sens, est toujours bas et populaire.

FICHA, ADO. adj. Mort. Perdu. Ruiné, ée. *Aqueou malaou est ficha* : c'en est fait de ce malade, il est perdu. *Marchand ficha* : marchand ruiné ou en déconfiture. *Tout ce que l'y a beila es ficha* : tout ce qu'il lui a remis est perdu.

FICHAOU, AOUDE. adj. Nigaud. Niais. Bourru. Benêt. Niaise. Il s'emploie aussi substantivement. *Aqueou fichaou* : ce nigaud là.

FICHASSO. adj. f. Niaise. Simple.

FICHASSOUN, OUNO. s. Querelleur. Contrariant. Méchant. Bourru. On ne le dit que des enfans ou par dénigrement des personnes de petite taille. *Quintou fichassoun !* Quel petit drôle !

FICHÈSO. s. f. Vétille. Bagatelle. Niaiserie. Chose de peu de valeur, ou qui ne mérite aucune attention. *S'amuso qu'en de fichesos* : il perd son temps à vétiller.

FICHIMASSIA. v. n. Vétiller. S'amuser à des bagatelles. *Qu'es que fichimassiez aqui?* De quoi t'amuses-tu donc là ?

FICHIMASSIA (ESTRE). Au fig. Être chagrin. Chiffonné. Indisposé. Dérangé par fait de malaise dans le corps, ou de chagrin dans l'esprit. *Siou tout fichimassia, sabi pas ce qu'ai* : je suis dans un malaise que je ne saurais définir. Il est familier et populaire. *Siou touto fichimassiado* : je suis toute indisposée.

FICHOU. s. f. Dépit. Colère. Fâcherie. *A lou fichou que li vai* : il est dans un état d'irritation. *M'a fach veni lou fichou* : il m'a fait prendre la chèvre. On dit famil. *Quand lou fichou li prend* : quand son toupet lui prend, pour dire, un mouvement d'impatience et de colère.

FICHOUIRO. s. f. Fichure. Fouine. Instrument de pêcheur. C'est une fourchette à plusieurs fourchons, avec laquelle on darde le poisson qui parait vers la surface de l'eau.

FICHU, UDO. adj. Voyez FICHA.

FICHUR. s. m. Schall. Fichu. Mouchoir de cou pour femme.

FIDEOU. adj. Fidèle. Loyal. Qui garde la foi. — Conforme à la vérité.

V. FIDEOU. s. m. Vermicelle. Voyez VARMICHELI.

FIÈ. s. f. Terme de montagne. Brebis. *Garda leis fiès* : garder les brebis.

FIÈ. s. f. Terme de montagne. Figue. Fruit du figuier. *Manjha de fiès* : manger des figues.

FIÈFA. adj. Fieffé. Au suprême degré.

FIÈLA. v. a. Filer. Faire du fil. On dit proverb. et fig. *Doou temps que Martho fièlavo* : dans le bon vieux temps, du temps du Roi Guillemot. On se sert de cet adage pour marquer, ou pour regretter les bonheurs passés, le temps de vigueur, d'opulence et de prospérité où l'on s'était vu.

FIÈLA. Voyez CASSAIRE-DE-FIÈLA.

B.-A. FIÈLADURO. s. f. Terme de fileuse. Chanvre sérancé et prêt à filer. *N'avès ges de fièladuro ?* N'avez-vous point du chanvre à faire filer ?

FIÈLAGNO. s. f. Enfilade. Chapelet de figues, de poires de cormes ou autres fruits, que l'on fait avec une éguille et du fil, afin de pouvoir les suspendre et les exposer plus facilement aux rayons du soleil pour les faire sécher. *Fièlagno de figuos* : chapelet de figues.

FIÈLANDIÈRO. s. f. Fileuse. Celle qui file du chanvre, de la laine, de la soie, etc., et qui les réduit en longs fils ou filets.

FIÈLAS. s. m. Gros filet à prendre du poisson.

FIÈLAS. Voyez FIALAS.

FIÈLAS-FER. s. m. Anguille. Poisson.

FIÈLEIRIS. Voyez FILANDIÈRO.

FIÈLET. s. m. Filet. Ligament élastique et musculeux qui paraît sous la langue, et qui l'empêche de remuer avec facilité lorsqu'il est trop long. On le coupe avec la pointe des ciseaux. On dit ordinairement d'un grand parleur. *Que l'y an ben coupa lou fièlet* : qu'on lui a bien coupé le filet.

FIÈLOCUO. s. f. Anille. Vrille. Espèce de liens qui viennent aux sarmens de vigne, ainsi qu'aux tiges de certaines plantes et qui leur servent comme de mains pour s'attacher aux arbres ou aux autres corps qui les avoisinent. *Fièlocho de meloun, de pastèquo* : vrille de melon, de pastèque. Le desséchement de la vrille attenant à la queue du melon, ou de la pastèque, est l'indice le plus certain de la maturité de ces fruits.

FIÈLOUÈ. } s. f. Quenouille.
FIÈLOUSO. }

Sorte de petite canne ou de bâton que l'on entoure vers le haut, de chanvre, de laine, de lin, de soie, etc, pour filer.

V. FIENCA. Voyez FICHIMASSIA.

B.-A. FIÈRA. Voyez FIÈLA.

FIÈRET. Voyez FIÈLET.

FIÈRO. s. f. Foire. Grand marché annuel. *Faire fièro* : faire emplette à une foire.

FIÈROUÈ. s. f. Petite foire. *Es pas uno fièro n'es qu'uno fièrouè* : ce n'est pas une foire, mais bien un simple marché.

B.-A. FIÈROUÈ. s. f. Quenouille. Voyez FIÈLOUSO.

FIFI. s. m. Pouillot. Roitelet hupé.

Petit oiseau. Au fig. Homme fluet, personne fluette, délicate, de faible complexion, de nulle apparence. *Es un fifi* : c'est un corps trop faible. *S'embl'un fifi* : il n'a d'apparence aucune.

FIGO. s. f. Figue. Fruit du figuier. En voici les qualités les plus connues. *Figo barnissotto* : figue bourjassote.

— *Bigounetto,* } Petite blanche.
   ou camocho. }

— *D'ai ou fèro* : sauvage agreste.

— *Marseilleso* : blanche de Marseille.

— *Blavetto* } Bleue à côte
   ou mouissouno. }
blanche.

— *Megrouno* : molette ou grasse, noire.

— *Ooubiquo* : violette.

— *Rôso* : grosse blanche.

— *Servantino* : cordelière.

— *Roumaino* : grosse verte.

— *Troucmpo cassaire* : petite verte. Au fig. *Faire la figo* : Faire la grimace. On dit prov. et fig. *Aquo soun de figuos d'un aoutre panié* : à celui qui s'étant engagé à faire ou à livrer quelque chose, veut le dédire ou moins faire, pour dire, c'est autre chose, ce sont les figues d'un autre panier.

FIGOUN. s. m. Dimin. Petite figue.

V. FIGUEIRA. v. n. Cueillir les figues.

V. FIGUEIREDO. s. f. Figuerie. Verger de figuiers. Lieu planté de figuiers.

FIGUEIROUN. s. m. Pied de veau. Plante.

FIGUIÈRO. s. f. Figuier. Arbre qui porte les figues.

FIHAN. s. f. pluriel. Terme de dénigrement. Les filles. *Ounte-vu tout aqueou fihan ?* où vont-elles donc ces filles ?

FIHASSO. s. f. superl. Grande et grosse fille. *Quinto fihusso !* Quelle fille, grand Dieu !

FIHASTRE. s. m. Beau-fils. Le fils de la femme relativement au mari, et le fils du mari relativement à sa femme.

FIHASTRO. s. f. Belle-fille. Voyez l'article FIHASTRE ci-dessus.

FIHEIROOU. s. m. Vrille. Voyez FIÉLOCHO.

FIHOOU. s. m. }
FIHOLO. s. f. . } s. Filleul, filleule. Celui, celle que l'on a tenu sur les fonds de Baptême.

B.-R. FIHOLO. }
B.-A. FIHORO. } s. f. Terme de jardinier. OEilleton. Bourgeons qui poussent à côté et qui sont adhérens par la racine, à la tige principale de certaines plantes potagères, telles que céleri, artichaut, etc. On les en détache pour multiplier ces plantes.

FIN. }
FINS. } Préposition. Jusques. *Deis pès fin à la testo* : depuis les pieds jusqu'à la tête. *Fin qu'arribe* : jusqu'à ce qu'il arrive. *Li vai tou paga fins un soou* : je le lui ai tout payé jusqu'au dernier sou.

FINFO. ESTRE EN FINFO. Locution populaire et adverbiale. Triompher. Être dans la joie de ce que l'on est préféré ou de ce qu'on l'emporte sur les autres. — Faire parade de quelque chose. — Être dans la prospérité. *Aro es en finfo cesso plus lou canta* : il est maintenant tout joyeux et ne discontinue plus de chanter. *Soun pecaire pas en finfo* : les malheureux, ne sont pas trop à leur aise.

FIN-FOUN. s. m. Superlatif de Fond. Endroit le plus bas d'une chose creuse. *Es toumba oou fin-foun de la mar* : il est tombé à l'endroit le plus profond de la mer.

Il se dit fig. de tout ce qu'il y a de plus intérieur, de plus caché, de plus secret dans une affaire, dans une société, dans le cœur ou l'esprit de l'homme. *A tant vira tant tourna qu'a sachu lou fin-found de tout* : il a tant fait qu'il est parvenu à connaître le motif réel et secret de toutes ces différentes démarches.

FINISSIÈN. s. f. Achèvement. Terminaison. Fin. Il est populaire.

FINO. s. f. Abréviatif de Joséphine. nom de fille.

FINOCHOU. }
FINOCHO. } adj. Fin. Finet. Rusé. Adroit. Avisé, avisée. On ne le dit que des personnes.

FINOUCHOUX. }
FINOUCHOUÈ } adj. Fin. Délié. Léger, légère. Mince. On le dit d'un tissu, d'une étoffe, etc. *Tèlo finouchoué* : toile légère. *Drap finouchoux* : drap mince, léger. Finet.

FIOC. s. m. Feu. Celui des quatre élemens qui est chaud et sec. Voyez. FUÈCH. *Battre de fioc* : faire du feu avec le briquet.

FIOU. s. m. Fils. Terme relatif, qui se dit d'un enfant mâle par rapport au père et à la mère.

FIOU (PICHO). s. m. Petit fils. Terme relatif. Le fils du fils ou de la fille par rapport à l'aïeul ou à l'aïeule.

FIOU (BEOU). s. m. Beau-fils. Terme relatif, qui se dit de celui qui n'est fils que d'alliance.

FIOU. s. m. Filé. Terme d'officier. Voyez BROUNIANE.

FIOU. s. m. Fil. Réunion de petits brins de chanvre ou de lin, longs et déliés, tortillés entre les doigts avec le fuseau ou le rouet. — Métaux tirés en long et déliés comme du fil. *Fiou par courdura* : fil à coudre. *Fiou d'infer* : fil ou coton rouge, à marquer le linge. *Fiou de richaou* : fil d'archal. *Fiou deis fayooux vers* : filamens des cosses de haricots.

FISA. v. a. Fier. Commettre à la fidélité de quelqu'un. *Se fisa* : se fier. S'assurer sur quelqu'un ou sur quelque chose. *Te l'y fises pas* : ne t'y fies pas.

FISABLE. }
FISABLO. } adj. Fidèle. Sûr. Probe. Celui, celle sur la promesse, la fidélité, ou la probité duquel on peut compter.

FISC. s. m. Terme de chirurgie et de maréchal vétérinaire. Fic. Tumeur indolente qui ressemble à une figue. Elle peut arriver dans toutes les parties du corps chez l'homme, et vient ordinairement sous le ventre des chevaux et des mulets. Le meilleur de tous les moyens pour faire tomber cette espèce de loupe chez les animaux, est de la resserrer au milieu d'un morceau de bois d'épine-vinette, vert, fendu et lié par les deux bouts, que l'on y laisse jusqu'à ce qu'il tombe avec la tumeur.

FISTO. s. f. Foi. Il n'a d'usage que dans cet espèce de juron populaire. *Par ma fisto!* Ma foi! par ma foi!

B.-A. **FLA.** s. m. Liban. Grosse corde ou cable de sparte attachée à la poulie d'un grenier-à-foin pour servir à y monter les trousses de fourrage, de paille, etc. Voyez TRAIHAOU.

FLAC.
FLACO. } adj. Indolent Nonchalant. Mou. Lâche. Sans vigueur, qui se laisse aller à l'indolence, à la paresse. Flegmatique.

FLACO. s. f. Nonchalance. Indolence. Insensibilité. Paresse. *A la flaco* : il se laisse gagner à 'a paresse. Il est dans un état d'indolence.

FLAGELLA. v. n. Plier. Fléchir. Courber. On le dit d'un ais, et de toute chose qui se courbe et plie lorsqu'on la charge. *Passerian la gaffo sur uno plancho que flagellavo tant que penserian toumba* : nous passâmes le gué sur un ais qui pliait de telle sorte que nous faillîmes tomber dans l'eau.

FLAIHEOU. Voyez FLEOU.

FLAMADO. s. f. Flamme. Partie la plus lumineuse du feu qui s'élève au-dessus de la matière qui brûle.

FLAMEJHA. v. n. Flamboyer. Flamber. *Flamejho, flamejhavo, flamejhara, flamejharié, que flamejhe, que flamejhesso, que flamejhoun* : jeter de la flamme. Luire. Faire de la flamme. *Boufa lou fuech per que flamejhe* : souffler le feu pour qu'il fasse de flamme.

FLAME-NOOU. adj. Exactement neuf. Qui n'a que peu ou point servi. *Manteou de rescontre tout flame-noou* : manteau d'occasion exactement neuf. *Es encaro tout flame-noou* : il est encore tout neuf.

FLANC. *Mettre leis mans oou flanc.* adv. : tenir les mains sur les rognons. pour dire sur les hanches.

FLANDRINO. s. f Terme de mépris. Grande efflanquée. Gigue. Grande dégingandée, qui ne fait que sautiller, que gambader.

FLANQUA. v. a. Flaquer. Taper. Donner des coups. Appliquer un soufflet. *Si fa pas ce que li disi n'in flan-*

que uno bello moouto : s'il ne m'obéit pas je lui tape fortement dessus.

FLANQUADO. s f. Volée de coups.

V. **FLANQUADO.** s. f. Raie. Sorte de poisson. Voyez CLAVELADO.

FLAOUGNARD. Voyez FLOUGNARD.

FLAOUGNARDARIÉ. Voyez FLOUGNARDARIÉ.

FLASCOU. s. m. Flacon. Espèce de bouteille ayant le goulot très-étroit et peu haut dont se servent les paysans pour porter leur boisson dans les champs.

FLASCOULET.
FLASQUET. } s. m. dimin. Petit flacon.

FLASSADO. s. f. Couverture de laine.

FLATTA. v. a. Flatter. Louer dans le dessein de plaire. Excuser par complaisance.

FLATEJHA.
FLATIA. } v. a. Cajoler. Caresser. Flatter.
FLATOUNEJHA *Flatejha un enfant* : carresser, cajoler un enfant. *Voou estre flatia* : il veut être flatté, caressé.

FLATIÉ, IÉRO.
FLATOUNIÉ. } adj. Flatteur, euse. Caressant. Cajoleur. Patelin, qui loue, flatte et caresse pour plaire, pour s'attirer les bonnes grâces et les faveurs de quelqu'un. *Aqueou pichoun es ben flatié* : cet enfant-là est bien caressant, bien flatteur.

B.-A. **FLAYUTA.** v. n. Jouer de la flûte.

B.-A. **FLAYUTAIRE.** s. m. Joueur de flûte.

FLAYUTO. s. f. flûte. Instrument de musique champêtre. Cette flûte ordinairement de roseau est l'instrument dont se servent nos ménétriers de la campagne pour jouer des fanfares, et pour faire danser le bas peuple.

FLAYUTET. s. m. Galoubet. Petite flûte à trois trous que l'on joue d'une main pendant qu'on bat le tambourin de l'autre.

FLEGI. v. n. Terme d'agriculture Faner. Flétrir. Perdre la fraîcheur, la vivacité, l'éclat de la couleur. Commencer à sécher. On le dit des plantes et de tous les végétaux. *Pariou qu'a quel aoubre es mouer, seis fueyos fle-*

qissoun : il paraît que cet arbre se meurt, ses feuilles se fanent.

V. FLEI. Voyez FLEOU.

FLEILA. } v. a. Battre avec un
FLEIRA. } Fléau. Au fig. Battre, donner des coups.

FLEIRAIRE. s. m. Batteur en grange. Ouvrier qui, dans le nord de la France, va battre le blé dans les campagnes en hiver.

Dans nos contrées méridionales on ne bat que les seigles dont on veut conserver le glui, et cette opération se fait toujours sur l'aire immédiatement après la moisson.

FLEIROUN. s. m. Furoncle. Clou. Petit abcès ou apostume qui sort en dehors et qui aboutit en pointe.

V. FLEITA. Voyez FLAYUTA.

V. FLEITAIRE. Voyez FLAYUTAIRE.

V. FLEITET. Voyez FLAYUTET.

V. FLEITO. Voyez FLAYUTO.

FLEOU. s. m. Fléau. Instrument très simple pour battre les grains. Il est composé de deux bâtons d'inégale longueur, attachés l'un au bout de l'autre par une forte courroie, qui laisse au plus court toute sa mobilité pour frapper sur les gerbes, lorsqu'il est agité par le batteur qui tient en main le plus long.

FLEOUCHE. Voyez FEOUSE.

FLEOUCHIÈRO. Voyez FEOUSIÈRO.

FLEOUMASSO. superlatif. Voyez FLEOUMO. s. de t. g.

FLEOUMO. s. f. Flégme. Matière épaisse semblable à de la morve, que l'on expectore. Au fig. Nonchalance. Lenteur. Indolence. *A la fleoumo* : il est pris de l'indolence.

FLEOUMO. s. t. de g. Lendore. Indolent. Homme lent et paresseux qui semble toujours assoupi. Il est populaire. *Que fleoumo, ren tou pou moourre* : quel lendore, rien ne peut l'émouvoir.

FLEOUPA, ADO. part. Effilé, effilée. On le dit du linge usé dont les fils se désunissent et se bouchonnent. *Linjhe fleoupa* : linge effilé.

FLEOUPO. s. f. Duvet. Espèce de poil qui survient au linge usé, (par la désunion et le brisement de ses fils), et que celui-ci dépose sur les étoffes qu'il touche.

FLETOUNIA. v. a. Tapoter. Donner de petits coups à plusieurs reprises. *Aquelo fremo fletounié pas maou seis pichouns* : cette femme tapote ses enfans généreusement.

FLIASCO. s. f. Fourniment. Sorte d'étui en carton ou en peau, ayant la forme d'une poire, dont les soldats et les chasseurs se servent pour y mettre la poudre. Nos chasseurs villageois et les gens de la campagne se servent pour le même usage d'une espèce de callebasse de la forme d'une bouteille. *Fliasco de la poudro*, la fliasco doou ploum.

FLIASCO. s. f. Gourde. Callebasse. Courge séchée et vidée, dont les soldats, les pèlerins, etc, se servent pour porter de l'eau ou du vin. *Rempli la fliasco* : remplir la gourde.

FLIN-FLAN. Flic-Flac. Mot qui exprime l'action de tapoter, de donner des soufflets à plusieurs reprises. *L'a trouveri que fasié ana sa man flin-flan su leis gaoutos de sa paouro pichouno* : je la trouvai tapotant sa pauvre petite de la belle manière.

FLOT. s. m. Gland. Houpe. Bouffette. Assemblage de plusieurs filets de soie, d'or, d'argent, de laine, etc, reliés par un bouton en forme de gland à sa partie supérieure. C'est un ornement qui termine ordinairement un cordon, et une enjolivure que les bourreliers mettent aux harnais des chevaux. *Un courdoun eme seis flots* : un cordon avec ses glands. *Leis flots d'un bridoun* : les bouffettes d'une bride.

FLOT. s. m. Touffe. Sorte de houppe que forme la laine qu'on laisse croître sur le dos d'un mouton ou d'une brebis en la reservant lorsqu'on le tond.

FLOC. s. m. Morceau. Quantité. Partie d'une chose séparée du tout. On ne s'en sert qu'ironiquement et par mépris. *Me n'a douna un beou floc* : il m'en a donné une belle quantité.

FLOC-DE-BOUÈS. s. m. Tricot. Bâton gros et court.

FLOC (A). TOUT-A-FLOC. adv. Embésogné. Affairé. Agité. Dans la grosse bésogne. Il est plaisant et populaire. *Courres bén, siés tout-à-floc* : tu as bien hâte, te voilà bien affairé !

FLOOU-FLOO U. s. de t. g. Terme de mépris que l'on donne à une personne grasse ou avachie, par imitation de l'effet que produit sur ses membres gros et dodus, le mouvement qu'elle fait en marchant. *Es un bcou floou-floou* : c'est une grosse gagui.

FLORES, FAIRE FLORES. }
FLORI, FAIRE FLORI. } adv.
Faire la pluie et le beau temps. Etre dans un état d'opulence et de prospérité qui mette à même de faire de l'éclat, de la dépense. *Estre flori* : être dans le gain, dans les honneurs et le bénéfice, jouir d'une santé parfaite. *Faire flores* : briller. Etre dans la prospérité. On dit prov. *Marchand d'oli, marchand flori* : marchand d'huile, marchand opulent, pour dire, que le commerce de l'huile est toujours avantageux à celui qui le fait.

FLOTTO. s. f. Touffe. Assemblage de certaines choses déliées, telles que cheveux, fil, etc, lorsqu'elles sont près à près et en quantité. *Flotto de peou* : touffe de cheveux. *Flotto de fiou* : écheveau de fil.

FLOUCA. v. a. Terme de marine. Baltre, frapper. Il n'a guères d'usage que dans cette façon de parler. *Flouca lou pahiè* : rosser, battre quelqu'un.

FLOUCA. Voyez AFFLOUCA.

B.-R. FLOUGNARD, ARDO. adj. et s. Boudeur, boudeuse. On ne le dit que des enfans. Il est vieux. Voyez PETENVIA. ENVEA.

B.-R. FLOUGNARDARIÈ. s. f. Bouderie. Action de bouder. Etat d'un enfant qui pleure et réchigne. Il est vieux. Voyez ENVEADISO. PENTEVIADURO.

FLOUQUET. s. m. Diminutif. Petite houpe. Voyez FLOT.

FLOUR. s. f. Fleur. Cette partie des végétaux qui a la couleur saillante, et qui contient les parties de la fructification qui sont les étamines et le pistil. *Flour de pesequiè* : fleur de pêcher. *Leis aoubres soun*

en *flour* : les arbres sont en fleur. *Flour escricho* : fleur panachée.

FLOUR. s. f. Fleur. Petite blancheur qui paraît sur la peau de certains fruits, comme raisins, prunes, etc, lorsqu'ils n'ont pas encore été maniés.

FLOUR. s. f. Chancissure. Moisissure. Espèce de pellicule ou mousse blanche, quelquefois jaune ou bleuâtre qui paraît sur une chose moisie. *Lou pan es mousi, vesès la flour* : le pain est moisi, voyez la chancissure.

FLOUR. s. f. Trèfle. Celle des quatre couleurs de cartes à jouer qui ressemble à la feuille du trèfle. *Viro de flour* : il tourne de trèfle.

FLOUR. s. f. Terme de marchand de vin. Fleurette. Voyez CHUANO.

FLOUR-DE-CAOU. s. f. Chaux fusée et réduite en poudre.

FLOUR DE L'AMOUR. s. f. Pied d'alouette. Plante.

FLOUR DE LA PASSIEN. s. f. Grenadille. Plante originaire de la Nouvelle Espagne, sur la fleur de laquelle on semble reconnaître divers instrumens de la passion du Sauveur, tels que les clous, le marteau, la couronne d'épines, etc.

FLOUR DE SANT JEAN. s. f. Millepertuis. Plante vulnéraire.

FLOURA. v. n. Fuser. Se fondre, se réduire en poudre. On ne le dit que de la chaux. *La caou que resto aqui senso estre d'estrempado, si flouro* : la chaux non éteinte qu'on laisse là, se fuse.

FLOURENTINO. s. f. Fromage de cochon.

FLOURETTO. s. f. Fleurette. Petite fleur.

V. FLOURETTO. s. f. Terme de boulanger. Recoupe. Farine qu'on retire du son remis au moulin.

FLOURI. v. n. Fleurir. Etre en fleur. Pousser des fleurs. *Leis amendiés flouriran leou* : les amandiers fleuriront bientôt.

FLOURI. v. n. et récip. Chancir. Moisir. Se couvrir d'une certaine mousse blanche qui marque un commencement de corruption. *La counfituro qu'es pas ben cuècho si flouris* :

la confiture qui n'est pas assez cuite se chancit.

FLOURIÈ. s. m. Charrier. Pièce de grosse toile qu'on met sur la lessive pour contenir la cendre, et dont on se sert aussi pendant la vendange, pour y déposer dans les vignobles les raisins que l'on y cueille pendant qu'on les charrie à la cuve.

FLOURISTO. s. m. Bouquetier. Vase à fleur.

FLOURISTO. s. m. Lévite qui répand des fleurs devant le Saint Sacrement pendant la procession de la Fête-Dieu.

FLOUS. Voyez FLOUR.

FLOUTA. v. a. Touffer. Terme de berger et de tondeur. Laisser des touffes de laine aux brebis et aux moutons en faisant la tonte.

FLUITA. Voyez FLAYUTA.

FLUITAIRE. Voyez FLAYUTAIRE.

FLUITET. Voyez FLAYUTET.

FLUITO. Voyez FLAYUTO.

FLUNI. Voyez COUISSINIÈRO.

FOGO. s. f. Foule. Presse. Vogue. Multitude de personnes qui affluent, qui s'entre-poussent. *Marchand qu'à la fogo* : marchand qui vend beaucoup.

B.-A. **FOOUCIOU.** }
B.-R. **FOOUCIS.** } s. m. Serpe de bûcheron. Instrument de fer large et plat, tranchant par le dos et coupant du côté recourbé. Il est emmanché à la manière d'un couperet. On s'en sert pour tailler des arbres, couper des haies vives, etc.

B.-A. **FOOUCIOUN.** }
V. **FOOUCHIO.** } s. m. Faucillon.
V. **FOOUCIS.** } cillon. Etrape. Petite faucille dont on se sert pour couper du verdage, des broussailles, etc.

FOOUDADO. Voyez FAOUDADO.

FOOUDAOU. Voyez FAOUDAOU.

FOOUDETTO. s. f. dimin. Voyez FAOUDETTO.

FOOUDIOU. Voyez FAOUDIOU.

FOOUFILA. v. a. Terme de couture. Faufiler. Bâtir, assembler les pièces d'un habit. Coudre à grand point.

FOOUFRA. Voyez FOUFRA.

FOOUQUIÈ. s. m. Manche ou monture d'une faulx.

FOOUQUIÈRO. s. f. Fauchère. Bateul. Partie de l'agrêt d'un bât de mulet. C'est une pièce de bois courbée qui tient lieu de croupière aux chevaux et aux mulets qui portent le bât.

FOOUSSA. v. a. Fausser. Faire plier, faire courber un corps solide en sorte qu'il ne se redresse point. *Fooussa uno claou* : fausser une clé.

FOOUSSA, SI FOOUSSA. v. récip. Se déjeter. Il se dit du bois qui se tourmente, se courbe, s'enfle et s'étend, *Lou boues vert si fooussso mai que lou bouès sec* : le bois vert se déjette plus que le sec. *Plancho fooussado* : ais déjeté.

FOOUTERLO. s. f. Aristoloche. Plante médicinale.

FOOUVI. s. m. Voyez FAOUVIQ.

V. **FOUAN.** s. m. Fontaine. Corps d'architecture d'où l'on fait sortir les eaux qui servent à l'utilité publique dans une ville, etc. *L'aiguo de la fouan* : l'eau de la fontaine. *Canoun de la fouan* : jet de la fontaine. On dit prov. et fig. d'une personne qui a une forte diarrhée. *Que 'vèn coumo lou canoun de la fouan* : qu'elle a un cours de ventre aussi suivi que l'eau qui sort du jet d'une fontaine.

V. **FOUAR, FOUARTO.** adj. Fort, forte. Robuste. Vigoureux.

— Grand et puissant de corps. Il se dit aussi des choses. Gros et épais de matière.

— Impétueux, grand et violent dans son genre. *Plueyo Fouarto* : grosse, forte pluie. *Lou vent est fouar* : le vent est très-fort.

V. **FOUAR, FOUARTO.** adj. Acre. Piquant au goût, à l'odorat. *De vin fouar* : du vin poussé. *Saouço fouarto* : sauce trop forte, c'est-à-dire, de trop haut goût. On dit *Qu'uno tino, uno crotto est fouarto* : qu'une cuve, une cave est forte, lorsque la vendange étant en fermentation, le gaz qu'elle exhale est tel qu'on ne peut y aller sans danger d'être asphixié. *Vaques pas à la crotto ques fouarto* : ne descend pas à la cave, elle est pleine du gaz fort, qui tue.

FOUCHI. }
FOUCHO. } s. Malpeste. Sorte de juron.

FOUEL.

FOUELLE , FOUELLO. } sub. Fol.
Fou, folle. Insensé. Il aussi adj.
Testo fouello : tête folle. *Es vengu
fouelle* : il est devenu fou.

FOUELEJHA. v. n. Folâtrer. Badiner.
Faire des actions folâtres.

FOUELEJHAIRE. s. m. Voyez FOU-
LIGAOU.

B.-A. FOUEN. Voyez FOUAN.

FOUER. adj. m. Vigoureusement,
d'une manière forte et vigoureuse.
Picas fouer : frappez fort.

FOUER , FOUERTO. Voyez FOUAR.

FOUERO.
V. FOUARO. } prépos, de temps
et de lieu. Hors. *Es fouèro tutelo* :
il est hors de tutelle. *Fouèro de
sezoun* : hors de saison. *Fouèro l'houstaou* : hors de la maison.

FOUESSO.
FOUASSO. } adv. de quantité.
Beaucoup. En grand nombre. *L'y
avié fouesso estrangiès* : il y avait
beaucoup d'étrangers. *Eroun fouesso* :
ils étaient en grand nombre.

B.-A. FOUFO. s. f. Bêtise. Cacade.
Entreprise manquée. Il est plaisant
et de populaire. *Faire la foufo* : faire
une cacade, une bévue.

FOUFRA. s. m. Fèves fraisées. Fèves dérobées et partagées en deux
lobes que l'on fait sécher pour en
faire de la soupe en hiver. *Soupo de
foufra* : soupe de fèves fraisées.
*Lou foufra eme de riz , fai uno boue-
no soupo* : les fèves fraisées mêlées
avec le riz donnent une soupe assez
bonne.

FOUGASSA , ADO. adj. Aplati. Plat.
Peu rélevé. On le dit du pain, qui,
par manque de levain ou de travail,
est resté plat comme une fouace.
Pan fougassa : pain aplati.
FOUGASSA est quelquefois synonyme D'EIFOUGASSA. Voyez ce mot.

B.-A. FOUGASSETO. s. f. } di-
V. FOUGASSOUN. s. m. } min. Petit gâteau. Voyez l'article
suivant.

B.-A. FOUGASSO. s. f. Galette. Espèce de gâteau de farine plat que
l'on fait lorsqu'on cuit le pain. Voyez POUMPO.

B.-A. FOUGNA. v. n. Bouder. Il se
dit proprement des enfans, lorsque

par quelque chagrin qu'ils ont, ils le
témoignent par la mauvaise mine
qu'ils font.

B.-A. FOUGNADOU. s. m. Boudo'r.
Recoin , lieu où se met habituellement l'enfant qui boude. *Sies maï
oou fougnadou* : Te voilà encore au
boudoir.

B.-A. FOUGNAIRE. } adj. et s.
FOUGNARELLO. } Rechigné. Boudeur, boudeuse. On
le dit presqu'exclusivement des enfans. Voyez FLOUGNARD.

FOUGNARIÉ. s. f. Bouderie. Action de bouder. L'état où est une
personne qui boude. Voyez FLOU-
GNARDARIE.

FOUGNO. s. f. Voyez FOUGNARIÉ.

FOUHIGA. v. n. Fouiller. Creuser
pour chercher quelque chose. Il est
popul. *Leis pouercs fouhigoun* : les
cochons fouillent. *A forço de si
fouhiga lou nas l'y a fa veni de
mau* : à force de se fouiller dans
le nez, il s'y est attiré du mal.

FOUI. Voyez FOUEL.

FOUIGA. Voyez FOUHIGA.

FOUIRE. v. a. Fouir. Bêcher. Piocher. Travailler. Remuer la terre
avec la maigle ou la marre (*eissàdo*).
Bien que l'on rende, *ana fouire* ,
par bêcher la terre, il ne s'ensuit
pas que l'on ne doive dire pour plus
d'exactitude : labourer à la maigle,
lorsque surtout on ne se sert que de
la marre, (*eissàdo*), comme c'est
l'usage dans presque toute la Provence. Voyez EISSADO.

FOUIRE. s. m. Blasphème. Juron.
Parole impie. *Dire de fouires* : blasphémer.

FOUIREJHA. v. n. Blasphémer. Jurer.

FOUIRO. s. f. Foire. Diarrhée.
Cours de ventre. Il est bas et populaire. *A la fouiro* : il a la foire. On
dit prov. et par dénigrement d'une
personne qui ne jouit pas d'une bonne
santé. *A toujour peto et fouiro* : elle
en est toujours aux lavemens et aux
pillules.

FOUIROUX , OUÉ. adj. Foireux,
foireuse. Qui a la foire, la diarrhée.
On dit proverb. et fig. *Bello fedo
agneou fouiroux* : belle arbre, mauvais fruit , pour donner à entendre,
qu'il est assez ordinaire à un homme
d'esprit d'avoir des enfans bêtes ;

et à une belle femme d'avoir des filles laides.

FOUIT. s. m. Fouet. Cordelette de chanvre ou de cuir attachée à un bâton.

FOUITA. v. a. Fouetter. Donner du fouet, frapper avec le fouet.

— Fesser. Donner des coups sur les fesses.

FOUITADO. s. f. Fessée. Action de fesser, de frapper sur les fesses. *A agu sa fouitado* : il a été fessé.

FOUITAIRE. s. m. } Fouetteur,
FOUITUSO. s. f. } fouetteuse. Celui, celle qui fouette.

— Fesseur, Fesseuse. Qui fesse en donnant plusieurs coups sur les fessier.

FOULAS, ASSO. adj. et s. Folâtre. Badin. Qui s'amuse à folâtrer. Voyez FOULIGAOU. *Est toujour foulas* : il est toujours folâtre. *Quinto foulasso* : quelle folle.

FOULARAS. s. m. Foule. Multitude de personnes. Masse de peuple qui marche ou agit sans retenue. Il est populaire et ne se dit que par mépris. *Sabian pas ce qu'arribavo qu'an aven vis courre lou foularas* : nous ne savions pas ce qu'il arrivait lorsque nous avons vu courir le peuple en masse.

FOULASTREJHA. } v. n. Folâ-
FOULEJHA. } trer. Badiner. Faire des actions folâtres.

FOULEIRAS. Voyez FOULARAS.

FOULETIN. adj. m. Follet. *Peou fouletin* : poil follet. C'est ainsi qu'on appelle le premier poil qui vient au menton des jeunes gens, et le duvet des petits oiseaux. *Gastes pas lou nis parce que leis pichouns n'an enca que lou peou fouletin* : ne dénichez pas ces oiseaux qui n'ont encore que le poil follet. *Esprit fouletin* : esprit follet. Sorte de lutin qui, suivant le préjugé populaire, se divertit sans faire du mal.

FOULETOUN. s. m. Tourbillon. Vent impétueux qui va en tournoyant. *A parti coum'un fouletoun* : il s'en est allé si vite que le vent.

FOULLETOUN. s. m. Lutin. Esprit follet.

FOULETRO. s. de tout genre. Ex-

travagant, extravagante. Fou. Bizarre. Fantasque.

FOULIE. s. f. Folie.

FOULIGAOU, AOUDO. s. et adj. Eventé. Folâtre. Badin. Qui s'amuse à badiner, à folâtrer. *Es un fouligaou* : c'est un jeune éventé. *Es ben fouligaoudo* : elle est bien folâtre.

— Folichon, folichonne.

FOULIGAS. s. m. Superlatif. Voyez FOULIGAOU.

FOULO. s. f. Terme de chapellier.

— Fouloire. Espèce d'étau à boucher sur lequel les ouvriers foulent les chapeaux.

FOUN. s. m. Terme de tailleur et de couturière. Ampleur. Etendue de ce qui est ample. *Manteou qu'à ben de foun* : manteau qui a beaucoup d'ampleur. *Aqueleis rideoux n'an pas proun foun.* Ces rideaux n'ont pas assez d'ampleur.

FOUND. s. m. Fond. Endroit le plus bas d'une chose creuse. *Lou foun d'un veisseou, d'un pous, d'uno pocho* : le fond d'un tonneau, d'un puits, d'une poche. On dit prov. et fig. d'un dissipateur. *Que manjho lou found et leis dougos* : qu'il mange le fond et les douves, pour dire, qu'il met fin à tout son avoir. Voyez FIN-FOUND.

FOUNDAMENTO. s. f. Fondement. Le creux, le fossé que l'on fait pour commencer à bâtir.

— Maçonnerie qui se fait en terre jusqu'au rez-de-chaussée pour élever un bâtiment. *Faire leis foundamentos* : faire les fondemens.

FOUNDRE. v. a. Fondre. Liquéfier. Rendre fluide une substance solide par le moyen du feu. *Foundre d'estan, de ciro* : fondre de l'étain, de la cire. — Détriter les olives. Voyez DEFAIRE.

FOUNDRE. v. a. Abattre. Démolir. Détruire. Ruiner. Mettre en pièce. *Foundre uno muravo* : démolir un mur. *An foundu un viei coffre per n'en fa'no mastro* : ils ont détruit un vieux coffre pour en faire une huche.

FOUNDRE. v. a. Résoudre. Amollir. Dissiper. Il se dit des humeurs qui s'épaississent et s'endurcissent en quelque partie du corps. *Per fa foundre aquou durihoun l'y foou*

d'enguen : il faut mettre de l'onguent résolutif sur ce durillon pour
le dissiper.

FOUNDUDO. s. f. Eboulis. Eboulement. Chose qui s'éboule, qui s'é-
croule. On le dit des terres , d'une
collière , d'un mur. Voyez VEDEOU.
Terme d'agricul.

FOUNDUR. s. m. Fondeur. Celui
qui fond les métaux. *Foundur d'estan :* potier d'étain.

FOUNFONI. Voyez FANFONI.

FOUFOUNIA. Voyez FANFOUNIA.

FOUNSA. v. n. Terme de tonnelier.
Enjabler. Mettre les fonds des tonneaux dans les rainures faites aux
douves pour les arrêter.

FOUNSA, v. a. Foncer. Payer. Fournir. Débourser. *Founsa de mouacro :*
donner, fournir de l'argent.

FOUNSA , ADO. adj. Riche. Foncé,
ée. Qui a un grand fonds d'argent.

— Foncé, ée. Bruni. Chargé de
couleur. *Coulour founsado :* couleur
foncée. *Vioulet founsa :* violet foncé.

FOUNSO. s. f. Bas-fond. Terrain
bas et enfoncé. *Sa bastido es dins
la founso :* sa campagne est dans un
bas-fond.

— Fondrière. Lieu creux où la
terre s'est affaisée.

FOURA. v. a. Forcer. Voyez FURA.

FOURÇA. v. a. Forcer. Contraindre.
Violenter.

FOURCADO. s. f. Fourchée. Ce que
l'on emporte en un seul coup de
fourche.

FOURCADURO. s. f. Fourchure. Endroit où une chose se fourche et se
divise en deux ou plusieurs parties
par l'extrémité. *La fourcaduro d'un
aoubre :* la fourchure d'un arbre ,
c'est la partie du tronc d'où partent
les branches.

B.-A. FOURCAS. s. m. Appui. Support. Soutient. Morceau de bois long
et fourchu que l'on fiche en terre
pour soutenir les branches d'un
arbre trop chargé de fruit. *Foou l'y
mettre de fourcas ooutrament peto :*
il faut y mettre des supports sans
quoi il s'ébranche.

FOURCHEIROUN. s. m. Fourchon.
L'une des pointes d'une fourche ou
d'une fourchette.

FOURCHETTO. s. f. Fourchette.
Ustensile de table qui a trois ou

quatre pointes ou dents par le bout.
Bano d'uno fourchetto : pointe d'une
fourchette.

FOURCIOU. } s. m. Forces. Gros
FOURCIS.   } ciseaux à tondre
les draps ou les bêtes à laine.

FOURCO. s. f. Fourche. Instrument
de bois, ayant trois branches par
le bout. On dit prov. et fig. *Après
rastcou noun faou fourco :* après grappilleur ne faut vendangeur, pour
dire, qu'inutilement l'on irait à la
recherche d'une chose, qu'un plus
fin et plus capable a recherché avec
soin, avant vous.

B.-R. FOURCOUIRO.   } s. f. Gaf-
B.-A. FOURCOURETTO. } fe. Fourche ayant un croc de fer à deux
branches courbes fourchues à leur
extrémité. On s'en sert à suspendre
ou à détacher quelque chose d'un
lieu élevé. *Per despendre leis rasins
foou uno fourcouretto :* pour détacher
les raisins suspendus au plancher ,
il faut une gaffe.

V. FOURCOURETTO. Voyez FOUR-
CAS.

FOURESTIE, IÈRO. adj. Etranger ,
étrangère. Qui est d'un autre pays.

— Paysan qui habite la campagne.
Voyez BASTIDAN.

FOURGOUGNA.   } v. n. Fourgon-
FOURJHOUNIA. } ner. Farfouiller
FOURGUIGNA.   } Fouiller dans un
trou, une cavité, etc., avec un
fer ou un bâton pour le sonder , ou
pour en faire sortir l'animal qui s'y
est retiré.

— v. a. Tisonner. Fourgonner.
Remuer le feu, les tisons, sans besoin, avec les pincettes, ou autrement.

FOURGOUGNA, ADO. part. Four-
gonné. Piqué. Pressé, ée. On le dit
de l'animal que l'on fourgonne dans
son trou pour le lui faire abandonner.

FOURGOUN. s. m. Fourgon. Espèce
de charrette dont on se sert dans
les armées et dans les voyages.

— Longue perche de bois garnie
de fer servant à accommoder le bois
et la braise dans le four.

FOURGOUNIAIRE. } s. m. Tison-
FOURGOUNIÈ.   } neur. Celuiqui
FOURJHOUNIÈ.   } aime à tison-
ner.

FOURJHA. v. a. Forger. Donner la forme au fer ou autre métal, par le moyen du feu et du marteau. Au fig. Inventer. Supposer. Controuver.

FOURJHAIRE. s. m. Forgeur. Qui forge. Au fig. Celui qui invente une fausseté.

FOURJHEIROUN. s. m. Forgeron. Ouvrier qui travaille aux forges, et qui bat le fer sur l'enclume. On dit proverbialement, *A forço de fourjha l'on deven fourjheiroun* : en forgeant on devient forgeron, pour dire, qu'à force de s'exercer à faire une chose on y devient habile.

FOURMÈLO. s. Terme de maréchal vétérinaire. Encastelure. Douleur que cause dans le pied d'un cheval, l'étrécissement de la corne des quartiers.

FOURMO. s. f. Forme. Modèle de bois sur lequel on fait un chapeau, un soulier.

FOURMO. s. f. Terme d'église. Stalle. Siège de bois placé dans le chœur, dont le fond se lève et se baisse, et sur lequel s'assied celui qui chante au chœur.. *Leis capelans ramplissien toutcis leis fourmos* : les stalles étaient toutes occupées par les prêtres.

FOURNADO. s. f. Fournée. Quantité de pain qu'on peut faire cuire à la fois dans un four. *Faire fournado. Miejho fournado.*

V. FOURNAJHE. s. m. ⎫ Droit de
B.-A. FOURNAJHO. s. f. ⎭ fournée. Payement en nature, que laissent au four les particuliers qui vont y faire cuire leur pain. C'est ce qui arrive dans les petits endroits, où presque tous les habitans fabriquent eux-mêmes le pain qui leur est nécessaire. *Chaque taoulo de pan n'en deou dous de fournajho* : on paie deux pains au four pour chaque table que l'on en fait cuire.

FOURNEIROUN. s. m. Grillon. Insecte scarabé.

FOURNEJHA. v. a. Terme de boulanger. Voyez ENFOURNA.

FOURNELET. s. m. dimin. Petit fourneau. *Faire lou fournelet :* au fig. Ecarquiller les jambes devant le feu en relevant tant soit peu les jupes. C'est ce que font le commun des femmes en hiver, lorsqu'elles sont seules auprès du foyer. *Quand es souletto fa lou fournelet :* lorsqu'elle est seule elle s'écarquille devant le feu.

FOURNEOU. s. m. Fourneau. Vaisseau propre à contenir du feu.

FOURNEOUX (FAIRE DE). v. a. Terme d'agric. Ecobuer. Brûler des mottes de terre en en construisant des fourneaux au moyen du chaume, du bois ou des broussailles que l'on met en dessous. Ces mottes ainsi brûlées, écrasées et répandues uniformément sur le terrain, l'amandent et le fécondent.

V. FOURNIA. Voyez EIFOURNIA.

V. FOURNIAOU. ⎫ adj. Dru. Il se
FOURNIOU. ⎭ dit d'un jeune oiseau sortant du nid.

— Branchier. Jeune oiseau de proie Voyez EIFOURNIAOU.

FOURNIGA. Voyez FARFOUNIA. FURNA. VARAYA.

FOURNIGO. s. f. Fourmi. Insecte connu de tout le monde.

FOURNIGUIÈ. s. m. Fourmilière. Lieu où se retirent les fourmis et où elles amassent du blé.

FOURNIGUIÈ. s. m. Pic-grivelé, appelé encore Tire-Langue. Oiseau de la grosseur d'une grive et moucheté.

FOURNIHO. s. f. Bourrée. Broussaille. Fagot de menues branches de bois vert dont on chauffe le four.

FOURNIOU. Voyez FOURNIAOU.

FOURQUEIROUN. Voyez FOURCHEIROUN.

FOURQUELLO. Voyez FOURCAS.

FOURQUOUIRO. Voyez FOURCO.

FOURRA. v. a. Fourrer. Mettre en quelque endroit parmi d'autres choses. Au fig. Taper. Donner des coups.

FOURRA. v. a. Fourrer, Garnir de peau avec le poil. *Soulié fourra :* soulier fourré. On appelle LENGO-FOURRADO : Langue fourrée, une langue de bœuf, de cochon ou de mouton enveloppée d'une autre peau que la sienne, et avec laquelle on la fait cuire d'une certaine manière.

FOURREOU. s. m. Fourreau. Gaine. Etui. Enveloppe. — Robe d'un enfant.

FOURTOU. s. f. Force. Violence. Acreté, etc. *Vin qu'à de fourtou :* vin poussé. *Lach que a de fourtou :* lait aigri. *La fourtou de la tino :* la force de la fermentation du vin. Voyez FOUAR.

FOUSC. adj. m. Sombre. Obscur. Ténébreux. Privé de la lumière du jour ou de celle du soleil. *Temps fousc* : temps sombre, obscur.

B.-R. FOUSCARIN , INO. adj. Pâle. Blafard. Faible de lumière. Terne. On le dit du soleil et des astres lorsque les nuages ou les brouillards qui s'élèvent dans l'air nous en dérobent tout l'éclat. *Lou souleou es fouscarin* : le soleil est pâle.

FOUSCO. s. f. Nuage. Brouillard. Voyez NÈBLO.

FOUSSA. s. m. Fossé. Tranchée.

FOUSTÈLO. s. f. ⟩ Aristoloche.
FOUTERLO. s. f. ⟨ Plante.

FOUTISSOUN , OUNO. s. Terme de mépris dont les honnêtes gens ne font point usage. Blanc-bec. Morveux, morveuse. *Aquou foutissoun qu'es que voou !* ce petit morveux que veut-il.

FOUYOUNA. v. n. Foisonner. Paraître volumineux. *La viando pezanto fouyouno pas* : la viande pesante ne foisonne pas.

FOUYU, UDO. part. du verbe *Fouire*. Labouré, ée. Bêché. Pioché, ée. *Tarren fouyu* : terre labourée.

FRACHAN. s. m. Filasse. Partie du chanvre la plus grossière, et dont les brins sont les moins longs.

FRACTIEN. s. f. Fraction. Nombre qui contient des parties d'unité.

FRACTIEN. s. f. Effraction. Fracture. Rupture que fait le voleur pour pénétrer dans une maison. *Avièn ges de claou, a fougu que fessoun fraction de pouerto* : n'ayant point de clef on a été obligé d'ouvrir la porte avec effraction.

FRAGO. s. f. Quintefeuille. Plante serpentante vulnéraire.

FRAGOUN. s. f. Potentille ou aigremoine sauvage rampante. Plante extrêmement astringente.

FRAI. s. m. Frêne. Arbre de charronnage, qui a peu de nœuds.

FRAIRE. s. m. Frère. Celui qui est né de même père et de même mère, ou de l'un des deux seulement. On appelle *Fraire de lach* : frère de lait ; l'enfant de la nourrice et son nourrisson qu'elle a nourri du même lait.

FRAISSE. s. f. Frêne. Voyez FRAI.

FRAISSET. s. m. Kermès. Voyez VARMEOU.

B.-A. FRAJHAOU. s. m. Caillou. Pierre dure.

B.-A. FRAJHI. v. a. Frire. Faire cuire dans une poêle avec du beurre ou de l'huile. *Faire frajhi uno marlusso* : faire frire une merluche.

FRAJHI , IDO. adj. Frit , frite. *Marlan frajhi, marlusso frajhido* : merlan frit, merluche frite.

FRANCES. s. m. François. Nom d'homme.

—Français. Qui est originaire de la France.

FRANCHIMANT. s. m. Langue. Baragouin français. *Parla franchimant* : parler français.

—Qui parle français. *Es un franchimant* : c'est un homme qui parle le français.

FRANCHSCOU. s. m. François. Nom d'homme. Terme familier et popul.

FRANCHIOT, OTTO. s. et adj. Français, aise. Qui parle le français. *Es uno francihotto* : c'est une Française, ou qui ne parle que le français.

—Qui francise. Qui parle un langage francisé.

FRANCHIOT. s. m. Baragouin français.

FRANCHIOUTA. v. n. Franciser. Parler français. — Donner à des mots d'une langue étrangère une terminaison française. Ce terme comme le précédent ne s'emploie qu'en dénigrement. *L'ousès francihouta* : l'entendez-vous franciser.

FRANÇOUN. s. f. Françoise. Nom de femme parmi les gens du peuple. *Crida la vesino Françoun* : appeler la voisine Françoise.

FRAOU. Voyez FRAI.

FRAOUCO. s. f. Macreuse. Voyez FAOUCO.

FRAOUDA. v. a. Frauder. Tromper. Frustrer.

FRAOUDO. s. f. Fraude. Tromperie.

FRASCOU. Voyez FLASCOU.

FRASCOURET. Voyez FLASCOULET.

FRE. ⟩ s. m. Froid. Qualité
V. FREI. ⟨ opposée au chaud. *Fa fre, tems fre*: il fait froid, temps froid.

FRE , FREDO. ⟩ adj. Froid, froide.
FREI , FREJHO. ⟨ Qui participe actuellement à la nature du froid. Qui communique ou qui ressent le froid. On dit prov. et fig.

Gat escooula l'aigo frejho li fa poou : chat échaudé craint l'eau froide, pour dire, que quand une fois on a été attrapé en quelque chose, on craint même tout ce qui en a l'apparence.

FREDOU. } s. f. Froideur. Qua-
FREJHOU. } lité de ce qui est froid. *La frejour de l'aiguo* : la froideur de l'eau. Au fig. Indifférence. Froid accueil. Froideur. *L'an reçu cmo frejhour* : il a été reçu avec froideur.

V. **FREICOT.** s. m. Fricot. Mets. Aliment. Terme pop.

V. **FREICOUTIA.** v. n. Fricoter. Préparer des mets, du fricot. Terme populaire et plaisant.

V. **FREICOUTUR.** s. m. Terme de mépris. Fricoteur. Mauvais, méchant cuisinier.

V. **FREISA.** Voyez FRISA.

V. **FREISOUN.** Voyez FRISOUN.

FREJHAOU. Voyez FRAJHAOU.

FREJHI. Voyez FRAJHI.

FREJHAS, ASSO. adj. et subst. Froid, froide. Sérieux. Modéré. Réservé. Qui ne marque aucune émotion. Indifférent, etc. *Es un frejhas*: c'est un froid ami. *Aquelo fremo est tout à fait frejhasso* : cette femme est d'une froideur glaciale.

FREJHOU. Voyez FREDOU.

FREISSET. Voyez VARMEOU.

FREMASSO. s. f. superl. Grosse femme. Femme de haute taille, qui a de l'embonpoint.

FREMETTO. s. f. dim. Petite femme. Femme de petite taille. *Aquelo pichouno est dejà uno fremetto* : cette enfant est déjà une petite femme.

— Femmelette. Femme d'une faible complexion, ou d'un esprit très-simple et très-borné.

FREMO. s. f. Femme. La femelle de l'homme.

FREMO-GROSSO. s. f. Coupe-tête. Sorte de jeu d'enfant dans lequel les uns surpassent en sautant les autres qui ont le dos et la tête courbés. *Juga eis fremos grossos* : jouer à coupe-tête.

FRENISIEN. s. f. Frissonnement. Frisson. Espèce d'émotion, de tremblement soudain, qu'occasionne la peur ou quelqu'autre passion violente. *Quand parloun d'aco li fai frenisien* : quand on parle de cela les frissons

28

la prennent. *Leis mascos li fan frenisien* : la vue d'un masque lui donne des frissons.

FRES, FRESCO. adj. Frais, fraîche. Médiocrement froid. *Tèms fres* : temps frais. *Leis matinados soun frescos* : les matinées sont fraîches.

FRES, FRESCO. adj. Récent. Frais, fraîche. Nouvellement fait, nouvellement produit, nouvellement cueilli, nouvellement arrivé, etc. *Pan fres* : pain frais. *Buerri fres, figuo fresco, de nouvellos fresco, de fresco dato.*

FRES, FRESCO. adj. Humide. Humecté, ée. *La terro es enca trono fresco, foou un paou la leissa estaboura* : la terre est encore trop humide, il faut attendre qu'elle soit quelque peu ressuyée.

FRÈS. s. m. Frais. Dépens. Dépense. *Paga leis frès* : payer les frais.

FRESCAMENT. adv. Fraîchement. Avec un frais agréable. — Récemment. Depuis peu. — Froidement. De telle sorte qu'on est exposé au froid. *Erian proun lougeas agreablament, mai ben frescament* : nous étions logés assez agréablement, mais très-froidement.

FRESCOU. s. f. Fraîcheur. Frais agréable. *La frescou doou matin* : la fraîcheur du matin.

— Froideur. Froid. Voyez FRESQUÈRO.

FRESCOU. s. f. Humidité. Qualité de ce qui est humide. *Frescou de l'er* : humidité de l'air. *Leis terros bassos an toujours de frescou* : les terrains bas ont toujours de l'humidité.

FRESIÉ. s. m. Fraisier. Plante qui produit les fraises.

FRESIÉ-FER. s. m. Quinte-feuille. Plante à peu près semblable au fraisier; ses fleurs sont jaunes et il ne produit aucun fruit.

FRÈSO. s. f. Fraise. Fruit printanier parfumé, très-agréable au goût, et qui vient sur une plante très-basse.

FRÈSO DEIS MAGNANS. Voyez FRÉZO.

FRESQUET, ETTO. adj. dim. Quelque peu froid. *Lous tems es fresquet* : le temps est quelque peu froid. *Vent fresquet* : vent froid. *Leis nuech soun fresquettos* : les nuits sont froides, ou quelques peu froides.

FRESQUIEIROUX , OUÉ. adj. Froid. Frais. Humide. *Er fresquieroux : air vif et froid. Tarren fresquieroux :* terrain humide.

FRESQUIÈRO. s. f. Terme d'agr. Fraîcheur. *Fa fresquièro :* il fait froid. *Leis derniereis fresquièros an brula leis bourros :* les dernières fraîcheurs ont gâté les vignes.

FRESQUIÈRO. s. f. Terme d'agr. Humidité. On le dit de la terre humide et humectée. *L'y a de fresquièro :* il y a de l'humidité. *L'y a p'anca proun fresquièro :* la terre n'est pas encore assez humectée

FRESQUETTO. s. m. Terme de dénigrement. Fréluquet. Homme léger , frivole et sans mérite.

B.-A. FRESSO. s. f. Clayonnage. Assemblage fait avec des pieux et des branches d'arbres en forme de claies , pour soutenir des terres et les empêcher de s'ébouler. *Foou faire aqui uno fresso par empacha la ribo de s'enveni :* il faut faire là un clayonnage pour soutenir cette costière qui s'éboulerait. — Palée pour former une digue. — Fraise. Terme de fortification.

FRETA. v. a. Frotter. Passer plusieurs fois les mains sur quelque chose. *Si freta leis huiels :* se frotter les yeux.

— Oindre. Enduire. *Si fretta d'enghèn :* se frotter d'onguent. Au fig. Battre. Frapper. *Si soun fretas :* ils se sont brossés l'un l'autre.

FRETADIS. s. m. Frottement. Collision de deux choses qui se frottent.

FRETADO. s. f. Frottage. Travail de celui qui frotte. Au fig. Volée de coups.

FRETADOU. s. f. Lavette. Torillon. Tortis. Petit faisceau de prêle ou de spartz tortillé , dont on se sert pour frotter et nettoyer la vaisselle.

FRETIGNOUX , OUSO. Voyez FETIGNOUX.

B.-A. FRETO. PÈSES DE LA FRETO. ou de LAFFREITO. s. m. Pois de Laffrei. Sorte de petit pois secs qu'on nous apporte de Laffrei et de la Mure , communes du Dept. de l'Isère. On en récolte beaucoup aux environs de Grenoble , il y en a de verts et de jaunes. Voyez PÈSES.

FRETO-FANGO. s. m. Décrottoire. Brosse pour décrotter.

FRETOS. *Faire seis fretos.* Locution popul. et prov. Faire ses orges. Gagner. Faire ses affaires. *A fach seis fretos :* il a fait ses orges.

FREZO. s. f. Briffe. Fraise. Terme de magnaguerie. Faim. Appetit dévorante qui prend aux vers-à-soie au sortir de leur 4me mue, quatre ou cinq jours avant qu'ils filent leur cocon , ils consomment alors plus du double de feuille qu'ils n'avaient fait depuis leur naissance. Plus ce temps de voracité dure, plus le cocon est étoffé. C'est le moment le plus critique de leur éducation. Voyez FREZO.

FRÈSSO. FRESO.

FRICASSA. v. a. Fricasser. Faire cuire à la poêle de la viande ou autres alimens avec certains assaisonnemens, etc. Au fig. Dissiper son bien en bonne chère, en débauche ou autrement. *N'a plus rèn, à tout fricassa :* il n'a plus rien, il a tout fricassé.

FRICASSADO. FRICASSAYO. } s. f. Fricassée.

Viande fricassée. *Fricassado de poulets :* fricassée de poulets.

FRICASSÈYO. s. f. Fressure de cochon. Parties ou viscères de cochon, telles que le foie, le mou , la rate , etc. , que l'on mange ordinairement fricassé à la poêle. *S'enco tuan lou pouèr ti dounaren de fricasseyo :* Lorsque nous tuerons le cochon du ménage nous te ferons part de la fressure. *Manjha de fricasseyo :* manger de la fressure de cochon.

FRIÉ. s. m. Freux. Grolle. Oiseau qui ressemble fort à la corneille.

FRIMOUSO. s. f. Figure. Visage. Trogne. Il est fam. et popul.

FRINGA. v. n. Danser. Sautiller comme fait un chien devant son maître. Voyez CALEGNA.

FRINGAIRE. s. m. Danseur.—Amoureux. Amant. Voyez CALEGNAIRE.

FRINGALO. s. f. Faim. Besoin pressant de manger. Il est plaisant et populaire. *Avé la fringalo :* avoir faim.

FRIOUNA. v. a. Émietter. Voyez EIFRAYOUNA.

FRISA. v. a. Friser. Terme de

coiffeur. Crêper, anneler, boucler les cheveux.

FRISA, ADO. part. et adj. Terme de jardinier et de fleuriste. Frisé. Crépé. Coffiné. On le dit de certaines plantes légumineuses et de quelques fleurs dont la feuille est toute crépée. *Coòule frisa* : choux frisé. *Endivo frisado* : chicorée crépée. *Uyet frisa* : œillet coffiné. C'est celui dont les feuilles se frisent au lieu de s'étendre.

FRISO. s. f. Frisure. Crépure d'une étoffe. *Lou cadix gietto uno friso en lou pourtant* : le cadix se frise, se bouchonne en le portant.

FRISO. s. f. Pâte fraisée. Pâtes fabriquées avec de la fleur de farine, des jaunes d'œufs et du safran que l'on met en petits grains comme de la semoule pour en faire de la soupe.

FRISO. s. f. Terme de magnagnerie. Voyez FRÈSO.

FRISOUN. s. m. Terme de perruquier. Boucle de cheveux *Faire leis frisouns* : boucler les cheveux. *Pouèrto leis frisouns* : il porte les cheveux bouclés.

B.-R. FRISOUN. s. m. Terme de menuisier. Copeaux. Partie mince du bois qui tombe sous la varlope ou le rabot, et qui est arrondie comme une boucle de cheveux. Voyez RIBAN.

FRISOUN. s. m. Terme de filature de soie. Frison. C'est l'araignée ou bourre que l'on retire du cocon en le dévidant sur le fourneau et qui étant filée sert à faire de fantaisie, du fleuret, de galons de filoselle, etc. Voyez BAVO. TEYO. CHIQUO. On lui donne aussi le nom d'ESTRAS. Voyez ESTRAS.

FRITIÈRO. s. f. Friquet. Ustensile de cuisine dans lequel on tient la friture, c'est-à-dire, l'huile ou le beurre qui servent à frire.

FROOUFRA. ⎰
FROUFRA. ⎱ s. m. Fèves-fraisées. Voyez FOUFRA.

FROUMAGI. s. m. Fromage. Sorte de laitage caillé et égoutté. *Froumagi blur* : fromage persillé. *Froumagi cacha* : fromage affiné. *Froumagi de Banoun* : fromage fait du lait des chèvres et des brebis qui paissent le thym et le serpolet de la montagne du Lure, et que les habitans de cette contrée viennent vendre aux foires de Banon, arrondissement de Forcalquier.

FROUMAGIAIRE. s. m. Fromager. Celui qui achète et qui vend habituellement du fromage.

FROUMAGIÈRO. s. f. Chasière. Case à mettre du fromage. — Fromagerie.

FROUMAI. Voyez FROUMAGI.

FROUMAJHOUN. s. m. dimin. Petit fromage.

— Fromage frais.

FROUMENTANO. s. f. Fromental. Ray-Grass. Plante fourragère qui fournit un des meilleurs fourrages. Elle s'accommode de toute saison et tout sol lui convient.

B.-R. FROUNDA. v. a. Terme de vigneron. Ouvrir des tranchées, pour planter de la vigne. Voyez ENFROUNDA.

FROUNDADO. s. f. Terme de vigneron. Tranchée. Voyez ENFROUNDADO.

FROUNDO. s. f. Fronde. Tissu de corde avec quoi on lance des pierres.

FROUNCI. v. a. Froncer. Rider. *Frounci leis parpelos* : froncer les sourcils.

— Plisser. *Frounci uno raoubo* : froncer, plisser une robe.

FROUNCI, IDO. part. et adj. Ridé, ée. Ratatiné, ée. Plissé, ée. *Peou frouncido* : peau ridée. *Raoubo frouncido* : robe plissée. *Figuo frouncido* : figue ridée. Voyez PECOULÈTTO. *Poumo frouncido* : pomme ratatinée.

FROUNCIDURO. ⎰
FROUNCISSURO. ⎱ s. f. Froncis. Plis que l'on fait à une robe, à une chemise.

— Ridure de la peau.

FROUNTANJHO. s. f. Fontange. Nœud de ruban que les femmes portoient jadis sur leur coiffure. *Pouèrto encaro leis frountanjhos* : elle met encore des nœuds de rubans à sa coiffure.

FROUNTAOU. s. m. Frontal. Bandeau que l'on met sur le front.

— Bourlet. Espèce de petit coussin piqué que l'on met sur le bonnet des enfans lorsqu'ils commencent à marcher, pour leur garantir la tête s'ils venaient à tomber.

FROUNZIA. v. n. Murmurer. Mar-

moter entre les dents. Voyez RE-
MOOUMIA.

FRUCHAYO. s. f. plur Béatilles.
Menues choses délicates et propres
à manger , telles que riz de veau ,
crètes de coq, foies gras, etc. , dont
on fait des pâtés et des ragoûts.

FRUCHAYO. s. f. plur. Intestins et
autres parties nobles de l'homme. Il
est bas et populaire. *L'an darbi ,
touto la fruchayo si vesiè* : On l'a ouvert,
et tous les intestins ont paru à nu.

FRUCHIÉ , IÈRO. adj. Frugivore.
Fruitier. Qui aime beaucoup le fruit,
qui le mange très-volontiers. *Leis
beoul'aiguo soun quasi toutei ben fru-
chiès* : les buveurs d'eau aiment tous
extrêmement le fruit.

FRUCHIE , IÉRO. adj. Fruitier. Qui
porte , qui contient beaucoup de
fruit.

FRUCHO. s. f. Fruitage. Tous les
fruits en général. — Fruit. Production
des arbres. Il est popul. *Amo la frucho* ; il aime les fruits. *Quand la
frucho aboundo , gens et besti tout
n'en manjho* : lorsqu'il est beaucoup
du fruit, gens et bestiaux en mangent abondamment.

FRUSTA. v. a. Froler. Toucher légèrement en passant.

FRUSTA. v. a. Frustrer. Priver quel-
qu'un d'une chose due ou attendue.
V. FRUSTIGAGI. s. f. Embarras.
Voyez FASTIGAGI.

FUADO. s. f. Fusée. Fil qui est
autour du fuseau quand la filasse
est filée.

— Quenouillée. Chanvre, lin , bourre de soie , etc. , dont est garnie une
quenouille. *Debana uno fuado* : devider une fusée. *Faire uno fuado* :
filer une quenouillée. Au fig. *Faire
uno fuado* : faire un manquement ,
une action qui provoque , qui attire
l'animadversion de quelqu'un *La facho
la fuado* : il s'est attiré de la besogne.
Il est plaisant et populaire. *Faire uno
fuado*, signifie encore faire un somme.
Dormir.

FUADO. s. f. Fusée. Épis du maïs.

FUECH. s. m. Feu. Le plus chaud
des élémens. Voyez FIOC.

FUECH-GRES. s. m. Feu-grégeois.
Très-grand feu. Au fig. Alarme. Querelle. Sédition. Tumulte extraordinaire. *De si veire veni de garnisairis
scount dins lou fuech-gres* : ils sont
étrangement allarmés de se voir arriver les garnissaires.

FUECHS. s. m. Echauboulures.
Voyez ARÉLOS.

FUÈIHAGI. s. f. collect. Feuillage.
Toutes les feuilles d'un arbre.

FUEIHO. s. f. Feuille. Partie de la
plante qui en garnit les tiges et les
rameaux. Il se dit aussi du papier,
de l'or, etc.

FUGI. v. n, Fuir. *Fùgi , fùges ,
fùge ; fugèm , fugès , fùjhoun ; fugiou,
fugirai , fuge ; que fuge , fugiriou ,
que fugessi , fugèm.* Courir pour se
sauver du péril.

— Éviter. On dit prov. et fam. d'une
personne qui en apréhende un autre,
qui la craint et s'en éloigne tant
qu'elle peut, que *La fuge , coumo
lou diable l'aigo signado* : qu'il la fuit
comme le diable fuit l'eau bénite.

FUGITIOU , IOUVO. subst. et adj.
Fugitif , ive. Qui fuit hors de son
pays , de sa patrie.

FUGOUN. s. m. Fourneau de cuisine
portatif.

FUGUEIROUN. s. m. Atre. Foyer de
la cheminée. *Si counfavoun coutour
doou fugueiroun* : ils se chauffaient
autour du foyer.

FUGUEIROUN. s. m. dimin. Petit
feu.

FUGUEIROUN. Voyez FIGUEIROUN.

FUI. Voyez PINPARIN.

FUIHET. s. m. Feuillet. Feuille d'un
livre.

FUIHETA. v. a. Feuilleter. Tourner
les feuillets d'un livre, le consulter,
le parcourir.

FUIHETTO. s. f. Feuillette. Petite
mesure pour le vin. C'est la quatrième
partie du pot. Elle contient les 3/5
du litre et pèse 12 onces, ancien poids
de table.

FUIHETTO. s. f. Terme de cabaret.
Pinte. Demi pot de vin. Chopine.
Boire fuihetto : boire sa pinte.

FUM. s. m. Fumée. Vapeur épaisse
qui sort des choses brûlées. Au fig.
1re. Colère. *Aec lou fum* : être pris
d'ire, être en colère. Le mot de *fum*
se prend encore au fig. pour le vent
du bureau, c'est-à-dire , pour ce
qu'on connait ou présume des dispositions d'une personne ou d'une
affaire; ainsi l'on dit . *Aec lou fum*

de.... avoir le vent de.... Ague lou fum que devien l'empougna et partet : il eut le vent qu'on devait se saisir de lui, et il décampa.

FUMA. v. n. Fumer. Jeter de la fumée. *La chamineyo fumo :* la cheminée fume.

FUMA. v. a. Fumer. Prendre du tabac en fumée. Au fig. Bouder. Être irrité, fâché, de bien mauvaise humeur.

FUMA. v. a. Fumer. Épandre du fumier sur une terre cultivée pour l'engraisser, l'y enfouir.

FUMADO. s. f. Terme d'agriculture. Fumure. Toute sorte d'engrais ou fumier que l'on met dans la terre pour la bonifier et la rendre féconde.

FUMADO. s. f. Fumée. Voyez FUM. On dit prov. et fig. *Par pichoun que siègue lou fuech, foou toujour que la fumado sourte :* si petit que soit le feu, il en sort toujours de la fumée, pour dire, que malgré toutes les précautions que l'on peut prendre pour dérober une chose à la connaissance du public, néanmoins le vent en vient toujours à quelqu'un.

FUMAIRE. s. m. Fumeur. Celui qui fume du tabac.

FUMEIROUN. s. m. Flambart. Voyez CANDEOU.

FUMOTERRO. s. f. Fumeterre, nommée encore corydale, fiel de terre. Plante commune. Elle est très-amère et très-bonne pour purifier le sang.

FUOC. Voyez FUECH.

FURA. v. a. Vider. Percer. Forer. Faire des trous. — Pénétrer. *Lou fre furo la terro lichetado et la rende vano :* les frimats opèrent des vides dans un terrain labouré et le pénétrant l'ameublissent. *Pan fura par leis ratos :* pain vidé par les souris qui l'on tout rongé en dedans. *Clavu furado :* clef forée. *Cano furado :* roseau vide.

FURA.
FURETA. } v. a. Fureter. Chasser
FURETIA. } au furet.

FURNA. v. a. Fureter. Fouiller. Chercher partout avec soin.

FURNAIRE. s. m. Fureter. Celui qui cherche partout, soit pour faire son profit, soit par curiosité.

FUROUGE. Voyez FAROUGE.

FURUN. s. m. Furet. Petit animal ennemi du lapin, et par le moyen duquel on le fait sortir de leur terrier pour les prendre.

FURUN. s. m. Faguenas. Odeur fade et mauvaise qui s'exhale d'un corps mal propre, mal disposé. *A un furun qu'empeste :* il a une odeur de faguenas qui empoisonne.

FURUN. s. m. Sauvagine. Odeur désagréable qu'ont certains animaux, certains oiseaux qui vivent dans les marécages, les étangs, etc. *Sente lou furun ;* cela sent la sauvagine.

FURUNASSO. s. f. superlatif de sauvagine. Voyez FURUN.

FUS. s. m. Fuseau. Petit instrument dont les femmes se servent pour filer et tordre le fil. On dit prov. et fig. *Ce qu'es pas oou fus es à la filouo :* ce qui n'est pas au fuseau est à la quenouille, pour dire, que ce que l'on perd d'un côté on le retrouve d'un autre.

FUSADO. s. f. Fusée. Pièce d'artifice.

FUSIOU. s. m. Fusil. Arme à feu assez connue.

FUSTEJHA. v. a. Amenuisier. Travailler à rendre moins épais, plus menu, certains petits ouvrages de bois.

FUSTEJHAIRE. s. m. Celui qui s'occupe à découper du bois, à amenuiser certaines petites choses de la même nature.

FUSTIBULA. Voyez FESTIBULA.

FUSTIÉ. s. m. Charpentier. Artisan qui travaille à la charpente.

FUSTO. s. f. Poutre. Grosse pièce de bois qui sert à soutenir les solives ou les planches d'un plancher.

FUVÈLO. s. f. Anneau de fer. Voyez ANÉLO.

— Porte d'une agrafe. Voyez MAIHETTO.

G

B.-R. GA. s. m. Chat. Animal domestique. Voyez CA.

GABEJHA. v. a. Menacer. Faire des menaces.

GABEJHAIRE. s. et adj. masc. Menaçant. Qui menace.

GABI. s. f. Cage. Petite logette de bâtons d'osier ou de fil de fer, pour y mettre des oiseaux.

GABI. s. f. Bourriche. Sorte de panier d'un tissu clair, dont on se sert pour transporter du gibier et de la volaille.

GABI. s. m. Terme de maréchal-ferrant. Voyez DESTRECH.

GABIADO. s. f. Cagée. Plein une cage. Bourrichée. Plein une bourriche. *Uno gabiado de poulets* : une bourrichée de poulets.

GABIAN. s. m. Plongeon. Oiseau aquatique.

— Mouette. Oiseau de mer.

GABIAN. s. m. Gabelou. Rat de cave. Terme de mépris que l'on donne à un douanier et aux employés dans les contributions indirectes dites droits-réunis.

GABIHOLO. ⎫
GABINOYO. ⎬ s. f. Prison. Lieu
où l'on met les criminels, les accusés, etc. Il est plaisant et familier. *L'an mes en gabiholo* : il est en prison. On dit proverb. *Vaou mai estre oousseou de champ, qu'oousseou de gabiholo* : mieux vaut être oiseau des champs qu'oiseau de cage, pour dire, qu'il vaut mieux fuir et tenir le large que de se voir enfermer.

GABINORI. ⎫
GABINORUM. ⎬ s. m. Petit cabinet.

GABRE. s. m. Coq-d'inde. Oiseau de basse-cour.

GACHA. v. a. Gacher. Détremper. Délayer. Il ne se dit que du mortier ou du plâtre que l'on broye ou que l'on délaye pour maçonner. Au fig. *Gacha*. Gacher. Être dans l'embarras, dans la peine. Vendre à vil prix.

GACHETO. s. f. Gachette. Détente d'un fusil.

B.-A. GADOUN. s. m. Pot. Vase de terre vernissé ayant une anse et dans lequel les gens du peuple vont quérir du vin. Il contient environ deux pintes. On dit par métaphore, d'un biberon. *Qu'aimo lou gadoun* : qu'il se plaît à chopiner.

GADOUNEJHA. v. n. Pinter. Chinquer. Chopiner. Boire du vin fréquemment. Passer le temps à boire autour d'une table.

GAFFA. v. a. Guayer. Passer le gué. Traverser une rivière sans bâteau et sans nager.

— Gaffer. Traverser une rivière à la nage. *Quan l'y a trop d'aiguo en Durenço poou pas si gaffa* : lorsque la Durance est grosse on ne saurait la passer en gaffant.

GAFFETO. s. m. Records. Celui qu'un sergent mène avec lui pour servir de témoin dans les exploits d'exécution, et pour lui prêter main forte en cas de besoin.

GAFFO. s. m. Gué. Endroit d'une rivière où l'eau est si basse, qu'on peut la passer sans nager. Au fig. *Sounda la gaffo* : sonder le gué. Faire quelque tentative sous main, dans une affaire, pour connaître les dispositions des personnes avec lesquelles on veut traiter.

GAFFO. s. f. Terme de tonnelier. Tiroir. Outil avec lequel on attire et amène à leur place les derniers cercles d'une futaille.

GAFFOUYA. v. n. Gargouiller. Barbeter. Remuer dans l'eau comme font les canards. On ne le dit que des petits garçons lorsqu'ils s'amusent dans l'eau.

— Aiguayer. Egayer. Guéer. Baigner. Laver quelque chose dans l'eau en l'y remuant pendant quelque temps pour la laver ou la rafraîchir. *Gaffouya de linjhe* : égayer du linge. Voyez REFRESCA.

GAFFOUYA. v. a. Agiter. Remuer. Secouer l'eau, le vin ou tout autre liquide contenu dans un vase de terre, de verre ou de bois. *Quan l'on pouerto uno bouteyo qués pas ple-*

no, *gaffouyo* : lorsqu'on transporte une bouteille qui n'est entièrement remplie, le liquide contenu remue et s'agite.

GAFFOUYOUN. s. m. Pataugeur. Celui qui passe le gué à d'autres sur son dos, ou qui se tient aux avenues pour diriger ceux qui le passent.

GAGEA. v. a. Gager. Parier. Faire un pari.

B.-R. GAGET. s. m. Geai. Oiseau de plumage noir chamarré de bleu sur les ailes, du genre de ceux à qui l'on apprend à parler.

B.-R. GAGETTO. s. f. Femelle du geai. Voyez GAGET.

GAGI. s. m. Gage. Nantissement.

GAGIS. s. m. plur. Gages. Salaire. Ce que l'on donne par année aux domestiques pour le paiement de leurs services.

GAGIS. s. m. Gage-touché. Sorte de jeu d'enfans. *Juga cis gagis* : jouer au gage-touché.

GAGNA. v. a. Gagner. Faire un gain. On dit proverb. et ironiquement de celui qui s'est donné bien de la peine pour servir quelqu'un sans rien gagner. *Qu'a gagna lou courre d'eici à n'Arles* : qu'il a eu sa peine pour salaire.

GAI, GAIHO. adj. Gai, gaie. Joyeux, joyeuse.

GAIHAMENT. adv. Gaîment. Joyeusement, de bon cœur.

GAI-SABE. ⎱ s. m. La gaie
GAI-SACHE ⎰ science, c'est-à-dire, la poësie. C'est ainsi que l'on appelait l'esprit, le talent poëtique de nos anciens troubadours.

GAIHARD, ARDO. adj. Robuste. Fort. Vigoureux, en bonne santé. *Es un home gaihard* : c'est un homme fort robuste. *L'y a quaouque tems qu'es pa gaihard* : depuis quelque temps il ne jouit pas de la santé.

GAIHARDAMENT. adv. Vigoureusement. Avec force et vigueur.— D'une manière leste et hardie, avec beaucoup de facilité. *Pouerto uno cargo de bla gaihardament* : il porte dix panaux de blé sans peine.

GAIHARDISO. s. f. Vigueur. Force. Embonpoint. Santé.

GAIHELA. s. f. Gaîté. Joie. Belle humeur.

GAIHETTOS. s. f. plur. Terme de boucherie. Ris de veau. Ris d'agneau. Parties glanduleuses qui se trouvent sous la gorge de ces animaux, et qui est un manger assez délicat.

GAIHOS. s. f. plur. Avives d'un cheval. Glandes, glanduleuses d'un quadrupède. On lui donne le nom de ris en terme de boucherie. Voyez GAIHETTOS. GAYOS.

V. GAINO. s. f. Poutre. Voyez FUSTO.

GAIRE. adv. Guères. Peu. *Eroum ben gaire* : ils étaient en bien petit nombre. *Aco voou gaire* : cela ne vaut pas grand chose. *Lou vésen gaire souvent* : nous ne le voyons que rarement.

GALABRE. Voyez GABRE.

GALA. v. a. Cocher. On le dit du coq qui couvre la poule.

GALABOUENTEMPS. s. m. Roger-bon-temps. Sans-souci. Libertin. *Es un véritable gala-bouen-temps* : c'est un vrai sans-souci.

GALAFATA. v. a. Calfater. Boucher les trous et les fentes d'un vaisseau avec du goudron pour empêcher que l'eau n'y entre.

— Calfeutrer. Boucher les fentes d'une porte, d'une fenêtre, avec du papier, des lizières, etc. pour empêcher le vent d'y pénétrer.

GALANTINO. s. f. Ancolie. Plante qu'on cultive dans les jardins à cause de la beauté de sa fleur.

GALAPACHOUN (DE). Façon de parler adverbiale. À la dérobée. En tapinois. En cachette. Furtivement.

GALAPANTIN s. m. Batteur-de-pavé. Fainéant qui perd son temps à se promener dans les rues pour éviter le travail. Voyez LANDRIN. GOURRIN.

GALARIE. s. f. Galerie. Partie d'un bâtiment où l'on peut se promener à couvert.

— Essui. Pièce la plus élevée d'un bâtiment dans laquelle on étend le linge ou tout autre chose que l'on veut faire sécher.

B.-R. GALATRAS. ⎱ s. m. Gale-
B.-A. GARATRAS. ⎰ tas. Pièce la plus élevée d'une mai-

son servant de décharge pour les meubles hors d'usage.

GALO. s. f. Gale. Maladie de la peau.

GALAVARD, ARDO. adj. et subs. Brifeur. Gouliafre. Goulu, goulue. Qui mange beaucoup et avec avidité. *Es un galavard* : c'est un gouliafre.

GALAVARDEJHA. v. n. Goinfrer. Manger beaucoup et avidement.

GALAVARDISO. s. f. Goinfrerie. Gourmandise sans goût.

GALEJHA. v. a. Plaisanter. Tourner en ridicule. Se gausser.

— Goguenarder. Louer ironiquement.

— Chatouiller. Causer en certaines parties du corps par un attouchement léger, un mouvement involontaire qui provoque à rire.

GALEJHAIRE. s. m. Plaisant. Moqueur. Gausseur. Goguenard. Il est populaire comme le précédent.

GALEJHOUN. s. m. Héron gris. Grand oiseau aquatique, appelé encore chevalier.

GALÉRO. s. f. Scolopendre. Petit insecte à plusieurs pieds.

GALET. s. m. Cochet. Jeune coq. Oiseau de basse-cour.

GALET. s. m. Cou. Gosier, lorsqu'on parle des personnes.

— Garrot, en parlant des bêtes de somme. *Prendre couqu'un par lou galet* : prendre, saisir quelqu'un par le collet, par le cou.

GALETS. s. m. Esquinancie. Maladie. Inflammation aux amygdales. Mal à la gorge. *A leis galets, poou pas gira lou couèl* : il a mal à la gorge, et ne peut tourner le cou.

GALETO. s. f. Biscuit. Pain qui a reçu deux cuissons, et dont on fait provision pour les voyages sur mer.

GALINETTO. s. f. Lyre. Poisson.

GALINETTO. s. f. Scorsonère sauvage. Voyez BARBABOU.

GALINETTO. s. f. Coccinelle. Scarabé. Voyez BUOU DE NOUESTE SEGNE.

GALINIÈ. s. m. Poulailler. Lieu destiné à y retirer et faire jucher les poules. On dit prov. et ironiquement d'une personne sale. *Qu'à leis mans propros coumo la barro d'un galinié* : qu'elle a les mains aussi

propres que la perche d'un juchoir.

GALINO. s. f. Poule. Oiseau de basse-cour. On disait autrefois géline, qui n'est plus d'usage. On d.t proverb. et fig. *Touto galino que tant cacalejho fa pas lou mai d'uoux* : les grands discurs ne sont pas les grands faiseurs, pour dire, que ceux qui se vantent le plus, qui promettent le plus, sont ordinairement ceux qui en font le moins. On dit famil. et figurément d'un homme pénétré et comme concentré par le froid, le vent ou quelque mésaventure. *Qu'es esparouñ coum'uno galino bagnado* : qu'il est transi comme une poule mouillée.

GALOI. adj. m. Joyeux. Content. De belle humeur. Il vieillit.

GALOUIHA. v. a. Animer. Exciter. Encourager quelqu'un.

GALO. s. f. Noix de galle. Voyez BOUSSERIO.

GALLOS. s. f. plur. Touffes et rejettons que poussent les souches et les racines des arbres coupés dans les bois et les forêts. Voyez GARRUS. AVAOUSSES. JHALOS.

GALOUN. s. m. Cochet. Petit coq. Voyez GALUCHOUN.

GALOUN. s. m. Galon. Tissu d'or, d'argent, de soie, de fleuret, etc.

GALOUNA. v. a. Galonner. Garnir, border de galon.

GALOUPIN. s. m. Terme de mépris. Galopin. batteur de pavé. Voyez GALAPANTIN.

— Garçon, crocheteur qu'on envoie de côté et d'autre.

GALOUPINA. }
GALOUPINEJHA. } v. n. Fainéanter. Courir les rues, aller çà et là par désœuvrement. *Tout lou jhour galoupinejho* : il passe toute sa journée à battre le pavé, à fainéanter.

GALUCHOU. }
GALUCHOUN. } s. m. Cochet. Petit coq. Voyez GALET.

GAMACHA. v. n. Languir dans la peine. Etre dans l'embarras. Fatiguer, se donner bien de la peine, de corps et d'esprit, pour se tirer d'une affaire, d'un travail, dont on ne peut venir à bout. Il est plaisant et familier. *L'y a miec-heuro que gamacho, senso mai avança* : il y a demi-heure qu'il bricolle, sans rien avancer. *Leissa lou gamacha* : laissez-le dans son embarras.

GAMAS. s. m. Chûte. Lourderie. *Ficha un gamas* : choir, tomber lourdement. Il est bas, et se dit au propre comme au figuré.

GAMATADO. s. f. Augée. Ce que peut contenir une auge de maçon. On dit par métaphore. *Uno gamatado de soupo* : pour dire, une portion extraordinaire et démesurée de potage.

GAMATO. s. f. Auge. Vaisseau de bois dans lequel les maçons délayent le plâtre.

GAMATOUN. s. m. Terme de maçon. Oiseau. Petite machine dont les manœuvres se servent pour porter le mortier sur les épaules.

— Gros plat dans lequel les gens de campagne gouliafres, mangent la soupe. Il est plaisant et populaire.

GAMBAJHOUN. s. m. Terme de charcutier. Manche d'un jambon. Partie inférieure de la cuisse ou de l'épaule salée d'un cochon. — Jambonneau.

GAMBEJHA. v. n. Gambiller. Faire aller les jambes d'un côté et d'autre.

— Marcher. Trotter à la manière d'une personne qui a une jambe de bois. Il ne se dit qu'en plaisanterie ou en mauvaise part. *Ounte vas mai gambejha* : où vas-tu donc courir de nouveau.

GAMBI. adj. d. t. g. Tortu, tortue. De côté. De travers. En biais. De biais. *Boués gambi* : bois tortu. *Télo, estoffo gambi* : toile, étoffe de biais. *Es tout de gambi* : il est tout de côté. *Aco vai de gambi* : cela va de biais, ce n'est pas droit.

GAMBI. adj. Déjeté. On le dit du bois. Enflé, courbé et de travers. *Pouerto, couentro-vent gambi* : porte, contrevent déjetés. Voyez FOOUSSA.

GAMBIS. s. m. Terme de berger de nos montagnes. Encolure. Morceau de bois courbé auquel est suspendue la clarine qu'on met au cou d'une brebis.

GAMOUN. s. m. Goître. Tumeur considérable de la gorge. Voyez GOUME.

— Ulcère du gosier des animaux.

V. GAMOUN. s. m. Gorge. Partie du devant du cou.

— Fanon des bœufs et des taureaux.

— Gosier de la volaille.

V. GAMOUNIA. v. n. Gronder. Grogner. Voyez REMOOUMIA. RENA.

V. GAMOUNIAIRE. s. m. Grogneur. Voyez REMOOUMIAIRE. RENAIRE.

GANCHOU. s. m. Terme de crocheteur et de porte-faix. Crochet. Petit croc de fer dont on se sert pour saisir, et à l'aide duquel on porte un gros fardeau.

GANCHOU. s. m. Terme de marine. Gaffe. Croc de fer ayant une ou deux branches, servant à accrocher quelque chose, à curer, etc.

GANDAOURO. s. f. Voyez CADAOULO.

GANDORO. ⎰ s. f. Gondole. Petit
GANDOLO. ⎱ vaisseau à boire long et étroit qui n'a ni pied ni anse. On donne particulièrement le nom de *gandoro*, à tout pôt ou bouteille mal faits et d'une grosseur démesurée. Il est populaire. *A toujour la gandoro après* : Il porte toujours la bouteille après lui.

GANDOUASO. s. f. Sornette. Fariboie. Discours frivole. Fable. betise. *Es bouen qu'à counta de gandouaso* : il n'est bon qu'à conter des sornettes. Voyez GOUAYO.

GANDOUIHA. v. a. Egayer. Parlant du linge. Voyez GAFFOUYA. REFRESCA.

GANDOUIHO. s. f. Coureuse. Femme de mauvaise vie et de la lie du peuple.

GANDOURIA. Voyez DEIGARGAIHA.

B.-A. GANGAIHA. ⎰
B.-R. GANGASSA. ⎱ v. a. Branler. Agiter. Secouer. On le dit de la monnaie, du métal ou de tout autre menu objet qui, étant renfermé ou contenu dans une bourse, un sac, un étui, un vase, etc., fait un certain tintement lorsqu'on l'agite ou le secoue. *Sa bourso gangasso pas* : sa bourse ne tinte point; il n'y a rien dedans. *Fai un paou gangaiha* : secoue un peu et nous verrons si rien n'y est.

GANGASSADO. ⎰ s. f. Saccade.
GANGASSO. ⎱ secousse violente qu'on donne à

quelqu'un en le tiraillant, en le secouant.

GANGASSOUN. s. m. Secouement. Agitation de ce qui est secoué ou agité.

GANGRELA.
GANGRENA. } v. n. Se Gangrener. Tomber en gangrène.

GANGRELO. s. f. Gangrène. Mortification d'une partie du corps.

GANGOURIHO. s. f. Collation. Voyez COUROURAGI. COUROUREIHO.

GANGUI. s. m. Sorte de filet de pêcheur.

GANJHORO. s. f. Feu-clair. Flamme qui s'exhale de la ramée ou des copeaux que l'on brûle en hiver, pour se refaire ou se recréer un moment. Voyez PATORO. Faire un paou de ganjhoro : se recréer un instant en brûlant quelque chose qui donne de suite un feu vif et clair.

GANJHOURIO. Voyez COUROURAGI.

GANIPO. s. f. Guenipe. Femme ou fille mal propre et de la classe du bas peuple.

— Coureuse. Femme ou fille de mauvaise vie.

GANSETTO. s. f. Diminutif. Petit nœud bouclé. Voyez GANSO.

GANSETTOS. s. f. pluriel. Terme de marine. Commandes. Extrémité bouclée des cordages que l'on tient dans la main en les faisant agir.

GANSA. v. a. Boucler. Former une ou plusieurs boucles à un ruban en le nouant ou en l'attachant à quelque chose.

— Faire une boucle ou anneau à l'un des bouts d'une corde, d'une ficelle, etc., pour y passer l'autre bout.

GANSO. s. f. Nœud de ruban bouclé.

— Boucle, anneau d'une corde. Grosso ganso ; ganso de riban ; faire uno ganso ; passa dins la ganso.

GANTELET. s. m. Gantelée. Plante médicinale, appelée aussi gants-de-notre-dame.

GANTO. s. f. Pélican. Oiseau aquatique.

GAOU. s. m. Coq. Oiseau de basse-cour. C'est le mâle des poules. On dit d'un homme, Qu'es lou gaou daou cartié : que c'est le coq du voisinage, pour dire, que c'est le plus aimable, celui qui anime, qui égaie tout le voisinage. On dit proverb. et fig. Gaou de villo, doulour d'houstaou : parlant de ceux qui, étant toujours joyeux et divertissans partout, sont ordinairement insupportables chez eux.

GAOU. s. m. Joie. Plaisir. Heur. Tout li fa gaou : tout lui plaît. Avé grand gaou : se tenir fort content de.... Aguet grand gaou de courre : il fut fort heureux de s'échapper.

GAOU (FAIRE). adv. Plaire. Réjouir. Faire plaisir. Exciter l'envie. On dit prov. et plaisamment : Ti fa gaou, ti fara pas maou : il te plaît, mais ce n'est pas pour toi. On dit prov. et familièrement d'un homme qui fuit le travail ou cherche à s'y soustraire. Qu'obro facho li fa gaou : que travail fait, lui plaît.

GAOUBEJHA. Voyez GOOUBEJHA.

GAOU-GALIN. s. m. Coq-poule. C'est ainsi qu'on appelle un coq qui clousse comme une poule.

B.-A. GAOU-GALIN. s. m. Coquelicot. Voyez GUERINGLINGAOU.

GAOUBI. s. m. Biai. Dextérité. Adresse. Aptitude. Bonne grâce à tout faire. Avé bouen gaoubi : avoir bonne grâce, être propre à tout faire. Se douna von gaoubi : faire ses affaires, s'intriguer, se donner de la peine et des soins pour parvenir. On dit familièrement à un malade. Douna vous oou gaoubi : prenez courage, ayez soin de vous. Uno fiho de gaoubi : c'est une fille propre, agile et capable de faire beaucoup de choses dans une maison. Par contraire une personne que N'a ges de gaoubi : est celle qui ne sait pas faire grand chose, et qui le fait gauchement, sans goût ni grâce. Voyez ENGAOUBIA et DEIGAOUBIA.

GAOUBI. s. m. Fougère. Plante. Voyez FLEOUCHE.

GAOUCHE. adj. Gauche. Mal-adroit. Qui fait mal ce qu'il fait.

— Souci. Plante.

GAOUCHE-FER. s. m. Souci sauvage. Plante à odeur forte.

GAOUCHIÉ, IÈRO. adj. Gaucher, gauchère. Qui se sert ordinairement de la main gauche.

GAOUGNOS. s. f. pl. Ouïes. Certaines parties de la tête des poissons, qui leur servent à la respiration.

GAOUGNO-BLANCO. s. f. Air triste, pâle, languissant, abattu, livide comme le poisson passé, lequel a les ouïes blanchâtres, pâles et d'une couleur livide. Au fig. *Avc la gaougno blanco. Si senti la gaougno blanco* : se sentir coupable, avoir peur. Appréhender d'être compromis. Craindre d'être découvert, d'être trahi. *Despui qu'an pres soun camarado, a ben la gaougno blanco* : depuis que l'on a pris son camarade, il est bien triste.

GAOULO. s. f. Gaule. Houssine. Baguette à secouer la poussière des habits, d'une tenture, etc.

GAOUTAS. s. m. Soufflet. Coup du plat de la main ou du revers de la main sur la joue. Il est plaisant et familier. *L'y an douna un beou gaoutas* : on lui a appliqué un bon soufflet.

GAOUTO. s. f. Joue. Partie du visage de l'homme. *Gaouto doou cuou* : fesse. *Gaouto doou fege* : lobe du foie.

GAPI. v. n. Croupir. On le dit des eaux stagnantes, qui, faute de mouvement se corrompent, et par extension de tout ce qui, laissé trop long-temps dans l'eau, s'y matte et s'y corrompt. On dit que *Leis cououlets gapissoun* : lorsque la soupe aux choux étant cuite on ne la mange pas de suite.

GARA. v. a. Oter. Tirer une chose de la place où elle est. Il est bas et populaire. Il est synonyme de *leva*. Voyez LEVA.

GARACH. s. m. Gueret. Terre labourée et non encore ensemencée.

GARACHA. v. a. Terme d'agriculture. Faire des guerets. Récasser. Donner le premier labour à la terre après la moisson.

GARAMBI (DE). Voyez GAMBI. FAOUSSA.

GARAMBROUN. Voyez CHAMBRI-HOUN.

B.-A. GARANIÈ. Voyez EOUGRANIÈ.

GARAPACHOUN. Voyez GALAPACHOUN.

GARBA. v. a. Gerber. Mettre en gerbe. Voyez LIA.

GARBEJHA. v. a. Gerboyer. Charrier, transporter les gerbes du champ sur l'aire.

GARBEJHAIRE. s. m. Gerboyeur. Celui qui est occupé à charrier et voiturer les gerbes.

B.-A. GARBEIROUN. s. m. Gerbier. Tas de gerbes, monté de forme ronde.

B.-R. GARBIÈ. Voyez GARBEIROUN.

GARBIÈRO. s. f. Gerbier. Meule. Tas considérable de gerbes, monté de forme oblongue.

GARBO. s. f. Gerbe. Faisceau de blé coupé.

GARBUGI. s. m. Grabuge. Querelle. Noise. Dispute. *Cerca de grabugi* : chercher noise.

GARDA. v. a. Garder. Conserver. Ne se point dessaisir. Défendre. Protéger. Préserver. Garantir. Avoir en soin.

B.-A. GARDABEOU. s. m. Portefeuille. Petit livret recouvert en parchemin, dans lequel les gens du peuple faisaient inscrire, avant la révolution, les reçus et quittances du percepteur ainsi que ceux des autres personnes à qui ils faisaient annuellement des pensions.

GARDAIRE. s. m. Gardeur. Celui qui garde.

GARDIA. v. a. Garder. Terme de montagne.

GARDO-POUERC. s. m. Gardeur de cochons.

GARDO-RAOUBO. s. m. Garde-robe. Armoire. Meuble de bois en forme de buffet, dans lequel on serre des hardes, du linge, des habits, etc.

B.-A. GARÈYO. s. f. Terme de mépris. Evaporée. Femme ou fille d'une grande légèreté d'esprit. Voyez DIVAGADO.

GARGAMÉLO. s. f. Gosier. Il est comique. Voyez GARGATIÈRO.

GARGAOU. s. m. Terme de tonnelier. Jable. Rainure de tonneau dans laquelle le fond est enchassé.

GARGAOU. s. m. Gavion. Gosier. Il est familier. On dit populairement parlant d'un gouliafre. *Que se n'es mes jusqueis gargaoux* : qu'il s'est soulé, qu'il en a jusqu'au gavion.

GARGAS s. m. Terme de mépris.

Vaurien. Fainéant. Vagabond. Il est populaire.

GARGASSOUN. s. m. Petit gosier. Il est familier et badin.

GARGATIÈRO. s. f. Le gosier. La Gorge. Le cou. En terme de médecine, la Trachée-Artère. Le conduit de la respiration. *Coupa la gargatièro* : couper le cou.

GARGAYA. v. a. Terme de tonnelier. Jabler. Faire le jable à un tonneau.

GARGOUYA. v. n. Grouiller. Remuer. On le dit des bruits que les flatuosités causent quelquefois dans le ventre. On dit de celui à qui cela arrive. *Que lou ventre li gargouya* : que le ventre lui grouille.

GARGOUYA. v. n. Gargouiller. On le dit du bruit que fait l'eau en tombant d'une gargouille, et de celui que fait le vin lorsqu'on le met dans les tonneaux.

GARGOUTIA. v. a. Bouillonner. Il se dit des eaux et des autres liqueurs, lorsqu'elles sortent et qu'elles s'élèvent par bouillons.

GARI. v. a. Guérir. Délivrer de maladie.

GARIHAS. s. m. Margouillis. Gâchis. Ordure, saleté causée par de l'eau stagnante et corrompue. *Toumba dins lou garihas* : Tomber dans le margouillis.

GARNI. v. a. Garnir. Pourvoir de ce qui est nécessaire. Il signifie aussi, assaisonner, empailler, charger, comme dans les locutions suivantes. *Garni la salado* : assaisonner la salade. *Garni de cadièros* : empailler des chaises. *Garni la fielouè* : charger la quenouille.

GARNIMENT. s. m. Garniture. Ce qui sert, ce que l'on met pour garnir, pour orner quelque chose. *Garniment de liech* : garniture d'un lit.

GARNISSARI. s. m. Garnisaire. Homme mis en garnison chez les contribuables en retard.

GARNISSUR. s. m. Garnisseur. Celui qui garnit, ajuste, agence, approprie une chose à ce à quoi elle est destinée. *Garnissur de capeou* : garnisseur de chapeaux.

GARNISSUSO. s. f. Garnisseuse. Celle qui garnit, qui place la garniture, etc., à un meuble, à une robe. etc., etc. *Garnissuso de cadièro* : couvreuse de chaises.

GARNO. s. f. Feuille de pin.

GARO ! interj. pour prévenir. Prenez-garde ! Garde à vous !

B.-A. GARO-BOUEN-TEMPS. s. m. Libertin. Sans-souci. Roger-bontemps. *Es un veritable garo-bouentemps* : c'est un vrai sans-souci.

GAROI. adj. m. ⎫
GAROYO. adj. f. ⎬ Malade paralysé. Il se dit presqu'exclusivement des membres plutôt que des personnes. *Cambo garoyo* : jambe paralysée, torte, dont on ne peut guères se servir, et que l'on paraît traîner après soi. Il ne se prend qu'en mauvaise part. *Ounte vai eme sa cambo garoyo* : où va-t-il donc avec sa mauvaise jambe. *Es tout garoi* : il est tout estropié.

GAROI. s. m. Voyez GAOUBI.

GAROUETTO. s. f. Vesce blanche. Plante légumineuse et fourragère. On la recouvre pour engrais lorsqu'elle est à mi-grain. Voyez ERRES.

— Orobe. Voyez l'article suivant.

B.-R. GAROUTOUN. s. m. Orobe. Ers blancs. Sorte de petite vesce dont on nourrit les pigeons. Voyez MEREVIHOS.

GARRANIÈ. s. m. Violier. Plante et fleur. Voyez EOUGRANIÈ.

GARRI. s. m. Rat. Petit animal qui fait beaucoup du dégât dans une maison. *Rouiga deis garris* : rongé des rats. Au fig. Caprice. Bizarrerie. Fantaisie qui, quelquefois, semble tenir de la folie. *Es uno fremo sujetto eis garris* : c'est une femme qui a des rats dans la tête. *Quand lou garri la pren garo davant* : lorsque le rat la prend elle ne saurait entendre raison.

Garri signifie encore mauvaise humeur. *Quand lou garri l'y a passa est la mihouè persouno doou mounde* : lorsque sa mauvaise humeur lui a passé c'est la meilleure personne du monde.

V. GARRI-GREOU. s. m. Lérot. Voyez GREOURE.

B.-A. GARRI-BABOOU. s. m. Reflet. Répercussion. Jeu d'enfant et de polisson, qui consiste à se placer au soleil avec un morceau de glace étamé à la main, pour y recevoir et refléter sur les yeux des passants, les rayons de cet astre qui les éblouissent. *Faire lou garri-baboou :* refléter les rayons du soleil avec une glace. On dit d'une personne peureuse, qu'un rien effraye. *Qu'à poou doou garri-baboou :* qu'elle a peur d'un rien. Voyez MAROUMBRUNO.

GARRIGUO. s. f. Lande. Bruyère. Etendue de terre inculte, aride, où il ne croit guère que des genêts, de la bruyère, de la lavande, etc.

GARRIOUX, OUÈ. adj. et subst. Capricieux. Fantasque. Bizarre. Sujet aux rats.

GARROT. s. m. Grossier. Agreste. Terme de mépris que l'on donne aux paysans. *Si fai qu'eme leis garrots :* il ne hante que les gens de la campagne.

GARROUN. s. m. Perdrix mâle. Oiseau.

GARROUYO. s. f. Querelle. Voyez GARBUGI.

GARRUS. s. m. Cepée. Touffe de surgeons. Assemblage de rejetons d'arbres ou d'arbustes qu'on rencontre dans les bois et les terres incultes, et qui viennent des souches qu'on y a laissées, des racines qui s'y rencontrent ou des semences qui y sont tombées. Voyez GALLOS. AVAOUSSES. JHALOS.

GASCOUNA. v. n. Gasconner. Dire des gasconnades. Voyez TALOUNA.

GASCOUNAIRE. s. m. Plaisant. Voyez TALOUNAIRE.

GASCOUNARIE. s. f. Gasconnade. Plaisanterie. Conte à rire. Voyez TALOUNADO.

GASPIA. v. a. Gaspiller.

GASPO. Voyez LACHADO.

B.-A. GASSIGNA. ⎫
GASSIHA. ⎬ v. a. Ébranler. Secouer. Remuer quelque chose fortement.

V. GASSOUYA. Voyez GAFFOUYA.

GASTA. v. a. Gâter. Endommager. Salir. Dégrader. Friper. User. *Gasta un enfant :* gâter un enfant, c'est entretenir ses défauts par trop de complaisance, trop d'indulgences, le mignarder, le traiter trop délicatement. *Sa maire lou gasto :* sa

mère le gâte, le choye trop. *Gasta un nis :* dénicher, oter, enlever les oiseaux qui sont dans un nid.

GASTAIRE DE NIS. s. m. Dénicheur. Celui qui déniche les oiseaux.

GASTO. adj. fém. Terme d'agriculture qui ne s'emploie que dans cette locution. *Terro-gasto :* lande. Terrain inculte qui ne produit que des genêts, des bruyères, etc. Voyez GARRIGUO.

B.-R. GAT. s. m. Chat. Animal domestique.

GATADO. s. f. Terme de maçon et de journalier. Travail à la dérobée. Travail que l'on fait par échappées, c'est-à-dire, par intervalles et dans des heures perdues. *Faire uno gatado :* travailler quelques heures. *Em'enca uno gatado v'acabe :* une seule échappée me suffit pour achever.

GATADOS (A). adv. à plusieurs reprises, par échappées et comme à bâtons rompus.

GATAS. s. m. Augmentatif. Matou. Gros chat.

GATIGNO. s. f. Inquiétude. Mauvaise humeur.

GATIGNOUX, OUÈ. adj. Grognard. Qui est d'humeur inquiette et acariâtre.

— Hargneux. Bourru. Voyez CHARPINOUX.

B.-A. GATHIA. ⎫
GATIGA. ⎬ v. a. Chatouiller. Voyez COUTIGA.

GATHIOUN. s. m. Grumeau. C'est ainsi que l'on appelle ces petites pelotes qui se forment dans la soupe de farine de légumes, que l'on n'a pas eu soin de bien délayer. *Dins la soupo de brigadeou l'y a toujous caouque gathioun :* dans la soupe de farine de légumes il y a toujours quelque grumeau. Au fig. Morceau. Partie séparée d'une pièce de viande cuite ou de tout autre plat de résistance gras ou maigre. En ce sens il est plaisant et populaire. *Douna-n'in enca un gathioun :* donnez-lui en encore un morceau.

GATAMIAOULO. Voyez CATAMIAOULO.

GAVA. v. a. et récip. SI GAVA. Se gorger. Voyez ENGAVA.

GAVACHOU. adj. Goulu. Vorace.

GAVAGI. s. m. Jabot. Espèce de poche que les oiseaux ont sous la gorge, et dans laquelle la nourriture séjourne quelque temps avant de passer dans l'estomac.

GAVAGNO. s. f. Corbeille d'éclisse. C'est dans de pareilles corbeilles que l'on emballe les bouteilles noires, les clous et telles autres merceries et quincailleries.

GAVAI. s. m. Voyez GAVAGI.

GAVAGNU, UDO. adj. Qui a un grand et large gosier. Qui a le jabot vaste. On le dit des animaux et des oiseaux. *Loup gavagnu, dindo gavagnudo.*

GAVEDO. s. f. Baquet. Voyez COURNU.

GAVELA. v. a. Enjaveler. Voyez ENGAVELA.

GAVEOU. s. m. Javelle. Fagot de sarments de vigne. C'est improprement que l'on dit un sarment à une javelle, car un sarment n'est qu'une baguette qui a poussé d'un cep de vigne. On dit cependant un cent de sarment, à un cent de javelles, et cela est reçu. On dit en poésie : *l'holi doou gaveou* : le jus de la treille, pour dire, le vin. *Faire lou gaveou* : Pirouetter sur la jambe gauche en dansant. C'est une démonstration de joie autrefois usitée par les paysans, dans quelques communes des environs d'Aix et de Marseille.

GAVEOU-DE-TINO. s. m. Filtre. Fagot-à-filtrer. Petit fagot d'asperges sauvages ou corrude (*Ramo couniou*), que l'on place au dedans de la cuve pour filtrer le vin et arrêter le marc à l'ouverture de la canelle.

GAVITEOU. s. m. Terme de marine. Balise. Tonneau placé à fleur d'eau à l'entrée des ports, aux embouchures des rivières et autres lieux, pour indiquer les endroits périlleux.

GAVOUE, OUTTO. s. Montagnard, arde. Qui est natif ou habitant de la montagne. On dit ordinairement. *Que leis gavouès n'an que l'habit de groussié.*

GAYOS, GAYETOS. s. f. Ris de veau. Ris d'agneau. Terme de boucherie. Parties glanduleuses qui se trouvent sous la gorge des animaux.

GAYOFOU. s. m. Joufflu. Qui a de grosses joues. Au figuré. Maladroit. Lourdaut.

GAYORO. Voyez GANJHORO.

GAZAN. s. m. Gain. Lucre. Profit. Bénéfice.

GELA. Voyez JHALA.

GELARÈYO. Voyez JHALAREYO.

GENA. v. a. Gêner. Incommoder. Tenir en contrainte.

GENA, ADO. partic. Gêné, ée. Contraint, ainte. *Er gêna* : air contraint. *Taiho genado* : taille gênée.

GENÈBRE. s. m. Genièvre. Genevrier. Nom d'un arbuste odoriférant et de ses bayes, dont on fait un extrait généralement estimé pour fortifier l'estomac.

GENGIVIÈ. Voyez GINGIVIÈ.

GENGIVO. s. f. Gencive. Chair qui entoure les dents et dans laquelle elles sont comme enchâssées.

GENIBRET. s. m. Genièvre. Bayes du genevrier.

GENS. s. plur. Gens. Personnes. *L'y avié fouesso gens* : on y voyait beaucoup du monde. On dit proverb. et fig. *Selon leis gens l'encen* : selon le poisson il faut la sauce, pour dire, qu'il faut se mettre à la portée de tout le monde, et traiter chaqu'un selon son rang et son mérite.

GENS. BELLEIS-GENS. s. f. plur. Beau-père et belle-mère ensemble. *Resto emé seis belleis gens* : il demeure avec les parents de sa femme. Il reste avec ses beau-père et belle-mère.

GENT, GENTO. adj. Gentil, gentille. Aimable. Charmante. Gracieux.

GENTE, GENTETTO. adj. diminutif. Gentillet, gentillette.

GEOU. s. m. Gel. Gelée.

GER.
GERBOU. } s. m. Gazon. Terre couverte d'herbe très-courte et menue.

GERPA. v. a. Gazonner. Revêtir de gazon.

GERPADO. s. f. Gazonnement. Action de gazonner. *Foou l'y faire uno gerpado* : il faut y faire un gazonnement.

GEREBRIA. v. n. Grelotter du froid.

GÈS. adv. de nég. Point. Aucun. *Ni avié ges* : il n'y en avait point.

GIBETTO. s. f. dimin. Petite bosse. Bossue, très-petite taille.

GIBO. s. f. Bosse. Grosseur extraordinaire au dos ou à l'estomac qui vient de mauvaise conformation.

GIBOUSSOUN, OUNO.) adj. Bossu, boussue. Qui a une bosse.
GIBOUX, OUÈ.

GIÈRO. s. f. Volée de coups.

V. GIÈROU. s. f. Froidure. Le froid répandu dans l'air.

GIET. Voyez JHÈS.

GIÈLA. Voyez JHALA.

GIGANDO. s. f. Topinambour. Sorte de pomme de terre très-blanche, dont le goût approche de celui du cul d'artichaut. La plante pousse une tige et donne une fleur jaune comme le tournesol.

GIGEOU, GIGELLO.) adj. et
GIGÈT.   subst. Idiot. Niais. Dadais. Voyez FADA.

GIGÈT. s. m. Joseph. Nom d'homme qui se dit familièrement à un jeune garçon de la classe du peuple.

GIGIÈ. s. m. Gésier. Second ventricule des oiseaux. Lou gigiè d'un tourdre : le gésier d'une grive.

GILECOU. s. m. Gilet. Partie de l'habillement d'un homme qui le couvre depuis le cou jusqu'à la ceinture. Il est populaire.

V. GILLA. Voyez ESQUIHA.

GINÈBRE. Voyez GENÈBRE.

GINEBRIÈ. s. m. Genevrier. Voyez GENÈBRE.

GINESTIÈRO. s. m. Genêtière. Lieu où croît le genet.

GINESTO. s. f. Genêt. Arbuste dont la fleur est jaune, papillonnacée et la tige comme du jonc.

GINESTOUN. s. m. Genestrôle. Petit genêt dont on fait des balais.

GINGIBRIA. Voyez GEREBRIA.

GIN-GIN. FAIRE GIN-GIN. v. n. Greloter. Tremblotter de froid. Il est populaire.

GINGIVIÈ. s. m. La mâchoire. L'os dans lequel les dents de l'animal sont enchassées et qui est recouvert des gencives.

GINGIVO. Voyez GENGIVO.

GINGOULA. v. n. Geindre. Piauler. oyez SOOUSOUMIA.

V GINGOULA. v. a. Battre. Donner des coups. Il est plaisant et familier. L'an gingoula coumo foou : on l'a rossé d'importance.

GINGOULADO. s. f. Bastonnade. Volée de coups. Voyez CALOUSSADO.

GINJHARRA. v. n. Jouer de la mandoline.

GINJHARRO. s. f. Mandoline. Instrument de musique à corde. C'est une espèce de petite guitare.

GINOUFLADO. s. f. OEillet simple. Petit œillet. Fleur à odeur de gérofle.

GINOUFLIÈ. s. m. Plante d'œillet.

GINOUVES, ESO. s. Genois, genoise. Originaire de la ville, du pays de Gènes.

GINOUVESO. s. f. Terme de maçon. Genoise. Battellement. Double rang de tuiles qui termine un toit.

GIP. s. m. Plâtre. Pierre cuite au fourneau, que l'on met en poudre pour servir à divers usages dans les bâtimens.

GIPA. adj. mas. Terme de magnaguier. Plâtré. On le dit du cocon dans lequel le ver-à-soie qui y est mort par la touffe est devenu blanc comme du plâtre. Ces cocons sont plus légers que les autres parce que le vers-à-soie mort a très-peu de poids.

GIPARIÈ. s. f. Plâtrage. Ouvrage fait de plâtre.

GIPAS. s. m. Plâtras. Décombre. Morceau et gros débris d'une muraille en plâtre que l'on a démolie, ou d'un bâtiment que l'on a fait.

GIPIÈ, IÈRO. s. Plâtrier, plâtrière. Celui ou celle qui cuit et qui vend du plâtre.

GIPIÈRO. s. f. Plâtrière. Carrière d'où l'on tire le gips, et du four où on le fait cuire.

GIPOUX. adj. Gypseux. Qui a la couleur, le goût du plâtre, ou qui en est sali. Sac gipoux : sac gypseux, qui est sali ou couvert de plâtre.

GIRELLO. s. f. Petit poisson rayé, assez semblable à la sardine quoique plus allongé.

GIROUYO. s. f. Panais sauvage. Appelé encore chirouis ou faux chervi. Plante et racine potagère de bon goût. Au fig. Niaise. Simple et décontenancée. *Es uno girouyo* : c'est une niaise.

GIRORME. s. m. Jérome. Nom d'homme.

GIS. adv. Voyez GES.

GISCLA. v. n. Jaillir. Saillir. Sortir impétueusement. Il ne se dit proprement que de l'eau, ou de quelque chose de fluide. *Quand l'an soouna lou sang gisclavo* : quand on lui ouvrit la veine le sang jaillissait. Il a souvent aussi la signification d'*espousca*. Voyez ce mot.

GISCLA. v. n. Clapir. Faire des cris aigus, à peu près semblables à l'aboi aigre et perçant des petits chiens et des renards. On ne le dit que des petits enfans. *L'oouzès coumo gisclo ?*.. l'entendez-vous glapir ?

GISCLADO. s. f. Ondée. Pluie subite et de peu de durée.

— Éclaboussure. Voyez ESPOUSCADO.

GISCLE. s. m. Cris aigu. On ne le dit qu'en parlant des petits enfans. *Fasiè de giscles que s'oouzièn d'uno lègua* : il poussait des cris qui s'entendaient de très-loin. Il signifie aussi *espoux*. Voyez EXPOUX.

GITTA. v. a. Jeter. *Gièti, gièles, gitam, giettoun, gittavi, gittarai.* Lancer avec la main ou avec quelqu'autre chose. *Gitta oou soou* : faire tomber. Abattre. Renverser. *Gitta lou pòt* : vuider par la fenêtre, le pot de chambre dans la rue. *Gitta à pouerri* : prodiguer, abandonner, laisser perdre, dépérir une chose quelconque.

GITTA. v. a. Vomir. Dégobiller. Jeter dehors ce qu'on a bu ou mangé. *Es ben malaou, gietto tout ce que pren* : il est bien malade, il rejette tout ce qu'il prend.

GITTA. v. n. Terme d'agr. Jeter. Pousser. Faire des jeunes pousses, produire des bourgeons ou des scions.

— Rejeter. Pousser des rejetons. On le dit des arbres et des arbrisseaux.

GITTADO. s. f. Nouvelles pousses des arbres. Voyez JHIÈS.

GIVOOUDANO. s. f. Bartavelle. Espèce de perdrix rouge, plus grosse que la perdrix ordinaire.

GLAÇA. v. n. Glacer. Congeler, en parlant du froid sur l'eau ou d'autres liqueurs.

— Glacer. Causer un froid très-vif.

GLAÇA, ADO. part. Glacé, ée. Gelé, ée. *Avé leis pès glaças* : avoir les pieds gelés. *Carrièro glaçado* : rue glacée.

B.-R. GLAOUDI.
B.-A. GLAOUDOU. } s. m. Claude. Nom d'homme.

GLARI-VIOU. s. d. t. g. Espiègle. On le dit d'un enfant de l'un ou de l'autre sexe, vif et éveillé. Il est familier.

GLAS. s. m. Glace. Eau congelée et durcie par le froid.

GLASSET. s. m. Sorbet glacé. Sorte de composition rafraîchissante que l'on prend dans les cafés et dans laquelle on met du citron, du sucre, de l'ambre, etc.

GLEISO. s. f. Eglise. Temple catholique consacré au vrai Dieu. Voyez AGLEYO.

GLENA. v. a. Glaner. Ramasser les épis qui restent dans le champ après la moisson, les olives et autres fruits qui restent sur les arbres après la récolte.

GLENAIRE.
GLENARELLO. } s. Glaneur, glaneuse. Celui et celle qui glane.

GLENO. s. f. Glane. Poignée liée d'épis que l'on a ramassé dans le champ après que le blé en a été emporté.

B.-A. GLEYO. Voyez AGLÈYO.

GLOOUJHOOU. s. m. Flambe. Gayeul. Fleur liliacée de couleur bleue et violet, appelée encore iris.

B.-A. GLORI. s. f. Gloire. Vanité. Luxe. *V'hui leis fremos n'an que de glori* : Aujourd'hui les femmes sont bien vaniteuses.

GLOU, GLOUTO. adj. Envieux, euse. Désireux. Avide. Glouton. *N'en siou pas glou* : je ne m'en soucie pas. *Ero ben glou d'aquo* : il était bien envieux de cela.

GLOUIOU.! Voyez GLOOUJHOOU.

GLOURETTO. s. f. Etuve.

— Boulangerie. Endroit resserré et chaud où les boulangers pétrissent et où la pâte lève très-bien. *Semblan dins uno glouretto* : nous sommes aussi chaudement ici que dans une étuve.

GLOURIOU, OUSO. adj. et subst. Glorieux, euse. Vaniteux, euse. *N'es tout glouriou* : il s'en glorifie. *Filho glouriouso* : fille qui aime la vanité, la parure. *Es un glouriou* : c'est un glorieux qui n'a que vanité.

GLOUTÓ. s. f. Petit poêlon de terre ou de grès.

GLOUTOUNIÈ. s. f. Gloutonnerie. Gourmandise. Avidité de manger ou de boire certaines choses. *La gloutounië doou café li fa faire de bei pas enco de soun peirin* : son avidité pour le café le rend très-assidu auprès de son parrain qui l'en régale.

B.-A. GNAOUGNA. v. n. Pignocher. Mâcher de haut. Manger négligemment et sans appétit.

— Mâchonner. Voyez MACHIGNA.

V. GNASPIÈ. Voyez NESPIÈ.

V. GNASPO. Voyez NESPO.

B.-A. GNIC-ET-GNAC. s. m. Castille. Débat. Démêlé. Différent. Terme populaire qui n'a d'usage que dans les locutions suivantes. *Estre en gnic-et-gnac* : être en castille. *Soun toujour gnic-et-gnac* : ils s'accordent comme chiens et chats, ils sont toujours en castille.

B.-A. GOBI. adj. de t. g. Gourd, gourde. Engourdi, ie. Qui est devenu comme perclus par le froid. *Mans gobis* : mains gourdes. *Dets gobis* : doigts engourdis.

GOBI. s. m. Goujon. Petit poisson. Ceux que l'on pêche dans la Méditerrannée sont beaucoup plus délicats que ceux d'eau douce.

GODEAMUS. s. m. Terme plaisant et familier emprunté du latin. Gogaille. Repas joyeux. Ribotte. *Fairé un bouen godeamus* : faire un bon et joyeux repas.

GODOU.) s. m. Terme comtadin.
GO.) Godet. Gobelet. Vase à boire, de verre ou de cristal rond, sans pied ni anse.

GOFFE, GOFFO. adj. Gonfle. Boursouflé. Bouffé. Il se dit des étoffes qui se soutiennent d'elles-mêmes, et qui au lieu de s'aplatir, se courbent en rond. *Aquelo raoubo es troou goffo* : cette robe est trop bouffée.

30

GOFFO. s. f. Ecale. Peau qui couvre les graines légumineuses et qui se lève quand elles cuisent. *Góffo de fayoou, de ceze* : écale de haricot, de pois-chiche. *Góffo de razin* : peau d'un grain de raisin. *Góffo de castagno* : bogue. *Góffo de capeou* : forme d'un chapeau. La partie d'un chapeau qui ne couvre que la tête et qui tient aux ailes. On lui donne également le nom de *Bóffo.*

GOI.) subst. et adj. Boiteux,
GOYO.) euse. Personne qui boite et qui cloche. *Es un goï* : c'est un boiteux. *Ana goï* : boiter, clocher. *A près uno fremo goyo* : il a épousé une femme boiteuse.

B.-R. GOOUBEJHA. v. a. Ménager, user d'économie. Utiliser son bien, son temps, ses forces, une étoffe, des retailles, etc., de manière à tout profiter et que rien ne se perde. Il est aussi réciproque.

GOOUBEJHA (SI). Se ménager. Se mesurer. Régler sa dépense, ses provisions, son avoir, proportionnellement aux besoins et aux circonstances pénibles où l'on se trouve. Voyez COUMPANEJHA.

GOOUCHIÈ, IÈRO. adj. Gaucher, ère. Celui et celle qui se sert habituellement de la main gauche au lieu de la droite.

GOOUCHOUX. Voyez GAOUCHE.

GOOUGNOUN. s. m. Jabot d'une poule d'inde. Voyez GAVAGI.

— Menton d'une personne grasse et rebondie.

GOOURANIÈ. Voyez EOUGRANIÈ.

GOOUREGNADO. Voyez COOURAGNADO.

GOOUSI. v. a. User. Elimer. Fripper. Consommer. Détériorer. Gâter les choses dont on se sert. *L'hiver si goousi fouessou boués* : l'on use beaucoup de bois pendant l'hiver.

GOOUSI, IDO. part. Usé. Elimé, ée. *Aquelo estoffo es dabord esta goousido* : cette étoffe s'est élimée en moins de rien.

GOOUSIÈ. s. m. Gosier. Partie intérieure de la gorge par où passent les alimens et par où sort la voix. On dit fig. et famil. d'une personne qui mange et boit extrêmement chaud, qu'*A lou goousiè doubla de ferri blanc* : qu'elle a le gosier pavé.

GOOUTARU, UDO. adj. Joufflu, ue. Qui a de grosses joues.

GOOUTAS. Voyez GAOUTAS.

GOOUVI. Voyez GOOUSI.

GORGEO. s. f. Gorge. Partie du devant du cou. — La bouche. Le gosier. On dit proverb. et fig. *Touteis leis gorgeos soun souarres :* toutes les bouches se ressemblent , pour dire que chacun aime les bons morceaux. On dit fig. d'une chose que *coucsto leis dents de la gorgeo :* pour dire, qu'elle revient infiniment cher , qu'elle coûte extrêmement. On dit encore proverb. et fig. *La gorgeo mi degouto :* la bouche m'en dessèche, pour exprimer combien on languit de manger , d'humecter sa bouche , des certains fruits ou alimens dont on parle.

GORGEO-DE-LOUP. s. f. Lucarne. Fenêtre pratiquée au toit d'une maison. *Passet par la gorgeo de loup :* il passa par la lucarne.

GORRI. s. m. Goret. Petit cochon. Il est popul.

GOUAPOU. s. m. Riche. Puissant. Chef. Personne notable dans un pays par ses richesses, son pouvoir , son autorité, etc. *Es un deis gouapous doou peys :* c'est un des principaux du pays; une personne dés plus marquantes.

GOUARBO. }
GOUERBO. } s. f. Manne. Hotte. Mannequin. Espèce de corbeille faite d'éclisse.

GOUARBETTO. }
GOUERBETTO. } s. f. Corbillon. Mannequin.

GOUARGO. }
GOUERGO. } s. f. Chéneau. Conduit de bois , de plomb, ou de fer-blanc, qui recueille les eaux du toit et les porte dans un tuyau de descente fixé le long du mur, ou à la rue au moyen des gargouilles.

GOUAYO. s. f. Faribole. Joyeuseté. Propos divertissant. Fable. Conte. *Dire de gouayos :* tenir des propos divertissans, dire le mot pour rire. *Aco es uno gouayo :* c'est là un conte.

GOUBELET. s. m. Gobelet. Verre à boire.

GOUDI. }
GOUDIFLA. } v. a. Gober. Baffrer. Manger avec avidité. Il est populaire. Voyez CHICA.

GOUDOUNFLA. v. n. Sanglotter. Pousdes sanglots.

GOUFET. s. m. Terme de serrurier. Gond. Morceau de fer coudé sur lequel tournent les pentures d'une porte.

GOUFFA. v. a. Bouffer. On le dit des étoffes qui se soutiennent d'elles-mêmes, et se courbent en rond comme une joue enflée, au lieu de s'aplatir. *Leis estoffos goumados goffoun toujour :* les étoffes qui ont de l'apprêt bouffent.

GOUFOUN. Voyez GOUFET.

B.-A. **GOUJHAR**, ARDO. s. Saligaud, aude. Celui, celle qui est sale, malpropre. Il est populaire.

B.-A. **GOUJHARDARIÉ.** s. f. Malpropreté. Saloperie. Action , manière de vivre d'un saligaud.

GOULADO. s. f. Goulée. Grosse bouchée. Il est populaire. Voyez BOUCADO.

GOULU. adj. m. On le dit des pois verts que l'on ne peut manger qu'égrenés parce que la cosse est parcheminée. *Pézés goulus :* pois sans cosse. Ceux que nous appelons *Pézés gourmands* , sont ceux dont la cosse se mange et que l'on nomme petits pois.

GOUMBET. s. m. Corset. Sorte de casaque que les femmes portaient autrefois.

GOUME. s. m. Goître. Tumeur considérable de la gorge. — Ulcère du gosier des animaux.

GOUNFLA. v. a. et récip. Renfler. Augmenter de volume. *Leis fayoou si gounfloun en couyen :* en cuisant les haricots renflent. — Gonfler. Rendre enflé. Enfler. *Gounfla uno booufiguo :* enfler une vessie avec un chalumeau. *Leis fayoou gounfloun :* Les haricots gonflent l'estomac. — Se boursoufler. S'enfler par l'air ou le vent. *Oou four la pasto si gounflo :* dans le four la pâte se boursoufle. On dit fig. et pop. *Gounfla cvouqu'un :* mener battant quelqu'un, pour dire le battre avec excès, ou l'emporter sur lui en jouant.

GOUNFLA (SI). v. récip. S'empiffrer. Manger excessivement. Au figuré. *Si gounfla.* Se pavaner. S'enfler d'orgueil. Piaffer. Se rengorger. Faire l'important. *L'aqucissias via coumo si gounflavo oou mitan deis aoutreis :* il fallait voir comme il se pavanait et se rengorgeait parmi ses camarades.

GOUNFLE , GOUNFLO. part. et adj. Plein, enflé, outré, piqué, etc. *Ventre gounfle*: ventre tendu. *Aves leis ueils gounfles*: avoir les yeux gros. *Veni gounfle*: s'enfler. On dit famil. d'une personne qui a bien mangé, *qu'Es gounflo coum'un perus*: qu'elle est pleine comme un œuf, et de celle qui, ayant quelque grand dépit, ne veut pas le témoigner, *qu'Es gounflo coum'un perus*: qu'elle crève dans sa peau,

GOUNGOUNIA. v. a. Choyer, Délicater. Voyez POUPOUNA. COUCOUNIA.

GOUR
GOUS. } s. m. Flaque. Mare. Petit amas d'eau stagnante qui croupit. — Gour. Creux plein d'eau.

GOURÁDO. Voyez GOULADO.

B.-A. GOURBELIN. s. m. Corbillon. Petite corbeille.

GOURBIN. s. m. Diminutif de *Goerbo*. Petite manne ou corbeille.

— Grande manne large dans laquelle les coquettiers mettent les œufs qu'ils transportent.

GOURJHADO. s. f. Gorgée. Quantité de liquide qu'on peut avaler en une seule fois. Il est populaire. *Gourjhado de bouihoun*: gorgée de bouillon. Voyez BOUCADO.

GOURJHAREOU. s. m. Abée. Tuyau en bois par où coule l'eau qui fait moudre un moulin.

— Ouverture par où se vide un réservoir, le bassin d'une fontaine, etc. *Durbi lou gourjhareou*: déboucher, ouvrir l'abée.

GOURNAOU. s. m. Grenaut. Poisson de mer qui a la tête grosse, et que l'on dit n'avoir point ou très-peu de cervelle. Au fig. Stupide. Idiot. Ignorant. Grossier. Impoli.

GOURO. s. f Bouche. Cette partie du visage de l'homme par où sort la voix, et par où se reçoivent les aliments. Il est populaire. *Uno pleno gouro*: la bouche pleine.

GOURRIN. s. m. Truand. Vaurien. Vagabond qui vit dans la malpropreté et la faitardise.

GOURRINA. v. n. Cagnarder. Fainéanter. Vivre dans la paresse, la malpropreté et le vagabondage.

GOURRINARIÉ. s. f. Cagnardise. Vagabondage. Paresse et malpropreté.

GOURRINAYO. s. f. collect. Vagabonds. *Aco 's tout de gourrinayo*; ce sont là tout autant de vagabonds.

GOURRINO. s. f. Gourgandine, Gouine. Coureuse. Femme de mauvaise vie.

GOUSTA, s. m. Goûter. Petit repas que l'on fait entre le dîner et le souper.

GOUSTA. v. n. Goûter, Faire la collation, ou soit le petit repas que l'on prend entre le dîner et le souper.

GOUSTA. v. a. Goûter. Discerner les saveurs par le goût. Voyez TASTA.

GOUSTADO.
GOUSTÉTO. } s. f. Goûtée. Petite collation que les enfans font ensemble en se faisant réciproquement part de leurs friandises. *Faire la gousteto*: faire la goûtée.

GOUSTO-SOULET. s. m. Cagou. Homme qui vit d'une manière obscure et mesquine, qui ne veut voir ni hanter personne.

— Egoïste qui vit isolément, et ne saurait jamais se trouver à table avec qui que ce soit.

GOUSTOUX, OUÉ. adj. Savoureux. Appetissant, de bon goût. Qui flatte le palais.

GOUTETTO. s. f. dimin. Gouttelette. Petite goutte.

GOUTETTO. s. f. Petite épilepsie. Maladie des enfans à la mamelle.

GOUTIÉRO. s. f. Gouttière. Petit canal formé par le creux des tuiles et par où les eaux de la pluie coulent des toits.

GOUTIÉRO. s. f. Voie d'eau. Ouverture, trou, dans la couverture d'une maison, par où l'eau de la pluie pénètre et coule en dedans. Une tuile fêlée ou dérangée peut occasionner ce désagrément.

GOUTTO. s. f. Roupie. Goutte d'eau froide et claire qui distille de la tête, et qui pend aux nez. *A toujour la goutto que li pende*: il a toujours la roupie au nez.

GOUVER. s. m. Gouvernement. Ordre. Soin. Direction bien entendue d'une maison, d'un ménage. On dit qu'une personne *A de gouver*: pour dire, qu'elle a de l'ordre, qu'elle est soigneuse. *Et ques un marri gouver ou que n'a ges de gouver*: lorsque par sa négligence ou autrement, elle laisse perdre ou dépérir ses meubles, ses habillemens, ses provisions, etc.

GOVO. Voyez GOFFO.

GRA. s. m. Gré. Bonne, franche volonté de faire quelque chose. *Va fach de soun gra* : il l'a fait de son gré. On dit *A moun gra, à soun gra, selon soun gra*, etc : à mou gré, à son gré, selon son gré, etc., pour dire, selon mon goût, selon mon sentiment, selon mon opinion, etc. On dit aussi. *Prendre coouqu'un en gra* : prendre quelqu'un en gré, pour dire, avoir de l'amitié, de l'attachement pour lui.

GRACI. s. f. Grâce. Faveur que l'on fait à quelqu'un sans y être obligé.

GRACIOU, GRACIOUSO. adj. Gracieux, gracieuse. Agréable, qui a beaucoup de grâce et d'agrément. *Er graciou* : air gracieux. On dit d'un homme rude et incivil. *Qu'es un maou-graciou.* Voyez MAOU-GRACIOU.

B.-A. GRACIOUSA. v. a. Gratifier. Favoriser quelqu'un en lui faisant quelque don, quelque libéralité, etc. *Soun ouncle l'a graciousa d'un bouen cantoun* : son oncle l'a gratifié d'un joli coin de terre.

B.-A. GRACIOUSITA. s. f. Gratification. Gracieuseté. Faveur. Avantage. Libéralité. Don. Honnêteté que l'on fait à quelqu'un.

GRAFADO. Voyez JOUNCHADO.

B.-A. GRAFIEN. Voyez AGRUFIEN.

GRAFIGNA. v. a. Égratigner. Entamer et déchirer légèrement la peau avec les ongles. Au fig. Griffonner. Écrire mal, et d'un caractère très-difficile à lire.

GRAFIGNADO. s. f. Égratignure. Légère blessure qui se fait en égratignant. On dit prov. et fig. *Si mi fai un peçu, li fauu uno grafignado* : S'il me donne des pois je lui donnerais des fèves, pour dire, s'il me fait de la peine, s'il me donne du chagrin, je saurai bien lui rendre la pareille.

GRAFIGNAIRE. s. m. Égratigneur, qui égratigne.

GRAFIOUNIÉ. s. m. Cerisier. Arbre qui porte les cerises.

GRAIHO. s. f. Corneille. Oiseau noir comme un corbeau, mais moins gros.

GRAISSET. s. m. Guignard. Petit oiseau fort gras, à peu près de la grosseur d'une allouette.

GRAISSO. s. f. Graisse. Substance huileuse et concrète, qui se dépose en différentes parties du corps des animaux. On dit prov. et fam. *Ren de pu beou que la graisso souto la peou* : rien n'est si beau que la graisse sous la peau.

GRAISSO-BLANCO. s. f. Sain-doux. Graisse de pourceau.

GRAISSOUX, OUÉ. adj. Graisseux, graisseuse. Qui est de la nature de de la graisse.

— Graissé, ée. Oint de graisse. *Mans graissouès, cuhié graissoux* : mains graissées, cueiller graissée.

GRAMACI. s. m. Terme de remerciment familier et populaire. Grand merci. Je vous rends grâce. Je vous remercie. On dit d'une chose de peu de valeur ou qu'on estime peu. *Que voou pas un gramaci* : qu'elle ne vaut pas le sou.

GRAME. s. m. Chien-dent. Plante diurétique et rafraîchissante qui n'est proprement qu'une racine, de l'épaisseur d'une ficelle uniforme qui trace beaucoup. Les chiens en mangent pour se purger. On dit proverb. et fig. d'une affaire embrouillée. *Que l'y a dé grame à tria* : qu'il y a beaucoup de difficultés à vaincre et des obstacles à surmonter pour en venir à bout. On dit d'une plante, d'un arbuste, etc. *Qu'arrapo coumo de grame* : qu'elle reprend aussi sûrement et aussi facilement que le chien-dent, parce que le chien-dent quoique arraché de terre reprend toujours pourvu qu'un nœud de la racine en soit recouvert.

GRAMÉ. s. m. Terme de cordier. Corde-a-sac. Sorte de ficelle torse à trois branches dont on fait les liens des sacs. Elle est plus grosse que la corde à fouet. (*Chasso*), et tire son nom de sa ressemblance exacte avec la racine du chien-dent.

V. GRAMISSELA. Voyez DÉBANA.

V. GRAMISSELET. s. m. Petit peloton de fil ou de laine.

V. GRAMISSEOU. Voyez CABUDEOU.

GRAN. s. m. Grain. Semence d'une plante quelconque dont l'objet principal est la récolte de ce même grain.

GRANA. v. a. Grainer. Produire du grain ou de la graine. *Leis blads granoun ben* : les blés grainent bien.

GRANA. v. n. Terme de magnanerie. Pondre. Faire la graine. On le dit du ver-à-soie lorsqu'il fait sa ponte.

GRANA, ADO. adj. et part. Grainé, grainée. Grenu, grenue. Chargé de graine. Monté en graine. *Espinards granas* : épinards montés en graine.

GRANATINO. s. f. Terme de couture et de lingère. Amadis. Poignet. Bord de la manche d'une chemise.

GRANETTO. s. f. Diminutif. Petite graine.

GRANETTO-D'AVIGNOUN, ou simplement

GRANETTO. s. f. Graine d'Avignon. Ce sont les baies du petit nerprun ; arbrisseau qui vient dans les bois des environs d'Apt et de Manosque, etc. Ces baies fournissent aux teinturiers une couleur jaune très-belle.

GRANIAIRE. s. m. Grainetier. Celui dont la profession est de vendre des graines potagères et autres.

GRANIHO. s. f. Menus grains de toute espèce.

— Grésil. Sorte de très-menue grêle.

GRANIÉ. s. m. Grenier à blé.

B.-A. GRANIÉ. Voyez EOUGRANIÉ.

GRAND-GAOU. Voyez GAOU.

V. GRANEGOUN. Voyez CANIGOUN.

GRANETINO. Voyez GRANATINO.

B.-A. GRAND. s. de t. g. Aïeul, aïeule. Grand-père. *Fai veni moun grand* : appelle mon aïeul. *Es enco de sa grand* : il est chez sa grand'-mère.

GRANDET. } adj. Grandelet,
GRANDETTO. } grandelette. Diminutif de grand. *Voueste pichoun si fa grandet* : votre garçon grandit. *Sa pichouno es deja grandetto* : sa fille est déjà grandelette.

GRANGEO. s. f. Grange. Logement rustique d'un habitant de la campagne.

— Ferme, bâtiment à la campagne

où l'on serre les grains et les fourrages qu'on y récolte.

GRANGETTO. s. f. Diminutif. Petite grange.

GRANGIÉ, IÉRO. s. Métayer, ère. Maître, valet qui fait valoir une métairie pour le compte d'un propriétaire moyennant des gages en argent et en denrées.

— Granger, ère. Habitant, propriétaire d'une grange. Voyez BASTIDAN.

GRANO. s. f. Graine. Semence de quelques plantes.

GRANO BARBOUTINO. Semen-contra ou graine contre les vers.

GRANO DE CANARI. Alpiste. Graine dont on nourrit les serins.

GRANO DE CANEBE. }
GRANO DE CARBE. } Chenevis. Graine du chanvre.

GRANO DE CHAPELET. Larme de Job. Nom du grain d'une plante étrangère qui vient très-bien en Provence, et dont la semence est de la grosseur d'une fève-haricot, et de couleur grise, vernie et façonnée en larme. On en fait des chapelets qui durent longtemps.

GRANO DE CADE, DE LOOUSIÉ, etc. Baie de genièvre, de laurier, etc.

GRANO DE MAGNAN. OEuf de ver-à-soie.

GRANO DE MOUSTARDO. Senevé.

GRANO DE NOSE. Cuisse de noix.

GRANO DE PERO, DE POUMO, DE RASIN, etc. Pepin.

GRANO DE NESPO. Os de nèfle.

GRANOUIHO. s. f. Grenouille. Petit animal qui vit ordinairement dans les marais. Au fig. Râle de la mort. *Ave leis granouihos* : râler, avoir le râlement de la mort.

GRAOUTO. s. f. Gravois. Pierraille.

GRAPAOU. s. m. Crapaud. Reptile.

GRAPELOUX, OUÈ. adj. Raboteux, raboteuse. Bavoché, inégal. On le dit de toute matière brute ou mise en œuvre, dont la surface mal unie est âpre et rude au toucher. *Mans grapeloues* : mains rudes.

GRAPIERS. s. m. plur. Criblures. Bourriers et épis mal battus, qui restent sur le crible lorsqu'on y passe le blé sur l'aire. *Pica leis grapiers* : battre les criblures de l'aire.

GRAPIHA. v. a. Griveler, Grapiller. Faire quelques petits profits illicites dans un emploi. — Rapiner. Prendre, retenir injustement quelque portion d'une chose ou d'une somme, dont l'emploi vous a été confié.

GRAPIHUR, USO. s. Grapilleur. Griveleur, euse. Celui et celle qui grapille, qui rapine.

GRAPO.
GRAPOS. } Voyez CRAPO dans tous ses articles.

GRAPOUN. s. m. Bardane. Grateron, Plantes dont les semences hérissées de pointes s'accrochent aux cheveux ou aux habits des passans. Voyez ARRAPO-MAN. ARRAPO-PEOU. LAPOURDIÉ.

GRAS, PARLA GRAS.
GRASSEJHA. } v. n.

Grasseyer. Parler gras. Prononcer certaines consonnes avec difficulté et principalement les R.

GRASIHA. v. a. Brûler. Grésiller. Racornir, forcer, rétrécir par l'effet d'une grande chaleur, soit celle du feu ou du soleil. *Flours grasihados doou souleou. Si grasiha leis cambos oou fuech :* se brûler les jambes, etc.
— Griller. Faire cuire sur le gril.

GRASIHO. s. f. Gril. Instrument de cuisine propre à faire rôtir de la viande ou du poisson, etc.

GRASSET. s. m. Bréant. Petit oiseau qui a le bec gros et court, et qui se tient presque toujours dans les prés.

GRATTA. v. a. Gratter. Passer les ongles à plusieurs reprises sur l'endroit où il démange. On dit prov. *Gratta coouqu'un ounte li manjho :* gratter une personne où il lui démange, pour dire, lui parler d'une chose qui lui plait. On dit fig. *Gratta lou papié :* gratter le papier, pour dire, gagner sa vie à écrire dans un bureau, ou ailleurs.

GRATTA PINEDO. Façon de parler proverb. et fam. Enfiler la venelle. S'enfuir. Déguerpir. Se sauver dans les bois ou les champs.

GRATTO-CUOU. s. m. Gratecu. Fruit de l'églantier.

GRATTOUNA.
GRATTOUNIA. } v. a. Gratter

légèrement la partie qui démange.

B.-A. GRATUA.
B.-R. GRATUSA. } v. a. Râper.

Mettre en poudre avec la râpe. *Gratusa de pan :* râper du pain.

GRATUÈ. s. f. Râpe. Ustensile de ménage qui sert à mettre en poudre du sucre, de la croûte du pain, de la muscade et autres choses semblables. *Gratuè de tôlo, de ferreblanc, d'argent :* râpe en tôle, en ferblanc, en argent.

GRAVA. v. a. Graver. Tracer quelque figure, quelque trait avec le burin, avec le ciseau, sur du métal, du marbre, du bois, etc. *Grava de couverts :* graver des couverts d'argent. *Grava dins sa memoiro, dins soun couar :* graver dans sa mémoire, dans son cœur, pour dire, l'y imprimer fortement.

GRAVA, ADO. part. Gravé, gravée. *Aviè la lei de Diou gravado din soun couer :* il avait la loi de Dieu gravée dans son cœur. On dit d'un homme. *Qu'es grava :* qu'il est gravé, pour dire, qu'il a le visage marqué de petite vérole, et on dit prov. et fam. dans ce sens. *Voou miou estre grava qu'entarra :* mieux vaut porter les marques de la petite vérole que d'en être mort.

GRAVA. v. n. Avoir regret. Se repentir. *M'a fach tort, mai li gravara :* il m'a nui, mais il s'en mordra les doigts. *Si fas p'aco ti gravara :* si tu ne fais cela tu en seras fâché.

GRAVAS. s. m. Ravin. Lieu que la ravine a creusé et sur le bord duquel on trouve des cailloux et du gravier.
— Lit d'un torrent couvert de gravier.

GRAVELIÈRO.
GRAVIÈRO. } s. f. Terrain

pierreux et aride.

GRAVO. s. f. Gravier. Gros sable mêlé de fort petits cailloux. On le trouve abondamment sur le bord des rivières et le long des torrens.

GRAVO. s. f. Grève. Place sur le bord d'une rivière couverte de sable, de gravier et de cailloux.

B.-A. GRAVOUGE. } adj. Craintif.
GRAVOUJHO. } Timide. Qui

va avec apréhension, qui n'ose avancer , ni se présenter. *Leis enfans deis bastidans que vesoun gaïre lou moundesoun gravouges* : les enfans des gens de la campagne qui viennent rarcen ville , sont timides et craintifs. Il est pop. *Fiho gravoujho* : fille craintive. *Chivaou gravouge :* cheval craintif. Quinteux. Rétif. — Lourd. Peu agile. Voyez LOUET.

B.-A. GRAVOUJHAMENT. adv. Craintivement. Difficilement. Avec apréhension, peine et difficulté. *Marcho gravoujhament* : il va avec appréhension. *L'y vai ben gravoujhament* : ce n'est qu'avec beaucoup de peine et d'appréhension qu'il s'y décide.

GRAYO. Voyez GRAIHO.

GRÉC. Vent Grec. Voyez GREGALI.

GREFFA. v. a. Greffer. Enter.

GREGALI. } s. m. Galerne. Vent
GREGAOU. } du Nord-Est, appelé aussi Vent grec.

GREGORI. s. m. Grégoire. Nom d'homme.

GREGOU. s. m. Grec. Nom de nation.

B.-A. GREISSIÈ, IÈRO. adj. Gras. Dodu. Potelé. Très-bien portant. On ne le dit que des enfans. *Gros greissiè , grosso greissièro* : gros et gras garçon, grosse et dodue petite fille. C'est une expression de nourrice qui ne se prend qu'en bonne part, au lieu que le mot PIFRE et PIFRESSE, qui rend bien aussi le mot GREISSIÈ, n'est qu'un terme injurieux qui ne se dit que des personnes parvenues à l'âge de discrétion.

GREISSO. s. f. Claie. Voyez CANISSO. — Panetière. Voyez PANIÈRO.

GREISSOUX , OUÈ. adj. Graissé, ée. Voyez GRAISSOUX.

GRELA. v. imp. Grêler. Se dit quand il tombe de la grêle.

— v. a. Grêler. Gâter par la grêle. *Fruits grélas* : fruits grêlés. Au fig. *Gréla, ado.* adj. Mesquin. Pauvre. Couvert de haillons. Piètre. *Habit gréla* : habit piètre, usé, râpé. *Fremo ben grelado* : femme mise bien mesquinement.

GRELETTO. s. f. dim. Petite grêle. — Grésil. Petite grêle menue et fort dure.

GRÊLO. au fig. Méchante personne. *Canta grèlo. Canta la grèlo* : injurier quelqu'un. Vomir des injures. Chanter pouilles. Il est pop.

GREOU. s. m. Brout. Rejet. Bourgeon. Sommité. Tige. Jeune pousse d'arbre, d'arbrisseau, d'une plante. — Cœur d'une laitue, d'un ognon, etc. *Greou de cooulet* : pomme ou cœur d'un chou. *Artichaou doou proumier greou* : premier artichaud que la tige pousse. *Greou de céleri* : tige de céleri. — Plantule. Germe de semence qui se développe.

GREOULE. } s. m. Lérot. Rat
GREOURE. } grièche. Petit quadrupède d'une espèce plus grosse que les rats ordinaires.

GRÈS. adj. RIN GRES. Raisin rouge dont les grains de saveur douce, sont fermes et craquent sous la dent. Bien des personnes le confondent avec le *Barbaroux*. Voyez BARBAROUX. On dit communément d'une personne qui est bien colorée, qu'*Es rouge coum'un gres* : qu'il est coloré comme un ivrogne.

GRÈS. s. m. Terme d'agronome. Terrain pierreux. Terrain graveleux où il y a du sable , du gravier. *Bla de grés* : blé grouette. *Vin de gres* : vin d'un terrain pierreux, graveleux ou sablonneux. *Dins lou grès* : dans un terrain pierreux.

GRESCOUX , OUÈ. adj. Pierreux. Graveleux. *Tarren grescoux. Terro grescouè* : terrain graveleux. Terre pierreuse.

V. GREVA. v. n. Avoir regret. Voyez GRAVA.

B.-A. GRIÉ. s. f. Crasse. Ordure qui s'amasse sur le corps des personnes malpropres, dans le poil des animaux , et qui s'attache sur toute sorte de meubles ou d'ustensiles que l'on n'a pas soin de nettoyer. Il est populaire. *A toujours un pan de grié sur lou visagi* : il a toujours un doigt de crasse sur la figure.

GRIFFOUN. s. m. Robinet. Pièce d'un tuyau de fontaine servant à donner de l'eau ou à la retenir.

GRIGNOUN. s. m. Grignon. Marc des olives. Ce sont les débris des noyaux concassés et tout ce qui reste des olives dans le scourtin, après que l'on a passé la pâte sous la presse.

GRIGNOUTIA. v. a. Grignotter. Manger doucement en rongeant.

GRIHA. v. a. Griller. Rôtir sur le gril.

GRIHA. v. a. Terme d'agriculture. Pousser. Bourgeonner. Germer. Pousser le germe. Lever de terre. *Bla griha* : blé qui germe. *Sebo grihádo*: ognon germé. *Tout beou jus grihoun*: à peine lèvent-ils de terre.

GRIHAGI s. m. Treillis. Barreaux de fer ou de bois qui se croisent.

GRIHET. s. m. Grillon. Insecte du genre des sauterelles.

GRIHO. s. f. Gril. Instrument de cuisine.

GRIMACIA. v. n. Grimacer. Faire des grimaces.

GRIMOINE. s. f. Aigremoine. Sorte de plante médicinale.

GRIMPA. v. n. Grimper. Voyez ESCALA.

GRIOUSELIÉ. s. m. Groseiller. Arbrisseau qui porte des groseilles. Le groseiller blanc est épineux et donne son fruit par grains, mais le noir et le rouge n'ont point de piquans et donnent les leurs par grappes.

GRIOUSELLO. s. f. Groseille. Petit fruit peu acide, dont on fait une gelée assez estimée.

GRIPA. v. a. Agripper. Prendre avec les griffes. Au fig. Ravir, prendre, saisir avidement.

GRIPET. s. m. Terme de roulier. Roidillon. Montée. Petite élévation qui se trouve dans un chemin, et qui oblige quelquefois les charretiers à prendre des bêtes de renfort pour traîner la charrette en cet endroit. —Montée raide.

GRISA. Voyez ENGRISA.

GROS. s. m. Fort. Temps où une chose est dans son plus haut point, dans un plus haut degré. *Oou gros de l'estiou* : dans le fort de l'été. *Oou gros deis travails* : dans le temps où les gens sont le plus fortement occupés.

GROU. s. m. Sale. Malpropre. Voyez GROULO.

B.-A. GROUFIGNA. Voyez GRAFIGNA.

B.-A. GROUFIGNADO. Voyez GRAFIGNADO.

GROUFIGNAIRE. Voyez GRAFIGNAIRE.

GROULEJHA. v. a. Saveter. Travailler grossièrement le travail, le gâter.

GROULIÉ. s. m. Savetier. Ouvrier qui raccommode de vieux souliers.

GROULO. s. f. Savate. Vieux soulier qui ne peut plus servir. On dit prov. et fig. *Touto sabato ven groulo* : tout bon soulier devient savate, pour dire, qu'il n'est si bon meuble qui ne s'use et ne dépérisse.

GROULO. s. f. Terme de mépris. Salisson. Souillon. Gaupe. Personne sale, malpropre et mal arrangée. *N'es qu'uno groulo* : c'est une gaupe.

GROUMAND, ANDO. adj. et s. Gourmand, ande. Glouton. Goulu.

GROUMANDEJHA. v. n. Crapuler. Manger par gloutonnerie. — Se livrer à la gourmandise. Il est populaire. *Tout lou jour fai que groumandejha* : il est toute la journée à crapuler.

GROUMET. s. m. Gourmet. Qui sait bien connaître et goûter le vin.

— Gastronome. Qui recherche les meilleurs plats et s'y connaît le mieux.

GROUMETTO. s. f. Gourmette. Chaînette de fer qui fait partie du mors d'un cheval.

GROUMETTO. adj. f. Friande. Gourmande.

GROUN. s. m. Congre. Poisson.

GROUNDA. v. a. Gronder. Gourmander de paroles. — Criailler.

GROUSSESSO. s. f. Grossesse. L'état d'une femme enceinte.

GROUSSAN. s. m. Espèce de Gramen qui pousse des tiges comme le foin; mais qui est plus grossier et peu propre à la nourriture des bestiaux. Il croît sur les talus et les ados dans les champs. Il n'est bon qu'à pourrir et à former la litière des animaux.

GROUSSIÈRETA. s. f. Grossièreté. Impolitesse. Défaut de civilité dans ce qu'on dit, dans ce qu'on fait.

— Parole grossière, rude, malhonnête.

GROUSSOU. s. f. Grosseur.

GRUÈYO. s. f. Écosse. Cosse. Enveloppe de certains légumes, tels que fèves, pois, haricots, et qui se divise en deux pièces qui forment le silique. Il est bas et populaire. *Gruèyas de pezés* : cosses de pois.

— Ecorce de certains fruits légumineux. *Grueyos de meloun* : écorces de melon. *Grueyos de cougourdos* : Ecorces de courge.

GRUMEOU. s. m. Terme de boucherie. Trumeau. Jarret de bœuf. *Lou gros grumeou* : est le trumeau de devant. *Lou pichoun grumeou* : est le trumeau de derrière.

GRUMEOU. s. m. Grumeau. Voyez CAIIIOUN. GATIIIOUN.

GRUN. s. m. Grain. On ne le dit au propre qu'en parlant du sel, et par extension des légumes et de quelques fruits qui, comme les raisins et les groseilles, viennent par grappes. *Grun de saou, de favos, de fayoou.* On dit fig. et famil. qu'une chose *Es doou gros grun* : que c'est de la belle, de la grosse espèce. *Leis gens doou gros grun* : sont les gens notables, de grande considération, les plus qualifiés. Voyez GOUAPOU. *Uno devoto doou gros grun* : une dévote des plus marquantes, ou de beaucoup d'apparat.

GRUPI. Voyez CRUPI.

GUARI. v. a. Guérir. Rendre, faire revenir la santé.

GUE, GUECHO.   ⎫
GUECHO.   ⎬ adj. et subst.
GUECHOU.   ⎬ Louche. Qui
GUECHOURLIN. ⎭ a la vue de travers. *Ueil quechou* : œil louche. On dit qu'*Un bast es guechou* : qu'un bât de mulet est louche, pour dire, qu'il penche d'un côté plus que de l'autre.

GUEIRA. v. n. Guetter. Observer. Epier.

V. GUEIRO. impératif du verbe GARA. Gare! qui est un cri d'avertissement pour se détourner.

GUEIROUN. s. m. Terme de lingère. Gousset. Petit morceau de toile ou de linge que l'on met aux fentes d'une chemise, ou d'une robe pour lui donner plus d'ampleur.

B.-A. GUERINGUINGAOU. s. m. Coquelicot. Pavot rouge et simple qui vient dans les blés. C'est la fleur de la rièble. Voyez REALO.

GUERIT. s. m. Goret. Petit cochon.

GUERIT-GUERIT. Goret-goret. C'est le cri d'appel que fait le porcher pour faire rentrer les petits d'une truie.

GUERRO-LASSO. Cette expression

34

ne s'emploie qu'adverbialement de cette manière, *De guerro-lasso* : lassé. Fatigué d'ennui et de patience. *Ai quitta de guerro-lasso* : j'ai quitté étant lassé d'ennui. *S'envengueriam de guerro-lasso* : fatigués d'écouter, ou ennuyés d'attendre, nous nous en revînmes.

GUESPIÉ. s. m. Guêpier. Lieu où les guêpes sont réunies, et où elles construisent leurs gâteaux et leurs alvéoles. On dit proverb. et figurément. *Moourre lou guespiè* : émouvoir une querelle, pour dire, exciter une noise, faire naître une contestation.

GUESPO. s. f. Guêpe. Grosse mouche presque semblable à une abeille, et qui fait du mauvais miel. Au fig. Femme pointilleuse, mordante : piquante. *Ah! la marrido guèspo!* oh! la méchante personne!

GUETTA. v. a. Guetter. Epier. Observer à dessein de nuire, ou de surprendre. *Lou guettavoun* : on le guettait.

GUETTOS. s. f. Guêtres. Sorte de chaussure qui sert à couvrir la jambe et le dessus du soulier.

GUICHET. s. m. Verrou. Targette. Loqueteau. On donne indifféremment le nom de *Guichet* à toutes les espèces de verrous.

GUICHO-PÉ. s. m. Terme d'oiseleur. Pince. Brai. Piège avec lequel on prend les petits oiseaux par les pieds, dans la chasse à la chouette.

— Traquet. Traquenard. Piège pour prendre les bêtes fauves.

GUIDOS. s. f. Rênes. Courroies de la bride d'un cheval.

GUIDOUN. s. m. Guidon. Petite enseigne d'une compagnie de troupe de cavalerie.

Oriflamme. Espèce de petite bannière. Quelques corporations religieuses portent des guidons dans les processions, pour faire la distinction entr'elles.

— Petit drapeau en papier que l'on met à des feux de joie, à l'occasion de quelque événement public.

— Girouette. Pièce de fer ou d'autre métal, taillée en forme d'oriflamme, que l'on place en un lieu élevé en sorte qu'elle tourne au moindre vent qu'il fait, et par le mouvement de laquelle on connaît le vent. On dit fig. en parlant d'un homme qu change de sentiment à toute heure qu'*A coumo lou guidoun*, *viro à tout vent* : qu'il a comme la girouette qui tourne à tout vent.

— Jalon. Grand bâton portant un morceau de papier blanc, que l'on plante en terre pour prendre des alignemens.

GUIERDON. s. m. Récompense. Compensation. Guerdon. *Rendre lou guierdoun* : rendre la pareille. Il a vieilli.

GUIGNA. v. a. Insinuer. Donner à entendre quelque chose qu'on n'ose dire. — Faire des signes.

— Guigner. Lorgner du coin de l'œil.

GUIGNO-COUÈ. s. f. Hoche-queue. Oiseau. Voyez BARGEIRETTO.

GUIGNO-CUOU. s. f. Fourmi de la grosse espèce et à tête rouge.

GUIHA. v. a. Tromper. Surprendre. Brocarder. Ce terme n'est usité que dans ce proverbe si connu : *Taou cres guiha Guihot, que Guihot lou guiho* : tel croit duper quelqu'un, qu'il en devient la dupe.

GUIHEM. s. m. Guillaume. Nom d'homme. Au fig. Poisson passé, gâté.

GUIHEOUME. ⟩ Terme de maçon.
GUIHAOUME. ⟨ *Faire guiheoume*. v. n. S'échelonner. Faire l'échelle. Placer des manœuvres de distance à distance sur une échelle, depuis sa base jusqu'à l'échelon qui porte sur l'échafaud où l'on bâtit, afin d'y acheminer de main en main en les faisant passer de l'un à l'autre, certains matériaux qu'on emploie.

GUINCHA. Guigner. Voyez GUIGNA.

GUINCHO. s. f. Vieille et méchante lame. On le dit populairement de tout outil et de tout instrument en fer, usé et hors de service : *N'es qu'uno guincho*.

GUINDA. v. a. Gauchir. Diriger un fardeau, un outil, un coup de fusil, le jet d'une pierre, etc., par côté, en se détournant tant soit peu de la ligne droite. Il est aussi récip. SI GUINDA. Se gauchir. Se détourner le corps pour éviter quelque coup, ou pour franchir quelque difficultés.

GUINGUAMBOI. ⟩ DE GUINGUAMBOI.
GUINGOI. ⟨ Terme adverbial. De guingois. De travers. On dit qu'une étoffe *Vai de guingamboi* : qu'elle va de guingois, pour dire, qu'elle n'est pas coupée à fil droit, ou qu'elle a été gauchie par les différentes préparations qu'elle a reçu en fabrique. *La testo d'uno indienno et de fouesso estoffo que l'y a, es toujour de guingamboi* : le chef, c'est-à-dire, le commencement d'une pièce d'indienne, ainsi que celui de beaucoup d'étoffes est presque toujours gauchi ou de guingois. On dit d'une personne bancroche, *que Marcho de guingamboi* : qu'elle va clopin-clopant.

GUINSERIN. s. m. Morillon. Sorte de raisin. Voyez MOURVEDE.

GUINSOUNEOU. s. m. Cabillot. Terme de marine. Petites chevilles de bois qui servent à tenir la balancine de la vergue de hune quand les perroquets sont serrés.

GUIOUNET. s. m. Percelette. Vrille. Petite tarière. Outil servant à percer le bois, soit pour y enfoncer des clous ou non.

GUITARRO. subst. f. Guimbarde. Trompe-à-laquais. Instrument de berger et de polisson, composé d'une chasse faite d'un morceau de fer recourbé, au milieu duquel est soudée une languette qui fait des vibrations sonores, lorsqu'on la pince par le bout.

GULA. v. a. Avaler. Faire passer par le gosier dans l'estomac, des alimens, etc.

— Gueuler. Parler beaucoup et fort haut. Il est bas et pop.

GULAR. s. m. Voyez GALAVARD.

GULETOUN. s. m. Ripaille. Grande chère. — Repas joyeux et sans cérémonie. Il est pop. *Fan toujour caouque guletoun* : ils font toujours quelque ripaille.

GULO. s. f. Gueule. C'est cette partie qui est pour la plupart des animaux et des poissons ce qu'est la bouche pour l'homme. *Badavo coumo la gulo d'un four* : il ouvrait la gueule comme celle d'un four. On dit prov. qu'un homme *Es vengu eme la gulo enfarinado* : qu'il est venu avec la gueule enfarinée, pour dire, qu'il est venu inconsidérément avec un air satisfait et plein de l'espoir de réussir dans l'objet de sa démarche.

GUS. s. m. Gueux. Mendiant. Vaurien. Vagabond.

GUSAS. s. m. augmentatif. Gueusard. Vaurien. Vagabond.

GUSASSO. s. f. Gueuse. Femme de mauvaise vie et qui est dans un état de mendicité. A LA GUSASSO. Voyez À LA MATRASSO.

GUSARIÈ. s. f. Gueuserie. État dans lequel vivent les gueux et les vagabonds.

— Vétille, bagatelle, rebut. Chose vile ou de vil prix. *L'y a plus que de gusariès :* il n'y a plus que des vétilles de nulle valeur.

GUSEJHA. v. n. Gueuser. Mendier.
— Vivre, agir et se conduire à la manière des gueux.
— *Gusejha.* Terme bas et fam. Se gausser. Plaisanter.

GUSO. s. f. Gueuse. Femme de mauvaise vie.

GUSOT, OTTO. adj. diminutif. Petit vaurien. Insolent. Petit vagabond. *Es un pichoun gusot :* c'est un petit vaurien.

H

Les mots que l'on ne trouvera pas écrits sous la lettre H, se trouveront sous la voyelle qui commence ce mot.

HACHA. v. a. Acher. Couper en petits morceaux.

HACHOUAR. Voyez ACHOUAR.

HALENA. Voyez ALENA.

HALENADO. Voyez ARENADO.

HAMEOU. s. m. Hameau. Réunion de quelques maisons écartées du lieu où est la paroisse.

HANCO. s. f. Hanche. Partie du corps humain dans laquelle le haut de la cuisse est emboîté.

HAOUT, HAOUTO. adj. Haut. Élevé par opposition à bas et à petit.

HAOUSSET. Voyez OOUSSET.

HARBETTO. s. f. Poirée. Plante potagère

HARCELA. v. a. Harceler. Agacer. Provoquer. — Fatiguer. Lasser par des importunités. *L'y a doues houros que m'harcelo :* il y a deux heures qu'il me tourmente.

HARARI. s. m. Hilaire. Nom d'homme.

B.-A. HARCULÈS. s. m. Terme populaire. Forte en gueule. Personne hautaine et babillarde qui veut tout emporter à force de parler et de crier.

B.-A. HARDADO. s. f. Terme populaire. Quantité, troupe nombreuse. On le dit des personnes et des animaux.

HARDI, IDO. part. Preste. Agile. Qui a une grande facilité à agir, à se mouvoir. *Home hardi :* homme preste. *Filho hardido :* fille agile. Ou dit prov. et fam. d'une personne très-agile, *Qu'es hardido coum'un cat maigre :* qu'elle est aussi agile qu'un chat.

HARENCADO. s. f. Petit hareng commun ou hareng blanc.

HARMAS. s. m. Hermas. Lande. Friche. Terre inculte et vacante, ou il ne croît que des bruyères, du genêt, du thym, de la lavande, etc.

HARMOOU. } Voyez ARMOOU.
HARMOUX. }

HARNES. s. m. Harnais. Équipage d'un cheval de selle. Au fig. Toute sorte d'outils et accessoires nécessaires à un ouvrier, etc., pour faire son état ; en ce sens il est plaisant. *Que noun adusias voucsteis harnes :* que n'apportiez-vous vos outils.

HARNESCA. v. a. Harnacher. Mettre le harnais à un cheval. Au fig. *S'harnesca.* Se harnacher. S'ajuster. S'habiller. Voyez ACOUTRI.

HARPADO. s. f. Coup de griffe. *Si douna uno harpado.* } Se
Si douna un coou d'harpado } harpailler. On le dit de deux personnes qui se querellent et se jettent l'une sur l'autre pour se battre.

HARPOS. Voyez ARPOS.

HAZARDA. v. a. Hazarder. Risquer. On dit prov. et fig. *Qu'u noun hazardo noun pren pey :* qui rien ne risque rien ne prend.

HARPIAN. s. m. Escogriffe. Qui prend hardiment sans demander.
— Escroc.

HARPIEN. Voyez ARPIEN.

HEBETA, ADO. adj. Hébété. Stupide.

HER

HEIRETA. v. n. Hériter. Recueillir une succession.

HEIRETAGI. s. m. Héritage. Ce qui vient par voie de succession. — Immeubles réels, comme maisons, terres, etc.

HÆMOURRIDOS, s. f. Hémorroïdes. Maladie.

HERBASSO, s. f. Bouillon-blanc ou molène. Plante vulnéraire très-commune. La décoction de ses fleurs et des sommités de la plante, est excellente contre les colliques et les tranchées provenant d'échauffement ou d'irritation.

HERBETO. s. f. Herbe courte et menue. Herbette. Il ne s'emploie guère qu'en poésie. *Dansa su l'herbetto :* Danser sur l'herbette.

HERBETTO. s. f. Poirée blanche. —B.-A. Oseille. Plantes potagères.

HERBO BATTUDO. s. f. Herbe au vent. Phlomis. Coquelourde ou Passe fleur.

HERBO-CROUPIÈRO. s. f. Perce-feuille. Plante ombellifère, qui vient dans les blés et les prairies. Elle est bonne contre les ruptures et descentes des boyaux, et très-utile aux écrouelles étant appliquée par-dessus en forme d'emplâtre.

HERBO-CROUZADO. s. f. Verveine. Plante chaude, céphalique et vulnéraire. Sa décoction dans du vin est très-salutaire dans les obstructions du foie, des reins et du poumon.

HERBO DE BOUENS HOMES. s. f. Ormin. Toute bonne ou Grande sauge des prés. Plante très-vulnéraire qui, comme le plantain, consolide en très-peu de temps les blessures faites par un outil ou instrument tranchant.

HERBO DE CINQ COUESTOS. s. f. Plantain. Plante dont les feuilles quelque peu amères, sont astringentes, vulnéraires et fébrifuges.

HERBO DE CINQ FUEYOS. s. f. Quinte-feuille. Plante balsamique, vulnéraire et astringente. On se sert particulièrement de sa racine en médecine.

HERBO DEIS BARRUGOS. s. f. Verrucaire. Héliotrope. Herbe aux verrues.

HERBO DEIS CATS. s. f. Cataire. Herbe aux chats. Voyez MENTASTRE.

HERBO DEIS ESTERNUS. }
HERBO DEIS ESTOURNIAOUX. }
Herbe à éternuer. On en reconnaît deux espèces.

HERBO DEIS FEBRES. Petite centaurée. Plante fébrifuge.

HERBO DEIS GUS. s. f. Clématite à fleurs purpurines. Les gueux se frottent de ces feuilles, qui ont une vertu caustique, pour faire paraître leurs membres livides et ulcérés.

HERBO DEIS JUDIOUS. }
HERBO DEIS JUSIOUS. } Gaude.
Plante qu'on emploie pour teindre en jaune.

HERBO DEIS MASCOS. Grande germandrée.

HERBO DEIS NIÉROS. Verge dorée. *Virga aurea major.*
— *Coniza major monspeliensis.*

HERBO DEIS SUMIS. Grande consoude. *Consolida major.*

HERBO DEIS TOUÉROS. Verrucaire. C'est l'herbe aux verrues, nommée *Deis touéros*, à cause de la disposition de ses fleurs qui ressemblent à une chenille.

HERBO DE LA BOUENO MERO. Douce-amère. Morelle grimpante, appelée encore, Vigne de Judée.

HERBO DE LA CIRO. Caille-lait. *Gallium luteum.* Les fleurs ou épis jaunes de cette plante à odeur de cire, ont la vertu de faire cailler le lait comme la présure.

HERBO DE LA GUERRO. Piloselle. Plante vulnéraire.

HERBO DE LA ROUTO. Grande lunaire.

HERBO DE NOUESTO DAMO. Langue de chien. — Douce-amère.

HERBO DE SANT CHRISTOOU. Persicaire. Si l'on bassine les chevaux avec une décoction de cette plante, les mouches n'en approcheront pas même dans les grandes chaleurs.

HERBO DE SANTO BARBO. Barbarée. Cresson d'eau, à feuilles de caprier.

B.-A. HERRO DE SANT JEAN. Mille-pertuis. C'est un excellent vulnéraire. On cueille pour la saint Jean les fleurs et les sommités de cette plante que l'on met infuser dans de la bonne huile d'olive; cette huile souveraine pour les blessures, est ce que l'on nomme vulgairement *l'Holi rouge.*

B.-R. HERBO DE SANT JEAN. Armoise, On donne à Marseille le nom *d'herbo de sant Jean*, à toutes les plantes vulnéraires et aux simples, que l'on ramasse à l'époque de la saint Jean et que l'on vend ainsi mêlées.

HERBO DE SANT JACQUE. Jacobée.

HERBO DOOU FEGE. Hépatique. Herbe à la Trinité. Cette espèce de trèfle qui vient dans les bois situés au nord, est de la hauteur de la violette et se plaît comme elle dans les buissons humides. Elle est très-pectorale, le revers de ses feuilles luisantes est rougeâtre comme un lobe de foie.

HERBO DOOURADO. Scolopendre. Cæterac officinarum. Elle ressemble au politric par la forme et la disposition de ses feuilles. On la trouve sur les murs aux endroits humides.

HERBO DOOU PARDOUN. Luserne maritime. — Luserne sauvage. Voyez LENTE.

HERBO ENRABIADO. } Dentelaire.
HERBO DEIS RASCAS. }
Plumbago quorumdam lepidium.

HERBO DE LA PATO. Tussilage. Pas d'âne. Voyez OUNGLO CHIVALINO.

HERBO DE MILLO FUEYOS. Achillée. Mille feuilles.

HERBO LOOURINO. Tarontaire ou tartonraire. Elle croît aux environs de Marseille. C'est le *Thymelœa foliis candicantibus serici instar mollibus*, de Tournefort.

HERBOURISA. v. n. Herboriser. Aller à la recherche des plantes dans les champs et dans les bois.

HERBOURISTO. s. Herboriste. Celui ou celle qui connaît les simples.

HERMAS. s. m. Terme rural. Terrain inculte. — Patis.

HERMENTELO. Voyez ARMENTELO.

HESPITAOU. s. m. Hospice. Hôpital. Hôtel-Dieu. — Jeu de cartes. Voyez ESPITAOU.

HIÈRO. Voyez YÈRO.

HIROOU. Voyez EIROOU.

HIMOUR. s f. Humeur. Sucs vicieux qui s'amassent dans le corps. *Es plen*

d'himour : il a des humeurs partout le corps.

— Humeur. Fantaisie. Caprice. Certaine disposition du tempérament et de l'esprit. *Estre de marid himour :* être de mauvaise humeur.

HIÈLI. s. m. Lys. Fleur blanche à odeur forte qui vient sur une haute tige. *Blanc coum'un hièli :* blanc comme un lis.

HIÈLI ROUGE. s. m. Martagon. Espèce de lis rouge.

HIPOUTECA. v. a. Hypothéquer. Soumettre à l'hypothèque. Prendre une inscription hypothécaire.

HIPOUTECA, ADO. part. Hypothéqué. *Soun bèn es tout hipouteca :* tout son bien est hypothéqué. Au fig. *Hipouteca, ado.* adj. Impotent. Plein d'infirmités, de plaies, etc., mal sain. *Aquel home es tout hipouteca :* cet homme est tout mal sain.

HIPOUTÈQUO. s. f. Hypothèque. Droit acquis par un créancier sur les immeubles que son débiteur lui a affectés pour la sûreté de sa dette. Au fig. Infirmité. Maladie.

HISSA. v. a. Hausser. Élever. Rendre plus haut. Voyez HOOUSSA. *Hissa lou bras :* hausser, élever les bras. *Hissavo leis hueils en haou :* il élevait les yeux en haut. Au fig. *Hissa lou coude :* s'enivrer. *Si counei qu'a hissa lou coude :* on voit qu'il a bu et qu'il est pris de vin.

HISSO. interj. Relevez-vous! Hâtez-vous. *Anen hisso!* Allons, relevez-vous! courage.

HIVERNA. v. n. Hiverner. Passer l'hiver. On le dit des troupeaux.

HIVERNAGI. s. m. Hivernage. Paccage d'hiver.

HIVERNOUGE. s. m. Terme d'écon. rurale. Pourceau du premier hiver. Jeune cochon qui a passé son premier hiver et que l'on destine pour engraisser.

HOE. interj. Holà! Hé!

HOLI. s. m. Huile. Matière liquide et onctueuse que l'on tire de certaines graines, fruits, etc., tels que olives, noix, amandes, navets, lin, etc. *L'holi doou gaveou :* le jus de la treille (le vin). On dit fig. et fam. d'une personne qui est dans la frayeur, dans la peine et dans l'apréhension de quelque mal qu'elle croit très-prochain. *Qu'es din l'holi bouyèn*: qu'elle est dans les transes.

HOLI ROUGE. s. m. Huile de mille-pertuis. Voyez HERBO DE SANT JEAN.

HOLIS (SANTS). s. f. Les Saintes huiles. Huiles dont on se sert pour le chrême et dans le sacrement de l'Extrême-Onction. *Douna leis sants holis* : donner les Saintes huiles, c'est-à-dire, administrer le sacrement de l'Extrême-Onction.

HOOU. Interj. Holà! Hé! Écoute.

HOOUQUETOUN. s. m. Troussis. Voyez OOUSSET.

HOOUSSA. v. a. Hisser. Hausser. Élever, rendre plus haut. Voyez HISSA. On dit prov. *Qu mąou si caousso de paou s'en haoussa* : qui mal se chausse de peu s'exhausse, pour dire, qu'un vieux meuble n'embellit jamais une maison et que celui qui, pour économiser, n'achète que des vieilleries, est toujours mal monté.

HOOUSSA (S'). v. récip. Se relever. Se mettre sur son séant. *An'en hooussa-vous* : allons courage relevez-vous.

HOOUTIN. s. m. ⎰
HOOUTINADO. s. f. ⎱ Voyez OOUTIN. Treille. Espèce de berceau ou de couvert, fait de ceps de vigne.

HORDI. s. m. Orge. Voyez ORDI.

HORLE. s. m. Ourlet. Terme de couturière. Repli que l'on fait à du linge, à des étoffes.

HOSTE. s. m. Hôte. Celui qui tient cabaret, qui donne à manger.

— Hôtelier. Celui qui tient hôtellerie. On dit prov. et fig. *Qu couento senso l'hoste couento douès fes* : qui compte sans hôte compte deux fois, pour dire, qu'on se trompe ordinairement lorsqu'on fait quelque projet sans la participation de celui de qui l'exécution dépend en tout ou en partie. On dit prov. de celui qui élude une demande qu'on lui fait, ou qui feint d'ignorer une chose pour être dispensé de répondre, *Fai lou couhiè per noun paga l'hoste* : il fait le niais pour n'être pas obligé de payer. On dit prov. *Bouen pan, bouèn vin, bouèno caro d'hoste* : bon pain, bon vin, bon visage d'hôte, pour dire, que les mets les plus simples joints au bon accueil de celui qui donne à manger chez lui, suffisent aux invités.

V. HOUART. ⎰
B.-A. HOUERT. ⎱ s. m. Closeau. Petit jardin de paysan clos d'une haie. Il est vieux et ne se dit plus que dans certaines communes rurales.

HOUBELOUN. ⎰
HOUBLOUN. ⎱ s. m. Houblon. Plante grimpante qui entre dans la composition de la bière, et dont les sommités mangées en salade sont propres à purifier le sang.

HOUESCO. s. f. Hoche. Coche. Entaille que l'on fait avec un couteau sur une taille de boucher ou de boulanger, pour marquer les livres de pain ou de viande que l'on remet.

HOUGNIMENT. Voyez VOUNCHURO.

HOUI ! Exclamation de douleur. Houf! Aïe! Voyez AI et HOUI.

HOULIA, ADO. adj. Huilé, huilée. Oint, imprégné, sali d'huile. *A seis habits touteis houlias* : il a ses habits tous salis d'huile.

HOULIAIRE. s. m. Marchand d'huile, ambulant.

— Celui qui voiture et transporte habituellement de l'huile dans des outres et qui y commerce.

HOULIÈRO. s. f. Huilier. Espèce de petit vase dans lequel on sert l'huile sur la table.

— Cruchon en étain ou en fer blanchi, dans lequel on tient l'huile que l'on consomme journellement dans le ménage.

HOUMENAS. s. m. Homasse. Grand et vilain homme. Voyez OUMENAS.

HOUMENET. s. m. dim. Hommeau. Petit homme. Homme de petite taille ou très-fluet. *N'es pas un home, n'est qu'un houmenet* : ce n'est pas là un homme, mais seulement un hommeau.

— Petit homme. On le dit familièrement et en manière de compliment d'un jeune garçon déjà bien formé pour son âge. *Oh qu'es grand! est deja un houmenet* : oh qu'il est grand! c'est déjà un petit homme.

HOUNESTETA. ⎰
HOUNESTISO. ⎱ s. f. Honnêteté. Civilité. Politesse. *Nous feroun fouesso hounesteta* : ils nous firent beaucoup de politesse et des honnêtetés.

HOURLA. v. a. Ourler. Faire un

ourlet a du linge ou à quelque étoffe.

HOURSIN. s. m. Oursin. Sorte de coquillage appelé aussi hérisson de mer. On dit proverbialement et populairement, pour marquer le mépris que l'on fait des louanges fades qu'on reçoit, et des platitudes que l'on entend, *Semblo que mi fretoun lou ventre em'un hoursin* : j'aimerais autant qu'on me donnât d'une vessie par le nez.

HOURTOULAIHO. s. f. Hortolage. Jardinage. Toutes les herbes, racines potagères et légumes qui croissent dans un jardin potager. *La pluyo fa creisse l'hourtoulaiho* : la pluie fait croître le jardinage.

HOUSTAOU s. m. Maison. Demeure. Lieu d'habitation en ville. *Faire houstaou de nouveou* : faire maison neuve, c'est renouveler tous les meubles ou tous les gens de service d'une maison. On dit prov. *L'houstaou brulo pas* : la foire n'est pas sur le pont, pour dire, il n'est pas nécessaire de se tant presser.

HOUSTALAS. s. m. augmentatif. Vaste et grande maison.

HOUSTALET. s. m. diminutif. Maisonnette. Petite maison.

HOUSTALADO. s. f. Maisonnée. Plein une maison. Il est peu usité. *Houstalado de mounde* : maison pleine de monde.

HOUZARD. s. m. Hussard. Soldat de troupe à cheval.

HUAI. } s. m. Rapports. Renvois.
HUÈS. } Soupirs que poussent en baillant les femmes qui ont des vapeurs, ou qui sont dans les premiers mois de leur grossesse. M. Gros a dit fort plaisamment.

Ma fremo même es plus cé quèro,
Gièto de hès granas et baou,
Qu'ooupriou poou que m'is'ent pas fèro,
Noun si gounflesso paoa à paou,
Coum'un gros peze de cooutèro.

HUÈCH. s. m. Huit. Nom de nombre. *Un huèch de chiffro* : un huit de chiffre.

HUÈCH. adj. Huit. Indéclinable. *Èroun mai de huèch* : ils étaient plus de huit.

HUECHIÈME. s. et adj. Huitième.

HUEIL. s. m. OEil. L'organe de la vue. On dit prov. *Hueil couquin* : œil fripon. *Foou ave bouèn pet et bouèn hueil* : il faut avoir bon pied et bon œil, pour dire, être vigilant et se tenir sur ses gardes.

HUEILS. s. m. pl. Yeux. On dit pop. et fig. d'une chose. *Que fa couire leis hueils* : qu'elle blesse les yeux, pour dire, qu'elle irrite la vue, tant elle est laide et désagréable à voir. On dit, *Beoure coouqu'un emeis hueils* : couver quelqu'un des yeux, pour dire, le regarder avec des grands sentimens d'affection et de tendresse.

HUEIL DE BUOU. s. m. OEil de bœuf. Espèce de petite lucarne faite en rond ou en ovale dans la couverture des maisons. *Hueil de buou* est encore le nom d'une petite lanterne à un seul verre, rond comme l'œil d'un bœuf. On dit qu'une personne *A d'hueils de cat* : qu'elle a les yeux de chats, pour dire, qu'elle a la vue si bonne qu'elle voit clair même dans l'obscurité.

HUILOUX, OUÈ. adj. Oléagineux, euse. Qui est de substance huileuse.

HUERRIS. s. m. pl. Greniers. Lieux destinés dans une maison pour y placer et renfermer les grains.

HUGANAOU, AOUDO. s. Huguenot, otte. Celui et celle qui professe la religion prétendue réformée, Calviniste ou Luthérienne. On donne par mépris le nom de *Testo d'huganaou* : à tout tronçon de bois, souche d'arbre ou billot mal fait, de grosseur au dessus de la tête.

HUI. adv. Voyez V'HUI.

HUOU. Voyez UOU.

HUROUX. } adj. Heureux, heureuse.
HUROUÈ. } Qui jouit du bonheur, qui possède ce qui peut le contenter. On répond vulgairement et ironiquement à celui qui tient pour heureux un homme que l'on sait être dans la peine ou l'embarras, *Qu'es huroux coum'un president au diable* : qu'il est aussi heureux qu'un chat sur la braise.

HUYADO. s. f. Regard. OEillade.

HUYA. v. a. Terme d'économie rurale. Ouiller. Remplir un tonneau. Voyez UYA.

HUYA, ADO. adj. Qui a les yeux troubles et attristés. On le dit des enfans et par extension des grandes personnes, lorsque leurs yeux troubles pâles ou attristés annoncent une indisposition. *Lou pichoun es malaou, regardas coum'es huya* : votre petit est malade, voyez seulement ses yeux.

HUYAOU. s. m. Éclair. Éclat subit de lumière qui précède ordinairement le tonnerre. *Faire d'huyaou* : éclairer, faire des éclairs.

HUYAOU. adj. Mas. OEillère. Il n'est guère en usage qu'en parlant des dents. *Dent deis huyaoux* : dents œuillères. On appelle ainsi certaines dents de la mâchoire supérieure desquelles on dit que la racine répond à l'œil.

HUYAS. s. m. augment. Gros œil.

HUYET. s. m. Voyez UYGET.

HUYOUN. s. m. dimin. Petit œil. *Faire leis huyouns* : faire les petits yeux.

I

I. Expression dont on se sert pour faire aller une bourrique, ou tout autre bête de charge, et qui signifie allez ! marchez ! avancez ! Il est à remarquer que tous les termes employés par nos paysans et nos rouliers de Provence, dans la direction de leurs mulets et autres bêtes de somme, figurent dans leur première lettre, le commandement qu'il leur font. Ainsi la lettre *I* qui n'a point de jambage ni d'inclinaison d'aucun côté, leur prescrit d'aller en avant sans se détourner à droite ni à gauche. Le mot *Jha* ayant le jambage tourné à gauche leur commande de prendre cette direction, comme *Riou* ou *Riè* de tourner à droite ; et *O* qui représente un point fixe, est pour eux l'ordre de s'arrêter. Voyez JHA. RIOU. O.

IBROUGNARIÈ. s. f. Ivrognerie. Habitude de s'enivrer.

IBROUGNAS, ASSO. adj. et s. Ivrogne, ivrognesse. Qui est beaucoup adonné au vin et à l'ivrognerie. C'est un superlatif d'*Ibrougno*.

IBROUGNO. adj. et s. de t. g. Ivrogne. Qui est sujet à s'enivrer, à boire avec excès.

IEOU. ⎫ Pronom qui marque la pre
IOU. ⎭ mière personne du singulier d'un verbe. Je. Moi. *Per iou m'en trufi* : quant à moi je m'en moque. *Iou va sabiou pas* : je ne le savais pas.

IÈLI. Voyez HIÈLI.

B.-A. IÈRO. s. f. Aire. Lieu où l'on foule les blés. Voyez YÈLO.

V. IÈRO. Voyez ENCAS.

IGNOC. Voyez AGNOCO.

IMOU. adj. de t. g. Mou. Souple. Doux ou toucher.

IMMOURTÈLO ROUGEO. s. f. Amaranthe. Passe-velours. Fleur.

IMMOURTÈLO JHAOUNO. s. f. Stœcas citrin. Immortelle jaune. Plante et fleurs qui ne se fanent point.

IMPLI. v. a. Remplir. Emplir. Rendre plein. *Impli un sac, un veisseou, uno bourso* : remplir un sac, un tonneau, une bourse. On dit d'un gouliafre qu'on ne saurait rassasier, *que l'oudriè miou lou carga que l'impli* : qu'il en coûterait moins de le charger que de le remplir.

IMPRIMA. v. a. Imprimer. Faire une empreinte sur quelque chose.

IMPRIMARIÈ. s. f. Imprimerie. L'art d'imprimer des livres. Lieu où l'on imprime.

IMPRIMUR. s. m. Imprimeur. Celui qui imprime, qui exerce l'art de l'imprimerie.

INDE. s. m. Terme Marseillais. Cruche. Voyez DOURGO.

INFER. s. m. Enfer. Lieu destiné pour le supplice des damnés. Au fig. lieu plein de désordre et de confusion. Place où l'on se trouve mal et où l'on se déplaît.

INFER. Terme de moulin à huile. Caquier. Enfer. Lieu souterrain qui reçoit le résidu des tonnes du moulin, et d'où l'on retire l'huile dite huile d'enfer.

INGUEN. s. m. Voyez ENGUENT.

IN-PACE. s. m. plur. Oubliettes. Espèce de cachot souterrain, pratiqué dans l'endroit le plus secret d'un monastère, où l'on supposait que les religieux renfermaient pour toujours les voleurs qu'ils prenaient chez eux en flagrant délit, et ceux des novices qui, après certaines corrections ne s'amendaient point de leur inconduite. *Mettre cis in-pace* : mettre aux oubliettes. Au fig. Lieu caché d'où l'on ne peut plus sortir. *Aco es cis in-pace :* c'est chose perdue à toujours, et à laquelle il ne faut plus penser.

INCOUNTRADO. Voyez ENCOUNTRADO.

INCOURDA. Voyez ENCOURDA.

INTRA. v. n. Entrer. Passer du dehors au dedans.

INTRANT, ANTO. adj. Entrant, entrante. Insinuant. Hardi. Qui se présente hardiment et sans timidité. On ne le dit que des personnes.

INTRADO. s. f. Entrée. Lieu par où l'on entre. Action d'entrer. Commencement. *Pouerto d'intrado* : porte d'entrée. *A l'intrado de l'iver* : Au commencement de l'hiver.

— Entrée. Sorte de ragoût qui se sert au commencement d'un repas.

INVENTIEN. s. f. Invention. Découverte.

INVENTIEN (FAIRE D'). v. a. Controuver. Inventer des faussetés pour nuire à quelqu'un.

IROOU. adv. Terme de charretier. En dehors. *Vira iroou, faire tira iroou:* diriger, faire tourner les mulets ou les chevaux en dehors. Voyez ElROOU.

ISCLO. s. f. Ilot. Petite île remplie d'arbres, d'arbrisseaux et de buissons au milieu d'un fleuve ou d'une rivière. — Bruyère, landes au bord d'un fleuve ou d'une rivière. *Isclos de la Durenço* : ilots et landes de la Durance.

ISCLOUN. s. m. Dimin. Petit îlot.

ISSA. Voyez HISSA.

ISTA. v. n. Résider. Demeurer. Habiter. Rester. *Ièsti, ièstes, iesto; istam, istas, ièstoun; istarai, istara; istaran; isteriam, isterias, isteroun; qu'iesti, qu'istessi, istèn, istès, istas.* Faire sa demeure. Etre permanent. Tarder. *Ièsto plus à Zaïs :* il ne réside plus à Aix. *Ièsto t'aqui :* reste là.

ISTA. v. aux. qui ne s'emploie qu'au préterit et au plusqueparfait du verbe ESSE. Etre de cette manière. *Avc ista :* avoir été. *Es istado :* elle a été. *Aviam ista :* nous avions été, etc. Pour les autres temps voyez ESTRE. ESSE.

ISTA-A-N'UNO. Façon de parler adv. Rester coi. Se taire. Garder le silence.

IÈSTA-BEN. adv. Faire bien une chose. Montrer du bon goût, de la grâce, de la dignité dans le travail, les fonctions, les exercices, etc., que l'on fait. *L'ièsto-ben de dansa :* elle danse avec grâce. *Vous ièsto-ben de fa la cousino :* il vous sied bien de cuisiner, car vous y excellez. *L'ièsto-ben de parla ;* il lui sied bien de parler, car il le fait avec beaucoup de grâce et en homme instruit.

ISTA-MAOU. adv. Faire mal une chose. La faire avec mauvaise grâce et maussadement. *Vouguet li faire un coumpliment, mai l'iesto ben maou :* il voulut le haranguer, mais il s'en tira très-mal. *L'iesto rude maou de si couiffa :* il ne lui sied pas bien de se coiffer, car elle le fait on ne peut plus mal.

ISTENT QUE. conjonc. Vu que.... Attendu que... *Istent que sies ben, per que voues changea de mestre ?* attendu que tu te trouves bien là où tu es, pourquoi vouloir te placer ailleurs?

ISTICANÇO. Voyez ESTICANÇO.

ISTORI. Voyez ESTORI.

JHA. Terme de charretier. Hue. Dia. Par ce mot les chevaux entendent qu'ils doivent avancer, ou se diriger à gauche. *Foou parti, anen coucho ! — Jha !* : mettons-nous en route, allons, fouette, commande les

32

chevaux. — Huc! *Coucho à jha :* dirige à gauche.

B.-A. JHABO. Façon de parler adverbiale, pour dire, soit, cela suffit, j'y consens. Patience. *Si voou pa va beila, jhabo, m'en passarai :* s'il ne veut pas le remettre, patience, je m'en passerai. *Per lou decida à va prendre l'y ai leva enca cent francs.* — *Jhabo!* pour l'engager à terminer le marché, je lui ai ôté encore cent francs. — Soit, j'y consens. *Fara ce que voudra, jhabo* : il faira ce qu'il voudra, peu m'importe.

JHABO (A). Façon de parler adv. et populaire. En abondance. A foison. Voyez BOOUDRES.

V. JHAINO. Voyez CALAMAN. FUSTO.

B.-A JHAISSO. s. f. Gesse. Pois quarré. Légume de forme anguleuse. Voyez BELLEIS-DENTS. On donne fig. et pop. le nom de *Jhaisso* à ces petites parties de salives que certaines gens font jaillir de leur bouche lorsqu'elles parlent avec véhémence. *Gitta de jhaissos* : écarter la dragée. *Gittavo de jhaissos que nous arrouset tous* : il écarta tellement la dragée que nous en fûmes tous atteints.

JHALA. v. a. Geler. Glacer par le froid. Pénétrer par un froid excessif. *La nuech passado a ben jhala* : il a bien gelé la nuit dernière.

JHALA, ADO. part. Gelé, gelée. Saisi, pénétré par le froid. *Mans jhalados :* mains glacées. On dit prov. et fam. d'un homme saisi du froid, qu'*Es jhala coum'un amendoun* : qu'il est gelé comme un glaçon.

JHALA, ADO. Frileux, euse. Qui craint le froid. Qui est très-sensible au froid.

JHALADO. s. f. Gelée blanche. Petite bruine froide et blanche qui paraît le matin sur les herbes et les toits comme une légère couche de neige. Voyez BLANCADO. ROUADO.

JHALAS. s. m. superl. Gros coq. Oiseau de basse-cour, mâle de la poule. Terme de montagne et de toute la haute Provence, comme le suivant. Voyez GAOU.

JHALINO. s. f. Poule. Geline. Voyez GALINO.

B.-A. JHALO. s. f. Tige d'un jeune arbre et menue branche droite de bois de chauffage. *Brula de jhalos.*

JHALO. s. f. Cepée. Touffe de plusieurs tiges de bois qui sortent d'une même souche. Voyez GALLOS.

JHAMBIN. s. m. Terme de pêcheur. Nasse. Sorte d'instrument en osier,

pour prendre du poisson dans les rivières. Il ne diffère du *Tis* qu'en ce qu'il est moins gros, et qu'il n'a qu'une seule entrée. Voyez TIS.

— Au fig. Embarras. Peine. Souci. *Si mettre din lou jhambin* : se mettre dans l'embarras, dans le souci.

JHAMBOUNO. s. f. Vielle. Instrument de musique à corde de boyau.

JHAN-FREMO. s. m. Terme de mépris. Jocrisse. Celui qui dans le ménage se mêle de tout ce qui est du ressort d'une femme. *Es un Jhan-fremo* : c'est un jocrisse, qui menait les poules pisser.

B.-A. JHAN-TREPASSO. Expression populaire qui n'a d'usage que dans cette locution proverbiale, *Aco's Jhan-trepasso* : c'est le nec plus ultra, pour dire, que la chose dont on parle outre-passe les bornes, les règles, qu'elle ne saurait être tolérée, soufferte, crue ou entendue.

JHANNET. s. m. Jean. Nom d'homme. Au fig. *Un jhanet* : un benêt, un nigaud.

JHAOU. s. m. Coq. Voyez JHALAS.

JHAOUGEA. v. a. Jauger. Mesurer un tonneau, une futaille, etc., pour en connaître la capacité. Voyez RAVA.

JHAOUGEO. s. f. Jauge. Mesure pour connaître la capacité d'une futaille.

JHAOUGEO. s. f. Terme de mépris et de dénigrement. Accoutrement. Manière d'être et de s'accoutrer d'une personne. Tournure. Agencement. *Laido jhaougeo* : vilain accoutrement. *Marrido jhaougeo* : mauvaise tournure. Voyez ENJHOUMBRIADURO.

JHAOUGEO signifie encore Engeance et ne se dit que des hommes et en mauvaise part. *De la marrido jhaugeo* : de la mauvaise engeance. On appelle prov. et fig. *Gens de la memo jhaugeo* : gens de même farine, des gens qui sont sujets aux mêmes vices, ou qui sont de même cabale.

JHAOUME. s. m. Jacques. Nom d'homme.

JHAOUMETTO. s. f. Jaqueline. Nom de femme. — Terme de mépris. Simple. Niaise. Voyez FADADO.

JHAOUNAS, ASSO. adj. Jaunâtre. Qui tire sur le jaune. De couleur pâle.

JHAOUNE, JHAOUNO. adj. Jaune. De couleur d'or, de safran, de citron.

JHAOUNI. v. n. Jaunir. Devenir jaune.

— Pâlir. Leis blads jaounissoun : les blés jaunissent.

JHAPPA. v. n. Japper. Aboyer. Leis chins jhappoun : les chiens aboient. Au fig. Crier, invectiver, dire des injures. A beou jappa lou cregni pas : il a beau crier et menacer je ne le crains pas. On dit prov. et fig. Quan lou chin jhappo caoucarren l'y a : quand le chien aboie ce n'est pas sans raison, pour dire, que d'ordinaire il ne court point de bruit qu'il n'ait quelque fondement.

JHAPPA. Voyez CHAPPA.

JHAPPAIRE. adj. et s. Aboyeur. On ne le dit que des chiens.

B.-A. JHARA. Voyez JHALA.

B.-A. JHARADO. Voyez JHALADO.

B.-A. JHARADOU. s. m. Glacière. Se dit figurément d'un lieu, d'un appartement extrêmement froid. Aquelo chambro es un jharadou : cette chambre est une glacière.

B.-A. JHARARÈYO. s. f. Gelée de cochon. Suc ou résidu de certaines parties du cochon mêlées et bouillies avec des pieds de bœuf, qui a été congelé. Manjha de jhararèyo : manger de la gelée de cochon. Lou tems es oou viou foou fa la jhararèyo : le temps est froid et vif profitons-en pour faire la gelée.

B.-A. JHARBELLO. s. f. Montagnarde. Femme ou fille de la haute Provence qui descend pour la première fois dans nos contrées. Ce terme de dénigrement donné à ces filles de la montagne, tire son origine du genre de travail qu'elles viennent faire chez nous et dans l'arrondissement d'Arles surtout où elles se rendent à l'époque de la moisson, pour y lier les gerbes qu'elles appellent Jharbos, d'où est venu Jharbello : lieuse de gerbes.

JHARDINA. JHARDINEJHA. v. n. Jardiner. Travailler, s'occuper à l'horticulture.

JHARDINA (SI). v. récip. S'établir. Se loger quelque part, y faire son domicile.

— Se placer. Voyez CALA. v. récip.

JHARDINAGI. s. m. Jardinage. Hortolage. Voyez HOURTOULAYO.

JHARGOUNEJHA. JHARGOUNIA. v. n. Balbutier. Prononcer difficilement les mots d'une langue à la manière des petits enfans. Parlara leou, coumenço à jhargounia : il commence a balbutier, il parlera bientôt.

— Jargonner. Parler un langage interrompu et inintelligible.

— Gazouiller. On le dit seulement des oiseaux.

JHARMAN, ANO. adj. Germain, germaine. Il se joint toujours avec cousin ou cousine. Cousin jharman, cousino jharmano.

JHARRARIE. s. f. Gerlerie. Lieu frais dans une maison où l'on tient les gerles pour que l'huile s'y conserve.

JHARRET. s. m. Crevette. Sorte d'écrevisse de mer que l'on confond assez souvent avec le chambarot, dont elle ne diffère que par la tête, et sa forme qui est plus arrondie. Voyez CARAMBOOU.

JHARRETTO. Voyez JHARROUN.

JHARRO. s. f. Jarre. Gerle. Grand vaisseau de terre cuite et vernissée dans lequel on tient et où l'on conserve l'huile.

B.-R. JHARRO. s. f. Cruche. Voyez DOURGHO.

JHARROUN. s. f. Petite gerle.

B.-R. JHARROUN. s. m. Petite cruche.

JHAS. s. m. Bergerie. Toit à brebis. Lieu où l'on enferme le troupeau.

JHAS. Gîte. Lieu où le lièvre repose, où il est enfoncé. Au fig. Gîte. Lieu où l'on demeure, où l'on couche ordinairement. Trouva la maire oou jhas : trouver dans son gîte, ou couchée quelque part, la personne que l'on cherche.

JHASPIN. s. m. Fâcherie. Mauvaise humeur. Voyez CHARPIN.

JHASPINA. v. n. Réchigner. Se fâcher. Témoigner par l'air de son visage la mauvaise humeur où l'on est. Voyez CHARPINA.

JHASSA. Voyez AJHASSA.

JHASSEN. s. f. Accouchée. Celle qui vient d'enfanter. Le mot propre de Jhassen veut littéralement dire, gisante dans le lit. Ce terme se trouve fréquemment dans les anciens noëls provençaux. Ana veire la jhassèn : aller voir l'accouchée.

JHASSO. s. f. Gîte. Lieu où l'on demeure, où l'on couche. Litière des vers-à-soie. Ilest pop.

JHAY. Gît. Troisième personne du présent de l'indicatif du verbe neutre

Jhassa. Gésir (qui n'est plus usité en provençal non plus que dans le français, et qui signifie être couché). Il n'est d'usage que dans cette locution qui a vieilli. *Aqui ounto jhay :* là où il gît, où il demeure, où il est, où il reste.

B.-A. JHAYET. Voyez GAGET.

JHAYANT.
JHAYANO. } s. Géant, géante. Celui et celle qui excède de beaucoup la taille ordinaire des hommes.

JHI. Voyez GIP.

JHJÉ. s. m. Jet. Brout. Jeune pousse des arbres ou des arbrisseaux. — Branche gourmande. — Drageon. Bourgeon qui pousse au pied des arbres et des plantes.

— Petreau. Surjeon. Rejeton qui vient au pied et pousse de la racine d'un arbre. On donne le nom de *Sagatto* à celui qui, poussé de la racine de l'olivier, est parvenu à une certaine grosseur. Voyez SAGATO.

JHJÉS. Se dit encore d'un œilleton, d'un rejeton de plantes potagères comme artichaut, céleri, etc. Voyez FIHOLO.

JHIMENTO. s. f. Jument. Femelle du cheval. Voyez CAVALO.

JHIMENTO. s. f. Jumelle. Fille jumelle. Celle qui est née du même accouchement qu'une autre. *Soun dous jhimentos :* ce sont deux sœurs jumelles.

JHIMERRE. s. m. Jumart. Bête de somme provenant de l'accouplement d'une ânesse ou d'une jument avec un taureau, ou d'un âne avec une génisse.

JHIROUYO. Voyez GIROUYO.

JHISCLA. Voyez GISCLA.

JHISCLADO. Voyez GISCLADO.

JHISCLE. Voyez GISCLE.

JHOCRUS. s. de t. g. Terme de mépris. Benêt. Nigaud. Jocrisse. Simple. Qui n'ose dire le mot. Son plus grand usage n'est que dans cette locution adverbiale. *Faire jhocrus :* rester coi et dans l'attitude humble d'un homme qui attend sa grâce. Il est pop.

JHOGO. s. f. Juiverie. Voyez JHUTARIÉ.

JHOLICUR. s. m. Terme de mépris. Marjolet. On le dit d'un homme qui fait le galant, qui fait l'entendu, qui cherche à se faire remarquer par son babil.

— Bouffon. Ridicule et mauvais plaisant.

— Beau diseur. *Faire lou jolicur :* faire l'aimable en disant des riens. *Et tu que fas lou joulicur, que mi voues ? Aco ti regardo !...* et toi joli diseur de riens, parle! en quoi donc ceci t'importe ?

V. JHOOU. Voyez DIJOOU.

JHOOUSÉ. s. m. Joseph. Nom d'homme.

JHOOUSELET. s. m. dim. Voyez JHOOUSÉ.

JHOOUSEMIN. s. m. Jasmin. Arbuste qui donne des fleurs blanches d'une odeur suave.

JHOOUSEMIN JHAOUNE. Voyez UBRIAGO.

JHORGI. s. m. George. Nom d'homme. On dit proverbialement et familièrement d'une personne emmitouflée ou surchargée d'habillement, qu'*Es vestido coum'un sant jhorgi :* qu'elle est vêtue comme un ognon.

JHOUGNE. v. a. Joindre. Mettre deux choses l'une contre l'autre.

JHOUGNE. Terme de laboureur. Accoupler, Atteler des bœufs, des mulets à la charrue pour labourer.

V. JHOUGNENT. s. m. Doloire. Outil de tonnelier. Voyez PLANO.

JHOUIN. s. m. Joug. Partie d'une charrue. C'est cette pièce de bois placée en travers au dessus de la tête des bœufs, et avec laquelle ils sont attelés pour labourer.

JHOUINE.
JHOUINO. } adj. Jeune. Il se dit des personnes, des bêtes et des plantes. *Home jhouine, cavalo jhouino, jhouines aoubres.* — *Veni jhouine :* rajeunir. On dit prov. et fig. *Si jhouine sabié et vieil poudié, degun de ren noun manquarié :* si jeunesse savait et vieillesse pouvait, aucun de rien ne manquerait, pour dire, que si la jeunesse avait l'expérience et la vieillesse de la force et de la vigueur, personne ne manquerait de rien. On dit prov. et plaisamment, *Doou tems que saut Jhoousé èro enca jhouine home :* du temps que l'on se mouchait sur la manche, pour dire, dans des siècles très-éloignés, des siècles grossiers, des temps d'ignorance.

JHOUINESSO. s. f. Jeunesse. Partie

de la vie de l'homme qui est entre l'enfance et l'âge viril. Voyez JHOU-VÈN.

JHOUINET. } adj. dimin. Jeunet,
JHOUINETTO. } jeunette. Très-jeune.

JHOUINTA. v. n. Joindre. Approcher deux choses l'une contre l'autre en sorte qu'elles se touchent.

JHOUN. s. m. Voyez JHOUIN.

JHOUNC. s. m. Jonc. Plante marécageuse. On dit prov. et fig. de celui qui grelotte de froid, ou qui tremble d'appréhension, *Que tremouèlo coum'un jhounc :* qu'elle tremble le grelot.

JHOUNCHADO. s. f. Jointée. Tout ce que l'on peut prendre ou porter avec les mains jointes.

JHOUNCHADO. Voyez TARRADO.

JHOUNCHO. s. f. Terme de laboureur. Quart. Travail non interrompu, que font les bœufs ou les mulets qui sont sous le joug pendant l'intervalle d'une pause à l'autre ; ce qui équivaut à un quart de journée. *Faire uno jhouncho :* faire un quart de journée, labourer deux ou trois heures.

JHOUNIFLADO. } s. f. OEillet simple.
JHOURIFLADO. } Voyez GINOUFADO

JHOURNADO. s. f. Journée. Espace de temps depuis l'aurore jusqu'à la nuit.

— Travail d'un ouvrier pendant un jour. *Ana a la journado :* travailler à la journée.

JHOURNAOU. s. m. Journal. Papier-nouvelle qui paraît tous les jours. —Registre des affaires journalières d'un négociant.

JHOURNAOU. s. m. Terme d'agric. Journal. Ce que deux bœuf peuvent labourer dans un jour.

— Contenance de terre de cinq cents cannes carrées ou demi-arpent. Le journal équivaut à peu-près à une carterée. Voyez CARTEIRADO.

JHOUVE, JHOUVO. adj. Jeune. D'un âge tendre. *Es enca jhouve :* il est encore jeune.

JHOUVÈN. s. m. collect. La jeunesse. Les jeunes gens. Ceux qui sont dans l'âge de la jeunesse. *L'y a ren oou jhouven per estre degajha :* il n'est rien tel que la jeunesse pour avoir de l'agilité. On dit prov. *Foou que jhouven passe :* il faut que

jeunesse se passe, pour dire, que la jeunesse est sujette à faire bien de fautes, et qu'il faut les excuser.

JHOUVENAS. adj. m. aug. Jeune étourdi. Évaporé qui n'a point encore l'esprit mûr. *Es enca ben jhouvenas :* il est encore bien jeune. — Grand garçon qui a peu de sens.

JHOUVENCELLO. s. f. Jouvencelle. Jeune fille. Fille grande et nubile.

JHOUVENCEOU. s. m. Jouvenceau. Jeune garçon. Jeune homme.

JHOUVENTURO. s. f. Jeunesse. Les jeunes gens. Il a vieilli et n'est presque plus usité.

B.-A. **JHOUVÈR.** s. m. Persil. Plante ou herbe potagère, qui est employée comme un assaisonnement dans la cuisine. Voyez BOUENEIS-HERBOS.

JHOUYEOU. s. m. Joyau. Bijou. Ornement d'or, d'argent, etc., tel que collier, pendant d'oreille, bracelets, bagues etc., dont les femmes se parent.

JHOYO. s. f. Joie. Passion. Mouvement vif et agréable qui porte la satisfaction dans l'ame.

JHOYOS. s. f. plur. Prix. Ce qui est proposé comme récompense dans nos fêtes patronales, à ceux qui réussiront le mieux dans les exercices ou jeux que l'on indique, et que l'on promène d'avance dans le pays, pour stimuler le zèle des concurrens. *Faire courre leis joyos :* faire courir la bague. On dit fam. d'une personne qui se dispose joyeusement à faire quelque petit voyage, *Semblo que vai courre leis joyos :* elle est aussi contente que celui qui remporte le prix.

JHOUYOUX, OUÈ. adj. Joyeux, euse.

JHUBI. Terme populaire qui n'est d'usage que dans ces locutions proverbiales. *Faire jhubi :* faire la courbette, ramper devant quelqu'un, lui témoigner son dévouement, sa déférence. *Rendre jhubi :* rendre ses respects, ses devoirs à quelqu'un, lui faire une visite de civilité. *Veni à jhubi :* venir à jubé, se soumettre, venir à la raison par force et malgré soi.

JHUDIOU. Voyez JHUSIOU.

JHUÈC. s. m. Jeu. Divertissement. Amusement. On dit prov. et figurément. *Nouvè oou jhuèc, Pasquos oou* *fuech* : le bois qu'on épargne à Noël à Pâques faudra le brûler, pour dire, qu'un hiver doux au commencement finit presque toujours par être bien rude.

JHUEOU. Voyez JOUYEOU.

JHUGA. v. a. Jouer. Se récréer. Se divertir. *Jhuga eis bóchos* : jouer aux boules. On dit *Jhuga dins dour* : jouer en deux parties liées, pour dire, gagner deux parties de suite.

JHUGA. v. a. Parier. Faire un pari. Une gageure. *Quand voues jhuga* : combien veux-tu parier? On dit fig. *Si jhuga de coouqu'un* : se jouer de quelqu'un, pour dire, s'en moquer, le railler. On dit fig. d'une personne, *Que jhuego, que fai jhuga l'arpo* : qu'elle joue des griffes, pour dire, qu'elle dérobe.

JHUGADOU. s. m. Joint. Articulation. Jointure. Terme d'anatomie. L'endroit où deux os se joignent et qui, comme une charnière, les fait se mouvoir en avant ou en arrière, selon la volonté de l'être animé auquel ils appartiennent. *L'y an coupa la cambo en dessous d'oou jhugadou* : on lui a coupé la jambe en dessous de la jointure du genou.

JHUGADOU. } s. m. Joueur. Celui
JHUGAIRE. } qui joue habituellement.

JHUGEA. v. a. Juger. Rendre la justice.

JHUGEA, ADO. part. Jugé, ée.
— Au fig. Ahuri, ie. Interdit, stupefait. *Sembles jhugea* : te voilà bien ahuri.

JHUGI. s. m. Juge. Celui qui a le droit et l'autorité de juger.

JHUGUET. s. m. Hochet. Jouet d'un nourrisson. Petit instrument qu'on met entre les mains d'un enfant au maillot, afin qu'il s'en frotte les gencives et se facilite la dentition. *Jhuguet d'or* : hochet en or.
— Joujou. Jouet. Petites bagatelles que l'on donne aux enfans pour les amuser.
— Jouet. Se dit aussi fig. d'un homme dont on se joue, dont on se moque. *Mi prenien per soun jhuguet* : ils me prenaient pour leur jouet.

JHUL. s. m. Ivraie. Zizanie. Plante annuelle et fromentacée. Si dans le blé que l'on met en farine, il se trouve

quelque peu d'ivraie, le pain qui en provient cause à ceux qui en mangent une espèce d'étourdissement et d'ivresse. Voyez ENJHUYA.

JHUI. Voyez JHUSIOU.

JHUMENTO. Voyez JHIMENTO.

JHUN. s. m. Juin. Le 6me mois de l'année.

JHUN. ESTRE EN JHUN. Expression adv. Être à jeun. N'avoir pas encore mangé de la journée.

JHUNA. v. n. Jeûner. Pratiquer le jeûne établi par l'Église.

JHUNAIRE. s. m. Jeûneur. Celui qui jeûne habituellement.

JHUNI. s. m. Jeûne. Abstinence.

JHURA. s. m. Juré. Membre d'un juri.

JHURA. v. n. Jurer. Blasphémer.

JHURAIRE. s. m. Jureur. Blasphémateur.

JHUS. s. m. Pressis. Jus que l'on fait sortir de quelques viandes et de certaines herbes en les pressant.

JHUS. adv. Juste. Qui n'a rien de trop.

JHUS-ET-JHUS. Façon de parler adv. Tout juste. Précisément. *Arribet jhus-et-jhus* : il arriva tout juste au moment qu'il fallait.

JHUS (TOUT-BEO'_-) adv. Tantôt. A peine. Au moment. *Tou-beou-jhus si levo* : il sort à peine du lit. On dit de celui qui a à peine de quoi vivre, qu'*Es moussu jhus* : c'est monsieur juste.

JHUSIÈVO. s. f. Juive. Femme ou fille Israélite.

B.-A. JHUSIÈVO. } s. f. Narcisse des
JHUSIOUVO. } prés. Fleur blanche ayant une espèce d'ombilic jaune à bord rouge. On la trouve abondamment dans les prés, vers la Pâque, ce qui lui a fait aussi donner le nom de *Pasquetto* en certains endroits.

B.-A JHUSTOU. s. m. Juste. Casaquin. Sorte d'habillement de femme qui n'est plus en usage, et qui a été remplacé par la casaque ronde. C'était un espèce de mantelet sans plis à la taille. Voyez MANTELET.

JHUTARIÈ. s. f. Juiverie. Quartier habité par les juifs. Au fig. Cohue. Confusion. Lieu où l'on ne s'entend pas, ainsi qu'il arrive souvent au quartier des juifs.

JHUVER. Voyez JHOUVER.

K

La lettre K n'étant pas usitée dans le Provençal, nous n'avons pas cru devoir l'admettre dans notre alphabet, où les lettres **C** et **Q** la remplacent. Voyez à la page 177, l'article *N. B.*

L

LABESC. **LABET.** } s. m. Sud-ouest. Sorte de vent appelé *labesc* ou vent de Lybie.

LABORI. s. m. Travail. Labeur. Il est vieux et presque hors d'usage.

LABRO. s. f. Lippe. Moue. Trogne. Grimace. Il est encore quelques communes dans la moyenne Provence, où, dans les fêtes patronales appelées *vogues*, on décerne un prix à celle des filles qui, montée sur un tréteau, y fait le mieux *la Labro* : la moue ou la grimace. *A gagna un miraou à la labro* : elle a gagné le miroir et remporté le prix de la trogne.

LABRU, UDO. adj. Lippu, lippue. Qui a de grosses lèvres.

LACH. s. m. Lait. Liqueur blanche qui se forme dans les mamelles d'une femme et dans celle des animaux.

LACH-DE-POULO. s. m. Brouet. Espèce de bouillon au lait et au sucre, ou au sucre et au jaune d'œuf. *Faire un lach-de-poulo* : faire un brouet.

LACHA. v. a. Lâcher. Détendre. Au fig. Mollir. Faiblir. Alanguir. Céder faiblement dans une occasion.

LACHADO. s. f. Petit lait. Lait clair. Partie aqueuse du lait qui coule de l'éclisse ou moule, lorsqu'on fait des fromages.

— Babeurre. Liqueur séreuse qui se sépare lorsqu'on fait le beurre.

LACHEIROUN. **LACHO-LEBRE.** } s. m. Laiton ou laitron. Plante laiteuse. C'est la laitue sauvage.

LACHIÈRO. **LACHOUIRO.** } s. f. Vase à traire les vaches, les brebis et les chèvres. Voyez MOUSSOUIRO. SEYO.

LACHOUSCLO. Voyez CHOUSCLO.

LACHUGO. s. f. Laitue. Plante potagère que l'on mange en salade. *Lachugo longo* : laitue romaine. *Lachugo redouno* : laitue pommée.

LACHUGUETTO. s. f. Petite laitue. Plant de laitue. — Laitue amère ou sauvage qu'on trouve dans les champs.

LADRARIÈ. s. f. Ladrerie. Lèpre. Maladie. Au fig. Vilaine et sordide avarice.

LADRE. adj. et s. Lépreux. Ladre. Qui est attaqué de lèpre.

— Au fig. Insensible, soit pour le corps, soit pour l'esprit. *Si va sente pas es ladre* : s'il ne ressent pas cette injure il est vraiment ladre.

— Il se dit encore fig. d'un homme excessivement avare.

LAGAGNIA. v. impers. Bruiner. Tomber une très-petite pluie.

LAGAGNO. s. f. Chassie. Espèce d'humeur qui découle des yeux. Voyez PARPEOU.

LAGAGNOUX, OUÈ. adj. Larmoyant, larmoyante. — Chassieux, euse. *Hueil lagagnoux* : œil larmoyant, chassieux.

B.-A. **LAGAGNORO.** s. f. Bruine forte.

— Guillée. Pluie soudaine et de peu de durée. *N'a fach qu'uno lagagnoro* : ce n'a été qu'une guillée.

B.-A. **LAGAN.** s. m. Chassie. Larme. On dit pop. et ironiquement d'une personne qui pleure à tout propos, qu'*A toujour lou lagan eis hue* : qu'elle est toujours à pleurnicher.

B.-A. **LAGANIA.** Voyez LAGAGNIA.

LAGAS. s. m. Lavage. Quantité de liquide répandu comme pour laver. *A escampa un pechiè d'aiguo qu'a fach un beou lagas* : il a répandu une potée d'eau qui a fait un beau lavage.

— Gachis. Saleté causée par de l'eau ou par quelqu'autre liquide.

— Brouet. Sauce longue et peu liée.

LAGNA (SI). v. récip. Se chagriner. S'inquiéter. Se fâcher. Se mettre en colère. *De que vous lagnas?* de quoi vous fâchez-vous ?

LAGNO. s. f. Colère. Fâcherie. Chagrin. *Avé la lagno* : être en colère.

An agu lagno : ils ont eu querelle ensemble.

LAGRAMEJHA. v. n. Larmoyer. Pleurer, verser des larmes.

— Découler goutte à goutte. Il est pop.

LAGRAMUÈ. s. f. Lézardeau. Larmeuse. Petit reptile à quatre pieds, gris et noir, long de cinq à six pouces. Il va très-vite à la course. Il se tient à la campagne dans les trous des vieux murs. Il s'en voit aux environs de la montagne de Lure, non loin de Forcalquier, dans le département des Basses-Alpes, qui ont la queue double et que les gens du peuple tiennent pour devins.

LAGREMO. s. f. Larme. Goutte d'eau que la douleur ou l'affliction fait sortir de l'œil. *Gitta de lagremos* : verser des larmes.

LAI, LAIDO. adj. Lai, Laide. Difforme. Qui a quelque défaut remarquable dans la forme, les proportions ou dans les couleurs requises pour la beauté. On dit d'un homme extrêmement laid, *Qu'es lai coumo pecca* : que c'est un laid magot ; et d'une femme laide et peu affable, *Qu'es uno laido chouyo*, que c'est un vilain grouin.

LAIDAS, ASSO. adj. superl. Très-laid. Extrêmement laid.

LAIDET, ETTO. adj. dimin. Quelque peu laid. Voyez l'article suivant.

LAIDOUNO. s. et adj. Laidron. Laideron. On le dit d'une jeune personne qui, quoique laide, n'est pas néanmoins sans agrément. *Maougra que siègue laidouno mi desagradariè pas* : bien qu'elle ne soit jolie elle ne laisse pas que de me plaire. *Es uno laidouno que n'est pas maou* : c'est une laideron qui n'est pas mal.

LAIMBERT. s. m. Lézard. Espèce d'animal ovipare à longue queue.

LAIRE. s. m. Larron. Voleur. Brigand. Traître.

LAISSO. s. f. Legs. Don testamentaire.

— Abandon volontaire de quelque capital. Au fig. Maladie héréditaire. Charge onéreuse. Tache d'infamie dont on est grevé.

V. LALEJHA. v. n. Gazouiller. Balbutier. On le dit des petits enfans. Voyez FADEJHA. JHARGOUNEJHA.

B.-A. LAMA. v. a. Terme d'agr. Surnager. Submerger. Être inondé, couvert d'eau. On le dit d'une terre, d'une propriété champêtre lorsqu'elle est couverte d'eau. *Terro que lamo* : terre submergée, où l'eau surnage.

LAMBRESQUIÈRO. s. f. Lambruche. Vigne sauvage.

LAMBRUSQUO. s. f. Lambruche. Sarment de vigne sauvage.

LAMI. s. m. Requin. Poisson de mer très-vorace. On l'appelle autrement chien de mer.

LAMPA. v. a. Lamper. Boire ou manger avidement. Il est pop.

LAMPA. v. n. Courir. Il est plaisant.

V. LAMPA.
LAMPEJHA. } **v. n.** Eclairer. Faire des éclairs. C'est ce qui arrive pendant les nuits d'été lorsqu'ils ne tonne point. *Touto la nuech a lampejha* : il a fait des éclairs toute la nuit. Voyez LUCIA.

B.-A. LAMPIAN, ANO. Flandrin, flandrine. Efflanqué, efflanquée. Flamberge. Terme de mépris que l'on donne à une personne de taille élancée, habituée à fainéanter. *Es mai aqui aqueou long lampian a si branda leis cambos* : ce long flandrin est encore là à se dandiner ! Voyez LANLÈRO.

LAMPOURDIÈ. s. m. Bardane. Plante dont les semences en forme de noyau d'olive sont hérissées de pointes. Voyez ARRAPO-PEOU. LAPOURDOUN.

LAMPOURDO. Voyez LAPOURDOUN.

LAMPRE. s. m. Lamproie. Poisson de mer qui ressemble à l'anguille.

LAMPRUÈ. s. m. Taon. Sorte de grosse mouche marine.

V. LAN. s. m. Eclair. Éclat de lumière subite et de peu de durée. Voyez ESCLARZIADO. UYEAOU.

LANA, ADO. adj. Laineux, laineuse. Qui a beaucoup, qui est extrêmement fourni de laine. On le dit des brebis, ainsi que des étoffes faites de laine. *Moutoun ben lana* : mouton laineux. *Sarjho ben lanado* : serge bien fournie de laine.

LANAGI. s. m. Lainage. Marchandise de laine. — Toison d'un mouton ou d'une brebis. — Façon et disposition d'une étoffe en laine, qui en fait apprécier la qualité.

LANÇA. v. a. Lancer. Jeter de force et de raideur, avec la main.

— Ruer. Lancer les pieds de derrière avec force. On le dit du cheval et des mulets. *Chivaou que lanço :* cheval qui rue. Voyez REGUINA.

LANÇADO. s. f. Ruade. Action du cheval qui rue. Voyez REGUINADO.

— Picotemens. Élancemens d'une douleur, d'un abcès qui se forme.

LANCEJHA. v. n. Donner des picotemens, des élancemens semblables aux battemens du pouls. On le dit d'une douleur vive, d'un abcès qui se forme.

LANCETO. s. f Raie. Poisson. Voyez CLAVELADO.

LANDA. v. n. Escamper. S'enfuir, se retirer en grande hâte. On dit proverbialement et fig. de celui qui décampe et s'enfuit précipitamment pour se dérober à la poursuite de quelqu'un. *Qu'à pres moussu lando, per soun proucuror :* qu'il a gagné le haut; qu'il a confié ses intérêts aux jambes des chevaux de poste. Qu'il a pris la poudre d'escampette.

B.-A. LANDRIN. s. m. Batteur de pavé. Oisif. Fainéant qui n'a d'autre occupation que de se promener de part et d'autre dans un pays.

LANDRINO. s. f. Coureuse. Femme ou fille évaporée, qui passe une grande partie du temps à courir de côté et d'autre pour éviter le travail. Voyez COURRANTIHO.

— Coureuse. Prostituée.

LANDRINEJHA. v. n. Fainéanter. Aller de côté et d'autre pour se dérober au travail. *Tout lou jour landrinejho :* il passe toute la journée à fainéanter.

LANET, ETTO. Voyez NANET.

LANETTO. s. f. Burat. Sorte d'étoffe de laine.

LANGASTO. s. f. Tique. Insecte noirâtre qui s'attache aux oreilles des bêtes à laine, des chiens, etc.

LANGASTOUN. s. m. dimin. du précédent. Tique petite. On dit familièrement, d'un nourrisson qui tette beaucoup. *Que tiro coum'un langastoun :* qu'il suce fortement comme une tique.

LANGOUSTO. s. f. Écrevisse de mer.

LANGUI (SI). v. récip. S'ennuyer. S'impatienter dans l'attente de quelque chose que l'on espère. *Mi languis-*
33

siou de ti veire : il me tardait de te voir. *Dins noueste vouyayi si siam pas languis :* nous ne nous sommes pas ennuyés dans notre voyage. *Si garda de langui :* se distraire, se désennuyer. On dit proverb. *Qu espero languis :*
    Qui est en attente
    S'ennuye et se tourmente.

LANGUIMENT.   } s. m. Ennui.
LANGUITORI.   }

Langueur. Mélancolie. Le dernier n'est guère usité qu'en poësie.

    Per la garda de languitori,
    Li racoucnti pai quaouqu'histori.

Ave lou languiment : être pris, accablé d'ennui.

LANIÈ. s. m. Lainier. Marchand de laine.

LANLERIA. v. n. Dandiner. Fainéanter, demeurer debout sans rien faire.

LANLÈRO. s. f. Grande efflanquée. Terme de mépris que l'on donne à une fille de haute taille, qui passe son temps à se dandiner, à ne rien faire.

LANO. s. f. Laine. Le poil qui couvre la peau des brebis, des moutons et des agneaux. On dit proverb. et fig. *Voou miou douna la lano que lou moutoun :* il vaut mieux faire le sacrifice d'une partie que de perdre le tout.

LANOUX, OUÈ. Voyez LANA.

LANQUETTO. FAIRE LANQUETTO. adverb. Faiblir. Céder lâchement. Perdre de ses forces. Il est plaisant et populaire.

LANSADO. Voyez LANCADO.

LANSOOU. s. m. Drap de toile. Drap de lit. Linceul. On dit proverb. *Voou miou pourta lou doou que lou lansoou :* mieux vaut porter le deuil que le faire porter. On dit proverb. et fig. *Voou pas mai s'estendre que l'on a de lansoou :* taillez votre habit selon que vous avez le drap, pour dire, qu'il faut mesurer sa dépense à l'argent qu'on a.

B.-R. LANSOULADO.   } s. f. Dra-
B.-A. LANSOURADO.   }

pée. Plein un drap de toile. *Uno lansourado de ramo :* une drapée de feuilles de mûrier.

LANSOULET. s. m. dimin. Petit drap de oile.

LANTERNEJHA. v. n. Lanterner. Être irrésolu en affaires. Vétiller. Perdre son temps à des choses de rien. S'amuser à des vétilles.

LANTERNIÉ. s. m. Lanternier. Celui qui fait et qui vend des lanternes. Ferblantier ambulant, appelé aussi MAGNIN.

LAOU. s. m. Lods. Droits. Redevances. Cens que certains Seigneurs percevaient sur le prix d'un héritage vendu dans la censive.

LAOU. s. m. Toison. Voyez NAOU.

LAOURA. v. a. Labourer. Remuer la terre avec la charrue. On dit proverb. *Qu laouro em'uno saoumo, poou p'ave un boucn garach :* le travail d'une femme ne valut jamais celui d'un homme.

LAOURAGI. s. m. Labourage. Ouvrage de laboureur.

— Art de labourer la terre.

LAOURAIRE. s. m. Laboureur. Voyez BOUIÉ.

LAOUSA. v. a. Louer. Honorer et relever le mérite de quelqu'un, de quelque action, etc. On dit qu'une personne. *Si laousara pas de ce qu'à fach :* qu'elle ne se louera point de ce qu'elle a fait, pour dire, qu'elle n'a pas lieu d'en être satisfaite. On dit proverbialement. *Laouso la mar et ten-ti en terro :* Aux charmes de la mer préférez le rivage.

LAOUSIÉ. Voyez LAOUZIÉE.

LAOUSO. s. f. Dalle. Pierre dure, plate et peu épaisse que l'on trouve dans les montagnes gipseuses. Voyez BARD.

LAOUVANS. Voyez LOOUZANS.

LAOUVETTO. s. f. dimin. Petite dalle. Voyez LAOUSO.

LAOUVO. Voyez LAOUSO.

LAPA. v. n. Laper. Boire en tirant l'eau avec la langue comme font les chiens lorsqu'ils boivent. Voyez LAMPA.

LAPAREOU. s. m. Lapereau. Jeune lapin.

LAPAS. s. m. Patience. Parelle. Plante très-propre à purifier le sang. *Tisano de lapas :* tisane de patience.

LAPINO. s. f. Hase. Femelle d'un lapin.

LAPOUN. s. m. Géomon. Plante marine.

B.-R. LAPOURDIÉ.
B.-A. LAPOURDOUN. } s. m. Grateron. Glouteron. Rièble. Plante dont les grains ou semences hérissés de petites pointes, s'attachent aux bas et aux habits des passans. On confond souvent le *lapourdié* avec l'*Arrapo-man.* Voyez ARRAPO-MAN.

On donne quelquefois aussi le nom de *Lapourdié* ou de *Gros lapourdoun* à la bardane, dont les semences ne diffèrent de celles du glouteron que par la grosseur. Voyez ARRAPO-PEOU. GRAPOUN. LAMPOURDIÉ.

LARBO. s. m. Carrelet. Poisson de mer.

— Plie. Poisson de la même forme que le carrelet.

LARDA. v. a. Terme de cuisine. Larder. Piquer de lard, mettre des lardons à de la viande. On larde une pièce de boucherie avec du gros lard, et l'on pique une volaille, des perdreaux avec des lardons.

LARDA. Se dit fig. du soleil qui darde ses rayons. *Fach un souleou que lardo :* il fait un soleil qui brûle.

— Picoter. Donner des élancemens. *Douleur que lardo :* douleur lancinante. Voyez LANÇADO.

LARDAIRE. s. m. Lardeur. Celui qui larde, qui pique une pièce de gibier avec des lardons.

LARDEIRETTO.
LARDIÉ. } s. f. Mésange.
LARDIÉRO.
Nonette. Oiseau très-petit, à peu près de la grosseur du roitelet. Il a le plumage bleuâtre, le ventre jonquille, la gorge blanche et la cravate noire.

LARDOUN. s. m. Lardon. Très-petit morceau de lard coupé en long, dont on pique les viandes.

— Au fig. Brocard. Mot piquant contre quelqu'un.

LARG. adverbe. Largement. Abondamment. On dit proverb. *Diou pago tard, mai payo lard :* Dieu est lent à punir, mais il punit sévèrement.

LARG. adj. Doux. Modéré. On ne le dit que du vent. *Vent larg :* vent doux.

LARGA. v. a. Terme de berger. Lâcher. Mettre au large. *Larga la-*

vet : lâcher le bétail ; c'est faire sortir les moutons de la bergerie pour les mener paître en liberté.

— Donner. Faire don. *Largo n'in un mouccou* : donne lui en un morceau. *Larga un coumpliment* : adresser un compliment à quelqu'un. Il est plaisant et populaire.

LARGAMUÉ. s. f. Lézardeau. Voyez LAGRAMUÉ.

LARGANT, ANTO. adj. Donnant, donnante. Généreux, euse. Qui aime à donner. Son plus grand usage est avec la négative. *As a faire em'un mestre qu'es pas troou largant* : tu as à traiter avec un maître qui n'est pas trop donnant. *Es gaire larganto* : elle n'aime guère à donner ; elle est peu généreuse. Il est populaire comme le précédent.

LARJHOU. s. f. Largeur. Étendue d'une chose considérée d'un de ses côtés à l'autre.

LASAGNOS. Voyez RAYOLO.

LASCENO. s. f. Lampsane. Herbe aux mamelles. Plante dont le suc déterge les plaies et les ulcères. Elle est de la première utilité pour guérir le bout du pis des vaches, lorsqu'il se fend ou s'écorche. Elle est également bonne aux nourrices qui ont les mamellons fendus ou ulcérés.

LASSA. v. a. Lasser. Fatiguer. Ennuyer.

LASSADO. s. f. Terme d'oiseleur. Lacets. Piège à prendre des oiseaux.

LASSO. adj. f. Lasse. Fatiguée. On ne met ici cet adjectif que pour faire connaître les deux locutions adverbiales suivantes. *Faire cambo-lasso* : chevaler. Se fatiguer en allant courir de part et d'autre pour affaires. *De guerro-lasso* : ennuyé, lassé, fatigué d'attendre, d'écouter, etc. *S'en vengueriam de guerro-lasso* : accablés d'ennui et lassés d'attendre, nous nous en retournâmes.

LATTO. s. f. Perche. Grande gaule dont on se sert pour abattre des noix, des amandes, des glands, etc.

— Au fig. Fable. Baie. Conte. *Aco es uno latto* : c'est là un conte.

LAVA. v. a. Laver. Nettoyer avec de l'eau, ou avec quelque chose de liquide. *Lava leis goubelets* : rincer les verres.

— Dégorger. Voyez DESCADEISSA. On dit fig. et proverb. *Lava la testo en coouqu'un* : laver la tête à quelqu'un ; pour dire, le vespériser, lui faire une sévère réprimande.

LAVABO. s. m. Petit linge dont un prêtre qui dit la messe se sert pour essuyer ses doigts après le *lavabo*.

— Au figuré. Réprimande sévère. Répréhension faite avec autorité. *L'y an fach lou lavabo* : on l'a joliment vespérisé. Il est familier et populaire.

LAVADOU. s. m. Lavoir. Lieu où on lave le linge.

LAVADURO. s. f. Lavure. Eau qui a servi à laver la vaisselle d'une maison.

LAVAGI. s. m. Lavage. Action de laver. *Faire lou lavagi de la lano* : faire le lavage de la laine.

— Lavoir. Lieu où on lave la laine. *Pourta la lano oou lavagi* : porter la laine au lavoir.

LAVAGNO. s. f. Lavure. Eau dans laquelle on a lavé les écuelles du ménage et que l'on donne à boire aux cochons. — Au figuré. Lavage. Aliments. Sauce. Breuvage où l'on a mis beaucoup plus d'eau qu'il ne fallait, et qui l'a totalement détrempé et affadi. Voyez LAGAS.

LAVAIRE. s. m. Lavoir. Voyez LAVADOU.

LAVAIRE.
LAVARELLO. } s. Laveur, laveuse. Celui ou celle qui lave.

V. LAVI, IDO. adj. Aimable. Charmant. Agréable, qui plaît, qui ravit. On le dit des personnes.

LAVO. s. f. Dalle. Voyez LAOUSO.

LAVO-DENT. s. m. Terme populaire. Soufflet. Coup du plat de la main. *Teizo-ti, ou ti flanqui un lavo-dent* : tais-toi, si non je te redresse les mâchoires.

LAVOURA. Voyez LAOURA.

LEBRAOU. s. m. Levraut. Petit, jeune lièvre.

LÈBRE. subst. f. Lièvre. Animal timide et vite à la course. On dit proverb. et fig. *Si voulès arresta uno lèbre, marida-la* : si vous voulez dompter un lièvre, mariez-le, pour dire, qu'il n'est rien de tel que le mariage pour dompter un jeune homme. On dit fig. *Deveni lèbre*, pour dire, déraisonner, perdre la tête, se detraquer. Il est plaisant. *Si lou cresiou mi fariò veni lèbre* : si je l'en croyais, il me fairait tourner la tête. Voyez REBABEOU.

LEBRENO. s. f. Salamandre. Voyez ARABRENO.

LEBRETTO. s. f. Levrette. Femelle du levrier. — Petit Lièvre.

LEBRETTOUN. s. m. Jeune, petit lièvre.

LEBRIÈ. s. m. Levrier. Sorte de chien.

B.-R. LECO.
B.-A. LECHO. } s. f. Fossette. Sorte de piège pour prendre les oiseaux l'hiver en temps de neige. Il consiste en une pierre plate qu'on élève à un abri, le long d'une haie, et qui s'incline sur 3 ou 4 bûchettes qui la soutiennent et que la moindre secousse fait tomber ; on y creuse une fossette en dessous dans laquelle on met du grain et quelques brins de paille pour attirer les oiseaux, ceux-ci en cherchant à becqueter les grains, touchent aux bûchettes et la pierre tombant sur eux ils se trouvent pris.
— Lacet. Panneau. Pièges dont on se sert pour prendre des oiseaux et certains animaux nuisibles. *Faire de lecas, prendre à la lecho* : tendre des pièges, prendre à la fossette.
— Au fig. Piège. Leurre. *Si prendre à la leco* : Tomber. Donner dans le piège.

LEGA. v. a. Léguer. Donner par testament.

LEGAT. s. m. Legs. Don. Libéralité laissée par un testateur.

LEGATARI. s. m. Légataire. Celui ou celle à qui on fait un legs.

LEGI v. a. Lire. *Legisse* ou *lièyes*, *legisses* ou *lièyes*, *legit* ou *liège*, *legissem* ou *ligem*, *legissez* ou *ligès*, *legissoun* ou *liègoun*, *legissiou* ou *ligiou*, *legisseri* ou *ligeri*, *legisserias* ou *ligias*, *legisseroun* ou *lieyeroun*, *legirai* ou *liegerai*, *legis* ou *liège*, *que legissi*, *que legissessi* ou *lièyessi*, *legissent* ou *ligent*. Parcourir des yeux ce qui est écrit avec la connaissance de la valeur des lettres.

LÈGO. s. f. Lieue. Mesure linéaire. Espace de chemin qu'un homme à pied peut parcourir dans une heure.

On dit proverb. et fig. qu'un homme fait *Dins cent ans quatorge legos* : dans quinze jours quatorze lieues, pour dire, qu'il est extrêmement lent à ce qu'il fait. On dit encore proverb. et fig. *Partout l'y a sa lègo de marrit camin* : en tout pays il y a une lieue de méchant chemin, pour dire, qu'il n'y a point d'entreprise où il ne se rencontre quelque difficulté.

B.-A. LEGO. Envie. Désir. Allèchement. Il n'a d'usage que dans cette locution puérile. *Faire lego* : allécher, exciter l'envie, irriter les désirs, faire montre. C'est ce que font les enfans, lorsque pour exciter l'envie de leurs camarades, ils leur montrent avec un air insultant mêlé de vanité, ce qu'ils ont de nouveau ou de friand, en leur disant. *Lego, lego !. N'as ges* : vois un peu, regarde ! Tu n'en a pas !. *Li fagues pas lego* : ne l'alléchez point, ne le mettez pas en goût.

B.-A. LEGOUT. s. m. Loisir. Temps où l'on n'a rien de pressant à faire. *Estre de legout* : avoir du loisir. *Faire uno caouso eme legout* : faire une chose avec loisir, c'est la faire à son aise, à sa commodité et sans se presser. Il est populaire.

LEGUETTO. s. f. dimin. Petite lieue. Voyez LÈGO.

LEI. s. f. Loi. Règle établie par l'autorité divine ou humaine.

LEIDOU. s. f. Laideur. Difformité.

LEIRA. v. n. Ennuyer. Fatiguer. Lasser l'esprit ou le corps par quelque chose de désagréable, de fatiguant ou de trop longue durée. Il est populaire et n'a d'usage qu'au futur. *Mi leirié ben si foulié qu'enregistressi touteis leis lettros que recebi* : ce serait lui telle besogne si j'étais obligé d'enregistrer toutes les lettres que je reçois. *Ti leira ben si te fan pourta aquo jusqu'à l'houstaou* : il y en aura bien de quoi te lasser si tu es forcé de porter cela jusqu'au logis. *Ti leira proun si lou voues escouta* : il y en aura bien de quoi t'ennuyer si tu veux prêter l'oreille à ses verbiages.

LAISSA. v. a. Laisser. Quitter. Abandonner. — Léguer par testament. On dit fam. *Leissa coouqu'un en dezo-huech* : planter là quelqu'un.

pour dire, le quitter, l'abandonner.

V. LEN. prépos. Dans. En. On dit proverb. d'une fille *Qu'à leissa ana lou gat len la froumagièro* : qu'elle a laissé aller le chat au fromage, pour dire, qu'elle s'est laissée abuser.

B.-R. LENCI. s. f. Terme de pêcheur. Ligne. Ficelle au bout de laquelle est attaché un hameçon portant une amorce et dont on se sert pour prendre du poisson. *Pesca à la lenci* : pêcher à la ligne.

LENDE. s. m. Lente. OEuf de pou. L'huile d'olive fait crever les lentes. Au fig. *Tria leis lendes en coouqu'un* : trier les lentes à quelqu'un, c'est disputer, défendre victorieusement sa cause. Faire tête à son adversaire, lui donner de la tablature.

LENDEMAN. s. m. Lendemain. Le jour d'après.

LENGUA. v. a. Langueyer. Visiter la langue d'un cochon, pour voir s'il n'est pas ladre.

— Bavarder. Parler à tout propos ou indiscrètement. Il est populaire.

LENGUAGI. s. m. Langage. Idiome. Manière de parler.

LENGUAIRE. s. f. Languéyeur. Celui qui visite la langue d'un cochon pour voir s'il est ladre. — Au fig. Bavard. Babillard. Voyez LENGUR.

B.-A. LENGUE. s. m. Aine Partie du corps humain qui est entre le haut de la cuisse et le bas ventre. *Fleiroun oou lengue* : bubon dans l'aîne.

LENGUO. s. f. Langue. Cette partie charnue et mobile qui est dans la bouche de l'animal, et qui est le principal organe du goût pour tous les animaux, et de la parole pour les hommes. On dit fam. qu'une personne *A la lenguo ben penduo* : qu'elle a la langue bien pendue, pour dire, qu'elle a une grande facilité de bien parler. On dit figurément *Faire leva lenguo* : ôter la parole, pour dire, forcer, obliger quelqu'un à se taire, à garder le silence. *Et poou pas leva lenguo, n'a pas lenguo à leva, n'a pas lenguo à badà* : il n'a pas le mot à dire, il ne peut ouvrir la bouche, pour dire, qu'il ne lui est pas permis de répliquer, ou qu'il ne saurait faire tête à son adversaire. On dit familière-

ment d'un homme qui, par mégarde ou autrement, dit un autre mot que celui qu'il voudrait ou devrait dire. *Que la lenguo l'y a vira dins la man* : que la langue lui a fourché. On dit proverb. *La lenguo n'a ges d'ouès, mài, n'en fa roumpre* : la langue n'a point d'os, mais elle en fait briser, pour dire, qu'un mot, un propos offensant ou peu mesuré, occasionne souvent des querelles et des meurtres. On dit d'un fanfaron, d'un hâbleur, qui n'est point dans le cas de faire, de savoir, de prouver, ce dont il se vante. *Que n'a que de lenguo* : qu'il n'a que de la gueule. Il est populaire.

LENGUO DE BUOU. s. f. Buglosse. Plante, espèce de bourrache sauvage.

LENGUO DE CAT. s. f. Grande centaurée. Plante.

LENGUO DE PASSEROUN. s. f. Renouée. Plante dont les branches menues, tendres et souples sont remplies de quantité de nœuds et rampent sur terre comme le chiendent. On trouve sous chacune de ses feuilles qui sont aussi petites et de la forme du bec d'un moineau (*Passeroun*), une graine ou semence, que nos paysans regardent comme un très-bon purgatif. C'est ce qui lui a fait donner par quelques botanistes, le surnom de Séné des Provençaux.

LENGUR, USO. s. Bavard, bavarde. Babillard. Raisonneur, euse. *Siès qu'un lengur* : tu n'es qu'un raisonneur.

B.-R. LENTE. } s. m. Luserne
B.-A. LENTOUN. } sauvage. Plante légumineuse à fleurs jaunes, rampante comme la renouée. Elle se trouve sur les bords des terres à blé et dans les champs de sainfoin. On lui donne aussi le nom *D'herbo doou pardoun*.

LEOU. s. m. Mou. Poumon d'une bête qu'on tue à la boucherie. *Leou d'agneou* : mou d'agneau. Au fig. *Leou de buou* : terme populaire. Soufflet donné à pleine main. *Te l'y a flanqua un leou de buou que s'en souvendra* : il lui a appliqué un soufflet tel qu'il n'en perdra pas le souvenir de sitôt. On dit proverb.

de celui qui a l'humeur contrariante et qui trouve toujours à redire. *Que trouvarié d'ouès à n'un leou* : qu'il trouverait des os au beurre.

LEOUGE. s. m. Allège. Petit bâteau qui va à la suite d'un plus grand, et qui sert à le décharger de ce qu'il a de trop.

V. **LEOUGE.** adj. Léger. Voyez **LOOUGIÉ.**

LEQUO. Voyez **DECO. LECO.**

LÈRI. adj. de t. g. Joyeux. Folâtre. *Estre leri* : folâtrer. Être en joie, d'humeur joyeuse. *J'hmin'home leri* : jeune homme qui s'amuse à rire, à badiner, à folâtrer. *Chivaou lèri* : cheval fougueux. *Oou mes de mai leis aïs soun lèri* : dans le mois de mai les ânes sont en folie.

LÈS. s. m. Lé. Laize. Largeur d'une étoffe entre deux lisières. *Foou quatre lès d'endienno per uno raoubo* : il faut quatre lé d'indienne pour une jupe. *Un miè lès* : un demi lé, une demi largeur.

LESCO. s. f. Lèche. Tranche mince de quelque chose bon à manger.

— Tranche de pain.

— Mouillette. Petite tranche de pain étroite et longue pour manger des œufs à la coque.

V. **LÈZE.** Voyez **LEZI.**

LEST, LESTO. adj. Prêt, prête. Disposé. Préparé. *Siou lest* : me voilà prêt. *Lou dina es p'anca l'est* : le dîné n'est pas prêt.

— Dispos. En bonne santé. *Serié venqu mai n'es pas troou lest* : il serait bien venu, mais il n'est pas trop dispos. *Sa fremo es pas lesto* : sa femme est indisposée.

LESTI. Voyez **ALESTI.**

LET. s. m. Bâtonnet. Sorte de jeu d'enfants. Petit bâton d'environ neuf pouces de longueur, que l'un des joueur jette à un autre qui le fait sauter avec une baguette qu'il tient à la main. *Juga oou let* : jouer au bâtonnet.

LET. Terme de jeu de boule. But. Cochonnet. Très-petite boule que les joueurs jettent devant eux au hasard, pour leur servir de but. On dit *Ave lou let* : avoir la boule, pour dire, avoir l'avantage de jouer le premier.

LETRU, UDO. adj. et s. Lettré. Savant. Qui a de l'érudition. Il ne s'emploie qu'en mauvaise part, et se dit de celui qui fait l'entendu, le raisonneur, qui veut en faire accroire. *Es un letru* : c'est un raisonneur, un prétendu savant. *Quinto letrudo* : quelle raisonneuse.

LEVA. v. a. Oter. Enlever. Tirer une chose du lieu où elle est. *Leva lou capeou* : saluer en ôtant le chapeau qu'on a sur la tête. *L'y an leva sa plaço* : on lui a ôté son emploi. *Leva taoulo* : desservir, enlever tout ce qui est sur la table. *Leva leis enfans* : lever, sortir les enfans du lit.

LEVA. v. a. Terme de boulanger. Lever. Fermenter. On le dit de la pâte qui, en fermentant, se leve de la huche et devient plus haute qu'elle n'était. *La pasto es levado, poudes fa lou pan* : la pâte est levée vous pouvez faire le pain.

LEVA (SI). v. récip. Se lever, sortir du lit.

— Paraître sur l'horison, parlant des astres. *Fai que de si leva* : il sort à peine du lit. *La luno es p'anca levado* : la lune n'est pas encore levée.

LEVA-BOUTIGO. Lever boutique. Commencer à tenir boutique.

LEVA COOUQU'UN DE DESSOUS. Indemniser, dédommager quelqu'un d'une perte, d'un dommage, etc.

LEVA-MAN. v. a. Donner contre-ordre de faire, d'agir, etc. *Fasié fa'n pous, mai a leva-man* : il faisait creuser un puits, mais il a donné contre-ordre.

LEVA-MAN. v. n. Cesser. Discontinuer, abandonner ce que l'on fait. *Vendien de vin, mai an leva-man* : ils vendaient du vin, mais ils ont discontinué.

LEVA-LENGUO. Se taire. Discontinuer de parler. Voyez **LENGUO.**

LEVADETTO. s. f. Diminutif de *Levado*. Fressure. *Levadetto d'agneou, de cabri* : fressure d'agneau, de chevreau. Voyez **COURADÈTO.**

LEVADIS, ISSO. adj. Mobile, qui n'est point fixe, que l'on peut changer de place, mettre et enlever à volonté.

— Levis. Mouvant, que l'on baisse

et relève à volonté. *Pouent levadis :* pont levis. *Pouerto levadisso :* porte mobile.

LEVADO. s. f. Terme de boucherie. Fressure. Parties ou viscères de l'animal, prises ensemble, qui sont le foie, le poumon, le cœur, la rate, etc. Voyez COURADO.

LEVAME. s. m. Levain. Voyez GOUCHEIROUN. *Mettre levame :* delayer le levain dans de la farine pour le faire fermenter.

LEVANT. s. m. Est. L'un des quatre points cardinaux du globe. Celui par où le soleil paraît sur notre horison. *Vent dou levant :* vent d'est.

LEVENTI. s. m. Fanfaron. Arrogant. Pétulant.

— Jeune éventé.

LEY. Voyez LEI.

LEYO. Voyez ALEYO.

LEZI. s. m. Loisir. Temps où l'on n'a rien à faire. *A lezi :* à loisir, à son aise. On dit proverbialement. *Quu si marido de coucho, si repente à lezi :* celui qui se marie à la hâte s'en repent à loisir.

LI. pronom de la troisième personne. Lui. *Douna li-va :* donnez-le lui. *Aco li counven :* cela lui convient. *Li fai la mino :* il lui boude.

LIA. v. a. Lier. Attacher quelque chose avec des cordes, de la ficelle, Des liens, etc. *Lia de feissinos.* On dit fig. *Ave leis mans liados :* avoir les mains liées, pour dire, être gêné, astreint, assujetti aux ordres, aux volontés de quelqu'un.

LIA. v. a. Gerber. Lier. Mettre en gerbes, les javelles de froment, de seigle. *Ana lia :* aller gerber.

LIAIRIS. ⎫
LIAIRO. ⎬ s. f. Javelleuse. Celle
qui lie les gerbes ou les javelles.

LIAME. s. m. Lien. Attache, ficelle, etc., avec laquelle on lie, on réunit ensemble certaines choses pour qu'elles ne se séparent pas. *Liame de sac :* lien, grosse ficelle avec laquelle on attache un sac.

LIAME. s. m. Hart. Espèce de lien fait d'osier ou de tout autre bois flexible dont on lie les fagots. *Liame de rasins :* paquet de raisins. Grappes de raisins, attachées ensemble avec du fil, que l'on suspend au plancher pour les conserver. *Faire de liames de rasins :* attacher des grappes de raisins. *Despendre un liame de rasin :* détacher un paquet de raisins pour les manger.

LIAME. s. m. Terme de nourrice. Voyez CENGLO. FAISSO.

LIANDRO. Voyez LIAIRO.

LIASSO. s. f. Terme de lavandière. Paquet de menu linge. *Liasso de claoux :* trousseau de clefs. Faisceau de plusieurs clefs liées ensemble.

LIBAN. Voyez FLA. TRAYAOU.

LIBARTIN. s. f. Libertin.

LIBARTINEJHA. v. n. Libertiner. Vivre dans le libertinage.

LIBRE. s. m. Livre. Volume.

LICA. v. a. Lécher. Passer la langue sur quelque chose.

LICHET. s. m. Louchet. Instrument d'agriculture. Sorte de houyau propre à fouir, à ouvrir des tranchées, à ameublir la terre.

LICHETA. v. a. Loucheter. Fouir la terre avec le louchet.

LICHETAIRE. s. m. Loucheteur. Bécheur. Celui qui fouit la terre avec le louchet.

LICHIERO. s. f. Litière. Paille qu'on épand dans les écuries, dans les étables sous les chevaux, les mulets et les ânes afin qu'ils s'y couchent. *Cura la lichiero :* enlever, nettoyer la litière.

LICHO-FROYO. s. f. Lèchefrite. Ustensile de cuisine en fer ou en tole.

LICHOUIRO. adj. f. Friande. Terme de mépris. *Mino de lichouiro :* grouin de chat.

LICHOUN, OUNO. s. et adj. Friand, ande. Qui recherche les morceaux délicats et même les plus petites friandises. *N'es qu'un lichoun, qu'uno lichouno :* ce n'est qu'un lécheur de plats, qui ne court qu'après la friandise. Il est populaire.

B.-A. LICHOUNIA. ⎫
LICOUNIA.   ⎬ v. n. Lécher.
Rechercher les friandises.

LICUN. s. m. Friandise. Certaines choses délicates à manger.

LIÈ. s. m. Lie. Effondrilles. Dépôt. Voyez CUOU. FOUND.

LIÈCH. s. m. Terme de moulin à huile. Gite. Celle des deux meules qui est immobile. Voyez COUS.

LIÈCH. s. m. Lit. Meuble dont on

se sert pour dormir, pour se coucher, pour se reposer. On dit proverbialement. *Bras oou couel et cambo oou liech* : bras au cou et jambe au lit, pour dire, que lorsque le bras est malade il faut le tenir suspendu au cou, et lorsque c'est la jambe, il faut se tenir au lit.

LIEN. s. m. Lion. Animal féroce.

LIENNO. s. f. Lionne. Femelle du lion.

LIETTO. s. f. Layette. Petit coffre de bois ou de carton, dans lequel les femmes renferment des coiffes, des bijoux, etc.

LIGA. Voyez LIA.

LIGARELLO. Voyez LIAIRIS.

LIGNIÈ. s. m. Bûcher. Tas de bois de chauffage. Voyez BOUSCATIÈRO.

LIGNOOU. s. m. Ligneul. Fil ciré et ensoyé dont les cordonniers se servent pour coudre les souliers.

LIGNOTTO. s. f. Linotte. Oiseau de chant. Au figuré. *Ave la lignotto* : être pris de vin. *Carga lignotto* : se griser, s'enivrer.

B.-R. LIGO. s. f. Envie. Voyez LEGO.

B.-R. LIGOLO. TENI LA LIGOLO. v. n. Epier. Voyez TENI DAMEN.

B.-R. LIGOUSSO. s. f. Terme plaisant et populaire. Flamberge. Épée. Sabre. *Tira la ligousso* : mettre l'épée à la main.

LIGUETTO. *Faire liguetto.* Voyez LEGO.

LIMAÇO. s. f. Limas. Limaçon. Espèce de reptile qui porte sa coquille sur le dos. Il y en a qui sont sans coquille.

LIMBERT. s. m. Lézard verd. Animal ovipare. Voyez LAIMBERT. On dit proverbialement de celui qui s'amuse à tout et admire tout comme un niais. *Que bado coum'un limbert* : qu'il bée comme un tonneau.

LIMIÈRO. s. f. Citronnelle. Plante appelée aussi mélisse. Voyez POUNCIRADO.

LIMO. s. f. Citron. Limon. Fruit du citronnier. Il est de forme ovale, couleur d'un jaune pâle et plein d'un jus acide.

LIMOUNIÈ. s. m. Terme de charretier. Limonier. Cheval qu'on met au limon.

LIMOUNEJHA. v. n. Être gluant.

Limoneux. Baveux. Glaireux. Voyez LIMOUROUX.

LIMOUNO. s. f. Terme des rives du Rhône, et d'Arles. Citron. Limon. Voyez LIMO.

LIMOUREJHA. Voyez LIMOUNEJHA.

B.-A. LIMOUROUX, OUÈ. adj. Baveux, euse. Qui est d'une substance molle et comme de la bave. *Oou-meletto limourouè* : Omelette baveuse. *Leis escayouns soun enca troou limouroux* : les cerneaux sont encore baveux.

— Glaireux, euse. *Leis peds de moutoun soun limouroux* : les pieds de moutons sont glaireux.

— Onctueux. Huileux, euse. *Aiguo limourouè* : eau huileuse, imprégnée de matière grasse ou huileuse.

B.-A. LIMOUROUX, OUÈ. adj. Savoureux, Savoureuse. De haut goût. Voyez SABOUROUX.

V. LINGASTO. Voyez LANGASTO.

V. LINGOUSTO. s. f. Sauterelle. Insecte qui ne s'avance qu'en sautant.

LINGOUMBAOU. s. m. Homard. Grosse écrevisse de mer.

LINJHE. s. m. Linge. Toile coupée selon les différens usage auxquels on la destine.

LINJHE. | adj. Effilé, ée. Délié.
LINJHO. | ée. Fluet. Élancé. On dit l'un et l'autre d'une taille mince et menue ; mais élancé, se dit d'une grande taille, et fluet se dit d'un corps délicat. Voyez MISTOULIN.

LINSOOU. Voyez LANSOOU.

LINTAOU. s. m. Linteau. Pièce de bois qui se met au dessus de l'ouverture d'une porte ou d'une fenêtre pour soutenir la maçonnerie.

— Seuil d'une porte. La pièce de pierre ou de bois qui est au bas de l'ouverture d'une porte et qui la traverse.

LIOUME. s. m. Légume. Petits fruits qui viennent dans des gousses et sur des plantes à fleurs papillonnacées. Il se dit aussi de toutes sortes d'herbes potagères, plantes, racines, etc., bonnes à manger.

LIOULA. | v. a. Peser. — Éta-
LIOURA. | lonner. Voyez ALIOULA.

LIOUREYO. s. f. Livrée. Présent de noce.

— Nœud de ruban que les gens du peuple portent attaché à la boutonnière en accompagnant à l'Église les époux qui vont y recevoir la bénédiction nuptiale. *Pourta la lioureyo* : porter la livrée. *Lou trataire a agu uno bouno lioureyo* : l'entremetteur du mariage a eu un très-joli présent.

LIOURO. s. f. Livre. Poids contenant un certain nombre d'onces. Celle de Provence appelée poids de table, était de 16 onces. Le kilogramme vaut 2 livres 10 onces et 6 grains, dans ce même poids au détail, dit petit poids.

LIPA. v. a. Lécher. Passer la langue sur quelque chose par friandise. On dit proverb. *Qui la fach, que lou lipe* : qui l'a fait qu'il le lèche, pour dire, qu'on n'est nullement disposé à rendre à une personne, certains services que les liens du sang peuvent seuls engager à faire.

LIPADO. s. f. Léchée. Action de lécher, de promener sa langue sur un plat, une assiette. *Mettez aqueleis assietos oou soou, lou chin li dounara uno lipado* : mettez à terre ces assiettes, pour que le chien les lèche.

LIPADO. s. f. Lippée Repas qui n'a rien coûté. *Anarié oou bout doou mounde per fa'no lipado* : il irait je ne sais où pour une franche lippée. Il est bas et populaire.

LIPADO. Bouchée. Voyez BOUFFIN.

LIPAIRE. s. f. Gourmand. Écornifleur. Parasite. Rechercheur de franches lippées. Au fig. Vil adulateur.

LIPET, ETTO. adj. et sub. Friand, friande. Voyez LICHOUN. LIPAIRE.

LIPO-CUOU. s. m. Terme populaire et métaphorique, emprunté des femmes de la halle. La langue. *Leis repetiéros an touteis de famoux lipo-cuou* : toutes les femmes de la halle ont la langue bien affilée.

LIS, LISO. adj. Uni, unie. Poli, ie. On le dit de tout ouvrage solide, qui, étant fini, a reçu la dernière main de l'ouvrier.

LISCA. adj. Propre. Net. Voyez ALISCA.

LISSIOU. s. m. Lessive. Eau détersive, rendue telle par la cendre, ou par quelqu'autre matière convenable.

LISSIOU DE LA SEMENÇO. Chaulage des blés. C'est la préparation qu'on fait subir au froment de semence pour le préserver du charbon et de la carie. Cette opération consiste à mettre et laisser quelque minutes le blé que l'on veut semer, dans une eau où l'on a fait dissoudre une dose de vitriol, de chaux vive ou de la cendre, proportionnée à la quantité de semence. Elle est d'une once par panal.

LISSOUN. s. f. Leçon. Instruction qu'un maître donne à son disciple.

LISTO. s. f. Bande. Morceau long et étroit de mousseline ou d'autre linge fin, dont on garnit des chemises, des coiffes, etc. *Listo d'aoutar* : garniture d'autel.

LISTOUN. s. f. Diminutif. Bandelette. Petite bande de mousseline de linon ou de batiste.

LITURO. s. f. Lecture. Instruction. Il est populaire. *Ave de lituro*, *sache de lituro* : savoir lire ou écrire, tant bien que mal.

LIZ, LIZO. Voyez LIS.

LOCHO. METTRE EN LOCHO. Terme de roulier. Mettre, placer, suspendre à côté d'un chargement, une balle, une caisse, une barrique qu'on n'avait pu y faire entrer.

LOFI. s. f. Vesse. Ventosité qui sort du derrière de l'animal sans faire du bruit. Voyez VESSIGO.

LOFI DE LOUP. s. f. Vesse de loup. Faux champignon, plein d'une poussière brune. Les gens de campagne se servent de cette poussière pour teindre du fil et certaines menues choses, en couleur fauve.

LOGEO. s. f. Logis. Logement. *Marrido logeo* : mauvais logis.

LOGEO. Bourse. Lieu où les négocians et les banquiers se réunissent dans les villes commerçantes, pour y traiter de leurs affaires.

— Loge, petit réduit fait de cloisonnage propre à contenir plusieurs personnes dans une salle de spectacle. *Ana eis premiéros, eis segoundeis logeos* : aller aux premières, aux secondes loges.

34

LONGAMAI. }
LONGUOMAI. } adv. Longuement. Très-longtemps. Sorte de souhait cordial et familier, que les gens du peuple adressent aux personnes qu'ils vont féliciter. *Longuomai veques vouesto festo!* Puissiez-vous longtemps voir votre fête ! *Avez agu un enfant ?.. Longuamai!...* Vous avez eu un garçon ?. Je vous en fais compliment. *Longuomai siègues pèro, ounclc, etc.* Longtemps puissiez-vous être père, oncle, etc.

LONGEO. s. f. Longe. Morceau de cuir coupé en long, en forme de lanière. Voyez COOUSSANO.

LONGEO. s. f. Terme de boucher. Longe. Moitié de l'échine d'un veau, d'un agneau, d'un chevreau, depuis le bas de l'épaule jusqu'à la queue. *Longeo de cabri* : longe de chevreau.

V. LONGUO-MUÈ. Voyez LAGRA-MUÈ.

LOOUGIÈ, IÈRO. adj. Léger, légère. Qui ne pèse guères. *S'habiha de loougie* : se vêtir à la légère. *Ave la man loougièro* : avoir la main légère.

LOOUGIEIRET, ETTO. adj. dimin. Très-léger.

LOOUGIÈRAMENT. adv. Légèrement. D'une manière légère.

— A la légère. *S'es decida un poou trop loougièrament* : il s'est décidé un peu trop légèrement.

LOOUROUN. s. m. Torrent. Courant d'eau rapide procédant d'un orage, et qui n'est pas de longue durée.

— Ravine. Endroit creux que parcourt le torrent ou la ravine. *Loouroun* vient de *laoura*. Labourer. Sillonner.

LOOUSA. v. a. Louer. Donner des louanges. Voyez LAOUSA.

LOOUVAS. }
LOOUVASSO. } s. Grosse pierre plate. C'est le superlatif de *Laouvo*. Voyez LAOUVO.

LOOUVANS. }
LOOUSANS. } s. m. plur. Lasanges ou lazagnes. Pâtes fabriquées avec de la pure farine de froment et taillées en forme de ruban. C'est un mets fort du goût des habitans de la haute Provence, des environs de Barcelonnette, qui le mangent en soupe au lait ou au gras. On fait avec de la même pâte de lazagnes, non taillée, des tourteaux que l'on farcit avec des herbes ou de la viande. Ce plat réservé pour certaines occasions s'appelle *rayólo*. Voyez ce mot.

B.-R. LOOUZIÈ. s. m. Laurier. Arbre que l'on a toujours regardé comme le symbole de la victoire.

LOU. LA. art. Le, la. *Lou rei, lou chivaou, la cadièro :* le roi, le cheval, la chaise. Cet article qui fait *les* ou *leis* au pluriel, et que les Bas-Alpins mettent devant tous les noms appellatifs indistinctement, semble blesser quelque peu l'oreille de leurs voisins des Bouches-du-Rhône et de Vaucluse, qui, ne l'admettant pas devant les noms personnels, ne peuvent entendre dire *Fasès veni lou Jhan*, cridas la Catharino, veici lou Niscoulaou, etc. Ce qui pourtant n'est pas plus ridicule que de dire : *Adusès lou chivaou, menas la cabro, fasès veni lou pastre*. Car si l'usage l'eut établi pour les premiers dans le français, comme il y est pour ces derniers, on n'aurait aucune raison, ce semble, de trouver plus mauvais, de dire, faites venir le Jean, appellez la Catherine, que de dire, amenez le cheval, apportez la chaise, etc.

LOUAFRE. s. m. Terme de montagne. Gros ciseaux pour tondre les brebis.

LOUBA. v. a. Terme de scieur de long. Scier. Couper un arbre ou toute autre grosse pièce de bois avec le passe-partout. Voyez LOUBO.

LOUBATOUN. s. m. Louveteau. Jeune et petit loup.

LOUBET. s. m. Bosse. Sorte de maladie des cochons.

LOUBETTO. s. f. Terme de Serrurier. Crapaudine. Morceau de fer ou de bronze creux, dans lequel entre le gond d'une porte, ou sur lequel appuye un pivot qui se meut.

LOUBO. s. f. Louve. Femelle du loup, animal carnassier.

LOUBO. s. f. Passe-partout. Forte et longue scie dont les dents sont détournées de part et d'autre, et avec laquelle les scieurs de long et autres ouvriers scient les gros arbres dans les forêts, et les grosses pièces de bois que l'on veut couper en travers.

LOUCHA. v. n. Lutter. Se prendre corps à corps avec quelqu'un pour le jeter par terre. Voyez ALOUCHA.

LOUCHAIRE. s. m. Lutteur. Celui qui combat à la lutte.

LOUCHO. s. f. Lutte. Sorte d'exercice, de combat où deux champions se prennent corps à corps, pour se terrasser l'un et l'autre.

B.-A. LOUÈCHO. s. f. Terme rural. Base d'un gerbier. C'est le premier rang ou tour de gerbes, qu'on pose à terre ou sur l'aire, lorsqu'on monte un gerbier.

LOUET, OUETTO. adj. Lourd, lourde. Peu agile. Qui se remue pesamment. On ne le dit que des personnes et des animaux. *Si counci que si fa vieil, es un abord louèt* : il paraît bien qu'il vieillit, car il est devenu très-lourd.

LOUFIA. v. n. Vesser. Lâcher une vesse.

LOUFIAIRE. s. m. Vesseur. Qui vesse.

LOUFO. s. f. Vesse. Voyez LOFI.

LOUGA. v. a. Louer. *Loqui, logues, loguo, lougam, lougas, logoun; lougavi, lougaves, lougavo, lougaviam, lougavias, lougavoun; lougarai, que louguessi.* Donner à louage. *Louga soun houstaou, de chambros, un chivaou*, etc.

— Prendre à louage. *Louga d'homes* : prendre des hommes à la journée. *Louga un varlet* : louer un valet.

LOUGA (SI). v. récip. Se louer. Se dit des personnes qui servent ou qui travaillent à prix d'argent. *Es un paour'home ooubligha de si louga* : c'est un pauvre homme obligé de se louer, de travailler à la journée. On dit fig. et famil. de celui qui est occupé et détenu plus longtemps qu'il ne croyait, par quelqu'un ou par quelque travail qui ne lui rapporte que de l'embarras et de l'ennui. *Que s'es louga, qu'es pas maou louga* : qu'il est embâté d'une personne ou d'une besogne qui le fatigue plus qu'on ne pense.

LOUGAGI. s. m. Louage. Transport de l'usage de quelque chose, pour un certain temps et à certain prix. *Chivaou de lougagi* : cheval de louage.

LOUGAIRE. s. m. Loueur. Celui qui afferme et loue. *Lougaire de chivaoux* : loueur de chevaux.

LOUGATARI. s. m. Locataire. Celui qui tient une maison ou une partie de maison à louage. *An tres lougataris* : ils ont trois locataires dans la maison.

LOUGIS. s. m. Logis. Hôtellerie.

LOUGISSOUN. s. m. dimin. Petit logis. Cabaret de campagne, où l'on donne à boire et à manger aux passants. Voyez BEGUDO. *Leis lougissouns de Venello* : les quelques habitations rurales réunies, sur la route de Venelles à Aix, où l'on donne à boire et à manger.

LOUINO. s. f. Terrain humide et marécageux. Marais.

LOUMBRIN. s. m. Ver de terre.

LOUNGAGNO. s. d. t. g. Terme de mépris. Lambin. Celui et celle qui agit très-lentement, qui est très-long à faire quelque chose. Voyez PATET. *N'es qu'un loungagno* : c'est un vrai lambin.

LOUNGARU, UDO. adj. Oblong, oblongue. Allongé, ée. Qui est beaucoup plus long que large. *Visagi loungaru* : figure alongée. *Taiho loungarudo* : taille svelte.

LOUNGIÈRO. Voyez CUBERTO-DE-PAN.

LOURD, OURDO. adj. Lourd. Pesant. Difficile à porter, à remuer.

— Vertigineux, euse. Qui a des vertiges, des tournoiemens de tête. *Ave la testo lourdo* : avoir la tête pesante, c'est l'avoir chargée d'humeurs, de vapeurs qui la fatiguent.

LOURDAOU. s. m. Lourdaut. Maladroit. Voyez TROUEMPO-LOURDAOU.

LOURDUGI. s. m. Vertige. Tournoiement de tête causé par des vapeurs ou par quelque accident. *De tems en tems a de lourdugis* : il est sujet aux vertiges.

LOUTA (FAIRE). v. n. Mettre en loterie. Faire une loterie. *Faire louta un fusiou* : mettre un fusil en loterie

LOUTARIÈ. s. f. Loterie. Sorte de banque.

LOUYAOU, ALO. adj. Loyal, loyale. Plein d'honneur, de probité et de franchise. On le dit des personnes. *Home louyaou* : homme franc et loyal.

LUCA. Voyez ALUCA. LUQUA.

LUCAIRE. Voyez ALUCAIRE.

LUCARNO. s. f. Soupirail. Ouverture que l'on fait pour donner de l'air ou du jour à une cave, ou à quelqu'autre lieu souterrain.

LUCI. s. f. Luce. Nom de femme.

LUCIA. v. imper. Éclairer. Faire des éclairs. C'est ce qui arrive en été, pendant la nuit, lorsqu'il ne tonne point. *Luciè* : il fait des éclairs. Voyez LAMPA.

LUCIAN. s. m. Lucien. Nom d'homme.

LUCRE. s. m. Bouvreuil ou pivoine. Petit oiseau d'un assez joli chant.

LUECH. s. m. Lieu. Espace qu'un corps occupe.

— Endroit. *Marrit luèch* : mauvais endroit.

LUECH (EN). express. adv. Nulle part. En aucun lieu. *Lou troboun en luech* : on ne le trouve nulle part. On dit d'un homme *Va plus en luech* : qu'il ne va plus aucune part, pour dire, qu'il s'est retiré des compagnies, des sociétés et qu'il reste chez lui. Voyez l'article suivant.

LUÈGO. s. f. Place. Rang. Lieu.

LUÈGO DE...
LUEGO DE.. (EN) } prépos. Au
LUECH DE.. (OOU) }
lieu de.. En place de. *Oou luego d'avança, de mai en mai reculo* : au lieu d'avancer et de faire du progrès, il oublie ce qu'il avait appris. On dit proverb. et figur. *Mettre la maire en luègo* : mettre la mère à même, pour dire, établir, placer quelqu'un dans un poste avantageux, là où il désire, dans un lieu abondamment pourvu de tout.

LUÈGO. s. f. Terme d'agric. Place. Lieu. Endroit où l'on avait entassé les gerbes dans le champ, en attendant qu'on les transportât sur l'aire. *Cuhi teis luègos* : ramasser les épis

qui se trouvent sur l'espace qu'occupaient les gerbes.

LUENC, LUENCHO. partic. Éloigné, ée. *Pays luènc* : pays éloigné. *Sa bastido es ben luencho* : sa campagne est très-éloignée.

LUÈN. adv. Loin. A grande distance. *Resto luen* : il demeure loin. *De luen en luen* : de loin en loin. On dit qu'un homme *Paou p'anu luen* : qu'il ne peut aller loin, pour dire, qu'il touche à sa fin, qu'il mourra bientôt, qu'il sera bientôt ruiné. On dit famil. d'un homme qui est sans prévoyance. *Que li ves pas ?u luen que soun nas* : qu'il ne voit pas plus loin que le bout de son nez. On dit proverb. *Pichoun fai de luen peso* : au long aller petit fardeau pèse. On dit encore proverbialement. *Qu ben amo de luen counei* :

L'objet qu'on aime bien, de loin frappe la vue.

V. LUERNO. s. f. Ver-luisant. Voyez LUSERNO.

LUMBRIN. s. m. Ver de terre.

LUME. s. m. Lampe à queue. Voyez CALEN. On dit au fig. d'une personne malade qui dépérit de jour en jour. *Que s'en va coum'un lume* : qu'elle s'éteint comme une lampe. On dit popul. et fig. d'une douleur très-vive que l'on ressent soudainement. *Que fa veire leis lumes* : qu'elle fait voir les anges violets.

LUME (FAIRE). v. n. Éclairer. Apporter de la lumière à quelqu'un pour lui faire voir clair. *Fai-mi lume* : éclaire-moi. *Fasez lume à moussu* : éclairez à monsieur. *Veyolo que fa pas beou lume* : lampe qui n'éclaire pas bien. On dit fig. qu'une personne *Fa lume, de la gruisso* : qu'elle éclaire de son embonpoint, pour dire, que sa figure et toute sa personne reluit de santé.

V. LUME. s. f. Aigrette d'une graine. Voyez ROUMADAOU.

LUN. s. m. Lundi. Nom du second jour de la semaine. C'est une abréviation de *dilun*. On dit proverbialement : *Tout lun vaou luno* : tout lundi vaut bonne lune. C'est un proverbe populaire (que nous tenons du paganisme, qui avait consacré à la lune le second jour de la semaine.) regardé comme très-véri dique par nos gens de campagne, qui, imbus de l'ancien préjugé, que la lune influe beaucoup sur les travaux agricoles, selon qu'elle est plus ou moins dans son plein, croient néanmoins que le lundi est un jour exceptionnel en faveur de leurs travaux.

LUPI. s. f. Loupe. Tumeur enkistée qui vient sous la peau et qui s'élève en rond, sur quelque partie du corps.

LUPI. s. f. Mufle de veau. Plante.

LUQUA. v. n. Toper. Consentir à une offre, à une proposition qui se fait. Il est populaire. *Luquas si va voulès* : topez si vous adhérez.

LURA, ADO. adj. Rusé, ée. Fin. Adroit. *Es un lura coumpaire* : c'est un fin compère. *Es pas proun lurado* : elle n'est pas assez rusée.

LURI. s. f. Loutre. Animal amphibie.

LUROUN, OUNO. adj. Rusé, ée. Grivois, grivoise. Celui, celle qui est d'une humeur libre et hardie. *Es un luroun* : c'est un luron, un éveillé, un bon drille. *Quinto lurouno !... quelle grivoise !*

LUS. adj. m. Myope. Qui a la vue basse ou courte. — Louche. *L'y ves quasi pas, es lus* : il n'y voit presque pas, il est myope.

LUSERNO. s. f. Ver-luisant. Insecte qui, dans les nuits d'été, donne une lumière brillante et phosphorique, d'où il tire son nom.

Les naturalistes croient que c'est.

la femelle de l'espèce qui est seule phosphorique dans le temps de l'accouplement, afin de faciliter la recherche du mâle.

LUSQUET, ETTO. adj. Louche. Myope. Terme de mépris qui se dit de celui et de celle qui a la vue de travers, comme de celui qui l'a basse. *Es lusquet* : il est louche, il louche. Il est aussi subs. *Es uno lusquetto* : elle est myope. C'est une myope.

LUZETTO. Voyez LUSERNO.

LUZI. v. n. Luire. Reluire. Être transparent. Luire par réflexion. Être luisant, poli. *Faire luzi cooucarren* : nettoyer, polir, faire luire quelque chose, la rendre luisante. *Luzi coumun miraou* : luire comme une glace. *Soun houstaou luze de partout* : tout est bien frotté dans sa maison, tout y reluit. On dit fig. *Faire luzi la peço à coouqu'un* : faire luire la pièce à quelqu'un, pour dire, lui donner quelque argent pour l'engager à faire ce qu'on désire. *As bcou li dire, si ves pas luzi la peço n'en fara ren* : tu as beau le prier, s'il ne voit luire la pièce il n'en faira rien. On dit proverbialement et fig. *Tout ce que luze n'es par d'or* : tout ce qui reluit n'est pas d'or, pour dire, qu'il ne faut pas toujours s'en rapporter aux apparences qui sont souvent trompeuses.

LUZOUR. s. f. Lueur. Lustre. Éclat. Polissure. Luisant.

M

M. A. adj. pronominal fémin. Ma. Qui fait *Moun* devant les mots qui commencent par une voyelle. *Ma fremo* : ma femme. *Moun eineyo* : ma fille aînée, mon aînée.

MACA. v. a. Meurtrir. Blesser. Causer une contusion. *Seis souliers l'y an maca leis peds* : ses souliers l'ont blessé. *Chivaou maca su l'esquino* : cheval blessé sur le dos.

MACA. Cotir. Meurtrir. On le dit des fruits. *La greto a maca touteis*

leis melouns : la grêle a coti tous les melons

MACA, ADO. part. Meurtri, ie. Coti, ie. *Ueil maca* : œil meurtri, blessé. *Peros macados* : poires coties.

MACADURO. s. f. Meurtrissure. Contusion livide. Cotissure. *Estre plen de macaduros* : être tout meurtri. *La macaduro fai pourri lou fruit* : la cotissure fait gâter les fruits.

MACARRI. Épithète de mépris, que l'on donne à un méchant cui-

288

MAC

sinier. *Cousinié macarri* : cuisinier du diable.

MACASSÉ. s. m. Terme injurieux donné aux juifs par les enfans et le bas peuple. *Es un macassé* : c'est un enfant de Moyse.

MACEDOINO. }
MASSADOINO. } s. f. Fricassée de légumes en vert, tels que pois, fèves et artichaux mêlés ensemble. *Faire uno macedoino ; massadoino de favos ; artichaoux en massadoino.*

MACHA. v. a. Mâcher. Broyer. Moudre avec les dents.

B.-A. **MACHI-MACHÉ.** s. m. Imbroille. Galimathias. Brouillamini. Désordre. Confusion. Embrouillement. *En mouren à leissa seis affaires dins un machi-maché, que degun poou destria* : il a laissé en mourant, ses affaires dans un embroille que personne ne peut éclaircir. *Es un machi-maché que degun l'y entende ren* : c'est un brouillamini où personne n'entend rien. Il est populaire.

MACHINA. v. n. Machiner. Former quelques mauvais dessein.

MACHIGNA. v. a. Mâchonner. Mâcher difficilement et négligemment. Voyez GNAOUGNA. MASTEGOULIA.

MACHINO. s. f. Machine. Instrument propre à faire mouvoir, à tirer, lever, traîner, lancer quelque chose.

MACHINO. s. f. Terme de cribleur. Crible à pied. Sorte de crible ayant une tremie, dans laquelle on verse le grain qui coule dans un vaisseau sur le devant, tandis que les ordures tombent par derrière. *Passa lou bla à la machino* : passer le blé par le crible à pied.

MACHOUETTO. s. f. Chouette. Oiseau nocturne. *Ana à la machouetto* : chasser à la chouette.

MACHOUETTO. Sorte de chasse dans laquelle un oiseleur, muni d'une chouette et d'une tonnelle (*Cabano*) de branchages portative, va se poser dans un pré, dans un champ où il pense devoir faire chasse; là, tapi dans sa hutte, au dehors de laquelle il fait apparaître l'oiseau de Minerve sur une baguette, il attend les jeunes habitans de l'air qui, curieux de voir le nocturne

MAG

animal, accourent se percher sur la pince (*Guichopé*), entrouverte qu'il leur avance, et qui ne manque pas de les saisir par les pieds. *Ana à la machouetto* : aller chasser à la chouette. *Cabano per la machouetto* : tonnelle pour la chasse à la chouette.

MACHOUTIÉ. s. m. Oiseleur. Celui qui va habituellement à la chasse de la chouette.

MADALENEN. adj. Précoce. De la Magdeleine. On le dit de certains fruits hâtifs, qui sont à peu près mûrs à la Magdeleine. *Peseguis, raisins Madalenens* : pêches, raisins de la Magdeleine, ou précoces.

MADUR, URO. adj. Mûr, mûre. Qui est en saison d'être cueilli et mangé. On le dit des fruits, des légumes, etc. *Leis rasins eigrejhoun encaro, soun pas madur* : les raisins ne sont pas entièrement mûrs, ils sont encore quelque peu aigrelets. On dit famil. d'une fille nubile: *Qu'es maduro* : qu'elle est mûre, pour dire, qu'elle est en âge d'être mariée.

MADURA. v. n. Mûrir. Devenir mûr. Venir en maturité. On dit proverbialement et fig. *Eme lou tems leis nespo si maduroun* : avec le temps et la paille les nesfles mûrissent, pour dire, qu'il y a un certain point de maturité qu'il faut attendre dans toutes les affaires, aussi bien que dans les fruits.

MADURITA. s. f. Maturité. État où sont les fruits lorsqu'ils sont mûrs.

V. **MAGAGNAS, ASSO.** adj. Maladif, ive. Cacochyme. Valétudinaire. Sujet à être malade. Voyez MALANDROUX.

MAGAGNO. s. f. Supercherie. Ruse. Artifice. Fourberie. Malice. Finesse. On dit proverbialement et famil. *Leis fremos soun coumo leis castagnos, belleis defouè o et dintre au la magagno* : les femmes comme les châtaignes ont souvent plus d'apparence que de qualité.

MAGAGNOUX, OUÈ. adj. Rusé, ée. Artificieux, euse. Fourbe. Plein de malice.

V. **MAGAIHOUN.** s. m. dimin. De *magaou.* Voyez EISSADOUN.

MAGALAS, ASSO. adj. Benêt. Simple. Bonasse. *Eis un bouen magalas :* c'est un bonasse garçon.

MAGANIÈ. Voyez MANGANIÈ.

B.-R. MAGAOU. s. m. Bêche. Marre. Hoyau. Instrument d'agriculture propre au labour. Voyez EISSADO.

MAGE.
MAGI. } adj. Aîné. Plus grand. Terme encore usité par quelques gens de la campagne. *Que siè lou cacoua vo lou magi :* que ce soit le cadet ou l'aîné.

MAGNAN. s. m. Ver-à-soie. Sorte de chenille rase, originaire d'Asie, et qui se nourrit de feuilles de mûrier.

MAGNANIÈ. s. m. Educateur de ver-à-soie. Celui qui élève cette précieuse chenille pour en obtenir le cocon.

MAGNANIÈRO. s. f. Magnagnerie. Atelier où l'on élève les vers-à-soie.

MAGNIN. Voyez LANTERNIÈ.

MAGUET. s. m. Magot. Petit tas ou amas d'argent que l'on cache avec soin.

— Tas, petit amas de choses de même nature. *Maguet d'escus :* paquet d'écus. *A fach soun maguet :* il a fait son magot.

MAI. adv. Davantage. Plus. Encore. De nouveau. *Cerques pas mai :* ne cherchez pas davantage. *Aques mai de sens qu'éleis :* montrez-vous plus sage qu'eux. *Vendrem mai :* nous retournerons. *Pas mai de resoun :* pas tant que de merveille. Façon de parler dont on se sert familièrement, pour dire, pas beaucoup. *Sa maire l'aimo pas mai que de resoun :* sa mère ne l'aime pas tant que de merveille. On dit proverbialement d'une affaire, d'un travail, etc. *Qu'oou mai pende oou mai rende :* plus ça dure, plus ça produit, pour dire, que plus une affaire reste entre les mains du défenseur, et un travail en celles d'un ouvrier, plus ils y trouvent leur compte l'un et l'autre.

MAI. adv. Mieux. Plus parfaitement. *Aimo mai tout que la mita :* il aime mieux le tout que la moitié. On dit proverbialement. *Voou mai tard que jhamai :* mieux vaut tard que jamais.

MAI QUE. conj. conditionnelle.

Pourvu que. *Mai que bouffe es countent :* il est content pourvu qu'il bâfre. *Eiço vai ben mai que dure :* ceci va très-bien pourvu que ce soit de durée.

MAIGRE. adj. d. t. g. Maigre. Qui n'a point de graisse. Qui est sec et décharné. *Faire maigre :* faire maigre, s'abstenir des alimens gras. *Si faire maigre :* devenir maigre. On dit proverb. *Hardi coum'un cat maigre :* aussi agile qu'un chat maigre. *Tarren maigre :* terrain maigre ou aride.

MAIGRET , ETTO.
MAIGRELET, ETTO. } adj. dim. Maigret , ette. Un peu maigre. Il se dit des enfans.

MAIGRINEOU.
MAIGRINETTO. } adj. Maigre. Décharné. On ne le dit que des personnes. *Es maigrinello que fa poou :* elle est maigre à faire peur. *Visagi maigrincou :* figure maigre et décharnée.

MAIGROU. s. f.
MAIGRUGI. s. m. } Maigreur. État du corps des hommes et des animaux. Maigreur.

— Aridure. Consomption de tout le corps ou de quelqu'un de ses membres.

— Aridité. Stérilité du terrain et des plantes.

MAIHETTO. s. f. Maille. Porte. Petit anneau dans lequel on passe le crochet d'une agrafe. *Un crouchet eme sa maihetto :* un crochet avec son anneau. *Maihetto d'un crouchet :* anneau ou porte d'une agrafe.

— Dimin. Petite maille.

MAIHO. s. f. Maille. Espèce de petit anneau dont plusieurs ensemble font un tissu. *Maiho d'un bas , d'un filet , d'un tricot. Cul.i de maihos à n'un bas :* reprendre les mailles rompues d'un bas. *Maiho escourregudo :* maille échappée. On appelle ainsi l'endroit d'un ouvrage de tricot où l'ouvrier a manqué de faire une maille.

On donne aussi populairement et figu. le nom de *maiho* à ces petites gouttes ou globules d'huile que l'on voit surnager au-dessus d'un bouillon maigre mal assaisonné. *Tout bcou jus l'y an fa veire l'holi, car eme malcis penos se n'in destrié ca-ouquo maho*: on y a été bien ava-re de l'huile, car à peine y en reconnaît-on quelque globule.

B.-A. MAIHO-CEBO. s. f. Chèvre-Feuille. Arbrisseau. Voyez MAIRE-SIOUVO.

MAIHOOU. s. m. Avantin. Sarment de vigne que l'on met dans des tran-chées pour en former une nouvelle vigne. On lui donne aussi le nom de crossette à cause du crochet que forme le vieux bois qu'on y laisse en le taillant.

MAIHOOU-BARBA.
MAIHOOU-EMBARBA } s. m.
Terme de vigneron. Avantin em-barbé. Sautelle· Plant de vigne en-raciné. Sarment de vigne qui a poussé un chevelu et même des racines dans la pépinière, d'où on le retire pour le transplanter à demeure fixe.

MAIHOTTO. s. f. Bande d'un en-fant au maillot. Voyez CENGLO.

MAIHOUÈ. s. m. Maillot. Les cou-ches, les langes et les bandes dont on enveloppe un enfant en nourri-ce. *L'y un p'ancarro douna leis pès es enca oou maihoue*: on ne l'a pas chaussé il n'est encore qu'au maillot.

MAIHOUTTA. v. a. Emmailloter. Mettre un enfant dans son maillot.

MAJHENCA. v. a. Terme d'agri-culture. Biner. Donner une seconde façon aux terres labourables. Voyez REPASSA.

B.-A. MAJHOU. adj. Aîné. Plus grand. Voyez MAGE.

MAJHURANO. s. f. Marjolaine. Plante ou herbe odoriférante li-gneuse. Elle est céphalique et sto-machique.

MAJHURANO-FÈRO. s. f. Origan. Petite Marjolaine sauvage. L'origan est diurétique, et d'un grand usage en médecine.

— Calament. Plante à odeur forte que l'on trouve le long du chemin, et qui a à peu près les mêmes ver-tus que l'origan.

MAJHURAOÙ. s. m. Chef. Maître. Celui qui est à la tête d'un corps, d'une compagnie, etc. Le premier, le plus qualifié, le plus considéré, le prédominant dans un pays. Voyez GOUAPOU.

MAIME. s. m. Maxime. Nom d'hom-me.

MAIRE. s. f. Mère. Femme qui a mis un enfant au monde. On dit proverb. et fig. *L'y a pas aqui à dire, ma maire mi soueno*: il n'y a pas là de prétexte à opposer, pour dire, qu'il n'y a d'autre parti à prendre que celui d'obéir et se taire.

B.-A. MAIRE. s. f. Terme de mou-lin à huile. Restant. Fond des cu-viers. C'est l'huile basse mêlée de lie et d'eau qu'on retire du fond des tonnes après qu'on en a ramassé l'huile nette qui était au-dessus. Vo-yez VEOUSO. *Cuhi la maire*: ra-masser l'huile basse.

B.-R. MAIRE-SIOUVO. s. f. Chè-vre-feuille. Arbrisseau qui fleurit sur la fin du printemps, et dont les chèvres sont très-friandes. Voyez MAIHO-CERO.

MALADIT , ITO. adj. Maudit, maudite. Méchant, méchante.

MAL-AN. s. m. Malheur. Contre-temps. Événement fâcheux. On dit qu'une chose *Devino mal-an*, pour dire, qu'elle présage malheur, qu'elle est de mauvais augure. On dit pro-verbialement. *Oou bout de cent ans si reveyo mal-an*: les malheurs ar-rivent lorsqu'on s'y attend le moins.

MALANDRO. s. f. Cacochymie. Mauvais état des humeurs, état de maladie. *A la malandro*: il est tout maladif. *Despuis qu'agu leis febres a toujour la malandro*: depuis qu'il a eu les fièvres il ne jouit plus de la santé.

MALANDROUX , OUÈ. adj. Mala-dif. Malingre. Valétudinaire. Caco-chyme. On ne le dit que des per-sonnes. *Es touto malandroué*: elle est toute malingre. Voyez POUTRIN-GOUX.

MALAOU , AOUTO. adj. et sub. Malade. Qui sent, qui souffre quel-que dérèglement dans la santé. *Toumba malaou*: tomber malade. *Es un gros malaou*: c'est un ma-lade dont l'état est bien inquiétant. On dit proverb. et fig. *Es ben ma-laou aqueou que si couneis pas*: bien malade est celui qui ne se connaît, pour dire, que c'est être bien aveu-gle que de méconnaître sa position.

MALAOUTAS, ASSO. adj. Voyez MALANDROUX.

MALAOUTEJHA. v. n. Languir. Être consumé peu-à-peu par quelque maladie qui abat les forces.

— Être habituellement malade. *Despui longtems malaoutejho* : il est valétudinaire depuis longtemps.

MALAOUTIÈ. s. f. Maladie.

MALAOUTOUX, OUÈ. adj. Malingre. Voyez MALANDROUX.

MALAVEJHA. v. n. Voyez MALAOUTEJHA.

MALAVIA. s. m. Vaurien. Mauvais garnement. Il est vieux.

MAL-ESTRE. s. m. Mal-être. État de langueur. Indisposition.

— Mal-aise. État fâcheux. Incommode.

MALIGANÇO. s. f. Ruse. Fourberie. Manigance.

MALO. s. f. Malle. Coffre pour porter des hardes en voyage.

MALO-PERGO. interject. Mal-peste. Sorte de juron.

MALO-RESTADO. Voyez MARO.

MALOUN. s. m. Carreau. Brique. Pavé plat, fait de terre cuite, servant à carreler un appartement.

MALOUNA. v. a. Carreler. Paver. Placer des carreaux à un appartement

MALOUNAGI. s. m. Carrelage. Ouvrage de celui qui pose les carreaux.

— Les carreaux et le prix qu'il en coûte pour les faire poser.

MALU. s. m. Omoplate. Os de l'épaule.

— Hanche d'une bête de somme. Il est vieux et presque hors d'usage, excepté dans son composé, DEIMALUGA. Voyez ce mot.

MALUROUX, OUÈ. adj. et subst. Malheureux, euse.

MAMAOU. s. m. Terme enfantin. Bobo. Léger mal.

MAMEOU. s. m. Mamelon. Tétin. Bout de la mamelle.

MAN. s. f. La main. Cette partie du corps humain qui est au bout du bras, et qui sert à toucher, à prendre, etc. On dit proverbialement de deux frères ou de deux sœurs qui sont de différente humeur. *Leis cinq dets de la man soun pas eqaoux* : tous les doigts de la main ne se ressemblent pas. On dit pro-

verbialement et fig. de celui qui dépense beaucoup. *Qu'a leis mans trooucados* : que l'argent lui fond dans les mains.

On dit d'une servante et d'un valet qui laisse tomber ce qu'il tient. *Qu'à de mans de merdo* : qu'il a les mains de beurre. Il est populaire. On dit d'une personne. *Qu'à toujour leis mans en l'er* : qu'elle a toujours la main levée, pour dire, qu'elle est toujours disposée à frapper. On dit d'une chose que *l'en pas man* : qu'elle n'est pas au biai, à la portée de la main, pour dire, qu'elle est placée trop haut pour pouvoir y atteindre avec la main.

On dit proverbialement et fig. *Boueneis mans tenoun farino* : qu'un homme tient bien ce qu'il tient, pour dire, qu'il n'est pas aisé de lui faire lâcher prise. On dit populairement. *Douna un coou de man à coouqu'un* : pour dire, l'aider, lui donner un prompt secours.

MAN. s. f. Main. Terme de jeu de cartes. Levée de cartes. *An dejha fa tres mans* : ils ont déjà trois levées ou trois mains. *Faire leis doues mans* : terme de joueur de boule. Porter les deux, jouer les deux ou porter ses deux, pour dire, jouer seul contre deux. Au fig. *Faire leis doues mans* : souffler le froid et le chaud, pour dire, agir pour et contre une personne.

MANADO. s. f. Terme de peigneur et de marchand de chanvre. Matasse. Madaisse. Chanvre du second brin que l'on prépare à Grenoble, et que l'on vend par poignées d'environ une livre et divisées en quatre quarts, (*Blestoun*). *Croumpa uno ballo de manado* : acheter une balle de madaisse. C'est la qualité de chanvre qui vient après celle dite *pic.* Voyez ce mot.

MANADO. ⎫ s. f. Terme d'écon.
MENADO. ⎰ rurale. Troupeau de cochon que mène ou fait conduire celui qui fait le commerce de ces animaux. *Uno ménado de cinquanto pouercs* : un troupeau de cinquante pores.

MAN-CAOUDO. s. f. Main-chaude. Sorte de jeu de main. On disait au-

35

trefois Jouer à frapper main, jouer au comptant.

MANCHA. v. a. Emmancher. Mettre un manche à un outil, à un instrument.

MANCHE. s. m. Manche. Partie d'un instrument par où on le prend pour s'en servir. *Manche de couteou, de destraou.* On dit proverb. et figurément de celui qui n'est pas ferme dans son parti ni dans la résolution qu'il avait prise. *Que brando oou manche* : qu'il branle au manche. On le dit également de celui qui est à la veille de s'engager dans un état, d'entreprendre certaine chose, de perdre son emploi, etc. *Es p'anca marida, mai brando oou manche. L'an pa destitua, mai brando oou manche.*

MANCHET, ETTO. adj. Manchot, manchotte. Estropié de la main ou du bras. On dit prov. et fig. d'un homme rusé qui, dans une succession, un emploi, etc., a su se pourvoir et se faire sa portion d'avance, qu'*Es pas ista manchet* : qu'il n'a pas été manchot. Voyez RAMPOUX.

MANDA. v. a. Lancer. Jeter de force avec la main. *Manda de peiros* : lancer des pierres. *Manda leis dents* : mordre.

— Envoyer. Donner ordre d'aller, de faire, de porter, etc. *Manda uno lettro* : envoyer une lettre. On dit pro. et fig. de celui qui fait du mal à un autre si adroitement et si secrètement, qu'on ne le soupçonne pas, *Que mando la peiro et qu'escoueunde lou bras* : qu'il lance la pierre et cache le bras. On dit prov. *Quu enfant l'y mando, après l'y vai* : qui enfant envoie, après y soit, pour dire, que les enfans sont peu capables de faire certaines commissions. On dit encore proverbialement, *Quu n'en voou l'y va, quu n'en voou pas l'y mando* : le meilleur messager qu'on peut envoyer, c'est d'y aller soi-même.

MANDA. Terme industriel. Prévenir. Donner ordre de faire. *Manda per pasta* : prévenir de pétrir. *Manda per bouteiha, per faire l'holi* : donner ordre de décuver, prévenir de porter au moulin les olives que l'on veut faire détriter.

MANDA PECHAOURE. Façon de parler adverbiale. Envoyer paître. Envoyer promener.

MANDAIRE. s. m. Frondeur. Celui qui jette, qui lance des pierres.

MANDAIRE.) s. m. Terme de
MANDEIRIS.) fournier et de quelques arts industriels. Valet, ouvrier chargé d'aller prévenir les pratiques. Voyez MANDA, terme industriel.

MANDATIE. s. m. Semonneur. Celui dont la fonction est de porter des billets pour certaines convocations. *Es lou mandatié doou corps* : c'est le sémonneur de la confrérie.

MANDIHO. s. f. Haillon. Vêtement de mendiant. — Vieux lambeau d'étoffe ou de toile.

MANDRE.) s. m. Manivelle. Tou-
MANDRI.) rillon d'une cloche, d'un arbre de moulin.

B.-A. MANDROUNO. s. f. Aide-fournier. Femme de service auprès d'un four à pain. *Mandrouno qu'entende ben la pasto* : aide-fournier qui s'entend très-bien à la pâte. Voyez MANDEIRIS.

MANECHAOU. s. m. Maréchal-ferrant. Artisan qui ferre les bêtes de charge, et qui les panse lorsqu'elles sont blessées, etc.

B.-R. MANEFLARIE.) Terme des
MANEFLE.) arrondisse-
MANÈFLO.) mens d'Arles et de Tarascon. Voyez MANELARIE. MANEOU. MANELO.

MANEGEA. v. a. Manier. Palper. Toucher. On dit prov. *Quu manegeo leis peiros si quicho leis dets* : qui remue les pierres se presse les doigts, pour dire, que chaque état expose à des risques et à des dangers celui qui le fait. On dit encore dans un autre sens, *Quu manegeo leis peiros si quicho leis dets* : qui met la main à la pâte il lui en demeure quelque chose aux doigts, pour dire, que celui qui a un grand maniement d'argent il lui en reste d'ordinaire quelque profit. On dit figurément et par exagération d'un homme en proie à l'impatience et à la colère, que *Lou diantre lou manegeo* : que le diable le possède.

MANEGEA (OOU). adv. Au manier. En maniant. *Ren qu'oou manegea neuississes s'es bouen* : seulement au manier vous en reconnaîtrez la bonté.

MANEGEA. s. m. Terme de marchand offier. Caramel à trois fils.

Menue corde de spartz dont on coud les yssarres.

MANELA. } v. n. Flagorner.
MANELEJHA. } Flatter en faisant
MANELIA. } de faux rapports.

—Pateliner. Flatter. Bonneter. Faire le patelin.

MANELARIE. s. f. Flagornerie. Patelinage. Basse adulation.

MANELO. s. f. } Flagorneur, eu-
MANEOU. s. m. } se. Fade adulateur. Adulatrice.

— Fourbe. Patelin qui, par bassesse et par intérêt, donne des louanges excessives à une personne qui ne les mérite pas.

MANELUN. Voyez MANELARIE.

B.-A. MANENO. Faire maneno. adv. User d'adulation. Flagorner. Pateliner. Il est pop.

MANETTO. s. f. diminutif. Petite main. Voyez MANOTTO.

MANEYETTO. s. f. diminutif. Petite anse. Oreille d'une écuelle. Voyez MANEYO.

MANEYO. s. f. Anse. Partie de certains meubles, vases et ustensiles par laquelle on les prend pour s'en servir. Maneyo d'un panié: anse d'un panier. Maneyo d'escudèlo: orcillon d'une écuelle. Maneyo d'uno mallo: portant d'un coffre. Maneyo per prendre uno houlo : cremaillon.

MANGANIÈ, IÈRO. adj. Régratier, ière. Celui et celle qui vend du pain et d'autres comestibles au détail.

MANGEA. v. a. Manger. Mâcher et avaler quelque aliment pour se nourrir. On dit proverbialement et fig. *En mangeant l'appeti ven :* l'appétit vient en mangeant, pour dire, que l'ambition, l'envie d'amasser du bien augmente toujours.

On dit proverbialement et figurément d'un homme, *Que vous mangeo de gulo :* qu'il est fort en gueule, pour dire, que c'est un braillard qui vous oblige au silence à force de parler ou de crier. On dit proverbialement, *A mangea et à gratta l'y a qu'à commença :* à manger et à gratter il ne s'agit que de commencer. On dit proverbialement et figurément *Qua a mangea la poulo doou seignour oou bout de cent ans raco leis plumos:*

L'offense que reçoit un grand,
Se venge encore après cent ans.

MANGEA. v. n. Démanger. Causer de la démangeaison. *La testo mi mangeo :* la tête me démange.

MANGEA, ADO. adj. Terme d'eaux et forêts. Abrouti, ie. Brouté, détruit par les bestiaux. On le dit des bois et des arbres. *Un ente mangea doou bestiari trachi pas :* une greffe abroutie ne peut prendre d'accroissement.

MANGEADOU. s. m. Auget. Petit vase de bois dans lequel on met les grains qu'on donne aux petits oiseaux que l'on nourrit en cage.

MANGEADURO. s. f. Mangeure. Rongeure. Chose rongée par les chats, les rats, les teignes, etc.

MANGEAIRE. } s. Mangeur,
MANGEARELLO. } mangeuse.
Goinfre. Qui n'est bon qu'à manger. Au fig. Dissipateur. Prodigue. Voyez ACABAIRE,

MANGEANCO. s. f. Mangeaille. Vivres. Provision de bouche.

— Poux. Vermine. *Estre plen de mangeanço :* être pouilleux, tout couvert de vermine. Il est bas et populaire.

MANGEANCO. } s. f. Démangeai-
MANGEOUN. } son. Espèce de picotement entre cuir et chair qui excite à se gratter. *A un berbi que l'y douno uno mangeoun tarriblo :* il a une dartre qui lui cause une démangeaison insupportable.

MANGEO-FOURNIGO. s. m. Fourmillon. Fourmi-lion. Insecte qui se nourrit de fourmis et d'autres insectes. Il a quelque ressemblance avec le cloporte.

MANGEO-MEOU. s. m. Guépier. Sorte de guêpe.

MANGHIO. s. f. Victuailles. Vivres. Provisions de bouche pour les hommes.

MANGIGOUTIA. } v. n. Mangeo-
MANJHOUTIA } ter. Pignocher.
Manger peu et par petits morceaux. On le dit d'un convalescent, d'une personne malade qui commence à manger quelque petite chose. — Mâchonner.

B.-R. MANIACLE. } adj. Fantas-
MANIACLO. } que. Singulier
Difficultueux, euse. *Es ben mania-*

clo : elle est très-fantasque. Il s'emploie aussi substantivement. *Maniacle que trovo jamai ren que li counven* : homme fantasque qui ne trouve rien à son goût.

MANIAR. v. a. Manier. Terme des environs de Barcelonnette et de nos montagnes. Voyez MANEGEA.

MANICLO. s. f. Manique. Couverture de peau que les cordonniers se mettent à la main pendant le travail.

MANIHO. Sorte de jeu de cartes. Hoc. Au jeu de Hoc, le neuf de carreau appelé *Maniho*, est la première carte, celle qui fait entrer en jeu lorsqu'on n'a pas la carte demandée. *Juga à la maniho* : jouer au jeu de hoc. *Mettre la maniho* : mettre le neuf de carreau.

MANOBRO. s. m. Manœuvre. Aide maçon. Celui qui gâche le plâtre, corroye le mortier et le sert au maçon.

MANOUN. s. m. Poignée. Botte. Poignée de certaines choses que l'on porte à la main. — Fascicule. *Manoun d'oaumarino* : botte d'osier. *Manoun de fen* : poignée de foin. *Manoun de canebe* : botte de chanvre. Voyez MASSOUN.

MANOTTO. s. f. diminutif. Petite main. Main d'enfant.

Un de nos poëtes a dit de Cupidon :

A de pichouncteis manottos,
Qu'ajhougnoun de luench et mai prouo.

De ses mains quoique très-petites,
Il atteint de loin assez bien.

MANQUA. v. n. Manquer. Faillir. Tomber en faute.

— Avoir faute de... *Manqua d'argent, d'appetit, de travail.* On dit prov. de celui qui craint toujours de manquer du nécessaire, malgré qu'il soit à l'aise. *Qu'a toujour poou que ben li manque. Manqua l'ooucasien* : manquer l'occasion, c'est-à-dire, perdre l'occasion. *Si manquet de gaire que noun lou tuaguesso* : il s'en fallut de peu qu'il ne le tua. *Si manqua* : faillir. Se tromper.

MANQUAMENT. s. m. Manquement. Faute d'ommission. *Es ista un grand manquament* : çà été une grande faute.

MANQUO. s. m. Manque. Défaut. Faute. Oubli. *Manquo d'attentien* : défaut d'attention. Négligence.

MANTELET. s. m. Ancien casaquin de femme qui avait des plis à la taille, et qui lui donnait assez de ressemblance avec un petit manteau. Il est encore de certaines personnes âgées qui portent *lou Mantelet*, le casaquin. On lui a substitué la casaque.

MANTENEIRE. s. m. Parieur. Celui qui parie.

— Croupier. Celui qui est de part au jeu avec celui qui tient la carte ou le jeu.

MANTÉNI. v. a. Affirmer. Maintenir. Soutenir qu'une chose est vraie.

— Soutenir. Porter. Supporter. Appuyer une chose.

— Parier pour une personne, faire gageure qu'elle l'emportera sur une autre, soit au jeu ou dans quelque affaire que ce soit.

MANUELLO. s. f. Terme de maçon. Pince.

MANUGUETTO. s. f. Calament. Plante aromatique que bien des personnes confondent avec l'Origan; bien que la feuille et l'odeur de la plante ait beaucoup de ressemblance l'une avec l'autre, néanmoins la fleur de l'origan se divise en quatre ou cinq bouquets au sommet de la plante, tandis que celle du calament ne s'écarte point de la tige.

MANUVRA. v. n. Manœuvrer. Faire les exercices militaires.

MANUVRO. s. f. Manœuvre. Exercices. Evolutions militaires.

MAOU. s. m. Mal. Douleur.

— Maladie. — Ce qui est contraire au bien. *Ave maou* : avoir une faiblesse, un évanouissement. On dit qu'une femme *A lou maou* : pour dire, qu'elle est en travail d'enfant. On dit prov. *Quu ben me voou mi va dis, quu maou me voou s'en ris* : celui qui m'aime m'avertit ou me prévient, et celui qui me hait s'en moque. On dit encore prov. *Quu maou noun fach maou noun penso* : celui qui ne fait point le mal, ne le pense pas. On dit prov. et fig. *Ce que maou mi va ben mi fa* : ce qui me va mal, me fait du bien, pour dire, que l'on tient plus à la qualité et à l'utilité d'un vêtement, d'un meuble, etc., qu'à sa forme et à sa tournure. On dit prov. *Tan fa de maou aquou que ten coumo aquou qu'espéyo* :

autant fait du mal celui qui tient le sac que celui qui y met dedans, pour dire, que le complice d'un crime est aussi coupable que celui qui en est l'auteur. *Estre plen de maou* : être couvert de plaies. *Dire de maou* : Blasphémer. Jurer.

MAOU. *Prendre maou.* v. n. Avorter. Accoucher avant terme, se blesser. *Es la troisièmo fes que pren maou* : c'est la troisième fois qu'elle avorte.

MAOU-APRES. s. m. Mal-élevé. Impoli. Malotru. Insolent. Polisson.

MAOU-BASTI. adj. m. Mal bâti. Mal fait. Mal tourné. *Habit maou basti* : habit mal fait.

MAOU-CAOU. s. m. Chaud-mal. Fièvre chaude ou maligne. On dit prov. *De la fèbre toumba oou maou-caou* : tomber de la fièvre en chaud-mal, pour dire, tomber d'un petit accident en un plus grand.

MAOU-COUTENT, ENTO. adj. Mécontent, mécontente. Mal satisfait.

MAOU-COUROUX, OUÉ. subs. et adj. Mal propre. Sale. Vilain. Maussade. On lui donne aussi le sens de *Maou graciou.* Voyez MAOU-GRACIOU.

MAOU-DISENT. s. m. Médisant.

MAOU-DE-LA-MERO. s. m. Vapeur hystérique.

MAOU-DE-LA-TERRO. s. m. Haut mal. Mal caduc. Epilepsie. *Toumba doou maou de la terro* : tomber du haut mal.

MAOU-DE-MASCLUN. s. m. Affection, vapeur hypocondriaque.

MAOU-DE-VENTRE. s. m. Devoiement. Flux de ventre.

— Tranchée. Douleur violente et aiguë qu'on ressent dans les entrailles.

MAOU-D'ESPIECH. s. Sorte de juron. Mal-peste !

MAOU-DOOU-PAYS. s. m. Nostalgie. Maladie qu'occasionne le souvenir du pays natal que l'on a quitté et que l'on regrette. C'est un mal qui flétrit l'ame, qui brise tous les ressorts de la pensée, de l'imagination; c'est, a dit M. Barginet, un feu qui dévore, une idée déchirante qui absorbe l'intelligence, et qui finit par accabler celui qui est en proie à ses noires vapeur, si on ne se hâte de le ramener dans sa terre natale.

MAOU-DEVINA. adv. Mal rencontrer. Trouver chape-chûte.

MAOUDIT, ICHO. Maudit, maudite.

MAOU-EIGA. adj. Mal apprêté. mal arrangé. En mauvais état. Dangereusement malade, grièvement blessé, etc. *Faire de maou-eigas* : nuire, porter dommage, faire des malheureux. On le dit de l'orage, de la guerre, etc.

MAOU-ENCARA, ADO. adj et subs. Mauvaise mine. Vilain grom. Qualification que l'indignation ou le mépris fait donner à une personne hargneuse, brusque et incivile.

MAOU-ENCOUÈS. s. m. Esquinancie. Sorte de maladie qui fait enfler la gorge, et qui empêche de respirer, quelque fois même d'avaler.

MAOU-ENJOUMBRIA. s. et adj. Maussade.

MAOU-ESTRE. s. m. Mal-être. Indisposition. — Malaise. État fâcheux, incommode. *Es din lou maou-estre, poou pas vioure* : il est dans le malaise ayant peine à vivre.

MAOU-FACH. s. m. Méfait. Action criminelle.

MAOUFATAN. s. m. Malfaiteur. Méchant. Mauvais sujet. Capricieux qui se plaît à nuire.

V. **MAOUGO.** s. f. Mauve. Voyez MAOUVO.

MAOUGRA. prép. Malgré. Contre le gré d'une personne.

MAOUGRABIOU. interj. Mal-peste ! Morbleu ! Sorte de juron,

MAOU-GRACIOUX. } adj. Mal-
MAOU-GRACIOUSO. } gracieux . Brusque, incivil. De mauvaise grâce.

MAOU-MENA. v. a. Mal-mener. Battre. Rudoyer. Quereller. Traiter durement.

MAOU-PARADO. s. f. Bourrasque. Orage. Contre-temps. — Mauvaise humeur de quelqu'un. Danger. *Quand vequeroun la maou-parado, descumperoun* : lorsqu'ils virent l'orage qui les menaçait, ils prirent la fuite.

MAOU-PARLA. v. n. Médire. Calomnier. Injurier.

MAOU-PARLANT, ANTO. s. et adj. Médisant. Dissolu. Insolent. *Teizo-ti, maou-parlant* ! tais-toi, mauvaise langue !

MAOU-PASSAGI. s. m. Temps critique. Temps de calamité et de disette.

MAOU-PIGNA. } s. Terme de
MAOU-PENCHINA. } mépris. Malpeigné. Vilaine hure.

MAOU-PLEN. adj. Gouliafre. Goulu. Insatiable, dont le ventre ne dit jamais : c'est assez.

MAOURRE. v. a. Voyez MOOURRE.

MAOU - REJHOUN, OUNCHO. adj. Dérangé. Hors de place. Mal-placé. Exposé au danger d'être sali, gâté, froissé, volé, etc. On dit familièrement. *N'aves ren de maou-rejhoun ?* n'avez-vous rien de bon à manger?

MAOUSUBLA. v. n. Terme de maréchal vétérinaire. Faire des setons. Comme c'est avec les racines du pied-de-griffon (*Maousuble*), que l'on fait ordinairement des setons aux chevaux pour les guérir ou les préserver de certaines maladies. L'on dit communément, *Maousubla un chivaou :* pour dire, faire un seton à un cheval. Au fig. *Maousubla coouqu'un :* rosser, donner une volée de coups à quelqu'un.

MAOUSUBLÉ. s. f. Elléborasse. Pied-de-griffon. Ellébore noir à fleur verte.

MAOU-TOUSTÈN. s. m. Grand malheur. Calamité publique. Malheur général. *Leis maoux-toustens :* tous les maux ensemble,

MAOU-TRAIRE. adv. Mal mettre. Mal adresser. *S'es ana ben maou-traire :* il a été se mettre en de bien mauvaises mains.

MAOU-VAIHE. } Si faire maou-
MAOU-VALE. } vaihe. adv. Se mal conduire. Se mal comporter. Agir de manière à indisposer les gens contre soi, à se faire haïr, à être vu de mauvais œil.

MAOU-VALENÇO. Haine. Vengeance. Malveillance. Calomnie. *Lou bru qu'an fach passa su soun compte, n'es qu'uno maou-valenço :* le bruit qu'on a répadu sur son compte, n'est que l'effet d'une haine, d'une vengeance particulière.

MAOUVO. s. f Mauve. Plante très-commune, dont les fleurs, les feuilles et les racines sont émolientes, et bonnes pour adoucir l'acreté des humeurs.

MAOUVO-BLANCO. s. f. Guimauve. Plante qui est une espèce de mauve ayant la fleur blanche, la tige plus haute et les feuilles plus larges que la mauve ordinaire.

MAQUO-MUOU. s. m. Jacée. Plante.

MARAMAGNO. s. f. Dissention. Discorde. Querelle. Grabuge. *Soun en maramagno :* ils sont en discorde.

MARAN. Voyez MAL-AN.

MARAOUTEJHA. Voyez MALAOUTEJHA.

MARBRA. Marbrer. Imiter, dans la peinture, le mélange et la disposition des couleurs de certains marbres.

MARBRA, ADO. adj. Marbré, ée. Coloré, peint à la manière de certains marbres. *Saboun marbra :* savon veiné en bleu ou en rouge. On dit figurément, *Qu'un home es marbra* ou *qu'es un paou marbre :* qu'il est un peu timbré, pour dire, qu'il a la tête fêlée, qu'il a un grain de folie. Voyez PAFORO. TIMBRA. On dit fig. *Ave lou marbre :* avoir la chèvre, pour dire être irrité, perdre patience. *S'uno fes lou marbre mi peto, garo davant :* si l'on me pousse à bout, et que l'on me fasse prendre la chèvre, il y en aura de mal arrangés.

MARCA. s. f. Marché. Prix et condition d'un achat.

MARCA. s. m. Marché. Lieu public où l'on vend.

— Espèce de foire hebdomadaire, où se réunissent une fois par semaine ceux qui achètent et ceux qui vendent. *Ana oou marca :* aller au marché. *Leis jours de marca :* les jours de marché. On dit prov. et fam. une marchandise de rejet qu'on a acheté à très-bas prix. *Es un bouen marca que chier mi vèn :* c'est un bon marché chèrement payé, pour dire, qu'on n'a jamais bon marché de mauvaise marchandise. On dit fam. d'une chose qu'on a eu à bon marché, *qu'Es estrasso de marca :* que c'est un marché donné.

MARCAIRE. s. m. Marqueur. Celui qui marque. — Estampilleur. Qui marque avec une estampille.

MARCANDEJHA. v. a. Marchander. Traiter du prix d'une chose, et essayer d'en convenir. Au fig. Hésiter. Balancer dans un parti à prendre.

MARCANDEJHAIRE, ARELLO. adj. et subst. Marchandeur, euse. Celui et celle qui traite des prix d'une chose qui est à vendre.

MARCANSIADO. Voyez MARSADO.

MARCHA. v. n. Marcher. Aller, s'avancer d'un lieu à un autre par le mouvement des pieds. On dit d'une affaire négligée et qui traine en longueur. *Marcho coumo camino* : elle va comme elle peut.

MARCHAIRE. s. m. Marcheur. Il ne se dit qu'avec une épithète pour signifier celui qui marche beaucoup ou qui marche peu. *Bouen marchaire. Pichoun marchaire.*

MARCHANDOT, OTTO. s. Petit marchand, petite marchande. Marchand colporteur qui a peu de marchandise, ou qui fait de bien petites affaires.

MARCHIEN. s. m. Melchior. Nom d'homme.

MARDAS. s. m. Margouillis. Gâchis plein d'ordures.

MARDAS, ASSO. s. Morveux, euse. Terme de mépris qui, comme le suivant, ne se dit qu'en parlant des petits enfans.

MARDASSIÉ, IÉRO. s. Margajat. terme de mépris comme le précédent. *Est un pichoun mardassië* : c'est un petit morveux ; c'est un margajat.

MARDISCO. s. Mordienne. Sorte de juron.

MARDOUX, OUÈ. adj. Merdeux, euse. Souillé, gâté de merde.

— Breneux, euse. Sali de matière fécale. *Souliers mardoux* : souliers breneux. *A lou cuou mardoux* : il est tout breneux. On dit prov. et bassement d'un homme, *Qu'a lou cuou mardoux. Que si sente lou cuou mardoux* : qu'il sent son cul merdeux, pour dire, qu'il se sent coupable. On dit prov. et fig. *Qu'u si sente lou cuou merdoux que si tourque* : qui se sent morveux qu'il se mouche, pour dire, que celui qui se sent coupable du crime ou du défaut contre lequel on parle, peut s'appliquer, s'il le veut, ce qu'on dit en général.

MARFOUNDAMENT. s. m. Morfondure. Maladie des chevaux causée par le froid qui les prend au moment qu'ils ont chaud.

MARFOUNDAMENT. s. m. Amaigrissement. Diminution d'embonpoint et de forces de l'homme.

MARFOUNDRE, SI MARFOUDRE. v. récip. Se morfondre. Maigrir. Dépérir. Perdre sensiblement de son em-

bonpoint et de ses forces. Il se dit au propre comme au fig. *Lou travail et la fatiguo l'an marfoundu* : le travail et la fatigue l'ont exténué. *Vous marfoundrias, que n'avançares ren* : vous vous morfondriez pour lui que vous n'en seriez pas plus avancé.

B.-A. MARGAOU. s. m. Fétu. Espèce de folle avoine dont les grains sont grèles, longs rougeàtres et barbus. Elle infecte un champ et repousse l'année suivante, à moins qu'on ne l'arrache et qu'on en coupe les tiges avant sa maturité. Les gens de la campagne des environs de Paris l'appellent la Rougeole.

V. MARGAOU. s. m. Ivraie vivace. Plante annuelle.

B.-R. MARGAOU. s. m. La meilleure et la principale herbe des prés.

MARGARIDETTO. s. f. Marguerite. Pàquerette. Plante des prés qui fleurit aux environs de Pâques, d'où elle tire son nom. Elle est recommandée dans les maladies de la tête et contre la phrénésie.

MARGARIDIÈ. s. m. Camomille des champs. Plante appelée Chrysantenum par les botanistes.

MARGARIDO. s. f. Marguerite. Nom de femme. — *A la francho-Margarido.* adv. Bonnement. Franchement. A la franquette.

MARGOT. s. m. Chante-pleure. Voyez EMBU.

MARGOTO. s. f. Marcotte. Branche de vigne, de figuier ou de quelqu'autre arbre, arbuste ou plante qu'on met en terre afin qu'elle y prenne racine.

MARGOUIHO. s. f. Castagneux. Oiseau aquatique.

MARGOUN. s. m. Terme de foulaison et de batteur de grains. Grain brut. On le dit du blé et du seigle lorsque dégagé de la grosse paille, il est à peu près dans le cas d'être vanné. *Aven leva la grosso paiho, l'y a enca lou margoun* : nous avons enlevé la grosse paille, il reste encore le grain brut.

V. MARGOUN. s. m. Tas de paille. C'est ce qu'on entend dans les Basses-Alpes par *Cavalet.* Voyez CAVALET.

MARGOUTA. v. n. Marcotter. Faire des marcottes.

MARGOUTOUN. s. f. Marguerite.

nom de femme.

V. MARGOZ. Voyez EMBU.

V. MARGUE. s. m. Manche. *Marque d'eissado* : manche de bêche. Voyez MANCHE.

MARIARMO. s. f. Hissope. Petite plante à fleur bleue.

MARIDA. v. a. Marier. Unir deux personnes d'un sexe différent par le lien conjugal, suivant les cérémonies de l'église. On dit proverbialement. *Quu si marido de coucho, si repente à lezi :* qui se marie à la hâte, s'en repent à loisir.

MARIDA, ADO. part. Marié, mariée. On dit proverbialement et familièrement d'un homme à l'aise à qui rien ne manque, *Que si trufo de la maou maridado :* qu'il se moque de la barbouillée.

MARIDADOUIRO. adj. Nubile. En âge d'être mariée. On le dit des filles.

MARJHASSO. s. f. Faux brave. Matamore. Poltron. *Fai l'intrepide que semblo que vai tout tua , et pui es uno marjhasso :* il semble devoir tout vaincre , et puis ce n'est qu'un poltron.

MARIN. s. m. Sorte de vent Sud. Vent du midi. Vent de mer.
Ce vent qui souffle horizontalement adoucit la température de l'air, et en affaiblit les ressorts. La chaleur humide qui l'accompagne fait fondre la neige des montagnes ; dans les grandes sécheresses où la terre fournit très-peu de vapeurs , nous n'avons jamais de pluie à moins que ce vent ou celui d'ouest ne nous en apportent de la mer.

MARINA. v. n. Avoir le vent du Sud ou du Midi. *A marina tout lou jhour :* nous avons eu le vent du Sud toute la journée. *Marino :* le vent du Sud souffle. Le temps est au marin.

MARINA. v. a. Terme de cuisine. Mariner. Préparer certains poissons de manière à les conserver longtemps dans de l'huile, sans quoi ils s'y gâteraient. On marine le thon , le maquereau , etc.

MARINA , ADO. part. et adj. Mariné, ée. *Thoun marina :* thon mariné.

MARINA , ADO. adj. Marine, ée. Gâté , détérioré, altéré, ée. , pour avoir été trop longtemps en mer ou imprégné de l'eau de la mer. On le dit de certaines marchandises comme du thé, du café, de la mousseline, etc. *Aqueou thé est marina :* ce thé est mariné. *Indienno marinado :* indienne marinée , c'est-à-dire , gâtée , brûlée par l'eau de la mer.

MARINA , ADO. adj. Mariné, ée. Qui sent la marine , qui a le goût de la marée.

MARINADO. Remolade. Sauce faite à la poêle, qui sert à relever le goût fade du poisson. Elle se fait avec de l'huile , du vinaigre et du sel, etc.

MARINADO. s. f. Durée du vent du Sud. *Uno boueno marinado far foundre la nejho :* un bon vent du Midi faira fondre la neige.

MARIN-BLANC. s. m. Sorte de vent. Vent d'Est. Il est ordinairement chaud et sec. Il souffle quelquefois en été.

MARLET. s. m. Creneau. Une des pièces de maçonnerie coupées en forme de dent au haut des anciens murs d'une ville et d'un château. *La tourre a enca touteis seis marlets.* la tour a encore tous ses créneaux.

MARLUS. s. m. Merlan. Excellent poisson de la méditerrannée. On dit proverb. et popul. d'un homme, *Que coucho lou marlus :* lorsqu'il est errant et dans une grande misère.

MARLUSSO. s. f. Morue. Poisson salé connu de tout le monde.

MARMAIHO. s. f. Marmaille. Nom collectif. Nombre de petits enfans. Il est fam.

B.-R. MARMAIHOUN. s. m. Noyau. Partie ligneuse qui est renfermée au milieu de certains fruits. *Marmaihoun de cericiso :* noyau de cerise.

MARMANDO. s. f. Brouillonne. Tracassière. Commère qui parle de tout à tort et à travers.

MARMOUTA. v. n. Marmotter. Parler confusément et entre ses dents.

MARO. interj. Ce mot qui correspond à maudit, méchant, mauvais, ne s'emploie presque jamais qu'avec un autre mot qui en est le développement. C'est une exclamation d'impatience , d'étonnement ou de colère, et un juron populaire. *Maro desclapation !* male peste ! *Marro cinq soous* : peste soit-il ! *Que lou maro cou !* peste soit de lui ! *Maro crebado !* puisses-tu crever ! mauvaise fin soit-il ! *Que maro crebado fesses !* maudit, puisses-tu faire mauvaise fin ! On dit qu'une personne *Fai la maro restado en caouque luech* : qu'elle y fait le maudit séjour à quelque part, lorsque tardant trop de revenir, ceux qui l'attendent ne peuvent plus patienter, et se fâchent. *Que li fasiès la maro restado ?* peste soit du maudit séjour que tu y fesais ! *Oh ! que lou maro !* peste soit de la chose. C'est un terme de surprise.

B.-A. MAROOUCENO. adj. de t. g. Terme d'agriculture. Tufier, tufière. On le dit d'un terrain de la nature du tuf et de celui où le tuf et la pierraille dominent. *Terro maroouceno :* terrain tuffier et pierreux. Voyez MARRO.

MAROUMBRINO. s. f. Répercussion. Reflet que les rayons du soleil ou la lumière font en donnant sur l'eau ou sur quelque corps luisant qui les répercute.

MARQUA. v. a. Marquer. Mettre une empreinte, une marque sur une chose pour la distinguer d'une autre.

MARQUA, ADO. part. et adj. Marqué, marquée. *Papier marqua :* papier timbré. *Camié marquado :* chemise marquée. On dit prov. et méchamment d'un homme qui a quelque défectuosité naturelle. *Qu'es pas marqua per debado :* qu'il n'est pas marqué en vain, pour dire que sa défectuosité visible est la marque indicative d'un vice caché.

B.-A. MARRAN, ANO. adj. Terme de mépris. Grogneur. Inquiet. Bourru. Grogneuse.

MARRELIA. Voyez MASCARA.

MARRELO. s. f. Merelle. Sorte de jeu d'enfans et d'écoliers. C'est une espèce d'échiquier sur lequel sont tracées six lignes qui se croisent par le milieu comme un astérisque dont les extrémités vont aboutir à un quarré.

MARRI, IDO. adj. Mauvais, mauvaise. Méchant. Dangereux. Malicieux. *Marri ooubragi :* mauvaise chose. *Marrido mino :* mauvaise mine. *Enfant ben marri :* méchant, mauvais enfant. On dit prov. et fig. d'un

36

jeune garçon malicieux, contrariant et méchant, qu'*Es marri coumo la grèlo* : qu'il est aussi méchant qu'un âne rouge. *Es marri coumo la merdo :* malicieux comme un enragé. On dit fig. d'une personne méchante et dangereuse dont il faut se défier. qu'*Es uno marrido besti :* que c'est une mâle bête.

MARRIAS, ASSO. subst. Mauvais sujet. Pauvre hère. Il est pop.

B.-A. MARRIDARIÈ. s. f. Malignité. Méchanceté. Venin. Malice. *N'a que de marridariè din lou ventre :* il n'a que de la méchanceté dans le cœur.

MARRIDETA. s. f. État d'une chose qui n'est pas bonne et qu'on ne peut rendre en français que par le mot Mauvaiseté.

MARRIDIÈ. ⟩ Voyez MARRIDARIÈ
MARRIDUN. ⟩ et MARRIDETA.

MARRI-GOUVER. s. m. Mauvais ménage. Mauvaise conduite dans l'administration d'une maison. — Défaut de soin de ses meubles. Négligence de ses affaires, etc. *Aquel houstaou es vou soou, l'y a trop de marri-gouver :* cette maison ne peut se soutenir, elle est trop mal dirigée.

MARRI-GOUVER. s. de t. g. Dissipateur, dissipatrice. Mauvais ménager, mauvaise ménagère. Celui et celle qui, par sa négligence, sa prodigalité ou sa mauvaise administration, dissipe, perd, laisse gâter et dépérir son bien, ses meubles et tout ce qu'il a. *Ah lou marri gouvèr qu'es aquelo fremo :* oh que cette femme est peu soigneuse !

MARRO. s. f. Tuf. Sorte de terre blanchâtre et sèche qui tient plus de la nature de la pierre que de celle de la terre, et qu'on trouve assez ordinairement au dessous de la terre franche, de la bonne terre. *Marri tarren est quasi que de marro :* terrain mauvais qui n'est presque que du tuf. *Vetto de marro :* veine de tuf.

V. MARRO. s. m. Auge de moulin à huile. Voyez COUS.

MARROUN. s. m. Marron. Grosse châtaigne bonne à manger.

MARROUN D'UNO BALANÇO. Voyez BOUYOUN.

V. MARROUN. Voyez TRAYAOU.

MARROUNJA. v. n. Murmurer. Marmonner. Parlér confusément, murmurer sourdement et entre ses dents.

MARSADO. s. f. Temps variable et embrumé que l'on éprouve assez souvent pendant les journées du mois de mars.

MARSAOUX. }
MARSENS. } s. m. pl. Mars. Les menus grains qu'on sème au mois de mars. Ce sont l'avoine, l'orge, la paumelle, l'escourgeon, etc., que l'on fauche en vert pour servir de fourrage.

MARSI. Voyez AMARZI.

B.-A. MARSOUN. s. m. Andouille fumée. Boyau de porc rempli d'autres boyaux ou de la chair du même animal, que l'on fait dessécher à la fumée de la cheminée pour les conserver plus longtemps. *Marsoun de lenquo*: languier.

MARTELET. s. m. Petit marteau.

MARTELIÈRO. s. f. Terme hydraulique. Écluse, appelée aussi par nos modernes ingénieurs Martelière. Clôture en batisse, en pierre, en bois, faite sur une rivière, sur un canal, à un reservoir, ayant une ou plusieurs portes qui se lèvent et se baissent pour retenir et lâcher l'eau.

MARTELIÈRO. s. f. Écluse. Se prend particulièrement pour la vanne ou porte d'écluse qui se hausse et se baisse pour laisser aller l'eau ou la retenir. *Durbi la martelièro*: ouvrir l'écluse.

—Empellement. Bonde d'un étang ou d'un lac.

—Epanchoir d'un moulin.

MARTEOU. s. m. Marteau. Outil de fer qui a un manche ordinairement de bois, et qui est propre à battre, à forger, à cogner.

—Heurtoir. Espèce de marteau dont on se sert pour frapper à une porte. On dit fig. *Qu'un home pico touteis leis marteoux; que vai pica touteis leis marteoux*: qu'il heurte à toutes les portes, pour dire, qu'il s'adresse à toutes sortes de personnes et cherche toutes sortes de moyens pour réussir dans une affaire. On dit fig. qu'une personne *A de marteoux en testo*: qu'elle a martel en tête, pour dire, qu'elle a bien du souci, des affaires en tête, des sollicitudes, etc. On dit encore de celui que l'on a prévenu contre la fidélité de sa femme: *Que l'y an mes de marteoux en testo*, qu'on lui a mis martel en tête.

MARTELEJHA. v. n. Marteler. Battre à coup de marteau.

MARTINET. s. m. Forge et fonderie de fer.

MARUETTO. s. f. Marionnette. Petite figure en bois que l'on fait remuer par artifice.

—Au fig. terme de mépris. Morveuse. Voyez MARDASSIÈRO.

MAS. s. m. Terme de l'arrondissement d'Arles. Métairie. Ferme. Maison de campagne.

MASAGE. s. m. Terme de maçon des environs d'Avignon et de Vaucluse. Matériaux. Voyez MASSAQUAN.

MASANTA. v. a. Soupeser. Lever un fardeau avec la main et le soutenir pour juger à peu près de son poids.

—Manier. v. a. Prendre. Tâter avec la main.

—Cahoter. v. a. Causer des cahots.

MASC. }
MASCO. } adj. et subst. Magicien ienne. Sorcier, sorcière. *Vieiho masco*: vieille sorcière.

MASCARA. v. a. Machurer. Barbouiller. Noircir. *Mascara de papier*: barbouiller du papier. *Muscara la muraiho*: charbonner la muraille en y traçant des figures, etc., avec du charbon.

MASCARA (SI). v. récip. Se machurer. Se barbouiller. Se salir. Se noircir les mains, le visage, ses habillemens, etc. On dit proverbialement et figurément, *Peiroou mascaro la sartan*: la pelle se moque du fourgon, cela se dit de celui qui reproche à un autre les défauts ou les torts qu'il a lui-même à se reprocher.

MASCARA, ADO. part. et adj. Machuré. Noirci, ie. Charbonné, ée. Barbouillé, ée. *Muraiho mascarado*: muraille charbonnée. *Visagi mascara*: visage noirci, sali. *Habit mascara*: Habit machuré.

MASCARADURO. s. f. Noircissure. Tache de noir.

MASCARIE. s. f. Magie. Art, opération du sorcier, du magicien.

—Ensorcellement. Aveuglement.

MASCLAS. s. m. Hommasse. Virago. Fille ou femme d'une grande taille.

Qui a le port et les allures d'un homme.

MASCLE. s. m. Màle. Qui est du
sexe masculin.

V. MASCLET. ⟩ Voyez MAOU
B.-A. MASCLUM. ⟨ DE MASCLUM.

MASQUETTO. s. f. dim. Petite sorcière.

MASQUO. Voyez MAS, MASCO

MASSA. v. a. Battre. Frapper. *Massa
lou canebe* : Battre, teiller le chanvre
avec le brisoir. Voyez BREGA.

MASSA. v. a. Terme de lavandière.
Voyez BACELA.

MASSA, ADO. part. Battu, ue. *Sa
mère la massado coumo foou* : sa mère
la rossée joliment. Il est pop.

MASSACRA. v. a. Massacrer. Tuer.
Assommer. Au fig. Gâter, faire mal
un travail, quel qu'il soit. — déchirer. Gâter. Friper. Abîmer des
meubles, des vêtemens, une étoffe,
etc.

MASSACRE. s. m. Massacre. Tuerie,
carnage.

MASSACRE. s. m. Mauvais ouvrier.
Ouvrier qui travaille mal.

— Fripeur, fripeuse. Celui et celle
qui gâte, déchire et abîme ses habits.
Aquel enfant es un massacre : cet
enfant là es un vrai massacre, il
détruit, abîme et fripe tout ce qui
est à sa disposition.

MASSACRA (SI). v. récip. S'abîmer.
S'écraser. Travailler. Fatiguer outre-
mesure. *Si massacroun et n'avançoun
pas mai* : ils s'abîment et se tuent
sans en être plus avancés.

MASSAPAN. s. m. Boîte. Espèce de
petit coffre sans ferrure, fait avec
du bois de sapin mince et réfendu.
On dit d'un meuble, d'un habillement
bien et soigneusement conservé, et
d'une personne bien et proprement
habillée, que *Semblo que souerte doou
massapan, qu'es d'aco doou massapan*:
que c'est du réservé, qu'il semble
sortir de chez le marchand.

MASSAQUAN. s. m. Blocaille. Terme
de maçon. Petite pierre servant au
remplissage d'un mur. *Pouerge de
massaquan* : avancer, donner, apporter de la blocaille.

MASSAQUAN. s. m. Bousilleur.
Mauvais ouvrier qui n'est pas à même
de bien finir un ouvrage. On le dit
plus spécialement des maçons.

MASSAQUANARIÈ. s. f. De la blocaille.

MASSETTO. s. f. Baguette. Petit
bâton court avec lequel on bat le
tambour. *Leis massettos d'un tambour* :
les baguettes d'un tambour.

MASSO. s. f. Terme de charpentier,
de menuisier et de maçon. Maillet.
Gros marteau de bois.

— Terme de bûcheron. Mailloche.

— Terme de plâtrier et de potier.
Batte.

— Terme de lavandière. Battoir.

— Terme de foulonnier. Martinet.

MASSOUN. s. m. Terme d'écon.
rurale. Botte. Paquet de plusieurs
brins de chanvre liés ensemble qu'on
met rouir dans l'eau.

MASSOUN. s. m. Terme de cordier.
Toupin. Voyez B.-R. CABRO.

MASSOUNARIÈ. s. f. Maçonnerie.
Travail en bâtisse qui est l'ouvrage
du maçon.

MASSUGO. s. m. Massue. Bâton noueux plus gros d'un bout que de l'autre.

MASSUGO. s. f. Marrube noir. Plante
dont les pauvres gens se servent pour
fumer au lieu du tabac.

— Ciste. Plante.

MASTEGA. v. a. Mâcher. Action de
triturer et de broyer ce que l'on
mange avant de l'avaler.

V. MASTEGAGNO. s. f. ⟩ Morceau
B.-R. MASTEGA. s. m. ⟩
mâché. Bouchée de pain ou de toute
autre aliment mâché et broyé avec
les dents, que l'on donne à manger
à des enfans ou à des animaux. La
pratique populaire de mâcher certains
alimens aux enfans pour les faire
manger, est totalement pernicieuse à
leur santé et peut les faire tomber
en chartre. *Lou masteya desseco leis
enfans* : les alimens mâchés nuisent
à la santé des enfans qui les mangent.

MASTEGAIRE, REILLO. adj. Mâcheur,
euse. Celui et celle qui mâche à un
enfant.

— Au fig. Lambin, qui hésite à se
décider.

MASTEGOULIA. ⟩ Mâchonner. Voyez
MASTEGOURIA. ⟨ MACHIGNA.

MASTIN, INO. s. Luron. Matois.
Voyez MATÈIN.

MASTRETO. s. f. diminut. Petit
pétrin.

MASTRUGNA.
MASTROUGNIA.
MASTROUNIA.   } v. a. Patiner.
MASTROUYA.

Patrouiller. Manier indiscrètement et mal proprement les choses auxquelles on touche, les gâter, les déranger en les maniant. *Lou fruit mastrougna n'a plus ges de graci* : le fruit qui a trop été patiné n'a plus ni grâce ni fraîcheur. *Viando mastrouyado* : viande patrouillée et dégoûtante.

MASTRO. s. f. Huche. Pétrin. Long coffre de bois dans lequel l'on pétrit le pain.

MATA. Voyez AMATA. ATUPI.

MATAGO.
MATAGOUN.   } s. m. Sorcier. Magicien. Esprit follet. *Disoun que dins aquel houstaou l'y a leis matagos* : on dit qu'il y a des esprits follets dans cette maison.

MATAGOTS. s. m. plur. Chats sorciers qui enrichissent. Il est encore dans les campagnes des gens qui, croyant aux sorciers, attribuent à certains chats choyés, la vertu magique de procurer des richesses à ceux qui en prennent soin, et qui leur ont voué et leur donnent à manger la première portion des alimens qu'ils vont prendre. *A leis matagots, vai douna à seis matagots* : il a des chats sorciers, il va soigner ses sorciers. Il est pop.

MATAOU. s. m. Battant. Espèce de marteau qui pend dans le milieu d'une cloche et qui sert à la faire sonner.

MATAOU. s. m. Terme de marchand de soie. Matasse. Botte. Assemblage de plusieurs écheveaux de soie liés ensemble. *Un mateau de sedo* : une botte de soie. *La sedo à courdura si vende en gros, à mataou, de 6 à 8 ounços* : la soie à coudre se vend en gros par matasse de 6 à 8 onces.

MATÈRI. s. f. Matière. Matériaux. Ce qui forme le volume, la solidité, l'épaisseur d'une chose inanimée. Les différentes matières qu'on emploie. *Marriè matèri* : mauvaise matière.

MATEIN, EINO. s. Luron, luronne. Rusé, rusée. Matois. Celui, celle qui entend parfaitement ses intérêts et qui sait défendre sa cause sans le secours de personne. *Es uno mateino* c'est une luronne. Il est pop.

MATINADO. s. f. Matinée. Le matin. L'espace du temps qui s'écoule depuis le point du jour jusqu'à midi. On dit prov. *La matinado fai la journado*, la matinée fait la journée, pour dire, que celui qui se lève matin fait plus du travail dans la matinée que tout le reste de la journée.

MATINIÉ, IÉRO. adj. Matineux, matineuse. Qui est dans l'habitude de se lever matin. — Matinal, ale. *Es toujour matiniè* : il est toujours matinal. On dit prov. *Matiniè coum'un fourniè* : matineux comme un fournier.

MATO. s. f. Souche. La partie d'en-bas du tronc d'un arbre, accompagnée de ses racines et séparée du reste de l'arbre. *Mato d'oouliviè* : souche d'olivier. *Foou espeça la mato per faire de sepos* : il faut dépecer la souche pour en faire des éclats. Voyez DEIMATA. CEPO.

MATOU.
MATOUCHIN.   } s. et adj. m. Idiot. Imbécile. Nigaud. Il est pop. *Aco es un matou* : c'est un nigaud.

MATOUCHIN, PAOURE MATOUCHIN. s. m. Berne. Espèce de jeu. Se berner. Se faire sauter en l'air les uns les autres par le moyen d'un drap ou d'une couverture. *Juga oou paoure matouchin* : jouer à la berne ou à se berner.

MATRAS.
MATRASSO.   } s. Lourdaut. Stupide. Nigaud. Dadais. On dit fam. d'un homme malheureux en butte aux outrages et à la mauvaise fortune, *Qu'es admira deis matras* : que toutes les pierres tombent sur lui. Il est pop.

MATRASSA. v. a. Froisser. Meurtrir par une impression violente. On le dit des personnes et des fruits. — Chiffonner. Froisser. Se dit des étoffes.

MATRASSA. ADO. participe. Froissé, froissée. Chiffonné, chiffonnée. *Mans toutes matrassados* : mains toutes meurtries. *Pesseguis matrassas* : pêches coties, froissées. *Habiamens matrassas* : habillemens froissés et chiffonnés.

MATRASSO. A LA MATRASSO. adv. Au pauvre homme. Manière de faire cuire certains alimens comme font les pauvres gens en les mettant sous la cendre sans nul apprêt. *Manjha de marlusso à la matrasso* : manger de la merluche au pauvre homme. Voyez GUSASSO (A LA).

MATRICARI. s. m. Matricaire ou espargoute. Plante. Voyez BOUTOUN D'ARGENT.

B.-A. MAVO. Voyez MAOUVO.

B.-R. MAVOUN. MAVOUNENS. } adj. De Mahon.

Originaire de Mahon. C'est le nom qu'on donne à Marseille à une espèce de haricots blancs sans filamens ni parchemin, excellens à manger en vert. *Faysoux mavounens* : haricots blancs de Mahon. On dit aussi subs. *Mangea de mavounens*. *Croumpa, tria de mavounens*.

MAYO. Voyez MAIHO.

B.-A. MAYO-CEBO. Voyez MAIRE-SIOUVO.

MAYOOU. Voyez MAIOOU.

MAZANTA. Voyez MASANTA.

V. MAZEOU. Voyez ADOUBADOU. TUARIÈ.

MECHA. Voyez MOUCA.

MECHANTISO. s. m. Méchanceté. Malice. On dit d'un enfant, *Que fai seis mechantisos* : qu'il fait ses petites malices. *N'a que de mechantiso* : il a beaucoup de malice.

MECHO. s. m. Morve. Excrément visqueux qui sort par les narrines. *Ave la mecho* : avoir la morve au bout du nez.

MECHO. s. m. Mèche. Voyez BLED. *Mecho de chevus* : touffe de cheveux aplatie. *Cacha mecho* : se dit fig. pour signifier Se taire, garder le silence. Il est populaire. *L'y an fach cachamecho* : on l'a réduit au silence. *Cacho pas mecho* : il n'est pas timide, il a son franc parler.

MECHOUÈ. s. f. Terme plaisant et populaire qui n'a d'usage qu'au fig. pour désigner une brebis ou une chèvre, lorsqu'on parle de la viande de boucherie. *Nous vende souven de mechouè per de moutoun* : elle nous donne souvent de la brebis pour du mouton.

MECHOUX. MECHOUÈ. } adj. Morveux, euse. Qui a de la morve. A qui la morve paraît. On dit prov. et fig. *Vaou miou lou*

leissa mechoux que de li deraba lou nas : mieux vaut laisser son enfant morveux que de lui arracher le nez, pour dire, qu'il vaut mieux tolérer un petit mal, un léger défaut, que de se servir d'un remède violent, qui pourrait causer un plus grand inconvénient.

MECHOUROUN. Voyez VEYOUROUN.

V. MÈCRE. s. m. Mercredi. Le quatrième jour de la semaine.

MECROUÈ. adj. f. On ne s'en sert qu'en parlant de la lune. *Luno mecrouè* ; lune renouvelée le mercredi. On dit prov. *Luno mecrouè ; fremo renouè et aouro bruno dins cent ans n'aourié trop d'uno* : lune de mercredi, femme grogneuse et vent brun, dans cent ans ce serait trop d'un, pour dire, combien chaqu'une de ces trois choses est nuisible et désagréable.

MÈGI. s. m. Médecin. Officier de santé. Il est vieux et hors d'usage.

MÈGIÈ. s. m. Terme rural. Colon partiaire que l'on appelle vulgairement et improprement méger, métayer. Celui qui exploite, cultive et fait valoir un bien, moyennant la demi portion des fruits que le maître lui cède.

— Métayer. Maître-valet qui fait valoir une terre sous les yeux du maître moyennant une certaine somme qu'on lui donne annuellement.

MEI. s. m. Mil ou millet. Le millet des Indes ou millet-à-balai, est celui dont la tige aussi élevée que celle des grands roseaux, porte au sommet un panache chargé de graines, lesquelles étant enlevées on se sert du restant pour en faire des balais.

MEIFISA. SI MEIFISA. v. récip. méfier. Se défier. Soupçonner de peu de fidélité, de peu de sincérité *Es un home de quu foou si meifisa* : c'est un homme duquel il faut se méfier.

MEIFISENT. MEIFISENTO. } adj. Méfiant, ante. Qui se méfie, qui est naturellement soupçonneux.

MEIFISENCO. s. f. Méfiance. Soupçon en mal.

MEIGRINEOU. Voyez MAIGRINEOU.

MEIGROU. Voyez MAIGROU.

MEJHAN, MEJHANO.
MEJHANCIÈ, MEJHANCIÈRO. } adj.

Moyen, moyenne. Médiocre. De seconde qualité. De moyenne grosseur. *De pan mejhan* : du pain bis ou de deuxième qualité. *Fiou mejanciè* : fil de moyenne grosseur. *Télo mejhancièro* : toile demi fine.

MEJHANO. s. f. Terme de boucher. Caron. Barde de lard sans maigre.

B.-A. MEJHARIÈ. s. f. Terme d'économie rurale. Arrentement ou fermage. Propriétés ou domaines ruraux qu'on loue à demi portion des fruits. Beaucoup de personnes disent mégerie mais c'est impropre. *Douna soun bèn à mejhariè* : donner son bien à mégerie ou à mi portion. On dit prov. et fig. *Aze de mejhariè la coué li piélo* : âne à deux maîtres est toujours mal nourri, pour dire, que tout ce qui appartient à plusieurs maîtres est toujours mal soigné.

MEINA. terme de montagne. s. f. Enfant en bas âge *N'es enca qu'uno meina* : ce n'est encore qu'un enfant.

MEINADO. s. f. Famille. Troupe. Nombre d'enfant du même père. — Troupeau. Voyez MANADO.

MEINAGEA. v. a. Ménager. User d'économie dans l'administration de son bien, dépenser son argent avec circonspection et prudence.

MEINAGEA (SI). v. r. Se ménager. Au fig. Se choyer, avoir soin de sa personne. On dit ordinairement dans un temps de disette, *Chacun si meinageo* : chacun se resserre, pour dire, chacun retranche de sa dépense.

MEINAGI. s. m. Métairie. Grande ferme. Maison de champ.

— Ménage. Conduite. Administration d'une famille, d'une maison.

MEINAGIÈ. s. m. Agriculteur. Cultivateur qui fait valoir ses terres. *Es un riche meinagiè* : c'est un cultivateur riche. *Soun de bouen meinagiè* : ce sont des cultivateurs à leur aise.

MEINAGIÈ, IÈRO. adj. Ménager, ménagère. Qui entend le ménage, l'épargne, l'économie. *Bouen meinagiè* : bon ménager. *Marri meinagiè* : dissipateur, mauvais ménager.

MEINAGIOU.
MEINAGIOUVO. } adj. Économe. Économique. Qui est de durée. *Lou*

froumagi couyen est meinagiou : le fromage affiné est économique. *Es un home fouesso meinagiou* : c'est un homme économe qui sait tout profiter. *Lou vin fouert est meinagiou* : le vin poussé est une économie dans le ménage.

V. MEINAOU. Voyez MEINA.

MEINAYO. s. f. Voyez MEINADO.

V. MEINET, ETTO. adj. Petit, petite. Qui a peu d'étendue, peu de volume.

— Qui est moins que d'autres dans le même genre. *Soupa meinet* : petit souper. Voyez MEINA.

MEIRASTRO. s. f. Marâtre. Belle-mère.

MEIRETTO. s. f. Terme enfantin. Mère. Bonne petite mère.

MEIRINO. s. f. Marraine. Celle qui tient un enfant sur les fonts baptismaux.

MEIS. pron. poss. pl. Mes. *Meis parens, meis souliers* : mes parens, mes souliers.

MEISOUN. s. f. Maison. Logis. Bâtiment pour y loger.

MEISSEMIN. s. m. Maximin. Nom d'homme.

MEISSOUN. s. f. Moisson. Coupe des blés et autres grains. *Oou temps de la meissoun* : dans le temps de la moisson. *Ana en meissoun* : aller aux travaux de la moisson. *Faire la meissoun* : faire la moisson.

MEISSOUNA. v. a. Moissonner. Couper les blés et autres céréales.

MEISSOUNENCO.
MEISSOUNIÈRO. } s. f. Omelette

des moissonneurs. C'est l'omelette aux ognons. Mets le plus en usage dans les métairies et parmi les gens de campagne pendant la moisson. *Mangea uno meissounièro* : manger une omelette aux ognons. Voyez l'article suivant.

MEISSOUNENCO (A LA).
MEISSOUNIÈRO (A LA). } adj. A la

manière des moissonneurs, à l'usage des moissonneurs. On ne le dit guères qu'en parlant des omelettes aux ognons. *Troucho. Ooumeletto à la meissounièro* : omelette à la manière des moissonneurs, c'est-à-dire, aux ognons. Voyez l'article ci-dessus.

MEISSOUNIÈ. s. m. Moissonneur.

Celui qui moissonne , qui coupe ou fauche les blés.

V. MEISSELLOS. s. f. Mâchoires d'une personne ou d'un animal.

MELA. v. a. Mêler. Brouiller ensemble plusieurs choses.

MELA (SI). MELA. v. récip. Se mêler. S'ingérer mal à propos. S'engager dans quelque affaire. S'occuper de choses qui ne sont pas de la profession qu'on a embrassée. On dit prov. *Qau de ren si melo de ren si demelo* : qui ne se mêle de rien n'est jamais dans l'embarras. *De qu'es que si vai mela* : de quoi va-t-il se mêler. *Mela-vous de vouesteis affaires* : mêlez-vous de vos propres affaires.

MELATRE. s. et adj. Mulâtre. Il se dit de celui qui est né d'un nègre et d'une blanche, ou d'un blanc et d'une négresse.

MELE. s. m. Mélèze. *Larix.* Arbre résineux et haut comme le sapin. La manne qui découle de ses grosses branches, et qui est connue sous le nom de manne de Briançon, purge mais plus faiblement que celle de Calabre.

MELETTO. s. f. Nadelle. Espèce de petite sardine.

—Menu fretin. Toute sorte de petits poissons mêlés.

MELINGRE. }
MELINGRO. } adj. Malingre. Maigre. Chétif. Qui n'a ni force ni santé bien qu'il ne paraisse pas malade. On le dit des personnes et par extension des animaux. *Que voues, malingro creaturo* : que veux-tu, chétif et débile animal.

B.-A. MELO. A LA MELO. Terme d'ag. En flûte. Sorte de greffe. Cette greffe s'exécute en détachant de la branche qui fournit la greffe un petit rouleau d'écorce ayant un ou deux yeux, d'environ un pouce de largeur, dont on revêt à l'instant la branche du sujet (qui doit être exactement de la même grosseur), après l'avoir coupée en un endroit bien uni et en avoir rabattu l'écorce en dessous pour faire place au petit chalumeau qu'on y adapte. *Greffa à la melo* : greffer en flûte.

MELO. FAIRE LA MELO. v. a. Mêler. Terme de cardeur. Brasser. Mélanger la laine avec les cardes.

MEMAMENT. adv. Surtout. D'autant plus. *Memament que m'y peso* : d'autant plus que cela me pèse. Il est populaire.

MEMBRA. SI MEMBRA. v. récip. Se ressouvenir. Se rappeler. Avoir souvenance. Il est vieux et presque hors d'usage.

B.-A. MEMBRE. s. m. Terme de boucher. Éclanche. Gigot de mouton. Il est pop.

MEMORI. s. f. Mémoire. Faculté de l'ame à conserver le souvenir des choses. — Souvenir. *Perdre la memori* : perdre le souvenir de quelque chose.

MEN. adv. de quantité. Moins. Pas autant que... *Soun fouèsso men de mounde que ce qu'avien dich* : ils sont beaucoup moins du monde qu'ils n'avaient annoncé.

MEN. s. Moins. *Doou mai oou men* : du plus au moins. C'est aussi une conj. *A men que l'y vague* : à moins qu'il y aille.

MENA. v. a. Conduire. Mener. Amener. *Mena l'aze* : mener l'âne. *A vougu que l'y lou menessi* : il a voulu que je le lui amena. *Mena-me l'y* : conduisez-y moi.

MENA A SA MAN. Terme d'ag. Faire valoir son bien par lui-même. On dit prov. *Paoureta meno lagno* : la misère traîne après soi les chagrins. On dit encore prov. *Qau filho gardo et aï meno, n'est pas segur senso peno* : Celui qui est chargé de surveiller une fille et de conduire un âne n'est pas sans peine et sans souci.

MENADO. s. f. Terme d'ag. Sole. Certaine étendue de terre sur laquelle on sème du blé de deux ans l'un. *Soun bèn es en douos menados* : son bien rural est en deux soles —Troupeau. Voyez MANADO.

MENAIRE. s. m. Meneur. Chef de parti.

— Conducteur. Celui qui marche à la tête des autres ou qui les dirige.

MENAIRE. s. m. Terme de foulaison. Conducteur. Maître-valet qui dirige les chevaux qui foulent les blés sur l'aire. On le nomme aussi EIGAIHÈ. Voyez ce mot.

MENDRE. }
MENDRO. } adv. Moindre. De qualité ou de prix inférieurs.

MENI MOUN AI. s. m. Colin-maillard. Sorte de jeu.

B.-A. MENÈBRE. }
MENÈBRO. } adj. Brutal. Dur.

Brusque. Sévère. Acariâtre. *Es un home tout-à-fait menèbre :* c'est un homme tout-à-fait grossier et brutal. *Er menèbre :* air brusque, air rustique.

MENO. s. f. Sorte. Espèce. Qualité. Façon. Race. On le dit des plantes et des arbres. *Aoubre de la boueno meno :* arbre de la bonne espèce. *De marrido meno :* de mauvaise qualité. *Vouéli pas d'aquelo meno , d'uno aoutro meno :* je ne veux pas de cette espèce, d'un autre qualité.

B.-A. MENONO. s. f. Épingle. Il est bas et pop. et presque plus usité. *Jhuga de menonos :* jouer aux épingles.

MENOTO. Voyez MANETO.

MENOUN. s. m. Bouc. Animal quadrupède qui est le mâle de la chèvre.

MENTASTRE. s. m. On comprend sous ce nom le baume sauvage, le marrube blanc et la menthe aquatique ou pouliot, plantes qui croissent au bord des chemins, dans les prés, les vieilles masures, etc. Le pouliot est fébrifuge et bien bon contre les vers des enfans.

MENTO. s. f. Menthe. Plante potagère d'une odeur odoriférante. Il y en a de plusieurs espèces. Celle que l'on trouve communément dans les jardins est recommandée pour les pertes et le crachement de sang. L'infusion de ses feuilles, fraîches ou sèches, est excellente contre les coliques les plus aigües.

MENU, MENUDO. adj. Délié. Petite, mince. Peu fourni.

MENUDA. v. a. Découper. Couper en petites parties. En petits morceaux. Couper, hacher menu.

MENUDARIÉ. s. f. Menuaille. Quantité de petites choses.

— Toutes sortes de petites choses qu'on met au rebut. Voyez RAFATAYO. BACHIQUÈLOS.

B.-R. MENUDO. s. f. Petites laitues. Voyez MERINDOLO.

— Fourniture de salade. Menues herbes, telles que cresson alénois, cerfeuil, estragon, roquette, etc., que l'on met dans les salades au printemps.

MENUGUETTO. s. f. Origan. Plante odoriférante. Espèce de marjolaine.

MENUSA. v. a. Découper. Voyez MENUDA.

MENUSARIÉ. s. f. Menuiserie. L'art de menuiser. Ouvrage, travail de menuisier.

MENUISIÉ. s. m. Menuisier. Artisan qui travaille en bois, pour les ouvrages qui servent au dedans des maisons.

MENUSTRIÉ s. m. Ménétrier. Celui qui joue du tambourin ou de tout autre instrument pour faire danser. *Cerqua lou menestrié :* prendre ou quérir le ménétrier.

MEOU. s. m. Miel. Substance liquide et sucrée que font les abeilles.

V. MEOUFO. Voyez BLESQUET.

MEOUIHO. Voyez MEVOULO.

MEOUVO. s. f. Mauve. Voyez MAVO.

MEOUZO. Voyez MÈLE.

MERCO. s. f. Espèce. Qualité. Genre. Couleur. Ce qui distingue et différencie. *N'y a de touto merco :* il y en a de toutes sortes. *Es tout de la memo merco :* c'est tout de la même qualité. *De plusieurs mercos :* de différentes espèces. Voyez MENO. CHANUEYO.

MERCURIAOU. s. m. Mercuriale. Mercurielle. Foirolle. Plante Emolliente, laxative et apéritive. Elle est mortelle aux lapins qui en mangent.

MERDO. s. f. Merde. Matière fécale de l'homme. On dit proverbialement et bassement. *Oou mai boulegas la merdo oou mai sente :* plus on remue la merde plus elle pue, pour dire, que plus on approfondit une mauvaise affaire, plus on déshonore ceux qui y ont participé.

MERDO DE CIGALO. }
MERDO DE COUGLOU. } s. f. Gomme de cerisier, d'amandier et de quelques autres arbres fruitiers à noyau.

MERDO DOOU DIABLE. s. f. Assafœtida. Gomme amère.

MERE-GRAND. s. f. Ayeule. Grandmère. Il est pop.

MEREVIHA, ADO. adj. Émerveillé, ée. Ravi. Extasié. Il est pop.

MEREVIHO. s. f. Merveille. Chose qui cause de l'admiration.

MEREVIHO. s. f. Orobe. Pois de pigeon ou pois nain. Plante légumineuse. Voyez GAROUTOUN.

MERICO. s. f. Lavure de la cire fraîchement séparée du miel. On dit prov. et fig. *Doux couïno de merico :* doux comme du miel.

B.-R. MERINDOLO. s. f. Petites laitues. Jeunes plants de laitues rondes, que l'on mange en salade, et auxquels on mêle parfois du cresson alénois, du cerfeuil, de l'estragon, etc., comme à la *Menudo.* Voyez MENUDO.

MERINJHANO. s. f. Mélongène. Aubergine. Plante et fruit potager du genre des solanum.

B.-A MERITAPO. s. f. Boîte. Espèce de mortier de pâte d'argile que les enfans et les polissons font claquer en les lançant verticalement et à la renverse sur une pierre plate. Voyez PIMPOOU.

MERITOUX, OUÈ. adj. Méritant, ante. Qui a du mérite. — Qui mérite récompense.

MERLATO. s. f. Femelle du merle.

MERLE-D'AIGUO. s. m. Rousserole. Oiseau.

MÉRO. MAOU DE LA MÉRO. s. f. Vapeur hystérique. Indisposition à laquelle les femmes sont sujettes, et qu'elles manifestent au dehors par des baillemens redoublés. *Avc la méro :* avoir les vapeurs hystériques. Voyez HUAI. MAOU DE MASCLUN.

MES. s. m. Mois. Une des douze parties de l'année dont chacune contient trei te jours ou environ. — Espace de trente jours. *Paga lou mes de l'escolo :* payer le mois de l'école.

MESADO. s. f. Durée d'un mois. Suite de trente jours. *Dius uno mesado:* dans une trentaine de jours.

MESCLA. v. a. Mêler. Brouiller ensemble plusieurs choses. — Mélanger. Voyez MELA.

MESCLADIS, ISSO. adj. Qui peut être mélangé, incorporé, avec une autre substance de même nature, etc. — Mêlé. Mélangé. *Lano mescladisso:* laine mêlée.

MESCLA, ADO. part. Mêlé, mêlée. Mélangé, incorporé, amalgamé.

MESCLO. s. f. Mêlée. Mélange de foin et de paille ou d'autres plantes graminées et fourragères, dont on fait un fourrage pour les bêtes de somme. *Quand leis chivaoux fan ren li dounoun que de mesclo :* lorsque les chevaux ne travaillent pas on ne leur donne que de la mêlée. *Faire de mesclo :* faire de la mêlée.

37

MESCLO. s. f. Méteil. Mouture. Mélange de grains tels que froment, seigle, orge, etc., dont on fait du pain pour le ménage. *Manjhoun de mesclo :* ils mangent du pain de méteil.

MESCOULOUN. s. m. Crochet d'un fuseau. Terme de filandière.

MESCOUERO.) s. f. Mouscle. Coche.
MESCOULO.) Canelure en fer que l'on place à un fuseau, au bout opposé à celui du peson.

MESFISA. Voyez MEIFISA.

MESFISENCI. Voyez MEIFISENCI.

MESFISENT. Voyez MEIFISENT.

MESPRES. s. m. Mépris. Sentiment par lequel l'on juge une personne, une chose, indigne d'égard, d'estime. *Carga caoucun de mespres :* accabler quelqu'un de paroles de mépris.

MESPRESA. v. a. Mépriser. Avoir du mépris pour une personne, pour une chose.

MESQUINARIÈ. s. f. Mesquinerie. Épargne sordide et mesquine.

MESQUINAS. s. m. superlatif. de *mesquin.* Pauvre hère. Terme de compassion qu'inspire la position pénible d'un malheureux auquel on s'intéresse. — Très-pauvre. *Paoure mesquinas :* pauvre malheureux, pauvre misérable. *Aquelo mesquinasso :* cette pauvre misérable.

MESQUINEJHA. v. n. Traîner une vie pauvre et misérable. — Caïmander. Mendier, vivre mesquinement.

MESQUINEJHA (SI). v. récip. Se rendre misérable en travaillant beaucoup sans guère gagner. *Sa maire si mesquinejho et cou fa la bello cambo:* sa mère se crève à travailler tandis qu'il ne fait rien.

MESSIES. s. m. pl. Messieurs. Titre d'honneur et de civilité que l'on donne à plusieurs personnes lorsqu'on leur parle ou qu'on leur écrit collectivement.

MESSOUNGIÈ.) s. Menteur,
MESSOUNGIÉRO.) menteuse. Qui dit une chose fausse et dont il connaît la fausseté.

MESSONGEO. s. f. Mensonge. Discours avancé contre la vérité, avec dessein de tromper. *Es uno messongeo :* c'est un mensonge.

MESSUGO. Voyez MASSUGO.

MESTE. s. m. Maître. Titre de civilité qu'on donne aux paysans et gens de la campagne. *Meste Jean :* maître Jean.

MESTEIRAOU. s. m. Artisan. Celui qui exerce un art mécanique ou fait un métier quelconque.

MESTIÉ. s. m. Métier. Profession d'un art mécanique. *Juga eis mestiés:* jouer à métier deviné. Sorte de jeu d'enfans.

MESTRE. s. m. Maître. Celui qui a des domestiques, des sujets, des esclaves.

— Celui qui enseigne quelque art ou quelque science.

MESTRE DE PALO. Terme de boulanger. Mitron. Garçon boulanger qui enfourne le pain et le retire du four quand il est cuit. On dit prov. *Quu a mari à mestre :* qui a mari a maître, pour dire, qu'une femme est la sujette de son mari. On dit proverb. et fig. *Foou estaca lai ounte lou mestre voou:* il faut attacher l'âne où le maître veut, pour dire, que lorsqu'on est engagé au service de quelqu'un, il faut se conformer à ses volontés. On dit prov. *Quu ben serve soun mestre de varlet deven mestre :* qui sert bien son maître de valet il devient maître.

MESTRESSO. s. f. Maîtresse. Ce mot a presque toutes les acceptions de celui de maître. *Mestresso d'escolo:* maîtresse d'école. *La mestresso de l'houstaou :* la maîtresse de la maison. On appelle *Mestresso fremo :* maîtresse femme, celle qui sait bien administrer les affaires de sa maison et y faire valoir son autorité.

MESTRESSO. s. f. Maîtresse. Fille ou femme recherchée en mariage ou simplement aimée de quelqu'un. *Aco es sa mestresso :* c'est là sa maîtresse, sa bonne amie.

MESURA. v. a. Mesurer. Déterminer une quantité avec une mesure. *Mesura de drap, mesura de vin, mesura à pans, à métros, à panaoux.* Au fig. Proportionner. Mesurer sa dépense à son revenu, ses entreprises à ses moyens. On dit prov. *Foou mai si mesura que si leis aoutres nous mesuroun :* mieux vaut que nous nous mesurions nous même que si c'était les autres, pour dire, que propor-

tionnant sa dépense à ses moyens, on n'encourt le blâme de personne. On dit prov. et fig. *Quu mesuro duro et beou temps fai :* qui veut voyager au loin ménage la monture et tout arrive à bon port.

MESURAIRE. s. f. Mesureur. Officier qui a droit de mesurer certaines marchandises.

— Courtier. Mesureur public dans les petites communes.

METADIÉ. s. m. Méteil. Mélange de différens grains dont on fait du pain pour le ménage. Voyez MESCLO. Deuxième article.

METTRE. v. a. Mettre. *Metti, mettes, mette; mettém, mettés, mettoun; mettiou, metteri, mettrai; mette, que metti, que mettessi, mettent.* Poser quelqu'un ou quelque chose dans un certain lieu. *Mettre la man oou travail:* commencer l'ouvrage. *Mettre man à n'un veisseou :* mettre un tonneau en perce. On dit famil. *Mettre la claou souto la pouerto :* déloger, s'en aller sans payer ni prévenir le propriétaire de la maison que l'on habitait. On dit prov. et fig. *Mettre lou carri davant leis buoux :* mettre la charrue devant les bœufs, pour dire, faire quelque chose de rebours et contre l'ordre. On dit prov. et fig. *Mettre la grosso houla dins la pichouno :* mettre tout par écuelles, pour dire, ne rien négliger pour recevoir quelqu'un, pour lui faire bonne chère. On dit prov. et fig. *Mettre coouqu'un de piquet:* planter là quelqu'un, faire garder le mulet, pour dire, le faire attendre trop longtemps. On dit prov. et fig. *Se mettre su soun trent'un:* s'attinter, se parer, s'habiller à l'extraordinaire. Il est plaisant. On dit prov. et fig. *Mettre coouqu'un oou nis de la ser :* mettre quelqu'un au blanc, pour dire, le réduire à la dernière misère. On dit prov. et fig. d'une personne plus curieuse qu'il ne faudrait, et qui se mêle mal à propos des choses qui ne la regardent pas, *Que voou mettre soun nas partout :* qu'elle veut mettre son nez partout.

MES, MESSO. part. Mis, mise. *Ero messo coumo uno novi :* elle était parée comme une épousée. *Home ben mes :* homme bien mis.

MEVOULO. s. f. Moëlle. Substance molle et grasse contenue dans la concavité des os.

— Partie moëlle du cœur de certains arbres, tels que figuier, sureau etc. *Lou sambequier a mai de mevoulo que ges d'aoutre aoubre* : le sureau a plus de moëlle qu'aucun autre arbre.

B.-A. MEVOUYOUN. Voyez MAR-MAILLOUN.

MIAOULA. Voyez MIOULA.

MICHOU. s. f. Chaleur naturelle d'une personne ou celle que donne le feu dans un appartement. *Ave de michou* : être chaleureux. *Lou fuè douno de michou* : le feu échauffe.

MICOULAOU. s. m. Nicolas. Nom d'homme. Au fig. Nigaud. Imbécille.

MIÈ.
MIECH. } adj. sing. Demi, demie. Moitié. Une des portions d'un tout en deux parties. *A miè pres* : à moitié prix. *Es de miè* : il est plein à demi. *A miè camin* : à mi chemin. *Dins miech ouro* : dans demi heure. *Par nousto Damo de miech aoust* : à la mi-août. On appelle fig. *Miech-home* : un tisserand, un tisseur à toile.

MIÈ-SOULIÈ. s. m. Terme de maçon. Entresol. Soupente. Logement pratiqué dans la hauteur d'un étage.

MIEGEO.
MIEJHO. } adj. f. Demi. Moitié d'un tout. *Megeo pensien* : demi pension. *A miegeo nuech* : à minuit.

MIEGEO. s. f. Chopine. Demi pot. Demi mesure. Se dit en parlant du vin. *Bouaro miegeo* : boire chopine. On dit fig. d'un gros mangeur comme de celui qui a grosse bedaine, *Que tèn miegeo* : qu'il porte bien sa portion, pour dire, que pour le remplir ou le satisfaire il lui en faut beaucoup.

MIEI.
MIEIHO. } DE MIEI. DE MIEIHO.

adv. Plein à demi. A moitié plein ou pleine. *Lou veissecou es de miei* : le tonneau est plein à demi.

B.-A. MIEJHO.
MIEYO. } A MIEJHO. Terme rural. A moitié. Donner des terres à moitié, c'est les donner à ferme à quelqu'un qui a soin de les cultiver moyennant la moitié des fruits

que le maître lui cède. *Prendre de ben à mieyo* : prendre des terres à moitié. *Douna soun ben à miejho* : remettre son bien à moitié des fruits.

MIEJHOUR. s. m. Midi. Le milieu du jour. Un des quatre points cardinaux du monde, qu'on nomme aussi le Sud. *Vent doou miejhour* : vent du Sud. *Houstaou oou miejhour* : maison qui fait face au midi. *Faire lou miejhour* : faire la méridienne, dormir incontinent après midi. On dit prov. de quelqu'un qui alonge inutilement ce qu'il peut faire ou dire, d'une manière plus courte, *Que vai toujour cerca miejhour à quatorge houros* : qu'il cherche toujours midi à quatorze heures. On le dit également de celui qui cherche inutilement des difficultés où il n'y en a point et où il ne peut y en avoir.

MIEI.
MIÈS. } adv. Mieux. Plus parfaite-, ment, d'une manière plus avantageuse. *Se pouerto fouesso miès* : il est beaucoup mieux portant. *Aimi miès l'aigo que lou marri vin* : j'aime mieux l'eau que le vin mauvais. *Canto miès que tu* : il chante mieux que toi.

MIETTO. s. f. Miette. Petites parties du pain qui tombent quand on le coupe, ou qui restent quand on a mangé.

MIGNET. Terme marseillais. Voyez MINET.

MIGNETTO. Terme marseillais. Voyez MINETTO.

MIGNO. Terme marseillais. Voyez MINO.

MIGNOT.
MIGNOTO. } s. Mignon, one. Le bien aimé. Celui des enfans qu'une mère chérit le plus et pour qui elle a le plus d'attention. *Est soun mignot* : c'est son mignon. C'est aussi un terme de flatterie. *Moun mignot, ma bello mignotto* : mon mignon, ma belle mignone.

MIGNOUN.
MIGNOUNO. } adj. Mignon, mignone. Délicat. Joli. Gentil. Délié. *Pichoun pé mignoun* : petit pied mignon. *Des-*

sein mignoun : dessin délicat, délié. *Figuro mignouno :* visage mignon.

MIGNOUTA. v. a. et récip. Dorloter. Se délicater. Chercher ses aises. *Si mignoto :* il se dorlote.

MIGOUN. s. m. Crottin. Excrément des bêtes à laine. *Peto de migoun :* crottin de brebis, de mouton ou d'agneau.

MIGRANO. s. f. Migraine. Douleur qui affecte une partie de la tête. *Ave la migrano :* avoir la migraine.

MIGRANO. s. f. Grenade. Fruit du grenadier.

B.-R. **MIEROLO.**
B.-A. **MIHERORO.** } s. f. Millerolle.
Mesure de convention dont on se sert dans les Bouches-du-Rhône, pour le vin et l'huile. La millerolle de vin vaut 48 pots de trois livres pesant, ou de 114 livres poids de table, et celle pour l'huile est de quatre escandaux. L'escandal vaut douze livres de jauge, mesure de convention.

MIHETTO. s. f. Marie. Nom de fille et de femme.

MIHOU.
MIHOUÈ. } adj. Meilleur, meilleure.

Superlatif de bon. Très-bon. *Aco es fouesso mihou :* ceci est beaucoup meilleur. *Es la mihouè fremo doou mounde :* c'est la meilleure femme du monde.

MILEIME. s. m. Milésime. L'année qui est marquée sur une médaille, sur une monnaie, sur le titre d'un livre.

MINA. v. a. Miner. Creuser. Caver. Faire une mine. Au fig. Consumer. Détruire peu à peu. *A un proucès que lou mino :* il a un procès qui le mine.

MINET. s. m. dim. Chaton. Minon. Petit, jeune chat. — Terme enfantin. Chat.

MINETTO. s. f. dimin. Jeune petite chatte. — Terme enfantin. Chatte. *Coucho la minotto :* chasse la chatte.

MINO. s. f. Chat, chatte. Animal domestique assez connu. On dit proverbialement, *Groumand coumo uno mino :* friand comme un chat.

MINDRE. Voyez MESQUINAS. PINGRE.

MINGOU. Terme des environs de Nice. Aucun, aucune. Nul, nulle.

Point du tout. Rien. Néant. Non. *N'y a mingou :* il n'y en a point. *N'en voueli mingou :* je n'en veux point. Voyez GES.

B.-A. **MINGOUNIA.** v. n. Caïmander. Mendier. Solliciter avec bassesse et flatterie.

B.-A. **MINGOUN.**
MINGOUNO. } s. Terme de mépris. Mendiant, mendiante. Celui et celle qui cherche à émouvoir la compassion des autres par de basses flatteries ou des exposés faux afin d'en obtenir quelque chose.

V. **MINGRANO.**
B.-R. **MIOUGRANO.** } s. f. Grenade. Fruit du grenadier.

MINGRANO
MIOUGRANO FÈRO. } s.f. Balauste. Fruit du balaustier ou grenadier sauvage.

MINGRANIÈ.
MIOUGRANIÈ. } s. m. Grenadier. Arbre qui porte les grenades. La racine du grenadier est reconnue pour un des meilleurs vermifuges.

MIOU. adv. Voyez MIEL. MIÈS.

MIOU.
MIOUNO. } adj. possessif. Mien,
MIOUVO. mienne. Qui est à moi. *Aco es pas miou :* cela n'est pas à moi. *Voueste frero eme lou miou :* votre frère avec le mien.

MIOU. s. m. Mien. *Vous demande que lou miou :* je ne vous demande que le mien.

B.-R. **MIOULA.**
B.-A. **MIOURA.** } v. n. Miauler. Il se dit proprement du chat lorsqu'il fait le cri qui lui est propre.

MIQUEOU. s. m. Michel. Nom d'homme. *Faire sant miqueou :* déménager, déloger, changer de logement. On dit prov. *Faire miqueou l'hardi :* faire le rodomont, pour dire, affecter de ne rien craindre, de braver le danger. *Par vougue faire miqueou l'hardi a pensa si tua :* pour vouloir faire le courageux plus que les autres, il a failli se tuer. On dit prov. *Per sant Miqueou tout mourvede es muscadeou :* pour la saint Michel tout raisin est bon à manger.

MIRAOU. s. m. Miroir. Sorte de glace de verre ou de cristal. On dit prov. et fig. d'une personne qui a la voix éteinte. *Qu'a leis miraoux creba* : pour faire allusion à ce qui arrive à la cigale qui ne peut plus chanter lorsque ses poumons sont crevés. On dit ordinairement *Luzi coum'un miraou* : uni comme une glace. On appelle *Uoux oou miraou* : œufs au miroir, les œufs cuits dans un plat ou un poêlon seulement avec de l'huile ou du beurre sans être brouillés.

MIRAYA. SI MIRAYA. v. récip. Se mirer. Se regarder dans une glace ou miroir. Au fig. Se contempler, se complaire en quelque chose.

MISA. v. n. Mettre sa mise. En terme de jeu de carte. Donner son enjeu. *A p'anca misa* : il n'a pas encore donné son enjeu.

MISO. s. f. Mise. Ce que l'on met en jeu ou dans une société de commerce.

—Enjeu. Ce que l'on met sur table avant de jouer.

MISSAOU. s. m. Missel. Livre d'église contenant les prières de la messe.

MISSAOU. FAIRE MISSAOU. Terme de charretier et de roulier. Se dérober un repas. Franchir la dînée en s'abstenant de prendre son repas à l'auberge pour économiser.

MISSOUN. s. m. Andouille fumée. Voyez MARSOUN.

MISTO. adj. Avenant. Gracieux. Affable. Caressant. Voyez GENT, GENTO.

V. MISTOMENT. adv. Gracieusement. Avec affabilité et bonne grâce.

MISTOULIN, INO. adj. Fluet. Délié. Délicat. De faible complexion. *Enfant mistoulin* : enfant fluet, délicat. *Aquelo dameisello es fouesso mistoulino* : cette demoiselle est très-fluette.

MISTOUX, OUÈ. adj. Sot, sotte. Timide. Bête. — Caressant. Flatteur. Il n'a d'usage que dans cette façon de parler. *N'es pas mistoux* : il n'est pas bête. *Lou creze pas mistoux* : ne le croyez pas capable de se laisser intimider ni molester. *Es qaire mistouè* : elle n'est pas caressante. Une personne qu'*Es pas mistouè* est celle qui ne flatte ni ne caresse, mais qui ose dire sa façon de penser devant qui que ce soit, sans crainte ni timidité.

MISTRAOU. s. m. Mistral. Maëstral. Sorte de vent. Vent du Nord-Ouest. Vent de bise. Ce vent qui règne communément après la pluie, dure ordinairement trois jours. Il est très-fort et toujours froid.

MISTRADO. s. f. Tourbillon. Orage de vent du mistral.

MITA. s. f. Moitié. Partie d'un tout divisé en deux portions égales. *Voou mai tout que la mita* : mieux vaut le tout que la moitié. On dit *Estre de mita, faire de mita eme coouquun* : être de moitié avec quelqu'un, pour dire, faire une société dans laquelle la perte et le gain se partagent par moitié. On dit prov. *L'y a mai d'obro en tout qu'a la mita* : il y a beaucoup plus de la peine au tout qu'à la moitié.

MITA. adv. A demi. *Estoffo mita sedo mita coutoun* : étoffe moitié soie moitié coton.

MITA (A). adv. A moitié. A demi. *A mita près* : à moitié prix. *Ero p'anca à mita camin* : il n'était pas encore à moitié chemin. On dit prov. et fig. *Chivaou de mita la couè li seco* : cheval à deux maîtres n'est jamais gras.

MITADIÈ. Voyez METADIÈ.

MITAN. s. m. Milieu. Centre d'un lieu ou d'une chose.

—Terme moyen entre deux. *Lou mitan dou camin* : le milieu du chemin. Au fig. *Si mettre au mitan* : s'ingérer dans quelque affaire sans en être requis. *Prendre un juste mitan* : garder un juste milieu. Garder un juste tempérament. *Plaça oou bcou mitan* : se placer exactement au milieu.

MITO-CORTON. s. m. Coraline. Plante marine qui est un excellent vermifuge. On lui donne encore le nom d'hermitocorton.

MITOUNA. v. n. Mitonner. Il se dit du pain que l'on met dans un plat avec du bouillon, pour le faire tremper quelque temps sur le feu. *La soupo si mitonno* : le potage mitonne.

MITOUNA, ADO. part. et adj. Mitonné, ée. *Soupo mitounado* : potage mitonné.

MITOUNA. v. a. Migeoter. Bouillir à petit bouillon.

MITOUNA (SI). v. récip. Se dorloter. Se complaire. Se choyer. Se traiter délicatement. Se mitonner.

MITOUCHO. SANTO MITOUCHO. s. de t. g. Sainte-Nitouche. Patelin. Hypocrite. Homme souple et artificieux qui, par ses manières flatteuses et insinuantes, cherche à s'attirer la confiance et l'estime des autres pour parvenir à ses fins. *Fai sa santo mitoucho* : il fait sa sainte-nitouche. *Semblo uno santo mitoucho* : il paraît un dévot hermite.

MOCO. s. f. Porte lampe. Crochet en roseau que nos paysans suspendaient autrefois au plancher, et au bas duquel ils accrochaient leur lampe à la manière des quinquets d'aujourd'hui. Il est passé d'usage. On dit prov. et fig. d'un misérable qui ne possède rien, et d'un marchand mal assorti, *N'a ni coco ni moco* : il est dépourvu de tout. Voyez COCO.

MOMO. s. f. Nanan. Terme enfantin signifiant Friandise, sucrerie, etc. *S'es sagi ooura de momo* : s'il est sage on lui donnera de nanan.

MOOUDOURROU. s. m. Bourru. Bizarre. Fâcheux. *N'est qu'un mooudourrou* : ce n'est qu'un bourru. Il est bas et pop. Il s'emploie aussi comme adjectif. *Es ben mooudourrou, air mooudourrou.* Voyez BOUDOURROU.

MOOUDUI. s. m. Voyez ESPINARD BASTARD.

MOOUFATAN. s. et adj. m. Vaurien. Mauvais sujet. Méchant.

MOOUFUÈYO. s. f. Terme de tripière. Millet. Livre. Troisième ventricule des animaux ruminans. *Leis machouettos cimoun leis mooufuèyos* : les chouettes mangent volontiers le millet des bêtes de boucherie.

MOOUNIÉ. s. m. Meunier. Celui qui conduit et fait aller un moulin à farine.

—Ouvrier qui travaille dans un moulin à farine. *Faire la douano per leis moouniers* : préparer le repas des ouvriers du moulin.

MOOURRE. v. a. Terme de moulin à huile. Détriter. Voyez DÉFAIRE.

MOOURRE. v. a. Moudre. *Moouvi, moouvés, moou; moouvèm, moouvés, moouvoun; moouviou, moouguéri,* *moourrai; moourrèm, que moougoun; moouguériam.* Broyer. Mettre en poudre par le moyen de la meule. *Faire moouro uno panaou de cezes per de farinetto* : faire moudre ou mettre en farine une panal de pois-chiches.

MOOURRE. Terme d'ag. Ouvrir la terre avec la charrue, la pioche ou le louchet pour lui donner le premier labour.

—Ameublir la terre. *Avèn p'anca fa moourre* : nous n'avons pas encore fait donner le premier labour. On dit aussi: Faire cassaille.

MOOURRE. v. a. Mouvoir. Remuer. Faire changer de place. Donner mouvement. Faire agir. *Pouan pas la mourre* : nous ne pouvons la mouvoir, la faire agir.

MOOURRE (SI). v. récip. Se mettre en train de quereller, de gronder, de criailler, de faire tapage. *Garo se si moou !* garde à vous s'il commence, s'il se met en train! *L'auzes, s'es moougudo?* l'entends-tu, elle est en train ?

MOOUGU, UDO. part. Mu, mue. Moulu, moulue. — Labouré, ée. Ameubli, ie. *Bla moougu* : blé moulu, c'est-à-dire, réduit, mis en farine. *Terro moougudo* : terre labourée, à laquelle on a donné le premier labour. *S'enco es moougudo li dira coouquarren* : lorsqu'elle sera en train elle va la draper comme il faut.

MOOUTAS. s. m. Grumeau de chaux qui se trouve parmi le mortier lorsqu'il n'est pas assez corroyé.

—Grumeau de sang. Voyez CAIHOUN.

—Grumeau de farine. Voyez GATHOUN.

MOOUTI. Voyez HUYA.

MOOUTO. s. f. Terme de moulin à huile. Motte. Quantité d'olives qu'on met sous la meule à chaque triturage. Elle se compose d'environ quinze panaux.

MOOUTTO. s. f. Quantité. Nombre considérable. *A toumba uno bello mooutto de pluyo* : il a tombé de la pluie considérablement. On dit fam. de celui que l'on a battu, frappé ou châtié fortement. *Que l'y an douna sa moootto, que n'agu uno bello moootto* : qu'il a eu sa ration copieuse.

MOOUTURA. v. a. Terme de meunier. Mouturer. Prendre le droit de mouture.

MOOUTURO. s. f. Mouture. Salaire en grain que prend le meunier sur le blé qu'on lui fait moudre.

MOOUVADIS, ISSO. adj. Mouvant, mouvante. On le dit des terres et des sables dont le fond n'est pas stable et solide, et où l'on enfonce aisément quand on y marche, ainsi que des pierres, des cailloux qui, étant dans le lit d'une rivière, sont entraînés ou remués par le courant. On dit prov. et fig. *Jamai peiro moouvadisso n'accampa mouffo* : pierre qui roule n'amasse point de mousse, pour dire, qu'un homme qui change souvent de condition, de profession ou de domicile, n'acquiert point de bien.

MOOUVIDURO. s. f. Moisissure. Corruption d'une chose moisie. *N'es que de moouviduro* : ce n'est que de la moisissure.

MOUACRO. s. f. Monnaie. Argent. Terme plaisant et populaire. *N'a plus ges de mouacro* : il n'a plus d'argent.

MORNE. **MORNO.** } adj. Sombre. Brun. Obscur. Foncé. On ne le dit au propre que des couleurs et quelquefois du temps, par extension. *Habit morne* : habit de couleur foncée. *Indienno morno* : indienne fond brun : *Coulour morno* : couleur sombre.

MORTUORUM. s. m. Extrait mortuaire d'une personne. *Ana sarqua lou mortuorum* : aller retirer l'extrait mortuaire. *Per si marida li foou lou mortuorum de soun pèro* : l'extrait mortuaire de son père lui est indispensable pour se marier.

MOUC. s. m. Moucheron. Lumignon. Petite rosette qui vient au bout de la mèche d'une lampe ou d'une chandelle qui brûle.

MOUC. s. m. Mouchure. Bout du lumignon d'une lampe ou d'une chandelle lorsqu'on l'a mouchée.

MOUCA. v. a. Moucher. *Mouqui, mouques, mouco, moucam, moucas, moucoun; moucavi, moucàves; moucàvo; moucaviam, moucavias, moucàvoun; moucaraï, moucaras, moucara, que mouquessi, qu'aquessi, mouca.* Presser les narines pour en faire sortir les superfluités, les excrémens qui tombent dans le nez. Il est aussi récip. *Si mouca* : se moucher. On dit prov. et fig. d'un homme habile et à qui il n'est pas aisé d'en faire accroire, que *Si mouquo pas em'un fus* : qu'il ne se mouche pas du pied. Il est popul.

MOUCACO. Voyez MOUCHÁCHO.

MOUCADOU. s. m. Mouchoir. Linge dont on se sert pour se moucher. *Moucadou de fiou, de coutoun*, etc. mouchoir de fil, de coton, etc.

MOUCAIRE. s. m. Moucheur. Celui qui mouche les chandelles au théâtre ou dans une salle de bal.

—Mouchoir de poche. Voyez MOUCADOU.

MOUCELA. v. a. Morceler. Couper. diviser en morceaux.

—Mordre dans quelque chose de comestible pour en manger un morceau. *Moucela uno pero* : mordre dans une poire pour la goûter. On dit fam. d'un jeune enfant aimable et joli que *Lou mouccelarias* : qu'il est à manger. *Oh! lou bouen air de pichoun, ti moucelarieou* : oh! combien cet enfant est aimable et intéressant, je le dévorerais!

MOUCELET. **MOUCELOUN.** } s. m. dim. Petit morceau. *N'en resto plus qu'un pichoun mousseloun* : il n'en reste plus qu'un bien petit morceau.

MOUCEOU. s. m. Morceau. Partie séparée d'un tout. *Mouceou de bouès* : morceau de bois. *Mouceou de pan* : morceau de pain. *Mouceou de bèn* : morceau de terrain. On dit fam. *Prendre un mouceou et mangea un mouceou* : manger un morceau, pour dire, faire un repas fort léger. On dit proverb. et fig. *Mouceou avala n'a ges de goust* : morceau avalé n'a plus de goût, pour dire, qu'un service est bientôt oublié.

MOUCEOU-MARGOT. s. m. Boucon. Bouconi. Il ne se dit que d'un morceau empoisonné. *L'y an douna lou mouceou-margot* : on lui a donné le boucon, pour dire, on l'a empoisonné. Il est pop.

MOUCHETTOS. s. f. Pincettes. Instrument de cheminée à deux branches servant à tisonner le feu.

— Mouchettes. Instrument pour moucher les chandelles.

MOUCHACHO. s. f. Terme de mépris que l'on donne à une femme ou fille bourrue, peu affable ou de mauvaise humeur. Vilain groin. Laide mine. Vilaine trogne. *Oh! la laido mouchacho* : fi de la malhonnête !

MOUCHA. v. a. Voyez MOUCA.

MOUCHA. v. a. Au fig. Trinquer. Chopiner. Vider la bouteille. Il est fam.

MOUCHOUAR. s. m. Mouchoir de poche ou de nez. Voyez MOUCADOU.

MOUCHOUAR DE COUEL. s. m. Cravate, linge, mousseline, foulard que les hommes portent autour du cou et qui se noue par devant.

MOUCHOUAR DE FREMO. Voyez FICHUR.

MOUCHOUN. s. m. Tison. Reste d'une bûche dont une partie a été brûlée.

— Peloton. Chose disposée ou arrangée en pelote. *Mouchoun de graisso*: pelote de graisse.

MOUCHOUNA. v. a. Emousser un tison. Faire tomber, rabattre la partie allumée d'un tison ou des sarmens qui brûlent.

MOUCHOUNA. Au fig. Souffleter. Donner des soufflets légèrement sur la joue. On ne le dit qu'en parlant des enfans. *Si voou pas resta à n'uno, mouchouna-lou*: s'il ne veut pas rester tranquille, donnez-lui quelques soufflets.

MOUCIGA. v. a. Mordre. Mordiller. Faire un ou plusieurs morceaux. Mordre légèrement et à plusieurs reprises. On ne le dit que du manger. *Mouciga lou pan* : mordre dans le pain. *Pessegui mouciga* : pêche morduc. *Mouciga uno poumo* : mordre sur une pomme. Lorsqu'il s'agit d'autre chose que du manger l'on dit MOUERDRE. Voyez MOUERDRE.

MOUCIGAGNO. s. f. Morsure. Marque faite au pain, ou à toute autre chose qui se mange, en y mordant.

MOUDÈLE. s. m. Modèle. Exemplaire. Patron, d'après lequel on travaille.

B.-A MOUDELO. s. f. Mie. Partie du pain qui se trouve entre deux croûtes.

B.-A. MOUDOURRE. } Voyez MOUDOURRE.
MOUDOURROU. }

MOUEL.
MOUEL. } adj. Mou, molle. Qui
MOUÈLO. }

cède facilement au toucher. *Aqueou liech es ben mouci* : ce lit est bien mou. *Bras mouel* : bras mou, dont la chair est molasse.

MOUEL.
MOUEL. } adj. Terme d'agri-
MOUÈLO. }

culture. Humide. Imprégné d'eau. On le dit des terres que les eaux d'irrigation ou celles des pluies ont beaucoup humectées. *Poou p'anca si lichetu parce qu'es troou mouei* : on ne peut encore loucheter parce que la terre est trop humide. *Fai foucesso tort eis vignos de l'y passa em'oou mouci* : il est très-nuisible aux vignes de les parcourir pendant que la terre est humectée. On dit prov. *Terro mouèlo, marri camin* : dans un terrain humide jamais chemin n'est beau.

MOUÈLE. s. m. Moule. Matière préparée de manière à donner une forme précise au plomb, au bronze, à la cire, que l'on y verse tout fondu ou liquide. On dit d'une chose que *Si jhietto pas eou mouèle* : qu'elle ne se jette pas en moule, pour dire, qu'elle ne peut se faire qu'avec beaucoup de soin et de temps.

MOUÈLE. s. m. Terme de mépris. Blèche. Homme mou, indolent.

MOUER. s. f. Mort. La fin, la cessation de la vie. On dit prov. *L'y a de remèdi en tout excepta à la mouer* : il y a remède à tout, fors à la mort.

MOUER, ERTO. s. Mort, morte. Celui et celle qui vient de mourir, de perdre la vie.

MOUER, ERTO. adj. Mort, morte. Qui n'a plus de vie. *Seis parens soun mouerts* : ses parens sont morts.

MOUERDRE. v. a. Mordre. *Mouerdi, mouerdes, mouerde, mouerdem, mouerdes, mouerdoun ; mourdiou, mourderi, mourdrai, mouerde ; que mourdessi, mourdent, mourdu.* Serrer avec les dents. Donner des coups de dent. On dit prov. et fig. *Si un chin negre vous a mouerdu foou pas qu'un chin blan va pague*

tresso : Gros mur. L'un des principaux murs sur lequel porte le bâtiment. On dit proverbialement et fig. d'un homme stupide et maladroit. *Qu'es espes coum'uno muraiho mestresso* : que c'est une bûche. On dit proverbialement d'un homme dur, dont il est fort malaisé de rien obtenir, soit argent ou autre chose. *Que tirarias pulcou de sang d'uno muraiho* : qu'on tirerait aussitôt de l'huile d'un mur.

MURATIADO. s. f. Mutinerie. Brusquerie. Bouder e. Agir à la manière des mulets qui ruent et mordent. On ne s'en sert guères qu'en parlant des enfans. *Faire sa muratiado* : bouder. Se mutiner. Se dépiter à la manière des petits enfans : *Leis enfants gastas fan souvent seis muratiados* : les enfans gâtés boudent et réchignent très-souvent.

MURMURA. v. n. Murmurer. Faire du bruit en se plaignant sourdement.

MURMURIA. Voyez MURMURA.

MURMURAIRE. s. m. Murmurateur. Celui qui est dans l'habitude de murmurer.

MURMURIARELLO. s. f. Murmuratrice. Celle qui murmure très-souvent. Voyez REPEPIAIRE.

MURO. s. m. Terme de pêcheur, qui est une abréviation de *meihuro*, mesure. Panier dont se servent les pêcheurs pour évaluer le poids du petit poisson. Il contient environ quarante-cinq livres poids de table ou dix-huit kilogrammes.

MURTO. s. f. Myrte. Sorte d'arbrisseau toujours vert à fleurs blanches et à baies rouges, d'une odeur agréable.

MUSCADEOU. {
MUSCADÈLO. } adj. Muscat, muscate. Qui a le goût et le parfum du raisin muscat. *Perus muscadeou* : poires rondes muscates. *Roso muscadèlo* : rose muscate. On dit proverbialement. *Per San Miquoou tout mourcede es muscadeou* : à la Saint Michel tout raisin a acquis son sel, pour dire, qu'à cette époque le raisin le plus tardif a acquis le sucre que lui donne une maturité parfaite.

MUSCADIN. s. m. Fréluquet. Damoiseau qui suit les modes. Jadis on donnait à ces jeunes gens le nom d'Incroyable, d'une mode ridicule et extravagante ainsi appelée. Aujourd'hui on les qualifie comme en Angleterre de Fashionable.

MUSCARDIN. s. m. Muscardin. Moyenne dragée ronde à odeur de musc, faite avec la graine de coriandre.

MUSCLAOU. s. m. Hameçon. Petit crochet de fer ou de fil d'archal, qu'on met au bout d'une ligne avec de l'appât, pour prendre du poisson.

MUSCLE. s. m. Moule. Moucle. Coquillage bivalve. Il y en a de plusieurs espèces. On les trouve en gros tas au marché de Marseille.

MUSCLE. s. m. Épaule d'un homme. *Seis eigrouveiha lou muscle drech* : il s'est éraflé l'épaule droite.

MUSCLIÈRO. s. f. Terme de lingère. Épaulette d'une chemise.

MUT, MUTO. adj. et sub. Muet, muette. Celui, celle qui ne peut parler.

MUTA. v. a. Changer. Terme de magnagnerie. Voyez MUDA.

MUTINADO. s. f. Mutinerie. Voyez MURATIADO.

N

NA, ADO. adj. participe du verbe *Naisse*. Né, née. Qui vient de naître. On dit prov. et fig. *Quu es na pounchu poou pas mouri carra* : qui naît tortu ne saurait mourir droit, pour dire, qu'on ne saurait changer les inclinations vicieuses qu'un homme a contractées dès son bas âge.

NAISSE. v. n Naître. *Neissi, neisses neisse, neissem, neisses, neissoun ; neissiou; neisseri; neisserai ; neissent, na, nado* : venir au monde. Sortir du ventre de sa mère. *Tou beou jhus neisse* : il ne fait que de naître.

NAJHA. Voyez NAYA.

B.-A. NAN. particule négative employée par les enfans du bas peuple. Non. Je ne veux pas. *Vene eici ti dounarai cooucaren.* — *Nan !* viens ici je te donnerai quelque chose. — Non! je n'en veux point.

NANET, ETTO. s. Nain, naine. Qui est d'une taille beaucoup plus petite que la taille ordinaire. *Semblo un nanet* : il n'est pas plus grand qu'un nain.

NANETTO. s. f. Annette. Nom de femme.

NANI. particule négative. Non. Nenni.

NANOUN. s. f. Anne. Nom de femme dans la classe du peuple. *Vesino Nanoun* : voisine Anne.

NAOU. s. m. Echaudoir. Vaisseau de bois ayant la forme d'une huche, dans lequel les charcutiers échaudent les porcs pour les peler. On lui donne aussi le nom d'ANAOU.

NAOU. s. m. Toison. La laine que l'on a tondue sur une brebis, sur un mouton. *Un naou de lano negro* : une toison de laine noire.

NAOUTREI.) subst. plur. des deux
NAOUTRES.) genres. pron. plur. *Voues veni eme naoutres ?* veux-tu venir avec nous ? *Aco depende de naoutres* : cela dépend de nous.

NARBOUNES. s. m. Nom d'un vent. Vent d'Ouest.

NARREJHA. v. n. Naziller. Parler du nez.

NARRET, ETTO. adj. Nazillard, nazillarde. Qui nazille, qui parle du nez. Il ne se dit qu'en dénigrement. *Qu'es que voou aqueou narret ?* que veut-il ce nazillard ?

NARRO. s. f. Narine. L'une des ouvertures du nez par laquelle l'homme respire. Il est bas et populaire. *Faire peta la narro* : renifler. Faire claquer, résonner la narine. Au fig. *Faire peta la narro* : dormir, ronfler avec bruit. On a dit plaisamment de plusieurs personnes réunies qui s'étaient endormies :

Sié par bémol, sié par becarro,
Chacun fasiè peta la narro.

On dit proverbialement et figurément d'un homme transporté de colère, *Que fai de fuech deis narros* : qu'il jette feu et flamme.

NAS. s. m. Nez. Partie éminente du visage entre le front et la bouche. *Parla doou nas* : naziller. *Nas pounchu* : nez aquilin. *Nas escagassa* : nez épaté.

NASIHA. v. n. Naziller. Parler du nez. Au fig. *Nazilla* : priser, prendre du tabac. Il est plaisant. *Anen, nazihas un paou* : allons, prenez la prise.

NASC, NASCO. adj. Ivre. Pris de vin.

NAVEOU. s. m. Navet. Racine potagère.

NAVEGUA.) v. n. Naviguer. Vo-
NAVIGUA.) yager sur mer. Au figuré. Agir. Travailler avec beaucoup d'activité. Aller, courir de part et d'autre pour affaire.

NAVIGAIRE. s. m. Navigateur. Qui a fait de grands voyages sur mer.

NAY. s. m. Routoir. Lieu où l'on fait rouir le chanvre.

NAYA. v. n. Rouir. Mettre le chanvre dans l'eau pour qu'en s'y macérant, les fils se détachent plus facilement du tronc. *Faire naya lou carbe* : faire rouir le chanvre. *Naya de tèlo, de linjhe*, etc. : c'est le mettre, le plonger dans l'eau, et l'y laisser quelque temps.

NE. pron. relatif. Ne. Qui ne s'emploie qu'en élidant le mot suivant. *N'an* : ils en ont. *N'en voueloun* : ils en veulent. *N'in farai veire* : je leur en montrerai. *N'ouriou foucsso* : j'en aurais beaucoup.

NEBLA, ADO. adj. Broui. Niellé. Gâté par les brouillards ou par la nielle. On le dit des fruits et des fleurs. *Fruit nebla* : fruit broui. *Leis figos valoun ren, soun neblados* : les figues ne valent rien, elles ont été gâtées par les brouillards.

— Au figuré. Pâle. Décoloré, éc. *Visagi nebla* : figure pâle.

V. NEBLAS. s. m.) Brouillard

B.-A. NEBLASSO. s. f.) épais. C'est le superlatif de NÈBLO.

NÈBLO. s. f. Brouillard. Vapeur épaisse et ordinairement froide qui obscurcit l'air. *Grosseis neblos* : brouillard épais. *La neblo a passa :* le brouillard est tombé.

— Au figuré. Nuée. Multitude de personnes, d'oiseaux ou d'animaux qui vont par troupes. *A passa uno nèblo de pichouns nousscoux :* il a passé une nuée de petits oiseaux. *N'y avie uno nèblo :* il y en avait une nuée.

NEBLOUX, OUÈ. Nébuleux, euse. Chargé de nuages. Obscurci par les brouillards. *Temps nebloux :* temps nébuleux.

NEBOU. s. m. Neveu. Fils du frère ou de la sœur.

NEC. Voyez NEQ.

NECIS, IDO. adj. Pressant. Urgent. Qui ne permet d'être différé ni retardé.

— Nécessaire. Indispensable. *Affaire, travail necis :* affaire, travail pressant. *La vigno pousso, es necis de la fouire :* la vigne bourgeonne, il est urgent de la fouir.

NECO. s. f. Nièce. Fille du frère ou de la sœur.

NEDA. v. n. Nager. Se soutenir sur l'eau par un petit mouvement des bras et des jambes. — Flotter sur l'eau. *Ana neda :* aller se baigner dans une rivière. On dit figurément d'une personne qui éprouve quelque grande satisfaction, *Que nedo dins l'aigo roso :* qu'il nage dans l'eau rose.

NEDAIRE. s. m. Nageur. Celui qui sait nager, ou qui nage actuellement. *Gros et bouen nedaire :* grand, habile et fort nageur.

NEDO. s. f. Nage. Action d'aller sur l'eau en nageant. *Passa la Durenço à la nèdo :* passer la Durance à la nage. *Se mettre à la nèdo :* se mettre à la nage, pour dire, se jeter dans l'eau pour nager.

NEFLO. Voyez NEBLO.

NEGA. v. a. Noyer. Submerger. Faire mourir dans l'eau, ou dans quelque liqueur. On dit proverbialement et figurément. *Qu'u si nego, regardo pas l'aigo que beou :* celui qui se noie, ne regarde pas à l'eau qu'il boit, pour dire, que celui qui est dans l'embarras, ou engagé dans de mauvaises affaires, ne regarde pas aux moyens qu'il emploie, ni aux conditions onéreuses qu'on lui impose pour s'en tirer.

NEGA. v. a. Nier. Désavouer une chose que l'on a dite ou faite.

NEGA, ADO. part. Noyé, noyée. Nié, niée. *Fremo negado :* femme noyée. *Lou paoure s'es nega :* le pauvre s'est noyé. *A nega ce que deviè :* il a nié sa dette.

NEGABLE. adj. Niable. Qui peut être nié, désapprouvé.

NEGADIS. ⎫ adj. Terme d'agr.
NEGATEOU. ⎭ Marécageux. Humide. *Tarren negadis :* terrain marécageux. *N'y a un mouceou de negateou :* il y en a une partie qui est humide et marécageuse.

NEGO-CHIN. s. m. Terme de marine. Tignolle ou Tillote. Petit bâteau de pêcheur.

NEGOCI. Négoce. Trafic. Commerce.

NEGRE, NEGRO. adj. Noir, noire. Couleur la plus foncée de toutes. *Drap negre :* drap noir. *Negro nuech :* nuit obscure. On dit proverbialement et figurément. *Mettre coouqu'un pu negre que la chamineyo :* mettre quelqu'un en capilotade, pour dire, le déchirer par des médisances outrées.

NEGRE, NEGRO. s. Nègre, négresse. Homme et femme noir. Originaire de la Guinée.

NEGRIA. v. n. Noircir. Paraître noir, sombre, obscur. *Ai vis coouquaren que negriavo, ero un capelan :* j'ai vu quelque chose noircir, c'était un prêtre.

NEGRINEOU, ELLO. adj. Noirâtre. De couleur très-sombre, presque noire ou tirant sur le noir.

NEGROU. s. f. Noirceur. Noircissure. *La negrou de la sartan si lèvo pa eiza :* la noircissure de la poêle est très-difficile à enlever.

NEGROUNO. adj. f. Noire. On ne l'emploie qu'en parlant des figues. *Figo negrouno :* figue noire, appelée aussi figue grasse.

NEISSOUN. ⎫ s. f. Eau naissante.
NEISSOUR. ⎭ Endroit où l'eau sourd de terre. Voyez EISSOUR.

B.-A. NENO. s. f. Terme enfantin. Magdeleine. Nom de femme.

NEOU. s. f. Neige. Vapeur dont les particules s'étant gelées dans l'atmosphère, retombent ensuite par flocons blancs sur la terre. *Toumbo de neou :* il tombe de la neige.

NEOULO. s. f. Gauffre. Pièce de pâtisserie très-mince cuite entre deux

fers qui lui donnent certaines em-
preintes.

— Oublie. Gauffre que l'on façonne
en mode de cornet en la sortant
du gauffrier.

NEQ, NEQUO. adj. Penaud, aude.
Stupéfait. Honteux. Confus. Embarrassé. Voyez CANDI. *Reste neq :* il
fut tout penaud.

V. NEQUALI, IDO.
B.-R. NEQUELI, IDO. } adj. Exté-
B.-A. NEQUERI, IDO.
nué. Amaigri. Qui n'a ni force ni
vigueur, qui se meurt par manque
ou faute de prendre sa nourriture.

NEQUELIMENT. } s. m. Inanition.
NEQUERIMENT.
Faiblesse causée par défaut de nourriture. *Es mourt de nequeliment :*
il est mort d'inanition.

NERTO. s. f. Myrte. Voyez MURTO.

NERVI. Nerf de bœuf. *Beila doou
nervi :* donner des coups de nerf de
bœuf.

NESPIÈ. s. m. Néflier. Arbre qui
porte les nèfles. Voyez GNASPIÈ.

NESPO. s. f. Nèfle. Sorte de fruit
acerbe à cinq noyaux que l'on appelle
Os, et qui n'est bon à manger
que lorsqu'il s'est amolli sur de la
paille. On dit proverbialement, *Eme
lou tems leis nespos si maduroun :*
tout vient à temps qui peut attendre,
pour dire, qu'avec de la patience
on vient à bout de tout.

NESTOU. s. m. Cresson-alénois.
Nazitor. Plante potagère d'un goût
très-piquant. Il y en a de deux espèces, l'une à feuilles de roquette,
et l'autre à feuilles de raves. Cette
plante entre dans les fournitures de
salade en hiver et au printemps. La
graine est fort chaude et ressemble à celle de rave.

NETTEJHA. v. a. Nettoyer. Rendre
net.

NETTEJHA. Terme d'agriculture.
Emonder. Egayer un arbre.

NETTICI. s. f. Propreté. Netteté.

NEVA. v. n. Neiger. Tomber de la
neige.

V. NIA. v. n. Nicher. Voyez NICHA.

NIADO. s. f. Nichée. Petits oiseaux
d'une même couvée. *Niado de pas-
serouns :* nichée de passereaux.

— Portée. Ventrée. Tous les petits

que les femelles de certains animaux
portent et font en une fois. On le
dit des rats, souris, lapins, lièvres,
etc. *Niado de garris :* nichée de rats.
*L'y a de lapinos que fan jusqu'à noou
lapins à chaquo niado :* il y a des
hases qui font jusqu'à neuf lapins
dans une seule portée.

NIADO. *Bello niado!* Terme de
nourrice. Mon beau poupon! Ma belle
nichée!

NIALO s. f. Nielle. Plante qui vient
dans les blés, et dont la graine,
noire, luisante, donne un mauvais
goût au pain.

NIALO. s. f. Nielle. Maladie des blés
occasionnée par les brouillards. On
l'appelle aussi Rouille. Voyez ROUIT.

NIAOU. s. m. Nichet. Œuf couvain.
C'est l'œuf préparé que l'on met dans
un panier au poulailler, pour engager les poules à aller y pondre.
On dit proverb. et figurément d'une
seule chose qui reste chez un marchand, en attendant qu'il en ait
reçu d'autres de la même espèce.
Resto plus que lou niaou : il n'en
reste plus que la montre ou le nichet.

NICHA. v. n. Nicher. Il ne se dit
proprement que des oiseaux qui font
leur nid et qui multiplient. *Faire
nicha de canaris :* faire nicher des
serins des Canaries.

NICHADO. Voyez NIADO.

NICROCHO. s. m. Anicroche. Difficulté. Embarras. Opposition. *A toujour
caouquo nicrocho :* il trouve toujours
quelque anicroche.

NIÈRADO s. f. Nielle. Brouillard
qui fait devenir noir le blé, le maïs,
le froment, etc., qui en est touché,
et qui occasionne aux plantes légumineuses qui en sont attaquées une
maladie, un dépérissement qu'on
appelle la Rouille. *Leis fayooux an
agu la nièrado :* les haricots ont eu la
rouille.

NIERO. s. f. Puce. Petit insecte
très-incommode. *Tria leis nièros :*
épucer. *Pitaduro de nièro :* chiure de
puce.

NIÈROUN. s. m. Tiquet. Insecte ravageur des jardins, qui ronge et
perce comme un crible les feuilles
de certaines plantes potagères, telles
que choux, raves, raiforts, etc.

NIEROUX, OUÈ. adj. Assailli, garni, plein de puces. *Camiè nierouè:* chemise garnie de puces. *Chin nieroux :* chien plein, couvert de puces.

NIGADOUIHO. s. de t. g. Niquedouille. Sot, niais.

NINO. s. f. Terme enfantin. Marraine. *Vai veire ta nino :* va voir ta marraine.

NINOYO. s. f. et adj. Nicette. Jeune fille simple, niaise et sans connaissance du monde.

NIOU. s. m. Nuage. Nue. Nuée. *Es niou :* le temps est couvert. *Si ves de gros nious :* l'on voit des gros nuages.

V. NIOU. s. m. Nid. Voyez NIS.

NIOULETTO. s. f. Luette. Morceau de chair molasse qui est à l'extrémité du palais à l'entrée du gosier. On dit qu'une chose *Es toumbado su la niouletto :* lorsque l'on éprouve une irritation provenant du dérangement de cette partie. *Ave cooucaren su la niouletto :* avoir la luette dérangée.

NIOULAS. ⎱ superlatif de *Niou.*
NIOURAS. ⎰ s. m. Gros nuage épais. Nuée obscure. Il est populaire *Quinteis gros nioulas !* quels gros nuages !

NIOULO. s. f. Nuée. Nuage. Voyez NÈBLO. NIOU.

NIOURETTO. Voyez NIOULETTO.

NIS. s. m. Nid. Petit logement que les oiseaux se font pour y pondre, pour y faire éclore leurs petits et pour les y élever. *Nis d'agaço :* nid de pie. *Gasta de nis :* dénicher des oiseaux. On dit proverbialement et par plaisanterie de celui qui croit avoir fait une découverte intéressante que *Si cres d'ave trouva la maire oou nis :* qu'il croit avoir trouvé la pie au nid. On dit proverbialement et figurément *Mettre coouqu'un oou nis de la ser :* réduire quelqu'un aux abois, pour dire, le réduire à la plus extrême misère.

NISADO. Voyez NIADO.

NISETTO. s. f. Anisette. Eau-de-vie à l'anis. *Beoure la nisetto :* boire de l'anisette.

NI TU NI VOUS. façon de parler adverbiale. Ni blanc ni noir. Ni bon ni mauvais. Ni une chose ni l'autre. On se sert de cette expression pour désigner un discours insignifiant, une couleur fade et indéterminée, un caractère mou qui n'a ni passion ni volonté, etc. *Aquelo coulour es pas poulido, n'es ni tu ni vous :* cette couleur est tout-à-fait laide, c'est entre le zist et le zest. *Dessein que n'es ni tu ni vous :* dessin qui ne signifie rien.

NITTO. s. f. Terme d'agriculture. Limon. Vase. Bonne terre que l'eau charrie et amène d'un champ dans un autre.

NIVELA. v. a. Niveler. Mesurer avec le niveau ou au niveau. *Nivela lou tarren. Nivela leis aigos :* niveler le terrain. Niveler les eaux.

NIVELAIRE. s. m. Niveleur. Celui qui fait profession de niveler.

NONO. s. f. Dodo. Terme enfantin et de nourrice. Sommeil. *Faire nono:* dormir, faire dodo. *Fai nono!* dors mon petit.

NONO-NINETTO. s. f. Nom de la chanson populaire que chantent de temps immémorial les nourrices provençales pour endormir leurs enfans. C'est véritablement le chant et les paroles qu'il faut pour endormir les petits enfans. Voyez PANTOUQUETTO. *Canto-li nono-ninetto santo Catharinetto :* chante-lui la chanson du sommeil.

NOOU. adj. numéral de tout genre. Neuf. Nombre impair qui'suit immédiatement le nombre huit. *Tres et sieis fan noou :* trois et six font neuf.

NOOU, NOVO. adj. Neuf, neuve. Qui est fait depuis peu, que n'a point encore servi, ou qui a peu servi. *Capeou noou. Camiè novo :* chapeau neuf. Chemise neuve.

— Nouveau. *Que l'y a de noou?* qu'y a-t-il de nouveau? On dit prov. et fig. *Escoubo novo fa bel oustaou :* il n'est rien tel que balai neuf, en parlant des domestiques qui, les premiers jours de leur arrivée dans une maison, servent bien et agréent à leurs maîtres. On dit encore prov. et fig. *Fremo mouerto capeou noou :* le chagrin d'une femme morte ne dure que jusqu'à la porte, parlant d'un homme veuf qui n'attend pas que le temps de son deuil soit passé pour se remarier.

B.-A. NOSE. ⎱ s. f. Noix. Fruit
B.-R NOUIHO. ⎰ du noyer ayant

une coque dure et ligneuse, couverte d'une écale verte. *Eibloua de noses* : écaler des noix. *Nouihos estrechounos* : noix anguleuses. C'est ainsi que l'on nomme ces noix dont la substance est tellement renfermée en de certains coins ou petits angles de la coquille, qu'il est difficile de l'en tirer. On dit proverbialement et figurément de deux personnes qui sont toujours à disputer et à se débattre, *Que soun d'accord coumo doues noses dins un sac* : qu'elles sont comme chiens et chats.

NOUEÇO. s. f. Noce. Mariage.

— Le festin, la danse et toutes les réjouissances qui accompagnent le mariage. *Grosseis noueços* : grande noce. On dit ordinairement et fam. d'une personne qui se rend quelque part avec beaucoup de plaisir, *Que semblo que vai en de noueços* : qu'elle y va comme aux noces, comme à des noces.

NOUERO. s. f. Bru. Belle-fille. Femme du fils par rapport au père et à la mère de ce fils. *Es sa nouero* : c'est sa belle-fille.

NOUGAT. s. m. Nougat. Sorte de gâteau fait d'amandes cuites dans du miel et recouvert de gauffres. *Nouga rouge* ; *nougat blanc* ; *nougat de nose* : nougat rouge ; nougat blanc ; nougat de noix.

NOUESTEIS. pron. possessif. Nos. *Nouesteis paires eroun de boueneis gens* : nos pères étaient des gens simples et naïfs.

NOUESTE. ⎰ pron. possessif. m.
NOUESTRE. ⎱ plur. Notre. *Noueste pèro* : notre père.

NOUESTO. ⎰ pron. possessif f.
NOUESTRO. ⎱ Notre. *Nouestro nouèro* : notre bru.

NOUGA-DE-PARIS. Croquant. Craquelin. Pain d'épice. Sorte de petit gâteau en forme de biscuit, composé d'une pâte aromatique faite avec de l'écume de sirop ou de miel, et dans laquelle on mêle des amandes entières ou grossièrement concassées.

NOUGATIE, IÈRO. s. Celui, celle qui fait ou vend du nougat.

Marchand, marchande de nougat.

NOUGUIÈ. s. m. Noyer. Arbre qui porte des noix.

NOUIHL Voyez ANOUI.

B.-A. NOUI. ⎰ s. f. Noix. Fruit
NOUIHO. ⎱ du noyer. Le premier est usité par les paysans, le second par les marseillais. Voyez NOSE.

NOUM. s. m. Nom. Terme dont on se sert pour désigner quoi que ce soit. *Faou-noum* : sobriquet, sorte de surnom.

NOUM. particule négative. Non. *Noun sai* : je ne sais.

NOUMA. v. a. Elire. Choisir quelqu'un. Nommer. Désigner une personne pour remplir une fonction, occuper un poste, etc. *Nouma leis députas* : nommer, élire les députés.

NOURA. s. m. Honoré. Nom d'homme. *Mestre Noura* : maître Honoré ou Honorat

NOURADO. s. f. Honorate ou Honorée. Nom de femme.

NOURÈ. Voyez NOURA.

NOURRIAGI. s. m. collectif. Terme d'économie rurale. Tous les pourceaux et cochons que l'on nourrit, que l'on engraisse dans une ferme. *Bastido oute l'y a fouesso nourriagi* : ferme où l'on nourrit, où l'on engraisse beaucoup de cochons.

NOURRIAGI. s. m. Glandée. Récolte du gland.

— Les glands tombés des chênes, et répandus dans une forêt où l'on mène paître les pourceaux.

NOURRIGOUN. s. m. Jeune cochon à l'engrais.

NOURRIMENT. s. m. Arrière-faix. Délivre. Ce sont les membranes où l'enfant était enveloppé dans le sein de sa mère, et qui, avec le Placenta, sortent de la matrice après l'enfantement.

NOURRISSENT, ENTO. adj. Nourrissant, ante. Nutritif, nutritive. Qui sustante, qui nourrit, qui sert d'aliment.

NOUS. s. m. Nœud. Enlacement fait de quelque chose de pliant, comme ruban, soie, fil, corde, etc. *Nous courrent* : nœud coulant. *Nous doou bouhiè* : nœud du laboureur. *Nous doou teisscrand* : nœud du tisseur.

NOUSA. v. a. Nouer. Faire des nœuds. *Nousa leis courrejhouns* : nouer les courroies des souliers.

NOUSA , ADO. part. Noué, ée. Couerdo nousado : corde nouée.

NOUSA , ADO. adj. Rachitique. Noué , nouée. On le dit des personnes attaquées du rachitis. Enfant, fiho nousado : enfant, fille rachitique ou nouée.

NOUSADURO. s. f. Rachitis. Maladie qui consiste principalement dans la courbure de l'épine du dos, et de la plupart des os longs , dans des nœuds qui se forment aux articulations et dans le rétrécissement de la poitrine.

NOUTIHOUN. s. m. Petit nœud.
— Coton. Bouchon d'une étoffe. Espèce de bourre ou duvet que jettent les bas de filoselle et certaines étoffes , les premiers jours qu'on les porte.

NOUTIHOUX , OUÈ. adj. Noueux , euse. Qui a des nœuds.
— Cotonné. Bouchonné , ée. Voyez BOURRIHOUX.

NOUVÈ. s. m. Noël. Fête de la naissance de Notre Seigneur Jésus-Christ que l'on célèbre le 25 décembre.

NOUVÈ. s. m. Noël. Cantique sur la naissance du Sauveur. Faire de nouvès : composer des Noëls. Canta de nouvès : chanter des Noëls.

NOUVEOU. adj. m. Nouveau. Moderne. Récent. Vin nouveou : vin nouveau. On dit qu'un homme. Fai sang de nouveou : qui fait corps neuf, quand, après une longue maladie, sa santé se rétablit et que son corps semble être renouvelé.

NOVI. s. de t. g. Accordé, accordée. Celui et celle qui sont engagés l'un à l'autre pour le mariage par des articles signés de part et d'autre.
— Nouveau marié. Épousée. Nou-velle mariée. V'aqui leis novis que van espousa : voilà les accordés qui vont épouser. Soun encaro novis : ils sont encore nouveaux mariés. La novi ero fouesso ben messo : l'épousée était très-bien parée.

NOVO. s. f. Nouvelle. Premier avis qu'on donne d'une chose tout récemment arrivée. Il ne s'emploie guère que dans cette façon de parler populaire et familière, Que novo ? Quelle nouvelle ?.. Quoi de nouveau ?

NOYO. Voyez NOSE.

NUÈCH. s. f. Nuit. L'espace de temps où le soleil est sous notre horizon. Negro nuech : nuit très-obscure. Es nuech : C'est nuit close. On dit proverb. La nuech leis cats soun gris : la nuit tous les chats sont gris, pour dire, que la nuit il est aisé de se méprendre et de ne pas reconnaître ceux à qui on parle. On dit que quelqu'un Es ista per soou touto la nuech : qu'il a été sur pied toute la nuit , pour dire , qu'il a veillé toute la nuit , soit pour secourir un malade , ou pour d'autres besoins.

NUECHADO. s. f. Nuitée. L'espace d'une nuit.
— L'ouvrage, le travail d'une nuit. L'y dounoun tant per nuechado : on lui donne tant par nuitée.

NUS , NUSO. } adj. Nu , nue. Qui
NU , NUDO. } n'est point vêtu. Qui n'est couvert d'aucune chose. Nus coum'un verme : nu comme un ver. On dit proverb. Leissa coouqu'un nus et crus : laisser quelqu'un absolument dépourvu de tout. Es ista arresta per leis voulurs que l'an leissa nus et crus : il a été arrêté par les voleurs qui ne lui ont absolument rien laissé.

O. particule affirmative. Oui. Pouden-ti counta sur tu ? — O ! Pouvons-nous compter sur toi ? — Oui!

O! Terme de charretier et de muletier. Arrête. On ne l'adresse qu'aux chevaux et autres bêtes de charge pour les faire arrêter.

OBÈ. }
ABÈ. } interjection marquant
EBÈ. } l'indifférence ou l'insouciance. Oh ! Eh bien ! Vendras-ti ? — Obè, nani ! Viendras-tu ? Oh non ! Si vènes pas s'en vai. — Obè. Si tu ne viens

pas il s'en va. — Soit, peu m'importe. *Oouses ce que ti dien ?* — *Abé que mi fach.* Entends-tu ce que l'on te dit? Oh! que m'importe, cela ne me fait rien.

OBRO. s. f. OEuvre. Travail. Occupation. Besogne. Embarras. *Ave d'obro :* avoir du travail, du souci, de la besogne, de la peine, de l'embarras. *Soun de gens qu'an toujor fouesso obro :* ce sont de gens toujours très-occupés. *Faire soun obro :* faire son travail, sa besogne. *Seis enfants l'y dounoun ben d'obro :* ses enfans lui donnent bien du souci. *Ave d'obro à vioure :* avoir bien de la peine à vivre. On dit proverbialement et fig. *L'y a mai d'obro en tout qu'à la mita :* il y a beaucoup plus de peine au tout qu'à la moitié, pour dire, que celui qui dirige ou est chargé seul d'une chose, a beaucoup plus de peine et d'embarras que s'il ne l'était que d'une partie. On dit proverbialement d'un homme paresseux qui n'aime point à travailler, *Qu'obro fucho li fa gaou :* que c'est un mangeur de viandes apprêtées. On appelle vulgairement et plaisamment, *Jean tout obro,* ou *moussu tout obro :* celui et celle qui, dans une maison, est bon à tout, ou veut se mêler de tout.

OC. particule affirmative. Oui. *beleau qu'oc :* peut-être qu'oui. *Foou dire d'oc ou de noun :* il faut se déterminer, et dire oui ou non.

ODI. s. f. Haine. Aversion. *Si soun pres en odi :* ils se sont pris en aversion, en haine. *Lou vin m'es vengu en odi :* j'ai pris le vin en aversion.

OLI. s. m. Huile. Liqueur grasse et onctueuse qu'on tire de l'olive, des noix, des amandes, du colza, de la navette, etc. *Oli d'ooulivo, de bouen oli, oli fin, oli d'infer, oli fouer.*

OLI-ROUGE. s. m. Huile de mille pertuis. On donne ce nom à l'huile d'olive dans laquelle on a mis macérer les sommités fleuries du mille pertuis, qui le fait devenir rouge et le rend très-propre à guérir les meurtrissures et les coupures. On appelle figurément et poétiquement le vin, *L'oli doou gaveou :* le jus de la treille.

OOU. interjec. Hola! Hé ! Plait-il! Que veux-tu?

OOU. particule. Au. *Fou douna oou paoure, quan l'on poou :* il faut donner au pauvre quand on peut. *Oou luego de veni s'enfuge :* au lieu de venir il s'enfuit. On dit proverbialement et fig. *Oou mai anan oou pu poou valen :* plus nous allons moins nous valons.

OOU. Fait au pluriel *eis.* Voyez EIS.

OOUBADO. s. f. Aubade. Sérénade. Espèce de concert du galoubet et du tambourin, ou simplement des tambours militaires, que l'on donne à l'occasion d'une fête patronale, à la porte des personnes en autorité ou revêtues de quelque charge qui a rapport à la fête.

B.-A. **OOUBARESTO.** s. f. Taupière. Sorte de piège à prendre les taupes, les mulots et les campagnols.

B.-A. **OOUBENCHO.** s. f. Fatigue. Sollicitude. Peine. Souci. Terme populaire. *Ave l'ooubencho :* avoir de la peine et de la sollicitude.

OOUBERJHO. s. f. Hôtellerie. Logis. Auberge.

OOUBERJHO. s. f. Pavi. Pêche de Troyes. Pêche d'été. Fruit de la grosseur d'une prune, qui tient du goût de l'abricot et qui se mange au mois d'août.

OOUBETO. s. f. dim. Petite aube. Première pointe du jour.

OOUBEROUNIÈRO. s. f. Terme de serrurier. Moraillon. Pièce de fer attachée au couvercle d'un coffre, d'une malle, etc. Elle porte un anneau qui entre dans la serrure et dans lequel passe le pêne.

B.-A. **OOUBIÈRI.** s. m. Vigueur. Force. Dextérité. Capacité d'agir. *N'a pas ges d'ooubièri :* il n'a point de vigueur. Il manque de dextérité. *Soou pas si douna d'ooubièri :* il ne sait se donner aucun mouvement. Voyez ENAVAN. VOYO. BIAI. On dit ordinairement à une personne valétudinaire. *Douna-vous d'ooubièri, foou si douna d'ooubièri :* prenez courage, donnez-vous un peu de mouvement, agissez quelque peu.

OOUBLIDA. v. a. Oublier. Perdre le souvenir de quelque chose.

— Laisser quelque chose en quelque endroit par inadvertance.

— Omettre. *Ooublida uno coumission* : oublier une commission.

OOUBRADO. s. f. Charge d'arbre. Terme d'agriculture. La quantité de fruit dont un arbre est chargé. *Ooubrado de peros* : charge de poires. *L'y a coouqueis ooubrados d'agrufien* : il y a quelques cerisiers chargés de fruit.

OOUBRAGI. s. m. Hardes. Agobilles. Trousseau de femme. *L'y an retengu soun ooubragi per si paga* : on lui a retenu ses hardes pour se payer. Il est populaire.

OOUBRAGI. s. m. Travail. Ouvrage quelconque soit d'esprit ou manuel.

— Chose. Ce qui est. *Aco es un lai ooubragi* : c'est là une vilaine chose. *L'y aviè touto sorto d'ooubragis* : il y avait des choses de toute espèce. Il est populaire.

OOUBRAN. adj. masc. Ouvrable. Pendant lequel les lois de l'Église et de l'état permettent de travailler. *Jour ooubran* : jour ouvrable.

OOUBRIÈ, IÈRO. s. Ouvrier, ouvrière. Celui et celle qui travaille de la main. Au fig. Mauvais sujet. Méchant. Rusé. *Marrit ooubriè* : mauvais sujet. *Quintou ooubriè!* Quel rusé, quel fin compère!

OOUBRIHO. s. f. plur. Les arbres et arbustes en général. Voyez AOUBRIHO.

OOUCIPRÈS. s. m. Cyprès. Arbre de forme pyramidale, qui est l'emblème de la tristesse et du deuil.

OOUDOUR. s. f. Odeur. Senteur. *Ooudour d'espitaou* : Faguenas. *Ooudour deis pès* : escafignon. *Ooudour de recru* : relent. Voyez SENTI. ESTU. RECRU.

OOUPHANOUX. {
OOUPHANOUÉ. { adj. Bouffant, bouffante. Qui bouffe, qui paraît gonfle. On le dit des étoffes et par analogie, de toute matière ou production qui, quoique entassée, a assez de consistance ou de légèreté pour se tenir relevée et ne pas s'aplatir ou s'affaisser. *Estoffo oouphanouè* : étoffe bouffante. *Uno trousso de fueyos secos es ben oouphanouè* : une trousse ou un drap plein de feuilles sèches est bien bouffante. *Leis fueyos doou bla de barbarie soun oouphanoues* : les feuilles du maïs sont bouffantes et se tiennent relevées.

OOUJHA. v. n. Oser. Avoir la hardiesse de faire, de dire quelque chose.

OOULIÈRO. s. f. Terme d'agriculture. Houlière. Allée. Espace de terre labourable entre deux allées de vignes.

B.-R. OOULIVA. {
B.-A. OOURIVA. { v. a. Cueillir, ramasser les olives. Si le mot *Oliver* était adopté en français il conviendrait parfaitement et serait l'éxacte signification *d'oouliva*. *Ooulivan p'ancaro* : nous ne ramassons pas encore nos olives.

OOULIVA. Voyez OOURIVA. Encaumer.

B.-R. OOULIVADO. {
B.-A. OOURIVADO. { s. f. Olivaison. Saison où l'on fait la récolte des olives.

— La cueillette même des olives, et ce qu'il en coûte pour la faire. *L'y anarem per l'ooulivado* : nous irons à l'époque de l'olivaison. *Quand ooures fini l'ooulivado* : lorsque vous aurez ramassé toutes vos olives. *Soun ooulivado li ven chier* : sa cueillette des olives lui revient très-cher.

OOULIVAIRES. {
OOULIVARELLOS. { s. Ceux et celles qui cueillent ou qui ramassent les olives. On devrait dire cueilleur et cueilleuses d'olives. *Eis ana veire seis ooulivaires* : il a été voir ceux qui cueillent ses olives.

OOULIVETO. {
OOULIVEIRETTO. { s. f. Olivette. Verger d'oliviers.

OOULIVEIRIS. Voyez OOULIVAIRES.

OOULIVETO. s. f. dim. Petite olive.

OOULIVIÈ. s. m. Olivier. Arbre qui porte les olives.

OOULIVIÈ SOOUVAGI. s. m. Troësne. Arbuste qui croît dans les haies.

OOULIVO. s. m. Olive. Fruit de l'olivier.

OOULAME. Voyez AOULAME.

OOUMARINIÈ. s. f. Osier franc ou franc-osier. Arbre dont les scions servent à faire les ouvrages de vanne-

40

rie, tels que paniers, corbeilles, etc.

OOUMARINO. s. f. Scion d'osier. Baguette d'osier. *Paquet d'oumarino* : gerbe d'osier. *Paniè d'ooumarino* : panier en osier.

OOUPILA, S'OOUPILA. v. récip. Se passionner. Faire quelque chose avec passion. *S'ooupilo oou jhuech* : il est passionné pour le jeu. *Se l'y ooupilo* : il s'y livre avec passion.

OOUPILA (S') v. récip. Terme de médecine. Avoir le pica. C'est un appetit dépravé qui fait rechercher et manger avec passion certaines choses nuisibles et dégoûtantes, telles que terre, charbon, sel, etc. Quelques femmes grosses, et les filles attaquées de pâles couleurs sont fort sujettes à cette espèce de maladie. *S'ooupilo à manjha de gip* : elle a la passion de manger du plâtre. *S'ooupilo* : elle a le pica.

OOUPILA. } adj. et part.
OOUPILADO. }
Passionné, passionnée.

— Sujet au pica. Qui a la fureur de faire ou de manger quelque chose de ridicule et de nuisible à sa santé. *Es ooupilado* : elle a le pica.

OOUPILATIEN. s. f. Manie. Passion extrême et ridicule de faire ou de manger quelque chose de dégoûtant.

OOUPINIASTRA. v. a. Opiniâtrer. Soutenir une proposition avec obstination.

OOUPINIASTRA (S') v. récip. S'opiniâtrer. S'obstiner. S'entêter.

OOUPINIASTRE. } s. Opiniâtre.
OOUPINIASTRO. }
Obstiné. Entêté.

OOUPINIASTRETA. s. f. Opiniâtreté. Obstination. Entêtement.

OOURA. Voyez VOULA.

OOUQUETO. } s. Oison. Le
OOUQUETOUN. }
petit d'une oie.

OOURAME. Voyez AOULAME.

OOURAMOUN. s. f. Faucillon. Etrape. Voyez FOOUCIOUN.

OOUREIHA. Voyez CHOOUREYA.

OOUREIHADO. s. f. Oreillée. Action de tirer les oreilles à quelqu'un. *Tira uno ooureihado* : tirer une oreil-

OOUREIHIÈROS. s. f. plur. Terme de laboureur. Orcilles. C'est le nom

qu'on donne aux deux ailerons attachés aux extrémités latérales du cep d'une charrue, et qui renversent la terre chacun de son côté.

OOUREIHO. s. f. Oreille. L'organe de l'ouie. On dit proverbialement et en mauvaise part, *Subla eis ooureihos de coouqu'un* : corner aux oreilles de quelqu'un, pour dire, vouloir persuader quelque chose à quelqu'un à force de lui parler. On dit familièrement *Que leis ooureihos subloun* : que les oreilles cornent, lorsqu'on entend dans les oreilles un certain sifflement confus. On dit proverbialement en parlant des accidens communs de la vie. *Ooutant nous n'en pende à l'ooureiho* : autant nous en pend à l'oreille, pour dire, qu'il nous en peut arriver autant.

B.-R. OOUREIHO-D'AI. plur. f. Grande consoude. Plante.

B.-A. OOUREIHO-D'AZE. s. f. Petite scabieuse. Plante.

OOUREYETTO. s. f. dimin. Petite oreille.

OOUREYETTO. s. f. Ecclaire. Félouque ou grande chélidoine. Plante.

OOUREYETTO. s. f. Oreille de Judas. Espèce de champignon de la nature des morilles. On le trouve dans les vignes au commencement du printemps lorsque le soleil se montre subitement après une ondée.

OOUREYU, UDO. adj. Oreillard, oreillarde. Il se dit d'un cheval, d'une jument, dont les oreilles sont longues, basses et pendantes.

OOURETORI. s. m. Oratoire. Pilier surmonté d'une croix dans lequel est une niche où l'on met l'image ou la statue d'un saint. On les place ordinairement dans la campagne sur les bords du chemin, et de ceux surtout qui conduisent à des hermitages ou chapelles rurales. Au fig. *Faire d'oouretoris* : s'arrêter. Faire des pauses pour caqueter. *Touteis leis fes que la mandan en coumissièn, fa caouqu'oouretori* : à chaque fois qu'elle sort, elle s'arrête pour causer.

OOURIÈLO. Voyez OOURUELO.

OOURIÈRO. Voyez OOULIÈRO.

OOURINA. v. n. Uriner. Pisser. Se décharger des urines.

OOURINAOU. s. m. Urinal. Vase ordinairement de verre ou les malades urinent commodément.

— Pot-de-chambre. Vase de nuit, dans lequel on fait ses nécessités. Au figuré. Original. Homme bizarre et singulier. Il est populaire. *Que me voou aquel oourinaou ?* que me veut-il cet original?

OOURIPÈLO. Voyez OOUSIPÈRO.

OOURIVA. Voyez OOULIVA.

OOURIVA. v. n. Encaumer. Pousser des pustules ou petites vessies, par l'effet d'une brûlure faite par l'eau ou par tout autre liquide bouillant. Le remède le plus prompt et le plus efficace pour prévenir ce mal, est d'envelopper de suite de coton en laine, la partie qui vient d'être brûlée ou échaudée.

OOURIVADO. Voyez OOULIVADO.

OOURIVAIRE. Voyez OOULIVAIRE.

OOURIVARELLO. Voyez OOULIVARELLO.

OOURIVETTO. Voyez OOULIVETTO.

OOUROUN. Voyez LOOUROUN.

B.-R. OOURUÈLO. B.-A. OOURUÈRO. } s. f. Chardon étoilé. Plante qui croît abondamment dans les terres en chaume.

OOURUOU. s. m. Loriot. Oiseau un peu plus gros que le merle. Il a le plumage vert et jaune, et fait son nid sur les chênes auxquels il le suspend par un fil de laine qu'il attache à deux différentes branches.

OOURUOU. s. m. Macquereau. Poisson de la Méditerranée. On le nomme aussi poisson d'avril. On le marine de la même manière que le thon.

OOURUOU. s. f. Auriol. Petite commune du département des Bouches-du-Rhône, dont on ne fait mention ici que pour faire connaître l'origine d'un adage proverbial employé dans presque toute la Provence et le Languedoc.

On prétend qu'il a existé dans ce pays un barbier qui, non seulement faisait gratuitement la barbe à ceux qui s'adressaient à lui, mais qui plus est leur payait souvent l'eau-de-vie le matin. De là est venue cette façon de parler qui est passée en proverbe. *Estre lou barbiè d'Oouruou* : être le dindon, la dupe, celui qui travaille pour rien. *Mi prend per lou barbiè d'Oouruou* : il me prend pour un imbécile, pour sa dupe. *Eleis an tout arrapa et iou sieou ista lou barbiè d'Oouruou* : pour eux ils ont tout accroché et moi j'ai été le dindon. On dit proverbialement et fig. d'une personne qui fait le simple et le niais à dessein, *Que fai l'oouruou* : qu'il fait le niais.

OOUSI. v. a. Ouïr. Entendre. Recevoir le son par les oreilles. *L'ai aousi parla* : je l'ai entendu parler.

OOUSIDO. s. f. Ouïe. Le sens par lequel on entend.

OOUSIPÈRO. s. m. Erésipèle ou érysipèle. Tumeur superficielle inflammatoire.

OOUSSA. v. a. Élever. Hisser. Relever. Hausser. Rendre plus haut. *Ooussa la voix* : élever la voix. *Ooussa seis raoubos* : relever ses jupes. *Ooussa leis espalos* : hausser les épaules. Voyez HOOUSSA. HISSA.

OOUSSELÀS. s. m. Augmentatif. Gros oiseau. Oiseau de proie. Il est populaire.

OOUSSELET. OOUSSELOUN. } s. m. dimin. Petit oiseau. Oisillon.

OOUSSELUN. s. m. collectif. Volatille. Il se dit de tous les petits oiseaux qui sont bons à manger.

OOUSSÉOU. s. m. Oiseau. Animal à deux pieds ayant des plumes et des ailes.

OOUSSÉOU VOUÈLO. s. m. Jeu d'enfant qui consiste à lever le doigt à chaque fois que l'on nomme un oiseau qui vole, et à le baisser quand c'est tout autre chose. C'est un jeu de gages, nommé aussi *pigeoun-vouèlo*.

OOUSSET. s. m. Troussis. Rempli. Terme de couture. Pli que l'on fait à une robe trop long pour les raccourcir. *Faire d'ooussets* : faire des troussis. *Foou faire d'ooussets eis raoubos deis enfans per leis allounga quand creissoun* : il faut faire des troussis aux robes des enfans pour pouvoir les allonger à mesure qu'ils grandissent.

OOUTAMBEN. adv. Aussi bien. Tout de même. Voyez TAMBEN.

OOUTAR. s. m. Autel. Espèce de table de pierre destinée à l'usage des sacrifices. *Ooutar de marbre*, *ooutar à la roumaino*, *un davant d'ooutar*, *garni un ooutar* : on dit proverbialement et fig. *Deigarni un ooutar per n'en garni un aoutre* : dégarnir un autel pour en décorer un autre, lorsqu'on ôte les meubles, les ornemens d'une chambre, d'une personne, etc, pour en garnir ou en orner une autre. *Grand ooutar* : maître autel.

OOUTIN. s. m. Tonne. Treille garnie de vigne. Voyez l'article suivant.

OOUTINADO. s. f. Tonnelle. Tonne. Branches et sarmens de vigne que l'on dirige avec art autour et au-dessus d'une claie pour en former une espèce de berceau ou de cabane, à la campagne.

OOUTOUN. s. m. Avorton. Fruit avorté, mal conformé, ou qui, étant venu trop tard, n'a pu acquérir l'accroissement, ni parvenir à la maturité qui lui est propre. On le dit presqu'exclusivement des melons et des raisins. *L'y a fouesso ooutouns* : il y a beaucoup des avortons, ou des raisins avortés. Voyez REGITEOU.

OOUTOUNS. s. m. pl. Fruits et fleurs d'arrière saison, c'est-à-dire, qui viennent à-peu-près vers l'automne. *Aco es d'ooutouns* : ce ne sont que des avortons, ou des fruits d'arrière saison. *Quand leis calours duroun, leis ooutouns si maduroun* : lorsque les chaleurs se prolongent, les fruits tardifs, ou les avortons mûrissent.

OOUTOUNA. v. n. Passer l'automne. Profiter de l'automne. Croître. Mûrir en automne. On le dit des terres labourées qui, par l'effet de la température de cette saison, sont rendues plus friables et mieux disposées pour les semailles. On le dit aussi des fruits et des légumes tardifs qu'une belle automne fait parvenir à maturité, et des plantes à qui elle procure un accroissement sensible.

OOUTOUR. s. f. Hauteur. Éminence.

Étendue d'un corps en tant qu'il est haut. Au fig. Orgueil. Fierté. Arrogance.

OOUTURO. s. f. Terme d'agriculture. Hauteur. Élévation du terrain. Terres plus élevées. *Bla d'oouturo* : blé des terres hautes.

B.-A. **OOUTUROUX, OUÉ.** adj. Hautain. Fier. Orgueilleux. Hautaine. Il est populaire. *Es fouesso oouturoux* : il est très-hautain. *Es uno oouturoué* : c'est une orgueilleuse.

B.-A. **OOUVARI.** s. de tout g. Terme de mépris. Original. Personne bizarre, ridicule, singulière.

V. **OOUVARI.** s. m. Dommage. Dégât. Préjudice.

OOU-VE ! interjection d'étonnement et de surprise. Holà ! Quoi !

B.-A. **OOUVEDE.**   }
V. **OOUVIDE.**   } s. m. Conduit. Petit canal couvert servant à l'écoulement des eaux d'un terrain.

— Pierrée. Conduit en terre, à pierre sèche. *Oouvede per cuhi leis aiguos* : conduit pour l'écoulement des eaux.

V. **OOUVI.** Voyez OOUSI.

V. **OOUVIDO.** Voyez OOUSIDO.

OOUZI. Voyez OOUSI.

OOUZIÁS. s. m. Elzéar. Nom d'homme.

OOUZIDO. Voyez OOUSIDO.

ORDI. s. m. Orge. Plante fromentacée. *Ordi pela* : orge mondé. C'est celui qui est dépouillé de la balle ou tunique qui le couvre. *Ordi perla* : orge perlé.

ORDRE.   }
ORRE.   } adj. de t. g. Odieux. Révoltant. Inconvenant.

— Laid. Vilain. Affreux. On le dit au moral comme au physique. *Aco est ordre* : c'est odieux. *Es ben ordre* : c'est bien vilain. On disait autrefois Ord et orde en français dans le même sens.

ORJHUI. Voyez ARJHOOU.

ORLE. s. m. Terme de couturière. Ourlet.

B.-A. **ORSO.** s. f. Croupion. Os du derrière, épine du dos. On dit proverbialement d'une personne extrêmement maigre. *Que n'a que l'orso* : qu'elle n'a que la peau collée contre les os.

ORTO. Il n'a d'usage que dans cette

façon de parler adverbiale et populaire. *Estre per orto* : être par voie et par chemin. *Es un homme qu'es toujours per orto* : c'est un homme qui court de part et d'autre. *Ave l'esprit per orto* : avoir l'esprit en campagne.

OSSO. interj. d'étonnement et de surprise. Comment ! Voyez ASSA.

OSTI. s. f. Pain à cacheter. *Uno bouito d'ostis* : une boîte de pain à cacheter.

OTO. Voyez ATO.

V. OUARDI. Voyez ORDI.

OUAS. Voyez OUÈS. OUESSES.

OUDRE. Voyez OURDRE. VESSA NO.

OUERCHO. s. f. Terme de boucherie. Croupion. Fausse côte. Extrémité de l'échine du mouton où la queue commence. Voyez ORSO. *Mouceou de l'ouercho* : morceau du derrière.

OUÈS. }
OUESSE. } s. m. Os. Partie du corps des animaux, laquelle est dure, solide, compacte.

OUESCO. s. f. Hoche. Coche. Entaillure. On le dit de la marque que fait un boucher et un boulanger sur une taille, pour marquer la viande ou le pain qu'ils remettent aux maisons qui font compte chez eux.

OUESSES. s. m. plur. Ossemens. Os décharnés des hommes ou des animaux morts.

— Os. Voyez OUÈS.

OUGHES. s. m. Tanaisie ou lancesie. Plante à odeur forte et désagréable qui s'élève jusqu'à 2 ou 3 pieds de hauteur, ses feuilles sont grandes en forme d'aile, et ses fleurs en bouquet jaune. On donne aussi le nom d'*oughes* à l'hyèble ou petit sureau. Celle-ci a les fleurs blanches et disposées à ombelle comme le sureau.

OUGNE. v. n. Oindre. Graisser. Voyez VOUGNE.

OUIDE. }
OUIDO. } s. Conduite ou petit canal des eaux d'écoulement d'un terrain. On donne également le nom de *Ouido* aux vues qui donnent dans ces canaux, comme à la blocaille qui les couvre et au travers de la

quelle passe l'eau qui s'y rend du terrain supérieur. Voyez OOUVEDE.

OUIRE. s. m. Outre. Peau de bouc accommodée, et dans laquelle on transporte à dos de mulet des liqueurs, telles que vin, huile, caude-vie, etc.

— Musette. Instrument de musique. Terme de montagne. Au fig. La bedaine. *Es countent aro qu'à rempli soun ouire* : il est satisfait maintenant qu'il a rempli la bedaine.

OUIRO. Voyez AHURO. AHURO.

B.-R. OULADO. s. f. Potée. Plein une marmite. *Uno oulado de cooulets* : une potée de choux. On dit prov. et fig. *Lou sang mi bouye coum'uno oulado de cooulets* : j'ai le sang aussi agité qu'une potée de choux.

B.-R. OULO. } s. f. Marmitte. Pot.
B.-A. OURO. } Vase de fonte ou de terre dans lequel on fait la soupe du ménage. On dit prov. et fig. *Chacun soou ce que bouye dins soun oulo* : chacun sait ce qui cuit dans son pot, pour dire, que chacun connaît ses propres affaires et ses embarras.

OULIA. v. a. Huiler. Oindre. Frotter avec de l'huile.

OULIA, ADO. part. Oint, ointe d'huile. Huilé, huilée.

OULIAIRE. Voyez HOULIAIRE.

OULIÈRO. Voyez HOULIÈRO.

OUMBRAJHOUX, OUÈ. adj. Ombrageux, euse. On ne le dit au propre que des chevaux et des mulets, etc., qui sont sujets à avoir peur. Au fig. On le dit des hommes soupçonneux, défians, à qui un rien fait ombrage.

OUMBRINO. } s. f. Ombre. Obscurité causée par un corps opposé à la lumière. Il est populaire. *A poou de soun oumbrino* : il a peur de son ombre.
OUMBRO. }

OUME. s. m. Orme. Arbre de haute futaie.

OUMEGO. s. m. Émérillon. Petit oiseau de proie. Au fig. Éveillé. Alerte comme un émérillon.

OUMENAS. s. m. augment. Gros homme. Homme grand et gros.

— Hommasse. Grande fille robuste qui a les traits, la voix et la taille d'un homme. *Es un oumenas* : c'est une hommasse.

OUMENET. Voyez HOUMENET.

OUMOUERNO. s. f. Aumône. Ce qu'on donne aux pauvres par charité. *Es eis oumouernos* : il est à la mendicité.

OUNCHURO. Voyez VOUNCHURO.

OUNDO. s. f. Bouillon. Agitation dans laquelle se trouve le liquide qui bout. *Quan an vira douès oundos, leis coulets soun cuèchs* : deux bouillons suffisent pour cuire les choux. On dit fig. *Lou sang mi fai qu'uno oundo* : le sang me monte à la tête, pour dire, qu'on est dans une extrême agitation.

OUNDOS. s. f. plur. Vagues. Mouvement que fait l'eau de la mer lorsqu'elle est en courroux. *Leis oundos de la mer* : les vagues de la mer.

OUNGLADO. s. f. Onglée. Douleur que le grand froid occasionne au bout des doigts.

— Meurtrissure faite par un enfant ou un animal qui a les ongles très-longs.

OUNGLO. s. f. Ongle. Partie dure qui couvre le dessus du bout des doigts.

— Griffe de certains animaux.

OUNGLO-CHIVALINO. s. f. Pas-d'âne. Plante dont la fleur appelée tussilage est très-pectorale.

OUNTE. adver. de lieu. Où. *Ounte vas ? Où vas-tu ? Ounte sian ?* où sommes-nous ?

OUNTO. s. f. Honte. Confusion. *N'a plus ges d'ounto* : il a toute honte bue. *A ounto de si presenta* : il est si honteux qu'il n'ose se montrer.

OUNTOS. s. f. plur. Nudité. Parties naturelles que la pudeur oblige de cacher. *Fasiè veire seis ountos* : il montrait sa nudité. Il est populaire.

OUNTOUX. ⎰ adj. Honteux, euse.
OUNTOUÈ. ⎱ Confus. Couvert de confusion.

— Timide. Embarrassé dans les compagnies.

OUQUETOUN. s. m. Terme de couturière. Troussis. Rempli. Voyez OOUSSET.

B.-A. OURADO. Voyez OULADO.

OURDRE. s. m. Terme d'agriculture. Andain. Espace. C'est l'étendue de terrain qu'un semeur sème à la charrue. *Un ourdre* : un andain ayant quatre pas ou quatre enjambées (*Cambados*) de largeur, il faut quatre hommes pour le travailler à la marre ou à la houe. Voyez VESSANO. SOOUCO. *Marqua leis ourdres.* Tracer les distances, les espaces ou les andains. *Ourdre* est synonyme de *Vessàno*, avec la seule différence que le mot *Ourdre* n'est d'usage que dans les travaux qui se font à la marre ou à la houe, et *Vessàno* pour ceux qui se font à la charrue.

OURGUEI. s. m. Orvet. Petit serpent gris foncé, court, dont le corps a peu de souplesse. Le bout de sa queue n'est point amenuisé comme dans les autres serpens ; il a les yeux fort bons, bien que le vulgaire le croit aveugle. On le trouve dans les prés.

OURMEGA. ⎰ v. n. Terme de
OURMEJHA. ⎱ marine. Jeter les ancres. Se précautionner contre le mauvais temps. Au fig. Se cramponner. Se fixer solidement en quelque lieu. S'attacher fortement et par plusieurs côtés.

OURADO. Voyez OULADO.

OURLA. v. a. Ourler. Faire un ourlet à du linge ou à quelqu'autre étoffe.

OURO. s. f. Voyez OULO.

OURO. s. f. Heure. Espace de temps divisé en 60 minutes.

OUROS. s. f. Livre de prières. Heures. *Pouerto teis ouros à l'Egliso* : porte ton livre de prières à l'Eglise.

— Prières. Celles que l'on fait le matin après s'être habillé et celles que l'on fait avant de se coucher. Il est populaire. *Digo teis ouros* : fais ta prière. *A p'anca dit seis ouros* : il n'a pas encore fait sa prière.

OURSIN. s. m. Hérisson. Voyez HOURSIN.

OURTIGO. s. f. Ortie. Plante sauvage et très-commune dont la tige et les feuilles sont piquantes.

OURTOULADHO. Voyez HOURTOULAYO.

OUSTALAS. Voyez HOUSTALAS.

OUSSAIHOS. s. f. plur. Ossemens. Os. Quantité d'os. On ne le dit qu'en parlant de la viande de boucherie.

Nous dounas que d'oùssaïhòs : vous ne nous donnez que des os.

OUSSIHOUN. s. m. Esquille. Petit morceau d'os rompu.

OUSTALET. Voyez HOUSTALET.

OUSTAOU. Voyez HOUSTAOU.

OUSTEN, ENCO. adj. Voyez AVOUS-TEN.

OURDIDOU. s. m. Terme de tis-serând. Ourdissoir. Outil sur lequel les tisserands mettent le fil lorsqu'ils ourdissent de la toile.

UUVRIÈ. adj. Ouvrable. Jour où les lois de l'Eglise permettent de tra-vailler. *Leis jours ouvriers* : les jours ouvrables.

OVE. s. m. Pierréc. Conduit. Vo-yez OOUVEDE.

P

PACAN. s. m. Manant. Malotru. Grossier. Rustre.

PACANARIÈ. s. f. Grossièreté. Pro-cédés malhonnêtes d'un manant.

PACHA. v. n. Terme de commerce. Pactiser. *Pachèm ou pacham , pa-chas, pachoun, pachaviam, pàcha-vias, pachavoun, pacharem , pàcha-res, pacharan, que pachi , que pa-chessi , pachant.* Contracter. Faire affaire ensemble. Traiter une affaire. Il est populaire.

PACHAOU. s. m. Double-denier. Petite monnaie de cuivre qui était la sixième partie d'un sol.

B.-A. PACHEYO. s. f. adj. Bar-guigneuse. Minutieuse. Femme ou fille pusillanime, irrésolue, qui s'at-tache à des minuties, qui tatillonne et hésite à se décider.

— Scrupuleuse, qui se fait une peine de conscience de la moindre chose, ou qui regarde comme une faute grave, un léger manquement. *Es tant pacheyo que degun la poou souffri* : elle est si barguigneuse qu'elle excède tout le monde. *Aquelo pacheyo s'imagino que tout es pecca* : cette imbécille se fait une peine de conscience des choses même les plus indifférentes.

PACHO. s. f. Terme de commerce populaire. Marché. Affaire de com-merce. Accord entre l'acheteur et le vendeur d'une chose. *Faire pacho* : conclure un marché. *Pouen pas faire pàcho* : ils ne peuvent s'accorder pour terminer leur marché. *Faire uno boueno pacho* : faire une bonne af-faire. On dit proverbialement. *Pa-cho fàcho, counscou pres :* marché conclu, on n'y revient plus.

PACHOLO. s. f. dimin. Petit mar-ché. Affaire minime.

PACHOQUO. s. f. Babillarde. Cau-seuse.

— Chipotière. Voyez PATETO.

B.-A. PACHOKO. Voyez PACHOLO.

PACHOUQUA. ⎰ v. n. Chuchot-
PACHOUQUIA. ⎱ ter. Caqueter. Bavarder.

— Parler. S'entretenir des uns et des autres.

PACHOUQUIARELLO. s. f. et adjec. Causeuse. Bavarde.

PACHOUQUET. s. m. Chipotier. Vétilleur. Voyez PATET.

PACIANT. ⎰ adj. Endurant,
PACIANTO. ⎱ endurante. Pa-tient. Qui souffre avec patience et douceur les contrariétés , les insul-tes , etc. *Es un home fouesso paciant* : c'est un homme très-endurant, qui a beaucoup de la patience. *Es pas fouesso paciento* : elle n'est pas trop endurante.

B.-A. PAFORO. ⎰ s. et adj. m.
PAFOURUR. ⎱ Extravagant. Qui a un grain de folie. Tête fêlée.

. . . . . . Voudriou ti demanda ,
A tu qu'as ebuoio aqueou que pourtavo veyoro
Per tout veire et tout critiqua,
Si sabes ce qu'es un Paforo!
Sans doute , sabi aco , et vaou ti mettre oou fet ,
Un l'aforo, es aqueou qu'a un paou la testo esclado
Et que ris touto la journado ,
D'aqueou que , coumo tu , l'a routo tout-à-fet.

PAGA. v. a. Payer. S'acquitter d'une dette. On dit proverbialement. *Q'uu pago, s'enrichisse* : qui paie, s'enri-chit. On dit proverb. et popul. *A paga et mouri l'on est toujour à tems* : à payer et à mourir l'on est toujours à temps , pour dire, que de l'argent et de la vie on est trop tôt privé.

PAGABLE. adj. d. t. g. Payable. Qui doit être payé en certain temps.

PAGADOU. } s. m. Payeur. Ce-
PAGAIRE. } lui qui paie. *Bouèn, marri pagaire* : bon, mauvais payeur. On dit populairement qu'avant de faire crédit à une personne d'une foi ou d'une fortune équivoque , il faut consulter l'écho. *Est-ti bouen pagaire ?......* L'écho ne répétant que la dernière syllabe , répondra... *Gaire* : guère.

PAGAMENT. s. m. Paiement. Ce qui se donne pour acquitter une dette. *L'a fach en douz pagamens* : il l'a fait en deux paiemens.

PAGARELLO. s. f. Payeuse. Celle qui paie.

PAGEOU. s. m. Pagel. Poisson de mer.

PAGI. s. m. Page. Jeune gentilhomme servant auprès d'un Roi ou d'un Prince dont il porte la livrée.

PAGIS. s. m. plur. Terme de moissonneur. Épis latéreaux. Ce sont les épis tardifs qu'a poussé, à côté de la principale tige, une plante de blé qui a tallé.

PAGNOTO. s. de t. g. Couard. Poltron. Pagnote. Lâche qui craint toujours de s'exposer ou de mal prendre.

PAGO. s. f. Paye. Solde qu'on donne aux gens de guerre.

PAGO. s. f. Paiement. Voyez PAGAMEN. *Pagable en tres págos égalos* : payable en trois paiemens égaux.

PAI. adj. m. Doux. Docile. On ne le dit que des animaux domestiques, tels que chevaux , ânes , mulets , etc. Voyez FEDOUN.

PAIIADO. s. f. Jonchée. Ruée. Amas de litière sèche, telle que paille, buis , verdage, chaume , etc, que l'on épand bien dru dans une rue, une basse-cour, dans un chemin, pour qu'elle y pourrisse afin de la mêler ensuite avec du fumier. *Paihado de bouisse , de groussan* : jonchée de buis , de verdage.

PAIIASSETO. s. f. dimin. Petite paillasse.

PAIIASSO. s. f. Paillasse. Espèce de grand sac de toile dans lequel

on enferme de la paille pour servir à un lit.

PAIIIÈ. s. f. Pailler. Tas. Monceau de paille.

— Lieu, basse-cour de campagne dans lequel on met les pailles.

PAIHIÈRO. s. f. Grenier. Pailler. Lieu destiné à y mettre la paille du ménage. C'est la partie la plus haute d'une maison ou d'une grange , dans laquelle on met la paille et le foin. Voyez FENIÈRO. *Coucha à la paihièro* : coucher au pailler ou au fénil.

PAIHOUÈ. s. f. Corbeille en paille. Sorte de corbeille ronde évasée, d'un tissu en paille très-serré , et servant dans le ménage à y mettre du grain ou de la farine.

PAIIIOURIÈ. Voyez PAIIIÈ.

PAIHOUX. } adj. Pailleux, euse.
PAIHOUÈ. } Couvert de paille , sali, plein de paille. *Testo paihouè* : tête pleine de paille. On dit proverbialement et bassement de celui qui se sent coupable de quelque chose. *Que si sente lou cuou paihoux* : qu'il sent son cas merdeux.

PAIRE. s. m. Père. Celui qui a un ou plusieurs enfans. On dit populairement et plaisamment d'un enfant qui ne saurait demeurer un seul moment en repos. *Que semblo lou paire boulegoun* : qu'il ressemble au père frétillant.

PAIRE-VIEIL. s. m. Terme de mépris que l'on donne populairement à un grand garçon qui fait encore des enfantillages. Flandrin. *Que fa aqui aqueou gros paire-vieil ?* A quoi s'amuse-t-il ce grand flandrin.

PAISANAS. s. m. superl. de *Paisan*. Paysan. Homme de campagne des plus grossiers.

PAISSE. v. a. Paître. On le dit au propre des bestiaux qui broutent l'herbe. *Faire paisse leis fedos* : faire paître les brebis.

PAISSE. s. m. Paisson. Nom collectif que l'on donne à tout ce que les bestiaux paissent et broutent. *L'y a encaro un bouen paisse en aqueou pra* : les bestiaux trouveront encore une paisson abondante dans ce pré.

PAISSE (SI). v. récip. Se paître. Se nourrir.

PAISSE. Terme de moulin à huile. Voyez PEISSE.

PALADO. s. f. Pellée. Pelletée. Ce que peut contenir une pelle. *Uno palado de fuech* : une pelletée de feu.

PALAMARD. s. m. Mail. Espèce de maillet à long manche, avec lequel on joue au mail.

PALAMIDIÈRO. s. f. Combrière. Filet de pêcheur pour prendre les thons et les pélamides.

PALANCHO. s. f. Rossinante. Mauvais cheval sans force et sans vigueur. Au fig. Fainéant. Paresseux. Indolent. Nonchalant, qui n'a ni vigueur, ni bonne volonté de travailler.

PALANGRE. s. m. Sorte de filet de pêcheur. Ligne de fond. C'est une longue corde à laquelle sont suspendues, de distance en distance, des cordelettes portant un hameçon enveloppé d'amorce.

PALANGROTTO. s. f. dimin. Terme de pêcheur. Ligne de fond, simple. Cordelette que l'on tient à la main et du haut de laquelle pendent 4 à 5 ficelles courtes portant un plomb à leur extrémité, pour tenir tendu l'hameçon qui est placé environ 2 pans en dessus.

PALANTOUN. s. m. Fossette. Sorte de jeu d'enfant. *Juga oou palantoun* : jouer à la fossette.

PALEIROUN. s. m. Terme de boucherie. Paix. Paleron. Os mince, large, et triangulaire de l'épaule, que les gens de l'art appellent omoplate. Il se dit aussi de toute la chair qui couvre cet os et qui forme l'épaule d'une bête de boucherie.

PALEISSOUN. s. m. Échalas. Bâton que l'on met auprès des jeunes plants de vigne pour les soutenir. *Mettre leis paleissouns* : échalasser la vigne.

PALEJHA. v. a. Paleter. Passer à la pelle. Jeter avec la pelle. On dit communément d'un homme fort riche. *Que palejho leis escus* : qu'il se roule dans l'or et l'argent.

PALEJHAIRE. s. m. Celui qui travaille avec la pelle. *Dins un eiroou lou palejhaire es aqueou que mette la dernièro man oou bla per faire beou* : dans une airée, c'est celui qui mène

44

la pelle qui rend le blé tout-à-fait net de paille.

PALENGO s. f. Violette canine ou violette des chiens. Plante.

PALETO. s. f. dimin. de *pálo*. Petite pelle. On donne communément ce nom à la pelle de fer qui sert à l'usage de la cheminée. Au fig. et plaisamment. La main. *Touca la paleto* : toucher la main à quelqu'un. On dit dans le même sens. *Pouerge la paleto* : tendre la main, pour dire, demander l'aumône.

PALETO. s. f. Terme de boucher. Voyez PALEIROUN.

PALI. s. m. Poêle. Dais portatif. *Ana querre eme lou páli* : aller prendre quelqu'un sous le dais, comme serait un Prince ou un Évêque.

PALO. s. f. Pelle. Instrument de fer, ou de bois, large et plat, qui a un long manche. *Pálo de four* : pelle dont les boulangers et les fourniers se servent pour enfourner le pain.

PALOT. s. m. Terme de mépris. Pitaud. Homme grossier et malotru de la classe du peuple.
— Paltoquet. Rustaud. Manant.

PALU.) s. f. Marais desséché,
PALUN.) jadis marécageux qui est actuellement mis en culture.

PAM-BLANC. s. m. Aubier ou obier. Arbrisseau qui a les baies rouges.

PAMEN. conj. Néanmoins. Pourtant. *Es pamen verai que s'es atrapa* : il est néanmoins certain qu'il s'est trompé.

PAMPAYETTO. s. f. Paillette. Petite parcelle d'or, d'argent ou de cuivre, ronde, mince et percée, que l'on emploie dans les broderies en or, etc.

B.-A. PAMPARIGOUSTO. Terme popul. qui n'a d'usage que dans cette façon de parler proverbiale. *Manda couqu'un à pamparigousto* : envoyer quelqu'un aux antipodes, pour dire, l'envoyer très-loin.

PAMPO. s. f. Pampre. Feuille de la vigne. On dit ordinairement. *Oou toumba deis pampos* : à la chute des feuilles, pour dire, à la fin de l'automne. On dit proverbialement. *Belle-pampo poou rasin* : belle montre peu de rapport, pour dire, que la personne, la chose dont on parle , a beaucoup d'apparence et peu de réalité ; que l'effet ne répond pas aux apparences. On dit proverbialement et popul. d'une personne de grand mérite ou d'une chose de prix, que ceux à qui l'on en parle ne connaissent ou n'apprécient pas, *Es pa de pampo de vigno* : ce n'est pas là une bagatelle , ou une chose qu'on rencontre à tout pas.

PAN. s. m. Pain. Aliment le plus ordinaire de l'homme , fait de la farine pétrie et cuite. On appelle *Pan d'houstaou* : pain de cuisson , le pain du ménage que l'on pétrit chez soi. On dit proverb. *Pan de labour* , *pan de sabour* : le pain qui vient en suant est toujours le plus succulent. On dit encore prov. *Pan fres et bouesc verd fan una l'houstaou de travers* : une famille est ruinée en vivant au jour la journée. On dit *Que lou pan d'houstaou ennuyo* : qu'on se dégoûte de ce qu'on a, pour dire , qu'on aime le changement et la variation. On appelle *Faire un pan maou coupa* : faire une côte mal taillée , lorsque deux ou plusieurs personnes ne pouvant s'accorder sur des affaires d'intérêt qu'elles ont à régler , on les fait entrer en composition pour terminer leur différent.

PAN. s. m. Pan. mesure linéaire de Provence et du Languedoc. C'est la huitième partie d'une canne. Il a environ 9 pouces , et varie selon les pays. C'est la grande palme romaine , ou le diamètre de la main épanouie d'un homme , depuis l'extrémité du pouce à celle du petit doigt.

Le pan en usage dans le Languedoc et le ci-devant Comtat-Venaissin , (le département de Vaucluse), est de 8 pouces , 10 lignes et demie, celui des Basses-Alpes , des Bouches-du-Rhône et du Var est de 9 pouces à l'exception de Marseille où le pan est de 9 pouces 3 lignes et 3/8.

PAN-CUÈCH. s. m. Bouillie de pain .

PAN-DE-COUGUOU. s. m. Pain de cocu ou pain de coucou. Plante dont la racine toute en chevelu ligneux, sert aux tisserands à nettoyer le peigne attaché à la chasse.

V. PANA. v. a. Nettoyer. Essuyer une poêle , une assiette , etc , légèrement avec du pain pour profiter de la sauce qui y est demeurée. Il est populaire.

PANADO. s. f. Pannée. Terme de cuisine. Sorte d'apprêt fait avec de la mie de pain. *Leis coustelettos su la griho an besoun d'estre panados* : les côtelettes sur le gril ont besoin d'être pannées. On appelle *Aiguo panado* : eau pannée , une sorte de tisane qui n'est que de l'eau froide, dans laquelle on a mis simplement une croûte de pain rôti pour en ôter la crudité.

PANAOU. s. f. Panal. Mesure de capacité pour les grains. C'est une espèce de boisseau. Dix panaux font une charge égale à huit doubles décalitres. La panal se sous-divise en 4 civadiers ou 8 picotins.

PANAOU. s. f. Panal. Mesure agraire en usage dans la haute et moyenne Provence. Elle est de 160 cannes carrées. C'est la dixième partie d'une charge. Voyez CARGO.

B.-R. PANARD.) adj. et subst.
PANARDO.) Boiteux, euse. Celui et celle qui cloche d'un pied.

PANCA.) adv. de négation.
PANCARO.) Pas encore. *Es p'anca nuech* : il n'est pas encore nuit. *Ven pancaro* : il ne vient pas encore.

PANDECOUSTO. s. f. Pentecôte. Fête des chrétiens que l'on célèbre le cinquantième jour après Pâques. On dit proverbialement *De Pasquo à Pandecousto , lou dessert est uno crousto* : pour dire , que de Pâques à la Pentecôte il ne reste plus aucun fruit dans les maisons pour pouvoir l'offrir au dessert.

PANECAOU. s. m. Chardon à cent têtes. Chardon-rolland. Eryngo. Panicaut. Plante dont la racine est une des cinq apéritives majeures.

PANEOU. s. m. Panneau. Poche à prendre les lapins.

— Fanon d'une étole, d'un manipule.

PANET. s. m. Panais. Racine potagère très-connue.

PANIAIRE. s. m. Vannier. Ouvrier qui travaille en osier et qui fait des vans, des paniers, des corbeilles, des hottes, etc.

PANEIRADO. s. f. Panerée. Plein un panier.

PANEIRET. s. m. dim. Petit panier.

PANIÈRO. s. f. Pannetière. Espèce de claie quarrée, suspendue horizontalement au plancher, et sur laquelle on place tout le pain du ménage, pour qu'il se conserve. On dit proverbialement et popul. parlant d'un mariage. *Voou mai de pan à la panièro, que bel home à la carrièro* : mieux vaut l'aisance sans la beauté, que la beauté sans l'aisance.

PANISSO. s. f. Panis. Plante graminée.

PANISSO. s.f. Terme populaire.Marseillais. *Poulento.* Sorte de gâteau fabriqué avec de la farine du maïs et celle de pois-chiches par les Génois résidant à Marseille, qui les y vendent sur le cours aux pauvres gens.

PANLEGO. Voyez PALENGO.

PANO. adj. Terme de marine. Immobile, fixe, stationnaire. On le dit d'un bâtiment arrêté quelque part d'où il ne bouge pas. *Estre en páno :* demeurer immobile, ne pas bouger.

PANOUCHIA. v. n. Chiffonner. Niaiser. S'amuser avec des chiffons. S'occuper à des choses inutiles comme font les enfans. Voyez BRIGOULIA.

PANOUCHO. s. f. Niaise. Simple et sans malice. *Levo-ti d'aqui, panoucho :* ôte-toi de là, imbécille.

— Guénippe. Femme du peuple à mœurs déréglées. *Es un home que frequento leis panouchos :* c'est un homme qui hante les femmes déréglées.

PANOUCHO. s. f. Chiffon. Vieux morceau de linge servant dans les cuisines à frotter et à nettoyer les meubles et ustensiles salis.

PANOUCHOUÉ. Voyez BOUTIS.

PANOUCHOUN. s. m. Nouet. Petit sachet dans lequel on met des drogues pour les faire infuser. On met un nouet plein de la soude ou de la cendre, dans le pot où cuisent les pois-chiches, qui, sans cela, ne pourraient jamais se cuire.

PANOUCHOUN. s. m. Terme de buanderie. Pissot, pissote. Morceau de linge qui parait de l'issue du cuvier dans lequel on fait la lessive, et par le moyen. duquel l'eau découle en dehors.

PANOUCHOUN. s. m. Magot. Bourse. Petit amas d'argent plié dans un morceau de linge ou dans un sachet. Il est populaire. *Faire soun panouchoun. Ave soun panouchoun :* avoir sa petite bourse, faire son petit magot à part.

PANSADO. s. f. Ventrée. Soulée. Il est populaire. *Faguerian uno pansado de rire :* nous nous soulâmes de rire. Voyez VENTRADO.

PANSARU.   } adj. Pansu, ue.
PANSARUDO. } Ventru, ue. Qui a un gros ventre, une grosse panse. Il s'emploie aussi subs.

PANSETTO. adj. f. Petite panse. Petit ventre.

PANSO. s. f. Bedaine. Panse. Gros ventre. On dit proverbialement. *Panso pleno, lou souen meno :* après la table il faut le lit, pour dire, qu'au sortir d'un bon repas, l'on est bien plus disposé au sommeil qu'à tout autre chose.

PANSO. s. f. Raisins secs, appelés encore Passule, Passe, Passerille, Raisins aux jubis. Raisins blancs séchés au soleil après avoir été plongés dans un eau bouillante préparée. C'est ainsi qu'on les prépare à Aubagne, Roquevaire, et aux environs de Marseille, d'où on les expédie à Paris et aux pays du nord dans des cabas ou dans des corbeilles d'éclisse.

PANTAI. s. m. Rêve. Songe.

PANTAYA. v. a. Rêver. Songer. On dit proverbialement et fig. *Toujour trucyo pantayo bren :* le gourmand a toujours l'esprit en cuisine. Il est populaire. Au fig. *Pantaya :* Radoter. Dire des choses sans raison, sans fondement. *Cresi que pantayo :* je crois qu'il rêve.

PANTAYAIRE. s. m. Rêveur. Radoteur. Voyez SONGEO-FESTO.

PANTES. } s. m. Terme de mé-
PANTOU. } pris qu'on donne à

un paysan grossier et bête. Manant. Rustre. Pataud. Palot. Voyez **PALOT**.

PANTOUFLO. s. f. Mule. Sorte de chaussure appelée aussi pantoufle.

PANTOUQUETTO. s. f. Chanson populaire du bon vieux temps, que l'on chante encore quelquefois pour endormir les enfans. Voyez **NONO-NINETO**.

PAOU. s. m. Pieu. Pièce de bois pointue par un des bouts et dont on se sert à divers usages et principalement à soutenir des terres, à former des cloisons, etc. *Planta de paour* : planter des pieux.

PAOU. s. m. Paul. Nom d'homme.

PAOU. adv. de quantité. Peu. Guère. Pas beaucoup. *Tant paou que voudres* : si peu que vous voudrez. *Es ben paou de caouso* : c'est bien peu de chose. *Paou-à-paou* : façon de parler adverbiale. Peu-à-peu. Petit à petit, par petites parcelles. On dit également dans le même sens. *Paou acha paou.* Chiquet à chiquet. Voyez **ACHA**.

PAOU-DE-SENS. s. m. Terme de mépris. Insensé qui a peu de bon sens.

PAOU-FERRI. s. m. Pieu en fer.

— Pince. Barre de fer aplatie par un bout, et dont on se sert comme d'un levier.

PAOU-VAOU. s. m. Vaurien. Mauvais sujet. Garnement.

PAOUME. s. m. Paume. Plat de la main. On ne l'emploie guère que de cette manière. *Paoume de la man* : paume de la main.

PAOUME. s. m. Tape. Coup appliqué sur la joue ou sur la tête avec le plat de la main. Il est populaire. *Douna de paoumes* : donner des tapes. Souffleter, donner des soufflets. Voyez **EMPAOUMA**.

PAOUMO. s. f. Paume. Balle à jouer au jeu de paume.

PAOUMOULO. s. f. Paumelle. Espèce d'orge à deux rangs de barbe.

PAOURAS, ASSO. adj. augmentatif de *Paoure*. Pauvre, malheureux. On ne s'en sert qu'avec un sentiment de commisération et d'intérêt. *Lou paouras souffro ben* : le pauvre malheureux, il souffre beaucoup.

Es ben paouras : il est bien pauvre.

PAOURE. s. m. Pauvre. Mendiant. Malheureux. Misérable. En parlant d'un mort. *Paoure* signifie feu, défunt. Ainsi l'on dit : *Soun paoure paire, sa paoure maire* : feu son père, feue sa mère. Le mot de *Paoure* dans ce cas, ajoute à l'idée du défunt, le sentiment d'un souvenir tendre.

PAOURET, ETTO. adj. Pauvret, pauvrette. Diminutif de pauvre. *Es ben paouret* : il est bien pauvret. *La paouretto* : la pauvrette.

PAOURETA. s. f. Pauvreté. Indigence, misère. Manque des choses nécessaires à la vie.

PAOURIHO. s. f. Gueusaille. Multitude de gens pauvres. Lie du peuple. *L'y avié touto' la paouriho* : il y avait toute la lie du peuple.

PAOUROUN, OUNO. adj. Voyez **PAOURET**.

PAOUROUX. Voyez **POOUROUX**.

PAOUSÔ. s. f. Pause. Cessa-
PAOUVO. tion d'une action pour un temps. *Faire uno paouvo* : se reposer quelques instans.

B.-A. PAPAFARD. s. m. Galimatias. Fatras. Écrit diffus et embrouillé, dans lequel l'auteur parle beaucoup pour ne rien dire. *M'a escrit un papafard de lettro que l'y triarias pas un grun de saou* : j'ai reçu de lui une lettre de trois pages, qui est un pur galimatias. On lui donne quelquefois aussi la signification *Pastarot*. Voyez ce mot.

PAPAGAI. Voyez **PAPOGAI**.

PAPAIRE, ELLO. adj. et subs. Pileur. Gouliafre. Celui et celle qui mange beaucoup et avidement. Il est populaire. On dit proverbialement. *Un bouen papaire n'es jamai ista bouen dounaire* : la libéralité ne fut jamais la vertu d'un avare.

B.-R. PAPARRI. s. m. Balaustié. Grenadier sauvage. Arbre.

— Coquelicot. Pavot sauvage. Voyez **GUERINGUINGAOU**.

B.-A. PAPARRI. s. et adj. m. Terme popul. et de dénigrement. Grand dessin de mauvais goût. On le dit d'une étoffe façonnée ou imprimée, dont le dessin gigantesque et ramagé n'est pas de bon goût ou d'un goût suranné. *Indienno à-paparri* : indienne à grand dessin ridicule. *Quintou paparri* : quel dessin extravagant.

B.-A. PAPARUDO. s. f. Morgeline. Alsine. Plante qui se trouve abondamment dans les blés, auxquels elle est très-nuisible.

PAPIÈ-FOUEL. s. m. Papier mou, appelé aussi papier à caulère.

PAPIÈ-GRIS. s. m. Papier brouillard.

PAPIÈ-MARQUA. s. m. Papier timbré. C'est celui qui porte la marque du gouvernement et sur lequel on écrit les actes publics.

V. PAPO-FIGUO. } s. m. Perroquet. Oiseau
PAPO-GAI.   }
originaire du Pérou, qui a le plumage d'un beau vert clair.

PAQUET. s. m. Paquet. Botte. Faisceau. Assemblage de plusieurs choses liées ensemble. *Paquet de brouquettos* : botte d'allumettes. *Paquet d'ooumarino* : gerbe, botte d'osier.

B.-A. PAQUETIA. v. n. Médire. Comploter. *Paquetiou, paquetiès, paquetié, paquetiam, paquetias, paquetien, paquetiavoun*, etc. Ourdir, tramer des calomnies. Faire des faux rapports. On ne le dit qu'en parlant des femmes. Il est bas et populaire. *Toujour paquetiè* : elle est toujours à médire.

PAQUETIÈ.   } s. Médisant, médisante. Semeur
PAQUETIÈRO. }
de faux rapports.

PAQUETOUN. s. m. dimin. Petit paquet.

PARA. v. a. Parer. Orner. Embellir. *Para un ooutar* : parer un autel.

PARA. Terme de foulon. Fouler. Dégraisser une étoffe dans un moulin à foulon.

PARA. Terme de vigneron et d'agriculture. Parer. Couper les sarmens et enlever proprement les chicots et le vieux bois de la vigne avec la serpe, de manière que le courson reste net.

— Ragréer. Polir avec une serpette l'endroit d'un arbre coupé avec la hache ou la scie.

PARA. Tendre. Présenter la main ou tout autre objet pour y recevoir ce que l'on vous remet. *Para la man :*

tendre la main. *Para lou fooudiou* : tendre le tablier, le devantier.

PARA. Terme d'agriculture. Protéger. Défendre. Préserver. Garantir de vol ou de dommage le bien, les fruits et le bétail. *Para leis melouns* : Garder, défendre les melons.

PARA. v. a. et récip. *Si para*. Se garantir. Se mettre à couvert des attaques. Faire bonne contenance, bonne résistance à qui nous attaque ou nous provoque. *Si para oou frech* : se bien couvrir, pour se garantir du froid. *Pa pousque si para eis mouscos* : ne pouvoir se garantir, se débarrasser des mouches.

PARA, ADO. participe. Paré, ée. *Egliso ben parado* : église bien ornée.

— Foulé, dégraissé, ée. *Cadis ben para* : cadix bien foulé. *Estoffo maou parado* : étoffe mal dégraissée.

B.-A. PARADO. s. f. Pellée. Voyez PALADO.

PARADOU. s. m. Foulon. Foulerie. Lieu où l'on dégraisse les draps et les étoffes.

B.-A. PARAGARO. s. f. Algarade. Réprimande. Querelle. Insulte avec menaces. Il est formé des deux mots. *Para*. Garder. Défendre, et *Garo*, menace. Il est plaisant et populaire.

PARAGNO. s. f. Rangée. Enfilade. Voyez FIÈLAGNO. TIÈRO.

PARAIRE. Voyez PARADOU.

PARAMARD. Voyez PALAMARD.

PARAMÈLO. s. f. Paumelle. Sorte de ferrement que l'on cloue à des grandes portes, des fenêtres ou des abat-jours et qui porte sur des gonds.

PARANDIÈ. s. m. Foulon. Foulonnier. Celui qui foule et qui dégraisse les draps et les étoffes.

V. PARANGOUN. Voyez PARAVOUN.

PARANGRE. Voyez PALANGRE.

PARANTÈLO. Voyez PARENTAGI.

PARAOULO. s. f. Parole. Mot prononcé. On dit fig. *Coupa la paraoulo en coouqu'un* : couper la parole à quelqu'un, pour dire, l'interrompre dans son discours. On dit proverbialement. *Paraoulos longuos fan leis jours courts* : les longs discours rapetissent les jours, pour dire, que pendant que l'on cause, le temps s'écoule et la nuit vient.

On dit encore proverbialement et par mépris à un homme avec lequel on se débat ou on se querelle, *Paraoulos d'aze mouentoun pa oou Ciel* : propos d'insensé ne perce pas les nues. Il est populaire.

PARAVOUN. s. m. Terme d'agriculture et de vigneron. Sarment vert. Branche de vigne. *Lou vent a roumpu leis paravouns* : le vent a brisé et abattu les sarmens.

PARBIOU. Voyez PARDIÈ.

B.-A. PARBOÜIII. Voyez PREBOUHI.

PARDIÈ. } interj. affirma-
PARDIENNO. } tive qui est quelquefois une espèce de juron. Pardi. Certainement. Oui bien. *Pardiè-pas* !.. Oh! point du tout !

PARDIGAOU. s. m. Perdreau. Perdrix de l'année, qui n'a pas encore acquis sa juste grosseur. *Manjha pardigaou* : manger des perdreaux.

PARDIOU. } Voyez PARDIÈ.
PARDISCO. }

PARDU. } participe. Perdu ,
PARDUDO. } perdue. *Plaça , beila d'argent à foun pardu* : remettre, bailler d'argent à fonds perdu, c'est se dépouiller et remettre son argent à quelqu'un moyennant une pension viagère que l'on se reserve. On dit proverbialement. *Par un pardu cent recouvras* : pour un perdu deux recouvrés , lorsqu'on veut faire entendre que la perte d'une chose est très-facile à réparer.

PAREISSA. Voyez PAREISSOUNA.

PAREISSE. v. n. Paraître. Être exposé à la vue, se faire voir, se manifester.

— Sembler, avoir l'apparence. *Mi parei que nous a tanca aqui* : il me paraît qu'il nous a plantés là. *Pareissiè coouqu'un, em'aco soou ren dire*: il paraissait être un homme d'importance, et cependant il ne sait s'énoncer.

PAREISSOUN. s. m. Échalas. Bâton que l'on met aux jeunes plants de vigne pour les soutenir. *Mettre leis pareissouns* : échalasser la vigne.

PAREISSOUNA. Voyez EMPAREISSOUNA.

PAREJHA. Voyez PALEJHA.

PARENTAGI. } s. Parenté. Con-
PARENTAYO. } sanguinité. Il si-

gnifie aussi , tous les parens d'une même personne. *Na d'un bouen parentagi* : issu d'une bonne famille. *L'y aviè touto sa parentayo* : il y avait toute sa parenté.

PAREOU. s. m. Paire. Couple. *Un parcou de buoux , un parcou de souliers* : une couple de bœufs, une paire de souliers. Parlant des personnes on dit. *Vaqui un pouli parcou* : voilà un couple aimable.

PARET. s. f. Mur d'épaisseur. Muraille. *L'y a ren que leis quatre parets*: il n'y a que les quatre murailles.

PARETADO. Voyez PALADO.

PARETIAIRE. s. m. Voyez MURAIHAIRE.

PARFILURO. s. f. Vieux gallon d'or ou d'argent. Toute sorte de passementerie en or ou en argent fin.

PARGA. v. récip. SI PARGA. Se panader. Se pavaner. Marcher avec un air d'ostentation , de fierté et de complaisance comme un coq, ou comme un paon quand il fait la roue. Il est plaisant et populaire. *Si parquo coum'un gaou* : elle se pavane comme un coq qui marche.

PARGAMENTIÈ. s. f. Parcheminier. Fabriquant de parchemin,

PARGAMIN. s. m. Parchemin. Peau de brebis ou de chevreau préparée pour écrire dessus. On prétend que le premier parchemin fut préparé à Pergame, d'où il a tiré son nom.

PARGUE. s. m. Parc. Espace entouré de claies mobiles, où l'on fait paître les bêtes à laine. Il signifie aussi l'endroit où l'on renferme les moutons en été, quand ils chôment dans les champs.

PARI. Voyez PALI.

PARIA. v. a. Parier. Faire un pari.

PARIÈ. } s. Camarade. Compa-
PARIÈRO. } gnon. Confrère. Pareil. Celui ou celle avec lequel on marche à une procession. *Avè gis de pariè* : être déparcillé. *Anas eme vouesto pariero* : allez avec votre camarade.

PARIÈ. } ad. Égal. Conforme.
PARIÈRO. } Semblable. Pareil. *Soun pas pariè*: ils ne sont pas égaux. *Soun pariè de taiho* : ils sont de même taille. On dit prov. et pop. *Si faire eme seis pariè* : rester avec ses égaux. *Si trou-*

varié pas soun parié : on ne trouverait pas son pareil.

PARIÈRO. s. f. Terme de fournier dans les campagnes. Camarade. Pareille. Celle avec qui l'on est appareillée pour cuire son pain. Dans nos petites villes comme dans les campagnes lorsqu'une personne ne pétrit pas assez de pain pour faire une fournée, le fournier alors en réunit deux ou trois pour les faire aller ensemble afin que le four se remplisse, et elles deviennent ainsi dans cette occurence la camarade (*Parièro*) l'une de l'autre. *La pasto de vouesto parièro est p'anca levado* : la pâte de votre camarade n'est pas encore prête. *Despacha-vous, fés langui vouesto parièro*: depêchez-vous, votre appareillée languit.

PARIS. JUECH DE PARIS. s. m. Merelle. Sorte de jeu d'enfant dans lequel on pousse, en marchant à cloche pied, un petit palet sur des lignes tracées à terre.

PARLA. v. n. Parler. Prononcer. Articuler des mots. *Parla gras :* grasseyer. *Parla à l'oourelho* : chuchotter. *Parla dou nas* : naziller. On dit prov. *Jamai bon parla a dechira lenguo :* jamais honnête propos ne blessa la langue, pour dire, qu'on n'a jamais rien à craindre en parlant poliment et honnêtement. On dit proverb. et pop. de celui qui ne répond pas juste et qui tâche de détourner le discours sur une autre matière. *L'y parloun de poumo respouende de peros :* il tourne la truye au foin.

PARLADIS.)Voyez CHARRADIS,
PARLADISSO. (CHARRADISSO.

PARLAIRE.)
PARLARELLO. (s. Causeur, causeuse. Parleur, parleuse. Celui et celle qui parle beaucoup. On dit prov. *Grand parlaire n'est pas grand trabaihaire :* celui qui tout haut cause ne fait pas grand chose.

V. PARMOUN. Voyez POOUMOUN.

PARO. Voyez PALO.

PARO-FRECH. s. m. On donne ce nom indifféremment à tout meuble et à tout vêtement fort et capable de garantir du froid; tel que couverture, manteau, pèlerine, carrick, surtout, tricot, jupe, etc., *Aco es un bouen paro-frech :* voilà qui est excellent pour garantir du froid.

PARO-FUECH. s. m. Garde-feu. Grille de fer que l'on met devant l'âtre d'une cheminée pour empêcher les enfans de tomber dans le feu.

PARO-MOUSCO. s. m. Emouchette. Sorte de housse, faite en réseau ayant des bouts de cordes pendants appelés volettes, dont on couvre un cheval en voyage pour le garantir des mouches. Le mot Caparaçon dont quelques personnes se servent est impropre.

PAROULI. s. m. Langage flatteur et séduisant. Il ne s'emploie qu'en dénigrement *Ti fises pas à soun parouli :* ne te fies point à ses belles paroles.

B.-A. PARPAIHORO. s. f. Flocon de neige.

— Chassie des yeux.

V. PARPAIHORO. s. m. Flegme. Gros crachat. Voyez ESCARAGOOU.

PARPAIHOUN. s. m. Papillon. Insecte ailé. Au fig. *Faire lou parpaihoun :* guetter, épier, observer secrètement quelqu'un ou quelque chose.

PARPAIHOUNIA. v. n. Papillonner. Voltiger d'objets en objets sans s'arrêter à aucun, à la manière des papillons. Guetter. Épier. Flaner.

PARPELEJHA. v. n. Clignoter. Remuer et baisser les paupières fréquemment, coup sur coup. *Fai que parpelejha :* il ne fait que clignoter.

PARPÈLO. s. f. Paupière. La peau qui couvre l'œil, et qui est bordée de petits poils qu'on appelle cils. *Branda, battre deis parpèlos :* clignoter.

— Poil de la paupière. Cils. *A leis parpèlos ben longuos :* il a les cils bien longs.

PARPELOUX, OUÈ. adj. Chassieux, chassieuse. Qui a les yeux malades d'où il sort de l'humeur. *Es toujour parpelouax :* il a toujours de la chassie aux yeux. Il est quelquefois substantif et alors il ne se dit que par dénigrement.

PARPELOUX, OUÈ. Qui a de grosses paupières.

PARPEOU. s. m. Chassie. Humeur gluante qui sort des yeux malades et qui, s'y figeant pendant la nuit, ressemble alors à de la cire.

PARQUE. conj. causative. Pourquoi. Pour quelle cause.

PARQEJHA. v. n. Parquer. Mettre les brebis, les moutons dans un parc pour les y faire paître.

B.-A. PARRANTAN. s. m. Terme rural et pop. Quantité. Étendue. On ne le dit qu'en parlant du terrain et du bien fonds. *Meinagi qu'a un gros parrantan de bèn* : ferme qui a une très-grande étendue de terrain. *N'an un bcou parantan* : ils en possèdent une grande étendue.

PARRASINO. s. m. Résine. Matière inflammable, grasse et onctueuse qui découle du pin, du sapin, etc.

— Colophane.

PARRUQUO. s. f. Perruque. Coiffure de faux cheveux. Au fig. Réprimander. Reproche vif fait avec aigreur et rudesse. *Faire uno parruquo en coou-qu'un* : faire la sauce à quelqu'un, le réprimander avec hauteur et colère. *L'y an fa uno bello parruquo* : on l'a joliment saucé. Il est pop.

PARTAGEA. v. a. Partager. Diviser en plusieurs parts.

PARTAGI. s. m. Partage. Division de quelque chose. *Faire lou partagi* : faire le partage. Portion d'une chose partagée.

PARTEGUO. s. f. Perche. Brin de bois sur lequel on étend le linge sale d'une maison (en attendant qu'on le lessive), pour qu'il prenne l'air et ne moisisse pas. On donne également le nom de *parteguo* qui veut dire perche-à-part, à la chambre destinée dans une maison, à mettre le linge sale et qui est traversée par une perche sur lequel on le pose. *Mettre lou linjhe à la parteguo* : mettre le linge sale sur la perche.

PARTENARI. s. m. Joueur partiaire. Celui qui est associé au jeu avec un ou plusieurs autres. PARTENARI vient du mot anglais *Partner* que l'on paraît avoir adopté dans les grandes villes.

PARTENSI. }
PARTENSO. } s. f. Partanse. Départ. Moment du départ. L'instant où l'on quitte un endroit pour aller dans un autre. *Sias panca de partenso?* ne partez-vous pas encore? *Sian de partenso* : nous sommes sur notre départ.

PARTI. v. n. Partir. Se mettre en chemin pour aller quelque part.

— Au fig. Prendre les moyens, se conduire de manière à arriver à quelque fin. *Estudiavo per si faire capelan, mai parte pas per uco* : étudiait pour se faire prêtre, mais il n'en prend pas le chemin.

PARTIDOU. s. m. Terme de boucher. Couperet. Couteau de boucherie, et de cuisine, fort large. — *Partivoiro*. Voyez RASPO. 2ᵐᵉ art.

PARVENGU. s. m. Parvenu. Celui qui a fait une fortune subite.

PARUN. s. m. Parure. Ornemens. Vêtemens de parade. Atours d'une femme.

PASCAOU. s. m. Pascal. Nom d'homme.

PASCAOU. adj. m. Pascal. Qui appartient à la fête de Pâques ou qui y a du rapport. *Ciergi pascaou, temps pascaou* : cierge pascal, temps pascal.

PAS-PERDU. s. m. Deversoir. Endroit où l'eau d'un moulin se perd lorsqu'il y en a plus qu'il ne faut.

PASQUETTO. s. f. Narcisse des prés. Voyez JHUSIÈVO.

PASQUIÉ. s. m. Escourgeon. Orge en vert. Sorte d'orge hâtive dont l'épi a quatre côtés, et que l'on coupe ordinairement vers la Pâque. Ce fourrage très-sain qui est d'une grande ressource pour les nourrisseurs de vaches, est donné aux chevaux pour les rafraîchir et leur tenir le ventre libre. Il faut laisser un peu faner l'escourgeon avant de le donner à manger aux bestiaux, parce qu'il les ferait enfler, étant trop frais.

PASSA. v. n. Passer. Aller d'un endroit à l'autre, traverser l'espace qui est entre deux. *Passa lou batcou* : passer le bac.

PASSA. Cesser. Discontinuer. Finir. *Espera que la pluyo aque passa* : attendez qu'il ait cessé de pleuvoir. *La coulèro l'y a passa* : sa colère est passée. On dit prov. et pop. à celui qui se plaint de la durée d'un mal, d'une indigestion. *Passet à Toni, vous passara percou* : elle quitta Toinon qui ne faisait rien pour s'en débarrasser, c'en sera bien ainsi de vous.

PASSA. v. n. Percer. Pénétrer. On le dit de la pluie, d'un liquide, d'une tâche, d'un accroc, d'un coup, qui a pénétré avant. *La pluyo cro tant foucrto qu'à passa nouestreis manteous:* la pluie était si forte qu'elle a outrepassé nos manteaux. *Leis tácos d'holi passoun l'estoffo :* les taches d'huile pénètrent l'étoffe et paraissent de l'autre côté. *Passa la farino :* Bluter, passer la farine. *Passa per lou regalet :* Voyez REGALET. *Passa l'aguyo :* enfiler une aiguille. On dit proverb. qu'une chose *Passo la rego :* qu'elle passe les bornes, pour dire, qu'elle est hors de raison, hors des règle indécentes, etc. On dit prov. et fig. d'un homme, *Que lou rire li passo pas leis dents :* qu'il ne rit que du bout des dents, pour dire, qu'il ne rit pas de bon cœur. On dit qu'*Uno carrièro passo pas :* qu'une rue n'est pas percée, lorsqu'elle n'a point d'issue par où l'on puisse passer, et que ce n'est qu'un cul-de-sac. On dit populairement, *Faire passa lou gous doou pan à couqu'un :* faire passer le goût du pain à quelqu'un, pour dire, le faire mourir. On dit pop. *Qu'un home la passo bello :* qu'il passe bien son temps, pour dire, qu'il se divertit et ne s'inquiète de rien.

PASSA. interj. Allez. Terme dont on se sert pour chasser les chiens.

PASSADETO. s. f. diminutif. Intervalle très-petit. Voyez l'article suivant.

PASSADO. s. f. Intervalle de temps. Moment assez long. *L'y a dejà uno passado qu'es vengu :* il y a déjà quelques momens qu'il est arrivé. *L'isteriam uno passado :* nous y restâmes un assez long intervalle de temps.

PASSADOUIRO. s. f. Passerelle. Petit pont en bois sur lequel les gens à pied passent une rivière.

PASSAGI. s. m. Corridor. Petit vestibule d'une maison de paysan. *Intras dins lou passagi :* entrez dans le corridor. Voyez COURRADOU.

PASSAGI. s. m. Passage. Action de passer. *Leis dindoulettos soun d'ousseoux de passagi :* les hirondelles sont des oiseaux de passage.

— Lieu par où l'on passe. *Durbi lou passagi :* ouvrir le passage.

PASSAGIÉ. } s. Passager, passagère. Passant, passante. Celui qui
PASSAGIÈRO. }
42

passe par un chemin.

PASSAGIÉ, IÉRO. adj. Passager, ère. Qui ne fait que passer.

PASSA-RES ! }
PASSO-RES ! } Prenez garde que personne ne passe ! Cris d'avertissement que sont tenues de faire entendre aux passans, les servantes et autres personnes qui, pendant la nuit, jettent les ordures par la fenêtre. *Cridoun passo-res !* anc daise : on avertit de ne pas passer, n'avançons pas.

PASSA-RES. }
PASSO-RES. } s. m. Potée d'ordures. Plein un pot de chambre. Il tire son nom du cris d'avertissement que l'on fait en vidant le pot, la nuit, par la fenêtre. *Gitta lou passa-res :* jeter, vider le pot par la fenêtre.

PASSEJHA. v. n. Passer et repasser. Aller et revenir fréquemment par le même chemin.

PASSEROUN. s. m. Moineau. Passereau. Petit oiseau de plumage gris qui aime à faire son nid dans des trous de muraille.

PASSEROUNET. s. m. dim. Petit passereau.

PASSI. v. a. Flétrir. Faner. Sécher. Ternir. Perdre sa fraîcheur, sa vivacité. On le dit des plantes, des fleurs, des herbes, de la beauté, etc. Il est aussi v. récip. *Si passi :* se flétrir. *Mettès leis flous dins l'aiguo ooutramen si passissoun :* mettez les fleurs dans l'eau sinon elles se fanent.

PASSI, IDO. part. Flétri. Fané. *Bouquet passi :* bouquet flétri. *Flour passido :* fleur fanée.

PASSI, IDO. s. et adj. Terme de mépris que l'on donne fig. à un homme, maigre, décharné. *Que voou aqucou marri passi ?* que veut-il cette figure étique ?

PASSOIR. s. m. }
PASSOUIRO. s. f. } Passoire. Ustensile de cuisine et de pharmacie.

PASSO-PARTOUT. s. m. Passe-partout. Clef commune à plusieurs personnes pour ouvrir une même porte.
— Clef qui ouvre à plusieurs portes.

PASSO-PARTOUT. s. m. Terme de fendeur de bois. Cognée. Outil de fer acéré, plat et tranchant, qui ne diffère de la hache qu'en ce qu'il n'est pas plus large au tranchant qu'à la douille, au lieu que le fer de celle-ci va en s'élargissant jusqu'au tranchant qui forme comme une demi-lune.

PASSO-PARTOUT. s. m. Chiffon de laine dont se servent les femmes du peuple pour ramasser et prendre les puces qu'elles ont sur le corps.

PASSO-ROSO. s. f. Rose d'outremer. —Fleur de parterre.

PASSO. s. f. Occasion. Conjoncture de temps. Occurrence. Rencontre. Passage de peu de durée. *Dins aquesto passo leis meinagiès fan seis fretos*: dans cette occurrence les cultivateurs font leurs orges. *Es uno belo passo per cou*: c'est pour lui le vrai moment de s'enrichir. *Marrido passo per leis marchands*: fâcheuse occurrence dans laquelle se trouve le commerce.

PASTA. v. a. Pétrir. Détremper de la farine avec de l'eau, la mêler, la remuer et en faire de la pâte. *Pasta lou mourtier*: terme de maçon. Corroyer le mortier.

PASTADO. s. f. Pâtée. La farine que l'on pétrit en une seule fois. —Cuite, cuisson. *Quan l'on a gaire de farino l'on poou pas faire grosso pastado*: lorsqu'on a que peu de farine, on ne peut pas faire grande pâtée. *N'y a plus que per uno pastado*: il n'y en a plus que pour une cuite.

B.-A. PASTAROT. s. m. Galimafrée. Espèce de ragoût composé de différens mets, et qui n'a ni bon air ni bon goût. —Pâtée. Toute espèce d'aliment épaissi et dégoûtant. *Nous fa toujours de pastarot que n'an ni gous ni gousto*: il nous fait toujours de ces galimafrées qui n'ont ni goût ni saveur. Au fig. Galimatias. Amphigouri. Discours embrouillé qui n'a ni ordre ni sens.

PASTELA. v. a. Fermer. Mettre les verroux d'une porte. Voyez PESTEOU.

PASTENARGO. s. f. Carrote. Pastenade. Racine potagère de couleur jaune safrané.

PASTEOU. s. m. Tourteau. Résidu des noix ou des amandes dont on a extrait l'huile. Il a la forme d'un quarré long. *Pasteou de nose*: tourteau de noix. *Lou pasteou engraisso leis pouers*: le tourteau est une nourriture qui fait prendre graisse aux cochons.

PASTEOU. s. m. Pêne. Voyez PESTEOU.

PASTÈCO. s. f. Melon d'eau. Pastèque. Sorte de citrouille d'une couleur verte très-vive et luisante, dont la chair rouge à graines noires est très-rafraîchissante. Il y en a aussi à chair blanche, mais cette qualité est beaucoup inférieure aux rouges. On appelle *Couraou*, cette partie de la pastèque qui est au milieu et qui forme le cœur de ce fruit aqueux, il ressemble à du corail. *Mangea lou couraou de la pastèquo*: manger le cœur de la pastèque.

PASTIÈRO. s. f. Huche. Pétrin. Voy. MASTRO.

PASTIS. s. m. Pâté. Sorte de mets fait de chair ou de poisson mis en pâte.

PASTISSA. v. a. Charger. Mettre beaucoup plus qu'il ne faut et contrairement au bon goût du dessin, de l'ornement, des enjolivures, de la broderie, des couleurs, etc., à un tableau, à un meuble, à un appartement, à une étoffe, etc.

PASTISSA, ADO. part. Chargé de dessin, d'ornemens, etc. *Dessein pastissa*: dessin chargé, confus. *Indienno pastissado*: indienne à dessin confus, chargé et de mauvais goût.

PASTISSA. Salir. Plâtrer. Empâter. *Leis maçouns an toujour lou visagi pastissa*: les maçons ont toujours le visage plâtré. Voyez EMBARNISSA.

V. PASTISSA. Voyez MASTROUGNA.

PASTISSAIRE. s. m. Médisant. Calomniateur. Semeur de faux rapports.

PASTISSARIÉ. s. f. Pâtisserie. Ouvrage de pâtissier.

PASTISSARIÈ. s. f. Médisance. Calomnie. Faux rapports.

PASTISSARIÈ. Au fig. Surcharge de dessin, d'ornemens, de broderie, etc.

PASTISSOUN. s. m. Terme de pâtissier. Petit pâté.

PASTO. s. f. Pâte. Farine détrempée et pétrie pour faire du pain ou

quelqu'autre chose de semblable bon
à manger. On dit d'un jeune nourrisson qui va croissant. *Que creisse
coumo la pasto à la mastro* : qu'il
croît à vue d'œil. On dit prov. et fig.
*De la pasto de sa coumaire faire uno
fougasso à soun fihoou* : faire du cuir
d'autrui large courroie, pour dire,
être libéral du bien d'autrui. On dit
de certains légumes que *Si mettoun
en pasto* : qu'ils se mettent en pâte,
pour dire, qu'ils cuisent si bien qu'ils
se mettent en pâte.

PASTO-MOUELLO. s. de t. genre.
Terme de mépris. Indolent. Mou.
Lambin. Insouciant. Qui n'a ni vigueur ni activité. *Soun d'aqueleis
pastos-mouellos qu'avant que si siègoun
boulegas la luno oourie fach un cartoun* : ce sont de ces gens flegmati-
ques et mous qui donneraient aux
voleurs le temps de vider entièrement
leurs maisons avant d'être bougés
de place.

PASTO-MOURTIÈ. s. m. Terme de
maçon. Doloire. Rabot. Outil qui sert
aux maçons à corroyer la chaux avec
le sable pour en faire du mortier en
y mêlant de l'eau.

PASTOUN. s. m. Morceau de pâte.

PASTOUN. s. m. Tas de mortier
qu'on corroie en une seule fois. Terme
de maçon.

PASTOUNA.
PASTOUNEJHA. } v. a. Terme de
boulanger. Voy. COUCHA.

PASTOURELLET.
PASTOURELLETTO. } s. dimin.

Jeune berger. Bergerette. Jeune et petite bergère.

PASTOUREOU.
PASTOURO. } s. Pastoureau,
pastourelle. Berger, bergère. Gardien
de troupeau, de bêtes à laine. Il n'est
d'usage qu'en poésie,

Moun cimahlo pastouro mette fin à teis plours.

Mon aimable bergère essuye enfin tes pleurs.

PASTOUX, OUÈ adj. Pâteux, pâteuse. Qui est comme de la pâte. Qui
fait dans la bouche le même effet que
ferait de la pâte. *Avé la lenguo, la
bouco pastouè* : avoir la langue, la
bouche pâteuse, c'est-à-dire, comme

empâtée d'une salive épaisse.

PASTOUEIRO. adj. f. Terme de
maçon. Brute. Voyez PEIRO PAS-
TOUEIRO.

PASTRAS, ASSO. s. augment. Gros
berger. Bergère grosse et dodue. Il
n'a d'usage qu'au figuré et signifie
grossier, rustre.

PASTRE, ESSO. s. Berger, bergère.
Pasteur qui garde les troupeaux.

PASTRIHOUN. s. m. diminutif. Petit,
jeune berger.

PASTROUYA. Voyez MASTROUYA.

PASTURGA. v. a. Paître. Pâturer.
*Pasturgui, parturges, pastuèrgo,
pasturgam, pasturgas, pasturguoun;
pasturgavi; pasturgarai; pasturguem.*
Il se dit proprement des bestiaux qui
broutent l'herbe, qui la mangent sur
la racine. Au fig. Manger.

PASTURGA (SI). v. récip. Se paître.
Se nourrir. Voyez SI PEISSE.

PASTURGAGI. s. f. Pâturage. Lieu
où les bestiaux pâturent.

PASTURA. v. a. Pâturer. Donner,
mettre de la pâture devant les bœufs
et les vaches.

—Affourrager. Donner du fourrage
aux chevaux, aux mulets, etc.

PASTURIÈ. adj. m. Propre au fourrage. On le dit d'un drap et d'un
sac de grosse toile dans lequel on
met du fourrage pour les bestiaux.
Linçoou pasturiè : drap de grosse
toile.

PASTURO. s. f. Fourrage. Pâture.
Plantes légumineuses ou fourragères,
telles que gesse, pois gris, sainfoin,
luzerne, etc., dont on nourrit les
bestiaux lorsqu'ils font un travail
pénible. *Foou garda de pasturo per
amourraya lou chivaou et l'aze* : il
faut reserver de la pâture pour garnir
le moreau du cheval et de l'âne. *L'y
a ges de mihouè pasturo que la pesoto* :
il n'y a pas de meilleur fourrage que
la gesse. On donne quelquefois le
nom de *pasturo* à la mêlée. Voyez
MESCLO.

PATA. s. m. Terme d'Avignon.
Double denier. Petite monnaie de
cuivre qui avait cours dans le ci-
devant Comtat-Venaissin. Elle était
marquée au coin du Pape, qui était
le souverain de ce pays-là. On dit
prov. d'une chose que l'on estime très-
peu, *N'en dounariou pas un pata* :

je n'en donnerais pas une obole.

B.-A. PATACLAMUS. s. m. Cataplasme. Voyez CATAPLAMUS.

PATACLAN. s. m. Bruit. Tapage. Vacarme. On donne figur. le nom de *Pataclan* de Pataud, pataude, à un gros enfant potelé et à une personne grossièrement faite.

PATACUÈLO. s. f. Fessée. Coups de main ou de verges données sur les fesses. Il est plaisant et pop. *L'y an douna la patacuèlo* : il a eu la fessée. *Ooura su la patacuèlo* : il aura la fessée.

PATADO. s. f. Claque. Coup du plat de la main. Il n'a guère d'usage que dans cette phrase : *Uno patado su lou cuou* : une claque sur les fesses. *Patado* est synonyme de *Patacuèlo*, avec cette différence que ce dernier ne se dit qu'en parlant des petits enfans.

PATAFIOULE. QUE LOU BOUN DIOU TI PATAFIOULE. Sorte de souhait que l'on adresse communément et comme par commisération, à quelqu'un qui tient des propos ridicules ou déplacés. *Que Dieu te donne du sens!*

PATAFLOOU. s. f. Patatras. Terme plaisant et familier dont on se sert pour exprimer le choc, le bruit d'une chose qui se renverse, ou d'une personne qui tombe. *Siegue pas pu leou mounta su l'oubre que patafloou davaou* : il ne fut pas sitôt sur l'arbre qu'il dégringola. On appelle fig. et populairement une femme extrêmement grosse et grasse *Un gros patafloou* : une grosse coche.

PATAPAN. s. m. Tambour. Terme enfantin. *Aouzes lou patapan?* Entends-tu le tambour qui bat? On donne plaisamment et fig. le nom de *Patapan* à la bedaine, au ventre. *Quand patapan es plen l'on si paro oou ven* : lorsque la panse est pleine l'on se garantit du vent sans peine.

PATANTEINO. s. f. Prétentaine. Il n'a d'usage que dans cette phrase du style familier. *Courre la patanteino* : courir la prétentaine, pour dire, courir çà et là, sans sujet, sans dessein.

PATARAS, ASSO. s. Niais. Benêt. Simple.

PATARASSIA. v. n. Manier. Passer et repasser dans ses mains, du linge

et des vêtemens. C'est ce qui arrive à un malade dans des momens de distraction ou de délire.

PATARASSO. s. f. Guenille. Haillon. Vieux lambeau.

PATARASSOUN. s. m. Diminutif de *patarasso*. Voyez PATARASSO.

PATARRAMANTO. s. f. Boutade. Caprice. Saillie d'esprit et d'humeur. Grain de folie. *Quand la patarramanto li prend, garo davant* : lorsqu'il lui prend quelque boutade, il ne fait pas bon rester auprès de lui.

PATARRAS. s. m. Bloc. Solde. Restant d'une marchandise, d'une chose quelconque, que l'on achète en totalité sans peser, mesurer ni compter. *Faire patarras* : acheter en bloc, en masse. *Aven fach patarras* : nous avons acheté en bloc.

PATATAN-PATATIN-PATATOOU. s. Expression burlesque dont on se sert pour représenter le bruit que fait un meuble ou une personne qui dégringole le long d'un escalier.

PATATRAS. Voyez PATAFLOOU.

PATAYOUN. s. m. Terme de boulanger. Écouvillon. Méchans chiffons attachés au bout d'une perche avec laquelle on balaye le four lorsqu'on veut enfourner le pain. Au fig. et par dénigrement, on donne le nom de *Patayoun*, à une langue délibérée. *Fremo qu'a un beou patayoun* : femme qui a la langue bien affilée. *Per estre repetièro foou ave un bouen patayoun* : pour vendre à la halle il faut avoir la langue bien pendue, bien déliée.

PATAYOUN. s. m. Terme de lavandière. Pissot. pissote. Morceau de linge qui sort du cuvier et par où coule la lessive.

PATAYOUNA. v. a. Terme de boulanger. Ecouvillonner. Balayer le four avec l'écouvillon.

PATERNEJHA. v. n. Tatillonner. Lambiner. Vétiller. Agir lentement. Perdre son temps à s'amuser à des bagatelles.

PATERNO. s. det. g. Vétilleur. Lambin. Tatillonneur, tatillonneuse. Vétilleuse.

—Scrupuleuse. Qui se fait une peine de conscience de certaines choses qui ne sont ni condamnées ni défendues par la religion. Qui est d'une exactitude minutieuse dans l'observation des règles, de ses devoirs, etc.

PATACULO. s. f. Terme de Toulon. Micacoule. Fruit du micacoulier. Voyez FABRIGOULO.

PATEGUE. s. m. Pâtis. Lieu où l'on fait paître les brebis et les vaches.

— Terrain de vaine pâture. Parcours.

Au fig. Lieu, place, sentier, etc., où une personne a pris l'habitude de se mettre ou de passer sans être autorisé par le propriétaire du sol.

— Action de se mettre ou de passer en un lieu où l'on n'a aucun droit. *L'y a pres soun pategue* : il a pris son parcours. *Quu és que l'y a douna lou pategue cici ?* qui est-ce qui lui a donné le droit de passage ici?

PATELETTO. s. f. Terme de tailleur. Patte d'un habit.

PATET, ETTO. s. et adj. Barguigneur. Tatillonneur, euse. Lambin. Minutieux, euse. Irrésolu, irrésolue. Celui ou celle qui se résout difficilement, qui appréhende toujours de mal agir ou de compromettre ses intérêts. *Es un patet* : c'est un barguigneur. *Es patet en tout* : il est long à tout ce qu'il fait. *Foou pas estre tant patetto* : il ne faut pas être aussi minutieuse et aussi lente que vous êtes.

— Scrupuleux, euse. Voyez PACHÈYO.

PATETARIE. s. f. Barguignage. Lenteur. Irrésolution. Difficulté à se décider, à prendre un parti. *Es detestable eme seis patetaries* : il est tout à fait insupportable avec ses lenteurs. *Aneu, pas tant de patetaries* : allons, point tant de barguignage.

PATETEJHA.
PATETA. } v. n. Barguigner.
PATETOURIA.
Hésiter. Lambiner. Avoir de la peine à se déterminer lorsqu'il s'agit particulièrement d'un achat, d'une affaire, d'un traité, etc. *Aves p'anca proun patetejha, decida-vous* : n'est-ce pas encore assez barguigner, décidez-vous.

PATETUN. s. m. Lenteur. Tatillonnage. *Avan qu'aque fu touteis seis patetuns....* avant qu'il ait terminé

tous ses différens et minutieux préparatifs.... Voyez PATETARIE.

PATI. s. m. Basse-cour. Lieu où l'on fait du fumier et où l'on jette les ordures d'une maison.

— Lieu d'aisance.

PATI. v. n. Souffrir la faim. On dit proverbialement de celui qui a souffert longtemps la faim, qu'*A pati coum'uno ser* : qu'elle a souffert la faim autant qu'un serpent.

PATI-PATA. Voyez PETOUN-PETET.

PATIAIRE. s. m. Drillier. Celui qui achète et ramasse les vieux chiffons de toile et de drap pour les fabriques de papier. On dit prov. d'une personne criarde, que *Crido coum'un patiaire* : qu'elle crie comme un aveugle.

PATIAN, ANO. adjectif. Voyez PATET.

PATIN. s. m. Mule. Pantoufle. Sorte de chaussure dont on se sert dans la chambre, et qui ordinairement ne couvre pas le talon.

— Vieux soulier que l'on ne met que dans la maison. On dit prov. et fig. de celui qui va ramper et s'abaisser auprès de quelqu'un, que *Va beisa patin*, que *beiso patin* : qu'il fait des courbettes. On dit encore dans le même sens, *Faire beisa patin à coouqu'un* : faire baiser le babouin à quelqu'un, pour dire, le réduire à se soumettre.

PATIN-COUFIN. adv. Ceci-cela. Expression populaire dont on se sert pour éluder des explications, ou pour supprimer des détails dans lesquels on ne veut pas entrer.

PATINEJHA. v. a. Pantoufler. Marcher avec de vieux souliers en guise de pantoufles. Il est familier et populaire.

PATINEJHA. v. a. Patiner. Manier indiscrètement. Il signifie aussi prendre et manier les mains et les bras d'une femme. On dit populairement d'un homme piqué, qui, outré de dépit, cherche tous les moyens de se venger, que *Lou diable lou patino* : qu'il brûle de se venger.

PATO. s. f. Drille. Chiffon. Vieux drapeau. Linge usé, bon seulement à faire du papier ou de la charpie.

— Patte d'un animal. On dit fig. d'un

makide, que *Rebayo seïs patos*: lorsqu'étant très-mal, il agite et remue
les bras et les mains hors du lit
comme pour saisir quelque chose. *Es
ben maou*, *rebayo seïs pattos* : il se
meurt.

PATO - MOUELLO. Voyez PASTO -
MOUELLO.

PATOI. s. m. Gachis. Margouillis.
Patrouillis. Eau bourbeuse que l'on
trouve dans les rues et le long des
chemins quand la neige fond, ou après
une pluie.

PATORO. s. f. Feu violet. Feu
clair que l'on fait avec de la ramée
ou avec des copeaux pour se refaire
ou se recréer un moment. *S'a frech
fai li leou en paou de patôro* : s'il a
froid fais-lui un peu du feu clair
pour le remettre et le recréer. Voyez
GANJHORO.

PATORO. Se prend aussi dans le
sens de *patado*. Voyez PATADO.

PATOUI. Voyez PATOI.

PATOUX, OUÈ. adj. Molasse. Pâteux, euse. On le dit du pain que
le temps humide ou le brouillard a
ramoli.

— Moite. Se dit en parlant du linge
qui a pris quelque humidité.

PATOUYA. v. a. Patrouiller. Remuer
de l'eau sale et bourbeuse avec les
mains, ainsi que font les petits enfans.
Il signifie aussi, manier mal proprement les choses auxquelles on touche,
les gâter, les déranger en les maniant.

PATOUYARD. s. m. Gâcheur. Celui
qui vend à vil prix.

PATOUYOUN, OUNO. s. Patrouilleux, euse. Celui, celle qui patrouille,
qui agite avec ses mains de l'eau
sale, ou qui la remue avec les
pieds.

PATOUYOUX. adj. Gâcheux. Bourbeux, plein de boue et du patrouillis. Il est peu usité. *Camin patouyoux*:
chemin gâcheux.

B.-A. PATOUYO. Voyez PATOI.

PATRAMAND, ANDO. adj. Brocanteur. Gaspilleur, euse. Celui et celle
qui achète, revend et troque habituellement et à tout prix, ses hardes,
meubles, etc., et qui dissipe son bien
par ce mauvais ménage.

PATRAMANDIA. v. n. Gaspiller.
Brocanter. Dissiper son bien en bro-
cantant ses hardes, ses meubles, etc.,

par inconstance de goût ou amour
de la nouveauté. *Avièn proun fouessò
mobles, mai sa fremo à tout patra-
mandiò* : ils étaient assez bien fournis
de meubles, mais sa femme a tout
gaspillé et dissipé.

PATRAS. s. m. Saligaud. Celui qui
est sale, mal propre.

PATRASSARIE. s. f. Gueuserie. Chose
vile et de peu de valeur. Bagatelle.

PATRAQUO. s. f. Pièce de monnaie
usée et sans marque, de peu de
valeur. Voyez FARLOCO.

— Patraque. Machine vieille et
usée. Vieux fusil.

PATRICOT. s. m. Troc. Échange
de nippes, de meubles, de bijoux et
autres choses semblables. Il ne se
dit qu'en mauvaise part. *Fai toujour
cauque patricot*: elle est toujours à
troquer.

PATRICOT. Au fig. Tracasserie.
Commérage. Discours, rapport qui va
à brouiller les uns contre les autres.
Faire de patricots: faire des tracasseries, tramer des calomnies.

PATRICOULIA. v. n. Troquer des
nippes, des bijoux, etc. Voyez PA-
TRAMANDIA.

— Au fig. Faire des tracasseries.

PATRICOULIARELLO. s. f. Tracassière. Rapporteuse. Médisante. Celle
qui, par ses dits et redits, sème la division et brouille les uns contre les
autres. — Commère qui parle de
tout à tort et à travers.

PATRICOULIAIRE. s. m. Brocanteur.
Voyez PATRAMAND.

PATRICOULIÈ. Voyez PATRICOU-
LIAIRE.

PRATRIMONI. s. m. Patrimoine.
Bien, héritage qui vient du père ou
de la mère.

B.-A. PATUA. v. n. Déguerpir.
S'enfuir. Prendre la fuite. S'en aller
par quelque motif de crainte. Il est
plaisant et populaire. *L'an fa patua
de soun posto* : on l'a fait déguerpir
de sa place.

PATUFELARIÈ. s. f. Tatillonnage.
Voyez PATETARIÈ PATETUN.

PATUFEOU. { s. Dadais. Niais, ni-
PATUFELLO. { aise. Benêt. Voyez FADA.

— Tatillonneur. Lambin. Voyez
PATET.

—Doucereux. Voyez FLATIÈ.

PATUSCLA. Voyez PATUA.

PATROUN. s. m. Terme d'artisan. Modèle. Exemplaire. Patron d'après lequel on travaille. — Patron. Saint dont on porte le nom. Maître de la maison.

PAVOUN. s. m. Paon. Gros oiseau domestique dont les plumes de la queue sont très-belles et marquées d'or et d'autres couleurs en forme d'yeux. Quelques propriétaires riches ont des paons par curiosité. Cet oiseau annonce par son cri plaintif le mauvais temps vingt-quatre heures d'avance. Sa fiente passe pour être spécifique contre l'épilepsie.

PAX. s. f. Paix. Tranquilité.

PÈ. s. m. Pied. La partie du corps de l'animal qui lui sert à se soutenir et à marcher.

— Bas d'un arbre, d'une montagne, d'un mur, d'une tour, d'une échelle, etc.

— Partie d'un meuble, d'un ustensile, etc., qui sert à le soutenir. *Pè d'un candeliè, d'uno taoulo, d'un liech* : pied d'un chandelier, d'une table, d'un lit, etc. *Ana d'a pè* : aller à pied. On dit prov. *Qu'a pas souin doou chivaou merito d'ana à pè* : qui n'a soin de la monture mérite d'aller à pied, pour dire, que celui qui laisse dépérir quelque chose qu'on lui a prêtée, mérite qu'on la lui refuse une autre fois. On dit prov. *Es acoustuma en aco coumo un chin d'ana d'apè* : il est accoutumé à cela comme un chien d'aller nue tête. On dit aussi prov. et fig. qu'un homme *A trouva sabato à soun pè* : qu'il a trouvé chaussure à son pied, pour dire, qu'il a trouvé un autre homme capable de lui tenir tête. On dit ordinairement de celui dont les affaires vont assez bien et de l'ouvrier qui ne manque pas de travail, qu'*Es en pè* : qu'il est en bonne voie. On dit fig. et pop. d'un homme qui a manqué son entreprise, échoué dans ses desseins, qu'*A fach un pè de poucr* : qu'il a fait chapechute.

Faire un pè de poucr à coouqu'un : c'est manquer de parole à quelqu'un dans une affaire essentielle, l'abandonner et le mettre dans le cas de compromettre son honneur, son cré-

dit ou sa fortune.

Faire lou pè : Saluer avec le pied. C'est ainsi qu'était appelée par nos pères la révérence qu'ils faisaient à quelqu'un en reculant le pied droit en arrière pendant qu'ils avaient la tête découverte. Cette sorte de salut que quelques bonnes gens de la campagne n'ont pas encore déshabitué de faire, s'appelle par eux *Faire servitur eme lou pé*.

A pè jhus. adv. A pieds joints.

A pè couquet. adv. A cloche-pied. Sur un seul pied. *Saouta a pè couquet* : sauter à cloche-pied.

PÈ (TENI). Terme de jeu de boule. Piéter. Tenir le pied à l'endroit qui a été marqué pour cela.

B.-R. PÈ. part. négative des environs d'Arles. *Y voou pè* : je n'y vais pas. *Y es pè* : il n'y est pas.

PÈ DE BUGADO. s. m. Terme de lavandière. Batte. Selle. Sorte de trépied formé d'une seule pièce de bois, sur lequel on élève le cuvier qui contient le linge de la lessive.

PÈ-TARROUX. s. m. Pied poudreux. Terme de mépris que l'on donne à un paysan.

Ountés qu'anas, Azor? (disié miss Couloumbino
Oou chin d'un riche paysan
Que d'un er emprensa; galan,
Venie senti soun argentino ;)
« Aprenez, can d'un pè-tarrous,
« Qu'appartenént à la noublesso,
« Nouesto chino, fouer ben appresso,
« Si mesallio pa'me vous.

V. PEADO. s. f. Roidillon. Voyez GRIPET.

PEBRA. v. a. Poivrer. Assaisonner quelque chose avec du poivre.

PEBRADO. s. f. Poivrade. Espèce de sauce piquante faite avec du poivre, du sel et de l'huile. *Artichaou à la pebrado* : artichaut à la poivrade.

PEBRE. s. m. Poivre. Sorte d'épicerie des Indes orientales, qui vient en grappes par petits grains sur un petit arbrisseau appelé poivrier. On dit prov. et fig. d'un homme qui revient souvent et inutilement sur ce qu'on a dit, *Qu'es un pico pebre* : que c'est un rabacheur.

PEBRE-D'AI. s. f. Sarriette. Savourée. Plante aromatique que l'on met sur les fromages frais pour les parfumer et les bonifier. La sarriette est recherchée dans certains pays pour relever le goût des sauces.

PEBREJHA. v. a. Poivrer. Voyez PEBRA.— Part. Piquer. Affecter le goût comme fait le poivre.

PERRIÈRO. s. f. Poivrier. Petit meuble de cuisine dans lequel on tient le poivre pilé.

PEBROUN. s. m. Piment. Millegraine. Fruit d'une plante potagère du genre des solanum. C'est une gousse creuse et conique que l'on confit dans le vinaigre comme les câpres, lorsqu'il est tendre. Il est très-propre à réveiller l'appétit par son goût piquant. Ces gousses deviennent en mûrissant d'un rouge de corail, ce qui a fait encore donner à la plante le nom de Corail des jardins. Dans cet état de mâturité c'est un caustique très-violent.

PECA. v. n. Pécher. Commettre un péché.

PECA. s. m. Péché. Action, pensée, désir qui est une transgression de la loi de Dieu. On dit fig. que *Seriè peca que....* pour dire, qu'il serait dommage, qu'il serait fâcheux, que ce serait un crime que.... *Seriè peca de li fa tort car es la pasto deis gens :* ce serait un crime que de nuire le moins du monde à de si bonnes gens. *Es peca qu'aqueou laid moussi aque uno tant poulido fremo :* c'est dommage qu'une si jolie femme soit l'épouse d'un homme si vilain.

PECA. v. a. Terme de jeu d'enfant. Faillir. Faire une faute.

PECADOU, OUÈ. s. Pécheur, pécheresse. Celui et celle qui commet le péché.

B.-R. PECAIRE. } interjection qui
B.-A. PECHAIRE. } marque la commisération et la tendresse, et que l'on ne saurait rendre en français par aucun terme équivalant. *Un taou es mouert, pecaire!* un tel est mort, le pauvre homme! *Souffre un abord, pecaire!* elle souffre extrèmement, la pauvre femme. *Tant fach maou? pecaire!* l'on t'a fait du mal? pauvre enfant! *L'an pechaire proun tracassa :* on l'a vraiment bien tracassé. *Coumo siès?—souffri toujour ben,—pechaire!* comment te trouves-tu? — je souffre tou-

jours beaucoup. — Que je te plains pauvre enfant!

PECAIRIS. } s. f. Pécheresse. Qui
PEQUEIRIS. } commet des péchés. Il n'est d'usage qu'en poésie.

PECÉTO. Voyez PESSETTO.

PECHAOURE. Il n'a d'usage que dans cette façon de parler adverbiale. *Manda pechaoure :* envoyer paître. Renvoyer quelqu'un avec mépris.

PECHAIRE. Voyez PECAIRE.

PECHIÈ. s. m. Pot. Vase de terre dans lequel on va quérir de l'eau ou du vin dans les ménages

— B.-A. Pot. Mesure pour le vin contenant à peu près trois chopines et pesant trois livres poids de table, ou 1 kilog. et 1 hectog. *Uno damajhano que ten vingt pechiès :* unedamejeanne qui contient 20 pots.

PECHIÈIRADO. s. f. Potée. Plein un pot.

PECHIEIRET. s. m. dim. Petit pot Voyez PECHIÈ.

PECHIN. Voyez PICHOUN. PECHI.

PECHINCHIN, INO. s. Hargneux, euse. Se dit des personnes qui joignent à une humeur chagrine et insociable un fond d'avarice ou de scrupule.

— Chicanier, ière. Celui, celle qui s'inquiète, conteste et vétille sur les moindres choses.

— Chiche-face. Personne maigre que l'avarice, le souci ou l'humeur hargneuse rendent pâle. Il est pop. dans ces trois sens.

PECHINCHINARIÈ. s. f. Scrupule. Avarice. Inquiétude. Mauvaise humeur d'une personne hargneuse.

PECHIT, ITO. adj. Petit, petite. Qui a peu d'étendue, peu de volume. C'est un terme de montagne.

PECOU. } s. m. Queue. Pédoncule.
PECOUI. } (Pédicule est le terme botanique). Petite partie qui soutient la fleur et le fruit et par lequel il tient aux branches de l'arbre. Les feuilles ont aussi un pédicule que l'on nomme petiole, pour le distinguer de celui des fleurs. *Pecoui d'agrufien :* queue de cerise. *Peros d'especoulado :* poires auxquelles on a ôté la queue. *Pecous daou liech :* quenouilles d'un lit, colonnes, piliers d'un lit.

B.-A. PECOULET, ETTO. adj. Mûr, mûre. Confit, confite. Ratatiné, ée. Ridé, ée. On ne le dit au propre que de certains fruits quand ils sont extrêmement mûrs et comme cuits par le soleil sur l'arbre. *Leis figuos pecoulettos soun leis mihouès* : les figues ridées et qui commencent à se dessécher sont toujours les meilleures. *Cerquo toujour leis pecoulettos* : il recherche toujours les ratatinées. Voyez CANISSO. Au fig. PECOULET, ETTO. PECOUYET, ETTO. Se dit des personnes et de certaines choses qui se rident, se fanent et perdent de leur vigueur en vieillissant. Ainsi l'on dit d'une demoiselle qui passe sa vingtième année, qu'*Es pecouletto*, que *fa lou pecouyet* : que c'est un fruit mûr, qu'elle se ratatine.

PECOULO. s. f. Crotte. Bouc qui s'attache au bas des robes.
— Fiente, Excrément, saleté qui s'attache à la toison des bêtes à laine. *Estre plen de pecoulo* : être tout crotté.

B.-R. PECOUYET, ETTO. Voyez PECOULET.

PECU. Voyez PESSU.

PECUGA. Voyez PESSUGA.

PEDAS. s. m. Maillot. Lange dont on enveloppe un enfant en nourrice.

PEDAS-LANI. s. m. Maillot de laine. On dit prov. en parlant des bonnes ou mauvaises qualités qu'on a toujours remarquées dans une personne, *Que v'adu doou pedas* : qu'il apporte cela du berceau. On dit encore prov. et figurément, *Leissa coouqu'un aqui coum'un pedas à l'estendeire*. Voyez ESTENDEIRE.

PEDASSA. v. a. Terme de lingère et de couturière. Rapiécer. Rapiéceter. Rapetasser. Raccommoder grossièrement de vieilles hardes, y mettre des pièces.

PEDASSA, ADO. part Rapiécé, ée. rapetassé, ée. *Pedassa de camiés* : rapiécer des chemises. *Soulié pedassa*: souliers rapetassé.

PEDASSADO. s. f. Terme de nourrice. Maillotée. Plein un maillot. On ne le dit que du bran, de la matière fécale dont un nourrisson a rempli son maillot. *N'en a fach uno bello pedassado* : il en a rempli son maillot d'un bout à l'autre.

PEDASSOUN. s. m. diminutif. Petit maillot. Maillot étroit et raccourci. *Faouto de pedas si serve de pedassoun*: à défaut de maillot elle se sert de petits langes.

PEDRIHO. s. f. Penaillon. Guenille. Haillon. Habillement vieil et usé. *Pourto jamai que de pedrihos* : il est toujours dépenaillé.

PEGIN. s. m. Inquiétude. Mauvaise humeur. Voyez CHARPIN.

PEGINOUX, OUÉ. adj. Inquiet. D'humeur chagrine. Voyez CHARPINOUX.

PEGO. s. f. Poix noire. Matière gluante et noire, faite avec de résine brûlée.
— Mœconium. Excrément noir et épais qui s'amasse dans les intestins du fœtus pendant la grossesse, et qu'il rend sitôt après sa naissance. *A fa la pego* : il a fait le mœconium.

PEGO. Au fig. Importun dont on ne peut se débarrasser. *Es uno bello pego* : c'est là vraiment un importun insupportable.

PEGOT. s. m. Terme de mépris que l'on donne vulgairement aux cordonniers, à cause de l'usage continuel qu'ils font de la poix qu'ils décorent du nom de cire-grasse. *N'es qu'un pegot* : ce n'est qu'un cordonnier.

PEGOULEJHA. v. n. Poisser. Être poissé. On le dit de tout ce qui est oint, enduit, imprégné d'une matière visqueuse, gluante, qui s'attache comme de la poix à ce qui le touche. *Leis mans mi pegoulejhoun* : j'ai les mains poissées.

PEGOUMAS. s. m. Emplâtre fait avec de la poix. Voyez BEGOUMAR. On le dit par extension à tout ce qui, comme de la poix, colle et prend. On dit prov. *Souleou de mars leisso lou pegoumas* : rhumes de mars sont de durée, pour dire, qu'en demeurant trop longtemps au soleil pendant le mois de mars, on y prend des rhumes qui sont de longue durée.

PEGOUN. s. m. Torche. Flambeau fait de poix ayant une mèche de corde, et que l'on porte la nuit pour éclairer une cavalcade, etc.

PEGOUN, OUNO. s. Importun. Fa-

43

cheux. Ennuyeux, euse. Celui et celle dont on est incommodé, qui déplaît, qui ennuye à force d'assiduité.

PEGOURIÈ. Voyez PEGOT.

PEGOUX, OUÈ. adj. Poissé, éc. Qui est enduit de poix ou de toute autre matière gluante. *Leis courdouniers an quasi toujours leis mans peyouès* : les cordonniers ont presque toujours les mains poissées. *Mourre peyoux* : visage emmiellé.

PEGUIÈRO. s. f. Fabrique de poix. Lieu où l'on recueille et prépare la poix dans une forêt de pins.

B.-R. **PEI.** s. m. Poisson. Animal qui ne vit que dans l'eau et qui n'a ni pieds ni ailes.

PEI-ESPAZO. Voyez AMPEROUR.

PEI-JUDIOU. s. m. Marteau. Poisson de mer.

PEIRAOU. adj. Paternel. Qui est ou qui vient du père. *Houstaou peiraou* : maison paternelle.

PEIRARD. s. m. Pierre-à-feu. Pierre à-fusil. Caillou dont on se sert pour faire du feu. On dit de la morue, *Que fai lou peirard* : pour dire, qu'elle s'éfeuille ou s'écaille bien.

PEIRASTRE. s. m. Parâtre. Beau-père. Nom d'alliance qui se donne par des enfans au second mari de leur mère.

PEIRE. s. m. Pierre. Nom d'homme.

PEIREGOUX. adj. m. Pierreux. Parsemé, rempli de pierres. *Camin peiregoux* : chemin pierreux.

PEIRETTO. s. f. dimin. Pierrette. Petite pierre. Blocaille.

— Pierrette. Sorte de jeu d'enfant. *Jhuga à la peiretto* : jouer à la pierrette.

PEIRIÈ. s. m. Carrier. Ouvrier qui tire les pierres de la carrière ou qui les vend.

PEIRIÈRO. s. f. Carrière. Roche d'où l'on tire les pierres.

PEIRIN. s. m. Parrain. Celui qui a tenu un enfant sur les fonts du baptême.

V. **PEIRIN.** s. m. Pissenlit. Plante. Voyez MOURRE-POURCIN.

PEIRO. s. f. Pierre. Corps dur et solide qui se forme dans la terre, et dont on se sert pour la construction des bâtimens. *Carrejha de peiro* : charrier des pierres. *Tailhar de peiro* :

tailleur de pierre. On dit prov. et fig. *Manda la peiro et escouendre lou bras* : jeter la pierre et cacher le bras, et cela se dit d'un homme qui fait du mal à un autre si secrètement et si adroitement qu'on ne l'en soupçonne pas. On dit prov. *La peiro toumbo toujour oou clapié* : que le bien cherche le bien, pour dire, que le bien vient à celui qui en a déjà beaucoup. On dit encore prov. et fig. *Qu'u manejho leis peiros s'esquicho leis degts* : qui remue les pierres se presse les doigts. Voyez MANEJHA.

PEIRO D'AMOUÈLO. s. f. Meule. Pierre à aiguiser. Roue de grés dont on se sert pour aiguiser des couteaux et autres ferremens.

PEIRO DE MOULIN. s. f. Meule de moulin.

PEIRO DE CANTOUNAOU. Pierre de l'angle.

PEIRO DE DAYOUN. s. f. Dalle à aiguiser la faulx.

PEIRO PASTOUIÈRO. Terme de maçon. Pierre brute. Pierre qu'on emploie telle qu'on l'a trouvée dans la terre sans l'équarrir ni la tailler. *Basti à peiro pastouiero* : bâtir avec de pierres brutes.

PEIROLO. s. f. Chaudière. Grand vaisseau de cuivre où l'on fait cuire, bouillir, chauffer quelque chose.

PEIROOU. s. m. Chaudron. Petite chaudière qui a une anse et qui sert à la cuisine. On dit prov. et fig. *Lou peiroou mascaro la sartan* : la pelle noircit le forgon, pour dire, que tel homme cherche à inculper un autre d'une faute, qu'il en est lui-même aussi coupable. On dit populairement d'une maison où il y a souvent de la dispute et des altercations, que *L'y a toujour peiroou rou* : qu'il y a toujours quelque chose à reprendre et à désapprouver.

PEIRORO. Voyez PEIROLO.

PEIROULADO. s. f. Chaudronnée. Ce que peut contenir un chaudron.

PEIROULAS. s. m. augment. Gros chaudron, Chaudière.

PEIROULAOU. Voyez PEIRAOU.

PEIROULET. s. m. diminutif. Petit chaudron.

PEIROULIÈ. s. m. Chaudronnier.

Artisan qui fait et qui vend des chaudrons et autres ustensiles en cuivre.

PEIROURADO. Voyez PEIROULADO.

PEIROURET. Voyez PEIROULET.

PEISAN. s. m. Paysan. Homme de campagne grossier.

PEISANAS. s. m. superl. de *peisan.* Homme très-grossier.

B.-A. PEISSAYO. s. f. Nadelle. Petit poisson de la Méditerrannée qui ressemble à l'anchois, mais qui n'est pas aussi délicat. — Fretin, petit poisson.

PEISSE. v. a. Terme de moulin à huile. Paître la meule. Pousser, avancer sous la meule avec une pelle de bois, les olives qui sont sur l'auge, pour que la meule en y tournant les écrase et les reduise en pâte. On dit pop. de celui qui à table ne se donne aucun relâche, que *Si saou peisse:* qu'il sait paître la meule. *Peisse* signifie aussi *Paisse.* Voyez PAISSE.

V. PEISSENT. s. m. Terme de moulin à huile. Gîte. Auge. Voyez GOUS.

PEISSOUN. s. m. Poisson. Voyez PEI.

PAISSOUNARIÈ. s. f. Poissonnerie. Lieu où l'on vend le poisson.

PEISSOUNIÈ. s. m. Chasse-marrée. Celui qui transporte du poisson.

PEISSOUNIÈRO. s. f. Poissarde. Marchande de poisson. Femme qui vend du poisson sous la halle.

PEISSOUNOUX, OUÈ. adj. Poissonneux, poissonneuse. Qui abonde en poisson.

PEITRAOU. s. m. Poitrail. Estomac d'une bête de somme.

PELA. v. a. Peler. Oter, enlever la peau d'un fruit, l'écorce d'un arbre. *Poumo pelado :* pomme pelée. *Pela un arangi :* peler une orange.

PELA, ADO. adj. Chauve. Qui n'a point de cheveux et semble avoir la tête pelée. *Su pela, Testo pelado :* tête chauve.

PELADO. s. f. Pelade. Abat-chauvée. Laine que les tanneurs et les mégissiers enlèvent de dessus les peaux de moutons et de brebis.

PELACHOUN. s. m. Pellicule. Filet qui entoure la cosse de quelques légumes verts, tels que haricots, pois, etc., que l'on enlève lorsqu'on veut les manger verts.

PELACHOUN. s. m. Envie. Petit filet ou lambeau de l'épiderme qui se détache autour de la racine des ongles.

PELAOU. s. m. Pilau. Nom que l'on donne, d'après les Levantins, à du riz cuit dans du bouillon gras, où l'on a délayé du safran en poudre pour le colorer au jaune. Dans le pilau les grains du riz ne doivent pas être écrasés ni fondus, mais tout entiers, c'est-à-dire, pas trop cuits.

PELATIÈ. s. m. Pelletier. Peaussier. Ouvrier qui prépare des peaux pour en faire des fourrures, des gants, etc.

— On donne également le nom de *Pelatiè* à tout ouvrier qui travaille les peaux et les cuirs, comme les mégissiers, les chamoiseur et les tanneurs.

PELEGANTO. s. f. Terme de boucherie. Peau. Membrane. Partie mince et déliée de la viande, telle que la poitrine, etc., servant comme d'enveloppe à différentes parties de l'animal. *Aco n'es que de peleganto (ou de peyandro) voueli de poupo :* ce ne sont là que des peaux, donnez-moi de la chair. Voyez PEYANDRO.

PELERINO. s. f. Peigne. Sorte de coquille bivalve.

V. PELICOUN. s. m. Quantité. Voyez PELU.

PELINGANTO. Voyez PELEGANTO.

PELISSIÈ. Voyez PEAUSSIER.

PELLETIER. Voyez PELATIÈ.

PELOTO. s. f. Galle de chêne. Voyez BOUSSERIO. PEROTO.

PELOUX, OUÈ. } adj. Velu, ue.
PELU, UDO.   } Garni de poil.

B.-A. PELU. s. m. Quantité. Nombre. Il ne se dit qu'ironiquement et de cette manière. *N'y a un beou pelu !* voyez quel nombre ! *Que pelu !* quelle quantité.

V. PELUCA. Voyez CHAQUUA.

V. PELUCA. adj. Becqueté. Voyez PICOUTA.

PELUCHA, ADO. adj. Peluché, ée. Il se dit des étoffes et de quelques plantes qui sont velues.

PELUCHOUN. s. m. Voyez PELACHOUN.

PELUÈGNO. s. f. Pelure. La peau qu'on a ôté de dessus des chose qui se pèlent comme fruits, légumes,

etc. On dit proverbialement et fig.
d'un débiteur duquel on ne peut obtenir payement qu'en recevant les
divers petits à compte de toute nature
qu'il consent à donner, *Que paguo en
peluègno de pouerri* : qu'il paye en
vetillés.

B.-A. PEN. s. m. Pain Voyez
PAN.

V. PEN. s. m. Cauchemard. Voyez
PESANT.

PENA (SI). v. récip. Se peiner. Se
donner de la peine. *Faou sache si
pena* : il faut savoir se peiner. *Si
peno fouesso* : il prend beaucoup de
la peine.

PENCHINA. v. a. Sérancer. Habiller
le chanvre. Passer le chanvre par
les serans pour le disposer à être
filé. On dit aussi peigner le chanvre
mais c'est improprement.

B.-A. PENCHINA. v. a. Peigner.
Démêler. Arranger les cheveux avec
un peigne. Il est bas et populaire.
Vai ti faire penchina : va te faire
peigner. On dit populairement et
par mépris d'un homme brusque
et peu affable. *Oh! lou maou penchina* : fi du mal peigné!

PENCHINAIRE. ⎫ s. m. Sérancier.
PENCHINIÉ. ⎭
Chanvrier. Ouvrier qui sérance ou
qui peigne le chanvre sur les serans
et qui le met en paquets. On dit
aussi peigneur de chanvre , quoiqu'improprement.

PENCHINAT. s. m. Pinchinat. Grosse
étoffe en laine dont on fait des capes
de berger et des couvertures de
mulet.

PENDEGUIHOUN. ⎫
B.-A. PENDIGOUIHOUN. ⎭ s. m.
Pendille. Lambeau. Morceau de linge.
Partie d'habillement, ou tout autre
chose de mal arrangé qui pendille.

— Chiffon que les gens du peuple
et les enfans suspendent au derrière
des passans pour s'amuser pendant
les jours gras. Voyez CHICHI-BELLI.

PENDEIRE. s. m. Pendeur. Terro-
riste. Homme sanguinaire qui, pendant la terreur, faisait des pendai-
sons par un esprit de rage révolu-
tionnaire.

PENDELOTO. s. f. Pendeloque.
Pendant d'oreille d'une seule pièce.
Bijou de femme.

B.-A. PENDIGOULIA. v. n. Pendiller.
Être suspendu. Ne tenir en l'air que
par un fil, etc.

B.-A. PENDIGOUYO. s. de t. genre.
Dépenaillé. Celui et celle qui s'arrange si mal qu'il a toujours sur soi
quelque chose qui pendille comme
une personne déguenillée. *Es uno
pendigouyo* : c'est une mal arrangée
à qui tout pendille. C'est aussi un
temps du verbe *Pendigoulia* : pendiller. *Tout li pendigouyo* : tout lui
pendille.

PENDOULA. ⎫ v. n. Pendiller. Vo-
PENDOULIA. ⎭ yez PENDIGOULIA.

PENDOULIÉ. ⎫ adj. Incliné. Penché.
PENDOURIÉ. ⎭
Qui est en pente. *Tarren pendoulié*:
terrain incliné.

PENDRE v. a. Suspendre. Élever
quelque chose en l'air, le soutenir
en l'air avec un lien, de telle sorte
qu'il ne porte sur rien. *Pendre de
rasins*: suspendre un paquet de raisins
au plancher.

— Pendre , attacher une chose en
haut par une de ses parties, de manière qu'elle ne touche point en bas
Pendre l'oulo : pendre la marmite à
la cremaillère. On dit d'une femme
qu'*A toujour soun enfant pendu eis
raoubos* : qu'elle a toujours son enfant
pendu à ses côtés, ou à sa ceinture,
pour dire, qu'il ne veut la quitter et
qu'il la suit partout. On dit prov.
Oontan n'in pende à l'oourcyo: autant
lui en pend à l'œil, pour dire, qu'il
lui en peut arriver autant. On dit fam.
et prov. d'un travail, d'une affaire,
etc. *Qu'aou mai pende aou mai rende* :
que plus il dure plus il rend , pour
dire , que plus il traine en longueur
plus il donne du bénéfice à celui qui
en est chargé.

PENEQUA. v. n. Roupiller. Sommeiller. Faire un petit somme. *Faire
soun penequet*: faire son petit somme.

V. PENEQUO. adj. fem. Voyez PE-
COULETUO.

V. PENEQUUN. Voyez PENEQUET.

PENET. s. m. Panaris. Tumeur
flegmoneuse qui vient au bout des
doigts.

B.-A. PENITENT BLUR. s. m. Fleur
du vaciet , vulgairement appelée Ail

des chiens. Plante bulbeuse assez commune dans les vignes et les sentiers, dont la tige d'environ cinq pouces de hauteur, donne un bouquet de forme pyramidale composé de petites fleurs bleues faites en grelot, ce qui lui donne en petit la ressemblance d'un Penitent bleu, d'où lui vient son nom vulgaire provençal.

PENITENCI. s. f. Pénitence. Punition imposée pour quelque faute. On dit prov. et fig. *Selon lou pecca la penitenci* : selon le bras la saignée, pour dire, qu'il ne faut pas taxer un homme au-delà de ses facultés ni faire payer une marchandise plus qu'elle ne vaut.

PENO. s. f. Peine. Souffrance. *Eme maleis penos* : adv. A grande peine. Malaisément.

PENSAMENT. s. m. Souci. Embarras. Sollicitude. Peine. Inquiétude. On dit communément de celui qui se marie, *Que ses mes dins lou pensament* : qu'il s'est mis dans le souci ; et d'un homme sans souci qui néglige ses affaires sans penser à l'avenir, *Que viou senso pensament* : qui ne s'inquiète ni se met en peine de rien.

PENSAMENTI, IDO. ⎫
PENSATIOU, IOUVO. ⎬ adj. Soucieux. Pensif. Rêveur. Préoccupé, en souci.
PENSIÈ, IÈVO. ⎭

PENSIEN. s. f. Pension. Pensionnat.

PENSIOUNA. s. m. Pensionné.

PENTI (SI). v. récip. Se repentir. Avoir regret.

PENTOUX, OUÉ. adj. Repentant, ante. Regretteux, euse. Qui a du regret, du déplaisir d'avoir fait une chose ou de ne l'avoir pas faite. On dit populairement et bassement de celui qui a beaucoup du regret d'avoir fait ou de ne pas avoir fait une chose, que *S'in n'en ero autant merdoux coumo n'en es pentoux serié curiou à veire* : que s'il était aussi embrené qu'il en est repentant, il ferait beau voir.

V. PENTURO. Voyez BELEOU.

PEOU. s. m. Poil. Ce qui croît sur la peau de l'animal en forme de filets déliés. *Peou de cameou* : poil de chameau.

PEOU. s. m. Cheveux. Poil de la tête de l'homme. *Si derraba leis peoux* :

s'arracher les cheveux. *Tira per leis peoux* : tirer par les cheveux. On dit proverbialement, *De tout peou l'y a rosso* : toujours dans chaque poil quelque méchante bête, pour dire, qu'il n'est point d'état si saint, de corporation si savante, de famille si respectable, etc., dans lesquels on ne trouve quelque membre qui, par sa conduite, son ignorance ou ses défauts ne la déshonore. On dit proverb. et fig. de deux personnes qui s'en veulent, que *S'oouran doou peou* : qu'ils en viendront aux mains, qu'ils s'arracheront les poils l'un l'autre. On dit prov. d'une chose dont il n'en reste plus la moindre partie là où il y en avait quantité, *Que n'y a pas un peou* : qu'il n'y en a pas un brin, pour dire, qu'il n'y en a absolument plus. *Faire uno peou de rire* : rire à cœur-joie.

PEOU. s. f. Peau. Partie extérieure de l'animal, qui enveloppe et couvre toutes les autres parties. *Peou de cabro, peou de lèbre* : peau de chèvre, peau de lièvre. On dit proverb. et figurément, *Jamai peou de cabro a estrangla loup* : jamais peau de chèvre n'étrangla loup, pour dire, que jamais glouton ne fut délicat, ni usurier scrupuleux. On dit encore proverb. *Jamai l'on parlo doou loup que noun l'on vegue la peou* : quand on parle du loup toujours on en voit la queue; cela se dit d'un homme qui arrive dans une compagnie dans le temps qu'on parle de lui.

PEOU. s. f. Terme de mépris. Gouine. Concubine. Prostituée. Femme de mauvaise vie. Les honnêtes gens ne se servent pas de ce terme.

PEOU-COURT. s. m. Morpion. Sorte de vermine honteuse qui s'attache d'ordinaire aux endroits du corps où l'on a du poil.

PEOU-FOULETIN. s. m. Poil follet. Espèce de petit coton qui vient avant la barbe.

—Première plume ou plutôt duvet qui vient aux oiseaux lorsqu'ils sont éclos. Parlant d'un homme on dit, *N'a enca que lou peou fouletin* : il est encore bien jeune. *Aquelcis oousseloun n'an enca que lou peou fouletin* : ces petits oiseaux n'ont encore que les premières plumes.

PEOU-REVENGU. s. m. Terme de

mépris. Gueux revêtu. *Aco n'es qu'un peou revengu* : ce n'est là qu'un gueux revêtu.

PEOU-ROUJHE. s. m. Rousseau. Homme qui a le poil roux.

PEOU. Voyez PÉSOU.

PEOUILHOUX. Voyez PEVOUI-HOUX.

PEPE. s. f. Terme enfantin et de nourrice. Bouillie. Soupe. *Fasès-li mangea sa pepe* : faites-lui manger sa soupe.

PEPIDO. s. f. Pepie. Maladie des poules occasionnée par la privation du boire. On dit d'un buveur, qu'*A poou d'ave la pepido* : qu'il craint d'avoir la pepie.

PEPIDO. s. f. La prunelle de l'œil.

PEPIDOUN. s. m. Pou de poule. Insecte qui s'attache aux poules et les tourmente.

PÈQ, PÈQUO. adj. Gourd, gourde. Qui est comme perclu par le froid. Voyez GOBI.

B.-A. PEQUI. adv. Encore. Même. De nouveau, de plus. *Noun soulamen es pas lest mai es pequi ben malaou*: non seulement il est indisposé, mais ce qu'il est bien malade.

PEQUI-PAS. adv. négatif. Pardi-pas. Point du tout. Voyez PESQUI-PAS.

PER. prép. Pour. *Es per voueste bèn* : c'est pour votre bien. *Per ave trop manjha es malaou* : il est malade pour avoir trop mangé. *Per aro*: pour le présent. *Per aco pas mens* : néanmoins, malgré cela.

PER ENSEN. adv. Conjointement. Ensemble. De compte à demi. *Fan per ensen* : ils sont de concert, ils sont de compte à demi.

PÈRE-GRAND. s. m. Aïeul. Grand-père.

PEREOU. conj. Aussi. De même. Également. *Li vaou pereou*: j'y vais aussi. *Pereou you* : et moi de même. Voyez ATOU.

PERESO. s. m. Paresse. Fainéantise. Négligence. Nonchalance dans ses devoirs. *Si leiso gagna à la pereso* : la paresse le gagne.

PEREVOUX, OUÈ. adj. Paresseux, euse. Qui se laisse aller, qui est dominé par la paresse. Il est aussi substantif. *Es un perevoux* : c'est un paresseux. On dit prov. *Un perevoux*

per un pas n'en fa doux : le paresseux pour un pas en fait deux.

PERGO. Sorte de juron. Peste. *Malo pergo l'oouriginaou!* peste soit de l'original !

B.-A. PERICOULERI. Voyez CABRI-MET.

PERIÈ. s. m. Gésier. Le second ventricule de certains oiseaux et animaux qui se nourrissent de grains. Au fig. Le cœur de l'homme. C'est pourquoi l'on dit en ce sens d'une personne, qu'*A lou periè dur*, qu'*à bouen periè* : qu'elle a le cœur dur et insensible, pour dire, qu'on ne saurait la toucher ni l'attendrir.

PERIÈ. s. m. } Poirier. Arbre
PERIÈRO. s. f. } qui porte des poires.

PERO. s. f. Poire. Fruit du poirier.

— *Blanchano* : blanquette à longue queue.

— *Brignollo* : grise d'hiver à longue queue.

— *Couyourdano* : commune graveleuse.

— *Cremesino* : perle, ou muscat robert.

— *De bitrouyoun* : angélique de Rome.

— *Doourado* : de rousselet hative.

— *Muscado* : muscadelle rouge.

PERIMOUNIÈ. s. f. Péripneumonie. Inflammation des poumons.

PERMES, PERMESSO. part. Permis, permise.

— Licite. adj. de t. g. Qui est permis par la loi.

V. PEROTO. } s. f. Épingles.
B.-A. PELOTO. }

Don pécuniaire ou présent de noces, qu'une nouvelle mariée est en usage de faire à la congrégation ou société pieuse dont elle faisait partie étant demoiselle. *Van si fa douna la peloto* : elles vont demander les épingles.

PERQUE. conj. Pourquoi. *Vaqui perque* : voilà pourquoi. Il s'emploie aussi par manière d'interrogation. *Perque mi dias aco?* pourquoi me dites-vous cela ?

PERUS. s. m. Poires rondes. Elles ont la forme et ne sont guères plus grosses que les poires sauvages. *Perus bouscas* : poire d'estranguillon.

PERUS BOUNAOU. s. m. Poires

bonne eau, appelées encore rondes hatives.

PERUS MUSCAT. s. m. Poires muscates ou rondes hatives odorantes. Poires rondes de Chio.

PERUSSIÈ. s. m. Poirier à fruit rond.

— Poirier sauvage.

PÉS. s. m. plur. Voyez PÈ.

PÉS. s. m. Poids. Pesanteur. Qualité de ce qui est pesant. Parlant d'un peson ou romaine, on donne le nom de *Gros pes* au côté fort, et de *Pichoun pes* au côté faible.

PESA. v. a. Peser. Déterminer avec des poids la juste pesanteur d'une chose. On dit prov. *Pichoun fai de luench peso* : au long aller petit fardeau pèse, pour marquer, qu'il n'y a point de charge si légère qui ne devienne fâcheuse à la longue.

PESADO. s. f. Pesée. Action de peser.

— La quantité de ce qui a été pesé une fois. *N'en foou faire tres pesados* : il faut en faire trois pesées. *Chaque pesado vai de 5 à 6 quintaoux*: chaque pesée va de cinq à six quintaux.

PESADOU. s. m. Peseur public. Celui qui est autorisé à peser ce qui se vend publiquement à poids.

PESANT. s. m. Cochemard. Incube. Indisposition qui arrive pendant la nuit. C'est une oppression de poitrine qui empêche de crier et même de remuer, on se met dans le cas de l'éprouver lorsque l'on est couché et étendu sur le dos sans incliner d'aucun côté. *Ave lou pesant* : avoir le cochemard.

PESAGI. s. m. Pesage. Action de peser. Salaire du peseur.

PESCA. v. a. Pêcher. Prendre du poisson. On dit proverb. et fig. d'un homme troublé, distrait et qui ne sait plus où il en est, *Que soou plus ce que si pesco* : qu'il ne sait ce qu'il fait, ni ce qu'il dit. Il est populaire.

PESCADOU. s. m. Pêcheur. Celui dont la profession est de pêcher et d'aller à la pêche du poisson.

PESCAIRE. s. m. Pêcheur. Celui qui est actuellement à la pêche, mais qui n'est pas pêcheur de profession.

PESCARIÈ. s. f. Poissonnerie. Halle où l'on vend le poisson.

PESCO. s. f. Pêche. Action de prendre du poisson. *Ana à la pesco*: aller à la pêche.

— Le poisson qu'on a pêché. *Bouèno, pichouno pèsco* : bonne, petite pêche.

PESE. s. m. Pois. Sorte de légume.

PESE GOULU. s. m. Pois sans cosse. Sorte de pois que l'on égrenne et que l'on mange sans cosse.

PESE-GROUMAND. s. m. Pois goulu. Quantité de pois dont la cosse tendre et délicate se mange en vert, même dans les meilleures tables. On dit proverb. et par ironie de celui qui a le cœur gros et comme gonflé de quelque injure qu'il a reçue, qu'*Es gounfle coum'un pese qu'à trempa noou jours* : qu'il a le cœur aussi gros qu'un pois qui est resté neuf jours dans l'eau.

PÈSE DE LA FREITO. s. m. Pois sec de la meilleure qualité connue, et dont on fait une purée excellente. Voyez FRETO.

PESEOU. s. m. Terme de tisserand. Pène. Ce sont les bouts de fil de la chaine qui restent attachés à l'ensuble lorsque la toile est ôtée de dessus le métier. Les gens du peuple se servent du fil de pène pour suspendre au plancher les paquets de raisins que l'on veut conserver.

PESEROTO. ⎫
PESOTO. ⎬ s. f. Pois gris. Pois de brebis. Plante légumineuse qui est un des meilleurs fourrages que l'on puisse donner aux bestiaux et qui fournit un excellent engrais aux terres où on la recouvre. *Acclopa de peseroto* : recouvrir des pois gris. *Uno mourrayado dè pesotos* : une poignée de fourrage de pois gris.

B.-R. PESOU. s. m. Pou. Sorte de vermine qui s'attache à la tête des enfans, aux habits et au linge des personnes malpropres. *Tria leis pesous* : épouiller, ôter les poux. On dit prov. et fig. d'un failli qui emporte beaucoup d'argent, *Mette pas la man oou sen per un pesou* : il ne se baisse pas pour ramasser un clou, pour dire, que la chose en vaut la peine, et que ce n'est pas une bagatelle.

PESQUI-PAS. adv. nég. Pardi-pas. On donne par mépris et moquerie le nom de *Misè pesqui-pas*, de mi-jaurée, à une fille ou femme dont les manières sont affectées ou ridicules. *Aco es misè pesqui-pas* : c'est là mademoiselle la précieuse, la dédaigneuse.

PESQUIÉ. s. m. Reservoir. Lieu où l'on amasse des eaux ou dans lequel on conserve du poisson.

PESSA. v. a. Casser. Briser. Rompre. Il ne se dit que des fruits à coquilles, tels que noix, amandes, etc., que l'on casse pour en retirer les noyaux. *Faire pessa* : faire casser des amandes. *Ana pessa* : se louer pour casser des amandes.

PESSAIRE. s. m. Brisoir. Casse-amande. Morceau de bois dur, ordinairement en buis, de forme cylindrique d'environ un pied de longueur, avec lequel on casse les amandes sur le galet (*Couedou*).
V. PESSAIRE. s. m. Bûcheron. Voyez ESPESSAIRE.

PESSAIRE, ELLO. s. Casseur, casseuse. Celui et celle qui se loue pour casser des amandes.

PESSEGAOU, AOUDO. adj. Écervelé, ée. Folâtre. Qui a l'esprit léger, évaporé.

— Fou. Qui n'a pas la tête solide, qui a l'esprit quelque peu aliéné. Voyez PAFORO. *Es un paou pessegaou* : il a un grain de folie. Il se prend quelquefois substantivement. *Que dis aquelo pessegaoudo?* que dit-elle cette folle ?

B.-A. PESSEGUE. ⎱ s.m. Pêche. Fruit
B.-R. PESSEGUI. ⎰
du pêcher. *Pessegue moulan* : pêche molle dont la chair se détache du noyau. *Pessegui duran* : duracine, pavie, sorte de pêche qui ne quitte point le noyau et dont la chair est plus ferme que celle des autres sorte de pêches.

PESSEGUIÉ. s. m. Pêcher. Arbre qui porte les pêches.

PESSEIRIS. s. f. Casseuse. Voyez PESSARELLO. *Ave leis pesseiris* : avoir les casseuses chez soi.

PESSETO. s. f. Piecette. Petite pièce de monnaie.

PESSO. s. f. Pièce. On le dit de certaines choses qui font un tout complet. *Uno pesso de drap* : une

pièce de drap. *Uno pesso de gibié* : une pièce de gibier.

PESSO. s. m. Pièce. Retaille. Portion, morceau, petit reste d'étoffe. *N'a ges resta de pessos* : il n'en est pas resté un seul morceau. *Leis taihurs ooujourd'hui rendoun plus ges de pessos* : aujourd'hui les tailleurs gardent par devers eux tous les restes de l'étoffe qu'on leur donne à travailler.

PESSO. Lambeau. Morceau d'étoffe ou de linge déchiré. *Sa raoubo toumbo en pesso* : sa robe tombe en lambeaux.

PESSO. s. f. Champ. Propriété de terre en un seul morceau continu. *Achetta uno pesso* : acheter un champ. *A quatre bouencis pessos* : il possède quatre pièces de terre. On dit en terme d'agriculture, *Que lou blad ou lou segue toumbo à pesso* : que le blé tombe et s'égrenne sur pied, lorsqu'on tarde trop à le moissonner quand il est mûr. On dit ordinairement d'une chose *Que pouerto pesso* : qu'elle porte coup, pour dire, qu'on en tire quelque conséquence, qu'elle produit quelque effet considérable. On dit fig. et fam. *Juga uno pesso en couquun* : faire pièce à quelqu'un, pour dire, lui faire une malice. On dit d'un plaisant, que *Fai sa pesso* : qu'il fait ses farces. On dit d'une personne rusée qu'*Es uno fino pesso* : que c'est un fin matois, et d'un mauvais sujet qu'*Es uno marrido pesso*.

PESSO-OOULIVO. s. m. Bouvreuil. Oiseau appelé encore Gros-bec. On donne aussi dans certains pays le nom de *Pesso-ooulivo* et de *Pesso-pigno* à la Pivoine, petit oiseau qui a la gorge rougeâtre et le chant fort agréable.

PESSU. s. m. Pincée. Quantité de certaines choses que l'on peut prendre avec les deux ou trois premiers doigts de la main. *Un pessu de saou, un pessu de farino* : une pincée de sel une pincée de farine.

PESSU. s. m. Pinçon. Pince. Action de pincer en serrant fortement la superficie de la peau avec les doigts ou les ongles. C'est aussi le nom de la marque qui reste sur la peau de celui qui a été pincé. *Faire de pessus* : pincer, faire de pinçons. On dit familièrement et plaisamment, d'une chose, qu'*Es doou pessu*: que c'est du premier choix, pour dire, que c'est du réservé, du friand, du délicat, du recherché, etc. *Damœisello doou pessu*: précieuse demoiselle qui n'est pas du commun. *Fichu doou pessu* : schall d'un goût distingué, recherché. *Parlo toujour em'vou pessu* : elle a toujours un langage affecté. On dit prov. et fig. d'un homme *Se me fai un pessu li faou uno graffignado*: s'il me donne des pois je lui donnerai des fèves, pour dire, s'il me fait de la peine, s'il me donne du chagrin, je lui rendrai la pareille.

PESSUGA. v. a. Pincer. Faire des pinçons. Voyez PESSU. *Pessuga un pastis ou caoucarren aoutre* : c'est prendre avec les trois principaux doigts de la main et comme si l'on faisait des pinçons sur un pâté ou autre chose, pour en goûter.

PESSUGAIRE. s. m. Pinceur. Celui qui s'amuse à pincer, à faire des pinçons.

PESTELA. Voyez PASTELA.

PESTEOU. s. m. Pêne. Morceau de fer long et carré dont le bout sort de la serrure de laquelle il fait partie, et entre dans la gâche pour fermer une porte, etc.

PESTIHANÇO. s. f. Pétulance. Importance. Qualité de celui qui est vif, impétueux, brusque qui fait l'homme de conséquence, qui veut se faire remarquer, se faire craindre, en imposer, etc. C'est un terme provençal nouveau qui ne se dit que par mépris ou en plaisanterie de cette manière : *Faire de pestihanço*, *faire la pestihanço* : mettre de l'importance, agir avec pétulance et suffisance.

PET. s. m. Pet. Vent qui sort du corps par derrière, avec bruit.

— Bruit. Explosion d'une chose qui éclate ou se casse.

— *Faire un pet.* Terme de jeu de cartes. Faire la dévole. C'est ne faire aucune levée et perdre toutes les mises qu'on a doublées lorsqu'on fait le jeu. *Cresiè fa la volo et à fach un pet* : il pensait tout gagner et il a fait la dévole. *Pet-en-l'air*. Voyez ER.

PETA. v. n. Peter. Faire des pets. Lâcher des vents par derrière avec

44

bruit. *Leis fayooux fan peta* : les haricots sont venteux.

— Éclater. Faire des éclats. Claquer. *Faire peta un fouit* : faire claquer un fouet.

— v. a. Casser. Rompre. Éclater. *Marri fiou que fai que peta* : mauvais fil qui se rompt à tout instant. *Faire peta uno branco* : rompre, éclater une branche d'arbre.

— Terme de jeu de cartes. Faire la dévole. Au fig. *Peta*, crever, mourir. *N'en manjhet à peta* : il s'en mit à crever. *Petaviam doou rire* : nous crevions du rire. On dit pop. et fig. de celui qui, se voyant poussé à bout par quelqu'un, lui riposte vigoureusement, que *Lou marbre lia peta* : qu'il a perdu patience.

PETACHO. s. m. Lâche. Poltron.

PETADO. Voyez PIADO. PETARRADO.

B.-A. PETADIS. s. m. Gîte. Lieu où reposent et où fréquentent habituellement les lièvres, les lapins et autres animaux.

— Lieu, endroit que l'on hante habituellement.

— Rendez-vous suspect. Il ne se dit qu'en mauvaise part lorsqu'on parle des personnes. *Li levarai proun lou petadis d'aqui* : je saurai bien le désaccoutumer de là et l'en faire déguerpir.

B.-R. PETADOU. s. m. Cannonière. Voyez ESCARBUTO.

— Au fig. et par métaphore. Un fusil. Le derrière.

PETAIRE, ELLO. s. Peteur, peteuse. Celui et celle qui pète, qui fait des pets.

PETARDIÈ. s. m. Mineur. Pétardier. Celui qui fait des pétards soit en faisant des mines ou autrement.

PETARRADO. s. f. Pétarade. Plusieurs pets de suite.

PETARRADO. s. f. Crottée. Suite de crottin de cheval, d'âne, de mulet, etc. *Cuhi de petarrados* : ramasser du crottin, du fumier, etc.

B.-R. PETARRE. s. m. Terme Arlésien. Broc. Vase de terre. Voyez POUTARRAS.

PETE. s. m. Pied d'agneau, de chevreau, de mouton, etc. Voyez PETOUN.

PETEGUE. s. m. Voyez PATEGUE.

PETADIS.

V. PETEGO. Voyez PETOUACHO.

PETEIROLO. s. f. plur. Terme de tisserand. Filandres. Endroits où un fil trop faible casse. Voyez PRIMACHOS.

PETEJHA. v. n. Craqueter. Pétiller. On le dit du bois, du charbon, de la ramée qui, étant au feu, jette des étincelles en pétillant et en craquetant. *La broundo petejho* ou *petenejho* : la ramée pétille. *La saou gittado din lou fuech petenejho* : le sel jeté dans le feu craquette.

PETELIN. s. m. Thérébinthe. Arbrisseau assez commun dans la moyenne et la basse Provence.

PETENEJHA. v. n. Craqueter. Pétiller. Voyez PETEJHA.

B.-A. PETENVIA, ADO. adj. Patelin. On le dit d'un enfant gâté, etc. Voyez ENVEA. FLOUGNARD.

B.-A. PETENVIADURO. s. f. Inquiétude. Humeur chagrine d'un enfant mal élevé. Voyez ENVEADISO.

PETET. Voyez PETOUN.

PETIA. Voyez PETA.

PETIN. s. m. Épithyme. Plante.

B.-R. PETITOUN, OUNO. adj. dim. Terme des environs de Tarascon. Très-petit. Mignon, mignonne.

PETO. s. f. Crottin. Fiente. Ordure. Excrément dur et arrondi de cheval, de brebis, de chèvre, lapin, souris, etc., et même celui de l'homme lorsqu'il est isolé et de forme arrondie. *Peto de pouer* : crotte de cochon. *Après ave proun restu su lou pot n'a fach qu'uno peto* : après avoir assez resté à la garde-robe il n'a rendu qu'un seul crottin.

PETO-BARRAOU. s. m. Voyez MERITAPO.

PETOUA. } s. f. Roitelet. Petit
PETOUÈ. } Oiseau.

PETOUACHO. s. m. Lâche. Poltron. Couard. Peureux. *Es un beou petouacho* : c'est un franc poltron.

PETOUACHO. s. f. Crainte. Peur. Alarme. Il est plaisant et populaire. *Avien la petouacho* : la peur les avait pris.

PETOULIÈ. } Voyez PETADIS.
PETOURIE. }

PETOURIÈ. s. m. Vidangeur ou mieux crotteur. Celui qui se tient sur les grandes routes pour ramasser les crottins des chevaux et des mulets. On l'appelle aussi *Recampo-peto*.

PETOUN. s. m. dim. Peton. Petit pied. Pied d'un jeune enfant. C'est un terme de nourrice. *Pecaire à maou oou petoun* : le pauvre petit a mal au pied.

PETOUN-PETET. adj. Terme de mépris. Bibus. Vétille. Chose de rien. Il ne s'emploie guère qu'avec la préposition De, pour dire, qu'il mérite peu d'attention, qui est de nulle valeur. *Es tout d'aoubragi de petoun-petet* : ce sont là de pures vétilles. *Es un affaire de petoun-petet* : c'est une affaire de bibus, qui ne vaut pas la peine qu'on s'en occupe.

PETOUNEJHA. Voyez PETENEJHA.

PETOURRO. s. f. Crotte de menu bétail. Voyez PETO.

PETOURROUN. s. m. Vétille. Bibus. Voyez PETOUN-PETET.

B.-A. PETUERRI. s. m. Vacarme. Bruit. Tapage. *Faire de petuerri* : tempêter. *Fasié un petuerri de malhur* : il faisait un vacarme de tous les diables. Il est fam. et pop.

PETUGO. s. f. Huppe. Putput. Oiseau de la grosseur d'un merle, remarquable par la huppe de plumes qu'il porte sur sa tête, et qu'il redresse lorsqu'il est inquiété. Les plumes de sa queue sont noires et traversées d'une bande blanche. Son bec long et pointu a deux ou trois pouces de longueur.

PETUGO. s. f. Terme de serrurier. Agrafe. Crochet mouvant placé à une bande de fer attachée à une porte, et qui, passant dans un anneau fixé au mur ou à l'autre battant, sert à la fermer. *Mettre leis petugos* : crocheter les agrafes.

B.-R. PETUN. Voyez PETUERRI.

PETUN. s. m. Tabac à priser. Terme de montagne ou plutôt de l'argot usité aux environs d'Embrun et de Briançon comme le suivant.

PETUNIA. v. a. Priser. Prendre du tabac. Voyez PETUN.

B.-A. PEVOU. Voyez PESOU.

PEVOULINO. s. f. Puceron. Sorte de vermine noire ou verte qui s'attache aux arbres, aux herbes et principalement à quelques plantes légumineuses telles que fèves, haricots, etc. *Leis favos an la pevouino* : les fèves sont attaquées des pucerons.

B.-A. PEVOUINO. s. f. Poux. Vermine.

— Race, engeance pouilleuse. *Es plen de pevouino* : il est tout pouilleux. *Soun que de pevouino* : ce ne sont que des pouilleux.

B.-A. PEVOUYET. s. m. Aubepine. Epine blanche. Arbrisseau dont les baies rouges viennent par trochet et s'appellent senelles. Le nom de *Pevouyet* se donne à l'arbrisseau comme aux baies.

PEVOUYET (FAIRE LOU). Secouer les épaules l'une contre l'autre, ou contre le mur, pour se gratter ou pour faire tomber la vermine qui démange. *Fai lou pevouyet, semblo plen de pevouino* : il sécoue ses épaules comme un gueux.

PEVOUYET. } s. m. Terme de
PEVOUYOUX. } mépris. Poiloux. Misérable. Homme de néant. Il est populaire. *Que vou aqueou pevouyoux?* que veut-il donc ce poiloux?

PEVOUYOUX, OUÈ. adj. Pouilleux, euse. Qui a des poux.

PEZOTO. Voyez PESOTO.

PEY. s. m. Poisson. Voyez PEI.

B.-A. PEYANDRO. s. f. Terme de mépris. Peau. Il ne se dit qu'en dénigrement de la viande de boucherie qui, n'étant pas fournie de chair, comme les membranes et le devant de la poitrine, ressemble à de la peau. *Douna mi un mouceou de poupo et noun pas de peyandro :* donnez-moi de la chair et non pas des peaux. Voyez PELEGANTO.

PEYSSE. Voyez PEISSE.

PEYOUN. s. m. Terme d'agr. Étui. Balle. Partie de l'épi du blé attachée à chaque endenture de la rape, et qui contient et enveloppe le grain. *L'y a de peyoun qu'an caouquo fes doux ou tres grans* : il y a de ces balles ou étuis de blé, qui renferment deux et même quelquefois trois grains.

— Ablais. Depouille du blé. Voyez ESPIGAOU.

PIADO. s. f. Trace. Foulée. Pas. Piste. Empreinte. Vestiges des pieds d'un homme ou d'un animal, sur la terre, la neige, le sable, etc.

PIAIHA. v. n. Piailler. Il se dit proprement du cris continuel que fait

par dépit et par malice, un enfant méchant ou mal élevé. Il est famil. et populaire.

PIATRE, TRO. adj. Chétif. Vil. Piètre. — Misérable. Pauvre. *Gens piatres :* gens misérables. *Habit, capeou piatre :* habit, chapeau piètre.

B.-R. PIBLO. }
PIBOULO. } s. f. Peuplier
B.-A. PIBOURO. }
noir. Tremble. Arbre de haute tige.

PIC. s. m. Pivert. Oiseau. On dit proverbialement d'un homme qu'*Es maigre coum'un pic* : sec comme un colret, pour dire, qu'il est extrêmement maigre et décharné.

PICA. v. a. Frapper. Donner un ou plusieurs coups.

— Battre. *Pica deis mans* : applaudir. *Pica deis peds* : trépigner.

PICA. v. a. Heurter. Donner des coups de heurtoir à la porte de quelqu'un. *Pica lou marteou* : heurter à la porte.

PICA. v. n. Piquer. Faire avec du fil ou de la soie sur deux ou plusiers étoffes mises l'une sur l'autre, des points qui les traversent et qui les unissent. *Pica uno vano* : piquer une couverture.

PICA, ADO. part. Frappé, ée. Piqué, ée. Battu, battue.

PICA (SI). v. récip. Se piquer. Se sentir offensé, prendre en mauvaise part. *Si pico de la mendre caouso* : il se pique de la moindre chose. On dit prov. et fig. et par mépris de celui qui se pique d'une chose qui n'en vaut pas la peine. *Quu si pico si fa maou* : qui se frappe se blesse, pour dire, qu'on perd plus qu'on ne gagne en voulant rompre avec une personne qui n'a pas eu le dessein de vous offenser.

PICADIS. } s. m. Frappement.
PICAMENT. } Battement. Coups suivis que donnent certains ouvriers tels que chaudronniers, ferblantiers, etc., avec le marteau ou le maillet. *Picament deis mans :* battement des mains, applaudissement. *Vous enlourdissoun eme seis battamens* : ils vous abasourdissent par leurs frappemens.

PICADIS, ISSO. adj. Frappant. Battant, ante. *A la man ben picadisso* il a la main toujours prête à frapper ou à battre. *L'y a de chivaoux qu'an lou pè picadis* : il est des chevaux qui frappent habituellement du pied à terre.

B.-A. PICHOT, OTTO. **B.-R. PICHOUN, OUNO.** } s. Petit, petite. Jeune enfant, petite fille. *Es soun pichot* : c'est son petit. *Bravo pichouno* : aimable, intéressante petite.

PICHOT, OTTO. **PICHOUN, OUNO.** } adj. Petit, petite. Qui a peu d'étendue, peu de volume, qui a peu de taille, peu de hauteur. *Fouésso picho* : de bien petite taille. *Pichoun cantoun* : petit coin de terre. Au fig. Bas, méprisable. *Pichoun siro* : pauvre hère, petit sujet. *Pichoun sentiment* : sentiment bas et vil. *Faire picho.* adv. Aller doucement. Économiser sa pitance en y faisant des petits morceaux.

PICHOUNAMENT. adv. Petitement. D'une manière petite.

PICHOUNET, ETTO. adj. dim. Très-petit, très-petite. Mignon. On a dit de Cupidon, qu'*A de pichounetteis manettos qu'ajhougnoun de luench et mai ben* : que ses petites mains portent des coups qui pénètrent bien avant quoique de loin.

PICHOUNET. **PICHOUTIÉ.** } adj. f. Petitesse. Peu d'étendue. Peu de volume. Au fig. Petitesse d'esprit, puérilité.

PICHO. s. f. Pic. Instrument de fer courbé et pointu vers le bout, qui a un manche de bois comme celui d'une marre (*Eissado*), et dont on se sert à casser des morceaux de rocher et à ouvrir la terre.

PICOLO. **PICORO.** } s. f. Bêche. Instrument d'agr. — Marre. Pioche. Voyez EISSADO. MAGAOU.

PICO-PEBRE. s. de t. g. Rabacheur. Celui dont les redites imitent le redoublement des coups de pilon d'un homme qui broye du poivre dans un mortier.

PICOSSO. s. f. Cognée. Sorte de hache.

PICOTO. s. f. Claveau. Maladie des bêtes à laine. Voyez CHAS.

V. PICOUN. s. m. Clarine. Voyez SOUNAIHOS.

B.-A. PICOUN-PICARD. Ce terme n'a d'usage que dans cette locution proverbiale et populaire que l'on adresse à celui que l'on voit ramasser quelque chose. *Picoun-picard ma part* : maître Picard je retiens part, pour dire, je prétends avoir part à ce que vous avez trouvé.

B.-A. PICOUN-PIQUETTI. s. m. Jeu d'enfans. Espèce de jeu de barres.

PICOURÈYO. s. f. Picorée. Action de butiner, de marauder. *Courre la picourèyo* : aller en maraude.

B.-R. PICOUSSIN. s. m. Hache d'armes. Hachette. Petite hache. Instrument tranchant.

PICOUTA. v. a. Picoter. Causer des picotemens.

PICOUTA, ADO. adj. Moucheté. Tacheté. On le dit des étoffes, du papier, etc., imprimés ou peints avec des mouchetures ou taches comme des points. *Indienno picoutado, velour picouta.*

PICOUTA, ADO. adj. Terme d'agr. Becqueté par les oiseaux.

— Coti par la grêle. On le dit des fruits comme des plantes que les oiseaux ont becquetés ou que la grêle a meurtri.

PICOUTIN. s. m. Picotin. Petite mesure dont on se sert pour donner de l'avoine aux chevaux. C'est la 8me partie d'une panal.

PIÈ. s. m. Terme de chanvrier. Brin. Premier brin. Partie du chanvre la plus belle et la plus longue. *Tèlo de piè* : toile de brin.

PIÈGI. s. m. Piège. Instrument dont on se sert pour prendre des animaux. Au fig. Embûche. Artifice dont on se sert pour tromper.

PIÈGI. adj. de t. g. Pire. Plus mauvais. Plus nuisible. *La maire es laido, et la fiho es enca piègi* : la mère est laide et la fille l'est encore plus.

B.-A. PIEI. adv. Tantôt. Dans peu de temps. Après. Ensuite. Puis. *L'y anarai piei* : j'irai tantôt. *Vendrez piei mai* : vous reviendrez, vous retournerez. *Foou piei veire un bout* : il faut puis en finir. *Tant et piei mai* : tant et plus.

B.-R. PIÈLA.
B.-A. PIÈRA. } v. à. Peler. Oter.

Enlever la peau à un fruit, ôter l'écorce d'un arbre. *Pièla uno pero :* peler une poire. *Pièra un ooubre :* écorcer un arbre. On dit d'un homme à qui une maladie a fait faire peau neuve, que *A pièla, que la cambo li pièro :* que sa jambe fait peau neuve, pour dire, que l'épiderme, qui est la partie extérieure la plus déliée de la peau, se détache et se renouvelle.

B.-R. PIÈLA.
B.-A. PIÈRA. } adj. m. Pelard. On

appelle ainsi le bois auquel on a enlevé l'écorce pour en faire du tan. *Boués pièla :* bois pelard.

PIETACHOUN.
PIERACHOUN. } s. m. Pellicule.

Filet. Fils qui entourent la cosse de quelques légumes verts, tels que pois, haricots, fèves, etc., et qui tiennent à l'onglet des siliques. *Tria leis fayooux qu'an depielachouns :* trier, éplucher les haricots qui ont des fils.

PIÈLACHOUN. s. m. Envie. Petit filet ou lambeau de l'épiderme qui se détache autour de la racine des ongles. *Coupa leis pielachouns :* couper les envies.

PIÈLO.
PIÈRO. } s. f. Auge. Pierre creusée

servant à donner à boire aux animaux domestiques, et dans laquelle on leur donne aussi parfois à manger.
— Bassin d'une petite fontaine.
— Lavoir. Lieu où on lave le linge.

PIÈLO. s. f. Pile. Revers d'une pièce de monnaie. Côté d'un écu où sont les armes du prince. Son étymologie paraît venir de ce que dans les anciennes pièces de six deniers, ou demi sou de Provence, on y voit une pile de six L couronnées, au revers, tout comme il y a une croix à la face.

Juga à croux ou pièlo : jouer à pile ou face. Sorte de jeu de hasard où l'on jette une pièce de monnaie en l'air, et où l'on perd ou gagne, suivant que la pièce tombe ou ne tombe pas sur le côté qu'on a

nommé. *Faire vira à croux ou pièlo :* jeter à croix et à pile, à qui l'aura. *Diguas, croux ou pièlo ?* que retenez-vous, croix ou pile ?

PIÈLOUN. s. m. Pilier. Colonne. On donne le nom de *Sant-Pièloun*, à la partie la plus élevée de la montagne de la Sainte-Beaume, où l'on prétend que les anges transportaient sainte Magdeleine. On donne à Saint-Maximin le nom de *Sant-Pièloun*, à ces petites tours, en os ou en ivoire surmontées d'une croix que l'on vend à ceux qui vont y visiter la belle église de cette ville de Provence.

PIÈTOUX, OUÈ. Voyez PELOUX.

B.-A. PIENCHI. s. f. Peigne. Instrument à dent qui sert à démêler les cheveux et à décrasser la tête. *Pienchi d'un teisseran :* peigne. *Pienchi d'un courdiè par deigroussi :* ébouchoir. *Pienchi d'un pienchinié :* séran, regayoir. Il est pop.

B.-A. PIENCHI. s. m. Penchant. Inclination. Caractère. Humeur.
—Espèce, sorte, genre, façon de penser. *Es d'un ben marri pienchi :* il a un bien mauvais penchant. *Soun tous doou meme pienchi :* ils sont tous de même nature, de même espèce, de la même façon de penser. Il est bas et pop.

PIÈRA. Voyez PIÈLA.
PIERACHOUN. Voyez PIELACHOUN.
PIÈRO. PIÈLO, dans toutes ses acceptions.

PIERRÈTO. s. m. Pierre. Nom d'homme.

B.-A. PIERUEGNO. Voyez PELUÈGNO.

PIÈS. s. m. Gorge. Sein d'une femme. Il est populaire.

PIÈS. s. m. Terme de boucherie. Poitrine de mouton.

PIÈSSO. s. f. Bavettes d'un tablier. Il est vieux et n'est presque plus usité.

PIETA. s. f. Commisération. Pitié. Compassion. On dit proverb. *Voou mai encié que pièta :* il vaut mieux faire envie que pitié.

PIÈTOUX, OUÈ. adj. Compatissant, ante. Sensible. Porté à la compassion. On dit prov. *Maire pietouè fa leis enfants gastas :* la mère trop sensible est la perte de ses enfans.

—Plaintif , ive. Pathétique. Qui émeut. *Ton pietoux* : ton plaintif, pathétique , qui excite la compassion, la sensibilité.

PIGA. Voyez PICOUTA.

PIGEOUN. s. m. Pigeon. Oiseau domestique qu'on élève dans un colombier.

PIGEOUN-VOUÈLO. s. m. Sorte de jeu de gage. Voyez OOUSEOU- VOUÈLO.

PIGEOUNIÈ. s. m. Colombier. Bâtiment en forme de tour ronde ou quarrée , où l'on retire et nourrit les pigeons.

PIGNA. v. a. Peigner. Demêler Décrasser les cheveux avec un peigne.

—Terme de perruquier. Peigner, coiffer , arranger les cheveux.

—Terme de cardeur. Houpper , carder la laine.

—Terme de chanvrier. Sérancer, habiller le chanvre en le passant par les sérans.

—Terme de cordier. Peigner , sérancer le chanvre. Au fig. *Si pigna.* v. récip. Se battre. Se quereller. Se disputer vivement. Il est pop.

B.-A. PIGNADO. s. f. Batterie. Querelle dans laquelle on se prend aux cheveux et où il y a aussi des coups donnés. Il est pop. *Si douna uno pignado* : se battre , se frotter l'un l'autre, se prendre aux cheveux.

PIGNAIRE. s. m. Peigneur de chanvre.

PIGNAOU. Voyez PIGNOUN.

PIGNATO. s. m. Marmitte de terre. Voyez OULO.

V. PIGNEN. s. m. Agaric. Sorte de champignon bon à manger. Voyez BARBO.

PIGNO. s. f. Peigne. Instrument d'ivoire, de corne ou de buis, avec lequel on démèle et décrasse les cheveux.

—Peigne. Outil de quelques artisans tels que perruquier, chanvrier, cordier, etc.

B.-A. PIGNO. s. f. Trochet. Bouquet de fruit. Assemblage , réunion de quelques trochets de fruits, tels que pommes , cormes , etc. , que l'on suspend au plancher par un fil, pour les conserver à la manière des

raisins. Voyez LIAME DE RASIN.

Pigno de souerbo : bouquet de cormes. *Aduerre uno pigno de poumos* : apporter un bouquet de pommes.

PIGNOOU. }
PIGNOUN. } s. m. Pomme de pin.

—Pignon. Amande que l'on trouve dans la pomme de pin.

PIGNOUN. s. m. Pagnon. Pièce de bois qui forme le rouet d'un moulin.

V. PIGNOUN. s. m. Trochet de fruit. Voyez B.-A. PIGNO.

PIGOU. s. m. Terme de marine. Chandelier en fer dont les marins se servent dans les bâtimens.

PIGRA. s. m. Sorte de mésange. Petit oiseau.

PIHARD, ARDO. s. et adj. Pillard, pillarde. Qui aime à piller , à voler.

—Dépenaillé. Déguenillé , couvert de haillons. *Semblo un pihard* : il est tout dépenaillé comme un misérable.

PIHOUX , OUÈ. adj. Pieux , pieuse. Qui est fort attaché aux devoirs de la religion.

PIHA. v. a. Piller. Saccager. Voler.

PIHA. v. a. Piller. On le dit des chiens lorsqu'on veut les exciter à se jeter sur le gibier.

PIHO. temps du verbe *Piha.* Piller, que l'on adresse à un chien pour l'agacer contre d'autres animaux ou contre des personnes, et en ce sens ou lui dit *Piho-lou! piho-lou!* pille, pille!

PIHO. s. f. Capture. Prise que les soldats font à la guerre.

PIHO. s. f. Aubaine. Trouvaille. Capture. Terme populaire qu'on n'emploie qu'en dénigrement, pour dire, que la chose dont s'agit est de peu de valeur et ne mérite pas d'être citée. *Es uno pesso de dex soous que tan douna? Que piho!* c'est une pièce de dix sous qu'il t'a donné? quelle aubaine! *A trouva un couteou qu'es tout rouihous , que piho!* il a trouvé un couteau tout rouillé , quelle trouvaille! *Soun peirin l'y a leissa un cantounet qu'es tout à camp-passi, que piho!* son parrain lui a laissé un petit coin de terre tout inculte, qu'elle fortune!

PILA. v. a. Piler. Broyer. Écraser.

quelque chose dans le mortier. Voyez
TRISSA.

PILOUN. s. m. Pilon. Voyez TRIS-
SOUN.

V. PIMA. v. n. Se fâcher. Se dépiter. Prendre la chèvre.

V. PIMO. s. f. Rixe. Dépit. Voyez
PIQUIÈRO.

V. PIMENTOUN. s. f. Piment. Fruit
encore peu avancé, d'une plante potagère du genre des solanum que
l'on mange ainsi en salade, ou confit
dans le vinaigre. Voyez PEBROUN.

B.-A. PIMPARRA (SI). v. récip.
S'attinter. S'orner. Se parer avec beaucoup d'affectation. Il est pop. *Ès
toujour ben pinparrado :* elle est toujours bien attintée.

PIMPARRIN. s. m. Mésange. Oiseau.
Voyez LARDEIRETTO.

B.-A PIMPAYETTO. Voyez PAMPA-
YETTO.

PIMPINELLO. s. f. Pimprenelle.
Sorte d'herbe potagère bonne pour
purifier le sang et nettoyer les
reins.

B.-R. PIMPOOU. Voyez MERI-
TAPO.

PINATÈLO. s. f. Forêt de jeunes
pins.

PINATEOU. s. m. Jeune pin. Arbre
qui est toujours vert.

PINEDO. } s. f. Forêt de pins. On
PINETO. }

dit proverb. et figurément.
Gratta pinedo : } gagner le haut,
Gratta pineto : } enfiler la venelle,
pour dire, s'enfuir, décamper. *Coumo
sachet que leis gendarmos croun
vengus per lou pesca, grattet pinedo :*
comme il sut que les gendarmes
étaient venus pour le prendre, il gagna le taillis.

PINGRE, INGRO. adj. Piètre. Misérable. Pauvre. Dénué d'argent. *Soun
ben pingres :* ils sont bien pauvres. *En
aquestou moument siou ben pingre :*
en ce moment je n'ai pas le sou.

PINSO. s. f. Pinastre. Pin sauvage.
Arbre.

PINTA. v. a. Peindre. Colorier. On
dit prov. et fig. *Quu pinto, vende :*
qui embellit, débite, pour dire, qu'une
marchandise bien appropriée et bien
arrangée est aisée à vendre. Au fig.

Pinta. v. n. Chopiner, boire, vider
sa pinte. Il est pop.

PINTRE. s. m. Peintre. Celui qui
fait profession de peindre.

PINTOULEJHA. v. a. Barioler. Peindre de diverses couleurs.

PINTURO. s. f. Peinture. Art de
peindre.

PINUDO. Voyez PINEDO.

PIOU-PIOU. s. m. Piolement. Cris
des moineaux et du passereau. On
dit prov. et fam. d'une personne qui,
quoique d'une mauvaise santé, ne laisse
pas d'agir et de se maintenir, *Piou-
piou toujour viou :* pôt felé dure
longtemps.

PIOU. s. m. Pieu Voyez PAOU.

PIOUNO. s. f. Pivoine. Plante que
l'on cultive dans les jardins pour la
beauté de sa fleur.

PIOURET. Voyez CRESTEN.

PIOUSELAGI. s. m. Pucelage. État
d'un homme qui n'a point connu
de femme et d'une fille qui est encore
vierge. Il est du style familier et un
peu libre.

PIOUSELLO. s. f. Pucelle. Fille qui
n'a point connu d'homme.

PIOUTA. v. a. Pépier. Pioler. Le
premier se dit du cri ou chant des
moineaux, et le second de celui des
petits poulets. On dit d'un homme
qui a la voix prise, que *Poou pas
piouta :* qu'il ne peut presque plus
articuler.

PIOUTAIRE. s. m. Appeau. Terme
d'oiseleur. Jeune moineau qui, par
son chant ou son piaulement, attire
les autres dans le piège. *Ès un bouen
pioutaire :* c'est un bon appeau.

PIPA. v. a. Fumer du tabac.

PIPADO. s. f. Pipée. Quantité de
tabac nécessaire pour garnir une
pipe.

PIPADO. s. f. Poupée. Petite figure
humaine faite de bois, de carton,
etc., pour servir de jouet aux enfans.
Voyez TITÈ.

PIPETTO. s. f. dim. Petite pipe.

PIPI. s. m. Terme de nourrice.
Pisser. *Vène faire lou pipi :* viens faire
ton pipi. On donne par dénigrement
le nom de *Mari pipi :* de mari commode, a celui qui ferme les yeux
sur l'inconduite de sa femme. *Ès
un mari pipi :* c'est un mari commode.

PIPIDOUN. Voyez PEPIDOUN.

PIPOOUDOUN. s. m. Petit enfant. Jeune nourrisson. Il est pop.

PIPOOUDOUN. s. m. Nouet. Nœud fait avec un linge dans lequel on a mis quelque chose que l'on donne à sucer à un nourrisson. Voyez PANOUCHOUN.

PIQUA. Voyez PICA.

B.-A. PIQUIÈRO. s. f. Fâcherie. Rixe. Débats. Querelle accompagnée d'injures et de menaces. *Prendre uno piquièro, avè de piquièros* : avoir des grands débats, avoir des querelles.

PISSA. v. a. Pisser. Uriner. On dit proverbialement et populairement d'une chose qui n'arrivera jamais. *S'enco leis galinos pissoun* : lorsque les poules pisseront.

PISSADOU. s. m. Urinoir. Pot-de-chambre.

PISSAGNO. s. f. Urine. Pissat. Le premier se dit d'un homme et le second des animaux.

— Besoin d'uriner. *Avè pissagno* : avoir besoin de pisser. Parlant d'une boisson qui n'est pas assez fraîche, on dit que *Semblo de pissa* : qu'elle est chaude comme un bain.

PISSAIRE, ELLO. s. Pisseur, pisseuse. Qui pisse souvent.

PISSAREOU. Voyez PISSADOU.

B.-A. PISSAROTO. s. f. Trainée de pissat. On donne ce nom à l'urine de l'homme et au pissat des animaux, lorsqu'il a été épanché en marchant ou autrement lorsqu'elle a fait une longue trainée.

— Urine faite au lit. *A mai fach la pissaroto* : il a pissé au lit de rechef.

V. PISSAROUX.

B.-A. PISSOUX, OUÈ. } adj. Trempé dans ses urines. *Ero tout pissoux* : il était tout trempé d'urine.

PISSIN. Voyez PISSAGNO. PISSUN.

PISSOCAN. s. m. Champignon vénéneux. C'est celui qui vient ordinairement sur les tas de fumier.

PISSO-CAOUDO. s. f. Chaude-pisse. Sorte de mal vénérien. t. bas et po.

PISSO-OOU-LIECH. s. de t. g. Pissenlit. Enfant qui pisse au lit.

PISSO-CHIN. s. m. Pissenlit. Plante. Voyez MOURRE-POURCIN.

B.-A. PISSO-PAHIO. s. m. Sas. Instrument de boulangerie et d'économie domestique, servant à passer grossièrement la farine ou à repasser la recoupe. Le tamis n'est qu'une espèce de sas plus fin.

PISSOUNIA. } v. n. Pissoter. Uriner
PISSOURIA. } souvent et peu à la fois.

PISSOUX, OUÈ. Voyez PISSAROUX.

B.-A. PISSUÈGNO. Voyez PISSAGNO.

PISSUN. s. m. Pissat. Urine de l'homme lorsqu'elle est corrompue. *Ooudour doou pissun. Senti lou pissun* : odeur de pissat, sentir le pissat. On dit d'une personne pleureuse, qu'*A toujour lou pissun cis hueils* : qu'elle a toujours les yeux pleureux. Il est populaire.

PISTACHIÈ. s. m. Amandier. Arbre dont les amandes appelées vulgairement *Pistachos* ont la coque si fine qu'elle se brise sous les doigts.

PISTACHIÈ. s. m. Terme libre et dont les honnêtes gens évitent de se servir. Paillard. Celui qui est adonné aux femmes.

PISTACHO. s. f. Amande fine. C'est la qualité dont la coquille est si légère qu'elle s'ouvre et se brise avec les doigts.

PISTO. adj. Sèches et pelées. On ne le dit que des châtaignes sèches. *Castagno pisto* : châtaigne blanche ou pelée.

PITA. v. a. Becqueter. Prendre sa nourriture avec le bec. *Leis poulos pitoun* : les poules becquettent. On dit d'un jeune oiseau que *Pito soulet* : qu'il becquette tout seul, pour dire, qu'il becquette et prend lui-même sa nourriture.

PITA. Becqueter. Donner des coups de bec.

PITA. En parlant des raisins, pincer, prendre quelques grains sur une grappe de raisins pour les goûter. *Pita l'agi* : pincer un grain après l'autre. On dit figurément et plaisamment *Pita* : mordre à la grappe, pour dire, donner dans le piège, avaler un poisson d'avril, etc. *l'asien de contes per nous attrapa, mai n'avèn pas pita* : on nous en contait.

PITADURO. s. f. Chiure de mouche.

— Piqûre de puce. — Partie d'un fruit ou de tout autre objet que les oiseaux ou les poules· ont becqueté. *Pitaduro de nièro* : piqûre de puce. On dit d'une écriture et d'une impression , *Que semblo uno pitaduro de mousco* : qu'elle est semblable à des pieds de mouches, pour dire , qu'elle est extrêmement fine ou en très-petits caractères.

PITANÇO. s. f. Mets. Alimens que l'on mange avec du pain.

PITASSA. v. a. Voyez PITA.

PITASSA , ADO. part. Becqueté. Picoté par les oiseaux, les poules, etc. *Rasins pitassas* : raisins becquetés , égrenés.

PITO-DARDÈNO. s. m. Grippe-sou. On le dit figurément et populairement de toute espèce d'escamoteur , de saltimbanque qui charlatan qui cherche à gagner sa vie en amusant le public ou en lui vendant des drogues.

PITOUÈT. s. m. Jeune enfant gros et joufflu. Il est pop.

PITOUETTO. s. f. Jeune fille.

— Dondon. Fille qui a beaucoup de l'embonpoint et de la fraicheur. Il est familier et populaire. *Quinto pitouetto !* quelle dondon !

PITOOUTAS. s. m. superlatif. Garçon gros et joufflu.

PITRA. v. n. Se fâcher. Se dépiter. Prendre la chèvre. — Clabauder. Voyez PIMA.

PIVELLOS. s. f. plur. Nouveaux jets que poussent les arbres et les arbustes. Terme d'agriculture.

PIVEOU. s. m. Le gosier. Canal par où sort la voix , et qui sert à la respiration. On dit de celui qui fait entendre une voix perçante, qu'*A un bouén piveou* : qu'il a un bon gosier.

— Cris. Vagissement d'un enfant. Voix perçante. *Quintou piveou !* quelle voix ! Il est pop.

B.-A. PIVO. s. f. Bec-figue. Grasset. Oiseau.

— V. Farlouse. Espèce d'alouette qui fait son nid dans les prés. — Dent d'un peigne. Voyez PUES.

PIVONI. s. m. Pivoine. Petit oiseau qui a la gorge rougeâtre et le chant agréable. On donne également le nom de *Pivoni* au bouvreuil, oiseau de plusieurs couleurs, qui a le bec noir et qui est de la grosseur d'une alouette. Voyez PESSO-OOULIVO.

PLACA. v a. Plaquer. Appliquer

45

une chose plate sur une autre. *Placa aqui coouqu'un* : planter là quelqu'un. Voyez PLANTA.

PLACARD. s. m. Armoire partiquée dans l'épaisseur d'un mur.

PLACETTO. s. f. Petite place. Lieu public découvert et environné de bâtimens.

PLAGNE. v. a. Plaindre. Avoir compassion des maux d'autrui.

PLAGNE (SI). v. récip. Se plaindre. Se lamenter.

— Porter sa plainte à quelqu'un. *S'es ana plagne oou coumissari de pouliço* : il a été porter ses plaintes au commissaire de police.

B.-A. PLAGNUN. s. m. Lamentation. Plainte accompagnée de gémissemens languissans. *Ave lou plagnun* : geindre. Gémir. Se plaindre d'une voix languissante. Il est populaire, et ne se dit guères que pour blâmer ceux qui se plaignent de cette manière , dans la moindre incommodité.

PLAGO. s. f. Plaie. Cicatrice.

PLAGOUX , OUÉ. adj. Couvert de plaies , d'ulcères.

— V. Poltron. Voyez PETOUACHO.

PLAN , PLANCHO. part. Plaint , plainte. — Regretté , éc. *Ero un brav'homme , chaquun l'a plan* : c'était un honnête homme, chacun l'a plaint. *Es ista ben plan* : il a été bien regretté.

PLAN , PLANO. adj. Plain , plaine. Qui est uni , plat, sans inégalités. On le dit parlant du terrain , du sol.

PLAN. s. m. Flegme. Sang-froid. Nonchalance. Indolence. *Ave lou plan* : être nonchalant , avoir le flegme. *A un plan tout sion* : il est d'un flegme imperturbable. *Es un beou plan !* c'est un indolent qui ne s'émeut de rien.

PLAN. adv. Doucement. Posément. Lentement. Avec réflexion et tranquillité. *Ana plan* : aller doucement. On dit proverbialement, *Quu va plan va san* : qui agit prudemment agit sûrement.

PLAN-PÈ. s. m. Rez-de-chaussée. Pièces d'une maison qui sont au niveau de la rue ou du terrain.

PLAN-PEYS. s. m. Pays plat. Pays en plaine. Région , contrée, province, village où il n'y a pas des montagnes. Il se dit par opposition aux pays montagneux.

PLAN-CHANT. s. m. Plain chant. Chant ordinaire de l'église.

PLANCHIÉ. s. m. Plancher. Il se dit également de la partie haute et de la partie basse d'un appartement.

PLANESTEOU. s. m. Plateau. Petit espace de terrain uni et plat sur une colline ou une montagne.

PLANO. s. f. Plaine. Terrain plain, uni, sans inégalités.

PLANO. s. f. Terme de tonnelier. Colombe. Instrument en forme de varlope renversée, sur laquelle on fait passer les douves pour en unir et aplanir les côtés.

— Plaine. Outil de charron, de tourneur et de faiseur de chaises. C'est une espèce de couteau à deux poignées, et qui leur sert à polir différentes pièces de bois.

B.-R. PLANS. s. m. Lai. Complainte. Sorte de poésie plaintive. Il est vieux. *Plans de sant Estienni* : complainte ou récit en vers provençaux du martyre de St.-Etienne que l'on récitait autrefois à la métropole d'Aix le 26 décembre, en guise de prose, avant l'évangile de chaque messe basse qu'on y célébrait.

PLANTA. v. a. Planter. Fixer. Mettre des arbres, des plantes en terre pour qu'ils y prennent racine et y croissent. *Planta d'amouriè, de cooulets*: planter des mûriers, des choux.

PLANTA. Planter. Enfoncer certaines choses en terre pour y demeurer de telle sorte qu'il en paraît une partie en dehors. On dit proverbialement et figurément. *Resta aqui bastoun planta*: être là à garder le mulet, pour dire, être longtemps à attendre quelqu'un, pendant qu'il est occupé, etc. On dit figurément. *Planta coouqu'un aqui*: planter là quelqu'un, pour dire le quitter, l'abandonner, se séparer de lui.

PLANTA (SI). v. récip. S'arrêter. Se fixer. Cesser d'aller. — Interrompre. Discontinuer son travail, son chemin. Il est populaire. *Planta-vous!* arrêtez-vous ! *Planto un paou moun aze*: arrête un peu ma bourrique. *De tems en tems si plantoun per charra*: ils s'arrêtent de temps à autre pour causer.

PLANTAGI. } s. m. Plantain. Plante vulnéraire astringente.
V. PLANTAGO. }

PLANTIÉ. s. m. Terme de vigneron. Jeune plant. Nouveau plant.

— Plantal. s. m. Vigne nouvellement plantée.

PLANTO - POUERTO. s. m. Dard. Amusement d'enfant. C'est un morceau de bois rond, d'environ trois pouces de longueur, ayant une pointe en fer à l'un des bouts à la manière d'un dard, et de l'autre quatre ailes en papier formant une pyramide quadrangulaire renversée. Voyez TANCO POUERTO.

PLANTUN. s. m. Jeune plant, soit d'arbre ou de plante, appelé aussi Pourrette. *Plantun d'amendiè; plantun de cebos* : plant d'amandier ; plant d'ognons.

B.-A. PLAOUCHA. v. n. Se botter. Il se dit de ceux qui, marchant dans un terrain gras après une pluie, amassent beaucoup de la terre autour de leurs pieds. Il est pop.

— V. Presser. Fouler la terre avec les pieds, de manière à y en laisser des fortes traces en y passant après une forte pluie. *A tant ploougu, que si passas dins la terro la plaouchares touto* : il a plu si fort, que si vous passez dans le terrain, vous le foulerez entièrement.

B.-A. PLAOUCHO. s. f. Botte. Terre qui s'attache aux souliers quand on marche dans un terrain gras et humide. *Per vouguè passa dins lou ben a pres de belleis plaouchos* : pour vouloir passer dans les terres, il s'est botté parfaitement.

PLAT-A-BARBO. s. m. Bassin à barbe.

PATELA. v. a. Rapiécer. Mettre des pièces à un meuble.

PATÈLO. s. f. Hachoir. Petite table de chêne, sur laquelle on hache les viandes.

— Tranchoir. Espèce de plateau de bois de noyer ou de chêne, sur lequel on tranche la viande.

PLATEOU. s. m. Madrier. Ais, planche de noyer, de chêne ou de tout autre bois d'une grosse épaisseur.

PLATET. s. m. Petit plat. Ustensile de cuisine.

PLATINA. v. a. Terme de cuisine. Barder. Couvrir de bandes de lard. *Platina un poulet, un tourdre* : barder un poulet, une grive.

PLATINO. s. f. Terme de cuisinier. Barde. Tranche de lard fort mince dont on enveloppe une volaille, des grives, ou autres oiseaux au lieu de les piquer. *Lou rousti est mihou larda que platina* : le rôti est de meilleur goût étant piqué que bardé. On donne figurément et populairement le nom de *Platino* à une langue délibérée. *Per estre repétièro foou ague uno bouèno platino* : pour aller vendre à la halle il faut avoir la langue bien délibérée.

PLATO. s. f. Prix. Ce qui est proposé pour être donné à ceux qui, dans les fêtes publiques, réussissent le mieux dans les exercices gymnastiques. *Courre la plato* : courir pour avoir le prix. *Gagna la plato*: remporter le prix. L'étymologie de *Plato* vient de ce que le prix que l'on donnait autrefois et même encore aujourd'hui (dans les fêtes patronales des petites communes), à ceux qui surpassaient les autres à la course, était un bassin d'étain ayant la forme d'une très-grande assiette plate.

PLATOUN. Voyez PLATET.

PLECHA. v. a. Terme de tonnelier et de barrillat. Cercler. Garnir de cerceaux de bois. Voyez CIOUCLA.

PLECHO. s. f. Terme de tonnelier et de barrillat. Cerceau. Cercle en bois pour relier des barils, des cornues, etc.

PLECHOUN. s. m. Douvain. Bois qui sert aux tonneliers à faire des douves.

PLECHOUN. s. f. Terme de modiste. Pluchon. Coiffure de femme.

PLEGA. v. a. Plier. Mettre une étoffe, du linge, en plusieurs doubles et avec ordre et régularité. — Détaler. Oter, resserrer la marchandise qu'on avait étalée. *La fièro es finido, leis marchands plegoun* : la foire est finie, les marchands détalent.

— Ployer. Fléchir. Courber. On plie un mouchoir et l'on ploie du carton et telles autres matières que l'on ne peut mettre en plusieurs doubles sans les briser. Au fig. *Plega*; dormir. Plier les paupières. On dit proverbialement et figurément. *Qu'un home a plega matinos* : qu'il a fermé boutique, quitté son état ou qu'il s'est ruiné. *Fusto que plego* : poutre qui arque, qui se courbe en arc.

PLEGAGI. s. m. Pliage. Action de plier ou l'effet de cette action.

PLEGO. s. f. Terme de jeu de cartes. Main. Levée. *Faire uno plego* : faire une levée. *Em'enca uno plego avian partido* : avec une main de plus nous gagnions la partie.

B.-A. PLEGOUN. Voyez PLUGOUN. CLUCHOUN.

PLEIDEGEA. v. n. et act. Plaider. Contester quelque chose en justice.

PLEIDEGEAIRE. s. m. Plaideur. Celui qui plaide, qui est en procès.

PLEINTO. s. f. Terme de maçon. Plinthe. C'est la plate-bande en bois de la marche d'un escalier.

PLEN, PLENO. adj. Plein, pleine. Rempli, comble. — Rassasié, ée.

PLENOU. adj de t. g. En son plein. *La luno es à sa plenou :* la lune est en son plein. On dit proverbialement d'une femme grosse et bien portante, *Que semblo la luno à sa plenou :* que c'est une pleine lune.

PLENITUDO. s. f. Réplétion. Abondance d'humeurs.

PLÈTI. Plaît-il. Terme familier dont on se sert pour répondre à la personne qui vous appelle, pour dire, que désirez-vous, que demandez-vous de moi? me voici.

PLI. s. m. Terme de jeu de carte. Main. Voyez PLEGO. *Pli fach à un libre* : oreille faite à un feuillet.

PLIANT. s. m. Lit de sangles. Lit fait de sangles ou de toile attachée à deux longues pièces de bois qui sont soutenues par des pieds ou jambages qui se croisent.

PLISSA. v. a. Plisser. Faire des plis.

PLO. s. m. Terme de boucher. Billot. Tronçon de bois sur lequel on taille la viande avec une hache. C'est sur un billot que les chinois tranchent la tête des condamnés.

PLOOUCHU UDO. Pataud, pataude. Personne grossièrement faite, ou qui marche d'une manière maussade et embarrassée.

PLOOURE. v. n. Pleuvoir. Tomber de la pluie. On dit proverbialement et figurément parlant des états et des professions. *Si noun ploou, deyoutto:* si le travail ou les bénéfices ne sont pas considérables, toujours y a-t-il quelque chose. On dit figurément d'un homme, *Qu'es lou Diou que fa plooure :* c'est l'idole favorite, pour dire, qu'il est vu de si bon œil, que tout ce qu'il dit ou fait est parfaitement bien accueilli, qu'on le prévient en tout, et qu'on ne saurait le désobliger en rien.

PLOOUVINEJHA. } v. n. Bruiner.
PLOOUVINIA. } Faire une petite pluie.

PLOUM. s. m. Plomb. Métal très-mou, le plus pesant après l'or.

PLOUMBA, ADO. adj. Sensé, ée. Qui a du bon sens, qui a du jugement, qui est réfléchi, etc. *Es un home ploumba :* c'est un homme sensé et qui a de tête.

PLOURS. s. f. Pleurs. Larmes. Il n'a d'usage qu'au pluriel. *Versa de plours :* verser des larmes.

PLOURA. v. a. Pleurer. Verser, répandre des larmes. On dit famil. *Ploura à chaoudeis larmos :* pleurer comme un veau, pour dire, pleurer excessivement, et cela se dit pour blâmer quelqu'un de ce qu'il pleure pour une chose qui n'en vaut pas la peine. On dit *Que la vigno plouro:* que la vigne pleure, lorsqu'étant fraîchement taillée, il en dégoutte de l'eau.

PLOURAIRE, RELLO. s. Pleureur, euse. Celui, celle qui pleure.

— Pleureux, euse. Qui pleure facilement de peu de chose.

PLOUROUNIA. v. n. Pleurnicher. Geindre. Pleurer à la manière des enfans gâtés, lorsqu'ils veulent obtenir quelque chose qu'on leur refuse.

PLUEJHO. s. f. Pluie. L'eau qui tombe du ciel. *Pichouno pluejho :* bruine. Petite pluie.

PLUÈS. s. f. plur. Dents d'un peigne. Il est populaire. *Lou cousta deis grosseis pluès :* le peigne clair. *Lou cousta deis pichouneis pluès :* le peigne serré. Voyez PIVO.

PLUGA. Voyez PLEGA.

PLUGOUN. adj. Fermés. Bandés.

Pliés. Il ne se dit qu'en parlant des yeux. *De plugoun :* ayant les yeux fermés ou bandés. Voyez CLUCHOUN.

PLUGUETTO. s. f. Somme. Repos de l'homme causé par l'assoupissement naturel de tous ses sens. Il est familier. *Faire pluguetto :* dormir, faire un somme.

PLUMA. v. a. Plumer. Oter, enlever les plumes d'un oiseau. Au fig. *Pluma coouqu'un :* plumer quelqu'un, c'est lui gagner son argent en le faisant jouer à des jeux qu'il ne sait pas bien, ou lui faire surpayer quelque chose qu'on l'engage à acheter. On dit figurément et familièrement de celui qui est dans le bénéfice, qui sait profiter d'une occasion favorable pour gagner, *Que plumo la poulo:* qu'il plume la poule.

PLUMA. v. n. Terme de chasseur. Muer. Changer de plumes. On le dit des oiseaux.

B.-A. PLUMACHORO. s. f. Duvet. Très-petite plume des oiseaux.

B.-A. PLUMACHOU. s. m. Plumet. Panache. Plume d'autruche préparée pour mettre à un chapeau. Il est populaire et se dit indifféremment de tout ce que l'on porte au chapeau en guise de plumet ou de panache. *Leis flours de marrouniès fan un pouli plumachou :* les fleurs de marronniers d'Inde, forment un très-joli panache.

PLUMETTO. s. f. dimin. Petite plume.

PLUVESIN. s. m. Pleurésie. Douleur de côté piquante et très-violente.

POOU. s. f. Peur. Crainte. Frayeur. Appréhension. *Faire poou :* faire peur, causer des frayeurs.

POOU. adv. Voyez PAOU.

POOU-FERRE. Voyez PAOU-FERRI.

POOUFI. } s. Pifre, pifresse.
POOUFIASSO. } Terme de mépris, qui se dit des personnes extrêmement grosses et doducs.

— Lourdaud, aude. s. Grossier et maladroit.

POOUFI (SI). v. récipr. S'empiffrer. Manger avec excès. Devenir excessivement gras et replet.

POOUMIA. v. a. Muer. Changer de poil. On le dit des chevaux et des autres animaux dont le poil se renouvelle.

POOUMOUN. s. m. Poumon. Partie interne de l'animal, et le principal organe de la respiration. Voyez BLESQUET.

POOUPA. v. a. Épargner. Faire grâce. Ménager quelqu'un, ne lui faire pas tout le mauvais traitement que l'on pourrait.

— Épargner à quelqu'un des peines et des fatigues dont il ne pourrait s'exempter.

Eme soun dail cruel la mouer poonpo persouno,
Sego leis reis tout counto leis sujhets.

La mort avec sa faulx ne fait grâce à personne,
Ainsi que les sujets, les rois elle moissone.

POOUPA est dans certains sens synonyme de Sousta. Voyez SOUSTA.

POOUPA (SI). v. récip. Épargner sa peine, ses pas, son travail. S'exempter de la peine, s'exempter d'agir.

POOURAS, ASSO. adj. superl. Très-pauvre. Très-mesquin.

POOURET. Voyez PAOURET.

POOURETA. Voyez PAOURETA.

POOURIHO. Voyez PAOURIHO.

POOUROUN. Voyez PAOUROUN.

POOUROUX, OUÈ. adj. Peureux, peureuse. Qui est susceptible de frayeur. Sujet à la peur.

POOUSA. v. a. Poser. Placer sur quelque chose. Mettre dans un lieu, dans une position convenable. Pousa uno sarraiho : poser une serrure.

POOUSA. v. n. Reposer. Prendre du repos. Si sias fatigua poousavous : si vous êtes fatigué reposezvous. Il est aussi réciproque. Si poousa : se reposer. Cesser d'aller, d'agir. Demeurer en repos. Voyez POOUVA.

POOUSA, ADO. adj. Posé, ée. Grave. Tranquille. Modeste. Rassis. Qui a de la retenue. du sens, etc. On ne le dit guère que des jeunes gens. Filho poousado : fille posée.

POOUSITO. s. f. Terme de fabrique et de commerce de denrées locales. Partie. C'est la quantité d'olives, de cocons, d'amandes, etc., qu'un particulier amène pour vendre à celui qui en fait le commerce, et les olives qu'un chaland apporte au moulin pour en faire de l'huile. Acheta uno poousito de coucoun : acheter une partie de cocons. Vendre sa poousito : vendre sa partie. Grosso, pichouno poousito. forte, petite partie. Faire sa poousito : faire sa partie, c'est-à-dire, faire détriter la totalité des olives que l'on a pour en retirer l'huile. Le nom de Poousito, en terme de moulin à huile, se donne aussi au chaland qui vient faire habituellement son huile au même moulin. Aqucou moulin a fouesso poousitos : ce moulin a beaucoup de chalands.

POOUSSOUX, OUÈ. adj. Poudreux, poudreuse. Rempli, sali, couvert de poussière Capeou, habit poussoux : chapeau, habit poudreux. Siès tout poussoux : te voilà tout poudreux.

POOUTIHO. s. f. Terme de pharmacie. Cataplasme de bouillie de pain. La pooutiho maduro leis boutouns apoustemis : la bouillie de pain amène les abcès à maturité.

POOUTRAIHO. s. f. collect. Gueusaille. Lie du peuple. N'es que de pooutraiho : ce n'est que la lie du peuple.

POOUVA. v. a. Reposer. On le dit des liqueurs qu'on laisse rasseoir, pour que la lie ou les impuretés tombent au fond.

POOUVA (SI). v. récip. Se reposer. Cesser de travailler. Voyez POOUSA.

POOUVADIS, ISSO. adj. En repos. Sans rien faire, sans travailler. L'estiou leis peïsans soun gaire poo uva dis : en été les paysans ne sont guère sans rien faire. Estre poouvadis, être en repos, n'avoir rien à faire. Fremo, besti poouvadisso : femme, bête non occupée.

POOUVADOU. s. m. Reposoir. Lieu, place, banc, sur lequel on a l'habitude de s'asseoir un instant ou de reposer quelque chose en passant.

POOUVEREOU. s. m. Tourbillon. Vent impétueux qui va en tournoyant.

POPLE. s. m. Peuple. Multitude d'hommes d'un même pays, d'une même religion, etc.

— La partie la plus considérable d'entre les habitans d'une même commune.

POTI. } s. m. Dette. Somme
POTUS. } d'argent que l'on doit,

ou qui nous est due. Ce terme populaire qui ne s'emploie qu'en mauvaise part, ne se disait autrefois que des seules dettes contractées au cabaret d'où lui est venu le nom latin de *Potus*. *Fai toujhour caouque potus*: il contracte toujours quelque dette. *Li manquo pas potis*: il a je ne sais combien de dettes.

POUA. v. a. Puiser. Prendre un liquide avec un vase ou autre instrument propre à puiser.

POUADOU.
POUADOUIRO. } s. m. Plongeon.
POUAIRE.

Vase de fer blanc ayant une anse, dont on se sert pour puiser de l'huile dans la gerle.

POUAIRE. s. m. Seau. Vaisseau propre à puiser et à porter de l'eau. Voyez FARRA. Au fig. *Pouaire* : cacade. Bevue. Pas de clerc. Entreprise manquée par imprudence, par lâcheté ou par défaut de mémoire. Il est popul. *Leis cantaires an fach un pouaire* : les chantres ont fait une cacade. *Lou predicatour a fach un pouaire* : le prédicateur est resté sur ses dents.

POUAN.
POUEN. } s. m. Pont. Bâtiment de pierre ou de bois

élevé au-dessus d'une rivière, d'un ruisseau, etc., pour la facilité du passage.

POUAR.
POUER. } s. m. Porc. Cochon. Animal domestique.

On dit proverbialement et populairement d'un homme qui est dans un lieu où il a tout à souhait, *Qu'es aqui lou pouer à l'engrai* : qu'il est comme le porc à l'auge. On dit proverbialement et figur. *Faire un pé de pouer* : pour dire, avorter dans son dessein, manquer son entreprise. On dit encore fig. *Juga un pé de pouer à coouqu'un* : trahir quelqu'un lâchement, en l'abandonnant dans une affaire où l'on s'était engagé de le soutenir et de l'appuyer.

— subst. m. Terme d'écolier. Pâté. Goutte d'encre qu'on laisse tomber sur le papier en écrivant. *Farié que douos lignos que faou toujhour que l'y ague caouque pouar* : il ne saurait écrire deux lignes sans faire un pâté. On dit proverbialement

et fig. d'un homme qui ne paye pas une chose qu'il a achetée, ou qui retient une chose qu'il a vendue. *Que voudriè lou pouer et maï l'argent* : qu'il voudrait avoir le drap et l'argent. On dit proverb. et populairement d'une personne. *Que rodo coum'un pouer malaou* : qu'elle va et vient comme pois en pot, pour dire, qu'elle est continuellement à courir de côté et d'autre et qu'elle ne peut demeurer en place.

POUATO. s. f. Pommes tapées. Voyez ANCOUÈS.

POUBROYO. Voyez POUMBROYO.

POUCANARIÉ. s. f. Obscénité. Parole, propos qui blesse la pudeur. On ne le dit qu'en parlant des gens de la lie du peuple.

POUCELA. v. a. Cochonner. Il se dit d'une truie qui fait ses petits.

POUCELADO. s. f. Cochonnée. Ce qu'une truie fait de petits cochons dans une portée.

POUCEOU. s. m. Pourceau. Jeune cochon. *La trueyo a fach leis pouceoux* : la truie a fait ses petits.

POUCHADO. s. f. Pochée. Plein une poche. Ce qu'une poche peut contenir.

V. POUCI. adj. Cacochyme. Malsain, plein de mauvaises humeurs. Il ne se dit que du corps humain et des personnes. *Es tout pouci* : il est tout chargé d'humeurs.

POUCIDURO s. f. Pousse. Certaine maladie des chevaux qui est un des cas rédhibitoires pour la vente de cet animal.

POUCIOU. s. m. Voyez POURCIOU. et POUSSIOU.

POUDA. v. a. Terme d'agriculture. Tailler la vigne.

POUDAIRE. s. m. Vigneron qui taille actuellement la vigne. On donne le nom de *Faoudiou poudaire* : au tablier de toile que portent ordinairement les vignerons en taillant la vigne, ou en émondant les arbres.

POUDADOUIRO.
POUDARET. } s. Serpe. Outil de vigneron, propre à tailler la vigne.

POUDEROUX, OUÉ. adj. Puissant. Qui a beaucoup de pouvoir, de crédit, etc.

POUDET. s. m. Pouvoir. Autorité. Crédit. Faculté de faire.

— Droit, faculté d'agir pour un autre.

POUDETTO. s. f. Serpette. Petite serpe à émonder un arbre. Voyez TRANCHET.

POUDO. s. f. Terme de vigneron. Taille de la vigne.

POUDREJHA. s. n. Tirailler. Bruler de la poudre à l'aide d'armes à feu, comme dans les fêtes patronales des petites communes, lorsque l'on tire des coups de fusil l'un sur l'autre. Il est populaire. *Poudrejhoun pas maou* : ils tiraillent coup sur coup.

POUDROUAR. s. m. Boîte à tenir la poudre à poudrer. C'est un meuble de toilette.

POUÈ. s. m. Pot. Mesure du vin pesant trois livres poids de table et huit onces de plus que le litre.

POUER. s. m. Porc. Cochon. Animal domestique. Voyez POUAR.

POUER. s. m. Terme de magnagnier. Court. Ver-à-soie malade, qui se raccourcit lorsqu'il est prêt à filer son cocon.

POUERCARIÈ. Voyez POURCARIÈ.

POUERCO. s. f. Ce terme populaire qui au propre veut dire, Truie femelle du porc, ne se dit que par mépris et au figuré dans les sens suivans :

— Coche. Femme extrêmement grosse et grasse. *Grosso pouerco* : grosse coche.

— Saligaude. Salisson. Malpropre. Très-sale.

— Avare. Egoïste, qui n'aime que soi. *Eis uno pouerco qu'aimo mai leissa degaiha leis cavos que de va douna en coouqu'un* : c'est une avare qui préfère que les choses se gâtent et se perdent plutôt que de les donner.

B.-A. POUERGE. v. a. Donner. Remettre. Faire tenir quelque chose à celui qui est là à l'attendre. *Pouerge-li soun bastoun* : donne-lui son bâton. *Pouerge m'un poou aco* : veuillez bien me faire tenir ou me remettre cela. Voyez BEILA.

B.-A. POUERRE. ⎰ s. m. Porreau. Plante
B.-R. POUERRI. ⎱ potagère. On dit proverb. *Chaque jardinié vanto seis pouerris* : chaque marchand vante sa marchandise. On dit encore proverb. *L'y a pouerris et pouerris* : il y a fagots et fagots, pour dire, qu'il y a de la différence entre des hommes, entre des choses qui paraissent semblables. On dit proverb. et fig. en matière de procès et de dispute, qu'un homme *N'aoura pas lou blanc doou pouerri* : qu'il n'aura pas gain de cause. On dit d'un meuble, d'un vêtement, d'une usine, etc., que l'on prodigue, quo l'on néglige ou qu'on laisse dépérir, *Que l'an gitta à pouerri* : qu'il est au dégât, qu'on l'a abandonné. Voyez TRAS.

POUERRI-COUGOU. ⎰ s. m. Porreau sauvage. Plante.
POUERRI-FER. ⎱

POUERRI-DRECH. Voyez AOUBRE-DRECH.

POUERTO. s. f. Porte. Ouverture faite pour entrer dans un lieu fermé, et pour en sortir.

— Assemblage de bois ou de fer, qui tourne sur des gonds, et qui sert à fermer l'ouverture de la porte.

POUERTO-MOURTIÈ. Voyez GAMATOUN.

POUERTO-FAI. s. m. Crocheteur. Porte-faix.

POUERTO-PÈCO. s. m. Emporte-pièce. Instrument pour découper.

POUERTO-VISTO. s. m. Télescope. Lunette d'approche.

POUES. s. f. Ais. Planche de bois.

B.-R. POUGAOU. s. m. Terme Arlésien. Anguille de la grosse espèce. Poisson.

POUGEA. v. a. Terme de marine. Pousser. Faire avancer la barre du gouvernail sous le vent, soit pour prendre en poupe, pour aborder ou pour éviter quelque écueil.

— Au fig. Tourner le dos. Se désister de son entreprise, abandonner son dessein.

POUGNADO. s. f. Poignée. Quantité de choses que peut contenir la main fermée. *Uno pougnado d'ayrufien* : une poignée de cerises. *Faire pougnado* : en prendre une poignée.

— Ce qu'on empoigne avec la main. *La pougnado d'uno espazo* : le pommeau d'une épée.

B.-A. POUGNADIÈRO. s. f. Double

boisseau. Mesure de capacité pour les grains. C'est la cinquième partie d'une panal, équivalant à 32 décilitres.

POUGNADURO. s. f. Piqûre. Blessure que fait une aiguille, une épingle, une abeille, une guêpe, etc., lorsqu'elle pique.

POUGNE. v. a. et récip. Piquer, se piquer. *Pougni, pougnes, pougne, pougnem, pougnès, pougnoun, pougneri, pougnerias, pougneroun; pougnerai, pougneras, pougnera, poung, pougnudo ou pouncho.* Blesser, se blesser avec quelque chose de piquant, comme une aiguille, une alène, etc. *Mi siou poung* : je me suis piqué.

— Au fig. Irriter. Fâcher. Brocarder. On dit proverbialement et ironiquement. *T'a poung l'abeiho ?* Sens-tu le lardon ? T'a-t-on répondu vertement ?

POUGNE. v. a. Terme de boulanger. Poindre. Piquer la pâte en différens sens pour lui faire prendre de l'eau, afin qu'elle en devienne plus fine et plus légère.

POUGNE. v. a. Aiguillonner. Piquer les bœufs avec un aiguillon pour les faire aller. Au fig. Aiguillonner, inciter par quelque chose. *Es tant fleoumo que si lou pougnès pas un paou lou pourres pas moourre* : il est si lent que si on ne l'aiguillonne pas on ne saurait le faire agir.

POUGNE. v. n. Poindre. Commencer à paraître. *L'aoubo pougne* : l'aube du jour commence à poindre. Voyez POUNCHEJHA.

POUGNU, UDO, partic. Piqué, piquée. *M'a pougnu. S'es pougnudo* : il m'a piqué. Elle s'est piquée.

POUGNET. s. m. Poing. Main fermée. — L'endroit où le bras se joint à la main. Poignet.

POUGNET. s. m. Terme de lingère. Poignet. Partie d'une chemise qui termine les manches. Voyez GRANATINO.

POUGNO. s. f. Poignet. Endroit où le bras se tient à la main. *Ave boueno pougno* : avoir le poignet fort. On appelle en style de commerce *Marchand de la pougno* : ces petits marchands colporteurs qui vont dans les campagnes et dans les maisons

vendre certaines marchandises comme à la dérobée pour en tirer meilleur parti.

POUIHA. v. a. Injurier. Dire des injures. Chanter pouille à quelqu'un.

POUIHO. s. f. Injure. Pouille. *Si canta pouiho* : s'injurier. Il est populaire comme le précédent.

POUIHOUN. s. m. Poison. Suc. Drogue. Plante vénéneuse qui cause la mort.

POINTA. v. n. Pointer. Diriger quelque chose vers un point. Voyez APPOINTA.

— Ponter. Terme de jeu de cartes, tel que le Pharaon et la Bassette. C'est mettre l'argent sur des cartes jouant contre le banquier.

B.-A. POUIRI, IDO. adj. Pourri. Gâté. Corrompu. On le dit du fruit et par extension des personnes qui ont des maux vénériens enracinés. Il est populaire. On dit proverbialement d'un fainéant qui se lève toujours fort tard. , *Que n'es bouen que per pouiri de paiho* : qu'il n'est bon à autre chose qu'à dormir et demeurer au lit.

POULAIHO. s. f. Volaille. Tous les oiseaux de basse-cour, tels que poules, coqs, chapons, poules, etc.

POULAS. s. m. Coq. Gros poulet. Oiseau de basse-cour, le mâle de la poule.

POULI, IDO. adj. Joli, jolie. Gentil. Agréable. Charmant. *Pouli pichoun* : joli enfant. *Es pouli coum'un soou* : il est joli comme un cœur.

POULIDAMENT. adv. Joliment. Agréablement. Doucement. D'une manière douce et agréable.

— Poliment. D'une manière polie.

POULIDET, ETTO. adj. dimin. Joli, joliette. *Aquelo pichouno es poulidetto* : cette petite est joliette.

POULIDETAS. s. f. plur. Beautés. Jolivetés. On ne le dit qu'en parlant des enfans et de certains petits ouvrages peu importans.

POULIN. s. m. Poulain. Le petit d'une jument, d'une ânesse.

— Anon. Bourriquet.

POULINA. v. n. Pouliner. Mettre bas. On ne le dit que des jumens et des ânesses lorsqu'elles font leur poulain. *La cavalo n'a p'anca poulina* :

la jument n'a point encore fait de poulain.

POULINASSO. s. f. Voyez PITA-DURO DE MOUSCO.

POULOUMAS. s. m. Terme de cordier. Ficelle forte. Très-petite corde moins torse que celle à fouet, et un peu plus grosse que celle à emballer.

B.-A. POUM. s. m. Pomme. Fruit du pommier. *Poum bouisseren* : pomme sauvage. On dit proverbialement et fig. d'un homme distrait. *Parla li de poum respouende de peros* : si vous lui parlez d'une chose il vous parle d'un autre.

POUMBROYO. s. f. Patte-d'oie. Plante qui croît le long des chemins et sur les vieux murs.

POUMELET. FAIRE LOU POUMELET. Faire le pommeau avec la main en faisant toucher tous les doigts par leur extrémité. Dans quelques pays on appelle cela faire le cul de poule.

POUMERELLO. s. f. Scabieuse à fleur blanche. Plante.

POUMETTO. s. f. Senelle. Fruit ou baies de l'Aubépine. Voyez PEVOUYETS.

POUMETTO. s. m. dimin. Petite pomme.

POUMIÈ. s. m. Pommier. Arbre qui porte les pommes.

POUMIÈ-BOUISSEREN. s. m. Pommier sauvage.

B.-R. POUMO. s. f. Pomme. Fruit du pommier.

— *Bouco-provo*. Pomme pétisiaque.

— *Couchino*. Pomme de barden, ou de coupendu.

— *De Sant Jean*. Pommes de Paradis.

POUMO-D'AMOUR. s. f. Tomate. Pomme dorée, pomme-d'amour. Fruit potager de couleur rouge ou jaune dont la plante est du genre des solanum. On croit avec fondement que l'usage trop fréquent de ce fruit est nuisible, qu'il attaque le genre nerveux et produit d'autres maladies.

B.-R. POUMPO. s. f. Gâteau de farine, large et mince que l'on fait cuire au four avec le pain. On en fait à l'huile, au beurre et aux anchois. *Poumpo à l'holi* : Gâteau à

l'huile. Voyez FOUGASSO.

POUN. Voyez POUM.

POUNG. s. m. Poing. Voyez POUGNET.

POUNG-SARRA. s. d. t. g. Pince-maille. Personne extrêmement attachée à ses intérêts et qui fait paraître son avarice jusque dans les plus petites choses. Il est familier. *Es moussu doou poung-sarra* : c'est monsieur de Pince-maille. Voyez ESQUICH'ANCHOYO.

POUNA. v. n. Flûter. Boire. Siroter. Terme populaire.

POUNCHAOU. s. m. Terme de savetier. Bout. Pointe de soulier. *Faire mettre de pounchaoux à ses souliers* : Faire mettre des bouts à ses souliers.

POUNCHEJHA. v. n. Poindre. Paraître, ne se montrer qu'en partie. *L'aoubo pounchejho* : l'aube paraît. *Lou garri pounchouniè de soun traou* : le rat se montre quelque peu. *Lou bla tout beou jhus pounchouniè* : le blé commence à peine de poindre.

POUNCHEIRA. Voyez APPOUNCHEIRA.

POUNCHIÈ. s. m. Terme de maçon. Étaye. Étançon. Pièce de bois qui soutient une muraille.

POUNCHO. s. f. Pointe. Bout piquant et aigu de quelque chose que ce soit.

POUNCHO (EN). adv. En pointe. Qui est en forme de pointe.

POUNCHO. s. f. Couvre-chef de paysanne, qui n'est presque plus en usage. *Pouncho de mousselino. Pouncho broudado*.

POUNCHO. s. f. Terme de tailleur d'habits. Chanteau. Morceau de l'étoffe coupé en pointe plus ou moins aigüe, que l'on met à un habillement pour lui donner plus d'ampleur ou pour remplacer ce qui est usé. *Mettre de pounchos en de culottos* : mettre des chanteaux à des culottes.

POUNCHOUN. s. m. Petite pointe. Piquant. Sommet. Pointe aigüe.

POUNCHOUNA. Voyez POUGNE.

POUNCHOUNIA. Voyez POUNCHEJHA.

POUNCHU, UDO, adj. Pointu, ue. Taillé, disposé en pointe.

— Aigu, aigüe. On dit proverb.

40

et fig. d'un homme qui a l'esprit grossier et qui veut faire le fin. *Qu'à l'esprit pounchu coumo lou cuou d'uno tino* : qu'il est fin comme une dague de plomb.

POUNCIRADO. s. f. Mélisse. Citronelle. Plante médicinale ayant l'odeur du citron.

POUNSOUN. s. m. Poinçon. Instrument en métal pour percer.

— Instrument pour marquer les bijoux et objets d'or et d'argent soumis au contrôle.

POUNSOUNA. v. a. Poinçonner. Marquer quelque chose avec un poinçon.

POUNTA. v. n. Terme de jeu de boules. Voyez APPOINTA.

POUNTET. s. m. Terme de cordier. Tenon. Morceau de bois ployé en forme de boucle, que l'on suspend à un piquet pour s'en servir comme d'une poulie pour y passer les cordes d'une tente que l'on veut tendre.

— Terme de vitrier. Tenon. Petite pointe en fil de fer qui tient les vitres d'une croisée et le verre d'une gravure contre son cadre.

B.-A. POUNTIN. { s. m. Perron.
POUNTIS.   } Escalier en dehors d'une maison de village et terminé par un pallier, au devant de la porte d'entrée où il aboutit.

POUNTOU. s. m. Terme de jeu de boules. Pointeur. Voyez APPOINTAIRE.

POUNTOUN. DE POUNTOUN. adv. D'arrache-pied. Sans interruption. On le dit d'une personne assidue à son travail, ou a quelque autre chose dont elle ne se détourne pas. *Es aqui de pountoun doou matin jusqu'oou soir* : il est là d'arrache-pied toute la journée.

POUPEOU. s. m. Mamelon. Tétin. Le petit bout des mamelles de l'homme et de la femme. *Aquel enfant vioura pas, poou pas lia lou poupeou* : cet enfant ne vivra pas, il ne peut prendre le télin.

POUPETTO. s. f. Terme enfantin. Soupe. *L'y faren manjha la poupetto* : nous lui ferons manger la petite soupe.

POUPIN.   { adj. Gras. Potelé,
POUPINO.   } ée. *Mans poupinos* :

mains potelées. *A leis bras poupins* : elle a les bras gras et dodus.

POUPO. s. f. Pulpe. Substance charnue des fruits.

— Terme de boucherie. Chair des animaux. *Mourceou de poupo* : morceau de viande où il n'y a point d'os. On dit figurément, en parlant de l'émotion, du frémissement que causent certaines passions, *Quan li pensi leis poupos mi trambloun* : quand j'y pense, il me prend un frissonnement.

POUPU, UDO. adj. Potelé, ée.

— Charnu, ue. Bien fourni de chair. *Bras poupus, mans poupudos* : bras potelés, mains potelées. *Meloun poupu* : melon charnu. *Oou-livos poupudos* : olives charnues.

POUPOUN. s. m. Terme de nourrice. Poupon. Poupard. Jeune enfant à la mamelle.

POUPOUNA (SI).   } v. a. Pouponner. Caresser.
POUPOUNEJHA.   } Dorloter. Complaire quelqu'un, ainsi que l'on fait à un petit enfant. Mignarder. *Lou poupounejhoun tant, que lou gastoun*. On le dorlote de telle manière qu'on le gâte.

POUPOUNA (SI).   } v. récip.
POUPOUNEJHA (SI). } Se choyer. Se dorloter. Se délicater. Chercher ses aises. *Es un home que si poupounejho* : c'est un homme qui se dorlote, qui se choye.

POUPRE. Voyez POURPRE.

POURCAIHO. s. f. générique. Crapule. Salopaille. On le dit des gens qui vivent dans la malpropreté et dans la crapule.

POURCARIÉ. s. f. Cochonnerie. Terme populaire comme le précédent. malpropreté, ordure, vilenie, saleté.

— Malhonnêteté. Obscénité. *Es tout plen de pourcarié* : il est tout plein d'ordure. *Fa que dire de pourcarié* : il a toujours des propos sales et indécens à la bouche.

POURCAS, ASSO. adj. s. Terme populaire. Vilain, vilaine. Homme sale en paroles et en actions. Femme truande ou de mauvaise vie.

POURCATIÉ.   { s. m. Marchand
POURQUETIÉ. } de cochons. Celui qui achète et qui revend des porcs et des cochons.

POURCHIÈ , ÈRO. -) s. Porcher,
POURQUIÈ.   } porchère.
Celui et celle qui garde les pourceaux. On dit proverbialement et dans
le style familier, d'un homme à qui
il est arrivé quelque chose qui lui
est infiniment agréable. *Que lou Rei
serié pas soun pourchiè* : que le Roi
ne serait pas son cousin, pour dire,
qu'il s'estime beaucoup plus heureux
que le Roi.

POURCHIN. s. m. Cochon-d'Inde.
Petit quadrupède semblable au lapin et grognant comme le pourceau.

POURCIN. s. m. Pissenlit. Plante.
Voyez MOURRE-POURCIN.

POURCIOU. s. m. Toit-à-cochon.
Etable à cochon.

B.-A. POURI, IDO. adj. Voyez POU-
LI.

POURPRE. s. m. Polype-Marin.
Sorte de poisson. On dit figur. et
famil. de celui qui, par mégarde,
met le pied dans un gour, dans une
mare ou dans le margouillis, *Qu'à
pesca un proupre* : qu'il a fait pêche.

POURQUEJHA. v. a. Voyez GROU-
LEJHA.

POURQUET. s. m. Petit cochon.
Cochon de lait.

POURQUET DE NOUESTE SEGNE.
s. m. Coccinelle. Bête-à-Dieu. Scarabée à étuis rouges picotés de noir.
— Cloporte. Voyez TRUYETTO.

POURRADO.   ) *Fairepourrado.*
POURRAQUO.   } Façon de parler
adverb. Faire monts et merveilles.
Faire l'impossible. Gagner gros.

POURRAT. s. m. Terme de jardinier. Plants de porreaux. Voyez PLAN-
TUN. POURRETTO.

POURRATO. Voyez POUERRI-COU-
QUOU.

POURRETTO. s. f. Terme de jar-
dinier-pépiniériste. Très-jeunes plants
d'arbres venus de semence. Ils ne
sont guère plus gros que les jeunes
ognons que l'on transplante, et se
vendent par bottes ou au cent. Tels
sont les mûriers et autres arbres
qu'on met en pépinière.
— Plants de porreaux.

POURRIDIÈ. s. m. Pourriture.
Amas, assemblage de choses gâtées
et pourries. Il s'emploie aussi au
figuré et se dit principalement des

jeunes enfans que les parens gâtent
par trop d'indulgence. *N'a qu'aquel
enfant et n'en fach soun pourridiè* :
elle n'a que ce seul enfant qu'elle
gâte par trop de complaisance.

POURTA. v. a. Porter. Soutenir
quelque chose de pesant. *Pourta
soun paquet* : porter son paquet.

POURTA. v. a. Transporter. Porter
une chose d'un lieu à un autre.
Pourta leis garbos à l'yèro : transporter les gerbes, etc. *Pourta*. Porter, avoir sur soi. *L'habit que pourtavo* : l'habit qu'il avait sur lui.

POURTA. v. a. Produire. Porter
du fruit. *L'y a d'aoubres que tous
leis ans pouertoun* : il est des arbres
qui donnent du fruit toutes les années.

POURTA A CABRIMET.   )
POURTA A DANTELLO.   } Por-
POURTA A MEMÈ.   }
POURTA A PERICOULÈRI.)
ter à chèvre-morte. Voyez CABRIMET
On dit proverb. et fam. *Qau poou
pas pourta tirasso* : lorsqu'on ne peut
porter il faut traîner. On dit proverbialement et fig. d'une femme
Que pouerto leis brayos : qu'elle
porte les chausses, pour dire, qu'elle
est plus maîtresse dans la maison
que son mari.

POURTA. est aussi verbe récip.
Se porter. Se dit de l'état de la santé.
Si pouerto ben : il est bien portant.

POURTADOU. s. m. Terme de vigneron. Courson. Branche de vigne
taillée et raccourcie à trois ou quatre
yeux.

POURTAGNO. s. f. Portée. Ponte.
Le premier se dit de tous les petits
que les femelles des animaux portent, font en une seule fois, et le
second dès oiseaux lorsqu'ils font
leurs œufs. Il n'a d'usage que dans
cette façon de parler : *Faire sa pourtagno* : faire sa ponte, remplir sa
tâche, quand à ce qui regarde la
fécondité et la production. On le dit
des femmes, des femelles des animaux, et par extension des arbres
et de certaines semence de plantes,
etc. *A fach sa pourtagno* : elle a
rempli sa tâche, elle a fait ses
pontes. *Aro que sa truèyo l'y a fach
sa pourtagno l'a vendudo* : maintenant que sa truie a fait ses por-

tées il l'a vendue. *Quoique pas troou bellos leis trufos an fach sa pourtagno :* bien que les plantes n'eussent pas grande apparence néanmoins les pommes de terres ont encore assez produit.

POURTAIRE. s. m. } Porteur,
POURTEIRIS. s. f. } porteuse. Celui et celle dont le métier ordinaire est de porter des paquets, des marchandises, etc.

POURTALET. s. m. Petit portail. Petite porte d'une ville, basse et sans ornemens.

— Passage large et voûté qui communique d'une rue à l'autre.

POURTAOU. s. m. Portail. Porte d'une ville. Porte cochère.

POURTETTO. s. f. Petite porte d'un tonneau. Voyez USSET.

POURTISSOOU. s. m. Guichet. Petite porte faisant partie d'une plus grande.

POUS. s. m. Puits. Trou profond creusé expressément pour en tirer de l'eau.

— La tempe, le pouls. *N'a plus ges de pous :* le pouls ne lui bat plus.

POUSARAQUO. s. f. Puits à eau stagnante. Espèce de citerne non couverte.

POUSITO. Voyez POOUSITO.

POUSQUET. v. n. Pouvoir. *Pouèdi, pouedes, poou, poudem, poudès, poucdoun, poudiou, poudiès, poudie, pousqueri, pousqueres, pousquet, pousqueriam, pousquerias, pousquecoun, ai pousqu, pourrai, que pousquessi, pourriou.* Avoir la faculté de.... Être en état. Avoir le moyen, la force, l'autorité, le crédit, etc, de pouvoir faire. *Siou tant fatigua que n'en pouedi plus :* je suis si fatigué que je n'en puis plus. On dit proverbialement. *Si jhouine sabiè et viei poudiè jamai ren li manquariè :* si jeunesse savait et vieillesse pouvait, aucun de rien ne manquerait.

POUSSA. v. a. Pousser. Faire effort contre quelqu'un ou contre quelque chose, pour l'ôter de sa place. *Poussa-à-bout :* pousser-à-bout, signifie figurément, Choquer. Irriter. Exaspérer un homme au dernier point. *M'an poussa-à-bout :* ils ont poussé-à-bout ma patience.

POUSSA. v. n. Terme d'agriculture. Pousser. On le dit des arbres et des plantes qui, au printemps, donnent des signes extérieurs de végétation.

— Jeter. Produire des bourgeons, des scions.

POUSSADO. s. f. Secousse. Heurt. Repoussement. Coup de coude.

— Action de pousser.

POUSSASSOS. s. f. plur. Tetasses Grosses mamelles.

POUSSARU, UDO. adj. Mamelu, mameluc. Qui a de grosses mamelles.

POUSSÉJHA. v. impers. Répandre, exhaler de la poussière.

— Au fig. Bruiner. Tomber de la pluie fine comme de la poussière. *Lou temps si mette à la pluyo, poussejho :* le temps tourne à la pluie, il bruine.

POUSSETO. s. f. dimin. Petite mamelle. — Téton.

POUSSETO. s. f. Poussette. Jeu d'enfans qui consiste à pousser chacun de son côté une épingle avec le flanc de l'index, de manière qu'elle aille croiser celle de son adversaire.

POUSSAIRE. s. m. Provocateur. Celui qui anime, excite ou provoque des querelles. Voyez EMPURADOU.

POUSSIÈ. s. m. Débris. Fond d'une airée. Voyez POUSSIOU.

POUSSIOU. s. m. Poussier. La menue poudre qu'on trouve au fond d'un sac de charbon.

POUSSIOU. s. m. Terme d'économ. rurale. Fond de l'airée. Menu débris de paille mêlé de beaucoup de poussier et de quelque peu de grains.

POUSSO. s. f. Mamelle. Partie charnue du sein d'une femme, où se forme le lait.

— Tétin d'une vache, d'une chèvre, d'une brebis.

POUSSU. Voyez POUSSARU.

POUSSOUX, OUÈ. adj. Poudreux, poudreuse. Couvert, sali de poussière. *Habit, soulié poussoux :* habit, soulier poudreux. *Estre tout poussoux :* être tout couvert de poussière.

POUSTAGNO. s. f. Ponte, portée. Voyez POURTAGNO.

POUSTÈMO. s. f. Apostème. Amas d'humeurs corrompues qui se fixent en quelque partie du corps, etc.

— Pus. On donne par dénigrement le nom de *Coulour de poustèmo* à toute couleur pâle, manquée ou peu saillante d'une étoffe quelconque.

POUTAGI. s. m. Potage. Aliment fait de bouillon avec des tranches de pain.

POUTARGO. s. f. Boutargue. OEufs de poissons salés et confits dans le vinaigre.

B.-A. POUTARRAS. s. m. Broc. Vase de terre ou de grès ayant une anse, dont on se sert pour aller quérir du vin à la cave et pour aller à l'eau. Il est formé des trois mots. *Pouè-Tout-Ras* : Pot entièrement plein. *An begu doux poutarras de vin* : ils ont bu deux brocs de vin.

POUTENCI. s. f. Potence. Gibet. Instrument servant au supplice des criminels que l'on pend.

— Crochets de fer attachés à un mur et servant à tenir en équilibre une balance à bras. *Va foou pesa à la poutenci* : il faut le peser au crochet.

POUTET. s. m. diminutif. Très-petit pot, tel qu'un pot de pommade, ou autre analogue.

POUTIGNO. s. f. Chassie. Humeur gluante qui sort d'un œil malade.

POUTIGNOUX, OUÈ. adj. Chassieux, chassieuse. Qui a de la chassie aux yeux. *A leis ueils poutignoux* : il a les yeux chassieux. *Fremo poutignouè* : femme qui a de la chassie.

POUTINCAN. s. m. Casque. Schakos de militaire. Terme populaire, presque hors d'usage.

— Sorte de bonnet d'enfant à forme haute. Voyez BOUQUINCAN.

POUTINGANCO. s. f. Médicamens. Drogueries. Il est populaire.

— Odeur de drogues médicamenteuses. *Sente la poutinganço* : l'odeur des médicamens se fait sentir.

POUTINGO. s. f. Chassie. Voyez POUTIGNO.

POUTINGOUN. s. m. Renoueur. Celui qui fait le métier de remettre les membres disloqués et d'administrer des médicamens.

POUTINGOUX. Voyez POUTIGNOUX et POUTRINGOUX.

POUTINO. s. f. Nadelle. Petit poisson. Voyez MELETTO.

— **B.-A. POUTITÈ.** s. f. Marmelade. On ne le dit que par dénigrement en parlant de certains alimens

et des fruits qui, ayant été entassés ou mal soignés, se sont écrasés, fondus et devenus comme de la marmelade. *Es tout en poutite* : Tout est en marmelade.

— V. Onguent qui n'a ni vice ni vertu. *Es d'enguen de poutite* : c'est de l'onguent miton-mitaine.

POUTOUN. s. m. Baiser. Il est familier et tendre. *Fai m'un poutoun* : fais-moi une caresse, donne-moi un baiser.

POUTOUNEGEA. v. n. Baisoter. Baiser fréquemment à la manière des enfans et des nourrices.

POUTOUNET. s. m. diminutif. Petit baiser.

POUTOUNET. s. m. Poupon. Jeune enfant gras et potelé. *Lou charmant poutounet* ! Oh l'aimable petit enfant!

POUTRAS. s. m. Terme d'économie rurale. Ablais. Dépouille des blés. Voyez MARGOUN.

— Poussier. Fond d'une airée. Voyez POUSSIOU.

POUTRAS. s. m. Usage. Prodigalité d'une chose. *Mettre uno cavo oou poutras* : mettre une chose à l'abandon, la livrer à un usage commun et journalier qui l'use et la consume bientôt. *N'en fan soun poutras* : ils s'en servent à toute rencontre, sans aucun ménagement.

POUTRAS. s. m. Travail dans la poussière, ou parmi la poussière. Fatigue des gens de campagne pendant laquelle ils se trouvent exposés à aspirer du poussier et à s'en voir remplir leurs vêtemens, ainsi qu'ils leur arrive dans le temps de la récolte et du battement des grains. *Estre dins lou poutras* : être occupé à un travail où l'on prend, où l'on aspire de la poussière.

POUTRASSA. } v. n. Prodiguer.
POUTRASSIA. } Friper. Livrer. Abandonner sans ménagement une usine, un meuble, un vêtement, etc, à un usage journalier qui l'use et le détruit en très-peu de temps.

POUTRINGA. v. a. Droguer. Médeciner. Donner des breuvages et autres remèdes qu'on prend par la bouche. Il est famil. et populaire, il est aussi réciproque. *Si poutringa* : se droguer. Prendre des médecines.

POUTRINGO. s. f. Médecine. Po-

PER

tion. Breuvage. Purgatif. Il est plaisant et populaire comme le précédent.

POUTRINGOUX , OUÈ. adj. Cacochyme. Mal-sain , de mauvaise complexion. On le dit des personnes pleines de mauvaises humeurs et toujours sujettes à quelque infirmité. Il ne se prend qu'en mauvaise part. *A lou corps tout poutringoux* : il est cacochyme. *Es touto poutringoué* : elle est toute pleine de mauvaises humeurs. On lui donne aussi le sens de *Poutignoux.* Voyez POUTIGNOUX.

POUTROI, OIO. s. Lourdaud, lourdaude. Grossier et maladroit.

POUTROI. Voyez POUTRAS.

B.-A. POUTRÒRO. s. f. Soupe de farine de légumes. Voyez BRIGADEOU.

— Au figuré. Sauce. Ragoût mal fait, qui n'a ni bon goût, ni bonne mine. *N'es que de poutroro* : ce n'est que du brouet épaissi. *Nous a fa que de poutroro* : il nous a préparé rien qui vaille.

— Lie. Ce qui est le plus grossier dans une liqueur et qui va au fond du vaisseau.

POUVEREOU. s. m. Terme de marine. Tournant. Mouvement circulaire de l'eau. Voyez MOULINET.

POUVERIÈ. adj. m. Dédaigneux. Hautain.

PRA. s. m. Pré. Terre où l'on recueille du foin.

PRA-SEC. s. m. Sécheron. Pré situé en un lieu sec et qui ne peut être arrosé que par les pluies. On dit proverbialement et fig. *Lou pra parlo* : le travail, les œuvres d'un homme parlent, pour dire, que son mérite et son talent se montrent dans les ouvrages qu'il a faits.

PRADARIÈ. s. f. Prairie. Grande étendue de terre, où croît l'herbe dont on fait le foin.

PRADEOU. s. m. Préau. Petit pré. Petite prairie.

V. PREAI (SI). v. récipr. Se priser. S'estimer. Avoir une opinion avantageuse de soi-même.

PREBOUILL. v. a. Terme de cuisine et d'office. Blanchir. On ne l'emploie qu'avec un des verbes auxiliaires. *Faire* ou *Estre. Faire prebouki la marlusso* : faire blanchir de la morue c'est la mettre dans de l'eau bouillante pour qu'elle y prenne deux ou trois bouillons pour l'amollir et la faire revenir.

PREBOUISSET. s. m. Petit houx. Houx frélon. Buis piquant. Housson. Arbuste dont les feuilles d'un beau vert sont hérisées de piquans et les baies rouges comme du vermillon. Voyez BOUÉS-HOMES.

B.-A. PRECATORI. s. m. Couvet. Pot de fer où les femmes du peuple mettent du feu et de la braise en hiver pour se chauffer. *Tèn lou precatori* : elle tient le couvet.

PRECATORI. s. m. Purgatoire. Lieu où les ames de ceux qui meurent en grâce, vont expier les péchés dont ils n'ont pas fait une pénitence suffisante en ce monde.

PRECHA. v. a. Prêcher. Annoncer la parole de Dieu.

PRECHAIRE. s. m. Prédicateur.

PRECIPITA. v. a. Précipiter. Jeter d'un lieu fort élevé dans un lieu fort bas. Au figuré. Presser les choses avant le temps, les entreprendre trop tôt, les vouloir faire prématurément.

PRECIPITADO (A LA). adv. Précipitamment, à la hâte, avec précipitation. *Leis cavos fachos à la precipitado van jamai ben* : les choses faites précipitamment ne sont jamais bien faites. *Fai tout à la precipitado* : il fait toutes choses avec précipitation.

PREFA. s. m. Forfait. Marché par lequel un homme s'engage à faire une certaine chose moyennant un prix déterminé, soit qu'il gagne ou qu'il perde. *Prendre un prefa* : s'engager à faire un travail à forfait.

PREFACHIÈ. s. m. Entrepreneur. Celui qui s'est chargé de faire un travail à forfait ou à la tâche.

PREFOUNDA. } v. a. Précipiter.
PROUFOUNDA. } Jeter dans un lieu profond. Il est aussi récipr. *Si prefounda.* S'engloutir. Tomber dans un abîme.

PREFOUNDA. }
PROUFOUNDA , ADO. } part. Englouti. Précipité, ée. *Villo profoundado per un tremblament* : ville engloutie par un tremblement de terre.
PREFOUNDI , IDO. }

PREGA. v. a. Prier. Requérir. Demander par grâce.

— Prier. S'adresser à Dieu pour lui demander des grâces. On dit proverbialement et popul. *Prega, si poou, mai fourça noun :* on peut bien prier quelqu'un de faire quelque chose, mais non l'y contraindre.

PREGO-DIOU. s. m. Prie-Dieu. Sorte de pupitre au bas duquel est un marche-pied sur lequel on s'agenouille.

PREGO-DIOU. s. m. Grande mante appelée encore demoiselle. Insecte ailé du genre des sauterelles.

B.-A. PREIRE. s. m. Terme de montagne. Prêtre. Celui qui a l'ordre et le caractère du sacerdoce.

PREIRE. s. m. Sorte de coquillage.

B.-R. PREMEIREN , ENCO. ⎫
B.-A. PREMIÈ, IÈRO. ⎬ adj.
PREMEIREN , ENCO. ⎭
Hâtif, ive. Précoce. Prématuré, éc. Qui mûrit, qui épanouit avant le temps. Il ne se dit proprement que des fruits et des fleurs. *Fruit premeiren :* fruit précoce. *Figuo premeirenco :* figue hâtive, ou figue fleur. *Leis melouns trop premies n'an ges de gouts :* les melons prématurés ne sont pas de bon goût. *Aquest'an leis grafien soun fouesso premiers :* les cerises sont bien précoces cette année.

B.-A. PREMIÈ. EN PREMIÈ. D'EN PREMIÈ. adv. Au commencement. Dans le principe. *D'en premié que fougueroun maridas :* au commencement de leur mariage. *D'en premiè qu'ero cici fasiè l'ampèri :* les premières années qu'il fut ici il faisait l'impossible.

PREMIÈ, EN PREMIÈ. adv. Dans la primeur. Lors de la première saison de certains fruits ou légumes. *D'en premiè leis grafiens si vendoun ben :* dans la primeur les cerises se vendent très-bien.

PRENSIEN. s. f. Crainte. Appréhension. *Aquel houstaou li fa prensien :* il appréhende cette maison.

B.-A. PRENSO. adj. f. Terme de berger et d'économie rurale. Prise. Qui a conçu, qui a retenu. On ne le dit que des femelles des animaux et en parlant de la propagation. *Leis cabros soun prensos, oouren de ca-*

brïts : les chèvres ont conçu, nous aurons des chevreaux. *La saoumo risquo d'estre prenso :* l'ânesse nous paraît être prise, avoir conçu.

V. PREOU. Voyez PRUIRO. PRIUROUN.

PREPAOU. s. m. Propos. Discours. Devis familier. *Excusus si vous derrangi de vouesto prepaou :* excusez si je vous interromps. *N'a jamai que de marris prepaous :* il n'a jamais que de mauvais propos en bouche.

PRÈS. s. m. Prix. Valeur, estimation d'une chose. On dit proverbialement. *Vaou miou cizino que soun près :* mieux vaut outil qu'argent, pour dire, que c'est l'utilité d'une chose qui doit la faire apprécier et non sa valeur intrinsèque.

PRÈS. prépos. Voyez PROCHI.

PRESENTIOU , IOUVO. adj. Entrant, ante. Insinuant, qui aime à se produire, à se présenter.

— Qui n'est ni timide ni embarrassé lorsqu'il faut se présenter. Voyez INTRANT. *Es pas presentiou :* il n'aime pas à se produire.

PRESENTIOU, IOUVO. adj. Présentable. Qui n'est pas à rejeter. Que l'on peut offrir et présenter sans appréhension.

PRESOUN. s. f. Prison. Lieu où l'on enferme les criminels, les accusés, etc. On dit proverbialement et popul. *Quan ploourié de merdo foou jamai s'assousta en presoun :* quand même il tomberait de la boue, il ne faut jamais aller s'abriter dans un cachot.

PRESSA. v. a. Presser. Hâter. Obliger à se diligenter.

PRESSA, ADO. part. et adj. Pressé, éc. Affairé, affairée. On dit famil. et plaisamment de celui que l'on voit toujours en sollicitude. *Es toujhour pressa coumo la tripièro doou dijoou gras :* il est aussi affairé qu'une bouchère le jeudi gras.

PRESSAIRE. s. m. Pressureur. Voyez DESTREGNEIRE.

PRESSO. s. f. Presse. Foule. Multitude de personnes qui se présentent. On dit qu'un marchand *A presso :* que la presse y est, pour dire, que l'on se présente chez lui en foule pour acheter. *Ave presso :* avoir grand débit , forte chalandise , concours d'acheteurs.

V. PRÈST. adv. Vite! Hardiment! Allons vite ! Terme populaire.

PREST, ESTO. adj. Prêt , prête. Disposé. Préparé. Voyez LEST.

PRESTA. v. a. Prêter. Donner sous la condition qu'on rendra.

PRESTAIRE , PRESTUSO. s. et adj. Prêteur, prêteuse. Qui prête.

PRESTO. s. f. Prêt. Chose prêtée. On dit d'un meuble, d'une usine, etc. , que l'on prête souvent. *Qu'es toujour par presto, qu'es toujour en presto* : qu'il est toujours par prêt. On dit prov. et popul. *Que si leis prestos venien a ben , leis homes prestarien seis fremos* : que s'il était avantageux de prêter, les hommes prêteraient leurs femmes , pour dire , qu'un homme serviable est tôt ou tard dupe des emprunteurs , qui négligent , égarent ou retiennent ce qu'on leur a prêté.

PREVEIRE. v. a. Prévoir. Il se conjuge comme *Veire*. Juger qu'une chose doit arriver ou avoir lieu. *V'aviou previs* : je l'avais prévu.

PREVENGU, UDO. part. du verbe. Prévenir. Prévenu , prévenue. *Eroun prevengus* : ils étaient prévenus.

PREVENGU, UDO. adj. Présomptueux , euse. Vain. Arrogant. Orgueilleux. Qui a une trop grande opinion de lui-même.

PRIÈ. s. f. Terme d'arrosage. Prise d'eau. Endroit d'une rivière, d'un canal, etc. , où une partie de l'eau qui le forme est détournée de son cours pour en suivre un autre.

PRIMA. v. a. Mincer. Rendre plus mince. On le dit des étoffes.

— Élimer. User à force d'être porté. Voyez BLEZI. On dit proverbialement parlant d'une étoffe et du linge grossier , *Avant que groussiè siègue prima fin es usa* : le fin est plutôt usé que le fort émincé.

PRIMACHOS. } s. f. plur.
PRIMOOUCHOROS. } Terme de filandière. Filandres. Endroits où le fil d'une fusée, d'un écheveau, se trouvant beaucoup trop mince et trop délié se rompt lorsqu'on l'emploie. Voyez PETEIROLOS. *Uno boueno fileiris fa jamai ges de primoouchoro :* une bonne filandière fait son

fil uniforme et non point filandreux.

PRIMAIHO. s. f. Terme de lavandière et de blanchisseuse. Menu, petit linge de la lessive , tel que bas, mouchoirs, bonnets, etc.

— Menu linge de femme , que l'on met dans l'eau de savon pour le blanchir. *Foou separa la primaiho :* il faut mettre à part le menu.

PRIMAMENT. adv. Scrupuleusement. Difficilement, avec peine. *Cerca pas tant primament :* passer par dessus , ne pas y regarder de si près. *Vai pas tant primament :* il n'est pas si scrupuleux, si difficultueux , etc.

PRIMEIREN. Voyez PREMEIREN.

V. PRIMOOUCHORO. s. f. Flocon de neige.

B.-A. PRIMOOUCHORO. Voyez PRIMACHO.

PRIMO-POUS. Voyez POUSSIOU. POUTRAS.

PRIN , PRIMO. adj. Grêle. Délié. Émincé. Fluet , ette. Mince. *Home prin :* homme fluet , grêle. *Estoffo pimo :* étoffe mince ou éminceé. Au fig. Chiche. Trop ménager, qui a de la peine à dépenser ce qu'il faudrait

— Avare. Qui ne donne rien qu'avec peine. *Soun de gens trop prin :* ce sont des gens trop chiches et trop tenaces.

— Minutieux , euse. Qui s'attache à des minuties et y donne trop d'attention. *Parla-mi deis gens louyaou per fa d'affaires , car per leis gens prins ami pas trata am'eleis :* parlez-moi des gens loyaux et raisonnables pour traiter d'affaires, mais non de ces gens minutieux que je ne puis souffrir.

PRINTANIÈRO. s. f. Primevère. Primérole. Plante qui pousse ses fleurs au commencement du printemps. On l'appelle encore herbe à la paralysie.

PRIOU. s. m. Prieur. Celui qui a la supériorité ou la direction d'une communauté religieuse, ou d'une confrérie.

— Marguillier. Fabricien. Celui qui a le soin de tout ce qui regarde la fabrique et l'œuvre d'une paroisse.

PRIOURA. s. m. Prieuré. Communauté religieuse sous la conduite d'un prieur.

— Terre, maison appartenant au

prieur, ou possédée et habitée par le prieur à raison de sa qualité.

PRIOURESSO. s. f. Prieure. Celle qui a soin des ornemens, linges et meubles d'une Chapelle, d'un Autel, etc., et qui est chargée aussi de la parer les jours de fêtes.

PRISA. v. a. Prendre du tabac par le nez. Le mot de priser bien qu'usité par nombre de personnes, est impropre et a une toute autre signification. *Despui caouque temps priso :* il prend du tabac depuis quelque temps.

PRISUR, USO. subs. et adj. Qui prend, qui fait habituellement usage du tabac en poudre. Priseur est aussi impropre que priser, bien que l'usage semble autoriser l'un et l'autre mot.

PRIVA. s. m. Privé. Lieu destiné dans une maison pour y faire ses nécessités.

— Latrines, commodités, lieu d'aisance public.

PRIVADIÈ. s. f. Friandise. Chose délicate à manger, que l'on réserve pour une personne ou pour certaines occasions. *Douna-li un paou de privadiè per lou faire mangea :* donnez-lui quelque chose de friand pour exciter son appétit. *N'en fa sa privadiè :* elle en fait son régal. *Privadiè* se dit aussi par extension de tout objet mignon, rare, curieux, délicat etc., que l'on donne ou destine à quelqu'un en particulier. *Soun pèro li gardo toujhour caouquo privadiè :* son père lui réserve toujours quelque joliveté. Il est populaire.

PRIURA. v. a. Présurer. Mettre de la présure dans le lait pour le faire cailler.

PRIURO. s. f. Présure. Ce qui sert à faire cailler le lait.

PRIUROUN. s. m. Caillette. Mulette. Estomac des jeunes bêtes ruminantes. On le dit plus particulièrement de celui des jeunes chevreaux qui est rempli de lait. On le suspend au plancher jusqu'à ce qu'il s'aigrisse en se desséchant, c'est alors qu'il devient la présure dont se servent les gens de la campagne pour faire cailler le lait.

PROCHI. prépos. Près. Proche. *Iesto eici prochi :* il demeure tout près d'ici.

PROUFICHA. v. a. Profiter. Faire un gain.

— Utiliser. Rendre utile. *Sian dins un temps que foou tout prouficha :* nous sommes dans un temps qu'il faut tirer parti de tout. Voyez GOOUBEJHA.

PROUFICHOUX, OUÈ. adj. Ménager. Économe. Qui ne laisse rien perdre par sa faute, qui sait utiliser et tirer parti même des choses les plus chétives.

PROUFOUNDA. Voyez PREFOUNDA.

PROUMIÈ. adj. Hâtif. Précoce. Voyez PREMIÈ. PREMIEIREN.

PROUN. adv. Assez. Suffisamment. On disait *Prou* autrefois en français ; mais il ne se dit plus aujourd'hui. Voyez ASSAS. On dit proverbialement et famil. d'une personne que le chagrin accable, *Que n'en fa pas soun proun :* qu'il ne pourra y survivre. *N'aviè qu'un enfant qu'agu fa dins tres jours, es segur que n'en fara pas soun proun :* elle n'avait qu'un fils que la mort lui a enlevé dans trois jours, il est certain qu'elle ne survivra pas à ce malheur. On dit proverbialement. *Troou ou noun proun es fouero de resoun :* on s'écarte de la raison lorsqu'on fait trop ou pas assez.

PROUVA. v. a. Prouver. Faire connaître la vérité d'une chose par des raisonnemens, des témoignages ou des pièces justificatives.

— Essayer. Faire l'essai d'une chose. *Senco v'aven prouva veirem s'es bouen :* d'après l'essai nous verrons s'il est bon.

B.-A. PROUVESI. v. a. et récip. Pourvoir. Se pourvoir. Se fournir de quelque chose. *S'en sian prouvesis :* nous nous en sommes pourvus. Voyez PROUVI.

PROUVESIEN. s. f. Provision. Amas et fourniture des choses nécessaires ou utiles.

B.-A. PROUVESIMEN. Voyez PROUVIMENT.

PROUVETTO. s. f. Essai. Échantillon. Petite bouteille qui ne contient de vin ou d'huile qu'autant qu'il en faut pour l'essayer ou le déguster.

47

— Pèse-liqueur. Instrument par le moyen duquel on découvre la pesanteur des liqueurs.

B.-R. PROUVI, SI PROUVI. v. récip. Se pourvoir. Se fournir de tout ce dont on a besoin. On l'entend plus spécialement de tout ce qui a rapport au trousseau d'une jeune personne. *S'es messo oou servici afin de gagna per si prouvi :* elle s'est mise au service pour gagner de quoi faire son trousseau. *Quan s'es maridado, èro prouvido, de que, de tout :* lorsqu'elle se maria elle avait un trousseau très-complet.

B.-R. PROUVIMEN. s. m. Trousseau. Linges et hardes d'une femme.

PROVO. s. f. Preuve. Ce qui établit la vérité d'une proposition, d'un fait. *Miegeo provo :* demi-preuve.

PROVO. s. f. Coupe. Se dit de certains fruits que l'on coupe, pour voir s'ils sont bons. *Croumpa un meloun à la provo :* acheter un melon à la coupe.

PRUNIERO. s. f. Prunier. Arbre qui porte des prunes.

PRUISSO. Voyez PRESSO.

V. PUADO. Voyez GRIPET. MOUNTADO.

PUAI. interj. Marquant l'horreur. Ouais.

PUBLICA. v. a. Publier. Rendre public et notoire. Voyez TROUMPETA.

PUÈS. s. f. pl. Dents d'un peigne. Voyez PLUÈS.

PUERJHO. s. f. Médecine. Purgatif. Breuvage que l'on prend pour se purger.

PUDENT, ENTO. adj. Puant, puante. Qui a de la puanteur, une odeur fétide.

PULEOU. adv. Plutôt. *L'y fouguet puleou que iou :* il y arriva plutôt que moi.

PUPLA. v. n. Peupler. Multiplier. *L'y a ges de bestis que puploun mai que leis lapins :* il n'y a point d'animaux qui peuplent tant que les lapins.

PURGA. v. n. Terme d'agriculture. Tourner. Changer. Devenir mûr. On ne le dit que des fruits, lorsque leur couleur extérieure changeant, annonce leur prochaine maturité. *Leis rasins purgoun :* les raisins tournent.

PURGA, ADO. partic. Tourné, ée. Qui commence à mûrir. *Aquelo pastèquo es tout beoujus purgado :* cette pastèque n'est pas mûre à peine tourne-t-elle en maturité. Parlant de figues ont dit *Boudenflo.* Voyez ce mot.

PURGEA. v. a. Médiciner. Purger. Donner un purgatif. *Deman lou purjhoun :* c'est demain qu'il prend médecine. Il est aussi réciproque. *S'es purgea tres fès :* il a pris trois médecines.

PUREYO. s. f. Purée. Le suc tiré des pois, des lentilles ou autres légumes de cette espèce, cuits dans de l'eau.

V. PURO. adv. Tantôt. Tout-à-l'heure. *Puro vendrai :* je viendrai tantôt. On emploie encore le mot *puro* dans un sens différent comme dans les locutions suivantes, *N'aguessi puro :* en eussé-je, plût à Dieu que j'en eusse. *Puro venguessoun :* pourvu qu'ils viennent, ou pussent-ils venir.

PUS-HAOUT. s. m. Galetas. Logement au plus haut étage d'une maison.

— Étage le plus haut d'une maison.

QUACHIÈRO. Voyez QUECHIÈRO.

QUADRETTO. s. m. Quadrille. Sorte de jeu de carte qui se joue à quatre.

QUALO. pronom relatif. f. Laquelle.

QUANQUAM. s. m. Vacarme. Dispute. Tapage. Rumeur. Bruit. Il est pop. *Oousian un quanquam de malhur :* nous entendions une rumeur épou-

vantable. *Touto la nuech an fach lou quanquam :* ils ont fait du tapage toute la nuit.

QUAOU. pron. rel. m. Quel. Lequel. *Qu'aou es ?* lequel est-ce ? Voyez CAOU.

QUAOUCARREN. Voyez COOUCARREN.

QUAOUQUE. Voyez CAOUQUE.

QUARTANO. adj. f. Quarte. Qui vient, qui arrive tous les quatre jours. Il n'a guère d'usage que dans cette phrase : *Febre quartano* : fièvre quarte.

QUASIMEN. adv. Presque. Quasi. A peu près, peu s'en faut. *Ero quasimén mouer de l'esfrai* : il était presque mort d'épouvante.

QUATRIPLO. s. Quadruple. Pièce d'or d'Espagne valant quatre-vingt francs.

— adj. Quadruple. Quatre fois autant.

QUÈCH, QUÉCHO. adj. Coi, coîte. Interdit. Étonné. Confus. Stupéfait. *Restet quèch, sache plus que dire* : il demeura coi et ne sut que répondre. Voyez SOT, SOTTO.

QUE. pron. inter. Quoi? Que dis-tu? etc. *Vendras eme iou, que?* tu viendras avec moi, n'est-ce pas? *Fai leou, que!* hâte-toi, entends-tu!

QUECHIÈRO. s. f. Caresse. Fête. Bon accueil. Civilités, amitiés que l'on fait. On ne le dit qu'en parlant des enfans. *Fai-li quechièro* : fais-lui des amitiés, fais-lui des caresses.

B.-R. QUECOU. s. m. Filou.

V. QUÈI, QUEICHO. adj. Tombé, ée. — Passé, passée. Qui a été et qui n'est plus. *Es quei* : il est tombé par terre. On dit proverb. et fig. d'une chose, qu'*Es fièro quèicho* : que c'est faire passée, pour dire, que ce n'est plus le temps d'en parler, que l'affaire est conclue et qu'on arrive trop tard.

V. QUEIRADO. s. f. Éboulis. Écroulement. Mur écroulé. Terrain éboulé. Voyez VEDEOU.

V. QUEIRE. v. n. Choir. Tomber.

B.-R. QUEIRELLETS. s. m. Immortelle rouge. Stœchas purpurea. Pante et fleur.

QUEIROUN. s. m. Quartier de pierre brute. Pierre de quartier.—Caillou. *L'y mandet un queiroun que penset lou tua* : il lui lança un caillou qui faillit le tuer.

QUEIROUNIÈ. Voyez PEIRIÈ.

QUEISSAOU. s. m. Genouillère. Morceau de peau dont certains ouvriers se garnissent les genoux pendant leur travail pour conserver leur culotte.

V. QUEISSELAOU. s. m. Cercueil. Bière.

QUEISSOUN. s. m. Chêtron. Petit coffret.

— Coffre d'un carrosse, d'une voiture.

QUEITIVIÈ. s. f. Misère. Pauvreté. *Es mouer de queitiviè* : il est mort misérable.

— Vilenie. Malpropreté.

QUE. pron. Quoi. Qui signifie. Quelle. Quelque. *De que es question?* De quoi est-il question? *Que que digues* : quoi que vous disiez. *Que qu'arribe sian eici* : quoi qu'il arrive nous voici prêts.

QUÈR. s. m. Solive. Pièce de charpente qui sert à former et à soutenir le plancher d'une chambre.

— Soliveau. Petite solive.

QUERSADO. s. f. Travée. Espace qui est entre deux poutres parallèles. *Faire uno quersado* : placer les solives d'une travée. Former le plancher d'une travée. *L'y vai trento quèr en chaque quersado* : il y entre trente solives à chaque travée.

QUERRE. v. a. Quérir. Chercher. *Ana querre d'aiguo* : aller chercher de l'eau. *Lou soun ana querre* : on a été le chercher. On dit proverb. et populairement. *Sies venju, as gagna l'ana querre* : en venant tu as économisé les frais du porteur.

V. QUES. s. m. Rangée. Enfilade. File. Voyez TIÈRO.

QUESTIEN. s. f. Torture. Tourment que l'on faisait souffrir autrefois par ordre de la justice à un prévenu, pour lui faire confesser la vérité.

— Question. Interrogation.

QUIA. s. Berniquet. Terme populaire qui n'a d'usage que dans ces phrases : *Mettre à quia, estre à quia* : mettre au berniquet, être au berniquet, pour dire, être à la besace, réduit à la mendicité.

QUICHA. v. a. Presser. Comprimer. Étreindre avec force. Voyez ESQUICHA. On dit proverb. et fig. *Oou quicha de la claou* : au moment décisif, au dernier moment. *A espera lou quicha de la claou per si decida* : il a attendu l'extrémité pour se décider.

QUICHADURO. s. f. Pression. Serre. Pinçon. Compression. Écrachure.

QUICHET. s. m. Targette. Sorte de verrou que l'on met aux portes et aux fenêtres pour les fermer.

QUICHO-PÈ. s. m. Pince. Voyez SUICHOPE.

B.-R. QUIELA. }
B.-A. QUIERA. } v. n. Glapir.

Clapir. Crier. Piailler. Jeter de cris perçans. *Lou lapin quiero* : le lapin clapit. *Soun enfant fa que quiela* : son petit ne fait que piailler.

V. QUIÉRO. s. f. Pipée. Sorte de chasse aux oiseaux et principalement aux grives que l'on attire sur un arbrot à l'aide d'un pipeau à ce destiné.

QUIHA (SE). v. récip. Se percher. Se jucher. Se placer. Se nicher sur quelque chose d'élevé à la manière des poules. Il est pop. *Ounte ses ana quiha* : où a-t-il été se percher.

QUIHO. s. f. Quille. Morceau de bois arrondi et plus menu par le haut que par le bas, et servant à un jeu nommé par cette raison : Jeu de quilles. Au fig. Jambes longues, menues et mal faites. *Es mounta su de quiho* : il a les jambes comme des flûtes.

QUIN. pron. dém. Quel. Lequel. *Quin es ?* lequel est-il ?

QUINGE. adj. num. de t. g. Quinze. Nombre contenant dix et cinq.

QUINGENADO. }
QUINGENO.   } s. f. Quinzaine.

Nombre collectif qui renferme quinze unités. *Din la quingenado* : dans la quinzaine. *Eroun uno quingeno* : ils étaient une quinzaine.

V. QUINO. s. f. Litorne. Sorte de grive. Oiseau. Voyez SERO.

QUINQUAIHO. s. f. Quinquaille. Toute sorte d'instrument de fer ou de cuivre.

QUINQUIHAIRE. s. m. Quincailler. Marchand, vendeur de quincaille.

QUINQUINELLO. s. f. Banqueroute. Faillite. Insolvabilité feinte ou réelle d'un commerçant. Il ne se dit qu'en dénigrement et par dérision *A fach quinquinello* : il a fait faillite. Le mot *Quinquinello*, vient du mot latin quinque annos, cinq années. C'est le temps que l'on accordait aux débiteurs faillis pour se libérer, lorsqu'ils ne payaient pas leurs créanciers. Dans cet intervalle on les exposait publiquement à cul nu sur une pierre, de là est venu la façon de parler populaire *A moustra lou cnou* ; pour dire, il a fait banqueroute.

QUINSOUN. s. m. Pinçon. Oiseau du genre des moineaux.

QUINTAOU. s. m. Quintal. Poids de cent livres. Le quintal poids de table vaut quarante kilogrammes et neuf vingt cinquièmes, et le quintal métriques ou les cent kilogrammes valent 247 livres 13 onces, poids de table usuel.

QUINTEIS. pron. dém. plur. Quels. Lesquels. Quelles. Lesquelles. *Quinteis poulis aoubres !* quel jolis arbres ! *De quinteis voulés parla ?* desquelles voulez-vous me parler ?

B.-A. QUINTINO. s. f. Cantine. Usine propre à contenir des liqueurs et principalement du vin, telle qu'une damejeanne, une grosse bouteille, une petite barrique. *N'ai enca douès quintinos* : j'en ai encore deux damejeannes pleines. *N'aven begu qu'uno quintino din un mes* : une bouteille de quinze à vingt litres nous a suffi pour un mois.

QUINTO. pron. dém. fém. Quelle. Laquelle. *Quinto ero deis douès ?* laquelle était-ce des deux ?

QUINTOU. pron. dém. m. Quel. Lequel. *Quint'home brutaou !* Quel homme brutal ! *Quintou que siegue m'es egaou* : ce m'est égal lequel que ce soit.

QUIOU. s. m. Cris perçant. Glapissement. *Fasic de quiou que s'oouziér d'uno legp* : il faisait des cris si perçans qu'on les aurait entendus d'une lieue.

B.-R. QUIOU. s. m. Cul. Le derrière. Les fesses et le fondement. Terme des environs de Tarascon. Au fig. *Moustra lou quiou* : montrer le cul, pour dire, montrer de lâcheté dans l'occasion.

— Faillir. Manquer à l'honneur, à sa parole, etc. Voyez QUINQUINELLO.

QUIQUI. s. m. Terme de nourrice dont on se sert pour désigner un pou, une puce ou tout autre petit insecte, lorsqu'on parle à un petit enfant. *Tua leis quiquis* : épouiller, tuer les poux. On prononce kiki.

QUISTA. v. a. Quêter. Caïmander. Demander et recueillir des aumônes pour soi. Terme populaire qui ne se dit qu'en dénigrement, de ceux qui, n'étant pas dans la nécessité, cherchent néanmoins à exciter la commisération des personnes charitables pour en retirer quelques sous. *Maougra qu'ague de que vioure vai toujour quista :* malgré qu'elle ait son nécessaire, elle va néanmoins toujours quêter.

QUISTAIRE. Voyez QUISTOUN.

QUISTO. s. f. Quête. Action de quêter, de caïmander. Il est populaire.

QUISTOUN, OUNO. s. Quêteur, quêteuse. Caïmand, ande. Celui et celle qui, par son patelinage, cherche à obtenir quelque aumône. *Es un fin quistoun :* c'est un quêteur rusé. *Bouèno quistouno :* parfaite quêteuse. Il est populaire et ne se prend qu'en mauvaise part.

QUITARRO. s. f. Voyez GUITARRO.

QUITTA. v. a. Quitter. Se séparer de quelqu'un. *Se soun quittas :* ils se sont séparés.

— Abandonner un poste, un lieu. *Ero lougea eici, mai a quitta :* il était logé ici, mais il a quitté.

— Laisser, se défaire. *Quitta soun capeou, sa vesto :* quitter son chapeau, sa veste.

— S'en aller. *Soun varlet a quitta :* son domestique s'en est allé.

QUITTI. adj. de t. g. Quitte. Qui ne doit plus rien, qui est libéré. *Aro sian quittis :* nous voilà maintenant quittes et soldés. On dit prov. et fam. *Aro sian quittis et bouen amis :* nous voilà maintenant soldés et bien d'accord.

QUITRAN. s. m. Goudron. Poix navale.

QUITRANA. v. a. Goudronner. Enduire de goudron.

QUOUA. Voyez COUA.

QUOUA. ⎱
QUOUÈ. ⎰ Voyez COUÈ.

QUOUÈ-ROUSSO. s. f. Rouge-queue. Petit oiseau.

QUOUATTO. s. f. Taloche. Voyez COUETTO.

QUU. pron. dém. Qui. *Quu es que pico ?* qui est-ce qui frappe ?

QUU. pronom quelquefois relatif. Quoi.

B.-A. QUUNCHIA. v. a. Salir. Rendre sale. Terme pop.

QUUNCHIA, ADO. part. Sali, salie. Qui est sale. *S'es mai quunchiado :* elle s'est salie de nouveau. On dit prov. et fig. *Quu si sente quunchia que si toucrque :* qui se sent galeux qu'il se gratte, pour dire, que celui qui se sent coupable de la chose qu'on blâme, peut ou doit s'appliquer ce qu'on en a dit.

R

RABACIÈ. s. m. Porcher qui conduit une truie ou des cochons à la recherche des truffes.

— Celui qui va de côté et d'autre ramasser les truffes qu'on a découvert pour les revendre.

RABACIÈRO. s. m. Truffière. Lieu, terrain où il vient des truffes. Il est généralement reconnu par tous ceux qui vont à la recherche de ce tubercule, qu'on ne le trouve que dans les terres sablonneuses non loin des gros chênes, là où le terrain stérile ne laisse apercevoir aucune marque de végétation à sa surface. Il paraît même qu'il y a beaucoup d'affinité entre cette espèce de racine et celles du chêne, puisque l'on a remarqué plusieurs fois, qu'il suffisait de couper seulement une des grosses branches de cet arbre le plus rapproché de la truffière pour la détruire.

RABACO. s. f. Truffe. Substance végétale, tuberculeuse et parfumée, dont on fait beaucoup d'usage dans la cuisine.

RABAS. s. m. Blaireau. Animal quadrupède.

RABAYA. Voyez REBAYA.

RABAYAIRE. Voyez REBAYAIRE.

V. RABAYET. s. m. Terme pop. Dernier coup de cloche qu'on sonne pour la messe ou pour l'office. *An souna lou rabayet :* on a sonné le dernier coup d'appel.

RABAYOUN. s. m. Fourgon. Voyez REDIABLE.

RABAYOUN. ⎱
RABAYUN. ⎰ Voyez REBAYUN.

RABEIROOU. Voyez ROUDEIROOU.

RABEISSA, v. a. Receper. Tailler une vigne jusqu'au pied. — Couper un arbre en dessous de l'enfourchure pour qu'il pousse avec plus de vigueur. *Quand un aoubre n'avanço ni creisse, foou lou rabeissa*: lorsqu'un arbre languit et ne fait pas de belles pousses il faut le receper.

V. RABI. s. f. Rage. Délire furieux, qui revient ordinairement par accès. C'est la même chose que l'hydrophibie. Au fig. Transport de colère très-violent. Cruauté excessive.

RABIÈRO. s. f. Ravière. Champ semé de raves. Voyez RABO.

RABIN. Voyez RAMPIN.

RABINA. v. a. Brûler. Consumer par le feu. Il est aussi récip. *Saouço que si rabino*: sauce qui se brûle.

RABINA. v. a. Terme d'agr. Brouir. On le dit des blés, des arbres, des fruits, etc., lorsque, après avoir été attendris par une gelée blanche, il survient un coup de soleil qui les brûle et les grille. *La blancado à rabina la fueiho deis amouriès*: la gelée a broui la feuille des mûriers. — Hâler. Noircir, brunir. *Lou souleou l'y a rabina lou visagi*: le soleil l'a tout hâlé, tout bruni.

RABIOUN. s. m. dim. Petite rave. Ravette. Racine potagère. Voyez RABO. *Digues pas de rabo en aco parcequ'es que de rabiouns*: n'appelez point cela des raves, mais bien plutôt des ravettes puisqu'elles sont si petites.

RABO. s. f. Rave. Sorte de gros navet blanc, rond, large et aplati. Racine potagère et légumineuse. On dit prov. et fig. d'un discours, d'un récit insignifiant et qui n'intéresse point, qu'*A de gous coumo de rabo a gousta*: qu'il a du goût comme le pain trempé dans l'eau.

RABLA, ADO. adj. Fourni. Pourvu. Il n'a d'usage que dans cette locution populaire. *Rabla de bouteou*: bien pourvu de molet, pour dire, avoir la jambe bien faite.

RACA. v. n. Vomir. Dégobiller. Rejeter par la bouche le vin ou les viandes qu'on a pris excès. Il est bas. On dit prov. et fig. qu'*Uno caouso raco*: qu'une chose jure, pour dire, qu'elle est choquante est bas et pop.

RACADURO. s. f. Dégobillis. Le vin ou les viandes qu'on a vomis. Il est bas. Au fig. Chose dégoûtante à voir.

RACAIRE. s. m. Vomisseur. Celui qui dégobille. Au fig. Menteur, hâbleur.

B.-R. RACALIOU. s. m. Menue braise. Cendre chaude. *Aclapa-va de racaliou*: recouvrez-le avec de la menue braise ou de la cendre chaude.

RACANTOUNA. v. a. Acculer. Voyez ACANTOUNA. RANCOUGNA.

RACO. s. f. Raffe. Rafle. Rape. Grappe de raisins dépouillée de ses grains.

— Marc des raisins. C'est ainsi qu'on appelle la rafle lorsqu'elle a cuvé et qu'elle a été pressée. *La raco es pa un marri fumié mai attiro leis darbouns*: le marc des raisins est un assez bon engrais, mais il attire les mulots et les campagnols.

RACO s. f. Race. Lignée. On ne met ce mot ici que pour faire connaître le proverbe pop. suivant: *Raço racejho*: bon sang ne peut mentir, pour dire, qu'on découvre toujours dans les enfans quelqu'une des qualités bonnes ou mauvaise du père ou de la mère.

RACO (EN). adv. En sorte. En bloc. En totalité. En tas. Sans choix ni distinction de qualité. Terme de commerce. *Amendos en raços*: Amandes en sorte, c'est-à-dire, telles qu'on les achette des propriétaires, sans choix ni distinction des qualités, qui, en cet état sont mêlées ensemble. *Acheta en raço*: acheter en bloc.

Faire raço. Expression familière. Écarter la foule. Ouvrir le passage. *Fasès faire raço*: Faites ouvrir le passage.

RADASSA. v. a. Terme de marine. Vadrouiller. Balayer. Nettoyer quelque chose avec la vadrouille.

RADASSAIRE. s. m. Vadrouilleur. Celui qui balaye ou nettoye le tillac, une barrique, ou toute autre chose avec la vadrouille, dans un navire.

RADASSO. s. f. Vadrouille. Corde usée et détorse dont on se sert en mer pour nettoyer et laver le tillac d'un vaisseau.

RADASSO. s. f. Rossinante. Se dit fig. d'une vieille et mauvaise bête de somme.

—Chose vile, usée ou très-mauvaise.

RADEOU. s. m. Radeau. Assemblage de plusieurs pièces de bois liées ensemble et qui forment une espèce de plancher sur l'eau. On en voit beaucoup sur la Durance, qui descendent et voiturent certaines marchandises peu dangereuses.

RADELIÉ. s. m. Nocher. Celui qui dirige et conduit habituellement des radeaux.

B.-A. RADOUIRO. s. f. Racloire. Voyez RAVOUIRO.

RAFALA, ADO. part. et adj. Ravili, ie. Voyez ACRAPULI.

— Ruiné, éc. Tombé dans la plus extrême misère.

RAFATAIHO. s. f. collect. Menuailles. Reste. Rejet d'un choix qu'on a fait. L'y a plus que la rafataiho, il ne reste plus que le rebut.

RAFEOU. s. m. Raphaël. Nom d'homme.

RAFI. s. f. Greffe. Petite branche coupée sur un arbre pour l'enter sur un autre.

RAGAGI. s. m. Terme de pêcheur. Trou. Cavité. Excavation dans l'eau sur les bords de la mer, dans laquelle on trouve du poisson.

RAGAS. s. m. Valet de ferme.

RAGAS. s. m. Ravin. Lieu creusé par les eaux. Voyez EISSART.

RAGASSO. s. f. Dindonnière. Domestique femelle d'une ferme, d'une métairie. Il est vieux.

RAGI. s. f. Rage. Voyez RABI.

RAGO. s. f. Voyez RAGAGI.

RAGUEJHA. v. n. Terme de pêcheur. Pêcher à la ligne en parcourant les divers trous ou cavités que fréquente le poisson. Voyez RAGAGI.

RAIHA. Voyez RAYA. TRUFA.

RAIHADO. Voyez RAYADO.

V. RAIHAREOU. s. et adj. Railleur. Voyez TRUFET.

RAIHO. Voyez RAYO.

B.-A. RAINETS. s. m. Petite joubarbe. Plante grasse.

— Petits raisins. Voyez RASINET.

B.-A. RAINFOUER. Voyez RIFOUER.

RAISSO. Voyez RAYSSO.

B.-R. RAJHA. v. n. Couler. Fluer. Jaillir. Il se dit des choses liquides qui suivent leur pente. La fouén rajho : l'eau coule à la fontaine. La plaqo de sa cambo toujour rajho : la plaie de sa jambe flue toujours. Lou veisseou rajho : le vin du tonneau s'enfuit. Bouteyo que rajho : bouteille qui suinte.

— Suinter. S'écouler imperceptiblement. Voyez EXPIRA.

RAJHO. s. f. Rayon du soleil. Voyez RAYO.

RAMA. v. n. Fueillir. Garnir de feuilles. On ne le dit que des arbres. Leis amouriès soun ben ramas : les mûriers ont bien feuilli.

RAMA, ADO. part. Feuilli, feuillie. Qui a beaucoup de feuilles. Aoubre rama : arbre feuilli.

RAMADO. s. f. Ramée. Couvert fait de branches d'arbres coupées avec leur feuilles vertes, et sous lequel on se met pour se procurer de l'ombrage et de la fraicheur en été. Voyez CABANO.

RAMADO. s. f. Terme d'accoucheuse. Tranchées. Douleurs de l'enfantement. S'accouchara leou , despuis hier a de ramados que si suivoun : elle accouchera bientôt, car depuis hier elle éprouve les douleurs de l'enfantement.

RAMAS. s. m. Balai de ramée.

RAMAS. } s. m. Bouchon. Rameau de verdure qui sert d'enseigne à un cabaret.
RAMEOU. }

RAMASSIHOS. s. f. Broutilles. Voyez BROUNDO. BROUNDIHO.

V. RAMASSOUN. Voyez ESCOUBETTO.

RAMBAYADO. Voyez BOUDRES et REBAYADO.

RAMBLA. v. n. Acculer. Pousser quelqu'un et le réduire en un endroit d'où il ne puisse plus remuer.

RAMBLA (SI). v. récip. S'acculer. S'adosser. S'accotter. Se ranger dans un coin, contre une muraille, etc., de manière à n'être pas pris par derrière.

RAMBOURRA. v. a. Rabrouer. Rebuter avec rudesse. Voyez REBARA.

V. RAMEISSA. v. a. Calmer. Cesser. Discontinuer. On le dit du vent et de la pluie.

RAMENA. v. a. Terme d'agr. Herser. Passer la herse ou le râteau dans un champ pour recouvrir les grains qu'on

RAM

y a semés, ou pour rompre les mottes et aplanir une terre labourée.

RAMENDA. v. a. Provigner. Voyez CABUSSA.

RAMEOU. Voyez RAMPAOU et RA-MAS.

RAMIA. adj. Trempé. Tout mouillé. Voyez BAGNA, EISSAGA.

B.-A. RAMIÉ. s. m. Monceau de Bourrée. Fagot de ramée. Dans les communes rurales, les habitans qui ont des bois et des troupeaux coupent des menues branches d'arbres lorsqu'elles sont bien feuillées, en font des fagots qu'ils entassent dans la forêt où ils vont les prendre en hiver pour les donner aux bestiaux. *Faire lou ramié :* entasser la bourrée.

RAMILIO. s. f. Broutille. Menues branches d'arbres qui restent dans une forêt après qu'on a enlevé le gros bois. On en fait de la bourrée. Voyez BROUNDOS. BROUNDILIO. RAMIÉ.

RAMO. s. f. Feuille d'arbre. On le dit presque exclusivement de celle du mûrier. *Cuhi de ramo :* cueillir de la feuille. *Ana à la ramo :* aller ramasser de la feuille sèche dans les forêts pour en faire des jonchées ou pour remplir des paillasses. On dit proverb. et figurément *Bello ramo paou rasin :* belle montre peu de rapport, pour dire, que la personne, la chose dont on parle a beaucoup d'apparence et peu de solidité, que l'effet ne répond pas aux apparences. On dit encore prov. *Ramo courto vendumi longuo :* l'arbre chargé de fruit ne l'est pas trop de feuilles. On dit proverb. et fig. d'un homme *Que soou plus de que ramo touesse :* qu'il ne sait plus de quel bois faire flèche, pour dire, qu'il ne sait plus quel ordre mettre à ses affaires, ou quel moyen prendre pour trouver de quoi vivre.

RAMO. s. f. Terme de cardeur de coton. Nappe. Cardée. Coton que l'on retire de la carde, et que l'on emploie à faire des couvertures piquées. *Coutoun en ramo :* coton cardé en feuilles, en nappes.

RAMO-COUNIOU. s. m. Corrude. Asperge sauvage. Arbrisseau dont les jeunes pousses se mangent comme les asperges. On se sert des tiges de cet arbuste pour filtrer le vin et arrêter le marc des raisins dans la cuve. Voyez GAVEOU-DE-TINO.

RAMOOUMIA. v. -a. Marmonner. Murmurer d'un murmure sourd. *Toujour ramooumiè :* elle marmonne toujours entre ses dents.

— Grogner. Témoigner par un bruit sourd et entre ses dents qu'on a quelque mécontentement.

B.-R. RAMPAOU. s. m. Rameau. Branche d'olivier ou de laurier que l'on porte à la procession le dimanche des Rameaux.

RAMPEGA. Voyez EMPEGA.

RAMPEGOUX, OUÉ. adj. Gluant. Visqueux. Qui se colle, se joint avec quelqu'autre chose.

B.-A. RAMPELOUX, OUÉ. adj. Grogneur. Grognon. Grogneuse. Qui est dans l'habitude de grogner, de murmurer entre ses dents par un effet de son caractère inquiet et chagrin.

RAMPELA. v. n. Terme militaire. Battre la caisse en faisant des roulemens. Battre le tambour pour l'appel.

— Terme d'oiseleur. Trémousser. Battre de l'aile.

RAMPELA. Terme de jeu de carte. Renvier. Recommencer le jeu. — Mettre une nouvelle somme d'argent au jeu de brélan, etc., par dessus la vade. Au fig. *Rampela*, Murmurer. Grognoner. *Rampéles mai ?* te voilà encore à grognoner ?

RAMPELADO. s. f. Trémoussement. Action de trémousser. On le dit des oiseaux et de certains insectes qui battent de l'aile. *La cigalo fasiè rampelado :* la cigale battait de l'aile, se trémoussait.

RAMPEOU. s. m. Terme de fauconnerie. Appelant. Oiseau qui sert pour appeler les autres et les attirer dans le filet.

RAMPEOU. s. m. Courcaillet. Sorte de sifflet ou d'appeau pour attirer les cailles. Voyez SAMBET.

RAMPEOU. s. m. Terme de joueur de cartes, etc. Renvi. Ce que l'on met par dessus la vade. — Cas où l'on recommence le jeu. *Es de rampeou :* il y a renvi, ou bien, c'est à recommencer.

B.-A. RAMPEOU. }
B.-A. RAMPIN , INO. } subs. et adj.
Inquiet. Grogneur, euse. *N'es qu'un rampin* : ce n'est qu'un grogneur. *Es toujour tant rampeou?* est-elle toujours si inquiète et si hargneuse ?
V. RAMPEOU. s. m. Grimpereau. Oiseau. Voyez ESCALO-BARRI. ES-CALO-FENOU.

B.-A. RAMPINEJHA. }
RAMPINIA. } v. n. Rogno-ner. Gronder. Gromeler entre ses dents. Il est pop. *Fai que rampinejha* : elle ne fait que rogноner.

RAMPLEGA. v. n. Terme de tailleur et de couturière. Remplier. Faire un pli à du linge, à une étoffe, pour les rétrécir ou pour les raccourcir.

RAMPO. s. f. Crampe. Indisposition qui attaque les jambes et les rend tellement débiles qu'elles ne peuvent soutenir le corps.

RAMPOUCHOU. s. m. Raiponce. Plante dont la racine en forme de petit navet se mange en salade dans le printemps. Elle est apéritive et rafraichissante.

RAMPOUX , OUÈ. adj. Qui a la crampe. — Au fig. Négligent. Paresseux. *Es pa'sta rampoux per arrapa l'esquipot* : il n'a pas eu la crampe aux mains pour s'emparer du magot.

RAMU. adj. Feuillu. Voyez RAMA.

RANCANTOUNA. Voyez ACANTOUNA.

RANCHIÈ. s. m. Terme de charron. Rancher. Ranche. Pièce de bois mobile qui maintient les ridelles d'une charrette.

RANCI. adj. de t. g. Rance. Qui commence à se gâter. On le dit du lard et des viandes salées.

RANCIDURO. }
RANCISSURO. } s. f. Rancidité. Rancissure. Qualité de ce qui est rance.

RANCOUGNA. v. a. Placer. Enfoncer quelque chose en un lieu pour qu'elle soit en sûreté sans être aperçue.

RANCOUGNA. v. n. Acculer. Pousser quelqu'un et le réduire en un endroit où il ne puisse plus reculer. *De poou leis voituras qu'aviou d'arniè, mi rancougneri a un cantoun* : appréhendant les voitures qui venaient après moi, je m'acculai dans un coin.

RANCURA. v. récip. *Si rancura* : Se récrier. Faire une exclamation sur quelque chose qui surprend et qui paraît extraordinaire.

RANCURO. s. f. Rancidité. La partie rance d'un morceau de lard ou de viande salée.

RANCURO. s. f. Levure. Ce qu'on lève de dessus et de dessous du lard à larder, ainsi que du jambon. Il est pop.

RANDA. Voyez RAVOUIRA.

RANDO. s. f. Racloire. Voyez RAVOUIRO.

RANFORT. s. m. Terme de cordonnier. Pâton. Morceau de cuir dont on renforce le bout du soulier en dedans.

RANGANEOU, ELLO. s. Grognard, grogneuse. Voyez B.-A RAMPEOU.

RANGOUIHA. v. n. Râler. Rendre en respirant un son enroué, causé par la difficulté de la respiration. Il se dit proprement des agonisans. *Soun estouma si ramplis , commenço à rangouiha* : sa poitrine s'emplit, il commence à râler.

RANGOUIHOUN. s. m. Râle. Action de râler. Bruit que l'on fait en râlant et qui est le signe avant-coureur de la mort. Voyez GRANOUIHO (*Avec leis*).

RANQUA. verbe n. Terme popul. Ramer. Prendre bien de la peine, avoir beaucoup de fatigue. *Ooujourd'hui per vioure foou ranqua d'uno aoubo a l'autro* : pour pouvoir vivre aujourd'hui il faut ramer du matin au soir.

RANVER. }
RANVES. } s. m. Revers d'un habit, envers d'une étoffe, côté le moins beau.

RANVOI. s. m. Rapport. Vapeur incommode et désagréable, qui monte de l'estomac à la bouche. *Avec de ranvois* : avoir des rapports d'estomac. Voyez REPROUCHA.

RAOU , RAOUQUO. adj. Rauque. Enroué. Qui a la voix prise.

RAOUBA. v. a. Dérober. Voyez ROOUBA.

RAOUBO. s. f. Robe. Sorte de vêtement long.

— Jupe. Partie de l'habillement des femmes , qui descend de la ceinture jusqu'aux pieds.

48

RAOUCUGI. s. m. Raucité. Rudesse, âpreté de voix.

RAOUQUEJHA. v. n. Parler d'une voix rauque.

RAPEQUE. } s. m. Garance sauvage. Plante. Voyez ARRAPO-MAN.
RAPEQUIOU. }

RAPPEL. Voyez AOUBRET.

RAPOURTIÈ, IÈRO. s. Rapporteur, rapporteuse. Celui, celle qui, par légèreté ou par malice , a accoutumé de rapporter ce qu'il a vu ou entendu. *Es un enfant rapourtiè* : cet enfant est un petit rapporteur.

RAPUGA. v. a. Grappiller. Ramasser les grappes et les grappillons que les vendangeurs ont laissé à la vigne.

RAPUGAIRE. s. m. Grappilleur. Celui qui grappille , qui ramasse les grappes de raisins délaissées par les vendangeurs.

RAPUGO. s. f. Grappillon. Petite grappe de raisin. Partie détachée d'une grappe.

RAQUA. Voyez RACA.

RAQUO. Voyez RACO.

RAR , RARO. adj. Terme d'agriculture. Clair-semé. Qui n'est pas semé près à près. *Blad rar* : blé clair-semé.

— Clair, claire. Qui a peu de consistance. *Soupo raro* : soupe claire.

RARO. s. f. Clairière. Vide. Endroit vide ou tout-à-fait dégarni de blé dans un champ semé , ou dégarni d'arbres dans une forêt. *L'y a fouesso raros dins aquou samena* : dans ce champ de blé il y a beaucoup de vides.

B.-A. RAS. s. m. Septier. Mesure de capacité dont on se sert pour mesurer les fruits à coquille , tels qu'amandes , noix , etc. Elle contient deux panaux , ou la cinquième partie d'une charge. *An recouta doux cent ras d'amendos à sa bastido* : ils ont récolté deux cents septiers d'amandes à leur campagne. *Leis amendos si vendoun à ras* : les amandes se vendent à septier.

RAS. s. m. Tresse. Cordée. Terme de jardinier. Rangée d'aulx, chapelet d'ognons , que l'on a tressé par la fane avec du glui , afin de pouvoir les suspendre pour les faire sé-

cher et mieux conserver. *Ras d'ayets* : tresse d'aulx. *Ras de cebos* : cordée d'ognons. Voyez COUBLE.

RAS. prép. Tout contre , joignant, à niveau. *Ras doou soou* : rez terre, à niveau du terrain.

RASA. v. a. Raser. Faire la barbe.

RASA. Terme de maçon. Araser. Mettre de niveau un mur.

RASAN, ANTO. adj. Ras, rase. Plein jusques aux bords. Se dit parlant des grains ou d'autres menues choses solides dont on remplit une mesure, une corbeille , un sac, etc, jusques aux bords sans en excéder la hauteur. *N'en aduguet uno gourbeiho rasanto* : il nous en apporta une corbeille rase.

RASAN , RASANTO. adj. Bord-à-bord. Se dit des liquides , lorsqu'ils remplissent toute la capacité du vase qui les contient. *N'en buguet tres goubelets rasans* : il en but trois rasades , ou trois verres bord-à-bord. *L'y fòou toujou soun escudelo de soupo rasanto* : il faut que son écuelle soit toujours pleine bord-à-bord. Voyez ROUI-EN-ROUIT.

RASCAS, ASSO. s. Teigneux , euse. Au figu. Crasseux, sale , malpropre.

B.-R. RASCASSETOS. s. f. pl. Teigneux. Nom que l'on donne à Aix à la compagnie de décroteurs et autres galopins qui , sous un déguisement uniforme parcourent les rues d'Aix le jour de la fête Dieu en faisant un certain jeu. *Lou jhuec deis rascassetos* : le jeu des teigneux.

RASCASSOUX, OUÈ. adj. Voyez RASCAS.

RASCASSO. s. f. Scorpène. Poisson de la Méditerranée.

RASCLA. v. a. Racler. Ratisser. Enlever avec quelque chose de tranchant , quelques petites parties de la surface d'un corps, ou ce qui y est attaché.

RASCLAIRE. s. m. Racleur. Terme de dénigrement, qui se dit d'un mauvais joueur de violon.

RASCLADURO. s. f. Raclure. Ratissure. Ce qu'on enlève en raclant , en ratissant. *Leis rescladuros de la mastro* : les raclures du pétrin , ce sont les restes de la pâte qui étaient demeurés attachés au pétrin et que l'on enlève avec le racloir.

RASCLE. s. m. Râle. Oiseau aquatique.

RASCLET. s. m. Paroir. Instrument de chaudronnier.

RASCLET. s. m. Bouquin. Mâle du lièvre. Au fig. Vieux débauché. Il est bas et populaire.

RASCLETTO. { s. f. Terme de
RASCLO. { boulanger. Racloir. Outil de fer tranchant servant a enlever la pâte qui demeure attachée contre le pétrin.

— Coupe-pâte. Voyez RASPO.

RASCLO-CHAMINÈYO. s. m. Ramoneur. Savoyard qui enlève la suie des cheminées.

RASCO. s. f. Teigne. Maladie qui survient à la tête et au visage des enfans. C'est une espèce de gâle plate et sèche. On dit proverbialement et figurément d'une quantité rapprochée de pustules, de pucerons, de fruits, etc. *Que n'y a uno rasco* : qu'il y en a autant qu'un teigneux a de boutons au visage. *A uno rasco de veirolo* : il a de petite vérole aussi abondamment qu'un teigneux a de pustules. *L'y a uno rasco de pevouïno su leis favos* : les pucerons sont en si grande quantité sur les fèves qu'elles en sont couvertes. *Leis poumiés, l'an passa, n'avien de rascos* : les pommiers avaient si bien chargé l'an dernier, qu'on ne voyait presque point de feuilles.

RASCOUX. Voyez RASCAS.

RASETTO. s. f. Serge. Petite étoffe de laine mince et croisée qui se fabrique dans la ci-devant Languedoc.

RASETTO. s. f. diminutif. Petite rasade de verre de vin ou d'autre liqueur plein bord-à-bord.

*Tous leis jours vaou à la chambretto
Per m'espassa boiro rasetto.*

*Pour me désennuyer je vais à l'assemblée
Boire un bon petit coup une fois la journée.*

RASIN. s. m. Raisin. Fruit de la vigne.

B.-A. RASIN-DE-SER. s. f. Joubarbe. Plante grasse.

RASINET. s. m. Grapillon. Petit raisin.

— Bouquet, trochet d'olives qui viennent sur le même pédoncule à la manière des grains de raisins. *Si leis oouliviès retenien soulamen uno ooulivo par rasinet n'y oourié enca uno grosso recolto* : si les oliviers nouaient et amenaient à maturité seulement une olive par bouquet, la récolte en serait encore très-abondante.

RASO. FEDO RASO. s. f. Brebis de 4 à 5 ans.

RASPA. v. a. Râper. Mettre en poudre avec la râpe. *Raspa de pen* : râper du pain.

RASPAI. { s. m. Terme d'agri-
RASPAOU. { culture. Ramassis. Débris de la moisson. Assemblage des épis de blé que l'on ramasse avec le râteau dans le champ après la moisson, ou sur l'aire après avoir fait le gerbier. Voyez BARAI. *Pourta, coouca lou raspai* : transporter, fouler les débris de la moisson.

RASPO. s. f. Râpe. Ustensile de ménage, servant à mettre en poudre du sucre, de la croûte de pain, etc. Voyez GRATUÈ.

RASPO. s. f. Terme de boulanger. Coupe-pâte. Outil de fer tranchant servant à couper et à diviser la pâte en morceaux. On confond souvent le racloir avec le coupe-pâte qui a la même forme ; ce dernier quoiqu'étant d'une plus grande dimension sert néanmoins quelquefois au même usage que le racloir. Voyez RASCLETTO. RASCLO. TAILLETTO.

RASQUETTO. s. f. Petite teigne. Maladie des petits enfans.

RASSET. s. m. Son. Partie la plus grossière du blé moulu, qui n'est autre chose que la peau du grain séparée de la farine. Voyez BREN.

RASSIÈ, IÈRO. s. Terme de fournier. Pratique. Chaland, chalande. Celui, celle qui fait cuire habituellement son pain au même four. *Gros rassiè* : bon et fort chaland. *Four qu'a fouesso gros rassiès* : four qui a beaucoup de bonnes pratiques.

RASSO. Voyez RACO.

RASTEGAGNO. s. f. Voyez RASTELADO.

RASTEGUE. s. m. Terme de mépris. Charnaigre. Homme maigre, décharné et d'humeur chagrine. Voyez PASSI. RASCAS. CHARNÈGOU.

RASTELA. v. a. Râteler. Amasser avec le râteau.

— Faucheter. Amasser avec le fauchet.

RASTELADO. s. f. Râtelée. Ce que l'on peut amasser en un coup de râteau.

— Fauchetée. Ce que le fauchet apporte en une seule fois. *Dire sa rastelado* : façon de parler proverbiale et figurée, Dire sa râtelée. Ce qui signifie, dire librement à son tour, tout ce qu'on sait ou tout ce qu'on pense de quelque chose. Il est familier et populaire. *A qui chaqu'un diguet sa rastelado* : là chacun dit librement sa façon de penser.

RASTELAIRE. ⎫ s. Râteleur,
RASTELARELLO. ⎬ euse. Homme
RASTELUSO. ⎭ femme de journée qu'on a loué pour râteler du foin, des orges, des fourrages, etc.

RASTELET. s. m. Garance sauvage. Voyez ARRAPO-MAN.

RASTELIÈ. s. m. Porte-manteau. Râtelier. Morceau de bois garni de chevilles, attaché à la muraille où l'on a accoutumé de suspendre les habits, ou manteau, etc. *Pendre soun manteou oou rastelié.*

RASTELIÈ. s. m. Râtelier. Espèce d'échelle posée en travers dans une écurie et une étable au-dessus de la mangeoire, pour y mettre le foin et la paille qu'on donne à manger aux chevaux, aux ânes, etc. On dit figur. et proverb. *Ooussa lou rastelié en coouqu'un* : mettre le râtelier bien haut à quelqu'un, pour dire, lui rendre une chose bien difficile, etc.

RASTELIÈ. Au fig. Se dit des deux rangées de dents. *Un beou rastelié* : un beau râtelier.

RASTEOU. s. m. Râteau. Instrument d'agriculture et de jardinage avec lequel on ramasse du foin dans les prés, la paille sur l'aire, etc.

— Fauchet. Râteau qui a des dents des deux côtés, et qui sert pour amasser le foin. On dit proverbialment et figurément. *Après rasteou noun faou fourco* : après grapilleur ne faut vendangeur, pour dire, que c'est inutilement que l'on tenterait d'aller sur les brisées de quelqu'un

de plus capable, de plus riche et de plus protégé que soi.

RASTEOU. s. m. Terme de boucherie. Echinée. Carré de mouton. C'est l'un des deux rangs de côtes que sépare l'épine du dos de l'animal et qui, étant coupé, présente la forme d'une tête de râteau avec ses dents. *Mouceou de rasteou* : carré de mouton.

RASTEOU DESCOUVERT. s. m. Terme de boucherie. Haute-côte. C'est la partie du carré qui est immédiatement au-dessous de l'épaule qu'on a enlevée et qui contient les principales côtes du mouton.

RASTEOU. s. m. Chevalet. Instrument de cordier.

RATA. v. n. Ronger. Couper avec les dents à fréquentes reprises. On le dit des rats et des souris. *Pan rata* : pain rongé par les rats.

RATA. v. n. Manquer. Faillir. Ne pas réussir. — Au fig. Prendre un rat. *Si mi manquo de paraoulo li faou de fres, lou rate pas* : s'il ne tient sa promesse de me payer, je le poursuis en justice, c'est chose sûre. *Aco rato pas* : cela ne peut manquer. On dit aussi d'une arme à feu *Qu'à rata* : qu'elle a pris un rat, pour dire, qu'elle n'a pas pris feu, qu'elle a manqué. *Soun fusiou ratet* : son fusil manqua.

RATADO. s. f. Rongeure. Ce que les rats, les souris ou autres animaux ont rongé.

RATAPA. Voyez REFANFA. RETAPA.

RATASOUIRO. s. de t. g. Terme de mépris. Saligaud, aude. Celui, celle qui est sale, malpropre.

— Truand, aude. Fainéant, fainéante, qui vit et se plaît dans la malpropreté.

— Vieux renard. Vieux rusé.

RATATOUYO. s. f. Terme de mépris. Salmigondis. Ragoût fait des dessertes d'une table.

— Rogatons dont on fait des entrées dans les mauvaises et pauvres hôtelleries. Sauce rechauffée et de mauvaise mine. *N'a jamai que de ratatouyo a douna* : il n'a jamais à offrir que de mauvaises entrées.

RATAYOUN. s. m. Retaille. Reste ou petit coupon d'étoffe, ou de linge

que font les tailleurs et les coutu-
rières. *Ooujhourd'hui leis taihurs rendoun plu ges deratayoun* : les tailleurs
d'aujourd'hui gardent pour eux toutes
les retailles. *Poucdi pas pedassa faouto
d'un ratayoun* : il m'est impossible
de rapiéceter par manque d'un seul
petit morceau.

RATEIROOU. s. m. Roitelet. Martinet. Oiseau fort petit qui niche dans
les trous de muraille, dans les buissons et qui est presque toujours en
mouvement.

RATÈLO. s. f. Terme d'anatomie.
Rate. Voyez BLESQUET.

— Épiploon sagène. Voyez CRES-
PINO.

RATELO. Au fig. Frein. Retenue.
Arrêt. On dit d'un jeune écervelé
qui va toujours courant et agissant
sans reflexion, *Que n'a ges de ratèlo :*
qu'il n'a point d'arrêt. Il est popul.

RATELO. s. f. Quenote. Dent de
petit enfant. Voyez RATOUNO.

RATIÈ. s. m. Crescerelle. Oiseau.
Espèce d'épervier.

RATIÈ. s. m Rusé. Renard. Fin,
adroit, plein de ruses. *Est un fin
ratiè :* c'est un fin compère. *Vici
ratiè :* vieux renard, vieux rusé.

RATIÉRO. s. f. Souricière. Piège à
prendre les souris et les rats.

RATO. s. f. Souris. Petit animal
quadrupède, plus petit que le rat.
On dit proverb. et fig. *Ounte leis
cats soun pas leis ratos dansoun* :
là où il n'y a pas de chats les souris ont beau jeu, pour dire, que l'absence du maître, fait rire le méchant
chant valet. On dit encore prov.
*Touto rato que n'a qu'un traou es
leoupresso :* tout renard qui n'a qu'un
trou est bientôt pris, pour dire, que
celui qui n'a qu'une ressource, qu'un
expédient, qu'un moyen, a quelquefois
bien de la peine à réussir, à se tirer
d'affaire.

RATO. Voyez RATETO.

RATO-COURTO. s. f. Mulot Espèce
de souris qui fait son trou sous terre
dans les champs et qui coupe la racine des blés.

RATO-PANADO. s. f. Chauve-souris.
Espèce d'oiseau nocturne qui a les
ailes membraneuses.

RATOUN. } s. Souriceau. Petite
RATOUNO. } souris.

RATOUNO. s. f. Quenotte. Terme
enfantin. Dent d'un petit enfant. *Fa
p'anca leis ratounos ?* Ne perce-t-il
pas encore les dents ?

RATUN. s. m. Terme générique.
Les souris, les rats et les mulots.
L'an leissa manjha oou ratun : ils
l'ont laissé manger aux rats et aux
souris. *Senti lou ratun :* avoir une
odeur telle que celle qui s'exhale du
corps des rats et des souris.

RAVA. v. n. Rêver. Faire des son-
ges. *Ai fach que rava touto la nuech :*
je n'ai fait que rêver toute la nuit.

— Rêver. Être en délire à cause
de quelque mal violent.

— Penser, réfléchir. — Être distrait. *N'a plus sa testo, ravo :* il est
dans le délire. *Ravas bel home !* vous
radotez pauvre homme !

RAVA. v. a. Terme d'art. Jauger.
Mesurer un tonneau, une barrique
etc., pour en connaître la capacité.

RAVAIRE. s. m. } Rêveur, rê-
RAVARELLO. s. f. } veuse. Qui
rêve, qui s'entretient de ses imagi-
nations, qui est distrait, etc.

RAVAN. s. m. Mouton de Piémont,
dont la laine est longue et grossière
et la chair de mauvaise qualité.

RAVAN. s. m. Terme de peigneur
de chanvre. Pignon. Menus débris de
chanvre qui tombent sous le seran
et qui ne sont bons qu'à bourrer des
fusils, etc.

RAVAN. } s. Rebut. Ce dont
RAVANIHO. } on n'a point voulu,
ce qu'il y a de plus vil en chaque
espèce.

— Menus restes de quelque chose
que ce soit. *L'y a plus que lou ravan :*
il ne reste plus que le rebut. *Es tout
de ravaniho :* ce n'est absolument que
des choses de rebut et le rejet des
autres.

B.-A. RAVANETS. Voyez RIFOUER.

RAVAOUDEJHA. v. n. Ravauder.
Tracasser. Farfouiller dans une maison, s'occuper à ranger des hardes,
des meubles, etc. *N'a fach que ravaoudejha tout lou matin :* il n'a fait
que ravauder toute la matinée.

RAVAOUDEJHA. Signifie encore
tournoyer pendant que l'on rêve,
que l'on réfléchit, que l'on a l'esprit
préoccupé.

RAVAOUDEJHA. v. a. Ravager. Faire

des dégâts, causer du dommage à la campagne, y dérober les fruits. *Leis enfans soun anas tout ravooudejha* : les enfans ont été ravager tous les fruits qu'il y avait.

RAVAOUDEJHAIRE. } s. m. Ravageur.
RAVAOUDUR. }
Celui qui dérobe des fruits, des légumes et fait des ravages à la campagne.

RAVAOUDIA. Voyez RAVAOUDEJHA.

RAVARIÈ. s. f. Rêverie. Imagination extravagante. Délire causé par maladie.

RAVAS. s. m. Mouton. Voyez RAVAN.

RAVAS. s. m. Peau de blaireau.

RAVASCLADO. s. f. Voyez RESCLOOUVADO.

RAVENTA, ADO. partic. Rebuté. Rejeté, ée. Que l'on n'a pas voulu, qui n'a pas été agréé, qui n'a pas convenu. On le dit des choses à vendre. *Es tout ista raventa* : tout a été rebuté, personne n'en a voulu. *Marchandiso raventado* : marchandise rejetée, qui ne plaît pas, que personne ne veut.

RAVOI. Voyez REVOI.

RAVOUIRA. v. a. Terme de maçon. Doler. Aplanir le sol d'un appartement pour le carreler.

— Régaler. Mettre un terrain de niveau.

RAVOUIRA. v. a. Terme de mesureur public. Raser. Passer la racloire sur une mesure de grains que l'on remplit.

RAVOUIRO. s. f. Racloire. Cylindre de bois que l'on passe sur la mesure des grains pour la remplir suffisamment et faire tomber le surplus. *Passa-li la ravouiro* : passez-y la racloire.

RAY. s. m. Coulant. Jet par où coule et jaillit l'eau d'une fontaine, ou de tout autre endroit.

B.-A. RAY (PREMIÈ) s. m. Terme de vigneron et d'économie domestique. Premier vin. Premier filet de vin qui coule d'une cuve que l'on ouvre ou d'un tonneau que l'on met en perce. *Vin doou premier ray* : vin le premier sorti de la cuve ou d'un tonneau mis en perce.

RAYA. v. a. Rayer. Faire des rayes
— Effacer, biffer, raturer.

RAYA. v. n. Couler. Fluer. Suinter. Il se dit des choses liquides qui suivent leur pente, et de celles qui s'échappent des vases qui les renferment. *Oou raya de la tino lou vin n'est pas ben clar* : au couler de la cuve le vin n'est pas bien clair.

— Fuir. Parlant d'une futaille ou de tout autre vase qui perd par les jointures ou les fêlures. Voyez RAJHA.

RAYA, ADO. part. et adj. Rayé, ée. Qui a des rayes. *Busin raya, estofo rayado* : basin rayé, étoffe rayée.

RAYADO. s. f. Terme de cuisine. Filet. Très-petite quantité de liquide. *Uno rayado d'holi* : un peu d'huile. *Rayado de vinaigre* : filet de vinaigre.

RAYANT. s. m. Coulant. Tuyau d'une fontaine par où l'eau coule ou jaillit.

RAYO. s. f. Raie. Ligne beaucoup plus longue que large, soit naturelle, comme celles qu'on voit sur certains animaux, soit artificielles, ainsi qu'on en fait sur des étoffes, des tapisseries, etc. *Indienno à grandeis rayos* : indienne à grandes raies.

B.-A. RAYO. } s. Rayon. Trait
RAYOOU. } de lumière du soleil. Il n'a d'usage que dans cette locution populaire. *Estre à la rayo doou souleou* : être exposé, demeurer exposé aux rayons, aux ardeurs du soleil.

B.-A. RAYOLO. s. f. Terme des environs de Barcelonnette. Regales. Espèce de tourteau fait avec de la pâte de lazagnes. Voyez LOOUVANS.

RAYOOU. }
RAYOULET. } s. m. Coulant. Jet
RAYOURET. }
du bassin d'une fontaine. *Lava oou rayoulet* : laver du linge au coulant du bassin.

RAYSSAS. s. m. Lavasse. Il se dit de la pluie lorsqu'elle tombe tout-à-coup avec impétuosité et avec abondance. Il est populaire.

RAYSSO. s. f. Averse. Ondée. Guillée. Pluie abondante qui survient tout-à-coup et qui dure peu. *Estrema vous et leissas passa la raysso* : rentrez pour ne pas essuyer l'averse.

RAYSSO (GROSSO). Voyez RAYSSAS.

RÉABLE. s. m. Râble. C'est dans quelques animaux tels que le lièvre et le lapin, la partie qui est depuis le bas des épaules jusqu'à la queue. *Un moucceou doou reable* : un morceau du râble.

RÉALO. s. f. Pavot sauvage. Plante qui croît dans les blés et qui porte le coquelicot à fleur simple. On la nomme aussi Plante royale. Sa fleur d'un très-beau rouge est pectorale, sudorifique et quelque peu somnifère.

RÉALO-JAOUNO. s. f. Pavot cornu. Plante dont la fleur simple et jaune ne diffère du coquelicot que par sa couleur.

REBABEOU. s. m.   } Radoteur,
REBABELLO. s. f. } euse. Fou, folle. Extravagant, extravagante. Qui extravague dans ses paroles. Qui radote, qui déraisonne. Il est populaire et quelque peu plaisant. *Es rebabello la pauvro* : elle extravague la pauvre femme. *Si falié lou creire mi farié veni rebabeou* : s'il fallait acquiescer à tout ce qu'il demande il y aurait de quoi perdre la tête. *Sa fremo lou fa veni rebabeou* : sa femme lui fait tourner la tête.

B.-A. REBARA. v. a. Ramasser. Emporter en passant quelque chose que l'on rencontre sous ses pas. *Pouerto leis raoubos tant bassos que rebaroun leis bouerdos* : elle porte les robes si longues qu'elles emportent les balayures là où elle passe. En ce sens il est synonyme de *Rebaya*. Voyez ce mot.

REBARA. v. a. Rembarrer. Repousser. Rejeter avec fermeté, avec indignation, les discours ou les propositions que quelqu'un vous fait. *L'y parlavoun maou de soun home, fondrié veire coumo leis a rebaras* : on lui disait du mal de son mari, mais il fallait voir comme elle a rembarré ces personnes là.

— Rabrouer. Rebuter. Recevoir quelqu'un avec des paroles dures et repoussantes. *Es un home brutaou que rebaro tout lou mounde* : c'est un homme bourru qui rabroue tout le monde.

REBARI. v. a. Renfermer. Rentrer. Voyez ENTREMA. *Estre rebari* : être remonté, équipé à neuf. Voyez REFANFA.

REBASSET, ETTO. adj. Courtaud, aude. Ragot, ragotte. Qui est de petite taille, court et gros. *Pichouno rebassetto* : petite ragotte. *Chin rebasset* : chien courtaud.

REBATTRE. v. a. Rabattre. Diminuer, retrancher de la valeur d'une chose et du prix qu'on en demande. *L'y rebattéroun un escu su soun comte* : ils lui retranchèrent trois francs sur son compte.

— Terme de tailleur. Rabattre. Se dit des plis et des coutures des habillemens, et signifie les aplatir.

REBATTRE. v. a. Terme de tonnelier. Relier. Raccommoder un tonneau, une futaille, y remettre des cercles, On dit proverbialement et figurément *Rebattre leis claveoux en coouqu'un* : river le clou à quelqu'un, pour dire, lui répondre fortement, vertement, en sorte qu'il n'ait rien à répliquer. *Venié me dire que..... mai l'y ai rebattu seis claveoux coumo foou*: il venait me dire.... mais je lui ai bien rivé son clou.

REBAVA. v. n. Terme d'art. Bavocher. Faire un rebord. Former des ébarbures. Voyez REBAVURO.

REBAVURO. s. f. Terme d'art. Ébarbure. Bavochure. On le dit de la barbe que laisse un trait de burin qui n'est pas net et d'un caractère typographique qui n'imprime pas nettement, et par extension du rebord que les coups de marteau font faire au ciseau d'un sculpteur et de ceux que les instrumens tranchans font sur les métaux ou sur le bois qu'ils ne coupent pas nettement. *Leva leis rebavuros* : ébarber. Enlever les bavochures. *La limo lèvo leis rebavuros deis metaoux et lou tranchet aqueleis doou bouès* : on fait disparaître les bavochures des métaux avec la lime, et celle du bois avec la serpette.

REBAYA. v. a. Ramasser. Emporter ce qui est à terre, avec les mains, les pieds, un balai, ou tout autre chose. *Rebaya lou fumié* : ramasser le fumier.

— Rafler. Emporter tout avec violence et promptitude. *Lou vent rebayo tout* : le vent emporte tout.

REBAYA COOUQU'UN. Voyez RE-BARA.

REBAYADO. s. f. Rafle. Enlèvement total ou d'une majeure partie de quelque chose. Il est familier. *Leis juifs an fach uno rebayado de draps à la fièro de Beaucaire* : les juifs ont enlevé une grande partie des draps de la foire de Beaucaire. *La veirolo a fach uno belo rebayado d'enfans* : la petite vérole vient d'enlever une multitude d'enfans.

REBAYETTO. DE REBAYETTO. Façon de parler adverbiale. Terre-à-terre, et comme en se traînant. *Cuhi lou fumié de rebayetto* : ramasser une longue traînée de fumier sans se relever. *Ana de rebayetto* : aller comme en se traînant terre-à-terre. Il est populaire. Voyez RES-PAYETTO.

REBELA. SI REBELA. v. réciproque. Se révolter. Se soulever contre ceux qui ont droit de vous commander.

—Se rebeller. Résister ouvertement aux ordres du Souverain ou de tout autre chef. *Leis enfans d'aro si rebeloun tous* : les enfans d'aujourd'hui résistent et se révoltent presque tous contre leurs parens.

REBEQUA. v. n. Se rebéquer. Répondre. Répliquer avec insolence à ceux à qui on doit du respect. *L'y pouden ren dire que nous rebèque* : nous ne saurions lui faire la moindre observation sans qu'il ne se rebèque.

REBEQUAIRE. } subs. et adj.
REBEQUUR, USO. } Insolent, ente. Celui, celle qui se rebèque, qui répond et réplique avec fierté, avec insolence à ceux qui ont droit de lui commander

REBIFA. v. a. et récipr. Rabrouer. Rélancer. Relever la moustache à quelqu'un, réprimer son audace, son insolence, etc. Il est aussi réciproque. *Se rebifa*. Se revancher. Se défendre en répondant fortement et vertement à quelqu'un, en sorte qu'il n'ait rien à répliquer.

REBINA. v. a. Brûler. Consumer par le feu. Il est aussi réciproque. *La saouço si rebino* : la sauce se brûle.

— Hâvir. Il ne se dit que de la viande lorsqu'on la fait rôtir à un grand feu qui la dessèche et la brûle

par-dessus sans qu'elle soit cuite en dedans. Voyez SURPENDRE.

REBINA. Terme d'agr. Brouir. On le dit des blés, des arbres et des fruits qui, après avoir été attendris par une gelée blanche, un coup de soleil survient tout-à-coup et les brûle. Voyez RABINA.

REBOOUDIN. s. m. Argousier. Arbrisseau épineux dont les baies sont d'un jaune orangé. On en fait des haies et des clôtures de jardins dans les communes qui avoisinent la Durance, parce que cet arbrisseau croît abondamment le long de cette rivière depuis Sisteron jusqu'à Manosque. *Baragno de rebooudins* : haie d'argousier.

V. REBOU. s. m. Tas de paille. Voyez CAVALET.

REBOUCA. v. a. Terme de maçon. Crépir. Enduire. Couvrir de plâtre ou de mortier, la surface d'un mur, pour en faire disparaître les inégalités.

REBOUCA-A-PEIRO-VISTO. Hourder. Maçonner grossièrement.

REBOUCAGI. s. m. Crépissure. Le crépi d'une muraille. Voyez REBOU-CAMENT.

REBOUCAMENT. s. m. Enduit. Crépissure. La matière qu'emploient les maçons, et le travail qu'ils font en crépissant.

REBOUHI. v. a. Fermenter. On le dit du fumier et des olives qui, étant entassés, s'échauffent et entrent dans un état de fermentation.

REBOULETTO. s. f. Terme de boucherie. Gras-double. Voyez DOUBLO-DE-BUOU.

REBOULET, ETTO. s. et adj. Courtaud, aude. Trapu, ue. Voyez TRA-POT. TA-DE-BOUTO.

REBOULETTIAIRO. s. f. Tripière. Femme qui vend des tripes.

REBOUN. s. m. Contre-coup. Répercussion d'un corps sur un autre.

— Rejaillissement.

— Rebondissement. Action d'un corps qui rebondit, qui fait plusieurs bonds.

REBOUNDA. v. n. Rebondir. Faire plusieurs bonds. Sauter par contre-coup.

REBOUNDA. v. n. Rejaillir. Se dit des corps solides, qui en frappant

d'autres corps sont répoussés et ré-
fléchis. *Sa bocho anet piqua à la
muraiho et reboundet vers'iou :* sa
boule porta contre le mur et rebondit
jusqu'à moi.

REBOUNBELA. Voyez REBOUNDA.

REBOUNBETTO. s. f. Ricochet. Bond
que fait un pierre plate ou quelqu'autre chose semblable, jetée obliquement sur la surface de l'eau.

REBOUR. A REBOUR-DE-PEOU. Façon de parler adverbiale. A rebrousse
poil. A contre poil. On dit au figuré,
Prendre uno caouso à rebour de peou :
prendre une affaire à rebrousse poil,
pour dire, à contre sens. Il est familier.

V. REBRASSA. v. n. Lever le bras
ou la main contre quelqu'un comme
pour le menacer.

REBROUADO. s. f. Rebuffade. Mauvais accueil, refus accompagné de
paroles dures et d'actions de mépris.

REBROUNDA. v. a. Élaguer. Émonder. Tailler les arbres. Voyez EI-
BUSCA.

REBROUNDADO. s. f. Émondage.
Action d'émonder et d'élaguer les arbres.

REBROUNDACHOS. s. f. plur. Émondes. Branches superflues qu'on retranche des arbres.

B.-R. REBROUNDAGI. s. m. Émondage. Voyez REBROUNDADO.

B.-R. REBROUNDAIRE. s. m. Émondeur. Voyez EIBUSCAIRE.

V. REBROUX. Voyez CACHÈYO.

REBUCITÉ. OOU REBUCITÉ. adv.
A rebrousse-poil. A rebours, à con-
tre-pied, à contre-sens, tout au contraire de ce qu'il faut. *Fai tout oou
rebucité :* il fait tout au rebours de
ce qu'on lui dit. Il est familier et
populaire.

REBUFA. Voyez REBARI.

REBUTA. v. a. Rebuter. Rejeter
avec rudesse et dureté. Repousser
quelqu'un avec des paroles choquantes.

— Rejeter. Jeter dehors. Repousser. On le dit d'une bouteille, d'un
flacon, etc., qui rejette et repousse
le liquide que l'on veut y mettre.
Ce qui provient de l'étroitesse de l'ouverture, ou de l'air qui sort du vase.
Flascou que rebuto : flacon qui rejette.

49

REBUTO. Voyez RESTANCO.

RECALADA. v. a. Repaver. Paver
de nouveau une rue, un chemin.

RECADELA. v. n. Reparaître. Reverdir. Voyez REGRIHA.

RECALIOU. Voyez RACALIOU.

RECALISSI. s. m. Réglisse. Plante
dont la racine est très-douce, est d'un
grand usage en médecine dans les
tisanes. On en prépare le suc soit
en noir, soit en blanc.

RECALISSI NEGRE. s. m. Jus de
réglisse. Il est de couleur noire et se
vend chez les droguistes, en bâton.

RECALIVA. v. n. Récidiver. Rechu-
ter. Tomber en rechute.

RECAMPA. v. a. Ramasser. Prendre
ce qui est à terre.

— Amasser ce qui est épais. *Recampa coouqu'un :* recevoir quelqu'un
chez soi, lui donner l'hospitalité.

RECAMPA (SI). v. recip. Se réunir. Se rassembler. Se rendre chez
soi. Il ne se dit que des hommes. *Lou
soir chacun si recampo :* le soir chacun rentre chez soi. *Si recampoun
su la plaço :* ils se réunissent sur
la place.

RECAMPO-PETO. s. m. Crotteur.
Vindangeur. Voyez PETOURIÈ.

RECASSA. v. a. Recevoir. Retenir
dans ses mains ou dans quelque chose
que l'on tend, ce qui tombe ou ce
que l'on vous jette de quelque part.
*Voou te traire d'amendos, recasso-
leis :* je vais te jeter des amandes,
tend les mains pour les recevoir.
Vai pas pousquu recassa : je n'ai
pu le retenir dans mes mains
lorsqu'il est tombé. Au fig. *Recassa
coouqu'un ·* rabrouer, recevoir quelqu'un avec des paroles dures et repoussantes.

RECATA. ⎰ SI RECATIA. v. re-
RECATIA. ⎱ cip. Se remplumer.
Se refaire. Se dédommager. Se dit
fig. et famil. de celui qui, ayant perdu
au jeu, reçu un affront, souffert quelque privation, etc., trouve l'occasion
de regagner ce qu'il avait perdu ;
de se venger, de se dédommager, etc.
Aviè fouesso perdu mai aro si recato :
il avait perdu beaucoup, maintenant
il se remplume. *Mi fet un vilen tour,
mi recatiou :* il me joua un bien vilain tour, je prends ma revanche.
A proun jhuna estou caremo, leissa

la recatia : elle a bien assez jeûné ce carême, laissez-la s'en dédommager maintenant.

RÉCAVA. v. a. Recreuser. Creuser de nouveau, creuser une seconde fois.

RECEBRE. v. a. Recevoir. *Recebi, recebes, recebe, recebem, recebes, receboun, recebiou, recebias, recebiè, receberi, recebrai, recebriou, que recebessi, que recebessiam, que recebessoun, recçaoupu,* etc. Prendre, accepter ce qui est donné, ce qui est présenté, ce qui est offert.

— Admettre dans une société, accueillir, etc. *Recebre uno lettro :* recevoir une lettre. *Soun ouncle vouguet pas lou recebre :* son oncle ne voulut pas le recevoir.

RECERCA. v. a. Rechercher. Chercher de nouveau.

— Chercher curieusement.

— Tâcher d'obtenir.

RECERCA, ADO. part. Recherché, recherchée.

RECERCA, ADO. adj. Rare, peu commun, qui n'est pas ordinaire, qu'on trouve difficilement. *Lou bouen vin es recerca :* le bon vin est rare et recherché. *Leis rabaços soun recercados :* les trufes sont recherchées de part et d'autre. *Es doou recerca :* c'est du recherché, du rare.

RECERCO. s. f. Recherche. Action de rechercher. Perquisition. *A fougu que fessoun de recercos de per tout per descurbi d'ounte aco veniè :* on a été obligé de faire des recherches exactes pour découvrir d'où cela provenait.

RECHOUNCHOUN. s. m. Frairie. Petit régal que font parfois ensemble certaines gens du peuple, ou ceux d'une coterie. *L'y avien fach caouqueis bouens rechounchouns :* ils y avaient fait quelques bons petits régals. *Soun ana faire un rouchounchoun :* ils ont été se régaler. On le prend quelquefois dans le sens de *Reveyoun.* Voyez REVEYOUN, REVOBIS.

RECLAOURE. v. a. Terme d'agriculture. Serfouir. Bécher légèrement la terre entre les plantes pour en arracher les mauvaises herbes et y donner aussi une façon.

RECOOUFA. Voyez RESCOOUFFA.

RECOOOUGUET. Voyez REVEYOUN. RECHOUNCHOUN.

RECOUIRE. v. n. Recuire. Cuire une seconde fois. *Quan lou pan si mousis lou fooun fa recouire :* lorsque le pain se moisit il faut le faire recuire.

RECOUIRE. v. n. Piquer. Picoter. On le dit de l'huile trop cuite et du poisson qui, étant passé, pique le palais quand on le mange.

RECUÉ, REGUÉCHO. part. Recuit, recuite. *Pan recué :* pain recuit.

RECOULINO. s. f. Terme de peigneur de chanvre. Peignures. Menus brins de chanvre qui tombent sous le séran. On en fait de l'ouate et des grosses toiles d'emballage.

RECOUMENÇA. v. a. Recommencer. Commencer de nouveau.

RECOUNEISSE. v. a. Reconnaître. Se mettre dans l'esprit, l'idée, l'image d'une chose, d'une personne, quand on vient à les revoir. *A soun parla la recouneissu :* il l'a reconnu au son de sa voix.

— Terme de commerce. Vérifier. Comparer le numéro, l'aunage, le poids d'une caisse, d'une balle, d'une pièce de marchandise, avec la facture ou la lettre de voiture, pour voir si elle est conforme. On dit plaisamment et fig. d'une femme battue par son mari. *Que l'y a recouneissu sa doto :* qu'il lui a renouvelé son contrat. *De temps en temps l'y recounci sa doto :* de temps à autre il lui renouvelle son contrat.

RECOUNVIDA. v. a. Réinviter. Convier. Inviter de nouveau à un repas, à une noce.

RECOUPA. v. n. Terme de jeu de cartes. Recouper. Couper de nouveau.

RECOUPA. Parlant de la fièvre d'un malade. Redoubler. Revenir. Recommencer. *L'y an dejha recoupa tres fes :* elles lui sont revenues par trois fois.

RECOUPADURO. s. f. Récoupes. Terme de boulanger. Son qui contient encore de la farine.

RECOUPAMENT. s. m. Redoublement. Accès de fièvre.

RECOURA. v. a. Terme de maçon. Réparer. Faire la recherche du couvert d'une maison, pour y mettre ou remplacer les tuiles manquantes ou brisées.

RECOURA. v. a. Terme de tonnelier. Doler. Égaler. Aplanir les douves pour qu'elles soient mieux jointes ensemble.

RECOURDURA. v. a. Recoudre. Coudre une chose qui est décousue ou déchirée.

RECREISSE. v. n. Recroître. Prendre une nouvelle croissance.

RECROUQUIHA. v. récip. Recroqueviller. *Si recrouquiha.* Se recroqueviller. Se retrousser. Se replier. On le dit de l'effet que le feu produit sur le parchemin lorsqu'on l'en approche de trop près. Il se dit encore des feuilles, des plantes et des arbres, lorsque le soleil les a trop desséchées ou qu'elles sont attaquées de la cloque, ainsi qu'il arrive à celles du pêcher qui a cette maladie.

RECROUQUIHA, ADO. partic. Recroqueviller, ée. Retroussé. Replié. *Quoue recrouquihado :* queue recroquevillée. *Nas recrouquiha :* nez retroussé.

B.-A. RECRU. s. m. Relent. Sorte de mauvais goût que contractent certains alimens qui ont été gardés trop longtemps, ou qui ont été renfermés dans un lieu humide ou mal aéré. *La farino vieyo sente lou recru :* la farine vieille a l'odeur du relent. *Pan qu'a lou goust dou recru :* pain qui a le goût du relent.

RECULA. v. a. Reculer. Tirer en arrière. Voyez REQUUERA et ses dérivés.

RECULOUN (DE). adv. A reculons. En reculant, allant en arrière. *Ana de reculoun coumo leis courdiès :* aller à reculons comme les cordiers.

RECURBI. v. a. Recouvrir. Couvrir de nouveau. *Faire recurbi uno vano :* faire recouvrir une couverture, une courte-pointe.

REDE. adj. m. Raide. Tendu, qu'on a de la peine à plier. Au figuré. Inflexible. Dur. Rude. *Es un home rede, que meno soun mounde dur :* c'est un homme dur qui traite ses gens avec rudesse. On dit d'une affaire, *Que s'es menado rede :* qu'on l'a poussée vivement, pour dire, qu'elle a été expédiée et terminée aussi promptement qu'on l'a pu.

REDIABLE. s. m. Rabot. Voyez RIABLE.

REDIABLE. s. m. Terme de fournier et de verrier. Fourgon. Longue perche de bois garnie de fer par le bout et servant à accommoder le bois et la braise dans le four et la fournaise.

V. REDIÈ. adj. Dernier. Tardif. Qui vient, qui arrive après tous les autres.

V. REDIÈRAMENT. adv. Dernièrement. Naguères.

REDOUBLA. v. a. Redoubler. Réitérer. Augmenter.

REDOUERTO. s. f. Viorne. Clématite. Vigne blanche. Plante qui vient dans les haies, et qui pousse de longs sarmens avec lesquels on lie des fagots.

— Hart. Lien que l'on fait avec quelque jeune rejeton d'arbre ou d'arbrisseau pliant, et dont on se sert dans les champs pour lier des fagots comme l'on fait de la viorne.

REDOULA. Voyez REGOULA.

REDOUN, OUNO. adj. Rond, ronde. Qui est de forme sphérique. *Lachugo redouno :* laitue pommée.

REDOUNET, ETTO. adj. diminutif de *Redoun.* Rondelet, ette. Il ne se dit que des personnes, et signifie qui a un peu trop d'embonpoint. *Es tout redounet :* il est tout rondelet.

REDRAYA. v. a. Recribler. Cribler de nouveau.

REFANFA. v. a. Terme de chapelier. Repasser. Action d'enlever les taches et réparer les plis d'un chapeau pour le rendre plus propre et le rajeunir. *Capeou refanfa :* chapeau repassé. *Habit refanfa :* habit raccommodé.

REFANFA (SI). v. récip. Se remonter. S'équiper. S'habiller de nouveau. Il est familier. *Es tout refanfa :* il est tout remonté à neuf. Il signifie quelquefois rajeunir. *A l'er tout refanfa :* il paraît tout rajeuni.

B.-A. REFARNI. v. n. Frissonner. Se dit du tremblement, de l'émotion que cause le froid ou la peur.

— Frémir. Être ému avec une espèce de tremblement causé par la crainte, l'horreur, etc. *La frescou de l'aiguo fai refarni :* la fraîcheur de l'eau fait frissonner. *Parlavoun d'un assassinat que fai refarni :* on faisait les détails d'un assassinat qui fait frémir.

REFOUNDRE. v. a. Refondre.

REFRECHISSENT, ENTO. adj. Terme de médecine. Réfrigérant. Rafraîchissant, ante. Qui a la propriété de rafraîchir. *Bouihoun refrechissent.* bouillon rafraîchissant. *Tisanno refrechissento* : tisane rafraîchissante.

REFREJHA. v. a. n. et récip. Refroidir. Rendre froid. Devenir froid. Se refroidir. *Leissa refrejha la soupo :* laisser refroidir la soupe. *Lou tems si refrejho* : le temps se met au froid.

REFREJHA (SI). v. récip. S'enrhumer. Prendre un rhume de poitrine. Voyez REFREJHAMENT. Au figuré. Ralentir. Se ralentir. *Ero pourta per eou, mai sa counduito la fouesso refrejha* : il était très-porté à lui être utile, mais son procédé l'a beaucoup refroidi. *Soun zèlo s'es ben refrejha :* son zèle s'est bien ralenti.

REFREJHAMENT. s. m. Rhume de poitrine, occasionné par un refroidissement. *Per s'estre alioujha troou leou a pres un refrejhament* : pour s'être trop tôt dégarni il a pris un rhume de poitrine. *Sa diarheyo ven d'un gran refrejhament* : son dévoiement ne provient que d'un grand refroidissement de l'estomac.

REFREJHAMENT. Au figuré. Refroidissement. Diminution dans l'amitié, l'amour, l'attachement, etc. *L'y a fouesso refrejhament entr'elleis* : il y a beaucoup du refroidissement entre eux.

REFRESCA. v. a. Rafraîchir. Donner de la fraîcheur. *La pluyo refresco l'er* : la pluie rafraîchit l'air. Refroidir. Devenir froid. *Lou tems si refresco* : le temps se refroidit. Voyez REFREJHA.

REFRESCA. v. a. Rincer. Nettoyer en lavant et en frottant. *Refresca leis goubelets* : rincer les verres.

REFRESCA. v. a. Renouveler. Rappeler au souvenir. *Li faou refresca la memori* : il faut lui en renouveler la mémoire. *Refresca l'acte* : renouveler le contract. Expression figurée et populaire qui signifie battre, frapper. Voyez RECOUNEISSE.

REFRESCA (SI). v. récip. Se rafraîchir. Boire un coup, faire collation, etc. *Venez vous refresca* : venez vous rafraîchir. *Fai-lou refresca :*

fais-lui goûter le vin. On dit *Si refresca lou sang* : se rafraîchir le sang, pour dire, boire quelque liqueur, quelque potion calmante qui éteint la trop grande chaleur du corps.

REFRESCA. v. a. Aigayer. Baigner, plonger dans l'eau claire, des verres, de la vaisselle, du linge, etc., déjà lavés, pour leur donner la dernière eau avant de les égouter ou de le tordre. *Leis goubelets soun lavas, l'y a plus qu'à leis refresca* : ces verres sont rincés, il ne s'agit plus que de les aigayer. *Refresca leis serviettos avant de leis toucsse* : aigayer les serviettes avant d'en exprimer l'eau. Il signifie aussi laver légèrement. *Aquelcis assiettos sembloun poouissoues, refresca-leis* : ces assiettes paraissent avoir pris de la poussière, aigayez-les.

REFRESCADO. s. f. Châtiment. Punition. Coups qu'un père, une mère ou tout autre personne ayant autorité sur un enfant, lui donne pour le châtier. Il est ironique et populaire. *As agu la refrescado, l'y an douna la refrescado* : on t'a rincé mon garçon, on lui a rincé les épaules.

REFRESCADURO. s. f. Rincure. L'eau avec laquelle on a rincé un verre, une bouteille.

REFRESCAMENT. s. m. Rafraîchissement. Ce qui rafraîchit. *Prendre de refrescament* : prendre des rafraîchissemens.

REFROUGNA, ADO. part. Ridé, ridée. Qui a des rides.

— Refrogné, ée.

REFUS (A). adv. A foison, en abondance. Voyez A BOUDRES.

REGALA. v. a. Régaler. Faire un régal. Donner un festin, un grand repas à quelqu'un. Il est aussi réciproque. *Si rega'a.* Se régaler. Manger quelque chose que l'on aime bien, faire un bon repas. *Em'un artichaou mi regali* : un artichaud fait mon régal. *Soun caouqueis amis que si regaloun uno fes chacun* : ils sont quelques amis qui se régalent tour à tour. *Si regala*, signifie fig. Prendre plaisir, se délecter à quelque chose. *Mi regali de ti veire* : j'ai un sensible plaisir à te voir. *Sies aqui que ti regales* : te voilà à cœur joie ! On dit proverbialement et ironiquement. *Quu* a *la galo si regalo* : qui a la rogne a de la besogne.

REGALADO. A LA REGALADO. Façon de parler adverbiale qui n'a d'usage que dans cette locution familière et populaire. *Beoure à la regalado* : boire à cœur joie, boire à tout plaisir. C'est au propre, boire à une bouteille, à une cruche ou à un flacon sans que le goulot touche aux lèvres, c'est-à-dire, en voyant couler le vin. C'est la façon de boire des gens de mer et celle du peuple Grec.

REGALE. s. m. Régal. Festin.

— Lieu de plaisance. Endroit agréable où l'on est avec plaisir, avec satisfaction. *Oou printems la campagno es un regale* : dans le printemps la campagne est un séjour délicieux. Voyez CHALE.

REGALET. s. m. Rançonnement. Enchérissement. Ce terme n'est d'usage que dans cette locution populaire et proverb. *Passa per lou regalet* : rançonner, surpayer. On dit d'un usurier, d'un notaire, d'un ouvrier, etc. *Que fai passa lou mounde per lou regalet* : qu'il rançonne le monde, lorsque se prévalant du besoin où l'on est de son argent, de son ministère, de son travail, il exige plus qu'il ne faut.

REGANEOU. s. m. Petit chêne vert qui produit le kermès. Voyez VARMEOU.

REGARDA. v. a. Regarder. Jeter la vue sur quelque chose. On dit proverb. à celui qui s'entremêle ou s'ingère mal à propos dans une affaire, une discussion, qui ne le touche en rien. *Aco vous regardo pas* : ce n'est pas pour vous que le four chauffe.

V. REGARDADOU. s. m. Surveillant. Agent de police, chargé de surveiller dans les marchés publics si les vendeurs font le poids et la mesure.

B.-A. REGARDÈLO. s. f. Regard. Vue de ceux qui mangent. Il n'a d'usage que dans cette façon de parler proverb. et populaire. *Vioure de regardèlos* : mâcher à vide. Être là à voir manger les autres pendant qu'on aurait envie de manger aussi. *Es que si crei que vivi de regardèlos ?* Est-ce qu'il pense que je doive vivre de l'air ? *Lou pu souvent lou fan vioure de regardèlos* : la plupart du temps on le fait mâcher à vide.

B.-A. REGI. SI REGI. v. récip. Se soutenir. Se tenir debout. Se tenir sur ses jambes. *Si poou p'anca regi* : il ne peut pas encore se soutenir. *Seis cambos pouedoun plus lou regi* : ses jambes ne peuvent plus le soutenir.

REGISSENT, ENTO. adj. et participe. Fort. Solide. Épais. *Bastoun regissent* : bâton fort et sur lequel on appuie solidement. *Soupo regissento* : soupe épaisse et très-nourrissante.

REGITEOU. s. m. Avorton. Fruit tardif, produit par un rejeton de la vigne ou par celui d'une plante curcubitacée, et qui n'a pas acquis la maturité ou la qualité qui lui est propre. Voyez OOUTOUN.

REGITOUN. s. m. Rejeton. Nouveau jet que pousse un arbre par le pied ou par le tronc.

REGLADO. s. f. Terme de maçon. Tasseau. Menu travail en plâtre, pratiqué contre des murs vis-à-vis l'un de l'autre et sur lequel portent des planches, des étagères, ou des tablettes de bibliothèque. *Poudes faire un placar dins aquelo espessou de muraiho, mouyennant caouqueis reglados* : vous n'auriez qu'à établir quelques tasseaux dans l'épaisseur de ce mur pour en faire une armoire.

REGLET. s. m. Terme d'instituteur et d'écolier. Transparent. Papier où sont tracées plusieurs lignes noires, et dont on se sert pour s'accoutumer à écrire droit, en le mettant sous le papier sur lequel on écrit.

RÈGLOS. s. f. pl. Ordinaires. Purgations des femmes.

RÈGO. s. f. Terme de jardinier. Rayon. Sillon que l'on fait avec la bêche ou la charrue. *Uno rego de pesos* : un rayon de pois. *Faire de trufos à rego* : faire des pommes de terre à rayon. On dit proverb. et fig. d'une chose, *Que passo la rego* : que cela est plus fort que jeu, pour dire, que c'est une chose qui passe la raillerie, qu'elle ne peut se souffrir.

REGOLI. s. m. Capilotade. Galimafrée. Salmigondis. Ragoût, fricassée

composé des restes de viande cuite.
— Petit régal composé des restes
d'un festin.

REGOLO. s. f. Rigole. Petite tranchée pour conduire l'eau où l'on veut.
— Petit ruisseau des rues par où
s'enfuit l'eau du bassin d'une fontaine.

REGOULA. ⎱ v. a. Dégrin-
B.-A. REGOURA. ⎰ goler. Sauter.
Rouler. Avancer en tournant par en-
traînement involontaire. *Regoula leis
escaliès* : dégringoler par l'escalier,
ou le long de l'escalier. On dit familièrement, *Faire regoula leis escaliès en coouqu'un :* faire sauter les
montées à quelqu'un, pour dire, le
chasser honteusement de chez soi
et avec violence. *Si ven mai l'y faou
regoula leis escaliès :* s'il lui arrive
de venir encore chez moi, je lui
fais sauter les montées.

REGOULET. ⎱ s. m. Rouleau.
B.-A. REGOURET. ⎰ Petit morceau
de bois ou de pierre, plat et rond
comme une rouelle, que l'on fait
courir devant les petits enfans pour
les amuser. On lui donne aussi en
français le nom de roulette, mais
improprement. *Faire courre lou regoulet :* faire courir le petit rouleau.

REGOUNFLA. v. n. Regonfler. Il se
dit des eaux courantes qui s'enflent
et s'élèvent, quand elles sont arrê-
tées par quelque obstacle.
— Refluer.

REGOUNFLE. s. m. Regonflement.
Élévation des eaux dont le cours
est arrêté par quelque obstacle.

REGOUSTA. v. a. et récip. Ragoû-
ter. Redonner du goût.

REGOUS. s. m. Ragoût. Mets apprêté
pour exciter l'appétit.

REGRETOUX, OUÉ. adj. Repentant,
ante. Qui a du regret, du déplaisir
d'avoir fait ou de n'avoir pas fait
quelque chose. *Es un home tant es-
tacá, que fa quasi ges de pacho que
noun siègue regretoux :* c'est un homme si avaricieux qu'il ne fait aucune affaire sans qu'il n'ait toujours
quelque regret. *Se sias regretoués y
a ren de fach :* si vous avez le moindre regret, le marché n'aura pas lieu,
peu m'importe.

REGRIHA. v. n. Terme d'agricul.
Repousser. Pousser de nouveau. On

le dit des arbres et des plantes. *Ounte
l'y a ayu de rousiès et de giyandos
toujour n'in regriho :* Là où il y a
eu des rosiers et des topinambours
toujours on y en voit repousser.

REGRIHA. Revenir. Reparaître. On
le dit d'une tache qui a été mal enlevée. *Leis tacos qu'avien leva regri-
houn mai :* les taches qu'on avait enlevées reparaissent de nouveau.

REGRIHA. Reverdir. On le dit figurément d'une humeur mal guérie
qui revient et recommence avec une
nouvelle force. *Soun berbi regriho :*
sa dartre reverdit.

B.-R. REGUIGNA. ⎱ v. n. Régim-
B.-A. REGUINA. ⎰ ber. Ruer. On
le dit au propre des bêtes de monture ou de somme qui ruent, qui
lancent les pieds de derrière lorsqu'on les touche. *Meifisa-vous d'a-
queou chivaou que requigno :* défiez-
vous de ce cheval, il rue. On le dit
fig. des jeunes gens qui refusent
d'obéir à leurs supérieurs en trépignant
ou en faisant résistance. *Es un enfant que l'ou pouedoun plus coumanda que noun reguigne :* c'est un garçon à qui l'on ne saurait rien commander sans qu'il ne régimbe.

REGUINADO. ⎱ s. f. Ruade. Ac-
REGUIGNADO. ⎰ tion du cheval
ou de toute bête de somme qui lance
les pieds de derrière. Au figu. Dépit.
Emportement. On le dit des personnes
et presque exclusivement des enfans.
Leissa-li faire sa reguignad : laissez-le se dépiter. On donne encore
le nom *de reguinado* aux froids tardifs et aux gelées qui se font quelquefois sentir au commencement et
au milieu du printemps. On dit aussi
que *L'hiver fa sa riguinado :* que l'hiver nous montre sa queue. Voyez RE-
QUUERADO.

REGUINAIRE. s. et adj. m. Rueur.
Régimbeur. Qui rue, qui régimbe.
On le dit au propre des bêtes de somme. *Muou reguinaire :* mulet qui
rue. Figurément et en parlant des
personnes, Emporté. Dépiteux, euse.

REGUIGNEOU. ⎱ s. m. Riblette.
REGUINEOU. ⎰ Omelette au petit lard.

REI. s. m. Roi. Le chef d'une mo-
narchie. Le souverain d'un royaume.
On dit proverbialement et fig. en

parlant des ignorans qui font les ha-
biles parmi de plus ignorans qu'eux.
*Qu'oou pays deis avugles leis bornis
soun leis reis :* qu'au royaume des
aveugles les borgnes sont les Rois.
On dit proverbialement. *Ana ounte
lou Rei poou manda degun :* aller où
le Roi n'envoie personne , pour dire,
aller aux besoins naturels.

REI-DEIS-OOUSSEOUX. s. m. Roitelet huppé. Oiseau.

REJHE , REJHO. adj. Raide. Tendu,
qu'on a de la peine à plier. *Rejhe
doou frech :* raide du froid. *Combos
rejhos :* jambes tendues. *Toumbet rejhe mouert :* il tomba raide mort.

REJHOUGNE. v. a. Enfermer. Mettre,
placer en lieu de sûreté.

— Engranger.

— Recueillir. *Leisses p'aco aqui ,
rejhougnè-va :* ne laissez pas cet objet là , renfermez-le , placez-le en
lieu sûr. *Restoun en campagno jusquo
qu'aguoun tout rejhoun :* ils demeurent à la campagne jusqu'à ce qu'ils
aient tout engrangé. *Rejhougne lou
bestiari :* clore les bestiaux.

REJHOUN, REJHOUNCHO. part. Renfermé en lieu sûr.

— Engrangé, éc.

— En ordre. A sa place. On dit d'une
chose, *Qu'es maou rejhouncho :* lorsque , n'étant pas à sa place , elle est
exposée à se perdre , à se dégrader
ou à être volée. On dit popul. et
fam. à quelqu'un, *Si n'a ren de maou
rejhoun :* s'il n'a rien au dégât, pour
lui dire , s'il n'aurait pas quelque
chose de bon à vous offrir pour manger.

REJHOUGNE (SI). v. récip. Rentrer. Se renfermer. Se clore. *Es tard
anen si rejhougne :* il est tard, rentrons.
Fai frech s'anan rejhougne : il fait
froid nous allons nous clore. Voyez
EXTREMA. RETIRA.

REJHIES. Voyez JHIES.

REISSOOU. Voyez RESSOOU.

REITO. s. f. Terme de cuisine bourgeoise. Court-bouillon. Sorte de sauce
propre à certains poissons comme
le muge , la raie , etc.

REIMO. s. f. Rame. Aviron. Longue
pièce de bois avec laquelle on fait
voguer un bateau. *Reimo de la barquo :* aviron du bac.

REIMO. s. f. Terme de maçon et
de marchand de bois. Poutrelle. Brin
de bois de moyenne grosseur et long
de 20 à 30 pieds , dont on se sert
pour dresser des échafaudages.

REINARDIOU, IEOUVO. adj. Tardif.
Mal conformé. Avorté. D'arrière-saison. On le dit de certains fruits. Voyez OOUTOUN. REGITEOU.

B.-A. REINARDIOU, IEOUVO. adj.
Qui monte en graine. On le dit des
porreaux et des ognons qui , ayant
été remis en terre ou transplantés
en hiver, poussent au printemps pour
monter en graine. *Sebo renardièvo :*
ognon remonté. Le mot *Reinardiou*
veut littéralement dire , comme les
renards , ou à la manière des renards, parce qu'effectivement la fane
de l'ognon qui monte en graine a
beaucoup de ressemblance avec la
queue d'un renard. On dit du blé,
Qu'es ista espoussa, coupa reinardiou :
lorsqu'il a été battu ou coupé encore
vert, encore en lait.

REINETTO. s. f. Raine. Grenouille
verte.

REINETTO. s. f. Moulinet de bois.
Sorte de crecelle dont le bruit imite
assez bien le croassement de la grenouille. Les enfans se servent de cette
espèce d'instrument pendant la semaine sainte à l'issue de l'office des
ténèbres, pour imiter en quelque sorte
le bruit du tremblement de terre qui
se fit à la mort de Jésus-Christ. Voyez TIQUETAT.

B.-A. REIRE. adj. de t. g. Arrière.

REIRE-PÈRE-GRAND. subst. masc.
Bisaïeul ou arrière grand-père.

REIRE-GRAND-MÈRO. s. f. Bisaïeule
ou arrière grand'mère.

REIRE-FIÈRO. s. f. Terme de commerce. Le lendemain d'une foire.
Arrière-foire. *Teni la reire-fièro :* tenir l'arrière-foire, pour dire, étaler
ou exposer encore ses marchandises
le lendemain de la foire.

REIRE-MANCHE. s. m. Arrière-man-
che. Au fig. Le bras, la main. Ce terme
n'est guère usité que dans cette locution proverbiale et métaphorique.
S'apprend oou reire-manche : (lorsqu'on parle d'un travail gâté ou mal
réussi dont l'ouvrier veut se disculper
en rejetant la faute sur les outils dont
il s'est servi, ou sur la matière qu'il a
employée) , pour dire, que c'est à

l'ouvrier qu'il faut s'en prendre. *S'apprend pa eis cizeoux se sies p'anado drech s'apprend oou reire-manche* : ce n'est pas la faute des ciseaux s'ils ont coupé obliquement, mais bien celle de la main qui les conduisait. V. RELACHA. Voyez RELASSA.

RELACHANT, ANTO. adj. Laxatif. Qui a la vertu de lâcher le ventre. *Remedi relachant ou que relacho* : remède laxatif, qui lâche le ventre.

RELANQUI, IDO. adj. Faible. Débile. Qui manque de force. Il ne se dit guère qu'en parlant de l'homme. *Siou tout relanqui* : je me sens tout débile. Voyez ABIMA.

RELANQUI. adj. m. Mollasse. Se dit du pain. Voyez PATOUX.

RELANQUI. adj. Moite. Humide. Se dit du linge que l'humidité a rendu mou. Voyez PATOUX.

RELARG. s. m. Espace. Etendue de lieu. Terme rural et populaire.

— Large. *Poueiloun teni fouesso bestiari, l'y a un abord de relarg* : ils peuvent nourrir beaucoup des bestiaux, la ferme a beaucoup d'étendue. *Que de relarg qu'avès !* que du large que vous avez dans cette maison !

RELARG.   } s. m. Pacage. Lieu
RELARGUIÈ.   } propre pour nourrir et engraisser les bestiaux.

— Pâtis. Lieu où l'on met paître les bestiaux bien qu'il soit peu fourni en pâture.

RELARGA. Voyez LARGA.

RELARJHA. v. a. Élargir. Rendre plus large.

— Évaser. Élargir une ouverture. *Relarjha lou camin* : élargir le chemin. *Relarjha uno pócho* : évaser une poche.

RELARJHA (SI). v. récip. S'élargir. Au fig. Devenir généreux. *S'est relarjha* : il a fait le généreux. On dit proverb. et fig. *Quand un vilen si relarjho, ten tout lou camin* : il n'est chère que de vilain, pour dire, que quand un avare se resout à donner un repas à quelqu'un, il le fait avec plus de profusion qu'un autre.

RELASSA (SI). v. récip. Se faire une hernie. Se la causer, se la procurer par quelque effort ou autrement. *S'est relassa* : il s'est occasionné une hernie, une descente.

RELASSA, ADO. adj. Herniaire. Qui a une hernie, une descente, qui en est incommodé. *Es relassa despui longtemps* : depuis longtemps il est herniaire.

RELEGI. v. a. Relire. Lire de nouveau.

RELEISSET. s. m. Tablette. Pierre plate qui termine un mur d'appui et sur laquelle on peut placer quelque chose. Resseau. Avance saillant. Rélief. Plateforme, etc, qui, dans une maison, peut servir de tablette. *Mettez-va sud aqueou releisset* : placez-le sur cette tablette, sur ce resseau.

RELES. s. m. Relais. Chevaux frais que l'on poste en quelque endroit, pour s'en servir à la place de ceux qu'on quitte. Au fig. *Estre de reles* : être de relais, pour dire, être de loisir, n'être point employé.

RELEVA. v. a. Relayer. Il se dit des travailleurs qu'on occupe à quelque travail, les uns après les autres. *Foulie que leis homes que lou pourtavoun si relevessoun touteis leis cent pas tallament pesavo* : il était si lourd que ceux qui le portaient étaient obligés de se relayer tous les cent pas, les uns les autres. *Si relevoun de doues en doues houros* : ils se relayent de deux en deux heures.

RELOGI. s. m. Horloge. Sorte de machine qui sonne et marque les heures.

RELOUJUR. s. m. Horloger. Celui qui fait des horloges, des montres et des pendules.

RELUSI. v. n. Reluire. Luire par réflexion.

REMANDA. v. a. Renvoyer. Envoyer une seconde fois. *L'y ai manda dire de veni, iesto troou, l'y voou remanda* : je lui ai envoyé dire de venir et comme il tarde trop, je vais y renvoyer.

— Faire retourner une personne, une chose, au lieu d'où elle était venue. *Remando-li soun ai, me n'en passi* : renvoie-lui sa bourrique, je m'en passe.

— Remettre à un autre temps. *Va foou remanda à l'an que ven* : il faut le renvoyer à l'an prochain.

— Adresser à quelqu'un, ou en quelque lieu. *L'ai remanda à ma fremo* : je l'ai renvoyé à ma femme.

REMARIDA. v. a. et réciproque. Remarier. Se remarier. Convoler à des secondes ou troisièmes noces. *Si vai remarida :* elle va se remarier.

REMASTEGA. v. a. Remâcher. Mâcher de nouveau.

REMEDI. s. m. Remède. Ce qui sert à guérir quelque mal, quelque maladie.

REMISA. v. a. et récip. Héberger. Loger. Recevoir chez soi.

— Mettre à couvert.

— Placer dans une remise. *L'an remisa :* on l'a hébergé. *Plaou, venez vous remisa ·* il pleut, venez-vous mettre à couvert.

REMIA. Voyez RAMIA.

REMOOUMIA. v. a. Marmonner. Murmurer d'un murmure sourd. *Fa que remooumia :* elle ne fait que marmonner.

REMOUC. s. f. Remorque. Terme de marine.

REMOUCHINA. v. a. Réprimander. Laver la tête à quelqu'un. Reprendre quelqu'un avec autorité. *Tè l'an remouchina coumo foou :* on lui a lavé la tête de la bonne façon.

REMOUCHINADO. s. f. Réprimande. Mercuriale. Il est famil. comme le précédent.

REMOULI. v. a. Amollir. Rendre mou et maniable. *La ciro si remoulisse devant lou fuech :* la cire présentée au feu s'amollit. Au fig. *Si remouli :* se radoucir, devenir plus traitable.

REMOULIMENT. } adj. Émol-
REMOULISSENT. } lient. Qui amollit. Terme de médecine. *La maouvo cis uno planto remoulissento :* la mauve est une plante émolliente.

REMOULINA. v. n. Tournoyer. Agir en tournoyant. On le dit du vent.

REMOULINADO.
REMOULUN.   } s. Tourbillon.
REMOURINADO.
REMOURIN.

Vent impétueux qui va en tournoyant. *La remoulinado a empourta touto la pailho de l'eiroou :* le tourbillon a emporté toute la paille de l'airée.

REMOUNTA. v. n. Réparer. Ravigoter. Restaurer. Rétablir. Refaire. Remettre en vigueur, en bon état. Garantir, etc. *Un bouyoun lou remountara :* un bouillon lui faira du bien. *Millo francs lou remountarien :* mille francs le rétabliraient, le mettraient sur pied. *Prenez un det de vin que vous remountara :* prenez un doigt de vin qui vous ravigotera. *Un paou de soupo remounto :* il n'est rien tel que la soupe pour restaurer. *Uno boueno vesto de cadix mi remountarië :* une veste de gros drap me garantirait bien du froid.

REMOUNTA. v. a. Remonter. Monter de nouveau. *Li fagueroun remounta tres fes leis escalies :* on lui fit remonter l'escalier par trois fois.

REMOURI. Voyez REMOULI.

REMOUREN. Voyez REMOULINADO.

REMOURINA. Voyez REMOULINA.

REMOURINADO. Voyez REMOULINADO.

REMOUSTRA. v. a. Remontrer. Représenter à quelqu'un les inconvéniens d'une chose qu'il a faite ou qu'il est sur le point de faire.

REMOUSTRANCO. s. f. Remontrance.

REMUDA. v. a. Réemmailloter. Remuer un enfant, le nettoyer, le changer de linge.

REMUDA. Terme de maréchal-ferrant. Faire des rélevés, des rassis à un cheval.

REMUDA. v. a. Terme d'agr. Transplanter un arbre avec ses racines.

REMUDAGI. s. m. Terme de maréchal-ferrant. Rassis. Rélevé. Ouvrage que fait un maréchal en levant le fer d'un cheval et le rattachant avec des clous neufs. *Doux remudagis valoun un ferri noou :* deux rassis valent un fer.

REMUIA. v. a. Aigayer. Baigner. Mouiller. Tremper dans l'eau. Voyez REFRESCA.

REMUIIA, ADO. part. Mouillé, ée.

REN. s. m. Rien. Néant. Nulle chose.

— Peu de chose. *Digues ren :* ne parlez point. *Aco vaou ren :* cela ne vaut rien. On dit proverbialement. *Qui n'a ren et deou ren es à mita riche :* qui n'a rien et ne doit rien est riche à demi. *Es un home que viou de ren :* c'est un homme qui vit de rien, pour dire, de très-peu de chose. On dit prov. *Ooute l'y a ren lou rei perde seis drets* : là où il n'y a rien le roi perd ses droits, pour dire , que celui qui, en mourant, ne laisse rien à ses héritiers , il les affranchit de toute dette et de droit de succession. On dit prov. *Qu dis ren counsente* : qui ne dit rien consent.

RENA. v. n. Grogner. On ne le dit au propre que du cris du cochon. *Leis pouer renoun* : les cochons grognent. Au fig. Témoigner son mécontentement par un murmure sourd et mal articulé.

— Réchigner. Témoigner par l'air de son visage et en grognant, la mauvaise humeur , le chagrin que l'on a. On dit d'une personne que *Lou ventre li reno* : que le ventre lui grouille , pour dire , que les boyaux lui crient, qu'il s'y fait du bruit. Il est bas et populaire. On dit prov. et plaisamment parlant d'une femme hargneuse et acariàtre. *Jean que fai ta fremo ? toujour manjho et toujour reno* : que fait ta femme pauvre Jean? elle est toujours mangeant , grognant.

RENAIRE. s. m. Pleurard. Grognard. Qui murmure sourdement et à la manière des cochons.—Rechigné. *Oh! lou renaire* : fi! du vilain pleurard.

RENAISSE. }
RENEISSE. } v. n. Renaître. Naître de nouveau. Il s'emploie aussi dans les choses morales. *Despuis que mi siou demes de ma charjho siou tourna rancisse* : depuis que j'ai quitté mes fonctions de.... je semble renaître à la vie

RENAISSE. Parlant des arbres et des plantes. Voyez REGRIHA.

RENARDIÈRO. } Voyez RENAR-
RENARDIÈVO. } DIOU.

RENARELLO. s. f. Grogneuse. Grognon. Qui grogne, qui pleure en murmurant sourdement et en rechignant.

RENARIÈ. s. f. Grognement. Cris des pourceaux. Au fig. Mauvaise humeur d'une personne inquiète et chagrine.

RENCO. s. f. Bouloir. Instrument pour remuer les peaux et la chaux quand on l'éteint.

RENCURO. s. f. Rancune. Plainte Aigreur. Ressentiment.

RENDIÈ. s. m. Fermier. Celui qui prend des terres, des héritages à ferme

— Locataire. Qui tient une maison ou une partie de maison à louage.

RENDO. s. f. Fermage. Prix convenu pour une ferme.

— Loyer. Prix du louage d'une maison. *Paga sa rendo* : payer son fermage. *Ana par rendo* : tenir à louage , faire de loyer.

RENDRE. v. a. Rendre. Restituer. Produire. Livrer. *Sa bastido li rende quasi ren* : sa campagne ne lui rend presque rien.

— Revaloir. Rendre la pareille en bien ou en mal. *Ma pourta tort , mai li va rendrai* : il m'a nui, mais je le lui rendrai.

RENEGA. v. a. Renier. Désavouer. *Sant Pierre reneguet lou bouen Diou* : Saint Pierre renia notre Sauveur. On dit fig. *Renega sa vido* : pour dire, s'emporter, se dépiter, se mettre en colère.

RENEGA. v. a. Jurer. Pester. Blasphémer. Dire ou faire des imprécations.

RENEGAIRE. s. m. Jureur. Blasphémateur.

RENEISSE. Voyez RENAISSE.
RENEMBRA. Voyez DENEMBRA.
RENEMBRANÇO. s. f. Souvenir. Souvenance.

RENET , ETTO. adj. Voyez RENAIRE.

B.-A. RENGUIEIRADO. }
RENGUIÈRO. } s. f. Rangée. Enfilade. Suite de plusieurs choses mises sur une même ligne. *Renquièro d'aoubres* : allée d'arbres. *Renquièro d'houstaou* : rangée de maisons. *Soun uno grosso renquièirado de marchands qu'an desplega à la fièro* : ils sont une longue enfilade de marchands en foire qui ont étalé.

RENOSI. s. m. Pleurard. Voyez RENAIRE.

V. RENOUAS, OUÈS. s. m. Graillon. Desserte. Reste ramassés d'un repas. Il est bas et pop. *Manqea leis renouas* : manger les graillons.

RENOUM. s. m. Renom. Réputation. *Gens de bouen renoum* : personnes d'une bonne réputation.

RENOUMA , ADO. adj. Renommé, ée. Célèbre. Fameux. *L'holi d'Azai es ben renouma* : l'huile d'Aix est beaucoup renommée par sa qualité surfine et excellente. *Villo renoumado* : ville renommée.

RENOUMADO. s. f. Renommée. Réputation.

RENS. s. m. pl. Reins. Les lombes. Le bas de l'épine du dos et la région voisine. *Maou de rens* : douleurs dans les reins. Il se dit aussi de l'épine du dos, par rapport à la force, à la souplesse, etc. *Ave leis rens febles* : avoir les reins faibles. On dit aussi au figuré. *Ave leis rens febles* : pour dire, n'avoir pas assez de bien, assez de crédit pour venir à bout de ce qu'on entrepend.

RENTIÈ. Voyez RENDIÈ.

REPAOU. s. m. Repos. Privation, cessation de mouvement. Cessation de travail.

REPAREISSE. v. n. Reparaître. Paraître de nouveau.

REPARA. v. a. Reparer. Refaire. Rétablir quelque chose à un bâtiment, à un ouvrage, etc.

REPARATIEN. s. f. Réparation. Ouvrage qu'on fait ou qu'il faut faire pour réparer.

REPARTIDO. s. f. Repartie. Réplique. *Aviè de bouènos repartidos* : il répliquait avec esprit.

REPASSA. v. n. Repasser. Passer de nouveau.

REPASSA. Terme d'agr. Biner. Donner une seconde façon aux terres labourables.

REPASSA. Terme de boulangerie. Ressasser. Sasser. Passer de nouveau la farine par le blutoir. *Repassa lou rasset* : sasser de nouveau le son pour enlever le peu de farine qu'il peut y avoir encore. Au fig. *Repassa coouquun* : c'est lui donner une rossée, ou lui faire de vifs et piquants reproches.

REPASSADO. sig. fig. Réprimande. Mercuriale rude et piquante.

— Punition. Châtiment Voyez REFRESCADO.

REPASSOUN. s. m. dim. Petit repas. Collation. On dit proverb. et populairement. *Voou mai un bouen repas que tant de repassouns* : un bon repas vaut mieux que tant de collations.

REPASTA. v. a. Repétrir. Pétrir de nouveau.

REPATIA (SI). Se remplumer. Voyez RECATA. RECATIA.

REPEDASSA. v. a. Rapetasser. Raccommoder. Mettre de nouvelles pièces à de vieilles hardes.

V. REPEISSUDO. s. f. Ripaille. Voyez GODEAMUS.

REPENTENCI. s. f. Repentance. Repentir. Vif regret.

REPENTOUX, OUÈ. adj. Repentant, repentante. Qui se repent. Qui a du regret.

REPEPIA. v. n. Marmonner. Murmurer entre ses dents. Rabâcher.

REPEPIAGI. s. m. Murmure. Radotage. Rabâchage.

REPEPIAIRE, ELLO. s. et adj. Grognard, grogneuse. Celui, celle qui murmure, qui marmonne habituellement. — Rabâcheur. *Touteis leis vieis soun un paou repepiaires* : les gens âgés grognent toujours quelque peu.

REPETA. v. a. Répéter. Redire. Dire ce qu'on a déjà dit.

REPETELIN. Voyez PETELIN.

REPETENEJHA. ⎫
REPETENIA. ⎬ v. n. Rognoner.
REPETOUNIA. ⎭

Gronder. Gromeler. Murmurer entre ses dents. *Fai jamai ren que repetenia* : il ne fait que rognoner. Il est populaire.

REPETIÈRO. s. f. Fruitière. Vendeuse. Femme dont la profession est de vendre du fruit ou des légumes en vert, à la halle ou sur la place publique.

REPETIÈRO. s. f. Poissarde. Harengère. Terme de mépris qui se dit des femmes de la lie du peuple et de la halle. *N'es qu'uno repetièro* : c'est une vraie poissarde.

REPETOULIA. ⎫
REPETOURIA. ⎬ v. a. Répétailler.
Répéter les mêmes choses jusqu'à l'ennui.

REPINPINADO. s. f. Lutte. Batterie. Voyez TIRASSADO.

REPINTA. v. a. Repeindre. Peindre de nouveau. Rebarbouiller.

REPLANTA. v. a. Terme de jardinier. Répiquer. Transplanter. Le premier se dit des plantes que l'on arrache pour les placer ailleurs où elles croîtront et demeureront. Le second se dit des arbres que l'on place à demeure.

REPLEGA. v. a. Replier. Plier une chose qui avait été dépliée.

REPLIQ, IQUO. s. Répétition. Second coup d'horloge. Redite de l'heure déjà sonnée par la même horloge. *Senco soueno la repliquo* : lorsque l'horloge répétera l'heure.

REPOOUSA. v. a. Reposer. Mettre dans une situation tranquille.

— Dormir.

REPOOUSADOU. s. m. Voyez POOU-SADOU.

REPOURTA. v. a. Rapporter. Redire par légèreté ou par malice ce qu'on a vu ou entendu.

REPOURLIÉ, IÉRO. } Voyez RA-
REPOURTUR, USO. } POURTIÉ.

REPOUS. s. m. Reflet. Reverbération de lumière. Répercussion des rayons du soleil.

— Contre-coup. Voyez REBOUN.

— Repoussement.

REPRIN. s. m. Recoupe. Terme de boulanger. Voyez RECOUPADURO.

REPROCHI. s. m. Reproche. Ce qu'on objecte à une personne pour lui faire honte.

REPROUCHA. v. a. Reprocher. Faire des reproches.

REPROUCHA. v. n. Revenir. Donner des rapports. Procurer, occasionner de ces vapeurs acides et désagréables qui s'élèvent de l'estomac dans la bouche. *Leis rifouers mi reprouchoun* : les raiforts me donnent des rapports.

REQUINQUIHA. v. a. et récip. Requinquer. Se requinquer On le dit des personnes âgées qui se parent plus qu'il ne convient à leur âge. *Per ana eis noueços s'èro requinquihado coum'uno fihetto* : pour assister à la noce elle s'était parée comme une jeune fille.

REQUIQUI. s. m. Terme familier et populaire, qui se dit fig. de l'eau-de-vie et de toute liqueur spiritueuse. *Beoure un det de requiqui* : boire le petit verre de liqueur, la goutte.

REQUIS, ISTO. adj. Rare. Recherché. Peu commun. *Leis pezes soun enca requis* : les pois sont encore rares. *Plat requis* : mets recherché. *L'y avié tout de cavos requistos* : c'était tout du rare, du recherché. On dit prov. *Fiho poou visto, fiho requisto* : marchandise peu vue n'est pas la dernière vendue, pour dire : qu'une

fille qui ne cherche pas à paraître, ni à se faire voir, n'en est que plus appréciée.

REQUUÈLA. }
REQUUÈRA. } v. n. Reculer. Tirer. Aller en arrière. *Requuèra lou boués, lou gaveou doou fuech* : détiser, lever le bois et les javelles du feu. On dit prov. et fig. d'un homme *Que reculo per mieu ssouta* : qu'il recule pour mieux sauter, lorsqu'il refuse ou néglige quelqu'avantage dans la vue d'en obtenir ou de s'en procurer un plus grand.

REQUUÈRADO. s. f. Reculement. Recul. Reculade. Action, mouvement d'une chose qui recule.

REQUUÈRADO. s. f. Terme d'ag. Froid tardif, brouillard. Gelée reculée qui brûle et fait périr les fleurs, les feuilles et les jeunes pousses des arbres. *Si n'aven ges de requuèrado sera fouesso fruit aqu'estan* : si nous n'avons pas des froids arriérés la récolte des fruits sera abondante cette année.

REQUUERAMENT. s. f. Reculement. Pièce du harnois d'un cheval qui sert à le soutenir en reculant.

REQUUÈRANT. s. et adj. m. Fuyard. On le dit d'un écolier et d'un enfant qui fait l'école ou la maison paternelle pour se soustraire à la correction qu'il sait avoir mérité. *Faire lou requuèrant* : faire l'école buissonnière, faire une échappée.

REQUUEROUNT. DE REQUUÈROUNT. adv. A reculons. En reculant, allant en arrière. *Marcha de requueroun* : marcher à reculons. Il signifie au fig. En empirant, dans un sens contraire à ce qu'il en devrait être. *Seis affaires van de requueroount* : ses affaires vont à reculons.

RES. s. Personne. Nul. Aucun. *Y a pas res* : il n'y a personne.

RES. Voyez RAS.

RESCALIOU. Voyez RACALIOU.

B.-A. RESCATIA. Voyez RECA-TIA.

RESCLANTI. v. n. Retentir. Resonner. Réfléchir. Renvoyer le son. *Egliso que resclantit* : église qui résonne. *Sa voues resclantissié* : sa voix retentissait.

RESCLAOUVA. v. n. Terme de moulin à eau. Remplir une écluse, c'est-à-dire, le bassin que l'écluse forme.

RESCLAOUVADO. s. f. Éclusée. Quantité d'eau que contient le bassin d'une écluse de moulin. *Aqueou moulin vai qu'a resclaouvados* : ce moulin ne mout que par éclusées. Au fig. Ondée. Averse. Pluie impétueuse et de peu de durée. *N'en agueriam uno famouso resclaouvado* : nous essuyames une très-forte averse.

— Volée de coups. *N'y an douna uno boucno resclaouvado* : on lui en a donné une forte dose.

B.-A. RESCLAOUVO. } s. f. Écluse.
RESCLAVO. }
de moulin. Chaussée élevée formant un réservoir où s'amasse l'eau d'un canal, d'un ruisseau ou d'une fontaine qui fait aller un moulin.

RESCLAOUVO. s. f. Réservoir. Lieu fait exprès sur le bord de la mer où l'on tient du poisson et des coquillages en réserve. *Claouvisso de la resclaouvo* : cames de la réserve.

— Écluse. Vanne. Porte qui se hausse et se baisse à volonté, pour contenir ou lâcher l'eau d'une écluse. Voyez MARTELIÈRO.

RESCOOUFFA. v. a. Rechauffer. Échauffer. Chauffer ce qui était refroidi. *Soupo recvouffado* : potage rechauffé.

RESCOOUSSA. v. a. Rechausser. Chausser de nouveau.

— Terme d'ag. Remettre de la terre au pied d'un arbre.

RESCOUENTRE. s. m. Rencontre. Hasard, aventure par laquelle on trouve fortuitement une personne ou une chose.

— Occasion. Conjoncture. *Oou proumièrescouentre* : à la première rencontre. *Marchandiso de rescouentre* : marchandise d'occasion, de rencontre.

RESCOUNTRA. v. a. Rencontrer. Trouver une personne, un chose, soit 'qu'on la cherche, soit qu'on ne la cherche pas.

RESCRIDA (SI). v. récip. Se récrier. Faire une exclamation sur quelque chose qui surprend et qui paraît extraordinaire, soit en bien, soit en mal. Voyez RANCURA. *Tout lou mounde s'es rescrida de veire que* ..... : chacun s'est recrié de voir que ....

RESERVA. v. a. Réserver. Garder quelque chose d'un total.

— Garder pour une autre occasion ou un autre temps.

RESERVA (SI). v. récip. Se réserver. Attendre, remettre à faire ou à dire quelque chose dans un autre temps.

RESERVA, ADO. part. et adj. Réservé, réservée. Circonspect. Discret. Prudent. *Vou l'aven reservado* : nous vous l'avons réservée. *Fremo reservado* : femme réservée. *Uno aoutro fes siguez pu reservado* : une autre fois soyez plus circonspecte.

RESEDA BASTARD. s. m. Réséda inodore. Plante assez commune dans les champs. On la dit bonne pour appaiser les douleurs étant appliquée en cataplasme.

RESOUN. s. f. Raison. Faculté. Bon sens de l'homme, etc. *Ave de resoun eme coouqu'un* : se disputer, se quereller, s'injurier. *An agu de resoun* : ils ont eu querelle ensemble.

RESPAYA. v. a. Froler. Toucher légèrement en passant. Voyez FRISA.

RESPAYETTO. DE RESPAYETTO. Façon de parler adverb. A la façon des ricochets. — Terre-à-terre. En trainant. Voyez REBAYETTO.

RESPAYANT (EN). adv. En frolant. *Ma bocho pousset la sieuno en respayant* : ma boule entraina la sienne en frolant.

RESPOUENDRE. v. a. Répondre. *Respouendi, respouendes, respouende, respouendem, respouendès, respouendoun, respouenderi, respoundiou, respoundrai, que respouendi, que respoundessi, respoundrion,* etc. Repartir à quelqu'un sur ce qu'il a dit ou demandé.

— Répondre. Écrire à quelqu'un de qui l'on a reçu une lettre.

— Répondre. Etre caution, être garant pour quelqu'un. On dit prov. dans ce sens, *Que respouende pago* qui répond paie.

RESPOUENSO. }
RESPOUESTO. } s. f. Réponse. Ce
RESPONSO. }
qu'on répond.

— Lettre qu'on écrit pour répondre à une autre lettre.

RESQUIHA. v. n. Glisser. Il se dit lorsque le pied vient tout d'un coup à couler sur quelque chose de gras ou d'uni. Parlant d'un orateur à qui la mémoire a fait défaut dans une occasion, et de celui qui a fait des erreurs dans un compte embrouillé, On dit proverbialement et fig. *N'es pas miracle de resquiha quand plaou :* ce n'est pas surprenant de glisser par un temps pluvieux.

RESQUIHADO. s. f. Glissade. Action de glisser involontairement.

RESQUIHETO. s. f. Glissoire. Chemin frayé sur la glace pour y glisser.

—Glissade. Action de glisser sur la glace. *Faire de resquihetos :* glisser, faire volontairement des glissades sur la glace, pour s'amuser. *Faire de resquihetos :* faire des ricochets. Jeter obliquement des pierres plates sur la surface de l'eau pour y faire des bonds.

RESQUIHOUN. Voyez RESQUI-HETO.

RESQUITA. Voyez DESQUITA.

RESSAMENA. v. a. Semer de nouveau. Jeter une seconde fois de la semence dans un champ pour remplacer celle qu'un torrent, les intempéries de la saison, ou les insectes ont emportée, fait périr ou mangée.

RESSAOU. s. m. Cahot. Saut que fait une voiture en roulant sur un chemin raboteux.

—Inégalité. Élévation particlle d'un chemin qui occasionne des cahots aux voitures qui y passent. *Camin plen de ressaous :* chemin raboteux propre à procurer des cahots. Voyez RESSOOUTA.

RESSAOUNA. v. a. Saigner de nouveau.

RESSAOUPRE. v. a. Recevoir. Voyez RECEBRE.

RESSARCA. v. a. Voyez RECERCA.

RESSARCO. s. f. Voyez RECERCO.

RESSARRA. v. a. Resserrer. Serrer d'avantage ce qui s'est lâché. *Ressarra un courdoun :* resserrer un cordon.

— Rendre le ventre moins libre, moins lâche. *Leis souerbo ressarroun :* les cormes resserrent. On dit que *Lou ventre si ressarro :* que le ventre se resserre, pour dire, qu'il devient moins libre, moins lâche. On dit fig. que *l'Argent est ben ressarra :* que l'argent est bien resserré, pour dire, que chacun le garde par devers

soi, voulant ni le prêter ni l'employer.

—Restreindre. Retrécir. *Lou frech ressarro leis galinos et leis empacho de faire d'uou :* le froid resserre les poules et les détient de faire des œufs.

RESSASSIA. v. a. Rassasier. Voyez ASSADOULA.

B.-A. RESSÈGRE. } RESSEGUI. } v. a. Terme d'agr. Herser. Passer la herse, le râteau, la pioche ou la houe dans un champ que l'on vient de semer, pour recouvrir toute la semence, en unissant le terrain.

RESSEMELA. v. a. Ressemeler. Mettre de nouvelles semelles à une vieille chaussure.

RESSEMELAGI. s. m. Carrelure. Les semelles neuves qu'on met à des vieux souliers, à des vieilles bottes. *Mouyennant un ressemelagi seis souliers soun mai noous :* avec une carrelure ses souliers en vaudront de neufs.

RESSERCA. Voyez RECERCA.

RESSOOUTA. v. a. Cahoter. Faire des sauts en roulant. On le dit des voitures.

RESSOOUTA. v. n. Faire un sursaut. On le dit d'une personne endormie qui s'éveille subitement par quelque grand bruit, ou par quelque violente agitation.

— Tressaillir. Être subitement ému par une agitation vive et passagère qui fait faire des bonds involontaires.

RESSOOUTAMENT. s. m. Cahotage. Mouvement fréquent causé par les cahots.

RESSOOU. } RESSORT. } s. m. Terme de boulangerie. Four-tombant. On le dit du pain qui, étant enfourné lorsque la grande chaleur du four est diminuée, se cuit plus lentement et mieux que l'autre. *Pan doou ressoou, pan cuech oou ressoou :* pain cuit au four-tombant.

RESSORT DOOU' SOULEOU. s. m. Réverbération, reflet des rayons du soleil. *Ave lou ressort doou souleou :* avoir la réverbération du soleil.

RESTA. v. n. Voyez ISTA. On dit d'un orateur, d'un prédicateur qu'*A *resta su seis dents :* qu'il est demeuré dans son discours, pour dire, que la mémoire lui a manqué au point de ne pouvoir continuer ce qu'il avait à dire.

RESTADO. MARO-RESTADO ! s. f. Interjection et imprécation. Peste soit du retard ! Voyez MARO.

RESTANCA. v. a. Retenir l'eau. Mettre une digue, opposer un obstacle à une eau courante, pour la retenir ou l'empêcher de suivre cette direction.

RESTANCAIRE. s. m. Celui qui fait des batardeaux, place des arrêts et qui, de quelle manière que ce soit, retient l'eau, l'empêche de suivre son cours ou de se répandre.

RESTANCO. s. f. Terme de jardinier et d'irrigation. Digue. Batardeau. Barrage. Arrêts, etc. Obstacle quelconque que l'on oppose à l'eau pour l'empêcher de se répandre ou de pénétrer à l'endroit qu'on veut garantir. *Restanco per reteni l'aigo :* bâtardeau pour retenir l'eau. Voyez ESPACIÉ ou ESPASSIÉ.

RESTANGO. s. f. Terme de boulangerie. Arrêts. Morceau de bois qu'on place au travers du pétrin, lorsqu'on veut retenir la pâte et empêcher qu'elle ne s'étende.

B.-R. RESTOOULA. } v. n. Restaurer. Vivifier. Réparer. Soulager. Remettre en vigueur. Rétablir. Faire
B.-A. RESTOOURA. } du bien. *L'y an douna un bouyoun que l'a restooura :* on lui a donné un bouillon qui l'a restauré. *Lou souleou restoouro :* le soleil vivifie, remet en vigueur. On dit ironiquement à celui qui, cherchant à nuire à quelqu'un, s'est pris lui-même au piège qu'il avait tendu, *Boueno salud, bouen restooula :* tant mieux, que bien t'en advienne. Voyez REMOUNTA.

RESTOUBLA. v. a. Terme d'agr. Sursemer. Semer sur chaume. Semer de suite sans laisser reposer une terre qui vient de porter du blé ou toute autre céréale. Au fig. Revenir à la charge. Percevoir deux fois une chose, faire deux récoltes.

RESTOUBLE. s. m. Champ sursemé. Terrain qui, venant de porter du froment, est semé de nouveau en blé ou en autre céréale. *Samena su lou restouble :* semer sur le chaume. *Bla de restouble :* blé venu sur le chaume ou blé sursemé.

RESTREGNÉ. v. a. Restreindre. Resserrer. Retrécir. *Aqueleis manchos soun troou largbos foou leis restregne :* ces manches ont trop d'ampleur il faut les retrécir. *Leis soucrbos restregnoun :* les cormes resserrent.

RETAPA. v. a. Reboucher. Boucher de nouveau. Remettre le couvercle, le bouchon que l'on avait ôté à une futaille, à un plat, etc.

RETAPA, ADO. adj. Rusé, rusée. Fin. Adroit. Qui a de la ruse. *S'es retapado :* elle est devenue rusée. Il se dit aussi substantivement. *Es un retapa :* c'est un fin rusé. *Uno pichouno retapado :* une petite rusée.

RETARDA. v. a. Retarder. Différer. Voyez TARSA.

RETEGNE. v. a. Reteindre. Teindre de nouveau. *Fichu retent :* schall reteint.

RETENAOU. s. m. Arrêts. Barre. Batardeau. Espèce de digue faite d'ais, de pieux, de terre ou de tout autre chose propre à retenir l'eau ou à la détourner.

— Boucheture. Clôture faite à un champ pour empêcher le bétail d'y pénétrer. Au fig. Obstacle. Empêchement. On dit dans ce sens d'un homme volage et léger, que *N'a ges de retenaou :* qu'il n'a point d'arrêt. Il est quelquefois synonyme de *retengudo.*

RETENGUDO. s. f. Retenue. Modération. Sagesse. Circonspection *Fiho senso retengudo :* fille sans retenue.

RETENI. v. n. Terme d'ag. Nouer. Passer de fleur en fruit. On le dit des arbres. *Leis poumiè an ben flouri, si retenien oourian foucsso fruit :* les pommiers sont bien en fleurs, s'il nouent nous aurons du fruit en quantité.

RETIRA. v. a. Retirer. Tirer à soi une chose qui avait poussé dehors.

— Tirer une chose d'un lieu où elle avait été mise. *Retira un enfant d'en nourriço :* sevrer un enfant, le retirer de chez sa nourrice.

— Loger. Héberger. Accueillir. Recevoir, donner asile. *L'an retira à soun oustaou :* ils l'ont retiré chez eux. *Retira quaouqu'un :* donner asile, retraite à quelqu'un.

RETIRA (SI). v. récip. Racornir. Devenir dur et coriace comme de la corne. *La couleno si retiro su la griho :* la panne ou couenne du cochon racornit sur le gril.

RETIRA. SI RETIRA. v. récip. Se raccourcir. Se contracter. On le dit des muscles qui se raccourcissent et se resserrent. *A leis mans retirados :* il a les mains raccourcies. Ses mains se sont contractées.

— Se rapetisser. S'étrécir. *La télo bagnado si retiro :* la toile mouillée se rapetisse, se raccourcit, se rétrécit.

RETIRA (SI). v. récip. Rentrer chez soi. Revenir au logis. *Tout beou jhus si retiro :* à peine rentre-t-il. *Retira-vous d'houro :* rentrez de bonne heure.

RETIRADO. s. f. Asile. Retraite. Hospitalité. *Douna la retirado :* donner asile, exercer l'hospitalité. *Ave la retirado :* avoir le couvert, trouver un asile.

RETIRAMENT. s. m. Retirement. Contraction, raccourcissement des nerfs.

RETIRAMENT. s. m. Retirement. Reculement. Action de reculer un mur en le montant de manière à ce qu'il rentre en dedans et forme le talus en dehors. *Foou douna un pouce per cano de retirament :* il faut donner un pouce par toise de reculement à ce mur, en le montant.

RETOUMBA. v. a. Retomber. Tomber encore. *Es mai retoumba :* il est tombé de nouveau.

RETOUMBA. v. a. Transvaser. Décanter. Verser doucement une liqueur dans un autre vase pour la séparer du dépôt qu'elle a fait.

RETOUMBETS. s. m. Garou. Arbrisseau toujours vert, appelé aussi l'auréole. Voyez HERBO-LOOURINO.

— Euphorbe épineux. Plante. On dit proverb. à une personne de basse condition qui fait la délicate et la difficile sur l'apprêt des alimens qu'on lui présente, *Vai t'en mangea de retoumbets, que s'en vague mangea de retoumbets.*

RETRACHO. s. f. Terme de vigneron. Drageon. Rejeton de vigne. Sarment qui croît autour et au bas du cep de la vigne. Voyez BUOUVIN.

RETRAIRE. v. n. Ressembler. Avoir du rapport. Revenir. Approcher. On ne le dit que des nuances de couleur. *Aquelo coulour n'es pas couno voueste echantihoun, mai li retrai ben :* cette couleur n'est pas celle que vous cherchez, mais elle en approche beaucoup. *Aco li retrairié :* cela pourrait y revenir, il y a bien du rapport.

RETREMPA. v. n. Replonger dans l'eau.

REVA. Voyez RAVA.

REVARDIA. v. a. Reverdir. Redevenir vert. On le dit des plantes et des arbres.

REVARIÉ. s. f. Rêverie. Imagination. Extravagance. Délire.

REVEIHA. v. a. Éveiller. Faire cesser le sommeil. — Réveiller. *Si reveiha.* v. récip. S'éveiller. Cesser de dormir.

REVEIHA, ADO. s. et adj. Éveillé, ée. Ardent. Gai. Vif. *Es un reveiha :* c'est un éveillé. *Uno pichouno reveihado :* une petite éveillée. On dit prov. d'un jeune enfant gai et vif. qu'*Es reveiha coum'un garri :* qu'il est éveillé comme une potée de souris.

REVEIRE. v. a. Revoir. Voir de nouveau. On dit fam. *Oou plesi de si reveire !* au plaisir de nous rencontrer de nouveau !

B.-A. REVEISSINA. v. a. Retrousser. Relever ce qui était abaissé. Redresser. Replier. Recoquiller. Hérisser. *Seis peoux si reveissinavoun :* ses cheveux se redressaient.

REVEISSINA, ADO. part. et adj. Retroussé. Redressé. Replié. Hérissé. Recoquillé, ée. *Capeou reveissina :* chapeau retroussé. *Quoue reveissinado :* queue retroussée. *Peous reveissinas :* cheveux hérissés. Il est bas et populaire.

REVENDEIRE. }
REVENDUR. } s. m. Regrattier.
Celui qui vend en détail et à petites mesures, des comestibles, du charbon et autres objets de consommation journalière.

— Revendeur, revendeuse. Qui achète pour revendre. — Détaillant épicier. Voyez BOUTIGUIÉ.

REVENGU. s. m. Revenu. Rente.

REV REV 399

Pension annuelle. *Manjha seis revengus :* manger ses revenus.

REVENGU, UDO. part. Revenu, ue.

REVENGU, UDO. part. Ranimé, ée. Voyez le verbe REVENI. On appelle *Peou revengu :* gueux revêtu, un homme de rien, qui, ayant fait fortune, en est devenu arrogant.

REVENI. v. a. Ranimer. Reprendre ses esprits. — Revivre. *Toumbet mouer que lou poudien pa reveni :* il eut une faiblesse telle qu'on eut beaucoup de la peine à le rappeler à la vie. *A uno maladiè d'ounte poou pa reveni :* il a une maladie de laquelle il ne peut échapper. *Tei plours lou revendran pas :* tes pleurs ne sauraient le faire revivre.

REVENI. v. a. Terme culinaire. Refaire. Accommoder du gibier, de la volaille, en le faisant revenir sur la braise ou dans de l'eau chaude. *Avan de larda lou gibié foou lou fa reveni :* il faut refaire le gibier avant de le piquer.

REVENI (SI). v. récip. Se convenir. S'assortir. S'accorder ensemble. *Coulours que si revènoun :* couleurs qui se conviennent, qui peuvent aller ensemble. *Seis caractèros si revènoun :* leurs caractères s'accordent, ils symphatisent ensemble.

REVENJHA. v. a. Revancher. Défendre quelqu'un qui est attaqué, l'aider, le secourir dans une querelle, une batterie. *Revenjho-ti :* revenche-toi. *Que noun ti revenjhes !* que ne te défends-tu !

REVENJHAIRE. s. m. Revancheur. Défenseur. Qui revanche. *Aviè un bouen revenjhaire :* il avait un bon défenseur.

REVENJHE. s. m. Revanche. Action par laquelle on se revanche d'un mal ou d'une insulte qu'on a reçu.

REVENJHE. s. m.
REVENJHO. s. f. } Terme de joueur. Revanche. Seconde partie que joue le perdant pour se racquitter de la première. *Jhuga lou revenjhe :* jouer la revanche.

REVENTA. v. a. Éventer de nouveau. Voyez VENTA.

REVENTA. v. a. Surabonder.

REVERTEGA. v. n. Retrousser. Trousser. Replier. Relever en haut ce qui pend. Il est pop.
51

REVERTEGA, ADO. part. Retroussé, ée. *S'es revertega jusqu'oou coude :* il a retroussé ses manches jusqu'au coude. *Raoubo revertegado :* robe retroussée.

REVÈS. s. m. Revers. *Revès de man :* revers, coup d'arrière-main. *Revès d'un fuihet :* verso, seconde page d'un feuillet de livre.

REVES-DE-PEOU (A). adv. A rebrousse poil. Voyez REBOUR - DE PEOU.

REVESSA. v. a. Renverser. Bouleverser. Faire tomber, jeter par terre. *Revessa leis escudellos :* renverser, faire tomber les écuelles. *Coulet revessa :* collet renversé. Au fig. Échouer dans ses entreprises. Être en déconfiture, faire faillite. *Fasiè proun varai, mai a revessa :* il paraissait beaucoup faire, mais il a échoué. *Fa plus ren, a revessa :* il a quitté les affaires, il a échoué.

REVESSURO. s. f. Renversement. Chose renversée, repliée. On ne le dit qu'en parlant du lit ou du collet d'un habit, etc. On dit *Faire la revessuro :* faire la couverture, pour dire, après que le lit est fait, replier, renverser le drap et la couverture à la manière d'un collet d'habit.

REVEYA. Voyez REVEIHA.

REVEYO-MATIN. s. m. Reveilleur. On dit fig. *Avé su lou reveyo-matin :* avoir le cerveau détraqué, la tête un peu fêlée.

REVEYOUN. s. m. Reveillon. Petit repas extraordinaire qui se fait entre le souper et le coucher.

REVIOLO. s. f. Rissole. Terme de cuisine bourgeoise. Viande hachée que l'on enveloppe dans de la pâte légère, et que l'on fait frire ensuite dans de l'huile ou du saindoux.

REVIOUDA. v. a. Ressusciter. Ramener de la mort à la vie. — Ranimer. On le dit des animaux plutôt que des personnes. Au fig. Ravigoter, regaillardir. *Lou bouen vin la reviouda :* le bon vin l'a ravigoté.

REVIOURE. v. a. Revivre. Ressusciter. Redonner de la consolation, de la joie. Remettre en vigueur. Il se dit au propre comme au fig. *Ce que l'y an douna l'a fach revioure :* ce qu'on lui a donné l'a fait revivre.

V. REVIOURE. s. m. Regain. Voyez ROUHIBRE.

REVIRA. v. a. Retourner. Tourner d'un autre sens. *Revira leis manchos d'uno camiso* : retourner les manches d'une chemise.

REVIRA (SI). v. récip. Se tourner. *N'a pa vougu si revira* : il n'a pas voulu se tourner. Au fig. Se revancher. Se défendre, riposter, relancer quelqu'un. *Si te piquo reviro te-li* : s'il te frappe défends-toi, revanche-toi. On dit fig. et fam. *Revira leis dents a coouqu'un* : montrer les dents à quelqu'un, pour dire, lui résister, lui faire tête, etc. *Revira brido* : rebrousser chemin.

REVIRADO. s. f. Maladie. Indisposition. *A agu uno revirado qu'a pensa mouri* : il a failli mourir d'une indisposition. *Uno marrido revirado* : une maladie sérieuse. Au fig. Disgrâce, malheur. Il est pop.

REVIRO-GAOU. s. m. Moulinet. Sorte de jouet d'enfant. Noix vide et percée dans laquelle est passée une cheville portant un peson au bas, et que l'on fait tourner dans cette même noix par le moyen d'un fil que l'on tire horizontalement. Voyez VIRO-GAOU.

REVIRO-MEINAGI. s. m. Remue-ménage. Dérangement de plusieurs choses, de plusieurs meubles que l'on transporte ailleurs.

— Changement survenu dans une maison. *Estre dins lou reviro-meinagi* : être dans le dérangement.

REVIRO-MENU. s. m. Dompte-venin. Asclépiade. Plante.

REVIRO-PÉOU. Voyez REBOUR-DE-PEOU.

REVIROUN (ANA DE). adv. Aller en regardant derrière soi.

REVISA (SI). v. récip. Se raviser. Changer d'avis.

— Faire réflexion. Prendre garde. *Si te ravises pas, ti dupara* : si tu ne te ravises il te trompera. *Que noun ti ravises* : que ne fais-tu attention à ce que tu fais.

REVIS, REVISTO. part. du verbe *Reveire*. Revu, ue. Vu de nouveau. *Despuis alors l'ai plus revis* : je ne l'ai plus revu depuis lors.

REVISCOULA. }
REVISCOULIA. } v. a. Ravigoter.

Ranimer. Remettre en vigueur. Ragaillardir. Rajeunir. Éveiller. Donner de la gaieté. *Un veire de liquour la tout reviscoulia* : un verre de liqueur l'a entièrement ravigoté. *Leis quatre goutos qu'a fach an reviscoulia leis blads* : le peu de pluie que nous avons eu a ranimé et ravivé nos blés. *La nouvello qu'a reçu la tout reviscoulia* : la nouvelle qu'il a reçu l'a tout ravigoté.

REVISCOULIA, ADO. part. et adj. Ragaillardi. Rajeuni, ie. — Éveillé, ée. Gai. Vif. *Es toujour ben reviscoulia* : il est toujours bien portant et de bonne humeur. *Es reviscouliado coum'uno filho de quinz'ans* : elle est aussi fraîche qu'une fille de quinze ans. Il est familier et pop.

REVO. s. f. Octroi. Droit que payent certaines denrées, comestibles, etc., en entrant dans les villes. Il n'est plus guère usité, le mot français Octroi a prévalu, depuis que les communes ont été autorisées à établir cet impôt pour subvenir à leurs dépenses locales.

REVOBIS. subst. masc. Ripaille. Régal. Débauche de table. Il est populaire. *Soun d'oonbriès que fan toujour caouque revobis* : ce sont des grivois qui vont assez souvent faire ripaille.

REVOI, REVOYO. adj. Dispos. Bien portant. En bonne santé. On ne le dit que des personnes. *Es encaro ben revoi par soun agi* : il ne saurait être plus dispos à son âge. *Sias toutei ravois à l'houstaou* ? êtes-vous tous bien portants à la maison ? Il est populaire.

REVOOUDARIÈS. s. f. Menuailles. On le dit généralement et familièrement de toutes sortes de petites choses qu'on met au rebut.

REVOOUDEJHA. }
REVOOUDIA. } v. n. Ravauder.

Tracasser dans une maison, s'occuper à ranger des hardes, des meubles, etc. *N'a fach que revooudejha tout lou matin* : elle n'a fait que ravauder toute la matinée. Tournoyer. Voyez ROUDOULIA.

REVOUIRA. v. a. Terme de mesureur public. Aplanir. Raser. Passer la racloire sur la panal ou le décalitre qu'on emplit de grain', pour combler tout les vides qu'il peut y avoir, et faire tomber ce qui est en dessous des bords.

REVOUIRA. Terme de maçon. Doler. Voyez RAVOUIRA.

REVOUIRA. v. a. Au fig. Regorger de plaisir. Nager dans la joie.

REVOUIRO. Voyez RAVOUIRO.

V. REVOULUN. s. m. Voyez REMOULINADO.

REYO. s. f. Soc. Coutre. Fer tranchant d'une charrue. Le soc en est la partie supérieure qui est en avant du cep (*Aramoun*), et le coutre celle qui entre dans la terre et la coupe dans le sens vertical.

RHOSE. s. m. Rhône. Fleuve qui se jette dans la Méditerranée au dessous d'Arles.

RIABLE. s. m. Rabot. Instrument servant à retirer la lie du vin ou la rafle qui est restée dans les tonneaux.

RIABLE. s. m. Rable. Filet. Partie charnue d'un lièvre ou d'un lapin. Voyez REABLE.

RIABLE. s. m. Fourgon. Voyez REDIABLE.

RIADO. s. f. Risée. Éclats de rire. Ris immodérés que font plusieurs personnes. *N'an fach de riados* : ils en ont ri aux éclats. *N'en fagueroun seis riados* : ils en firent leurs risées.

RIAOU. s. m. Ruisseau. Courant d'eau. Canal où passe le courant d'eau.

RIAS. s. m. Epervier. Filet de pêcheur.

RIASSO. Voyez RIADO.

RIBANBELO. Voyez RIBOUMBÈLO.

RIBAN. s. m. Ruban. Tissu de soie très-mince, plat et peu large. *Riban satina* : ruban satiné. *Pichoun riban*: petit ruban. *Riban raya, riban vert, riban gouffra*, etc.

RIBAN. s. m. Terme de menuisier. Copeau. Partie mince du bois qui tombe sous la doloire, la varlope ou le rabot, et qui a la forme d'un ruban.

RIBAS. s. m. Terme d'ag. et de jardinier. Côtière ou costière. Talus de verdages ou de ronces. Voyez RIBO.

RIBASSIA. }
RIBEJHA. } v. n. Marauder dans les champs. Courir les champs.

— Côtoyer. Passer sur les bords des champs. Il est populaire et ne se prend qu'en mauvaise part. *D'ounte vènes de ribassia ?* d'où viens-tu de courir? *Fan jamai que ribassia*: ils sont toujours à marauder dans les champs.

RIBIÈRO. s. f. Rivière. Assemblage d'eaux qui coulent toujours dans un lit d'une largeur considérable.

RIBLA. v. a. River. Rabattre la pointe d'un clou de l'autre côté de la chose qu'il perce. On dit prov. et fig. *Ribla leis claveoux en coouqu'un*: river le clou à quelqu'un, pour dire, lui répondre fortement en sorte qu'il n'ait rien à répliquer. *L'y an ribla seis claveoux coumo faou* : on lui a joliment rivé son clou.

RIBLURO. s. f. Rivure d'un clou.

RIBO. s. f. Bord. Extrémité d'une chose. Ce qui la termine par quelque endroit et principalement par sa largeur. *Ribo doou camin, d'un precipici*: bords du chemin, bords d'un précipice. *Estre à la ribo* : être sur les bords.

RIBO. s. f. Costière. Talus en gazon. *Mounta su d'uno ribo* : Grimper sur une costière. *Sa peço vai jusqu'en aquelo ribo* : sa propriété s'étend jusqu'à ce talus.

RIBO. s. f. Rive. Berge. Bord de l'eau. Bord d'une rivière. On dit prov. et fig. d'une personne de bon appétit à qui on présente peu de chose à manger. *Que li toco pas leis ribos* : qu'il n'y en a pour sa dent creuse. On dit proverb. et fig. d'un homme fort embarrassé à se déterminer entre deux partis qui paraissent également hasardeux, qu'*Es coum'un ai entre doues ribos* : qu'il est entre l'enclume et le marteau.

RIBO-TAYADO. s. f. Berge. Bord escarpé d'une rivière.

— Élévation d'un terrain taillé à pic.

B.-A. RIBOUMBELO. s. f. Multitude. Quantité. Grand nombre de personnes ou d'animaux. Il est familier et populaire. *N'y aviè uno bèlo riboumbèlo* : ils étaient en très-grand nombre

RICHAOUD. s. m. Rechaud. Ustensile dans lequel on met du charbon pour chauffer les fers à repasser le linge ainsi que pour d'autres usages domestiques.

RICHAS, ASSO. s. Richard, arde. Homme, femme très-riche.

RICHOUNEJHA. Voyez RIROUCHIA.

RIFLAR. s. m. Terme de sculpteur et de tailleur de pierre. Ripe. Grattoir. Outil.

RIFOUAR. } s. f. Raifort. Racine
RIFOUER. } potagère que l'on mange crue et à la main. Elle est diurétique et apéritive.

RIGAOU. s. m. Rouge-gorge. Petit oiseau. On dit familièrement et proverbialement d'une personne qui voyage et va par toute sorte de temps. *A coumo lou rigaou, cregne ni lou fre ni lou caou* : il est habitué à toute sorte de temps, et ne craint ni le froid ni le chaud.

RIGOOUDOUN. s. m. Rigaudon. Sorte de danse. Au fig. *Dansa lou rigooudoun* : être rossé. Être battu fortement. Il est ironique.

B.-A. RIGOU-MIGOU. s. m. Anguille. Faux pli que prend le drap ou toute autre étoffe en passant sous la presse. Il est pop.

V. RIGOUNCEOU. s. m. Archet de berceau. Voyez ENCRUNCEOU.

RIGOURA. Voyez REGOULA.

RIM. s. m. Brûlure Voyez USCLE.

RIMA. v. a. Rimer. Versifier. Faire des vers.

RIMA. v. a. et récip. Roussir. Roussiller. Brûler à demi, brûler légèrement. On ne le dit que des étoffes ou du linge qui, étant tenus trop longtemps devant le feu y deviennent roux et en sont à demi brûlés. *Levas leis pedas doou fuech que s'y rimarien* : ôtez les maillots de devant le feu, car ils s'y roussiraient. On dit qu'une étoffe, qu'un linge. *Sente lou rima* : qu'il sent le roussi, pour dire, qu'il a l'odeur d'une chose que le feu a roussie et qui est prête à brûler. Voyez USCLA. REBINA.

RIMAIRE. s. m. Rimeur. Poëte.

RIMASSA. v. a. superlatif de *rima* : Rimailler. Faire des mauvais vers.

— Brûler. Roussir par le feu.

RIMASSAIRE. s. m. Rimailleur. Mauvais poëte.

RIMEJHA. v. a. et récip. Brûler. Roussir. Voyez RIMA.

V. RINARD. s. m. Renard. Animal très-rusé.

B.-R. RIN. s. m. Raisin. Fruit de la vigne.

RINTRADO. s. f. Rentrée. Action de rentrer.

— Terme de commerce. Encaissement. *Faire leis rintrados* : faire les rentrées, encaisser, faire rentrer les fonds.

B.-A. RIOU. s. m. Ruisseau. Voyez RIAOU.

RIOU. s. m. Hurhaut. Terme dont les rouliers et les voituriers se servent pour faire marcher les chevaux et les mulets à droite. Voyez JHA.

RIRE. v. n. Terme de cuisine. Frémir. On le dit d'un liquide qui, étant sur le feu s'agite lorsqu'il est prêt à bouillir. *Lou toupin bouye pas, fai que rire* : l'eau qui est dans ce pot ne bout pas encore, elle commence à frémir.

RIRE. v. n. Terme de ravaudeuse. S'érailler. S'élimer. Montrer la corde. On le dit d'une étoffe, du linge et d'un drap usé qui montre la corde. On dit d'un habit et d'une robe. *Que ris de partout* : qu'il s'éraille et se déchire de toute part. *Coumenço à rire* : il est élimé.

RIROUCHIA. v. n. Rioter. Voyez FADEJHA.

RISEIRE. s. m. Rieur. Qui aime à rire.

RISENT, ENTO. adj. Riant, riante. Gracieux, euse. Qui a un air de joie, de gaîté. *Visagi risen* : figure riante.

B.-A. RISÈYO. s. f. Risée. — Raillerie. *L'y servet de risèyo* : il fut l'objet de leur risée.

RISPO. s. f. Bise. Voyez SISAMPO.

RISQUA. v. a. Risquer. Hasarder. On dit proverbialement et fig. *Quu noun risquo noun pren pey* : qui rien ne hasarde rien ne gagne.

RIVAOU. s. m. Rival. Concurrent.

RIVET. s. m. Terme de cordonnier. Trépointe. Couture en fil d'une chaussure. — Bords de la semelle d'un soulier.

RIVETA. v. a. Terme de cordonnier.

Trépointer. Coudre. Piquer un soulier.

— Refaire les bords usés d'une semelle, les réparer.

V. RIVOUERTO. Voyez REDOUERTO.

RODO. s. f. Roue. Machine ronde et plate qui tourne sur son essieu.

— Terme de moissonneur. Roue de gerbes. Gerbes arrangées circulairement à la manière d'une grande roue,

— Haras. Voyez EGO.

Le nom de *rodo* que l'on emploie dans le sens de haras, vient de ce qu'en foulant sur l'aire, les poulains ou jumens de haras qui sont en nombre, forment une roue entière en courant à la file.

RODOU. s. m. Sumac. Arbrisseau. On l'emploie dans la teinture.

V. ROGO. s. f. Noix de galle. Voyez BOUSSERIO.

ROIDOU. s. f. Roue. Voyez RODO. 2me art.

ROJHE. ⎱ s. m. Terme de boucherie. Fraise. Mésentère d'un animal.
ROJHOU. ⎰

ROOUBA. v. a. Dérober. Voler. Faire un larcin. Prendre en cachette ce qui appartient à autrui. *Roouba l'adiou* : s'évader. S'enfuir. *L'y rooubet l'adiou* : il prit la fuite, il se déroba à sa poursuite.

ROOUBADIS, ISSO. ⎱ adj.
ROOUBATIOU, IOUVO. ⎰ Exposé aux voleurs.

— Tentatif. Engageant, qui attire, qui allèche, qui porte à le dérober. On ne le dit au propre que des fruits sur pied. *Fruit rooubadis* : fruit tentatif, susceptible d'être volé, ou recherché des maraudeurs. *Leis souerbos soun pas rooubadissos* : les cormes ne tentent pas les voleurs.

ROOUBIHO. s. f. plur. collectif. Hardes. Tous vêtemens de femme. Il est populaire. *Touto sa rooubiho es esparpihado* : tous ses vêtemens sont éparpillés.

ROOUBO. Voyez RAOUBO.

ROOUCUGI. s. m. Raucité. Voyez RAOUCUGI.

ROOUMAS. s. m. Rhume. Fluxion qui excite la toux et rend la voix enrouée. *S'enroouma* : S'enrhumer. Prendre un rhume.

ROOUMAS-DOOU-CERVEOU. s. m.

Enchifrènement. Rhume de cerveau.

ROSE. s. m. Rhône. Fleuve.

ROSSO. s. f. Haridelle. Méchant cheval maigre.

— Mazette. Méchant petit cheval. On dit proverbialement et fig. *De tout peou l'y a rosso* : de tout poil il y a méchante bête.

ROU. ⎱ adj. Cassé. Brisé. Fêlé,
ROUTO. ⎰ ée. Rompu, ue. Parlant d'une personne qui est toujours à se plaindre, et d'une maison où il y a toujours quelque réparation à faire, on dit proverb. et fig. *L'y a toujour peiroou rou* : il y a toujours quelque chose à dire ou à faire.

ROUACHO. s. f. Tannée. Tan qui a servi dans les fosses. Voyez RUSCO.

ROUADO. s. f. Gelée blanche. Rosée forte qui se congèle en tombant. Voyez BLANCADO. JHALADO.

ROUALO. s. f. Voyez REALO.

ROUASTO. s. f. Terme de charpentier. Latte. Sommier. Pièce de bois de moyenne grosseur entre la poutre et la solive.

ROUCA. Voyez ROUTA.

ROUCAOU. s. m. Lézard, Poisson de mer.

ROUCAS. s. m. Roche. Roc. Rocher. Masse de pierre dure qui a sa racine dans la terre.

ROUCASSIO. s. f. Petit rocher à fleur de terre.

— Débris de pierres de roche.

— Terrain cultivé parmi des rochers.

ROUCASSOUX. adj. m. Garni de rochers, plein de roches.

B.-A. ROUCHOUNCHOUN. s. m. Voyez RECHOUNCHOUN.

ROUDA. v. a. Roder. Tournoyer. Courir çà et là. On dit proverb. et populairement d'une personne, *Que rodo coum'un pouer malaou* : qu'elle va et vient comme pois en pot, pour dire, qu'elle est continuellement à errer et à tournoyer çà et là. *Tout lou jour rodo coum'un pouer malaou* : il est à courir et à errer çà et là toute la journée, comme pois en pot.

ROUDAIRE. ⎱ s. Rodeur, rodeuse.
ROUDOUIRO. ⎰ Qui rode. Qui court çà et là.

ROUDEJHA. ⎱ v. n. Tournoyer.
ROUDOULA. ⎰ Aller et venir sans besoin, ni affaires. *Ountes que vai*

mai roudejha ? où est-ce qu'elle va donc courir de nouveau ?

ROUDEIROOU. s. m. Porte-faix. Crocheteur. Homme de peine.

B.-A. ROUDEIROOU. s. m. Roitelet. Voyez RATEIROOU.

ROUDELA.) v. a. Rouler. Dé-
ROUDOULA.) gringoler. Voyez REGOULA.

ROUDET. s. m. Rouet. Petite roue d'un moulin à farine, qui fait mouvoir les autres roues.

ROUDOU. s. m. Sumac. Voyez RODOU.

ROUDOURIA.) v. a. Voyez
ROUDOULEJHA.) ROUDEJHA.

ROUFLE. s. m. Râle de la mort. Voyez GRANOUIHOS.

ROUGEASTRE, ASTRO. adj. Rougeâtre. Qui tire sur le rouge.

ROUGEJHA.) v. n. Rougir. Pa-
ROUGIA.) raître rouge. *La traço doou sang rougejho encaro :* la trace que le sang a fait reparaît, ou rougit encore.

ROUGINEOU. adj. m.) adj. Rou-
ROUGINELLO. adj. f.) geâtre. Qui tire sur le rouge, tirant sur le rouge. *Visagi rougineou :* visage rougeâtre. *Couleur rouginello :* couleur rougeâtre.

ROUGNA. v. a. Rogner. Retrancher. Oter quelque chose des extrémités de la longueur ou de la largeur d'une étoffe, d'un cuir, d'un morceau de bois, etc. *Rougna leis ounglos :* faire les ongles.

ROUGNA. v. a. Regratter. Faire des réductions sur les petits articles d'un compte. *Toujours rougno caoucarren :* il regratte toujours.

ROUGNADURO. s. f. Rognure. La partie qui a été rognée. *Rougnaduros de papiè :* rognures de papier.

ROUGNO. s. f. Gale. Rogne. Maladie de la peau. On dit prov. et plaisamment. *Qu'a a la rougno a de besougno :* qui a la rogne n'est pas sans besogne.

ROUGNOUN. s. m. Rognon. Rein d'un animal. On dit proverb. et fig. d'une chose que l'on mange très-volontiers. *Que vai eis rougnouns, que va jusqueis rougnouns :* que le plaisir qu'on y prend pénètre jusqu'à la moelle des os.

ROUGNOUNADO. s. f. Terme de boucherie. Rognon de mouton. Partie antérieure d'une longe de mouton, qui contient les rognons, les reins de cet animal. *Un mouceou de rougnounado :* un morceau du rognon de mouton. C'est ce qu'on appelle aloyau en parlant du bœuf.

ROUGNOUX, OUSO. adj. Galeux, euse. Qui a la gale ou la rogne. *Fedo rougnouso :* brebis galeuse.

ROUGUESOUNS. s. m. pl. Les Rogations. C'est ainsi qu'on appelle les 3 jours qui précèdent la fête de l'Ascension à cause des prières publiques accompagnées de procession que l'Église fait ce jour-là pour les biens de la terre. On dit familièrement. *Faire lou tour deis rouguesouns :* faire le chemin des écoliers, pour dire, prendre le chemin le plus long, selon la coutume des écoliers.

ROUHI. v. n. Grogner. Grommeler. Murmurer. Se plaindre en marmottant. *Fa jamai que rouhi :* il se plaint sans cesse.

— Etre d'une humeur contrariante, hargneuse. Trouver à dire à tout ce que font ou disent ceux avec qui l'on vit. *Quequc fagoun fou que toujour rouhisse :* quoique l'on fasse il n'est jamais content.

B.-A. ROUHIBRE. s. m. Regain. Second foin. Herbe qui revient dans les prés après qu'ils ont été fauchés. *Lou rouhibre es mihou que lou fen, per fa de mesclo :* le regain est plus propre à faire de la mêlée que le premier foin.

B.-A. ROUHISSEIRE. s. et adj. m. Grogneur. Inquiet. Qui est dans l'habitude de se plaindre et de murmurer. Voyez RENAIRE.

ROUHUROS. s. f. plur. Débris. Restes de fourrage que délaisse un cheval dans la mangeoire. *Deis rouhuros doou chivaou nourrissen l'ase :* ce que le cheval délaisse suffit à affourager l'âne.

ROUI. s. m. Rouille. Espèce de crasse rongeante qui s'attache au fer et que l'humidité produit. Voyez ROUIT.

ROUI. DE-ROUI-EN-ROUI. Façon de parler adverbiale. Bord-à-bord. On le dit au propre des liquides et par extension de certaines autres choses, lorsqu'elles remplissent toutes la capacité du vase ou de l'ustensile qui les contient. *Aviè rampli soun goubelet de roui-en-roui* : il avait rempli son verre jusques aux bords. *Plen de roui-en-roui* : Plein bord-à-bord. Voyez RASANT.

ROUIGA. v. a. Ronger. Grignotter. Manger doucement et en rongeant. On dit fig. *S'en rouiga leis dets* : s'en mordre les doigts, pour dire, s'en repentir amèrement. *Pan rouiga* : pain mordu, rongé.

ROUIGADURO. s. f. Rongeure. Ce que les rats ou d'autres animaux ont rongé.

—Morsure. Endroit d'un pain ou de quelqu'autre comestible auquel on a mordu.

B.-A. ROUIGOUN. s. m. Trognon. Rogaton de pain. Reste d'un morceau de pain qu'on a rongé ou auquel on a mordu plusieurs fois. Il est populaire. *Fa toujour coouque rouigoun* : il laisse toujours quelque trognon du pain qu'il a mordu. Voyez RUISSO.

ROUIGNO. s. f. Grabuge. Querelle. Noise. Contrariété. Ce terme n'a d'usage que dans cette manière de parler. *Serca rouigno* : quereller, chercher noise. Il est populaire. Voyez ROUIRE.

ROUIGOUX, OUÈ. } adj. Rouillé,
ROUIHOUX, OUÈ. } ée. Qui a la rouille. *Fusiou rouihoux, lamo de couteou rouihouè, dardeno rouiguè* : demi sou rouillé.

ROUIGUIÈRO. s. f. Voirie. Lieu où l'on jette les charognes.

ROUJHOU. s. f. Rougeur. Couleur rouge.

ROUINA. v. a. Ruiner. Démolir. Voyez ARROUINA.

B.-A. ROUIRE. v. n. Se plaindre. Trouver à redire. Il est populaire. *L'y a toujour à rouire* : il y a toujours à redire ou à se plaindre. Voyez ROUIH. *Cerca à rouire* : chercher noise. Voyez ROUIGNO.

ROUIT. s. m. Rouille. Maladie des blés. Elle s'y manifeste par une substance de couleur de fer rouillé qui s'attache aux doigts quand on touche les feuilles et le tuyau du froment où elle s'est formée. Les brouillards secs, suivis d'un soleil ardent, produisent cette maladie à certaines plantes, lorsqu'elles sont dans la force

de leur végétation. Si elle attaque les blés pendant qu'ils montent en épi, le mal est sans remède, excepté qu'une pluie abondante dissipe entièrement cette rouille. Voyez NIÈRADO.

ROUITO. s. m. Rougeur. Vermillon du visage. Couleur rubiconde. On ne le dit qu'en parlant de la figure de l'homme. *Quinteis rouitos!* qu'elle couleur vermeille.

ROULANO. s. f. Groseille rouge. Fruit ou plutôt baies du groseiller.

ROULETTO. s. f. *Juga à la rouletto*. Jouer à la boule. Sorte de jeu où plusieurs personnes font rouler des boules d'un endroit à un autre et jouant à qui fera aller sa boule plus près du but.

ROUM. s. m. Turbot. Poisson de mer.

— Barbue. Autre poisson.

B.-A. ROUMADAOU. s. m. Caprice. Accès de mauvaise humeur. Il est populaire. *Quan lou roumadaou lou prend, li foou ren dire* : lorsque sa mauvaise humeur le prend, il ne faut pas le contrarier. Voyez GARRI.

B.-A. ROUMADAOU. s. m. Aigrette. Terme de botanique. Partie d'une graine qui ressemble à un panache et par laquelle le vent la dissémine. Les graines du salsifis et de la scorsonère sont à aigrettes.

B.-A. ROUMANIN. } s. m. Roma-
ROUMANIOU. } rin. Arbuste aromatique et toujours vert. Il est céphalique et utérin. Ses fleurs bleues et labiées entrent dans la composition de l'eau de la reine de Hongrie.

ROUMANO. s. f. Romaine. Peson. Instrument dont on se sert pour peser avec un seul poids.

ROUMAVAGI. s. m. Romerage. Fête patronale d'une commune.

—Fête champêtre. *Courre leis roumavagis* : courir les romerages. *Es soun roumavagi* : c'est la fête patronale de sa commune. Voyez TRIN.

ROUME Voyez ROUMI.

ROUMEDAN. s. f. Cris et miaulement de chats réunis. *Leis cats an fach un taou roumedan aquesto nuech, que degun doou cartiè n'a pouscu dourmi* : les chats on fait cette nuit un tel sabbat, que personne n'a pu dormir dans le quartier.

ROUMEGAS. s. m. Echalier. Touffe de ronces, de buissons et de paliures. Voyez BARAGNO. BROUAS.

ROUMI. s. m. Buisson ardent, ou simplement buisson. Arbrisseau épineux qui porte des mûres.

ROUMI. s. m. Ronce. Arbrisseau rampant dont le fruit ou baie noire appelée mure-de-renard ne diffère de la framboise que par sa couleur et son arôme. AMOURU-DE-TIRASSO.

ROUMIA. v. a. Ruminer. Remâcher, en parlant des bœufs et des autres bêtes ruminantes.

ROUMIA. v. a. Mangeotter. Mâcher quelque chose en passant. *Toujours roumiè caoucarren* : il mâche toujours quelque chose.

V. ROUMIAS. s. m. Ronce. Arbrisseau. Voyez ROUMI. 4er. article.

V. ROUMIASSA. S'ENROUMIASSA. v. récip. S'accrocher à des ronces. Se déchirer. Se prendre à des buissons, à des ronces.

ROUMIASSADO. s. f. Accroc. Déchirure. Égratignure faite par les ronces ou les buissons.

ROUMIOU. s. m. Pélerin. Celui qui par piété fait un voyage à un lieu de dévotion. Au fig. Homme fin. Adroit. Dissimulé. On dit dans ce sens, qu'un homme *Fai lou bouen roumiou* : qu'il fait le bon apôtre, mais qu'il ne faut pas trop s'y fier.

V. ROUMIOUVO. Voyez RAMO-COUNIOU.

ROUMPE-CUOU. } s. m. Brise-cou.
ROUMPE-QUIOU. } Casse-cou. On appelle ainsi, un escalier, une rue fort roides qu'on ne saurait monter ni descendre sans s'exposer à tomber.

ROUMPEDURO. s. f. Rupture. Fracture. Action par laquelle un membre, un os est rompu ou fracturé. *S'es fach uno roumpeduro à la cambo* : il s'est fracturé la jambe. *Sa roumpeduro poou pa si gari* : sa fracture a bien de la peine à se guérir.

ROUMPIDO. Voyez ROUTO.

ROUMPRE. v. a. Rompre. Casser. Briser. On dit proverbialement. *Quu roumpe pago* : qui casse les verres les paie.

ROUMPRE. v. a. Terme d'agriculture. Défricher. Essarter. Faire des novales. Arracher d'une terre inculte, les racines, les broussailles,

les épines, et toutes les méchantes herbes qui y sont et la fouir pour la mettre en culture. Voyez ROUTO.

ROUND. s. m. Rond. Figure circulaire.

— Boucle d'oreille simple, faite en forme de bague à jonc.

— Oreillette. Petit cercle d'or que les dames portent à l'oreille et auquel elles attachent leurs boucles ou leurs pendans. *Pourta leis rounds, si fa mettre leis rounds.*

ROUN, ROUNDO. adj. Rond, ronde. Voyez REDOUN.

ROUNCA. v. n. Râler. Rendre en respirant un son enroué. Voyez GRANOUIHOS (AVE LEIS).

— Ronfler. Voyez ROUNFLA.

ROUNCAGI. s. m. Ronflement. Bruit sourd qu'on fait en ronflant.

ROUNCAIRE. adj. s. Ronfleur. Qui ronfle. *Cat rouncaire* : chat ronfleur.

ROUNDÈLO. s. f. Rouelle. Tranche coupée en rond. *Roundèlo de thoun* : rouelle de thon.

ROUNDOU. s. f. Rondeur. Figure de ce qui est rond.

ROUNDOULETTO. s. f. Hirondelle marine. Sorte d'oiseau marin qu'on appelle aussi Fumet.

ROUNFLA. v. n. Ronfler. Faire un certain bruit de la gorge et des narines en respirant pendant le sommeil.

ROUNFLAIRE. Voyez ROUNCAIRE.

ROUNFLOUN. s. m. Sabot. Sorte de toupie que l'on fait tourner avec un fouet de lanière. Voyez BOOUDUFO.

ROUNQUEJHA. Voyez ROUNCA.

ROUNSA. v. a. Rosser. Battre.

B.-A. ROUNSADO. s. f. Volée de coups de bâton. *L'y an douna uno rounsado que s'en souvendra* : on lui a donné une volée telle qu'il en gardera le souvenir.

ROUPIHA. v. n. Voyez ROUNFLA.

ROUPIHADO. s. f. Méridienne. Somme que l'on fait après le dîné.

ROUPIHO. s. f. Guenille. Haillon. Vieille harde usée.

ROUQUET. s. m. Rochet. Surplis à manches étroites.

— Camail. Sorte de petit manteau que les évêques et les chanoines portent par-dessus le rochet.

— Colletin en toile cirée que portent les pélerins.

ROUQUETTO. s. f. Roquette. Plan

le potagère d'une saveur piquante.

ROUQUIÉ. s. m. Labre. Sorte de poisson de roche.

ROURACHOUN. s. m. Chéneau. Jeune chêne.

ROURE. s. m. Chêne. Arbre forestier qui porte le gland.

ROUSETTO. s. f. Champignon. Bouton qui se fait au lumigon d'une chandelle qui brûle.

ROUSIGA. Voyez ROUIGA.

ROUSOUN. s. f. Rose. Nom de femme.

—Roson. Misè Rousoun: demoiselle Rose ou Roson.

ROUSSEIROLO. s. f. ⎱ Bréant.
ROUSSETTO. s. f. ⎰ Oiseau.

ROUSSET, ETTO. adj. Roux, rousse. De couleur fauve tirant sur le jaune.

— Écru, écrue. Qui n'a pas encore été blanchi. On le dit du fil, de la toile, etc. Fiou rousset : fil écru ou de ménage. Télo roussetto : toile écrue, toile rousse.

ROUSSET. adj. masc. Terme de boulanger. Bis. Brun. Deuxième. Pan rousset : pain bis, ou de 2ᵐᵉ qualité. Voyez ASSOUNTOUX.

ROUSSI. v. a. Terme de cuisine. Rissoler. Cuire. Rôtir de manière que ce que l'on rôtit, prenne une couleur rousse et appétissante.

ROUSSIA. v. n. Tirer sur le roux, ou la couleur d'or.

—Jaunir. Tirer sur le jaune. Leis rayouns doou souleou roussien su la couélo : les rayons du soleil luisent sur la montagne. Seis louis d'or roussejhoun : ses pièces d'or montrent leur couleur. La meissoun s'avanço, leis blads roussejhoun : la moisson ne tardera pas, les blés jaunissent.

ROUSSIGNOOU. s. m. Rossignol. Oiseau printanier dont le chant est très-mélodieux. On dit familièrement d'un homme pris de vin. Qu'à carga lou roussignoou : qu'il s'est grisé.

ROUSSIGNOULET. s. m. dimin. Rossignolet. Petit rossignol. Il n'est guères d'usage qu'en poésie.

Charmant roussignoulet
Que dins un riou claret
Vas boir'un paou d'eiguetto :
N'en cantariés ben miou
Si buviés coumo iou
Doou jhus de la souquetto.

52

ROUSSINEOU. adj. m. ⎱ Rous-
ROUSSINELLO. adj. f. ⎰ seâtre.
Qui tire sur le roux. Voyez ROUSSIA.

ROUSSUROS. s. f. Rousseurs. Taches rousses qui viennent principalement au visage et aux mains.

ROUSTI. v. a. Rôtir. Faire cuire de la viande à la broche en la tournant devant le feu.

— Faire cuire dans la braise ou dans les cendres.

— Griller. Faire cuire sur le gril. Au fig. Rousti coouqu'un : lui faire surpayer ce qu'on lui vend.

ROUSTI. Se dit aussi de l'effet que cause la trop grande ardeur du soleil. S'istas oou souleou vous roustires : si vous demeurez au soleil vous vous rôtirez.

ROUSTI. Se dit encore des plantes et des bourgeons que le soleil brûle en y donnant dessus après une forte gelée. Voyez BRULA. On dit proverbialement et fig. d'un homme qui n'est bon à rien, qui n'est capable de rien, Qu'es bouen ni par bouli, ni par rousti : qu'il n'a ni force ni vertu.

ROUSTIDO. s. f. Rôtie. Tranche de pain rôtie devant le feu ou sur le gril. Faire uno roustido de vin cuech : manger une rôtie trempée dans le vin cuit.

— Tartine. Tranche de pain recouverte d'anchois, de beurre, etc, que l'on a fait rôtir au feu.

ROUSTO. s. f. Rossée. Volée de coups de bâton. Il est plaisant et populaire.

ROUTA. v. n. Roter. Faire des rots. Lâcher avec explosion les ventuosités de l'estomac.

ROUTAIRE. s. f. Roteur. Celui qui fait des rots fréquemment.

ROUTO. s. f. Novalle. Terre nouvellement défrichée et mise en labour.

— Défrichement. Ce que l'on fait pour mettre en labour et en valeur une terre inculte. Faire de routos : défricher. Essarter. Faire des novalles. Voyez ROUMPRE. Bla de routo : blé de novalle.

V. ROUVE. s. m. Chêne. Arbre qui porte le gland. Voyez ROURE.

ROUYOUNADO. Voyez ROUGNOU NADO.

RU. s. m. Raisinet. Moût cuit. *Counfituro oou ru* : confiture au moût ou au raisinet.

B.-A. RUALO. s. f. Pavot sauvage. Voyez REALO.

RUBI. s. f. Garance sauvage. Plante dont la racine sert à teindre en rouge. Voyez ARRAPO-MAN.

B.-R. RUBI. s. m. Marrube blanc ou noir. Plante. On a reconnu tout récemment qu'un cataplasme de marrube blanc est un très-bon remède pour les foulures de nerfs.

RUBISSO. s. f. Adonis. Plante qui est une espèce de renoncule.

RUDAMENT. adv. Beaucoup. Grandement. En quantité. *L'y aviè rudament de mounde* : il y avait extrêmement du monde.

B.-A. RUDE. superlatif de tout genre. Très-fort. Extrêmement. *Es rude bouen, rude gros, rude maigre* : il est très-bon, extrêmement gros, très-maigre. *Aquelo fremo es rude laido* : cette femme est richement laide. Il est populaire.

RUDEJHA. v. a. Rudoyer. Traiter rudement de paroles.

RUDO. s. f. Rhue ou rue. Plante ligneuse dont les feuilles ont un goût âcre et amer. La rhue est hystérique . vermifuge, céphalique, antiscorbutique et vulnéraire. Elle entre dans la composition du mithridat. Mise sur le bois d'un lit en-dessous de la paillasse, elle en chasse et fait fuir les punaises.

RUDOU. s. f. Roideur. Rudesse. Sévérité. Apreté.

RUÉLO. Voyez REALO.

RUFE, FO. adj. Rude. Apre au toucher. On le dit des draps, des étoffes grossières, mal apprêtées ou mal dégraissées.

RUFIAN. s. m. Rufien. Paillard, adonné aux femmes. Il est familier et peu honnête à prononcer.

RUISSO. s. f. Croustille. Rogaton de pain. Voyez ROUIGOUN.

RUISSO. s. f. Buse. Oiseau.

RUISSO. s. f. Ondée. Voyez RAISSO.

B.-A. RUSCLE. s. m. Faim. Besoin pressant de manger. Il est familier et populaire. *Ave lou ruscle* : avoir grand'faim.

Un loup mourié de fam : sa panso ero avarido:
   Leis ouès li troouravoun la peou ;
Leis chins gardant troou ben, li levavoun la vido ,
Et doou ruscle qu'aviè n'en veniè rebabeou.

M. D'ASTRÓS. M.

RUSCO. s. f. Écorce. Terme de tanneur et de corroyeur. Peau de certains arbres tels que chênes blancs, chênes verts, etc, que l'on apporte à morceaux brisés. Les tanneurs ne l'emploient qu'après l'avoir pulvérisée sous la meule d'un moulin. Réduite ainsi en poudre elle prend le nom de tan.

— Tannée. C'est le tan qui a servi dans les fosses et avec lequel on fait des mottes à brûler. *Brûla de rusco* : brûler des mottes de tannée. *Moulin de rusco.* moulin à tan.

RUSCO. s. f. Terme de tailleur de pierre. Bousin. Écorce ou surface tendre qui enveloppe les pierres de taille.

§

SABATIÈ. s. m. Savetier. Celui qui raccommode de vieux souliers. On dit proverbialement et populairement. *Sabatiè fai toun mestiè* : que chacun ne se mêle que de ce qu'il sait faire.

SABATO. s. f. Soulier usé. Au fig. Ignorant. On dit proverbialement et fig. *Touto sabato ven groulo* : il n'est si belle rose qui ne devienne gratcu , pour dire , qu'il n'y a point de si bel habillement qui ne devienne laid en vieillissant. On dit encore proverbialement et fig. de celui qui rencontre quelqu'un qui lui tient tête et qui sait lui résister. *A trouva sabato à sounn pè* : il a trouvé chaussure à son pied.

SABATOUN. s. m. diminutif. Petit soulier. Soulier d'un petit enfant. Il est populaire. *Croumpa de sabatouns :* acheter de petits souliers.

V. SABATOUN. s. m. Chèvre-feuille. Arbrisseau dont les fleurs odiriférantes sont en gueules et viennent en trochets. Voyez MAIRE-SIOUVO.

SABENT, ENTO. adj. Terme de montagne. Savant, savante. Voyez SAVENT.

SABER. s. m. Le savoir. Connaissance acquise par l'étude. Érudition. Il est vieux. On appelait autrefois *Lou gai saber :* le gai savoir. Le talent que cultivait le troubadour provençal. Voyez SACHE.

SABLIÉ. s. m. Ampoulette. Horloge à sable. Machine de deux ou quatre fioles en verre où il y a du sable et qui en coulant de l'une dans l'autre, sert à marquer une espace de temps réglé. On s'en sert particulièrement sur mer, on la tient dans le même lieu que la boussole. *Un sablié de mièchouro, d'uno houro :* une ampoulette de demi-heure, d'une heure.

SABLIÉ. s. m. Poudrier. Boîte où l'on teint la poudre que l'on met sur l'écriture fraîche.

SABO. s. f. Séve. Humeur qui se répand dans l'arbre et qui lui fait pousser des feuilles, des fleurs et du fruit. On dit qu'un fruit, un légume, etc, *Es en sabo :* qu'il est poussé, pour dire, qu'il n'est plus bon à manger, que la saison en est passée.

SABOULA. v. a. Savourer. Goûter avec sensualité.

— Assaisonner. Voyez SABOURA.

SABOULAIRE. s. m. Savouret. Os d'un jambon salé, que dans les environs de Barcelonnette, (Basses-Alpes) on met à différentes fois dans le potage pour le savourer.

SABOUN. s. m. Savon. Composition faite avec du sel alcali et de l'huile, servant à dégraisser, nettoyer, blanchir le linge.

SABOUNA. v. a. Savonner. Au fig Réprimander. Châtier.

SABOUNADO. s. f. Eau de savon. Au fig. Réprimande. Sévère remontrance. Châtiment. Volée de coups. En ce sens il est plaisant et populaire. *A agu la sabounado :* on l'a loméifut réprimandé.

SABOUNAGI s. f. Savonnage. Blanchissage au savon.

SABOUNIÈRO. s. f. Savonnerie. Lieu où l'on fabrique le savon.

SABOUNIÈRO. s. f. Saponnaire. Savonnière. Plante qui nettoye la peau et emporte les tâches du linge comme le savon. Ses fleurs qui ont un calice comme les œillets simples, viennent par trochet au haut de la tige.

SABOUR. s. f. Saveur. Qualité qui se fait sentir par le goût.

SABOURA. v. a. Savourer. Goûter avec attention et sensualité.

— Assaisonner de bon goût. *Saouço maou sabouradn :* sauce mal assaisonnée, qui n'a point de saveur.

SABOUROUX. m.) adj. Savou-
SABOUROUÉ. f. (reux, savoureuse. Qui est de bon goût, de haut goût. Qui a de la saveur.

SABOURUN. s. f. Savouret. Ce qui sert d'assaisonnement et donne de la saveur au potage, à un ragoût, une sauce, etc.

— Morceau de cochon salé que l'on met dans le potage pour le rendre savoureux. Voyez SABOULAIRE.

SABRE-PADINCHI.) s. Sacre-
SABRE-PADINCHO. (bleu. Parbleu. Pardienne. Sorte de juron.

SACCADO. s. f. Sachée. Ce que peut contenir un sac ou une sache.

SACHE.) v. a. Savoir. *Sabi,*
V. SAOUPRE.) *sabes, saou, sabem, sabes, saboun, sabiou, sabies, sabien, sacheri, saourai, saouprai* ou *saoubrai, saouren, saoubrem* ou *saouprem, saches, sachem, que sachi, sache* ou *sape, que sachessi. saouriou, saoupriou* ou *saoubriou, sachent, sachu* ou *saoupu.* Connaître.

— Être instruit dans quelque science, dans quelque art.

— Avoir dans sa mémoire.

— Être instruit, être informé de quelque chose, avoir appris. *Va sabien et n'en feroun leis ignourens :* ils le savaient et ils firent comme s'ils n'en savaient absolument rien. *Saou fouesso cavos :* il sait bien de choses.

SACHU, UDO. part. Su, sue. Connu, ue. *Aco es caouso sachudo :* c'est chose connue.

SACHE. s. m. Savoir. Connaissance

acquise par l'étude ou l'expérience.

SACHE (FAIRE). v. n. Faire savoir. Apprendre, donner connaissance. Aviser. Instruire, informer quelqu'un par lettre ou par message.

SACO. s. f. Sache. Gros sac large. On dit par métaphore d'un gros menteur, *Qu'es uno saco de mesouenjhos*, et d'un gros dormeur, *Q'es uno saco de souen*.

SACOCHOS. s. f. plur. Bourses. Sacoches. Espèce de petits sacs de cuir qui se mettent des deux côtés sur le devant de la selle d'un cheval et où l'on met ordinairement les pistolets dans les voyages.

SACRA. v. a. Sacrer. Conférer un caractère de sainteté, etc.

SACREBIOU. s. m. Colère. Dépit. Il est bas, populaire et peu honnête. *Aviè lou sacrebiou* : il était en colère. *M'a fach veni lou sacrebiou* : il m'a fait prendre la chèvre.

SACREBIOU. s. Sacre-bleu. Sorte de juron.

SACREJHA. v. n. Jurer. Blasphémer. Maugréer. Au fig. Saveter. Friper. Bousiller. Faire mal un ouvrage ou le gâter en le faisant.

— Détruire. Briser. Saccager. Il est populaire dans ces divers sens.

SACRESTIÈ. s. f. Sacristie. Lieu destiné à mettre les vases sacrés et les ornemens d'Église, etc.

— Sorte de juron. Morbleu. Ventrebleu.

SACREPACHIN. s. m. Sorte de juron. Sacre-bleu. Morbleu.

SACRESTAN. s. m. Sacristain. Celui qui a soin de la sacristie d'une Église.

— Méchant. Turbulent. En ce sens il est bas et populaire. Voyez SACRIPAN.

SACRIPAN. s. m. Turbulent. Fougueux. Espi gle, écervellé. On le dit des jeunes gens. *Es un pichoun sacripan* : c'est un petit lutin.

SADOUL , DOULO. adj. Soûl , soûle. Rassasié, ée.

SADOULA. v. a. Rassasier. Soûler. *Si poòu pas sadoula* : il est insatiable.

SA DOULA (SI). v. récip. Se rassasier. Se satisfaire pleinement. Au

fig. Se lasser de dire ou de faire certaines choses. Voyez ASSADOULA.

SAFRAN-FER. s m. Voyez BRAMOVAQUO.

SAFRANOUX, OUÈ. adj. Jaune. Pâle. Donnant sur la couleur du safran détrempé. Au fig. Équivoque. Douteux. Sur qui on peut faire des jugemens opposés. On ne s'en sert qu'en parlant de la réputation d'une personne. *Es un paou safranoux* : sa réputation n'est pas des mieux établie. Voyez CAUET.

B.-A. **SAFRE.** s. m. Sablon. Sable très-menu. *Leis peirooux s'escuroun eme de safre* : on écure les chaudrons avec du sablon.

SAFROUX , OUÈ. adj. Sabloneux , euse. Où se trouve beaucoup du sablon. *Tarren safroux* : terrain sablonneux.

SAGAGNA. v. a. Sabouler. Tourmenter. Tirailler. Renverser. Houspiller quelqu'un , lui donner des saccades. Au fig. Provoquer. *L'y a mièchouro que lou sagagno* : il est à le tourmenter, à le provoquer depuis demi-heure. Il est populaire.

SAGAGNA. v. a. Secouer. Ébranler. On le dit d'un arbre , d'un pieu ou de toute autre chose plantée et fixée dans la terre. *A forço de lou sagagna lou derrabaras* : à force de le secouer tu l'arracheras.

SAGAN. s. m. Vacarme. Bruit. Fracas. Tapage. Il est bas et populaire. Voyez PETUERRI.

SAGARES. s. m. Brouillard. Voyez NÈBLO.

SAGATA. v. a. Égorger. Tuer des animaux pour s'en nourrir. C'est un terme juif de même que le suivant.

SAGATAIRE. s. m. Boucher. Celui qui, parmi les juifs, a le droit ou la charge de tuer de la viande , pour la consommation de ses corréligionnaires.

SAGATO. s. f. Surgeon. Rejeton. Nouveau jet que pousse un olivier par le pied.

— Nouveau, jeune plant d'olivier. *Planta de sagatos* : planter des surgeons d'olivier. *Belleis sagatos* : jeunes et beaux oliviers.

SAGATO. s. f. Gaule. Houssine pour faire aller un cheval.

SAGATOUN. s. m. Diminutif de SA-

GATO. Drageon, bourgeon qui pousse au pied des arbres.

SAGATUN. s. m. Terme collectif. Tous les surgeons qui croissent au pied d'un arbre, et les bourgeons que pousse un cep de vigne par le bas. Voyez RETRACHO.

SAGEO-FREMO. s. f. Accoucheuse. Sage-femme.

SAGNAS. s. m. Marais. Eau stagnante.

SAGNO. s. f. Masse. Masselte. Plante marécageuse employée par les faiseurs de chaises, à garnir le siége des chaises communes.

SAGNO DEIS PRATS. s. f. Laiche. Mauvaise herbe qui croit dans les prés et qui coupe la bouche des chevaux.

SAGO. Voyez NEBLO.

SAI. temps du verbe *Sache*; savoir, qui ne s'emploie que dans ces façons de parler populaires, *Tant que noun sai* : je ne sais combien ; *plus que je ne saurais. Noun sai* : je ne sais. B.-R. SAIHO. s. f. Manteau de berger. Voyez CABAN. CAPO.

SAIHENT s. m. }
SAIHIDO s. f. } Terme d'architecture. Saillie. Avance d'une pièce hors du corps de bâtiment
— Ressaut.

SAHIN. s. m. Sain-doux. Vieux oint. Graisse de porc.

V. SAHIR. v. a. Fuir. On le dit des tonneaux et de toute futaille fêlée d'où fuit et coule ce qui est dedans. Voyez COULA. RAYA.
— Germer. Poindre. Voyez SOURTI.

SALA, ADO. part. Salé, salée. Qui est assaisonné avec du sel. On dit figu. et populairement d'une chose qui a été vendue fort cher, *Qu'es ista ben salado* : qu'elle a été bien poivrée.

SALA. v. a. Saler. Assaisonner, préparer avec du sel.

SALABICOUX, OUÉ. adj. Savoureux. Qui a un goût de salaison.

SALABRE. s. m. Truble. Petit filet qui sert à prendre du poisson dans les réservoirs, et où l'on met celui qu'on pêche à la ligne.

B.-A. SALADO-CHAMPANELLO. }
SALADO-CHAMPETRO. } s.
B.-R. SALADO-FERO. }
f. Salade champêtre. Menues herbes des champs, telles que mâches, dou-

cette, raimponce, roquette, salsifis, etc., que l'on mange en salade au printemps. *Eiga la salado* : faire la salade. *Vira la salado* : fatiguer la salade.

SALADURO. s. f. Salure. Salaison. Saumure.

SALAGI. s. m. Salage. Action de saler ou l'effet de cette action. *Achetoun fouesso pouercs per lou salagi* : ils achètent beaucoup de porcs pour en faire du salage.
— Salaison. Action de saler les provisions. *Es p'anca lou temps de faire lou salagi* : ce n'est pas encore le temps de faire la salaison.

SALARI. s. f. Salaire. Paiement pour travail ou pour service.

SALIÉ. s. m. Saloir. Sorte de vaisseau de bois dans lequel on met le sel.
— Saunière. Espèce de coffre où l'on conserve le sel.

SALIVA. v. n. Saliver. Rendre beaucoup de salive.
— Savourer. Goûter. Voyez TASTA.

SALIVER. s. m. Lanterne d'une maison. Espèce de tourelle quarrée posée sur le comble d'un bâtiment ayant une grande fenêtre à chaque face pour donner du jour à l'escalier et aux appartemens intérieurs. *Chambro que prend soun jour doou saliver* : chambre qui ne prend jour que par la lanterne.

SALIVER. s. m. Séchoir. Essui. Lanterne ouverte dans laquelle on fait sécher le linge ou tout autre chose dans une maison.

SALIVO. s. f. Salive. Humeur aqueuse et tant soit peu visqueuse qui coulè dans la bouche.

SALIVO (FAIRE). v. n. Goûter. Tâter d'un fruit ou de quelque menue friandise. Il est familier et populaire. *Fes salivo* : goûtez-en. On dit figurément et familièrement d'une chose, *Que fai veni la salivo* : qu'elle fait venir l'eau à la bouche, pour dire, qu'elle excite l'envie d'en goûter, d'en manger, etc.

SALIVOUX, OUÉ. adj. Savoureux, euse. Qui a du goût, de la saveur.

SALOP, SALOPO. s. Souillon. Malpropre. Sale. Qui vit dans la malpropreté.

SALOPO (MARIO). s. f. Terme populaire marseillais. Ponton. Mécanique servant à nettoyer et à enlever les immondices d'un port de mer.

SALOUPARIÉ. s. f. Saloperie. Malpropreté. Grande saleté.

SALUD. s. m. Terme populaire et familier de salutation. Je vous salue.

SALUD (BOUENO). interj. Bien vous en soit! Je vous remercie. Remerciment familier et populaire que l'on adresse à celui qui vous porte la santé en buvant. *A voucsto santa!* — *Boueno salud!*

SALUD (BOUENO). ⎰ Se dit enco-
SARUD (BOUENO). ⎱ re populairement en bonne et en mauvaise part, pour témoigner le plaisir, la satisfaction que l'on éprouve à l'occasion de quelque bien ou de quelque mal qui advient à autrui. *A ayu un paou d'heritagi que lou mettra su pè.* — *Tant miou, boueno salud! L'an trouva que voulavo de melons, et te n'y an flanca ferme.* — *Boueno salud, n'y a que paou! Que boueno salud l'y siè!* que bien lui en soit!

SALUDA. v. a. Saluer. Donner à quelqu'un une marque extérieure de respect, de civilité, ou de bienséance, en l'abordant ou le rencontrant.

V. **SAMBEJHA.** v. a. Voyez EISSAMA.

SAMBEQUIE. s. m. Sureau. Arbre moelleux dont les fleurs blanches à ombelles, sont employées contre les érésypèles. Ces fleurs desséchées communiquent au vin dans lequel on les met, une odeur et un goût de muscat très-agréable.

SAMBEQUIE-FER, ⎰ s. m. Yèble.
ou ⎱ Hièble. Plan-
PICHOUN SAMBEQUIE. ⎰ te appelée encore petit Sureau.

SAMRET. s. m. Appeau. Oiseau qu'un oiseleur attache au bout d'une baguette ou retient en cage, et qu'il place auprès d'un filet pour attirer les autres dans le piège. Au figuré. Celui qui attire et entraine les autres au cabaret ou ailleurs, et qui met tout en train.

SAMBINCHI. Sorte de juron. Parbleu.

SAMBU. ⎰ s. m. Coupe-gorge.
SAMBUCO. ⎱ Passage étroit ou peu découvert d'une route, où il est dangereux de passer à cause des voleurs.

Voyez PAS-DE-L'ESTEREL.

SAMENA. v. a. Semer. Épandre du grain ou de la graine dans une terre préparée pour les y faire multiplier. On dit proverbialement, *Per leis fourniguos foou pas resta de samena:* il ne faut pas laisser de semer pour la crainte des pigeons, pour dire, qu'il ne faut pas s'empêcher de faire une affaire qui doit être avantageuse, quoiqu'il s'y trouve quelque léger inconvénient presque inévitable.

SAMENA. s. m. Semis. Terre semée. *Passa dins lou samena:* passer dans un terrain semé.

SAMENAIRE. s. m. Semeur. Celui qui sème.

SAMENTERI. s. m. Cimetière. Lieu destiné à enterrer les morts.

SAN, SANO. adj. Sain, saine. De bonne constitution. Qui n'est point sujet à être malade. On le dit également des fruits et des plantes qui, étant bien vifs et sans macule, ne laissent rien à désirer sous le rapport de leur constitution. On le dit aussi de l'air sous le rapport de la salubrité. *Home ben san:* homme très-sain. *Fruit saniq; er saniq; er maou san.*

SANARI. s. m. Saint-Nazaire. Nom propre de lieu. — Nazaire. Nom d'homme.

SANTIFICETUR. s. m. Colère. Impatience. Emportement. Dépit. Terme populaire. *Aviè lou santificetur:* il était irrité. Voyez SACREBIOU.

SANDAM. s. f. Terme de mépris. Vieille édentée. Femme qui n'a point de dents. *Vieiho sandam:* vieille sans dents.

B.-A. **SANGUET.** s. m. Terme de boucherie. Sang d'un agneau ou d'un chevreau fraîchement égorgé. *Para un sanguet:* recevoir dans un plat le sang d'un chevreau ou d'un agneau que l'on égorge. Voyez CERETOUN.

SANGUIN. s. f. Faux cornouiller. Arbre.

SANGUINO. s. f. Renouée. Plante.

SANGUINO. s. f. Craie rouge. Sorte de sanguine artificielle dont on fait des crayons.

SANICLO. s. f. Saniclet. Plante vulnéraire. Espèce de quintefeuille.

SANIQ, IQUO. adj. Sain, saine. Voyez SAN, SANO.

V. SANDRE. s. m. Samedi. Voyez DISSATO.

SANSO. s. f. Écope. Voyez SASSO.

SANT, SANTO. s. et adj. Saint, sainte.

SANT-ANNA-D'APT. interj. dont on se sert pour exprimer la surprise ou la douleur. O ciel! O sainte Anne d'Apt. Cette exclamation est usitée dans les communes de Vaucluse et des Basses-Alpes qui avoisinent la ville d'Apt, dont sainte Anne est la patrone.

SANT-ANNA-D'APT, est aussi le nom que quelques gens du peuple et bien de marchands forains donnent à la ville d'Apt, à cause de la foire rénommée qui s'y tient le jour de sainte Anne, le 28 juillet.

SANTA. s. f. Santé. État de celui qui se porte bien.

SANTA-DEI. interj. popul. Certes ! O ciel! O Bonne Mère !

SANTI-BELLI. s. m. Nom pris de l'italien. Statue en plâtre. Figure en plein relief représentant un homme, une femme, etc., mais principalement le Christ, la Vierge ou un Saint.

— Au fig. Statue. Personne qui est sans action et sans mouvement.

SANTI-BELLIAIRE. s. m. Mouleur en plâtre, Italien qui jette des statues en plâtre, et spécialement de petites statues de saints qu'il vend aux gens du peuple.

SANT-MICHÈOU. } s. m. Saint-
SANT-MIQUEOU. } Michel.

SANT-MIQUEOU (FAIRE). v. n. Déloger. Déménager. Quitter un logement, en sortir ses meubles et les transporter dans celui où l'on va s'établir.

Comme le 29 septembre est l'époque à peu près générale où commencent et finissent les loyers des maisons en Provence, le nom du saint Archange que l'Eglise fête en ce jour, a été donné au déménagement qui est censé avoir lieu ce jour là.

SANTO-MITOUCHO. s. de tout gen. Sainte-Nitouche. Hypocrite. Faux dévot. Chatte-mitte. Fai la santo-mitoucho : il fait le bon apôtre. Elle fait la sainte-Nitouche.

SANT-SACRAMENT. s. m. Ostensoir. Vase sacré en forme de soleil, dans lequel on met l'hostie consacrée pour l'exposer sur les autels. Il est populaire. Sant-Sacrament en or : ostensoir en or.

SANTOT. s. m. Terme de cabaret. Portion. Il n'a d'usage que dans cette locution proverbiale, Faire lou santot: faire les portions; diviser en tout autant de portions égales, les mets qu'un certain nombre de personnes vont manger ensemble, soit qu'elles paient ou non leur écot. Per que degun si plagne, fasen lou santot : pour que chacun soit content, faisons tout autant de portions égales de chaque plat, que nous sommes de personnes.

SANTOUN, OUNO. s. f. diminutif. Petite statue d'un saint ou d'une sainte.

— Béat, béate, Dévot, dévote. Qui pratique la religion simplement et sans prétention.

SANTOUSTEN.   } Vieille expres-
SANT-TOUS-TEMS. } sion populaire d'amitié et d'intérêt qui n'avait d'usage que dans cette façon de parler, Que lou santousten ti vengue : que Dieu te comble de bénédictions! que le bonheur des saints t'advienne.

SAOU. s. f. Sel. Substance dure qui se fond dans l'eau, et dont une des principales propriétés est de faire perdre à certains alimens leur goût insipide. On dit populairement et proverbialement d'un marchand qui a la vogue et des choses qui ont grand cours, Que lou mounde l'y courroun coumo l'ave à la saou : que l'on y court en foule comme les chiens après les os.

SAOUCISSIE. s. m. Charcutier. Qui fait et qui vend du boudin et de la saucisse.

SAOUBRE. v. a. Savoir. Voyez SACHE. SAOUPRE.

SAOUCLET. Voyez CIOUCLET.

SAOUDA. v. a. Souder. Joindre des pièces de métal ensemble par le moyen d'une soudure.

SAOUDURO. s. f. Soudure. Composition ou mélange de divers métaux et minéraux, qui sert à souder des pièces de métal.

SAOUDO. s. f. Soude. Sel tiré de la plante nommée kali.

B.-R. SAOUMADO. s. f. Saumée ou

salmée. Mesure agraire contenant 225 toises ou cannes carrées, valant cinq ares.

— Mesure de capacité pour les grains. Elle est de neuf doubles décalitres, valant onze panaux et un civadier dans les arrondissemens d'Arles et de Tarascon. A Avignon, Lille et dans le ci-devant Comtat, elle est de dix boisseaux (double décalitre), équivalant à douze panaux et demie.

— Charge d'une bourrique, fixée aux quatre cinquièmes de celle d'un mulet.

SAOUMEN. s. m. Agneau de deux ans. Terme de berger.

SAOUMETTO. s. f. diminutif. Petite ànesse. Voyez SAOUMO.

SAOUMIN. s. m. Anon. Le petit d'une ânesse.

SAOUMO. s. m. Anesse. Bête de charge, femelle de l'âne.

SAOUNA. v. a. Saigner. Tirer du sang en ouvrant la veine.

— Terme de boucher. Egorger. Tuer. Couper la gorge à un animal.

SAOUNADOU. s. m. Chevalet. Sorte de banc évasé sur lequel les bouchers égorgent les moutons et les agneaux.

SAOUNAIRE. s. m. Saigneur. Médecin qui saigne ou qui ordonne fréquemment la saignée.

— Boucher qui égorge beaucoup d'animaux. — Tueur, égorgeur de cochons.

SAOUNIÈ. s. f. Saignée. Ouverture de la veine pour en tirer du sang.

SAOUNO-GARRI. s. m. *Gramen paniculatum.* Plante de la famille des Gramen. Les petits enfans se servent des épis de cette plante pour se faire saigner le nez, en l'introduisant dans les narrines.

SAOUNOUX, OUÉ. adj. Saigneux, euse. Sanglant. Taché de sang. *Mans saounouès*: mains saigneuses. *Mouchouar saounous*: mouchoir saigneux.

SAOUPETRIÈ. s. m. Salpétrier. Celui qui fabrique le salpêtre.

SAOUPÈTRO. s. f. Salpêtre. Sel qu'on tire ordinairement des plâtras, des vieilles murailles, etc., dont on fait la poudre à canon.

SAOUPIGNAQUO. s. f. Jusquiame. Hannebanne. Plante à odeur forte. Les semences de la jusquiame jetées

sur les charbons ardens, produisent une fumée qui, reçue par le canal d'un entonnoir renversé, appaise les douleurs des dents.

SAOUPIQUA. v. a. Saupoudrer de sel.

SAOUPO. s. f. Vergadelle. Poisson de mer.

V. SAOUPRE. v. a. Savoir. Voyez SACHE.

SAOUPRESADO. s. f. Terme de charcutier. Cervelas. Grosse et courte saucisse remplie de chair de cochon, assaisonnée fortement avec du sel et des épices.

SAOUPUDEN s. m. Hièble ou petit sureau. Plante.

SAOUSSO. s. f. Sauce. Assaisonnement liquide où il entre du sel et ordinairement du poivre et quelques épices pour y donner du goût. Voy. SOOUSSA. SOOUSSETTO. SOOUSSUN.

SAOUT. s. m. Saut. Action de sauter, de s'élancer. On dit qu'un cheval fait *Lou saout doou moutoun*: qu'il fait le saut du mouton, lorsque se baissant sur les jambes de devant, il s'élance tout-à-coup en arrière à la manière des moutons.

SAOUTA. v. a. Sauter. S'élancer pour faire un ou plusieurs sauts.

— Franchir. Passer en sautant par-dessus. On dit figurément en terme de montagne *Saouta subre coouquun*: sauter à la gorge de quelqu'un. *Saouta un valat*: franchir un fossé.

SAOUTAIRE. s. m. Sauteur. Celui qui saute. — Civade. Petit poisson de mer.

SAOUTARELLO. s. f. Sauterelle. Insecte ailé qui ne s'avance qu'en sautant.

SAOUTETS. s. m. plur. Petits sauts. *Ana per saoutets*. Terme de vigneron et de journalier. adv. Aller en sautillant. Franchir par intervalle des petits espaces du terrain que l'on travaille, afin de suivre ceux qui vous devancent, ou pour faire apparaître plus de travail fait. Voyez FAIRE DE CABUCELOS.

SAOUTO OOULAME. s. m. Chondrille. Plante laiteuse qui entre dans les salades printanières.

Le nom de SAOUTO OOURAME, a été donné à cette plante parce que sa tige résiste au taillant de la faucille (*Oou'ame*), lorsqu'on mois- sonne les blés parmi lesquels elle croît volontiers.

B.-R. SAOUTO-TURC. s. m. Coupe- tête. Sorte de jeu d'enfant. Voyez CEBO. FREMO-GROSSO.

SAOUVI. s. m. Sauge. Plante odo- riférante très-connue.

SAOUZE. s. m. Saule. Arbre qui croît le long des ruisseaux et dans les prés.

SAPA. v. a. Parer. Attinter. Ha- biller. *Ero sapa coum'un grand sei- gnour* : il était aussi bien mis qu'un grand seigneur.

— Coiffer. Poudrer. *Estre sapa à negeo* : être poudré et coiffé le mieux possible. Il est familier et quelque peu plaisant.

V. SAPA. Voyez USSA.

: V. SAPAIRE. Voyez USSAIRE.

SAPIN. s. m. Terme de mépris et de dénigrement. Soudard. Homme qui a longtemps servi à la guerre.

— Soudrille. Soldat libertin, fripon, etc., etc.

V. SAP. s. m.   } Sapin. Grand

B.-A. SAPINO. s. f. } arbre rési- neux. Le bois de sapin sert à faire des mâts de navire, des caisses et des bières pour enterrer les morts; de là est venue cette locution pro- verbiale et familière dont on se sert parlant d'un homme qui a mauvais visage et qui paraît devoir mourir bientôt, *Que sente la sapino* : qu'il sent le sapin.

SAQUET. s. m. Sachet. Petit sac.

SAQUETTO. s. f. Petit sac large. Il signifie quelquefois aussi *Bassa- quetto*. Voyez BASSAQUETTO.

SAR.   } s. Scaré. Poisson de mer.
SARGO.   }

SARA. Voyez SALA.

SARADURO. Voyez SALADURO.

SARCI. v. a. Terme de couture. Reprendre. Rejoindre avec l'aiguille une éraillure, des déchirures faites à une toile, une étoffe, du drap, etc. *Bas touteis sarcis* : bas pleins de re- prises. — Rentraire. Coudre, rejoindre deux morceaux d'étoffe coupés.

SARCIDURO. s. f. Reprise. Raccom- modage fait à une mousseline, une dentelle, une étoffe déchirée.

— Rentraiture. Couture de ce qui est rentrait.

SARCO. Ce terme n'a d'usage que dans cette locution populaire, *Estre en sarco* : chercher, être en mouve- ment, en sollicitude pour trouver. *Erian tous en sarco per lou trouva* : nous étions tous à courir de part et d'autre pour le trouver.

SARCO-PETO. s. m. Crotteur. Voyez PETOURIÈ.

SARCO-POUAIRE. }
SARCO-POUS.   } s. m. Croc-à- puits. Sorte de crochet à plusieurs branches servant à retirer le seau qui est tombé dans un puits.

SARDINAOU. s. m. Filet à prendre la sardine.

SARDOU. s. m. Terme de pêcheur. Lisière d'un filet.

SARJHAN. s. m. Terme de menuisier. Davier. Instrument en fer dont on se sert pour assembler et serrer les pièces de bois.

SARJHET. s. m. Terme de tailleur et de couturière. Surjet. Sorte de couture.

SARJHETA. v. a. Terme de cou- ture. Surjeter. Coudre en surjet.

SARJHETTO. s. f. Serge. Étoffe lé- gère et croisée faite de laine.

SARJHO. s. f. Demi-laine. Grosse étoffe moitié fil et moitié laine, dont les gens de travail font des jupes et des tabliers pour la fatigue. *Sar- jho griso, raoubo de sarjho, foooudiou de sarjho.*

SARNAYO. s. f. Terme de papeterie. Rebut. Feuilles de papier gâtées et déchirées dont est composée la main de papier qui est au-dessus et celle qui est au dessous d'une rame.

SARNIHA. v. n. Fureter. Voyez FURNA.

SARNIHAIRE. s. m. Voyez FUR- NAIRE.

SARPEIHIÈRO. s. f. Serpillière. Mauvaise toile d'emballage.

SARQUA. v. a. Chercher. Se donner du soin, du mouvement, de la peine pour trouver. B.-A. *Sarqua rouire* : chercher noise, quereller quelqu'un. On dit proverb. *Vaou mai un que soou que que sarquoun* : mieux vaut un qui sait que cent autres qui cherchent.

SARRA. v. a. Fermer. Enfermer.

Sarra la pouerto : fermer la porte. *L'an sarra dedins* : on l'a enfermé. On dit proverbialement *Qui ben sarro ben duerbe* : qui bien ferme bien ouvre, pour dire, que celui qui ferme bien sa maison n'a rien à craindre des voleurs.

SARRA. Serrer. Étreindre. *Sarra un nous* : serrer, étreindre un nœud.

SARRA. Presser. Approcher une chose ou une personne contre une autre. *Sarra-vous ben que tous l'y vagoun* : pressez-vous les uns contre les autres pour qu'il y ait de la place pour tous. On dit figurément *Sarra lou marca*, donner le dernier adieu, pour dire, conclure, terminer le marché que l'on traitait.

SARRA. v. a. Scier. Couper avec une scie. *Sarra un roure* : scier un chêne.

SARRADO. s. f. Terme de maçon. Ruilée. Enduit de mortier que l'on met sur les toits contre le mur mitoyen pour empêcher que l'eau ne filtre entre deux.

SARRADURO D'UNO FROUNDO. s. f. Embranchement. Embranchure. L'endroit où les croisillons finissent et où commencent les bras d'une fronde.

SARRAHIÈ. s. m. Serrurier. Ouvrier qui travaille à faire des serrures et quelques autres ouvrages de fer.

SARRAHIÈ. s. m. Mésange. Petit oiseau que l'on confond quelquefois avec le bruant.

SARRAIHO. s. f. Serrure. Machine de fer qu'on applique à une porte, pour servir à la fermer et à l'ouvrir.

SARRAIRE. s. m. Scieur de long. Celui dont la profession est de scier du bois pour en faire des planches. On dit proverb. d'un gros mangeur, que *Manjho coum'un sarraire* : qu'il mange comme un Limousin, c'est-à-dire, de très-bon appétit.

B.-R. SARRAZINO. s. f. Aristoloche. Plante.

SARRET. s. m. Scie-à-main. Voyez COUTEOU-SERRE.

SARRETA. v. a. Scier. Couper avec une scie-à-main.

— Saveter. Gâter, déchirer une branche d'arbre ou tout autre pièce de bois que l'on coupe maladroite-

ment avec une scie-à-main ou un couteau mal aiguisé.

SARRIAN. Ce mot n'est d'usage que dans la locution proverbiale suivante, *Cerca lou vingt un de sarrian* : chercher des alibiforains, c'est-à-dire, avoir des mauvaises défaites

SARRIHO. s. f. Sciure. Ce qui tombe du bois lorsqu'on le scie.

SARRO-TESTO. s. f. Couvre-chef. Bandage dont les chirurgiens enveloppent une tête blessée ou meurtrie.

— Bandeau de soie, de linge ou de laine dont les femmes se servent pour se ceindre la tête et contenir leurs cheveux.

SARROUN. s. m. Scie-à-main.

— Petite faucille. Voyez FOOU-CIOUN.

SARTAN. s. f. Poêle. Ustensile de cuisine dont on se sert pour frire, pour fricasser. On dit prov. et fig. *L'y a degun de pus embarrassa qu'aqueou que ten la couè de la sartan* : il n'y a point de plus empêché que celui qui tient la queue de la poêle, pour dire, que celui qui est chargé du soin principal d'une affaire est toujours celui qui a le plus de peine et d'embarras. On dit proverb. et fig. *Peiroou mascaro la sartan* : le voleur accuse le larron, pour dire, que celui dont la réputation est la plus équivoque est souvent le premier à attaquer celle d'autrui.

SARTAN-CASTAGNIERO. s. f. Poêle percée. Poêle à jour dont on se sert pour faire rôtir les châtaignes et les marrons.

SARTEINADO. s. f. Poêlonée. Plein une poêle à frire. La quantité que peut en contenir une poêle. *Uno sarteinado do peissoun* : une poêlonée de poisson.

SARTIS. s. m. Terme de marine. Haubans. Grosses cordes pour affermir les mâts.

SARVANTIN. s. m. Cordelier. Observantin. Religieux de l'ordre de Saint-François, dit de l'observance.

SARVANTINO. adj fem. Cordelière. *Figuo sarvantino* : figue cordelière. Sorte de figue.

SARVÈLO. s. f. Cervelle. Substance blanche et molle renfermée dans le crâne. Au fig. Entendement, mémoire, jugement. *Home senso sarvèlo* : homme sans jugement. *Perdre la sarvèlo* : perdre la tête.

SARVEOU. s. m. Cerveau Voyez SARVÈLO. Au fig. Écervelé. Jeune étourdi, ie. *Quintou sarveou qu'es aco !* quel étourdi, quel écervelé que voilà ! *Sarveou rou* : tête fêlée.

SARVI. v. a. Servir. *Sarvi, sarvêm, sarve, sarvem, sarvès, sarvoun, sarviou, sarveri, sarvirai*, etc. Être à un maître comme son domestique. — Donner d'un mets, d'une viande à quelqu'un de ceux avec qui on est à table, etc. *Sarvi la messo* : répondre à la messe.

SARVICI. s. m. Service. Bon office qu'on rend à quelqu'un. — Fonction d'une personne qui sert en qualité de domestique. — Nombre de plats qu'on sert à la fois sur la table. — Usage qu'on tire de certains animaux et de certaines choses. — Service militaire. Service qu'un militaire en activité rend à l'État.

SARVICIABLE, ABLO. adj. Officieux. Serviable. Obligeant. Qui aime à obliger, à rendre service.

SARVICIAOU. s. f. Accoucheuse. Sage femme. Il vieillit. *Crida la serviciaou* : appeler l'accoucheuse.

SARVIETOUN. s. m. Bavette. Pièce de toile ou petite serviette que l'on suspend au cou des enfans pendant qu'ils mangent.

SASSO. s. f. Écope. Espèce de pelle en bois ou en fer blanc, à rebords, ayant une anse, dont les épiciers se servent pour prendre le sucre ou le café dans les barriques. On lui donne aussi le nom de main et de bec-de-corbin, mais improprement.

B.-A SATACUOU. s. m. Casse-cul. Chute qu'on fait en tombant sur le derrière lorsque le siège sur lequel on croyait s'asseoir vous manque ou autrement. Il est populaire et n'a d'usage qu'en ces phrases, *Si douna un satacuou. Faire un satacuou* : se donner un casse-cul.

V. SATO. Voyez DISSATO.

SAVENT. ENTO. adj. et subs. Savant, savante. Qui sait beaucoup. Qui est bien instruit, bien informé de quelque chose, de quelque affaire. *Soun père ero un savent* : son père était un savant. *Quu es que te n'a rendu savent ?* qui est-ce qui t'en a si bien instruit ?

SAVENTAS. s. m. superl. Savant. Érudit. Homme d'un profond savoir.

SAVENTAS. s. m. Savantasse. Terme d'injure qui se dit de celui qui, n'ayant qu'un savoir confus, affecte de paraître savant.

> Habil'home, gros saventas
> Que proves lou dex per un as !
> Vai repassa toun alphabètho,
> Avanf d'insulta lou pouèto
> Qu'as fourça de ti faire un bast !

SAVEOU. s. m. Sablon. Sable jaune dont on se sert pour écurer le cuivre et le laiton.

SAVI. Voyez SAOUVI.

SAVIGNAS, ASSO. adj. Ivrogne, ivrognesse. Celui et celle qui est habitué à boire jusqu'à s'enivrer.

SAVOURNIN. s. m. Saturnin. Nom d'homme.

SAVOURUN Voyez SABOURUN.

SCAVIHOS. s. m. Jasmin jaune. Arbrisseau qui vient naturellement dans les haies le long des chemins, dans le département des Basses-Alpes et des Bouches-du-Rhône.

SCIOURRE. s. m. Ellébore. Pied-de-griffon. Plante dont les maréchaux-vétérinaires se servent pour faire des setons aux chevaux. Voyez MAOUSUBLA. MAOUSUBLE.

SE. s. de t. g. Soif. Altération. Besoin de boire. *Pousque pas si levi lou se* : ne pouvoir étancher sa soif.

V. SEBEIHOUN. s. m. Ail ou Ognon sauvage que l'on trouve abondamment dans les champs.

V. SEBENCA. v. a. Ébourgeonner la vigne. Voyez EIBROUTA

B.-A. SEBENCHOUN. s. m. Furoncle petit. Espèce de flegmon qui vient à suppuration. *Estre plen de sebenchouns* : avoir beaucoup de furoncles. Voyez FLEIROUN.

SEBETTO. s. f. dim. de *Sebo*. Jenne, petit ognon. Voyez SEBO. — Ciboule. Ciboulette. Sorte d'ognon.

SEBETTOS. s. f. pl. Plants d'ognon. Jeunes ognons que l'on transplante, ou que l'on mange ainsi à la main.

SEBO. s. f. Ognon. Plante potagère bulbeuse.

Dire sebo.
Juga à sebo. } Voyez CEBO.

SEBOULA. Voyez SEBETOS.

SEBOUYOUN. Voyez SEBEIHOUN.

SEC, SECO. adj. Sec. Sèche. Aride. Qui a peu ou point d'humidité.

SEC, SECO. adj. Étique. Atteint d'une maladie qui dessèche et consume toute l'habitude du corps. *Veni sec :* devenir étique. *Es mouerto seco:* elle est morte étique.

SECA. v. a. Sécher. Rendre sec. Devenir sec. Essuyer. *Lou vent seco leis fanguos :* le vent sèche la boue des chemins. *Seca leis mans :* essuyer les mains. *Seca la bugado :* sécher le linge de la lessive. Au fig. Mettre à sec. *Es ana oou juech, l'an seca:* il a été au jeu, et on l'a mis à sec.

SECA. fig. Signifie encore Lasser. Ennuyer. Fatiguer. Obséder. *Mi seques:* tu m'ennuyes, tu m'accables. *Lou sequoun :* ils l'obsèdent.

SECADOU. s. m. Essui. Voyez ESTENDEIRE.

V. SECAIRE.
B.-A. SECANCO. } s. m. Ennuyeux. Importun. Qui lasse. Qui fatigue. Qui obsède.

SECARESSO. s. f. Sécheresse. Disposition de l'air et du temps quand il est trop sec et qu'il tarde trop de pleuvoir. *La secaresso tue leis plantos:* la grande sécheresse fait mourir les plantes. On dit proverb. *Jamai secaresso à mena carestiè :* jamais sécheresse n'amena disette, pour dire, que la sécheresse n'est pas aussi nuisible aux blés qu'une abondance de pluie.

SECARESSO. s. f. Etisie. Maladie qui dessèche et rend étique. *Toumba dins la secaresso :* tomber dans l'étisie, devenir étique.

SECO. s. f. Terme de marine. Écueil. Roches à fleur d'eau. Banc de sable. Au fig. Chute, dévole, malheur, piège. *Faire uno seco:* tomber dans un piège. On lui donne quelquefois aussi la signification de pause. Voyez TANCADO.

SECO-FÈGE.
SECO-FUGI. } s. de t. g. Accablant. Importun. Fâcheux. Qui ennuye et

déplaît. *Siès un seco-fugi :* tu m'accables au point de me dessécher le foie. Il est populaire. Voyez SECANCO.

SECO-MAN. s. m. Essuye-main. Linge qui sert à essuyer les mains.

SECUGI. s. m. Nom collectif. Séquelle. Il se dit par mépris d'un nombre de gens qui sont attachés au parti, aux sentimens, aux intérêts de quelqu'un,

—Suite. Ceux qui suivent et qui vont après. *Jamai ven que noun aduque tout soun secugi :* il ne vient jamais nous voir qu'il n'amène tous ceux de sa maison. Il est familier et populaire.

SEDARIÈ. s. f. col. Soierie. Toute sorte de marchandise de soie. *Marchand que vende que de sedariè :* marchand qui ne tient que les objets en soie.

SEDO. s. f. Soie. Matière propre à filer, et qui est le produit du ver-à-soie.

SEGA. v. a. Faucher. Couper avec la faulx. *Sega un pra :* faucher un pré.

SEGADO. s. f. Fauchaison. Temps où l'on fauche les prés.

—Fauche. Action de faucher. *Vene nous veire per la segado :* viens nous voir au temps de la fauchaison. *Faras nouesto segado deis prats :* tu faucheras nos prés.

SEGAGI. s. m. Fauchage. L'action de faucher. La peine, le salaire du faucheur. *Lou segagi mi couesto vingt francs :* le fauchage me coûte vingt francs.

SEGAIRE. s. m. Faucheur. Celui qui fauche, qui coupe l'herbe des prés, les blés, les avoines, etc., avec la faulx.

SEGNA. v. a. et récip. *Si segna :* faire sur autrui et sur soi le signe de la croix. On dit d'un moribond, *Que l'an segna :* pour dire, qu'on l'a marqué du signe de la croix avec un cierge bénit.

SEGNADO. adj. f. Bénite. Cet adjectif n'a d'usage qu'avec le substantif Eau, dans cette locution populaire, *Douna d'aiguo segnado ;* prendre *d'aiguo segnado :* donner, prendre de l'eau bénite.

V. SEGNADOU. s. m. Oratoire. Bénitier. Voyez OOURETORI.

SÈGNE. s. m. Signe. Indice. Marque d'une chose.

— Démonstration extérieure que l'on fait pour donner à connaître ce que l'on précise ou ce que l'on veut.

SEGNE (NOUESTE). s. m. Notre Seigneur Jésus-Christ. Il est vieux et populaire.

SEGNE-GRAND. s. m. Vieillard. Grand père. Il est vieux comme le précédent.

SEGNOURO. s. f. Dame du village. Femme du seigneur du lieu.

SEGOUNDARI. s. m. Vicaire. Prêtre desservant une paroisse sous les ordres d'un curé. *Lou cura eme seis segoundaris* : le curé avec ses vicaires.

B.-A. SÈGRE. } v. a. Suivre. *Sègue,*
V. SÈGUI. }
sègues, sègue ; sèguem, seguès, seguoun ; seguiou ou *suiviou; segueri* ou *suiveri; ai segui* ou *suivi; segrai* ou *suivrai ; segras* ou *suivras; segran* ou *suivran* . *sègue , seguès.* Aller près. Aller avec. *Lou poudiou pas sègre* : je ne pouvais le suivre tant il allait vite. Il est pop.

SEGRENOUX, OUÉ. adj. Obscur. Privé de lumière. Sombre.

— Peu découvert. Dangereux. On le dit d'un chemin, d'un passage, d'une rue, etc. *Endrech segrenoux* : lieu obscur. *Camin segrenoux* : chemin peu découvert et dans lequel on appréhende les voleurs. *Carrièro segrenoué* : rue sombre et obscure.

SEGUE. s. m. Seigle. Plante céréale. *Pan de segue* : pain de seigle.

SEGUÈN. s. m. Vent d'Ouest. Ce vent qui est très périodique dans la partie la plus-méridionale du département des Basses-Alpes, en été seulement, est le plus favorable pour éventer le blé sur l'aire, il commence à souffler dès les trois heures de l'après midi, et ne cesse ordinairement qu'après le coucher du soleil. Il est opposé au cours de cet astre bien qu'il suive la direction de ses rayons sur nous; ce qui lui a fait donner le nom de *Seguèn*. *Es de seguèn* : c'est le vent d'Ouest.

SEGUEIREOU. }
SEGUEIROUN. } adj. Importun, importune. Celui et celle qui
SEGUEREOU, ELLO. }
vous suit partout et dont on ne peut se débarrasser. Il est populaire.

V. SEGUI. Voyez SÈGRE.

SEGUR. adv. Sûrement. Certainement. Indubitablement. En vérité. *Vendra segur* : il viendra certainement.

SEGUR, SEGURO. adj. Sûr, sûre. Certain. Indubitable. Vrai. *Aco es segur* : la chose est sûre.

— Sûr. Celui en qui on se peut fier, sur lequel on peut compter. *Es un home segur* : c'est un homme sûr.

SEGUR. Sûr. Se dit en parlant des lieux, des chemins, des passages et de certaines autres choses. Ainsi on dit un *Camin pas segur* : un chemin peu sûr, c'est-à-dire, où les voyageurs sont en danger d'y être arrêtés par les voleurs. *Sian pas segurs* : nous ne sommes pas en lieu sûr, c'est-à-dire, en sûreté. *Es a coou segur* : c'est à coup sûr, c'est-à-dire, immanquablement. On dit prov. *Voou mai juga à la seguro qu'a l'avanturo* : mieux vaut jouer au certain qu'à l'incertain, pour dire, qu'il faut toujours choisir de préférence celui de deux expédiens qui présente le moins de risques et dont le succès est plus certain que de courir la chance d'une mauvaise réussite.

SEGURAIRE. s. m. Assureur. Voyez ASSEGURAIRE.

SEJHE. adj. numéral. Seize. Nombre contenant dix et six. *Lou sejhe doou mes* : le seize du mois.

B.-A. SEJHO. s. f. Givre. Espèce de glace, de frimats qui s'attache aux arbres, aux buissons, etc. *Toumbo de sejho* : il tombe du givre.

SEJHOS. Voyez CEYOS.

V. SEIRO. Voyez CERO. SERO.

SEIS. pron. possessif. Ses.

SEISSÈTTO. s. f. Blé. Froment rouge. Plante céréale, appelée aussi scissette.

SÈLO. s. f. Voyez FROUMAGIÈRO.

SELLET. s. m. Scellé. La cire d'Espagne empreinte d'un cachet, qu'on a apposé à des serrures, à des appartemens, etc., par autorité de

Justice. *Faire mettre lou sellet. Leva lou sellet.*

SELOUIRO. s. f. Terme de la haute Provence. Soc de charrue qui ne renverse la terre que d'un côté. Voyez COUTRIS.

—Avant-train d'une charrette.

SEMANADO. s. f. Semaine complète. La durée d'une semaine. L'espace de temps qui s'écoule depuis le dimanche matin jusques au samedi soir. *Dins uno semanado* : dans sept à huit jours. *Nous foudra encaro très bouénos semanados per acaba* : il nous faudra encore trois fortes semaines de travail pour tout finir.

SEMANIÈ, IERO. s. Semainier, ière. Celui, celle qui est de semaine.

SEMANO. s. f. Semaine. Suite de sept jours à commencer par le dimanche jusqu'au samedi inclusivement. On dit proverb. et popul. *La semano deis très dijoous* : lors des calendes grecques, pour dire, jamais. *L'y anarai la semano deis très dijoous*: j'irai la semaine des trois jeudis, ou lors des calendes grecques.

SEMBLA. v. n. Sembler. Paraître, avoir une certaine qualité, ou être d'une certaine manière. *M'a sembla que ploouviè* : il m'a paru pleuvoir.

—Ressembler. Avoir du rapport, de la conformité avec quelqu'un, avec quelque chose. *Si sembloun coumo doues gouttos d'aigua* : ils se ressemblent comme deux gouttes d'eau. On dit prov. que *Leis jours si suivoun, mai que si sembloun pas* : que les jours se suivent, mais qu'ils ne se ressemblent pas, pour dire, que le bonheur ni le malheur ne durent pas toujours.

SEMBLANT. FAIRE SEMBLANT. v. n. Feindre. Simuler. Faire semblant. *Fasiè semblant de s'en ana* : il feignait de vouloir partir. On dit prov. *Tout semblant voou coou* : toute menace vaut coup, pour dire, que l'on se tient aussi offensé de la menace, qu'on pourrait l'être de l'effet.

SEME. SEMO. adj. Maigre. Sec, sèche. On ne le dit au propre que des fruits à coquille et des châtaignes qui, ne s'étant pas remplis en mûrissant, sont restés avec la peau ridée et presque sans substance. *Nose semo*: noix maigre. *Castagnos semos* : châ-taignes maigres et ridées. *Arangi seme* : orange desséchée et sans suc.

SEMELA. Voyez RESSEMELA.

SEMELAGI. Voyez RESSEMELAGI.

SEMENCIÈ. s. m. que l'on n'emploie le plus souvent qu'adjectivement. Semoir. Sac où le semeur met le grain qu'il répand sur la terre. *Lou sac semenciè* : le semoir.

SEMENÇO. s. f. Semence. Grains et graines que l'on sème. *Bello semenço. Pourta la semenço.*

—Semaille. Temps où l'on sème. *Par leis semenços*, dans le temps des semailles.

V. **SEMO.** s. f. Vide. Ce qui manque à un tonneau, à une futaille de vin mis en perce. *Preleva la semo*: déduire, évaluer le vide.

SEMOUNDRE. v. a. Offrir. Proposer. Faire une offre. *Vouliè m'acheta moun houstaou, mai me n'a trop paou semoundu* : il voulait acheter ma maison, mais il m'en a offert trop peu. *L'y lai semoundu*: je le lui ai offert.

SEMOUNDRE (SI). v. récip. Se proposer. S'offrir.

SEN. s. m. Suif. Voyez SAIN.

V. **SEN.** s. m. Sens. Faculté de comprendre les choses et de juger selon la saine raison. On dit qu'une personne, *N'a ges de sens* : qu'elle n'a pas du sens, pour dire, qu'elle parle sans réflexion et hors de propos. On dit encore prov. et pop. d'une telle personne, *Qu'a pamai de sens que lou nas li fa d'oumbro*, ou *qu'A ooutant de sens coum'un grapaou de quoué* : qu'elle n'a pas plus du sens qu'une souris n'a d'ailes, pour dire, qu'elle en est totalement dépourvue.

SEN. s. m. Sein. Cette partie du corps humain qui est depuis le bas du cou jusqu'au creux de l'estomac.

—Gorge d'une femme ou d'un homme. On dit *Mettre caoucarren dins lou sen* : mettre quelque chose dans le sein, pour dire, placer quelque chose dans la partie de la chemise ou de son vêtement qui couvre le sein. Voyez SENADO.

SENA, ADO. adj. Sensé, sensée. Qui a du bon sens, du jugement, de la raison. *Home sena* : homme sensé.

B.-A. **SENADO.** s. f. Plein son sein. Nos gens de campagne de la haute

Provenco qui, en été travaillent toujours sans veste ni gilet, pour ne pas être embarrassés d'un panier lorsqu'ils vont cueillir certains fruits sur l'arbre, ne se font aucune peine de les mettre quelquefois dans leur sein, c'est-à-dire, entre leur sein et leur chemise, qu'ils remplissent depuis la ceinture en haut, et c'est ce qu'il appellent *Uno senado* : plein leur sein. *N'an adu uno senado cadun:* ils en ont apporté chacun plein leur sein.

SENCHA. Voyez CENCHA.

SENCHO. s. f. Terme de pêcheur. Filet pour clore et réunir le poisson en un même lieu dans la mer.

SENCO. conj. Lorsque. Quand. *Senco ven* : quand il viendra. *Senco li vaou:* lorsque j'irai.

SENEPO. s. f. Caboche. Clou de soulier à tête large. *Un cent de senepos :* un cent de cabochos.

V. SENEQUIÉ, IÉRO. Voyez GAOUCHIÉ.

SENÈQUO. adj. f. Gauche. Sénestre. *Man senèquo :* main gauche.

SENESPIEN. }
SENESPIOU. } s. m. Rougeole. Vérolette. Maladie des petits enfans.

SENGLO. }
SENGLOUN. } Voyez CENGLO.

SENI-GRAND. Voyez SEIGNE-GRAND.

SENIHO. s. f. Atôme. Brin de poussière. *N'y a plus pa'no seniho :* il n'en reste plus un seul brin.

SENISSOUN. s. m. Seneçon. Plante émolliente.

SENSAOU. Voyez CENSAOU.

SENSO. prépos. Sans. *Senso ave ni manjha ni begu :* sans avoir mangé ni bu.

SENSO. s. f. Cens. Redevance en argent que certains biens devaient annuellement au seigneur du fief dont ils relevaient. *Semblo que tout li fai senso :* il semble que tout lui doive cens et hommage.

V. SENSO. Voyez SINSO.

SENSO-BIAI. s. de t. g. Terme de mépris. Maladroit. Qui manque d'adresse. Il est aussi adj. *Es tout-à-fet senso-biai :* il est tout-à-fait maladroit.

SENSO-PENSAMENT. s. Sans-souci. Qui ne s'inquiette ni ne se met en peine de rien. *Vioure senso pensamen:* vivre sans-souci.

SENSO-SEN. s. de t. g. Tête légère. Personne inconsidérée.

SENTI. v. a. Sentir. Recevoir quelque impression par le moyen des sens. *Senti lou fre :* sentir le froid.

— Flairer. Exhaler une odeur. *Senti uno rozo :* flairer une rose.

SENTI. v. n. Puer. Exhaler une mauvaise odeur. *Lou fumiè sente :* le fumier pue. *Peissoun que sente :* poisson gâté qui sent mauvais. *Senti l'estu :* sentir le relent. On dit qu'une chose *Sente qu'empesto, sente qu'enpouyorno:* qu'elle pue comme une charogne. On dit prov. et bassement. *Oou mai bouleyas la merdo oou mai sente :* plus on remue la merde plus elle pue, pour dire, que plus on approfondit une mauvaise affaire, plus on déshonore ceux qui y ont participé.

SENTI (SI). v. récip. Se sentir. Connaître ses forces, ses moyens et ses facultés. On dit proverb. dans ce sens, *Quu si sente s'estende :* qui se sent s'étend, pour dire, que celui-là peut faire de la dépense, qui a les moyens de la faire. On dit prov. et fig. *Lou mourtiè sente toujours l'ayet :* la caque sent toujours le hareng, en parlant de ceux qui, par leurs paroles et leurs actions font voir qu'ils retiennent encore quelque chose de leur origine ou de leur premières habitudes. On dit prov. et fig. d'un homme, que *Sente la sapino :* qu'il sent le sapin. Voyez SAPINO.

SENTI. Au fig. Sentir. Avoir le cœur touché, l'ame émue. *Sente pa leis marrideis manièros :* il ne sent pas les mauvais procédés.

SENTIDO. s. f. Odeur. Odorat. *Marrido sentido :* mauvaise odeur. Au fig. Pressentiment, mouvement intérieur qui fait craindre ou espérer ce qui doit arriver. *Ave sentido :* pressentir ce qui doit arriver. *N'en vouqueri ren faire... Aviou sentido :* je n'en voulus rien faire.... je le pressentais.

SENTENO. s. f. Voyez CENTENO.

SENTOUR. s. f. Senteur. Parfum. *Aigo de sentour :* eau de senteur.

SEOU. s. m. Suif. Graisse préparée dont on se sert pour calfater un tonneau avant d'y mettre le vin.

SEOUCLA. v. a. Voyez SIOUCLA.

SEOUCLEIRIS. s. f. Voyez SIOU-CLEIRIS.

SEPI. s. f. Sèche. Poisson de mer qui a sur le dos un os dur, léger et lissé, dont les orfèvres se servent pour mouler certains ouvrages.

SEPIOUN. s. m. Petite sèche. Poisson. Voyez SEPI.

B.-A. SEPO. s. Voyez CEPO.

SEPOUN. Voyez CÉPOUN.

SEQUO. Voyez SECO.

SEQUUGI. Voyez SECUGI.

B.-A. SÈR. s. f. Serpent. Reptile connu de tout le monde. On dit prov. et fig. *Mettre coouqu'un oou nis de la sèr* : pour dire, réduire quelqu'un à la mendicité, à la dernière des misères. Il est pop. *Per li faire un home soun paire s'es mes oou nis de la sèr* : pour lui faire un remplaçant son père s'est réduit à la mendicité.

SERCA. Voyez SARCA.

SERCO, et ses composés. Voyez SARCO.

SERCO-DINA. s. de t. g. Parasite. Chercheur de franches lipées. Celui et celle qui cherche à manger aux dépens d'autrui. Il est pop.

SEREN. s. m. Serein. Vapeur froide et malfaisante qui retombe au coucher du soleil.

SEREN, ENO. adj. Serein, sereine. Qui est clair, doux et calme. Il ne se dit proprement que de la constitution de l'air. *Lou temps es seren* : le ciel est clair et serein. *Nuech sereno* : nuit claire et sereine. On dit fig. d'un homme, qu'*A l'er seren* : qu'il a l'air serein, pour dire, que l'aspect de son visage annonce une santé parfaite et une grande tranquillité d'esprit. On donne le nom de *Goutto sereno* : de goutte sereine, à une maladie qui cause subitement la privation de la vue, et que le vulgaire attribue aux effets de la lune sur les personnes qui, couchées dans les champs pendant les nuits d'été, ont les yeux tournés vers cet astre.

SERENA. v. a. et récip. Prendre le serein. Exposer au serein, au grand air. *Foou faire serena lou linjhe que sente l'estu* : il faut faire prendre l'air au linge qui sent l'enfermé. *Si sereno* : il est au grand air, il prend le serein.

SERENO. s. f. Sirène. Animal fabuleux, moitié homme et moitié poisson, dont le chant mélodieux enchantait les navigateurs qui étaient exposés par là aux plus grands dangers. C'est ce qui a donné lieu a ce prov. populaire que l'on adresse aux marins, *Diou te garde doou chant de la sereno et doou rescontre de la baleno* : Dieu veuille te garantir du chant des Sirènes et de l'abord des baleines.

SERENTO. s. f. Pesse. Faux sapin. Arbre appelé encore garipot, picea, épicea et sapin rouge. Son écorce est noirâtre et celle du sapin est blanchâtre et facile à rompre.

SERINGA. v. a. Seringuer. Interjecter. Pousser. Introduire une liqueur avec une seringue.

SERIOU, IOUZO. adj. Sérieux, sérieuse. Grave. Il est opposé à gai, enjoué.

V. SÈRO. s. m. Soir. La dernière partie du jour. Il est populaire. *L'y anaren estou sero* : nous irons ce soir. Voyez CERO.

SERPENTINO. s. f. Serpentaire. Plante.

SERRA. Voyez SARRA dans toutes ses acceptions.

SERRO. s. f. Scie. Instrument servant à scier le bois.

SERVICIABLE. Voyez SARVICIABLE.

SERVICIAOU. Voyez SARVICIAOU.

SERVITOUR. s. m. Serviteur. Celui qui sert en qualité de domestique.

SERVITUR. FAIRE SERVITUR. v. n. Saluer avec la main ou le pied. Il est populaire et n'est d'usage qu'en parlant à des petits enfans. *Anen, fasès servitur en aqueou moussu* : allons, saluez ce monsieur.

SERVI. {
SERVO. } s. f. Réservoir. Grand bassin où vont aboutir les différentes eaux d'une commune, qui, de là, sont dirigées dans les diverses fontaines qu'elles alimentent.

SESI. v. a. Saisir. Prendre.

SESIDO. s. f. Saisie. Acte par lequel on saisit les meubles ou les biens d'un débiteur. *L'y an fach sesido* : on lui a fait une saisie.

SESTEIRADO. s. f. Plein un septier.

SESTIE. s. m. Septier. Mesure de capacité pour les grains et les fruits à coquilles, elle varie selon la localité. Le septier vaut deux panaux dans le département des Basses-Alpes, et dans certains pays les quatre font la charge de dix panaux.

SET-ARPOS. s. m. Fer de cheval. Plante.

SÈTI. s. m. Siège. Selle. Tabouret. Banc de bois ou de pierre. Billot, etc., sur lequel on s'assied. Il est populaire.

SEVEREOU. s. m. Célerin. Petit poisson de la Méditerranée, de la grosseur d'une sardine et semblable au maquereau, à l'exception de son arête qui a quatre rangs d'épines, ce qui lui a fait donner le surnom d'*Estranglo bello-mèro*, par les gens du peuple à Marseille.

SEYO. Voyez CEYO.

SEYO. ⎰ s. Vase à traire. Voyez
SEYOUN. ⎱ LACHOUIRO.

SEZE. s. m. Pois-chiche. Voyez CEZE.

SEZE. adj. numéral. Voyez SEJHE.

SI. particule affirmative. Oui. Si.

SI-BEN. adv. Oui-bien.

V. SIAGNO. s. f. Masse d'eau. Voyez SAGNO.

SIAR. v. a. Terme de marine. Appuyer sur la rame.

SIBLA. v. n. Siffler. Pousser son haleine dans un sifflet pour lui faire rendre le son qui lui est propre.

—Siffler, former un son aigu en serrant les lèvres en rond et en poussant son haleine.

—Siffler. v. a. Chanter un air en sifflant.

—Corner. On le dit du sifflement que l'on ressent parfois dans les oreilles. En ce sens l'on dit, *Leis oovureyos mi sibloun* : les oreilles me cornent. On dit populairement, *Leis mans mi sibloun* : lorsque par l'effet du maniement de l'eau glacée ou de quelque corps froid, on ressent dans les mains un froid cuisant et pénétrant qui ressemble à un bruissement. On dit d'une personne indiscrète qui a la démangeaison de parler, *Que va dirië pu leou en siblant* : qu'elle s'efforcerait de le dire en sifflant, plutôt que de garder le silence sur ce qu'elle a appris.

SIBLAIRE. s. m. Siffleur. Celui qui

siffle, soit avec un sifflet soit avec la bouche seulement.

SIBLET. s. m. Sifflet. Petit instrument avec lequel on siffle. On dit fig. et fam. *Coupa lou siblet en coouqu'un* : couper le sifflet à quelqu'un, pour dire, le rendre muet, le mettre hors d'état de répondre.

SICAOU. Voyez CICAR.

SICORI. Voyez CICORI.

SIÈ.
V. SIÈCHE. ⎰ Soit. C'est une con-
B.-A. SIÈGUE. ⎱ jonction dans ces façons de parler *Siè blan ou negre m'es tout un. Sieche que va vougue ou noun* : soit blanc ou noir ce m'est indifférent. Soit qu'il le veuille ou non. Il est adverbial dans celles-ci, *Aco siègue:* cela soit. *Ansin siè* : ainsi soit.

SIEI. adj. numéral. Six. Nombre pair composé de deux fois trois.

B.-A. SIEOU, SIEOUNO. ⎰
V. SIEOU, SIEOUVO. ⎰ adj. pron.
B.-A. SIEOUNE. ⎱ possessif et relatif. Sien, sienne. *Aquel houstaou es sieou* : cette maison est à lui. *Fai teis affaires et leisso l'y faire leis siouvos* : fais tes affaires sans te mêler des siennes. On dit prov. et fam. d'un homme, *Que fa deis siounos* : qu'il fait des siennes, pour dire, qu'il fait du train, du tapage, des fredaines, etc., selon son habitude. *Sieou* est quelquefois substantif et signifie son bien. *Demando que lou sieou* : il ne demande que le sien. On dit proverb. et fam. *Chacun lou sieou, lou diable l'y a ren à veire* : chacun le sien, personne n'a rien à dire.

SIEOUNE. ⎰
SIEOUNO. ⎱ Voyez SIEOU.

SIÈTTO. s. f. Assiette. Sorte de vaisselle de terre, de porcelaine ou d'argent dans laquelle on mange.

SIÈTOUN. s. m. Petite assiette. Soucoupe.

SIÈVO. Voyez SIEOU. SIEOUVO.

SIFÉ. Façon de parler affirmative. Oui-bien. Pardonnez-moi. *Venès pas ?* —*Sifë li vaou* : ne viens-tu pas ? —Pardonnez-moi, j'y vais.

SIGALO. Voyez CIGALO.

SIGARET, ETTO. s. et adj. Évaporé, évaporée. Étourdi, ie. Qui a la tête légère. *Es un sigaret* : c'est un jeune

54

évaporé. *Es un paou sigaretto* : elle a l'esprit léger.

SIGNA. v. a. Signer. Mettre son seing à une acte, à une lettre pour les rendre authentiques.

SIGNAOU. s. m. Signal. Signe que l'on donne pour servir d'avertissement.

SIGNAOU. s. m. Terme de maçon. Défense. Poutre ou perche qui appuye sur les murs extérieurs d'une maison que l'on répare ou qu'on démolit, pour avertir les passans du danger.

SIGNE-GRAND. Voyez SEGNE-GRAND.

SIGOUÈS. Voyez CIGOUES.

SIHEIROOU. s. m. Vrille. Liens avec lesquels la vigne, la bryone et certaines autres plantes s'attachent aux corps dont elles sont voisines.

SILABAS. s. m. Syllabaire. Petit livre dans lequel les jeunes écoliers apprennent à joindre ensemble les syllabes l'une avec l'autre.

SILENCI. s. m. Silence. — Cessation de tout bruit.

SIMBEOU. s. m. Appeau. Voyez SAMBET et RAMPEOU.

SIMEOU. s. m. Voyez CIMEOU.

SIMILICANTO. s. f. Pimbêche. Terme de mépris qui se dit d'une femme ou fille qui fait la précieuse et qui est affectée dans son air, dans ses manières et principalement dans son langage.

SIMILICANT, ANTO. adj. Précieux, euse. Affecté, ée. *Er similicant. Parla similicant* : air, langage affecté.

SIMOUNCO. s. f. Lizière. Extrémité de la largeur d'une toile, d'une étoffe.

SIMPLAS, ASSO, adj. Niais. Benêt. Simple d'esprit. Il est aussi subst. *Es un bouen simplas* : c'est un homme simple et sans nulle ruse ni malice.

SIN. s. m. Terme de menuisier. Nœud du bois. Cette partie du bois plus dure, plus brune et plus serrée qui se trouve dans le cœur d'un arbre. *Lou bouès plen de sins n'es ni pouli ni facile à trabaiha* : le bois qui a beaucoup de nœuds n'est ni beau ni facile à travailler.

V. SINAS. s. m. Arbrisseau. Voyez PEVOUYET.

SINOUX. adj. m. Terme de menuisier et de charpentier. Noueux. Qui a des nœuds. *Bouès sinoux* : bois noueux.

SINSO. s. f. Mèche. Amorce. Amadou. Espèce de charbon de vieux linge brûlé que l'on conserve dans une boîte, et qui prend feu lorsqu'on y fait tomber quelque étincelle de feu d'un caillou. En refermant la boîte le feu s'éteint. C'est un des moyens le plus infaillible et des plus prompts pour avoir du feu à l'instant.

SIOU. Voyez SIEOU.

SIOUCLA. v. a. Terme d'ag. Sarcler. Arracher les mauvaises herbes d'un champ. *Sioucla lou bla* : sarcler un champ de blé.

SIOUCLA. v. a. Cercler. Terme de Tonnelier et de barrillat. Relier un tonneau, une barrique, y mettre des cercles.

SIOUCLADO. s. f. Sarclée. Action de sarcler. — Temps où l'on sarcle les blés. — Payement du sarclage. *Ana à la siouclado* : aller sarcler. *Per la siouclado* : du temps du sarclage. *Paga la siouclado* : payer le sarclage.

SIOUCLEIRIS. s. f. Sarcleuse. Celle qui sarcle, qui arrache les mauvaises herbes d'un champ semé.

SIOUCLETS. s. m. plur. Melet. Petit poisson de la Méditerranée assez semblable à la sardine, mais plus petit.

SIOUCLETS. Voyez CARAMBOOU.

SIOUCLUN. s. m. Sarclure. L'herbe qu'on arrache d'un champ en le sarclant.

SIPOURADO. adj. m. Mijaurée. Terme de mépris qui se dit d'une fille ou d'une femme dont les manières sont affectées et ridicules. Il est vieux. Voyez SIMILICANTO.

V. SIRAMPO.   } s. f. Bise. Vent
B.-A. SISAMPO.   } très-froid. Air glacial. *Prendre la sisampo* : être exposé à l'air froid, au vent de bise. Il est populaire. *Fa'no sisampo que vous glaço* : il fait un vent froid qui vous glace.

SISTA. v. n. Geindre. Gémir. Se plaindre à diverses reprises comme une personne qui souffre. Il est populaire et ne se dit guère que pour blâmer ceux qui se plaignent de cette sorte pour émouvoir la pitié.

Toujoar sisto quaouquê paou : elle geint continuellement.

SISTOUNA. Voyez SISTA.

SISTOUN, OUÑO. s. Piteux, euse. Qui geint, qui se plaint à dessein d'exciter la commisération.

—Tartufe. Qui fait le piteux dans le but d'obtenir ce qu'il désire. Il est populaire et quelquefois synonyme de *Quistoun*. Voyez QUISTOUN.

B.-A. SIVÈQUO. s. f. Vent de bise froid et glacial. Voyez SISAMPO. Il est quelquefois synonyme de rhume, parce qu'il arrive assez souvent que celui qui arrive du grand air dans la saison des frimats, attrape le rhume. Ainsi l'on dit populairement et plaisamment, *A arrapa la sivèquo* : il a accroché la bise, pour dire, qu'il s'est enrhumé.

SOCI. adj. de t. g. Intime. Confident. Compagnon. Il se dit familièrement et populairement de deux ou plusieurs personnes du sexe qui se voient souvent et qui vivent dans l'intimité et la confidence. *Soun ben socis* : elles sont intimes. *Soun grandament socis* : elles vivent dans la plus étroite confidence.

SOFI. s. m. Able. Ablette. Petit poisson d'eau douce.

SOIGNA. v. a. Soigner. Prendre soin.

SOLCO. s. f. Voyez SOOUCO. Premier article.

SOLO. s. f. Vérin. Machine composée d'une vis et d'un écrou, par le moyen duquel on élève de très-grands fardeaux.

SONGEO-FESTO. s. de t. g. Rêvecreux, songe-creux. Celui et celle qui est dans l'habitude de rêver profondément à quelque projet chimérique.

SOOU. s. m. Sol. Monnaie de cuivre valant douze deniers ou quatre liards de notre ancienne monnaie et cinq centimes de la nouvelle. On dit prov. *Soou acha soou leis escus si fan* : les petits ruisseaux font les grandes rivières.

SOOU. s. m. Sol. Terrain. Fonds sur lequel on bâtit. *Gitta oou soou*: jeter à terre. *Gitta un houstaou oou soou* : abattre, démolir une maison. On dit d'une personne, que *Touto la nuech es istado per soou* : qu'elle a été sur pied toute la nuit, pour dire, qu'elle a veillé toute la nuit, soit pour secourir un malade, soit pour d'autres besoins. On dit d'une chose, que *Voou pas lou cuhi doou soou* : qu'elle ne vaut pas un clou à soufflet, pour dire, qu'elle est bien mauvaise, ou de très-peu de valeur. On dit fig. *Qu'uno caouso es pa taumbado oou soou* : qu'elle n'est pas tombée à terre, pour dire, qu'on a relevé quelque parole que quelqu'un a dite, qu'on y a exactement pris garde.

V. SOOUCO. s. f. Terme d'ag. Sole. Espèce de terrain compris entre deux allées de vigne. Voyez OOULIÈRO.

SOOUCO. s. f. Terme de moissonneur. Couple. Paire de moissonneurs suivis de la javeleuse qui lie les gerbes du blé qu'ils coupent. *An pres vingt sooucos de meissouniè per faire sa meissoun* : ils ont pris vingt couples de moissonneurs pour faire leur moisson.

SOOUCO. s. f. Sillon d'espace. Sillon majeur que l'on trace de quatre en quatre pas de distance l'un de l'autre dans le champ, pour marquer l'étendue du terrain que le semeur doit semer à chaque pas qu'il avance. Voyez OURDRE. VESSANO.

SOOUDA. v. a. Souder. Joindre des pièces de métal ensemble par le moyen d'une soudure.

V. SOOUGI. v. a. Choisir. Faire un choix. Voyez CHOOUSI.

B.-R. SOOUMADO. s. f. Saumée ou salmée. Mesure de convention pour les grains, qui varie selon la localité. Dans quelques communes elle est de huit ou de dix émines, et dans d'autres elle est de huit panaux. Voyez SAOUMADO.

SOOUMETTO. s. f. Voyez SAOUMETTO.

SOOUMIÈ. s. m. Voyez CALAMAN.

SOOUMIN. s. m. Voyez SAOUMIN.

SOOUMOULO. s. f. Semoule. Pâte fine réduite en petits grains, pour en faire de la soupe.

SOOUNA. Voyez SAOUNA.

SOOUNIÈ. Voyez SAOUNIÈ.

SOOUNOUX. Voyez SAOUNOUX.

SOOUPIGNADO. ¦ s. f. Voyez SAOU-
SOOUPIGNAQUO. ¦ PIGNAQUO.

SOOUPIQUA. Voyez SAOUPIQUA.

SOOUPUDENT. Voyez SAOUPU-DENT.

SOOURENCO. s. f. Terme de berger de nos montagnes. Brebis de quatre ans.

SOOURETTO. s. f. Sfœchas citrin ou immortelle jaune. Plante dont la fleur solide et semblable à des copeaux de bois ne se flétrit point.

SOOURRO. s. f. Soude. Sel factice qui entre dans la composition du verre et du savon.

SOOUSSA. v. a. Saucer. Tremper du pain , de la viande, etc., dans la sauce.

—Tremper. Plonger dans l'eau, dans la boue , ou tout autre liquide, quelle chose que ce soit. En passan la gaffo, seis braïhos soussavoun : lorsqu'il passait le gué, ses culottes trempaient dans l'eau.

SOOUSSA , ADO. part. Saucé, ée. Trempé , ée. Eimo lou pan soossa : il aime le pain trempé dans la sauce.

SOOUSSETTO. s. f. dim. Petite sauce. Faire la soussetto : tremper du pain , du biscuit, etc., dans quelque liqueur.

SOOUSSUN. s. m. Trempain. Sorte de sauce des pauvres gens.

—Sauce trop claire et mal soignée. L'y a plus qu'un paou de soussun : il ne reste plus que du trempain. Il est populaire. Soousun est un terme de dénigrement qui signifie toutes les sauces. Aimi maï un paou de rousti que tout voueste soussun : je préfère un seul morceau de rôti à toutes vos sauces.

SOOUTA. Voyez SAOUTA.

SOOUTAIRE. Voyez SAOUTAIRE.

SOOUTET. s. m. dimin. Petit saut.

B.-A. SOOUTET (ANA DE). ⎫
SOOUTETS (FAIRE DE). ⎰ adv.
Terme de vigneron et de journalier. Aller en sautillant, franchir en bêchant la terre, des monceaux ou petits espaces de terrain, en faisant comme des bonds avec la marre ou la bêche, pour avoir plutôt rempli sa tâche, ou avancé plus de travail. Par pousquet segre leis aoutres anavo de soutet : pour pouvoir aller de pair avec les autres journaliers, il allait en sautillant. Voyez FAIRE DE CABUCÈLOS.

SOOUTIHA. ⎫
SOOUTRIHA. ⎰ v. n. Sautiller. Sauter à petits sauts. Gambader.

SOOUVA. v. a. Sauver. Garantir. Tirer du péril. Mettre en sûreté.

—Réserver. Garder une chose pour un autre temps , pour un autre usage , pour une bonne occasion. Lou bouen Diou ti la soouvavo : Dieu te la réservait.

—Garder. Conserver. Ti soouvaraï ta part : je te garderai ta portion. Soouva-mi la : conservez-la moi.

SOOUVAIRE. s. m. Sauveur. Nom d'homme. Vesin soouvaire : voisin Sauveur. La gleiso de Sant-Soouvaire est fouesso ancienno : l'église de Saint-Sauveur est très-antique.

SOOUVAJHUN , UNO. adj et subst. Sauvagine , sauvagine. Goût, odeur qui tient du sauvage. Sente lou soouvajhun : il sent le sauvagin. Gous de soouvajhuno : goût de sauvagine.

V. SORI. ANA SORI. adv. Aller doucement. Voyez DAISE.

SORRE. Voyez SOUÈRRE.

SORRO. Voyez SOOURRO.

SOSSI. Voyez SOCI.

SOT, SOTTO. adj. Pénaud, aude. Qui est confus , honteux , interdit, embarrassé. Restet sot coum'un palet : il demeura bien pénaud et fut aussi interdit qu'une pierre. Quand li va digueroun fouguet ben sotto : lorsqu'on le lui annonça elle fut bien pénaude. Voyez CANDIT. NEQ.

SOT , SOTTO. subst. et adj. Terme de bonne d'enfant. Méchant. Peu sage. Boudeur. Sias un sot : vous êtes un petit méchant. Fagues pas lu sotto : soyez sage , ne bougez pas.

V. SOU. Voyez CHOU.

V. SOUAN. Voyez SOUÈN.

B.-A. SOUBEIRAN. adj. m. Supérieur. Qui est au dessus. Il est opposé à inférieur. Plan soubeiran : plaine supérieure. Il n'est usité qu'en parlant de la position topographique d'un lieu , d'une rue , etc. , relativement aux autres. Pourtaou doou soubeiran : porte supérieure.

B.-A. SOUBRA. v. n. Terme populaire. Rester. Etre de reste, de surplus. N'en a soubra un'abord : il y en a eu beaucoup de reste. Vaou maï avé d'argent de soubro que de manquo :

il vaut mieux avoir de l'argent de reste que d'en manquer.

SOUBRA (SI). v. récip. Epargner. Economiser. Avoir de reste. *Se si meinageavo si soubraviè enca de bouens soous :* s'il usait d'économie il aurait encore quelques bons sous de reste.

SOUBRE. Voyez SUBRE.

SOUBR'AN. Voyez SUBR'AN.

SOUBREJHOU. s. m. Jour ouvrable. Jour de travail. *L'y pouèdi p'ana un soubrejhour, l'y anarai dimenche :* je ne puis m'y rendre un jour ouvrable, mais j'irai dimanche.

SOUBRESCOT. Voyez SUBR'ESCOT.

B.-A. SOUBRO. s. f. Reste. Surplus. Superflu. *Si les soubros ti fan pas besoun, douno-mi leis :* si les restes ne te sont pas nécessaires, donne-les moi.

SOUCADO. s. f. Souchée. La quantité de raisins qui sont sur la souche. Ce qu'un cep de vigne porte de raisins. *N'y a caouqueis boueneis soucados :* il y en a quelques ceps bien chargés.

SOUCO. s. f. Souche. Cep de vigne. On dit prov. et fig. *Dourmi coum'uno souco :* dormir comme un sabot, pour dire, dormir profondément et sans faire aucun mouvement.

SOUCO. s. f. Terme de Vaucluse. Ruche. Voyez BRUSC.

SOUCITA (SI). v. récip. Se soucier. S'inquiéter. Se mettre en peine de quelque chose, etc. *Es malaou, si soucito de ren :* il est malade et ne se soucie de rien.

SOUDE. adj. m. } Roide. Rude.
SOUDO. adj. f. }
Droit. *Viseto soudo :* escalier roide, difficile à monter. *Mountado soudo :* montée rude.

— Obscur. Sinueux, isolé, étroit, d'où l'on ne peut voir ni être vu de loin. On le dit d'une route, d'un défilé, d'un passage qui, par cela même, fait craindre aux voyageurs d'y être attaqués des voleurs. Voyez SEGRENOUX.

SOUÉN. s. m. Sommeil. Somme. État de celui qui dort.

SOUÈNGEO-FESTO. Voyez SONGEO-FESTO.

SOUENGI. s. m. Songe. Rêve. Pensée d'une personne qui dort.

V. SOUARBO. } s. f. Corme.
B.-A. SOUÈRBO. }
Sorbe. Fruit du cormier.

V. SOUARRE. } s. f. Sœur. Celle
B.-R. SOUÈRRE. }
qui est née du même père et de la même mère que celui ou celle de qui elle est sœur. On dit prov. et pop. *Touteis leis gorgeos soun souerres :* chacun aime les bons morceaux.

SOUFFLA. v., n. Ahaner. Avoir bien de la peine en faisant quelque chose. *Fasièn un trabai que leis fasiè souffla :* ils ont bien ahané pour faire ce travail. *Soufflavo coum'un espeçaire de bouesc :* il ahanait comme un bûcheron. *Lou muou de la carreto soufflavo que n'en poudie plus :* le mulet attelé à la charrette avait une peine extrême à la trainer.

SOUFFLO-CÈNDRE. } s. de t. genre.
SOUFFLO-FUÉCH. }
Tisonneur, tisonneuse. Celui, celle qui aime à tisonner, à remuer le feu.

— Cendrillon. Femme ou fille qui aime à garder le coin du feu et à remuer les cendres. Il est populaire.

SOUFFRE-DOULOUR. s. de t. g. Porte-endosse. Souffre douleur. Terme qui se dit de la personne qu'on n'épargne point, et qui, dans une maison une société, est exposée à toutes sortes de fatigues et de reproches. *Caumo tout barroulo sud cou, es lou souffre-doulour de tous :* comme il est le cheval de bât de la maison, chacun le charge de son paquet. Voyez BARDOT.

V. SOUIDO. s. f. Repas. Voyez DOUANO.

SOUIHARD, ARDO. Terme populaire. Salisson. Malpropre. Celui et celle qui tache, qui salit habituellement ses habits, qui n'est pas soigneux d'être propre.

SOUIHARDARIÈ. s. f. Malpropreté. Souillure. Tache. Salissure.

SOUIHARDO. s. f. Lavoir. Lieu attenant à la cuisine et où on lave la vaisselle dans une maison.

SOUINA. v. n. Se plaindre. Voyez SUSTA.

SOUIRO. s. f. Terme de mépris. Petite souillon.

SOULAMI. s. m. Chant triste et langoureux. Il est passé d'usage.

SOULAS. s. f. Cris plaintif. Soupirs. Il ne se dit qu'en dénigrement. *N'as p'anca proun fa de soulas :* n'as-tu pas encore assez poussé de soupirs ?

SOULAS. s. m. Consolation. Soulagement. Diminution de douleurs, de chagrin, etc.

SOULEOU. s. m. Soleil. L'astre du jour. *Fa bouen souleou* : le soleil est bien ardent.

M. J.-T. Gros à défini le soleil.

L'escoonfalié de la naturo
Que tout ranimo et tout maduro.

On dit prov. de celui qui n'a aucune connaissance du monde et qu'un rien émerveille ; *Que n'a jamai vis lou souleou que pér un traou* : qu'il n'a jamais rien vu que par le trou d'une bouteille. On dit prov. qu'*Un homo a de ben oou souleou* : qu'il a pignon sur rue, pour dire, qu'il a des biens immeubles, des héritages qu'on peut saisir. Parlant d'une chose extraordinaire, on dit, que *S'es jamai vis de cavo ancin souto la capo doou souleou* : que jamais pareille chose ne s'est vue sous le soleil.

SOULEOU DE LEBRE. s. m. Terme populaire. Soleil terne, pâle, sans force. *Fa'n souleou de lèbre* : le soleil est faible et sans éclat.

SOULET. ETTO. adj. Seul, seule. Qui est unique. Sans compagnie. *Èro tout soulet* : il était tout seul. *Fiho souletto* : fille unique.

SOULEYA. v. a. Terme d'agr. Aoûter. Être exposé au soleil. On le dit des arbres et des fruits sur lesquels les rayons du soleil donnent, et des branches qui y sont exposées. *Foou choousi leis entes su leis brancos que souleyoun* : il faut choisir les greffes sur des branches bien aoûtées.

SOULEYA, ADO. part. et adj. Aoûté, éc. —Hâlé. Brûlé du soleil. Bruni, ie. Noirci par le soleil. *Visagi souleya* : visage hâlé. *Mino souleyado* : teint hâlé, bruni.

SOULEYA (SI). v. récip. Prendre le soleil. Humer le soleil. Être au soleil. *Si souleyoun* : ils prennent le soleil. *Faire souleya cooucarren* : exposer quelque chose au soleil. Au fig. *Faire souleya lou fricot* : c'est mettre la broche, faire rôtir de la viande, etc. *Aimo leis caouso souleyados* : il aime le rôt. *Douna-mi de ce que sou-*

leya : donnez-moi de ce qui est le mieux cuit et de plus belle couleur.

SOULEYADO. s. f. Action d'être au soleil, de prendre le soleil. *Per qu'aqueou linjhe siegue ben sec , li foou enca uno boueno souleyado* : pour que ce linge soit entièrement sec , il a besoin de prendre encore le soleil toute une journée.

SOULEYADOU. } s. m. Abri. Lieu.
SOULEYAIRE. } Endroit exposé au midi.

—Séchoir. Lieu exposé au soleil et où l'on étend le linge mouillé pour l'y faire sécher.

SOULEYOUN. s. m. Coup de soleil.

SOULIPO. s. f. Voyez BIGANAOUDO.

SOULOUMBRA (SI). v. récip. Être à l'ombre. Se mettre au frais, et à l'abri du soleil.

SOULOUMBROUX, OUÈ. adj. Obscur. Sombre. Couvert. Solitaire. *Camin souloumbrous* : chemin couvert. *Tems souloumbrous* : temps nébuleux. *Caouno souloumbrouè* : caverne obscure. *Luèc souloumbroux* : endroit solitaire. Au fig. Sournois, taciturne, mélancolique. On ne le dit que des personnes. *Er souloumbroux*, air taciturne. *Caractèro souloumbroux* : caractère sournois. *Humour souloumbrouè* : humeur inquiette , mélancolique.

SOUMBRE , SOUMBRO. adj. Sombre. Obscur. Ténébreux.

SOUMEIHA. v. n. Roupiller. Sommeiller à demi. *Dourmiou pas , soumihavi* : je ne dormais pas , je roupillais.

SOUMOUNDRE. Voyez SÉMOUNDRE.

SOUMOUSTA. s. m. Surmoût. Vin qui n'a été ni cuvé ni pressuré et qui, ayant été mis en moût dans une futaille que l'on a bouchée de suite, y est devenu meilleur et moins coloré que le vin de la cuve.

SOUMOUSTO. s. f. Offre. Action d'offrir.

— Ce que l'on offre.

—Proposition que l'on fait de donner, etc. Il est bas et populaire. *L'y a fa uno poulido soumousto de soun oustaou* : il lui a fait une offre raisonnable de sa maison.

SOUN. adj. pos. Son. *Soun paire va saou* : son père le sait. *Es soun mihour ami* : c'est son meilleur ami.

SOUNA. v. a. Sonner. Rendre un son. *Leis campanos souenoun* : les cloches sonnent.

—Sonner. Agiter une sonnette pour appeler à soi. Mettre une cloche en branle. *Lou reloyi soueno* : l'horloge sonne. *Souna caougu'un* : appeler quelqu'un. On dit prov. et fig. à celui qui refuse de faire ce à quoi il sera forcé, *L'y a pas à dire, ma mairc mi soueno* : il n'y a pas là de quoi regimber ni à chercher des détours, pour dire, qu'en vain l'on cherche-rait des excuses, qu'il faut obéir et se soumettre de gré ou de force.

SOUNAIRE. s. m. Sonneur. Celui qui sonne les cloches.

SOUNARIE. s. f. Sonnerie. Le son de plusieurs choses ensemble. Bruit des cloches.

SOUNAYA. v. a. Sonnailler. Sonner souvent et sans besoins. Il est fa-milier.

SOUNAYO. s. f. Sonnaille. Clarine. Clochette. Sonnette attachée au cou des bêtes qui voyagent et des ani-maux que l'on fait paître dans les forêts.

—Clochette et grelots des mulets de chasse marrée. *Arribo de peissouns aousi leis sounayos* : le poisson arrive, j'entends les grelots et la clochette (ou la sonaille) des mulets.

SOUNAYO. s. f. Niaise. Babillarde et causeuse. Terme de dénigrement qui se dit d'une fille ou femme de néant qui parle beaucoup et sans rien dire qui vaille la peine d'être écouté. *Es uno sounayo l'escoutes pas* : c'est une babillarde ne l'écoutez pas.

SOUNJHA. v. n. Songer. Penser. Réfléchir. *Senso li sounjha* : sans y penser, par mégarde. Sans réflexion.

SOUPA. v. n. Souper. Prendre le repas du soir. — s. m. Repas du soir.

SOUPADISSO. }
SOUPARELLO. } adj. f. Du souper.
Qui a rapport au souper. *Houro sou-padisso* : l'heure du souper.

SOUPADO. s. f. Soupée. Repas du soir. *L'y seren à la soupado* : nous y serons à la soupée.

SOUPATOIRO. }
SOUPATORI. } adj. Qui tient lieu
du souper. *Gousta soupatori* : goûté soupatoire.

SOUPETTO. s. f. Terme de nour-rice. Petite soupe. La soupe d'un petit enfant. *Fasès-li manjha sa sou-petto* : faites - lui manger sa petite soupe.

SOUPIE, IERO. adj. Mangeur de soupe. Qui aime le potage. *Siou pa soupié* : j'aime peu, ou je mange peu de soupe. *Es ben soupiéro* : elle aime beaucoup la soupe.

SOUPRA. v. a. Soufrer. Frotter. Enduire de soufre. *Soupra de brou-quettos* : soufrer des allumettes.

SOUPRE. s. m. Soufre. Minéral inflammable, de couleur citrine.

SOUPRETTO. Voyez BROUQUETTO.

SOUPRIN. s. m. Mèche. Petit mor-ceau quarré de toile enduit de soufre et d'autre matière inflammable, que l'on fait brûler dans un tonneau, pour conserver le vin que l'on y va mettre.

SOUQUETS. s. m. plur. Souches. Partie d'en bas du tronc d'un petit chêne ou de tout autre arbre que l'on a coupé rez terre.

SOUQUET. s. m. Terme de boucher. Ajout. Surplus. Morceau d'os ou de viande de rejet que la bouchère ajoute à la viande de choix qu'on lui achète. *Qu veou ges de souquet pago doux soou de mai per liouro* : ceux qui ne veulent pas de l'ajout de la bouchère, lui paient deux sous de plus par livre la viande qu'elle leur vend. Au fig. *Souquet.* s. m. Morte-paye. On appelle ainsi dans une maison un vieux domestique ou tout autre per-sonne qu'on y entretient sans qu'il y fasse aucune fonction, ni qu'il y rende aucun service. *Aven aqui un beou souquet* : nous avons là un far-deau dont nous nous déchargerions bien volontiers. Voyez CIGUUÈS.

SOUQUETTO. s. f. dim. de *Souco.* Voyez SOUCO. On dit poétiquement, *Lou jhus de la souquetto* : le jus de la treille, pour dire, le vin.

SOUQUIHOUN. s. m. Terme de vi-gneron. Branche de vigne taillée moins haute que les autres.

—Partie supérieure d'une branche et d'un cep de vigne qui forme comme une corne. Voyez BA-NIOUN.

—Crossette. Voyez POURTADOU.

SOUQUO. Voyez SOUCO.

SOURAGI. s. m. Lie. Effondrilles.
Voyez CUOU. FOUND.

SOURBEIRETTO. s. f. Aigremoine.
Sorte d'herbe médicinale. L'étymologie de *Sourbeiretto*, vient de la ressemblance des feuilles de cette plante avec celles du cormier appelé *Sourbièro*.

SOURBIÈRO. s. f. Cormier Sorbier. Arbre fruitier qui porte les cormes.

B.-A. SOURDATS. Voyez ESPAGNOUX.

SOURDATAYO. s f. coll. Soldatesque. Les simples soldats.

SOURDATO. s. f. Femme d'un soldat.
—Cantinière, femme qui suit la troupe.

SOURN, SOURNE. adj. m. }
SOURNO. adj. f. } Obscur. Ténébreux. Sombre. Privé de lumière. *Endrech sourn* : lieu obscur. *Temps sourne* : temps couvert. *Niou sourne* : nuage obscur. *Voix sourno* : voix sépulcrale. En parlant de la nuit on dit, *Es sourn* : il fait noir.

SOURNIÈRO. s. f. Obscurité. Privation de lumière. —Lieu obscur, privé de lumière. *Se li ves ren, semblant dins uno sournièro* : on y voit rien ici, nous semblons être dans les ténèbres.

SOURTI. v. n. Sortir. Passer du dedans au dehors.
—Commencer à paraître.
—Pousser en dehors. On dit d'une personne que *Leis boucos li souertoun*, et qu'*A leis boucos sourtidos* : qu'il lui survient des élevures aux lèvres, pour dire, qu'il y a une tumeur. On dit en parlant d'un enfant, que *Lou budeou li souerte*, que le boyau lui paraît en dehors, pour dire, qu'il a les hémorrhoïdes.

SOURTI. v. n. Terme d'ag. Lever. Pousser. Sortir de terre. On le dit des plantes, des grains et des graines. *Leis blads souertoun ben* : les blés lèvent bien.

SOURTI, IDO. part. Sorti, sortie. Levé, éc. *Leis espinards an panca sourti* : les épinards n'ont pas encore levé. On dit d'une femme qu'*Es sourtido de coucho* : qu'elle est relevée de couche, pour dire qu'elle a été à l'église après ses couches, pour s'y faire bénir par un prêtre.

SOURTIDO. s. f. Sortie. Action de sortir.
—Issue. Lieu par où l'on sort.

SOURTIDO DE COUCHO. s. f. Relevailles. Cérémonie ecclésiastique qui se fait lorsqu'une femme va la première fois à l'église après ses couches y présenter son enfant et s'y faire bénir. *A sa sourtido de coucho dounet un beou repas* : lors de ses relevailles elle donna un grand repas.

SOURTIDURO. s. f. Tumeur. Abcès. *A uno sourtiduro que li fa ben maou* : il a une tumeur qui le fait bien souffrir.

SOUS. pron. poss. Ses. Terme de montagne. *Embe sous parens* : avec ses proches.

SOUSCOUÈ. s. f. Croupière. Morceau de cuir rembourré que l'on passe sous la queue d'un cheval.

B.-A. SOUSOUMIA. v. n. Geindre. Gémir, se plaindre à diverses reprises d'une voix faible et languissante. Piauler. Se plaindre en pleurant. Il est familier et ne s'emploie guère que pour blâmer ceux qui se plaignent de cette sorte dans la moindre incommodité. *Toujour sousoumiè* : elle geint continuellement. Voyez SUSTA. SISTA.

V. SOUSPEA. }
SOUSPESA. } v. a. Soupeser. Lever un corps pesant avec la main pour juger à peu près de son poids.

SOUSPICHOUX, OUÈ. adj. Défiant, défiante. Soupçonneux, euse. Qui craint toujours qu'on ne le trompe. *Es ben souspichour* : il est bien défiant. Il est aussi substantif. *Es uno souspichouè* : c'est une femme qui est fort défiante.

V. SOUSPICHO. s. f. Terme de joueur de cartes. Talon. Il est vieux.

SOUSTA. v. a. Épargner. Faire grâce. Pardonner. *Lorsqu'un enfant manquo foou pa lou sousta* : lorsqu'un enfant manque il ne faut pas l'épargner. *Sa maire n'in sousto de bello* : sa mère lui épargne bien de punition.
—Ménager quelqu'un. Avoir des égards pour lui. *Lou soustoun troou, jamai n'en faran ren* : on le ménage trop, jamais on n'en fera rien.

B.-R. SOUSTA. Voyez SOOUSA.

SOUSTA, ADO. adj. Terme de jeu de cartes. Appuyé, éc. Soutenu, ue. Suivi, ie. *Ave la damo soustado :* avoir la dame suivie ou soutenue du valet.

SOUSTA, est quelquefois employé aussi dans le sens d'abriter, comme étant l'abréviation d'*Assousta.* Voyez ASSOUSTA.

B.-A. SOUSTENEIRE. s. m. Support. Soutient. Fourchon que l'on met en dessous de chaque poche de l'yssarre d'un mulet, ou d'un âne que l'on chargë de fumier pour les supporter et les tenir ouverts pendant qu'on les remplit.

SOUSTENI. v. a. Soutenir. Porter. Appuyer. Supporter une chose.

— Assurer. Affirmer. Voyez MANTENI.

SOUSTIHO. s. f. Cale. Morceau de bois plat qn'on met sous une poutre ou sous une table pour qu'elle soit de niveau.

SOUSTO. s. f. Abri. Couvert. Lieu où l'on peut se mettre à couvert de la pluie et du mauvais temps. *Estre à la sousto ; si mettre à la sousto :* être à l'abri de la pluie ; se mettre à couvert.

SOUSTO. s. f. Grâce. Pardon. Impunité. Ménagement. Il est vieux. *Senso ges fu de sousto :* sans épargner personne.

SOUSTO. s. f. Terme de muletier. Soutien. Anse ou anneau de corde attaché au milieu de chaque extrémité latérale du bât d'un mulet, et dans laquelle passe la liure (*tour-teirièro*) qui soutient et embrasse la charge.

B.-A. SOUTARAS, SOUTARASSO. s. et adj. Sournois. Taciturne. Pensif. Morne. Caché, éc. On ne le dit que des personnes. *Es un soutaras :* c'est un sournois. *Es un paou soutarasso :* elle est quelque peu taciturne.

SOUTIOU, IOUVO. adj. Dangereux. Où l'on court des risques et des dangers. On le dit des routes et des chemins autant sous le rapport du danger que l'on court d'y être arrêté par des voleurs, que par celui d'y verser ou d'y glisser. *Pas soutiou :* passage dangereux. *Routo soutiouvo :* route peu sûre.

SOUTISA. v. a. Injurier. Offenser

quelqu'un par des paroles injurieuses

SOUTISO. s. f. Injure. Parole offensante, outrageuse. *Dire de soutisos à caouqu'un :* injurier, dire à quelqu'un des paroles outrageuses.

— Sottise. Action sotte et impertinente. Méprise. Bévue. Voyez DEMARGADURO.

SOUTO. DESSOUTO. prép. Sous. Dessous. *Foou tout ave souto seis hueils :* il faut avoir tout sous ses yeux. On dit, *Mettre coouquarren souto la claou :* mettre quelque chose sous clef, pour dire, l'enfermer dans un lieu dont on garde la clef. *Ave la testo souto :* tenir la tête baissée.

SOUTO-ARRENTA. v. a. Sous-louer. Louer une partie d'une maison dont on est locataire.

V. SOUTOURNIOU. Voyez SOUTARAS.

SOUVENENCI. s. f. Souvenance. Souvenir. Mémoire.

SOUVENTEIFES. adj. Souvent. Fréquemment. *L'y arribo souventeifes :* cela lui arrive assez souvent. *Souventeifes l'ai averti :* je l'ai assez souvent prévenu.

SOUYARD. Voyez SOUIHARD.

SOUYARDARIE. Voyez SOUIHARDARIÈ.

SOYO. conj. Soit, j'y consens. Terme d'adhésion. *Va vouclès ansin ? soyo !* vous le voulez ainsi, soit, j'y consens. *Fara coumo voudra, soyo :* il fera comme il trouvera bon, peu m'importe. Il est familier et populaire.

SQUIERLA. Voyez FSQUIERLA.

V. SQUIERLO. Voyez ESCLEMBO.

STRANSI. s. m. Transe. Ennui. Anxiété. Perplexité. Inquiétude. *Mouri stransi :* se consumer d'ennui, de chagrin. Se dessécher. Voyez ESTRANCI. ESTRANCINA.

SU. s. m. Tête. Crane. Haut de la tête. *Sú pela :* tête chauve.

SU. adv. Sur. Dessus. *Va pourtavo su l'esquino :* il le portait sur son dos. *Mette-ou su la taoulo :* mets-le sur la table.

SUARI. s. m. Suaire. Linceul dont on enveloppe un mort et dans lequel on l'ensevelit.

SUBEIRAN. Voyez SOUBEIRAN.

B.-A. SUBLA. Voyez SIBLA.

B.-A. SUBLAIRE. Voyez SIBLAIRE.

B.-A. SUBLET. Voyez SIBLET.

SUBRE. prép. Sur. Dessus. En dessus. Par dessus. *Subre la testo :* par dessus la tête. *Subre sa pourtien :* en sus de sa part. *Subre que tout :* par dessus tout.

SUBRE. adv. A l'improviste. Avant terme. Avant l'époque déterminée ou d'usage.

SUBR'AN. Avant le terme annuel. Pendant que l'année est commencée. *Soun varlet l'a quitta subr'an :* son valet l'a quitté dans l'année sans avoir fini son temps, sans attendre d'être à terme. *Arrivèroun subr'an :* ils arrivèrent à l'imprévu.

SUBR'OURO. Avant l'heure désignée. *Quitteroun subr'ouro :* ils quittèrent avant l'heure.

SUBRE SEMANO. Dans le courant de la semaine. Avant la fin de la semaine. *Veni subre semano :* arriver, venir un tout autre jour de la semaine que celui réglé ou fixé pour cela. Il est populaire comme le précédent.

SUBRECEOU. s. m. Ciel-de-lit. Le haut d'un lit.

SUBREDENT. s. f. Surdent. Dent qui vient hors de rang sur un autre ou entre deux autres.

SUBRE-PAQUET. s. m. Terme de marchand ambulant. Sur-charge. Sous-sommeau. Paquet de marchandises ou ballotin que l'on met sur le bât d'une bête de charge entre les deux ballots. *A uno bouèno cargo de marchandiso senso leis doux subre-paquet :* il a une bonne charge de marchandise indépendamment des deux autres paquets.

SUBRESCOT. s. m. Sur-écot. ce que l'on paye en outre de son écot.

SUBRIÉ. s. m. Chêne-liège. Arbre.

SUBROUES. }
SUBROUESSE. } s. m. Suros. Exostose. Tumeur dure et osseuse qui survient sur un os fracturé lorsqu'il a été mal rejoint. *Se l'y l'aguessoun ben eigado, sa cambo n'aourié pa fa subroues coumo a fach,* si sa jambe eut été bien rejointe il n'y serait pas venu de suros.

SUC. Voyez SU.

SUÇA. v. a. Sucer. Tirer quelque liqueur ou quelque suc avec les lèvres. *Suça un ouès :* sucer un os. Au fig. Sucer. Tirer peu à peu l'argent ou le bien d'une personne. *A de nèços que lou suçoun tallament que li leissaran rèn :* il a des nièces qui le sucent de telle sorte qu'il ne lui restera plus rien.

SUCA. Voyez ENSUCA.

SUCA. v. a. Assommer. Voyez ENSUCA.

SUCADO. s. f. Coup sur la tête, sur le cou, la nuque, etc.

SUÇAIRE. s. m. Suceur. Celui qui suce, qui tire le suc de quelque chose ou qui est continuellement aux trousses de quelqu'un, pour avoir peu à peu son bien ou son argent.

SUCET. s. m. Suçoir Voyez JHUGUET.

SUCET. s. m. Remorre. Espèce de petit poisson de mer.

SUÇOUN. s. m. Terme d'ag. Jets. Pousses. Feuilles inutiles qui succent un arbre. Voyez TETAIRE. BUVOLI.

SUCRA. v. a. Sucrer. Mettre du sucre en masse ou en poudre sur quelque chose.

SUCRA, ADO. part. Sucré, ée.

SUCRA, ADO. s. et adj. Sucré, ée. s. f. Mijaurée. Se dit fig. d'une personne affectée dans sa parure, ses manières ou son langage. *Es uno sucrado :* c'est une sucrée Voyez DAMEISELLI.

SUÈYO. s. f. Cloaque. Fosse à fumier.

SUFFISENCI. s. f. Hauteur. Arrogance. Fierté. *Es plen de suffisenci:* c'est un arrogant.

SUFFISENT, ENTO. s. et adj. Arrogant. Hautain, hautaine. — Insolent, ente. Celui-ci, comme le terme précédent, sont familiers et populaires.

SUFFOUCA. v. a. Suffoquer. Étouffer. Faire perdre la respiration.

SUFFOUCA, ADO. part. Suffoqué, ée. Qui a la respiration très-gênée.

SUFFOUCATIEN. s. f. Suffocation. Étouffement. Perte de respiration.

SUFFRO. s. f. Terme de charretier. Dossier. Surdos. Bande de cuir qui porte sur le dos d'un cheval en limon et qui sert à soutenir les brancards et le reculement d'une charrette.

V. SUGO. } s. f. Suie. Matière
B.-A. SUJHO. } noire et épaisse
que la fumée laisse, et qui s'attache
au tuyau de la cheminée.

V. SUITA. v. a. Continuer. Donner
suite.

B.-A. SUMI. s. f. Punaise. Insecte
puant, ennemi du repos de l'homme.

SUMI-FER. s. f. Lisette. Coupe-bour-
geon. Insecte verdâtre, rond comme une lentille. On donne populairement et par mépris le nom de sumi
à une vieille femme avare, d'un caractère inquiet.

SUMIAN. } s. m. Siméon. Nom
SUMIEN. } d'homme.

SUPI. s. f. Sèche. Poisson de mer
qui a sur le dos un os dur et lissé
dont les orfèvres se servent pour
mouler certains ouvrages.

SUPIOUN. s. m. dimin. Petite sèche.
Voyez SUPI. SEPI.

SUPLI. v. n. Adhérer. Accorder.
Consentir par trop de complaisance
ou par faiblesse à tout ce qu'un enfant veut, être dévoué à ses volontés sans oser le contrarier en rien.
Li suplissoun en tout : on n'ose lui
rien refuser, tout ce qu'il veut lui
est accordé.

SURJHE. s. m. Suint. Humeur huileuse qui suinte du corps des bêtes
à laine.

SURJHO. adj. f. En suint. On ne
le dit que de la laine, telle qu'elle
se trouve sans être lavée. Lano surjho : laine en suint, laine brute.

SUR. s. f. Sœur. Celle qui est née
de même père et de même mère que
la personne de qui elle est sœur.
— Religieuse. Fille dévote.

SURJHOU. Voyez SOUBREJOU.

SURPELIS. s. m. Surplis. Vêtement
d'Ecclésiastique en fonction.

SURPRENDRE. v. a. Terme de cuisinier et de rotisseur. Havir. On
le dit de la viande, lorsque la faisant
rôtir à un grand feu qui la surprend,
elle se dessèche et se brûle par dessus, sans qu'elle soit cuite au dedans.
Lou trop grand fuech surprend la
viando : le trop grand feu havit la
viande.

SURPRES, ESSO. part. Havi, havie.
Brûlé. Surpris, surprise par le feu.
Rousti ques ista surpres : rôti qui est
havi.

SURRETTO. s. f. Sœur. Fille dévote.
— Petite sœur.

SUS. DE SUS-EN-SUS. adverb. Il ne
s'emploie que de cette manière. Prendre de sus-en-sus : écrémer. Prendre
ce qui est au-dessus et en choisis-
sant. Avié lou panié en man et choou-
sissié de sus-en-sus : il avait en main
le panier et il écrémait ce qu'il y
avait de plus beau au premier rang.
Voyez EIFLOURA.

SUSA. v. n. Suer. Rendre quelque
humeur par les pores. A susa doues
camisos : il a mouillé deux chemises
de sa sueur. Leis mans mi susoun :
les mains me suent. On dit fig. et
fam. Qu'uno cavo fai susa : qu'une
chose fait suer, pour dire, qu'elle
est tout à fait ridicule et hors de
propos. Fasiè susa de l' oouzi : on ne
pouvait l'entendre sans être indigné.

SUSAIRE. } s. m. Sueur. Celui
SUSEIRE. } qui sue.

SUSENT, ENTO. } adj. Suant,
SUSERENT, ENTO. } suante. Qui
est tout mouillé de sueur. Eroun tous
suserens : ils étaient tous en eau. Mans
suserentos : mains suantes.

SUSETTO. s. f. Susanne. Nom de
femme. Misè Susetto : demoiselle Susanne.

SUSOU. s. f. Sueur. Humeur. Sé-
rosité qui sort par les pores quand
on sue.

SUSOU-REINTRADO. s. f. Fluxion
de poitrine. Maladie.

SUSARI. s. m. Suaire. Voyez SUA-
RI.

SUSOUN. s. f. Susanne. Nom de
femme du peuple. Vesino Susoun.
Tanto susoun : voisine Susanne. Tante
Susanne.

SUSPICIEN. s. f. Suspicion. Soupçon.
Défiance. Méfiance.

SUSPETA. v. a. Suspecter. Tenir
quelqu'un pour suspect.
— Soupçonner. Avoir des soupçons.
On le dit des personnes et des choses.
Mi suspetavo : il me suspectait, il
me soupçonnait.

SUSPLOUMBA. v. n. Terme de maçon. Forgeter. Il se dit d'un bâtiment
qui avance hors de l'alignement.

SUSTA. v. n. Geindre. Se plaindre.
Se lamenter comme une personne
qui souffre.

SUVE. s. m. Liège. Arbre dont l'écorce sert à faire les bouchons de bouteille. *Ta de suve* : bouchon de liège.

SUVEREOU. s. m. Siourel. Poisson de mer.

T

T A. s. m. Bouchon. Ce qui sert à boucher les bouteilles, les barriques, etc. Il est ordinairement de liège.

TA-DE-BOUTO. s. m. Bouchon de barrique. Au figuré. Ragot. Courtaud. Nabot, ettc. Homme de très-basse taille, mais robuste et renforcé. Voyez TRAPET. TRAPOT.

TABACA. v. n. Fumer. Priser. Prendre du tabac, User du tabac soit en fumant ou en prisant.

TABACAIRE. s. m. Fumeur. Priseur. Celui qui fume ou qui prise du tabac.

TABACAN. Voyez TABACAIRE. Il est bas et populaire comme les deux précédens.

TABASA. v. n. Frapper à coups redoublés, Cogner. Faire du bruit avec un marteau comme font les forgerons en battant le fer sur l'enclume. *Leis peirouliers toujour tabasoun* : les chaudronniers font continuellement du bruit avec le marteau. Au fig. Frapper. Battre quelqu'un. *Sa meirastro toujour lou tabaso* : sa marâtre le frappe assez souvent.

TABIC ET TABOC. adv. Ab hoc et ab hac. Confusément. Sans ordre et sans réflexion. *Home que parlo tabic et taboc* : homme qui parle ab hoc et ab hac, sans savoir ce qu'il dit.

TABLEOU. s. m. Tableau. Ouvrage de peinture.

TABOSI. s. m. Terme de mépris. Ragot. Voyez TA-DE-BOUTO.

TABOURINA. v. n. Tambouriner. Battre le tambour ou le tambourin.

TABOURINAIRE. s. m. Tambour. Celui qui bat de la caisse dans une compagnie de soldat.

— Tambourineur. Celui qui joue du tambourin.

TABOURIN. INO. adj. Terme de mépris. Celui, celle qui a la tête fêlée, qui est un peu fou. *Es un poou tabourin* : il a la tête un peu fêlée. Voyez PAFORO.

TACA. v. a. et récip. Salir. Tacher Faire des taches. *Si taca* : se salir.

TACEOU. s. m. Emplâtre. Morceau de linge ou de peau sur lequel on a étendu de l'onguent pour l'appliquer sur une partie malade. Au fig. Importun. Qui ennuye, qui obsède et dont on ne peut facilement se débarrasser. Il est populaire.

TACHA. v. n. Tâcher. Faire en sorte. Faire ses efforts pour venir à bout de quelque chose. *Tacha mouyen de.....* faire en sorte de...

TACHETTO. s. f. Broquette. Petit clou à tête ronde. On dit fig. et proverbialement. *Faire de tachettos* : grelotter de froid,

TACHO. s. f. Clou à tête ronde. *Tacho de bouffet* : clou à soufflet.

TACHO. s. f. Tache. Souillure sur quelque chose. Marque qui salit. On dit fig. et familièrement de tout ce qui blesse l'homme et sa réputation. *Qu'es taco d'holi* : que c'est une tache d'huile qui s'efface difficilement.

— *Taco à l'huei* : taie sur l'œil.

TACOUN. s. m. Pièce. Partie. Portion, morceau de drap, de linge, etc, que l'on met, que l'on coud à un habit, à une chemise, à un meuble percé en le rapiéçant.

TACOUNA. v. a. Rapiécer. Mettre des pièces à du linge, à des habits, à des meubles. Il est bas et populaire comme le précédent.

TAFFAGNOUN. s. m. Chagrin. Inquiétude. Mauvaise humeur.

TAFFANARI. s. m. Fessier. Cul. Partie charnue du derrière de l'homme. Il est plaisant et populaire.

Marc-An'oni l'oouriginaou,
Istent à proumena enc'un apoouticari,
S'aperceve que dins un traou,
Briotto , de soun taffanari
Largavo caoucaren de caou ,
Qu'avant d'abandonna , ello regard'un paou .
La crido, et li dis : a Bugadiéro ,
» Per que , quan as agu fach toun uoou dins
l'ourmiéro. »

«L'envejbo té n'a prés de l'y fuire l'hueil doux !»
Briotlo si sentent pougnudo ,
Leis fixo , et d'un air resouludo
Ly respouendo : Messiès , sachen voueste bouen
      gous,
Aï vis emé plesi que n'y aurié per tenis dous.

TAFFIGNOUN. s. m. Soufflet. Voyez TAPIN.

TAFIA-AIGRE. s. m. Staphisaigre. Herbe aux poux, appelée encore herbe à la pituite.

TAIH. s. m. Terme de coutellerie. Tranchant. Le fil d'une épée, d'un rasoir, d'un couteau, etc. *Roumpre lou tái* : émousser le tranchant.

TAIH. s. m. Coupe. L'endroit, la partie que l'on a coupé. *Lou taih d'aqueou froumagi l'announço mihou que noun parei de foucro* : ce fromage a mauvaise mine, mais à la coupe il paraît très-bon. *Vendre leis pastequos oou taih* : vendre les melons d'eau à la coupe, c'est-à-dire, à l'épreuve.

TAIHA. v. a. Tailler. Couper. Équarrir. Dégrossir des pierres, du bois, etc., avec un marteau, une hache, etc.
— Faire des hoches à une taille, avec un couteau.

TAIHA. v. n. Terme de jeu de cartes. Tailler. Tenir la banque et jouer contre plusieurs, *L'ai trouva que taihavo* : je l'ai trouvé tenant la banque.

TAIHAIRE. s. m. Terme de jeu de cartes. Banquier. Celui qui tient le jeu contre tous ceux qui veulent jouer avec lui et qui a un fonds d'argent.

TAIHANT. s. m. Tranchant. Voyez TAIH.

V. **TAIHETTO.** s. f. Coupe-pâte. Voyez RASPO. RASCLETTO.

TAIHIÉ. s. m. Terme d'agriculture. Tranchée. Petit fossé que l'on fait avec le louchet. *Durbi lou tahié* : ouvrir la tranchée.

TAIHIÉ. s. m. Terme de fabricant de chandelles. Aions. Endroit où les chandeliers pendent leurs chandelles.

TAIHO. s. f. Taille. Contributions directes que l'on paie à l'état. *Paga la taiho* : payer ses impositions.

TAIHO-CEBO. ⎱ s. f. Courtilière. Taupe-grillon. **TAIHO-POUERRI.** ⎰ re. Gros insecte du genre des sauterelles, à peu près de la longueur d'un pouce, qui fait beaucoup du dégât dans les jardins.

TAIHORO. s. f. Ceinture. Espèce de grand ruban de laine ou de fleuret, avec quoi les voyageurs et les gens du peuple se ceignent par le milieu du corps.
— Écharpe. Large bande de taffetas que porte en forme de ceinturon le maire d'une commune, ou un commissaire de police en fonction. Dans cette dernière signification il est plaisant et populaire.

TAIHOUN. s. m. Morceau coupé. *Taihoun de froumagi* : coin de fromage, pour dire, tranche de fromage coupée en forme de coin. *N'en manjhet enca dous gros taihouns* : il en mangea encore deux bons morceaux. Il est populaire.

TAIHUR. s. m. Tailleur d'habits.

TAIHUR-DE-PEIRO. s. m. Tailleur de pierres.

TAIHUSO. s. f. Couturière. Celle qui travaille aux habillemens de femme.
— Tailleuse. Femme d'un tailleur d'habits.

B.-A. **TAITO.** s. f. Lizière. Bande large avec laquelle on soutient un jeune enfant qui commence à marcher. Voyez ESTAQUETTO.

B.-A. **TAITO. FAIRE-TAITO.** v. n. Allécher. Engager. Attirer vers soi, par des manières aimables, le petit enfant que l'on conduit par les lizières, afin de lui apprendre à marcher tout seul. *Fasc-l'y taito* : alléchez-le pour qu'il aille vers vous.

TALEIRETS. s. m. pl. Taillerets. Pâtes faites avec de la farine de froment et des œufs, taillées en forme de vermicelle aplati. Elles se fabriquent dans la haute Provence et on les mange comme les lazagnes. Voyez LOOUVANS.

TALO. adj. f. Telle. Pareille. Semblable, de même, de la même qualité. *Talo que la veses* : telle que vous la voyez. On dit proverbialement. *Talo vido, talo mouer* : telle vie, telle fin, pour dire, que d'ordinaire on meurt comme on a vécu.

TALOUN. s. m. Talon. Partie postérieure du pied.

TALOUN. s. m. Terme de vigneron. Crossette. Morceau de vieux bois qu'on laisse à un avantin que l'on prend sur le cep.

Jusqu'à présent nos paysans et vi-

gnerons ont cru que cette crossette
était nécessaire à l'avantin , en ce
qu'elle faissait plus facilement pousser des racines aux bourgeons qui
la touchent ; bien loin de produire
cet effet et d'être utile à l'avantin ,
la crossette de vieux bois qu'on y
laisse, lui est tout à fait funeste ,
en ce que , se pourrissant presque
toujours dans la terre, elle le gâte
et le fait dépérir par l'effet de la
contagion, malgré qu'il ait déjà poussé
des racines. On doit donc enlever
entièrement tout le vieux bois des
avantins que l'on plante, en ayant
soin de ne pas toucher aux bourgeons
ou yeux qui le touchent.

TALOUN. Au fig. Butord. Sot. Niais.

TALOUNA. v. a. Tromper. Attrap-
per. *L'an ben talouna* : on l'a bien
attrapé. Il est aussi réciproque. Se
tromper. Se méprendre. *Mi talouneri
ben* : je me trompai bien.

TALOUNADO. s. f. Attrapoire. Tour
de finesse dont on se sert pour tromper quelqu'un.

— Bourde. Collementerie. Chose
controuvée à plaisir.

—Plaisanterie. Poisson d'avril. Sornette. *Dire de talounados* : conter des
sornettes , dire des plaisanteries. *M'a
fach uno talounado* : il m'a joué un
tour.

TALOUNADO. s. f. Bévue. Sottise.
Méprise. *Faquet. uno talounado* : il
fit une sottise.

TALOUNAIRE. s. m. Plaisant. Bouffon. Qui aime à plaisanter, a dire
des choses pour faire rire. Donneur
de baies.

TAMARIDO. s. f. Tanaisie. Plante
à odeur forte comme l'absinthe.

TAMBEN. adv. Aussi bien. Tout de
même.

TAMBOUR. s. m. Porche. Portique.
Lieu couvert à l'entrée d'une Église.

TAMBOURIN. Voyez TABOURIN et
ses dérivés.

TAMBOURELLETTO. Voyez COUR-
COUSSELLO.

B.-A. TAMIA. v. a. Tamiser. Sasser.
Passer la farine pour en séparer le
son.

B.-A. TAMIADOUIRO. s. f. Bâton à
sasser. Espèce de trépied en bois
qu'on place dans la huche, et sur lequel on appuye le sas ou tamis, lors-

qu'on passe la farine dans les ménages où l'on n'a point de blutoir.

TAMIS. s. m. Sas. Tissu de crin
attaché à un cercle de bois et qui
sert à passer la farine. On dit *Faire
leis tamis, faire vira leis tamis* : faire
tourner le sas , pour dire , faire un
sortilège en faisant tourner le sas ,
par le moyen de quoi on prétend de-
découvrir l'auteur d'un vol, etc.

TAMISA. Voyez TAMIA.

TAMPAOU. adv. Non plus. Pas davantage. *Ni yoou tampaou* : ni moi,
non plus.

TAMPOUNO. s. f. Bamboche. Carrousse. Débauche de vin. *Faire tampouno* : faire débauche de vin. Il est
plaisant et populaire.

TAN. s. m. Piquant. Grosse épine
de buisson , tel que l'aubépine, l'é-
glantier, etc.

TANA, ADO. adj. Cordé, ée. Voyez
BOUTIS. ESTOUPOUX. On dit fig. et
proverbialement d'un homme taré et
de mauvaise réputation, *Qu'es tana
coum'un rifouer* : véreux comme une
mauvaise dette.

TANASIDO. s. f. Tanaisie. Plante.

TANCA. v. a. Arrêter. Fixer. *Tanco
t'aqui et espère lou* : fixe-toi là et
attend-le. *Tanca uno rode de carretto* : arrêter. Fixer une roue par
le moyen d'une cale , d'un arrêt qui
l'empêche d'aller en avant ou en arrière. Voyez COUTA.

TANCA. v. a. Barrer. Bacler. Fermer une porte avec une barre. *Tanca
la poucrto* : bacler la porte.

TANCA. v. a. Ficher. Faire entrer
par la pointe. *Tanca un claveou* :
planter, enfoncer un clou. *Tanca
leis dents* : mordre , enfoncer les
dents. Au fig. *Tanca coouqu'un* : donner à quelqu'un son paquet, c'est
lui fermer la bouche par une réponse
vive et ingénieuse. *Si trufavoun d'eou,
mai leis a ben tancas* : ils se mo-
quaient de lui , mais il leur a donné
son paquet à chacun. *L'an ben tanca* :
on lui a fermé la bouche de la belle
manière. Il est familier et populaire
au propre comme au figuré.

TANCADO. s. f. Pause. Station. Demeure de plus ou moins de durée
qu'on fait en un lieu. Il est populaire. *Fa de bouencis tancados oou
cabaret* : il fait quelques bonnes sta-

tions au cabaret. *Quand la vai veire li fa de belleis tancados :* lorsqu'il va la voir, il n'en revient pas de sitôt.

TANCO. s. f. Barre. Arrêt. Ce qui sert à baclcr une porte. Ce qui empêche qu'une chose ne bouge.

TANCO. s. f. Tanche. Poisson.

B.-A. TANCO-POUERTO. s. m. Dard. Voyez PLANTO-POUERTO.

TANDIGAM. adv. Supposons le cas. *Anen si regalu, tandigam qu'aquessiam ren aqu :* allons faire la ribote, supposons le cas où l'on ne nous eut rien donné. On dit familièrement. *Faire juga lou tandigam :* faire comme si la chose n'avait pas eu lieu, supposer le cas qu'il en eut été autrement.

TANDOMEN. adv. En attendant. Pendant que. Il a vieilli et n'est presque plus usité.

TANT-FA, TANT-BAT. | Façon
TANT-FA, TANT-VA. | de parler adverbiale. Sitôt dit, sitôt fait. Tant gagné, tant dépensé.

TANT ET TANT. adverbial. Terme de joueur. Au même point. A parité de jeu. *Sian tant et tant :* nous sommes à parité de jeu.

TANQUET, ETTO. s. et adj. Courtaud, aude. Nabot, otte. Terme de mépris qui ne se dit que des personnes d'une bien petite taille.

TANTIA. adv. Enfin. Après tout. Tant il y a... ...

TAOU, TALO. adj. Tel, telle. Pareil. Semblable. *L'y a ren de taou que la boueno reputatien :* il n'est rien de tel que la bonne renommée.

TAOULADO. | s. f. Tablée.
B.-A TAOURADO. | Terme de cabaretier et d'aubergiste. Table nombreuse. Quantité de personnes placées à la même table. *Eroun uno bello taoulado :* ils étaient une nombreuse tablée.

TAOULADO. s. f. Tablée. Terme de boulanger. Ce que contient ou ce que l'on peut placer de pâte ou de pain sur une table.

TAOULEJHA | v. n. Atta-
B.-A. TAOUREJHA. | bler. Demeurer, rester long-temps à table.

TAOULEOU. s. m. Taureau. Voyez TAOUREOU.

TAOULETTO. | s. f. Petite
B.-A. TAOURET. | table.

TAOULIÉ. | s. m. Terme
B.-A. TAOURIÉ. | de boulangerie. Petite table à pain.

— Terme de tailleur d'habits. Établi. Grosse table sur laquelle on taille le drap.

— Terme de cuisine. Tranchoir. Tailloir. Espèce de plateau de bois sur lequel on coupe et l'on hache la viande, etc.

—B.-A.Terme de vigneron. Sorte de raisin noir, hatif dont le grain sucré craque sous la dent. Cette qualité de raisins appelée vulgairement *Plan de Manosquo* ou *Manousquin*, dans les Bouches-du-Rhône, donne un vin très-bon et beaucoup chargé en couleur.

TAOULO. | s. f. Table.
B.-A. TAOURO. | Meuble de bois connu de tout le monde. *Taoulo à manjha :* table à manger. *Taoulo de nuech :* table de nuit. *Taoulo de pan :* table à pain.

TAOULO. s. f. Terme de jardinier. Planche. Petite espace de terre plus long que large, que l'on cultive avec soin pour y faire mieux venir des légumes et des herbages. *Uno taoulo de cebos :* une planche d'ognons. *Taoulo d'andivos :* planche de chicorée.

— On dit *Mettre taoulo :* mettre le couvert. *Leva taoulo :* desservir. Oter les plats et le couvert de dessus la table.

TAOULO-FERMADO. s. f. Garde-robe. Meuble en bois blanc, ayant la forme d'une commode.

TAOUSSA. v. a. et récip. Taxer. Regler. Déterminer la quantité de travail, d'ouvrage, qu'une personne doit faire.

TAOUSSA (SI). Se taxer. Fixer d'avance la mesure du travail que l'on fura.

— S'imposer une tâche, un travail à faire dans un temps donné. *Per mai avança de travail si soun taoussados :* pour avancer plus de besogne elles ont fixé la quantité des pièces qu'elles devaient finir ou la mesure qu'elles devaient atteindre.

TAOUSSO. s. f. Tâche. Travail. Ouvrage qu'on donne à faire à une personne, dans un certain espace de temps.

TAPA. v. a. Couvrir. Mettre une
chose sur une autre pour la couvrir,
la conserver, la garantir, l'orner, etc.

— Boucher. Fermer une ouverture.
Lorsque fa frech foou si tapa : il faut
bien se couvrir lorsqu'il fait froid.
Tapa un traou : boucher un trou.
Tapa leis veisseoux : bonder les tonneaux. Au fig. *Tapa un soufflet* : appliquer un soufflet sur la joue de
quelqu'un. On dit fig. et proverb.
Foou si tapa lou nas et ren dire : il
faut se boucher le nez et ne dire mot.
— Mettre. Placer, etc. *Tapa fuech* :
mettre le feu à une maison. *Tapa
de fouèro* : chasser. Mettre dehors.

TAPAIRE. s. m. Tampon. Bouchon.
Couvercle. Tout ce qui sert à couvrir,
à boucher une ouverture quelconque.
Il est populaire.

TAPAGI. s. m. Tapage. Bruit.

B.-R. TAPANDRO. s. Claque-couvre. Sorte de jeu d'enfant qui a vieilli
et qui n'est presque plus usité. C'est
un pari que font les joueurs, à qui
faire le mieux claquer une boite ou
mortier d'argile (nommé, B.-R. *Pimpoou.* B.-A. *Meritapo.* Vaucluse, *Chicarrot*), et à faire payer au perdant
la pâte nécessaire à recouvrir l'ouverture que la claque a fait à la
boite de chaque gagnant. *Juga à la
tapandro* : jouer à claque-couvre.

TAPENO. ⎫ s. f. Càpre. Bouton
TAPERO. ⎭ de la fleur du caprier,
que l'on confit dans le vinaigre.

TAPERIÈ. s. m. Càprier. Arbuste
épineux et rampant qui porte les cà-
pres.

TAPEROUSO. s. f. Tubéreuse. Fleur
à longue tige comme le lys, d'une
odeur suave très-forte.

TAPEROUSO-FÈRO. s. f. Asphodèle-
blanc. Plante.

TAPET. Voyez TRAPOT.

TAPIN. s. m. Taloche. Tape. Petit
coup de plat de main. *Douna un
tapin* : donner une tape.

TAPINA. v. a. Tapoter. Souffleter.
Donner des tapes, des soufflets.

TAPOUN. Voyez TAPAIRE.

TARA, ADO. adj. Taré, tarée. Vi-
cieux. Défectueux. Gâté. Détérioré.
Qui n'est pas de bonne qualité. *Mar-
chandiso tarado* : marchandise tarée.
Il se dit aussi des personnes. On dit
Un home tara : un homme taré, pour

dire, un homme qui a mauvaise réputation, par quelque mauvaise action connue.

TARA, ADO. adj. Véreux, véreuse.
On le dit des fruits dans lequel s'en-
gendrent des vers. *Poum tara* : pomme véreuse.

TARA, ADO. Se dit encore dans le
sens de *tana*, en parlant de certains
fruits et des racines légumineuses.
Voyez BOUTIS. ESTOUPOUX.

B.-A. TARABASTADO. s. f. Batelée.
Grande, prodigieuse quantité d'une
chose. Il est populaire. *N'en es venqu uno tarabastado* : il en est arrivé
une grande quantité. Voyez BARNA-
GE.

TARABUSTA. v. a. Tracasser. Inquiéter. Tourmenter quelqu'un. *Estre
tarabusta* : être inquiet, chagrin,
indisposé, par fait de malaise dans le
corps ou de chagrin dans l'esprit.
Voyez ESTRE FICHIMASSIA.

B.-R. TARAGNINO. ⎫
TARARIGNO. ⎬ s. f. Toile
B.-A. TARARINO. ⎭
d'araignée. Espèce de filet que l'a-
raignée travaille et tend, pour y prendre les mouches.

TARANTO. s. f. Tarentule. Araignée
vénéneuse qui se trouve aux environs de Tarente.
— Epèce de petit lézard gris.

TARASCO. s. f. Tarasque. Monstre
marin qui fut, dit on, retiré du Rhône
et tué par Sainte Marthe, sœur de
Lazare, à l'endroit même où est bâtie
la ville de Tarascon, qui en porte le
nom. Au fig. Vilaine, hideuse figure.

TARAVELA. v. a. Percer. Faire des
troux avec une tarière. Au fig. Tourmenter. Tracasser quelqu'un.

TARAVELA, ADO. adj. Se dit au
fig. des personnes. Détraqué, ée. Voyez DESTIMBOURLA.

TARAVELLO. s. f. Tarière. Outil
propre à percer et à faire des gros
troux dans le bois.

TARAVELOUN. s. m. Vrille. Percelette. Outil. Voyez GUYOUNET.

TARDA. v. n. Tarder. Voyez TAR-
SA.

TARDIEOU. TARDIÈVO. adj. Tardif, tardive. Qui vient tard. *Fruit
tardiou* : fruit tardif, qui ne mûrit
qu'après les autres de même espèce.

TARDOUN. s. m. Terme de berger.

Tardif (agneau). Agneau de la dernière portée. Au fig. Nabot. Homme
de bien petite taille. *V'aqui un beou
tardoun :* voilà un agneau tardif très-
gras. *N'es qu'un tardoun :* ce n'est là
qu'un nabot.

TARGA. v. n. Jouter. Combattre
sur l'eau par divertissement.

TARGAIRE. s. m. Jouteur. Celui
qui joute sur l'eau.

TARGO. s. f. Joute. Combat que
l'on fait sur l'eau par divertissement.

TARIBUSTÈRI. s. m. Tapageur. Espiègle. Querelleur.

— Querelle. Voyez GARROUYO.

TARMENA. v. n. Temporiser. Vieller. User de longueurs inutiles dans
une affaire, dans un ouvrage. *Toujour tarmeno senso ren deffini :* il
est toujours à vieller sans rien conclure.

TARMINA. v. a. Terminer. Achever. Finir.

TARNAOU. s. m. Gros. Huitième
partie d'une once poids de marc.

TARNI. v. a. Ternir. Perdre son
éclat, la vivacité de sa couleur, son
lustre, etc.

TARNI, IDO. part. Terni, ternie.
Coulour tarnido : couleur ternie.

TARO. s. f. Terme de pescur. Voyez EMBAISSO.

B.-A. TARO. Voyez TALO.

TAROUN. Voyez TALOUN.

TAROUNA. Voyez TALOUNA.

TAROUNADO. Voyez TALOUNADO.

TAROUNAIRE. Voyez TALOUNAI-
RE.

V. TARRABAS. s. m. Tarabat. Espèce de crecelle ou martelet de bois.
Instrument dont les enfans se servent pour faire du bruit pendant la
semaine sainte à l'issue de l'office
des ténèbres. Voyez TIQUETAT.

TARRADETTO. s. f. diminutif. Petit abatis. Voyez l'article suivant.

TARRADO. s. f. Jonchée. Abatis.
Quantité de choses abattues et dont
la terre est couverte, telles que bois,
arbres, fruits, etc., que l'on a abattu,
ou que quelque orage a fait tomber.
*Lou ven a fa toumba de belleis tarra-
dos de peros et de poumos :* le vent
a fait un tel abatis de poires et de
pommes que la terre en est toute
couverte. *N'y a de belleis tarrados

oou soou : la terre en est toute jonchée.

TARRADOU. ⎰ s. m. Territoire.
TARRAIRE. ⎱ Terroir. *N'es pas
de Marsiho, es doou tarradou :* il n'est
pas de la ville même de Marseille,
mais bien du territoire. *Dins aqueste
tarraire l'y a fouesso vigno :* dans ce
terroir il y a beaucoup de vignes.

TARRAIIIA. v. a. Terme d'agriculture. Terroter. Transporter la terre
d'un lieu en un autre dans des cabas
ou des brouettes.

TARRAIIAIRE. s. m. Terroteur.
Homme de journée, occupé à terroter.

TARRAIIIÉ. s. m. Potier. Ouvrier
qui fabrique toute sorte de vaisselle
de terre.

TARRAIIIÈRO. s. f. Femme d'un
potier.

— Marchande de poterie de terre.

TARRAIIIO. s. f. Poterie. Toute
sorte de vaisselle de terre.

TARRETO. s. f. Il n'a d'usage que
dans cette façon de parler. *Faire la
tarreto :* s'agiter. Se traîner sur la
terre pendant que l'on se meurt.
On ne le dit guère que des animaux
et de la volaille.

TARRIBUSTADO. s. f. Querelle.
Noise. Voyez GARROUYO.

— Étourderie. Espièglerie.

TARRIÉ. s. m. Corbeille ronde.
Espèce de panier d'osier commun,
aussi haut que large servant à terroter et à transporter des pierres, du
fumier et autres choses viles et grossières. *Si voue's l'enfant voou ren apprendre, beïla l'y un tarrié et manda-
lou oou fém :* si votre garçon ne veut
travailler à l'école, donnez-lui une
corbeille ronde pour qu'il s'en aille
ramasser du fumier comme les pauvres gens.

TARRIIIO. s. f. Poussier. Menus débris de terre.

— Menue poudre qui reste au fond
d'un sac de charbon.

TARROURIA. v. n. Jouer, s'amuser
avec de la terre. On ne le dit que
des enfans. *Fai que tarrouria :* il ne
joue qu'avec de la terre.

TARROURIAIRE. ⎰ s. Celui et
TARROURIARELLO. ⎱ celle qui
joue habituellement avec de la terre.

TARROUX, OUÈ. adj. Poudreux,

euse. Terreux, terreuse. Mêlé de terre. Sali de terre. Plein de terre et de poussière. *Souliers tarroux*: pieds poudreux. *Mans tarrous* : mains terreuses. On dit par mépris d'un paysan, d'un homme de campagne. *Qu'es un pè tarroux, que n'es qu'un pè tarroux* ; et d'une personne dont la noblesse est de bien fraîche date, *Aenca lou pè tarroux*. Voyez PÉ. On dit encore famil. et malignement d'un homme dont la réputation est équivoque, *Qu'à lou pè tarroux* : qu'il est taré.

TARSA. v. n. Tarder. Retarder. Demeurer, être en retard. On dit proverbialement et familièrement. *Tarsa poóu. mai manqua noun* : il peut bien tarder, mais il ne saurait manquer de venir ou d'arriver.

TARTAS. ∫ s. m. Tartre. Dépôt
TARTA. ∫ terreux et salin que le vin laisse en fermentant dans les tonneaux, où il s'attache aux douves, s'y durcit et se forme en croûte.
— Dépôt. Lie. Crasse. Sédiment épais. Voyez GRIÈ.

TARTARAS. ∫ s. m. Gerfaut.
TARTARASSO. ∫ Oiseau de proie.
— Soubuse. Oiseau de proie.

TARTARASSO. s. f. Terme de mépris. Guénippe. Femme malpropre et maussade, de la lie du peuple.

TARTAVEOU. Voyez PÁTUFEOU.

TARTIFLÉ. s. f. Topinambour. Sorte de pomme de terre. Voyez GIGANDO.

V. TARTIFLÉ. s. f. Pommes de terre. C'est ainsi que dans la partie du département de Vaucluse qui appartenait à l'ancienne Provence, l'on nomme les pommes de terre que nous appelons *Trufo*, généralement dans nos trois départemens.

TARTOUNRAIRE. Voyez RETOUMBETS.

TARTUFEJIIA. ∖
TARTUFIA. 〉 v. n. Vétiller.
TARTUFLIA. ∕

S'amuser à des vétilles, à des choses de rien, ou de peu de conséquence. *Despacho-ti senso tant tartaflia* : hâte-toi donc sans t'amuser à vétiller si longtemps.

TARTUFELARIÉ. s. f. Tartuferie. Action, maintien de tartufe. Voyez MANELARIÉ.

V. TARTUGA. v. a. Vexer. Inquiéter. Chagriner quelqu'un, lui donner du tintoin.

TARTUGA, ADO. part. Inquiété. Chagriné, ée. *Ave la testa tartugado* : être dérouté, troublé, dérangé par les soucis ou le chagrin.

TARTUGO. s. f. Tortue. Animal amphibie à quatre pieds, recouvert d'une grande écaille très-dure. *Marcha à pas de tartugo* : aller à pas de tortue, c'est-à-dire, lentement.

TASQUA. v. n. Champarter. Percevoir le droit de champart.

TASQUAIRE. s. m. Champarteur. Fermier. Percepteur des droits de champart.

TASQUO. s. f. Champart. Droit que l'on paye en nature à celui qui donne des terres à défricher.
— Cens. Redevance annuelle que certains biens payaient autrefois au Seigneur du fief dont ils relevaient. Voyez CENSO.

TASSEOU. s. m. Voyez TACEOU.

TASTA. v. a. Goûter. Sentir et discerner les saveurs par le goût.
— Tâter. Goûter à quelque chose, de quelque chose. *Tasta lou vin* : goûter le vin. *Tasta lou fricot* : goûter la sauce.
— Déguster. Goûter une boisson, un liquide pour en connaître la qualité. *Tasta l'holi* : déguster l'huile. On dit *Tasta lou pous* : tâter le pouls, pour dire, toucher l'artère pour connaître le mouvement du sang.

TASTA. v. a. Tâter, signifie figurément essayer de quelque chose, connaître par expérience ce que c'est.
— Sonder. *l'oou absolument s'embarca, senco a tasta ce qu'es que la mar, l'envejho l'y passara* : il veut absolument aller sur mer, lorsqu'il en aura connu les dangers il ne sera plus tenté d'y retourner. On dit figurément *Tasta la gaffo* : sonder le gué, pour dire, pressentir, tâcher de connaître les dispositions de quelqu'un, sur quelque chose. On dit encore fig. que deux ou plusieurs personnes, *Si soun tastados lou pous* : qu'elles se sont tâtées le pouls, pour dire, qu'elles se sont abouchées pour connaître les dispositions et les sentimens les unes des autres, sur une affaire qu'elles ont à traiter ensemble. On dit proverbialement, *Tasta la va-*

quo enrageado : manger de la vache enragée, pour dire, souffrir bien des privations et des fatigues dans les voyages, les navigations, à la guerre, etc. *Es un fenian qu'es troou ben, foou que vague un poou tasta la vaquo enrageado* : c'est un fainéant qui est trop soigné ici, il faut qu'il aille un peu courir le monde et manger de la vache enragée.

TASTA. v. n. Tâtonner. Être dans l'irrésolution. Agir lentement et avec appréhension, craignant de se tromper ou d'être trompé. *A proun tasta avant de si decida* : il a bien assez tâtonné avant de se déterminer.

TASTAIRE. s. m. Tâtonneur. Homme irrésolu qui procède avec timidité ou avec incertitude. Voyez PATET. TASTOUNIAIRE.

TASTO. s. f. Dégustation. Essai qu'on fait de quelque chose qui se boit ou se mange. *Douna à la tasto* : donner à la preuve de la dégustation. *N'y a pa per la tasto* : il n'y en a pas seulement pour en faire la dégustation.

TASTO. s. f. Échantillon. Petit morceau d'une chose qui se mange, ou petite quantité de liquide, que l'on donne à goûter pour en connaître la qualité ou pour s'en assurer. *Tasto d'holi* : échantillon d'huile. *Pourta, donna la tasto* : porter, donner l'échantillon.

TASTO-VIN. Voyez TIRO-VIN.

TASTOUN (ANA DE). adverbe. A tâtons. En tâtonnant dans l'obscurité. *Eici se l'y ves pas, foou ana de tastoun* : ici l'on ne voit goutte il faut aller à tâtons.

TASTOUNA. v. n. Tâtonner. Aller à tâtons, ou en tâtonnant. Chercher dans l'obscurité et tâton.

— Tâtillonner. Hésiter. Aller avec crainte et incertitude.

TASTOUNEJHA. ⎫ v. n. superla-
TASTOUNIA. ⎬ tif. Tâtonner.
Tâtillonner, Hésiter. *Lorsque foou si decida, tastounejho toujour, fai jamai que tastounia* : lorsqu'il s'agit de prendre une détermination, il est toujours dans l'hésitation, il ne fait que tâtonner.

TASTOUNEJHAIRE. ⎫ s. m. Tâ-
TASTOUNIAIRE. ⎬ tonneur.
Irrésolu. Celui qui, dans une affaire,

ne sait prendre son parti et qui appréhende toujours.

TATIÈ. s. m. Viorne. Hardeau. Bourdaine blanche. Arbrisseau dont l'écorce de la racine sert à faire une excellente glu.

TATOT. s. m. Terme enfantin. Dada. Cheval. *Mounta-lou su lou tatot* : montez-le sur le dada.

TATUREOU. s. m. Niais. Nigaud. Il est familier. Voyez PATUFEOU.

B.-A. TAVAN. s. m. Escarbot. Sorte de scarabé.

— Bourdon. Insecte.

— V. Taon. Grosse mouche grise qui pique et désole les bêtes de somme.

B.-R. TAVAN-BANARU. s. m. Capricorne. Insecte.

TAVAN-MARDACIÈ. ⎫ s. m. Fouil-
TAVAN-MERDOUX. ⎬ le-merde.
Scarabé noir. On dit proverbialement et fig. en parlant d'une personne qu'un rien trouble et décourage. *Uno mousco l'y es un tavan* : la moindre pierre lui est une montagne.

TAVANEJHA. v. n. Bourdonner. Tournoyer à la manière des bourdons. Il est familier et populaire. *Que voou aqueou que tavanejho aqui davant?* Que veut-il celui qui bourdonne là devant?

V. TAVARDOUN. s. m. Frelon. Grosse mouche.

TÈ. Tiens. impératif du verbe *teni*.

— Tiens. Prends. Regarde. *Tè lou vaqui* : tiens le voilà.

TÈ. Ah! Tè! ou *àtè*! Terme de surprise et d'étonnement. Tiens?... Voilà.... Eh bien! Ah! tè. *paoure diable, te v'aqui ben campa!* Pauvre malheureux te voilà bien campé! *A-tè l'y siès, aro?* Eh bien t'y voilà maintenant!

TÈBE. ⎫ adj. de t. g. Tiède.
B.-A. TÈBI. ⎬ Qui est entre le froid
et le chaud. Il ne se dit proprement que des choses liquides. *L'aiguo n'es p'anca caoudo, es tout-beou-jus tèbi* : l'eau n'est pas encore chaude elle est seulement tiède. Au fig. *Estro tèbi, veni tèbe* : raffolir. Perdre la tête, avoir le cerveau dérangé. *Si lou creziou mi fariè veni tèbe* : si je l'en croyais il me ferait raffolir. *Crezi que siès tèbi!* Je crois que tu

as tout-à-fait perdu les sens! Il est familier et populaire.

B.-A. TECHOU. s. m. Plaie à la tête et spécialement au front, provenant d'un coup ou d'une chute. *Es toumba et s'es fach un tèchou* : il s'est fait une plaie au front en tombant.

V. TÉCHOU. Voyez CHIQUET. TAI-HOUN.

V. TÊE. s. m. Torche. Morceau de bois résineux dont les pauvres gens se servent, dans la campagne, pour s'éclairer pendant la nuit.

TEGNE. v. a. Teindre. Faire prendre, donner à une étoffe ou à quel-qu'autre chose, une couleur différente de celle qu'elle avait. *Tegne de filousello* ; *faire tegne de cadix* : teindre de la filoselle ; faire teindre du cadix.

B.-A. TEI. Nom dont on se sert pour appeler un chien à soi. Voyez TETEI.

V. TEI. s. m. Bière. Cercueil dans lequel on porte les morts.

TEIHA. v. a. Teiller. Rompre les brins de chanvre, et séparer les che-nevottes de l'écorce qui se doit filer.

TEIHO. s. f. Tille ou teille. Écorce déliée d'un brin de chanvre ou de lin.

— Paisselure. Filasse de chanvre brut.

— Touffe de fleuret. Filasse de grosse soie, dont on forme des liens pour attacher les paquets de soie fine, dans les filatures.

TEIHOUX, OUÈ. adj. Filandreux, euse. Qui est filamenteux et a de longues fibres comme de la filasse de chanvre brut. *Viando teihouè* : viande filandreuse, fibreuse.

— Coriace. Qui est dur comme du cuir. Voyez COURREJHOUX.

TEISA. SI TEISA. v. récip. Se taire. Garder le silence. S'abstenir de parler. Ne point faire du bruit.

TEISSE. v. a. Tisser. Faire un tissu.

TEISSERAND. s. m. Tisserand. Tisseur à toile.

TEISSEIRE. s. m. Tisseur. Ouvrier qui tisse sur le métier.

TEISSOUN. s. m. Taisson. Blaireau. Animal à quatre pieds, qui se terre.

TELETTO. s. f. Pellicule. Espèce de peau plus ou moins légère qui se forme à la surface du liquide dé-

posé dans un vase. On dit qu'un li-quide *A fach teletto* : lorsqu'il s'y est formé comme une pellicule à sa surface.

— Pellicule. Petite peau qui enve-loppe un œuf dans sa coque.

TELETTO. s. f. Toilette. Terme de mar-chand drapier. Toilette. Morceau de toile de laval dont on enveloppe une pièce de drap.

TELITAPORTO. Sorte de jeu d'en-fant. Métier-deviné. Combien. *Juga à telitaporto* : jouer au combien. Jouer à métier-deviné.

TÉLO. s. f. Toile. Tissu de chan-vre, de lin. *Tèlo cruso* : toile rousse, toile de fil écru. *Tèlo de couer* : toile de brin. *Tèlo d'houstaou* : toile de ménage.

TÉLO. s. m. Lé. Laise. Largeur d'une étoffe. *Miègeo tèlo* : demi lar-geur.

TEM. s. m. Temps. Mesure de la durée des choses. On dit proverbia-lement et populairement, *Dins lou tem que Martho fiélavo; doou tem que Sant Joousé ero encaro jhouinhome* : du temps du Roi Guillemot; du temps que l'on se mouchait sur la manche, pour marquer un siècle éloigné, un siècle grossier. On dit proverbiale-ment, *Selon lou tem la vélo* : selon le temps la voile, pour dire, qu'il faut se conduire et agir selon que le temps et les circonstances le requièrent.

TEM (TOUT-D'UN). Façon de parler adv. Sans intermission. D'arrache-pied. Tout de suite. *Coumo fugue-roun d'accord, passeroun l'acte tout d'un tem* : dès qu'ils furent d'accord ils transigèrent sans désemparer.

B.-A. TEMA. v. a. Appréhender. Craindre, avoir peur de prendre quel-que mal par le contact. *Buvoun vou même goubelet, si temoun pas* : ils boivent au même verre sans appré-hender aucun mal l'un de l'autre. *Es uno maladiè que n'es pas de teme* : c'est une maladie qui n'est pas con-tagieuse.

B.-A. TEME. s. m. Appréhension. Crainte de prendre quelque mal. *N'es pas de teme* : il n'y a rien à appré-hender.

TEMOI. s. m. Témoin. Voyez TES-TIMONI.

B.-A. TEMOIGNA. } v. n. Ren-
TEMOUNIA. } dre témoi-
gnage. Servir de témoin en justice.
Ana temounia : aller rendre témoignage.

TEMPEIRA. v. n. Tremper la terre.
Terme d'agriculture. Tomber abondamment de la pluie de manière que
la terre en soit bien abreuvée. *A ben
tempeira* : la pluie a bien trempé la
terre, c'est-à-dire, que la terre est
bien abreuvée.

TEMPIÉ. s. m. Terme d'agriculture. Humidité de la terre. État
dans lequel se trouve la terre après
une abondante pluie. *L'y a de tempié :*
il y a bien de l'humide, la terre a
été bien arrosée. *Pluejho que dounara
ben de tempié :* pluie qui pénétrera
bien la terre.

TEMPOUROUS. s. f. plur. Les quatre
temps. Jeûne ordonné par l'Église
pendant trois jours, à chaque saison
de l'année.

— Vigile. Jeûne de la veille d'une
fête solennelle. *L'y fougueroun per
leis tempouros de Nouvè :* ils y furent
à l'époque des quatre temps de décembre. Il a vieilli et n'est presque
plus d'usage.

TEN. temps du verbe *teni.* Il tient.
On dit proverbialement. *Voou mai un
que ten que cent qu'esperoun :* mieux
vaut l'homme qui tient que cent autres qui attendent.

TEN. Voyez TEM.

TEN, TENCHO. participe. Teint,
teinte. Voyez le verbe TEGNE.

TEN-DRECH. s. m. Vent du nord.
Ce vent toujours froid, qui règne
ordinairement dans nos contrées en
automne et en hiver, balaie les nuages
qu'il trouve sur son passage.

TENCHIÉ. s. m. Terme d'emballeur.
Seau-à-marquer. Petit vase de
bois dans lequel on tient délayée la
couleur noire ou rouge, qu'on emploie pour marquer les balles, caisses,
coffres, etc. Qu'on expédie.

TENCHO. s. f. Teinte. Degré de
force que les peintres donnent aux
couleurs.

— Couleur, que reçoit une étoffe
à la teinture. En ce sens il est populaire. *Es pas de boueno tencho :* il
n'a pas la couleur solide.

TENCHO. s. f. Teinture. Liqueur
préparée pour teindre. Impression de
couleur que cette liqueur laisse sur
les étoffes et sur les autres choses
que l'on teint.

TENCHURA. v. a. Teindre. Donner
une couleur à une étoffe et à toute
autre matière. Il est populaire comme le précédent.

TENCHURIÉ. s. m. Teinturier. Ouvrier qui teint les étoffes et les fils
de soie, de laine, de coton, etc.

TENCHURO. s. f. Teinture. Liqueur
préparée pour teindre. *Boueno, marrido tenchuro :* bonne mauvaise teinture. Au fig. Vin rouge. Jus de la
treille. *Aimo la tenchuro :* il boit
bien.

TENCO. s. f. Tanche. Poisson d'eau
douce.

TENDA. v. a. Tenter. Mettre, dresser, poser une tente.

TENDA. Terme de roulier et de
voiturier. Bâcher. Mettre la bâche ou
banc à une charrette.

TENDIHOS. s. f. Terme de laboureur. Boulons en bois qui tiennent
le cep étroitement lié au soc de la
charrue.

TENDO. s. f. Tente. Espèce de
pavillon fait de toile, de demi-laine
ou de coutil que l'on dresse pour s'y
mettre à couvert. *Leis marchands
mettient seis tendos :* les marchands
dressaient leur tentes.

— Bâche. Banc. Couverture de
grosse toile que les voituriers mettent par-dessus leurs charrettes pour
la conservation des marchandises
qu'ils transportent.

TENDELET. } s. m. Rideau. Es-
TENDOULET. } pèce de petite tente
que l'on place sur un lit.

— Terme de marchand. Toilette.
Enseigne. Morceau de drap ou de
toile dont les marchands garnissent
l'auvent de leur magasin, et qui
leur sert en même temps de rideau
et d'enseigne.

TENDRE. v. a. Terme de boulanger. Mettre sur couche. Étendre et
couper la pâte sur table pour en
former des pains. Voyez COUCHA.

TENDRE. } adj. Tendre. Qui
TENDRO. } peut être aisément
coupé, divisé. *Pan tendre :* pain frais,
nouvellement cuit.

— Mou, mouc. Qui cède facilement au toucher. Voyez IMOU. On dit figurément et populairement et par mépris d'un homme douillet ou susceptible. *Qu'es tendre de cuer* : qu'un rien l'offense, qu'il est bien douillet et délicat.

TENDRIN, INO, adj. Douillet. Délicat. Susceptible. Qui ne saurait souffrir la moindre incommodité, ni supporter la moindre contradiction. Il est populaire.

TENDROU. s. f. Tendreté. Qualité de ce qui est tendre. Il ne se dit que des viandes, des fruits et des légumes.

TENENT. TOUT-D'UN-TENENT. adv. Sans désamparer. Voyez TOUT-D'UN-TEM à l'article TEM.

TENESOUN. s. f. Tenue. Fixité. Stabilité. Patience à rester où l'on est. On dit d'une personne légère et inconstante, qui change souvent de place, de poste ou de domicile, *Que n'a ges de tenesoun en luech* : qu'elle n'a pas de tenue. D'un enfant qui change continuellement de place, *Que n'a yes de tenesoun en luech* : qu'il ne saurait demeurer en repos.

TENGUDO. s. f. Tenue. Il se dit du temps pendant lequel on occupait une place, on administrait un établissement, on faisait valoir une ferme, etc. *Aco s'es pas passa d'oou tem de sa tengudo* : cela n'a pas eu lieu pendant qu'il occupait. *Pendent sa tengudo tout anavo* : lors de sa tenue tout marchait.

TENI. v. a. Tenir. Avoir à la main. Avoir entre les mains. Posséder, etc. On dit proverbialement, *Tant fach de maou aqueou que ten coumo aqueou qu'espeyo* : autant pèche celui qui tient le sac, que celui qui y met dedans, pour dire, que le receleur n'est pas moins coupable que le voleur.

TENI-DAMEN. v. a. Epier. Guetter. Observer qnelqu'un ou quelque chose. *Teni damen qu'u passo* : observer les passans.

TENI-PÈ. v. n. Ne pas bouger. Demeurer là où l'on est sans se mouvoir. *Chivaou que ten ben pè* : cheval qui ne bouge pas lorqu'on veut le monter. On dit fig. et familièrement. *Teni pè* : tenir pied à boule, pour dire, être extrêmement assidu,

s'attacher sans discontinuation, à quelque étude, à quelque travail, à quelque emploi. *Aquel home poou teni pè en luech* : cet homme ne saurait se fixer nulle part. Voyez TENESOUN.

TENI-PÈ. v. n. Terme de jeu de boules, de quilles et de palet. Piéter. Tenir le pied à l'endroit marqué par celui qui joue la première boule. *Tenez pè* : tenez le pied à la marque. *Foou teni pè* : il faut se piéter.

TENTAREOU, ELLO.) adj. Tentant,
TENTATIOU, IOUVO.) ante. Qui tente, qui cause une envie, un désir. *Mouceou tentatiou* : morceau tentant.

TEOULE. s. m. Tuile. Espèce de carreau voûté plus long que large, fait de terre cuite au fourneau et dont on couvre les bâtimens. *Coucha souto leis teoules* : coucher sous le toit.

TEOULIÈ. s. m. Tuilier. Ouvrier qui fait des tuiles.

TEOULIÈRO. s. f. Tuilerie. Lieu où l'on fabrique des tuiles.

TEOULISSA. v. a. Couvrir. Faire la toiture d'un bâtiment, le couvrir de tuiles.

TEOULISSO. s. f. Toit. Couverture d'un bâtiment d'une maison. *Ana su la teoulisso* : monter sur le toit.

TEPA. v. a. Gazonner. Revêtir. Garnir de mottes de gazon, des murs de campagne, des cotières, etc.

TEPAGI. s. m. Gazonnement en mottes.

TEPO. s. f. Motte de gazon.

TERCEJHA. v. n. Tiercer. Tercer. Partager. Diviser en trois.

TERCEIROOU. s. m. Troisième. On ne le dit qu'en parlant du foin, c'est celui de la troisième coupe. *Pra que l'y a agu cent quintaoux de rouibre et quaranto de terceiroou* : pré qui a donné cette année cent quintaux de second foin et quarante quintaux de troisième.

TERIGNOULA. Voyez TRIGNOULA et ses dérivés.

TERME. s. m. Borne. Limite. Grosse pierre posée aux extrémités d'un champ pour en marquer les limites. On dit familièrement d'un enfant de très-petite taille, *Qu'es pa pu haou qu'un terme, que sembl'un terme* :

qu'il n'a pas plus de hauteur qu'une borne, qu'il est si rabaissé que la borne d'un champ.

.TERMES (METTRE DE). } v. a.
TERMES (PLAÇA DE). } Aborner. Placer des bornes, mettre des bornes à un terrain pour en désigner les limites.

TERRO-GASTO. s. f. Terres vaines et vagues. Terres inutiles, incultes, et qui ne rapportent rien.

TERROURIA. v. n. Terroter. Voyez TARROURIA.

TERROUX, OUÈ. adj. Terreux, euse. Voyez TARROUX.

TESA. v. a. Tendre. Tirer et bander quelque chose, comme serait une corde, un arc, etc.

TESA, ADO. participe. Tendu, tendue. Couerdo ben tesado : corde bien tendue.

TESCOUN. s. m. Terme de laboureur. Coin en bois qu'on enfonce dans l'ouverture du pied de la charrue pour y fixer le manche.

TESO. s. f. Terme d'oiseleur. Allée longue et étroite d'arbrisseaux touffus, à travers de laquelle on tend des filets pour y prendre des petits oiseaux.

TESOUIROS. s. m. Terme de montagne. Gros ciseaux dont on se sert pour tondre les brebis et pour couper le poil aux animaux.

TESTA. v. n. Tester. Faire son testament.

TESTARD. s. m. Muge à grosse tête. Sorte de poisson de mer.

TESTARD, ARDO. s. et adj. Entêté. Opiniâtre. Têtu, têtue. Qui est trop attaché à son sens, à ses opinions. Es fouesso testardo : elle est d'un entêtement obstiné, On dit proverbialement et fig. d'un homme opiniâtre et obstiné, Qu'es testard coum'un ai negre : qu'il est aussi rétif qu'une mule noire.

TESTARDISO. s. f. Entêtement. Obstination. Opiniâtreté.

TESTARU, UDO. adj. Qui a la tête grosse.

TESTEJHA. v. n. S'opiniâtrer. Tenir tête à quelqu'un. Soutenir opiniâtrement une chose contestée.

TESTEJHAIRE. s. m. Opiniâtre. Qui conteste avec passion.

TESTETO. s. f. Petite tête. Jeune tête. Tête légère. On le dit au propre comme au figuré. Testeto d'agneou : tête d'un jeune agneau. Vous l'y fises pas, es uno testeto : ne comptez pas sur lui, c'est une tête légère.

TESTIÈRO. s. f. Forme. Partie d'un chapeau.

— Chevet. Partie supérieure d'une couchette qui sert à retenir le traversin.

— Chantourné. Partie d'un bois de lit qui forme le couronnement du chevet.

TESTIMONI. s. m. Témoin. Celui qui a vu ou entendu quelque fait et qui peut en faire rapport. Il vieillit et n'est plus usité qu'en poésie. Feroun veni leis testimonis : l'on fit appeler les témoins.

TESTO. s. f. Tête. Chef. Partie de l'animal qui tient au reste du corps par le cou, et qui est le siège de l'esprit et du sens. Faire de sa testo : agir de son chef. Faire à sa testo : suivre son caprice. On dit proverbialement et figurément de deux personnes liées d'intérêt et d'amitié et toujours d'un même sentiment, Que soun doues testo dins un bounet : que ce sont deux têtes dans un bonnet.

TESTO-AQUI. Expression adverbiale. Mordicus. Obstinément. Avec ténacité, avec entêtement.

.... Vouliè que soun meri
Si maridesso en'un aoutre parti,
Fibo souletto et que n'a ren qu'un fraire ;
Eou, testo-aqui, refuso de lou faire.

         M. DIOULOUFET.

TESTO-D'AI. } s. m. Têtard.
TESTO-D'AZE. } Insecte noir qui vit dans l'eau.

TESTO D'AYET. s. f. Tête d'ail. La partie de cette plante potagère qui contient et embrasse les gousses.

TESTO D'HIÈLI. s. f. Ognons de lys.

TESTO NEGRO. s. f. Fauvette. Petit oiseau appelé aussi Ver-montant.

TESTO-VERDO. s. de t. g. Evaporé, ée. Etourdi ie. Celui et celle qui agit sans considérer ce qu'il fait. Aco es uno testo verdo que. . . : c'est un jeune évaporé qui. . . .

TESTOUN. s. m. Taloche. Coup donné sur la tête de quelqu'un avec la main. Fè-lou teisa, douna-li un *testoun* : donnez-lui une taloche, et faites-le taire.

TESTOUN (ANA DE). Voyez TAS-TOUN.

TESTOUNEJHA. Voyez TASTOU-NEJHA.

TESTOURIAS, ASSO. s. et adj. Stu-pide. Hébété, d'un esprit lourd et pesant.

TESTU, UDO. s. et adj. Têtu, ue. Stupide, opiniâtre. Ignorant entêté.

TETA. v. a. Téter, Sucer le lait de la mamelle d'une femme ou de la femelle d'un animal. On dit figuré-ment d'une personne. qu'*A lou téta doux* : qu'il est doucereux, pour dire, qu'il a l'air et le langage doux et affecté. On dit proverbialement et po-pulairement d'un homme qui est dans le cas de faire tête à celui qui l'at-taque, *Que l'y fara veire qu'a téta de bouen lach* : qu'il saura bien lui montrer les dents et lui donner du fil à retordre.

B.-A. TETA. v. a. Terme de jeu de boules. Aller à l'appui. On le dit de deux boules qui se touchent. Il est pop.

TETAIRE. s. m. Jeune enfant qui téte. *Aquel enfant es un gros tétai-re* : cet enfant téte beaucoup.

B.-A. TETAIRE. s. m. Terme d'a-griculture et d'arboriculture. Bran-che gourmande. Voyez BUVOLI.

TETARELLO (BRANCO). Voyez TE-TAIRE.

TETARELLO. Suceuse. Celle qui fait métier de suppléer le nourrisson en tétant une femme que le lait em-barrasse. *Lou lach l'y fasiè maou, a pres la tetarello* : le lait l'embar-rassait et elle a pris une suceuse qui la téte.

TETARELLO. s. f. Biberon. Siphon pour les enfans. Espèce de téline par le moyen de laquelle on donné du lait à un enfant privé de nourrice. La téline ou mamelle artificielle dont se servaient les Romains, était un vase à peu près semblable à une cruche dont le ventre arrondi en for-me d'un sein de femme, était sur-monté d'un goulot très-court; l'on garnissait ce goulot d'un linge fin qui laissait s'échapper dans la bouche qui le pressait, le lait dont on avait soin de remplir le vase.

TETE. s. m. Téton. Mamelle. Ter-me enfantin. *Mama tete* : maman téton.

TETEI. s. m. Tou-tou. Nom que les petits enfans donnent aux chiens. *Crido lou tetei* : appelle tou-tou.

TETOT. Voyez TATOT.

TEYA. v. a. Teiller. Rompre les brins du chanvre, et séparer les che-nevottes de l'écorce qui doit se filer. Voyez BREGOUNA.

TEYO. s. f. Teille. Ecorce déliée d'un brin de chanvre.

— Paisselure. Filasse de chanvre brut. Filasse de grosse soie, dont on forme des liens pour attacher les paquets de soie fine dans les fila-tures. Voyez TEIIIO.

TEYOUX, OUÈ. adj. Filandreux, euse. Voyez TEIIIOUX.

THOUN. s. m. Thon. Gros poisson de mer. *Thoun marina* : thonine ou thon mariné.

V. **TIAMOUN.**) s. m. Terrine.
B.-A. **TIAN.** } Terrinée. Sorte de ragoût au maigre fort en usage dans les ménages et parmi les gens du peuple, et que l'on fait cuire au four dans une terrine ou dans un poêlon en poterie. *Faire un tian: manjha de tian; pourta lou tian oou four; acha leis herbos per lou tian; tian de marlusso, de serdinos, d'noux farcis* : On dit figurément et prover-bialement, *Que l'y a de ris oou tian*: que le feu est aux étoupes, lorsqu'il y a de vifs débats et des querelles dans une maison ou des affaires épi-neuses à débrouiller entre particu-liers. Il est pop.

B.-A. TIANADO. s. f. Bassinée. Plein un bassin. Ce que contient un bas-sin de grès. *Uno tianado d'aiguo* : une bassinée d'eau.

B.-A. TIANO. s. f. Bassin de grès. Vase de poterie vernissé dans lequel on lave la salade, les choux et les herbages du ménage.

TIATRE. s. m. Théâtre. Echafaud sur lequel les charlatans débitent leurs onguent et jouent la comédie.

TIBLA. v. n. Trotter. Faire du che-min. Marcher beaucoup. On dit fa-milièrement et populairement *Faire tibla la guetto* : allonger la jambe, pour dire, trotter, faire beaucoup du chemin à pied. Il est pop.

TIBLADO. s. f. Truellée. Plein une truelle. Ce qu'une truelle peut contenir de plâtre, du mortier, etc.

TIBLO. s. f. Truelle. Outil de maçon.

TIBLO-BRECADO. s. f. Truelle brétée. Sorte de truelle.

V. **TIBOUN.** s. m. Tison. Morceau de bois allumé. Voyez TIEN.

V. **TIBOUNA.** v. n. Tisonner. Voyez FOURGOUNIA.

V. **TIBOUNAIRE.** s. m. Tisonneur. Voyez FOURGOUNIAIRE.

TIC. s. m. Caprice. Passion. Tic. Habitude plus ou moins ridicule que l'on a contractée sans s'en apercevoir. *A lou tic de si rougna leis ounglos eme leis dents :* il a le caprice, l'habitude, le tic de se faire les ongles avec les dents.

TIC. Aversion. Antipathie. Répugnance contre quelqu'un ou quelque chose. *T'a pres à tic :* il t'a pris en aversion.

TIC-TAC. Voyez TIQUETAT.

V. **TIÉ.** Voyez TEÉ.

B.-A. **TIEN.** s. m. Bûche. Pièce de gros bois de chauffage.

— Tison. Gros morceau de bois allumé ou brûlé en partie. Voyez TIBOUN.

R.-A. **TIÈRO.** s. f. File. Rangée. Enfilade. *Longuo tièro d'aoubres :* longue rangée d'arbres. *Tièro de sourdas :* enfilade de soldats.

TIERO. Voyez TELO. Celui-ci, comme le précédent, est pop.

TIF-ÉT-TAF.) s. f. Battement de
TIFO-TAFO.) cœur. Grande émotion. Alarme. *L'estouma l'y devie ben fairé tifo-tafo :* il devait être dans de bien vives alarmes. *Lou ventre mi fasié tif-et-taf :* le cœur me battait, j'étais très-agité.

TIFOU. s. m. Marotte. Dépit. Colère. Ire. Mauvaise humeur. *Ave lou tifou :* être enflammé d'ire. *Mi faquet veni lou tifou :* il me fit prendre la chèvre.

TIGNASSO. s. f. Tignasse. Chevelure mal rangée. Tête mal peignée. Mauvaise perruque.

TIGNO. s. f. Angelure ou Engelure. Enflure aux pieds ou aux mains, causée par un froid excessif et accompagnée d'inflammation.

57

— Mule. Sorte d'engelure qui vient aux talons.

TIGNOUN. s. m. Chignon. Tignon. Cheveux que les femmes retroussent sur le derrière de la tête.

TIHOT.) s. m. Tilleul. Arbre.
TIHOUL.) L'infusion des fleurs du tilleul est un anti-spasmodique.

TIMBRA, ADO. part. Timbré, ée. marqué d'un timbre. Au figuré TIMBRA, ADO. adj. Fou, folle. *Home timbra :* homme à tête félée. *Es un paou timbrado :* elle a le timbre fêlé.

TINADO. s. f. Cuvée. Ce qui se fait de vin à la fois dans une cuve.

— Quantité de raisins foulés que contient une cuve pleine. *Doues tinados :* deux cuves pleines.

TINELADO. s. f. Cuvée. Plein un cuvier. Voyez ci-après TINEOU.

TINEOU. s. m. Cuvier. Cuve en bois dans laquelle on fait la lessive.

— Terme de moulin à huile. Tonne.

— Terme de tanneur. Confit. Voyez TRUEY.

TINETTO. s. f. Petit cuvier.

TINO. s. f. Cuve. Espèce de réservoir souterrain où l'on met les raisins foulés de la vendange.

B.-A. **TINTAMPORTO.** Voyez TELITAPORTO.

B.-A. **TINTEINO.** s. f. Veille. Privation du sommeil de la nuit.

— Tracas. Travail nocturne. *Faire tinteino :* être toute la nuit sur pied. Veiller toute la nuit, ou une grande partie de la nuit, pour donner des soins à un nourrisson, à un malade, etc. On dit d'un nourrisson qu'*A fach tinteino :* lorsqu'au lieu de dormir, il a passé une grande partie de la nuit, à donner de la besogne à sa bonne ou à sa nourrice. Il est fam. et pop.

TINTINEJHA.) v. a. Tinter. On
TINTINIA.) le dit du son que rend une pièce d'or, d'argent ou de tout autre métal quand on la jette à terre ou qu'on y frappe dessus.

TINTOULIA. v. a. Terme de nourrice. Bercer. Amuser un nourrisson en le faisant sautiller ou en le balançant dans ses bras. Voyez BARJHOULIA.

TINTOUN. s. m. Tintoin. Terme de nourrice. Nourrisson. Enfant à la mamelle. Au figuré. Souci. Embarras.

Inquiétude que l'on a sur la réussite de quelque chose. *L'y an mes de tintouns en testo* : on lui a donné de quoi penser.

TINTOUNIA. Voyez TINTOULIA.

TIOU, TIOUNO. pronom possessif. Tien, tienne. *Aco n'es pas tiou* : cela n'est pas à toi.

TIOUN. Voyez TIEN.

TIPHOU. Voyez TIFOU.

TIQUETAT. }
TIC-TAC.   } s. m. Martelet. Tarabat. Sorte d'instrument en bois dont les enfans se servent pour faire du bruit à l'office des ténèbres pendant la semaine sainte.

TIRA. v. a. Tirer. Mouvoir vers soi. Amener à soi, ou après soi. *Tira d'aigo* : puiser de l'eau dans un puits. *Tira de vin* : tirer du vin, prendre du vin au tonneau. *Tira uno troussa de paiho ou de fen* : poulier, monter de la paille ou du foin au grenier, par le secours d'une poulie. On dit proverbialement et figurément, *Tira soun esplingo doou juec* : tirer son épingle du jeu, pour dire, se dégager d'une mauvaise affaire, retirer ce qu'on avait avancé pour une affaire qui devient mauvaise. On dit qu'un enfant, *Tiro de soun pèro* : qu'il tient de son père, pour dire, qu'il a les mêmes inclinations, les mêmes goûts, etc., que son père. On dit figurément et familièrement, *Qu'un home a tira pet arié* : qu'un homme a fait faux bond, quand il a manqué à ceux avec qui il avait quelque engagement. On dit. *Si tira de dessous* : se tirer d'affaire, pour dire, se tirer d'embarras; tirer son épingle du jeu; achever, terminer un travail, une entreprise sans y être de perte. On dit que dans un appartement, dans une enfilade, un vestibule, un corridor, *Leis ers si tiroun* : qu'il y a un courant d'air, pour dire, que les vents y pénètrent et y circulent librement. *Tira un plan, un pourtret* : lever un plan, faire un portrait.

TIRA. v. n. Provoquer la suppuration. On dit qu'*Un enguent tiro* : qu'un onguent est suppuratif, lorsqu'il aide les plaies à suppurer, qu'il attire en dehors le pus qui s'y était formé.

TIRA. v. a. Terme de filature de soie. Dévider. Tirer la soie des cocons par le moyen du feu et d'un balai qui l'achémine sur le tour où on la dévide.

TIRA LOU CASTEOU. }
TIRA VERS CASTEOU. } v. n. Renifler. Retirer en respirant un peu fort, l'humeur qui remplit les narines. Il est fam. et pop.

TIRADIS, ISSO. adj. Qui peut être puisé; où l'on peut puiser. Que l'on peut tirer; où l'on peut tirer. *Veissçou tiradis* : tonneau en perce. *Aiguo tiradisso* : eau facile à puiser.

TIRADO. s. f. Voyez ESTIRADO.

TIRADOU. s. m. Tiroir. Espèce de petite caisse emboîtée dans une table, une commode, une armoire, etc., que l'on tire par le moyen d'un bouton.

TIRAGI. s. m. Filature de cocons. On lui donne aussi le nom de Tirage, de Filature de soie.

TIRAGNA. Voyez TIRASSA.

TIRAGNO. Voyez FIÈLAGNO.

TIRAIRE. s. m. Tireur. On le dit d'un chasseur et d'un joueur de boule.

TIRANT. s. m. Oreille d'un soulier.

TIRASSA. v. a. Traîner. Tirer après soi. Pendre jusqu'à terre. Mener avec soi. *Tirassa dins la fango* : traîner dans la boue. *Sa raoubo tirasso* : sa robe traîne. *Tirasso toujour conuqu'un eme eou* : il traîne, il amène toujours quelqu'un avec lui. On dit proverbialement et populairement, *Qu'n poou pas pourta, tirasso* : qui ne peut porter la charge, doit la traîner.

TIRASSA (SI). v. récip. Se traîner. *Si tirassa oou soou* : se traîner, se rouler par terre.

— Se houspiller. Se prendre les uns les autres par les cheveux et les vêtemens en se battant.

TIRASSA, ADO. part. Traîné, traînée.

TIRASSADO. s. f. Prostituée.

TIRASSADO. *Juga eis tirassados* : v. n. Lutter. Se traîner les uns les autres par les cheveux. Se jeter par terre.

V. TIRASSETO. s. f. Lizeron. Plante Voyez COURREJHOLO.

TIRASSETO. }
TIRASSO.   } s. f. Renouée. Herbe à cent nœuds.

TIRASSETO. s. f. Turquette. Plante appelée encore Herniole. Voyez BLANQUETTO.

TIRASSIÈRO.) s. f. Trainée. Petite quantité de
TIRASSO.) choses épanchées en long, telles que blé, farine, poudre, cendres, etc. *S'es escampa un sac de blad qu'a fach uno longuo tirasso* : un sac de blé s'est répandu et a fait une longue trainée. *Tirassado de poudro*: trainée de poudre à canon.

TIRASSO (AMOURO DE). s. f. Mûre de renard. Mûre de ronce. Fruit ou baie de la ronce.

B.-R. **TIRASSOUN.** s. m. Polisson. Petit garçon malpropre qui se traîne dans les rues.

TIRETTO. s. f. Chablot. Voyez TIROUN.

TIRO-BRAZO. s. m. Fourgon. Voyez RIABLE.

TIRO-LACHO.) s. de t. genre.
TIRO-MOUÈLO.) Terme de mépris qui se dit d'une personne inconstante, molle et paresseuse qui veut et ne veut pas, qui commence et entreprend une chose qu'il abandonne ensuite par inconstance et fainéantise. *Vous fisés pas à n'cou, es moussu tiro-mouèlo* : ne comptez pas sur lui, c'est un inconstant qui vous laissera là après avoir commencé besogne.

TIRO-PÈ. s. m. Tire-pied. Lanière de cuir dont se servent les cordonniers pour tenir leurs ouvrages sur les genoux pendant qu'ils travaillent.

TIRO-PEOU. s. m. Gribouillette. Jeu d'enfant. *Juga a tiro-peou*: jouer à la gribouillette.

TIRO-VIN. s. m. Syphon. Tuyau recourbé dont on se sert pour faire passer la liqueur d'un vase dans un autre.

TIRO-VIRO. s. m. Biribi. Sorte de jeu de hasard.

TIROUN. s. m. Chablot. Menue corde courte de longueur fixe, qui se vend à pièce chez les cordiers.

TIRUSO. s. f. Terme de filature de soie. Dévideuse. Ouvrière qui, assise devant le bassin, dévide les cocons avec un balai.

TIS. s. m. Terme de pêcheur. Nasse. Sorte d'instrument en osier, en jonc ou en roseau, servant à prendre du poisson.

C'est une espèce de grande cage dont l'entrée qui va en diminuant vers le centre renflé de la cage, est garnie de pointes pour empêcher de sortir les poissons qui y sont entrés. Les nasses des marins ont quelquefois deux entrées, l'une à chaque bout, et sont retenues dans l'eau au moyen de deux ou plusieurs pierres *(Baoudos)* qui sont attachées au-dessous.

— Tremail. Sorte de filet à mailles et à cerceaux, à peu près comme le Vervoux *(Vertoulen)*, mais sans ailes.

— Truble. Filet en forme de longue perche que l'on suspend à une tringle attachée à une perche.

TISTET. s. m. Baptiste. Nom d'homme.

TISTO.) s. m. Jean-Baptiste.
TISTOUN.) Nom d'homme.

TITÈ. s. f. Poupée. Petite figure humaine servant de jouet aux enfans.

TITO. s. f. Petite. Poulette. Nom que l'on donne à une poule lorsqu'on veut l'attirer à soi. Voyez COTO.

TITOU. s. m. Point. Petite marque ronde que l'on met sur un I. *Faire lou titou a un i*: poser le point sur un i.

TO. s. m. Tache. Mouche. Marque plus ou moins grande et ronde, qui vient naturellement sur le corps des animaux, ou que l'on fait à dessein, ou par mégarde sur quelque travail, etc. *Chin negre qu'a de tos blancs sur l'esquino*: chien noir qui est tacheté de blanc sur le dos. *Leis tos jaounes d'aquelo indienno l'y van pas ben*: les mouches jaunes qu'on a mis à cette indienne lui vont très-mal. *To d'encro*: pâté, tache, goutte d'encre.

TOC. s. m. But. Pierre. Morceau de bois où l'on vise en jouant au palet.

TOCO. *Douna uno toco*. v. a. Taper. Donner dessus. Appuyer. Faire une brèche, soit à table, soit au travail ou à toute autre chose. *An pica su lou froumagi, l'y an douna uno toco*, on l'a frappé sur le fromage, où ils ont fait une brèche marquante. *Lichetavoun ooujhourd'hui un carra* *ounte l'y au douna uno 'toco :* ils étaient aujourd'hui à loucheter un carré qu'ils ont beaucoup avancé. *Douna uno toco en de marchandiso:* c'est en prendre, en enlever une forte partie.

TOCO (DE LONGO). Façon de parler adverbiale. De longue main. Depuis très-longtemps. *Soun amis de longuo toco :* ce sont des amis de longue date. *Si conneissoun de longo toco :* ce sont des vieilles connaissances.

TODI. s. m. Voyez BASTIDOUN.

TODIOUM. s. m. Petite cassine. Vide-bouteille. Petite maison ayant un jardin non loin de la ville.

TOISA. v. a. Toiser. Mesurer avec une toise. Au figuré. *Toisa coouqu'un:* mesurer quelqu'un des yeux, pour dire, le regarder avec attention depuis la tête jusqu'aux pieds.

TONI. s. m. Antoine. Nom d'homme. Au fig. Simple. Nigaud.

TOOULIE. Voyez TAOULIE.

TOOULIÈRO. Voyez TEOULIÈRO.

TOOULISSA. Voyez TEOULISSA.

TOOULISSO. Voyez TEOULISSO.

TOOUREOU. s. m. Taureau. Bête à cornes qui est le mâle de la vache. On dit proverbialement. *Crida coum'un tooureou :* crier comme un aigle, pour dire, crier d'une voix aigüe et perçante.

TOOURRA. v. a. Torréfier. Rôtir. On le dit du café, des amandes, fèves, pois, etc., que l'on fait griller dans une boîte de fer ou autrement.

TOOUTENO. s. f. Calmar. Sorte de poisson de mer assez semblable à la sèche, et qui laisse échapper une liqueur noire lorsqu'on le prend. On le mange ordinairement farci, d'où est venu le proverbe populaire. *Farci coum'uno toouteno :* lorsqu'on parle d'une personne crédule à qui on en fait accroire. *L'an farci coum'uno toouteno :* on lui en a fait accroire des belles.

TOOUTI. Voyez TOOUTENO.

TORCHO. s. f. Chère. On comprend sous ce terme, tout ce qui regarde la quantité, la qualité, la délicatesse des viandes, et la manière de les apprêter. Il est familier et populaire. *Dins soun houstaou fun boueno torcho:* dans sa maison l'on fait bonne

chère. *Aqui la torcho vai:* là on fait bonne chère.

B.-A. **TOTI.** s. m. Butor. Stupide. Idiot. Qui est comme une statue.

V. **TOUAIIIO.** s. f. Nappe. Serviette. Linge dont on couvre la table pour prendre ses repas. Il est pop.

TOUARO. Voyez TOUERO.

TOUCA. v. a. Toucher. Mettre la main sur quelque chose, à quelque chose. *Touca la man :* toucher dans la main. *Touca lou veire :* trinquer, choquer le verre. *Touca l'ooubado :* jouer une diane. *Touca l'orgue :* toucher l'orgue. On dit proverbialement. *Foou pas dansa pu vite que noun lou tambour toco :* souvent tout gâte, qui trop se hâte.

— Toucher. Atteindre à quelque chose. *Sa testo toco oou planchié:* de la tête il touche au plancher.

TOUCA. Au figuré. Emouvoir. *Siguet touca de cuompassien :* il fut ému de pitié. *Soun sermoun a touca tout lou mounde :* le discours qu'il nous a donné a touché tout l'auditoire.

TOUCAIRE. s. m. Toucheur. Celui qui touche. On le dit populairement d'un organiste (*Toucaire d'orgue*), d'un tambour qui bat la caisse, de celui qui touche dans la main, qui donne fréquemment des poignées de main, etc. *Es un grand toucaire de mans :* il touche dans la main à tout le monde.

TOUER, **TOUERTO.** adj. Tors, torse. Tortu, tortue. Tortueux, tortueuse. Qui est tordu ou qui en a la figure. Qui n'est pas droit, qui est de travers, qui fait des tours et détours. *Fiou touer :* fil de ménage tors. On dit Torte au féminin en certaines rencontres, comme *Cambo touerto :* jambe torte au lieu de jambe torse. *Camin touer :* chemin tortueux. Au figuré. *Esprit touert :* esprit faux et de travers. *Moure touert :* visage faux, mine traitresse.

B.-R. **TOUERCO.** s. f. Tortillon. Craqueline. Sorte de gâteau fait en forme de cercle.

TOUERCO. s. f. Coussinet. Tortillon. Petit coussin fait de vieux chiffon en forme de cercle, sur lequel les fournières portent les tables de pain sur la tête, et dont les femmes de peine font usage en portant des fardeaux.

TOUERCO. s. f. Bourlet d'enfant. Voyez FROUNTAOU.

TOUERCO-MAN. s. m. Essuie-main. Linge de cuisine. Serviette commune.

— *D'uno Sacrestiè :* touaille.

TOUERNI. s. m. Retour. Ce qu'on ajoute, ce qu'on joint à une chose qu'on troque contre une autre, pour rendre le troc égal. *L'y a beila cent francs de touerni :* il lui a donné cent francs de retour. *Quan mi dounas de touerni ?* quel retour me donnez-vous ?

B.-A. TOUERNI. DE TOUERNI. adv. Terme de jeu. A recommencer. *Lou coou es de touerni :* le coup est nul, c'est à recommencer.

V. TOUERNO. Voyez TOUERNI.

TOUERO. s. f. Chenille. Insecte.

— Napel. Plante vénéneuse appelée encore Aconit.

TOUESSE.   } v. a. Tordre. Tour-
TOUERSE.   } ner en long et de biais en serrant. *Touesse lou fiou :* tordre le fil. *Avant d'estendre lou linjhe, foou lou touerse :* avant d'étendre ou de mettre le linge au séchoir, il faut le tordre pour lui faire rendre l'eau. *Si touesse :* faire des contorsions. On dit qu'une personne, *Touesse lou mourre :* qu'elle tord le museau, pour dire, qu'elle fait la grimace. On dit proverbialement et figurément d'un homme, *Qu'a belo si touesse, que foudra que l'y vengue :* qu'il a beau faire et beau tortiller, qu'il lui faudra en venir là.

TOUESQUO. }
TOUESSO.   } s. f. Voy. BROUAS.

TOUFFO. s. f. Terme de magnagnier. Coup de chaleur. Chaleur forte, subite et étouffée qui survient dans les ateliers de vers-à-soie, et qui est mortelle pour ces insectes.

B.-A. TOUFFOURASSO. s. f. Temps vain. On le dit de la disposition de l'air, lorsque le temps est bas et couvert, et qu'il fait un chaud étouffant. *Fa uno toufourasso que tuè :* il fait un temps vain qui accable.

TOULERA. v. a. Tolérer. Supporter. Avoir de l'indulgence pour des abus.

TOULIPAN. s. f. Tulipe simple des champs. Fleur rouge ou jaune qui croît ordinairement dans les blés.

TOUMBA. v. n. Tomber. Cheoir. Être porté de haut en bas par son propre poids. *Toumba de chivaou :* tomber de cheval. *Toumba leis brayos :* perdre les culottes. *Toumba doou souen :* être accablé de sommeil. On dit *Toumba doou maou de la terro :* tomber du haut mal, pour dire, être sujet au mal caduc.

TOUMBA. v. a. Echoir. Se dit des choses qui doivent se faire dans un temps ou à terme préfix. *Lou proumier pagament toumbo par Pasquo :* le premier paîement échoit le jour de Pâques. On dit proverbialement et figurément. *Toumba de la febre en maou caou :* tomber de la poêle dans la braise, pour dire, tomber d'un méchant état dans un pire. On dit populairement que *Fa un souleou que toumbo :* que le soleil est si ardent qu'il étourdit. On dit encore. *Que leis mans, que leis dets vous toumboun doou frech :* qu'on ne se sent plus des mains, ni des doigts, pour dire, que le froid les a tellement pénétrés, qu'on ne peut s'en servir. On dit proverbialement et figurément d'un homme qui est devenu tout à coup maigre et affaibli. qu'*Es toumba coum'un sac de culhéros :* qu'il est tombé comme un sac vide. En terme d'agriculture, on dit proverbialement du blé encore sur pied, *Que toumbo à pèço :* qu'il s'égrène dans le champ, lorsque, étant mûr, on tarde trop à le moissonner. On dit communément, *Oou toumba deis pampos :* à la chute des feuilles, pour dire, à la fin de l'automne. On dit de celui à qui on a donné un sobriquet qui lui est demeuré, qu'*Aqueo noum l'y es plus toumba :* que ce nom lui est resté.

TOUMBA, ADO. part. Tombé, ée.

TOUMBADO. s. f. Chute d'une personne. Chute des feuilles.

TOUMBADO. Terme de boucher. Issue. Abatis. On comprend sous cette dénomination, la tête, les pieds, le ventre, le foie, le mou et la rate des animaux que l'on tue à la boucherie. *Aqueleis que crouempoun leis pouers à pes, an la toumbado per dessus :* ceux qui achètent les cochons à poids pour les tuer, ont les abatis en sus. *Toumbado d'agneou :* issue d'agneau.

TOUMBADURO. s. f. Chute. Action de tomber. On le dit des personnes.

TOUMBARELLADO. s. f. Tombereautée. Ce que contient un tombereau plein.

B.-R. TOUBARELLETTO. s. f. Culbute. Voyez COURCOUSELLO.

TOUMBAREOU. s. m. Tombereau. Charrette entourée d'ais et servant à porter du sable, du fumier, etc. On dit figurément et familièrement d'un petit enfant qui tombe fréquemment, *N'es pas uno carretto, mai un beou toumbareou :* ce n'est pas une charrette, mais un grand tombereau.

TOUMBO. s. f. Tombe. Caveau dans lequel on met un mort de distinction.

TOUMÈ. s. m. Thomas. Nom d'homme.

TOUMETTO. s. f. diminutif de TOUMO. Voyez TOUMO. *Maloun à toumetto :* brique exagone dont on carrelle les appartemens. Celles fabriquées à Salerne sont réputées les meilleures.

TOUMO. s. f. Fromage frais. Petit fromage de lait de chèvre. Ceux que l'on fait aux environs de la montagne de Lure du côté de Cruis sont les plus estimés.

TOUMPLE. s. m. Mare. Amas d'eau dormante. Lorsque cet amas est petit, et que l'eau croupit, on l'appelle Flaque ou Flache d'eau. Voyez GOUR.

TOUMPLE. s. m. Nageoir. Baignoir. Endroit d'une rivière ou d'un torrent qui a de la profondeur, et qui est propre pour y nager ou s'y baigner. *Toumple ounte vai lou pei.* Voyez CARANCO.

TOUN. s. m. Thon. Poisson très-gros de la Méditerranée.

TOUN-MARINA. s. m. Thonine. Thon dépécé par tronçon, cuit et mariné ensuite avec de l'huile d'olive et du sel.

TOUN. pronom possessif. Ton. *Es toun paire :* c'est ton père.

TOUNDEIRE. s. m. Tondeur. Celui qui tond, qui enlève avec les ciseaux, la laine aux brebis et aux agneaux. On dit proverbialement et figurément d'un homme affamé qui tombe sur un plat de son goût, *Si fai coum'un toundeire :* qu'il mange à tout plaisir.

Mi siou fach coum'un toundeire : j'en ai pris à cœur joie.

TOUNDESOUN. s. f. Tonte. Action de tondre les brebis, moutons, etc. Temps où l'on a coutume de tondre les troupeaux. *Per la toundesoun :* du temps de la tonte.

TOUNDRE. v. a. Tondre. Couper la laine ou le poil aux bêtes. Raser, couper les cheveux aux hommes. On dit populairement : *Que l'y a ren à toundre dins un affaire :* qu'il n'y a rien à faire dans une affaire, pour dire, qu'il n'y a rien à gagner.

TOUNDUR. Voyez TOUNDEIRE.

TOUNDUR-DE-NAPO. s. m. Parasite. Ecornifleur. Qui recherche l'occasion de manger à la table d'autrui.

— Passe-volant. Homme qui s'introduit dans une partie de plaisir, sans payer sa part de la dépense comme les autres.

— Chercheur de franches lipées.

TOUNIN. s. m. Toinon. Antoine. Nom d'homme.

TOUPA. v. n. Toper. Consentir. Adhérer aux propositions, aux offres, que l'on nous fait.

TOUPET. s. m. Toupet. Touffe de cheveux. On dit figurément et familièrement, *Ave de toupet :* pour dire, avoir du front, de l'audace. *Quin toupet !* quelle audace! quel front!

TOUPETTO. s. f. Phiole ou fiole. Petite bouteille de verre. Voyez MOURETTO.

TOUPIN. s. m. Pot. Petit vase de terre à queue, servant dans une cuisine à faire chauffer de l'eau, du bouillon, etc. On dit proverbialement et figurément, *Cade toupin trovo sa cabucèlo :* chaque pot trouve son couvercle, pour dire, que chaque fille peut trouver un garçon qui l'assortisse en mariage.

TOUPINETTO. s. f. diminutif. Très-petite gerle. Voyez TOUPINO.

TOUPINO. s. f. Urne. Petite gerle. Grand pot de terre servant ordinairement à mettre de l'huile.

TOUR. s. m. Rouet. Petite machine à filer le coton, la laine ou la soie. *Fiela oou tour :* filer au rouet.

— Dévidoir. Voyez DEBANAIRE.

TOUR-DE-GORGEO. s. m. Garniture. Liste ou bande de mousseline brodée ou brochée dont les femmes garnissent le haut de leurs chemises.

TOURCA. } v. a. Torcher. Net-
TOURCHA. } toyer. Essuyer. Enlever avec un linge la saleté, les
ordures, etc., qui sont sur quelque
chose. *Si tourca leis degts* : s'essuyer les doigts. Au fig. *Si tourca* :
se passer, se voir priver contre son
attente, de quelque chose qui faisait
plaisir. *Cresié d'ave l'heiretagi, mai
poou si tourca* : il prétendait à l'héritage, mais il peut s'en lécher les
barbes. Il est plaisant et ironique.

TOURCHA, ADO. adj. Qui ne s'emploie qu'avec les adverbes Bien, Mal,
qui signifie, fait, préparé, exécuté.
Trabai maou tourcha : travail mal
fait. *Vesto, raoubo, couiffo maou
tourchado* : veste, robe, coiffe gâtée,
savetée, mal faite. On donne par
mépris le nom de *Maou tourchado*,
à une femme ou fille mal gracieuse,
rude et incivile. Voyez MAOU GRA-
CIOU.

TOURDOULET. }
TOURDOULOUN. } s. m. Flâ-
B.-A. TOURDOUROUN. }
neur. Rôdeur. Celui qui rôde, qui
tournaille sans s'éloigner beaucoup
du même point.

— Chercheur de franches lippées.
Importun qui épie l'occasion d'accrocher un repas. Il est populaire. *Es
aqui que fa lou tourdouloun per
veire si degun lou cridara* : il est là
à tourner autour du pot pour voir
si personne ne l'invitera.

TOURDOULIA. } v. n. Tour-
B.-A. TOURDOURIA. } nailler.
Faire beaucoup de tours et détours,
sans s'éloigner du même point.

— Flâner, rôder autour de quelque lieu à dessein d'épier ou d'être
vu. *L'y a miech ouro qu'es aqui que
tourdoulie, quu soou per que?* Il y a
demi heure qu'il est là à tournailler,
à flâner, qui sait à quel dessein?

— Voleter. Voltiger. On le dit des
papillons, des abeilles et des oiseaux.
*Lou parpayoun que tourdoulie voutour
doou lume, feni per se l'y brula* : le
papillon qui voltige autour d'une
chandelle finit pour s'y brûler.

TOURDOURO. s. f. Tourterelle. Oiseau qui est le symbole de la fidélité conjugale.

TOURDRE. s. m. Grive. Mauvis.

Oiseau de couleur grise à peu près
de la grosseur d'un merle.

TOURMENTAOU. adj. de t. g. Turbulent, tubulente. Impétueux. Qui
fait du bruit et du tapage. On ne
le dit que des enfans.

TOURNA. v. a. Revenir. Retourner.
Recommencer. Rendre. Refaire. Tourner. *Tournarem mai* : nous revien-
drons, pour dire, nous retournerons ici. *Quand tournares veni* : lorsque vous reviendrez. *Foou tourna
juga* : il faut refaire le coup. *Tourna
d'argent en coouqu'un* : rendre de
l'argent à quelqu'un.

TOURNADO. s. f. Tournée. Voyage
que l'on fait en divers endroits. *Lou
Préfet fai sa tournado* : le Préfet fait
sa tournée.

TOURNAI. } s. m. Meule à
TOURNAOU. } aiguiser et que
l'eau fait tourner. Elle est à l'usage
des taillandiers.

— Lieu où se trouve cette meule.

TOURNEJHA. v. a. Tourner. Travailler, faire des ouvrages au tour.

TOURNEJHAIRE. } s. m. Tour-
TOURNUR. } neur. Artisan
qui fait des ouvrages au tour.

TOURRE. s. f. Tour. Sorte de bâtiment élevé, rond, carré, etc., dont
on fortifiait autrefois les murailles
des villes et des châteaux.

TOURRETTO. s. f. diminutif. Petite tour.

TOURTEILIÈRO. s. f. Liure. Terme
de muletier. Grosse corde qui entoure et fixe la charge d'un mulet.

V. TOURTEIROOU. s. m. Entonnoir. C'est le nom de tout instrument avec lequel on entonne une
liqueur, ainsi que de tout ce qui
en a la forme. Voyez EMBU.

TOURTEOU. s. m. Fouace. Sorte
de pain aplati en forme de galette.
On l'appelle aussi tourteau.

TOURTEOU. Au fig. subs. et adj.
Niais. Lourdeau Stupide. Maladroit.
Voyez TOTI.

TOURTIHA. v. a. Tortiller. Tordre à plusieurs tours, en parlant de
la filasse, du papier, d'un ruban,
etc. Au fig. chercher des détours.

B.-A. TOURTIHADO. s. f. Tortillon. Craquelin tortillé en forme d'a-
graffe, (*Mayetto*). Dans le département des Basses-Alpes, les gens du

peuple sont en usage de faire de ces tortillons à la fin du carême, et d'en mettre aux branches d'oliviers que leurs enfans portent à la procession le dimanche des rameaux. *Faire leis tourtihados, manjha de tourtihados.*

TOURTIHOUX, OUÈ. adj. Tortueux, euse. De guingois. Voyez ENTOURTIHA.

V. TOURTIS. s. m. Rond. Pendant d'oreille de forme annulaire.

B.-A. TOURTOUIRE. s. et adj. Idiot. Benêt. Simple. Niais qui n'a ni malice, ni dextérité. *Es un tourtouire* : c'est un idiot, un simple. Voyez TOTI et TOURTEOU.

B.-A. TOURTOUN. s. m. Gâteau. Espèce de petite fouace de farine. *Senco coueyi, ti farai un tourtoun* : lorsque je ferai du pain frais, je te ferai un gâteau.

TOURTOULIÈRO. Voyez TOURTEILIÈRO.

TOURTUGO. Voyez TARTUGO.

TOUS-LEIS-SANTS. } s. m. La
TOUSSANT.   } Toussaint.
Fête de tous les saints que l'Eglise célèbre le premier novembre. On dit proverbialement, *Per Toussant lou frech es per lou champ* : c'est à la Toussaint que le froid nous vient.

TOUSSANT. s. m. Toussaint. Nom d'homme.

B.-A. TOUSQ, TOUSQUO. adj. de t. g. Tiède. Qui est entre le chaud et le froid. On ne le dit que des choses liquides. *Aiguo tousquo* : eau tiède. *Prendre un banc tousq* : prendre un bain d'eau tiède. Il est populaire.

TOUSQUO. s. f. Touffe de bois ou d'arbrisseaux dans laquelle les bêtes fauves se cachent. Voyez DESTOUSCA.

TOUSTEN. s. m. Heur. Vieux mot qui ne s'emploie qu'avec les mots *bouen, maoux*, dans les locutions suivantes de nos bons aïeuls. *Leis bouens tousten* : toute sorte de bonheur. *Souhaita leis bouens tousten* : souhaiter toute sorte de bonheur et de prospérité. *Que leis sants tousten ti venguoun!* Que tout bien et tout bonheur t'arrive. *An agu tous leis maoux tousten* : tous les malheurs leur sont advenus à la fois.

TOUTARO. adv. de temps. Tout-à-l'heure. Bientôt. Dans le moment. A l'instant. Il ne désigne jamais que le futur. *Toutaro l'y vaou* : j'y vais à l'instant. *Toutaro vendra* : il viendra tout-à-l'heure.

TOUT-BEOU-JUS. adv. Qui désigne le passé. Tout-à-l'heure. A l'instant. A peine. *Tout-beou jus souerte* : à peine sort-il d'ici. *Tout-beou-jus l'ai vis* : je l'ai vu tout-à-l'heure.

TOUT-BEOU-JUS. adv. A peine. Malaisément. Difficilement. *N'y a tout-beou jus proun* : à peine y en aura-t-il assez.

TOUT-ESCAS. adv. de temps. Tantôt. Il n'y a qu'un moment. A l'instant. Tout-à-l'heure. *Couro avez fini?* — *Tout escas* : quand avez-vous terminé? — Tout-à-l'heure. *Tout escas l'ai vis passa* : je l'ai vu passer tantôt.

TOUTEIS. adj. plur. Tous, toutes. *Touteis les homes* : tous les hommes. *Touteis leis ans* : chaque année. *Leis fremos soun touteis testardos* : toutes les femmes sont opiniâtres. On dit proverbialement, *Touteis leis gorgeos soun souerres* : chacun aime les bons mets.

TRABAI. s. m. Travail. Besogne. Labeur. Peine. Fatigue qu'on prend pour quelque chose.

TRABAIHADOU. s. m. Travailleur. Vigneron. Cultivateur. Paysan. Homme qui travaille à la journée.

TRABAIHAIRE. adj. s. m. }
TRABAIHARELLO. adj. s. f. } Laborieux, laborieuse. Qui travaille beaucoup. Qui est pénible et assidu au travail. *A pres un bouen trabaihaire* : elle a épousé un homme laborieux. *Es uno trabaiharello* : c'est une femme très-laborieuse. *Houro trabaiharello* : heure propre, destinée au travail.

TRACANET. Voyez TRECANA.

TRACHEOU. s. m. Terme de chanvrier. Quenouillée. Paquet d'étoupes arrondi et préparé pour être filé. Un paquet de chanvre, ainsi disposé, suffit pour garnir une quenouille. Voyez BLESTOUN.

TRACHEOU. s. m. Terme de cardeur. Loquette. Cardée de laine réduite en rouleau pour être filé.

TRACHI. v. n. Grandir. Croître. Se ravoir. Prendre des forces, d'accroissement. On dit, *Qu'un enfant trachi pas* : qu'il tombe en chartr dire, qu'il devient étique, qu'il ne profite pas, qu'il est tout malingre. On dit des animaux, *Que trachissoun pas* : qu'ils ne croissent ni ne profitent, et des arbres ou des plantes. *Que trachissoun pas* : qu'ils languissent et dépérissent.

TRAFEGA, v. n. Agir. Être en sollicitude. Aller et venir. Vaquer aux soins du ménage.

TRAFEGAGI. s. f. Sollicitude. Occupation, travail du ménage.

TRAFEGAIRE. s. m. Pourvoyeur. Celui qui, occupé du soin d'une maison, d'une famille, d'un commerce, est continuellement en activité, en sollicitude.

TRAFEGUE. s. m. Tracas. Activité. Sollicitude que donne le soin d'un ménage, d'un commerce, d'une famille, etc. *Soun dins un trafegue de malhur* : ils sont dans une bien grande sollicitude. *Houstaou ounte l'y a un gros trafegue* : maison où il y a beaucoup du mouvement, de l'activité.

TRAFICHO. s. f. Gros clou à tête triangulaire et long de cinq à six pouces.

TRAGOUN. s. m. Estragon. Plante potagère qu'on cultive dans les jardins et qui entre dans les salades printanières et les omelettes. Ses feuilles ont une saveur piquante et aromatique qui excite l'appétit. Mises dans le vinaigre, ses tiges le bonifient et le rendent parfumé.

TRAIHAOU.) s. m. Cable.
TRAIHAS. (Grosse corde de spartz, dont on se sert pour soulever des fardeaux par le moyen d'une poulie. Voyez FLA. *Traihaou de pous* : corde de la poulie d'un puits.

TRAIHO. s. f. Treille. Cep de vigne haut monté contre une muraille ou contre un arbre.

— Espèce de berceau ou de couvert, fait de ceps de vigne entrelacés et soutenus par des perches ou de pièces de bois.

TRAIHO. s. f. Cable. Grosse corde placée au travers d'une rivière, pour diriger le bac dans lequel on la passe.

TRAIRE. v. a. Jeter. Lancer avec la main. *Trai-mi meis brayos* : jette-moi mes culottes. *Paro, que te va trairai* : tends la main, je vais te le
58

jeter. Au figuré *S'ana traire* : aller s'adresser, se confier. *Sabi pas en qui me traire* : je ne sais trop à qui m'adresser. *Senso maou traire* : façon de parler adverbiale; sans aucun risque, sans prendre mal. On dit proverbialement et fig. *Traire uno mourrayado de paraoulos* : lancer une multitude de paroles. Il est populaire.

TRAITE adj. et s. Traître, traîtresse. Perfide qui trahit. *Coou traite* : coup donné traîtreusement.

TRAMBLA. v. n. Trembler. Être agité, être mu par de fréquentes secousses. *Tramblavo coum'uno fueiho d'aoubre* : il tremblait comme la feuille. *Trambla la febre* : trembler, avoir les frissons de la fièvre.

TRAMBLAIRE. s. m. Trembleur. Celui qui tremble. Au fig. Homme trop craintif, qui est dans l'appréhension.

TRAMBLUN. s. m. Frisson. Tremblement causé par le froid.

— Émotion que cause la peur. Il est populaire. *Lou tramblun l'avié pres, poudiam pas lou rassura* : la peur l'avait tellement saisi, que nous ne pouvions calmer son émotion.

TRAMPELA. v. n. Traîner. Différer. Prolonger. Faire attendre longtemps. *M'a fach trampela trop de tems* : il m'a trop longtemps fait attendre.

— Languir. Être consumé peu à peu par quelque maladie qui abat les forces. *Aqueou malaou trampelo despui doux ans* : ce malade languit depuis deux ans.

— Tremblotter. Voyez TREMOULA.

TRANA. Voyez TRENA.

TRANCHET. s. m. Serpette. Petite serpe qui sert à émonder les arbres, à tailler la vigne, etc.

— Tranchet. Outil de cordonnier.

TRANLETTO. s. f. Évaporée. Fille étourdie, qui n'a ni bon sens ni retenue.

TRANLIASSO. s. f. Terme de mépris. Coureuse. Vagabonde.

— Dégingandée. On le dit d'une femme dont la démarche est mal assurée et les vêtemens si mal arrangés qu'ils traînent et semblent lui échapper le long des rues qu'elle n'appréhende point de parcourir.

TRANSAIHOS. s. f. plur. Trémois. Mars. Menus grains que l'on sème au mois de mars, pour fourrage ou

pour recouvrir comme engrais. *Moun-*
te s'es pas pousquu samena foou fa
de transaihos : là où l'on n'a pu semer du blé, il faut y faire du trémois.

TRANSINA. Voyez ESTRANCINA.

TRANSVEJHA. v. a. Transvaser.
Verser d'un vase dans un autre. Il
ne se dit que des liqueurs.

— Décanter. Verser doucement
une liqueur pour que le dépôt qu'elle
a fait reste au fond du vase.

TRAOU. s. m. Trou. Petite ouverture ronde ou approchante. *Traou*
deis abeihos : alvéole.

— *Deis darbouns :* taupinière.

— *Deis dents :* alvéole.

— *Deis carrièros :* flâche.

— *Deis fourniguos :* fourmillier.

— *Deis lapins :* câterole. Rabouillère.

— *D'un poutagiè :* fourneau.

— *Dooù pan :* œil.

— *D'uno muraiho per escoula leis*
aiguos : barbacanne.

— *Que douno d'er à uno crotto :*
soupiral; ventouse.

— *Per catarra un mouer :* fosse.
Si faire un traou en toumbant : se
faire une contusion en tombant. Au
fig. *Tapa un traou :* boucher un trou,
pour dire, payer une dette. On dit
familièrement et fig. *Qu'un homè beou*
coum'un traou : qu'il boit comme un
templier, pour dire, qu'il boit beaucoup et avec excès. On dit fig. et
familièrement qu'une personne, *N'a*
jamai vis lou souleou que par un traou :
qu'il n'a jamais vu que le trou d'une
bouteille, pour dire, qu'il n'a aucune
connaissance des choses du
monde. On dit proverbialement, *Vaou*
miou pesso maou messo que traou ben
fach : mieux vaut vêtement mal rapiécé que percé. On dit fig. et proverbialement. *Touto rato que se fiso*
qu'à n'un traou est leou presso : tout
renard qui n'a qu'un trou est bientôt pris, pour dire, que celui qui
n'a qu'un seul expédient dans une
affaire, a bien de la peine à s'en
tirer, qu'il lui reste peu d'espoir pour
réussir *Juga oou traou :* jouer à la
boulette. C'est pousser une bille d'un
lieu déterminé, dans une fossette faite
à terre.

TRAOUCA. v. a. Trouer. Percer.

Faire des trous. On dit d'un homme
et d'un animal fort maigre, *Que leis*
cuès li traouquoun la peou : que les
os lui percent la peau.

TRAOUCA, ADO. part. Troué. Percé.
Foudiou troouca, camiso trooucado :
Tablier percé ; chemise trouée. On
dit proverbialement et par ironie à
une personne riche qui fait la pauvre.
Vous faren la quetto em'un panié
troouca : nous irons quêter pour
vous avec un panier percé. On dit
fig. et communément qu'une personne
A leis mans trooucados : que l'argent
lui fond dans les mains, pour dire,
que sitôt qu'elle a touché de l'argent
elle le dépense.

TRAOUCO-PEIROOU. s. m. Saxifrage. Tribule. Plante.

TRAOUQUET. s. m. dimin. Petit
trou.

TRAPADOU. s. m. Terme de batelier. Pallier. Marche-pied en talus servant à entrer et sortir du bac
lorsqu'on passe la rivière.

TRAPET, ETTO. s. et adj. Courtaud, aude. Voyez TRAPOTTA-DE-
BOUTO.

TRAPEJHA. } v. n. Piétiner. Fou-
TRAPIA. } ler avec les pieds
la terre sur laquelle on marche. *Quan*
l'on trapiè em'oou moui, la terro s'en-
saco : lorsqu'on marche sur le terrain humide, on tasse la terre. *L'y*
an tant trapia que sembl'un camin :
on y a tant piétiné que ce semble
une route battue.

TRAPIA, ADO. part. Foulé, foulée.
On le dit de la terre.

TRAPIADO. Voyez PIADO.

TRAPO. s. f. Abat-foin. Ouverture
au-dessus du râtelier qui communique au grenier-à-foin, et par où
l'on fait passer directement le fourrage qu'on donne aux chevaux.

TRAPOT, OTTO. adj. Trapu, tra-
pue. Gros et court. On le dit des
hommes et des animaux.

TRATA. v. a. Traiter. Négocier une
affaire.

— Conclure.

— Régaler quelqu'un. *Trata un*
mariagi : traiter d'un mariage. *Soun*
en trata d'uno campagno : ils sont
en traité d'une campagne. *Es oou-*
jhourd'hui que tratoun : c'est aujour-
d'hui qu'ils donnent à dîner. On

dit populairement. *Trata coouqu'un de tout :* traiter une personne indignement, pour dire, l'accabler d'injures.

TRATAIRE.   *s.* Négociateur,
TRATUSO.   cusc. Celui, celle qui [traite une affaire.

— Entremetteur, cusc. On le dit populairement de celui et celle qui propose et s'entremet pour un mariage. *Es ista lou trataire :* ça été l'entremetteur.

TRAVAIHADOU. Voyez TRABAIHA-DOU.

TRAVAIHARELLO. adj. f. Voyez TRABAIHARELLO.

TRAVESSIÈ.   *s. m.* Traversin.
TRAVERSIÈ.   Chevet. Oreiller long qui s'étend de toute la largeur du lit.

TRAVESSO. s. f. Terme de menuisier. Traverse. Pièce de bois qu'on met de travers pour en assembler ou pour en consolider d'autres.

TRAVESSO.   *s. f.* Ruelle. Pe-
TRAVERSO.   tite rue. *Traverso que passo pas :* Cul-de-sac.

TRAVET. s. m. Solive. Voyez QUER. CABRIEN.

TRAVETTO. s. f. Soliveau. Pièce de charpente à peu près carrée.

TRÈ. s. m. Terme de calligraphie. Cadeau. Trait de plume grand et hardi. *Soou ben faire leis très :* il fait très-bien les cadeaux.

TREBASTA. v. n. Terme de muletier. Tourner. Surpasser le bât. On le dit d'une charge de bête de somme qui tourne et passe de l'autre côté du bât. *La cargo trebasto :* la charge tourne.

TREBOOUDAMENT. s. m. Cahotement.

B.-A. TREBOU. adj. de t. g. Trouble. Qui n'est pas clair, qui est brouillé. On ne le dit que des liquides, et presque exclusivement du vin et de l'eau. *Vin trebou :* vin trouble. *A ploouqu, l'aiguo es troublo :* il a plu, l'eau de la fontaine est trouble.

TREBOULA. v. n. Troubler. Rendre trouble.

— Troubler les sens et la raison *Vin treboula :* vin trouble. *Estre treboula :* être troublé, avoir les sens, la raison troublée.

TREBOULINO.   s. Trouble. Ef-
TREBOULUN.   froi. Alarme.

TREBUCA. v. n. Trébucher. Faire un faux pas. Tomber.

TREBUQUET. s. m. Trébuchet. Espèce de machine pour attraper les oiseaux.

— Bascule.

TRECANA.   *s. m.* Trantran.
TRACANET.   Les moyens particuliers et secrets qu'emploie une personne pour réussir au jeu ou dans le négoce qu'elle fait. Il est populaire.

— Train. Courant des affaires. Occupation habituelle d'une personne. *Aco es soun trecana :* c'est là son trantran habituel. *Degun counei soun trecana :* personne ne sait son trantran.

TRECAS. s. m. Tracas. Mouvement accompagné d'agitation, de fatigue et de dérangement.

TRECASSA. v. n. Tracasser. Aller et venir, s'agiter, se tourmenter pour peu de chose.

— Cahoter. Causer des cahotemens. *Besti que trecasso :* animal qui fatigue, qui tracasse.

TRECOULA. v. n. Surpasser. Passer de delà. Passer au-delà des monts. On dit que *Lou souleou a trecoula :* que le soleil est au-delà des monts, pour dire, qu'il est couché.

— Se précipiter du haut en bas d'une montagne. Descendre une montagne. Au fig. S'égarer. Se perdre. Mourir. *Lou paoure a trecoula :* le pauvret n'est plus, il est mort. Il est populaire.

B.-A. TRECOURI. v. a. Digérer. Souffrir. Supporter quelque chose de fâcheux. *Aco poou pas si trecouri :* cela ne peut se digérer. Il est populaire.

TREGIRA. v. n. Tressaillir. Éprouver une émotion subite et passagère. Frissonner. *M'a fach tregira :* cela m'a fait tressaillir. Voyez TREVIRA.

TREIHE. adj. Treize. Nombre composé de dix et trois.

TREIHAS. Voyez OOUTINADO.

TREIHIÈRO. Voyez TRAIHO.

TREIS. Voyez TRES.

V. TREISSA. v. a. Égruger. Voyez TRISSA.

TRELEGNA. Voyez TARMENA.

V. TRELOUCHA. v. n. Culbuter. Faire des culbutes. Voyez COURCOUS ELLO.

TRELUSI. v. n. Entre-luire.

— Élimer. Voyez ENTRELUSI.

TREMARCHA. v. a. Détourner. Soustraire frauduleusement une chose, en la faisant passer d'une personne ou d'une maison à l'autre. *An tremarcha touteis leis papiers* : l'on a détourné tous les papiers. Voyez ENTREMARCHA.

TREMOULA. v. n. Tremblotter. C'est un diminutif de TRAMBLA. Voyez ce mot.

— Grelotter. Trembler de froid.

TREMOULUN. s. f. Frissonnement. Léger tremblement causé par les approches de la fièvre.

— Frisson. Émotion. Frémissement que cause la peur.

TREMOUNT. prép. De là les monts. On ne l'emploie que dans cette locution populaire, *Avant, après souleou tremount* : avant, après le coucher du soleil. *A souleou tremount* : au soleil couchant, parce qu'en se couchant, le soleil disparaît de dessus l'horison et ne laisse plus appercevoir ses rayons qu'au haut des montagnes.

TREMOUNTA. v. n. Outrepasser les monts. On le dit du soleil qui, en se couchant, élève ses rayons pardessus les monts.

TREMOUNTANO. s. f. Tramontane. Bise. Nord. Sorte de vent. On dit fig. *Perdre la tremountano* : perdre la tramontane, pour dire, ne savoir plus ce que l'on dit ou ce que l'on fait à cause du trouble où l'on se trouve.

TREMPA. v. a. Tremper. Mouiller une chose en la plongeant dans un liquide. *Trempa soun pan* : mouiller son pain. *Trempa lou vin* : mettre de l'eau dans le vin. On dit fig. qu'une personne *A trempa leis mans dins lou sang* : qu'elle a trempé les mains dans le sang, pour dire, qu'elle a commis un meurtre.

TREMPIÈ. adj. m. Terme de vigneron et d'économie domestique. Destiné pour la piquette. On le dit du tonneau qui, dans un ménage, est destiné pour la piquette ou le petit vin. *Veisseou trempiè* : tonneau de la piquette, où l'on met la piquette. Voyez TREMPO.

TREMPO. s. f. Piquette. Petit vin. Buvande. Lorsqu'après avoir décuvé le vin, on met de l'eau sur le marc des raisins, et qu'on l'y laisse quelques jours, on obtient cette boisson qui, quoique destinée pour les gens du ménage, n'est pas toujours dédaignée du propriétaire aisé. *Faire la trempo* : faire la piquette. *Beoure de trempo* : boire de la piquette.

TREN. s. m. Fourche de fer. Trident. Outil servant à tourner et à prendre le fumier.

TRENA. v. a. Tresser. Faire des tresses.

— Natter.

— Pleurer en trainant la voix. On ne le dit que des enfans lorsque, par malice ou par la violence de la douleur ; ils poussent des cris non interrompus.

TRENELLOS. Voyez GANSETTOS.

TRENO. s. f. Tresse. Tissu plat fait de fils, de cheveux, de paille, etc., passés l'un sur l'autre.

— Natte.

TRENTANIÈ. s. m. Terme de berger. Trentain. Manière de compter et d'évaluer les bêtes à laine. C'est ainsi qu'au lieu de dire quatre-vingt-dix bêtes, on dit, *Tres trentaniès* : trois trentains. *Un escaboué de douge trentaniès* : un troupeau de douze trentains.

TRENTENO. s. f. Trentaine. Nombre de trente.

TRENT'UN. ESTRE SU SOUN TRENT'UN. Façon de parler adverbiale et populaire. Être en grande tenue. Il est plaisant et populaire. On dit proverbialement et figurément, *Se mettre su soun trent-un* : se mettre sur son quant à moi, pour dire, prendre un air fier.

TREPANA. v. a. Percer d'outre en outre, de part en part. *La ballo a trepana soun capeou* : la balle lui perça le chapeau de part en part. *La pluyo nous trepanet jusqu'à la camié* : la pluie outrepassa notre chemise. *L'holi que l'y an revessa dessus a trepana soun habit* : l'huile qu'on a fait tomber sur lui a pénétré son habit d'outre en outre.

V. TREPARO. Voyez VENTADOUIRO.

TREPASSA. v. n. Outrepasser. Aller au-delà.

— Franchir. Passer en sautant par-dessus. *Trepassa lou valat* : franchir le fossé, le ruisseau.

TREPASSA. v. n. Mourir. Trépasser.

TREPASSO. Voyez JHAN-TREPASSO.

TREPOUGNE. v. a. Terme de cordonnier. Contre-pointer. Piquer. Faire avec du ligneul sur deux ou plusieurs semelles appliquées l'une sur l'autre, des points qui les traversent et les unissent.

TREPOUGNIÈRO. adj. f. Propre à piquer des semelles. On le dit de cette espèce de ligneul dont se servent les cordonniers pour contre-pointer. *Couerdos trepougnièros.*

TREPOUN. s. m. Terme de cordonnier. Contrepoint. Piqûre. Espèce de couture faite avec du ligneul pour joindre ensemble deux ou plusieurs semelles ou s'en faire qu'une. *Faire de trepouns* : piquer des semelles.

TRES. adj. Numéral. Trois. Nombre composé de un et de deux.

TRES-TRES (FAIRE). Expression populaire pour peindre l'agitation des mâchoires de celui qui bat des dents, lorsqu'il grelotte du froid ou qu'il tremblotte de peur. Il est ironique. *Fasiè tres-tres* : il grelottait de froid. *Aviè la petouacho, fusiè tres-tres* : la peur l'avait saisi de telle sorte qu'il était tout tremblottant.

TRES-PEDS. s. m. Terme de cuisine. Trépied bas. Meuble de fer rond ou triangulaire ayant trois pieds, et sur lequel on pose les casseroles, marmites, poêles, etc. , que l'on met sur le feu. *Pichoun trespeds* : trépied bas. *Gros tresped* : trépied à queue. Voyez ENDES.

TRESSUZA. v. n. Suer. Être dans une situation pénible, dans une contrainte qui provoque la sueur. *Tressuzavi de l'ousi* : je suais de l'entendre ainsi parler.

TRESSUZOU. s. f. Sueur occasionnée par l'état de contrainte dans lequel on se trouve. *De l'entendre ansin desparla mi fasiè veni la tressuzou* : de l'entendre ainsi déraisonner , j'en suais à grosses gouttes.

TREVA. v. a. Hanter. Fréquenter. Visiter souvent et familièrement quelqu'un ou quelqu'endroit. *Trevo aquel houstaou* : il hante cette maison. On dit qu'un jeune homme *Trèvo* : qu'il hante, pour dire, qu'il a des fréquentations avec une personne de l'autre sexe. On dit proverbialement. *Diguomi quu treves , ti dirai quu siès* : dis-moi qui tu hantes et je dirai qui tu es. On dit encore proverbialement. *Quu sant trèvo sant deven* : qui saint hante , saint devient , pour dire , qu'ordinairement l'on devient tel que ceux que l'on fréquente.

V. TREVAGNO.   } s. f. Hantise.
TREVANCO.   } Fréquentation, commerce familier avec quelqu'un.

TREVIRA. v. a. Tourner. Mettre sens dessus dessous. Bouleverser. *Per prendre uno camiè, a tout trevira lou gardorooubo* : pour chercher une chemise il a mis la garderobe sens dessus dessous.

— Contourner. Mettre de travers. *Treviro seis cambos* : il contourne ses jambes. On dit, *Trevira leis hueils* : rouler les yeux, pour dire , tourner les yeux de côté et d'autre , en sorte que la vue parait égarée. *Treviravo leis hueils que fasiè poou* : il roulait les yeux comme un possédé.

— *Trevira un prepaou* : tourner un propos, c'est le rendre dans un sens contraire , ou qui n'a aucun rapport à celui dans lequel il a été tenu.

TREVIRA. Troubler. Bouleverser. *M'a tout trevira* : il m'a tout bouleversé l'esprit. Voyez TREGIRA.

TREVIRA , ADO. part. et adj. Contourné, de travers. Troublé, éc. Se dit au propre et au fig. *Esprit trevira* : esprit de travers. Esprit troublé. *Cambos trevirados* : jambes cagneuses.

TRIA. v. a. Trier. Choisir. Tirer du plus grand nombre, avec choix et préférence. *Tira leis pu beaux fruits* : tirer , choisir les fruits les plus beaux parmi ceux de la même qualité.

TRIA. v. a. Écosser. Tirer de la cosse. On le dit des légumes en vert. *Tria de favos , de peses, de fayooux* : écosser des fèves, des pois, des haricots.

TRIA. v. a. Éplucher. Nettoyer en séparant avec la main les ordures, les immondices et ce qu'il y a de mauvais , d'étranger et de gâté. Il se dit principalement des herbes et des graines. *Tria la salado, leis espinards* : éplucher la salade, les épinards. *Tira de blad* : éplucher du blé.

TRIA. v. a. Terme d'épicier et de fruitière. Épinocher. Trier. Choisir pour séparer les différentes qualités qui se trouvent mêlées dans une partie. On le dit de la morue, du café, de certains fruits, etc. Il signifie aussi ôter la vermine. *Si tria leis nieros*: s'épucer. *Leis gus si leis triens oou souleou*: les gueux s'épluchent au soleil.

TRIADO. s. f. Triage. Choix.
— Épinoche. Qualité de premier choix.

TRIACLO. s. f. Thériaque. Composition pharmaceutique. Les femmes du peuple en font prendre à leurs nourrissons pour les endormir. *Si douermepas douna-li de triaclo*: s'il ne dort pas donnez-lui de la thériaque.

TRIAGI. s. m. Triage. Voyez TRAIDO.

TRIAYO. s. f. Épluchure. Ordure.
— Choses de rebut. Fretin. Menuailles. *Triayos de cooulet*: Épluchures de chou. *Gitta leis triayos*: jeter les ordures. *L'y a plus que leis triayos*: il n'y a plus que de la menuaille. *Es la triayo*: c'est là le rebut, le fretin, la menuaille. *Faire la triayo*: épinocher. Faire le choix. Séparer le bon du mauvais, le beau du laid, le gros du petit, etc. *A la fin doou mounde, Diou fara sa triayo*: à la fin du monde, Dieu séparera pour toujours les bons d'avec les méchans.

TRIAOU. } s. m. Terme de marTRIHOUN. } chand officer. Baudière. Corde de spartz dont on se sert pour coudre et faire les moraux.

TRICOUSO. s. f. Bas-à-étrier. Tricouses. Espèce de bas n'ayant qu'un sous-pied (au lieu de semelles), que l'on porte avec les bottes ou sous les guettres.

B.-A. TRIDEINO. s. f. Chiffe. Terme qui se dit par mépris en parlant d'une étoffe faible et mauvaise. *N'es que de trideino*: ce n'est là que de la chiffe.

TRIEMPHLE.' s. m. Terme de jeu de cartes. Triomphe. Retourne. Couleur de la carte qu'on retourne après que l'on a donné aux joueurs le nombre de cartes qu'il faut. Il est populaire. *Quaou es lou triemphle*:

de quoi est la triomphe. *Lou triemphle es de flour*: la triomphe est le trèfle.

TRIGNOULA. v. n. Terme de sonneur. Carillonner. Sonner à carillon.

TRIGNOULET. } s. m. Trèfle.
TRIGNOURET. } Herbe des prés qui a trois feuilles.

TRIGNOUN. s. m. Carillon. Son de différentes cloches qui ont des tons différens et que l'on sonne selon une certaine mesure, pour former un air. *Souna à trignoun*: carillonner.

TRIMA. v. n. Trotter. Marcher avec vitesse et à pas redoublés.
— Driller. Courir, aller vite.

TRIMAIRE. s. m. Marcheur. Piéton qui marche très-vite et qui fait beaucoup de chemin à pied. Il est plaisant et populaire comme le précédent.

TRIN. s. m. Train. Tapage. Vacarme. *Fan toujour de trin*: ils font toujours du train.
— Allure d'un cheval. *Chivaou que va bouen trin*: cheval vite, hardi.
— Courant des affaires. Voyez TRECANA. *Es à soun picho trin*: il est à son travail ordinaire. On dit qu'une personne *Es en trin*: qu'elle est en train, pour dire, qu'elle est en action, en mouvement.

TRIN. s. m. Romérage. Fête champêtre. Vogue. Fête patronale. *Ana oou trin. Estre doou trin. Veire lou trin*: aller au romérage. Être de la fête champêtre. Voir la fête.

TRIN. s. m. Trident. Voyez TREN.

TRINFLE. Voyez TRIEMPHLE.

TRIOULET. Voyez TRIGNOULET.

TRIPARDO. adj. fémin. Charnue. Boueuse. On ne le dit que des olives d'une espèce particulière qui donne une huile très-chargée. *Ooulivo tripardo*.

TRIPARIE. s. f. Triperie. Lieu où l'on vend les tripes.

TRIPETTO. s. f. dim. Boyau des petits animaux de boucherie, tels que chevreaux, agneaux, etc.

TRIPO. s. f. Tripe. Boyau. Intestin. Le premier se dit de la viande de boucherie. Le deuxième en parlant des animaux. Le troisième se dit exclusivement de l'homme.

TRIPO-GRASSO. s. f. Terme de boucherie. Gras-double. Tripe qui vient du premier ventricule du bœuf.

TRIPOUTA. v. n. Tripoter. Brouiller. Mélanger différentes choses ensemble, etc.

TRIPOUTAGI. s. m. Tripotage. Assemblage de choses qui ne conviennent point, qui ne s'accordent point ensemble.

TRIPOUTEJHA. v. a. Tripoter. Entremêler une affaire de manière à la gâter, à l'embrouiller, à la rendre mauvaise. Voyez TRIPOUTA.

TRIPOUTUR, USO. s. Tripoteur, euse. Celui, celle qui, se mêlant d'une affaire, la gâte et la fait manquer par ses menées et son tripotage.

— Brouillon, brouillonne. Celui, celle qui, n'ayant ni règle ni ordre dans l'esprit, est souvent cause des brouilleries entre personnes, par ses étourderies.

TRISSA. v. a. Piler. Pulvériser. Triturer. Briser. Mettre en poudre dans l'égrugeoir. *Trissa de saou :* égruger du sel.

TRISSA. Au figuré et populairement. Piler. Manger. *Trisso encaro ben :* il pile encore assez bien.

TRIS, TRISSO. Pilé. Égrugé, ée. Réduit en poudre. *L'y faou de saou trisso :* il y faut du sel pilé. *Es p'anca proun tris :* il n'est pas encore assez brisé.

TRISSADOUIROS. s. f. plur. Tritureuses. Pileuses. On le dit figurément et populairement des dents, des mâchoires d'un animal.

En li moustran seis trissadouiros,
Lou mastin li voulet dessus.

L'animal vola sur lui bouche béante.

TRISSOUN. s. m. Pilon. Instrument dont on se sert pour piler quelque chose dans un mortier, dans un égrugeoir.

TRON. s. m. Tonnerre. Bruit éclatant et terrible, causé par une exhalaison enflammée qui est enfermée dans la nue. On dit figurément et populairement d'un homme vif et emporté, qu'*Es un tron :* que c'est un tonnerre. Au figuré, *Dire des trons :* blasphémer, jurer. Il est populaire comme le suivant.

TRON-DE-GOI. Sorte de juron. Morbleu. Malpeste.

TROOU. adv. de quantité. Trop. Plus qu'il ne faut. Avec excès. *Aco es trop dur, trop chier ; es troou fouer :* cela est trop cruel, trop cher ; c'est trop fort.

TROOUCA. Voyez TRAOUCA.

TROOUQUIHA, ADO. adj. Criblé de trous. Spongieux. OEilleté. Plein d'yeux. *Pan ben troouquiha :* pain bien œilleté, se dit du pain qui, ayant bien fermenté, est plein d'yeux.

TROTTO. s. f. Traite. Étendue de chemin.

TROUBA. v. a. Trouver. Rencontrer quelqu'un ou quelque chose, soit qu'on le cherche, ou qu'on ne le cherche pas. *Trouba uno claou :* trouver une clé. *Vous anaren trouba :* nous irons vous trouver. On dit proverbialement et figurément d'une personne, qu'*A trouba sabatto à soun ped :* qu'elle a trouvé chaussure à son pied, pour dire, qu'elle a trouvé qui lui tient tête, et qui lui sait bien résister. On dit familièrement de celui qui allègue des difficultés, qui fait des difficultés sur toutes choses, *Que troubaric d'oues à n'un leou :* qu'il trouverait des os dans le beurre.

TROUBAIRE. s. m. Troubadour. Poète. Chansonnier provençal anciennement appelé Trouvère.

TROUBLO-REPAOU, s. m. Turbulent. Tapageur. Perturbateur. Trouble repos.

TROUCA. Voyez TRUCA.

B.-A. TROUCHO. s. f. Omelette. OEufs battus ensemble et cuits dans la poêle avec de l'huile, etc. Il est populaire. *Troucho d'herbos :* omelette aux épinards. *Troucho à la meissounièro :* omelette aux ognons.

V. TROUCHO. s. f. Truite. Poisson de rivière.

B.-A. TROUEMPO. s. f. Trompe. Tige d'un ognon monté en graine, dont les polissons se servent en guise de trompette.

TROUEMPO-CASSAIRE. adj. de t. g. De mauvaise mine. On le dit de certains fruits, tels que pommes, poires, figues, etc., qui, bien que d'excellente qualité, n'ont extérieurement rien d'attrayant.

TROUEMPO-LOURDAOU. s. m. Hape-lourde. Se dit des personnes, des animaux et de tout ce qui, ayant un extérieur flatteur, une belle apparence, n'est rien moins que ce qu'il paraît.

TROUÈS. s. m. Morceau. Partie d'une chose séparée du tout. *Trouès de pan* : bribe de pain. *Trouès de boues* : pièce de bois. *Trouès de tarraiho* : tesson, têt de pot cassé. *Trouès de teoule* : tuileau.

TROUÈS (ACHA). adv. Chiquet-à-chiquet. Peu-à-peu. Par petites parcelles. *M'a paga acha troues, un poou aro un paou piei* : il m'a payé chiquet à chiquet en différens temps.

TROUGNO. s. f. Mine. Visage. Figure. Trogne.

TROUIHAS. Voyez TRAYAOU.

V. TROUMBO. Voyez TRAPO.

TROUMBOUIRE. s. m. Narcisse double. Plante et fleur.

TROUMPEIROOU. s. m. Morille. Sorte de champignon. Voyez BOURET.

TROUMPETA. v. n. Sonner de la trompette.

— Publier quelque chose à son de trompe.

TROUMPETAIRE. s. m. Trompette. Celui qui sonne de cet instrument.

TROUMPETIA. Voyez TROUMPETA.

TROUMPETIAIRE. Voyez TROUMPETAIRE.

TROUN. s. m. Bûchette. Petite bûche de bois. On dit proverbialement et figurément d'une chose dont, en mauvaise part, chacun parle à sa manière, *Qu'u dis troun, qu'u dis estèlo* : qui blâme d'un côté, qui de l'autre.

TROUNA. v. n. Tonner. Il se dit du bruit que fait le tonnerre en grondant.

B.-A. TROUNCHO s. f. Coche. Citrouille. Terme de mépris que l'on donne bassement et figurément à une femme extrêmement grosse et grasse. *Groso trouncho* : grosse coche.

TROUNQUIHOUN. s. m. diminutif de *troun*. Petite bûchette. *Rebaya jusqu'eis plus pichouns trounquihouns*: ramasser jusqu'aux moindres petites bûches.

TROUPELADO. s. f. Troupe. Quantité de gens ou d'animaux réunis.

— Bande d'oiseaux qui volent ensemble.

TROUSSA. v. a. Torturer. Tordre Courber. Plier. Fausser. *Troussa uno aguyo* : torturer une aiguille. *Troussa lou couel* : tordre le cou; faire mourir. *Troussa uno claou* : fausser une clé. *Troussa un aoubre* : plier un arbre. *Troussa leis rens* : éreinter.

TROUSSA, ADO. part. Tortué. Tordu. Courbé. Plié. Ereinté. *Home troussa* : homme éreinté. *Aguyo troussado* : aiguille tortuée.

TROUSSEOU. s. m. Trousseau. Hardes, habits et linge que l'on donne à une fille en la mariant, ou lorsqu'elle se fait religieuse.

TROUSSO. s. f. Drapée. Drap plein de certaines choses, lié par les quatre bouts. *Trousso de paiho, de ramo, de fen* : drapée de paille, de feuilles, de foin. *Pourta uno trousso; lia, faire de troussos.* Voyez LANSOOULADO.

TROUTA. v. n. Trotter. Aller le trot.

— Marcher beaucoup à pied.

TRUC. s. m. Echange. Troc. Terme populaire. *Faire un truc* : troquer, faire un échange.

TRUCA. v. a. Troquer. Echanger.

TRUEY. s. m. Fosse. Creux large et profond fait par l'art, et servant à l'usage de plusieurs fabriques. *Truey de coouqueiran* : fosse de tanneur. Confit.

TRUEY. s. m. Terme de vendange. Fouloir. Pressoir. Fosse creusée à côté de la partie supérieure de la cuve, et dans laquelle on foule la vendange qui, de là, tombe dans la cuve.

TRUEY. Bassin. Voyez BARQUIOU.

TRUEYARDO. } s. f. superlatif de
TRUEYASSO. } Truie. Terme de mépris, qui se dit bassement d'une grosse femme extrêmement sale.

— Saligaude.

TRUEYETTO. s. f. Cloporte. Sorte d'insecte qui a une grande quantité de pieds, et que l'on trouve ordinairement sous les pierres ou dans les murailles humides. Elles sont employées contre l'hydropisie.

TRUEYO. s. f. Truie. Femelle du porc. On dit populairement et figurément, *Toujour truyo pantayo bren*: le gourmet a toujours l'esprit en cuisine.

TRUEYO (FAIRE LA). Terme de boulanger. Noyer le meunier. Mettre dans la huche ou pétrin plus d'eau qu'il n'en faut pour détremper la farine qu'on veut pétrir.

TRUEYO - DE - CROTTO. Voyez TRUEYETTO.

V. TRULET. s. m. Terme de charcutier. Boudin.

TRUFFA. v. récip. Se gausser. Se moquer. Se railler de quelqu'un ou de quelque chose. *Si truffo de tout lou mounde* : il se moque de tous. *Si truffa de la maou maridado* : se moquer de la barbouillée.

TRUFFAIRE. ⎫
TRUFFARELLO. ⎬ s. et adj. Gausseur.
TRUFFAREOU. ⎭

seur, gausseuse. Moqueur, moqueuse. Celui, celle qui est dans l habitude de se moquer des autres.

TRUFFARIE. s. f. Gausserie. Moquerie.

TRUFFET, ETTO. s. et adj. Voyez TRUFFAIRE.

TRUFFO s. f. Moquerie. Gausserie. *Va dis per truffo* : il le dit par moquerie

TRUFFO. s. f. Pomme de terre. Plante et racine ou tubercule potagère que tout le monde connait.

C'est un solanum parfaitement sain et nourrissant, aussi bon aux hommes qu'aux animaux.

L'origine du nom provençal de ce tubercule est assez singulière. Un de nos paysans provençaux à qui il fut montré pour la première fois, demanda ce que c'était, et comme on lui répondit: *uno poumo de terro*, il répliqua: *va crezi pas es* UNO TRUFFO (je n'en crois rien, vous vous gaussez de moi), et le nom de *truffo* lui est demeuré.

TRUMENT. s. m. Tourment. Violente douleur corporelle. Au fig. Douleur d'esprit.

TRUMENTA. v. a. Tourmenter. Agiter. Persécuter.

— Berner. Faire sauter quelqu'un en l'air par le moyen d'une couverture.

TRUMENTAIRE. s. m. Trouble-repos. Persécuteur. Il est pop. comme les deux précédens.

TRUMENTINO. s. m. Thérébentine.

— Essense de thérébentine. Voyez

TUA. v. a. Tuer. Oter la vie d'une manière violente.

TUALO. Voyez TUSELLO.

TUADOU. s. m. ⎫ Tuerie. Abat-
TUARIE. s. f. ⎬ toir. Lieu où l'on tue où l'on égorge le bœufs, les moutons et toute la viande de boucherie.

— Echaudoir. Lieu où l'on échaude et prépare les abatis du bétail. Voyez ADOUBADOU.

TUBA. v. n. Fumer. Exhaler. Répandre de la fumée. Au figuré. S'évader; déguerpir; prendre la fuite. Il est pop.

TUBADO. s. f. Fumée très-épaisse.

TUBANEOU. s. m. Taudis. Chaumière.

TUBASSIERO. s. f. Lieu, appartement d'où s'exhale une épaisse fumée. *Aquelo chambro est uno tubassièro* : cet appartement est unvolcan de fumée.

TUBEJHA. v. n. diminutif de *Tuba*. Fumer quelque peu. Voyez TUBA. *Tubejho* : il commence à fumer.

TUBET. s. m. Chaumière. Taudis. Petite et pauvre habitation à la campagne. Il est familier. Voyez BASTIDOUN.

TUBET. s. m. Vide-bouteille. Cassine. Petite et agréable habitation où l'on va se régaler à la campagne. *Eis à soun tubet* : il est à sa cassine.

V. TUEI. Voyez TEI.

TUELO. Voyez TUSELLO.

TUERTA. v. n. Heurter. Choquer. Donner un choc. Voyez TURTA.

— Cosser. Il se dit des béliers ou des chèvres qui heurtent de la tête les uns contre les autres en faisant assaut.

TUERTO-BANO (FAIRE). v. n. Cosser. On ne le dit que des béliers et des chèvres, et par extension, de deux personnes qui, par inadvertance, se donnent de la tête l'une contre l'autre. Il est famil. et popul. *Faqueroun tuerto-bano* : ils heurtèrent de la tête l'un contre l'autre.

TUERGO. adj. f. Brehaine. Brebis, Chèvre stérile qui n'a jamais porté.

TURTA. v. a. Coudoyer. Pousser quelqu'un tant soit peu avec le coude, ou de quelqu'autre manière. *Per paou que lou tuertoun si plagne* : il se plaint dès qu'on le touche tant soit peu.

TURTADO. s. f. Heurt. Poussée. Coup de coude.

TURIN. s. m. Tarin. Oiseau.

TURUBURLU. s. et adj. m. Hurluberlu. Homme étourdi, inconsidéré. Tête fêlée. *Es un turuburlu que soou pas ce que si pesco* : c'est un hurluberlu qui ne sait trop ce qu'il fait. *Es un paou turuburlu* : il n'a pas la tête solide.

TUS. s. f. Toux. Maladie qui fait tousser.

TUSELLO. s. f. Touzelle. Blé. froment. Le plus blanc de tous les blés. Celui qui donne la plus belle farine.

TUSSEIRE. Tousseur. Celui qui tousse.

TUSSI. v. n. Tousser. Faire l'effort et le bruit que cause la toux.

TUSSILAGI. s. m. Tussilage. Fleur de la plante appelée Pas-d'ane. Voyez OUNGLOS. CHEVALINOS.

TUVÈ. s. m. Tuf. Pétrification. On donne ce nom à cette croûte pierreuse qui se forme dans l'intérieur d'un tuyau de grès par où passe l'eau.

TUVÈ. s. m. Terme de maçon. Meulière. Pierre blanche fort tendre, qui devient plus dure à mesure qu'elle est exposée à l'air et employée.

TUTEJHA. v. a. Tutoyer. User de Tu et de Toi en parlant à quelqu'un

TUY. s. m. If. Arbre. Il vient naturellement dans la basse Provence. On en trouve beaucoup dans les environs de la Sainte-Baume, près le village de Nans. On prétend qu'il est mortel aux animaux qui en mangent.

TIYOU. s. m. Tilleul. Arbre dont les fleurs sont anti-spasmodique.

U

UAI. Voyez HUAI.

UBAC. s. m. Terme d'agriculture. Nord. Exposition du terrain, d'un arbre, etc. *Es à l'ubac* : il est au Nord.

UBRI.   adj. Ivre. Qui
UBRIA , IADO.   est pris de vin.
On dit proverbialement d'un homme qui a trop bu, qu'*Es ubri mourtaou* : qu'il est soûl comme une grive.

UBRIAGO. s. et adj. Ivrogne, ivrognesse. Qui est sujet à s'enivrer.

B.-R. UBRIAGO. s. f. Fumeterre. Plante très-bonne pour purifier la masse du sang.

B.-A. UBRIAGO. s. f. Jasmin jaune. Arbrisseau que l'on trouve assez communément le long des haies dans la moyenne et basse Provence.

UEI. Voyez HUEIL.

UOU. s. m. OEuf. Matière enfermée dans une coque, etc., que mettent dehors les poules, les oiseaux, la plupart des poissons, les reptiles, etc. *Uou senso craveou* : œuf hardé. *L'ous escayas* : œufs pochés. *Uou couadis* : œuf couvi. *Faire teis uous* : pondre. *Uoux farcis* : œufs à la farce. On dit plaisamment et bassement, *Faire l'uou* : faire son cas ; aller à la garderobe.

URDI. v. a. Terme de tisseur. Ourdir. Disposer les fils pour faire la toile.

US. s. m. Etres. Les degrés, corridors, chambres, salles, etc., d'une maison. Son plus grand usage est dans ces phrases populaires, *Sacho l'us* : connaître les êtres d'une maison. *Counêisse l'us* : savoir les êtres d'une maison. On se sert encore plus souvent du mot *Usanço. Vous foou lume ? — Noun, sabi l'usanço*, ou bien, *Sabi l'us* : voulez-vous que je vous éclaire ? — Non, je connais les êtres de la maison.

USA. v. n. User. Faire usage de quelque chose, s'en servir.
— Détériorer. Gâter. Dégrader. Voyez GOOUSI.

USAGI. s. m. Usage. Coutume. Pratique reçue. Us. On dit qu'*Uno estofo es d'usagi ; que fach ben d'usagi* : qu'une étoffe est d'un bon user, pour dire, qu'elle dure longtemps.

USANÇO. Voyez US.

USCLA. v. n. et récip. Brûler. Faire des brûlures sur du linge ou des vêtemens. On le dit du bois qui, en brûlant, pétille et fait jaillir des étincelles qui s'arrêtent ou tombent

sur des habillemens, du linge, etc.,
qu'ils brûlent. Voyez RIMA.

USCLA, ADO. part. Brûlé, brûlée.
S'es uscla la raoubo : elle s'est
brûlé la robe. *Fooudiou uscla* : tablier percé par la brûlure.

USCLE. s. m. Brûlure. Impression
que fait le feu sur du linge, sur
une étoffe, etc. *S'es fach un uscle* :
il s'est fait un trou de brûlure. *Senti
l'uscle* : sentir le linge brûlé. Voyez
RIM.

USSA. v.a. Bondonner. Mettre l'huisset, la bonde à un tonneau avant de
le remplir.

— Étouper. Boucher les jointures
de la bonde et les fentes d'un tonneau avec de l'étoupe, du suif, du
ciment ou autre chose semblable pour
que le vin ne coule pas. *Avant de
bouteya foou ussa leis veisseoux* :
avant de décuver il faut bondonner
et étouper les tonneaux dans lesquels il faut mettre le vin.

USSAIRE. s. m. Bondonnier. Celui
qui bondonne et étoupe les tonneaux.

USSET. s. m. Bonde. Huisset. Petite porte au bas d'un tonneau, et
par le moyen de laquelle on y entre
pour le laver. Il vient du vieux mot
français Huis qui signifiait une porte.
D'où sont venus les mots de huissier,
gardien de porte, et à huit-clos,
à porte fermée.

USSOS. s. f. Voyez MOURRES
(FAIRE DE).

UTAVO. s. f. Octave. La huitaine
pendant laquelle on solennise les
fêtes principales de l'année.

— Octave. Terme de musique. Ton
éloigné d'un autre de huit dégrés.

UYA. v. a. Ouiller. Remplir. Faire
le remplage d'un tonneau, d'une
usine que l'on a déjà rempli de vin,
en remplaçant celui que la fermentation a fait évaporer ou que la futaille a absorbé en s'imbibant. *Uya
un veisseou, uno damajhano* : ouiller,
faire le remplage à un tonneau, à
une damejeanne.

UYA, ADO. adj. Qui a les yeux
troublés et attristés. Voyez HUYA.

UYAOU. Voyez HUYAOU.

UYET. s. m. OEillet. Fleur de parterre d'une odeur suave approchant
de celle du géroffle.

UYET. s. m Terme de couture.
OEillet. Petit trou comme l'œil d'un
coq, que l'on fait à des corsets, du
linge, etc., pour y passer un lacet,
un cordon. etc *Faire d'uyets à n'un
courset à n'uno bardetto* : faire des
œillets à un corset de femme ou d'enfant. Au figuré et plaisamment, *L'u-
yet* : l'orifice de l anus.

UYARD. s. m. Cyclope. Homme fabuleux qu'on prétend n'avoir qu'un
œil au milieu du front.

V

B.-R. **V**A. } pronom adj. et
B.-A.   VOU. } relatif. Le. *Foou
va faire* : il faut le faire. *Fè vou* :
faites-le.

VABRE. s. m. Ravine. Voyez GRA-
VAS.

VACATIEN. s. f. Métier. Profession.
Vacation.

VACHIÉ, IÈRO. s. Vacher, vachère.
Celui, celle qui mène paître les vaches et qui les garde.

VACO. Voyez VAQUO.

VAGUE.   (façon de parler
VAGUE-LI. } adverbiale. Và soit,
fiat. J'y consens, je le veux bien.

VAI ET VEN. Façon de parler adv.

Va et vient. Aller et revenir. *Faire
lou vai et lou ven dins un jour* : aller
et revenir le même jour.

VAI'IANTIÈ.   (s. f. Vaillantise.
VAIIANTISO. } Action de valeur.
Il ne s'emploie que dans le burles-
que.

Toumba sieis deou pays dessus un estrangié,
Vaqui uno bello vaihuntiè !

VAIRE. (v. n. Valoir. *Vale* ou
VALE. } *vales* ou *vares*, *vaou*,
valem ou *varem*, *vales* ou *vares*,
valoun ou *varoun*, *valiou*, *ai vagu*,
vagueri, *voudrai*, *vadrien*, *que va-*

guesvi. Être d'un certain prix. Rapporter donner du profit. *Soun houstaou vaou mai que d'aco*: sa maison vaut plus que cela. *Si faire maouvaihe*: s'attirer la haine, l'inimitié, les mauvaises grâces de quelqu'un. On dit proverbialement. *Voou mai eizino eque soun près*: il vaut mieux meubly que son prix. On dit encore proverbialement et fig. *Voou mai bouen bru que bouen viu*: bonne renommée vaut mieux que ceinture dorée.

VALADO. s. f. Vallée. Espace entre deux ou plusieurs montagnes.

VALAT. s. m. Ruisseau. Courant d'eau.

— Ravin. Lieu que la ravine a creusé. *La pluyo a fa fouesso valas*: la pluie a fait beaucoup de ravins.

VALAT. s. m. Terme d'agriculture. Tranchée. *Durbi de valas*: ouvrir des tranchées.

VALAT. s. m. Canal par où passe le courant de l'eau. *Gros vala*: gros courant d'eau. *Vala d'arrousagi*: canal d'irrigation. On dit proverbialement et fig. *Leis gros valas si ramplissoun pas d'eigagno*: les rivières ne se forment pas de rosée, pour dire, que les grandes et grosses personnes mangent beaucoup plus que celles qui sont faibles et petites.

VALÈ. Voyez VAIRE.

VALÈYO. s. f. Vallée. On appelle plus particulièrement de ce nom la partie du département de Vaucluse qui se trouve enclavée entre les montagnes du Lébéron et la Durance, et qui forme un angle aigu de Mérindol à Vitrolles en passant par Cadenet, Pertuis et Ansouïs. Cette contrée est habitée par beaucoup de protestans. *Lou blad de la Valleyo es fouesso resserca deis bas-Alpins, per semenço*: le blé de la Vallée est très-recherché par les bas-Alpins méridionaux, qui le préfèrent à toute autre semence de blé.

VALINIÈ. s. m. Viorne. Arbrisseau. Voyez TATIÈ.

VALOUR. s. f. Valeur, Juste estimation de ce que vaut une chose.

VAN. s. m. Crible. Van. Instrument pour nettoyer le blé. Voyez DRAY.

VANA. v. a. Vaner. Cribler. Nettoyer le blé avec le crible ou le van.

Voyez DRAYA. *Lou bla que souerte bon net doou dray n'a pas besoun d'estre vana*: le blé qui a été bien criblé sur l'aire n'a pas besoin du van.

VANAIRE. s. m. Vaneur. Cribleur de blé.

VANDOMO. s. f. Jeu de carte appelé vulgairement jeu de reste. La marseillaise. C'est un jeu de hasard et de renvi. *Juga à la vandomo*: jouer à la marseillaise.

VANEGA. v. n. Agir. Aller et venir. Être en activité. *Foou que toujour vanegue*: il faut qu'elle soit toujours en activité, en action. *Faire vanega soun argent*: faire valoir son argent, le prêter sur place.

VANEGAIRE. s. m. Laborieux. Qui agit et travaille sans cesse.

VANELO. s. de t. g. Lâche. Indolent qui se meut avec peine et difficulté. Il est suranné et presque hors d'usage.

— Rosse. Méchante monture.

VANÈLO. s. f. Faim. Besoin pressant de manger. Il est familier et populaire. *Ave la vanèlo*: être affamé. Voyez RUSCLE.

VANEOU. s. m. Vanneau. Oiseau dont le chant exprime dix-huit.

VANET. s. m. Sorte de petit van. Crible en peau dans lequel on passe le blé et autres grains.

VANETA. v. a. Cribler. Passer le grain au crible.

VANETO. s. f. dim. Petite couverture de lit. Couverture de berceau. C'est un diminutif de *Vano*. Voyez l'article suivant.

VANO. s. f. Couverture de lit piquée. Courte-pointe. *Vano piquado*: couverture piquée.

VANO. adj. f. Terme d'agr. Meuble. Ameublie. On le dit de la terre bien divisée et préparée, que l'air pénètre facilement. *Terro vano*: terre légère et ameublie.

— Terme de boulangerie. Légère. Souple. On le dit de la pâte bien préparée et disposée à donner un pain léger et bien fabriqué. *Lou pan es beou quan la pasto es vano*: le pain est beau lorsque la pâte est légère.

VANTA. v. a. Vanter. Louer. Priser extrêmement une chose. On dit proverbialement, *Chaque jardinié vanto ses pouerris* : chaque marchand loue et vante sa marchandise.

VANTA (SI). v. récip. Se glorifier. Se vanter.

VANTAIRE. s. et adj. m. Vantar. Celui qui se vante, qui se glorifie. On dit aussi *Acantaire.*

VANTARIE. s. f. Jactance. Vanterie. Vaine louange que l'on se donne et qui marque de la présomption.

V. VANTEJHA. v. a. Terme de tonnelier. Doler. Passer les douves sur la colombe pour en aplanir les côtés.

VENTEJHEIRIS. s. f. Voyez PLANO.

VANTOUAR. s. m. Éventail. Petit instrument dont les femmes se servent pour s'éventer.

B.-R. VAOU. s. m. Vallon. Petite vallée. Espace entre deux coteaux

VAOUTRES. pron. pers. plur. Vous. *Quan sias vaoutres?* combien êtes-vous ?

VAPOUR. s. f. Vapeur. Espèce de fumée qui s'élève des choses humides.

—Vapeur Affection hypocondriaque ou hystérique. *Avc leis vapours* : avoir les vapeurs.

VAPOUROUX, OUÈ. adj. Vaporeux. vaporeuse. Qui cause des vapeurs, *Lou lach est vapouroux* : le lait est vaporeux. *Leis rabos soun vapourouès* : les raves sont vaporeuses.

VAQUEJHA. Voyez EIVACHA.

VAQUETTO. s. f. dim. Petit vache. Génisse. Femelle du bœuf.

VAQUI. prépos. Voilà. On s'en sert pour désigner une chose peu éloignée de celui qui parle, comme aussi de celles qui ne s'aperçoivent que par les sens. *Vaqui l'homme en question* : voilà l'homme dont je vous parlais. *Vaqui parquet li vouu pas* : voilà la raison pourquoi je n'y vais pas.

VAQUIÈ, IÈRO. s. Voyez VACHIÈ.

VAQUO. s. f. Vache. Femelle du bœuf.

VAQUO-LISSADO. s. f. Terme de tanneur et de cordonnier. Vache parée. Peau de vache corroyée, et propre à faire des souliers, des bottes, etc. *Semèlo de vaquo lissado* : semelle de vache parée. On dit prov. et fig. d'un homme qui a souffert de grandes fatigues à la guerre,

dans les voyages ; qui a été dans la misère, etc. *qu'A tasta la vaquo enrageado* : qu'il a mangé de la vache enragée.

VAQUOS (FAIRE DE). Terme d'agr. Voyez EIVACHA.

VARAI. s. m. Quantité. Multitude d'objets, d'effets de maison éparpillés. *An trouva fouesso varai dins aquel houstaou* : on a trouvé beaucoup d'effets dans cette maison.

—Eparpillement. Remue ménage. Embarras. Dérangement de meubles, d'effets, etc., qu'on a laissés en voie dans une maison. Tracas. *Quintou varai* : quel remue ménage. *Fagues pas tant de varai* : n'éparpillez pas tant, n'embarrassez pas tant la voie. Au figuré. *Faire de varai* : faire de l'embarras.

VARAIHA. v. n. Farfouiller. Fouiller dans quelque chose avec désordre et en brouillant. *En varaihant ma gourbeiho a tout mes dessus dessous* : en farfouillant dans ma corbeille il a tout mis en désordre. *Varaiha sa pocho* : fouiller dans sa poche.

—Fourgonner. *Varaiha lou fuech* : fourgonner dans le feu.

VARAIHA. v. a. Fouiller quelqu'un. Chercher soigneusement dans la poche, dans les habits d'une personne, si elle n'a point caché quelque chose. *Es belcou cou que va pres, varaiho-lou* : c'est peut-être lui qui l'a pris, fouille-le. Il est aussi récip. *Si varai a* : se fouiller. Fouiller dans ses poches. *Ai bèlo mi varaiha, n'ai pa'n sou* : j'ai beau me fouiller, je ne me trouve pas le sou.

V. VARAIHA (SI). v. récip. Se battre. Se houspiller. Voyez SI PIGNA.

VARAIHAIRE. s. m. Voyez FURNAIRE.

VARAIRE. s. m. Ellébore noir appelé aussi Pied de griffon. Voyez MAOU-SURLE.

VARAIRO. s. f. Ellébore blanc. Plante dont la racine desséchée et mise en poudre est un puissant sternutatoire.

VARCHAN. s. m. Brin d'osier. Tige. Jet. Scion d'osier dont on fait des corbeilles, des hottes, etc.

B.-A. VARCHAN. s. m. Houssine.

Verge dont on se sert pour châtier un enfant. *S'es pa brave doua-li doou varchan* : s'il n'est pas tel qu'il faut donnez-lui des verges. Il est pop.

VARDET. s. m. Vert de gris. Verdet. Couleur verte tirée du cuivre.

VARDOUN. s. m. Verdier. Oiseau de plumage vert appelé encore Bréant ou Bruant.

VARDEJHA. v. n. Verdir. Devenir vert. On le dit proprement des arbres et des herbes. *Leis blads vardejhoun:* les blés verdissent. Voyez VÉRDIA.

VARDEJHA. Voyez VARIA.

B.-A. VARET. s. m. Peloton. Petit nombre de personnes, de choses, etc., ramassées, réunies ou jointes ensemble comme en un tas. *Varet de set à vierh persounos* : peloton de sept à huit personnes. *Est tout à un varet* : c'est tout réuni en un seul peloton.

VARET. s. m. Morceau. Se dit en agriculture d'une étendue plus ou moins grande de terrain, sur laquelle les productions et plantes qui y sont sur pied diffèrent du restant. *N'y a canoqueis varets d'espes, mai n'y a fouesso de bon rars :* il y a quelques morceaux de bien fournis, mais il y en a non nombre d'autres très-clairs-semés. *Varet de cooussidos :* morceau plein de chardons, réunion de chardons.

VARGANS. s. m. Baguette. Scion d'arbre.

— Barreaux d'une cage. Voyez VERGANS.

— Brin. Jet. Scion d'osier pelé que les vanniers mettent en œuvre. Voyez OOUMARINO.

B.-A. VARGIÉ. s. m. Verger. Lieu planté d'arbres fruitiers. — Olivette. Vergers d'oliviers. Dans la moyenne et basse Provence lorsqu'on parle d'un *Vargié*, verger, sans aucune explication, on sous-entend toujours un champ agrégé et tout complanté d'oliviers. *Acheta un vargié* : acheter une terre complantée d'oliviers ou un verger d'oliviers. *Ana oou vargié:* aller à l'olivette.

VARGOUGNO. s. f. Honte. Confusion. Vergogne. On dit fam. *Que bou souleou fa vargougno* : que le soleil éblouit, lorsque les rayons de cet astre font

baisser ou fermer les yeux, qui ne peuvent en soutenir l'éclat.

VARGOUGNOUX, OUÈ. adj. Confus. Honteux, honteuse.

B.-R. VARGUETTIAIRE. s. m. Balancier. Ouvrier qui fait les balances.

VARGUETTIE. Voyez VARGUETTIAIRE.

B.-R. VARGUETTO. s. f. Balance à une seule coupe.

VARGUETTO. s. f. Terme d'oiseleur. Gluau. Petite verge enduite de glu pour prendre des petits oiseaux.

VARIA. v. n. Vaciller. Varier. Chanceler. Faire des faux pas. *Lume que varié* : lumière qui vacille. *Es tant ubri que fach que varia* : il est si pris de vin qu'il ne fait que chanceler.

VARIADO. s. f. Faux pas. Vacillation. Chancellement. *Fasié de variados:* il chancelait et ne pouvait poser solidement le pied.

VARJHETA. v. a. Vergeter. Nettoyer avec des vergettes. — Brosser.

VARJHETTO. s. f. Vergette. Epoussette. Brosse à nettoyer les habits, les étoffes, les chapeaux, etc.

VARLACO. s. m. Bouillon blanc. Plante à fleur jaune qui croit le long des chemins.

VARLET. s. m. Valet. Domestique mâle qui sert dans une ferme ou chez les gens de campagne.

— Valet. Instrument de menuisier qui sert à tenir le bois sur l'établi.

VARLETAYO. s. f. Valetaille. Multitude de valets. Suite de domestiques et de serviteurs. Il ne se dit que par mépris.

VARLETOUN. s. m. dim. Petit, jeune valet.

VARMEOU. s. m. Kermès. Graine d'écarlate. Petite excroissance de couleur rouge qu'on trouve sur quelques chênes verts nains, appelés *Avanuses*. Elle est formée par la piqûre d'un insecte qui fait extravaser le suc de cet arbre.

— Ver de terre. Voyez VERME.

VERMENOUN.

VARMENOUX, OUÈ. adj. Véreux, euse. Attaqué, rongé des vers. *Frui varmenoux, nose varmenouè* : fruit véreux, noix véreuse.

— Vermoulu, vermoulue. Piqué de vers. *Bouesc, aoubre varmenoux:*

bois, arbre vermoulu. En ce sens on se sert plus souvent de *Arna*, et de *Chirouna*, Voyez ces mots.

VARMICHÉLI. s. m. Vermicelle. Espèce de pâte travaillée en long comme de la fine ficelle, et que l'on met dans le bouillon pour en faire des potages.

VARMICHELIAIRE. s. m. Fidélier. Ouvrier qui fabrique le vermicelle.

VARNISSA. v. a. Vernisser. Mettre, appliquer du vernis.

VAROUN. s. m. Rougeur. Sang qui perce la peau des bêtes de somme.

VARRANOUN. Voyez GUIOUNET.

B.-A. **VARTADIÉ.** adj. m. Véridique. Certain. Indubitable. *Lou prouverbi es ben vertadié, jamai sant a fach miracle à soun pays* : le proverbe, nul saint n'est prophète en son pays, est bien vrai et se vérifie tous les jours.

VARTADIÉ, IÈRO. adj. Terme d'ag. Annuel, annuelle. Qui ne défaut jamais. Qui porte du fruit régulièrement toutes les années. *Aoubres vartadiès* : arbres d'une production immanquable. *Pruniero vartadiéro* : prunier qui porte tous les ans.

VARTIGOT. s. m. Caprice. Vertige. Accès de folie. Vertigo. *Quan lou vartigot lou prend, garo davant* : lorsqu'il est pris du vertigo, il extravague.

VARTOUYA. Voyez ENVARTOUYA.

VASEOU. s. m. Terme de jardinier. Espace ou planche irrégulière. Petit morceau de terre que l'on sème à plein ou à la volée, et où, par cette raison, les herbes qu'on y a semé y croissent confusément et à lange. *Vascou d'espinard, vascou de rifouer* : le *Vascou* diffère de la *Taoula*, planche, en ce qu'il n'a point de figure déterminée, et qu'il n'est jamais divisé en rayons comme cette dernière. Voyez TAOULO.

VASO s. m. Vase. Pot à fleur.

VASSAOU. s. m. Vassal. Celui qui, autrefois, habitait une terre, un domaine ou une commune qui relevait d'un seigneur à cause d'un fief.

VATAN. Terme populaire qui n'a d'usage que dans les locutions suivantes, *Trabai de vatan, marchandiso de vatan* : travail, ouvrage de pacotille, marchandise de peu d'usage. *Aco es tout d'oubrayi de vatan* : ce sont là tout de choses mauvaises et de peu de durée.

VE. Sorte d'exclamation. Voyez. *Tè ve* : tiens vois. Voyez OOUVE.

VEDELA. v. n. Vêler. Mettre bas. On le dit de la vache lorsqu'elle fait son veau.

VEDEOU. s. m. Veau. Jeune bœuf.

VEDEOU. s. m. Terme d'ag. Eboulement. Eboulis. Le premier se dit d'un mur, d'un talus, d'une côtière qui croule, qui s'éboule par l'effet des pluies, du dégel, etc., et le second se dit de la chose éboulée, tombée ou écroulée. *Leis derniereis pluyos an fach fouesso vedeoux en aquelo ribo* : les dernières pluies ont fait bien des éboulemens à cette côtière.

VEGADO. s. f. Intervalle. Espace qu'il y a d'un temps à un autre. Moment où l'on est occupé en quoi que ce soit. *Leissas passa aquelo vegado et puis vendres* : laissez passer ce moment de presse et je serai à vous. *Lou travai d'aquouon taihur es pas de countuni vai qu'a vegado* : le travail de ce tailleur n'est pas continuel, il ne va que par intervalles. *A vegado.* adv. Par échappées. A bâtons rompus. *Aco vai à vegados* : cela va par échappées. Voyez GATADO.

VEICI. ⎱ prép. Voici. Mot qu'on
VEICITO. ⎰ emploie pour montrer ou désigner une chose qui est proche de celui qui parle. *Lou veici* : le voici. *La veicito mai* : la voici encore.

VEJHA. v. a. Vider. Verser. Répandre. Transvaser. Rendre vide. Oter, faire sortir d'un sac, d'un tonneau, d'une bouteille, d'une bourse, etc., ce qui est dedans.

VEJHAI. ⎱ FAIRE VEJHAI. v. a.
VEJHAIRE. ⎰ Feindre. Faire semblant. *Fasié vejhai de poura* : il feignait de pleurer.

VEJHAN. impératif du verbe *Veire.* Voyons. *Anen vejhan* : allons voyons. *Vejhan un pooou* : voyons un peu. Ce terme adopté et naturalisé dans quelques pays de l'ancienne Provence, est pris du langage languedocien.

VEJHE. s. m. Osier commun. Arbrisseau qui ne pousse que des branches longues et menues qui sortent d'un même tronc. C'est une espèce de saule qui ne s'élève de terre que par ses rameaux, dont on fait divers ouvrages de vannerie et qu'on emploie aussi à faire des liens, etc.

VEJIO. OOU VEJIO. interjection d'étonnement et de surprise. Holà ! Oh ! Pour le coup ! Oh certes !

VEILA. préposition. Voilà. Voyez VAQUI.

VEIRE. v. a. Voir. *Vési*, *véses*, *vei*; *vesem*, *veses*, *vésoun*; *vesiou*, *vegueri*, *ai vis*; *veirai*, *veiras*, *veiran*; *vei*, *veses*, *que vegui*, *que veguessi*, *veisiou*, *qu'aguessi vis*, *veguem*, *vesent.* Regarder. Apercevoir. Examiner. Connaître par les yeux. *Si faire veire :* se montrer, paraître, se faire voir. On dit fig. *Li farai veire quu siou :* je lui ferai voir qui je suis. On dit fam. à un homme qui doute de ce qu'on lui dit, *Si va voules pas creire anas va veire :* si vous ne le croyez pas, allez y voir. *A seis hueil vesent :* Devant ses yeux, en sa présence.

VEIRE. s. m. Verre. Corps transparant et fragile. *Veire blanc*, *veire de vitro.*

— Gobelet. Verre à boire sans anse. *Touca lou veire :* trinquer. Choquer le verre. On dit proverb. *Amour d'un jour escalier de veire :*

L'amour qui n'a qu'une journée
Est souvent de peu de durée.

VEIRIÉ. s. m. Verrier. Celui qui fait ou qui vend du verre.

VEIRIÈRO. s. m. Verrerie. Lieu où l'on fabrique le verre.

VEIROLO. s. f. Vérole. Maladie. Lorsqu'on parle des petits enfans et de cette espèce de maladie contagieuse à laquelle on oppose la vaccination, on l'entend toujours de la petite vérole.

VEIROLO. s. f. Terme de berger. Clavelée. Maladie qui attaque les bêtes à laine.

VEIROLO-VOULANTO. s. f. Vérolette. Espèce de petite vérole dont les boutons sont sans malignité et en bien petite quantité.

VEIROULOUX, OUÈ. s. Vérolé, ée. Celui et celle qui a la petite vérole.

L'y a canqueis veirouloux : il y a quelques vérolés.

VEIROUN. s. m. Veron. Petit poisson de rivière.

B.-A. VEIRORO. Voyez VEIROLO.

B.-A. VEIROUROUX. Voyez VEIROULOUX.

VEISSELADO. s. f. La quantité de liqueur que contient un tonneau plein. *Uno veisselado de vin :* plein un tonneau de vin.

VEISSÈOU. s. m. Vaisseau. Bâtiment de bois sur lequel on voyage sur mer.

VEISSÈOU. s. m. Tonneau. Grosse futaille propre à mettre du vin ou tout autre liqueur. *Entamena un veisseou :* mettre du vin en perce.

VELAQUI.) Le voilà. Sorte d'adv.
VELATI.   ) démonstratif qui n'est qu'une préposition dans le français. *Tè, velaqui :* tiens, le voilà. *Velaqui que passo :* le voilà qu'il passe.

B.-A. VELEGUO. s. f. Crotte. Ordure que l'on prend dans les rues par un temps pluvieux. *Estre plen de veleguos :* être tout crotté. *A sa raoubo qu'a un pan de veleguos :* elle a sa robe crottée jusqu'à mi jambe.

— Saleté. Crasse. *Habit plen de veleguos :* habit tout sali, tout crotté. Il est bas et pop.

VÉLO. s. f. Voile. Terme de marine. Carré de toile forte que l'on attache aux vergues des mats d'un navire, afin que prenant le vent il aille plus vite. On dit prov. et fig. *Selon lou ten la vélo :* selon il faut la voile, pour dire, qu'il faut se diriger et agir selon l'occurence.

VENA, ADO. adj. Veiné, veinée. Qui est plein de veines. *Marbre vena, bones vena.*

VENDÈIRE. s. m. Vendeur. Celui qui vend.

V. VENDRE. s. m. Vendredi. Le cinquième jour de la semaine. Voyez DIVENDRE.

VENDRE. v. a. Vendre. Aliéner pour un certain prix une chose qu'on possède.

VENDUMI. s. f. Vendange. Récolte des raisins.

— Temps où l'on fait la récolte des raisins. *Faire la vendumi :* faire la vendange. *Per la vendumi* : dans le temps des vendanges. On appelle populairement et fam. *Mourre de vendumi* : groin de vendangeur, le visage d'un enfant qui est sali et comme englutiné par le moût des raisins, à la manière des vendangeurs.

VENDUMIA. v. n. Vendanger. Faire la récolte des raisins.

VENDUMIAIRE. s. m. Vendangeur. celui qui coupe ou qui charrie les raisins de la récolte.

VENDUMIARELLO. s. f. Vendangeuse. Celle qui est occupée à cueillir, à ramasser les raisins.

VENEMBRA (SE). v. récip. Se ressouvenir. Se rappeler. Il est vieux et presque hors d'usage.

VENEZY. s. m. Terme de tisseur à toile et de lingère. Serviette. Nappe façonnée à la vénitienne. C'est le nom que l'on donne au linge de table damassé, ouvré à petit carreau. *Uno peço de venezy* : une pièce de nappe ouvrée. Il est à peu près reçu dans le commerce de dire aujourd'hui, une pièce de Venise.

VENGUDO. s. f. Venue. Arrivée. *Faire la ben vengudo* : complimenter à l'occasion de l'heureuse arrivée.

VENI. v. n. Venir. Se transporter d'un lieu à un autre. *Faire qu'ana et veni* : adv. Aller et revenir de suite. —Chevaler. On dit prov. *Faire qu'ana et veni* : ne faire qu'aller et venir, pour dire, être toujours en mouvement.

VENI. v. a. Procéder. *Soun maou ven que doou chagrin* : son mal ne procède que du chagrin qu'il a eu.

VENJHA. v. a. et récip. Venger. Se venger. Tirer satisfaction de quelque injure de quelque outrage.

VENJHATIOU, IOUVO. adj. Vindicatif, ive. Celui, celle qui cherche à tire rvengeance d'un outrage ou d'une injure qu'il a ou qu'il croit avoir reçu. *Home venjhatiou* : homme vindicatif.

VENO. s. f. Veine. Espèce de petit canal qui contient le sang de l'animal. On dit ordinairement d'une personne, que *Batte plus veno* : qu'elle ne donne plus signe de vie, pour dire, qu'elle est roide morte. *Coumo*

toumbet, battet plus veno : en tombant il resta roide mort.

VENO-D'AYET. s. f. Gousse d'ail. Caïeu détaché de la tête d'un ail. (Plante potagère bulbeuse).

VENOUX, OUE. adj. Veiné, Veinée. Voyez VENA.

VENTA. v. a. Terme d'agr. Éventer. Agiter en l'air avec une fourche ou de tout autre manière, le blé de l'airée, ou les graines que l'on épluche, pour que le vent en sépare la paille et les ordures. *Venta lou blad* : éventer le blé. *Fai yes de ven pouden pas venta* : il ne fait point de vent nous ne pouvons éventer. On dit proverbialement et figurément, *Qu'an fa ven foou venta* : il faut puiser tandis que la corde est au puits, pour dire, qu'il faut savoir gagner et faire ses affaires quand on en a l'occasion.

V. VENTA. v. a. et récip. Vanter. Voyez VANTA.

VENTADIS, ISSO. adj. Bon pour éventer. *Ven ventadis* : vent très-propre à éventer le blé. *N'es pas ventadis* : il n'est pas bon pour éventer. *Ièro gaire ventadisso* : aire où tous les vents ne donnent pas, et qui, par cette raison, est peu propre à éventer le blé.

VENTADOUIRO. s. f. Éventoir. Sorte de fourche fabriquée, ayant quatre et même cinq cornes disposées en éventail, avec laquelle on évente le blé sur l'aire.

VENTAIRE. s. m. Terme de foulaison des grains. Éventeur. Homme de peine qui évente le blé.

VENTAIRE. adj. m. Venteux. Propre à éventer les grains. On ne le dit que du vent et du temps. *Ven ventaire* : vent régulier propre à éventer. *Tems pa ventaire* : temps peu propre à éventer.

VENTAS. s. m. superl. Gros vent.

VENTOULA. v. a. Éventer. Tourner, faire prendre l'air à des herbes, des légumes, etc., pour qu'ils sèchent ou ne moisissent pas.

VENTOULA. } v. a. Berner. Faire
VENTOURA. } sauter quelqu'un en l'air par le moyen d'une couverture ou d'un drap.

VENTOULA. { v. a. et récip. Ventrouiller. Vautrer.
VENTOURA. {

Se vautrer. Se rouler sur de la paille, sur un lit, dans la boue, etc.

VENTOULET. s. m. dimin. Petit vent. Vent doux. Zéphir.

VENTOULAS. s. m. superl. Vent impétueux.

VENTOUX, OUÈ. adj. Venteux, euse. Sujet aux vents. Exposé aux vents. *Mount ventoux* : montagne très-exposée aux vents.

VENTOURIOUX. adj. m. Au vent. *Lou tems es ventourioux* : le temps est au vent.

VENTRADO. s. f. Ventrée. Portée. Tous les petits que les animaux font en une fois. Au fig. Soulée. On ne l'emploie que dans ces façons de parler populaires, *N'a fach uno ventrado de malhur :* il en a mangé à crever. *Faire uno ventrado de rire :* se souler de rire. *Quand soun fraire tiret mari, la mesquino faguet uno bello ventrado de ploura :* lorsque son frère tira un numéro partant, la pauvrette versa un torrent de larmes.

VENTRESCO. s. f. Terme de charcutier. Poitrine de porc.

— Petit lard, poitrine de cochon salée. *Un mouceou de ventresco :* un morceau de poitrine salée, ou du petit lard. *La ventresco es excellento per fa de requincoux :* le petit lard est excellent pour des omelettes. On dit d'une personne ventrue, *Qu'a uno bello ventresco :* qu'elle a une grosse bedaine.

VENTROUN. s. m. dimin. Petit ventre. Ventre d'un petit animal.

VENTROUX. }
VENTRU. } Voyez PANSARU.

VENTURI. s. f. Victoire. Nom de femme. *Vesino Venturi :* voisine Victoire. *La couèlo de Santo Venturi :* la montagne de Sainte Victoire.

V. **VENTUROUN.** s. m. Sorte de filet à pêcher. Voyez CAPEIROUN.

VEOUSAGI. s. m. Veuvage. État d'une personne mariée, qui a perdu son conjoint.

VEOUSE. s. et adj. masc. Veuf. Celui dont la femme est morte.

VEOUSO. s. et adj. fémin. Veuve. Femme qui a perdu son mari.

V. **VEOUSO.** s. f. Terme de moulin à huile. Restant. Fond des cuviers. Voyez MAIRE. *Faire uno veouso :* mettre le fond des cuviers sur le marc des olives pour le repasser sous la presse afin d'en extraire l'huile qu'il peut contenir.

VERAI. adv. Vraiment. Oui, bien *Voueloun ti rounsa.* — *Verai ?* Eh ben, veiren : on veut te brosser. — Vraiment ?.. Eh bien nous verrons. *As aguun heiretagi, m'an dich, verai ?* est-ce vrai que tu viens d'avoir une succession ? — Oui-bien.

VERAI. adj. Vrai. Véritable. Conforme à la vérité. *Aco est verai :* cela est vrai.

VERBUI. s. m. Petit houx. Arbuste. Voyez BOUES-HOMES.

VERD. adj. Verdaud. Qui a la saveur âpre et revêche. On ne le dit que du vin. *Beoure de vin verd :* boire du verdeau. Au fig. *Veni verd :* perdre patience. *Es un enfant aue mi fasiè veni verd :* c'est un enfant revêche à me faire tourner la tête. On dit d'un homme, *Que l'on lou counei ni en blanc ni en verd :* qu'on ne le connait, ni de près, ni de loin, pour dire, qu'on ne le connait en aucune façon.

VERDACHO. s. f. Bouillon-blanc. Plante pectorale.

VERDASTRE. }
VERDASTRO. } adj. Verdâtre. De couleur tirant sur le verd.

VERDIA. }
VERDEJHA. } v. n. Verdir. Verdoyer. Paraître verd. *Leis blads verdien :* les blés verdoyent. *Leis prads vardejhoun.* Voyez VARDEJHA.

V. **VERDIÈ.** s. m. Voyez ARNIÈ.

VERDOU. s. f. Verdeur. Aridité. Aprêté du vin fait avec des raisins non assez mûrs. *Vin qu'à de verdou :* vin qui a de la verdeur.

VERDOUN. s. m. Voyez VARDOUN.

VERDOULET, ETTO. adj. Verdoyant, verdovante.

— Peu mûr. *A fa meissouna soun blad qu'ero enca verdoulet :* ses blés n'étaient pas encore assez mûrs lorsqu'il a fait moissonner. Voyez CAIHET.

VERGANS. s. m. pl. Barreaux d'une cage. Voyez VARGAN.

VERGIÈ. Voyez VARGIÈ.

VERGO. s. f. Verge. Petite baguette longue et flexible.

— Terme de balancier. Bras d'une

balance ou d'une romaine. Voyez VARGUETTO.

— Terme d'oiseleur. Gluau. Petite baguette enduite de glu, dont on se sert à la chasse de la chouette.

— Verge. Le membre viril.

VERGOUGNO. Voyez VARGOUGNO.

VERGOUGNOUX. Voyez VARGOUGNOUX.

VERIN. s. m. Venin. Sorte de poison. Il ne se dit au propre que de certains sucs ou liqueurs qui sortent du corps de quelques animaux. Au fig. Malice. Rage. Dépit. Haine. On dit proverbialement, *Chaque besti a soun verin :* chaque animal a sa malice, pour dire, qu'il n'y a personne qui n'ait plus ou moins dans sa vie laissé percer quelque sentiment de rancune ou de vengeance. *N'a que de verin :* il n'est que haine.

B.-A. VERINADO. s. f. Colère. Dépit. Mutinerie. On ne le dit guère qu'en parlant des enfans. *Fa seis verinados :* il se dépite. Il s'enrage. Il se matine.

VERINOUX, OUÈ. s. et adj. Au fig. Mutin. Méchant. Irascible. *Fremo verinouè :* femme méchante et vindicative. *Es un verinoux :* c'est un mutin.

VERME. s. m. Ver. Insecte rampant qui n'a ni os, ni pattes. *Pichoun verme :* vermisseau. *Verme dou froumaqi :* mitte. On dit proverbialement et figurément, *Tira lou verme dou nas en coouan'un :* tirer les vers du nez à quelqu'un, pour dire, tirer le secret de quelqu'un, en le questionnant adroitement.

VERMENOUX. s. m. dimin. Petit ver. Vermisseau. Voyez VARMEOU.

VERMENOUX, OUÈ. adj. Voyez VARMENOUX.

VERNO. s. f. Aulne. Vergne. Grand arbre qui ne profite qu'autant qu'il a le pied dans l'eau. Son bois mou et léger est très-facile à travailler. Les faiseurs de chaises et les sabotiers en tirent un très-grand parti. On en trouve abondamment sur les bords de la Durance aux environs de Manosque.

VERNO NEGRO. s. m. Bourdaine. Arbre.

VERRE. s. m. Verrat. Pourceau mâle destiné à la propagation de l'espèce.

VERSA. Voyez VESSA.

VERTADIÈ. Voyez VARTADIÈ.

VERTOULEN. s. m. Verveux. Sorte de piège à prendre du poisson dans les rivières. C'est un grand filet composé de deux ailes et de plusieurs cerceaux.

VERSOUA. s. m. Vésoul. Sorte de sucre appelé dans le commerce Batarde-verte et versoie.

VESE. Voyez VEJHE.

VESIN, INO. s. et adj. Voisin, voisine. Qui est près. Qui demeure auprès. *Sian visins :* nous sommes voisins. On dit proverbialement et familièrement, *Qui a bouen vesin a bouen matin :* qui a bon voisin a bon matin, pour dire, que celui qui a bon voisin vit tranquille et en repos s'appuyant sur le secours et l'assistance de son voisin.

VESINAGI. s. m. Voisinage. Les voisins. Ce qui est habituellement autour de nous. *Tout lou vesinagi va soou :* tout le voisinage en est instruit.

VESINEJHA. v. n. Voisiner. Vivre en bonne intelligence avec ses voisins. *Amoun à vesinejha :* ils aiment à voisiner.

VESPIÈ. s. m. Voyez GUESPIÈ.

VESPO. s. f. Voyez GUESPO.

VESPRE. s. m. Soir. Les dernières heures du jour.

VESPRADO. } s. f. Soirée. L'es-
VESPRENADO. } pace du temps qui est depuis le déclin du jour jusqu'à ce qu'on se couche. Il est populaire.

— Veillée. Assemblée que les gens du peuple ou ceux de campagne font le soir pour travailler et causer ensemble pendant la soirée.

B.-A. VESSA. v. a. Verser. Répandre. *L'houla vesso, coures leou :* le potage se répand, courez-vite.

VESSANO. s. f. Terme d'agriculture. Espace. Andain. Étendue de terrain qu'un semeur peut semer à chaque pas qu'il avance. Il a quatre pas de largeur. On lui donne aussi le nom d'ourdre. Voyez OURDRE. SOOUCO. *Marqua leis ourdres :* tracer les andains, les espaces. *N'y a enca doues vessanos :* il y en a encore

474

VEY

deux espaces. Un de nos poètes Bas-Alpins a dit :

Ah ! messiès , lou paysan
Quand sagis de la basauo ,
Vous finirié la vès-âno
Senso escupi dins la man.

Ah ! messieurs , un paysan ,
S'il faut lester la bedaine ,
Est vraiment l'homme de peine
Qui le mieux gagne l'argent.

V. **VESSIGA.** Voyez LOUFIA.
V. **VESSIGO.** Voyez LOFI. BOOU-FIGO.
V. **VESSINA.** Voyez LOUFIA.
V. **VESSINAIRE.** Voyez LOUFIAI-RE.
V. **VESSINO.** Voyez LOFI.
B.-A. **VESSO.** } s. f. Vesce sau-
VESSO-FÈRO. } vage. Vesce-ron ou arrousses. Plante légumineuse qui croît dans les blés. On dit pro-verbialement et populairement, *La vesso fa la pasto espesso :* la vesce rend la pâte épaisse , pour dire , que la vesce augmentant le volume de la pâte sans nuire à la qualité du pain, le père de famille ne doit faire au-cune difficulté de la laisser dans le grain qu'on va moudre.
VESTI. v. a. Vêtir. Couvrir. Ha-biller. On dit proverbialement et fa-milièrement d'un homme surchargé d'habillemens , *Qu'es vesti coum'un sant Georgi :* qu'il est vêtu comme un ognon.
VESTI , IDO. part. Couvert, cou-verte. Vêtu. Habillé , ée. *Maou vesti :* mal vêtu. *Vesti de noou :* habillé à neuf. On appelle *Blad vesti :* blé cou-vert , le grain de blé non encore dé-pouillé de la balle.
VETAQUI. prépos. Voilà. *Vetaqui lou paquet :* tiens, voilà le paquet.
VETTO. s. f. Tresse. Ruban de fil , de coton , de filoselle ou de laine. *Vetto de rouan , vetto roussetto.*
VETTO. s. f. Terme de mineur. Fi-lon. Veine de terre entre des pierres, de pierres entre des terres ou de tout autre matière.
VETTOUN. } s. m. Vetton. Pe-
VETTOUROUN. } tite tresse. *Vet-toun d'Hollando, de fiou, de percalo ,* etc. , etc.
VEYA. v. n. Veiller. S'abstenir de dormir la nuit. Ne point dormir.

VIA

VEYA. v. n. Être découvert. Être en dehors. On le dit de certaines choses qui, étant mises dans l'eau pour y tremper, n'en sont pas entièrement submergées ou ne trempent qu'à demi.
VEYADO. s. f. Veillée. Veille que plusieurs personnes font ensemble.
— Réunion de plusieurs personnes qui travaillent et causent ensemble pendant la soirée. *Faire la veyado , ana à la veyado :* faire la veillée. Aller à la veillée.
VEYADOU. s. m. Veilloir. Table de cordonnier. C'est apparemment à cause que l'on met la lampe sur cette table autour de laquelle chaque ou-vrier se place en travaillant à la chan-delle , qu'on y a donné le nom de *veyadou.*
VEYO. s. f. Veille. Vigile. Jour qui précède une des grandes solennités de l'Eglise. *La veyo de Nouvè , veyo deis Reis.*
B.-R. **VEYOLO.** } s. m. Lampe
B.-A. **VEYORO.** } de verre. Lam-pion.
VEYOUROUN. s. m. Lamperon. Pe-tit tuyau ou languette qui tient la mèche dans une lampe.
V'HUI. adv. Aujourd'hui. Le jour où l'on est.
VIAGI. s. m. Voyage. Chemin que l'on fait pour aller d'un lieu à un autre.
— Allée et venue d'un lieu à un autre.
— Fois. Terme qui sert à désigner la quantité et le temps des choses dont on parle. *Es ana faire soun viagi :* il a été faire son voyage. *Lou carregeaire a dejha fa tres viagis :* le charrieur a déjà fait trois voyages. *Aqueston viagi te trovi :* cette fois-ci je te trouve.
VIAGI BLANC. s. f. Course inutile. Démarche sans résultat. On dit pro-verbialement et familièrement de ce-lui qui, ayant été en un endroit pour quelque dessein, a été obligé de s'en retourner sans rien faire, *Qu'à fach un viagi blanc :* qu'il a eu l'allée pour la venue.
VIANDASSO. s. f. Viande inférieure. La viande de boucherie la moins bonne et de rebut, que les gens de qualité rejettent.

B.-A. VIANDAYO. s. f. Collect.
Viandis. Viandaille.

VIANDOS. BELLEIS-VIANDOS. s. f.
Orobe. Gesse blanche. Plante et légume à peu près semblable aux petits
pois, et dont on nourrit les pigeons.
— Pois quarrés, appelés aussi, *Belleis dent.* Voyez BELLEIS DENTS.

VIBRE. s. m. Castor. Animal amphibie.

V. VIBOU. s. m. Voyez FOOU-
CIOU.

VICARI. s. m. Vicaire. Desservant.
Prêtre qui fait le service d'une parroisse sous un curé.

VICHET. s. m. Voyez VIOULET.

VICHOU. s. m. Roitelet. Oiseau.
Voyez PETOUÈ.

VICI. s. m. Vice. Défaut. Imperfection. *Croupi dins lou vici* : croupir dans le vice, dans l'habitude du
mal. On dit d'un cheval, *Qu'à de
vici, qu'à pres de vici* : qu'il est vicieux, lorsqu'il mord et rue, qu'il
est ombrageux ou rétif.

VICI. s. m. Finesse. Ruse. Malice.
Va fa en vici : il l'a fait par ruse et
en vue de tromper. *L'y mette ges de
vici, va fach senso vici* : il n'y entend pas malice, il agit franchement
sans ruse ni finesse.

VIDASSO. s. f. Vie. Nourriture. Méchante vie. Il n'a guère d'usage qu'en
parlant des pauvres gens. *Surco sa
vidasso* : il cherche sa vie. *L'y a ben
de peno ooujhourd'hui per gagna sa
vidasso* : il y a bien de la peine aujourd'hui à gagner la vie. Ce terme
de *vidasso*, en parlant des malheureux, exprime un sentiment de compassion et d'intérêt.

VIDO. s. f. Vie. État de l'homme
vivant.
— Manière de vivre quant à la
nourriture.
— Conduite. *Es enca en vido* : il
est encore en vie. *Faire boueno vido* :
faire bonne chère. *Mena uno marrido vido* : vivre dans le déréglement.

VIÈDAI. ⟩ interjection. Certes!
VIÈGNAI. ⟨ Peste! Diable!

VIÈDAI. Terme de mépris. Visage
d'âne.

VIEI. ⟩ s. et adj. Vieux, vieille.
VIEIHO. ⟨ Vieil, vieille. Qui est
fort avancé en âge. *Ben vici* : très-
âgé. *La boueno vieiho* : la bonne vieille.

VIEI, VIEIHO. adj. Vieux, vieille.
Ancien. Antique.
— Usé. Vieilli. *Vin vici* : vin vieux.
Vici capeou : vieux chapeau. *Seis
camies si fan vieihos* : ses chemises
sont usées. *Si fasèn vieils* : nous vieil-
lissons.

VIEIHUN. s. m. Vieillerie. Vieilles
hardes. Vieux meubles.
— Choses usées, surannées.
— Décrépitude. Vieillesse. Vétusté.
L'y a que de vieihun : ce ne sont que
de vieilleries. *Sente lou vieihun : c'est
suranné. *Aco fach per lou vieihun* :
c'est bon pour les vieillards.

VIEN. s. m. Larve. Œuf que les
mouches déposent en été sur la viande
lorsqu'elle se corrompt. *Aquelo viando
es iroou fácho, a de viens* : cette
viande passe, les mouches y font
leurs œufs.

B.-A. VIÈRO. s. f. Ville. Assemblage de maisons disposées en rues et
fermées par une clôture commune.
Il est populaire. *Estre de vièro* :
rester en ville, ne point aller aux
champs. *Faren aco lou premiè jour
que serai de vièro* : nous ferons cela
le premier jour où je n'irai point travailler aux champs. *Es dins vièro* :
il est dans la ville.

VIESTI. s. m. Vêtement. Habillement. *Pouli viesti* : joli vêtement.

VIGNO-BLANCO. s. f. Couleuvrée.
Plante.

VIGNO-DOOU-DIABLE. s. f. Fougère. Plante. Voyez FLEOUCHE.

VIGNO-FERO. ⟩ s. f. Lam-
VIGNO-SOOUVAJHO. ⟨ brusque.
Vigne sauvage.

VIGNOGOU. s. m. Bêche. Liset.
Urebec. Ver-coquin. Ce sont tout autant de noms sous lesquels est connu
le petit scarabé qui fait tant de dégâts aux vignes dans le printemps.
Cet insecte moins gros qu'une mouche ordinaire, est revêtu d'une écaille
verte relevée de couleur d'or, il
s'attache aux feuilles de la vigne
dont il ronge la queue, et dans lesquelles il dépose ensuite ses œufs,
après quoi il les roule sur lui en forme de cornet. Si au moment où la
feuille est ainsi fraîchement roulée
vous l'ouvrez, vous y trouverez les
deux bêches, mâle et femelle, ainsi

que trois ou quatre œufs au fond du cornet.

VIGOUR. s. f. Vigueur. Force.

VIGOUROUX, OUÈ. adj. Vigoureux, euse. Qui a de la vigueur.

VIGUARIÈ. s. f. Viguerie. Territoire qui dépendait autrefois de la juridiction d'un juge nommé Viguier. Une viguerie était à peu près ce que sont aujourd'hui nos arrondissemens de Sous-Préfecture.

VIHOLO. Voyez VEYOLO.

VIHOULOUN. Voyez VEYOULOUN.

VIJHA. Voyez VEJHA.

VILEN, ÈNO. adj. et subs. Vilain, vilaine. Sale. Malpropre. Deshonnête. Impur. Infâme. Il se dit des personnes et des actions.

— Avare, qui vit mesquinement. Dans ce sens on dit proverbialement et figurément, *Quand un vilen si retarjho , ten tout lou camin* : il n'est chère que de vilain, pour dire , que quand un avare se résout à donner un repas ou à faire quelque gratification, il le fait avec plus de profusion et de générosité qu'un autre.

VILLAGEAS. s. m. superlatif. Gros village.

VILLAGEOUN. s. m. diminutif. Petit village.

VILLANDRIA. v. n. Aller. Courir la ville sans besoin.

— Battre le pavé. Aller et venir de côté et d'autre par désœuvrement. Il est populaire. *Ounte sies ana vilandria* : où as-tu été courir.

VILLANDRIÈ, IÈRO. s. Allant, allante. Celui . celle qui aime à courir à aller de côté et d'autre dans un pays.

VILLANDRIÈRO. s. f. Coureuse. Prostituée.

VILLASSO. s. f. superl. Grande ville, ancienne et très-populeuse.

VILLETTO. s. f. dim. Villette. Très-petite ville.

VILLOTTO. s. f. Charmante et agréable petite ville. *Pertus et Apt soun doues braveis villottos* : Apt et Pertuis sont deux charmantes petites villes.

VINACHIÈ, IÈRO. s. Ivrogne, ivrognesse.

VINACHO. s. f. Terme de dénigrement. Le vin. La boisson, en tant qu'elle enivre. *Aimo ben la vinacho* :

c'est un grand buveur , un bon ivrogne.

VINACHOUX , OUÈ. adj. Vineux, qui est sali ou imbibé de vin. Qui a l'odeur du vin, qui est fait de vin. *Mans vinachouès* : mains salies de vin. *Mourre vinachoux* : visage fait de vin.

VINAGI. s. m. Vin du marché. Repas , petit festin que l'on fait à l'occasion d'un marché conclu: *Paga lou vinagi* : payer le vin du marché.

VINAS. { s. Résidu du vin dont
VINASSO. { on a retiré l'esprit. Lie de vin.

— Vin extrêmement chargé et affadi.

VINOUX , OUÈ. adj. Voyez VINACHOUX.

VIOLO. s. f. Vielle. Sorte d'instrument de musique.

VIOU , VIVO. adj. Vif. Vivant. Qui est en vie ou animé.

— Vif, vive. Qui a beaucoup de vigueur et d'activité.

— Prompt, prompte. *Es un home viou coumo la poudro* : c'est un homme vif comme la poudre. *Leis gens viou gardounς pas la heno* : les gens vifs ne sont pas rancuneux. On dit fig. *Piqua coouqu'un vou viou* : toucher quelqu'un au vif, pour dire , le toucher en ce qui lui est le plus sensible.

VIOUJHA. Voyez VEJHA.

VIOUJHE. Voyez VUEJHE.

VIOLLA. v. a. Violer. Enfreindre.

— Faire violence à une personne du sexe.

VIOULET. s. m. Espèce de poisson qui n'a ni arêtes ni nageoires et qui ressemble par sa forme à un tronçon d'anguille petite. On trouve cette sorte d'animal marin , que l'on a faussement mis au rang des coquillages, dans la boue et la vase des bords de la mer. Voyez VICHET.

VIOULETTE. s. m. Plante de violette.

VIOULOUN. s. m. Violon. Instrument de musique à cordes.

VIOULOUNA. { v. n. Jouer du
VIOUROUNA. { violon.

VIOULOUNAIRE. s. m. Violoniste Musicien qui joue du violon. *Es un bouen vioulounaire* : c'est un très-bon joueur de violon, ou un bon violoniste.

VIOURE. v. n. Vivre. Exister. On dit proverbialement et figurément. *Vioure de parpelos d'agasso* : mâcher à vide, pour dire, vivre de l'air. Voyez REGARDÈLO.

VIOURES. s. m. plur. Alimens. Vivres. Victuailles.

— Pâture. Nourriture des animaux. *Aqui leis vioures manquoun pas* : là les vivres y sont en abondance.

VIOURES. s. m. Abondance de tout ce qui est nécessaire à la vie. *Houstaou plen de vioures* : maison où tout abonde. *Gens qu'an ben soun vioure* : personnes à l'aise qui ne manquent de rien.

VIOUTA (SI). v. récip. Se rouler. Se vautrer par terre ou sur la paille par un sentiment de joie et de plaisir. *N'en poudien tallament plus doou rire que si vioutavoun vou soou* : ils étouffaient tellement de rire qu'ils se roulaient par terre.

VIRA. v. a. Tourner. Mouvoir en rond.

— Changer de position.

— Changer de parti, d'opinion.

— Changer de sens mettant dessous ce qui était dessus, etc. *Vira la brocho* : tourner la broche. *Vira la salado* : retourner la salade. *Si vira à n'un caire* : se mettre à un coin ou d'un autre côté. *Si vira de soun caire* : tourner du côté de quelqu'un, se ranger de son parti. *Vira bandièro* : tourner casaque, changer de parti. *Vira lou fen* : faner le foin. *Vira lou cuou* : tourner le dos. *Dins un vira d'huei* : façon de parler adverb. En un tour de main. En aussi peu de temps qu'il en faut pour tourner la main. *Vira leis souliers* : tourner les souliers, les fausser en marchant. On dit fig. *Vira leis cambos en haou* : pour dire, trépasser, mourir. On dit d'un homme devenu fou, *Qu'a vira la testo* : que la tête lui a tourné. On dit d'une personne qui se trouve étourdie pour avoir regardé en bas d'un lieu fort élevé, *Que la testo li viro* : que la tête lui tourne. On dit fig. *Vira leis dents à conuqu'un* : montrer les dents à quelqu'un, pour dire, lui faire tête, lui résister. On dit figurément d'une

personne qui, en parlant a dit un mot pour un autre, *Que la lenguo l'y a vira dins lies mans* : que la langue lui a fourché. On dit figurément à une personne irrésolue et qui tient les autres en suspend, *Foou vira ou amoula* : il faut qu'une porte soit ouverte ou fermée, pour dire, qu'il faut se déterminer à quelque chose et prendre son parti de manière ou d'autre. On dit proverbialement et figurément, *Cadun viro l'aiguo à soun moulin* : chacun fait venir l'eau à son moulin, pour dire, que l'homme rusé profite adroitement de l'occasion pour se procurer un avantage qu'il n'a pas.

VIRA. FAIRE VIRA. v. n. Terme de jeu. Jouer à croix et à pile. Sorte de jeu de hazard.

VIRADO. s. f. Terme de moulin à huile. Passe. Tournée. C'est le temps que met la meule à écraser les olives que l'on met dans l'auge en une seule fois. *N'y a enca per douès virados* : il y en a encore pour tourner deux fois ou pour faire deux passes.

VIRANT. s. m. Terme de moulin à huile. Tournant. Meule qui tourne dans l'auge pour y écraser les olives. *Moulin ounte l'y a tres virants* : moulin où il y a trois meules tournant.

VIRET. s. m. Terme de filandière. Peson. Petit morceau de bois de forme ronde et percé au milieu, que l'on adapte au fuseau pour le maintenir en équilibre.

VIRO. s. f. Terme de jeu de cartes. Retourne. Carte que l'on retourne lorsque chacun des joueurs a le nombre de cartes qu'il doit avoir. *De que viro* ? De quoi est la retourne. *Viro de flous* : la retourne est en trèfle.

VIROBROUQUIN. s. m. Vilebrequin. Outil de menuisier et de quelques autres artistes, et qui sert à trouer, à percer du bois, etc.

VIROBROUQUIN. s. m. Bilboquet. Petit instrument fait au tour, composé d'une pièce de bois, d'os o d'ivoire et qui tient par un cordon à une boule de même matière. Leu enfans s'en servent à un petit jeu d'adresse.

VIROGAOU. s. m. Voyez REVIRO-GAOU.

VIROGAOU. Sorte d'interjection. Certes ! Peste !

VIROOUTA. v. n. Tournoyer. Tourner. Faire des virevoltes. Tourner de côté et d'autre.

— Pirouetter. Faire un tour de tout son corps en se tenant sur un pied.

VIROLO. s. f. Vrille. Voyez SIHEIROOU.

VIRO-PEY. s. m. Friquet. Espèce de plat en fayence ou de terre vernissé, dont on se sert pour tourner le poisson ou tout autre aliment que l'on frit dans la poêle.

VIRO-SOULEOU. s. m. Tournesol. Plante, ayant une grande fleur radiée, jaune, appelée aussi héliotrope.

VIRO-VOOU. s. m. Virevolte. Tours et retours faits avec vitesse.

— Tours et contours. *Faire de viro voou :* faire des virevoltes. *Camin plen de viro voou :* chemin qui fait plusieurs contours.

VIROURIA. Voyez VIROOUTA.

VIRUSO. s. f. Devideuse. Celle qui fait tourner le tour dans une filature de soie.

VIS. s. m. Glu. Composition visqueuse et tenace avec laquelle on prend les oiseaux. L'écorce de la racine de la viorne (*Tatié*), donne un des meilleurs glus.

VIS. Voyez MOURENO.

VISADO. s. m. Moissine. Viette. Brin de sarment auquel sont attachées les grappes de raisins. On en suspend au plancher pour que les raisins se conservent. *Aduerra uno visado de rasins :* apporter une moissine.

VISCOUX, OUÈ. adj. Visqueux. Gluant. Enduit de glu ou de toute autre matière visqueuse et gluante.

VISETO. s. f. Montée. Petit Escalier d'une petite maison.

— Escalier. Partie du bâtiment qui sert à monter et à descendre.

— Rampe. *Viseto sourno :* montée obscure. *Grando viseto :* grand escalier. *Faousso viseto :* escalier dérobé. *Viseto en defouero :* perron.

VISI. s. m. Sarment. Viette. Brin de sarment. *Visi de gaveou :* brin de sarment.

VISIÈRO. s. f. Terme de bridier.

OEillère. Petite pièce de cuir attachée à la têtière d'un cheval, pour lui couvrir l'œil.

VISTO. s. f. Vue. Celui des sens par lequel on voit les objets. *A perto de visto :* à perte de vue.

VIS, VISTO. participe du verbe *Veire.* Vu, vue. Aperçu, aperçue. *T'ai vis :* je t'ai vu. *L'an visto :* on l'a aperçue.

VISTO. s. f. Regard. Ouverture par laquelle on s'assure de l'état d'un aqueduc, d'un conduit, d'une pierrée. *Visto d'un oouvede :* regard d'un conduit. Voyez OOUVEDE.

VITORI.   ⎰ s. f. Victoire. Nom de
VITORO.   ⎱ femme.

VITOU. s. m. Victor. Nom d'homme. *La gleiso sant Vitou de Marsiho :* la paroisse Saint Victor de Marseille.

VITRA. v. a. Vitrer. Mettre, poser des carreaux de verre à une fenêtre. On dit d'un malade, *Qu'à leis hueils vitras :* pour dire, qu'il a les yeux troublés.

VITRAGI. s. m. Vitrage. Certains châssis de verre, qui forment une cloison, etc.

VIVASSA.   ⎫
VIVOOUTIA.   ⎬ v. n. Vivoter. Vi-
VIVOUTA.   ⎪
VIVOUTIA.   ⎭
vre petitement et avec peine, faute d'avoir de quoi se mieux nourrir et se mieux entretenir.

VIVOS. s. f. Avives. Maladie des chevaux. *Chivaou qu'à leis vivos :* cheval attaqué des avives.

VO. s. m. Vœu. Promesse faite à Dieu.

VO. Particule affirmative. Oui.

VO.   ⎰ s. Fête patronale d'un
VOGUO.   ⎱ pays. *Ana en vo. Suivre leis vos. Es sa voguo.* Voyez ROUMAVAGI. TRIN.

VOGUO. s. f. Presse. Grand débit. Chalandise. *Ave la voguo :* avoir la presse. Etre en vogue, en réputation, en crédit, etc. Voyez AVOUGA.

VOOURIAN. s. m. Vaurien. Fripon. Vicieux, qui vit dans l'oisiveté et la débauche.

VOOUTA.   ⎰ v. n. Parcourir.
VOOUTEJHA.   ⎱ Aller d'un bout à l'autre. Courir çà et là. *Vooutejha uno pesso :* parcourir une propriété. *Vooutejha la villo :* parcourir la ville.

— Vreder. Aller et venir sans objet.

VOOUTEJHEIRIS. s. de tout g. Commissionnaire. Celui qui parcourt les rues pour y faire des commissions.

— Crocheteur. Portefaix qui va de part et d'autre transporter quelle chose que ce soit.

VOOU-TOUERTO. s. f. Voie tortueuse. Chemin détourné. Au fig. Conduite suspecte.

VOOUTO. s. f. Intervalle. Espace de temps plus ou moins long. *L'y a déjà uno voouto que l'esperan* : nous sommes à l'attendre depuis quelque temps.

VOOUTO. s. f. Voyage. Voyez VIAGI.

VOT. Voyez VU. VO.

VOU. conjonct. alternative. Ou. *Que siè blanc vou brun m'est tout un* : que ce soit blanc ou brun ce m'est égal.....

VOUATO. s. f. Ouate. Espèce de coton très-fin que l'on met entre deux étoffes.

VOUESTE.) pron. possessif.
VOUESTRE.) Votre. *Voueste paire. Voueste capeou.*

VOUESTEIS. pron. possessif. plur. Vos. *Vouesteis mans, vouesteis melouns.*

VOUESTO.) pron. possessif fé-
VOUESTRO.) minin. Votre. *Dins vouesto chambro ; à vouesto peço* : dans votre chambre ; à votre propriété.

VOUGA. v. n. Voguer. Aller sur mer.

VOUGA. Voyez AVOUGA.

VOUGNE. v. a. Oindre. Graisser. Frotter d'huile, de graisse, etc. *Vougne leis souliers* : graisser les souliers. Au fig. *Vougne la patto en cauqun* : graisser la patte à quelqu'un, pour dire, le corrompre, le gagner pour de l'argent. *L'y an vougnu la patto per que diguesso ren* : on lui a engraissé la patte pour qu'il ne parla point.

VOUGNU, UDO. part. Oint, ointe. Graissé, graissée.

B.-A. VOUGUE. v. a. Vouloir. *Voueli, voues ou vouèles, voou, voulem, voules, vouloun, vouliou, vougueri, voudrai, voudriou, que iou vougne, que tu vougues, qu'eou vougue, que vouguessiam, que vouguessi, vouguent,*

61

voulent, etc. Être dans la détermination de faire quelque chose.

— Commander, exiger avec autorité.

— Désirer, souhaiter, exiger, etc. *Es un fenian que voou ren faire* : c'est un fainéant qui ne veut absolument pas travailler. *Va vouèli* : je le veux. *Voudriè si marida, mai soun paire va voou pa'nca* : il voudrait se marier, mais son père n'y adhère pas encore. *Vouguè ou vouye maou en cauquun* : vouloir du mal à quelqu'un, c'est avoir de la haine pour lui.

VOUI. partic. affirmative. Oui.

B.-R. VOULA.) v. n. Voler. Vol-
B.-A. VOURA.) tiger. Voleter. Se mouvoir. Se soutenir en l'air par le moyen des ailes.

VOULA. v. a. Voler. Prendre furtivement ou par force ce qui appartient à un autre. Dérober, faire un larcin.

VOULADO. s. f. Volée. Le vol d'un oiseau.

— Bande d'oiseaux qui volent tous ensemble. *Voulado de pigeouns* : volée de pigeons. On appelle familièrement, *Voulado de coou* : volée de coups, un grand nombre de coups donnés à la fois. On dit *Tira à la voulado* : tirer en volant, pour dire, tirer sur un oiseau dans le temps qu'il vole. On dit figurément, *Prendre à la voulado* : prendre la balle entre bond et volée, pour dire, faire une chose dans un moment après lequel il serait à craindre qu'elle ne manquât.

VOULAME. s. m. Faucille. Voyez OOULAME.

VOULARIÈ. s. f. Volerie. Larcin. Pillerie. Escroquerie. *Es uno voulariè* : c'est une pillerie.

VOULASTRA.)
VOULASTREJHA.) v. n. fréquen-
VOULASTRIA.)
tatif. Voleter. Voltiger. Voler à plusieurs reprises, à petites et fréquentes reprises. *Leis pigeouns voulastrejhoun oontour d'oou pigeounié* : les pigeons voltigeaient autour du colombier. *La maire voulastriavo oontour d'oou nis* : la mère voletait autour du nid.

VOULATIHO. s. f. collectif. Volatille. Se dit de tous les oiseaux qu sont bons à manger. *Manjheroun que de voulatiho* : ils ne mangèrent que de la volatille.

VOULE. v. a. Vouloir. Voyez VOU-GUE.

VOULE. s. m. Vouloir. Acte de la volonté. Intention. Dessein. *Bouen voule* : bon vouloir.

VOULETEJHA. v. n. Voltiger. Voler. Voler à petites et fréquentes reprises.

VOULOUNTA. s. f. Volonté. *Viou à sa voulounta* : il vit à sa volonté et selon son caprice.

VOULOUNTARI.) s. m. Volon-
VOULOUNTÈRO.) taire. Qui ne veut faire que ses volontés. *Ès un pichoun voulountèro* : c'est un petit volontaire.

VOULOUNTOUX, OUÈ. adj. Qui est de bonne volonté, de grande volonté. *Aquel enfant fara coouarren es fouesso voulountoux* : cet enfant parviendra, il est de grande volonté.

VOUN.) s. m. Oing. Huile.
VOUNG.) Graisse. Baume, etc. Tout ce qui sert ou qui peut être employé à graisser, à oindre.

VOUN, VOUNCHO. participe. Oint, ointe. Graissé, graissée. On appelle fig. et par mépris, *Carrèlo maou vouncho* : poulie mal graissée, une femme qui gronde, qui rognone habituellement, pour faire allusion au bruit aigre et criard que fait une poulie mal graissée.

VOUNCHURO. s. f. Ointure. Ce qui sert à oindre, à graisser. Au fig. Pitance. Mets ou aliment gras quelconque que l'on mange avec du pain. *Poou pas manjea que noun ague un poou de vounchuro* : il ne saurait manger sans graisser la dent. Il est familier et populaire.

B.-A. VOUNGE.) s. et adj. numé-
B.-R. VOUNZE.) ral. Onze. Nombre composé de six et de cinq.

VOUTA. v. n. Voûter. Faire une voûte.

VOUTA. v. a. Voter, donner sa voix, son suffrage.

VOUNTE. adverbe de lieu. Où. *Vounte sias ana?* Où avez-vous été? Voyez OUNTE.

VOUAYAGEA. v. n. Voyager. Faire voyage.

VOUYANT, ANTO. adj. Brillant, ante. Éclatant. Qui brille, qui paraît, qui a de l'éclat. On le dit de la couleur, des étoffes, comme de tout ce qui sert à la décoration et à l'ameublement, etc. *Coulour vouyanto* : couleur éclatante. *Aco n'est pas vouyant* : cela n'a pas de l'éclat.

VOUYE. Voyez VOULE.

VOYO. s. f. Vigueur. Force. Activité. Volonté. On dit d'une personne qui n'est pas trop en santé, *Que n'a ges de voyo* : qu'elle n'a ni force, ni vigueur. *Un senso voyo* : un indolent, un lendore qui n'a point de bonne volonté d'agir. *Ave la voyo* : Être nonchalant, n'avoir aucune disposition actuelle au travail. *Prendre de voyo* : prendre force et vigueur.

VU. s. m. Vœu. Promesse faite à Dieu.

VUECH. s. m. Huit. Nom de nombre composé de deux fois quatre.

VUEI. Voyez VHUI.

VUEJHA. Voyez VEJHA.

VUEJHE, VIOUJHO. adj. Vide. Qui ne contient que d'air au lieu de ce qui a coutume d'y être. *Ventre vuejhe* : ventre vide. *A lou boussoun vuejhe ou vioujhe* : il a la bourse vide. On dit proverbialement et figurément, *Leis veisseaux vioujhes ou vuejhes cantoun lou miou* : les tonneaux vides resonnent le mieux, pour dire, que les personnes qui font le plus de bruit, sont ordinairement celles qui travaillent le moins.

Y

Y adv. relatif qui a la même signification dans le provençal que dans le français. *L'y voueli p'ana* : je ne veux pas y aller. *Fisa-vous l'y* : fiez-vous y.

Que l'y faren : qu'y fairons-nous.

YBROUGNARIÉ. s. f. Ivrognerie. Voyez IBROUGNO et tous ses dérivés sous la lettre I.

YÈLI. Voyez HIÈLI.

YELO. s. f. Aire. Place unie exposée au grand air, et sur laquelle on foule et l'on évente les blés.

YEOU. Voyez IOU.

YROOU. Voyez EIROOU.

Z

Z'AIS. s. m. Aix. Ville ancienne du département des Bouches-du-Rhône, autrefois la capitale de la Provence. *Ana à Z'ais :* aller à Aix. *Resto à Z'ais :* il demeure à Aix.

ZIZI. s. m. Mésange. Petit oiseau.

ZIGUEZAGUO. s. m. Zigzag. Suite de lignes formant entr'elles des angles aigus. Sinuosité d'un dessin, d'un chemin, etc. *Fai lou zigueza-guo :* il va en serpentant, il fait le zigzag.

ZOU. interj. pour animer. Allons! Courage! Vite. *Anen zou!* Allons courage!

ZOUBA. v. a. Donner des coups. Frapper. Rosser quelqu'un. Il est populaire. *N'y an zouba tant que n'a pouscu pourta :* on lui en a donné plus qu'il n'en pouvait supporter.

ZOUBO ! interj. pour animer, pour encourager. Allons vite ! La main à l'œuvre !

— Impératif du verbe *Zouba.* Frappez !

ZOUNZOUN. s. m. Bourdonnement. Bruit que font les bourdons et autres insectes.

— Bruit monotone semblable au grognement d'une vielle.

ZOUNZOUNIA. v. n. Bourdonner. On le dit du bruit que font certains insectes tels que bourdons, abeilles, etc., etc.

B.-A. ZUERTO. adv. Ce terme n'a d'usage que dans ces locutions adverbiales, *Parla à touto zuèrto :* parler à la volée, parler à tout propos sans réflexion ni retenue, disant indiscrètement tout ce qui vient à la bouche. *Ana à touto zuèrto :* agir à tout hazard, inconsidérément et sans réflexion.

FIN DU DICTIONNAIRE PROVENÇAL-FRANÇAIS.

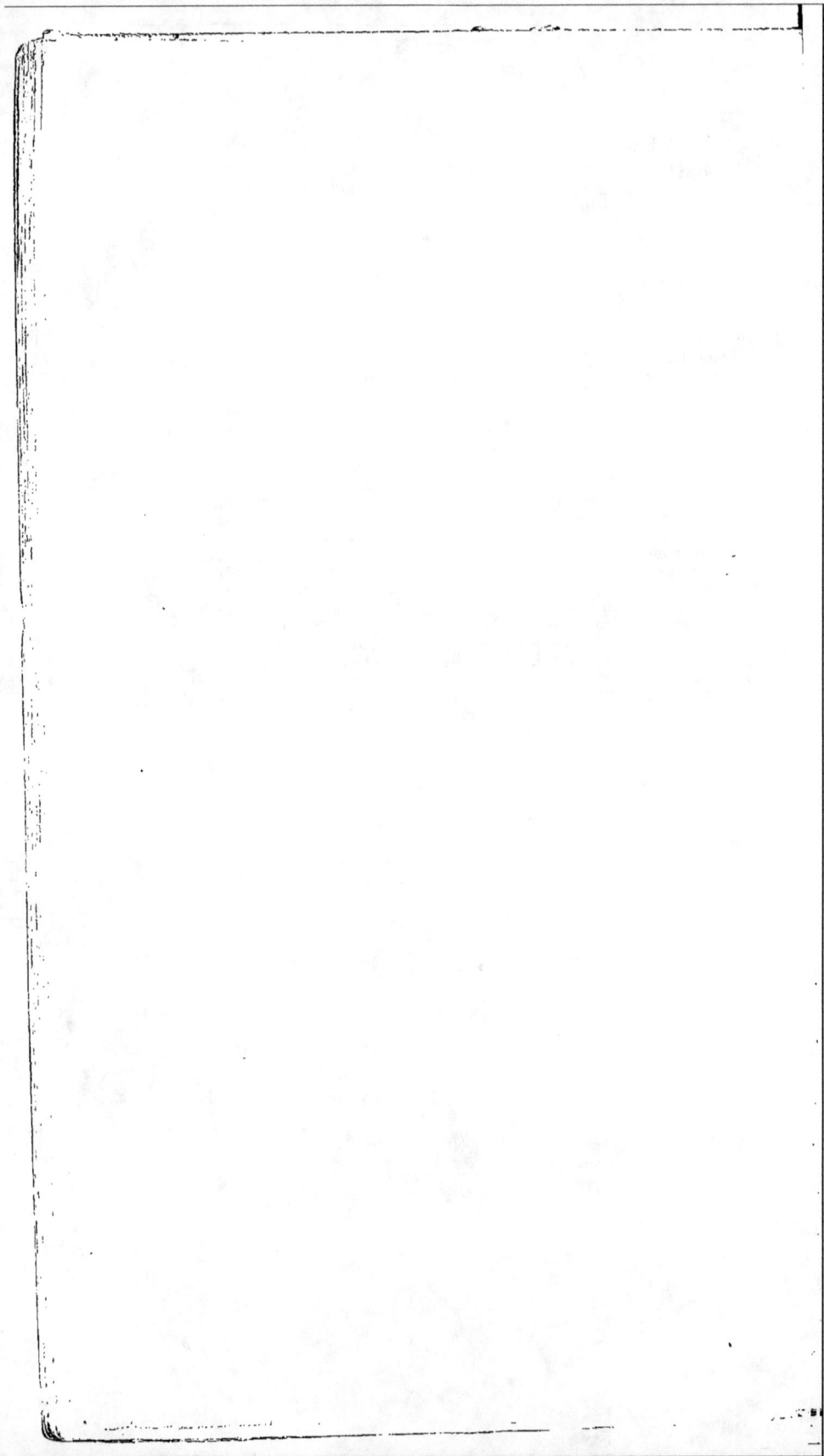

VOCABULAIRE

FRANÇAIS-PROVENÇAL.

AVIS.

)•❖•(

M. Garcin, dans le prospectus de la deuxième édition de son Dictionnaire Provençal, annonce que son ouvrage contiendra beaucoup plus de mots que le mien: il donne en preuve son spécimen. Nous faisons observer à nos lecteurs, que M. Garcin ayant inséré dans ses colonnes les mots communs aux deux langues française et provençale, a dû nécessairement les grossir, ou plutôt, les surcharger, en croyant les enrichir d'une nomenclature fort inutile. Nous avons cru, pour notre compte, qu'il entrait dans notre mission d'être plus économes du temps et de la bourse de nos lecteurs, ainsi que nous les en avons prévenus dans notre Préface. Ces mêmes motifs nous ont également déterminé à ne point admettre dans notre Vocabulaire français, les termes scientifiques qui n'ont point encore reçu de dénomination provençale.

VOCABULAIRE

FRANÇAIS-PROVENÇAL,

PAR J.-T. AVRIL.

APT,

IMPRIMERIE D'EDOUARD CARTIER.

M DCCC XL

VOCABULAIRE

FRANÇAIS-PROVENÇAL.

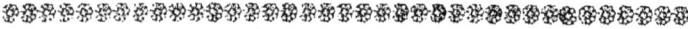

A

ABAISSE. s. f. Terme de pâtissier. Pâte-basse. *Planchië.*

ABAISSER. v. a. *Abeissa. Beissa. Clina.*

ABALOURDIR. v. a. Rendre lourd. *Enlourdi.*

ABANDON. s.m. *Abandoun. Poutras.* Mettre à l'abandon : *poutrassa.*

ABANDONNEMENT. s. m. *Abandoun.*

ABANDONNER. v. a. *Abandouna. Leissa. Quitta.*

ABATAGE. s. m. Terme de bucheron. *Chaple. Coupo.*

ABAT-CHAUVÉE. s. f. Sorte de laine inférieure. *Pelado.*

ABAT-FAIM. s. m. Grosse pièce de viande, etc. *Plat de resistanço.*

ABAT-FOIN. s. m. Ouverture par où l'on fait passer le fourrage aux bestiaux. *Trapo.*

ABATANT. s. m. Volet en usage chez les marchands. *Voulets. Battent.*

ABATARDIR. v. a. Faire déchoir. *Embastardi.*

ABATIS. s. m. Terme de boucher. *Toumbado.* — Terme d'agric. *Tarrado.*

ABATIS. } s. m. Lieu public ABATOIR. } où les bouchers tuent le bétail. *Tuarië. Adoubadou.*

ABATTEUR. s. m. Parlant des bêtes de boucherie. *Sagataire. Tuaire.*
— Parlant des arbres. *Bouscatië.*

ABATTRE. v. a. Mettre à bas. *Acana. Gitta oou soou.*

62

— v. réci. S'abattre. *Si descouraycu.*

ABATTURES. s. m. Traces. Foulures des bêtes fauves. *Piados.*

ABBAYE. s. f. Monastère. *Abbadië. Abbeihië.*

ABCEDER. v. n. Tomber en abcès. *Acampa.*
— S'abcéder. v. récip. *S'apoustemi. S'abregui.*

ABDICATION. subs. f. Demission. *Abdicatien.*

ABDIQUER. v. a. *Renounça. Si deimettre.*

ABEC. s. m. Appât. Amorce. *Morça.*

ABECEDAIRE. s. m. Livre élémentaire. *Alphabéto. Santo-croix.*

ABECQUER. v. a. Donner la becquée. *Douna la becado.*

ABÉE. s. f. Ouverture par où coule l'eau d'un moulin. *Gourjhareou. Espacië.*

ABEILLAGE. } subst. m. Ruche ABEILLON. } d'abeille. *Brusc. Souco d'abeiho.*

ABEILLE. s. f. Mouche à miel. *Abeiho.*

ABETIR. v. a. Rendre stupide. *Rendre hebeta. Deimemouria.*

ABETI, IE. part. et adj. *Habeta, ado. Deimemouria, ado. Besti. Fada, ado.*

AB-HOC ET AB-HAC. adv. Confusément, sans ordre. *Barlic et barloc. Tabic et taboc.*

ABHORRER. v. a. *Abourra. Ave en hourrour. Ave en odi.*

ABIME. s. m. *Aven. Precipici. Founsou.*

ABIMER (S'). v. récip. *S'abima. Si precipita. Si proufounda. S'aproufoundi.*

— Au fig. *Si tua. S'escrasa.*

ABJECT, ECTE. adj. Vil. Méprisable. Sé dit des personnes. *Senso sentiment.*

ABLACTATION. s. f. Sevrage. *Deimamagi.*

ABLAIS. s. m. Dépouille du blé. *Espigaou. Peyoun.*

ABLE. } s. f. Poisson d'eau
ABLETTE. } douce. *Sófi.*

ABLERET. s. m. Filet à prendre des ables. *Calen.*

ABLUTION. s. f. Vin et eau que le prêtre prend après la communion. *Darnièreis buretos.*

ABOI. } s. m. Cris du
ABOIEMENT. } chien. *Jhaparié, jhapado.*

ABOIS. (ETRE AUX). adv. *Estre oou nis de la ser.*

ABOLITION. s. f. *Aboulitien.*

ABONDAMMENT. adv. *En aboundanci.*

ABONDANCE. s. f. *Aboundanci.*

ABONDER. v. n. *Abounda.*

ABONNEMENT. s. m. *Abounament.*

— Terme des maréchaux-ferrant. *Candou.* — D'un cheval dans une écurie. *Affenagi.*

ABONNER. v. a. *Abouna.*

— v. récip. Terme de maréchal-ferrant. *Mettre à candou.*

ABONNIR. v. a. Rendre meilleur. *Bounifia.*

ABORIGENES. s. m. plur. *Que soun ouriginaris doou pays.*

ABORTI, IVE. adj. Se dit des fruits. *Acebenchi. Nousa.*

ABOUTISSANS. s. m. plur. Les tenans et aboutissans d'une maison, d'un terrain, etc. Confrons. *Counfrouns.*

ABOUTISSANT. ANTE. part. *Aboutissent, ento.*

ABOYER. v. n. Se dit du chien lorsqu'il aboie. *Jhapa.*

ABOYEUR. s. m. Qui aboie. *Jhapaire.*

ABRÉGÉ. s. m. *Abrejha.*

ABRÉGER. v. n. *Coupa-court Escourchi.*

ABREUVER. v. a. Faire boire. *Abeoura.*

ABREUVOIR. s.m. Lieu où l'on mène boire les bestiaux. *Conquo. Piélo. Begudo.*

ABRI. s. m. *Sousto. Souleyaire. Caynard.*

— S'abriter. v. récip. *S'assousta. S'abrita. S'estrema.*

ABRICOT. s. m. Fruit à noyau. *Ambricot.*

ABRICOTIER. s. m. Arbre à fruit. *Ambricoutié.*

ABROUTI, IE. adj. Terme de bois et forêts. *Abrouqui. Deicima.*

ABSINTHE. s. f. Plante médicinale. *Encen.*

ABSOLUTION. s. f. *Absoulutien.*

ABSORBER. v. a. parlant des liquides. *Beoure. Cahi. Poumpa.*

ABSTEME. s. de t. g. Qui ne boit point du vin. *Beou-l'aiguo.*

ABSTENIR (S'). v. récip. *Si priva.*

ABSTERGER. v. a. Terme de médecine. *Nettejha, lava uno playo.*

ABUSER (S'). v. récip. *S'avugla. S'enganna.*

ACABIT. s. m. *Sorto. Espeço. Qualita.* — De bon acabit : *De bouéno qualita.*

ACAGNARDER. v. a. et récip. *Affenianti. Agourrina.*

ACARIÂTRE. adj. de t. g. *Rampinoux. Menèbre. Acariastre.*

ACARNE. s. m. Poisson de mer. *Beis hueils.*

ACARUS. s. m. *Verme doou froumai ou doou froumagi.*

ACCABLANT, ANTE. adj. *Assoumant, anto.*

ACCABLER. v. a. *Accabla. Assouma.*

ACCAPARER. v. a. *Encaparra. Tout rebaya: Accaparra.*

ACCAPAREUR, EUSE. s. *Accaparrur, uso. Encaparrur.*

ACCÉLÉRER. v. a. *Despacha. Faire leou.*

ACCEPTATION. s. f. *Acceptatien.*

ACCEPTER. v. a. *Accepta.*

ACCLAMATION. s. f. *Acclamatien.*

ACCLIMATER. v. a. et récipr. *S'acclimata. S'accoustuma.*

ACCOINTER. } v. n. et récip. Vivre
ACCOINTIR. } familièrement, faire société avec quelqu'un. *Etre soci.*

ACCOLAGE. s. m. Travail de vigneron. *Emparéissouna la vigno.*

ACCOLER. v. a. Joindre ensemble.

Jhougne. Estaca ensen.

ACCOLURE. s. f. *Liame per estaca la vigno.*

ACCOMMODER. v. a. *Accoumouda. Prepara.*

ACCOMMODAGE. s. m. *Accoumoudagi.*

ACCOMMODEMENT. s. m. *Accoumoudament.*

ACCORD. s. m. *Pacho.* — D'accord! interj. *L'y counsente. Ansin sié.*

ACCORDAILLES. s. f. plur. *Accords de mariagi.*

ACCORDÉ, ÉE. s. Celui et celle qui sont engagés pour le mariage. *Pretendu, udo. Novi.*

ACCORDER. v. a. *Accourda.* — Parlant de mariage. *Faire leis accords.*

ACCOUARDIR (S'). v. récip. *S'appoultrouni.*

ACCOUCHÉE. s. f. *Accouchado. Jhassen.*

ACCOUCHEUSE. s. f. *Accouchuso. Baylo. Sageo-fremo.*

ACCOUDER (S'). v. récip. S'appuyer du coude. *S'accouda.*

ACCOUPLÉ, ÉE. adj. et part. On le dit des chiens. *Empecouya, ado. Empega, ado.*

ACCOUPLER. v. a. *Accoubla. Appria. Mettre ensen.*

ACCOURCIR. v. a. et récip. Rendre plus court. *S'escourchi. Si retira.*

ACCOUTREMENT. s. m. *Accoutrament.*

ACCOUTUMÉE (A L'). adv. A l'accoustumado.

ACCOUTRER. v. a. Parer d'habits. *Accoutri. S'accoutri.*

ACCOUVE, ÉE. adj. Qui garde le coin du feu. *Acantouna. Aperesi. Apoultrouni.*

ACCROC. s. m. Déchirure. *Estras. Fendurasso.*

ACCROCHER. v. a. et récip. *Accroucha. Pendre. Suspendre.*

ACCROIRE (FAIRE). v. n. *Faire encreire.*

ACCROISSEMENT. s. m. *Creissenço. Ooumentatien.*

ACCROITRE. v. a. *Ooumenta. Creisse.*

ACCROUPIR (S'). v. récip. S'asseoir sur les talons. *S'escrancha. S'agroua. S'agroumouli.*

ACCROUPI, IE. partic. *Agroussa. Accoufla, ado. Agroutouni, ido. Agroua, ado.*

ACCUEILLIR. v. a. *Recebre. Acuhi-cuera. Si rambla.*

ACCULER (S'). v. a. et récip. Pousser dans un coin. *S'accoufigna. S'a-cuera. Si rambla.*

ACCUMULER. v. a. Amasser. *Acampa.*

ACCUSATION. s. f. *Accusatien. Denounciatien.*

ACCUSER. v. a. *Accusa. Denounça.*

ACERBE. adj. de t. g. Se dit d'un fruit. *Aspre, Aspro.*

ACÉRER. v. a. Joindre, mettre de l'acier. *Acieira. Aciera.* Au fig. *Aigri. Irrita. Mourdent. Enverina, ado.*

ACÉRÉ, ÉE. adj. Aigu. *Pounchu. Que coupo ben.*

ACÉTEUX, EUSE. adj. Quelque peu aigre. *Aiyrelet. Qu'eigrejho.*

ACHALANDER. v. a. et récip. *Achalanda. Avouga.*

ACHARNER. v. a. et récip. *S'acharna. S'appountela.*

ACHE. s. f. Plante potagère. *Apifer.*

ACHEMINEMEMT. s. m. *Acaminament.*

ACHEMINER. v. a. et récip. *Acamina. Mettre en trin.*

ACHETER. v. a. *Croumpa. Acheta.*

ACHETEUR. s. m. *Croumpaire. Chaland.*

ACHEVER. v. a. Terminer. *Acaba. Feni.*

ACHEVEMENT. s. m. Fin. *Finissien. Acabada.*

ACONIT. s. m. Plante. *Touaro. Touèro.*

ACOQUINER. v. a. et récip. Attirer. Attacher. *Apoultrouni. Agourina.*

ACQUÉREUR. s. m. *Aquerour.*

ACQUÉRIR. v. a. *Croumpa. Acheta,*

ACQUET. s. m. famil. *Gazan. Proufit.*

ACQUISITION. s. f. *Aquisitien.*

ACQUIT (JOUER A L'). Façon de parler adverb. *Embasta. S'embasta.*

ACQUITTER. v. a. *Aquitta. Paga.*

ACRE. adj. de t. g. *Que rounjho. Rounjhant.*

ACRETÉ. s. f. *Acreta.*

ACROBATE. s. m. Dansur de couerdo.

ACTION. s. f. *Actien.*

ACTIVITÉ. s. f. Au fig. Diligence. Promptitude à faire un travail. *Activita. Mousco.*

ADAGE. s. m. Proverbe. *Proverbi. Diton.*

ADDITION. Première règle d'arithmétique. *Adition.*

ADDITIONNER. v. a. Faire une addition. *Aditiouna.*

ADÉPHAGIE. s. f. Apetit vorace. Estre avala. *Fam canino.*

ADHÉRENT, **ENTE**. adj. Attaché à... *Attenent. Que si tenoun.*

ADJACENT, **ENTE**. adj. *Toucant, anto. Que si tocoun.*

ADHÉRER. v. a. Acquiescer. *Counsenti.*

ADIEU. s. m. Sorte de salut. Au sing. *Adiou.* Au pl. *Adioucias.*

ADJURATION. s. f. Exorcisme. *Escounjhuration.* Faire l'adjuration : *Escounjhura lou tems.*

ADMINISTRATEUR. s. m. *Administratour.*

ADMINISTRER. v. a. *Administra.*

ADMONETER. v. n. *Reprimanda. Remouchina.*

ADONISER (S'). v. récip. *Si pimparra. Si fa're beou. Si mettre su soun trent'un.*

ADONNÉ AU JEU. adj. *Ajhugui, ido.*

ADORATION. s. f. *Adouration.*

ADORATEUR. s. m. *Adouratour.*

ADORER. v. a. *Adoura.*

ADOS. s. m. Terme de jardinage. Terre en talus. *Ribo. Coustièro.*

ADOSSER. v. a. Mettre le dos contre. *Appuya couentro.*

ADOUCISSANT, **ANTE**. adj. *Adoucissent, ento.*

ADOUCIR. Appaiser v. a. *Amadoua.*

ADRESSE. s. f. Dextérité. *Gaoubi. Biai. Adresso.*

ADRESSER. v. a. *Adreissa.*

ADROIT, **ADROITE**. adj. *Engaoubia, ado. Adrech echo.*

ADROITEMENT. adv. *Adrechament.*

ADULATEUR. s. et adj. m. Qui flatte. *Mancou. Pato douco.*

ADULATRICE. subs. et adj. fém. *Manèlo.*

ADULER. v. a. Flatter bassement. *Manelia. Beisa patin. Faire pato de velours.*

ADVENTICE. adj. Qui croît sans avoir été semé, ni planté. *Avanturié. Planto avanturièro.*

ADVENTIF, **IVE**. adj. Biens qui arrivent par succession. *Aventis, isso.*

ADVERSAIRE. s. de t. g. *Aversari. Adversari.*

ADVERSITÉ. s. f. Malheur. *Misère. Couentro tem.*

ADYNAMIE. s. f. Terme de médecine. *Feblesso. manquo de coyo.*

AÈRE, **ÉE**. adj. *Aéra, ado.*

AÉRER. v. n. Exposer à l'air. *Faire serena. Douna d'er.*

AÉROSTAT. s. m. Globe de toile ou de papier. *Goblo. Globo.*

AFFABILITÉ. s. f. Bonne grâce. Douceur, etc. *Avenenço. Bouenograci.*

AFFABLE. adj. de t. g. *Avenent, avenento. Honneste.*

AFFADIR. v. a. et récip. Devenir fade. *Deifadouri.*

AFFADISSEMENT. s. m. *Deifadourissament.*

AFFAISSEMENT. s. m. Parlant de terrain. *Founso. Abeissament.*

AFFAIRE. s. m. Occupation. *Obro. Travai.*

AFFAIRÉ, **ÉE**. adj. Qui est accablé d'affaires. *Affera. Ooucupa. Tout en obro.*

AFFAISSER. v. a. et récip. *Escagassa. Ensaca.*

AFFAMÉ, **ÉE**. adj. *Affamina. Mouer de fam.* Etre affamé : *Ave lou ruscle, la fringalo.*

AFFECTATION. s. f. *Affectation.*

AFFECTER. v. a. *Affecta.*

AFFECTIONNER. v. a. *Affectionner.*

AFFERMER. v. a. *Arrenda. Afferma. Prendre à rendo.*

AFFÈTERIE. s. f. Manières recherchées. *Affectation.*

AFFICHER. v. a. *Afficha.*

— **AFFICHEUR**. s. m. *Affichur.*

AFFILER. v. a. Aiguiser. Donner le fil à un instrument. *Affièta. Affièra.*

AFFINER. v. a. et récip. *Si bounifica. Veni mihou.* Fromage affiné : *Froumagi cacha.*

AFFLIQUETS. s. m. Objets de parure. *Beloyos. Jhucour. Beluros.*

AFFLICTION. s. f. *Afflictien. Chagrin. Peno.*

AFFLUER. v. n. Arriver en nombre. *Afflouca. Veni de partout.*

AFFIRMER. v. a. Assurer. *Affourti. Souteni. Assura.*

AFFOLÉ, **ÉE**. partic. Rendre passionné. *Fouèle. Estre fouel de caouqu'un.*

AFFREUX, **EUSE**. adj. *Affroux, oué. Hourrible.*

AFFRIANDER. { v. a. Attirer par
AFFRIOLER. } quelque chose
d'agréable. *Agroumandi.*

AFFRONTER. v. a. *Affrounta.*

AFFRONTEUR, EUSE. adj. Qui brave.
Affrountur, uso.

AGACEMENT DES DENTS. s. m.
Entigo. Enterigou.

AGACER LES DENTS. v. a. *Faire
interigou. Faire veni l'entigo.*

AGACER QUELQU'UN. s. m. *Cooutiga. Chicoula. Chicouta. Gathia.*

AGACERIE. s. f. Manières séduisantes. *Coutigou. Chicoulo.*

AGARIC. s. m. Sorte d'amadou.
Esco.

AGATIS. s. m. Dégâts faits aux arbres par les bêtes. *Dooumagi.*

AGÉ, ÉE. adj. *Ajha, ajhado.*

AGENCEMENT. s. m. Manière d'arranger, de mettre en ordre. *Enjhoumbriaduro. Enjhançament.*

AGENGER. v. a. Ajuster. Parer.
Alisca. Enjhoumbria. Enjhança. Entouina.

AGENDA. s. m. Petit livre de notes.
Libre de notes. Gardabcou.

AGENOUILLER. v. a. et récip. *Ajhoulina.*

AGENOUILLOIR. s. m. Agenouiller.
Prégo-dieu. Ajhoulinoir.

AGGLOMERER (S'). v. récip. *S'accampa.*

AGILE. adj. de t. g. Léger, dispos.
Degajha. Hardi.

AGILITÉ. s. f. Légèreté. *Degajhement.*

AGIOTAGE. s. m. *Agioutagi.*

AGIOTER. v. a. *Agiouta.*

AGIOTER. s. m. *Agioutur.*

AGISSANT, ANTE. adj. Actif, active.
Que toujour vancgo.

AGITATEUR. s. m. *Bouto-buciro.
Seditiou.*

AGITATION. s. f. Trouble de l'ame.
Espaïme.

AGNEAU. s. m. Petit d'une brebis.
Agneou. Agnelet.

AGNEAU D'UN AN. *Anouge.*

AGNELER. v. n. Mettre bas un
agneau. *Agnela.*

AGNELINE. s. f. Laine des agneaux.
Anis. Agnin.

AGRAFE. s. f. Crochet. *Crouchet.*

AGRAFE (PORTE D'UNE). *Maihetto.*

AGRAFER. v. a. Attacher avec une
agrafe. *Croucheta.*

AGRANDIR (S'). v. récip. Étendre
son logement, ses possessions. *Si relarjha. S'agrandi.*

AGRÉER. v. n. Plaire. Trouver bon.
Agrada. Couveni.

AGRESSEUR. s. m. Celui qui attaque un autre. *Attaquaire. Prouvoucatour.*

AGRESTE. adj. de t. g. Rustique.
Souvagi. Fer, fero. Champêtro.

AGRICOLE. ad. de t. g. Adonné à
l'agriculture. *Campagnard.*

AGRICULTEUR. s. m. Qui cultive la
terre. *Peysan. Cultivatour. Meinagie.*

AGRIFFER. { v. a. Saisir avec les
AGRIPPER. } griffes ou avec les
mains. *Aganta. Arrapa.*

Ah ! Interjection. *Ai ! Hai !*

AHANER. v. n. Haleter en travaillant. *Souffla.*

AHEURTEMENT. s. m. Obstination.
Entestament.

AHEURTER (S'). v. récip. S'obstiner. *S'entesta. Si cubra.*

AHI ! { Exclamation de douleur.
AIE ! } *Ai ! Oui !*

AHURIR. v. a. Interdire. *Atupi.*

AHURI, IE. adj. et partic. *Jhugea.
Sot. Atupi.*

AIDE. s. m. Secours. *Ajhudo. Secours.*

AIDE (A L'). adv. *Oou secours.*

AIDER. v. a. *Ajhuda.*

AIEUL. s. m. Grand-père. *Pèro,
grand, segne grand.*

AIEULE. s. f. Grand-mère. *Mèregrand.*

AIEULX. s. m. plur. Devanciers.

AIGUAIL. s. m. Rosée. *Eigagno,
Aigagnoro.*

AIGUAYER. v. a. Passer légèrement dans l'eau. *Refresca. Remuya.*

AIGLE. s. m. Oiseau de proie.
Aiglo.

AIGREFIN. s. m. Terme de mépris.
Chivalié d'industrio.

AIGREMOINE. s. f. Plante médicinale. *Sourbeiretto.*

AIGRETTE. s. f. Terme de botanique. Panache. *Plumachou. Roumadaou.*

AIGREUR. s. f. Qualité aigre. Au
fig. Rancune. *Eigrou. Rancuno.*

AIGU, UE. adj. Pointu. Perçant.
Pounchu, udo. Mourdent, ento.

AGUIÈRE. s. f. Vase à Mettre de
l'eau. *Eigadièro. Pot à l'eau*

AIGUILLADE. s. f. Gaule pour piquer les bœufs. *Aguya. Aguyado.*

AIGUILLE. s. m. Petite verge de fer percée. *Aguyo.*

AIGUILLÉE. s. f. Longueur de fil pour mettre à une aiguille. *Aguyado.*

AIGUILLON. s. m. Piquant d'une abeille. *Aguyoun.*

AIGUILLON. s. m. Pointe d'un bouvier. *Aguyado.*

AIGUILLONNER. v. a Piquer. Stimuler. *Pougne.*

AIGUISER. v. a. Rendre aigu, tranchant. *Amoula. Apouncha,*

AIL. s. m. Plante légumineuse. *Ayet.*

AULX (BOTTE, TRESSE D'). *Couble. Ras d'ayets.*

AILE. s. f. Ce qui sert aux oiseaux à voler. *Alo. Aro.*

AILÉ, ÉE. adj. Qui a des ailes. *Ala , alado.*

AILLADE. s. f. Sauce à l'ail. *Ayoli.*

AILLEURS. adv. *Aihur.*

AIMER. v. a. Avoir de l'affection. *Ama. Aima.*

AINÉ. adj. m. Premier né. *Einé. Majou. Eyna.*

AINÉE. adj. f. *Eineyo. Eynado.*

AINE OU AISNE. s. f. Partie du corps de l'homme. *Lengue.*

AINSI. adv. De cette façon. *Ansin.*

AINSI-SOIT-IL adv. *Ansins , sié.*

AIONS. s. m. plur. Endroit où les chandeliers pendent leurs chandelles. *Taihié.*

AIRAIN. s. m. Cuivre mêlé. *Cuivreroujhe.*

AIRE. s. f. Place pour battre ou fouler les grains. *Yéro.*

AIRÉE. s. f. Gerbes étendues sur l'aire pour y être foulées. *Hiroou. Eyroou.*

AIS. s. m. Planche de bois. *Pous.*

AISANCES. s. f. plur. Commodités publiques. *Priva. Pâti. Cagarello.*

AISCETO. s. m. Instrument de tonnelier. *Picoussin.*

AISEMENT. adv. *Eisadament.*

AJOURNER. v. a. Assigner. *Ajhourna. Faire cita.*

AJOUTAGE. s. m. Ce que l'on ajoute. *Ajhus. Ajhustorium.*

AJOUTER. v. a. Amplifier. *Ajhusta.*

AJUSTER. v. a. Terme de balancier. *Alioura.*

AJUSTER (S'). v. récipr. Se parer. *S'extrinca. S'endimencha.*

ALANGUIR (S'). v. récip. Perdre son énergie. *Lacha. Moula.*

ALATERNE. s. f. Plante. *Fiélagno.*

ALBERGE. s. f. Pêche précoce. Fruit. *Oouberjho.*

ALBIGEOIS. s. m. Sectaire. *Huganaou.*

ALBRENÉ , ÉE. adj. Qui a perdu son plumage. *Esplumassa , ado.*

ALCÉE. s. f. Mauve sauvage. Plante. *Canebas. Maouvo. Mavo.*

ALCOOL. s. m. Terme de chimie. *Esprit de vin.*

ALCYON. s. m. Oiseau aquatique. *Arnié.*

ALÈNE. s. m. Sorte de poinçon à percer le cuir. *Aleno. Areno.*

ALERTE. adj. de t. g. Gai. Vif. *Escarabihat. Reveya , ado.*

ALGARADE. s. f. Réprimande. Remouchinado. *Paragaro.*

ALGUAZIL. s. m. Garde forçat. *Argousin.*

ALGUE. s. f. Herbe marine. *Aougo.*

ALIBIFORAIN. s. m. Mauvaise défaite. Terme populaire. *Vingt-un de Sarrian. Chercher des alibiforains : cerca lou vingt-un de Sarrian. Cerca miejhour quatorghouros.*

ALIÉNER. v. a. Vendre. *Aliéno.*

ALIGNEMENT. s. m. *Alignament.*

ALIGNER. v. a. *Aligna.*

ALITER. v. a. et récip. Garder le lit. *Aliecha. S'aliéchu.*

ALLAITEMENT. s. m. Action d'allaiter. *Alachament.*

ALLAITER. v. a. Nourrir de son lait. *Alacha.*

ALLANT. s. m. Qui va, qui vient. *Anent. Anant. Courreire.*

ALLÉCHER. v. a. *Attira.*

— Attirer un enfant vers soi. *Faire estaito.*

ALLÉE. s. f. Lieu propre à se promener. *Aléyo, léyo.* — Terme d'agriculture. *Oouliéro. Aléyo. Oouvièro.*

ALLÉGER. v. a. *Alioujha. Descarga.*

ALLÉGUER. v. a. *Mettre en avant.*

ALLER. v. n. *Ana.* — S'en aller : *s'en ana.*

ALLONS! Interjection. *Anen!*

ALLONS-DONC! interjection. *Açavai. Ah vai !*

ALLIACÉE. adj. f. D'ail. *D'ayet.*

Odeur alliacée : *Oudouïr d'ayet. Que sente l'ayet.*
ALLIAGE. s. m. *Alliagi.*
ALLUME. s. f. Flambart. *Candeou.*
ALLUMER. v. a. Mettre le feu. *Alluma. Abra.*
ALLUMETTE. s. f. Brin de bois soufré. *Brouquetto.*
ALLUVION. s. m. *Eissarrindo.*
ALONGE. s. f. Pièce que l'on met à un habit, à un meuble pour l'alonger. *Ajhus. Ajhustorium.*
ALONGEMENT. s. m. Lenteur affectée. *Allonghi.*
ALONGER. v. a. Rendre plus long. *Allounga.*
ALORS. adverbe. *Adounc.*
ALOUETTE. s. f. Oiseau. *Calandro.*
ALOUETTE HUPPÉE. s. f. *Calandro capeludo.*
ALOUVI, IE. adj. Insatiable. Affamé. *Aloubati.*
ALTIER, IÈRE. adj. Fier. Hautain. *Haouturoux, ouc.*
ALUINE. s. f. Plante amère. *Encen.*
ALVÉOLE. s. f. Cellule d'abeille. *Traou. Logeo. Chambretto.*
AMADIS. s. m. Bout de manche. *Pougnet. Granatino.*
AMANDE. s. f. Fruit à coquille. *Amendo. Amélo.* Amande verte : *Amendoun.*
AMANDÉ. s. m. *L'ach d'amendos.*
AMANDIER. s. m. Arbre à fruit. *Amendié.*
AMANT. s. m. Qui aime une personne de l'autre sexe. *Calegnaire. Amouroux.*
AMANTE. s. f. *Mestresso. Calegneïris.*
AMAZONE. s. f. Femme guerrière. *Amazouno.*
AMASSER. v. a. Faire amas. *Accampa. Amossa.*
AMASSER (S'). v. récip. Se réunir. *S'accampa.*
AMASSEUR. s. m. *Acampaire.*
AMASSETTE. s. f. Terme de peintre. *Couteou pliant.*
AMBROISE. s. m. Nom d'homme. *Ambrosi.*
AMENDER. v. a. Parlant des terres. *Bounifia. Bounifica.*
AMENDER (S'). v. récip. *Si courrigea.*
AMENER. v. a. Mener où l'on est. *Aduerre.*

AMENÉ, ÉE. partic. *Adu, aducho.*
AMENUISER. v. a. Rendre moins épais. *Aprima. Amenci.*
AMER, ÈRE. adj. Qui a une saveur rude et désagréable. *Amar, amaro.*
AMERTUME. s. f. Saveur amère. *Marsou. Amarsou.*
AMEUBLIR LA TERRE. v. a. Rendre meuble. *Exprima. Eimietta.*
AMEULONNER. v. a. Mettre en meule. *Amoulouna. Amourouna.*
AMIDON. s. m. Pâte de froment sèche pour coller. *Empes-cru.*
AMIE. s. f. Qui aime. *Amigo.*
AMITIÉS (FAIRE DES). adv. *Faire de quechièros.*
AMINCER. v. a. Rendre plus mince. *Aminci. Aprima.*
AMNIOS. s. m. Enveloppe du fœtus. *Crespino.*
AMONCELER. v. a. Entasser. *Amoulouna.*
AMPHIGOURI. s. m. Discours sans ordre. *Galimathias. Pastarot.*
AMPLEUR. s. f. Terme de tailleur. *Found: Amplou.*
AMPLIFIER. v. a. *Groussi. Ooumenta.*
AMPOULETTE. s. f. Horloge de sable. *Sabliè.*
AMULETTE. s. f. Prétendu préservatif. *Amagiè.*
AMODIATEUR. s. m. Terme d'agriculture. Qui prend une terre à ferme. *Megiè. Rendiè.*
AMODIER. v. a. Affermer une terre. *Afferma . beila à rendo.*
AMOLLIR. v. a. Rendre mou. *Remouli.*
AMONELER. v. a. Entasser. *Amoulouna.*
AMOUREUX. adj. et subs. *Amouroux. Galant. Calegnaire.*
AMURGUE. s. m. Sédiment de l'huile. *Crasso-d'holi. Crapos-d'holi.*
AMYGDALES. s. f. plur. Glandes. *Glandos.*
ANCÊTRES. s. m. pluriel. Aïeux. *Devanciers. Encians.*
ANCHE. s. f. Terme de moulin à farine. *Farneiroou.*
ANCHOIS. s. m. Petit poisson salé. *Anchoyo.*
ANCIEN, IENNE. adj. Qui est depuis longtemps. *Viei. Encian. Encianno.*
ANCOLIE. s. f. Plante. *Galantino.*

ANDAIN. s. m. Terme d'agriculture. *Endai. Endano.*

ANDOUILLE fraiche. s. f. Terme de charcutier. *Andouilhetto.*

ANDOUILLE sèche ou fumée. *Anduecho. Marsoun.*

ANE. s. m. Animal domestique. *Ai. Aze. Bourrisquou.*

ANÉE. s. f. Charge d'un âne. *Cargo d'un ai.*

ANERIE. o. f. Grande ignorance. *Pestiso.*

ANESSE. s. f. Femelle de l'âne. *Saoumo.*

ANESSE (PETITE). *Saoumetto.* Petit d'une ânesse. *Saoumin.*

ANFRACTUEUX , EUSE. adj. (Chemin , voie). *Touer , touerto.*

ANGE. s. m. Créature spirituelle. *Angi.*

ANGE peint avec des grosses joues, ou joufflu. *Angi bouffareou.*

ANGINE. s.f. Maladiees. Esquinancie. *Ancoués. Galets.*

ANGLE d'une maison, d'un mur. s. f. *Cantoun. Cantounado.*

ANGLEUSE. adj. f. Se dit de certaine qualité de noix. *Estrechano. Estrecho.*

ANGOISSE. s. f. Peine , souffrance , chagrin. *Angouisso.*

ANGOISSE (POIRE D'). s. f. Sorte de poire acerbe. *Pero cougourdano.*

ANGROIS. s. m. Coin pour fixer un manche. *Couqnet , perfa teni lou manche d'uno destraou ou d'un marteou.*

ANGUILLE. s. f. Poisson. *Anguièlo. Anguiéro.*

ANGUILLE. s. f. Bourrelet. Faux pli des draps. *Rigou-migou. Frouncissuro.*

ANICROCHE. s. f. Difficulté. *Nicrocho.*

ANIMAL. s. m. Bête quelconque. *A iimaou.*

ANIER. s. m. Qui conduit des ânes. *Menaire d'ais.*

ANIMAL. Au figuré. Stupide. *Besti. Darnagos. Fayoou.*

ANIMÉ, ÉE. adj. et participe. *Afferat. Affusca , ado.*

ANIMOSITÉ. s. f. Haine. *Héno. Rancuno. Dent-de-lach.*

ANNE. s. f. Nom de femme. *Anno. Nanoun.*

ANON. s. m. Petit âne. *Saoumin. Poulin , ainet.*

ANNEAU. s. m. Bague. *Anneou.*

ANNETTE. s. f. diminutif. Nom de femme. *Nanetto.*

ANNÉE. s. f. Annado.

ANNOISE. s. f. Plante. *Herbo de sant Jean.*

ANNONCE. s. f. Publication. *Crido. Assachets. Publicatien.*

ANSE. s. m. Ce qui sert à prendre et porter un vase. *Manceyo.*

ANTENNE. s. f. Corne de certains insectes. *Bano.*

ANTHRAX. s. m. Terme de médecine. *Charbouncle.*

APOLTRONER. v. récip. *S'apoultrouni.*

APOSTAT. s. m. *Renegat.*

APOSTUMER. v. n. Tourner en apostume. *Apoustemi.*

APPARAITRE. v. n. Se rendre visible. *Si faire veire.*

APPARAT. s. m. Éclat. *Esçlat. Apparençò.*

APPAREILLER. v. n. Assortir. *Apparia. Mettre ensen.*

APPARIER. v. a. Unir par couples. *Accoubla.*

APPAUVRIR v. a. Rendre pauvre. *Appaouri. Rouina.*

APPEAU. s. m. Sifflet pour attirer les oiseaux. *Chillet.*

APPEAU. s. m. Oiseau pour attirer les autres. *Rampeou. Sambet. Simbeou.*

APPELER. v. n. *Crida. Souna. Appella.*

APPETESSANT , ANTE. adj. *Goustour , oué.*

APPILER. v. a. Mettre en pile. *Empiela.*

APPLICATION. s. f. *Affuscation.*

APPLIQUER TROP (S'). v. récip. *S'affusca.*

APPLIQUER QUELQUE CHOSE. *Coula. Empega.* Appliquer un soufflet. *Empaouma.*

APPOLLONIE. s. f. Nom de femme. *Appouloni.*

APPORTER. v. a. *Aduerre. Pourta.*

APPRÉCIATION. s. f. Évaluation. *Estimatien. Estimo.*

APPRÉCIATEUR. s. m. Celui qui évalue. *Estimadou. Expert.*

APPRÉCIATRICE. s. f. Celle qui

est chargée d'évaluer. *Estimeiris.*

APPRÉCIER. v. a. *Estima. Faire l'estimo.*

APPREHENDER. v. a. *Creyne. Ave poou. Tema.*

APPREHENSION. s. f. *Crento. Prensien. Teme.*

APPRENTIF. s. m. *Aprendis.*

APPRÊTS des alimens. s. m. *Adoubagi. Aprestagi.*

APPRÊTER. v. a. Assaisonner. Faire cuire. *Adouba. Prepara. Couina.*

APPRIVOISER. v. a. *Aprivada.*

APPROPRIER. v. a. Ajuster. Agencer. *Alisca. Extrinca.*

APPROUVER. v. a. *Approuva.*

APPROVISIONNER. v. a. Pourvoir d'une chose. *Prouvesi. Prouvi.*

APPUYER. v. a. *Sousteni. Appuya.*

APRE. adj. de t. g. Rude au goût. *Aspre.*

APRE. adj. de t. g. Rude au toucher. *Rufe.*

APRÈTÉ. s. f. Qualité de ce qui est âpre. *Asprou.*

APTE. adj. de t. g. Propre à.... Capable. *Boucn. En etat.*

APTITUDE. s. f. Disposition à quelque chose. *Dispousitien. Biai.*

AQUEDUC. s. m. Espèce de canal couvert. *Conduc.*

AQUEUX, EUSE. adj. *Eigassoux, eigassouè.*

AQUILON. s. m. Vent du nord. *Biso.*

ARAIGNÉE. s. f. Insecte. *Aragno.*

ARAIGNÉE (TOILE D'). s. f. *Tararigno. Tararino.*

ARBALÉTE. s. m. Arme de trait. *Arbaresto. Ooubaresto.*

ARBOUSE. s. f. Fruit de l'arbousier. *Darbousso.*

ARBOUSIER. s. m. Arbre. *Darboussiè.*

ARBRE. s. m. Plante boiseuse, la plus grosse de tous les végétaux. *Aoubre.* Faire l'arbre fourché. *Faire l'aoubre drech.*

ARC-BOUTER. v. a. Terme de maçon. *Appouncheira. Appiela.*

ARCEAU. s. m. Arc d'une voute. *Arccou.*

ARCHAL (FIL D'). s. m. *Aran. Fiou de richaou.*

ARCHE D'UN PONT. s. f. *Arcado.*

ARCHER. s. m. Agent de justice ou de police. *Archiè.*

ARCHET. s. m. Chassis tourné en arc que l'on met sur le berceau des enfans. *Encrunceou. Arescle.*

ARCHEVÉCHÉ. s. m. *Archevesca.*

ARCHEVÊQUE. s. m. *Archevesque.*

ARDENT, ENTE. adj. Actif, ive *Alluma. Abra. Despastela.*

ARDEUR. s. f. Chaleur. Vivacité. *Ardour.*

ARDILLON. s. m. Partie d'une boucle. *Dardayoun.*

ARDU, UE. adj. Escarpé. Difficile. Rude. *Drech. Trop en mountado.*

ARE. s. f. Nouvelle mesure agraire valant cent mètres carrés ou vingt-cinq cannes carrées de Provence. *Aro.*

ARÈTE. s. f. Épine de poisson. *Aresto. Espino.*

ARÉTIÈRES. s. f. pl. Enduits aux angles d'une comble. *Sarrado.*

ARGENTEUX. adj. Pécunieux. *Argentoux, ouè.*

ARGILE. s. f. Sorte de terre grasse. *Argiélo.*

ARGILEUX, EUSE. adj. m. De la nature de l'argile. *Argiciroux. Argicloux, ouè.*

ARGOT. s. m. Parlant d'un arbre. *Chicot. Cigouès.*

ARIDE. adj. de t. g. Sec. Stérile. *Maigre. Terro maigro.*

ARIDITE. s. f. Sécheresse. *Maigrugi. Seccaresso.*

ARIDURE. s. f. Terme de médecine. *Meigrugi. Meigrou.*

ARILLE. s. m. Chair d'un fruit. *Poupo.*

ARITHMÉTICIEN. s. m. *Chiffraire. Chiffrur.*

ARMÉE. s. f. Grand nombre de troupes réunies. *Armado.*

ARMOIRE. s. f. Meuble de bois. *Gardo-raoubo. Armari. Buffet. Placard.*

ARMOISE. s. f. Plante hystérique. *Artemiso.*

ARPENTAGE. s. m. Action d'arpenter. *Cannagi. Arpentagi.*

ARPENTER. v. a. Mesurer le terrain. *Canegea. Arpenta. Mesura.*

ARRACHER. v. a. Oter de force. *Derraba.*

ARRACHEUR. s. m. Qui arrache. *Derrabaire.* Arracheur de dents :

Derrabaire de dents.

ARRACHE-PIED. (D'). adv. Tout de suite. *Tout d'un tem. Senso desempara.*

ARRANGER. v. a. Mettre en ordre. *Arrenjha. Eiya.*

ARRENTER. v. a. Donner à rente. *Arrenda.*

ARRÉRAGES. s. m. plur. Revenus arriérés. *Arreiragis.*

ARRETS. s. m. Terme d'irrigation. *Restanço. Espaciè. Retenaou.*

ARRÊTE-BOEUF. s. m. Plante. *Agoun. Agavoun.*

ARRÊTER (S'). v. récip. *S'applanta. S'arresta. Si planta.*

ARRHER. v. a. *Arra.*

ARRHES. s. f. pl. *Arros.* Gages d'un marché.

ARRIÈRE. adj. de t. g *Reire.* Arrière grand-père. *Reire pere-grand.*

ARRIÉRÉ, ÉE. adj. *Arreira. Endarreira, ado.*

ARRIÈRE-FAIX. s. m. Terme d'accoucheuse. *Nourriment.*

ARRIÈRE-POINT. s. m. Terme de couture. *Reire-point*

ARRIÈRE-SAISON. s. f. Temps de l'automne. *Darnièro sesoun.*

ARRIVAGE. s. m. Arrivée au port. *Arribagi.*

ARRIVÉE. s. f. *Arribado.*

ARRIVER. v. n. *Arriba.*

ARROCHE. s. f. Plante potagère. *Armoou. Armoux.*

ARROGANCE. s. f. Fierté. *Arrouganço.*

ARROGANT, ANTE. s. et adj. *Arrougant. Aouturoux, ouè.*

ARROGER (S'). v. récip. *Si douna. S'attribua.*

ARRONDIR. v. a. *Arroundi.*

ARRONDISSEMENT. s. m. *Arroundissament.*

ARROSAGE. s. m. *Arrousagi.*

ARROSER. v. a. *Arrousa.*

ARTICHAUT. s. m. Plante et légume. *Cachoflo. Cachouflè. Artichaou.*

ARTIFICE. s. m. *Artifici.*

ARTISAN. s. m. Ouvrier. *Meisteiraou.*

ARTISON. s. m. Petit ver qui s'engendre dans le bois. *Chiroun.*

ARTISONNE, ÉE. adj. Attaqué, rongé des vers. *Chirouna, ado.*

ASCENSION. s. f. Fête catholique. *Ascensien.*

ASPECT. s. m. Vue d'un objet. *Visto.*

ASPERGE SAUVAGE. s. m. Arbuste. *Ramo-couniou.*

ASPÉRITÉ. s. f. Rudesse. *Marri camin. Camin rude.*

ASPHIXIÉ, ÉE. adj. *Estouffa per lou carboun ou la fourtour de ta tino.*

ASPHODÈLE. s. f. Plante. *Pourraquo.*

ASPIC. s. m. Plante odoriférante. *Espic.*

ASSAILLANT s. m. Celui qui attaque. *Attacaire. Attaquur.*

ASSAILLIR. v. r. Attaquer vivement. *Attaqua.*

ASSAISONNER. v. a. Mettre l'assaisonnement. *Assaisouna.*

ASSENER. v. a. Porter un coup rude. *Ensuca.*

ASSEOIR. v. a. Mettre dans un siége. *Asseta.*

ASSETER. v. a. Défricher les bois *Deifricha. Roumpre, faire de routo.*

ASSERVIR. v. a. *Assujheti. Soumetre.*

ASSÈZ ou ASSÉS. adv. Autant qu'il faut. *Prouu. Basto. Assas.*

ASSIDUT. s. m. Terme de joueur de boule. *Appointaire. Pountou.*

ASSOMMER. v. a. Tuer avec une massue, etc. *Assouma. Ensuca.*

ASSIETTE. s. f. Vaisselle de table. *Sièto. Assièto.*

ASSIGNATION. s. f. *Assignatien.*

ASSIGNER. v. a. Appeler devant le juge. *Assigna.*

ASSOCIÉ, ÉE. adj. et s. *Assoucia, ado.*

ASSOLER. v. a. Terme d'ag. *Mettre en doués menados.*

ASSOMBRIR. v. a. Rendre sombre. *Tapa lou jour.*

ASSOUPISSANT, ANTE. adj. Qui assoupit. *Qu'enduerme.*

ASSOURDIR. v. a. Rendre sourd. *Ensourdir.*

ASSOUVIR. v. a. Rassasier. Contenter. *Sadoula. Gava. Rampli.*

ASSUREMENT. adv. Certainement. *Segur. Assurament.*

ASSURER. v. a. Garantir. Affirmer. *Assegura. Assura.*

ASTHME. s. m. Maladie. *Court-halen.*

ASTHMATIQUE. s. de t. g. *Qu'a lou court-halen.*

ATINTER. v. a. Parer. *Arnescu. Pimparra. Extrinca.*

ASTICOTER. v. a. Contrarier. *Chicouta. Estre en gnic et gnac.*

ASTRINGENT. s. Terme de médecine. *Que Ressaro. Que counstipo.*

ASTUCE. s. f. *Ruso. Troumparié.*

ATERMOIEMENT. s m. Accoumoudament. *Arranjhament.*

ASTROLOGUE. s. m. Qui croit à l'influence des astres. *Astraloguo.*

ATOLE. s. f. Bouillie de maïs. *Poulento.*

ATOME. s. m. Corpuscule. *Senio.*

ATOUR. s. m. Parure. *Beloyo.*

ATRE. s. m. Foyer. *Faguciroun.*

ATROPHIE. s. f. Terme de médecine. *Maigrugi.*

ATTABLER. v. a. et récip. Se mettre à table. *Entooula. S'entooula.*

ATTACHE. s. f. Lien. Courroie. *Estaco. Liame.*

ATTACHER. v. a. Lier. *Estaca. Lia.*

ATTEINDRE. v. a. Frapper de loin. *Ajhougne. Attrapa.*

ATTEINDRE. v. a. Joindre en route. *Ague. Accoussegre.*

ATTEINDRE. v. a. Parvenir. *Aveni. Arriba.*

ATTENDANT (EN). adv. En esperan. *Entanterin.*

ATTENDRE. v. a. et récip. *Espera. S'espera.*

ATTERRER. v. a. Abattre. *Acana. Gitta oou soou.*

ATTIEDIR. v. a. Perdre sa chaleur. *Refrejha.*

ATTIFER. v. a. Orner. Parer. *Pimparra. S'extrinca.*

ATTISER. v. a. Exciter. Allumer. *Empura. Fourgounia. Poussa.*

ATTISEUR. s. m. Qui attise. Qui excite. *Poussaire. Empuradou.*

ATTRAPE. }s. f. Tromperie.
ATTRAPOIRE. }Bourde. *Atrapatori. Leco. Achapadou. Bulo.*

ATTRAPER. v. a. Surprendre. Tromper. *Talouna. Abriva. Atrapa. Achapa.*

ATTRISTER (S'). v. récip. *S'adoulenti. Si lagna.*

AU. particule. *Oou.*

AUX. part. plur. *Eis.*

AVACHIR (S') v. récip. Devenir mou, lâche. *S'aflegit. Veni patoux. Flasque.*

AVALER. v. a. Faire entrer par le gosier. *Avala. Empassa.*

AVANTIN. s. m. Terme de vigneron. *Maihoou.*

AVARICE. s. f. *Avarici.*

AVARICIEUX , EUSE. adj. *Esquich'anchoyo. Ladre. Chich'aquerni.*

AUBE. s. f. Vêtement sacerdotal. *Aoubo.*

AUBE. s. f. Aurore. Point du jour. *Aoubo.*

AUBEPINE. s. f. Arbrisseau. *Pevouyets. Poumetto de paradis.*

AUBIER. s. m. Partie du bois entre l'écorce et le tronc. *Aoubequo.*

AUBIFOIN. s. m. Plante à fleur bleue. *Bluret.*

AUCUN, UNE. adj. Nul. Point. *Ges. Gis. Dequn. Res.*

AUCUNEMENT. adv. De ges de maniero.

AUDACIEUSEMENT. adv. Avec audace. *Em'aoudaço.*

AVEC. prép. *Emo. Embe.*

AVEINDRE. v. a. Tirer une chose d'où elle est. *Avera. Tira.*

AVELINE. s. f. Fruit à coquille *Avelano. Noizetto.*

AVENANT , ANTE. adj. Qui a bon air. Affable. *Avenent, ento.*

AVENIR. v. n. Arriver par accident. *Arriba.*

AVENTURE (D'). adv. Par Aventure. *Par fourtuno.*

AVENTURER. v. n. et récip. *Arrisqua. S'arrisqua. S'hazarda.*

AVENUE. s. f. Passage par où l'on arrive. *Avengudo. Léyo.*

AVERSE. s. f. Pluie forte et subite. *Raisso. Raissas.*

AVERSION. s. f. Antipathie. *Hèno. Odi. Aversien. Tic.*

AVERTIR. v. a. *Avarti.* Faire assache.

AVEUGLE. adj. et s. de t. g. Privé de la vue. *Avugle , avuglo.*

AVEUGLETTE (A L'). adv. A tâtons. *De cluchoun. De tastoun.*

AUGE. s. f. Usine de maçon. *Gamato.*

AUGE. s. f. Pierre creuse. *Piélo.*

Conquo. Bachas.

AUGÉE. s. f. Plein une Auge. *Gamatado.*

AUGET D'UNE CAGE. s. m. *Manjhadou.*

AVIDE. adj. de t. g. Qui désire ardemment. *Abrasama. Abrama.*

AVIDITÉ. s. f. Désir insatiable. *Avidita.*

AVILISSEMENT. s. m. État d'un être avili. *Mespres.*

AVINER. v. a. Imbiber de vin. *Avina.*

AUJOURD'HUI. adv. Le jour où l'on est. *V'hui. Encui.*

AVIRON. s. m. Sorte de rame d'un bateau. *Reimo.*

AVISER. v. a. Informer. *Faire leis assachets. Infourma.*

AVIVES. s. f. Maladie des chevaux. *Vivos.*

AUMONE. s. f. *Ooumouerno. Ooumouino. Carita.*

AUNAGE. s. m. Mesurage à l'aune. *Aounagi.*

AUNÉ. AULNE. s. m. Arbre qui croît le long des rivières. *Verno.*

AUNE. s. f. Mesure qui a cent-vingt centimètres. *Aouno.*

AUNER. v. a. Mesurer à l'aune. *Aouna.*

AVOINE. s. f. Plante graminée. *Civado.*

AVOINE (GRUAU D'). s. m. *Avena.*

AVOINE SAUVAGE. s. f. *Civado-fèro.*

AVOIR. v. a. Posséder. *Ave. Aguet.*

AVOISINER. v. a. Être voisin. *Avesina.*

AVORTEMENT. s. m. Action d'avorter. *Faousso coucho.*

AVORTER. v. a. Accoucher avant terme. *Prendre maou. Si blessa.*

AVORTON. s. m. *Avourtoun. Ooutoun. Regitoun.*

AUPRÈS. prép. *Prochi.*

AVRIL. s. m. Quatrième mois de l'année. *Abriou. Abreou.*

AVRIL (DONNER UN POISSON D'). *Abrira coouquun. Atrapa.*

AURORE. s. f. Point du jour. *Aoubo.*

AUSSI. conj. *Percou. Tamben. Amai. Atou.*

AUSSI-BIEN. adv. *Aoutamben. Sibèn.*

AUSSI-PEU. adv. *Tampaou.*

AUSSITOT. adv. *Dabord. Tant leou. Catecan.*

AUTANT-PLUS (D'). adv. D'autant mieux. *Dooumassi. Daoutant miès.*

AUTEL. s. m. Table pour les sacrifices. *Aoutar.*

AUTOMNE. s. f. Quatrième saison de l'année. *Ooutouno.*

AUTORISER. v. a. Permettre. *Aoutourisa.*

AUTREFOIS. adv. *Aoutre-tems. Antant. Aoutreifos.*

AUTRE. adv. pris subs. *Aourre. Aoutre.*

AUTREMENT. adj. *Aoutrament.*

AUTRUCHE. s. f. Grand oiseau. *Destrussi. Aoutrucho.*

AUVENT. s. m. Terme de marchand. *Enran.*

AXONGE. s. f. Graisse la plus molle d'un porc. *Sain.*

AZÉROLE. s. f. Fruit. *Argeirolo.*

AZÉROLIER. s. m. Arbre à fruit. *Argeiroulié.*

AZIME. (Pain Azime). Gâteau en usage chez les juifs. *Coudolo.*

B

BABEURE. s. m. Liqueur séreuse du lait. *Lachado.*

BABIL. s. m. *Charro. Bagou. Chiquo. Charradisso.*

BABILLARD. s. m. et adj. *Charraire. Lengur. Barjhaire.* — Babillarde. *Pachequo. Lenguso.*

BABILLER. v. n. *Charra. Pachouca. Bargea. Chica. Lenga.*

BABINE. s. f. Lèvre des animaux.

Barjho. Babino.

BABIOLE. s. f. *Bachiquèlo.*

BABOUIN. s. m. Jeune enfant étourdi. *Babi.* Baiser le babouin. *Beisa patin.*

BAC. s. m. *Barquo.*

BACALIAU. s. m. Grosse morue salée. *Bacayaou.*

BACHES. Tente de voiturier et de

charretier. *Tendo.*

BACHER. v. a. Terme de charretier. *Tenda. Bacha.*

BACHOT. s. m. Petit bateau. *Barquet. Barquot.*

BACLER. v. a. Fermer. *Barrica. Barricada.*

BACLER UNE AFFAIRE. v. a. *Fini, sarra lou marqua.*

BADAUD, AUDE. s. Niais. *Bedigas. Brigadoou. Badaou. Niyadoüiho.*

BADAUDER. v. n. Niaiser. *Bada. Baduca, Tavanejha.*

BADAUDERIE. s. f. Action de badaud. *Fadèsc. Patufclorié.*

BADIN, INE. adj. Folâtre. *Fouligaou, aoudo. Talounairo. Badinairo.*

BADINER. v. a. Plaisanter. *Badina.*

BADINERIE. s. f. *Talounado.*

BAFOUER. v. a. *Si juga de coouqu'un. Remanda de l'un à l'aoutre.*

BAFRE. s. f. Action de manger. *Bafro.*

BAFRER. v. a. Manger avidement. *Bafra. Avala.*

BAFREUR. s. m. Goulu. *Galopopilanço. Galavard.*

BAGAGE. s. m. *Bagagi.*

BAGARRE. s. f. Tumulte. *Tapagi. Bagarro.*

BAGATELE. s. f. Frivolité. *Talounado. Bestiso.*

BAGUENAUDIER. s. m. Celui qui s'amuse à des choses frivoles. *Patufcou.*

BAGUER. v. a. Terme de couturière. *Foire lou glacis d'uno raoubo.*

BAGUETTE. s. f. Verge. Houssine. *Bletto. Gaoulo.*

BAGETTE. s. f. Pour battre le tambour. *Massetto.*

BAHUT (DOS DE). s. m. *Douèsd'aze.*

BAIE. s. f. Tromperie. *Latto. Gouayo. Atrapatori.*

BAIE. s. f. Fruit des arbustes et des arbrisseaux. *Grano. Poumetto. Granetto.*

BAIGNER. v. a. et récip. *Bagna. Si bagna. Prendre leis bans.*

BAIGNOIRE. s. f. *Bagnouaro, per prendre leis bans.*

BAIL. s. m. Contrat pour affermer. *Arrentament. Bai.*

BAILLEMENT. s. m. Action de bailler. *Badaou.*

BAILLER. v. n. Respirer en baillant. *Badaiha.*

BAILLER. v. a. Livrer. Remettre. *Beila. Pouergo. Baiha.* Au fig. Entrouvert, erte. *Badié, iéro.* Empencho. Porte qui baille : *Pouerto empencho.*

BAILLEUR. s. m. Celui qui baille. *Badayairo.*

BAILLON. s. m. *Badayoun.*

BAIN. s. m. Eau où l'on se baigne. *Ban.*

BAISER. v. a. *Beisa. Baya.* Embrassa. *Faire de poutoun.*

BAISER. s. m. *Beisa. Caressa. Poutounejha.*

BAISEUR. s. m. *Bayairo. Beisareou.*

BAISSE. s. f. Diminution de prix. *Baisso. Beisso.*

BAISSER. v. a. Abaisser. *Beissa.*

BALADIN. s m. *Soootur. Dansur de couerdo.*

BALAFRE. s. f. Blessure. *Barafro.*

BALAFRER. v. a. Blesser au visage. *Debrega.*

BALAI. s. f. *Escoubo.*

BALANCE. s. f. *Balanço. Varquetto. Briquet. Roumano. Pes. Verguo.*

BALANCER (SE). v. récip. *Si bindoousso. Faire leis bindoussos.*

BALANÇOIRE. s. f. *Balançadou. Bindoussa.*

BALANDRAN. s. f. Au fig. Chose embarrassante et volumineuse. *Barandran.*

BALAYER. v. a. *Escouba.*

BALAYEUR, EUSE. subst. et adj. *Escoubairo. Escoubuso. Escoubeiris.*

BALAYEUR DE RUE. s. m. *Escoubihié.*

BALAYURES. s. f. plur. *Bouerdo. Bourdiho. Escoubihos.*

BALBUTIER. v. n. *Bretounia. Bretounejha.*

BALDAQUIN. s. m. Dais d'Église. *Pali.*

BALE. s. f. Enveloppe du grain de blé. *Peyoun.*

BALISE. s. f. Terme de marine. *Gavileou. Baguo.*

BALOUR, OURDE. adj. Grossier. Stupide. *Fada. Taturcou. Toti.*

BALOURDISE. s. f. *Platitudo. Bestiso.*

BANCAL, ALE. } s. Celui et celle
BANCROCHE. } qui a les jambes

tortues. *Chambard , ardo. Chamba-ret , etto.*

BANDE. s. f. *Listo.* (Terme de lingère). — D'un enfant au maillot. *Maihotto. Cenglo. Faisso.*

BANDEAU. s. m. *Bendeou.*

BANDELETTE. s. f. *Listoun. Listouno.*

BANDER. v. a. Tendre une corde. *Teza.*

BANLIEU. s. f. Territoire d'une ville. *Tarradou.*

BANNE. s. f. Terme de charretier et de marine. *Tendo. Tendoulet.*

BANNER. v. a. Terme de charretier. *Bacha. Tenda.*

BANNIÈRE. s. f. *Bandièro.*

BANNIR. v. a. *Bandi.*

BANQEROUTE. s. f. Populairement et par moquerie. *Quinquinello. Banquo.*

BANQUIER. s. m. Terme de joueur de cartes. *Taihaire.* Tenir la banque. Terme de joueur. *Taiha.*

BAPTISER. v. a. *Batejha. Douna lou batèmo.*

BAPTISMAUX (FONDS). s. m. plu. *Santeis-fouens.*

BAQUET. s. m. Vase de bois. *Brouquet. Cournu. Cournudoun.*

BAQUETURES. s. f. plu. Terme de marchand de vin. *Escouradis.*

BARAQUE. s. f. Petite Hutte. *Casaou. Tubet. Barraquo.*

BARBARESQUE ou MAROQUIN. s. m. Sorte de raisins. *Barbaroux. Grès.*

BARBEAU. s. m. Poisson. *Barbeou.*

BARBE-DE-BOUC. s. f. Plante. Scorsonère sauvage. *Barbabou. Galinetto.*

BARBEAU. s. m. Fleur de l'aubefoin. *Nialo. Bluret.*

BARBOTER. v. n. Fouiller dans l'eau ou la boue. *Gafouya. Barboutia.*

BARBOUILLAGE. s. m. *Barbouihayi. Griffounayi.*

BARBOUILLER DU PAPIER. v. a. *Chimarra. Griffouna.*

BARBOUILLEUR. s. m. Peintre à la brosse. *Barbouihur.*

BARBUE. s. f. Poisson de la Méditerranée. *Roumd.*

BARDANE. s. f. Plante. *Lapourdiè. Grapoun. Arrapo-peou.*

BARDE. s. f. Terme de cuisinier. *Platino.*

BARDELLE. s. f. Selle d'une bête de somme. *Bastièro. Bardo. Bardèlo.*

BARDER. v. a. Terme de cuisine. *Platina.*

BARGUIGNAGE. s. m. Irrésolution. *Patetariè.*

BARGUIGNER. v. n. Hésiter. *Patetia.*

BARGUIGNEUR. s. m. *Patet.*

BARGUIGNEUSE. s. *Pacheyo. Pateto.*

BARIL. s. m. *Barriou. Barraou. Barrucheou.*

BARRILLAT. s. m. Ouvrier qui fait des barils. *Brouquiè.*

BARJOLER. v. a. *Bigarra.*

BARRE. s. f. *Barro. Tanquo.*

BARRER. v. a. Fermer. *Barra. Tanqua.*

BARRER UN ÉCRIT. v. a. *Biffa. Barra. Escarfa.*

BARRICADER. v. a. *Tanca. Barrica.*

BARRIQUE. s. f. Futaille. *Bouto. Barrièro. Barriquo.*

BAS. s. f. Partie inférieure. *Lou debas.* — A bas. adv. *Oou soou.* — En bas. adv. *Eilavaou.* — Là bas. adv. *Davaou.* — Par là bas. adv. *Aperavaou. Apareillavaou.*

BAS (FABRIQUANT DE). s. m. *Debassiaire.*

BASANÉ , ÉE adj. *Basana. Mouriscoou.*

BASCULE. s. f. Jeu d'enfant. *Balanço. Bindousso. Juga à la Bindousso.*

BASILIC. s. m. Plante odoriférante. *Baliquo. Beliquo.*

BASILICON. s. m. Sorte d'onguent. *Enguent basilic.*

BASSIN. s. m. D'une fontaine. *Bachas. Conquo.* — Bassin de perruquier. *Plat-à-barbo.* — Bassin d'apothicaire. *Bassino.* — De garderobe. *Berenguièro.*

BASSINE. s. m. Sorte de bassin en poterie pour le ménage. *Tiano.*

BASSINER LE LIT. v. a. *Escouffa lou liech.*

BASSINOIRE. s. f. Meuble en cuivre. *Escaoufo-liech.*

BASSINET. s. m. Plante et fleur des prés. *Boutoun d'or.*

BASTIDE (PETITE). s. f. *Bastidoun.*

BASTONNADE. s. f. *Gingoulado. Bastounado. Caloussado.*

BAT ou BAST. s. m. Sorte de

selle d'une bête de somme. *Bast.*
Petit bât. *Bastet.*

BATAILLE. s. f. Jeu de cartes.
Espitaou.

BATARDEAU. s. m. Digue. *Restanco.*

BAT-CUL. s. m. Partie d'arnais d'un
mulet. *Foouquiero.*

BATEAU. s. m. *Barco. Bateou.*

BATELÉE. s. f. *Barcádo. Bateládo.*
Au fig. *Tarrádo. Mourouetto.*

BATELET. s. m. *Barquot. Barquet.
Barqueto.*

BATELIER. s. m. *Barquie.*

BATER. v. a. Mettre le bât. *Embasta.*

BATELEUR. s. m. *Escamoutur.
Braguetto.*

BÂTIER. s. m. Artisan qui fait
des bâts. *Bastie.*

BATIFOLER. v. n. *Poulinejha. Fouc-
lejha.*

BATIR. v. a. Construire. *Basti.* —
Terme de tailleur. Coudre à grands
points. *Fooufila.*

BATON. s. m. *Bastoun. Tricot.
Bihouire.* — Volée de coups de bâton.
s. f. *Bastounado. Roussado. Gin-
gouludo. Rousto.*

BATONS ROMPUS (A). adv. *A
Gatados. A vegados.*

BATONNET. s. m. Sorte de jeu
d'enfant. *Let.* — Jouer au batonnet.
juga oou let.

BATTAGE. s. m. Action de battre
le blé. *Escoussagi. Fleiraqi. Caouquo.*

BATTANT. s. m. D'une porte.
Battent. — D'une cloche. *Mataou.*

BATTE. s. f. Maillet de platrier.
Masso.

BATTELLEMENT. s. m. Tuiles au
bas d'un toit. *Ginoueso.*

BATTERIE. s. f. *Battaric.* Querelle
où il y a des coups donnés. *Repim-
pinado.*

BATTEUR. s. m. *Picaire. Fleiraire.*
Batteur en grange. s. f. *Escousse-
jhaire.* — Batteur de pavé. Au fig.
Battur d'estrado.

BATTOIR. s. m. Terme de lavandière. *Masso. Baccou.*

BATTRE. v. a. Frapper. *Pica. Saboula. Cengla. Gounfla.* — Battre le
blé. *Fleira. Escoussejho. Espoussa.*
— Battre les cartes. *Mela.* — Battre
la caisse. *Tambourina.* — Battre des
mains. *Pica deis mans.* — Se battre
avec des pierres. *S'enqueira.*

BATTUE. s. f. Chasseurs qui battent les bois. *Batudo.*

BAVARD, ARDE. subst. et adj.
*Blagur. Barjhaire. Charraire. Pacho-
quo. Barjhaco.*

BAVARDER. v. n. *Blaga. Bavardejha. Bachiquelia.*

BAVARDERIE. s. f. (*Blaguo. Ba-*
BAVARDAGE. s. m.) *vardariè.Ba-
vardiso.*

BAUDET. s. m. Animal. *Bourriscou.
Ay.* — Terme de scieur de long. Ay.
Cavalet.

BAUDIR. v. a. Terme de chasse.
Atissa leis chins.

BAUGE (A). Façon de parler. adv.
En abondance. A *Boudres. A booudres.*

BAVER. v. n. *Bava.*

BAVETTE. s. f. *Bavareou. Sar-
viettoun.*

BAVEUSE. s. f. Poisson de mer.
Bavoué.

BAVEUX, EUSE. adj. *Bavoux, ouc.*

BAUME. s. m. Herbe odoriférante.
Balico d'hiver. — Préparation pharmaceutique. *Baoume. Baime.*

BAVOCHURE. s. f. Terme d'art.
Bavuro. Rebavuro.

BAVOLET. s. m. *Bagnoulet. Bavareou.*

BAYER. v. n. Regarder bouche
béante. *Bada.*

BAYEUR, EUSE. s. Qui regarde
avec avidité. *Badaire. Badarello.*

BEANT, BÉANTE. adj. Ouvert,
ouverte. *Badiè, ièro. Que bado.*

BÉAT. s. m. Dévot. Qui vit avec
simplicité et dont la conduite est irréprochable. *Santoun.*

BEATILLES. s. f. plur. Parlant de
la volaille. *Beatiho.*

BEAU, BELLE. adj. *Beou, bello.*
Très-beau. sup. m. *Bellas.* Très-belle.
sup. f. *Bellasso.*

BEAUCOUP. adv. *Fouesso. Fouerso.*

BEAU-FILS. s. m. Terme relatif.
Beou-fiou. Gendre. — Beau-fils d'alliance. *Fihastre.*

BEAU-PÈRE. s. m. Deuxième mari
de la mère. *Peirastre.*

BEAUTÉ. s. f. et adj. *Beouta.*

BEC-DE-GRUE. s. m. Géranium.
Plante. *Aguiho. Aguyetos.*

BECHE. s. f. Instrument d'agriculture. *Eissado. Magaou.*

BÊCHER. v. a. Terme d'ag. *Fouire.
Licheta.*

BÉCHETTER. v. a. Donner un petit labour. *Reclaoure.*

BECQUÉE. s. f. *Beccado.*

BECQUETTER. v. a. *Pita. Bequeta.* — Se becquetter. v. récip. *S'csplumassa.*

BEDAINE. s. f. Gros ventre. *Bedeno. Panso.*

BÉE. adj. f. (A gueule). *Badié. Destapa.* Ou le dit d'une futaille.

BÉGAYER. v. n. *Bretounejha.*

BÈGUE. adj. de t. g. *Bret , breto. Bretuegno.*

BÉGUEULE. s. f. Prude. Hautaine. *Begulo.*

BEHEN-BLANC. s. m. Plante. *Carnihet.*

BEINE. adj. f. Couleur de la laine qui tire sur le roux. *Rousso. Griso.*

BEC-JAUNE. s. m. Jeune niais. *Blanc-bec.*

BEIGNET. s. m. Sorte de patisserie. *Bignet.*

BÊLER. v. n. Cri de l'agneau. *Bièra. Bela.*

BELETTE. s. f. Petit quadrupède. *Moustèlo.*

BELIER. s. m. Mâle de la brebis. *Aret.*

BELLE-FILLE. s. f. Terme relatif. *Bru. Nouero.* — Fille du veuf ou de la veuve. *Fihastro.*

BELLE-MÈRE. s. f. Terme relatif. *Meirastro.*

BELLAMENT. adv. Doucement. *Planplan. D'oise.*

BENATE. s. f. Espèce de caisse en osier. *Banasto.*

BÉNÉDICTION. s. f. *Benedilien.*

BENET. s. m. Niais. *Bedègas. Boti.*

BÉNAUT. s. m. Baquet à deux mains. *Brouquet.*

BÉNIN, INE. adj. *Bouen. Bounias, asso.*

BENJOIN. s. m. Substance résineuse. *Bijhoun.*

BENIR. v. a. *Beni. Beincsi.*

BÉNITE (EAU). s. f. *Aiguo-segnado. Aiguo-benido.*

BÉNITIER. s. m. *Beinechié.*

BÉQUILLE. s. f. Bâton ayant un croisillon sur lequel s'appuye un infirme. *Crocho.*

BÉQUILLER. v. a. Terme d'agricul. *Reclaoure. Entrefouire.*

BERCAIL. s. m. *Jhas. Mas.*

BERCEAU. s. m. Petit lit. *Brès.*

BERCER. v. a. Balancer dans le berceau. *Bressa. Tintoulia. Endourmi.*

BERGE. s. f. Bord escarpé d'une rivière. *Ribo taihado.*

BERGER. s. m. *Pastre. Bargié.* — Jeune petit berger. *Pastreihoun.*

BERGÈRE. s. f. *Bargiero. Pastresso.* — Jeune bergère. *Bargieiretto.*

BERGERIE. Voyez BERCAIL.

BERNER. v. a. Faire sauter en l'air par le moyen d'une couverture. *Juga vou paoure matouchin. Trumenta.*

BERGERONNETTE. s. f. Petit oiseau. *Guigno-couc. Bargeiretto.*

BERLUE. s. f. Éblouissement passager. *Barlugo.* Avoir la berlue. *Ave leis huiels cnbarlugas.*

BESACE. s. f. *Biasso.*

BESAIGNE. s. f. Instrument de charpentier. *Bisso.*

BESOGNE. s. f. Travail. *Obro. Besougno.*

BÉSICLE. s. f. Lunettes. *Bericles.*

BESOIN. s. m. *Besoun.*

BESTIAUX. s. m. Voyez BETAIL.

BESTIOLE. s. f. Petite bête. *Bestiouno.*

BETAIL. s. m. collectif. *Avet. Bestiairi.*

BETA. ⎱ s. et adj. Stupide. *Bedé.* BÊTE. ⎰ *Betuerto. Besti. Bestias.*

BÊTISE. s. f. Ignorance. *Solise. Bestiso.*

BETTE. s. f. Plante potagère. *Bledo. Herbetto.*

BETTE-RAVE. s. f. Racine potagère. *Bledo-rabo.*

BEUGLER. v. n. Mugir. Cris du bœuf. *Brama.*

BEURRE. s. m. Crême épaisse. *Buerri.*

BEURRÉE. s. f. *Roustido de buerri.*

BEVUE. s. f. Méprise. *Soulipo. Begudo.*

BIAIS. DE BIAIS. adv. *Travers. De travers. De biai.*

BIAISER. v. n. Aller de biais. *Biasa. Biaiso. Ana de caire.*

BIBERON. s. m. Ivrogne. *Biberoun.* — Terme d'art. et d'accoucheuse. *Tetarello.*

BIBUS. Terme pop. Chose de rien. Vétille. *Petoun-petet. Cavo de petoun petet.*

BICOQUE. s. f. Petite maison. *Bicoquo.*

BIDON. s. m. Vase de fer blanc des quêteurs. *Councianço.*

BIEN. s. m. Ben.

BIEN-ÊTRE. s. m. Situation aisée. *Ben-estre.*

BIENFAIT. s. m. *Benfach.* — Bienfaiteur. *Benfatour.*

BIEN FONDS. s. m. Immeuble. *Ben founil.*

BIENHEUREUX, EUSE. s. *Benhuroux,* ouè. *Sant, santo.*

BIENSÉANCE. s. f. *Benscanso. Counvenenço.*

BIENSÉANT. adj. *Que counven. A prepuou. De counvenençi.*

BIENTOT. adv. *Benlevu.*

BIENVENUE. s. f. *Benvengudo.*

BIERRE. s. f. Cercueil. *Caisso de mouer. Tei. Tuci.*

BIEZ. s. m. Terme de moulin à eau. Espèce de canal. *Biaou.*

BIFFAGE. s. m. Rature. *Escarfaduro.*

BIFFER. v. a. *Raya. Escarfa.*

BIFFURCATION. s. f. Division en deux branches. *Enfourchuro. Separacien deis brancos.*

BIGARREAU. s. m. Fruit. Sorte de cérise. *Agrufien durant.*

BIGARRÉ, ÉE. adj. Qui est varié de diverses couleurs. *Bigarra.*

BIGARREAUTIER. s. m. Arbre à fruit. *Grafiounie durant.*

BIGLE. adj. de t. g. Louche. *Guechou. Guechourlin.*

BIGNE. s. f. Tumeur au front. *Bosso. Bachoquo.*

BIJON. s. m. Sorte de résine. *Bijhoun.*

BIJOU. s. m. *Jouycou. Jhueou. Bijhou.*

BILBOQUET. s. m. Sorte de jouet d'enfant. *Virobrequin. Calabasso. Virobrouquin.*

BILLEBAUDE (A LA). adv. Sans ordre. *A là balin-balet.*

BILLER. v. a. Serrer un ballot. *Biha.*

BILLET. s. m. *Bihet. Bihetto.*

BILLETER. v. a. *Etiqueta. Mettre l'etiqueto.*

BILLIEUX, EUSE. adj. *Billoux,* ouè.

BILLEVESÉE. s. f. *Tatounado. Bestiso.*

BILLOT. s. m. Tronçon de bois. *Cepoun.* — Tricot. Bâton. *Bihouire.*

BILLOTÉE. s. f. Vente du poisson par lots. *Bartarot.*

BIMAUVE. s. f. Plante. *Mavo blanco.*

BIMBELOT. s. m. Jouet d'enfant. *Tité. Juguet.*

BIMBELOTIER. s. m. Marchand de jouets. *Marchand de titès.*

BINER. v. a. Terme d'agricul. *Reclaoure. Repassa.* — Terme ecclésiastique. *Estre biscantan. Ave lou bis.*

BINET. s. m. Petit instrument adapté à un chandelier. *Espargni. Boubècho.*

BINETTE. s. f. Instrument de vigneron. *Bichar. Bechard.*

BINOCHON. s. m. Outil pour sarcler. *Eissadoun. Eissadounet.*

BIQUE. s. f. Chèvre. Femelle du bouc. *Chouno. Cabro.*

BIQUET. s. m. Chevreau. *Cabrit.*

BIQUETER. v. a. Mettre bas. Se dit de la chèvre. *Faire lou cabrit. Cabrida.*

BIQUER. Voyez CHEVRIER.

BIRIBI. s. m. Sorte de jeu de hazard. *Tiro-viro.*

BIS (PAIN). s. m. Terme de boulanger. *Pan mejhan. Pan assountoux. Pan rousset.*

BISAIEUL, AIEULE. s. *Reire père grand. Reire mère grand. Reire grand pèro.*

BISBILLE. s. f. Querelle. *Bisbis.*

BISCUIT. s. m. Terme de marine. *Galeto.* — Terme de confiseur. *Bescuè. Biscuè.*

BISE. s. f. Vent du nord. *Biso. Fresquièro.*

BISEIGLE. s. m. Outil de cordonnier. *Bisecle.*

BISQUER. v. n. Avoir du dépit. *Bisca.*

BISSAC. Voyez BESACE.

BISTORTIER. s. m. Rouleau de bois pour la pâtisserie. *Bistourtiè.*

BITORD. s. m. Terme de cordier. *Bitouer.*

BITUME. s. m. Matière huileuse. *Quitran.*

BITUMINEUX, EUSE. adj. *Que semblo de quitran.*

BIVALVE. adj. *Qu'a doues couquihos que si jhougnoun.*

BIVEAU. s. m. Terme d'art. Espèce d'équerre. *Saoutarello.*

BIVOIE. s. f. Chemin fourchu. *Camin double.*

BIZARRE. adj. de t. g. *Bijharre.*
Fantas. Oouriginaou.
BLAFARD. adj. *Pale. Blancas.*
BLAIREAU. s. m. Animal. *Teissoun.*
BLAMER. v. a. *Blama. Trouva-à-dire.*
BLAMUSE. s. f. Coup avec la main.
Couetto. Coou.
BLANC-D'OEUF. s. m. *Claro-d'uou.*
BLANCHATRE. adj. de t. g. *Blancas.*
Blanquineou. Blanquinello.
BLANCHE. adj. *Blanco.*
BLANCHE (GÉLÉE). s. f. *Rouado.*
Blancado. Jharado. Jhalado.
BLANCHEUR. s. f. *Blancou.*
BLANCHIR. v. a. Parlant du linge.
Lava. Bugada. — Terme de cuisine.
Parbouhi. Esbouyenta.
BLANCHAILLE. s. f. Menu poisson.
Peissaiho.
BLANCHERIE. ⎱ s. f. Lieu où
BLANCHISSERIE. ⎰ l'on blanchit
la toile. *Blanchissagi. Blanchorie.*
BLANCISSAGE. s. m. *Blanchissagi.*
BLANCHISSEUSE. s. f. *Blanchissuso.*
BLANC-MANGER. s. m. Mets ou friandise légère. *Esquicho-empasso.*
BLANQUE. s. f. Jeu en loterie. *Blanquo.*
BLANQUETTE. Sorte de poire d'été.
Blanchano. — Sorte de sauce. *Sauuco blanco.*
BLASER (SE). v. récip. S'user. *Si blesi. Si goousi. Rouina sa santa.*
BLASONNER. v. a. *Pinta, faire leis armariès.*
BLASPHÉMATEUR. s. m. *Jhurairc. Blastemaire. Disur de maou.*
BLASPHÈME. s. m. *Jhurament. Maou.*
BLATIER. s. m. Marchand de blé.
Bladié.
BLAZIR. v. a. Meurtrir. *Maca. Faire maou.*
BLECHE. adj. m. Terme de mépris.
Cago eis brayos. Lâche. Brandalèso.
BLÉ. s. m. Grain. *Bla.* Blé d'Afrique : *Bla moounié.* Blé de Smyrne : *Bla de rapugo.* Blé de Turquie : *Bla de barbarié*: blé couvert : *Bla vesti.* Blé retrait : *Bla anoui.*
BLÊME. adj. *Jhaounas. Pale.* Blême.
BLESSER. v. a. *Blessa.*
BLESSER (SE). v. récip. Parlant d'une femme enceinte. Avorter. *Si blessa. Prendre maou.*

BLETTE. s. f. Plante potagère.
Bledo.
BLEU. adj. Couleur. *Blur.*
BLEUATRE. adj. de t. g. Tirant sur le bleu. *Blurastre. Blurastro.*
BLEUIR. v. n. *Blurejha.*
BLOC. VENDRE EN BLOC. v. a.
Vendre en raco. Vendre à bel-cime.
BLOCAILLE. s. f. Terme de maçon.
Massacan. Garnir de blocaille : *Massasacana. Rempli de massacan.*
BLOND, ONDE. adj. *Bloun, bloundo. Bloundin, ino.*
BLOTTIR (SE). v. récip. *S'agamoouti. S'amoulouna. S'agrouncha.*
BLOUSE. s. f. Trou de billard.
Belouso.
BLUETTE. s. f. Étincelle. *Belugo.*
BLUET. s. m. Plante et fleur qui vient dans les blés. *Bluret. Niolo.*
BLUTEAU. ⎱ s. m. Terme de bou-
BLUTOIR. ⎰ langer. *Baruteou.*
BLUTER. v. a. *Tamia. Tamisa. Passa oou baruteou.*
BOBO. s. m. Léger mal. Terme enfantin. *Mamaou.*
BOBINE. s. f. Fuseau pour dévider.
Boubino.
BOCAGE. s. m. Bosquet. *Bouscagi.*
BOEUF. s. m. Taureau châtré. *Buou.*
BOGUE. s. f. Enveloppe piquante d'une châtaigne. *Alaissou. Govo. Goffo.*
BOHÉMIEN. s. m. Vagabon. Diseur de bonne aventure. *Booum ian.*
BOHÉMIENNE. s. f. *Booumiano.*
— Race, engeance de Bohémien. s. f. *Booumianchayo.*
BOIRE. v. a. *Beoure. Chima. Chucha.* — Boire à la bouteille. *S'amourra à la bouteyo.*
— Boire un coup : *Si refresca.*
Ce que l'on boit : *lou beoure.*
— Faire boire, mener boire. Terme de couture. *Cuhi. Faire esbeoure.*
BU, BUE. parti. *Begu, begudo.*
BOIS. s. m. Substance dure d'un arbre. *Boues.* Bois pelard : *Boues piela.*
BOISAGE. s. m. Bois employé à boiser. *Bouesagi.*
BOISERIE. s. f. *Bouesarie.*
BOISSEAU. s. m. Mesure pour les grains. *Civadié.*
BOISSELIER. s. m. Artisan qui fait des boisseaux. *Cruvelié.*
BOITE. s. f. Petit meuble en bois ou en carton ayant un couvercle.

Bouito. Massapan. Cartoun. — Boîte à farine : *Farinièro.*

BOITER. v. n. Clocher. Ne pas marcher droit. *Bouita. Ana goi. Estregambi.*

BOITEUX, EUSE. adj. et s. Qui boite. *Bouitoux , ouso. Panard , ardo. Goi, oyo.*

BOL. s. m. Terre grasse. *Bori. Boli.* — Grande tasse. *Bolo.*

BOLET. s. m. Sorte de champignon qui vient dans les vignes. *Boulet. Bourret.*

BOMBARDE. s. f. Voyez GUIMBARDE.

BOMBE. s. f. Boulet creux rempli de poudre. *Boumbo.*

BON , BONNE. adj. *Bouèn , boueno.*

BONASSE. adj. de t. g. *Bounias, bouniasso.*

BON-HENRI. s. m. Plante. *Maoudui. Espinard bastard.*

BOND. s. m. *Bound. Saout.*

BONDE. s. f. Ouverture d'un étang. *Boundo. Martelièro.*

BONDIR. v. a. *Bounda.*

BONDON. s. m. Trou et cheville d'un tonneau. *Boundoun.*

BONDONNER. v. a. Mettre une bonde. *Boundouna. Tapa.*

BONNE-DAME. s. f. Plante. Voyez ARROCHE.

BONNE D'ENFANT. s. f. *Gouvernanto. Barjhouliareto.*

BONNEMENT. adv. De bonne foi. *Bouenament.*

BONNET. s. m. Vêtement de tête. *Bounet.*

BONNETIER. s. m. Marchand de bonnets et de bas. *Debassiaire. Debod.bas.*

BONNETADE. s. f. Salut fait avec le bonnet ou le chapeau. *Capelado.*

BONTÉ. s. f. *Bounta.*

BOQUILLON. Voyez BUCHERON.

BORBORYGME. s. m. Vent bruyant dans les intestins. *Brut dins lou ventre.*

BORD-A-BORD. adv. Se dit d'un vase plein jusques aux bords. *Razant. De roui en roui.*

BORDÉE D'INJURES. s. f. *Raysso de soutisso.* — Bordée de canons. *Bourdado.*

BORDER. v. a. Mettre un bord. *Bourda.*

BORDS D'UN CHAPEAU. s. f. *Alos d'un capeou.*

BORÉE. s. m. Vent du nord. *Biso. Sisampo.*

BORGNE. } adj. et s. *Borni.*
BORGNESSE. } *Bourniclet , etto.*

BORNE DES RUES. s. f. *Buto-rodo.* — D'une propriété, d'un champ. *Terme.*

BOSSE. s. f. Grosseur au dos. *Gibbo. Bosso. Boussuello.* — Maladie des cochons. *Loubet.*

BOSSELAGE. s. m. Terme d'art. *Estampaqi.*

BOSSELER. v. a. Travailler en bosse. *Estampa.*

BOSSER. v. a. Terme de marine. Mettre l'ancre sur les pièces de bois. *Aboussa.*

BOSSU , BOSSUE. adj. et s. *Giboux , ouè.* — Petit homme bossu. *Giboussoun.* Petite femme bossue. *Gibetto.*

BOSSUER. v. a. Faire des bosses à un ustensile. *Enclouti.* — Bossué, ée. Part. *Enclouti , ido.*

BOT. adj. m. Se dit du pied contrefait. *Touert. Ped amoulouna.*

BOTANISTE. s. m. *Arbouristo.*

BOTTE. s. f. Chaussure. *Botto.* — Faisceau. *Paquet.* — Botte de tiges de chanvre. *Massoun.* —Botte de scions d'osier. *Fai d'ooumarino.* — Botte d'écheveaux de soie. *Mataou.* — Botte de terre qui s'attache aux souliers. *Plaoucha.*

BOTTER (SE). v. récip. Se mettre des bottes de terre en passant dans un terrain humide. *Si mettre de plaouchos.*

BOTTELER. v. a. Lier en bottes. *Lia. Faire de massouns. Faire de bagots. Faire de bottos de fen.*

BOTTIER. s. m. Ouvrier qui fait des bottes et des bottines. *Bouttiè.*

BOUC. s. m. Mâle de la chèvre. *Menoun.*

BOUCHE. s. f. *Bouco. Gulo. Gorgeo.* Plaisamment. *Avaloiro.* Manger à pleine bouche. *Bouffina.*

BOUCHÉE. s. f. Morceau à manger. *Boucado.* Grosse bouchée ou bouche pleine. *Bouffin.*

BOUCHER. s. m. Qui tue et vend les bestiaux. *Bouchiè.* — Boucher des juifs. *Sagataire.*

BOUCHER. v. a. Fermer une ouverture. *Boucha. Tapa.* Boucher un conduit, un tuyau. *Engourjha.* — Boucher. Embarrasser le gosier, le gavion. *Engava. Engaveissa.*

BOUCHON. s. m. Ce qui bouche une bouteille. *Ta.* Enseigne de cabaret. *Rameou.* Tortillon de paille. *Bouchoun.* — Bourre que jette une étoffe de fleuret. *Friso. Bourro.*

BOUCHONNER. v. a. Chiffonner. *Chiffouna. Mastronya.* v. récip. Pousser des bouchons, se dit d'une étoffe, etc., etc. Se bouchonner. *Gitta de bourro, de friso.*

BOUCHONNÉ, ÉE. adj. *Bourrihoux, bourrihoué.*

BOUCHOT. s. m. Sorte de filet de pêcheur. *Jhambin.*

BOUCLER. v. a. Mettre une boucle. *Blouca.*

BOUCLE. s. f. Anneau avec ardillon. *Blouco.*

BOUCLIER. s. m. Instrument d'un jouteur. *Targo.*

BOUCON. s. m. Morceau pour empoisonner. *Mouceou margot.*

BOUDER. v. n. Faire la moue. *Fougna. Mousquejha.*

BOUDERIE. s. f. Action de bouder. *Fougno. Flougno. Mouseo.*

BOUDEUR. s. m. *Flougnard. Mouscoux.*

BOUDOIR. s. m. Lieu où l'on boude. *Fougnadou.*

BOUE. s. f. *Fango.* Passer dans la boue. *Fangassia.*

BOUÉE. s. f. Terme de marine. *Aboua. Gaviteou.*

BOUEUR. s. m. Celui qui enlève les boues des rues. *Escoubihiè.*

BOUEUX, EUSE. adj. Plein de boue. *Fangoux, fangoué.*

BOUFFANT, ANTE. adj. Gonflé, éc. *Enaoura, ado.*

BOUFFER. v. a. Enfler les joues. Faire de bouffins. *Gounfla leis gaoutos.*

BOUFFETTE. s. f. Petite houppe des harnais des chevaux. *Flot.*

BOUFFÉE. s. f. *Bouffado.* Action du vent.

BOUFFI, IE. adj. *Bouffis, bouffisso.*

BOUFFISSURE. s. f. *Enfluro.*

BOUFFON. s. m. *Boufoun. Drole-de-cor. Talounaire.*

BOUFFONNERIE. s. f. *Talounado. Plesentarie.*

BOUGRAN. s. m. Sorte de toile roide. *Trelis.*

BOUGER. v. a. *Boujha. Boulega.*

BOUGIER. v. a. *Cira.*

BOUGON. s. m. Terme popu. *Renaire.*

BOUGONNER. v. n. *Rena. Remooumia.*

BOUILLANT, ANTE. adj. *Bouyent, ento.*

BOUILLEAU. s. m. Gamelle des forçats. *Pignato.*

BOUILLIE. s. f. *Pan-cuech.* Soupeto. *Brigadeou. Farinetto.*

BOUILLOIRE. s. f. *Escooufaire. Toupinet. Coucoumard.*

BOUILLON. s. m. *Bouyoun. Bonilhi. Oundo.*

BOUILLON-BLANC. s. m. Plante. *Farlaco. Bouihoun-blanc.*

BOUILLONNER. v. n. *Gargoutia.*

BOULANGER. s. m. *Boulangiè. Fourniè.*

BOULANGER (GARÇON). *Mitroun. Fourneiroun.*

BOULANGER. v. a. *Pasta et couire lou pan.*

BOULANGÈRE. s. f. *Fournièro.*

BOULANGÈRE (AIDE). s. f. *Mandrouno.*

BOULANGERIE. s. f. Lieu où les boulangers pétrissent. *Glouretto. Boulangearie.*

BOULE. s. m. *Bocho.*

BOULIMIE. s. f. Maladie. *Fam canino. Fam devouranto. Fringalo. Ruscle.*

BOULOIR. s. m. Terme de mégisseur. *Renco.*

BOUQUER. v. n. Céder à la force. *Cala. Mettre lou pouce.*

BOUQUETIER. s. m. Vase à fleur. *Flouristo.*

BOUQUIN. s. m. Vieux bouc. Animal. *Vieil menoun.*

BOUQUIN. s. m. Mâle du lièvre. *Ruselet.*

BOURBE. s. f. *Fangas. Lagas.*

BOURBEUX, EUSE. adj. *Fangous, oué.*

BOURBIER. s. m. *Fangas. Gàrihas.*

BOURBILLON. s. m. Terme de médecine. *Pus.*

BOURCETTE. s. m. Petite plante qui entre dans les salades printanières. *Moucelet de vigno.*

BOURDAINE. s. f. Arbre. *Verno negro.*

BOURDALOUE. s. m. Gros pot de chambre. *Berenguièro. Pissadou.*

BOURDE. s. f. Mensonge. *Fara-bourdo. Gouayo. Attrapatoiro.*

BOURDILLON. s. m. Douve. *Dougo.*

BOURDON. s. m. Insecte. *Tavan.*

BOURDONNEMENT. s. m. Cri des abeilles et des bourdons. *Zounzoun.*

BOURDONNER. v. n. *Zounzounia.* —Tournoyer comme les bourdons. *Tavanejha.*

BOURGEON. s. m. Bouton, pousse des arbres. *Bourro. Boutoun.*

BOURGEONNER. v. a. *Boutouna.*

BOURJASSOTE. adj. Sorte de figue. *Barnisotto.*

BOURRACHE. s. f. Plante. *Bourrajho. Bourragi.*

BOURRASQUE. s. f. Orage. *Charano. Tempesto.* Au fig. *Maou-parado.*

BOURREAU. s. f. *Bourreou.*

BOURRÉE. s. f. Fagot de broutilles. *Broundiho.*

BOURRICHE. s. f. Cage où l'on met des poulets et des pigeons. *Grossogabi.*

BOURRIERS. s. m. plur. Pailles dans le blé battu. *Espigaoux.*

BOURRELET. s. m. Tortillon de crin. *Tourco.*

BOURLET D'ENFANT. s. m. *Frountaou.*

BOURRIQUE. s. m. Animal. *Bourrisquou. Ay. Sooumin.*

BOURRU, UE. adj. *Mooudourrou. Mouscoux. Charrin. Muou, Muèro.*

BOURSE. s. f. *Bourso. Bousso.*

BOURSES. s. m. Enveloppe des testicules. *Boussounado.*

BOURSILLER. v. n. *Boussejha.*

BOURSON. s. m. Petite poche d'une culotte. *Boussoun.*

BOURSOUFLER. v. a. *Enfla.*

BOURSOUFLÉ, ÉE. part. *Enfle. Gounfle. Boufis. Boudenfle.* Visage boursouflé. *Caro boufforello.*

BOUSILLER. v. a. Faire mal un ouvrage. *Bousiha. Pourquejha.*

BOUSILLEUR, EUSE. s. Mauvais ouvrier. *Bousihur, bousihuso.*

BOUTADE. s. f. *Espouscado.*

BOUTANT (ARC). s. m. *Arbutant.*

BOUTARGUE. s. f. OEuf de poisson salé. *Poutarguo.*

BOUTE-EN-TRAIN. s. m. *Boute-entrin.*

BOUTE-HORS. s. m. Sorte de jeu ancien: *Boute-foucro.*

BOUTEILLE. s. f. Vaisseau de verre propre à contenir une liqueur. *Bou-teyo.* —Petite bouteille : *Bouteyetto. Toupetto. Mouretto.*

BOUTER. v. a. Mettre. *Bouta.*

BOUTE-TOUT-CUIRE. s. m. Dissipateur. Goinfre. *Acabaire.*

BOUTIQUE. s. f. *Boutiguo. Magazin.*

BOUTOIR. s. m. Outil de maréchal. *Buto.* — Terme de corroyeur. *Escarnadou.*

BOUTON. s. m. *Boutoun.* — De la vigne et des arbres. *Bourro.* — Elevure sur le corps. *Fleiroun. Varoun. Boutoun.*

BOUTONNER. v. n. *Boutouna.*

BOUTONNIÈRE. s. f. *Boutounièro.*

BOUT-SAIGNEUX. s. m. Terme de boucher. Cou de mouton. *Bescoucl. Biscouel. Bescoui.*

BOUVIER. s. m. Celui qui conduit, qui garde les bœufs. *Bouhiè.*

BOUVREUIL. s. m. Oiseau. *Pessoonlivo. Pesso-pigno.*

BOYAU. s. m. Budeou. *Tripo. Bougeou.* — Corde de boyau. *Couerdo de viouloun.*

BOYAUDIER. s. m. Ouvrier qui fabrique les cordes de boyau. *Fabricant de couerdos de viouloun.*

BRAGUER. v. n. *Vioure en sansouci. Si douna de beou temp.*

BRAI. s. m. Goudron. *Quitran.*

BRAIE. s. f. Sorte de petit sac dont on couvre le derriere des enfans. *Brayet. Porho.*

BRAILLARD. s. f. *Cridaire.*

BRAILLER. v. n. *Brama. Crida. Bradala.*

BRAILLEUR, BRAILLARD. s. m. *Bramaire. Cridaire. Bradalaire.*

BRAIRE. v. n. On le dit du cri de l'âne. *Brama.*

BRAISE. s. f. Charbons ardens. *Brazo.*

BRAMER. v. a. Crier. *Brama.*

BRAN. s. m. Matière fécale. *Brutissi. Merdo. Vilanié.*

BRANCHAGE. s. m. *Brancagi.*

BRANCHIER. adj. Se dit des jeunes oiseaux. *Eifourniaou.*

BRANCHES. s. f. pl. Ouies de poisson. *Gaougnos.*

BRANCHU, BRANCHUE. adj. Se dit des arbres. *Rama. ramado.*

BRANDILLER. v. a. *Brandoulia. Gangassa. Gangayn.*

BRANDILLER. (SE). v. récip. Se *Brandoulia. Si bidooussa. Si balança.*

BRANDADE. s. f. Ragoût de moruc. *Brandado.*

BRANLE. s. m. Danse de plusieurs personnes. *Brandou.*

BRANLER. v. n. *Branda. Gassigna. Gangaya. Gangassa.*

BRANLOIRE. BALANCOIRE. } s. f. *Bindousso.*

BRASIER. s. m. Vase en fer où l'on met de la braise. *Brasiéro.*

BRASILLER. v. a. Faire griller sur la braise. *Grasiha.*

BRASSÉE. s. f. Ce que l'on peut porter dans les bras. *Brassado.*

BRAS-LE-CORPS (A). adv. Porter un enfant, une personne dans ses bras élevés. *Pourta en brassetto.*

BRASSER. v. a. Éventer une boisson chaude pour la refroidir. *Vioujha et revioujha. Reventa.*

BRAVER. v. a. Affronter avec mépris. *Brava. Affrounta.*

BRAYER. v. a. Donner le brai. *Enquitrana. Freta, vougne de quitran.*

BREBIS. s.f. Femelle du bélier. *Fedo.* — Les brebis : *lou fedan, leis fedos, leis fies.*

BRÈCHE. s. f. Fracture faite au tranchant d'un couteau. *Brequo. Eibarchaduro.*

BREDOUILLER. v. n. Parler sans articuler. *Bretounia. Bretounejha.*

BREDOUILLEUR, EUSE. s. et adj. *Bret, etto. Bretuègno.*

BREGIN. s. m. Filet de pêcheur à mailles étroites. *Bourgin.*

BREHAINE. adj. Femelle stérile. *Fèro.*

BREF (EN). adv. *Coupa-court.*

BREF. adv. *Court.*

BRELAN. s. m. Sorte de jeu de cartes. *Barlan.*

BRELOQUE. s. f. Mauvaise pièce de monnaie. *Farloco.*

BRENEUX, EUSE. adj. Sali de matières fécales. *Emmardouhi, ido. Mardoux, ouè. Emmardouire.*

BRÉSILLER. v. a. Rompre à petits morceaux. *Eibria. Espessa. Embriga.*

BREUIL. s. m. Terme d'eaux et forêts. *Brouas.*

BREUVAGE. s. m. *Abcouraqi.*

BRÉVIAIRE. s. m. Livre d'office. *Breviare.*

BRIBE. *Trouts de pan.*

BRIBER. } v. a. Manger avidement. *Brafa. Brifa.*
BRIFER. }

BRIFEUR, EUSE. adj. et subs. *Brafaire. Mangeaire. Galavard.*

BRIGAND. s. m. *Bregan. Laire. Voulur.*

BRILLANT, ANTE. adj. *Lusent. Vouyant. Esclatant, anto.*

BRILLER. v. n. *Lusi. Briha. Resplandi. Esclata.*

BRIN. s. m. Ce que le grain ou la graine pousse d'abord hors de terre *Greou.* — Scion de plante. *Brou.* Brin de jasmin. *Brou de jooussemin.*

BRIN-À-BRIN. adv. Successivement, l'un après l'autre. *Fiou-à-fiou.*

BRINDILLE. s. f. Très-petite branche d'arbre. *Pichoun brou. Broundiho. Broundo.*

BRIOCHE. s. f. Sorte de gâteau. *Poumpo. Fougassetto.*

BRIQUE. s. f. *Maloun.*

BRISE-COU. s. m. Escalier raide. *Roumpe-cuou.* — Porter à brise-cou. adv. *Pourta à cabrimet. Pourta à peri-coulcri.*

BRISE. s. f. Vent frais. *Bouen-er. Vent que refresco.*

BRISER. v. a. et récip. *Roumpre. Espessa. Espoouti. Embriga. Si roumpre.*

BRISÉ, ÉE. part. *Roumpu, udo. Espessa. Rou, routo. Eibria, ado.*

BRISOIR. s. m. Instrument à briser le chanvre. *Bregoun. Bregos. Bregoundelos.*

BRISQUE. s. f. Terme de certains jeux de cartes. *Bresco.*

BROC pour le vin. s. m. Vase de terre. *Pouè. Poutarras. Pechie.*

BROCANTER. v. a. *Broucantu. Patramandia. Trouqua. Chanjhouria.*

BROCANTEUR, EUSE. s. *Patramand, ando. Broucantur, uso.*

BROCARD. s. m. Raillerie piquante. *Lardoun. Coou-de-lenguo.*

BROCARDER. v. a. *Pougne. Gitta de lardouns.*

BROCHE. s. f. Instrument de cuisinier. *Aste. Brocho. Asti.* — Broche à tricotter. *Aguyo de bas.* — Terme de chandelier. *Vergo.*

BROCHÉE. s. f. *Brouchado.*

BROCHETTE. s. f. Petite broche. *Brouchetto.*

BRODEQUIN. s. m. Sorte de chaussure. *Bouttino.*

BRODER. v. a. *Brouda.*

BRONCHADE. s. f. *Esparrado. Assipado.*

BRONCHER. v. n. Faire un faux pas. *Esparra. S'assipa. Brouncha.*

BROCOLIS. s. m. Rejeton d'un choux frisé. *Broutoun.*

BROQUETTE. s. f. Sorte de clou de soulier. *Tacho. Tachetto.*

BROSSE. s. f. *Brosso. Brusti. Varjhetto.* — Pour les souliers. *Fretofango.*

BROSSER. v. a. *Broussa. Brustia. Verjhetta.*

BROU. s. m. Écale de noix. *Blou. Eiblou.* — Enlever l'écale. *Eibloua.*

BROUÉE. s. f. *Nèblo. Brumo.*

BROUET. s. m. Bouillon au lait et au sucre. *Lach-de-poulo. Brouci-d'huou.*

BROUILLARD. s. m. *Nèblo. Brouihard.*

BROUILLER. v.a. *Brouiha.* — OEufs brouillés. *Brouihado.*

BROUILLERIE. s. f. *Brouihariè.*

BROUILLON. s. m. Voyez QUERELLEUR.

BROUILLON, ONNE. adj. Qui ne fait que brouiller. *Bourrouyo. Tracassiè. Barbato.*

BROUIR. v. n. Effets de la gelée sur les blés et les arbres. *Rebina. Rousti. Brula.*

BROUSSAILLES. s. f. plur. *Brouas. Abrouas.*

BROUTER. v. a. Manger l'herbe, les pousses d'arbrisseaux. *Brouta. Mangea. Deicima.*

BROUTILLES. s. f. plur. *Broundos. Broundihos.*

BROYE. s. f. Instrument à broyer le chanvre. Voyez BRISOIR.

BROYER. v. a. Piler, réduire en poudre. *Pila. Trissa.*

BRU. s. f. terme relatif. Belle-fille. *Nouèro.*

BRUGNON. s. m. Fruit. Espèce de pêche. *Brignoun.*

BRUINE. s. f. Petite pluie. *Lagugnoro.*

BRUINER. v. n. *Plouvinia. Lagania. Ploouvinejha.*

BRUIRE. v. n. *Bruzi.*

BRUIT. s. m. *Brut.*

BRULER. v. a. *Brula. Crema. Rebina.*

BRULOIR. s. m. Instrument pour brûler du café. *Cassetto. Brulo café.*

BRULURE sur du linge ou des vêtemens. *Uscle.*

BRUME. s. f. *Grosso nèblo.* Brouillard épais.

BRUMEUX. adj. *Nebloux.* Couvert de *nèblos.*

BRUNE (SUR LA). adv. *Su lou vespre. Entre chin et loup. Oou calabrun.*

BRUSQUE. adj. de t. genre. *Menèbre. Maou graciou.*

BRUSQUER. v. a. *Querella. Escarustra. Brusqua.*

BRUSQUERIE. s. f. Action brusque. *Brusquarie. Espouscado.*

BRUTAL. adj. et subs. *Brutaou.*

BRUTALISER. v. a. *Brutalisa.*

BRUYÈRE. s. f. Arbuste. *Brugi.* — Lieu où croissent les bruyères. *Brugièro. Garrigo.*

BUANDERIE. s. f. Lieu où l'on fait la lessive. *Bugadièro.*

BUBE. s. f. *Sourtiduro.* Pustule sur la peau.

BUBON. s. m. Tumeur. *Fleiroun. Braquet.*

BÛCHE. s. f. Pièce de bois de chauffage. *Esclapo. Tien.* — Bûche de Noël. *Cacho-fuech. Calendaou. Calegnaou.*

BUCHER. s. m. Lieu où l'on met le bois. *Bouscatièro.*

BUCHER. v. a. Faire des bûches. *Espeça lou boues.*

BUCHERON. s. m. *Bouscatiè. Especaire de bouesc.*

BUCHETTE. s. f. *Busco. Buscaiho.* Ramassis des bûchettes. *Busquejha. Buscaiha.*

BUÉE. s. f. Lessive. *Bugado.*

BUFFET. s. m. *Armari. Placard.*

BUGLOSSE. s. f. Plante. *Bourragifer.*

BUIS. s. m. Arbuste toujours vert. *Bouis.*

BUISSON. s. m. Touffe d'arbrisseaux épineux. *Bouissoun. Roumias. Brouas.* — Buisson ardent. *Roumi.*

BUISSONNIÈRE. Faire l'école buissonnière. *Faire lou requuerant.*

BULBE. s. f. Ognon de fleur. *Testo.* Ognon de lis : *Testo d'hieli.*

BULLE D'AIR. s. f. *Booufigo.*

BURAT. s. m. Étoffe légère en laine. *Burato.*

BUREAU. s. m. Sorte de table. *Bureou.*

BURETTE. s. f. *Buretto.*

BURLESQUE. adj. de t. g. *Drole. Oouriginaou.*

BUSE OU BUTOR. s. Oiseau de proie. *Brulic. Ruisso.*

BUSTE. s. f. *Estatu.* — Buste d'un Saint. *Corps sunt.*

BUT. s. m. Terme de jeu de boules. *Bouchoun.*

BUTÉE. s. f. Massif de pierre. *Culado.*

BUTOR. adj. et subs. Terme de mépris. *Bedigas. Gayofou. Espes.*

BUTTER. v. a. Terme d'agriculture. *Acclapa. Curbi de terro.*

BUVANDE. s. f. Petit vin. *Trempo.*

BUVETTE. s. f. Petit repas au cabaret. *Repassoun. Biscou.*

BUVEUR. s. m. et adj. *Buveire. Biberoun.*

BUVOTER. v. n. Boire à petits coups. *Buvouchia.*

BY. s. m. Fossé qui aboutit à la bonde d'un étang. *Biaou.*

C

ÇA pronom. Cela. *Aco.* — Ça et là adv. *Dèci-deila. Eici-eila.*

CABALER. v. n. *Cabala.*

CABALEUR. s. m. *Cabalaire.*

CABANE. s. f. *Aqachoun. Cabano.*

CABANON. s. m. Petite cabane. *Cabanoun. Cabanetto.*

CABARET. s. m. *Bouchoun. Guinguetto.* De campagne. *Longissoun.*

CABAS. s. m. Panier de spartz. *Coufin.*

CABILLOTS. s. m. plur. Terme de marine. *Guiouneouns. Cavihouns.*

CABINET PETIT. s. m. *Chaboutoun.*

CABLE. s. m. Grosse corde. *Couerdo de barquo.*

CABLIÈRE. s. f. Pierre pour tenir le filet d'un pêcheur à fond. *Baoudo.*

CABOCHE. s. f. Tête. *Cabeço.* — Clou à soulier. *Senepo.*

CABRE. s. f. Chèvre pour les fardeaux. Terme de marine. *Cabri.*

CABUS. adj. m. Terme de jardinier. Pommé. *Pouma. Cabus.* Chou pommé. *Caoulet cabus.*

CACA. s. m. Excrément. Terme enfantin. *Cacai.*

CACADE. s. f. Décharge de ventre. *Cagado.* Au fig. Entreprise manquée. *Cagado. Povaire.*

CACHE. s. f. Lieu secret, propre à cacher quelque chose. *Cachetto. Escoundayo.*

CACHER. v. a. *Escoundre. Encafourna. Encaouna.*

CACHÉ, ÉE. part. *Escoundu. Rejhoun. Rejhouncho.*

CACHETTE. s. f. Petite cache. *Ca-*

forno. — En cachette. adv. *Descoundoun.*

CACOCHYME. adj. de t. g. De mauvaise complexion. *Poutringoux. Malandroux, ouc.*

CACOCHYMIE. s. f. État de maladie. *Malandro.*

CACOPHONIE. s. f. Discordance. *Cacafounic.*

CADEAU. s. m. Présent. *Cadeou.* — Terme de calligraphe. *Trait de plumo.*

CADENAS. s. m. Petite serrure mobile. *Cadenaou.*

CADENASSER. v. n. Fermer avec un cadenas. *Mettre lou cadenaou.*

CADOGAN. s. m. Nœud de cheveux qui tombe sur la nuque. *Catagan.*

CADOLE. s. f. Terme de serrurier. Espèce de pêne, etc. *Cadaoulo.*

CADUC, CADUQUE. adj. *Vieil que poou plus ana.* — Mal caduc : *Maou de la terro.*

CAFARD, ADE. adj. et subs. *Hipoucrito, bigot, bigotto.*

CAGE. s. f. *Gabi.* Au fig. Mettre en cage. *Engabioula.*

CAGÉE. s. f. Cage pleine. *Gabiado. Pleno gabi.*

CAGNARD, ARDE. adj. et subs. *Gourrin.*

CAGNARDER. v. n. *Gourrina.*

GAGNARDISE. s. f. *Gourrinarië. Feniantiso.*

CAGNEUX, EUSE. adj. et subs. Qui a les genoux et les jambes tournées. *Chambard, chambardo.*

CAGOTERIE. s. f. *Hipoucrisie. Tartufelarie.*

CAGOU. s. m. Homme qui vit d'une manière obscure et mesquine. *Gousto soulet.*

CAHIN-CAHA. Façon de parler adverbiale. *Aperaqui. Ni ben, ni maou.*

CAHOT. s. m. *Ressaou.*

CAHOTER. v. n. *Ressaouta.*

CAHUTE. s. f. *Casaou. Canigoun. Agachoun.*

CAIEU. s. m. Terme de botanique. *Fiholo.*

CAILLÉ. s. m. *Caiha.* Manger du lait caillé ou du caillé. *Manjha de caiha.*

CAILLE-BOTTE. s. f. Sorte de laitage. *Brousso.*

CAILLE-LAIT. s. m. Plante. *Pichoun-Muguet-jaoune. Herbo de la ciro.*

CAILLETTE. s. f. Terme de boucher. *Priuroun. Mieretto.* — Babillarde. *Bavardo.*

CAILLETEAU. s. m. Jeune caille. Oiseau. *Caihoun.* Gras comme un cailleteau : *Dru coumo un caihoun.*

CAILLETER. v. n. Babiller. *Charra. Faire la charrado.*

CAILLOT. s. m. Grumeau de sang. *Caihoun.*

CAILLOU. s. m. Sorte de pierre. *Peirard. Caihaou. Couedou. Coudoulet.*

CAJOLER. v. a. *Flatia. Endourmi. Flatejha.*

CAIMAND, ANDE. adj. *Mingoun, ouno.*

CAIMANDER. v. n. Mendier. *Mingounia.*

CAISSE. s. f. *Caisso.* Petite caisse. *Queissetto.*

CAJOLEUR. s. *Flattie. Emboisur.*

CAL. s. m. Durillon. *Durihoun.*

CALADE. s. f. Pente d'un terrain élevé. *Pendento. Decento.*

CALAMITÉ. s. f. Malheur. *Calamita.*

CALANDRE. s. f. Ver qui ronge les blés. *Cadèlo.* — Oiseau. Voyez ALOUETTE.

CALAMENT. s. m. Plante aromatique et céphalique. *Mannuguetto.*

CALCULER. v. a. *Coutnta. Chiffra.*

CALE. s. f. Morceau de bois, pierre, etc., que l'on met sous une table, une

poutre, pour qu'elle soit de niveau. *Conquet. Soustiho.*

CALEBASSE. s. f. Sorte de courge. *Fliasco.*

CALECON. s. m. Vêtement qu'on met sous la culotte. *Carçoun. Calçoun.*

CALENDRIER. s. m. *Almanach.*

CALER. v. a. Mettre une cale. *Couta.* — Ne rien faire. *Cala.*

CALEPIN. s. m. Libre de notes. *Libret.*

CALFATER. v. a. Terme de marine. *Calafata.* — Terme de vendangeur. *Ussa.*

CALFEUTRER. v. a. Boucher les fentes, les jointures d'un tonneau. *Ussa. Boucha.*

CALIFOURCHON (A). adv. *Accamba. Encamba.*

CALIN. s. m. *Niai. Brandalèso. Gourrin.*

CALINER (SE). v. récip. *S'estangouira. Si douudina.*

CALLIGRAPHE. s. m. Copiste, qui a une belle écriture. *Escrivan.*

CALMANDE. s. f. Étoffe en poil de chèvre, lustrée comme le satin. *Calamandro.*

CALME. s. m. *Bounasso.*

CALMER. v. a. *Boouca. Calma. Cessa.*

CALOMNIE. s. f. Fausse imputation. *Caloumnie. Inventien.*

CALOMNIER. v. a. *Faire d'inventien. Destrata. Caloumnia.*

CALVINISTE. s. m. *Huganaou. Proutestant.*

CAMARADE. s. de t. g. *Soci. Camarado.*

CAMARD, ARDE. s. et adj. Qui a le nez plat. *Camot. Camocho.*

CAMBOUIS. s. m. Vieux oing d'une roue. *Camboi.*

CAMBRAISINE. s. f. Toile de coton imprimée à la manière du Levant. *Cambrasino.*

CAME. s. f. Coquillage bivalve. *Cloouvisso.*

CAMELOT. s. m. Étoffe en laine. *Cambelot.*

CAMELOTE. s. f. Marchandise. Terme de colporteur. *Blacho. Camelotto.*

CAMION. s. m. Charette basse pour transporter des marchandises dans une ville de commerce. *Camioun.*

CAMIONEUR. s. m. Commissionnaire, porte-faix qui rend et voiture de la

marchandise dans un camion. *En-
tremetur. Camignouuur. Camioun-
nur.*

CAMPAGNARD , ARDE. s. et adj.
Bastidan, bastidano.

CAMPAGNOL. s. m. Petit animal
champêtre. *Darboun.*

CAMPÊCHE. s. m. Arbre de l'Amé-
rique. *Campec.*

CAMPER (SE). v. récip. *Si plaça.*

CAMUS , USE. adjectif. Voyez CA-
MARD.

CANAL. s. m. *Canaou.*

CATARRHE. s. m. Gros rhume. *Ca-
tarri. Fluxien.*

CANCER. s. m. Tumeur maligne.
Chancre.

CANDELETTE. s. m. Terme de marine. *Pescaire.*

CANTER. v. n. Marcher comme
une canne. *Ana d'ooulin-d'ooulan.*

CANNAGE. s. m. Mesurage par cannes. *Canagi.*

CANNAIE. s. m. Lieu planté de roseaux. *Canië.*

CANNE. s. f. Oiseau. Femelle du
canard. *Aouco. Aouquetto.*

CANON. s. m. *Canoun.*

CANONNIÈRE. s. f. Instrument de
polisson. *Petadou. Escarbuto.*

CANTIBAL. s. m. Terme de charpentier. Bois fendu. *Bouesc-Chappa.
Escouden-fendu.*

CANTIBAN (Bois de). s. m. Bois
qui n'a de flache que d'un côté. *Escouden.*

CAPELET. s. m. Enflure de cheval.
Mouletto. Cavihot.

CAPELLER. v. n. Terme de marine.
Encapela.

CAPILOTADE. s. f. Ragoût de morceaux de viande cuite. *Regouti. Ratta-
touyo.* — Mettre en capilotade. *Acha
à mouceou.*

CAPISCOL. s. m. Dignité ecclésiastique. *Cabiscoou. Douyen.*

CAPITAL. s. m. *Capitaou.*

CAPITAINE. s. m. *Capitani.*

CAPITATION. s. f. Imposition per-
sonnelle. *Capitatien.*

CAPITON. s. m. Terme de filature
de soie. *Chiquo. Barreto.*

CAPON. s. m. Vaurien. Lâche. *Capoun.*

CAPORAL. s. m. Chef d'escouade.
Carpouraou. ¡Courpouraou.

CAPOT. s. m. Grande cape qui a
un capuchon. *Caban. Cappo.*

CAPRE. s. f. Bouton de fleur du
caprier. *Tapeno. Tapero.*

CAPRICIEUX , EUSE. adj. et subs.
*Capriciou , iouso. Charnigou. Mous-
cous , ouse.*

CAPRIER. s. m. Arbrisseau. *Tape-
nië. Taperië.*

CAPSULE. s. f. Terme de botanique. *Estui deis granos.*

CAPTURE. s. f. Butin. *Piho. Cap-
turo.*

CAPUCE. s. m. *Capóchou. Capouchoun.*

CAPUCIN. s. m. Religieux-mendiant.
Capouchin.

CAQUE-DENIER. s. de t. g. Avare.
Pouny-sarra.

CAQUET. s. m. *Charro. Chiquo.
Charradisso. Bagou.*

CAQUETTER. v. n. *Babiha. Charra.
Chiqua.*

CAQUETTERIE. s. f. *Babiho. Charradisso.*

CAQUETEUR, EUSE. s. et adj. *Charraire. Babihard , ardo.*

CAQUIER. s. m. Terme de moulin
à huile. *Infer.*

CARABIN. Soldat. s. m. Terme
de mépris. *Sapin.*

CARBONNADE. s. f. Viande grillée.
Chouyro.

CARDÉE DE COTON. s. f. Feuille
de coton cardée que l'on retire de
la carde. *Ramo de coutoun.*

CARDÉE DE LAINE. s. f. *Tracheou.
Cardayno.*

CARDER. v. a. *Carda. Escarrassa.*

CARDEUR. v. a. Celui qui carde de
la laine. *Cardaire.*

CARDINAL. s. m. Dignitaire ecclésiastique. *Cardinaou.*

CARDON. s. m. Plante potagère.
Cardo.

CARÊME-PRENANT. s. m. Les trois
derniers jours du carnaval. *Caramantran.*

CAREME. s. f. *Caremo.*

CARESSANT, ANTE. adj. *Amistadou. Amistoux. Flattië , ièro.*

CARESSER. v. a. *Caressa. Flatia.
Faire quechièro.*

CARILLON. s. m. Parlant des cloches. *Trignoun.*

CARILLONNER. v. n. Sonner le carillon. *Trignoula. Trignoura.*

CARISTADE. s. f. Aumone. *Oumouerno.*

CARNAGE. s. m. *Carnagi. Massacra.*

CARNASSIÈRE. s. f. Sac de chasseur. *Carniè.*

CARNAVAL. s. m. *Caramantran.*

CARNOSITÉ. s. f. Excroissance de chair au bord d'une plaie. *Carnivas.*

CARON. s. m. Barde de lard. *Platino. Mouceou de lard.*

CAROTTE. s. f. Racine potagère. *Pastenargo. Carroto.*

CAROUBE. ⎰ s. m. Fruit du caroubier. *Carrubi.*
CAROUGE. ⎱ roubier. *Carrubi.*
Courrubi.

CAROUBIER. s. m. Arbre d'Italie. *Carrubiè. Courrubiè.*

CARRÉ DE MOUTON. s. m. Terme de boucher. *Rasteou.*

CARREAU. s. m. Pavé. *Maloun.* — Vitre. *Correou.* — Couleur de cartes. *Carreou.*

CARRELAGE. s. m. Terme de maçon. *Malounagi.*

CARRELER. v. a. Terme de maçon. *Malouna.*

CARRELET. s. m. Poisson. *Larbo.*

CARRELURE. s. f. Terme de bottier et de cordonnier. *Ressemelagi.*

CARRER (SE). v. récip. Marcher avec arrogance. *Faire lou dur. Si carra.*

CARRIER. s. m. Ouvrier qui tire les pierres de la carrière. *Peiriè. Queirouniè.*

CARRIÈRE. s. m. Lieu d'où l'on tire la pierre. *Peirièro.*

CARRILLON. s. m. Battement de cloches avec mesure. *Trignoun.*

CARRILLONNER. v. n. Sonner le carrillon. *Trignoula. Triguoulejha.*

CARROUSSE. s. f. Repas au cabaret. Faire carrousse. *Faire bambocho. Faire ribotto. Faire tampouno.*

CARTAHU. s. m. Terme de marine. *Aquiet.*

CARTAME. s. m. Safran batard. Plante. *Grano de parrouquet.*

CARTERÉE. s. f. Mesure agraire. *Carteirado.* Elle est de 506 cannes et demi carrées, et vaut 20 ares et 44 centiares.

CARTILAGE. s. m. Terme d'anatomie. *Crucentèlo.*

CARTOMANCIEN, IÈNE. s. Magicien, ienne. *Aqueou , aquelo que fai leis cartos.*

CARTON. s. m. *Cartoun.*

CARTONNER. v. a. Mettre du carton. *Cartouna.*

CASANIER , IÈRE. adj. *Que souerte jamai.*

CASAQUIN. s. m. Vêtement de femme. *Casaquo. Mantelet. Justou.*

CASÉ. s. f. Rhubarbe de fromage. *Cachet. Cachèyo.* Manger du casé : *Mangeà de cachèyo , de cachet.*

CASER. v. n. Terme populaire. Établir. *Si casa.*

CASSAILLE. s. f. Terme de laboureur. Faire cassaille. *Moourre.* Ouvrir la terre avec le louchet , la pioche.

CASSANT, ANTE. adj. fragile. *Eisa à roumpre. Dangeiroux. Cassant.*

CASSE-COU. Endroit où il est aisé de tomber. *Roumpe-couelle. Roumpe-cuou.*

CASSE-CUL. s. m. Chûte que l'on fait en tombant sur le derrière. *Satacuou.*

CASSE-NOISETTE. s. m. *Pesso-avelano.*

CASSE-NOIX. s. m. *Trissoun. Pessaire.*

CASSER. v. a. Rompre. Briser. *Roumpre. Espessa.* Casser des noix ou des amandes. *Cacha. Pessa.*

CASSEROLE. s. f. *Casseirolo. Casseiroro.*

CASSINE. s. f. *Bastidoun. Canigoun.*

CASSOLETTE. s. f. *Escooufetto.*

CASSOT. s. m. Petite caisse de papier. *Calon.*

CASSURE. s. f. Endroit où une chose est cassée. *Roumpeduro. Escladuro. Esclo. Fento.*

CASTILLE. s. f. Noise. Querelle. *Garrouiho.* Etre en castille. adv. *Estre gnic et gnàc. Estre coumo chin et cat.*

CASTOR. s. m. Animal amphibie. *Vibre.*

CASUELLEMENT. adv. *Per hazard. Par fourtuno.*

CATAPLASME. s. m. Sorte d'emplâtre. *Cataplamus. Pataclamus.* Cataplasme de bouillie. *Pooutiho. Poutiho.*

CATAPUCE. s. f. Plante. *Grosso chousclo. Lachousclo.*

CATARRHE. s. m. Gros rhume. *Ca-*
tarri. Fluxien.

CATÉCHISME. s. m. *Catechierme.*

CATHEROLES. s. f. pl. Nid de lapin. *Traoux de lapin.*

CATI. s. m. Apprêt. Lustre. *Aprest doou drap.*

CATIMINI (EN). adv. *De galapachoun. D'escoundoun.*

CATIR. v. a. *Apresta lou drap.*

CATISSEUR. s. m. Qui catit. *Aprestaire.*

CAUCALIS. s. m. Plante. Grateron. *Grapoun.*

CAUCHEMARD. s. m. Indisposition. *Suffoucatien. Pesant.*

CAVE. s. f. Lieu souterrain pour tenir le vin. *Crotto.* Plein une cave : *croutado.*

CAVEAU. s. m. Petite cave. *Croutoun.* — Lieu de sépulture. *Toumbo.*

CAVER. v. n. Creuser. *Cava.*

CAUSANT. adj. Qui aime à causer. *Charraire.*

CAVERNE. s. f. *Baoumo. Androuno. Caouno.*

CAVITÉ. s. f. Creux. *Traou. Founso.*

CAUSE. s. f. Sujet. *Cavo. Caouso. Encaouvo.*

CAUSER. v. a. Être la cause. *Caousa. Estre l'encaouvo.*

CAUSER. v. n. Parler. *Charra. Chiqua.*

CAUSERIE. s. f. *Charrado.*

CAUSEUR, EUSE. s. *Charraire. Charruso. Babihard, ardo.*

CAUSTICITÉ. s. f. Malignité. *Malignita. Verin.*

CAUSTIQUE. adj. Corrosif. Satyrique. *Mourdent.*

CAUTÈLE. s. f. Ruse. *Ruso. Magagno. Chicano.*

CAUTELEUX, EUSE. adj. *Catieou. Catievo.*

CAUTION. s. f. Celui qui s'engage pour un autre. *Coutieu. Respoundent.*

CAUTIONNER. v. n. *Coutiouna.*

CÉANS. adv. *Eïci.*

CE. CET. CETTE. CES. pronoms démonst. *Aques. Aqueou. Aquesto. Aquesteis.*

CECI. pronom. *Eïcot. Eïcotto.*

CÉCITÉ. s. Privation de la visto. *Privatien de la visto.*

CEDER. v. a. *Ceda.*

CÈDRE. s. m. Plante. Voyez MOUR-VENC.

CEINDRE. v. a. *Cencha. Enviroouta.*

CELA. pronom démonstratif. *Aquo. Aquoto.*

CELER. v. a. Taire. *Cacha.*

CÉLERI. s. m. Plante potagère. *Api.*

CÉLERIN. s. m. Poisson. *Severeou. Estranglo-bello-mèro.*

CELLIER. s. m. Lieu où l'on serre les vins. *Croutoun.* — Où l'on serre les provisions. *Despenso.*

CELUI, CELLE. pron. dém. *Aqueou. Aquelu.*

CELUI-CI. pron. dém. *Aquestou.* — Celle-là. *Aquelo-d'aqui.*

CELUI-LA. pron. dém. *Aqueou d'aqui.*

CENDRÉE. s. f. *Cendres de bugado.*

CENDRE-CHAUDE. s. f. *Racaliou. Rescaliou.*

CENDREUX, EUSE. adj. *Cendroux, ouè.*

CENDRILLON. s. de t. g. Tisonneur. *Cendroulet. Cendrouletto.*

CENELLE. s. f. Baie ou fruit du houx. *Boucis-homes.*

CENS. s. m. Redevance en argent. *Censo.*

CENSAL. s. m. Courtier. *Censaou.*

CENSURE. s. f. *Blame.*

CENSURER. v. a. *Blama. Trouva à dire. Critiqua.*

CENTAINE. s. f. Cent unités. *Centeno.*

CENTAURÉE. s. f. Plante. *Centaouri. Lenguo-de-cat.*

CENTRE. s. m. *Mitan.*

CEP. s. m. Pied de vigne. *Souco.* — Petit cep. *Souquetto.*

CEP DE CHARRUE. s. m. *Aramoun.*

CEPÉE. s. f. Touffe de tiges qui sortent de même souche. *Jhalos. Avaousses. Garrus.*

CEPENDANT. adv. *Entanterin. Entandooument.*

CERAT. s. m. Sorte d'onguent. *Blanquet.*

CERCEAU. s. m. *Cieucle. Ceoucle.*

CERCLER. v. a. Garnir de cercles. *Ceoucla. Plecha.*

CERCUEIL. s. m. *Caisso de mouer. Bierro.*

CÉRÉMONIEUX, EUSE. adj. Qui fait des cérémonies. *Façounié, ièro.*

CERFEUIL. s. m. Herbe potagère. *Cherfuei.*

CERISE. s. f. Fruit. Agrufien. Grafien. Cerieiso.

CÉRISIER. s. m. Arbre fruitier. Grafiouniè.

CERNEAU. s. m. Noix verte cérnée. Escayoun.

CERNER. v. a. Enviroovta. Entoura. — Des noix. Faire d'escayouns.

CERTAINEMENT. adv. Seyür, Assurament.

CERTES! interject. Caspi! Caspitèlo!

CERUMEN. s. m. Terme de médecine. Ciro deis oourcyos.

CERVEAU. s. m. Surveou. Mouillos.

CERVELLE. s. f. Terme de boucher. Mouillo. Sarvelo.

CESSER. v. a. Discontinuer. Cessa. Descassoura.

CETERACH. s. m, Plante officinale. Herbo-d'oourado.

CEVADILLE. s. f. Graine à tuer les vers. Civadiho.

CHABLEAU. s. m. Cable de batelier. Couerdo de barquo.

CHABLIS. s. m. pl. Bois abattus par les vents. Chaple.

CHABLOT. s. m. Menu cordage. Tiroun. Tireto.

CHACUN, UNE. pronom. Cadun. Chasqu'un, uno.

CHAFOURER. v. a. Défigurer. Choupina.

CHAGRIN. s. m. Lagno. Estoumaqado.

CHAGRINER. v. a. Lagna. Desoula.

CHAINE. s. f. Cadeno. Chèino.

CHAINETTE. s. f. dimin. Cheinetto.

CHAIR. s. f. Car. Carn. Bono. Viando.

CHARCUTIER. s. m. Charcutiè.

CHAIRE A PRECHER. s. f. Chèro. Cadiéro.

CHAISE. s. f. Siège. Cadiéro. Chèso.

CHALAND. s. m. Pratiquo. Achetur.

CHALEUR. s. f. Calour. Michou.

CHALEUREUX, EUSE. adj. Calouren, ento.

CHALUMEAU. s. m. Instrument champêtre. Carnamuè.

CHAMAILLER (SE). v. récip. Si dégatigna. Si chamaiha.

CHAMAILLIS. s. m. Chamatan.

CHAMBRÉE. s. f. Chambrado.

CHAMBRER. v. n. et récip. S'enchambra.

CHAMBRIÈRE. s. f. Servante. Filo de sarvici.

CHAMBRILLON. s. f. Petite bonne d'enfant. Barjhouliarello. Chambreirouno.

CHAMEAU. s. m. Animal. Cameou.

CHAMOISEUR. s. m. Ouvrier. Pelatiè.

CHAMP. s. m. Terme d'agric. Bèn. Pesso.

CHAMPETRE. adj. Campestre. Deis champs.

CHAMPIGNON. s. m. Espèce de plante sans racine. Baligoulo. — Vénéneux. Pissocan.

CHAMPIGNON D'UNE LAMPE. s. m. Mouc. Roussetto.

CHANCELER. v. n. Branda. Varia.

CHANCIR. v. n. Moisir. Flouri. Mousi.

CHANCISSURE. s. f. Flour. Moussissuro.

CHANCRE. s. m. Ulcère malin. Chancre.

CHANDELIER. s. m. Instrument propre a mettre une chandelle. Candelié. — Fabricant de chandelles. Candeliaire.

CHANDELEUR (LA). s. f. Fête catholique. La candeloué.

CHANDELLE. s. f. Cierge en suif. Candélo. Petite chandelle. Candeletto.

CHANGE. s. m. Changi. Truc.

CHANGER. v. a. Changea. Trouca. Truca. Barata.

CHANGEUR. s. m. Changeaire. Chanjhur.

CHANOINE. s. m. Dignité ecclésiastique. Canounge.

CHANSON. s. f. Cansoun. Pantouquetto. (Vieux). Petite chanson. Cansounetto. Au figuré. Fanaou. Sournetto.

CHANSONNER. v. a. Cansounia.

CHANSONNIER. s. m. Cansouniè.

CHANTEAU. s. m. Terme de tailleur. Pouncho. Cougnet.
— Terme de lingère. Gueiroun.
— Chanteau de pain. Courchoun.

CHANTE-PLEURE. s. f. Sorte d'entonnoir. Embu. Tourteiroou.

— Terme de maçon. Fente pratiquée dans un mur. *Arquièro.*

CHANTERELLE. s. f. Corde de violon. *Cantarello.*

CHANTEUR, EUSE. s. *Cantur, cantuso.*

CHANTRE. s. m. *Cantaire.*

CHANVRE. s. m. Plante. *Canebe.*

— Graine de chanvre. *Grano de canebe.*

CHANVRIER. s. m. Qui travaille le chanvre. *Pignaire. Penchiniè.*

CHAPEAU. s. m. *Capeou.*

CHAPELER DU PAIN. v. a. *Raspa. Gratusa.*

CHAPE. s. f. Ornement d'église. *Capo.*

CHAPE-CHUTE (TROUVER). Façon de parler proverb. *S'atrapa. Maou devina.*

CHAPELLE. s. f. *Capello.* Petite chapelle. *Capeletto.*

CHAPELURE. s. f. Pain qu'on a chapelé. *Raspuro.*

CHAPERON. s. m. Parlant d'un mur. *Cresten.*

CHAPITRER. v. a. Reprimander. *Faire un lavabo, uno parruquo. Chapitra.*

CHAPON. s. m. Poulet châtré. *Poulas. Capoun.*

CHAPONNER. v. a. Châtrer des poulets. *Capouna.*

CHAQUE. adj. et pronom distr. *Chasque. Cade.*

CHARANÇON. s. m. Insecte. *Cadèlo. Canadèlo.*

CHARBON. s. m. *Carboun.* — Bubon pestilentiel. *Charbouncle.*

CHARBONNER. v. a. *Mascara.*

CHARBONNIER. s. m. *Carbouniè.*

CHARBONNIÈRE. s. f. *Carbounièro.*

CHARBOUILLER. v. a. Terme d'agriculture. *Rousti. Brula.*

CHARCUTER. s. n. *Eigoourigna.* Couper mal la viande.

CHARDON. s. m. Plante qui a des piquants. *Cardoun.* — Chardon aux ânes. *Cooussido.* Chardon étoilé. *Oouruèlo. Bartalai.* Chardon roland. *Panècaou.*

CHARDONNER. v. a. Carder le drap. *Tira lou pcou.*

CHARDONNERET. s. m. Petit oiseau de chant. *Cardalino.*

CHARGE. s. f. *Cargo. Fai. Chargeo.*

CHARGEMENT. s. m. *Cargament. Curquesoun.*

CHARGER. v. a. *Carga. Chargea.*

CHARIABLE. adj. de t. g. Qui peut se charier. *Carrejhable.*

CHARIER. v. a. *Carrejha.*

CHARRIEUR. s. m. *Carrejhaire.*

CHARIOT. s. m. *Carri.*

CHARITABLE. adj. de t. g. *Caritable.*

CHARITÉ. s. f. *Carita. Charita.*

CHARIVARI. s. m. *Cherevelin.*

CHARLATAN. s. m. Vendeur d'orviétan. *Enguentiè. Braguetto. Breguetian.*

CHARLATANERIE. s. m. *Charlatanariè.*

CHARME. s. m. Sortilège. *Sourcelegi. Amagiè.*

CHARMER. v. a. *Charma.* — Ensourcela.

CHARNAIGRE. s. m. Sorte de chien. *Charneyou.*

CHARNU, UE. adj. *Poupu. Poupudo.*

CHAROGNE. s. f. *Carogne. Coouragnado.*

CHARPENTIER. s. m. Ouvrier. *Fustiè. Charpentiè.*

CHARPIE. s. f. Linge effilé pour des plumasseaux. *Escarpido.*

CHARRÉE. s. f. *Cendres de la bugado.*

CHARRETTE. s. f. *Carreto.*

CHARRETTÉE. s. f. *Carretado.*

CHARRIER. s. m. Drap de toile grossière. *Flouriè. Bourrassiè.*

CHARRUE. s. f. Araire. *Charruè. Coutris.*

CHARTREUSE. s. f. Maison des religieux chartreux. *Chastrouso.*

CHARTREUX. s. m. Religieux de l'ordre de Saint Bruno. *Chastroux.*

CHAS. s. m. Trou d'une éguille. *Traou. Cap.* — Colle de tisserand. *Cadai.*

CHASSE. s. f. *Casso.* — Chasse-marée. s. m. *Peissouniè.*

CHASSER. v. a. *Cossa.* Aller à la chasse. — Mettre dehors. *Coucha. Emmanda.*

CHASSERESSE. s. f. Celle qui chasse. *Cassarello.*

CHASSEUR. s. m. Celui qui va à la chasse. *Cassaire.*

CHASSIE. s. f. Humeur des yeux. *Parpeou. Poutingo.*

CHASSIEUX , EUSE. adj. *Parpeloux.*
Poutingoux. Lagagnoux , ouè.

CHASSOIR. s. m. Instrument de
tonnellier. *Repoussoir. Repicadou.*

CHAT. s. m. Animal domestique.
Gat. Cat. Chat. Minet.

CHATTE. s. f. Femelle du chat.
Gatto. Gatto. Chatto. Mouno. Minetto.

CHATAIGNE. s. f. Fruit. *Castagno.*

CHATAIGNIER. s. m. Arbre qui porte
les châtaignes. *Castagnie.*

CHATAIN. adj. m. Couleur de châtaigne. *Castan.*

CHATEAU. s. m. *Casteou.*

CHATELAIN , AINE. s. m. *Segnour,*
ouro.

CHAT-HUANT. s. m. Oiseau nocturne. *Beou-l'holi.*

CHATIER. v. a. Punir. *Castiga. Cour-*
rigea.

CHATIERE. s. f. Trou par où passent les chats. *Catounièro.*

CHATIMENT. s. m. *Punition.* Par
ironie. *Civado. Refrescado.*

CHATON. s. m. Petit chat. *Catoun.*
Gatoun. — Fleur de certains arbres.
Chatoun.

CHATOUILLEMENT. s. m. *Couti-*
gou.

CHATOUILLER. v. a. *Coutiga. Ga-*
tiha.

CHATOUILLEUX , EUSE. adj. Qui
craint le chatouil. *Que cregne lou*
gatiha , lou coutigou.

CHATRER. v. a. *Cresta.*

CHATREUR. s. m. Celui qui châtre.
Crestaire.

CHATTE-MITE. adj. et sub. Hypocrite. *Gato-miaoulo. Santo-mitoucho.*

CHATTER. v. a. Ne se dit que des
chattes qui mettent bas. *Cattouna.*
Faire leis catouns.

CHAUD , CHAUDE. adj. *Caou ,* *ca-*
oudo.

CHAUDEAU. s. m. Brouet au lait et
au sucre. *Lach de poulo. Broui-d'iou.*

CHAUDEMENT. adv. *Caoudament.*

CHAUDE-PISSE. s. f. Mal vénérien.
Couranto. Pisso-caoudo.

CHAUDIÈRE. s. f. Ustensile en cuivre pour le ménage. *Peirolo.* — De
fabrique. *Gros peiroou.*

CHAUDRON. s. m. Petite chaudière.
Peiroou.

CHAUDRONNÉE. s. f. Plein un chaudron. *Peiroulado.*

CHAUDRONNIER. s. m. Ouvrier.
Peirouliè.

CHAUFFER. v. a. et récip. *Coouffa.*
Chaouffa.

CHAUFFE-PIED. m.   } s. f. Ban-

CHAUFFERETTE. f.   } *quetto.*

CHAUFFOURNIER. s. m. Celui qui
fait la chaux. *Caoussanié. Caoussi-*
gnié.

CHAUFOUR. s. m. Four-à-chaux.
Four de caou.

CHAULAGE. s. m. Action de chauler les blés. *Lissiou de la semenço.*

CHAULER. v. a. Préparer le blé avec
une dissolution de chaux ou autre
ingrédient. *Faire un lissiou oou*
blu.

CHAUME. s. m. Tuyau de blé coupé.
Estoubihoun. Terre en chaume. *Es-*
toublo.

CHAUMIÈRE. s. f. Maison couverte
de chaume. — Pauvre maison. *Choou-*
mièro.

CHAUSSAGE. s. m. *Caoussagi.*

CHAUSSÉE (REZ DE). s. m. Niveau du terrain. *Plan pè.*

CHAUSSER v. a. *Caoussa.*

CHAUSSES. s. f. Vêtement d'homme.
Culotto courto.

CHAUSSETIER. s. m. Ouvrier qui
fait des chausses. *Coousseti.*

CHAUSSE-TRAPE. s. f. Plante. Sorte
de chardon. *Caouco-tripo. Chaoucheis-*
tripos.

CHAUSSURE. s. f. *Caoussuro.*

CHAUVE. adj. de t. g. *Toundu.*
Chaouve.

CHAUVE-SOURIS. s. f. Sorte d'oiseau
cartilagineux. *Rato-penado.*

CHAUVIR. v. n. On le dit des chevaux et bêtes de somme. *Dreissa leis*
ooureihos.

CHAUX. s. f. Pierre calcinée. *Caou.*

CHEF. s. m. Celui qui est à la tête
d'un travail , etc. *Capouliè. Chinié.*

CHELIDOINE. s. f. Plante. *Dindou-*
lièro.

CHEMER (SE). v. récip. Maigrir.
Destrachi.

CHEMIN. s. m. *Camin. Drayo.*

CHEMINÉE. s. f. *Chaminèyo.*

CHEMINER. v. n. *Camina.*

CHEMISE. s. f. *Camiè. Camiso.*

CHEMISETTE. s. f. dim. *Camisetto.*

CHENAIE. s. f. Lieu planté de chênes. Boucs. Fourest de roures.

CHENAPAN. s. m. Vaurien. Fenat.

CHENEAU. s. m. Jeune chêne. Rourachoun.

CHÊNE BLANC. s. m. Arbre qui porte le gland. Roure. Rouve.

CHÊNE-VERT. s. m. Arbre. Eouve. Eouse.

CHENEAU. s. m. Conduit qui recueille les eaux d'un toit. Gouergo.

CHENET. s. m. Meuble de cheminée. Cafué.

CHENEVIÈRE. s. f. Lieu semé de chanvre. Canebièro.

CHENEVIS. s. m. Graine de chanvre. Grano de carbe ou de canebe.

CHENEVOTTE. s. f. Tuyau de chanvre. Candihoun. — Débris de chenevottes. Carai.

CHENIL. s. m. Loge des chiens. Canigoun. Chaboutoun.

CHENILLE. s. f. Insecte. Touaro. Touèro.

CHEVIR. v. n. Tomber. Abuca. S'assipa.

CHEPTEL. s. m. Bail de bestiaux à moitié de bénéfice. Mita crei.

CHER, CHÈRE. adj. Chier, chièro.

CHERCHER. v. a. Cerca. Aller chercher. Ana-querre.

CHERCHEUR. s. m. Cercaire.

CHÈRE. s. m. Mangeaille. Chiero. Torcho.

CHERTÉ. s. m. Prix excessif d'une chose. Chierta.

CHETIF, IVE. adj. Vil. Piatre. Mesquin.

CHÉTIVEMENT. adv. Mesquinament.

CHETRON. s. m. Petite caisse. Queissoun.

CHEVAL. s. m. Animal domestique. Chivaou. Cavaou. — Au fig. Cheval de bât. Bardot.

CHEVALER. v. n. Faire qu'ana veni.

CHEVALET. s. m. Terme de boucher. Saounadou. — Instrument de cordier. Rasteou.

CHEVALIER. s. m. Oiseau aquatique. Galejhoun.

CHEVALINES. s. f. Bêtes chevalines. Cavalun.

CHEVANCE. s. f. Vieux mot. Chabenço.

CHEVELU. s. m. Filameus des racines. Burbo. Barbihoun.

CHEVELU, UE. adj. Qui a des poils, des cheveux. Pièloux, oue. A long peou.

CHEVET. s. m. Traversin. Tête du lit. Couissin. Cabes.

CHEVEU. s. m. Poil. Chevu. Peou.

CHEVILLE. s. f. Caviho.

CHEVILLER. v. a. Caviha.

CHEVIR. v. n. Venir à bout de quelqu'un, le rendre soumis. Plega. Assoupli.

CHÈVRE-FEUILLE. s. f. Arbrisseau. Maire siouvo.

CHÈVRE. s. f. Femelle du bouc. Cabro. — Machine. Cabri. Au fig. Prendre la chèvre. Bisca.

CHEVREAU. s. f. Petit d'une chèvre. Cabrit.

CHÈVRE-MORTE (A). adv. Pourta à cabrimet. Pourta à peri-couteri.

CHEVRETTE OU CREVETTE. s. f. Petite écrevisse. Chambaroou.

CHEVRETTE. s. f. Petit chênet. Cabretto. Ai.

CHEVREUIL. s. m. Animal sauvage. Cabrit soouvagi.

CHEVRIER. s. m. Celui qui mène paître les chèvres. Cabrie.

CHEVRON. s. m. Pièce de charpente. Cabrien. Travets. Travetto.

CHEVROTTER. v. n. Faire des chevraux. Cabrida. — Se fâcher. Bisca.

CHEZ. prépos. Enco. Ches. Ves.

CHIASSE. s. f. Chiure de mouche. Pitaduro de mousco.

CHICANEUR. s. m. Chicanur. Debequignaire.

CHICANER. v. n. Chicana.

CHICHE. adj. de t. g. Avare. Chichoun, ouno. Poung-sarra.

CHICHES (POIS). s. m. Sorte de légume. Cezes.

CHICON. s. m. Plante potagère. Lachugo lonquo.

CHICORÉE. s. f. Plante que l'on mange en salade. Endivo. Cicori. Cicoureyo.

CHICOT. s. m. Morceau d'une dent rompue. Dentihoun. — D'un arbre rompu. Cigouet.

CHICOTER. v. n. Contester. Chipouta.

CHIEN, CHIENNE. s. Animal domestique. Chin. Can. Chino. De lait. Cadeou. — Gros. Chinas. — D'une même portée. *Cadelado.*

CHIENDENT. s. m. Plante. *Grame.*

CHIENNER. v. a. Faire de petits chiens. *Cadela.*

CHIER. v. n. Aller à la selle. *Caga.* Besoin de chier. *Caguegno.*

CHIEUR. s. m. Qui chie. *Cagaire.*

CHIFFE. s. f. Mauvaise et faible étoffe. *Trideino.*

CHIFFON. s. m. Linge usé. *Estrasso.* *Pato.*

CHIFFONNER. v. a. Froisser. *Chifouna.*

CHIFFONNIER, IÈRE. s. Qui ramasse des chiffons. *Estrassaire. Patiaire.*

CHIFFRER. v. a. Calculer. *Chiffra.*

CHIFFREUR. s. m. *Chiffraire.*

CHIGNON. s. m. Derrière du cou. *Coupet. Coutet.*

CHIPOTER. v. n. *Patetejhu. Chipouta.*

CHIPOTIER, IÈRE. s. Vétilleur. *Pato, Patetto. Pachouquet, etto.*

CHINQUER. Voyez CHOPINER.

CHIQUENAUDE. s. f. *Chiquo.*

CHIQUER. v. a. Mâcher du tabac. *Chica.*

CHIQUET-A-CHIQUET. adv. Par petites parcelles. *Paou-acha-paou.*

CHIROMANCIEN. s. m. *Dounur de boueno fourtuno.*

CI. adv. Ici. *Eici, cicito.*

CHIURE. s. f. *Cagaduro.* —De mouche. *Pitaduro.*

CHLOROSE. s. f. Maladie. *Ooupilatien. Jhavounisso.*

CHOC. s. m. Heurt. *Assipado. Tuerto.*

CHOEUR. s. m. *Cuer.*

CHOIR. Voyez CHEOIR.

CHOISIR v. a. *Choousi. Tria.*

CHOMER. v. n. *Choouma.*

CHONDRILLE. s. f. Plante. *Saouto-ooulame.*

CHOPINE. s. f. Petite mesure de vin. *Fuyetto. Litro.*

CHOPINER. v. n. Boire. *Gadounejha.*

CHOPPER. v. n. *S'assipa. Bruca.*

CHOQUANT, ANTE. adj. *Mourdent, ento.*

CHOQUER. v. n. Voyez CHOPPER.

CHOSE. s. f. *Caouvo. Caouso.* Quelque chose. *Covucarren.*

CHOU. s. m. Plante potagère. *Coulet.* — Chou-fleur. *Coulet-flori.* Tige

d'un chou. *Cago-troués. Caloues.*

CHOUETTE. s. f. Oiseau nocturne. *Machouetto.*

CHOUPILLE. s. m. Terme pour exciter les chiens. *Peyo-li.*

CHOYER. v. a. et récipr. *Si dooudina. Si chala.*

CHRÊME. s. m. Huile sacrée. *Sant-Crèmo.* — Rénier chrême et baptême. *Si descrestiouna.*

CURETIEN. s. m. *Crestian.*

CHRYSALIDE. s. f. *Verme endourmi.*

CHUCHOTER. v. a. Parler à l'oreille. *Pachouquia.*

CHUCHOTEUR, EUSE. adv. *Pachouquié. Pachoquo.*

CHUCHOTERIE. s. f. *Barjhadisso. Charradisso.*

CHUT ! s. t. part. *Chuto. Chutou.*

CHUTE. s. f. *Toumbaduro.* Faire une chute. *Toumba.* — A la chute des feuilles. *Oou toumba deis pampos.*

CIBOULE. s. f. Petit ognon potager. *Cebetto.*

CICATRICE. s. f. Marque d'une plaie. *Creto. Barafro.*

CIEL. s. f. *Ceou.* (Ancien).

CIERGE. s. m. Bougie d'église. *Ciergi.* — Petit. *Candeleito.*

CIGALE. s. f. Insecte volant. *Cigalo. Sigaou.*

CIGUE. s. f. Plante Vénéneuse. *Balandino. Jouver-fer.*

CIL. s. m. Poil des paupières. *Ceyos.*

CILLER. v. n. Remuer les paupières. *Battre leis parpellos.*

CIMENT. s. m. Espèce de mortier. *Batun.*

CIMETIÈRE. s. m. *Samenteri.*

CIME. s. f. Sommet. *Haou. Cimcou.*

CINOGLOSSE. s. f. Plante. *Herbo de nouesto-damo.*

CINTRE. s. m. Arcade. *Cintre.*

CINTRER. v. a. *Cindra. Cintra.*

CIRAGE. s. m. *Ciragi.*

CIRCUIT. s. m. *Countour.*

CIRCULAIRE. adj. de t. g. *Redoun ouno.*

CIRCULATION. s. f. *Circulatien.*

CIRER. v. a. *Cira.*

CIRIER. s. m. Fabriquant de cierges. *Ciergié.*

CIRON. s. m. Petit insecte. *Chiroun.*

CISEAU. s. m. Outil. *Ciscou.* — Instrument qui tranche. *Escaoupre.*

CISELER. v. a. *Cisela.*

CITATION. s. f. Assignation. *Citatien.*

CITRIN, CITRINE. adj. Couleur. *Coulour de limo.*

CITRON. s. m. Fruit acide. *Limo. Citroun. Limouno.*

CITRONELLE. s. f. Plante. *Citrounello. Pouncirado.*

CITROUILLE. s. f. Légume. *Cougourdo.*

CITROUILLER. s. m. Plante qui porte les courges. *Cougourdié.*

CIVET. s. m. Sorte de ragoût. *Civie.*

CIVIÈRE. s. f. Instrument d'agriculture. *Eicivieros. Civieros.*

CLABAUD. s. m. fig. Bavard. *Bramaire.* — Chapeau qui fait le clabaud. *Capeou descatalana.*

CLABAUDER. v. a. *Bavardejha. Mounta leis esprit.*

CLABAUDERIE. s. f. Vacarme. *Trin. Chamatan.*

CLABAUDEUR. s. m. Bramaire. *Cridaire.*

CLAIE. s. f. *Cledo.* — Pour les vers-à-soie. *Canisso.*

CLAIR, CLAIRE. adj. *Clar, claro.* — Semer clair ou à claire voie. *Samena rar.*

CLAIRIÈRE. s. f. Endroit d'un champ et d'une forêt dégarni. *Raro.*

CLAIR-SEMÉ, SEMÉE. *Rar, raro.* Blé clair semé. *Blad rar.*

CLASSER. v. a. *Classa.*

CLANDESTIN, INE. adj. Secret. *Escoundu. Cacha.*

CLANDESTINEMENT. adj. *Descoundoun.*

CLAPIER. s. m. *Traou de lapin.*

CLAPIR. v. récipr. On le dit des lapins. *S'encoouna. S'entraoura.*

CLAQUE. s. f. Coup du plat de la main. *Tapin. Couetto.* Au figuré. *Levame.*

CLAQUE-DENT. s. m. Terme de mépris. Criard. *Cridaire.*

CLAQUET DE MOULIN. s. m. *Batareou.*

CLAUDE. s. m. Nom d'homme. *Glaoudi.*

CLAUSE. s. f. *Coundition.*

CLAVÉAU. ⎱ s. m. Maladie de
CLAVELÉE. ⎰ bêtes à laine. *Picoto. Chas.*

CLAVIER. s. m. Chaîne des ciseaux *Crouchet.*

CLARINE. s. f. Sonnette. *Sounayo de l'avet.*

CLARTÉ. s. f. *Clarta.*

CLAYDAS. s. m. Barrière en fer à claire voie. *Cleda.*

CLAYONNAGE. s. m. *Fresso. Faisso.*

CLEF. s. f. *Claou.*

CLEMATITE. s. f. Plante. *Entrevadis.*

CLIENT, ENTE. s. Protégé. *Pratiquo d'avoucat.*

CLIFOIRE. s. f. Seringue de roseau. *Espouscaire.*

CLIGNE-MUSETTE. s. m. Jeu d'enfant. *Escoundudos. Escoundayos.*

CLIGNOTER. v. n. Fermer l'œil à demi. *Battre deis parpellos.*

CLIN-D'OEIL. s. m. Mouvement de l'œil. *Vira-d'hueil.*

CLIQUET. Voyez CLAQUET.

CLIQUETIS. s. m. *Claquament.*

CLIQUETTE. s. f. Sorte d'instrument en bois ou en os. *Clinquetto.*

CLISSE. s. f. Bande en bois pour les factures. *Planchetto.*

CLISSER. v. a. Garnir de clisses. *Estela.*

CLOAQUE. s. f. *Suèyo.* Au figuré. *Pourciou.*

CLOCHE. s. f. *Campano.* Vessie sur le corps. *Booufigo.*

CLOCHE-PIED (A). adv. *A pè couquet. A couloumbet.*

CLOCHER. s. m. *Cluchiè. Clouchiè.*

CLOCHER. v. a. Boiter. *Bouita. Ana goi.*

CLOCHETTE. s. f. Petite cloche. *Campanetto.*

CLOISON. s. f. Terme de maçon. *Bujhet.*

CLOISONNER. v. a. Faire une cloison. *Bujheta.*

CLOPIN-CLOPANT. Expression adverbiale. *Dooulin-dooulan. Chanchan.*

CLOPINER. v. n. Boiter quelque peu. *Bouita. Ana goi.*

CLOPORTE. s. f. Insecte. *Trueyetto. Pourquet de crotto.*

CLORRE. v. a. Enclaoure. *Ferma.*

CLOS, CLOSE. part. Fermé. *Ferma.*

Enclaou. — Yeux clos. De cluchoun. De plugoun.

CLOSEAU. s. m. Petit jardin d'un paysan. Houart. Houert.

CLOS. s. m. Terrain fermé. Claou. Enclaou.

CLOSSER. v. n. Cri de la poule. Clussi. Clueisse.

CLOU. s. m. Bubon. Fleiroun. Braquet.

CLOU. s. m. Cheville de fer qui a une tête. Claveou. — De soulier. Tacho. Tachetto.

CLOUER. v. a. Fixer avec des cloux. Clavela.

CLOUET. s. m. Ciseau de tonnelier. Escaoupre.

CLYSTÈRE. s. m. Lavement. Lavament. — En plaisanterie. Bouihoun pounchu.

COAGULER. v. a. et récip. Caiha. Si prendre.

COASSER. v. n. Se dit du cri de la grenouille. Faire coua-coua.

COBÈS. s. m. Terme de marine. Embroi.

COCHE. s. f. Petite entaillure. Ouesco.

COCHE. s. f. Terme de mépris. Grosse femme. Pataflaou. Pastenargo.

COCHER. s. m. Qui mène un carosse. Couchiè.

COCHET. s. m. Dimin. Petit coq. Galet. Galoun.

COCHEVIS. s. m. Alouette hupée. Oiseau. Calandro-Capeludo. Coouquiado.

COCHON s. m. Animal. Pouerc. — De lait. Nourrigoun. Gardeur de cochons. Pourchie.

COCHONS (MARCHAND DE). s. m. Pourcatie.

COCHONNÈE. s. f. Portée de cochons. Poucelado.

COCHONNER. v. n. Se dit d'une truye qui fait ses petits. Poucela.

COCHONNERIE. s. f. Saleté. Pourcarie. Brutici.

COCHONNET. s. m. Terme de joueur de boules. Bouchoun. Pichoun.

COCON. s. m. Produit du ver-à-soie. Coucoun.

COCTION. s. f. Cuite. Cuecho.

COCU. s. m. Terme de mépris. Couquau. Cournard. Banet.

COEUR. s. m. Couer, couar — D'un

animal. Couret. — D'une plante potagère. Greou. — D'une pastèque. Couraou.

COFFIN. s. m. Panier de spartz. Coufin.

COFFINER (SE). v. récip. S'ouvrir. Se courber. Se dit d'une fleur. Esbarbaya.

COFFRER. v. a. Emprisonner. Engabioula. Encouffra.

COFFRET. s. m. Queissoun. Lièto.

COFFRETIER. s. m. Fabricant de mallos.

COGNASSIER. s. m. Arbre qui porte des coings. Coudouniè.

COGNÈE. s. f. Outil. Api. Destraou. Picosso. Picoussin.

COGNER. v. a. Cougna. Enfounça.

COHUE. s. f. Assemblée tumultueuse. Jutariè.

COIFFE. s. f. Couiffo. Coiffe de chapeau. Testière. Goffo. Coiffe qu'on apporte en naissant. Crespino.

COIFFER. v. a. Couiffa. Etre né coiffé: estre na eme la crespino.

COIFFEUR. s. m. Perruquiè.

COIFFEUSE. s. f. Couifuso.

COIN. s. m. Cantoun. — Terme de bûcheron et de fabricant de bas. Cougnet. — Poinçon: pouncoun.

COING. s. m. Fruit. Coudoun. Confiture de coings : coudouna.

COI, COITE. adj. Calme. Sot, sotto.

COLATURE. s. f. Liquide déchargé de toute matière grossière. Ce qu'es tira oou clar.

COL. s. m. Couei; couelle; couel; coui.

COLCHIQUE. s. m. Plante. Bramovaquo. Sofran-fer.

COLIFICHET. s. m. Beloyo. Fichcso.

COLÈRE. s. f. Bisquo. Tifou. Layno. Santificetur.

COLIN-MAILLARD. s. m. Sorte de jeu d'enfant. Meni-moun-ai.

COLLABORATEUR. s. m. Que travaiho em'un ou plusieurs aoutres.

COLLATION. s. f. Petit repas. Coulatien. Courouragi. Courourcyo. Goustèlo. Repassoun.

COLLECTE. s. f. Quetto.

COLLEGE. s. m. Coulegi.

COLLER. v. a. et récip. Coula. Arrapa. Empega.

COLLET de mouton. s. m. Terme

de boucherie. *Bescouel. Biscouil.*

COLLIER de défense. s. m. Terme de marine. *Mourraou.*

COLLIER. s. m. Harnais d'un cheval. *Coulas. Coular.*

COLLINE. s. f. *Couèlo. Baou. Coulet.*

COLOMBE. s. f. Outil de tonnelier. Espèce de varlope renversée. *Plano.*

COLOMBINE. s. f. Fiente de pigeon. *Couloumbino. Couloumbrino.*

COLORER. v. a. *Tegne. Couloura.*

COMBE. s. f. Vallée entre des collines. *Combo.*

COLPORTER. v. a. Porter des marchandises pour vendre. *Coulpourta.*

COLPORTEUR. s. m. *Coulpourtur.*

COMBIEN. adv. *Quan.*

— Jouer au combien : *juga à telitaparto, à tintamporto.*

COMBINER. v. a. *Coumbina.*

COMBLE. s. m. Ce qui tient au-dessus d'une mesure de capacité pleine. *Coumble. Coumou.*

COMBLER la mesure. v. n. Faire versa la mesuro.

COMBLÉ, ÉE. part. *Coumbla*, ado. La mesure est comblée : *la mesuro vesso.*

COMBRIÈRE. s. f. Filet pour les gros poissons. *Palamidièro; couloumbrièro.*

COMBUGER. v. a. Imbiber d'eau une futaille. *Embuga. Estagna.*

COMBUSTIBLE. adj. de tout genre. *Que brulo oou fuech.*

COMIQUE. adj. *Coumique.* Drole. *Furço.*

CÔMITE. s. m. Terme de galère. *Come.*

COMMANDER. v. a. *Coummanda.*

COMMANDES. s. f. plur. Terme de marine. *Gancettos. Trenellos.*

COMMENCER. v. a. *Coummença.*

COMME. } adv. *Coumo.* Comment faisons-nous?
COMMENT. } *Coumo fasen?*

COMMENTER. v. a. *Expliqua. Develouppa.*

COMMÉRAGE. s. m. Propos de commères. *Patricot.*

COMMÈRE. s. f *Coummaire. Coumeiretto.*

COMMISÉRATION. s. f. *Pièta. Coumpassien.*

COMMISSAIRE. s. m. Officier commis. *Coummissari.*

COMMISSION. s. f. *Coummissien.*

COMMISSIONNAIRE. s. m. *Coummissiounnari.*

COMMODE. s. f. Meuble en bois. Commode en bois de sapin. *Taoulo fermado.* — En bois de noyer. *Coumodo.*

COMMODITÉS. s. f. Latrines. *Pati. Cagarello. Luech coumun.*

COMMOTION. s. f. *Secousso.*

COMMUNAUTÉ. s. f. *Coummunoouta.*

COMMUNIER. v. n. *Coumunia.*

COMMUNION. s. f. *Coumunien.*

COMPACTE. adj. Peu poreux. *Sarra.*

COMPAGNE. s. f. Epouse. *Mouyè. Coumpagno.*

COMPAGNON. s. m. *Soci. Coumpan.*

COMPASSION. s. f. Pitié. *Coumpassien. Pièta.*

COMPATRIOTE. s. de tout genre. Qui est du même pays. *Pays, payso.*

COMPARER. v. a. *Coumpara. Faire la différenço.*

COMPENSATION. s. f. *Coumpensatien.*

COMPENSER. v. a. *Coumpensa.*

COMPÈRE. s. m. *Coumpaire. Coupaire.*

COMPLAISANCE. s. f. *Coumplesenci.*

COMPLAISANT, ANTE. adj. Obligeant. *Coumplesent, ento.*

COMPLANTER. v. a. *Coumplanta.*

COMPLICE. s. de tout genre. Qui a part au crime. *Counsent. Coumplici.*

COMPLIMENTER. v. a. *Coumplimenta. Estrugea. Felicita.*

COMPLIMENTEUR, EUSE. s. et adj. *Coumplimentur.*

COMPORTER. v. a. et récip. *Si Coumpourta. Si Counduerre.*

COMPRIS, ISE. part. *Coumpres, esso.*

COMPRIMER. v. a. *Esquicha. Estregne.*

COMPTER. v. a. *Counta.*

COMPTOIR. s. m. Table de marchand. *Countadou.*

CONCASSER. v. a. *Pila. Trissa de gros en gros.*

CONCAVE. adj. de tout genre. *Crusa oou milan. A founs.*

CONCEPTION. s. f. *Counceptien.*

CONCERNER. v. a. Avoir rapport.

Councerna. Regarda. Cela le concerne : *aquo lou regardo.*

CONCEVOIR. v. a. *Councebre. Coumprendre.* — Parlant d'une femme. *Resta grosso.*

CONCIERGE. s. m. *Counciergi.*

CONCLURE. v. n. *Decida. Feni. Trata.*

CONCOMBRE. s. m. Espèce de légume curcubitacé. *Coucoumbre.* — Sauvage : *Coucouroumasso.*

CONCUBINAGE. s. m. *Councubinayi.* Vivre dans le concubinage. *Ave un entretien.*

CONCUBINE. s. f. *Mestresso. Entretengudo.*

CONDENSER. v. a. *Espessi.*

CONDESCENDRE. v. a. *Counsenti. Coumpati.*

CONDITION. s. f. Clause. *Coundition.*

CONDUIRE. v. a. *Mena. Aduerre.*

CONDUIT. s. m. Tuyau. *Bourneou.* — Des eaux. Petit canal couvert. *Oouvede ; ouide ; coundu.*

CONDUITE des eaux. s. f. *Counduc.*

CONDUIRE. v. a. *Counduerre.*

CONDUIT, UITE. part. *Counducho. Counduito.*

CONFECTION d'hyacynthe. s. f. Remède. *Counfectien de jacento.*

CONFESSION. s. f. Aveu. *Counfessien.*

CONFESSIONNAL. s. m. Siège du confesseur. *Counfessiounoir.*

CONFESSER. v. a. Avouer. Entendre les confessions. *Counfessa.*

CONFESSEUR. s. m. Qui confesse. *Counfessour.*

CONFIANT, ANTE. adj. *Que si fiso. Que vai à l'avuglo.*

CONFIDENCE (agir en). *Counfisa.*

CONFIER. v. n. *Counfisa.*

CONFIRE. v. a. *Cunfi. Faire de counfituro.*

CONFISEUR. s. m. Qui confit. *Counfissur.*

CONFISQUER. v. a. *Counfisca.*

CONFIT. s. m. Cuve de tanneur et de pelletier. *Truei.*

CONFIT, ITE. adj. Extrêment mûr et desséché sur l'arbre. On le dit de certains fruits. *Pecoulct, etto. Canisso.*

CONFONDRE v. a. *Counfoundre.*

CONFORTATIF, IVE. adj. *Que fourtifio. Que douno de ton à l'estoumac.*

CONFRONTER. v. a. Comparer. *Counfrounta.*

CONFUSION. s. f. Honte. *Counfusien.*

CONGÉ. s. m. *Coungiè. Parmissien.*

CONGÉDIER. v. a. Renvoyer. *Emmanda.*

CONGELER. v. a. Geler. *Jhala. Jhara. Giéla. Entrejhala.*

CONGRATULER. v. a. Féliciter. Complimenter. *Felicita. Estrugea.*

CONGRE s. m. Poisson de mer. *Fialas.*

CONJOINTEMENT. adv. Par ensen. *Ensen.*

CONJUGAL (Anneau). adj. Bague de mariage. *Baguo roundo.*

CONJUGALEMENT. adv. *Coumo marit et mouyè.*

CONJURATION. s. f. Opération de magicien. *Sourceléyi.*

CONJURER. v. a. Exorciser. *Escounjhura.* — Prier : *Prega à man jounchos.*

CONNAISSEUR, EUSE. s. et adj. *Couneissur, uso.*

CONNAITRE. v. a. *Couneisse. Counouisse.*

CONNIL. (vieux mot). s. m. Lapin. Animal. *Couniou.*

CONNU, CONNUE. adj. *Couneissu, couneissudo. Couneiqu, udo.*

CONSANGUIN, INE. *Qu'es doou meme sang.*

CONSCRIPTION. s. f. *Counscriptien.*

CONSCRIT. s. m. Compris dans la conscription. *Couscrit.*

CONSÉCUTIF, IVE. adj. Qui se suit. *Tout adarret.*

CONSÉCUTIVEMENT. adv. *Tout de suito. Senso desempara. Tout adarret.*

CONSEIGLE. s. m. Mélange de différens blés. *Counseyaou.*

CONSEIL. s. m. *Counseou.*

CONSEILLER. s. m. *Counseihiè.*

CONSEILLER. v. a. *Counseiha.*

CONSENTEMENT. s. m. *Counsentament.*

CONSERVER. v. a. *Counserva. Garda. Soigna.*

CONSERVER (SE). v. récip. Avoir soin de soi. *Si meinagea. Si coucounejha. Si poupouna. Si mitouna.*

CONSOLATEUR. s. m. et adj. *Counsoulatour.*

CONSOLATION. s. f. *Counsoulatien.*

CONSOLER. v. a. *Counsoula.*

CONSOLIDER. v. a. Raffermir. *Ranfourça. Asseta. Counsoulida.*

CONSOMMATEUR. s. m. *Counsoumatour.*

CONSOMMATION. s. f. *Counsoumatien.*

CONSOMMER. v. a. *Acaba. Feni. Counsouma.*

CONSOMPTION. s. f. Maladie. *Tisië. Secaresso.*

CONSORTS. s. m. plur. Intéressés. *Adherans.*

CONSOUDE. s. f. Plante. *Simphitoun. Ooureyo d'ai.*

CONSTERNATION. s. f. Abattement. *Estounament. Counsternatien.*

CONSTIPÉ, ÉE. Resserré, ée. *Counstipa. Counstibla, ado.*

CONSTRINGENT, ENTE. adj. Qui resserre. *Que ressarro. Qu'estregne.*

CONSTRUIRE. v. a. Bâtir. *Coustruire.*

CONSUL. s. m. Magistrat annuel. *Consou.*

CONSULTATION. s. f. *Counsultatien.*

CONSULTER. v. a. *Counsulta.*

CONSUMER. v. a. User. *Coumbouri. Goousi. Counsuma.*

CONTAGION. s. f. Communication d'un mal. *Countagien.*

CONTAGIEUX, EUSE. adj. Qui se communique. *Countagihous, ouè.*

CONTE. s. m. Récit fabuleux. *Gandoiso. Lato. Favabourdo.*

CONTENTION. s. f. *Aplicatien.*

CONTESTATION. s. f. *Countestatien. Disputo.*

CONTESTER. v. a. *Countesta. Debequigna.*

CONTEUR, CONTEUSE. adj. *Fasur de conte. Bambayan, ano.*

CONTIGU, UE. adj. *Attenent. Que si toco.*

CONTINU, UE. adj. *Que cesso pas. Que va de longuo.* A la continue. adv. *De countini.*

CONTINUATION. s. f. *Countinuatien.*

CONTINUER. v. a. *Countinua. Ana de longuo.*

CONTORSION (faire des). s. f. *Si touesse. Faire d'estrambord.*

CONTRACTER mariage. v. a. *Si marida.* — Contracter une dette. *S'endeouta.* — Contracter une maladie. *Arrapa de maou. Pesca.*

CONTRACTER (SE). v. récip. *Si retira.*

CONTRACTION. s. f. Raccourcissement des muscles. *Retirament.*

CONTRAIRE adj. Opposé. *Countrari.*

CONTRARIANT, ANTE. adj. *Countrarivoux, ouc. Debequignaire.*

CONTRAINDRE. v. a. *Coustregne. Fourça.*

CONTRARIER. v. a. *Countraria.*

CONTRARIETÉ. s. f. *Encoumbri.*

CONTRE-COUP. s. m. *Rebound. Couentro-coou.*

CONTREFAIT, AITE. adj. *Couentrefach, acho. Estrefacia.*

CONTRÉE. s. f. Région. *Countrado. Encountrado.*

CONTRE-HATIER. s. m. Instrument de cuisine. *Gros cafue de cousino.*

CONTRE-POIDS. s. m. *Couentro-pes.*

CONTREPOIL. s. m. *Couentropeou.*

CONTRE-POINT. s. m. Terme de cordonnier. *Trepoun.*

CONTREPOINTER. v. a Terme de cordonnier. *Trepointa. Trepougne.*

CONTREPOISON. s. m. Remède du poison. *Couentro-pouyoun. Couentro-pouisoun.*

CONTRISTER. v. a. Affliger. *Estoumaga. Inquieta. Affliqea.*

CONTROLE. s. m. Registre. *Countorole.*

CONTROLER. v. a. Enregistrer. *Countouroula.*

CONTROLEUR. s. m. Qui contrôle. *Countouroulur.*

CONTROUVER. v. a. Inventer pour nuire. *Faire d'inventien.*

CONTUS, USE. Meurtri, ie. *Matrassa, ado. Maca.*

CONTUSION. s. f. Meurtrissure. *Macaduro. Quihado. Techou. Boussuello.*

CONVENIR. v. a. Etre au gré. *Agrada. Plaire.*

CONVENTION. s. f. *Counventien.*

CONVENU, UE. part. *Counvengu, udo.*

CONVENTUEL. s. m. Du couvent. *Counventuaou.*

CONVERSATION. s. f. *Counversatien.*

CONVERSION. s. f. *Counversien.*

CONVIER. v. a. Inviter. *Counvida. Encita. Invita.*

CONVIÉ. s. m. Prié à un festin. *Counvida.*

CONVOCATION. s. f. *Counvoucatien.*

CONVOITER. v. a. Désirer. *Desira. Ave envejho. Envejha.*

CONVOITISE. s. f. *Envejho.*

COPEAU. s. m. Petit éclat de bois. Terme de menuisier. *Riban. Estello. Frisoun.*

COPIER. v. a. *Coupiha.*

COPISTE. s. m. *Coupisto. Coupihaire.*

COQ. s. m. Mâle de la poule. *Gaou. Jhaou. Jhalas.* — Coq d'Inde : *Gabre. Galabre.*

COQUE. s. f. Coquille des fruits secs, d'œufs, etc. *Cruvcou. Crouveou.* — Coque de ver-à-soie. *Coucoun.*

COQUELICOT. s. m. Pavot sauvage rouge. *Rualo. Gueringuingaou. Paparri. Gaou-galin.*

COQUELINER. v. n. On le dit du chant du coq et de la poule. *Cacarelejha. Cacalejha.*

COQUELUCHE. s. f. Maladie. *Mouquet. Cabuerni. Coucourouchu. Cacarucho.*

COQUETIER. s. m. Marchand d'œufs et de volaille. *Coucounie. Poulahie.* — Petit vase à manger les œufs à la coque : *Coucouniero.*

COQUINERIE. s. f. *Couquinarie.* Action de fripon, de coquin.

COR. s. m. Durillon aux pieds. *Agaçin.*

CORAIL. s. m. Plante marine très-rouge. *Couraou.*

CORALINE. s. f. Plante marine. *Mittocorton. Mousso de mar.*

CORBEAU. s. m. Oiseau de proie. *Croupatas.* — Terme de maçon. *Barbocano.*

CORBEILLE. s. f. *Gouarbo. Canestelo. Banasto. Gouerbo. Canasto.*

CORBILLON. s. f. Petite corbeille. *Gouerbelin. Gouerbetto.* — Terme de marine. *Gourbin. Cousso.*

CORBLEU ! Sorte de jurement. *Pardisco. Parblu.*

CORDAGE. s. m. *Courdagi.*

CORDAT. s. m. Toile croisée pour serviettes, etc. *Courda.*

CORDE. s. f. *Couardo. Couerdo.* — Cordelette, petite corde. *Courdetto.*

CORDEAU. s. m. Corde pour tirer des alignemens. *Courdeou.*

CORDELER. v. a. Tresser en cordes. *Encourda.*

CORDELIER. s. m. Religieux de l'ordre de saint François. *Servantin.*

CORDIER. s. m. Artisan qui fait des cordes. *Courdié.*

CORDER. v. a. Terme de cordier. *Fiela. Courda. Faire de couardos.*

CORDÉ, ÉE. part. *Courda, ado. Encourda, ado.* — adj. On le dit de certaines racines potagères. *Boutis. Tara, ado. Ponouchoux, oué.*

CORDON. s. m. *Courdoun.* — Des souliers. *Courrejhoun.*

CORIACE adj. de t. genre. Dur à la manière du cuir. *Courrejhoux, ouc.*

CORIDALE. s. f. Plante. *Fumoterro.*

CORME. s. f. Sorbe. Fruit acerbe. *Souarbo. Souerbo.*

CORMIER. s. m. Arbre. *Sourbiero.*

CORNE. s. f. *Bano.* — Petite corne. *Banetto. Banihoun.* — Corne du pied d'un cheval. *Batto.*

CORNEILLE. s. f. Oiseau du genre des corbeaux. *Graiho. Chayo.*

CORNEMUSE. s. f. Instrument champêtre. *Carlamue. Carnamue.*

CORNER AUX OREILLES. v. a. *Sibla.*

CORNETTE. s. f. Coiffure de femme. *Couiffo de nuech.*

CORNOUILLE. s. f. Fruit acide. *Acuerni.*

CORNOUILLER. s. m. Arbre forestier dont le fruit rouge est de la forme d'une olive. *Acuerni. Acurnie.*

CORNU, UE. adj. Qui a des cornes. *Banaru, udo.*

CORNUE. s. f. Grand vase de bois. *Cournudo.*

CORPULENCE. s. f. Volume du corps. *Courpouranço.*

CORPORAL. s. m. Linge d'église. *Courpouraou.*

CORRIGER. v. a. *Courrigea.*

CORRODER. v. a. Ronger. *Roungea.*

CORROSIF, IVE. adj. *Que roungeo.*

CORROMPRE. v. a. et récip. *Gasta. Si gasta. Si courrompre.*

CORROYER le mortier. v. a. Terme de maçon. *Pasta. Gacha lou mourtie.*

CORROYEUR. s. m. Artisan qui travaille le cuir. *Coouqueiran. Cortié. Tannur. Coungriarie.*

CORRUDE. s. f. Asperge sauvage. *Ramo-couniou. Gaveou de tino.*

CORRUPTION. s. f. *Pourrituro.*

CORSAGE. s. m. Taille du corps. *Coursaqi.*

CORSAIRE. s. m. Pirate. *Coursari.*

CORVÉE. s. f. Travail *Courvado.*

CORYSE ou CORYSA. s. f. Enchifrènement. *Rooumas doou sarveou.*

CO-SEIGNEUR. s. m. *Co-seignour.*

COSSE. s. f. Enveloppe de légumes. *Doousso. Goro. Grueyo. Goffo.*

COSSER. v. n. Se battre. On le dit des bêtes à cornes. *Turta. Faire tuerto-bano.*

COSSON. s. m. Insecte qui ronge les légumes. *Courcoussoun.* — Bouton de la vigne. *Bourro.*

COSSU, UE. adj. Qui a beaucoup de cosses. *Dooussa. Qu'a fouesso dooussos.* — Au figuré. Riche. *Coussu, udo.*

COTE. s. f. *Couesto.* Côte de melon. *Trancho.* — Côte ou cuisse de noix. *Darno.* — Côtes de la mer. *Ribo. Bord. Couesto.*

COTÉ. s. m. *Cousta. Laire.*

COTÉ (DE) ou PAR COTÉ. adv. De canteou. *Coustié.*

COTEAU. s. m. *Coutaou. Serre* (vieux). *Couelo.*

COTELETTE. s. f. *Cousteletto. Chouyo.*

COTER. v. a. Marquer. *Couta. Marqua.*

COTERIE. s. f. *Coutarié. Parti.*

COTIGNAC. s. m. Confiture de coings. *Coudouna.*

COTILLON. s. m. Jupon. *Coutihoun. Raonbo de dessous.*

COTIR. v. n. Meurtrir. On ne le dit que des fruits. *Maca. Matrassa.*

COTI, IE. part. et adj. *Maca, ado. Blet, bletto.*

COTISER. v. n. Taxer par côte. *Coutisa.*

COTISSURE. s. f. Meurtrissure. *Macaduro.*

COTOYER. v. n. *Coustejha.*

COU. s. m. *Couel. Couil. Couelle.*

COUARD, ARDE. adj. Poltron. *Pagnoto. Lache. Poultroun.*

COUARDISE. s. f. Poltronerie. *Lacheta. Poultrounarié.*

COUCHANT. part. et adj. Soleil couchant. *Souleou tremount.*

COUCHE. s. f. Licch. *Cous. Couijho.*

COUCHÉE. s. f. *Couchado.*

COUCHER. v. a. Coucha. *Couca. Couijha.*

COUCI-COUCI. adv. familier. A peu près. *Aperaqui. Coum'aquo.*

COUCOU. s. m. Oiseau. *Couquou.*

COUDÉE. s. f. Mesure. *Coudado.*

COUDER. v. a. *Couda.*

COUDOYER. v. a. *Coudejha.*

COUDRIER. s. m. Noisetier. Arbre. *Avelanie.*

COUDRE. v. a. *Courdura.*

COUDRER. v. a. Terme de tanneur. *Rouda.*

COUENNE. s. f. Peau de pourceau. *Coudeno.*

COULÉE. adj. Terme de calligraphie. *Coulado. Courento.*

COULER. v. n. Terme de vigneron. *Eifloura.* — Couler. Fluer se dit des choses liquides. *Coula. Coura.*

COULURE. s. f. Ce qui coule. *Couluro.* — Parlant de la vigne. *Eiflourraduro.*

COUPEAU. s. m. Sommet d'une montagne. *Cimo. D'haou.*

COULEUR. s. f. *Coulour.*

COULEUVRE. s. f. Reptile. Sorte de serpent. *Coulobre.*

COULOIR. s. m. Instrument de cuisine. Vase en fer percé. *Passoiro.*

COUP. s. m. *Coou. Cop.*

COUPE-PATE. s. m. Terme de boulanger. *Raspo. Partivouiro.*

COUPER. v. a. et récip. *Coupa. Si coupa.*

COUPERET. s. m. Instrument de cuisine. *Partidou. Hachouar. Achadou.*

COUPE-TÊTE. s. m. Jeu d'enfant. *Saouto-Turc. Fremo-grosso. Cebo.*

COUPLE. s. m. Paire. *Parcou. Couble.*

COUPLER. v. a. Mettre deux à deux. *Encoubla. Apparia.*

COUPLET. s. m. Strophe d'une chanson. *Coublet.* — Terme de tanneur. *Couble.*

COUPON. s. m. Petit reste d'une étoffe ou de toile. *Coupoun. Escapouloun.*

COUPURE. s. f. *Coupaduro.*

COURAGE. s. m. *Couraqi.*

COURAGEUX, EUSE. adj. *Courajhoux, ouè.*

COURANT, ANTE. adj. *Courrent, courrento.*

COURBER. v. a. Rendre courbe. *Plega. Clina.*

COURBET. s. m. Partie d'un bât de mulet. *Arçoun.*

COURBETTES (faire des). v. n. *Manelia. Rampa. Beisa patin.*

COURCAILLET. s. m. Sorte d'appeau. *Rampeou.*

COUREUR. s. m. Qui court. *Courreire.*

COURSON. s. m. Branche de vigne taillée. *Pourtadou. Escarset.*

COURGE. s. f. Légume curcubitacé. *Cougourdo.*

COURGIER. s. m. Plante légumineuse. *Cougourdie.*

COURIR. v. n. *Courre. Landa. Trouta.* — Courir les rues. *Battre l'estrado.*

COURLIS. s. m. Oiseau. *Courlicou.*

COURONNER. v. a. *Courounna.*

COURROIE. s. f. Lanière en cuir. *Courrejho.* Petite courroie. *Courrejhoun.*

COURROUCER. v. a. et récip. *Courrouça. Pouiha. Canta grélo.* Temps courroucé. *Temps enverina. Courrouça.*

COURS-DE-VENTRE. s. m. Dissenterie. *Fouiro. Diareyo. Couranto. Cagagno.*

COURSE. s. f. *Trotto.* Course inutile. *Faire cambo-lasso.*

COURTAGE. s. m. *Censelaqi.*

COURTAUD, AUDE. adj. De petite taille. *Trapot, otto. Reboulet. Rebasset.*

COURT-BOUILLON. s. m. Sorte d'apprêt de poisson. *Reito.*

COURTE-BOTTE. s. m. Petit homme. *Tanquet. Ta de bouto.*

COURTE-HALEINE. s. f. Asthme. *Court-halen.*

COURTE-POINTE. s. f. *Vano. Courepics.*

COURTIER. s. m. *Censaou. Courratie.*

COURTILLIÈRE. s. m. Insecte. *Taiho-cebo.*

COURTISER. v. a. Faire la cour. *Courtisa. Calegna.*

COUSINER. v. a. *Cousinejha.*

COUSINIÈRE. s. f. Gaze pour garantir des cousins. *Mousquetiero.*

COUSSIN. s. f. *Couissin. Cabes.*

COUTEAU. s. m. *Couteou.* Couteau dont la lame est usée et hors de service. *Guincho.*

67

COUTER. v. n. Valoir un prix. *Cousta.*

COUTEUX, EUSE. adj. *Chier. Coustoux, ouc.*

COUTRE. s. f. Fer tranchant d'une charrue. *Reyo.*

COUTURE. s. f. *Courduro.*

COUTURIÈRE. s. f. *Fiho de courduro.*

COUVÉE. s. f. *Couagno. Couado. Pouslagno.*

COUVER. v. a. Se tenir sur les œufs pour les faire éclore. *Coua.* Couver quelqu'un des yeux. *Beoure emeis hueils.*

COUVERCLE. s. m. *Cabuceou, cabucelo. Tapaire.*

COUVERTURE. s. f. *Vano. Cuberto. Flassado.*

COUVET. s. m. Pot de fer que les femmes du peuple remplissent de feu et tiennent sous elles en hiver. *Precatori.*

COUVEUSE. adj. fem. Qui couve. *Couarello.* Poule couveuse. *Couarello.*

COUVI. adj. m. On le dit d'un œuf gâté ou à demi couvé. *Couadis.*

COUVRE-CHEF. s. f. Sorte de coiffe de paysanne. *Sarro-testo.* — Voile nuptial dans certains endroits. *Cubercha.*

COUVRE-FEU. s. m. *Tapo-fuech.*

COUVRE-PIEDS. s. m. *Cubertoun. Vaneto.*

COUVREUR. s. m. Ouvrier. *Tooulissaire.*

COUVRIR. v. a. *Tapa. Curbi. Cabucela.* — Couvrir une maison. *Tooulissa.*

COUVRIR (SE). v. récip. *Si tapa. Si mettre lou capeou.*

CRABE. s. m. Crustacé. *Favouiho. Carabaço.*

CRACHAT. s. m. *Escupiegno. Escaragoou.*

CRACHER. v. a. *Escupi. Cracha.*

CRACHEUR, EUSE. s. *Escupeire. Crachaire.*

CRACHOTER. v. a. *Crachoutia. Escupinejha.*

CRAIE. s. f. *Bori. Croyo.*

CRAINDRE. v. n. *Cregne. Tema.*

CRAINTE. s. f. *Crento. Poou. Teme.*

CRAINTIF, IVE. adj. *Poouroux, ouè. Timide.*

CRAMOISI. adj. Couleur. *Cremesin.*

CRAMPE. s. f. Indisposition. *Ram-po.*

CRAMPONNER (SE). v. récip. *S'a-pountela.*

CRAN. s. m. *Entaiho. Entai.*

CRAPAUD. s. m. Animal vénimeux. *Grapaou.*

CRAPAUDINE. s. f. Terme de serrurier. *Loubeto.* — Plante. *Boucno-bruisso.*

CRAPOUSSIN. s. m. Terme de mépris qui se dit d'une personne contrefaite et de petite taille. *Mouloun d'oues.*

CRAPULER. v. n. *Capouncjha. Grou-mandejha.*

CRAQUER. v. n. *Cruci. Craqua.* Bruire en se brisant.

CRAQUETER. v. n. Pétiller. *Pcte-nejha. Petiha.*

CRAQUELIN. s. m. Espèce de gâteau. Qui craque sous la dent. *Nouga de Paris. Cacho-dent.*

CRAQUEUR , EUSE. s. Bavard. *Hamblur. Blagur.*

CRASSEUX , EUSE. adj. et s. Sale. Avare. *Crassoux , ouè.*

CRÉATEUR. s. m. Qui crée. *Crca-tour.*

CRÉATION. s. f. *Creation.*

CRECELLE. s. f. Moulinet en bois pour faire du bruit. *Reinetto. Ta-rabas.*

CRÉCERELLE. s. f. Oiseau de proie. *Ratie.*

CRÈCHE. s. f. Mangeoire des animaux. *Crupi.*

CRÉDULE. adj. de t. g. *Crescreou, cllo. Simplas.*

CRÉER. v. a. Inventer. *Créa. Four-ma.*

CRÉMAILLÈRE. s. f. Meuble de cheminée de cuisine. *Cumascle.*

CRÉMAILLON. s. m. *Chambrièro per pendre l'houlo.*

CRÉNEAU. s. m. Dentelure d'un mur de château. *Marlet.*

CRÉPIR. v. a. *Rebouca.*

CRÉPISSURE. s. f. *Reboucagi.*

CRÉPITATION. s. f. *Petenejha. Pe-tiha.*

CRESSON. s. m. Plante anti-scorbutique. *Creissovn.* — Cresson alénois. *Nestou.* — Cresson sauvage. *Bra-mo-fan.*

CRÊTE. s. f. Chair rouge sur la tête du coq. *Cresto.*

CREVAILLE. s. f. Repas où l'on fait des excès. *Sant-crcba.*

CREVASSE. s. f. *Fenderasso. Fento. Ouvertura.*

CREVASSES. s. f. Gerçures. *Es-cartos. Escarabassos* (Vieux).

CRÈVE-COEUR. s. m. *Estoumaya-do. Crebo-Couer.*

CREVER. v. a. *Creba. Peta.*

CREVETTE. s. f. Petite écrevisse. *Chambarot. Caramboou.*

CREUSER. v. a. *Cava. Crusa.*

CREUX. s. m. *Travu. Croucs.*

CREUX , EUSE. adj. *Crus , cruso.*

CRI. s. m. *Quiou. Bram.*

CRIAILLER. v. n. *Crida. Brama.* Faire braquetto.

CRIAILLERIE. s. f. Bruit que l'on fait en criaillant. *Braguetinado.*

CRIAILLEUR , EUSE.) s. *Cridai-re.*
CRIARD , ARDE.) *Bra-maire. Cridarello.*

CRIBLE. s. m. *Cruveou. Criveou Vanet.*

CRIBLER. v. a. *Tamia. Vana. Craiha.*

CRIBLEUR. s. m. Qui crible. *Va-naire.*

CRIBLURES. s. f. plur. Ordures séparées du blé par le crible. *Crapies. Moundiho.*

CRIC. s. m. Machine propre à lever de terre de lourds fardeaux. *Cris. Cri.*

CRIÉE. s. f. *Crido. Publicatien.*

CRIER. v. a. *Crida. Brama.* Faire braquetto.

CRIEUR. s. m. Qui crie. *Cridaire.*

CRIERIE. Voyez CRIAILLERIE.

CRIQUET. s. m. Petit cheval maigre et de vil prix. *Bardouchoun. Ra-dasso.*

CROC DES PORTEFAIX. *Ganchou.* — Croc en jambe. *Cambeto.*

CROCHET. s. m. *Crouchet.* — Espèce de romaine pour peser. *Bri-quet.*

CROCHETER. v. a. *Croucheta. Agan-ta.*

CROCHETEUR. s. m. *Pouerto-fai. Roudeirvau.*

CROCHU , UE. adj. *Crouchu , udo. Croucu.*

CROIRE. v. a. *Creire.*

CROISÉE. s. f. Sorte de fenêtre. *Crousièro.*

CROISER. v. a. *Crousa. Croisa.*

CROISSANT. s. m. Instrument pour tondre et couper des buissons. *Bouhigou*.

CROIT. s. m. Augmentation. *Crei*.

CROITRE. v. n. *Creisse*. Grandi. *Trachi*.

CROIX. s. f. *Croux*. — Croix de par Dieu. Petit livret. *Alphabeto*.

CROQUANT. s. m. Terme de boucher. |*Crucentélo*. — Terme de confiseur. Voyez CROQUET.

CROQUE-LARDON. s. m. Ecornifleur. *Toundur de nappo*.

CROQUER. v. a. Manger goulument. *Avala. Engula*. — Croquer le marmot. adver. *Baduca*. Faire dindouloun.

CROQUET. s. m. Sorte de pain d'épice. *Cacho-dent. Nouga de Paris*.

CROQUIGNOLE. s. f. *Chiquo oou nas*.

CROSSETTE. s. f. Terme de vigneron. *Taloun*. Voyez AVANTIN.

CROTTE. s. f. Boue des rues. *Fango. Fangas. Pecoulo*.

CROTTER (SE). v. récip. *Si crouta. Si mettre de pecoulos*.

CROTTIN. s. m. Excrément des bêtes de somme. *Petos. Petoarro. Petarado*. — Des bêtes à laine. *Migoun*. |*Bajhat*.

CROULER. v. n. *Toumba*. S'enveni.

CROUPIER. s. m. Associé de jeu. *Mantencire*.

CROUPION. s. m. Os qui termine l'épine du dos. *Ouès-bertrand. Nous doou cuou*.

CROUPIR. v. n. *Gapi. Croupi*.

CROUSTILLE. s. f. Morceau de croûte de pain. *Croustet*.

CROUSTILLEUX , EUSE. adj. *Plesent. Drôle*.

CROUTE. s. f. *Crousto*.

CROUTON. s. m. Grosse croûte de pain. *Mouceou de crousto*.

CRU, CRUE. part. Que l'on croit. *Cresu, cresudo*. — adj. Qui n'est pas cuit. *Cru , crudo*.

CRUAUTÉ. s. f. *Cruoouta*.

CRUCHE. s. f. Vase à mettre de l'eau. *Dourgho. Jharro. Indc*.

CRUCHÉE. s. f. Le contenu d'une cruche. *Dourgado*.

CRUCHON. s. m. Petite cruche.

Dourguetto. Jharreto.

CRUCIFIER. v. a. *Crucifica*.

CRUE. s. m. *Creissudo*. Crue des eaux. *Ooumentatien deis aiguos*.

CRUMENT. adv. *Sottament*.

CUCERON. s. m. Petit insecte qui se met dans les légumes. *Courcoussoun*.

CUEILLE. s. f. Terme de marine. *Les de télo d'uno vélo*.

CUEILLIR. v. a. *Cuhi. Ramassa*. — Cueillir un fruit avant sa maturité. *Deivardegua*.

CUEILLER. s. f. *Cuhiè*. — Cueiller à soupe. *Cuhièro*.

CUEILLERÉE. s. f. *Cuhcirado*.

CUEILLETTE. s. f. Récolte. *Cuihetto*.

CUIR. s. m. Peau de bœuf. *Cuer*.

CUIRE. v. a. *Couire*. — Faire cuire quelque chose pour manger. *Couina. Cousina*.

CUIT, CUITE. part. *Cuech, cuecho*.

CUISANT , ANTE. adj. *Couyent , ento*.

CUISSON. s. f. Douleur piquante. *Couyesoun. Couisoun*.

CUL. s. m. Le derrière. *Cuou. Qiou. Tafanari. Petadou*.

CULBUTE. s. f. *Tambourelletto. Courcousello*.

CULBUTER. v. a. et n. *Revessa. Toumba. Debana*.

CUL-DE-JATTE. adj. et s. de t. g. Celui qui ne peut marcher par défaut de conformation. *Ta de bouto. Mouloun d'oues*.

CUL-DE-SAC. s. m. Rue sans issue. *Cuou de sac*.

CULERON. s. m. Partie de la croupière d'un cheval. *Culeiroun*.

CULINAIRE (art). adj. *De la cousino*.

CULOT. s. m. Le dernier des petits d'une couvée. *Cagonis. Cacoua. Cacandre*.

CULOTTE. s. f. *Brayos. Culotto*.

CULTIVATÉUR. s. m. *Peysan. Cultivatour*.

CULTIVER. v. a. *Cultiva*.

CUPIDE. adj. de t. g. *Abrama. Abrasama*.

CUPULE. s. f. Godet d'un gland de chêne. *Dedaou*.

CURÉ. s. m. Prêtre, chef d'une paroisse. *Cura*.

CURER. v. a. *Cura. Nettejha.*

CURIEUX , EUSE. adj. *Curiou , cu-rious̄o.*

CUROIR. s. m. Outil de laboureur. *Darboussado.*

CURURES. s. f. plur. Ce qu'on trouve au fond d'un puits, d'un égout , etc. *Fangas. Mardas. Bouso.*

CUVE. s. f. *Tino*

CUVÉE. s. f. Plein une cuve. *Tinado.*

CUVER. v. a. On le dit du vin. *Bouhi.*

CUVIER. s. m. *Tineou.* — Des tanneurs où l'on confit les cuirs. *Tracy.*

CYPRÈS. s. m. Arbre. *Oouciprès.* Noix de cyprès. *Anavuto.*

D

DADA. s. m. Cheval. Terme enfantin. *Tetot. Tatot.*

DADAIS. s. et adj. de t. g. *Fada , fadado.*

DAIS. s. m. Poêle. *Pali*

DALLE. s. f. Tablette de pierre dure. *Bard.*

DALLER. v. n. *Barda.*

DAME-JEANNE. s. f. Grosse bouteille. *Damajhano.*

DAMER. v. a. *Dama.*

DAMERET. s. m. Fréluquet. *Mousseirot.*

DAMNÉ , ÉE. part. *Dana , ado.*

DAMOISEAU. s. m. *Muscadin. Alegant.*

DANDIN. s. m. *Brandalèso.*

DANDINER. v. n. *Ana balin-balan.*

DANDINER (SE). v. récip. *Si bindoussia. Si barounejha.*

DANGER. s. m. *Dangiè.*

DANGEREUX , EUSE. adj. *Dangieiroux , ouè.*

DANS. adv. *Dins. Dedins. Dintre. Adin.*

DANSER. v. n. *Dansa.*

DANSEUR , EUSE. s. *Dansaire. Dansur , dansuso.*

DARD D'ENFANT. s. m. *Planto-pouarto. Tanco-pouarto.*

DARDER. v. a. *Lança. Tanca.*

DARTRE. s. m. Maladie cutanée. *Berbi. Derti.*

DARTREUX, EUSE. adj. *Dartroux, ous̄o.*

DATTE. s. m. Fruit du palmier. *Datti.*

DAUBER. v. a. Railler. Parler mal de quelqu'un. *Drapa. Habiha.*

DAUBEUR. s. m. Médisant qui raille, qui médit. *Trufet. Maou-parlant.*

D'AUTANT-MIEUX. adv. *Dooumassi.*

DAVANTAGE. adv. Plus. *Mai.*

DÉ A JOUER. s. m. *Dax.* Dé à coudre. *Dedaou.*

DEBAGOULER. v. n. *Bavardejha. Bavarda. Deibarraria.*

DEBALLER. v. a. *Deibala. Desembala.*

DEBANQUER. v. n. Terme de jeu de cartes. *Faire raflo.*

DEBAPTISER. v. a. *Debatejha.* Il se ferait plutôt débaptiser que de.... *Si fariè pulcou deibatejha.*

DÉBARQUER. v. a. *Deibarca.*

DEBARRASSER. v. a. Tirer d'embarras. *Deibarrassa. Desempacha.* — Débarrasser de ses liens. *Deffessejha. Desempacha.* Se débarrasser d'un importun. *Si despegouhi.*

DEBARRER. v. a. Oter la barre. *Destanca. Durbi.*

DEBATTRE (SE). v. récip. *Si chicouta. Si degatigna.*

DEBAT. s. m. Countestatien. *Disputo.*

DEBATER. v. a. Oter le bât à une bête de somme. *Deibasta. Desembasta.*

DEBAUCHE. s. f. Excès dans le boire et le manger. *Tumpouno. Debaoucho.*

DEBAUCHER. v. a. Entraîner dans le vice. *Deboaoucha. Gasta.*

DEBILE. adj. de t. genre. Faible. *Relanqui , ido.*

DEBOITER. v. n. *Deiluga. Deimaluga. Desfaire.*

DEBONDER. v. a. Oter la bonde. *Destapa. Leva l'usset. Deiboundouna.*

DÉBONNAIRE. adj. *Bounias , aso.*

DEBORDER. v. a. *Deibourda.*

DEBOUCHER. v. a. *Destapa.*

DÉBOUCLER. v. a. Défaire la boucle. *Deiblouca.*

DÉBOURBER. v. a. *Desenfanga.*

DÉBOURRER. v. a. Débourrer un jeune homme. *Deigourdi un jhouine home.*

DÉBOURRER (SE). v. récip. *Si deigourdi. Si faire.*

DEBOUT. adv. Sur pied. *Drech, drecho.*

DÉBOUTONNER. v. a. *Deiboutouna.*

DÉBOUTONNÉ (MANGER A VENTRE). adv. *Faire sant creba. S'en mettre jusqu'eis gargooux.*

DÉBRAILLER (SE). v. récip. *Si despeitrina. Si despiessa.*

DÉBRIDER. v. a. Oter la bride. *Deibrida.* Au fig. Faire quelque chose avec précipitation. *Brustia.*

DÉBRIS. s. m. plur. Restes d'un repas. *Renouès.* — Débris de la moisson. *Raspai. Barai.*

DÉBROUILLER. v. a. Démêler. Eclaircir. *Deibrouiha. Derqooussi.*

DÉBUCHER. v. n. Sortir du bois. *Deibusqua. Deinicha.*

DÉCAMPER. v. n. S'enfuir. *Descampa.*

DÉCANTER. v. a. *Retoumba. Transvasa.*

DÉCATIR. v. a. Oter l'apprêt d'un drap. *Desapresta.*

DÉCAPITER. v. a. Décoller. Couper la tête. *Coupa la testo. Descapita.*

DÉCARRELER. v. a. Oter les carreaux d'une chambre. *Deimalouna.*

DECEINDRE. v. a. Desserrer. *Deicencha.*

DECELER. v. a. Découvrir ce qui est caché. *Desclara. Descurbi. Escudela.*

DÉCHAINER. v. a. *Descheina. Descadena.*

DÉCHANTER. v. n. Rabattre de ses prétentions. *Lacha. Si replega.*

DÉCHALASSER. v. a. Oter les échalas. *Desparcissouna.*

DÉCHARGER. v. a. *Descarga.* Son cœur, sa bile. *S'expurga.*

DÉCHARNER. v. a. Oter la chair de dessus les os. *Descarna.* — Parlant de la viande de boucherie. *Despoupa.*

DÉCHARPIR. v. a. Séparer de force des gens qui se battent. *Separa. Dessepara.*

DÉCHAUSSER. v. a. *Descooussa.*

DÉCHEVELER. v. a. Arracher la coiffure à une femme, etc. *Choupina. Descouifa.*

DÉCHIFFRER. v. a. Lire ce qui est mal écrit. *Deschiffra.*

DÉCHIQUETER. v. a. *Chicouta. Decoupa.*

DÉCHIREMENT. s. m. Déchirure. *Estras.*

DÉCHIRER. v. a. *Estrassa. Eilandra.* — Se déchirer. v. récip. *S'escarpina.* — Au fig. *Chapitra. Drapa.*

DÉCHOIR. v. a. Tomber dans un état moins bon. *Beissa. Toumba. Perdre.*

DÉCIDER. v. a. et récip. *Decida. Si decida.*

DÉCIMER. v. a. *Decima.*

DECLARER. v. a. *Declara.*

DÉCLORE. v. a. Oter la clôture. *Desenclaoure. Derrouissa.*

DÉCLOUER. v. a. Détacher en arrachant les cloux. *Desclavela.*

DÉCOLLER. v. a. Couper le cou à quelqu'un. *Fa soouta la testo.* — Séparer, détacher une chose collée. *Despega. Desarrapa.*

DÉCOCTION. s. f. *Tisano de plantos ou de dróguos.*

DÉCOIFFER. v. a. *Descouifa. Deibaretina.*

DÉCOLLETER. v. a. Découvrir la gorge. *Despeitrina.*

DÉCOLORER. v. a. Oter, effacer la couleur. *Descoulouri.*

DÉCORATEUR. s. m. Qui décore. *Decouratour.*

DÉCORATION. s. f. Ornement. *Décor. Decouratien.*

DÉCOUCHER. v. n. Coucher hors de chez soi. *Descoucha.*

DÉCOUDRE. v. a. Défaire une couture. *Descourdura.*

DÉCOMBRE. s. m. plur. *Giparié. Massaquan. Gipas.*

DÉCONVENUE. s. f. Malheur. *Couentro-temps. Encoumbri.*

DÉCOULER. v. a. Couler goutte à goutte. *Degouta.*

DÉCOUPER. v. a. *Coupetejha. Decoupa.*

DÉCOUPLER. v. a. *Desparia. Desaparia. Separa.*

DÉCOUVRIR. v. a. *Descurbi. Destapa. Descabucela.* — Une maison. *Destooulissa.* Parvenir à découvrir, etc. *Destafegua.*

DÉCOUVRIR (SE). v. récip. *Si destapa. Si leva lou capeou.*

DÉCOURAGER. v. a. Abattre le courage. *Descourajha.* — Faire perdre l'envie de faire quelque chose. *Destalenta*

DÉCOUVERT. participe. *Destapa, ado.* — A découvert. adv. A *descubert. Tout d'estapa.*

DÉCRASSER. v. a. Oter la crasse. *Descrassa. Nettegea.*

DÉCOUVRIR. v. a. Oter ce qui couvre. *Destapa. Descurbi.* — Trouver. *Destafega. Destroouca.* — Voir de loin. *Veire de luenc.*

DÉCRIER. v. a. Oter la réputation et l'estime. *Descrida.*

DÉCRIRE. v. a. Faire la description. *Despinta.*

DÉCROCHER.   } v. a. *Despendre. Descroucheta.*
DÉCROCHETER. }

DÉCROISSEMENT. s. m. *Diminution.*

DÉCROITRE. v. n. *Demeni. Destrachi.*

DÉCRUER. v. a. Préparer du fil par une lessive. *Descrusa.*

DÉCULOTTER. v. a. *Deibraya.*

DÉCUVER. v. a. Tirer le vin de la cuve. *Bouteya.*

DÉCUVAISON. s. f. *Bouteyesoun.*

DÉDAIGNER. v. a. *Deidegna.*

DÉDAIN. s. m. *Deiden.*

DEDANS. adv. *Dedin. dintre. Adin.*

DÉDOMMAGER. v. a. *Deidoouma-jha. Indamnisa.*

DÉDIRE (SE). v. récip. *Si deidire.*

DÉFACHER (SE). v. récip. *Si calma. Resta à n'uno.*

DÉFALCATION. s. f. *Reduction.*

DÉFAILLANCE. s. f. *Maou de couer. Estavaniment.*

DÉFAIRE D'UNE CHOSE (SE). v. récip. *Si deibarrassa. Chabi.*

DÉFAIT, AITE. adj. Devenu très-maigre. *Desanat, ado. Deesfa.*

DÉFAUT. s. m. Imperfection. *Deco.* — Faire défaut, manquer de se rendre. *Defoouta.*

DÉFENDRE. v. a. et récip. Protéger. Se garantir. *Para. Si para.*

DÉFENDS. s. m. Terme de jurisprudence. *Devens.*

DÉFEQUER. v. a. Oter les impuretés d'une liqueur. *Clarifia. Retoumba.*

DÉFEUILLER. v. a. Oter les feuilles. *Deifuiha.*

DÉFIER (SE). v. récip. *Si meifisa. Suspecta.*

DÉFIANCE. s. f. *Meifisenço. Meifisençi.*

DÉFIANT, ANTE. adj. Soupçonneux. *Meifisent, ento.*

DÉFIGURER. v. a. Gâter la figure par quelque blessure. *Deibrega.*

DÉFILER. v. a. *Despassa.* Défiler une aiguille. *Despassa uno aguyo.* — Terme de chandelier. *Devarga.*

DÉFLEURIR. v. n. Terme d'agric. *Eifloura. Deifloura.*

DÉFOURNER. v. a. Tirer du four. *Deifourna.*

DÉFRICHEMENT. s. m. *Enfroundado.*

DÉFRICHER. v. a. *Roumpre. Enfrounda.*

DÉFUNT, UNTE. s. *Mouer, mouerto.*

DÉGAGER. v. a. *Deigajha. Desempacha.* Dégager un soldat. *Desengajha.* — Se dégager. *Si deifarfouiha.*

DÉGAINER. v. a. Tirer l'épée du fourreau. *Deifourella.*

DÉGARNIR (SE). v. récip. Se vêtir, se couvrir plus légèrement qu'on n'était. *S'alioujha. Se delioujha.*

DÉGAT. s. m. *Degai.*

DÉGEL. s. m. *Deigeou. Deijheou.*

DÉGELER. v. a. *Deijhala.*

DÉGÉNÉRER. v. n. *Embastardi. S'embastardi.*

DÉGINGANDÉ, ÉE. adj. *Deigouya, ado.*

DÉGLUER. v. a. et récip. *Deibisca. Deimoustouhi. Desarrapa.*

DÉGOBILLER. v. a. *Deigooubiha. Raca.*

DÉGOBILLIS. s. m. *Racaduro.*

DÉGOISER. v. a. Parler plus qu'il ne faut. Dire ce qu'il faudrait taire. *Escudela.*

DÉGORGEOIR. s. m. Instrument pour déboucher un passage. *Gourjhadouiro. Bourjhadouiro.*

DÉGORGER. v. a. *Bourjha. Deigourjha. Desengavacha.*

DÉGOTER. v. a. Chasser de son

poste. *Deijhouca. Douna doou pet-
oou-cuo.*
DÉGOUT. s. m. *Deigous.*
DÉGOUTANT, ANTE. adj. *Deigou-
tant.*
DÉGOUTER. v. a. *Deigousta.* Don-
ner du dégoût. — Dégoutter. v. n.
Couler par gouttes. *Degoutta.*
DÉGRAFFER. v a. *Descroucheta.*
DÉGRAISSER. v. a. *Deigreissa.* Oter
la graisse, les taches.
DÉGRAISSEUR. s. m. *Que levo leis
taquos.*
DÉGRAVOYER. v. n. *Descooussa
uno muraiho.*
DÉGRÉ. s. m. *Escaliè.*
DÉGRINGOLER. v. n. Descendre
trop vite. *Regoula. Barula*
DÉGROSSER. v. a. Diminuer de
volume. *Amenci. Aprima.*
DÉGROSSIR. v. a. *Deigroussi.* Au
fig. *Deibrouiha.*
DÉGUEULER. v. n. Vomir. *Deigooou-
biha.*
DÉGUISER. v. a. et récip. *Dequisa.*
Se déguiser. Se travestir. *S'emmasca.*
DÉGUENILLE, ÉE. adj. *Espeyandra.
Despia, ado.*
DÉGUERPIR. v. n. Fuir. *Grata
pinedo. Landa. Deibousca.*
DÉGUSTATION. s. f. Essai qu'on
fait d'une liqueur en la goûtant.
Faire la tasto. Tasto.
DÉGUSTER. v. a. *Tasta.*
DÉHONTÉ, ÉE. adj. Sans honte.
Devergougna, ado. Senso crento.
DEHORS. adv. et prép. *Defouèro.*
DÉJECTION. s. m. Excrément.
Merdo. Fento.
DÉJETER (SE). v. récip. *Si foous-
sa. Si dejhitta.*
DÉJEUNER. v. n. *Dejhuna.* Dé-
jeuner - dîné. *Dejhuna - dinatoiro*
ou *dinatori.*
DÉJOINDRE. v. a. *Deijhouinta.
Dessepara.*
DÉJOINT. adj. m. *Descladani.* Ton-
neau déjoint. *Veisscou escladani.*
DÉJOUER QUELQU'UN. v. a. *Faire
manqua lou coou.*
DÉJUCHER. v. a. *Deijhouca.* — Dé-
jucher une personne. *Derranca. Des-
tousca.*
DÉLA. adv. *D'aqui.*
DÉLAI. [s. m. Retard. Retarde-
ment. *Delai.*

DÉLACER. v. a. Défaire le lacet.
Deilaça. Descourdela.
DÉLAISSER. v. a. Abandonner.
Laissa. Abandouna.
DÉLASSEMENT. s. m. *Soulas. Re-
creatien.*
DÉLATEUR. s. m. Dénonciateur.
Rapourtiè. Denounciatour.
DÉLATION. s. f. *Denounço.*
DÉLAYER. v. a. *Destrempa.* Foun-
dre.
DÉLECTER (SE). v. récip. *Si
deleta. Si chala. Si delegua.*
DÉLICAT, ATE. adj. *Dalicat, da-
licado.*
DÉLICIEUX, EUSE. adj. *Delicioux,
ouso.*
DÉLICOTER (SE). v. récip. On
le dit du cheval. *Si descooussana.*
DÉLIÉ, ÉE. adj. Grêle, mince.
Linjhe. Mistoulin, ino.
DÉLIER. v. a. *Deilia. Destaca.*
DÉLIVRE. s. m. Terme d'accou-
cheuse. Arrière-faix. *Nourriment.*
DÉLIVRER. v. a. Livrer. *Delivra.*
DÉLIRE. s. m. *Ravarié.* — Être
dans le délire. *Rava.*
DÉLOGER. v. n. Quitter un lo-
gement. *Deilougea. Faire Sant-Mi-
queou. Descaza.*
DÉLOT. s. m. Terme de marine.
Cosso.
DÉLUGE. s. m. Grande inonda-
tion. *Delugi.*
DÉMAILLOTER. v. a. *Deimaihouta.
Defessejha.*
DEMAIN. adv. *Deman.*
DÉMANCHER. v. a. Oter, enlever
le manche. *Deimarga. Deimancha.*
DEMANDEUR. s. m. *Demandaire.*
DEMANGEAISON. s. f. *Manjhoun.
Deimanjhesoun.*
DÉMANGER. v. n. *Demanjha.*
DÉMANTIBULER. v. a. *Deimanti-
bula. Deigarqaya.*
DÉMARIER. v. a. et récip. *Deima-
rida. Divourça.*
DÉMÊLÉ. s. m. *Disputo. Resoun.*
DÉMÊLER. v. a. Séparer des cho-
ses mêlées. *Deibuya. Deigooussi.*
DÉMÉNAGEMENT. s. m. Action de
déménager. *Changeament d'houstaou.*
DÉMÉNAGER. v. a. *Deibagueijha.
Faire Sant-Miqueou.*
DÉMENER (SE). v. récip. Se dé-
battre. *Faire de demetto.*
DÉMESURÉ, ÉE. adj. Qui excéde

la règle ordinaire. *Demosia , ado.*

DÉMETTRE. v. n. Disloquer un os. *Desfaire.* — Se démettre. v. récip. *Douna sa demission.*

DEMEUBLER. v. a. *Deimubla.*

DEMEURE. s. f. *Demouero.*

DEMEURER. v. n. Faire sa demeure. *Ista. Demoura.*

DEMEURER. v. n. Perdre la mémoire dans un sermon, etc. *Resta su seis dents.*

DEMI, DEMIE. adj. Moitié d'un tout. *Mièch. Mièjho. Mièi. Mièyo.*

DEMI (A). adv. *A Mièch. A mita. De miei.* — Devant un adj. *Mita.* A demi cuit. *Mita cuèch.*

DEMI-SETIER. s. m. Petite mesure d'un quart de pinte. *Fuihetto. Pichoune.*

DEMOISELLE. s. f. Insecte. *Preqo-Diou.* Fille honnête. *Dameisello.* Petite jeune demoiselle. *Dameiseletto.*

DÉMOLIR. v. n. Abattre. *Demouli. Gitta oou soou.*

DÉMONTER. Au fig. Dérouter. v. a. *Deimemouria.* — Déconcerter. *Deifrisa.*

DÉMORDRE. v. n. Se désister. *Demouerdre.*

DÉNATTER. v. a. *Destrena. Desfaire uno tresso.*

DÉNATURER. v. a. *Deinatura.*

DÉNIAISER. v. n. Rendre moins niais. *Deigourdi.*

DÉNICHER. v a. *Deinicha.*

DÉNICHEUR. s. m. *Gastaire de nis.*

DÉNIER. v. a. Refuser quelque chose de juste. *Defugi.*

DÉNIGREMENT. s. m. Détraction. *Maoudisenço.*

DÉNIGRER. v. a. *Destrata.*

DÉNONCER. v. a. *Denounça. Denouncia.*

DÉNONCIATEUR. s. m. *Denounciaire. Denounciatour.*

DÉNOUER. v. a. Défaire un nœud. *Deinousa.*

DENRÉE. s. f. Comestible. *Danreo. Danreyo.*

DENSE. adj. de t. g. *Sarra. Espes.*

DENT D'UN PEIGNE. s. f. *Pivo.*

DENT OEILLÈRE. s. f. *Dent deis huraoux.* — Dent de chien. Plante. *Grame.* — Dent de lion. Plante. *Mourre-pourcin.*

DENTÉE. s. f. Coup de dent. *Dentado. Coou de dent.*

DENTELAIRE. s. f. Plante. *Bagoun. Herbo enrabiado.*

DENTITION. s. f. Terme de médecine. *Tems ounte leis enfans fan leis dents.*

DÉNUMENT. s. m. *Manquo de tout.*

DÉPAQUETTER. v. a. *Despaquetta.*

DÉPAREILLER. v. a. *Desparia.*

DÉPARER. v. n. Rendre moins pesant. *Deigarni. Dospara.*

DÉPART.) Action de partir.
DÉPARTIE.) *Partenço.*

DÉPAYSER. v. a. et récip. *Despaysa Si despaysa.*

DÉPAVER. v. a. Enlever, ôter le pavé qui est en œuvre. *Descalada.*

DÉPAVEUR. s. m. *Descaladaire.*

DÉPECER. v. a. Mettre en pièce. *Espeça.*

DÉPECHER. v. a. et récip. Hâter. *Despacha.*

DÉPECEUR. s. m. Boucher qui dépèce la viande. *Especaire.*

DÉPEINDRE. v. a. décrire et représenter par le discours. *Depinta.*

DÉPENAILLÉ, ÉE. adj. *Deiqueniha. Espeyandra. Despia , ado.*

DÉPENDANCE. s. f. *Dependenci.*

DÉPENDRE. v. a. Détacher une chose suspendue. *Despendre.*

DÉPENSE. s. f. *Despenso.*

DÉPENSER. v. a. *Despensa. Despendre.*

DÉPÉRIR. v. n. Diminuer. Déchoir. *Veni en demen.*

DÉPÊTRER. v. a. et récip. Au prop. Se débarrasser les pieds. *Si deigancha.* Au fig. Se débarrasser d'un importun. *Si despetra.*

DÉPEUPLER. v. a. *Despupla.*

DÉPIQUER. v. a. Oter à quelqu'un le chagrin qu'il a. *Adouci. Apeisa.*

DÉPIT. s. m. *Despiech. Mourbin. Fichou.*

DÉPITER (SE). v. récip. *Pitra. Bisca. Si despicha.*

DÉPITEUX , EUSE. adj. *Despichoux, ouè.*

DÉPLACER. v. a. Oter de place. *Desplaça.*

DÉPLAIRE. v. n. *Desagrada.*

DÉPLAIRE (SE) en quelque part. *S'ennuya. Si langui.*

DÉPLANTER un arbre. v. a. *Derraba. Desplanta.*

DÉPLIER. v. a. *Desplega.*

DÉPLISSER. v. a. Défaire les plis. *Desplissa.*

DÉPLORER. v. a. *Plagne.*

DÉPLOYER. v. a. *Desplega.*

DÉPLUMER. v. a. Oter les plumes. *Esplumassa.*

DÉPOSER. v. a. *Dépousa.*

DÉPOSITION. s. f. *Dépousitien.*

DÉPOSSÉDER. v. a. *Leva. Despousseda.*

DÉPOUILLER. v. n. Oter les habits. *Desabiha.* — Oter la peau. *Espeya.* — Enlever les récolte. *Recoulta.*

DÉPOURVOIR. v. a. Dégarnir du nécessaire. *Desprouvi.*

DÉPOURVU, UE. part. *Desprouvido.*

DÉPRAVER. v. a. Corrompre. *Gasta. Debooucha.*

DÉPRIER. v. a. Contremander des personnes invitées. *Deidire l'invitatien.*

DÉPRISER.
DÉPRÉCIER. } v. a. Rabaisser.
DÉPRIMER } *Mesprisa. Ravala.*

DÉPENDRE. v. a. Détacher. *Desarrapa. Desfaire.*

DEPUIS. prépos. de temps. *Despui. Desempui.*

DÉRACINER. v. a. Arracher un arbre avec ses racines. *Derraba. Deiracina.*

DÉRAISONER. v. u. *Deimarga. Deirega. Desparla.*

DÉRANGEMENT. s. m. *Destoucrni.*

DÉRANGER quelqu'un de son travail. v. a. *Destraina. Destrançouna. Tartuga.*

DÉRATÉ, ÉE. adj. Rusé. *Deirata, ado. Finot.*

DERECHEF. adv. *Mai. De nouveau.*

DERISION. s. f. Moquerie. *Trufo. Trufarié.*

DÉROBÉE. adj. f. Dépouillée de la cosse, de la peau qui la couvre. *Deigoufado.* — Fèves dérobées. s. f. plur. *Favos plumados, triados, deigouffados.*

DÉROBER. v. a. *Roouba.* — Se dérober, se retirer d'une compagnie. *Grata-pinedo. S'esquiva.*

DÉROBÉE (A LA). adv. En cachette. *D'escoundoun. Oou chu-chu.* — Travailler à ses heures dérobées. *Travaiha à gatados.*

68

DÉROGER. v. n. Déchoir. *Deirou-jha.*

DÉROUILLER. v. a. Oter la rouille. *Deirouhi.*

DÉROULER. v. a. *Deiroula.*

DÉROUTER. v. a. Tirer de sa route. *Deirouta. Deivia.*

DERRIÈRE de l'homme ou d'un animal. s. m. *Darnié. Esquino.* — Préposition locale. *Detros.*

DÈS QUE. adv. *Dré que. D'abord que.*

DÉSACCOUPLER. v. a. *Desaparia.*

DÉSACHALANDER. v. a. *Deschalanda.*

DÉSACCOUTUMER. v. a. *Deshabitua. Desacoustuma.*

DÉSAGRÉER. v. n. *Desagrada. Descounveni.*

DÉSALTÉRER. v. a. et récip. *Desaltera. Leva lou sé.*

DÉSAPAREILLER. v. a. *Desparia.*

DÉSAPARIER. v. a. *Separa. Desaparia.*

DÉSAPPROUVER. v. a. *Desaprouwa.*

DÉSARCONNER. v. a. Au fig. Mettre à quia. *Tanca. Coupa lou siblet.*

DÉSARROI. s. m. *Embroi. Desaviaduro.*

DÉSAVEUGLER. v. a. Détromper. *Durbi leis hueils.*

DESCENTE. s. f. Pente. *Devalado.*

DESCENTE (avoir une). Terme de médecine. *Estre relassa.*

DÉSEMBOURBER. v. a. *Deifanga. Desenfanga.*

DÉSEMPARER. v. a. *Si dessesi. Desempara.*

DÉSEMPESER. v. a. Oter l'empois. *Desempesa.*

DÉSENCAGER. v. a. Enlever la haie qui entoure un champ, un arbre, etc. *Deibaragna.*

DÉSENRAYER. v. a. Terme de voiturier. *Deirraba.*

DÉSERTER. v. a. *Deserta.*

DÉSERTEUR. s. m. *Desartur.*

DÉSESPÉRER. v. n. et récip. *Desespera.*

DÉSHABITUER. v. a. *Deshabitua.*

DÉSHÉRITER. v. a. *Desherita.*

DÉSHONNEUR. s. m. *Deshounnour.*

DÉSHONORER. v. a. et récip. *Deshounoura.*

DÈS-LORS. adv. *Desempici. Despiei.*

DÉSIREUX, EUSE. adj. *Envejhoux, oué.*

DÉSOBLIGEANT, ANTE. adj. *Maou-hounncste.*

DÉSOBLIGER. v. a. *Desooubligea*

DESOEUVRÉ, ÉE. adj. *Desuvra. Que fai ren.*

DÉSOLATION. s. f. *Desoulatien.*

DÉSOLER. v. a. *Desoula.*

DÉSORDRE. s. m. Défaut d'ordre. *Brouyamini. Embroi.*

DÉSORMAIS. adverbe de temps. *A l'aveni.*

DÉSOSSER. v. a. Oter, enlever les os. *Desouessa.*

DESSALER. v. a. Oter la salure. *Deissala.*

DESSANGLER. v. a. Lacher les sangles. *Dessengla.*

DESSÉCHER. v. a. Rendre sec. *Desseca.*

DESSELLER. v. a. Oter la selle. *Deissela.*

DESSERRER. Voyez DÉCEINDRE.

DESSERVANT. s. m. Prêtre. *Seccoundari. Cura.*

DESSERTE. s. f. Ce qu'on dessert de table. *Renoues. Restos.*

DESSERVIR. v. a. *Leva taoulo.*

DESSICATIF, IVE. adj. *Que seco.*

DESSILLER. v. a. Ouvrir les yeux. *Deibarluqa. Desparpela.*

DESSOLER. v. a. Terme d'agric. *Changea leis menados.* — Terme de maréchal-ferrant. *Deibatta.*

DESSOULER. v. n. Cesser d'être ivre. *Desenubria.*

DESSOUS. adj. et prép. *Souto. Dessouto.*

DESSUINTAGE. s. m. Premier dégraissage de la laine. *Lavagi.*

DÉSUNION. s. f. *Desunien.*

DESTINÉE. s. f. Sort. *Destinado.*

DESTRUCTION. s. f. *Destructien.*

DÉTACHER. v. a. *Destaca.*

DÉTAILLER. v. a. *Detaiha.*

DÉTALER. v. a. Terme de marchand. *Deiyarni. Plega.*

DÉTEINDRE. v. a. Perdre sa couleur. *Destegne. Descoulouri.*

DÉTELER. v. a. Terme de charretier. *Desatela.*

DÉTENDRE. v. a. Lacher une chose tenduc. *Destenda. Lacha.* — Une tapisserie. *Destapissa.*

DÉTÉRIORER. v. a. *Gasta. Poutrassia.*

DÉTENTE. s. f. Petite pièce d'arme à feu. *Gachetto. Blestenco.* (vieux).

DÉTERRER. v. a. *Destarra.*

DÉTERSIF, IVE. adj. *Que netejho.*

DÉTIGNONNER. v. a. Terme populaire. *Descouifa.*

DÉTIRER. v. a. Etendre en tirant. *Estira. Retira.*

DÉTISER. v. a. Éloigner les tisons du feu. *Desempura.*

DÉTORDRE   } v. a. *Destouesse.*
DÉTORTILLER. }

DÉTONNER. v. n. Faire du bruit. *Peta. Claqua.*

DÉTOURNER. v. a. *Destourna. Destourba. Devia.* — Soustraire frauduleusement. *Tremarcha.*

DÉTRACTER. v. a. Médire. *Destrata.*

DÉTRACTEUR. s. m. Médisant. *Marido-lenguo. Destratour.*

DÉTRAQUER. v. a. Dérégler. Détourner. *Destimbourla. Deigargaya.*

DÉTREMPER. v. a. *Destrempa.*

DÉTRESSE. s. f. Angoisse. Peine d'esprit. *Enrabi. Angouisso.*

DÉTRITER. v. a. Passer les olives sous la meule. *Defaire. Moourre leis oouliros.*

DÉTROIT. s. m. Bras de mer. *Destrech.*

DÉTROUSSER. v. a. Parlant d'une robe. *Abeissa. Devertega. Devessa.* — Voler, enlever par violence. *Deivalisa.*

DETTE. s. f. *Deoutte. Potus.*

DÉVALER. v. a. Decendre. *Devala.*

DÉVALISER. v. n. *Deivalisa.*

DEVANCIERS. s. m. plur. Anciens. Ayeuls. *Ancians.*

DEVANTIER. s. m. Tablier. *Feoudaou. Feoudiou.*

DÉVELOPPER. v. a. Enlever ce qui entoure, ce qui enveloppe. *Devartouiha.*

DÉVERGONDÉ, ÉE. Sans honte, sans pudeur. *Deivergougna, ado.*

DÉVERROUILLER. v. a. *Deifarrouiha. Despastela.*

DEVERSER. v. a. Pendre en avant. *S'enveni.*

DEVERSOIR. s. m. endroit où l'eau se perd quand il y en a trop. *Pas pardu. Pas perdu.*

DÉVIDAGE. s. m. *Debanagi.*

DÉVIDER. v. a. *Debana.*

DÉVIDEUR, EUSE. adj. *Debanaire. Debanarello.*

DÉVIDOIR. s. m. Instrument pour

dévider. *Debanadou. Escaveou.*
DEVIER. v. n. *Destenembra.*
DEUIL. s. m. *Doou.*
DEVIN. s. m. Magicien. Qui prédit. *Devinaire. Sourcié.*
DEVINER. v. a. *Predire. Devina.*
DEVINERESSE. s. f. Magicienne qui s'avise de prédire. *Sourcièro. Masco.*
DEVINEUR. s. m. *Devinaire.*
DEVISAGER. v. a. Défigurer. *Desfigura. Escarpina.*
DEVISER, v. n. Parler. *Charra. Faire la charrado.*
DEVOIEMENT. s. m. *Fouiro.* Dèvouyament.
DÉVOILER. v. a. *Destapa. Descurbi*
DEVOIR. s. m. *Deoure.* — Devoir faire : *deque faire.* — Dû, duc. part. *Degu, degudo.*
DEVOIR. s. m. *Deve, degu.*
DÉVORER. v. a. *Devoura.*
DEVOLE. s. f. Terme de jeu de carte. *Pet. Sequo. Devolo.*
DEUX. Nom de nombre. *Doux* au masc. *Douès* au fém.
DÉVOYER. v. a. Détourner de la route. *Devia. Desavia.*
DÉVOYÉ, ÉE adj. Qui a la diarrhée ou le dévoiement. *Qu'a la fouiro. Destimbourla.*
DEXTÉRITÉ. s. f. *Adresso. Biai.*
DEXTREMENT. adv. *Adrechament.*
DIA. Terme de charretier. *Jha.*
DIACHYLON. s. m. Emplâtre. *Diaculoum.*
DIANTRE. s. m. Sorte de juron. *Dianche.*
DIAPHRAGME. s. m. terme d'anatomie. *Teleto.*
DIARRHÉE. s. f. *Fouiro.* Voyez DEVOIEMENT.
DIATRIBE. s. f. Critique amère. *Marris prepaou.*
DICTÉE. s. f. Ce qu'on dicte. *Dictado.*
DICTER. v. a. *Dicta.*
DICTIONNAIRE. s. m. *Dictiounari.*
DICTON. s. m. Proverbe. *Prouverbi.*
DIEU. s. m. L'Être suprême. *Dieou. Lou bouen Dieou.*
DIFFAMER. v. a. Décrier. *Destrata. Descrida.*
DIFFÉREND. s. m. *Disputo. Countestatien.*
DIFFÉRER. v. a. *Proulounga. Tarza. Faire d'allonghi.*
DIFFICULTÉ de respirer. s. f.

Suffoucatien. Sans difficulté. *Senso difficulta.*
DIFUS, USE. adj. Parlant d'un discours. Trop long. *Enfarigoutia.*
DIGÉRER. v. a. *Digera. Digeri.* Au figuré. *Trecouri.*
DIGUE. s. f. *Levado. Restanco.*
DILAPIDER. v. a. *Dilapida.*
DILIGENT, ENTE. adj. *Hardi, ido. Lest, lesto.*
DIMANCHE. s. m. *Dimenche.*
DIME. s. f. Dixième des fruits. *Deime.*
DIMER. v. a. Lever la dîme. *Deima.*
DIMINUER. v. a. *Demeni. Amendri.*
DIMINUTION. s. f. *Diminutien.*
D'INDE (COQ). s. m. *Gabre. Galabre.*
DINDON. s. m. Oiseau de basse cour. *Dindoun.*
DINDONNEAU. s. m. Petit dindon. *Dindouneou.*
DINÉE. s. f. *Dinado.* — Franchir la dinée. Terme de roulier. *Faire missaou.*
DINER. s. m. et v. n. Repas du midi. *Dina.*
DINEUR. s. m. *Dinaire.*
DIRIGER. v. a. et récip. *Dirigea. Mena.*
DISCERNER. v. a. *Destria.*
DISCONTINUER. v. a. *Descassoura. Cessa.*
DISCORDE. s. f. *Maramagno.*
DISCOURIR. v. n. *Devisa. Parla.*
DISCOUREUR. s. m. *Charraire.*
DISCRÉDITÉ, ÉE. adj. *Escabissa.*
DISCRÉDITER. v. a. *Discredita.*
DISCRÉTION. s. f. *Discretien.*
DISCULPER. v. a. et récip. *Disculpa. Justifica.*
DISGRACE. s. f. *Deigraci.*
DISLOQUER. v. a. *Deimaluga. Deiluga. Desfaire.*
DISGRACIER. v. a. *Deigracia.*
DISGRACIEUX, EUSE. adj. *Deigracioux, iouso.*
DISPARAITRE. v. n. *Disparcisse. Avari.*
DISPENDIEUX, EUSE. adj. *Despensiou, iouvo.*
DISPERSER. v. a. *Estraya.*
DISPOS. adj. m. Agile. *Ravoi. Lest. Revoi.*
DISPOSER. v. a. *Diouspsa.*

DISPUTAILLER. v. n. Disputer souvent. *Disputouria.*

DISPUTER. v. a. et récip. Être en débat. *Si degatigna. Si chamaya.*

DISSENTION. s. f. *Maramagno.* Voyez DISCORDE.

DISSÉQUER. v. a. Terme culinaire. *Decoupa.*

DISSÉQUEUR. s. m. *Decoupaire.*

DISSIMULÉ, ÉE. adj. Artificieux. *Catieou, catievo.*

DISSIPATEUR, DISSIPATRICE. s. *Degaihié. Acabaire. Destruci.*

DISSIPATION. s. f. *Dissipatien.*

DISSIPER. v. a. Manger son avoir. *Acabu. Faire beou.*

DISSIPÉ, ÉE. s. et adj. *Brulot. Dissipa. Disavert. Disaves, etto.*

DISSOLU, UE. s. et adj. *Libartinas. Libartin. Debooucha. Deibouca, ado.*

DISSOLVANT. adj. *Que fai foundre.*

DISSOUDRE. v. a. *Foundre. Separa.*

DISTINGUER. v. n. *Destria. Distinga.*

DIURÉTIQUE. adj. *Que fa pissa. Que douno apetit.*

DIURNE. adj. Terme d'astronomie. *Journalié.*

DIVAGUER. v. a. S'écarter de la question *Divaga. Deivagua.*

DIVERTIR. v. a. et récip. *Si deivarti.*

DIVISER. v. a. *Divisa.*

DIVORCER. v. n. Faire divorce. *Divourça.*

DIX. adj. numéral. *Dez.*

DIXMER. v. n. *Deima.*

DOCILITÉ. s. m. *Doucilita.*

DOCTE. adj. de t. g. *Letru.* Savent. *Saventas.*

DOCTEUR. s. m. *Douctour.*

DODINER (SE). v. récip. Se dorloter. *S'escouta. Si mitouna. Si mignouta.*

DODO (FAIRE). s. m. Dormir. Terme enfantin. *Faire nono.*

DODU, UE. adj. *Grasset, etto.* — Par mépris. *Poouflt, ido.*

DOIGT. s. m. Partie de la main. *Det.*

DOIGTIER. s. m. Terme de moissonneur. *Dedaou de cano.* — *Det de peou.*

DOITÉE OU DOIGTÉE. s. f. *Bout de fiou.*

DOLENT, ENTE. adj. *Doulent, ento.*

DOLER. v. a. Terme de tonnelier. Unir avec la doloire. *Vantejha. Aplana.*

DOLOIRE. s. f. Instrument de tonnelier. *Plano. Vantejheiris. Jhougnent.*

DOMINER. v. a. *Doumina.*

DOMINATION. s. f. *Douminatien.*

DONATION. s. f. *Dounatien.*

DONDON. s. f. Femme qui a beaucoup d'embonpoint. *Grosso doundoun.* par mépris. *Trouncho.*

DONNANT. adj. *Largant, larganto.*

DONNER. v. a. *Douna. Larga.* — Remettre. *Beila. Pouerge.*

DONNEUR. adj. *Dounaire.*

DORADE. s. f. Poisson. *Doourado.*

DORER. v. a. *Dooura.*

DORLOTER. v. a. et récip. *Mitouna. Soigna. Si mitouna.*

DORMEUR. s. m. *Dourmiasso.* — Par mépris. *Saco de souen.*

DORMITIF, IVE. adj. *Que fa dourmi.*

DOS. s. m. *Esquino.* Tourner le dos. *Vira lou cuou.*

DOS D'ANE. s. m. En talus de deux côtés. *Doues-d'aze.*

DOSSE. s. f. Terme de charpentier. *Escouden.* — Étai pour soutenir les terres. *Soustiho. Retenaou.*

DOT. s. f. *Dotto.*

DOTAL. s. m. *Doutaou.*

DOREUR. s. m. *Doourur.*

DOUBLER. v. a. *Doubla.*

DOUBLE DÉCALITRE. s. m. Nouvelle mesure pour les grains, valant *doues panaou*, un *civadié.*

DOUBLE-DENIER. s. m. Ancienne monnaie. *Pachaou.*

DOUCE-AMÈRE. s. f. Plante. *Herbo de la boueno mèro.* Voyez MORELLE.

DOUCEATRE. adj. de t. g. *Doucinas.*

DOUCEREUX, EUSE. adj. Se dit des personnes. *Flattié. Pato-douço. Mancou.*

DOUCEMENT. adv. *Plan. D'aise. Poousament.*

DOUCEUR. s. f. *Douçou.*

DOUCETTE. s. f. Petite herbe que l'on mange en salade. *Moucelets.*

DOUILLE. s. f. Ouverture dans laquelle se fixe le manche de certains instrumens d'agriculture. *Du-eiho.*

DOUILLET , ETTE. adj. Délicat. *Douihet. Tendrin , ino. Dalicat , ado.*

DOULEURS DE L'ENFANTEMENT. s. f. plu. *Ramados.*

DOULOUREUX , EUSE. adj. Se dit d'un membre souffrant. *Endoulenti , ido.*

DOUTE. s. m. *Doutanço.*

DOUTER. v. n. Être en doute. *Douta.*

DOUTEUX, EUSE. adj. *Doutoux , oué.*

DOUVAIN. s. m. Bois dont on fait les douves. *Douyo.*

DOUVE. s. f. Planche de tonneau. *Douqo.*

DOUX AU TOUCHER. adj. *Souple. Imou.*

DOUZE.' adj. *Doujhe.*

DOUZAINE. s. f. *Doujheno.*

DRACHME. s. f. Terme de pharmacien. Huitième partie de l'once. *Tarnaou.*

DRAGÉE. s. f. Fourrage. *Barjhalado.*

DRAGÉES. s. f. plur. Terme de confiseur. *Amendos sucrados. Drageiho.*

DRAGEON. s. m. Bouture et bourgeon. *Fiholo. Constado.*

DRAGUE. s. f. Corde pour chercher l'ancre d'un navire perduc. *Pescaire.*

DRAGUE. s. f. Filet pour pêcher des huitres. *Gangui. Rasteou.*

DRAPEAU. s. m. Baillon. *Pedriho. Pato.* — Enseigne. *Drapeou.*

DRAPEAUX. s. m. plur. Langes d'un enfant au maillot. *Lanis. Pedas. Maihoues.*

DRAP DE LIT. s. m. *Linçvou. Lansoou.*

DRAPÉE. s. f. Plein un drap de toile. *Lansoulado. Trousso.*

DRAYER. v. a. Terme de corroyeur et de tanneur. *Escarna.*

DRAYOIRE. s. f. Couteau de corroyeur. *Escarnadou.*

DRAYURE. s. f. Ce qu'on enlève du cuir avec la drayoire. *Carnasso.*

DRENNE. s. f. Oiseau. Grive de la plus grosse espèce. *Sero. Seiro. Chacha.*

DRESSER. v. a. *Dreissa.*

DRESSOIR. s. m. Tablette à mettre de la vaisselle et des écuelles.]*Escudelië.*

DRILLE. s. f. Chiffon. *Pato. Estrasso.* — s. m. Bon compagnon. *Grivois. Luroun.*

DRILLER. v. n. Courir. Aller vîte et légèrement. *Trima.*

DRILLIER. s. m. *Patiaire. Estrassaire.* Voyez CHIFFONNIER.

DROGMAN. s. m. Interprète. *Tranchiman.*

DROGUER. v. a. Donner des remèdes. *Drouguejha. Poutringa.*

DROIT , DROITE. adj. *Drech , drecho.*

DROITIER , IÈRE. adj. Qui se sert de la main droite. *Drechié , ièro.*

DROUILLETTES. s. f. plur. Filets pour prendre les maquereaux. *Arets deis oouruoux.*

DROUSSER. v. a. Carder la laine. *Carda.*

DROUSSEUR. s. m. *Cardaire.*

DRU , DRUE. adj. Se dit des petits oiseaux prêts à quitter le nid. *Eifourniaou.*

DRU , adv. Épais. Raproché. *Espes. Que si toquoun.*

DU , DUE. participe. *Degu , degudo.*

DU. particule. *Doou. De.*

DUC. s. m. Oiseau nocturne. *Dugou. Duqaucou.*

DULCAMARA. Voyez DOUCE-AMÈRE.

DUPER. v. a. Tromper. *Dupa.*

DURACINE. s. f. *Pesegui-Durand.* Fruit du pêcher.

DURANCE. s. f. Rivière qui se jette dans le Rhône au-dessus de Tarascon. *Durenço.*

DURÉE. s. f. *Durado.*

DURER. v. n. *Dura.*

DURETÉ. s. f. *Dureta.*

DURILLON. s. m. *Durihoun.*

DUVET DES OISEAUX. s. m. *Peou fouletin.*

DYSSENTERIE. s. f. *Diareiho. Fouiro. Couranto.*

DYSURIE. s. f. *Peno d'oourina.* Avoir la dysurie. *Pa pousque pissa.*

E

EAU. s. f. L'un des quatre élémens. *Aiguo.* — Eau bénite. *Aiguo-Segnado.* — Eau-de-vie. *Aiqu'arden.*

ÉBARBURE. s. f. Inégalités. Barbes ou lèvres d'une gravure , etc. *Rebavuro.*

EBARBER. v. a. Oter l'ébarbure les inégalités d'une chose. *Para. Eibarba.*

ÉBAUBI , IE. adj. Étonné , surpris. *Stupefach. Jujha , ado. Esbahi , ido.*

ÉBLOUIR. v. a. *Eibarluga.*

ÉBORGNER. v. a. *Cava l'hueil. Eibournia.*

ÉBOUILLIR. v. n. Diminuer en bouillant. *Eibouhi.*

ÉBOULEMENT. s. m. Chute d'une chose qui s'éboule. *Eissarriado. Foundudo.*

ÉBOULER (S'). v. récip. Il se dit des terres , des bâtimens , qui se détruisent, qui se renversent. *S'eivacha.*

ÉBOULIS. s. m. Chose qui s'est éboulée. Éboulis de terre, de mur, de soulénement. *Vedeou. Vaquo. Eissarriado. Foundudo.*

ÉBOURGEONNER v. a. Enlever des bourgeons à la vigne. *Eibrouta. Eibruta.*

ÉBOURIFFÉ , ÉE. adj. On le dit de la tête et des cheveux. *Anissa, ado.*

ÉBRANCHER. v. a. Casser , rompre une branche. *Eibranca. Eibrasca.*

ÉBRANLER. v. a. *Branda. Eibranla.*

ÉBRÉCHER. v. a. Faire une brèche à un couteau, etc. *Eibarcha. Breca. Faire uno breco.*

ÉBRENER. v. a. Oter les matières fécales d'un enfant. *Deimardouhi.*

ÉBRUITER. v. a. *Abrudi. Eibrudi.*

ÉBUARD. s. m. *Gros cougnet de bouesc.*

ÉBULLITION. s. m. Mouvement que prend sur le feu un liquide qui bout. *Bouhiment.*

ÉCACHÉ. adj. m. Écrasé , applati. *Eifougassa.*

ÉCACHER. v. a. Froisser. Briser. *Escracha. Eibria.*

ÉCAILLE DE POISSON. s. f. *Escaoumo.*

ÉCAILLER LE POISSON. v. a. *Escaouma.*

ÉCALE. s. f. Enveloppe des noix et des amandes. *Eiblou.* ⅋ *Blou.* — Écale des poix. *Goffo. Govo.*

ÉCALER. v. a. Enlever l'écale. *Eibloua. Deigouffa.*

ÉCANG. s. m. Brisoir pour le lin. *Bregoun.*

ÉCANGUER. v. a. Briser le lin ou le chanvre pour le dégager du bois. *Bregouna.*

ÉCARBOUILLER. v. a. Écacher. Écraser. *Escracha. Espeça.*

ÉCARQUILLER LES JAMBES. v. a. *Escambarla.*

ÉCARTELER. v. a. Couper. Déchirer en quatre quartiers. *Escarteira.*

ÉCARTER. v. a. *Escarta. Aluencha.*

ÉCART. s. m. Fente. *Escarro.*

ÉCATIR. v. a. Donner au drap un léger apprêt. *Lustra. Apresta.*

ÉCERVELÉ , ÉE. adj. et s. *Disaver. Eicervela. Testo-rerdo.*

ÉCHAFAUD. s. m. Terme de maçon. *Estagièro.* Dresser l'échafaud : *Faire estagièro.*

ÉCHAFAUDER. v. n. Faire estagièro.

ÉCHALAS. s. m. Bâton qu'on fiche en terre pour soutenir la vigne. *Peleissoun. Paliqot.*

ÉCHALASSER. v. n. Placer des échalas. *Empareissouna.*

ÉCHALIER. s. m. *Baragno. Palissado.*

ÉCHALOTTE. s. f. Espèce d'ail. *Charlotto.*

ÉCHANCRER. v. a. Terme de tailleur d'habit. *Escàra.*

ÉCHANCRURE. s. f. Coupure faite en dedans. *Escavaduro.*

ÉCHANGE. s. m. Troc. *Changi. Truc.*

ÉCHANGER. v. a. *Changea. Trouca.*

ÉCHANTILLON. s. m. Parlant d'une étoffe. *Chantihoun.* — Des grains.

Mouestro. — Parlant des liquides ou de certains comestibles. *Tasto.*

ÉCHANVRER. v. a. *Massa lou carbe , lou canebe. Brega. Bregouna.*

ÉCHAPPÉE DE JEUNE HOMME. s. f. *Escapado.*

ÉCHAPPÉE. adj. Terme de tricoteuse. *Escourregudo.* Maille échappée. *Maiho escourregudo.*

ÉCHAPPÉE DE LUMIÈRE DU SOLEIL. s. f. *Esclarziado.*

ÉCHAPPÉES. Faire quelque travail par échappées. adv. *Faire à vegados , à gatados.*

ÉCHAPPER. v. a. et récip. *Escapa. Fugi. S'esquiha.*

ÉCHARDE. s. f. Petit éclat de bois qui entre dans la chair. *Esclembo. Esplento.*

ÉCHARDONNER. v. a. *Sioucla. Derraba leis cooussidos.*

ÉCHARNER. v. a. *Descarna.*

ÉCHARS , ÉCHARSE. adj. Chiche. *Chichoun. Poung-sarra. Avare.*

ÉCHARPE. s. f. *Cherpo. Echarpo.*

ÉCHASSES. s. f. plur. *Escarsos.*

ÉCHAUBRULURE. s. f. Élevure rouge qui vient sur la peau. *Arello. Brouit. Fuec.*

ÉCHAUDÉ. s. m. Sorte de patisserie. *Chaoudé. Brassadeou.*

ÉCHAUDER. v. a. *Escoouda. Eibouyenta.*

ÉCHAUDOIR. s. m. Vaisseau de charcutier. *Anaou. Naou.*

ÉCHAUFFAISON. s. f. Indisposition. *Escooufament.*

ÉCHAUFFER. v. a. *Cooufa. Escoouffa.*

ÉCHAUFFÉ DE COLÈRE (ÊTRE). *Affurat. Afferat , ado.*

ÉCHAUFFÉ (SENTIR L'). *Senti l'escooufi.*

ÉCHAUFFOURRÉE. s. f. Entreprise manquée. *Foufo. Esparrado. Biganaoudo.*

ÉCHAULER. Voyez CHAULER.

ÉCHELETTE. s. f. dimin. *Escaletto. Pichouno escalo.*

ÉCHELETTE. s. f. Petite échelle qu'on attache au bât d'un mulet. *Beignos.* — Corde de l'échelette. *Begnouns.*

ÉCHELLE. s. f. *Escalo.* (Machine de bois).

ÉCHELON. s. f. Petite pièce d'une échelle. *Escaloun.*

ÉCHELONNER (S'). v. récip. Terme de maçon. *Faire guiheoume.*

ÉCHENILLER. v. a. *Leva leis toueros.*

ÉCHEVAU. s. f. *Escagno. Flotto.*

ÉCHINÉE. s. f. Terme de boucher. *Rasteou.*

ÉCHINER. v. a. Rompre l'échine. *Esquina. Deimaluga.*

ÉCHIQUIER. s. m. Tablier pour jouer aux dames. *Damié.*

ÉCHOPPE. s. f. Petite boutique pour servir momentanément. *Barraquo. Cabano.* — Outil de serrurier. *Escaoupre.*

ÉCHOUER. v. n. *Manqua soun coou.*

ÉCIMER. v. a. Couper la cime des arbres. *Deicimoouta. Deicima.*

ÉCLABOUSSER. v. a. Faire réjaillir de la boue sur quelqu'un. *Faire espousca.*

ÉCLABOUSSURE. s. f. *Espous.* Avoir. recevoir d'éclaboussures. *Ave deis espous.*

ÉCLAIR. s. m. *Huyaou. Esclarziado.*

ÉCLAIRCIE. s. f. Terme de marine. Endroit clair qui paraît au ciel en temps de brume. *Esclarziado. Clairano.*

ÉCLAIRCIR. v. a. Rendre moins épais. *Arrari.*

ÉCLAIRER. v. impers. Faire des éclairs. *Lucia. Lampejha. Faire d'huyaour.*

ÉCLAIRER. v. a. Apporter de la lumière. *Faire lume.* — Instruire. *Esclara.*

ÉCLAIRE. s. f. Plante. *Dindoulièro.* Voyez CHELIDOINE.

ÉCLANCHE. s. f. Cuisse d'un mouton. *Membre. Gigot.*

ÉCLAT. s. m. Partie d'un morceau de bois. *Esclo. Estelo. Esclembo.*

ÉCLATER. v. a. Se rompre par éclats. *Si fendre. S'espeça. Si Durbi.*

ÉCLIPSE. s. f. Obscurcissement du soleil ou de la lune. *Eschissi.*

ÉCLISSE. s. f. Petite usine à faire des fromages *Feicello.*

ÉCLISSE. s. f. Petit bâton plat que l'on met à un membre fracturé. *Estelo. Planchetto.*

ÉCLISSER. v. a. Terme de chirurgie. Mettre des éclisses à un membre fracturé. *Estela.*

ÉCLOPPÉ , ÉE. adj. Qui a une incommodité qui le fait marcher de travers. *Escloupa, ado.*

ÉCLORE. v. n. Sortir de la coque. On le dit des poulets et des oiseaux. *Espeli.*

ÉCLOS, OSE. adj. *Espeli, espelido.*

ÉCLUSE. s. f. Clôture ayant une ou plusieurs portes pour retenir ou lâcher l'eau. *Resclaouvo.* — Porte d'écluse. *Martelhèro.*

ÉCLUSÉE. s. f. Eau d'une écluse. *Resclaouvado.*

ÉCOBUER. v. n. Terme d'agr. *Faire de fourneoux.*

ÉCOFFRAI. } s. m. Sorte de table d'artisan. *Escoffre.*
ÉCOFFROI. }

ÉCOLE. s. f. Lieu où l'on enseigne à lire et à écrire. *Escolo.*

ÉCOLIER. s. m. Celui qui va à l'école. *Escourian. Escoulié.*

ÉCONDUIRE. v. a. Renvoyer, refuser. *Emmanda. Empaiha.*

ÉCONOMISER. v. a. *Meinajha. Faire pichoun.*

ÉCOPE. s. f. Espèce de pelle à rebord. *Sasso. Sanso.*

ÉCORCE. s. f. Peau d'un arbre, d'une plante, d'un fruit. *Gruèyo. Escorço. Pcou.*

ÉCORCER. v. a. Oter, enlever l'écorce. *Pela. Piera. Pluma.*

ÉCORCHER. v. a. Oter la peau à un animal. *Espeya. Escourtega.* — Enlever seulement un peu de la peau. — *Escruveiha. Eigrouviha.* — S'écorcher. v. récip. Parlant des enfants qui ont beaucoup de l'embonpoint *S'escouire.*

ÉCORCHERIE. s. f. Hôtellerie où l'on fait surpayer. *Coupo-gorgeo.*

ÉCORCHEUR. s. m. Celui qui écorche les bêtes mortes. *Espeyo-rosso.* — Au fig. Celui qui fait surpayer. *Escourchur. Espeyaire.*

ÉCORCHURE. s. f. *Eigrouvihaduro. Escrouviaduro.*

ÉCORNER. v. a. Rompre une corne. *Deibana.*

ÉCORNIFLEUR. s. m. *Sarco-dina. Manqeaire.*

ÉCORNIFLER. v. a. *Escournifla.*

ÉCOSSER. v. a. Tirer de la cosse. *Eigruiha. Tria. Deigruna. Deigouffa.*

ÉCOT. s. m. Quote-part que doit chaque personne pour un repas commun. *Escot.*

ÉCOUER. v. a. Couper la queue à quelque animal. *Descoua.*

ÉCOULER. v. a. et récip. *Escoula. S'escampa.*

ÉCOURTER. v. a. Rogner. Couper trop court. *Rougna. Escourchi.* — Couper la queue et les oreilles. *Descoua. Desoourciha.*

ÉCOUTES (ÊTRE AUX). adv. *Ana per escoutoun. Choourreya.* — Écouter sans répondre. *Faire l'escouto.*

ÉCOUTER (S'). v. récip. Être trop attentif à sa santé. *S'escouta. Simitouna.*

ÉCOUVETTE. s. f. Vergette. *Escoubeto.*

ÉCOUVILLON. s. m. Outil pour nettoyer le four. *Patayoun. Escoubihoun. Escoubuihoun.*

ÉCOUVILLONNER. v. a. *Patayouna. Escouba lou four.*

ÉCRASER. v. a. *Escracha. Espoouti.*

ÉCREMER. v. a. Tirer, prendre ce qu'il y a de meilleur. *Escuma. Eifloura.*

ÉCREVISSE. s. f. Poisson de mer du genre des crustacés. *Langousto.* — De rivière. *Chambri. Chambre.* — Petite de mer ou crevette. *Chambarot. Carambo.*

ÉCRIRE. v. a. *Escrioure.*

ÉCRITEAU. s. m. *Escritcou.*

ÉCRITOIRE. s. m. Encrier. *Escritori. Escritoiro.*

ÉCRITURE. s. f. *Escrituro.*

ÉCRIVAIN. s. m. *Escrivan.*

ÉCROUELLES. s. f. Maladie. *Escroros. Escrolos.*

ÉCROULEMENT. s. m. Voyez ÉBOULEMENT.

ÉCROULER. v. a. et récip. *Toumba. S'enveni. Si revessa.*

ÉCROUTER. v. a. Enlever la croute. *Descrousta. Eigrouviha.*

ÉCRU, ÉCRUE. adj. Non blanchi. *Crus, cruso.* Fil écru. Toile écrue. *Fiou crus. Telo cruso.*

ÉCUEIL. s. m. Roc dans la mer. *Sequo. Esteou. Escueil.*

ÉCUELLE. s. f. Pièce de vaisselle qui sert à mettre du bouillon, du potage, etc. *Escudèlo.* — Petite écuelle. *Escudèletto.* Grande écuelle. *Escudelasso.*

ÉCUELLÉE. s. f. Plein une écuelle. *Escudelado.*

ÉCUISSER. v. a. Faire éclater un arbre en l'abattant. *Eibrasca. Faire peta leis brancos.*

ÉCULER. v. a. On le dit des bottes et des souliers qu'on affaisse par derrière. *Acuela. Acula.*

ÉCUME. s. f. *Escumo.*

ÉCUMER. v. a. Oter l'écume. *Escuma.*

ÉCUMOIRE. s. f. Ustensile propre à écumer. *Escumoiro.*

ÉCUMEUR. s. m. Écumeur de marmite. *Toundur de napo.*

ÉCURER. v. a. Nettoyer la vaisselle. *Escura.*

ÉCUREUIL. s. m. Petit animal très-agile. *Esquiroou.*

ÉCURIE. s. m. *Estable.*

ÉCUSSON. s. m. *Escussoun.* — Sorte de greffe. *Taceou. Escussoun.*

ÉCUSSONNER. v. a. Enter en écusson. *Escussouna.*

ÉDENTÉ, ÉE. adj. Qui a perdu ses dents. *Deidenta, ado.* — Vieille édentée. *Sandan. Vieiho-sandan.*

ÉDUCATEUR DE VERS-A-SOIE. s. m. *Magnanié.*

ÉDUCATION. s. f. *Education.*

ÉDUQUER. v. a. Instruire. *Educa.*

EFFACER. v. a. *Escafa. Eiffaça.*

EFFANER. v. a. Terme d'agric. *Deifuiha.*

EFFARER. v. a. *Eifraya.*

EFFARÉ, ÉE. adj. *Affura, ado. Eiglaria, ado.*

EFFAROUCHER. v. a. *Eifaroucha.*

EFFAUFILER.) v. a. *Deifièla. Dei-*
EFFILER.   ) *fièra.*

EFFÉMINER. v. a. *Poupounejha. Coucounejha. Douiheta.*

EFFÉMINÉ, ÉE. adj. *Poupouna. Coucounia, ado. Coucounet.*

EFFEUILLER. v. a. Oter les feuilles. *Desfueiha. Despampa.*

EFFILER. v. a. *Deifièla.* Defaire un tissu.

EFFILÉ, ÉE. part. *Deifièla, ado.* — adj. Trop menu, trop délié. *Mistoulin. Linjhe. Prim, primo.*

EFFIOLER. Voyez EFFEUILLER. *Deifuiha.*

EFFLEURER. v. a. Toucher légèrement. *Bechi. Frisa.*

EFFONDREMENT. s. m. Terme d'agriculture. Action d'effondrer des terres. *Enfroundado.*

EFFONDRER. v. a. t. d'ag. *Enfroun-*
69

da. t. culinaire. Vider une volaille. *Cura. Nettejha.*

EFFONDRILLES. s. f. plur. Parties grossières qui restent au fond d'un vase, etc. *Senihos. Escouradis. Cuou.*

EFFORCER. v. récip. *S'eifourça. Si fourça.*

EFFORT. s. m. Action de s'efforcer. *Eifort.*

EFFRACTION. s. f. Rupture que fait un voleur pour s'introduire. *Fractien de puerto.*

EFFRAYER. v. a. *Espanta. Espoouri.*

EFFRAYÉ, ÉE. part. et adj. *Eifraya. Espoouri, ido. Espavanta.*

EFFRITER. v. a. User, épuiser une terre. *Amaigri. Espuisa.*

EFFROI. s. m. *Esfrai. Espaime. Espavant.*

EFFRONTÉ, ÉE. adj. et s. *Affrounta, ado. Suffisent, ento. Arrougant, anto.*

EFFRONTERIE. s. f. *Suffisenci. Arrouganço. Affrountariè.*

EFFRUITER. v. n. Arracher, enlever les fruits. *Deifrucha.*

ÉGAL, ÉGALE. adj. *Pariè, pariéro. Egaou, égalo.*

ÉGALER. v. a. *Egalisa.* Faire pariè.

ÉGARER. v. a. et récip. Devier du chemin. *S'estravia. Devia. Si perdre.* — Perdre une chose. *Estraiha. Eigara. Perdre.*

ÉGARER (S'). Au fig. *S'eigara. Sache plus ounte l'on es.*

ÉGAYER. v. a. et récip. Réjouir. *Regala. Si deivarti. S'eqaiha.*

ÉGAYER. v. a. Terme de lavandière. *Refresca. Gassouiha.*

ÉGLANTIER. s. m. Rosier sauvage. *Gratocuou. Agufiè.*

ÉGLANTINE. s. f. Fleur de l'églantier. *Roso de bouissoun. Roso de gratocuou.*

ÉGOISTE. s. de t. g. *Egouisto.*

ÉGOSILLER (S'). v. récip. *S'cissarma. S'eigoousiha.*

ÉGORGER. v. a. *Eigourjha. Sagata.*

ÉGOUTTER. v. a. et récip. *S'escoula. S'agouta.*

ÉGOUTTOIR. s. m. Sorte de panier en fil d'archal. *Espousso-salado. Panié d'aran.*

ÉGRAPPER. v. a. Dépouiller la grappe de son raisin. *Deigrupa. Desajha.*

ÉGRATIGNER. v. a. Déchirer la peau. *Grafigna. Groufigna.*

ÉGRATIGNURE. s. f. Légère écorchure. *Grafignado. Groufignado.*

ÉGRAVILLONNER. v. a. Terme de jardinier et de pépiniériste. *Replanta eme la moutto.*

ÉGRÉNAGE. s. m. Terme d'agr. *Eiboucelado. Espoussado.*

ÉGRENER. v. n. Faire sortir le grain de l'épi, de la grappe, etc. *Engruna. Espoussa. Eiboucela.*

ÉGRILLARD, ARDE. adj. et s. *Deigourdi, ido.*

ÉGRUGEOIR. s. m. *Mourtié de bouesc.*

ÉGRUGER. v. a. Mettre en poudre. Concasser, dans l'égrugeoir. *Pila. Trissa.*

ÉGUEULER. v. a. Casser le goulot d'un vaisseau de terre, de verre ou de cristal. *Deinarra. Deimourra.*

ÉGUEULÉ, ÉE. part. et adj. *Deinarra. Eibarcha. Deimourra.*

ÉGYPTIEN, IENNE. s. Vagabond. *Booumiam, iano.*

EHERBER. v. a. Voyez SARCLER.

ÉHONTE, ÉE. adj. et s. *Deivergougna, ado. Affraunta, ado.*

ÉHOUPER. v. a. Écimer un arbre. *Deicimooutu.*

ÉJACULER. v. n. *Espousca. Jhiscla.*

ÉLAGUER. v. a. Terme d'agri. Éclaircir un arbre. *Rebrounda. Eibusca.*

ÉLAGUAGE. s. m. Action d'élaguer un arbre. *Rebroundagi. Eibuscado.*

ÉLANCEMENT. s. m. Action de s'élancer. *Envan.* — Élancement de douleur. *Lançado.*

ÉLANCER (S'). v. récip. Se jeter en avant avec impétuosité. *Prendre encan.*

ÉLARGIR. v. a. et récip. Rendre plus large. *Uelarjha.* — Mettre hors de prison. *Sourti. Mettre defouero.*

ÉLECTEUR. s. m. *Electour.*

ÉLÉVATION. s. f. *Elevacien.*

ÉLEVER. v. a. Mettre plus haut. *Enhooussa.* — Donner l'éducation. *Educa. Eleva.*

ÉLEVURE. s. f. Petite bube qui vient sur la peau. *Boutoun. Booufigo.*

ÉLIMER. v. a. et récip. User à force d'être porté. *Blezi. Goouvi.*

ÉLIRE. v. a. Choisir. *Nouma.*

ÉLISABETH. s. f. Nom de femme. *Babeou. Babet. Babot. Eizabeou. Isabeou.*

ELLÉBORE. s. f. Plante médicinale. *Varaire. S'iourre.*

ÉLOGE. s. m. *Elogi.*

ÉLOI. s. m. Nom d'homme. *Aloi. Aroi.*

ÉLOIGNER. v. a. et récip. *Aluencha. Eloigna.*

ÉLUDER. v. a. Éviter, détourner avec adresse. *Battre la campagno.*

ELZÉAR. s. m. Nom d'homme. *Oouzias. Oouziou.*

ÉMANCIPER (S'). v. récip. Se donner trop de licence. *Si prendre d'alos.*

ÉMANER. v. n. Tirer son origine. *Veni. Emana.*

ÉMASCULER. v. a. Châtrer un mâle. *Cresta.*

EMBABOUINER. v. a. *Embubouina.*

EMBALLAGE. s. m. Enveloppe de grosse toile, etc. *Emballagi.*

EMBALLER. v. a. Empaqueter. *Embala.*

EMBALLEUR. s. m. Qui emballe. *Embalur.*

EMBARRAS. s. m. Obstacle. *Empachi. Vorai. Embroi.*

EMBARRASSANT, ANTE. adj. *Empachiou. Empachourloux, oué.*

EMBARRASSER. v. a. *Embarrassa. Empacha.* — S'embarrasser. Se mettre dans l'embarras. *S'enforrouiha.*

EMBATER. v. a. Mettre le bât. *Embasta.*

EMBAUMER. v. a. Parfumer. *Emboouma.*

EMBÉGUINER. v. a. *Embarretina.* — Au figuré. Mettre de tintoun en testo.

EMBERLUCOQUER (S'). v. récip. Se coiffer d'une opinion. *Si couifa.*

EMBESOGNE, ÉE. adj. Occupé à quelque affaire. *Oooucupa. Tout-à-flot. Affusca.*

EMBOIRE. v. récip. Imbiber. *Esbeoure.*

EMBOITER. v. a. *Embouita.*

EMBOURBER. v. a. et récip. Mettre dans un bourbier. *Enfanga.*

EMBOURRER. v. a. Garnir de bourre. *Rambourra.*

EMBOURSER. v. a. Mettre en bourse. *Empoucha. Emboursa.*

EMO EMP 59

EMBRANCHEMENT. s. m. Parlant d'une fronde. *Sarraduro.*

EMBRASER. v. a. Mettre en feu. *Alluma. Abra.*

EMBRASSER. v. a. *Embrassa.*

EMBRENER. v. a. Salir de matière fécale. *Emmardoui. Emmerda.*

EMBROCHER. v. a. *Embroucha.*

EMBROUILLEMENT. s. m. *Embroi. Empachi.*

EMBROUILLER. v. a. et récip. *Embuya. Embrouiha. Empacha.*

EMBROUINÉ, ÉE. adj. Gâté. Brûlé par la bruine. *Brula. Rebina.*

EMBRUMÉ, ÉE. adj. *Neblous, ouc. Brouiha.*

EMBRUNCHER. v. a. Couvrir de tuiles. *Teoulissa.*

EMERVEILLÉ, ÉE. adj. *Esmaravia, ado. Charamalia, ado.*

EMIER. (v. a. Réduire en
EMIETTER.) miettes, en petites parties. *Eyfrayuna. Eimietta. Frisa.*

EMIGRER. v. n. Abandonner son pays. *Emigra.*

EMIGRATION. s. f. *Emigralien.*

EMINCER. v. a. *Aminci.*

EMINE. s. f. Mesure. *Eimino.*

ÉMAIGRIR. v. a. Rendre maigre. *Meigri. Amaigri.*

EMMAGASINER. v. a. *Emmagasina.*

EMMAILLOTER. v. a. Mettre en maillot. *Emmaihouta.*

EMMANCHER. v. a. Mettre un manche. *Emmarqua. Emmancha.*

EMMANTELER. v. a. Envelopper d'un manteau. *Emmantela.*

EMMENER. v. a. *Mena.*

EMMITOUFLER. v. a. et récip. Envelopper de fourrures. *Estapouna.*

EMMUSELER v. a. Mettre une muselière. *Emmourraihouna.*

EMOI. s. m. Émotion. Trouble. *Eifrai.*

EMOLLIENT, ENTE. adj. Qui amollit. *Remoulissent, ento.*

EMONDER. v. a. Couper les branches superflues des arbres. *Eibusca. Rebrounda.*

EMONDES.) s. f. plur. Ce qu'on
EMONDURES.) enlève en émondant. *Broundos. Rebroundachos.*

EMOTTER. v. a. Briser les mottes de terre. *Eimoouta. Eibria.*

EMOUCHER. v. a. Chasser les mouches. *Coucha leis mouscos.*

EMOUCHETTE. s. f. Caparaçon d'un cheval. *Para-mousco.*

EMOUCHOIR. s. m. Touffe de papier découpé, attaché à un bâton pour chasser les mouches. *Couchomousco.*

EMOUDRE. v. a. Aiguiser sur une meule. *Amoula. Amoura.*

EMOULEUR. s. m. Celui qui aiguise les couteaux, etc. *Amoulaire. Amoulet. Gagno-petit.*

EMOUSSER. v. a. Rendre moins perçant. *Despouncha.*

EMOUVOIR. v. a. et récip. Mettre en mouvement. Exciter. *Eimoourre. Encita.*

EMPAILLER. v. a. Garnir de paille. *Empaiha.*

EMPAN. s. m. Mesure d'environ neuf pouces. *Pan.*

EMU, EMUE. part. *Estent, estencho.*

EMPAQUETER (S'). v. récip. S'envelopper. *S'envartouiha. S'agouloupa.*

EMPARER. v. a. et récip. *S'empara.*

EMPATER. v. a. Remplir de pâte. *Empasta.*

EMPEAU. s. m. Ente en écorce. *Empcou. Melo. Siblet.* — Greffer à empeau. *Enta à la melo, à siblet.*

EMPÊCHEMENT. s. m. *Emcoumbri. Empachi.*

EMPÊCHER. v. a. *Empacha.*

EMPEIGNE. s. m. Dessus d'un soulier. *Empiègno.*

EMPELLEMENT. s. m. Bonde ou pale d'un étang. *Martelièro.*

EMPENNER. (v. a. Garnir de plumes.
EMPLUMER.) *Empluma.*

EMPESER. v. a. Mettre de l'empois. *Empesa.*

EMPILER. v. a. Mettre en pile. *Empièla.*

EMPÉTRER. v. a. Embarrasser, engager les pieds. *Entraversa. Empacha.*

EMPIFFRER. v. a. et récip. Manger excessivement. *Si gava. Empapoula.*

EMPIRER. v. a. Rendre, devenir pire. *Veni piègi. Empira.*

EMPLATRE. s. m. Onguent étendu sur du linge ou sur de peau, etc. *Taccou. Emplastre.*

EMPLATRER. v. a. Mettre un emplâtre. *Emplastra.*

EMPLIR. v. a. Rendre plein. *Rampli.*

EMPLOYER. v. a. et récip. *Emplega.*

EMPOCHER. v. a. Mettre en poche. *Empoucha.*

EMPOIGNER. v. a. Prendre et serrer avec le poing. *Empougna. Arrapa. Aganta.*

EMPOIS. s. m. Colle faite avec de l'amidon. *Empes.*

EMPOISONNER. v. a. Donner du poison pour faire mourir. *Empouisouna. Empouyouno.*

EMPORTEMENT. s. m. *Bisco. Tifou.*

EMPORTE-PIÈCE. s. m. Instrument propre à découper. *Pouerto-pèco.*

EMPORTER (S'). *Bisca. Pitra. Pima.*

EMPRESSÉ, ÉE. adj. Qui agit avec ardeur. *Affusca, ado. Pressa, ado. Affera, ado.*

EMPRESSEMENT. s. m. *Affuscation.*

EMPRISONNER. v. a. *Emprisounna. Engabioula. Coufra.*

EMPRUNTER. v. a. *Emprunta.*

EMPUANTIR. v. a. Infecter. *Empesta. Empouyouna.*

EMULSION. s. f. Potion rafraîchissante. *Emulsien.*

ENCADRER. v. a. Mettre dans un cadre. *Encadra.*

ENCAGER. v. a. Mettre en cage. *Engabia.* — Encager un arbre. *Embaragna.*

ENCAISSER. v. a. Mettre en caisse. *Enqueissa.*

ENCAVER. v. a. Mettre dans une cave. *Mettre à la crotto.*

ENCAUME. s. f. Petite vessie et pustule causée par une brûlure. *Booufigo.*

ENCAUMER. v. n. Pousser des pustules. *Ouriva. Booufiga.*

ENCENSER. v. a. *Encensa.*

ENCHAINER. v. a. *Encadena.*

ENCHANTER. v. a. Charmer. *Emmasca. Ensourcela.* — Ensorceler. *Embarna.*

ENCHANTEMENT. s. m. *Mascariè. Ensourcelaqi.*

ENCHASSER. v. a. *Enchassa.*

ENCHAUSSER. v. a. Terme de jardinage. *Acclapa. Curbi.*

ENCHEVÊTRER (S'). v. récip. S'embarrasser avec le licou. Se dit des chevaux. *S'entrambla.* — Au figuré. Tomber dans le piège. *Mettre lou pè dins lou mourraou.*

ENCHIFFRÈNEMENT. s. m. Rhume de cerveau. *Rooumas doou cerveou.*

ENCHIFFRENÉ, ÉE. *Enroouma doou cerveou.*

ENCLOS. s. m. *Claou. Enclaou.*

ENCLORE. v. a. *Enclaourre. Enclaouva.*

ENCLOUER. v. a. Piquer un cheval en le ferrant. *Enclava.*

ENCLOUURE. s. f. Terme de maréchal. *Piquuro.*

ENCLUME. s. m. Masse de fer, etc. *Enclumi.*

ENCOFFRER. v. a. Enfermer dans un coffre. *Encouffra.* Au figuré. Emprisonner. *Engabioula.*

ENCOMBRE. s. m. Empêchement. *Encoumbri.*

ENCOMBRER. v. a. Embarrasser une rue. *Encoumbra. Embarrassa.*

ENCORE. adv. *Encaro.*

ENCORNER. v. a. Prendre, saisir avec les cornes. *Embana.*

ENCOURAGER. v. a. *Encouragea.*

ENCRIER. s. m. *Escritori.*

ENCUVER. v. a. Terme de lavandière. *Asseta la bugado.*

ENDETTER. v. a. et récip. *Endeouta.*

ENDÉVÉ, ÉE. adj. et s. Se dit des enfans. *Mutin.*

ENDÊVER. v. n. Se fâcher. Se dépiter. *Bisca. Pitra. S'empourta.*

ENDIMANCHER (S'). v. récip. Mettre ses habits du dimanche. *S'endimencha.*

ENDOMMAGER. v. a. *Endoumajea.*

ENDOSSER. v. a. Passer une lettre de change à l'ordre d'un autre. *Endoussa.*

ENDOSSEUR. s. m. *Endoussur.*

ENDROIT. s. m. Lieu. *Endrech. Luech.*

ENDUIRE. v. a. Terme d'art. *Vougne. Freta.* — Un mur de mortier. *Rebouca.* — De chaux. *Passa un lach de caou.*

ENDURANT, ANTE. adj. *Patient, ento.*

ENDURER. v. a. *Eissuga. Endura.*

ENFANTILLAGE. s. m. Puérilité. *Enfantiso.* Qui aime beaucoup les petits enfans. *Enfantouriè.*

ENFARINER. v. a. Poudrer de farine. *Enfarina.*

ENFER. s. m. Supplice des damnés. *Infer.*

ENFERMER. v. a. Clorre. *Extrema. Enferma. Rejhougne.*

— Sentir l'enfermé. *Senti l'estu.*

ENFERRER (S'). v. récip. Se dit

au figuré. *Si mettre la braso souto leis pès.*

ENFILADE. s. f. *Renguièro. Aleyo. Tièro.*

ENFILER. v. a. Parlant du chemin. *Endraya.*

ENFLAMMER. v. a. *Abra. Alluma.*

ENFLER. v. n. et récip. *Enfla. Gounfla.*

ENFLÉ, ÉE. part. et adj. *Boudenfle, boudenflo. Gounfle, gounflo.*

ENFONCER. v. a. Pousser au fond. *Enfounça.*

ENFOUIR. v. a. Cacher en terre. *Acclapa. Entarra.*

ENFOURCHER. v. a. *Acamba. Encamba.*

ENFOURNER. v. a. *Enfourna.*

ENFUIR (S'). v. récip. *Fugi. Landa. S'esquiva.*

ENFUMER. v. a. et récip. Incommoder par la fumée. *Estuba. S'estuba.* — Noircir par la fumée. *Ennegri.*

ENGELURE. s. f. Enflure causée par le froid. *Tigno.*

ENGENDRER. v. a. Parlant des poux. *Coungria la pevouino.*

ENGERBER. v. a. Mettre en gerbes. *Lia. Faire leis garbos.*

ENGIN. s. m. Instrument de mécanique. *Engien.*

ENGLUER. v. a. Enduire de glu. *Envisca. S'engluer.* v. récip. *S'enbisca.*

ENGORGER. v. a. Boucher le passage par où les eaux doivent s'écouler. *Engavacha. Engourjha.*

ENGOUER. v. a. Embarrasser le passage du gosier. *Engava. S'engavacha.*

ENGOUER (S'). v. récip. Se préoccuper. S'entêter. *S'entesta. Pas vougué demouerdre.*

ENGOURDIR. s. m. Rendre comme perclus. *Endourmi. Rendre gobi.* — Mains engourdies par le froid. *Mans gobis.*

ENGOULER. v. a. Prendre tout d'un coup avec la gueule. *Avala. Engula.*

ENGRAISSER. v. a. Faire devenir gras. *Engreissa.*

ENGRANGER. v. a. Mettre en grange. *Rejhougne. Engranjha.*

ENGRAPPER. v. a. Terme de moulin à farine. *Empasta.*

ENGRAVER. v. a. et récip. Se mettre dans le gravier, etc. *S'encala. S'engrava.*

ENGRENER. v. a. Commencer à mettre son blé dans la trémie pour moudre. *Engrana.*

ENGRUMELER (S'). v. r. Se mettre en grumeaux. *S'enmoutassi. Faire de gatihouns.*

ENHARNACHER. v. a. Mettre les harnais à un cheval. *Harnesca.*

ENJABLER. v. a. Terme de tonnelier. *Faire leis gargaoux.*

ENJAMBÉE. s. f. *Encambado.* — Terme d'agriculture. *Cambado. Andano.*

ENJAMBER. v. a. Étendre la jambe par-dessus ou au-delà de quelque chose. *Encamba.*

ENJAVELER. v. a. Mettre en javelle. *Lia. Engavela.*

ENJEU. s. m. Terme de jeu de cartes. *Miso.*

ENJOLER. v. a. Séduire. *Alanta. Embabouina.*

ENJOLEUR, EUSE. adj. Trompeur. *Alant, alanto.*

ENJOLIVER. v. a. *Assiouna. Enjhouliva.*

ENJOUÉ, ÉE. adj. Folâtre. *Entrefouli, ido. Fouliyaou.*

ENJOUEMENT. s. m. *Boueno-graci. Gayeta.*

ENIVRER. v. a. et récip. *Enubria. S'empega.*

ENLEVER. v. a. Lever. *Enleva.* — Ravir. *Prendre.*

ENNUI. s. m. Languiment. *Languitori.*

ENNUYANT, ANTE. adj. Embetant. *Secanço.*

ENNUYER. v. a. Excéder. *Embeta. Embouni. Seca.*

ENORGUEILLIR (S'). v. récip. *Si gounfla. Si parqua.*

ENQUÉRIR (S'). v. récip. *S'infourma.*

ENQUÊTE. s. f. Recherche judiciaire. *Enquesto.*

ENRACINER. v. a. et récip. *Enracina.*

ENRAGÉ, ÉE. adj. et subst. *Enragea, ado.*

ENREGITRER. v. a. *Enregistra.*

ENREGITREMENT. s. m. *Enregistrament.*

ENRHUMER. v. a. et récip. *Enrooruma. Enrooumassa.*

ENROLER. v. a. *Enroula.*

ENROUEMENT. s. m. *Raoucuqi.*

ENROUER (S'). v. récip. Rendre la voix rauque. *Veni raou. S'engama.*

ENROUILLER. v. a. Rendre rouillé. *Enrouhi.*

ENSACHER. v. a. Mettre dans des sacs. *Ensaca.*

ENSEIGNER. v. a. *Ensegna.*

ENSEMBLE. adv. *Ensen.*

ENSEMENCER. v. a. *Samena. Ensemença.*

ENSERRER. v. a. Enfermer. *Extrema. Enclaoure. Rejhougne.*

ENSEVELIR. v. a. *Entarra. Acclapa.*

ENSORCELER. v. a. *Ensourcela.*

ENSOUFFRER. v. a. Enduire de souffre. *Soupra. Soufra.*

ENSOYER. v. a. Terme de cordonnier. Attacher la soie au bout du ligneul. *Enseda.*

ENSUITE. adv. *Piei. Ensuito.*

ENTAILLE. s. f. Coche faite dans une pièce de bois. *Ouesco.*

ENTAME. s. m. Premier morceau d'un pain que l'on coupe. *Courchoun.*

ENTAMER. v. a. *Entamena. Mettre man.*

ENTASSER. v. a. Mettre en un tas. *Amoulouna. Aboulgna.*

ENTE. s. f. Greffe. *Enser. Ente.*

ENTENDRE. v. a. Ouir. *Oousi. Oouvi.*

ENTER. v. a. Greffer. *Enta. Enserta.*

ENTERREMENT. s. m. *Entarrament.*

ENTERRER. v. a. Inhumer un corps mort. *Entarra.* — Mettre en terre. *Aclapa.*

ENTÊTÉ, ÉE. adj. et subs. *Entesta.*

ENTÊTEMENT. s. m. Grand attachement à son opinion. *Entestament.*

ENTÊTER. v. a. Envoyer à la tête des vapeurs incommodes. *Entesta. Enlourdi.* — S'entêter. v. récip. *Couta. S'entesta.*

ENTONNER. v. a. Donner le ton. *Entouna.*

ENTONNER. v. a. Mettre une liqueur dans des tonneaux. *Embouta. Bouteya.*

ENTONNOIR. s. m. Instrument avec lequel on entonne une liqueur. *Embu. Emboutaire. Tourteiroou.*

ENTORTILLER. v. a. Envelopper

en tortillant. *Envartouiha. Entourtiha.*

ENTOURER. v. a. Environner. Ceindre. *Entoura. Enviroouta.*

ENTRAIDER (S'). v. récip. S'aider mutuellement. *S'entr'ajhuda.*

ENTRAILLES. s. f. plur. *Tripos. Budeou.*

ENTRANT, ANTE. Insinuant. *Intrant, anto.*

ENTRE-BAILLÉ, ÉE. } adj. Qui
ENTR'OUVERT, ERTE. } n'est pas entièrement fermé. *Empench, empencho.*

ENTRE-CHAT. s. m. Terme de danse. *Entrechaou. Artichaou.*

ENTRE-DEUX. s. m. *Entre-dous.*

ENTRÉE. s. f. *Intrado.*

ENTRELARDER. v. a. Mettre du lard entre des chairs. *Entrelarda.*

ENTRELUIRE. v. n. Luire à demi. *Entrelusi.*

ENTREMÊLER (S'). v. récip. *S'entremela.*

ENTRE-METTRE (S'). v. récip. S'employer pour une chose qui regarde quelqu'un. *Si mettre oou mitan.*

ENTR'OUVRIR. v. a. Ouvrir un peu. *Durbi tant si paou.*

ENTRER. v. n. Passer du dehors au dedans. *Intra.*

ENTRE-SOL. s. m. Etage pris sur un autre. *Miè-soulié.*

ENTREVOIR. v. a. Voir un peu. *Entreveire.*

ENTREVUE. s. f. Visite concertée entre plusieurs personnes. *Entrevisto.*

ENVELOPPER. v. a. Entourer. *Enveloupa. Envartouya.*

ENVENIMER. v. a. Infecter de venin. *Enverina.*

ENVIE. s. f. Déplaisir que l'on a du bien d'autrui. *Enciè. Jalousiè.* — Désir. Volonté. *Envejho.* — Petit filet de la peau enlevé autour de l'ongle. *Piélachoun.*

ENVIER. v. a. Porter envie. *Envejha.*

ENVIEUX, EUSE. adj. *Envejhoux. Jalour.*

ENVIRON. adv. A peu près. *Anviroun.*

ENVIRONNER. v. a. *Enviroouta.*

ENVOISINÉ, ÉE. adj. Qui a des voisins. *Envesina, ado.*

ENVOLER (S'). v. récip. S'enfuir en volant. *S'envoula.*

ENVOYER. v. a. Donner ordre. *Manda.*

EPAIS , EPAISSE. adj. *Espes, espesso.*

EPAISSEUR. s. f. Profondeur d'un corps solide. *Espessou.*

EPAISSIR. v. a. et récip. Rendre épais. *Espessi.*

EPAMPRER. v. a. Oter les pampres de la vigne. *Despampa.*

EPANCHER. v. a. Verser. *Vejha. Vioujha.* — Répandre. *Escampa.* — Son cœur. *Durbi soun couer.*

EPANDRE. v. a. Éparpiller. *Estarni. Escaraiha.*

EPANOUIR (S'). v. a. et récip. Se dit des fleurs. *S'espandi.*

ÉPARGNANT, ANTE. adj. Qui épargne. *Meinagié. Bouen-gouver.*

ÉPARGNE. s. f. Economie. *Espargni.*

ÉPARGNER. v. a. *Espargna. Espragna.*

ÉPARPILLER. v. a. *Estarni. Esparpaiha.*

ÉPARS , ÉPARSE. adj. Épandre çà et là en divers endroits. *Estraiha , ado. Esparpaiha , ado.*

ÉPATÉ. adj. Aplati. On le dit du nez. *Esfougassa.*

EPAULE. s. f. Membre de l'homme. *Espalo.* — Jambe de devant des animaux à quatre pieds. *Cambo de davant.*

ÉPAULÉE. s. f. Effort de l'épaule. *Esquinetto.*

ÉPAULER. v. a. Disloquer l'épaule. *Espala.* — Assister, garantir quelqu'un. *Espooula. Sousta.*

ÉPAUTRÉ. ÉPEAUTRE. } s. f. Froment locar. *Espéouto.*

ÉPAVE. adj. Bêtes et choses égarées. *Cavos perdudos.*

EPÉE. s. f. Arme offensive et deffensive. *Espazo.*

EPELER. v. a. Nommer , assembler les lettres. *Counta, ajhusta leis lettros.*

ÉPERON. s. m. Petite machine adaptée aux talons d'un cavalier. *Esperoun.*

ÉPERVIER. s. m. Oiseau de fauconnerie. *Esprit-viou.* — Filet à prendre du poisson. *Capeiroun. Rias.*

ÉPHÉMÈRE. adj. de tout genre. Qui ne dure qu'un jour. *Qu'es pas de durado.*

EPI. s. m. Tête du tuyau de blé. *Espigo.*

ÉPICER. v. a. Assaisonner avec des épices. *Mettre d'espècis.*

ÉPICES. s. m. plur. Drog saromatiques pour assaisonner viandes. *Espècis.*

EPICIER. s. m. Celui qui vend des épiceries. *Drouquisto.*

EPIDERME. s. m. Première peau de l'animal. *Première peou.*

ÉPIER. v. n. Monter en épi. *Espiga.*

ÉPIER. v. a. Observer. Guetter. *Espincha. Gueira. Teni-domen.*

EPIERRER. v. a. Oter les pierres d'un champ. *Espeiregua.*

EPIGLOTTE. s. f. Luette. *Niouletto.*

ÉPILEPSIE. s. f. Mal caduc. *Maou de la terro.*

ÉPILOGUER v. n. Censurer. *Critica. Espipiounia.*

ÉPILOGUEUR. s. m. Qui épilogue. *Taquin. Espeluchaire.*

ÉPINARD. s. m. Herbe potagère. *Espinard.*

ÉPINE. s. f. Espino. *Aresto.*

ÉPINE-VINETTE. s. f. Arbrisseau. *Vinctië.*

ÉPINGLE. s. f. Petit brin de fil de laiton qui a une tête. *Esplingo. Espingolo.*

ÉPINEUX, EUSE. adj. Qui a des piquants. *Espinoux, oué.*

ÉPINOCHE. s. f. Choix. *Café tria.*

ÉPINOCHER. v. a. Terme d'épicier. *Faire la triaiho. Tierça.*

EPIPLOON. s. m. Membrane graisseuse , etc. *Ratèlo Crespino.*

ÉPITHÈME. s. m. Topique. *Escudet.*

ÉPITHYME. s. m. Plante. *Petin.*

ÉPLAIGNER. v. a. Terme de fabricant de draps. *Tira lou peou.*

ÉPLORÉ , ÉE. adj. Qui est tout en pleurs. *Tout en larmos.*

ÉPLUCHER. v. a. *Tria leis herbos.* — Éplucher un ouvrage , etc. *Espelucha. Espipiounnia.*

ÉPLUCHEUR. s. m. Qui épluche. *Que trié. Qu'espelucho.*

ÉPLUCHURES. s. f. plur. Ordures qu'on a ôtées. *Triayos.*

ÉPOINTER. v. a. Oter, rompre la pointe. *Despouncha.*

ÉPONGE. s. f. Plante marine. *Espoungo.*

ÉPOUDRER. v. a. Oter la poudre de dessus un vêtement. *Espoussa. Espousseta.*

ÉPOUFFER (S'). v. récip. S'enfuir secrètement. *S'esquiha*.

ÉPOULLE. s. f. Terme de tisserand. Fil de la trame. *Espoou*.

ÉPOULLIN. s. m. Navette de tisseur. *Navetto*.

ÉPOUMONNER (S'). v. récip. Fatiguer les poumons. *Si mettre à noun plus*.

ÉPOUILLER. v. a. et récip. Oter les poux. *Espesouha, Espevouiha*.

ÉPOUILLER (S'). v. récip. Parlant des poules. *S'espepiounia*.

ÉPOUSÉE. s. f. *Novi*.

ÉPOUSER. v. a. Prendre en mariage. *Espousa*.

ÉPOUSSETER. v. a. *Brustia. Varjhetta*.

ÉPOUSSETTE. s. f. *Varjhetto. Brusti*.

ÉPOUVANTAIL. s. m. Haillon suspendu pour épouvanter les oiseaux. *Espravantaou*.

ÉPOUVANTE. s. f. *Espaime. Espravan*.

ÉPOUVANTER. v. a. *Espravanta*.

ÉPREINDRE. v. a. Presser. *Esquicha. Pressa*.

ÉPREINTE. s. f. Douleur en allant à la selle. *Esquichament*.

ÉPRENDRE (S'). v. a. et récip. *S'amouracha*.

ÉPREUVE. s. f. Essai. *Esprovo*.

ÉPROUVER. v. a. Essayer. *Esprouva. Assajha*.

ÉPUCER. v. a. *Tria leis nièros*.

ÉPUISER. v. a. Tarir. Mettre à sec. *Agouta. Escoula*.

ÉPURGE. s. f. Plante laiteuse. *Grosso lachousclo*.

ÉQUARRIR. v. a. *Escarri*.

ÉQUERRE. s. m. Instrument pour tracer des angles *Esquaire*.

ÉQUIPÉE. s. f. Action imprudente. *Soulipo. Esparrado. Biganaoudo*.

ÉQUITABLE. adj. de t. g. *Juste*.

ÉQUIVOQUE. s. f. Douteux. *Safranous, ouè. Se dit de la réputation, etc.

ÉRABLE. s. m. Arbre. *Agas*.

ÉRAFLER. v. a. Écorcher légèrement. *Eigrouveiha*.

ÉRAFLURE. s. f. *Eigrouvihaduro*.

ÉRAILLER. Voyez S'ÉLIMER.

ÉRAILLURE. s. f. Se dit d'une étoffe éraillée. *Fayo*.

ÉRATÉ, ÉE. adj. *Deirata. ado*.

ÉREINTÉ, ÉE. adj. *Eirena, ado*.

ÉRISIPÈLE. s. m. Maladie inflammatoire. *Oousipèro*.

ERGOTER. v. n. Pointiller. Chicaner. *Chicana. Taquina*.

ERGOTEUR. s. m. *Pountihouz*.

ERRER. v. n. *Si troumpa*.

ERREUR. s. f. *Errour*.

ERS. s. m. Vesse noire. Plante légumineuse. *Erre*.

ERUCAGNE. } s. f. Plante. *Rouquetto-fèro*.
ERUCAGRE. }

ÉRUDIT. s. m. Savent. *Letru*.

ÉRYSIPÈLE. Voyez ÉRISIPÈLE.

ESCADRON. s. m. Corps de cavalerie. *Escadroun*.

ESCAMPER. v. n. Se retirer en grande hâte. *Landa. Grata pinedo*.

ESCARBILLARD, ARDE. adj. Éveillé. *Escarabiha, ado*.

ESCARBOT. s. m. Insecte. Scarabé. *Tavan*.

ESCARBOUILLER. v. a. Écraser. *Espoouti*.

ESCARGOT. s. m. Sorte de limaçon. *Carayoou. Escarraqoou*.

ESCARPOLETTE. s. f. Jeu d'enfant. *Bindoussa. Balançoiro*.

ESCOFFION. s. m. Coiffure de femme. *Carpas*.

ESCOGRIFFE. s. m. Qui prend hardiment sans demander. *Harpian*.

ESCOURGEON. s. m. Sorte d'orge. *Hordi en herbo*.

ESCOUSSE. s. f. Course qui sert à s'élancer avec plus de force. *Envan. Escousso*.

ESPADON. s. m. Poisson. *Emperour. Pey espazo*.

ESPÉRER. v. a. *Espera*.

ESPION. s. m. *Espien*.

ESPIONNER. v. a. *Espiouna*.

ESPIÈGLE. adj. et subs. de t. g. Fin. éveillé. *Glari-viou*.

ESPOLIN. s. m. terme de tisseur en or. *Espoou*.

ESPONTILLE. s. f. t. de maçon. *Pounchiè.* — t. de charretier. *Chambrièro*.

ESPRIT-FOLLET. s. m. Lutin. *Esprit familiè. Fouletoun*.

ESQUINANCIE. s. f. Maladie qui fait enfler la gorge. *Galets. Galanciers. Ancouès*.

ESQUIPOT. s. m. Tirelire. *Cacho-mayo.*

ESQUIVER. v. a. Éviter adroitement quelque coup. *Esquiva.* — v. récip. S'esquiver. *Landa. Grala pinedo.*

ESSAIM. s. m. Volée de jeunes abeilles. *Eissam. Eissame.*

ESSAIMER. v. a. On le dit des abeilles. *Eissama.*

ESSANGER. v. a. Se dit du linge. *Eissaga.*

ESSART. s. m. Terre défrichée. *Routo.*

ESSARTER. v. a. Défricher. *Roumpre. Faire de routos.*

ESSAYER. v. a. *Assajha. Prouva.*

ESSEAU. Voyez AISCEAU.

ESSIEU. Partie en fer d'une charrette. *Eissiou.*

ESSORER. v. a. Exposer à l'air. *Estaboura. Faire seca. Eissooura.*

ESSORILLER. v. a. Couper les oreilles. *Desoourciha.*

ESSOR. s. m. Au fig. Prendre l'essor. *S'aboudi.*

ESSOUCHER. v. a. Arracher les souches. *Deimata un aoubre.*

ESSUQUER. v. a. Tirer le moût d'une cuve. *Bouteiha lou mous.*

ESSUI. s. m. Lieu où l'on étend ce que l'on veut faire sécher. *Estendeire. Bartas. Secadou. Souleyaire. Eissugan*

ESSUIE-MAIN. s. m. Linge de cuisine. *Seco-man. Tououerco-man.*

ESSUYER. v. n. Oter l'eau, la sueur. *Seca. Eissuga.*

EST. s. m. Orient. *Levant.*

ESTAFILADE. s. f. Coupure au visage. *Balafro. Fenderasso.*

ESTERE. s. f. Natte de spartz. *Estori.*

ESTIMATEUR, TRICE. s. *Estimadou. Estimeiris.*

ESTIVER. v. n. Passer l'été. *Estiva.*

ESTRAGON. s. m. Plante odoriférante. *Tragoun. Estràgoun.*

ESTOMAQUER. v. a. et récip. *Estoumaga. S'estoumaga.*

ESTROPIER. v. a. Oter l'usage d'un membre. *Estroupia.*

ESULE. f. m. Plante laiteuse. *Grosso chouselo. Lachouselo.*

ETABLAGE. s. m. Paiement d'un cheval à l'écurie. *Affenagi.*

ETABLE. s. m. Lieu où l'on met

70

des bœufs, des vaches, etc. *Estable.*

ETABLER. v. a. Mettre dans une étable. *Establa.*

ETABLI. s. m. Grosse table pour le travail. *Banc.*
— Établi de tailleur. *Taouliè.*
— Établi d'orfèvre. *Tabli. Establiè.*

ETABLIR. v. a. Terme d'art et métier. Marquer d'un trait les différentes pièces d'assemblage pour les reconnaître. *Establi.* Voyez RÉPERE.

ETAGE. s. m. Pièces d'un appartement sur le même plancher. *Estagi. Cous.*

ETAGÈRES. s. f. plur. Tablettes. *Estagièros.*

ETAIE. s. f. Pièce de bois dont on se sert pour appuyer une muraille, une poutre. *Pounchiè.*

ETAIM. s. m. Laine fine. *Estame.*

ETAIN. s. m. Métal blanc très-léger. *Estan.*

ETALER. v. a. Exposé en vente. *Desplega. Estala.*

ETAMER. v. a. Enduire d'étain. *Estama.*

ETAMEUR. s. m. Ouvrier qui étame. *Estamaire. Foundur d'estan.*

ETAMURE. s. f. Ce que l'on emploie pour étamer. *Estamagi.*

ETANCHER. v. a. Arrêter l'écoulement. *Estanca.*

ETANCHOIR. s. m. Couteau pour garnir les fentes d'une futaille. *Couteou hussaire.*

ETANÇON. s. m. Pièce de bois qui soutient une muraille. *Pounchiè.*
— Pour soutenir un arbre. *Fourcas. Fourquello.*

ETANÇONNER. v. a. t. de maçon.
ETAGER. { *Apponncheira.*

ETANG. s. m. Amas d'eau stagnante. *Estan.*

ETAU. s. m. Instrument de serrurier. *Estoc.*

ÉTÉ. s. m. La plus chaude des quatre saisons de l'année. *Estiou.*

ÉTEIGNOIR. s. m. Instrument pour éteindre les chandelles. *Amoussoir.*

ÉTEINDRE. v. a. *Amoussa.*

ÉTENDAGE. s. m. Assemblage de cordes tendues pour y faire sécher du papier, du linge, etc. *Estendeire.*

ÉTENDARD. s. m. Enseigne. *Drapeou.*

ÉTENDRE. v. a. *Estendre.*

ÉTENDUE. s. f. *Estendudo.*

ÉTERNUER. v. n. *Estournida*. *Estournia*.

ÉTEULE. s. f. Chaume. *Estoubihoun* — Terre en chaume. *Estoublo*.

ÉTÊTER un arbre. v. a. *Destesta*. *Courouna un aoubre*.

ÉTINCELLE. s. f. Petite parcelle de feu. *Belugo*.

ÉTINCELER. v. n. Jeter des éclats de lumière. *Beluguejha*.

ÉTIOLÉ. adj. masc. Fourni de branches faibles et fournies. *Aboucassit*.

ÉTIQUE. adj. Maigre. Sec. *Atic*.

ÉTIQUETER. v. a. Mettre des étiquettes. *Etiquetta*.

ÉTIRER. v. a. Étendre. Alonger. Estendre. *Estira*.

ÉTOFFÉ, ÉE. adj. Qui a en abondance toutes ses aises, ses commodités. *Coussu*, *coussudo*.

ÉTOFFE. s. f. *Estoffo*.

ÉTOILE. s. f. Corps lumineux qui brille au ciel pendant la nuit. *Estelo*.

ÉTOLE. s. f. Ornement sacerdotal. *Estolo*.

ÉTONNEMENT. s. m. Surprise. Admiration. *Estounament*.

ÉTONNER. v. a. Surprendre par quelque chose d'étonnant. *Estouna*.

ÉTOUFFANT, ANTE. adj. Qui fait qu'on respire mal. Chaleur étouffante. *Touffourasso*.

ÉTOUFFEMENT. s. m. Difficulté de respirer. *Suffoucation*.

ÉTOUFFER. v. a. Suffoquer. *Estouffa*.

ÉTOUPE. s. f. Partie la plus grossière du chanvre. *Estoupo*. *Frachan*.

ÉTOUPER. v. a. Boucher avec des étoupes. *Ussa*. *Calfata*.

ÉTOURDIR. v. a. *Estourdi*. *Enlourdi*

ÉTOURDERIE. s. f. Action d'étourdir. *Estourdarié*.

ÉTOURDI, IE. adj. Imprudent. *Estourdi*, *ido*.

ÉTOURNEAU. s. m. Oiseau. *Estourneou*.

ÉTRANGE. adj. Contre l'usage. *Estrànghi*.

ÉTRANGER. s. m. *Estrangië*. *Fourestié*.

ÉTRANGLER. v. a. *Estrangla*.

ÉTRANGUILLON. s. m. Esquinancie des chevaux. *Ancouès*.

ÉTRAPE. s. f. Petite faucille. *Foucihoun*. *Ooaramoun*. *Sarroun*.

ÉTRE. v. aux. *Estre*.

ÉTRECIR. v. a. et récip. Rendre,

devenir plus étroit. *Restregne*.

ÉTREINDRE. v. a. Serrer fortement en liant. *Sarra*. *Biha*.

ÉTRENNE. s. f. Présent du jour de l'an. *Estrenno*.

ÉTRENNER. v. a. Donner l'étrenne. *Estrenna*.

ÊTRES d'une maison. s. m. plèr. *Us*. Savoir les êtres. *Sache l'us*.

ÉTRIER. s. m. Ce qui entoure le pied d'un cavalier, et le soutient à cheval. *Estriou*. — Bas à étrier. *Tricousos*.

ÉTRILLE. s. f. Instrument pour nettoyer les chevaux. *Estriho*.

ÉTRILLER. v. a. Brosser avec l'étrille. *Estriha*.

ÉTRIPER. v. a. Oter, faire sortir les tripes d'un animal. *Estripa*. *i-ventra*.

ÉTROITESSE. s. f. État d'une chose étroite. *Estrechou*.

ÉTROIT, OITE. adj. *Estrech*, *echo*.

ÉTRON. s. m. Matière fécale de l'homme. *Estrouen*. — Petit étron. *Estrounchoun*.

ÉTRONCONNER un arbre. v. a. *Destesta*. *Courouna*.

ÉTUDE. s. f. *Estudi*.

ÉTUDIER. v. a. *Estudia*.

ÉTUI. s. m. Boîte pour porter, conserver, etc. *Estui*.

ÉTUVE. s. f. *Estubo*. — Étuve de boulanger. *Glouretto*.

ÉTUVÉE (A L'). s. f. Manière d'apprêter le poisson et certaines viandes. *A l'estouffado*.

ÉTUVER. v. a. Laver une plaie. *Bassana*. *Lava*.

ÉVACUER. v. a. Vider. Faire sortir. *Évacua*. *Sourti*.

ÉVADER. v. a. et récip. *S'esvàda*. *Escapa*. *Patna*.

ÉVALTONNER. v. récip. Abuser de ses forces. *Faire ajhard*.

ÉVALUER. v. a. *Eivalua*.

ÉVANOUIR. v. n. et récip. *Avani*. *Estavani*. *Avari*.

ÉVANOUISSEMENT. s. m. *Avaniment*.

ÉVAPORE. adj. m. *Dissipa*. Évaporée. s. f. *Dissipado*. *Garèyo*. *Testoverdo*.

ÉVAPORER. v. a. et récip. *S'eivapoura*. Évaporer sa colère. *S'expurga*.

ÉVASER. v. a. Élargir une ouverture. *Relarjha*.

ÉVASIF, IVE. adj. Réponse évasive. *Respouesto insignifianto. Countournado.*

ÉVASION. s. f. *Escapado. Escampetto.*

ÉVÊCHÉ. s. m. Palais de l'évêque. *Evesca.*

ÉVEILLER. v. a. *Reviha. Destransouna.*

ÉVENT (METTRE A L'). v. a. Faire prendre l'er. *Eissooura.*

ÉVENTAIL. s. m. Petit meuble de femme. *Vantouar.*

ÉVENTÉ. adj. Évaporé. *Qu'a pres d'er.*

ÉVENTER. v. a. Exposer au vent. *Venta.* — Donner de l'air. *Eissooura.* → Éventer un secret. *Descurbi. Escudela.*

ÉVENTRER. v. a. Fendre le ventre. *Eiventra. Espansa.*

ÉVIER. s. m. Conduit par où s'écoulent les eaux d'une cuisine. *Eiguiè.*

ÉVITER. v. a. *Fugi. Eivita.*

EUNUQUE. s. m. Homme châtré. *Cresta.*

EUTROPE. s. m. Nom d'homme. *Estropi.*

EUX. pronom m. plur. *Eleis.*

EXAGÉRATION. s. f. *Exageratien.*

EXAGERER. v. a. *Groussi. Exagera.*

EXASPÉRER. v. a. Aigrir. Irriter. *Poussa à bout.*

EXCAVER. v. a. Creuser profondément. *Crusa. Cava.*

EXCÉDER. v. a. Ennuyer. *Enfeta. Embouni.*

EXCELLER. v. n. *Excella.*

EXCITER. v. a. *Poussa. Empura.*

EXCLURE. v. a. Empêcher quelqu'un d'être admis. *Leva. Faire soouta.*

EXCORIATION. s. f. Écorchure de la peau. *Eigrouviaduro.*

EXCORIER. v. a. Faire une excoriation. *Eigrouveiha. Escouire.*

EXCRÉMENT. s. m. Matière fécale. *Merdo. Saleta.*

EXCROISSANCE. s. f. Superfluité de chair qui vient autour d'une plaie. *Carnivas.*

EXÉCUTER. v. a. *Executa.*

EXCUSER. v. a. *Ercusa.*

EXEMPLAIRE. s. m. Pièce d'écriture. *Moudele. Exemplari.*

EXERCER. v. a. *Exerça.*

EXERCICE. s. m. *Exercice. Exarcici.*

EXHALAISON. s. f. *Fumado. Vapour.*

EXHALER. v. a. Pousser dehors une odeur. *Douna uno !sentido.* — Exhaler sa bile, sa douleur, etc. *S'expurqa.*

EXHEREDER. v. a. Deshériter. *Descireta.*

EXHIBER. v. a. *Moustra seis papiers à l'ooutourita.*

EXHUMER. v. a. Déterrer un corps mort. *Destarra.*

EXIGER. v. a. *Exigeu.*

EXILER. v. a. *Exila. Banni.*

EXISTER. v. n. Avoir l'être. *Erista.*

EXOCTOSE. s. f. Terme de chirurgie. *Subr'ouès. Subr'ousse.*

EXOTIQUE. adj. de t. g. *Qu'es Estrangiè. Quo ven !pas dins nouesteis terros.*

EXPATRIER (S'). v. récip. *S'expatria. Emigra.*

EXPECTORER. v. a. *Cracha.*

EXPÉDIER. v. a. Dépêcher. Envoyer. *Expedia. Manda.*

EXPÉDITION. s. f. Envoi. Copie. *Expeditien.*

EXPIER. v. a. Réparer une faute. *Expia. Subi la peno.*

EXPIRER. v. n. *Mouri. Faire leis baduoux.*

EXPLICATION. s. f. *Explicatien.*

EXPLIQUER. v. a. *Explica.*

EXPLOITATION. s. f. *Exploitatien.*

EXPLOITER. v. a. *Exploita.* — Une terre. *Faire vaihe.*

EXPLORER. v. a. Aller à la découverte. *Cerca. Visita.*

EXPOSER. v. a. Placer. *Espousa. Faire veire.*

EXPRIMER. v. a. Tirer le suc. *Faire rendre. Esquicha.* — Rendre sa pensée. *Exprima.*

EXPROPRIER. v. a. *Exproupria.*

EXPULSER. v. a. Chasser. Déposséder. *Chassa. Mettre defouero.*

EXTASE. s. m. Ravissement. *Extasi.*

EXTENUÉ, ÉE. adj. *Descarna. Ameigri. Deifa , acho.*

EXTERMINER. v. a. *Extermina.*

EXTIRPER. v. a. *Destruire. Deiracina.*

EXTRAORDINAIRE. adj. de t. g. *Extraourdinari.*

EXTRAVAGANCE. s. f. *Estrambord. Demargaduro.*

EXTRAVAGUER EN PAROLES. v. n. *Deirequa. Deimarga. Desparla.*

EXTRÈMEMENT. adv. *Extremamament.*

EXTRÉMITÉ. s. m. *Fin-bout. Extremita.*

EX-VOTO. s. m. Offrande d'après un vœu. *Tableou d'un miracle.*

EXTRAVAGANT. adj. et s. Évaporé. *Deicerocla. Devaga.*

EXTRAVAGUER. v. n Devaga.

EXTRÊME-ONCTION. s. f. Un des sacremens de l'église. *Sant-kolis. Extrem'ountien.*

F

FABRICIEN. s. m. Marguillier. *Marguehiè.*

FABRIQUER. v. a. *Fabrica.*

FABULEUX. adj. Controuvé. *Fabuloux.*

FACÉTIE. s. f. Plaisanterie. *Droulariè. Gouuyo.*

FACÉTIEUX, EUSE. adj. Plaisant. Drôle de corps. *Farçur.*

FACHER. v. a. et récip. *Facha. Si lagna. Jhaspina.*

FACHERIE. s f. *Lagno. Fachariè.*

FACHEUX, EUSE. adj. *Fachoux, oué.* — Incommode. *Pegoun.*

FACILITÉ. s. f. Manière aisée. *Facilita.*

FAÇONNER. v. a. *Façouna.* Donner un léger labour à la vigne. *Reclaoure.*

FAÇONNIER, IÈRE. adj. Cérémonieux. *Façouniè.*

FACTIEUX. s. m. Séditieux. *Factioux. Boutabuiro.*

FACTION. s. f. Parti. *Factien.*

FACTIONNAIRE. s. m. Qui est en faction. *Factiounari.*

FADAISE. s. f. *Nicisariè. Choouchourlo.*

FADEUR. s. f. *Fadour.*

FAGOT. s. m. *Fai. Feissino.*

FAGOTAGE. s. m. *Enjhounbriaduro. Enfeissaduro.*

FAGOTER. v. a. Faire des fagots. *Enfeissa.* Au fig. *Enjhoumbria.*

FAGUENAS. s. m. Odeur fade d'un corps malade. *Osudour d'espitaou, de bvoumian.*

FAIBLE. adj. de t. g. Qui manque de force. *Feble. Feblo. Relanqui.*

FAIBLESSE. s. f. Défaillance. Évanouissement. *Feblesso. Evanouissament.*

FAIBLIR. v. n. Mollir. *Lacha. Faire lanquetto.*

FAILLITE. s. f. Banquerouto. *Quinquinello.*

FAIM. s. m. *Fam.*

FAINÉANT, ANTE. adj. *Feniant, anto. Radasso.*

FAINE. s. f. Fruit du hêtre. *Fayo.*

FAINÉANTER. v. n. *Gourrinejha.*

FAIRE. v. a. *Faire.*

FAISCEAU. s. m. *Fai.*

FAISSELLE. s. f. Vase, moule à fromage. *Feicello.*

FAITIÈRE (TUILE). *Teoule-gouergo.*

FAITARDISE. s. f. Fainéautise. *Gourrinariè. Cagno.*

FAIX. s. m. *Fai. Fardeou.*

FALAISE s. f. Roche escarpée au bord de la mer. *Baou.*

FALLOIR. v. imp. Être de nécessité. *Faihe. Fouye.*

FALOT. s. m. Lanterne en toile. *Fanaou.*

FALSIFIER. v. a. Contrefaire, mélanger. *Drouquejha.*

FALSIFICATEUR. s. m. *Drouqur.*

FAMÉLIQUE. adj. de t. g. *Avalat, ado. Mouer de fam.*

FAMILIARISER. *Counfisa. Estre soci.*

FAMILLE. s. f. *Famiho.*

FAMINE. s. f. *Carestiè. Famino.*

FANAL. s. m. Lanterne. *Fanaou.*

FANE. s. f. Feuille de certaines plantes potagères. *Coué d'un pouerri, d'une cèbo.*

FANER. v. a. Éparpiller pour faire sécher. Faner le foin. *Vira lou fen.* — v. récip. *Si passi.* Flétrir. *Amarzi.*

FANFARON. s. m. *Leventi. Fanfaroun.*

FANFRELUCHE. s. f. Bagatelle. *Fanfarlucho.*

FANGE. s. f. Crotte. Bouc. *Fango.*

FANGEUX, EUSE. adj. *Fanyoux, oué.*

FANTASQUE. adj. et s. de t. g. Bisarre. *Fantas, tasquo. Maniacle.*

FANTOME. s. m. Spectre. *Espetro. Glari.*

FAQUIN. s. m. *Capoun. Poou-vaou. Voourian.*

FARANDOLE. s. f. Danse provençale. *Farandoulo, farrandouiho.*

FARCE. s. m. Terme de cuisine. *Fassun.*

FARCEUR. s. m. Bouffon. *Forçur.*

FARCIN. s. m. Sorte de gale de quadrupèdes. *Charpin.*

FARCIR (SE). v. récip. *Si gava. Si caffi.*

FARDEAU. s. m. Charge. *Fai. Fardeou.*

FARDER. v. a. *Farda.*

FARFADET. s. m. *Esprit familiè.*

FARFOUILLER. v. a. *Varaya.*

FARIBOLE. s. f. *Gandoiso. Gouayo. Farabourdo.*

FARINER. v. a. Saupoudrer de farine. *Enfarina.*

FARINEUX, EUSE. adj. *Farinoux, oué.*

FAROUCHE. adj. de t. g. *Farouge.*

FACISCULE. s. f. Terme de pharmacie. *Brassado.*

FASCINE. s. f. Fagot.

FASCINER. v. a. Ensorceler. *Ensourcela. Emmasca.* Au fig. Éblouir. *Eibarluga.*

FAT. s. m. *Jholicur.*

FATIGUE. s. f. Travail pénible. *Fastigaqi. Fatiguo.*

FATIGUER. v. a. et récip. *Fatiga.* — Au fig. Importuner. *Alassa. Embouni.*

FATIGUÉ, ÉE. part. et adj. *Embriga. Las. Roumpu.* — Sans fraicheur. *Amari. Passi, ido.*

FAUBERT. s. m. Balai de navire. *Radasso.*

FAUBOURG. s. m. Partie d'une ville hors de son enceinte. *Bourgado.* — Petit faubourg. *Bourguet.*

FAUCHAGE. s. m. ⎫ Action et FAUCHAISON. s. f. ⎭ temps de faucher. *Daihagi. Segagi.*

FAUCHER. v. a. Couper avec la faulx. *Sega.*

FAUCHET. s. m. Râteau de faucheur. *Rasteou.*

FAUCHEUR. s. m. Ouvrier qui fauche. *Segaire.*

FAUCILLE. s. f Instrument pour couper les blés. *Ooulame.*

FAUCILLON. s. m. Petite faucille. *Ooulamoun. Fooucihoun. Sarroun.*

FAUCON. s. m. Oiseau de proie. *Foucoun.*

FAUFILER. v. a. Faire une couture à longs points. *Foovfilu.*

FAULX. s. m. Instrument d'agriculture. *Daih. Dayoun.*

FAUSSER. v. a. Faire courber un corps solide. *Foovssa.*

FAUSSETÉ. s. f. *Faousscta.*

FAUTE. s. f. *Escarro. Faouto.*

FAUVE. adj. Couleur rougeâtre. *Coulour peou de buou.*

FAUVETTE. s. f. Petit oiseau. *Bouscarlo.*

FAUX, FAUSSE. adj. *Faou, faousso.*

FAUX FUYANT. s. m. Défaite. Subterfuge. *Escampo. Escampi.*

FAUX SEMBLANT. s. m. Apparence trompeuse. *Vejhai.*

FAVEUR. s. f. *Favour.*

FAVORISER. v. a. *Favourisa.*

FÉCALE. adj. Excrémenteuse. *Merdoué. Mardoué.* — Matière fécale. *Merdo.*

FÈCES. s. f. plur. Lie. *Depos. Liè.*

FECOND, FECONDE. adj. Qui produit. *Que multiplico.* Fertile. *Que prouduit bon.*

FÉCULE. s. f. Lie. Sédiment. *Seniho. Found. Liè.* — De pommes de terre. *Poudro.*

FÉCULENT. adj. Chargé de lie. *Espes. Carya.*

FÉE. s. f. *Fado. Masco.*

FEINDRE. v. a. *Faire vejhai.*

FÉLE. s. f. Terme de verrerie. *Cano.*

FELÉE, ÉE. part. et adj. *Escla, ado. Chappa.* — Tête fêlée. s. de t. g. *Testo maou finido. Paforo.*

FÉLICITER. v. a. Complimenter. *Estruga. Felicita.*

FELON, ONNE. adj. Traître. *Traite. Cain.*

FÉLURE. s. f. *Esoladuro. Chappaduro.*

FEMME. s. f. Femelle de l'homme. *Mouyè. Fremo.* — Les femmes, les femelles. *Lou femelan.*

FEMMELETTE. s. f. diminutif. *Fremetto.*

FENDEUR. s. m. Qui fend le bois. *Espeçaire de bouesc.*

FENDRE. v. a. Parlant du bois. *Espeça. Esclapa.*

FENIL. s. m. Lieu où l'on engrange les foins. *Fenièro.*

FENOUIL. s. m. Plante aromatique. *Fenoun.*

FENTE. s. f. Ouverture en long. *Fento.*

FENUGREC. s. m. Plante. *Senigrè.*

FER. s. m. Métal dur. *Ferre. Ferri.* — Fer à repasser le linge. *Ferri per estira.*

FER-DE-CHEVAL. s. m. Plante. *Set-arpos.*

FERMAGE. s. m. Loyer d'une ferme. *Louyagi. Rendo.*

FERMENTATION. s. f. *Fermentatien.*

FERMENTER. v. n. Parlant d'un liquide. *Bouhi.* — Parlant du fumier. *Rebouhi.*

FERMER UNE PORTE. v. a. *Tanca. Ferma. Pastela. Sarra.* — Les yeux. *Pluga leis hueils.* — Aller les yeux fermés. *Ana de cluchoun, de plugoun.* — Mettre quelque chose en lieu sûr. *Rejhougne.*

FÉROCE. adj. de t. g. *Farouge.*

FERRAILLES. s. f. plur. Vieux morceaux de fer. *Ferri-vieil. Angounayos.*

FERRER. v. a. Garnir de fer. *Ferra.*

FERRET. s. m. Fer d'aiguillette. Bout d'un lacet. *Bout de courdèlo.*

FERRETIER. s. m. Marteau de maréchal. *Destriè.*

FERRURE. s. f. Terme de maréchal. *Ferragi.* — Terme de serrurier. *Farramento.*

FERTILE. adj. de t. g. Productif. *Que rende, que prouduit ben.*

FÉRULE. s. f. Plante ombellifère. *Gros fenou.* — Palette pour frapper. *Ferulo.*

FERVEUR. s. f. *Fervour.*

FESSES (LES). } s. Le derrière
FESSIER. } de l'homme. *Cuou. Petadou.* En plaisanterie. *Tafanari. Ubac.*

FESSÉE. s. f. Coups donnés sur les fesses. *Fouitado. Patacuèlo.*

FESSER. v. a. Fouetter. *Fouita.*

FESSEUR. s. *Fouitaire.*

FESSU, UE. adj. Qui a de grosses fesses. *Qu'a un gros cuou.*

FESTINER. v. a. Faire festin. *Regala. Trata.*

FESTON. s. m. Ornement. *Festoun.*

FESTONNER. v. a. Faire, orner de feston. *Fustouna.*

FESTOYER. v. a. Bien recevoir quelqu'un. *Festa. Faire d'hounesteta.*

FÊTE. s. f. *Festo.*

FÊTER. v. a. *Festa.* Voyez FESTOYER.

FÉTIDE. adj. de t. g. Infect. *Qu'empesto, que sente.*

FÉTU. s. m. Brin de paille. *Poussiou. Paihetto.*

FEU. s. m. L'un des quatre élemens. *Fuech. Fioch.* — Feu-clair, pour se refaire. *Gayoro. Ganjhoro. Patoro.* — Feu grégeois. *Fuech-gres.*

FEUILLAGE. s. m. *Fuihagi.*

FÈVE. s. f. Légume. *Favo.* — Fèves dérobées. *Favos pelados.*

FÈVES-FRAISÉES. s. f. Fèves dérobées et coupées. *Foufra.*

FÉVEROLLE. s. f. Petite fève. *Favarotto. Favetto.*

FEUILLE. s. f. *Fueiho.* De vigne. *Pampo.* A la chute des feuilles. *Oou toumba deis pampos.*

FEUILLÉE. s. f. Couvert en forme de branches feuillues. *Ramado.*

FEUILLET. s. m. Feuille d'un livre. *Fuihet.*

FEUILLETTE. s. f. Petite mesure pour le vin. *Fuihetto.*

FEUILLETER. v. a. Tourner les feuillets d'un livre. *Fuiheta.*

FEUILLU, UE. adj. Qui a beaucoup de feuilles. *Rama, ramado.*

FÉVRIER. s. m. Deuxième mois de l'année. *Febriè.*

FEUTRE. s. m. Espèce d'étoffe dont on fait des chapeaux. *Feoutre.*

FI. interj. *Puai. Vhuai.*

FIANCÉ, ÉE. adj. et subs. *Fiança, ado.*

FIASQUE. s. f. Bouteille garnie d'osier. *Fliasco.*

FIC. s. m. Espèce de tumeur. *Fisc.*

FICELLE. s. f. Très-petite corde. *Pouloumas. Ficèlo.*

FICHOIR. s. m. Agrafe de bois des imagers. *Tenoun.*

FICHER. v. a. Faire entrer. *Cougna. Affica.*

FICHU. s. m. Schall. *Fichu. Chale.*

FICHURE. s. f. Trident pour pêcher. *Fichouiro.*

FIDÉLITÉ. s. f. Exactitude. *Fidelita.*

FIEFFÉ. adj. A l'excès (en mal). *Fieffa, ado.*

FIEL. s. m. Liqueur jaunâtre attachée au foie. *Feou.*

FIENTE. s. f. Excrément des bêtes. *Petos.* — de bœuf. *Bouso.* —Depigeon. *Couloumbino.* — De brebis. *Migoun. Peto. Bajhat.*

FIENTER. v. n. Pousser dehors la fiente. *Caga. Faire la petarrado.*

FIER (SE). v. récip. *Si fisa.*

FIER, IÈRE. adj. Arrougant, anto.

FIERTÉ. s. f. Fierta. *Arrouganço.*

FIÈVRE. s. f. Maladie. *Febre quartáno.*

FIÉVREUX, EUSE. adj. *Febroux, febrouè.*

FIÉVROTTE. s. f. Petite fièvre. *Febrotto.*

FIGNOLER. v. n. Terme pop. Raffiner, perfectionner. *Fignoula.*

FIGUERIE. s. f. Verger de figuiers.

FIGER. v. a. et récip. Congeler par le froid. *Jhala. Caiha.*

FIGUIER. s. m. *Figuiero.*

FIL. s. m. Petit brin long et délié. *Fiou.* D'archal. *Aran. Fiou de richaou.*

FILANDIÈRE. s. f. Celle dont le métier est de filer. *Fieleiris. Fielus o.*

FILANDRES. s. f. plur. Terme de filandière et de tisserand. *Primoouchero. Peteiro'o.*

FILANDREUX, EUSE. adj. Rempli de filandres. *Teihour, ouè.*

FILARIA. s. m. Arbuste. *Daradel.*

FILASSE. s. f. Chanvre brut. *Canebe pa'nca pigna.*

FILATURE DE SOIE. s. f. *Tiragi.*

FILER. v. a. Faire du fil. *Fièla. Fièra.* Prendre la fuite. *Landa.*

FILET. s. m. *Arrets. Pancou. Aret.* — Coup de filet. *Boou.*

FILET. s. m. Sorte de bride. *Bri-*

doun. — D'huile ou de vinaigre. Terme de cuisine. *Rayado.*

FILLE. s. f. Terme relatif. *Riho. Chato.* — Belle-fille. *Nouèro. Fihustro.*

FILLEUL, FILLEULE. s. f. *Fihoou. Fiholo.*

FILON. s. m. Veine métallique. *Veno.*

FILS. s. m. Enfant. *Fiou.* —Beau-fils. s. m. *Fihastre.*

FILTRE. Pour le vin qui sort de la cuve. s. m. *Gaveou de tino.*

FINALEMENT. adv. A la fin *finalo.*

FINASSERIE. ⟩ s. f. Ruse. *Ma-*

FINESSE. ⟩ *gagno. Ruso.*

FINIR. v. a. Achever. Terminer. *Acaba. Bacla.*

FIOLE. s. f. Petite bouteille. *Toupetto. Mourette. Bouteihetto.*

FIXITÉ. s. f. Stabilité. *Tenesoun.*

FLACHE. s. f. Pavé enfoncé. *Traou.* — D'eau. *Toumple.*

FLACON. s. m. *Flascou.* — Boire au flacon. *S'amourra oou flascou.*

FLAGORNER. v. n. Flatter en faisant de faux rapports. *Manelia. Manelejha.*

FLAGORNERIE. s. f. *Manelariè.*

FLAGORNEUR, EUSE. adj. *Manèlou, manèlo.*

FLAIR. s. m. Odorat subtil. *Sentido. Ooudourat.*

FLAIRER. v. a. Sentir. *Senti.*

FLAIREUR. s. m. Parasite. *Sarcodina.*

FLAMANT. s. m. Oiseau aquatique. *Becarut.*

FLAMBANT, ANTE. adj. Qui jette de la flamme. *Que flamejho.*

FLAMBART. s. m. Allume. *Fumeiroun. Candeou.*

FLAMBER. v. a. Passer sur le feu. *Besuscla. Reduscla.* —Le rôti. *Flamba.*

FLAMBOYER. v. n. Jeter de la flamme. *Flammejha.*

FLAMME. s. f. *Flamado.*

FLAMMECHE. s. f. *Belugo.*

FLANER. v. n. Niaiser. *Ana per escoutoun. Tourdoulia.*

FLANEUR. s. m. Qui flâne. *Escoutaire. Tourdoulouns.*

FLAQUE. s. f. Petite mare d'eau. *Toumple.*

FLASQUE. adj. Petite marre sans force. *Flasque. Flasco.*

FLATTER. v. a. *Flata. Flatia.*

FLATTERIE. s. f. *Flattarië. Manclarië.*

FLATTEUR, EUSE. s. et adj. *Flatië, ièro. Amistoux, ouë. Mancou, elo.*

FLATUEUX, EUSE. adj. Venteux. Se dit des alimens. *Que fan faire de ven. Vapouroux, ouë.*

FLÉAU. s. m. Instrument à battre les grains. *Fleou. Escoussoun. Flei.* — Calamité. *Fleou.*

FLÉCHIR. v. a. Ployer. *Plega.* — Attendrir. *Touca.*

FLEGMATIQUE. adj. et s. de t. g. Homme de sang froid. *Fleoumo. Fleoumasso.*

FLEGMON. s. f. Tumeur. *Fleiroun. Durihoun.*

FLÉTRIR. v. a. Faner. Ternir. *Passi. Tarni.*

FLEUR. s. f. Production des végétaux. *Flour.*

FLEURETTE. s. f. Petite fleur. *Flouretto.* — Fleurettes qui sont dans le vin. *Chuano.*

FLEURIR. v. n. *Flouri.* — Au fig. Estre fléri. Faire flores.

FLOCON. s. m. Petite touffe de laine, de soie ou de neige. *Flot.*

FLOT. s. m. Eau agitée. *Oundo.*

FLOTTAISON. s. f. Terme de marine. Partie du vaisseau qui est à fleur d'eau. *Encencho.*

FLUER. v. n. Couler. *Rajha. Raya.*

FLUET, ETTE. adj. Délicat. *Mistoulin, ino.*

FLUTE. s. f. Instrument à vent. *Fluito. Flayuto.*

FLUTER. v. a. Jouer de la flûte. *Fluta. Flayuta.* — Boire. *China.*

FLUTEUR. s. m. Joueur de flûte. *Flayutaire. Fluitaire.*

FLUXION de poitrine. s. f. *Transpiratien arrestado.*

FOESNE. Voyez FICHURE.

FOI. s. f. Croyance. *Fe. Fego.* (ancien). *Fedo.*

FOIE. s. m. Viscère. *Fege. Fuge.*

FOIN. s. m. Herbe fauchée et séchée. *Fen.* — Faner le foin. *Vira lou fen.*

FOIRE. s. m. Grand marché public. *Fièro.* — Cours de ventre. *Fouiro.*

FOIRER. v. n. Rendre les excrémens fluides. *S'esfouira.*

FOIREUX, EUSE. adj. *Fouiroux, ouë.*

FOIS. s. f. *Viagi. Coou.* Cette fois-ci. *Aques coou.*

FOISON. s. f. Abondance. *Aboundanci.* A foison. adv. A boudres, à refus.

FOISONNER. v. n. Paraître volumineux. *Fouyouna.*

FOL, FOLLE, FOU. s. *Fouel, fouele. Fouëlo.*

FOLATRE. adj. *Fouligaou. Pessegaou.*

FOLICHON, ONE. } adj. *Ajhuguit.*

FOLLET, ETTE. } *Fouligaou, aoudo.*

FOLATRER. v. n. *Poulinejha. Juga.*

FOLIE. s. f. *Foulië.*

FOLET (POIL). s. m. *Peou fouletin.*

FONCÉ, ÉE. adj. Chargé de couleur. *Founça, ado.* — Riche. *Founsa.*

FONDATEUR. s. m. Qui fonde un établissement. *Foundatour.*

FONDER. v. a. *Founda.*

FONDEMENT. s. m. Base. *Foundamento.* — Anus. *Foundament.*

FONDEUR. s. m. Celui qui fond les métaux. *Foundur.*

FONCER. v. a. Payer. Débourser. *Moursa.*

FONDRE. v. n. Liquéfier une substance solide. *Foundre.*

FONDS. s. m. Sol d'un champ. Argent placé. *Found.*

FONGUS. s. m. Excroissance charnue. *Carnivas.*

FONTAINE. s. f. *Fouen.*

FONTANGE. s. f. Nœud de ruban. *Frountanjho.*

FONTENIER. s. m. Qui a soin des fontaines. *Founteinië.*

FONTS-BAPTISMAUX. s. m. *Santeisfouents.*

FORAIN, AINE. adj. Qui est de dehors. *Fourestiè, ièro.* — Marchand forain. *Coulpourtour.*

FORÇAT. s. m. Galérien. *Galerian.*

FORCES. s. f. Ciseaux pour tondre les draps, etc. *Fourcis. Fourciou.*

FORCER. v. a. *Fourça.*

FORER. v. a. Percer. *Fura.*

FORET. s. m. Outil pour percer un tonneau. *Guiounet.*

FORET. s. f. Terre couverte de bois. *Fourest.*

FORFANTERIE. s. f. *Alantarië.*

FORGER. v. a. Travailler le fer. *Fourjha.*

FORGERON. } s. m. Qui forge.
FORGEUR. } *Fourgeiroun. Fabre* (Vieux).

FORJÉTER. v. n. Être hors d'alignement. Se dit d'un bâtiment. *Suploumba. Toumba en avant.*

FORMALITÉ. s. f. *Fourmalita.*

FORMALISER (SE). v. récip. *Si fourmalisa.*

FORMAT. s. m. Terme d'imprimerie. *Dimension d'un libre.*

FORMER. v. a. et récip. *Fourma.*

FORT, } FORTE. adj. Vigoureux. *Roubuste. Gaihard. Ranfourça.*

— Fort en gueule. s. de t. g. *Haïculés.*

FORT. adverbe. Beaucoup. *Foucssógros.*— Au fort de l'été. *Oou gros de l'estiou.*

FORS. préposition. Hormis. *Excepta.*

FORTIFIANT. adj. *Fourtifiant.*

FORTIFIER. v. a. et récip. *Fourtifica. Si fourtifica.*

FOSSE. s. f. Creux large et profond dans la terre. *Crouès. Sueyo.* — De tanneur. *Trucy.*

FOSSÉ. s. m. Fosse creusée en long. *Foussa.*

FOSSETTE. s. f. Petit creux. *Traou.* — Creux de la joue. *Crouzets.* — Jeu d'enfants. *Palantoun.*

FOSSOYEUR. s. m. Qui creuse les fosses pour les morts. *Entarro-moucr.*

FOUET. s. m. Cordelette de cuir ou de chanvre attachée à un bâton. *Fouit.*

FOUETTER. v. a. Donner des coups de fouet. *Fouita.*

FOUETTEUR. s. m. Qui fouette. *Fouitaire.*

FOUGERAIE. s. f. Lieu planté de fougères. *Flcouchièro. Fcousièro.*

FOUGÈRE. s. f. Plante. *Flcouche. Gaoubi.*

FOUILLER. v. a. Creuser. *Cava.* — Quelqu'un. *Fuiha. Visita.* — Quelque part. v. n. *Furna. Varaya.*

FOUINE. s. f. Espèce de grosse belette. *Martre.*

FOUIR. verbe a. Creuser la terre. *Fouire.*

FOULE. s. f. Amas de personnes. *Foulo. Fogo.*

71

FOULÉES. s. f. pl. Terme de chasse. *Piado. Pisto.*

FOULER. v. a. Presser quelque chose sous les pieds. *Caouca. Cooussiga.* — Les draps. *Para.*

FOULER. v. a. et récip. Blesser. *Eifooucha. S'cifooucha la mun, lou pé.* Se fouler la main, le pied.

FOULERIE. }
FOULON. } s. Lieu où
FOULON (MOULIN A). } l'on foule les draps. *Parairc. Paradou.*

FOULON. } s. m. Artisan
FOULONNIER. } qui foule les draps. *Parandiè.*

FOULURE D'UN MEMBRE. *Eifooucha-duro. Entorso.*

FOURCHE. s. f. Instrument de bois. *Fourco. Fourquélo.* — En fer. *Trcn.*

FOURCHETTE. s. f. Ustensile de table. *Fourchetto.*

FOURCHON. s. m. Branche d'une fourche. *Bauo d'uno fourco ou d'uno fourchetto.*

FOURGON. s. m. Instrument pour remuer le feu. *Riable. Rediable.*

FOURGONNER. v. a. Remuer avec le fourgon. *Fourgounia. Fourjhounia.*

FOURMI. s. f. Insecte. *Fournigo. Fourmigo.*

FOURMILIÈRE. s. f. Lieu où se retirent les fourmis. *Fourniguiè.*

FOURNAGE. s. m. Droit du maître d'un four. *Fournajho.*

FOURNÉE. s. f. Ce qu'on peut faire cuire à la fois dans un four. *Fournado. Fournajho.*

FOURRAGE. s. m. *Fourragi. Pasturo.*

FOURREAU. s. m. Gaine. Étui. *Fourrcou.*

FOURVOYER (SE). v. récip. S'égarer de chemin. *S'estravia.*

FOUTEAU ou HÊTRE. s. m. Arbre forestier. *Faou. Fayard.*

FOYER. s. m. Atre d'une cheminée. *Fuqueiroun.*

FRACASSER. v. a. Rompre. *Espeça. Embriga.*

FRACTURE. s. f. *Roumpeduro.*

FRACTURE, ÉE. adj. *Roumpu, udo.*

FRAGMENT. s. m. Portion d'une chose coupée. *Troues. Moucceou.*

FRAICHEUR, s. f. *Frescou.*

FRAIRIE. s. f. Partie de divertissement. *Ribotto. Godramus. Galetoun.*

FRAIS, FRAICHE. adjectif. *Fres*, *fresco*.

FRANCHIR. v. a. Sauter par dessus. *Saouta. Trepassa.*

FRANCHIR LA DINÉE. Terme de charretier. *Faire missaou.*

FRANCISER. v. a. Donner une terminaison française. *Franciouta.*

FRANÇOIS. s. m. Nom d'homme. *Frances.* — Nom d'enfant du peuple. *Chorza. Chichoua.*

FRANÇOISE. s. f. Nom de femme. *Françoun. Choiso.* — Nom de fille. *Choisoun.*

FRANQUETTE. A LA FRANQUETTE. adv. *A la bouèn'api*, *A la francho-Marqurido.*

FRAPPER. v. a. Donner un ou plusieurs coups. *Pica. Au fig. Gounfla.*

FRAPPEUR. s. m. Qui frappe. *Picaire. Qu'a leis mans abielanos.*

FRAUDE. s. f. Tromperie. *Maliganço. Magagno.*

FRAUDER. v. a. Tromper. *Fraouda. Faire de maliganço.*

FRAYER. v. a. Marquer. Tracer. *Traça lou camin.*

FRAYEUR. s. f. Peur. *Esfrai. Frayour.*

FRÉLAMPIER. s. m. Terme de mépris. *Brandaléso. Duermo-Drech.*

FRELATER. v. a. Falsifier. *Drouga. Drouqueyha.*

FRÉLON. s. m. Insecte volant. *Chabrias. Cabridan.*

FRELUQUET. s. m. Homme frivole. *Farluguet.*

FRÉMIR. v. a. Terme de cuisine. Commencer à bouillir. *Rire.* — De peur. *Refarni.*

FRÉMISSEMENT. s. m. Émotion. *Farnisien. Tremoulun.*

FRÈNE. s. m. Arbre. *Frai. Fraisse.*

FRÉQUEMMENT. adv. *Souventeifes.*

FRÉQUENTATION. s. f. Hantise. *Trevanço. Trevagno.*

FRÉQUENTER. v. a. Hanter. *Treva. Frequenta.*

FRÈRE. subst. m. Qui est né de même père et de même mère. *Fraire. Frèro.*

FRESSURE. s. f. collectif. Le cœur, le foie, les poumons et la rate, etc., des animaux. *Levado. Courado.* — D'un chevreau ou d'un agneau. *Levadetto. Couradetto.*

FRÉTILLANT, ANTE. s. adj. Qui frétille. *Boulegoun. Bouleguet.*

FRÉTILLEMENT. s. m. Mouvement de ce qui frétille. *Boulegament.*

FRÉTILLER. v. n. Se démener, s'agiter. *Boulega. Boulegouria.*

FRETIN. s. m. Petit poisson. *Peissaiho.* — Au fig. *Ravan. Rafatayo.*

FREUX ou GROLLE. s. m. Oiseau. Sorte de corneille. *Graiho. Fries.*

FRIABLE. adj. Aisé à broyer. *Que s'eifrayuno.*

FRIAND, ANDE. s. et adj. Qui aime les bons morceaux. *Groumet. Groumand.*

FRIANDISE. s. f. *Privadiè.*

FRICASSÉE. s. f. Viande cuite à la poêle. *Fricasseyo.*

FRICASSÉE DE LÉGUMES VERTS. *Massadoino. Macedoino.*

FRICHE. s. f. Terre laissée sans culture. *Campas. Champas.*

FRICHE (EN). adverbial. Sans culture. *Terro gasto. Ben á-campassi.*

FRICOTTER. v. n. *Fricouta.* Terme populaire.

FRICTION. s. m. Terme de chirurgie. *Friction.*

FRILEUX, EUSE. adj. Qui craint le froid. *Jhala*, ado. *Enfrejhouli*, ido.

FRIMAS. s. m. Brouillard froid et épais. *Couriandre. Charpinariè de temps.*

FRINGUER. v. n. *Fringa. Dansa.* — Un verre. v. a. *Refresca.*

FRIPER. v. a. User. Gâter. *Goousi. Blesi.*

FRIPERIE. s. f. Commerce de vieilles hardes. *Friparié.*

FRIPEUR, EUSE. s. et adj. Celui et celle qui fripe. *Destrussi. Despoudera*, ado.

FRIPIER, IÈRE. s. Qui achète et vend des vieux habits. *Fripiè. Courratiè*, ièro.

FRIPONNERIE. s. f. Action de fripon. *Biqanaoudo. Conquinariè.*

FRIRE. v. a. Faire cuire dans une poêle. *Fricassa. Freyi.*

FRISER. v. a. Toucher superficiellement. *Bechi.* — Creper. *Frisa.*

FRISSON. s. m. Tremblement causé par le froid. *Tremoulun. Tramblun. Frissoun.* — Émotion qui vient de la peur. *Frenisien.*

FRISSONNER. v. n. Avoir le frisson. *Tremoula. Tremoura. Refarni. Trambla. Tregira.*

FRIT , ITTE. part. et adj. *Fricassa, ado. Fregi. Fragi , ido.*

FROID. s. m. Fre. *Fresquièro.* — Transi de froid. *Enfrejhouli , ido.* Froids tardifs. *Requuerado. Reguinado.*

FROID , FROIDE. adj. Qui communique, qui ressent le froid. *Fre , fredo. Jhala , ado.*

FROIDEUR. s. f. Qualité de ce qui est froid. *Frejhou.*

FROIDURE. s. f. *Fresquièro.*

FROISSER. v. a. Meurtrir. *Maca.* — Chiffonner. *Chiffouna. Froissa.*

FROLER. v. a. Toucher légèrement en passant. *Respaya. Bechi.*

FROMAGE, s. m. Laitage caillé et égouté. *Froumagi. Froumai.* — Frais. *Toumo.* — Affiné. *Cacha.* — Persillé. *Blur.*

FROMAGE DE COCHON. s. m. *Flourentino.*

FROMAGE DE SANG. s. m. *Sanguet. Ceretoun.*

FROMAGER , ÈRE. s. Celui, celle qui fait ou qui vend des fromages. *Froumagiaire , iairo.*

FROMAGERIE. s. f. Lieu où l'on tient les fromages. *Froumagièro.*

FROMENT. s. m. Le plus blanc et la meilleure espèce de blé. *Tuzèlo. Anouno.*

FROMENT LOCAR. s. f. *Espeouto.*

FROMENTÉE. s. f. Bouillie de farine de froment. *Farinetto.*

FRONCIS. s. m. Terme de couturière. *Pli. Frouncis.*

FRONDE. s. f. Tissu de corde avec quoi on lance des pierres. *Froundo.*

FRONDER. v. a. Lancer des pierres avec une fronde. *Enqueira. Esqueira.*

FRONDEUR. s. m. Celui qui jette des pierres avec une fronde. *Enqueiraire.*

FRONTAL. s. m. Bandeau qu'on met sur le front. *Frountaou.*

FROTTER. v. a. et récip. *Vougne. Si freta.*

FRUCTIFIER. v. n. Rapporter du fruit. *Fructifia.*

FRUIT. s. m. Production des arbres et de certaines plantes. *Frui. Frucho.* — Tous les fruits. — La *fruche.*

FRUITAGE. s. m. Toute sorte de fruits. *Frucho.*

FRUITIÈRE. s. f. Celle qui vend du fruit. *Repetièro. Fruitièro.*

FUGITIF , IVE. adj. et s. *Fugitiou, iouvo.*

FUIR. v. a. Courir pour se sauver d'un péril. *Fugi. Landa.*

FUMAGE. s. m. Terme d'agriculture. Plantes légumineuses que l'on recouvre en vert pour engrais. *Acclapaqi.*

FUMÉE. s. f. Vapeur épaisse qui sort des choses brûlées. *Fumado. Fum.* — Recevoir la fumée. *S'estuba.*

FUMER. v. a. Exhaler , jeter la fumée. *Fuma. Tuba.*

FUMER DU TABAC. *Pipa. Fuma.*

FUMETERRE. s. f. Plante ou herbe amère. *Ubriago. Fumoterro.*

FUMEUR. s. m. Celui qui fume , qui prend du tabac en fumée. *Fumaire.*

FURETER. Chercher , fouiller. *Furna. Varaya.*

FURETER. v. n. Chasser au furet. *Fureta.*

FUREUR. s. f. Rage. Manie. *Furour. Enrabi.*

FURIEUX , EUSE. adj. Qui est en furie. *Furiou , iouso.*

FURIEUSEMENT. adv. Avec furie. *Furiousament.*

FURONCLE. s. m. Phlegmon. *Fleiroun. Braquet.*

FURTIF , IVE. adj. Qui se fait en cachette. A la dérobée. *D'escoundoun. De qalapachoun.*

FURTIVEMENT. adv. *Descoundoun.*

FUSEAU. s. m. Petit instrument de fileuse. *Fus.*

FUSÉE. s. f. Terme de filandière. *Fuado.* — D'horloger et d'artificier. *Fusado.*

FUSIBLE. adj. de t. g. Qui peut être fondu. *Que si founde.*

FUSIL. s. m. Arme à feu. *Fusiou.*

FUSILLER. v. a. Tuer à coup de fusil. *Fusiha.*

FUTAILLE. s. f. Vaisseau à mettre du vin ou quelqu'autre liqueur. *Eizino. Quintino.*

FUSTIGATION. s. f. Action de fustiger. *Fouitado.*

FUSTIGER. v. a. Battre à coups de fouet. *Fouita.*

G

GABER. v. a. et récip. Railler. *Si truffa.*

GABEUR. s. m. Moqueur. Railleur. *Trufet.*

GACHER. v. a. Terme de maçon. *Gacha.*

GACHEUR. s. m. Qui vend à vil prix. *Gachur.*

GACHIS. s. m. Saleté causée par l'eau. *Lagas. Garihas.*

GADOUAR. s. m. *Escoubihic.*

GAFFE. s. f. Croc de fer. *Ganchou.*

GAGE. s. m. Salaire, paiement. *Gagis.*

GAGER. v. a. Parier. *Paria. Juga. Escoumettre.*

GAGEURE. s. f. Pari. *Escoumesso. Gajhuro.*

GAGNE-DENIER. s. m. *Roudeiroou.*

GAGNE-PETIT. s. m. *Amoulaire. Amoulèt.*

GAGNER. v. a. *Gagna.*

GAGNI. s. f. Femme ou fille qui a beaucoup d'embonpoint. *Grosso doundoun. Trouncho.*

GAIN. s. m. *Gazan. Proufit.*

GAINE. s. f. Etui d'un couteau. *Gueino.*

GALANT. s m. Amoureux. *Calegnaire. Fringaire.*

GALBULE. s. f. Noix de cyprès. *An aoutu.*

GALE. s. f. Maladie de la peau. *Rougno.*

GALERIE. s. m. Vent du nord-est. *Gregaou. Mountagnièro.*

GALET. s. m. Caillou que l'on trouve au bord des rivières. *Couedou.*

GALETAS. s. m. Logement au plus haut d'une maison. *Galatras.*

GALEUX, EUSE. adj. Qui a la gale. *Rougnoux , ouè.*

GALIMAFRÉE. s. f. Ragoût des restes de viandes. *Ratatouiho. Reqoli.*

GALLE. s. m. Noix qui vient sur les chênes. *Bousserio. Rogo.*

GALLIUM. s. m. Caille-lait. Plante et fleur. *Muguet jaoune. Herbo de la ciro.*

GALOCHE. s. f. Chaussure que l'on porte par-dessus les souliers. *Claquo. Esclot.*

GALON. s. m. Tissu en forme de ruban. *Galoun.*

GALONNER. v. a. Garnir de galon. *Galouna.*

GALOPER. v. n. Aller au galop. *Galoupa.*

GALVAUDER. v. a. Maltraiter de paroles. *Faire uno perruquo.*

GAMBADER. (
GAMBILLER. (v. n. *Gambejha.*

GANTS - DE - NOTRE - DAME. s. m. Plante médicinale. *Gantelet.*

GARANTIE. s. f. Obligation de garantir. *Garantido.*

GARANCE. s. f. Plante de teinture. *Rubi. Garanço.* — Sauvage. *Arapoman. Rastelet.*

GARCON. s. m. Enfant mâle. *Pitoust. Pichoun.*

GARDE. s. f. Femme qui sert une accouchée. *Sarviciaou.* — Garde-bois. *Gardo-fourestiè.*

— Garde boutique. s. m. Marchandise qu'on ne saurait vendre. *Roussignoou.*

GARDE-ROBE. s. f. Meuble. *Gardo-raoubo. Taoulo-fermado.*

GARDE-ROBE. s. f. Lieu où l'on met la chaise percée. *Coumouditas.*

GARDE-ROBE. s. f. Plante. Santoline. *Faligoulo-fèro.*

GARDER. v. a. Conserver. Retenir. *Garda.* — Garantir. *Para.*

GARDEUR, EUSE. s. Qui garde. *Gardian.* — De troupeaux. *Pastre.* — De pourceaux. *Pourchiè.*

GARGOUILLE. s. f. Endroit d'une gouttière par où l'eau tombe. *Gouergo.* — Ventre qui gargouille. *Ventre que reno.*

GARGOUILLER. v. n. Barboter dans l'eau. *Gafouiha. Gargouiha.*

GARNISAIRE. s. m. Homme mis en garnison, etc. *Garnisari.*

GAROU. s. m. Arbrisseau toujours vert. *Retoumbet.*

GARROT. s. m. Petit bâton court. *Biho.*

GARROTER. v. a. Attacher avec de forts liens. *Biha. Garrouta. Estaca.*

GASPILLER. v. a. Dissiper son bien. *Acaba. Manjha soun ben. Patramandia.*

GASPILLEUR, EUSE. adj. *Acabaire. Deqaihié. Patramand, ando.*

GASTRONOME. s. de t. g. *Grouman. Mangeaire.*

GATEAU. s. m. Sorte de pâtisserie. *Poumpo. Fougasso.* Petit gâteau de farine. *Fougassetto Tourtoun.*

GATE-MÉTIER. s. m. *Gasto-mestié.*

GATÉ (ENFANT). s. m. *Envea. Petenvia. Pourridié. Gasta.*

GATER. v. a. *Gasta. Sali. Degaiha.*

GAUCHE. adj. de t. g. Qui est opposé à droite. *Gaouche, quoucho.* Côté gauche. *Cousta gaouche.*

GAUCHER, ÈRE. s. et adj. Qui se sert ordinairement de la main gauche. *Gaouchié, ièro.*

GAUCHERIE. s. f. Action de maladresse. *Soulipo. Soutiso.*

GAUCHIR. v. n. Détourner tant soit peu le corps. *Guinda. Trinca.*

GAUDE. s. f. Plante. *Herbo deis jhusious.*

GAUFRE. s. m. Sorte de pâtisserie. *Neoulo.* — Rayon de miel. *Bresco ou bresquo.*

GAULE. s. f. Grande perche. *Acanadouiro. Latto.* — Houssine. *Gaoulo. Bletto.*

GAULER. Battre un arbre avec une gaule pour en faire tomber les fruits. *Acana. Derrama.*

GAUPE. s. f. terme d'injure. *Groulo.*

GAUSSER (SE). v. récip. Se moquer. *Si truffa.*

GAUSSERIE. s. f. Moquerie. *Truffarié. Truffo.*

GAUSSEUR, EUSE. adj. et subst. *Truffet, etto.*

GAVION. s. m. Gosier. *Gargaou. Gavai.* — Des oiseaux. *Gavagi.*

GAZON. s. m. *Jher. Gazoun.* Motte de gazon. *Tepo.*

GAZONNEMENT. s. m. *Tepagi.*

GAZONNER. v. a. Garnir de gazon.

Gazouna. Faire uno tepado. Faire uno gerpado.

GEAI. s. m. Oiseau de plumage noir. *Gaget. Jhayet.*

GÉANT, ANTE. s. et adj. Personne de grandeur colossale. *Jhayant, ano.*

GEINDRE. v. a. Gémir. *Eissejha. Susto. Sousoumia.*

GÉLATINEUX, EUSE. adj. Semblable à de la gelée. *Que fa la jhalareyo. Que semblo de jharareyo.*

GELÉE. s. f. Suc congelé. *Jhalareyo.* — Froid qui glace l'eau. *Rouado. Jheou.*

GELER. v. a. Glacer. Endurcir par le froid. *Jhala.* — Se geler. *Si jhala.*

GÉLINOTE. s. f. Poule sauvage. *Poulo saouvageo.*

GÉLIVURE. s. f. Dommage fait par la gelée. *Jhalado.*

GENCIVE. s. f. Chair qui entoure les dents. *Gingivo.*

GENDARMES. s. f. plur. Bluettes qui sortent du feu. *Espagnooux. Souldats.*

GÊNER. v. a. et récip. *Gena.*

GÉNÉRAL. s. m. Chef militaire. *Generaou.*

GÉNÉREUX, EUSE. adj. *Generoux, oué. Largant, anto.*

GENESTROLE. s. f. Plante. *Ginestoun.*

GENÊT. s. m. Arbuste qui porte des fleurs jaunes. *Ginesto.*

GENETIÈRE. s. f. Lieu planté de genêts. *Ginestièro.*

GENÉVRIER (GRAND). s. m Arbre. *Cade.* — Petit genévrier. Arbrisseau. *Genebrié.*

GENIÈVRE. s. m. Baies du petit genévrier. *Genibret, etto. Ginèbre.*

GÉNISSE. s. f. Jeune vache qui n'a point encore porté. *Vaquetto.*

GÉNOIS, OISE. s. Habitant de l'État de Gênes. *Ginouves, eso.*

GENOU. s. m. Jointure de la jambe et de la cuisse. *Ginou.*

GENTIL, ILLE. adj. Joli. *Gent, gento.* — Gentil. s. et adj. Idolâtre. Payen. —

GENTILLATRE. s. m. Petit gentilhomme. *Noublioun.*

GÉOMON. s. m. Herbe marine. *Lapoun.*

GÉNUFLEXION. s. f. Action de fléchir le genou. *Genuflexien.*

GEORGE. s. m. Nom d'homme. *Jhorgi.*

GÉRANIUM. s. m. Herbe à Robert. *Pè de pardrix. Aguyetos.*

GERBE. s. f. Faisceau de blé coupé. *Garbo.*

GERBER. v. a. Mettre en gerbes. *Lia leis garbos. Lia.*

GERBIER. s. m. Meule de gerbes. *Garbièro. Garbeiroun.* — Monter un gerbier. *Engarbeirouna.*

GERCE. s. f. Insecte qui ronge les habits. *Arno.*

GERCER. v. a. Faire de petites fentes ou crevasses à la peau. *Si durbi. S'entamena. Si fendre. S'escarta.*

GERCURE s. f. Fente aux mains, aux lèvres, etc. *Escarto. Escarabasso.* — Au bois. *Chappaduro. Fento.*

GERFAUT. s. m. Oiseau de proie. *Tartarasso.*

GERMANDRÉE. s. f. Plante amère. *Calamandriè.* — Petite. *Calamandrino. Picho-ohaîne. Herbo deis febres.*

GERME. s. m. Jet d'une semence mise en terre. *Greou. Germe.*

GERMER. v. n. Terme d'agricul. *Griha. Poussa. Germa.*

GÉSIER. s. m. Second ventricule de certains oiseaux. *Gigiè. Periè.*

GESSE. s. f. Plante et légume. *Jhaisso. Belleis-dents.*

GIBBEUX, EUSE. adj. Bossu. Élevé. *Gibboux, ouè.*

GIBOULÉE. s. f. Pluie froide et de peu de durée. *Raisso. Gisclado. Revest de temps.*

GIGOT. s. m. Terme de boucherie. *Membre. Gigot.*

GIGUE. s. f. Terme de mépris. Grande fille, etc. *Lanlèro. Flandrino.*

GILET. s. m. Sorte de camisole pour homme. *Gilecou. Courset.*

GILLE. s. m. Niais. Benêt. *Gilly. Tatureou.*

GIMBLETTE. s. f. Petite pâtisserie. *Gimbelletto.*

GEINDRE. s. m. Garçon boulanger. *Mitroun.*

GIROFLÉE. s. f. Fleur. *Girouflado.*

— Panachée. *Girouflado escricho.*

GIROFLIER ou VIOLIER. s. m. Plante et fleur. *Graniè. Eougraniè.*

GIRON. s. m. Espace qui est depuis la ceinture jusqu'aux genoux dans une personne assise. *Faoudo.*

GITE. s. m. Lieu où certains animaux reposent. *Petouliè.* Qui est immobile. *Petadis.* — Celle de deux meules d'un moulin. *Cous.*

GIVRE. s. m. Frimas. *Sèjho.*

GLACER. v. a. Congeler. *Jhala. Glaça.*

GLACIÈRE. s. f. Au fig. Lieu, chambre extrêmement froide. *Jhaladou.*

GLAÇON. s. m. Morceau de glace. *Glaço.* Qui a la forme d'un cierge. *Candeletto.*

GLAYEUL. s. m. Plante et fleur. *Glooujhoou.* — Petit glayeul ou glayeul des blés. *Couteou. Coutello.*

GLAIRE d'œuf. s. f. *Claro. Blanc-d'uou.*

GLAIREUX, EUSE. adj. Plein de glaire. *Limounoux, ouè.*

GLAISE. s. f. Sorte de terre. *Argièlo.*

GLANAGE. s. m. Action de glaner. *Glenagi.*

GLAND. s. m. Fruit du chêne. *Aglan.* Donner le gland aux pourceaux. *Aglana.*

GLANDE. s. f. Terme d'anatomie. *Glando.* Terme de boucherie. *Gayos.*

GLANDÉE. s. f. Récolte du gland. *Aglanagi.*

GLANE. s. f. Petit faisceau d'épis de blé, ramassés dans les champs après la moisson. *Gleno.*

GLANE d'ognons. *Ras de cebos.*

GLANER. v. a. Ramasser des épis de blé après la moisson. *Glena.*

GLANEUR, EUSE. s. Qui glane. *Glenaire, glenarello.*

GLANURE. s. f. Ce que l'on glane. *Glenagi. Gleno.*

GLAPIR. v. n. Crier comme les renards. *Quièla. Jhiscla.*

GLAPISSEMENT. s. m. *Quiou.*

GLAS. s. m. Son de cloche pour un mort. *Clar. Clas.*

GLISSADE. s. f. *Resquihetto. Esparrado.*

GLISSER. v. n. *Esparra. Resquiha.* Faire de resquihet'os.

GLISSEUR. s. m. *Resquihaire.*

GLISSOIRE. s. f. Chemin frayé sur la glace. *Resquihetto.*

GLOBULAIRE. s. f. Plante. *Bragoun.*

GLOBULE. s. m. Petit globe. *Boou-figo. Bouletto.*

GLOIRE. s. f. *Glori.*

GLORIEUX, EUSE. adj. Orgueilleux.

Glouriou, iouso. Glourivoux, ouè.

GLOSER. v. a. Critiquer. *Dire.*

GLOUSSER. v. a. Se dit du cri de la poule. *Clussi. Clueisse.*

GLOUTERON. s. m. Plante. *Grapoun. Lapourdiè.*

GLOUTON, ONNE. adj. Gourmand. *Galavard, ardo. Goulu, udo.*

GLOUTONNERIE. s. f. *Galavardiso. Gloutouniè.*

GLU. s. f. Composition visqueuse et tenace avec, laquelle on prend les oiseaux. *Visq.*

GLUANT, ANTE. adj. *Moustoux, ouè. Pegoux, ouè.*

GLUAU. s. m. Petite baguette enduite de glu. *Varguetto. Vèrgan.*

GLUER. v. a. Enduire de glu. Poisser. *Envisca. Empegouhi.*

GLUI. s. m. Grosse paille dont on couvre les toits. *Clui.*

GOBER. v. a. Saisir. *Aganta.* — Avaler. *Gula. Avala.*

GOBERGER (SE). v. récip. Se moquer. *Si trufa.* — Se divertir, prendre ses aises. *Si dooudina.*

GOBILLE. s. f. Petite bille de pierre. *Biho.*

GOBIN. s. m. Bossu. *Giboux.*

GOBLIN. s. m. Esprit familier dont on menace les enfants. *Barban. Garamaoudo.*

GODAILLER. v. n. Boire avec excès et à plusieurs reprises. *Gadounejha.*

GODELUREAU. s. m. Jeune homme qui fait l'agréable auprès des femmes. *Fartuquet. Jholicur.*

GODET. s. m. Vase à boire. *Go. Godou.* — Cupule de gland. *Dedaou.*

GODIVEAU. s. m. Terme culinaire. *Goudiveou.*

GOGAILLE. s. f. Repas joyeux. *Ribotto.* Faire gogaille. *Faire chant et boit.*

GOGUENARD, ARDE. adj. et subj. *Galejhaire.*

GOGUENARDER. v. a. Faire de mauvaises plaisanteries. *Galejha.*

GOINFRE. s. m. Celui qui met tout son plaisir à manger. *Galavard. Papaire.*

GOINFRER. v. n. Manger beaucoup et avidement. *Brafa. Galavardejha.*

GOINFRERIE. s. f. Gourmandise.

Avidité de manger. *Brafo. Galavardiso.*

GOITRE. s. m. Tumeur de la gorge. *Goume. Gamoun.*

GOMME. s. f. Suc de certains arbres. *Goumo.* — Des arbres à noyau. *Merdo de couquou, de cigalo.*

GOMMER. v. a. Enduire de gomme. *Gouma.*

GONFLER (SE). v. a. et récip. S'imbiber. *S'espoumpi.* — Enfler. *Si gounfla.*

GONIN (MAITRE). s. m. Terme popul. Fripon. *Mastin. Pichoun siro.*

GORET. s. m. Petit cochon. *Gorri.*

GORGE. s. f. Partie du devant du cou. *Piès.* — D'une montagne. *Coumbo.*

GORGÉE. s. f. La quantité de liqueur qu'on peut avaler en une seule fois. *Gourjhado.*

GORGER. v. a. Donner à manger avec excès. *Gava. Claffi.* Il est aussi récip. *Si gava. Si farci.*

GOSIER. s. m. *Goousiè. Gavai.*

GOTHIQUE. adj. de t. g. Ancien. On le dit d'un meuble, d'un monument, etc. *Ancien. A l'antiquo.*

GOUDRON. s. m. Espèce de poix. *Guitran.*

GOUDRONNER. v. a. Enduire de goudron. *Enquitrana.*

GOUJAT. s. m. Valet. *Bachacoun.* — Valet de maçon. *Manobro.*

GOUINE. s. f. Terme injurieux. Coureuse. *Courrantino. Peou.*

GOUJON. s. m. Poisson. *Moulet. Gobi.*

GOULÉE. s. f. Grosse bouchée. *Gourado. Bouffin.*

GOULIAFRE. s. et adj. de t. g. *Papaire. Brafaire. Arafan.*

GOULOT. s. m. Cou d'une bouteille, jet d'une cruche, etc. *Broussoun. Couel.*

GOULU, UE. adj. Qui mange avec avidité. *Galavard, ardo.*

GOUR. s. m. Creux plein d'eau. *Toumple. Gous.*

GOURD, OURDE. adj. Engourdi par le froid. *Gobi. Peq, pequo.*

GOURDE. s. f. Courge vidée pour mettre du vin. *Cougourdo.*

GOURER. v. a. Attraper. *Agourra.*

GOUREUR. s. m. Celui qui falsifie les drogues. *Drougur.*

GOURMADE. s. f. *Coou de poung.*

GOURMANDISE. s. f. *Groumandiso.* — S'adonner à la gourmandise. *Groumandejha.*

GOURMET. s. m. Sensuel qui cherche] les vins et les mets délicats. *Groumet.*

GOUSSE. s. f. Fruit capsuleux des plantes légumineuses. *Doousso. Goffo.* — Gousse d'ail. *Veno d'ayet.*

GOUSSET. s. m. Petite poche. *Boussoun.* — Terme de couturière. *Gueiroun.*

GOUT. s. m. Sens de la saveur. *Goust.*

GOUTER. v. a. Discerner par le goût. *Tasta.* — Faire collation. *Gousta.*

GRABUGE. s. m. Querelle. *Garbugi. Saqan.*

GRACE. s. m. Faveur. *Graci.*

GRACIEUX, EUSE. adj. Agréable. *Graciou, iouso.*

GRAILLEMENT. s. m. Son cassé de la voix. *Raoucugi.*

GRAILLON. s. m. Restes d'un repas. *Renouès.*

GRAIN. s. m. Fruit et semence des blés, etc. *Gran.* — De raisin. *Ayi.* — De légume. *Gran.* — de sel. *Gran de saou.*

GRAINE. s. f. *Grano.*

GRAISSE. s. f. Substance huileuse, concrète. *Graisso.* — Garçon ou fille chargé de graisse. *Gros grèissiè, ièro.*

GRAISSER. v. a. Oindre. *Engreissa.*

GRAISSET. s. m. Sorte de grenouille. Voyez RAINE.

GRAMEN. s. m. Voyez CHIENDENT.

GRANDELET, ETTE. adj. Un peu grand. *Grandet, etto.*

GRANDEUR. s. f. *Grandou.*

GRANDIR. v. n. Devenir grand. *Trachi. Grandi.*

GRAND-MERCI. adv. Je vous remercie. *Gramaci.*

GRANGE. s. f. Logement rustique d'un habitant de la campagne. *Grangeo.* Petite grange. *Grangetto.*

GRAND'RUE. s. f. Rue principale. *Grand carrièro.*

GRANGER. s. m. Métayer. *Grangiè.*

GRAPPE DE RAISIN. s. f. *Rasin.*

GRAPPILLER. v. n. Ramasser dans une vigne les raisins que les vendangeurs y ont délaissés. *Rapuga.*

GRAPILLEUR, EUSE. s. Qui grapille. *Rapugaire, garello.*

GRAPILLON. s. m. Petite grappe de raisin. *Rapugo.*

GRAS-CUIT. adj. m. On le dit du pain. *Crousto-leva.*

GRAS-DOUBLE. s. m. Terme de boucherie. *Doublo de buou.*

GRASSEYER. v. n. *Parla gras.*

GRATECU. s. m. Fruit de l'églantier. *Grato-cuou. Agufo.*

GRATELLE. s. f. Maladie. *Charpin, inariè.*

GRATELEUX, EUSE. adj. Qui a la gratelle. *Charpinoux, ouè.*

GRATERON. s. m. Plante. *Lapourdoun, diè.*

GRATIN. s. m. Ce qui reste attaché au poêlon et qui forme comme une croûte. *Crespeou.*

GRATTER. v. a. Frotter avec les ongles. *Gratta.*

GRAVEMENT. adv. *Oou seriou.*

GRAVER. v. a. *Grava.*

GRAVIR. v. n. *Escala. Grimpa.*

GRAVOIS. s. m. Débris de mur, etc. *Grapos de gip. Curun.*

GRÉ. s. m. Bonne volonté. *Gra.*

GREDIN. s. m. Terme de mépris. *Gusas.*

GREFFE. s. f. Terme d'agriculture. *Ente. Enser.*

GREFFER. v. a. Terme d'agriculture. *Enta. Enserta.*

GRÉGEOIS (FEU). s. m. *Fuec-gres.*

GRÊLE. adj. de t. g. Long et menu. *Linjhe. Linjho.* Voyez FLUET. ÉLANCÉ.

GRELOT. s. m. Petite sonnette de métal creuse et ronde. *Cascaveou.*

GRELOTTER. v. n. Trembler de froid. *Tremoula. Faire de tachetos.*

GRENADE. s. f. Fruit. *Miougrano.*

GRENADIER. s. m. Arbre à fruit. *Miougraniè.* — Sauvage. *Paparri. Balaoustriè.*

GRENADILLE. s. f. Plante et fleur. *Flour de la passien.*

GRENAUT. s. m. Poisson de mer rouge. *Gournaou.*

GRENER. v. a. Produire de la graine. *Grana.*

GRENETTES D'AVIGNON. s. f. Baies du petit Nerprun. *Granettos.*

GRENETTIER. s. m. Celui qui vend

des grains et des graines. *Bladiè.*

GRENIER. s. m. Lieu où l'on serre les grains. *Huerri. Graniè.*

GRENIER-A-FOIN. s. m. *Fenièro.* — A paille. *Paihièro.*

GRENOUILLE. s. f. Animal aquatique. *Granouiho.*

GRÉSIL. s. m. Frimas. *Couriandre. Greletto.*

GRÉSILLER. v. imp. *Toumba de couriandre.*

GRÉSILLER. v. a. et récip. Brûler. *Grasiha.*

GRÈVE. s. f. Lieu couvert de gravier le long d'une rivière. *Gravos.*

GREVER. v. a. Faire tort. Léser. *Pourta-tort.*

GRIBLETTE. s. m. Morceau de viande mince que l'on fait cuire sur le gril. *Chouyo.*

GRIBOUILLETTE. s. f. Sorte de jeu d'enfant. *Tiro-peou.*

GRIÈCHE. adj. Femme criarde. *Harculès. Cridarello.*

GRIFFE. s. f. Ongle crochu. *Arpo. Arpien.*

GRIFFER. v. a. Prendre avec sa griffe. *Grippa. Arrapa.*

GRIFFONNER. v a. Écrire mal. *Griffouna.*

GRIGNON. s. m. Morceau de l'entamure du pain. *Courchoun.* — Marc des olives. *Grignoun.*

GRIGNOTER. v. n. Manger doucement en rongeant. *Rousiga. Grignouta.*

GRIGOU. s. m. Avare. *Avaras. Poung-sarra.*

GRIL. s. m. Ustensile de cuisine. *Griho. Grasiho.*

GRILLER. v. a. Rôtir sur le gril. *Griha.*

GRILLON. s. m. Insecte. *Grihet. Fourneiroun.*

GRIMACE. s. f. *Simagriè.*

GRIMPER. v. a. *Escala. Grimpa.*

GRIMPEREAU. s. m. Oiseau qui grimpe adroitement sur les arbres et les murailles. *Escalo-fenou.*

GRINCER LES DENTS. v. a. *Faire craina leis dents.*

GRIPPE-SOU. s. m. *Pito-dardeno.*

GRIOTTE. s. f. Fruit rouge aigrelet. *Agruetto.*

GRIOTTIER. s. m. Arbre à fruit rouge. *Agrutiè, ièro.*

72

GRIPPER. v. a. Ravir subtilement. *Aganta.*

GRISER. v. a. et récip. Rendre ivre à demi. *Engrisa.*

GRISON. adj. Qui a les cheveux gris. *Grisoun.*

GRIVE. s. f. Oiseau. *Tourdre.*

GRIVELÉ. adj. Tacheté à la manière d'une grive. *Picouta.*

GRIVELER. v. a. Rapiner. *Grapiha.*

GRIVELERIE. s. f. *Grapihagi.*

GRIVELEUR. s. m. *Grapihur.*

GROGNARD, ARDE. adj. Qui est dans l'habitude de grogner. *Renaire, ello. Rampin, ino. Renosi.*

GROGNEMENT. s. m. Cri des pourceaux. *Renariè.*

GROGNER. v. n. Il se dit au propre du cri du pourceau, et au fig. du murmure sourd des personnes. *Rena. Rampina.*

GROGNEUR, EUSE. adj. Voyez GROGNARD.

GROGNON. s. m. Qui grogne. *Renosi. Renetto.*

GROIN. s. m. Museau de cochon. *Mourre.* Vilain groin. *Mourre de pouerc.*

GROLLE. Voyez FREUX.

GROMMELER. v. n. Se plaindre entre ses dents. *Rampinia. Marmouta.*

GRONDER. v. a. *Escalustra.*

GRONDEUR, EUSE. adj. *Groundaire. Bramaire.*

GROSEILLE. s. f. Fruit. *Griousello.*

GROSEILLER. s. m. Arbrisseau. *Griousellé.*

GROSSEUR. s. f. Volume. *Groussou.*

GROSSIER, IÈRE. adj. *Groussiè, ièro.*

GROSSIÈREMENT. adv. *Groussièrament.*

GROSSIÈRETÉ. s. f. Malhonnêteté. *Groussiereta.*

GROSSIR. v. n. Devenir gros. *Groussi.*

GROTTE. s. f. Caverne. *Baoumo.*

GROU. s. m. (Terme d'agriculture. GROUETTE. s. f. (*Gres.* Terrain argileux mêlé de pierres.

GROUETTEUX, EUSE. adj. Terme d'agriculture. *Grescour, ouè.* Se dit d'un terrain pierreux mêlé d'argile rougeâtre.

GROUILLANT, ANTE. adj. Qui remue sans cesse. *Boulegoun.*

GROUILLER. v. n. Remuer. Four-
miller. *Boulega.* — Ventre qui grouille.
Ventre que reno.

GRUAU. s. m. Avoine mondée.
Avena.

GRUE. s. m. Oiseau de passage.
Agruè.

GRUER. v. a. Monder. *Eigruiha.*

GRUGER. v. a. Briser quelque
chose avec les dents. Manger. *Grignouta.*

GRUMEAU. s. m. Petite portion de
sang ou de lait caillé. *Caihoum.*
Grumeau de farine. *Gatihoun.*

GRUMELER (SE). v. récip. Devenir, se mettre en grumeaux. *Si
mettre en gatihouns.*

GUÉ. s. m. Endroit d'une rivière
où l'eau est si basse qu'on peut la
passer sans nager. *Gaffo.* — Passer
le gué. *Gaffa.*

GUÉDER. v. a. et récip. Souler.
Gava. Si gava.

GUÉER. v. a. Baigner. Laver. *Refresca.*

GUENILLE. s. f. Haillon. *Patarasso. Perdriho.*

GUENIPE. s. f. Terme de mépris.
Ganipo. Groulo.

GUÊPE. s. f. Sorte de mouche.
Guespo.

GUÊPIER. s. m. Demeure des
guêpes. *Guespiè.*

GUÈRES. adv. Peu. *Gaire.*

GUÉRET. s. m. Terre labourée et
non ensemencée. *Garach.* D'où l'on
a fait le verbe *Garacha.* Labourer.

GUÉRIR. v. a. *Guari.*

GUÉRISON. s. f. *Guarisoun.*

GUETTER. v. a. Épier. *Gueira.
Teni damen.*

GUÊTRE. s. f. Sorte de chaussure
de paysan. *Guetto.* (Ancien) *Ba-
loir.*

GUÊTRER. v. a. et récip. Mettre
des guêtres. *S'enguetta.*

GUEULE. s. f. *Gulo.*

GUEULÉE. s. f. Grosse bouchée.
Gourado. Boufin.

GUEULER. v. n. Parler beaucoup
et fort haut. *Crida. Brama.*

GUEUSER. v. n. *Mandia.*

GUEUSERIE. s. f. Action basse.
Gusarie.

GUEUX , EUSE. s. et adj. *Gus. Gusas , usso.*

GUICHET. s. m. Petite porte. *Pourtissoou.*

GUIGNARD. s. m. Oiseau de la grosseur d'un merle. *Grasset.*

GUIGNE. s. f. Fruit. Sorte de cérise.
Grafien. Agrufien d'Espagno.

GUIGNER. v. a. Regarder du coin
de l'œil, ou sans faire semblant.
Gueira. Guincha.

GUIGNIER. s. m. Arbre qui porte
des guignes. C'est une sorte de cérisier. *Grafiouniè d'Espagno.*

GUIGNON. s. m. Malheur. Contrariété. *Guignoun.*

GUILÉE. s. f. Pluie soudaine et de
peu de durée. *Raisso. Gisclado.*

GUILLOTINER. v. a. Trancher la
tête. *Guihoutina.*

GUILLAUME. s. m. Sorte de rabot.
Guihaoume.

GUILLEMETTE. s. f. Niaise. *Jhoou-
metto. Ninoyo.*

GUIMAUVE. s. f. Plante et fleur.
Maouvo-blanco.

GUIMBARDE. s. f. Trompe à la-
quais. *Guitarro.*

GUINÉE. s. f. Toile de coton blanche, forte. *Liza.*

GUINGOIS. s. m. Travers. Ce qui
n'est point droit. *Guingamboi.* — De
guingois. adv. *De guingamboi.*

GUITRAN. s. m. Espèce de bitume. *Quitran.*

GYPSE. s. m. Plâtre. *Gip.*

GYPSEUX , EUSE. adj. *Gipoux , ouè.*

H

HA. interj. d'étonnement et de
surprise. *Aï! Hoi!*

HABILETÉ. s. f. Capacité. *Capa-
cita.*

HABILLAGE. s. m. Terme de rôtisseur. *Aprestagi.*

HABILLEMENT. s. m. Vêtement.
Viesti.

HABILLER. v. a. et récip. *Vesti.* *S'habiha.*

HABITER. v. n. Faire sa demeure. *Habita. Ista.*

HABITUDE. s. f. Coutume. *Trecanu.*

HABLER. v. a. Mentir. Enjoler. *Alanta.*

HABLERIE. s. f. Menterie. *Alantariè.*

HABLEUR. s. m. Enjoleur. *Amblur. Alantur.*

HACHE. s. f. Instrument tranchant. *Destraou. Api.*

HACHER. v. a. Couper en petits morceaux. *Hacha. Chapla. Chaputa.*

HACHEREAU. (s. Petite coignée.
HACHETTE· (Petite hache. *Picoussin. Aisso. Pichoun'api.*

HACHIS. s. m. Viande hachée. *Achis.* — Rendre semblable à un hachis. *Mettre en archipouè.*

HACHOIR. s. m. Petite table sur laquelle on hache les viandes, etc. *Taouliè. Platèlo.*

HAGARD, ARDE. adj. Farouche. *Farouge. Affera, ado.*

HAIE. s. f. Clôture faite d'épines, etc. *Baragno.* — Haie. Cri que font les charretiers pour animer les chevaux. *Jha.*

HAIE AU BOUT. adv. qui signifie quelque chose par dessus. *Eme lou chèchou.*

HAILLON. s. m. *Pedriho. Gueniho.*

HAINE. s. f. Aversion. *Iro. Hèno.*

HALÉ, ÉE. adj. et partic. Noirci par le soleil. *Brula. Bruni.*

HALEINE. s. f. *Alen. Aren.* — Haleine puante. *Alen que sente.*

HALÉNÉE. s. f. *Alenado.*

HALER. v. a. Noircir. Effet que le soleil fait en été sur ceux qui y sont exposés longtemps. *Rousti. Bruni.*

HALETANT, ANTE. adj. Qui halète. *Essoufla, ado.*

HALETER. v. n. Être hors d'haleine. *Estre essoufla.*

HALLE. s. f. Place couverte où l'on tient le marché du poisson. *Pescariè.*

HALLEBREDA. s. m. Terme de mépris. *Long lampian.*

HAMEAU. s. m. Petit nombre de maisons écartées du lieu où est la paroisse. *Hamcou.*

HAMEÇON. s. m. Petit crochet pour prendre du poisson à la ligne. *Musclaou.*

HANEBANE. s. f. Plante. Voyez JUSQUIAME.

HANGARD. s. m. Espèce de remise pour les chariots. *Remiso. Envan. Alo.*

HANNETON. s. m. Insecte ailé. *Dameiseletto.*

HANTER. v. a. Fréquenter. *Treva.*

HANTISE. s. f. Fréquentation. *Trevanço.*

HAPPE-CHAIR. s. m. Homme avide. *Arafan.*

HAPPELOURDE. s. f. Chose, personne d'apparence, qui n'est rien moins que ce qu'il parait. *Trouempo-lourdaou.*

HAPPER. v. a. *Aganta.*

HARANGUE. s. f. *Halango.*

HARANGUER. v. a. Terme de dénigrement. *Faire la langou. Lengua.*

HARANGUEUR. s. m. Terme de mépris. *Lengur.*

HARAS. s. m. Jumens, poulains et ânesses d'un haras. *Egos.*

HARASSER. v. a. Lasser. Fatiguer. *Escrasa.*

HARDI, IE. adj. Leste. *Degajha, ado.*

HARENG. s. m. Poisson de mer que l'on vend fumé. *Arenc.* — Blanc salé. *Arencado.*

HARGNEUX, EUSE. adj. D'humeur chagrine. *Charpinoux, ouè.* — Parlant des chevaux. *Reguinaire.*

HARICOT. s. m. Légume. *Faihoou.* En verd. *Banetos.* — A œil noir, *Faihoou-banets. Fahoou negre.*

HARICOT DE MOUTON. s. m. Terme culinaire. *Carbounado.*

HARIDELLE. s. f. Méchante bête. *Rosso.*

HARMALE. s. f. Espèce de rhue. Plante. *Rudo-fèro.*

HARNACHER. v. a. Mettre le harnais à un cheval. *Arnesca.*

HARNAIS. s. m. Équipage d'un cheval. *Arnes.*

HARPAGON. s. de t. g. Avare. *Aragan. Arpian.*

HARPAILLER. v. n. Se jeter l'un sur l'autre pour se battre. *Si tirassa.*

HART. s. m. Lien de bois pliant. *Redouerto. Liame.*

HATE. s f. Promptitude. *Coucho. Presso.* — A la hâte. adv. *A la precipitado. De coucho.*

HATER. v. n. et récip. *Si despacha. Ave coucho.*

HATIER. s. m. Grand chenet de cuisine. *Lantié. Gros cafué d'hoste.*

HATIF, IVE. Qui vient avant le temps ordinaire. *Premieiren, enco. Premié, ièro.*

HATIVEAU (POIRE DE). s. f. *Pero de Sant Jhan.*

HAVIR. v. a. Terme de rôtisseur. *Surprendre.*

HAVRESAC. s. m. Sac que portent les soldats. *Abrassac.*

HAUSSE. s. f. Terme de cordonnier. *Adresso d'un soulié.*

HAUSSER. v. a. Élever, rendre plus haut. *Hissa. Ooussa.* — Le prix. *Ooumenta.* — Les épaules. *Jougne, plega leis espalos.*

HAUSSER (SE). v. récip. *Si releva. S'haoussa.*

HAUSSE, ÉE. part. La rivière a haussé. *La ricièro a creissu.*

HAUT, HAUTE. adj. Elevé. *Haout, haouto.* subt. Le haut. *Lou daou.*

HAUT. adv. *Amoun.* Là haut. *Adaou. Amoundaou.*

HAUTAIN, AINE. adj. *Aouturoux, oué.*

HAUT-DE-CHAUSSES. s. m. *Brayos.*

HAUTEUR. s. f. Étendue en haut. Fierté. *Autou. Honutou.*

HAVERON. s. f. Terme d'agr. Avoine sauvage. *Cavado fëro.*

HE ! interj. *Hai! Hoou!*

HEBETÉ, ÉE. adj. *Hebeta, ado.* s. *Testourias, asso.*

HEBDOMADAIRE. } s. m. Celui
HEBDOMADIER. } qui est chargé d'une fonction, d'un travail, etc. pendant une semaine. *Semanié.*

HÉBERGER. v. a. Loger chez soi. *Douna la retirado. Recampa.*

HÉBERGÉ, ÉE. part. *Retira, ado. Recampa, ado.*

HECTARE. s. m. Nouvelle mesure agraire, valant 2500 cannes carrées. *Cinq journaoux. Uno cargo et demic. Cinq carteirados.*

HECTOGRAMME. s. m. Dixième partie du kilogramme, nouveau poids. *Quatre ouncos pichoun pes.*

HECTOLITRE. s. m. Mesure de capacité pour les liquides. *Cinq coupos de 20 litros.*

HÉLIANTHEME. s. f Plante. Fausse hyssope. *Mariarmo.*

HÉLIOTROPE. s. f. Plante aux verrues. *Herbo deis touèros.*

HEMORROIDES. s. f. Maladie. *Mourenos. Hemourridos.*

HENNIR. v. n. Se dit du cheval qui fait son cri. *Quiera.*

HEPATIQUE. s. f. Herbe employée dans les maladies du foie. *Herbo doou feqe.*

HERBAGE. s. m. *Hourtouluiho. Herbaqi.*

HERBE AUX GUEUX. s. f. Plante. *Entrevadis.*

HERBE AUX PUCES. s. f. Plante. *Radassu. Herbos deis nièros.*

HERBE AUX VERRUES. s. f. Plante. *Herbo deis touèros.*

HERBE DU SIÈGE. s. f. Plante. *Bouen sedi.*

HERBIÈRE. s. f. Vendeuse d'herbes. *Jardinièro.*

HERBORISER. v. n. Chercher des plantes. *Harbourisa.*

HERBORISTE. s. m. Qui connait les plantes médicinales. *Harbouristo.*

HÈRE. s. m. Terme de mépris. Pauvre hère. *Pichoun siro.*

HERISSER (SE). v. récip. On le dit des cheveux. *Si dreissa.*

HERISSON. s. m. Sorte de coquillage. *Oursin.*

HERMES. s. f. plur. Terres incultes et inutiles. *Harmas.*

HERMINETTE. s. f. Hache courbe. *Eissetto.*

HERNIAIRE. adj. de t. g. *Relassa, ado.*

HERNIE. s. f. Descente de boyau. Avoir une hernie. *Estre relassa.*

HERNIEUX. adj. Qui a une hernie. *Relassa.*

HERNIOLE. s. f. Plante. *Blanquetto.*

HERSE. s. f. Instrument de labourage. *C'edo per aplana.*

HERSER. v. n. Terme d'agriculture. Passer la herse. *Applana. Ramena.*

HERSEUR. s. m. Celui qui herse. *Applanaire. Rastelaire.*

HESITATION. s. f. Incertitude en parlant. *Tastounament.*

HESITER. v. n. Etre dans l'hésitation. *Tastounia. Tastounejha.*

HÊTRE. s. f. Arbre forestier. *Faou. Fayard.*

HEURE. s. f. Espace de temps qui fait la vingt-quatrième partie du jour naturel. *Houra.* — Heure induc. *Houro-suspecto.* A cette heure. adv. *Aro.* Tout à l'heure. adv. *Toutaro.* Pour l'heure. interj. *Per aro.*

HEURT. s. m. Choc. *Turtado. Assipado.*

HEURTER. v. a. Choquer. Toucher rudement. *Turta. Brunca.* Se heurter. v. récip. *S'assipa. S'embrunca.* —Heurter à la porte. *Pica lou marteou.*

HEURTOIR. s. m. *Marteou.*

HIE. s. f. Instrument de paveur. *Dameisello.*

HIÈBLE. s. f. Plante. *Sambequiefer. Saoapuden.*

HILARITÉ. s. f. Joie douce. *Rire.*

HIPOLITTE. s. m. Nom d'homme. *Poulito.*

HIRONDELLE. s. f. Oiseau. *Dindouletto.* — De cheminée à cul blanc. *Cuou blanc.*

HISTRION. s. m. Bateleur. *Charlatan.*

HIVERNER. v. n. Passer l'hiver. *Hiverna.*

HOC. s. m. Sorte de jeu de cartes. *Maniho.*

HOCHE. s. f. Coche, entaillure. *Ouesca.*

HOCHE-QUEUE. s. f. Oiseau. *Bargeiretto. Guigno-coue.*

HOCHER. v. a. Secouer. Branler. *Boulega.*

HOCHET. s. m. Petit instrument qu'on met entre les mains d'un enfant au maillot. *Juguet.*

HOGNER. v. n. Terme populaire. Gronder. *Escalustra.*

HOIR. s. m. Héritier. *Heiretié.*

HOMARD. s. m. Grosse écrevisse de mer. *Lingoumbaou.*

HOMELIE. s. f. Instruction chrétienne. *Prone.*

HOMME. s. m. *Home.* Bonne pâte d'homme. *Bounias. Bouen houmenas.*

HOMMASSE. s. m. On le dit d'une femme ou fille qui a la taille et les allures d'un homme. *Houmenas. Fihan.*

HOMMEAU. s. m. Petit homme. *Houmenet.*

HONGRE. adj. m. Châtré. On le dit du cheval. *Coupa.*

HONNIR. v. a. Couvrir de honte. *Counfusiouna.*

HONORÉ. s. m. Nom d'homme. *Noura.*

HONORÉE. s. f. Nom de femme. *Nourado.*

HONTE. s. f. *Vargougno.*

HONTEUX, EUSE. adj. *Hountoux, oue.*

HOPITAL. s. m. Hospice. *Espitaou.*

HOQUET. s. m. Indisposition. *Chouquet.*

HORLOGE. s. m. Machine qui marque et sonne les heures. *Relogi.*

HORLOGER. s. m. Celui qui fait des horloges et des montres. *Reloujhur.*

HORLOGERIE. s. f. Art de faire des pendules, des horloges, etc. *Ourloujharie.*

HOROSCOPE. s. f. Prédiction du destin. *Boueno-fourtuno.*

HOROSCOPE (TIREUR D'). s. m. *Douner de boueno-fourtuno.*

HORREUR. s. f. *Hourrour.*

HORS. préposition. *Fouero. Defouero.*

HORTOLAGE. s. m. Plantes et racines potagères. *Oourtoulaiho.* — Production d'un jardin potager.

HOSPICE. Voyez HOPITAL.

HOTE, HOTESSE. s. *Hoste, houstesso.*

HOTEL-DIEU. s. m. *Espitaou.*

HOTTE. s. f. Sorte de panier qu'on porte sur le dos avec des bretelles. *Banasto. Brindo.*

HOTTÉE. s. f. Plein une hotte. *Banastado.*

HOTTEUR. s. m. Celui qui porte la hotte. *Brindaire.*

HOTTEUSE. s. f. *Pourteiris.*

HOUBLON. s. f. Plante grimpante. *Houbeloun.*

HOUE. s. f. Instrument d'agriculture. *Eissado. Picolo. Magaou.*

HOUER. v. a. Labourer avec la houe. *Fouire.*

HOUILLE. s. f. *Carboun de peiro.*

HOUILLÈRE. s. f. Mine de houille. *Carbounièro.*

HOUSPILLER. v. a. Tirailler quelqu'un en le maltraitant. *Sagagna.*

HOUSSER. v. a. Nettoyer avec un houssoir. *Destararigna.*

HOUSSINE. s. f. Baguette. *Bletto. Gaoulo.*

HOUSSOIR. s. m. Sorte de balai. *Destararinadouiro.*

HOUX. s. m. Arbrisseau toujours vert. *Griais. Boués de Laro.* — Houx fiélon. Arbuste. *Prebouisset.*

HOYEAU. s. m. Houe à deux fourchons. *Bichard. Magaou.*

HUCHE. s. f. Grand coffre de bois pour pétrir le pain, etc. *Pastièro. Mastro.* — D'un moulin à farine. *Farinièro.*

HUE. Mot dont les charretiers se servent pour faire marcher leurs chevaux. *Jha. Hi.*

HUÉE. s. f. Cris de dérision de la multitude. *Chamado.*

HUER. v. a. Faire des huées. *Hua. Faire la chamado.*

HUGUENOT, OTTE. adj. Religionnaire. *Huganaou, aoudo.*

HUILE. s. f. Liqueur onctueuse extraite de l'olive, des noix, etc. *Holi. Ori.*

HUILER. v. a. Oindre d'huile. *Houlia. Ouria.*

HUILEUX, EUSE. adj. Qui est de la nature de l'huile. *Huilour, ouè.*

HUILIER. s. m. Vase dans lequel on met l'huile qu'on sert à la salade. *Pouerto-huiliè.*

HUIS. s. m. Porte. Il est vieux. *Pouerto.*

HUISSET. s. m. Porte d'un tonneau. *Husset.* — Placer, mettre l'huisset. *Hussa.*

HUIT. s. m. Nom de nombre. *Huech. Vuech.*

HUMAIN, AINE. adj. *Human, humano.*

HUMECTER. v. a. Rendre humide. *Humecta.* Manger, goûter du fruit pour s'humecter la bouche. *Faire salivo.*

HUMER. v. a. Avaler quelque chose de liquide en retirant son haleine. *Avala.*

HUMEUR. s. f. Caprice. *Garri.*

HUMIDITÉ. s. f. *Humidita.*

HUMUS. s. m. Terme d'agriculture. Terreau. Fumier formé des feuilles ou débris des plantes. *Tarraou.*

HURHAUT. Mot dont les charretiers se servent pour faire tourner les chevaux à droite. *Riou.*

HUPPE. s. f. Oiseau. *Petugo.*

HUPPÉ, ÉE. adj. Qui a une huppe sur la tête. On le dit des oiseaux. *Capelu, udo.*

HURLER. v. n. Pousser des hurlemens. *Hurla.*

HURLUBERLU. s. et adj. de tout genre. Qui agit étourdiment, inconsidérément. *Turuburlu.*

HUTTE. s. f. Petite loge faite à la hâte. *Cabanoun.*

HYDROMEL. s. m. *Tisano de meou.*

HYDROSCOPE. s. m. *Devinaire d'aigo.*

HYPOCONDRIAQUE. adj. et s. Malade. *D'humour inquièto.*

HYPOCRITE. s. et adj. *Tartufo. Bouèn-apotro.*

HYSSOPE. s. f. Plante. *Mariarmo.*

HYSTÉRIQUE. adj. Passion. *Maou de la mèro.*

ICELLE. pron. f. *Aquesto.*

ICELUI. pron. m. *Aquest. Aquestou.*

ICI. adv. *Eici. Eicito.*

IDÉE. s. f. *Ideyo.*

IDENTITÉ. s. f. *Ce qu'es meme.*

IDIOT, OTTE. adj. et s. Stupide. *Fada. ado. Gigeou, ello.*

IÈBLE. s. f. Plante. Voyez HIÈBLE.

IF. s. m. Arbre. *Tuy.*

IGNARE. } adj. et s. *Ignourent.*
IGNORANT. } *Ay-cabanié.*

IGNORER. v. a. Ne savoir pas. *Ignoura.*

ILLIMITÉ, ÉE. adj. *Senso borno.* Donner des pouvoirs illimités. *Douna carto blanco.*

ILOT. ILOTS. s. m. Petite île. *Isclo. Iscloun.*

IMAGE. s. f. Estampe. *Eimagi.*

IMAGINATION. s. f. *Eimaginacien.*

IMAGINER. v. a. Faculté de concevoir. *Eimagina.*

IMBÉCILLE. s. et adj. de tout genre. Faible d'esprit. *Fada, ado. Gigeou, elo.*

IMBIBER. v. a. et récip. Mouiller. *Embuga. Espoumpi. Poumpa l'aigo.*

IMBRIAQUE. s. et adj. Pris de vin. *Ubriago.*

IMITER. v. a. *Imita.*

IMMEUBLE. s. m. Biens en fonds. *Immoble.*

IMMOBILE. adj. de tout genre. Que *boulego pas.*

IMMONDICE. s. f. Ordure. Saleté. *Brutissi. Vilanié.*

IMMORTELLE JAUNE. s. f. Fleur. *Sonuretto.*

IMPAIR. adj. Qui n'est pas pair. *Desparié.*

IMPATIENTER. v. a. et récip. *Poussa à bout. Bisca. Pitra.*

IMPÉRITIE. s. f. Incapacité. *Incapacita.*

IMPÉTUEUX, EUSE. adj. Violent. *Vioulent. Empourta, ado.*

IMPÉTUEUSEMENT. adv. Brusquament.

IMPÉTUOSITÉ. s. f. Violence. Vivacité. *Vioulenço. Mousco. Bisco.*

IMPOLI, IE. adj. Sans honnêteté. *Maou-houneste. Maou-éduca.*

IMPORTUN, UNE. adj. *Seco-fege. Pegoun. Taccou.*

IMPORTUNER. v. a. Incommoder. *Seca. Tarabusta. Impourtuna.*

IMPOT. s. m. Droit imposé. *Impos.*

IMPOSITION. s. f. *Impousitien.*

IMPOSTEUR. s. m. Qui en impose. *Impoustur.*

IMPOTENT, ENTE. adj. Estropié, etc. *Estroupia. Hypoutequa, ado.*

IMPRÉVU, UE. adj. Qu'on n'a pu prévoir. *Imprevis, isto.*

IMPRUDENCE. s. f. *Imprudenci.* Manquo d'avisament.

IMPUTER. v. a. Attribuer à quelqu'un une action digne de blâme. *Mettre su lou conte.*

INANITION. s. f. Faiblesse par manque de nourriture. *Nequeliment.*

INAPTITUDE. s. f. Défaut d'aptitude. *Manquo de gaoubi.*

INCARCERER. v. a. *Emprisouna.* Plaisant. *Engabioula.*

INCARNATION. s. f. Action de s'incarner. *Incarnatien.*

INCARTADE. s. f. Insulte prompte et irréfléchie. *Deimargaduro.*

INCISION. s. f. Coupure. Taillade. *Coupuro.*

INCITER. v. a. Induire à faire quelque chose. *Encita.*

INCLINER. v. a. Pencher. *Beissa. Clina.* — S'incliner. v. récip. *Si clina.*

INCLINÉ, ÉE. part. En pente. *Pendoulié, iéro.*

INCLUS, USE. adj. Enfermé. *Farma. Renferma.*

INCOMMODE. adj. de t. g. Fâcheux Ennuyant. Embarrassant, anto. *Enfetant.*

INCOMMODER. v. a. Gêner. *Incoummouda. Embarrassa.*

INCOMMODITÉ. s. f. Peine. *Incoummoudita.* — Maladie. Infirmité. *Infirmita.*

INCONDUITE. s. f. *Marri trin de vido. Marri gouver.*

INCONNU, UE. adj. *Qu'es pa couneissu.*

INCONSTANT, ANTE. adj. Sujet à changer. *Changeant, ante.*

INCONTINENT. adv. *Catecant. Tout de suito. Drè.*

INCULTE. adj. de tout genre. Terme d'agriculture. *Campas. Campestre.* — Terre inculte. *Terro gasto.*

INDEMNISER. v. a. Dédommager. *Indamnisa. Leva de dessous.*

INDICE. s. m. Signe apparent. *Entre-signe.*

INDIENNE. s. f. Toile de coton peinte de diverses couleurs. *Indianno.*

INDIGENT, ENTE. adj. Nécessiteux. *Paoure, panuro.*

INDISPOSITION. s. f. Maladie. *Revirado.*

INDOLENCE. s. f. *Flecumo.*

INDOLENT, ENTE. adj. et s. Nonchalant. *Plan. Palancho. Douermedrech.*

INDUIRE. v. a. Exciter. *Incita.*

INDULGENCE. s. f. Bonté. Pardon. *Indulgenci.*

INDUSTRIEUX, EUSE. adj. *Enginour, ouè.*

INEPTE. adj. Sans aptitude. *Incapable.*

INFECT. adj. Puant. Corrompu. Q'empeste. Qu'entrono.

INFECTION. s. f. Puanteur. *Marrido coudour.*

INFÉRIEUR. adj. et s. Placé en-dessous. *Pu bas. Inferiour.*

INFERNAL, ALE. adj. D'enfer. *Infernaou.*

INFLIGER. v. a. Ordonner une peine. *Coundamna à...*

INFLUENCER. v. a. Exercer une influence sur quelqu'un. *Influença.*

INFORMER. v. a. Faire saoupre. *Informa.*

INFRUCTUEUX, EUSE. adj. Sans fruit. *Infructuoux, oué.*

INGÉNIER (S'). v. récip. Chercher des moyens. *S'enginia. S'engina.*

INGÉNIEUR. s. m. Officier du génie. *Ingeniour.*

INGÉNIEUX, EUSE. adj. Adroit. *Engooubia. Enginoux, oué.*

INGÉNU. adj. Naïf. *Simple.*

INJURIEUX, EUSE. adj. Offensant. *Injhurioux, oué.*

INHIBITION. s. f. Prohibition. *Défenso.*

INHUMATION. s. f. *Entarrament.*

INHUMER. v. a. *Entarra. Acclapa.*

INIMITIÉ. s. f. Haine. *Odi. Dent-de-lach.*

INIQUE. adj. Injuste. *Injhuste.*

INJECTER. v. a. Introduire avec une seringue quelque liqueur dans une plaie. *Seringa.*

INJURIER. v. a. Dire des injures. *Canta grèlo. Dire de pouihos.*

INOCULER. v. a. Communiquer la petite vérole par inoculation. *Inocula.*

INODORE. adj. de t. g. Sans odeur. *Que sento pas.*

INONDATION. s. f. Débordement d'eaux. *Inoundation.*

INONDER. v. a. Submerger. *Inounda*

INOPINÉMENT. adv. Subitament.

INOUI, IE. adj. *Que ses jamai oousi dire.*

INNOVER. v. a. Inventer. *Inventa.*

INQUIET, ETTE. adj. Chagrin. *Peginoux. Fichimassia.*

INQUIETTER. v. a. et récip. *Lagna. Fiença. Carcagna.*

INQUIÉTUDE. s. f. Trouble. *Pegin. Taffagnoun. Gatigno.*

INSATIABLE. adj. Qui ne peut être rassasié. *Inressassiable.*

INSÇU. s. m. Sans qu'on en ait connaissance. A mon insçu. *Senso qua va sachessi.*

INSÉRER. Mettre parmi. *Mettre.*

INSENSÉ, ÉE. adj. et s. Fou. *Fada, ado. Gigeou. Matou.*

INSINUANT, ANTO. Presentiou. *Intrant.*

INSOMNIE. s. f. *Esveil.*

INSIPIDE. adj. Sans saveur. *Qu'a ges de goust.*

INSISTER. v. n. Faire instance. *Teni ferme.*

INSOUCIANT, ANTE. s. et adj. *Foyo. Flcoumo.*

INSTANT (A L') adv. *Catecan. Ahuro.* — Dans l'instant. adv. *Toutaro*

INTÈGRE. adj. Probe. *De proubita.*

INTELLIGENCE. s. f. *Intelligenci.*

INTELLIGENT, ENTE. adj. *Dubert, erto.* En plais. *Qu'a de coumprenuro.*

INTENSITÉ. s. f. Degré de force ou d'activité d'une chose. *Forço.*

INTENTER. v. a. Faire un procès. *Tenta un prouces.*

INTENTION. s. f. Volonté. *Intentien.*

INTENTIONNÉ, ÉE. adj. *Ententiouna.*

INTERCALER. v. a. Insérer. *Ajhusta.*

INTERCESSEUR. s. m. *Intercessour.*

INTÉRESSÉ, ÉE. adj. *Interessa.*

INTÉRET. s. m. Profit. *Interest.*

INTERDIT, ITE. adj. *Sot. Candi.*

INTERMÉDIAIRE. adj. Qui est entre deux. *Intermediari.*

INTERMISSION. } adv.
INTERRUPTION (SANS). } Tout d'un temps. *Senso destouerni.*

INTERPRÈTE. s. m. Qui traduit, explique ce que l'on dit dans une autre langue. *Tranchiman.*

INTERPRÉTER. v. a. *Explica.*

INTERROGATION. s. f. Question. Demande. *Interrougatien.*

INTERROGER. v. a. Questionner. *Interroujha.*

INTERROMPRE. v. a. Faire discontinuer. *Destourna.*

INTERRUPTION. s. m. Action d'interrompre. *Destouerni.*

INTERVENIR. v. n. Entrer dans une affaire. *Faire mettre d'accord.*

INTERPOSER. v. a. et récip. Se mettre entre deux. *Si mettre oou mitan*

INTESTINS. s. m. pl. Boyaux. *Tripos. Buerbayo.*

INTITULER. v. a. Donner un titre à un livre. *Intitula.*

INTIME. adj. *Soci*.

INTIMIDER. v. a. *Intimida*.

INTRIGUER (S'). v. réc. *S'ingina*.

INTRODUIRE (S'). v. a. et récip. Se procurer l'entrée. *S'entroouca*.

INUSITÉ. adj. Qui n'est pas usité. *Qu'es pas en usagi*.

INVECTIVE. s. f. Injure. *Pouiho. Marrido resoun*.

INVECTIVER. v. n. Dire des injures. *Pouiha*.

INVENTER v. a. *Inventa*.

INVENTEUR. s. m. *Inventour*.

INVÉTÉRER. v. a. et récipr. Parlant d'une plaie. *Enverina*.

INVITATION. s. f. Action d'inviter. *Invitatien*.

INVITE. s. f. Terme de jeu de carte. *Chametto*.

INVITER à un repas. v. a. *Counvida*. — A une cérémonie. *Invita*.

INVOQUER. v. a. Réclamer l'aide, le secours. *Demanda ajhudo. Prega*.

IRASCIBLE. adj. Colérique. *Que si facho eisa*.

IRE. s. f. Colère. *Hèno. Iro*.

IRONIE. s. f. Raillerie. *Irounie. Truffo*.

IRRÉPROCHABLE. adj. Non blâmable. *Irreprouchable*.

IRRÉSOLU , UE. adj. *Tastouniaire*.

ISOLER. v. a. et récip. *Separà. Si separa*.

ISOLÉ , ÉE. adj. Seul. *Soulet*. — Qui ne tient à rien. *Separa*.

ISSUE. s. f. Lieu par où l'on sort. *Sourtido*. — A l'issue. adv. *Oou sourti. A la fin*. — Issue. terme de boucherie. *Toumbado*.

IVETTE. s. f. Plante rampante , amère. *Calapito*.

IVRAIE.   s. f. Plante graminée,
IVROIE.   *Jhui*.

IVRE. adj. Pris de vin. *Ubri. Enubria , ado*.

IVRESSE. s. f. *Ibrougnarie*.

IVROGNE. s. m. et adj. *Ibrougno. Ubriago*.

IVROGNERIE. s. f. *Ibrougnarie*.

IVROGNESSE. s. f. *Ubriago*.

J

JABLE. s. m. Terme de tonnelier. *Gargaou*. Rainure des douves.

JABLER. v. a. *Faire lou gargaou*.

JABOT. s. m. Poche que les oiseaux ont sous la gorge. *Gavai. Gavayi*.

JABOTER. v. n. Caqueter. *Charra. Bachiquelia*.

JACHÉE. s. f. Plante. *Ambretto-fèro*.

JACHÈRE. s. f. *Estoublo*. Terre en repos.

JACHERER. v. a. t. d'agriculture. Donner le premier labour. *Mooure*.

JACOBÉE. s. f. Plante. *Herbo de Sant-Jacque*.

JACQUES. s. m. Nom d'homme. *Jhacquet. Jhaoume*.

JACTANCE. s. f. *Vantariè*.

JADIS. adv. *Antan. Aoutreis-fes*.

JAILLIR. v. a. *Espousca. Jhiscla*. On le dit de l'eau.

JAILLISSEMENT. s. m. *Espoux. Jhiscle*.

JAMBE. s. f. *Cambo*. Donner un croc en jambe. *Faire la cambetto*.

JAMBONEAU. s. m. Petit jambon. *Gambajhoun*.

JANTE. s. f. Partie du cercle d'une roue. *Jhento*.

JAPPER. v. a. Crier. *Jhappa*.

JAQUELINE. s. f. Nom de femme. *Jhaoumetto*.

JARDIN. s. m. *Houert*.

JARDINAGE. s. m. *Jhardinagi*.

JARGON. s. m. *Jhargoun*. Langage corrompu.

JASER. v. n. Babiller. *Pachouqua*.

JASERIE. s. f. Babil. *Charradisso*.

JASEUR , EUSE. adj. et s. *Charraire , charruso*.

JASMIN. s. m. Arbuste et fleur. *Jaoussemin*. — Jaune. *Escavihos*.

JATTÉE. s. f. Plein une jatte. *Pleno jhatto*.

JAVELLE DE BLÉ. s. f. *Gavello*. —Petit faisceau de sarmens. *Gaveou*.

JAVELER. v. a. Mettre le blé par petites poignées en le coupant. *Gavela*.

JAUGE. s. f. Verge avec laquelle on

73

mesure la longueur et la largeur d'une futaille. *Jhaougeo.*

JAUGER. v. a. Mesurer un vaisseau, une futaille. *Rava. Escandaiha.*

JAUNATRE. adj. de t. g. Qui tire sur le jaune. *Jhoounastre.*

JAUNET. s. f. Petite fleur jaune qui croit dans les prés. *Boutoun d'or.*

JE. pronom de la première personne. *Ieou.*

JEANNE. s. f. Nom de femme. *Jhano. Jhanetto. Jhanettoun.*

JET D'UNE FONTAINE. s. m. *Canoun. Rayoou. Rayouret.* — Jet d'un arbre. *Jhiè.*

JETÉE. s. f. Amas de pierre, de sable, etc. pour servir à contenir l'eau, etc. *Diguo. Restanco.*

JETER. v. a. Lancer. Se jeter sur quelqu'un. *Toumba su coouqu'un.*

JETON. s. m. Pièce de laiton ronde et plate. *Jhitoun.*

JEU. s. m. Récréation. *Jhuec.*

JEUDI. s. m. Le cinquième jour de la semaine. *Dijoou. Joou.*

JEUNE. s. m. Abstinence. *Jhuni.* — Rompre le jeûne. v. n. *Si Desparjhuna.*

JEUNE. adj. *Jhouine, Jhouino. Jhouvo.* — Jeune chat. *Catoun.* — Jeune chien. *Cadeou.*

JEUNER. v. n. Observer le jeûne. *Jhuna.*

JEUNESSE. s. f. *Jhouinesso.* La jeunesse ou les jeunes gens. *Lou jhouven.*

JEUNEUR. s. m. Qui jeûne. *Jhunaire.*

JOCRISSE. s. m. Benêt. *Jhan-fremo. Bedigas.*

JOIE. s. f. Plaisir. *Gaou. Joyo.*

JOINDRE. v. a. *Jhougne. Lia.* — Pour atteindre. *Accoussegre. Ave.*

JOINTÉE. s. f. *Jhounchado. Chinchado.* Ce que peuvent contenir les deux mains ouvertes et rapprochées.

JOINTURE. s. f. Joint. L'endroit où deux parties du corps se joignent. *Jhugadou.*

JOLI, IE. adj. *Pouli, ido. Jholi.*

JOLIET, ETTE. *Poulidet, etto.*

JOLIMENT. adv. *Poulidament. Eme graci.*

JONC. s. m. Plante. *Jhounc.* — D'Espagne ou spartz. *Aouffo.*

JONCHÉE. Petit fromage de lait caillé. *Brousso.* — Amas et litière

sèche d'herbes, etc., dont on jonche les rues. *Paihado.*

JONCHER. v. a. Parsemer. *Appaya.*

JONGLEUR. s. m. Bateleur. *Pitodardeno.*

JOSEPH. s m. Nom d'homme. *Jhoousè. Jhoousclet. Jhigèt.*

JOUBARBE. s. f. Plante grasse. *Rasinet. Rasin de ser.*

JOUE. s. f. Partie du visage de l'homme. *Gaouto.*

JOUER. v. n. Se récréer. Se divertir. *Jhuga.*

JOUET. s. m. Petite bagatelle qu'on donne aux enfans pour les amuser. *Jhuguet.*

JOUEUR, EUSE. s. Celui, celle qui joue. *Jhugaire, arello. Jhugadou.*

JOUFLU, UE. adj. Qui a de grosses joues. *Gaoutaru, udo.*

JOUJOU. s. m. Jouet d'enfant. *Jhuguet.*

JOUR OUVRABLE. s. m. *Subrejour. Jour ooubran.*

JOURNAL. s. m. Livre de marchand. Écrit périodique. *Jhournaou.* — Mesure agraire. *Journaou.*

JOURNALIER. s. m. *Trabaihadou. Paysan que si logo.*

JOURNÉE. s. f. *Jhournado.*

JOURNOYER. v. n. Se dit d'un journalier qui reste oisif. *Estre de lesi.*

JOUTE. s. f. Combat sur l'eau. *Targo.*

JOUTER sur l'eau. v. n. *Targa.*

JOUTEUR. s. m. Qui joute. *Targaire.*

JOYAU. s. m. Ornement précieux d'or ou d'argent, etc. *Jhueou. Jhouycou.*

JOYEUSETÉ. s. f. Plaisanterie. Mot pour rire. *Gouayo.*

JOYEUX, EUSE. adj. *Galoi. Jhouyoux, ouè.*

JUBÉ. (Venir à) adv. Se soumettre. *Caiha. Mettre lou pouce.*

JUCHER. v. n. et récip. Il se dit des poules et de certains oiseaux. *Ajhouca.*

JUCHOIR. s. m. *Ajhouquie. Barro doou galinié.*

JUDAS. s. m. Petite ouverture au plafond pour voir. *Visto. Traou per espincha.*

JUGE. s. m. Homme proposé pour rendre justice. *Jhugi.*

JUGER. Rendre la justice. *Jhugea.*

JUIF. s. m. Nom de nation. *Jhudieou. Jhusiou.*

JUILLET. s. m. Le septième mois de l'année. *Jhuihet.*

JUIN. s. m. Sixième mois de l'année. *Jhun.*

JUJUBE. s. f. Fruit. *Chichourlo. Chinchouerlo.*

JUJUBIER. s. m. Arbre à fruit. *Chichourliè. Chinchourliè.*

JUIVE. s. f. et adj. *Jhusièvo. Jhuivo.*

JUIVERIE. s. f. Quartier habité par les juifs. *Jhutariè. Jhoguo.*

JUMART. s. m. Animal quadrupède. *Jhimerre.*

JUMEAU. s. m. et adj. Enfant né du même accouchement. *Bessoun.*

JUMELLE. s. f. et adj. *Bessouno.*

JUMENT. s. f. femelle du cheval.

Cavalo. Jhimento.

JUPE. s. f. Partie d'habillement de femme. *Coutihoun. Raoubo.*

JUPON. s. m. Courte jupe. *Coutihoun de dessous.*

JURÉ. s. m. Membre d'un juri. *Jhurą.*

JURER. v. n. Blasphémer. *Blastema.* Dire de fouire. *Sacrejha.*

JUREUR. s. m. Blasphémateur. *Jhuraire.*

JUSQUES. prép. *Finque. Finquo.*

JUSQUIAME. s. f. Plante. *Sooupignaquo.*

JUSTAUCORPS. s. m. Sorte de vêtement. *Sarrot.*

JUSTE. adj. *Jus, justo.* —adv. *Jhus.* — s. m. Habillement. *Jhustou.*

JUSTICE. s. f. *Jhustici.*

JUTIFICATION. s. f. *Jhustificatien.*

JUSTIFIER. v. a. et récip. *Jhustifica.*

K

KERMÈS. s. f. Excroissance qui vient sur le petit chêne vert. *Freisset. Vermenoun.*

KILOGRAMME. s. m. Nouvelle mesure de pesanteur valant *Douès liouros et mièqco.*

L

LA. adv. démonst. *Aqui. Aquito.* — Là bas. *Avaou. Adavaou.* — Là-là. adv. *Aperaqui.* — Là-haut *Amoun. Adaou. Amoundaou.*

LA-BAS. adv. désignant la profondeur. *Alin. Adavaou.*

LABEUR. s. m. Travail. *Labori. Obro.*

LABORIEUX, EUSE. Adj. *Travaihaire, travaiharello.*

LABOURER. v. a. Remuer la terre avec la charrue. *Charrua. Laoura. Lavoura.*

LABOURER avec le louchet ou la bêche. *Licheta.* — Avec la marre ou la pioche. *Fouire.*

LABOUREUR. s. m. Celui qui conduit la charrue. *Bouhiè. Loouraire.*

LABOUREUR. s. m. Journalier qui travaille la terre. *Paysan. Travaihadou.*

LACER. v. a. Serrer avec un lacet. *Cordela.*

LACET. s. m. Cordon de fil en soie pour lacer. *Courdèlo.* — Pour prendre des lapins. *Paneou.*

LACHE. adj. et subs. de tout genre. Poltron. *Petacho. Pagnoto.*

LACHER. v. a. Faire qu'une chose ne soit pas si tendue. *Moula. Lacha.* — Un vent. *Loufia. Vessigna. Peta.*

LACTÉE (VOIE). s. f. Blancheur qui paraît dans le ciel dans une nuit sereine. *Camin de Sant Jhaque.*

LADRERIE. s. f. Au fig. Vilaine et sordide avarice. *Crassariè.*

LAI. s. m. Poésie plaintive. Il est vieux. *Plans.*

LAICHE. s. f. Mauvaise herbe qui croît dans les prés. *Sagno deis prats.*

LAIDERON ou LAIDRON. s f. Jeune fille laide. *Leidasso. Leidetto.*

LAINAGE. s. f. Marchandise de laine. *Lanagi.*

LAINE. s. f. *Lano.* — Laine en suint. *Lano surjho.* — Laine d'agneau. *Anis. Aynin.*

LAINEUX, EUSE. adj. Qui a beaucoup de laine. *Lana, ado.*

LAISSÉE. s. f. Fiente de loup. *Petoulié. Merdo de loup.*

LAISSER. v. a. Quitter. *Laissa.* Laisser tout aller. *Si faire dessous.*

LAIT. s. m. Liqueur blanche. *Lach.*

LAITAGE. s. m. Ce qui se fait de lait. *Latajhi.*

LAITERON ou LACERON. s. m. Plante laiteuse. *Lacheiroun. Cardèlo.*

LAITON. s. m. Métal. *Loutoun.*

LAITUE. s. f. Plante potagère. *Lachugo.* — Romaine. *Lachugo longo.*

LAIZE. s. f. Largeur d'une étoffe. *Lès.*

LAMBEAU. s. m. *Troués. Pèço.* Tomber en lambeaux. *Toumba en douliho.*

LAMBIN, INE. adj. et subs. *Patet, etto. Paterno.*

LAMBINER. v. n. *Patetejha. Paternejha. Lambinejha.*

LAMBRUSCHE. s. f. Vigne sauvage. *Lambrusquo.*

LAMENTER (SE). v. récip. *Si plagne. Susta.*

LAMPAS. s. m. Maladie des chevaux. *Favo.*

LAMPE. s. f. Vase où l'on met de l'huile et une mèche pour éclairer. *Veyolo.* — A queue. *Lume.* — D'église. *Lampi.*

LAMPER. v. a. Boire avidement le vin. *Lampa.*

LAMPERON. s. f. Languette qui tient la mèche d'une lampe. *Veyouroun.*

LAMPROIE. s. m. Poisson de mer. *Lampre. Mourcno.*

LAMPSANE. s. f. Plante. *Lasceno.*

LANDE. s. f. Terre inculte, etc. *Terro gasto. Harmas. Garrigo.*

LANDIER. s. f. Gros chenet. *Cafuè de cousino.*

LANGAGE. s. m. *Parouli. Barjhun.*

LANGE. s. m. Morceau d'étoffe dont on enveloppe les enfans au maillot. *Pedas. Maihouè.*

LANGUE. s. f. *Lengo.*

LANGUEUR. s. f. Ennui, peine d'esprit. *Lanquiment. Cagno.*

LANGUEYER. v. a. Visiter la langue d'un porc. *Lenga.*

LANGUEYEUR. s. m. Celui qui est commis pour langueyer les porcs. *Lenguaire.*

LANGUIER. s. m. Terme de charcutier. Langue de porc fumée. *Marsoun de la lengo.*

LANGUIR de maladie. v. n. *Malaoutejha.*

LANIÈRE. s. f. *Courrejho.*

LANTERNER. v. n. Niaiser. *Lanternejha.*

LANTIPONAGE. s. m. Discours frivole et ennuyant. *Bestiso.*

LANTIPONER. v. n. Ennuyer en disant des riens. *Embouni. Embeta.*

LANTURLU. adv. Pour refuser avec mépris. *Turoluro.*

LANUGINEUX, EUSE. adj. Couvert d'une espèce de duvet et de poil, etc. On le dit des fruits et de certaines plantes tiges, etc. *Coutouna, ado. Pieloux, ouè.*

LAPATHUM. s. m. Plante. *Lapas.* Voyez PATIENCE.

LAPEREAU. s. m. Jeune lapin. *Laporcou.*

LAPIDER. v. a. *Lapida. Enqueira.*

LARCIN. s. m. Vol. *Voularié.*

LARDER. v. a. Mettre des lardons. *Larda.*

LARDON. s. m. Petit morceau de lard. *Lardoun.* — Brocard. *Pouncho.*

LARGESSE. s. f. *Generousita.*

LARGEUR. s. f. *Larjhou.*

LARME. s. f. *Laqremo.*

LARRON, LARRONESSE. s. *Voulur, uso. Laire.*

LAS-D'ALLER. s. m. Homme mou, paresseux et lâche. *Brandalèso. Fleoumo.*

LASSANT, ANTE. adj. *Fatigant.*

LASSER. v. a. *Alassa.*

LATÉRAL, ALE. adj. Qui appartient au côté. *Par cousta. A cousta.*

LATRINES. s. f. *Páti. Cagarello. Priva.*

LATTE. s. f. terme de charpentier. *Rouasto.*

LAURIER. s. m. Arbre toujours vert. *Lourziè.*

LAVAGE. s. m. Alimens où l'on a mêlé plus d'eau qu'il ne faut. *Lagas. Luvagno.*

LAVAGE. s. m. Action de laver. *Lavajhi.* — Quantité d'eau répandue pour laver. *Lagas.*

LAVANDIÈRE. s. f. Blanchisseuse. *Bugadièro.*

LAVASSE. s. f. Pluie subite, forte et impétueuse. Averse. *Rayssas. Grosso r'aysso.*

LAVEMENT. s. m. Clystère. *Cristèri.*

LAVER. v. a. *Lava.*

LAVETTE. s. f. Chiffon. Tortillon de prêle pour laver la vaisselle. *Fretadou.*

LAVEUR, EUSE. s. f. *Lavaire, lavarello.*

LAVOIR. s. m. Lieu destiné à laver. *Lavadou. Lavaire.* — De cuisine. *Souihardo.*

LAVURE. s. f. Eau qui a lavé. *Lavagno.*

LAXATIF, IVE. adj. *Relachant, anto.*

LAYETTE. s. f. Coffret. *Lietto.*

LAYETIER en bois. s. m. *Cruveliè.* — En carton. *Cartouniè.*

LAZAGNES. } s. f. Pâte dont on
LAZANGES. { fait des tourteaux. *Loouzans.*

LE. LES. articles. *Lou. Leis.*

LÈ. s. m. Largeur d'une étoffe entre deux lizières. *Lès. Tèlo.*

LÉANS. adv. *Dintre. Dedin.*

LABECHE. s. m. terme de géographie. Sud-ouest. *Labet.*

LÈCHE. s. f. Tranche fort mince. *Lesquo. Lesquetto.*

LÈCHE-FRITE. s. f. Ustensile de cuisine. *Lichofroyo.*

LÉCHER. v. a. *Lica. Lipa.*

LEÇON. s. f. *Liçoun.*

LÉGATAIRE. s. m. Celui qui fait un legs. *Legatari.*

LÉGER, ÈRE. adj. *Loouqiè, ièro.*

LÉGÈREMENT. adv. *Loouqierament.*

LÉGÈRETÉ. s. f. *Loougièreta.*

LEGS. s. m. Ce qui est légué. *Legat. Laisso.*

LÉGUME. s. m. Petits fruits et herbes potagères. *Lioume.*

LENDEMAIN. s. m. *Lendeman.*

LENDORE s. m. Homme lent et paresseux. *Voyo. Daerme-drech.*

LENTE. s. m. OEuf de pou. *Lende.*

LENTEMENT. adv. *Daise. Lentament.*

LENTILLE. s. f. Légume. *Lentiho.*

LEPAS. s. m. Sorte de Coquillage. *Arapedo.*

LÈPRE. s. f. Maladie. *Ladrariè.*

LÉPREUX, EUSE. adj. et s. *Ladre. Leproux, ouè.*

LÉSINE. s. f. Épargne sordide. *Ladrarie.*

LÉSINER. v. n. *Esquicha-l'enchoyo.*

LESSIVE. s. f. *Bugado.* — Eau de cendre pour laver. *Lessiou.*

LESSIVER. v. a. Blanchir avec la lessive. *Bugada. Faire bugado.*

LESTE. adj. Adroit, léger, etc. *Adret. Hardi, ido.*

LEVAIN. s. m. *Levame. Coucheiroun.*

LEVÉE. s. f. Terme de jeu de carte. *Plego. Man.*

LEVER. v. a. *Leva. Dreissa.* — Verbe récip. *Si dreissa. Si leva.* — Lever. Terme d'agr. *Sourti. Griha.*

LEVIER. s. m. Barre pour soulever. *Broco. Poouferri.*

LEUR. pron. pers. *Soun, sa, seis.* Dans nos montagnes. *Lour.*

LEURRE. s. m. *Piègi.*

LEVRAUT. s. m. Jeune lièvre. *Lebretoun. Lebraou.*

LEVRETEAU. s. m. Levraut. *Lebretoun.*

LEVRETTE. s. f. Femelle du levrier. *Lebretto.*

LEVRIER. s. m. Sorte de chien. *Lebriè.*

LÉZARD. s. m. Reptile. *Limbert. Laïmbert. Luserd.*

LÉZARDE. s. f. Crevasse d'un mur. *Fento. Fenderasso.*

LÉZARDEAU. s. m. Sorte de petit reptile ovipare. *Longuo-mue. Lagramuè.*

LIBAN. s. m. Grosse corde de spartz. *Fla. Trayaou.*

LIBELLÉ. s. m. Ecrit injurieux. *Escrit mourdent.*

LIBÉRAL, ALE. adj. Généreux, euse. *Largant, anto.* — Noble et libre. *Liberaou.*

LIBÉRER (SE). v. récip. S'acquitter. *Si libera.*

LIBERTÉ. s. f. *Liberta.*

LIBERTIN. adj. et s. *Libartin.*

LIBERTINAGE. s. m. *Libartinagi.* — Vivre dans le libertinage. *Libartinejha.*

LICENCIER. v. a. Congédier. *Emmanda.* — v. récip. Emmanciper. *Si prendre d'alos. S'abooudi.*

LICITE. adj. Qui est permis par la loi. *Parmes, esso.*

LICOL. s. m. Licou. Lien de cuir que l'on met au cou d'un cheval. *Cooussano.*

LIE d'une liqueur. s. f. *Found. Liè. Depos.* — D'huile. *Caco. Crapo d'holi.* — Du peuple. *Poouriho. Pooutraiho.*

LIÈGE. s. m. Écorce d'une espèce de chêne. *Suve.*

LIEN. s. m. *Liame. Estaco.*

LIER. v. a. *Lia. Estaca.*

LIERRE. s. m. Arbuste rampant. *Eourre.* — Terrestre. Plante labiée, amère. *Chamecisso.*

LIEU. s. m. L'espace qu'un corps occupe. *Luech.*

LIÉUE. s, f. Mesure de distance. *Lègo.*

LIÈVRE. s. m. Animal. *Lèbre.*

LIGNEUL. s. m. Fil ciré des cordonniers. *Lignoou.*

LIGNEUX, EUSE. *Boisoux, ouè.*

LIGUER (SE). v. récip. *Si coalisa.*

LIMAS, LIMAÇON. s. m. Sorte d'insecte à coquille. *Limaço. Caragoou. Cacalaouzo.*

LIMER. v. a. Polir avec la lime. *Lima.*

LIMITER. v. a. Poser bornes et limites. *Plaça, mettre leis termes.*

LIMON de la terre. s. m. *Nitto.*

LIMON. s. m. Fruit acide. *Citroun. Limo. Limouno.*

LIMONEUX, EUSE. adj. Bourbeux. *Fangoux, ouè.*

LIMPIDE. adj. de t. g. *Clar, aro.*

LINCEUL. s. m. *Linçoou. Lansoou.* — Plein un linceul. *Lansoourado.*

LINGE. s. m. Toile pour le corps. *Linjhe. Primaiho.* — Petit morceau de linge. *Pato. Pesso.*

LINIMENT. s. m. Terme de médecine. *Voung.*

LINON. s. m. Toile claire très-fine. *Linoun.*

LINOTTE. s. f. Oiseau de chant. *Lignoto.*

LINTEAU. s. m. Pièce de bois qui supporte de maçonnerie. *Lintaou.*

LION. s. m. Animal. *Lien. Lioun.*

LIRE. v. a. *Legi.*

LIPPE. s. f. Lèvre inférieure trop pincée. *Barjho.*

LIPPÉE. s. f. Bouchée. *Bouffin.* — Repas qui n'a rien coûté. *Lipado.*

LIQUEUR. s. f. Boisson. *Liquour.*

LIQUIDER. v. a. *Liquida.*

LIQUIDATION. s. f. Action de liquider. *Liquidatien.*

LIS. s. m. Fleur blanche à cloche. *Hièli.*

LISERON. s. m. Plante grimpante. *Campanetto. Courrejholo. Courriaco.*

LISIÈRE d'une étoffe. s. m. *Cimounço. Lisièro.*

LISIÈRES. s. f. Bandes d'étoffes ou cordons attachés au derrière des petits enfans. *Taitos. Estuquettos.*

LIT. s. m. Meuble pour coucher. *Liech.* — De sangle. *Plian.*

LITIÈRE. s. f. Paille qu'on étend sous les chevaux dans les écuries. *Lichièro.*

LITORNE. s. f. Oiseau. Sorte de grosse grive. *Sero. Chachæ.*

LITRE. s. m. Nouvelle mesure pour le vin elle vaut les cinq sixièmes du pot. *Litro.*

LITRON. Mesure de Paris. *Mié-civadiè.*

LIVIDE. adj. De couleur plombée. On le dit d'un membre meurtri. *Blur.*

LIVRE. s. m. Volume relié. *Libre.*

LIVRE. s. f. Poids. *Liouro.*

LIVRÉE. s. f. *Lioureyo.*

LIVRER. v. a. Remettre. *Beila. Livra.*

LIVRET. s. m. Petit livre. *Libret.*

LOBE. s. m. Les deux parties en laquelle se divise une semence, un grain de légume, etc. *Mita.*

LOCALITÉ. s. f. Circonstance locale. *Loucalita.*

LOCAR (froment). s. m. *Espéouto.*

LOCATAIRE. s. m. *Lougatari.*

LOCATIF, IVE. adj. Qui est à louer. *Lougatiou.*

LOCHER. v. a. On le dit d'un fer de cheval prêt à se détacher. *Branda. Cloucha.*

LODS. s. m. plur. Certains droits seigneuriaux. *Laouds.*

LOGE. s. f. Petite hutte. *Cahuto.*

LOGER. v. n. et récip. *Lougea.*

LOGEUR. s. m. Qui donne à loger. *Loujhur.*

LOGIS. s. m. *Houstaou. Lougis.* — Petit logis. *Lougissoun.*

LOI. s. f. Règle. *Lei.*

LOIN. adv. *Luenc.*

LOISIR. s. m. Temps disponible. *Lesi. Legout.*

LONGE. s. f. Échine de veau, de mouton, etc. *Lonjho.*

LONGUE-MAIN (DE). adv. *De longuo toco.*

LONGUEMENT. adv. *Longament.*

LONGTEMPS Puissiez - vous !...... interj. *Longamai.*

LOPIN. s. m. Morceau de viande. *Mouceou. Taïhoun.*

LOQUET. s. m. Objet de ferrure. *Cadaoulo.*

LOQUETTE. s. f. Petit rouleau de laine cardée. *Tracheou.*

LOQUETTEAU. s. m. Sorte de loquet. *Quichet. Louqueteou.*

LORIOT. s. m. Oiseau. *Oouruou.*

LORSQUE. prépos. *Quand.*

LOTERIE. s. f. *Loutariè.*

LOUABLE. adj. Digne de louange. *Louable.*

LOUAGE. s. m. Cession de l'usage d'une chose à prix d'argent. *Lougagi.*

LOUANGEUR. s. m. *Coumplimentur.*

LOUCHE. adj. de t. g. Qui a la vue de travers. *Lusquet. Guèchou. Besuquet.*

LOUCHER. v. n. *Regarda de cuire.*

LOUCHET. s. m. Instrument d'agriculture. *Lichet.*

LOUCHETER. v. a. Fouir la terre avec le louchet. *Licheta.*

LOUER. v. a. Donner à louage. *Louga. Arrenta.* — Donner des louanges. *Loouza.*

LOUPE. s. f. Excroissance sur la chair. *Lupi.* — Loupes du bois. *Boussuellos.*

LOURD, LOURDE. adj. Pesant, ante. *Louet, etto. Poouffi.*

LOURDAUT, AUDE. adj. *Betuerto. Boti. Espes, esso.*

LOURDERIE. s. f. *Bestiso. Estourdariè.*

LOUTRE. s. f. Animal. *Luri.*

LOUVE. s. f. Femelle du loup. *Loubo.*

LOUVETEAU. s. m. Petit loup. *Loubatoun.*

LOYAL, ALE. adj. *Rouyaou, alo.* Homme loyal. *Home rouyaou.*

LOYER. s. m. *Lougagi. Salari.*

LUCARNE. s. f. Petite fenêtre au toit. *Gorgeo-de-loup.*

LUCRE. s. m. Gain. *Gazan. Proufit.*

LUETTE. s. f. Terme d'anatomie. *Niouletto.*

LUI. pronom sing. de la troisième personne. *Eou.*

LUIRE. v. n. Éclairer. *Luzi. Beluquejha.*

LUNATIQUE. adj. de t. g. *Fantas.*

LUISANT, ANTE. adj. *Luzent, ento. Brihant, anto.*

LUISANT (VER). s. m. Insecte. *Luzerno. Luzetto.*

LUMIGNON. s. m. Bout de mèche allumée. *Mouc.*

LUNDI. s. m. Deuxième jour de la semaine. *Dilun. Lun.*

LUNETTES. s. f. plur. *Bericles.*

LURON. s. m. Bon vivant. *Luroun.*

LUT. s. m. Enduit pour boucher. *Ciment.*

LUTIN. s. m. Esprit follet. *Esprit familiè.* — Enfant bruyant. *Espiritoun.*

LUTTE. s. f. Combat. *Loucho.*

LUTTER. v. n. *Loucha. Aloucha.*

LUTTEUR. s. m. *Louchaire. Alouchaire.*

LUZERNE. s. f. Plante fourragère. *Luzerno. Lente.* — Sauvage. *Lentoun. Herbo-doou-pardoun.*

LYCOPERSICUM. s. f. Plante et fruit légumineux. *Toumato. Poumo-d'amour.*

M

MACÉDOINE. s. f. Fricassée de légumes verts mêlés. *Macedoino.*

MACHE. s. f. Herbe. *Doucetto. Mousselets.*

MACHEFER. s. m. Scorie du fer. *Machoferri.*

MACHER. v. a. *Macha. Mastega.* — Chose mâchée. *Mastegayno.*

MACHER-A-VIDE. adverbial. *Vioure de regardelos.*

MACHER DE HAUT. adv. *Gnaougna.*

MACHONNER. v. n. Mâcher difficilement et négligemment. *Mastegoulia. Gnaougna.*

MACHURER. v. a. Salir de noir. *Mascara.*

MACON. s. m. *Maçoun.*

MAÇONNERIE. s. f. *Massounarié.*

MACQUE. s. f. Instrument à broyer le chanvre. *Brego. Breyoun, oundèlos.*

MACQUER. v. a. Broyer. Battre le chanvre ou le lin. *Bregouna.*

MACREUSE. s. f. Oiseau de mer. *Fraouquo. Macruso.*

MACULE. s. f. Tache sur le fœtus. *Envejho.* Souillure. Défaut d'une feuille imprimée. *Maculo.*

MADAISSE. Voyez MATASSE.

MADEMOISELLE. s. f. Titre honorifique des filles. *Madamcisello. Misè.*

MADRIER. s. m. Gros ais de bois. *Plateou.*

MAESTRAL. s. m. Vend du nord-ouest. *Mistraou.* Au fig. *Bouffofango.*

MAFFLÉ, ÉE. adj. Qui a de grosses joues. *Mouffleti.*

MAGICIEN, IENNE. s. et adj. *Mas, masquo.*

MAGNAGUERIE. } s. f. Atelier où
MAGNANERIE. } l'on élève les vers-à-soie. *Magnanièro.*

MAGNIFIQUE. adj. m. Somptueux. *Manifique.*

MAGOT. s. m. Amas d'argent caché. *Maguet.*

MAIE. s. f. Pétrin. *Mastro.*

MAIGRE. adj. de t. g. *Maigre. Mingou.* — Blé maigre. *Bla anoui.*

MAIGREUR. s. f. *Maigrou. Maigrugi.*

MAIL. s. m. Petite masse de bois à long manche. *Palamard.*

MAILLET. s. m. Marteau à deux têtes. *Masso.*

MAILLOCHE. s. f. Gros maillet de bois. *Masso.*

MAILLOT. s. m. Lange dont on enveloppe un enfant en nourrice. *Maihouè. Pedas.* — En laine. *Pedaslani.*

MAIN. s. f. Partie du corps humain. *Man.* — En fer pour prendre une marmite. *Chambrièro.*

MAINTENANT. adv. de temps. *Aro.*

MAINTENIR. v. a. *Manteni.*

MAIS. s. m. Plante et grain. *Blade-Barbarie.*

MAIS. conjonc. *Mai.*

MAISON. s. f. *Houstaou. Maisoun.* — Grande maison. *Houstalas.*

MAISONNÉE. s. f. Plein une maison. *Houstalado.*

MAISONNETTE. s. f. *Houstalet. Canigoun.*

MAITRE. s. m. *Mestre.* Maître-valet. *Baile. Chinie.*

MAITRESSE. s. f. *Mestresso.*

MAITRISER. v. a. Agir en maître. *Mestrisa.*

MAJORITÉ. s. f. Plus grand nombre de voix. État de majeur. *Majhourita.*

MAL. s. m. *Maou.* — Caduc. *Maou de la terro.*

MALACIE. s. f. Désir de certains alimens. *Envejho de fremo grosso.*

MALADE. s. et adj. de t. g. *Malaou, aouto.*

MALADIF, IVE. adj. *Malaoutoux. Malandroux.*

MAL-ADRESSE. s. f. *Marri biai. Marri-gaoubi.*

MAL-ADROIT, MAL-ADROITE. adj. et s. *Boti. Deigooubia, ado.*

MAL-AISE. s. m. *Malaise.*

MALE. s. m. *Mascle.*

MALEFICE. s. m. *Sourcelegi.*

MAL-ÊTRE. s. m. *Mal-estre.*

MALENCONTREUX, EUSE. adj. *Que pouerto malhur.*

MALE-PESTE! Sorte d'imprécation. *Mardisco. Malo-pergo.*

MALFAISANT. adj. *Maoufasent.*

MALGRÉ. prép. Contre le gré. *Maougra.*

MAL-GRACIEUX. adj. et subs. *Maougraciou.*

MAL-HABILE. adj. et subs. *Deigooubia. Ganacho.*

MALHEUR. s. m. *Malur. Guignoun.* — Malheur menaçant. *Maouparado.*

MALHEUREUX, EUSE. adj. et subs. *Malhuroux, oue, ouso.*

MALHEUREUSEMENT. adv. *Malament.*

MALICE. s. f. *Malici. Magagno.*

MALIN, MALIGNE. adj. et s. *Magagnoux, oue. Catiou, iouvo.*

MALINGRE. adj. de t. g. De mauvaise santé. *Malandroux, oue.*

MALITORNE. adj. et s. *Senso-brin-dou. Matras.*

MALOTRU. adj. et s. *Espes. Boti.*

MALPROPRETÉ. s. f. Saleté. *Brutissi.*

MAL-SAIN. adj. *Maou-san. Pas sanic.*

MALTOTE. s. f. Exaction. *Martoto.*

MALTRAITER. v. a. *Maoutrata.*

MALVEILLANCE. s. f. *Maou-valenço.*

MALVOISIE. s. f. Vin muscat cuit. *Malvesie.*

MAMELLE. s. f. Sein d'une femme. *Pousso.* — Augmentatif. *Poussasso.* — Terme enfantin. *Tete.* — Diminutif. *Poussetto.*

MAMELON. s. m. *Mameou. Tetoun.*

MAMELU , UE. adj. Qui a des mamelles. *Poussaru , udo.*

MANANT. s. m. *Pantou. Pacan.*

MANCHE. s. m. Poignée d'un instrument. *Marque.*

MANCHERON. s. m. Partie de la charrue que l'on tient en labourant. *Estevo.*

MANCHON. s. m. Fourrure pour les mains. *Manchoun.*

MANCHOT , OTTE. adj. et s. Estropié d'un bras. *Manchot , otto.*

MANDER. v. a. Faire venir. *Manda querre. Manda.*

MANÉGE. s. m. Au figuré. *Maniganço.*

MANGEAILLE. s. f. *Mangiho. Chicado.*

MANGEOIRE. s. f. Auge de cheval. *Crupi.*

MANGER. v. a. *Manjha. Goudi. Chica.*

MANGEUR , EUSE. adj. et s. *Manjhaire.*

MANGEURE. s. f. Endroit d'une étoffe rongé des vers. *Arnaduro.*

MANIEMENT. s. m. *Manejhament.*

MANIER. v. a. Tâter avec la main. *Manejha.*

MANIPULE. s. f. Poignée. *Pougnado.*

MANIQUE. s. f. Gant de cordonnier. *Maniclo.*

MANNE. s. f. Sorte de corbeille. *Banasto.*

MANNEQUIN. s. m. Petite hotte. *Banestoun.*

74

MANOEUVRE. s. m. Aide-maçon. *Manobro.*

MANOIR. s. m. Demeure. *Houstaou.*

MANQUEMENT. s. m. Faute. *Manquament. Soulipo.*

MANQUER. v. a. *Manqua.*

MANTE. s. f. Insecte ailé du genre des sauterelles. *Prego-diou.*

MANTEAU. s. m. *Manteou.* — De berger. *Capo. Caban.*

MAQUEREAU. s. m. Poisson de mer. *Oourouou.* — Tache aux jambes. *Vaquo.*

MAQUIGNON. s. m. Marchand de chevaux. *Maquignoun.*

MARAIS. s. f. Terres humides , etc. *Louino. Palun. Sagnas.*

MARASME. s. f. Sorte de maladie. *Maigrugi.*

MARÂTRE. s. f. *Meirastro.*

MARAUDER. v. n. *Ana en marodo. Maroouda.*

MARAUDEUR. s. m. *Ravajhur de campagno.*

MARC. s. m. Restant résidu, du fruit. *Marc.* — Marc des amandes et des noix. *Pasteou.* — Des olives. *Grignoun.* — Des raisins. *Raco.*

MARCHANDER. v. a. *Marcandejha.*

MARCHÉ. s. m. *Marcat.*

MARCHE-PIED. s. m. *Marcho.ped.*

MARCHER. v. n. *Marcha Camina.*

MARCHEUR. s. m. Qui marche. *Marchaire.*

MARCOTTE DE VIGNE. s. f. *Cabus.*

MARCOTTER LA VIGNE. v. a. *Cabusso. Faire de courbados.*

MARDI. s. m. Troisième jour de la semaine. *Dimar.*

MARE. s. f. Amas d'eaux staguantes. *Suèyo. Sagnas. Negateou.*

MARÉCAGE. s. m. *Palun. Louino.*

MARÉCAGEUX , EUSE. adj. *Negadis. Negateou.*

MARÉCHAL-FERRANT. s. m. *Manechaou.*

MARGAJAT. s. m. Terme de mépris qu'on donne aux petits garçons. *Mardacié.*

MARGELLE. s. f. *Bord d'un pous.*

MARGOUILLIS. s. m. Gâchis. *Fangas.*

MARGUERITE. s. f. Nom de femme. *Goutoun. Dido. Didoun. Margou-*

toun. — s. f. Fleur. *Margaridetto.*

MARGUILLIER. s. m. Qui régit l'œuvre d'une parroisse. *Fabricien.*

MARJOLET. s. m. Terme de mépris. *Jolicur. Fresquetto.*

MARI. s. m. Époux. *Home.*

MARIAGE. s. m. Union d'un homme avec une femme. *Mariagi.*

MARIE. s. f. Nom de femme. *Mietto. Marietto. Mioun. Marioun.*

MARIER. v. a. *Marida.* — Marier sa fille. *Chabi sa fiho.*

MARIÉS (NOUVEAUX). s. m. *Novis. Nouveaux maridas.*

MARINER. v. a. *Marina.*

MARJOLAINE. s. f. Plante odoriférante. *Majhurano.*

MARMELADE. s. f. Au figuré et par mépris. *Poutité.*

MARMITE. s. f. Pot. *Oulo. Pignato.*

MARMONNER. v. n. *Remooumia. Marrounia.*

MARMOTTER. v. n. *Repepia.*

MAROTTE. s. f. Caprice. *Tiphou. Marotto.*

MAROUFLE. s. m. Terme de mépris. *Gusas.*

MARQUER. v. a. *Marqua.*

MARRAINE. s. f. *Meirino.*

MARRE. s. f. Sorte de bêche. *Eissado.*

MARRI, IE. adj. Fâché. *Facha, ado.*

MARRON. s. m. Fruit. *Castagno.*

MARRONNIER. s. m. Arbre. *Castagnié.*

MARRUBE. s. m. Plante. *Bouenrible.*

MARS. s. m. Menus grains que l'on sème au mois de mars. *Transaihos.*

MARTAGON. s. f. Sorte de lys sauvage. *Hic'i-rouge.*

MARTEAU. s. m. Outil. *Marteou.*

MARTELER. v. a. Battre à coups de marteau. *Tabasa.*

MARTELER (SE) LA TÈTE. Fatiguer l'esprit. *S'estanaiha la testo.*

MARTINET. s. m. Oiseau. Espèce d'hirondelle. *Roudeiroou. Barbeiroou. Marletto.*

MARTINET PÈCHEUR. s. m. Oiseau de rivière. *Arnié. Alcyoun.*

MASQUER (SE). v. récip. Se mettre un masque. *S'enmasca.*

MASSACRE. s. m. *Chaple. Tuari.*

MASSACRER. v. a. *Massacra. Tua.*

MASSE. s. f. Plante marécageuse. *Sagno.*

MASSUE. s. f. *Massugo.*

MATAMORE. s. f Faux brave. *Marjhasso.*

MATASSE. s. f. Poignée ou queue de brins de chanvre. *Manado.* — Liasse d'écheveaux de soie. *Mataou.*

MATELASSIER. s. m. Artisan. *Matelassiaire.*

MATELOT. s. m. *Matalot.*

MATELOTTE. s. f. Sorte de mets de poissons bouillis. *Bouiho-baisso.*

MATER. v. a. Mortifier. *Morzi. Amorzi.*

MATINAL, ALE. adj. *Matinié, ièro.*

MATINÉE. s. f. Partie du jour. *Matinado.*

MATINEUX, EUSE. adj. Qui se lève mati. *Matinié, ièro.*

MATOIS, OISE. adj. et s. Rusé, ée. *Finochou, ocho.*

MATOU. s. m. Gros chat. *Gatas.*

MATRICAIRE. s. f. Plante et fleur. *Boutoun d'argent.*

MATRICE. } s. f. Registre.
MATRICULE. } *Sepoun.*

MATTEAU. s. m. Liasse d'écheveaux de soie. *Mataou.*

MAUDIRE. v. a. *Souhaita de maou.*

MATURATIF, IVE. adj. Qui fait mûrir. *Que maduro.* — Qui fait suppurer. *Que tiro.*

MAUGRÉER. v. n. Jurer. Détester. *Sacrejha.*

MAURE. s. m. Nom de peuple. *Mourrou.*

MAUSSADE. adj. de t. g. *Maou enjhoumbria. Mouat basti.*

MAUVAIS, AISE. adj. *Marri, ido.* — Mauvaise année. *Mal-an.*

MAUVAISETE. s. f. État d'une chose qui n'est pas bonne. *Marideta. Marridec.*

MAUVE. s. f. Plante. *Mavo. Maougo. Maouvo.* —Sauvage. *Canebas.*

MAUVIETTE. s. f. Espèce d'alouette. *Bedouvido.*

MAUVIS. s. m. Sorte de grive. Oiseau. *Tourdre.*

MAXIME. s. m. Nom d'homme. *Maime.* — s. f. *Santanço.*

MAXIMIN. s. m. Nom d'homme. *Meixemin*

MAYE. s. f. Terme d'art. Caisse d'un moulin ou d'un pressoir. *Caisso.*

MÉCHANCETÉ. s. f. *Marridarie. Mechantiso.*

MÉCHANT , ANTE. adj. *Deifia. Marri , ido.*

MÈCHE. s. f. Cordon de coton qu'on met dans les chandelles. *Blet. Bled.*

MÉCHER. v. a. Terme de marchand de vin. *Estuba.*

MÉCOMPTE. s. m. Erreur de calcul. *Debesconti.*

MÉCOMPTER (SE). v. récip. *Si debescounta.*

MÉCONIUM. s. m. Excrement noir que rend un nouveau né. *Pego.*

MÉCONNAITRE (SE). v. récip. *Si mescounouisse.*

MÉDECIN. s. m. Officier de santé. En vieux provençal. *Megi.* Aujourd'hui. *Medecin.*

MÉDECINER. v. a. et récip. *Purjha.* Par mépris. *Si poutringa. Poutringuejha.*

MÉDIANOCHE. s. f. Repas que l'on fait après minuit. *Reveyoun.*

MÉDIOCRE. adj. de t. g. *Mejhan, ano. Mejhancië , ièro.*

MÉDIRE. v. n. *Destrata.*

MÉDISANT , ANTE. adj. et s. *Destratour.*

MÉDITER. v. a. et n. Penser. *Medita. Reflechi.*

MÉFIANCE. s. f. Soupçon en mal. *Meifisenço.*

MÉFIANT , ANTE. adj. et s. *Meifisent , ento.*

MÉFIER (SE). v. récip. Ne pas se fier. *Si meifisa.*

MÉGÈRE. s. f. Méchante femme. *Demoun. Furie.*

MÉGISSIER. s. m. Peaussier. *Coouqueiran. Tannur.*

MEIGLE. s. f. Sorte de pioche. *Maquou. Bichard.*

MEILLEUR , EURE. adj. *Mihou. Mihouë.*

MÉLANCOLIE. s. f. *Pegin. Cagnu.*

MÉLANCOLIQUE. adj. de t. g. *Peginous , ouë. Adoulenti.*

MÉLANGER. v. a. Faire un mélange. *Melanjha. Mela.*

MÉLÉE. s. f. Mélange de paille et de foin, etc. *Mesclo.*

MÊLER. v. a. Mettre ensemble. Mélanger. *Mela. Mescla.* —Brouiller. *Embuya.*

MÊLER (SE). v. récip. S'entremettre. *Si mela. Si mescla.*

MÉLÈZE. s. m. Arbre forestier. *Mèle.*

MÉLÈZE (THÉREBENTINE DU). *Escourraou.*

MÉLISSE. s. f. Plante à odeur de citron. *Pouncirado. Citrounello.*

MELON. s. m. Fruit cucurbitacé. *Meloun.*

MELONGÈNE. s. f. Plante et légume. *Merinjhano.*

MÉMOIRE. s. f. Faculté de se ressouvenir. *Memori.* — Facture. *Conte.*

MÉNAGE. s. m. *Meinagi.*

MÉNAGER. v. a. User d'économie. *Gooubejha. Espargna.* — Le pain ou la viande qu'on mange. *Si coumpanejha.*

MÉNAGER. adj. et s. Qui épargne. *Meinagie , ièro.*

MENDIER. v. a. Demander l'aumône. *Quista. Mandia.*

MENDOLE. s. f. Poisson de mer. *Emendoulo.*

MENÉE. s. f. Intrigue. *Maniganço.*

MENER. v. a. Conduire. Guider. *Mena. Aduerre.* — Paître le troupeau. *Larga l'avet.*

MÉNÉTRIER. s. m. Joueur d'instrument. *Menustrie.*

MENEUR , EUSE. s. Qui mène. *Menaire.*

MENSONGE. s. m. *Craquo. Mesonjho.*

MENTEUR , EUSE. adj. et s. *Mesounjhie , ièro.*

MENTON. s. m. Partie du visage. *Mentoun.*

MENTONNIÈRE. s. f. Bande sous le menton. *Mentounièro.*

MENSTRUES. s. f. Maladie périodique des personnes du sexe. *Reglos. Ourdinaris.*

MENTHE SAUVAGE. s. f. Plante à odeur forte. *Mentastre.* — Cultivée *Mento.*

MENUAILLE. s. f. Petites choses *Revoudaries. Bachiquelos.*

MENUISERIE. s. f. Art de travailler le bois. *Menusarië.*

MENUISIER. s. m. Artiste. *Menusië. Fustic.*

MÉPRENDRE (SE). v. récip. *Si debescounta.*

MÉPRIS. s. m. *Mespres.*

MÉPRISE s. f. Erreur dans un compte. *Debesconti.*

MÉPRISER. v. a. *Mespresa.*

MER. s. f. Grand amas d'eau. *Mar.*

MERCREDI. s. m. Le quatrième jour de la semaine. *Mecre. Dimecre.*

MERCURE. s. m. Métal. *Argentviou.*

MERCURIALE. s. f. Plante. *Mourturiaou. Cagarello.*

MERDEUX, EUSE. adj. et s. *Mardoux, ouè*

MÈRE. s. f. Qualité relative. *Mero Maire.* Grand'mère. *Mere-grand.*

MÉRELLE. s. f. Sorte de jeu d'enfant. *Marollo.*

MÉRIDIENNE. s. f. Somme après le dîner. *Roupihado.*

MÉRISE. s. f. Cerise sauvage. *Ayrufien saouvagi.*

MÉRISIER. s. m. Arbre. Cerisier des bois. *Grafiouniè saouvagi.*

MERLAN. s. m. Poisson de mer. *Marlan. Marlus.*

MERRAIN. s. m. Bois propre à faire des douves. *Plechoun.*

MERLUCHE. s. f. Morue sèche. *Marlusso.*

MES. pronom pers. *Meis. Mes.*

MÉSANGE. s. f. Très-petit oiseau. *Lardie. Lardeiretto. Pimparvin.*

MÉSENTÈRE. s. m. Terme de boucherie. Membrane du bœuf et du mouton. *Fraizo. Rojhe. Rojhou.*

MÉSOFFRIR. v. n. Offrir moins que la valeur. *Tira eis cambos.*

MESSAGER, ÈRE. s. Qui fait un message. *Messagie, ièro.*

MESURAGE. s. m. Action de mesurer. *Mesuragi.*

MESURER. v. a. Déterminer une quantité en longueur. *Mesura.*

MESUREUR PUBLIC. s. m. *Mesuraire. Censaou. Courratiè.*

MÉTAIRIE. s. f. *Bastido. Meinagi.*

MÉTAYER. s. m. *Rendiè. Meqiè. Bastidan.*

MÉTEIL. s. m. Blés mêlés. *Metadiè. Counsegaou.*

MÉTICULEUX. adj. Craintif qui a peur de déplaire. *Moussu varci.*

MÉTIER. s. m. *Mestiè.* — Métier deviné. Sorte de jeu d'enfant. *De-*

vino-couesto. Tintamporto. Telitaporto.

MÈTRE. s. m. Nouvelle mesure qui remplace la demi canne. *Quatre pans.*

METS. s. m. pl. *Pitanço. Fricot.*

METTRE. v. a. *Bouta.* Se mettre à table. v. récip. *S'entooula.* — Chasser. Mettre dehors. *Tapa de fouèro.* Mettre le feu quelque part. *Tapa fucch.*

MEUBLE. s. m. Ustensile, etc. *Moble.*

MEUBLE. adj. f. *Moouvadis, isso.* Terre meuble. *Terro moouguelo.*

MEUBLER. v. a. Garnir de meubles. *Mubla.*

MEULE. s. f. Pierre taillée en roue. *Rodo.* — De moulin. *Peiro de moulin.* — A aiguiser. *Peiro d'amouèlo.* — Tas de foin. *Mouloun de fen.*

MEUNIER, IÈRE. s. Celui qui conduit et fait aller un moulin. *Moounie, ièro.*

MEURTRE. s. m. Action de tuer. *Murtre.*

MEURTRIR. v. a. *Maca.*

MEURTRISSURE. s. f. *Macaduro. Agnoco.*

MÉVENDRE. v. a. Vendre à vil prix. *Sacrifica. Douna per ren.*

MI-AOUT. s. f. Milieu du mois d'août. *Miech-aoust.*

MI-CARÊME. s. f. Milieu du carême. *Miech-caremo.*

MINAUDER. v. a. *Flatia. Flatejha.*

MINAUDERIES. s. f. plur. Manières et actions affectées. *Flatarie. Manclarie.*

MIAULER. v. n. On le dit du cri du chat. *Mioula. Mioura.*

MICHEL. s. m. Nom d'homme. *Miqueou. Michou.*

MICACOULE. s. f. Fruit ou baie du micacoulier. *Falabrego. Chicoulo. Fabrigouro.*

MICACOULIER. s. m. Arbre. *Falabrequiè. Fabrigourie.*

MICROSCOPE. s. m. *Pouertovisto.*

MIDI. s. m. Le milieu du jour. *Mirjhour.* — Vent du midi. *Marin.* Avoir le vent du midi. *Marina.*

MIE de pain. s. f. *Mouledo. Moudelo.*

MIEL. s. m. Suc doux que les

abeilles tirent des fleurs. *Meou.*

MIEN , MIENNE. adj. posses. *Miou, miouvo.*

MIETTE de pain. *Mietto.* Brié.

MIEUX. adv. *Miou. Mies.*

MIGEOTER. v. a. Terme de cuisine. *Bouhi d'aize. Mitouna.*

MIGNARD , ARDE. adj. Gracieux. Délicat. *Fin. Delicat.*

MIGNARDER. v. a. Traiter délicatement. *Poupouneyha.*

MIGNARDISE. s. f. Délicatesse. Caresses. *Teta doux.*

MIGNON , ONE. s. m. Bien aimé. Le préféré aux autres. *Mignot , otto.*

MIGNON , ONNE. adj. Délicat. Délié. *Mignoun , ouno.*

MIGNOTER. v. a. Traiter délicatement. *Poupouna.* Voyez MIGNARDER.

MIJAURÉE. s. f. Précieuse. *Sucrado. Similicanto.*

MIL , MILLET. s. m. Grain. *Mei.*

MILAN. s. m. Poisson volant. *Belugo.*

MILIEU. s. m. Centre. *Mitan.*

MILLE-PERTUIS. s. m. Plante vulnéraire. *Herbo de Sant Jhan.*

MILLE-PIEDS. s. m. Insecte. *Galèro.*

MILLEROLLE. s. f. Mesure de convention pour le vin et l'huile. *Mherolo.*

MILLÉSIME. s. m. Date inscrite sur un livre, une monnaie, etc. *Mileime.*

MINAUDER. v. n. Flatter. Cajoler. *Faire lou beou-beou. Flatejha.*

MINAUDIER , IÈRE. s. *Flatiè.* Maneou. *Manélo.*

MINCE. adj. de tout genre. *Prim, primo.*

MINER. v. a. Creuser une mine. *Mina.*

MINAUDERIES. s. f. Manières affectées. *Er flatiè.*

MINET , ETTE. s. Petit chat. *Catoun. Mounet. Mouno.*

MINEUR. s. m. Ouvrier de mines. *Minur.* — Qui est en tutelle. *Minour.*

MINOIS. s. m. Figure. Visage. *Mourroun. Caro.*

MINUIT. s. f. Milieu de la nuit. *Miegeo-nuech.*

MINUTIEUX , EUSE. adj. *Patet, patéto.*

MIRER. v. a. Viser. *Amira.* — v. récip. *Si miraiha.*

MIRMIDON. s. m. Enfant de peu de considération et de petite taille. *marduciè , ièro.*

MIROIR. s. m. Glace de verre. *Miraou.* — OEufs au miroir. Terme de cuisine. *Uoux escayas.*

MIS , MISE. adj. Vêtu, ue. *Mes, messo.*

MISSEL. s. m. Livre d'Église pour la messe. *Missaou.*

MISSIONNAIRE. s. m. *Missiounari.*

MITE. s. f. Petit ver. *Verme doou froumagi.*

MITON. MITAINE (ONGUENT). s. m. *Enghen de mestre Arnaoud.*

MODÈLE. s. m. Exemplaire. Patron. *Moudèle.*

MODÉRER (SE). v. récip. *S'adouci. Si moudera.*

MODERNE. adj. de t. genre. *Nouveou.*

MOELLE. s. f. Substance molle contenue dans la concavité des os, et au dedans de certains arbres. *Mevoulo. Mcoulo.*

MOI. pronom de la première personne. *Iou.*

MOIGNON. s. m. *Mougnoun.*

MOINDRE. adj. de tout g. *Mendre. Mendro.*

MOINEAU. s. m. Oiseau. *Passeroun.*

MOINE. s. m. Religieux. *Mouine.*

MOINS. adv. *Men. Mens.*

MOIS. s. m. Une des douze parties de l'année. *Mes.* — Durée d'un mois. *Mesado.*

MOISIR. v. a. et récip. Chancir. *Mousi. Flouri.*

MOISISSURE. s. f. *Mousiduro.*

MOISSINE. s. f. Branche de vigne avec les grappes. *Visado.*

MOISSON. s. f. Récolte des blés. *Meissoun.*

MOISSONNER. v. a. *Meissouna.*

MOISSONNEUR. s. m. Celui qui moissonne. *Meissouniè.*

MOITE. adj. de t. g. Humide. *Patoux , ouè.*

MOITEUR. s. f. *Humidita.*

MOITIÉ. s. f. *Mita.*

MOLAIRE (DENT). adj. *Dent grosso.*

MOLIÈRE. s. f. Terre grasse et marécageuse. *Moulièro.*

MOLLASSE. adj. de t. g. Désagréablement mou au toucher. *Patoux*, *oué*. Pain mollasse. *Pan courrejhoux*, *relanqui*.

MOLLET. s. m. Gras de la jambe. *Bouteou*.

MOLLET , ETTE. adj. *Imou*. *Moui*. *Tendre*.

MOLLIR v. n. Céder lâchement. *Lacha*. Faire *lanquetto*.

MOLLIFIER. v. a. Terme de médecine. *Remouli*.

MON. pronom possessif. *Moun*.

MONASTÈRE. s. m. Demeure des religieuses. *Couvent*.

MONCEAU. s. m. Amas en mont. *Mouloun*.

MONDE. s. m. L'univers , etc. *Mounde*.

MONDER. v. a. Nettoyer. *Tria*. — Enlever la peau des grains. *Eigruya*.

MONDIFIER. v. a. *Nettejha*.

MONDIFICATIF. adj. *Que nettejho*.

MONNAIE. s. f. *Mounedo*. Hôtel-des-monnaies. *Mounedie*.

MONNOYEUR. s. m. *Mounedie*.

MONOPOLE. s. m. *Manipolo*.

MONOSPERNOM. s. m. Lampsane. Plante. *Lasceno*.

MONSIEUR. s. m. *Moussu*. Petit monsieur , bourgeois pauvre. *Mousseirot*. — Messieurs. *Messies*.

MONSTRE. s. m. *Mouestre*.

MONT. s. m. *Mountagno*. *Couelo*. *Coulet*.

MONTAGNARD , ARDE. s. *Gravouc*, *gravouetto*.

MONTÉE. s. f. *Mountado*. *Visclo*.

MONTER. v. a. *Mounta*.

MONTICULE. s. m. *Mounticulo*. *Coulet*.

MONTOIR. s. m. Ce qui sert pour monter plus aisément à cheval. *Mountadou*. *Mountaire*.

MONTRE. s. f. Horloge de poche. *Mouestro*. — Échantillon quelconque. *Mouestro*. — Échantillon pour déguster. *Tasto*.

MONTRER. v. a. Indiquer. Faire voir. *Moustra*. *Ensegna*.

MOQUER (SE). v. récip. Se railler. *Si trufa*.

MOQUERIE. s. f. *Trufarie*. *Trufo*.

MOQUEUR, EUSE. s. et adj. *Trufet, etto*.

MORAILLON. s. m. Terme de serrurier. *Oouberouniero*.

MORBLEU. Sorte de jurement. *Mardisco*. *Mardiouri*.

MORCEAU. s. m. *Mouceou*. *Troues*. *Taihoun*. *Techou*. — Terme d'agr. Petite étendue de terrain distingué du restant , par sa qualité ou par l'aspect des plantes qui y sont sur pied. *Varet*.

MORCELER. v. a. Diviser par morceaux. *Eibria*. *Especa*.

MORDILLER. v. a. Mordre légèrement et à plusieurs reprises. *Mouciga*.

MORDRE. v. a. *Mouerdre*. *Mouciga*. *Moucela*. Au fig. Mordre à la grappe. *Douna dedin*.

MOREAU. s. m. Sorte de panier de spartz pour affourager une bête de somme. *Mourraou*.

MORELLE. s. f. Plante. *Mourelletto*. *Couterlo*.

MORFIL. s. m. *Mourfiou*.

MORFONDRE. v. récip. S'ennuyer à attendre. *Si marfoundre*.

MORFONDURE. s. f. Maladie. *Marfoundament*.

MORGELINE. s. f. Plante. *Paparudo*.

MORGUER. v. a. Braver. *Mourga*.

MORIBOND , ONDE. adj. et s. *Mouribound , oundo*.

MORILLE. s. m. Sorte de champignon de vigne bon à manger. *Bouret*, *Mouriho*.

MORILLON. s. m. Sorte de raisin noir. *Mourvede*. *Mourveque*.

MORNIFLE. s. f. Coup de main sur le visage. *Mougno*. *Moustachoun*.

MOROSE. adj. Se dit des pensées , de l'humeur. *Soumbre*. *tristo*.

MORT. s. f. *Mouer*.

MORTE-PAYE. s. m. Personne à charge dans une maison. *Souquet*. *Ciqoues*.

MORTEL , ELLE. s. et adj. *Mourtaou*. *Mourtalo*.

MORTIER. s. m. Vase pour piler. *Mourtie*.

MORTIFICATION. s. f. Austérité. *Mourtificacien*.

MORTIFIER. v. a. Humilier. *Mourtifica*.

MORUE. s. f. Poisson salé. *Marluço*.

MORVE. s. f. Excrément visqueux qui sort par les narines. Mecho. Mourveou. — Maladie des chevaux. Morvo.

MORVEUX, EUSE. adj. et subs. Mechoux, ouè. — Terme de mépris qui se dit aux enfants. Mourveloux, ouè.

MOTET. s. m. Verset d'un pseaume mis en musique. Moutet.

MOTION. s. f. Proposition dans une assemblée. Moution.

MOTTE s. f. Morceau de terre détaché du reste. Moutto.

MOU, MOLLE. adj. Mouei, mouello.

MOU. s. m. Poumon d'un animal. Leou.

MOUCHE. s. f. Petit insecte ailé. Mousco. Mouisso.

MOUCHER. v. a. et récip. Mouca.

MOUCHERON. s. m. Insecte. Petite mouche. Mouissoun. — D'une lampe. Bled. Mmc.

MOUCHOIR. s. m. Moucadou. — De cou pour femme. Fichu. — De cou pour homme. Cravato.

MOUCHURE. s. f. Bout du lumignon d'une chandelle mouchée. Mouc.

MOUCLE. Voyez MOULE, Coquillage.

MOUDRE. v. a. Moourre. Moudre le blé. Faire farino.

MOUE. s. m. Grimace. Mauvaise humeur que l'on témoigne par son air et son silence. Moro. Bébo. Mino.

MOUETTE. s. f. Oiseau de mer. Gabian. Banelo.

MOUFLARD, ARDE. s. Qui a le visage gros et rebondi. Moufleti. Mouffletto.

MOUFLE. s. m. Assemblage de poulies pour lever un fardeau. Palan.

MOUILLER. v. a. Humecter. Bagna. Remuiha.

MOUILLETTE. s. f. Petite tranche de pain. Lesco.

MOUILLOIR s. m. Petit vase d'une fileuse. Bagnouar.

MOUILLURE. s. f. Bagnaduro.

MOULANT. s. m. Terme hydraulique. Certain volume d'eau. Mourren.

MOULE. s. m. Mouele.

MOULE. s. m. Coquillage bivalve. Muscle.

MOULER. v. a. Moula.

MOULIN. s. m. Mourin.

MOULEUR EN PLATRE. s. m. Santibeliaire.

MOULINÉ, ÉE. adj. On le dit du bois percé par les vers. Arna. Chirouna, ado.

MOULINET. s. m. Sorte de jouet d'enfant. Reviro-gaou.

MOULU, UE. part. Pulvérisé. En farino. Moougu. — Meurtri de coup ou accablé de fatigue. Roumpu.

MOURANT, ANTE. adj. Mourent, ento.

MOUROU. s. m. Anagallis. Plante. Mouroun.

MOURON. s. m. Lézard jaune. Arabreno.

MOUSCLE. s. f. Coche d'un fuseau. Mouscoulo.

MOUSSE. s. m. Jeune matelot. Moussi.

MOUSSE. adj. Il se dit des outils et ferrement, dont la pointe et le tranchant sont usés. Mouttu, udo.

MOUSSERON. s. m. Sorte de champignon. Barbu.

MOUT. s. m. Jus des raisins. Moust. Rut.

MOUTON. s. m. Bélier châtré. Moutoun. — D'une cloche. Bassegue. Sepoun.

MOUTURE. s. f. Salaire en grain de celui qui moût le blé. Moouturo.

MOUVANT, ANTE. part. Que si bouleqo.

MOUVOIR. v. a. et récip. Remuer. Bouleq.

MOYEN, ENNE. adj. Mejhan, ano. Mejhancie, ièro. Mouyen.

MOYEU. s. m. Milieu d'une roue. Bouteun. — D'un œuf. Jhaoune. Rousso d'uou.

MUABLE. adj. de t. g. Inconstant. Changeant, anto.

MUE s. f. On le dit des vers-à-soie. Mudo.

MUER. v. n. Changer de poil, de peau, etc. Muda. Pluma. Pooumia.

MUET, ETTE. adj. Mut, muto.

MUFLE. s. m. Museau d'un bœuf. Mourre.

MUFLE DE VEAU. s. m. Plante. Lupi.

MUGE. s. m. Poisson. Mujhou.

MUGUETER. v. a. Courtisa. — Au fig. Convoiter quelque chose. Calegna.

MULE. s. f. Bête de somme stérile. *Muèro. Miolo.* — Sorte de chaussure. *Pantouflo.* Enflure aux talons. *Tigno.*

MULET. s. m. Quadrupède domestique, stérile. *Muou.* Garder le mulet. prov. *Mettre de piquet.*

MULETIER. s. m. Celui qui conduit des mulets. *Mulatiè.*

MULETTE. s. f. Estomac des jeunes bêtes ruminantes. *Preou. Priuroun.*

MULOT. s. m. Petit animal. *Rato-courto.*

MULTIPLICATEUR. s. m. Terme d'arithmétique. *Multiplicatour.*

MULTIPLICATION. s. f. Terme d'a-rithmétique. *Multiplicatien.*

MULTIPLIER. v. a. Augmenter un nombre. *Multiplica.*

MUNICIPAL. s. et adj. *Municipaou.*

MUNICIPALITÉ. s. f. *Municipalita.*

MUR. s. m.   } subst. *Paret.*

MURAILLE. s. f.   } *Muraiho.* — d'une ville. *Barri.*

MUR, MURE. adj. *Madur, maduro.*

MURE. s. f. Fruit du mûrier. *Amouro.* — De renard. *Amouro de Roumi* ou *de tirasso.*

MURER. v. a. *Muraiha. Boucha.*

MURIER. s. m. Arbre qui porte des mûres. *Amouriè.*

MURIR. v. n. Devenir mûr. *Madura.*

MURMURE. s. m. Brouhaha. *bisbis.*

MURMURER. v. n. Se plaindre. *Marmoutia. Remooumia.*

MUSARD. s. m. Badaire. *Escoutaire.*

MUSEAU. s. m. *Mourre. Museou.*

MUSELER. v. a. Mettre une muselière. *Muscla.*

MUSELIÈRE. s. f. Ce qu'on met à quelques animaux pour les empêcher de paître ou de mordre. *Mourraihoun.*

MUSER. v. n. Flaner. *Tourdoulia.*

MUTIN, INE. adj. et s. *Mouscoux. Mooudourou.* — Au fig. *Muou.*

MUTINER (SE) v. récip. Faire *lou muou.*

MUTINERIE. s. f. *Muratiado. Mutinado.*

MYOPE. s. et adj. de t. g. Qui a la vue fort courte. *Lusquet, etto. Visto basso.*

MYOPIE. s. f. *Visto basso.*

MYRTHE. s. m. Arbrisseau toujours vert. *Nerto. Murto.*

MYSTÈRE. s. m. Secret. *Mystèri.*

MYSTÉRIEUX, EUSE. adj. Secret, etc. *Mysterioux, oué.*

MYSTIFIER. v. a. Faire accroire pour ridiculiser. *Mystifica.*

N

NABOT, OTTE. s. qui est de bien petite taille. *Tanquet. Rebasset, etto.*

NACELLE. s. f. Petit bateau qui n'a ni mât ni voile. *Barquet. Barquot.*

NADELLE. s. f. Petit poisson de mer. *Meletto. Peissayo.*

NAGE (A LA). adv. En nageant. *A la nedo.*

NAGER. v. n. Se mouvoir sur l'eau. *Neda.*

NAGEUR. s. m. *Nedaire.*

NAGUÈRE. adv. *L'y a gaïre.*

NAIN, NAINE. s. De très-petite taille. *Nanet, etto.*

NAISSANCE. s. f. Sortie du sein de la mère. *Neissenço.*

NAITRE. v. n. *Neisse.*

NANAN. s. m. Friandise. Terme enfantin. *Momo.*

NAQUETER. v. a. Attendre. *Espera.*

NARGUER. v. a. *Si trufa.*

NARRER. v. a. Raconter. *Racounta.*

NARCISSE des prés. s. f. Fleur. *Jusièvo. Pasqueto.*

NASARDE. s. f. Chiquenaude sur le nez. *Chiquo oou naz.*

NASILLARD, ARDE. adj. *Narret, etto.*

NASILLER. v. n. Parler du nez. *Narrejha.*

NASITORT. s. m. Cresson alénois. Plante. *Nestou.*

NASSE. s. f. Instrument à prendre du poisson. *Tis. Jhambin.*

NATTE. s. f. Tresse de paille pour faire des chapeaux. *Treno.*

NATTER. v. a. *Trena.*

NAULAGE. s. m. Prix que les passagers payent au maître d'un bâteau. *Barcaqi.*

NAVÉE. s. f. charge d'un bâteau. *Barcado. Bateludo.*

NAVET s. m. Racine potagère. *Naveou.*

NAUTONIER. s. m. Conducteur de barque. *Batelié.*

NAVIGUER. v. n. Aller sur mer. *Navigua.*

NAVIRE. s. m. Bastiment.

NAVRER. v. a. Affliger profondément. *Perça lou couer.*

NÉANT. s. m. Rien. *Ren.*

NÉ, NÉE. part. Venu au monde. *Na , nado.*

NÉBULEUX , EUSE. adj. Obscurci par les nuages. *Neblous. Fousc.*

NÉCESSITÉ. s. f. Indigence. *Necessita.*

NÈFLE. s. f. Sorte de fruit acerbe. *Nespo. Gnaspo.*

NÉFLIER. s. m. Arbre. *Nespié. Gnaspié.*

NÉGLIGENCE. s. f. Manque de soin. *Negligenci.*

NÉGOCIER. v. a. Faire négoce. *Negoucia.*

NÈGRE , NÉGRESSE. Homme noir. *Mourou , mouresco.*

NÉGOCE. s. m. *Negoci.*

NEIGE. s. f. *Neou.*

NEIGER. v. imp. Tomber de la neige. *Neva.*

NEIGEUX. adj. Chargé de neige. *Anevachi.* — Temps neigeux. *Tems anevachi.*

NENNI. particule. Non. *Nani. Noun.*

NERPRUN. s. m. Arbrisseau. *Aigo-pouncho.*

NETTETÉ. s. f. *Nettici.*

NETTOYER. v. n. Rendre net. *Nettejha. Escura.*

NERVEUX , EUSE. adj. Qui porte sur les nerfs. *Nervoux , oué.*

NEUF. adj. numéral. *Noou.* — Qui n'a pas servi. *Noou , novo.*

NEUVAINE. s. f. Prières pendant neuf jours. *Nouveno.*

NEVEU. s. m. Fils du frère ou de la sœur. *Nebou.*

NEZ. s. m. *Nas.*

NIABLE. adj. de tout genre. Qui peut être nié. *Negable.*

NIAIS , NIAISE. adj. *Patufeou. Tatureou. Jhoumetto. Bedigasso.*

NIAISERIE. s. f. *Patufelarié.*

NICE. ⎱ s. f. Simple. *Niaise.*
NICETTE. ⎰ *Ninoyo.*

NICHÉE. s. f. Petits oiseaux d'une même couvée. *Nisado. Niado.*

NICHER. v. n. *Nicha.*

NICHET. s. m. Œuf qu'on met près du juchoir des poules pour les engager à y pondre. *Niaou.*

NICOLAS. s. m. Nom d'homme. *Micoulaou.*

NID. s. m. Logement des oiseaux. *Nis.*

NIDOREUX , EUSE. adj. *Qu'a lou goust deis uous couadis.*

NIÈCE. s. f. Fille du frère ou de la sœur. *Nèço.*

NIELLE. s. f. Brouillard qui nuit aux grains. *Nièrado. Niale.* —Plante. *Nialo.*

NIER. v. a. Dire qu'une chose n'est pas. *Neya.*

NIGAUD. s. et adj. Sot et niais. *Fada.*

NIGROIL. s. m. Poisson. *Aoublado.*

NILLE. s. f. Petit filet de la vigne. *Fielocho.*

NIPPER. v. a. Fournir de nippes. *Nipa.*

NIVEAU. s. m. Instrument de mathématique. *Nivèou.*

NIVELER. v. a. *Nivela.*

NOCE. s. f. Festin. *Nouèço.*

NOEL. s. f. Fête catholique. *Nouvè.*

NOEUD. s. m. Enlacement de quelque chose , etc. *Nous.* —Du bois. *Sin.*

NOGUET. s. m. Petit panier. *Banestoun.*

NOIR , NOIRE. adj. *Negre , negro.*

NOIRATRE. adj. Tirant sur le noir. *Negrineou , ello.*

NOIRCIR. v. a. Rendre noir. *Mascara. Ennegri.*

NOISE. s. f. Querelle. *Buiro.* Qui cherche noise. *Bouto-buiro.*

NOISETTE. Fruit à coquille. *Avelano.*

NOISETIER. s. m. Arbre. *Avelanié.*

NOIX. s. f. Fruit du noyer. *Nose. Nouiho.*

NOM. s. m. *Noum.*

NOMBRIL. s. m. Partie qui est au milieu du ventre de l'homme. *Embourigou.*

NOMBRIL DE VÉNUS. s. m. Plante

grasse. *Escudet.*

NOMMER. v. a. Donner un nom. *Noumma.*

NON. Particule négative. *Nani.*

NON PLUS. adv. *Ni-mai. Tan-paou.*

NONCHALANCE. s. f. *Negligenço. Plan.*

NONCHALANT, ANTE. adj. *Plan. Senso voyo.*

NONNETTE. s. f. dim. Jeune none. *Mounjhetto.*

NORD. s. m. Vent du nord. *Tramountano. Mountagnièro.* — Vent du Nord-est. *Gregaou. Greguli.* Vent du Nord-ouest. *Mistraou.*

NOS. pron. poss. *Nouesteis.*

NOSTALGIE. s. f. Maladie du pays. *Maou doou pays.*

NOTAIRE. s. m. Officier qui passe les actes publics. *Noutari.*

NOTARIÉ. adj. *Noutariat.*

NOTRE. pron. poss. *Noueste. Nouestro.*

NOUÉ, ÉE. adj. Rachitique. *Nousa, ado.*

NOUER. v. a. Faire un nœud. *Nousa.* — Terme d'agr. *Reteni.* Nouer l'aiguillette. *Embarna.*

NOUET. s. m. Drogue dans un petit sachet. *Panouchoun. Pipooudoun.*

NOUEUX, EUSE. adj. On le dit du bois. *Sinoux. Plen de sins.*

NOURRIR. v. a. Allaiter. *Allacha.*

NOUS. pron. *Naoutres. Naoutreis.*

NOUURE. s. f. Maladie. Rachitis. *Nousaduro.*

NOVALE. s. f. Terre nouvellement défrichée. *Routo.*

NOVEMBRE. s. m. Le onzième mois de l'année. *Nouvembre.*

NOVICE. adj. et s. Nouveau religieux. *Nouvici.*

NOYAU. s. m. Partie dure et ligneuse qui se trouve au milieu de certains fruits. *Marmaihoun. Mevouihoun. Nouyeou.*

NOYER. s. m. Arbre qui porte des noix. *Nouguiè.*

NOYER. v. a. Faire mourir dans l'eau, inonder. *Nega.* Se noyer. *Si nega.* — Noyer le meunier. *Faire la truèyo.*

NU, NUE. adj. Qui n'est point vêtu. *Nud, udo. Nus, uso.*

NUAGE. s. m. *Niou. Niouras. Nuagi.*

NUANCER. v. a. Assortir les couleurs. *Nuança.*

NUBILE. Garçon ou fille nubile. *Calegnaire. Calegneiris.*

NUÉE. Au fig. Multitude de personnes ou d'oiseaux. *Neblo.*

NUIRE. v. n. Faire tort. *Pourta tort.*

NUIT. s. f. *Nuech.* A la nuit tombante. *Oou calabrun. Entre chin et loup.*

NUITÉE. s. f. *Nuechado.*

NUL, NULLE. adj. Sans valeur. *Ren.* — Pas un. *Degun. Ges.*

NUPTIAL. adj. Des nôces. *Nuptiaou.*

NUQUE. s. f. Derrière du cou. *Coutet. Coupet.*

OBÉIR. v. n. *Ooubei.*

OBÉSITÉ. s. f. Excès d'embonpoint. *Trooudegraisso.*

OBIER. s. m. Arbrisseau. *Pamblanc.*

OBIT. s. m. Terme de liturgie catholique. *Sarvici Cantat.*

OBLIGÉ. adj. Nécessaire. *Ooubligea.*

OBLIGEANT, ANTE. adj. Officieux. *Surviciable.*

OBLIQUE. adj. de t. g. *Touer, arto. De cairo.*

OBLIQUEMENT. adv. *De biai*

OBOLE. s. f. Ancienne monnaie. *Pachaou.*

OBSCUR, URE. adj. Parlant des lieux. *Sourn, sourno. Souloumbroux, oué.* — En parlant des couleurs. *Encre, encro. Brun. Founça, ado.*

OBSCURCIR (S'). v. récip. Parlant du temps. *Si faire sourn.*

OBSCURITÉ. s. f. Absence de la lumière. *Sournièro.*

OBSÉDER. v. a. Importuner. *Embouni.*

OBSÈQUES. s. f. Funérailles. *Enterrament.*

OBSERVATION. s. f. Action d'observer *Ooubservatien.*

OBSERVER. v. a. *Teni d'amen.*

OBSTINÉ , ÉE. partic. et adj. *Testard , ardo Testu , udo.*

OBSTINER. (S'). v. a. et récip. S'entesta. S'ooupignastra.

OBSTRUER. v. a. *Gena.* Embarrassa

OCCASION. s. f. Sujet. *Ooucasien.*

OCCASIONNER. v. a. *Estre l'encaouvo.*

OCCIDENT. s. m. Partie du monde opposée à l'Orient. *Couchant.*

OCCIPUT. s. m. Le derrière de la tête. *Coupet. Coutet.*

OCCULTE. adj. *Cacha.*

OCCUPATION. s. f. *Ooupatien.*

OCCUPER. v. a. et récip. *Ooucupa.*

OCRE. s. m. Terre ferrugineuse jaune ou rouge. *Ocro. Bori.*

OCTANTE. adj. num. *Huetanto.*

ODEUR. s. f. *Sentido. Ooudour.*

ODIEUX, EUSE. adj. *Ooudioux, ouè. Ordre. Orre.*

ODORANT , ANTE. adj. *Que sente bouèn.*

ODORAT. s. m. *Sentido. Bouen nas.*

ODORIFÉRANT, ANTE. adj. *Qu'embaoumo.*

OEIL. s. m. L'organe de la vue. *Hueil.* — Qu'on voit dans le pain. *Traou.*

OEILLADE. s. f. Regard. Coup d'œil. *Uyado. Coou d'huei.*

OEILLÈRE. adj. Dent œillère. *Dent deis huyaoux.*

OEILLET. s. m. Fleur odoriférante. *Ginouflado. Uyet.* — Trou en forme d'œil. *Uyet.*

OEILLETON. s. m. Terme de jardinier. *Fiholo. Coustado.*

OEILLETTONNER. v. a. t. d'horticulture. *Tria. Leva leis coustados.*

OEUF de poule et de toute sorte d'oiseaux. s. m. *Uou.* — Gâté ou couvi. *Coundis.*

— Ardé. *Senso crouyeou.* — Pochés. Terme de cuisinier. *Escaihas.* — Qu'une mouche dépose sur la viande. *Vien.*

OEUVRE. s. f. *Obro. Besougno.*

OFFE. s. f. Spartz. *Aouffo.*

OFFENSER. v. a. et récip. *Ou-*
fença. Facha. Lagna.

OFFICE. s. m. Devoir. Prières. *Ouffici. Uffici.*

OFFICIER. v. n. Faire l'office divin. *Oufficia.*

OFFICIEUX , EUSE. adj. *Sarviciable.*

OFFRE. s. f. *Soumousto.*

OFFRIR. v. a. *Soumoundre. Ouffri.*

OFFUSQUER. v. a. Troubler , blesser les yeux. *Eibarluga. Affusca.*

OIE. s. f. Oiseau aquatique. *Aouco.*

OGNON. s. f. Bulbe de fleur. *Testo.*

OGNON. s. f. Sorte de légume ou plante potagère. *Cebo.* — Petits ognons. *Cebetto. Ceboula.* — Chapelets ou tresses d'ognons. *Res* ou *Ras* ou *Couble de cebos.*

OGNONNIÈRE. s. f. Lieu planté d'ognons. *Cebièro.*

OINDRE. v. a. *Vougne.*

OINGT, OINGTE. part. *Voun, ouncho. Vougnu, udo.*

OING. VIEUX OING. s. m. *Saïn.*

OISEAU. s. m. *Ooussou.* — Petit oiseau. *Ousselet.* Les petits oiseaux. *L'oousselun.*

OISELEUR. s. m. Qui chasse à la pipée. *Machoutie. Cassaire de fiala.*

OISIF , IVE. adj. *Que fa ren. Qu'es de lezi.*

OISILLON. s. m. *Ousselet. Oousseloun.*

OISIVETÉ. s. f. État oisif. *Oisiveta.*

OISON. s. m. Petit d'une oie. *Ouqueto , oun.*

OLÉAGINEUX, EUSE. adj. *Huiloux, ouè.*

OLIVAISON. s. f. Cueillette des olives. *Ooulivado.*

OLIVE. s. f. Fruit de l'olivier. *Ooulivo.*

OLIVETTE. s. f. Verger d'oliviers. *Vargiè. Ooulivetto.*

OLIVIER. s. m. Arbre. *Oouliviè.*

OLIVER. v. a. Cueillir , ramasser les olives. *Oouliva.*

OMBILIC. s. m. Voyez NOMBRIL.

OMBRAGE. s. m. Ombre des arbres. *Oumbragi.*

OMBRE. s. f. *Oumbro. Oumbrino.*

OMBRER. v. a. *Oumbra.*

OMELETTE. s. f. OEufs battus et cuits à la poêle. *Ooumeletto Troucho.* — Aux ognons. *Troucho à la meissounièro.* — Au petit lard ou au jambon. *Reguineou. Reguigneou.*

OMETTRE. v. a. *Manqua.*

OMOPLATE. s. m. Os de l'épaule. *Paletto. Paleiroun.*

ONCE. s. f. Poids, le seizième d'une livre. *Ounco.*

ONCLE. s. m. Frère du père ou de la mère. *Ouncle.*

ONCTION (EXTRÊME-). s. f. Sacrement de l'Église. *Sants-holis.*

ONDE. s. f. Flot, soulèvement de l'eau. *Oundo.*

ONDÉE. s. f. Pluie qui n'est pas de durée. *Raisso. Jhisclado.*

ONDOYER. v. a. Baptiser sans les cérémonies de l'Église. *Douna l'aiguo.*

ONÉREUX, EUSE. adj. Qui est à charge. *Qu'es a cargo.*

ONGLE. s. m. Corne des doigts. *Ounglo.*

ONGLÉE. s. f. Froid cuisant au bout des doigts. *Degts que bouihouns.*

ONGUENT. s. m. *Enghuen.* — Miton-Mitaine. *De meste Arnaoud.*

ONZE. adj. numéral. *Vounge.*

OPINIÂTRE. adj. de t. g. *Testard, ardo. Testu, udo.*

OPINIATRER (S'). v. récip. *S'entesta.*

OPINIATRETÉ. s. f. *Testardiso.*

OPINION. s. f. Croyance. *Ooupinien.*

OPTER. v. a. *Choousi. Soougi.*

OPPOSÉ, ÉE. part. Contraire. *Oupousa, ado.*

OPPOSER. v. a. et récip. *S'oupousa.*

OPPOSITION. s. f. Obstacle. *Oupousition.*

OPULENCE. s. f. Grande richesse. *Ooupulenço.*

ORAGE. s. m. *Chavano. Bourrascado.*

ORANGE. s. f. Fruit. *Arangi.*

ORANGER. s. m. Arbre. *Arangie. Arangelié.*

ORD, ORDE. adj. Laid. Sale. Odieux. *Ordre. Orre.*

ORDINAIRES. s. m. plur. Purgation des femmes. *Reglos.*

ORDINAIRE (A L'). adv. A l'accoustumado.

ORDINATION. s. f. Fonction épiscopale. *Ourdinatien.*

ORDURE. s. f. *Brutici.* Pourcarie. Ordures d'une maison. *Bouerdo.*

OREILLER. s. m. Coussin de lit. *Couissin. Cabes.*

OREILLE. s. f. L'organe de l'ouie. *Ouriho. Oourciho.* — D'un soulier. *Tirant.* — D'une écuelle. *Maneyo.*

OREILLONS. s. m. pl. Maladie qui fait enfler le cou. *Cournudos.*

ORFRAIE. s. f. Oiseau nocturne. *Buou-l'holi.*

ORGE. s. m. Grain. *Hordi.* — Mondé. *Eigruiha.* — Batard. *Ægilops.* — Faire ses orges. Locution. prov. *Faire seis fretos.*

ORGELET OU ORGEOLET. s. m. Tumeur à l'œil. *Arjhoou.*

ORIENT. s. m. L'un des quatre points cardinaux. *Levant.*

ORIFICE. s. m. Ouverture. *Traou.*

ORIGAN. s. m. Plante odoriférante. *Manuguetto.*

ORIGINAL. adj. et s. Bizarre. *Oouriginaou.*

ORME. s. m. Arbre. *Oume.*

ORMEAU. s. m. Jeune orme. *Pichoun oume.*

ORMIN. s. m. Plante. Grande sauge. *Bouens-homes.*

ORNER. v. a. Parer. *Alisca. Estrinca.*

OROBE. s. f. Plante légumineuse. *Mereviho. Garouetto.*

ORPIN. s. m. Plante. *Beneduc.*

ORTEIL. s. m. Doigt du pied. *Artœu.*

ORTIE. s. f. Plante. *Ourtigo.*

ORTOLAN. s. m. Oiseau. *Chichibu.*

ORVALE. Voyez ORMIN.

ORVET. s. m. Serpent aveugle. *Ourguei.*

OS. s. m. *Oues. Ouesses.*

OSEILLE. s. f. Herbe potagère. *Eigretto. Herbetto.*

OSER. v. a. *Aoujha.*

OSIER. s. m. Arbre. *Vejhe. Ooumarinie.* Scion d'osier. *Ooumarino.*

OSTENSOIRE. s. m. Soleil où l'on expose la sainte hostie. *Sant sacrament.*

OTER. v. a. Tirer de place. *Leva. Gara.*

OU. adv. de lieu. *Ounte.*

OUBLIE. s. f. Sorte de pâtisserie. *Oubli.*

OUBLIER. v. a. Perdre le souvenir. *Ooublida. Eissublia.*

OUBLIETTES. s. f. plur. Sorte de cachot secret. *In-pace.*

OUI-DIRE. s. m. *Oousi-dire.*

OUIE. s. f. Un des cinq sens. *Oousido. Oouvido.*

OUIES DE POISSON. s. f. plur. *Gaougnos.*

OUILLER. v. a. Faire le remplage d'un tonneau. *Huya.*

OUIR, v. a. *Oousi. Oouvi.*

OURAGAN. s. m. *Tempesto.*

OURDIR. v. a. Terme de tisseur. *Urdi. Ourdi.*

OURLER. v. a. Terme de couture. Faire des ourlets. *Ourla.*

OURLET. s. m. Pli cousu. *Orle.*

OUTARDE. s. f. Gros oiseau de passage. *Estardo.*

OUTIL. s. m. *Ooutis.* Outil en fer usé et hors de service. *Guincho.*

OUTRAGE. s. m. Injure atroce. *Outragi.*

OUTRAGER. v. a. Faire outrage. *Outragea.*

OUTRE. s. m. Sac de peau de bouc. *Bouc. Ouire.*

OUTRE-PASSER. v. a. *Trepana. Trepassa.*

OUVERTURE. s. f. *Passagi. Fento.*

OUVRABLE. adj. de t. g. Jour ouvrable. *Soubre-jour. Jour oouvran.*

OUVRIER, OUVRIÈRE. s. f. *Ouvrie.* Artisan, ano. — Jeune ouvrier fréluquet. *Artisanot.*

OUVRIR. v. a. *Durbi.* — Une porte. *Despestela. Desclava.* — Une lettre. *Descacheta.*

OUVRIR. v. récip. Parlant d'une fleur. *S'espandi.*

OUVERT, OUVERTE. adj. *Badie. Dubert, erto.*

OXICÈDRE. s. m. Plante. *Mourvenc.*

OXIREGMIE. s. f. Rapports acides. *Ranvois.*

OYEZ. impératif du verbe Ouir. *Oouzes. Oouves.*

P

PACAGE. s. m. Lieu pour nourrir et pâturer les bestiaux. *Pasquiè.*

PACTE. s. m. Convention. *Counventien. Accord.*

PAGE. s. m. Jeune serviteur d'un prince. *Pajhi.*

PAGEL. s. m. Poisson de mer. *Pageou.*

PAGNOTE. s. et adj. de t. g. Lâche. *Poultroun. Petouacho. Pagnotto.*

PAILLASSE. s. f. Grand sac plein de paille. *Bassaco. Paihasso.* — Petite paillasse. *Paihasseto. Bassaquettoou.*

PAILLETTE. s. f. Parcelle d'or, d'argent ou de cuivre. *Pampaiheto. Pimpiheto.*

PAILLER. } s. m. Lieu où l'on
PAILLIER. } met la paille. *Pai-hièro.* Tas, monceau de paille. *Paihiè.*

PAIN. s. m. Aliment fait avec de farine. *Pan. Pen.* — Bis. *Rousset. Assountoux.* — Béni. *Beinet.* —Sans levain, des juifs. *Coudolo.* A cacheter. *Hosti.*

PAIN DE POURCEAU. s. m. Plante. *Pan de couguon. Ciclamen.*

PAIRE. s. f. Couple. *Pareou.*

PAITRE. v. n. Manger l'herbe. *Paisse.* Mener paître. v. a. *Larga. Pastura.*

PAITRE la meule d'un moulin à huile. *Peisse.*

PAITRE UN OISEAU. v. a. *Abequa.*

PAIX. s. f. Tranquilité. *Pax.*

PALE. adj. de t. g. *Blème.* — Solcil pâle. *Souleou fouscarin.*

PALÉE. s. f. Pieux enfoncés en terre pour former une digue, etc. *Fresso.*

PALES COULEURS. s. f. Maladie. *Ooupilatien.*

PALET. s. m. Pierre plate pour jouer. *Palet.*

PALIER. s. m. Repos d'escalier. *Repaou.* Palier d'un bac. *Trapadou.*

PALIURE. s. m. Arbrisseau. *Arnaveou.*

PALIXANDRE (BOIS DE). s. m. *Bouesc de viouletto.*

PALME. s. m. Mesure. *Pan.*

PALOT.   ⟩ s. m. Terme de
PALTOQUET.   ⟩ de mépris. *Pantou. Pacan.*

PALPER. v. a. Manier. *Chospa,*

PALPITER. v. n. *Tremoula. Palpita.*

PAMER. v. a. et récip. Évanouir. *Avani. Estavani.*

PAMOISON. s. f. *Avaniment. Mouriment de couer.*

PAMPRE. s. f. Feuillage de la vigne. *Pampo.*

PANADE. s. f. Bouillie de pain. *Pan-cuech.*

PANADER (SE). v. récip. *Si pargua.*

PANAIS. s. m. Racine potagère. *Panet. Ponets.* — Panais sauvage. *Girouiho.*

PANAL. s. f. Mesure pour les grains. *Panaou.*

PANARIS. s. m. Tumeur qui vient ordinairement aux doigts. *Penet.*

PANCRACE. s. m. Nom d'homme. *Brancai. Brancassi.*

PANÉ, ÉE. partic. et adj. *Pana, panado.* Eau panée. *Aiguo panado.*

PANEAU. s. m. *Pancou.*

PANERÉE. s. f. Plein un panier. *Panieirado.*

PANICAUT. s. m. Chardon à cent têtes. *Panccaou.*

PANIS. s. f. Plante. *Panisso.*

PANSE. s. f. Ventre. *Bedeno. Panso.*

PANSER. v. a. Soigner une plaie. *Pensa.*

PANSU, UE. adj. Qui a gros ventre. *Pansaru, udo.*

PANTOQUIÈRES. s. f. plur. Terme de marine. *Bourdounièro.*

PAON. s. m. Oiseau de basse-cour. *Pavoun.*

PAPETERIE. s. f. *Papetariè.*

PAPILLON. s. m. Insecte volant. *Parpaihoun.*

PÂQUERETTE. s. f. Plante et fleur. *Margaridetto.*

PARAITRE. Voyez PAROITRE.

PARASITE. s. m Écornifleur. *Toundur de napo.*

PARATRE. s. m. Terme relatif. *Peirastre.*

PARBLEU. interj. Sorte de juron. *Cadebiou. Pardisco.*

PARC. s. m. Clôture d'un lieu où l'on renferme les moutons. *Porque.*

PARCELLE. s. f. *Mouceou. Briè.*

PARCHEMIN. s. m. *Pargamin.*

PARDON. s. m. *Pardoun.*

PARDONNER. v. a. *Pardouna.*

PAREIL, PAREILLE. adj. *Pariè, ièro.*

PARELLE. s. f. Plante. *Lapas.*

PARENTÉ. s. f. *Parentagi.* Parentaiho.

PARER. v. a. et récip. Orner. *Para. Estrinca.* S'assiouna.

PARER (SE). Se garantir. v. récip. *S'apara.*

PARESSE. s. f. *Paresso. Feniantiso.*

PARESSEUX, EUSE. adj. et subs. *Perevoux, oué.*

PARFOIS. adv. *Defes. Parfes.*

PARFUMER. v. a. *Parfuma.*

PARI. s. m. Gageure *Escoumesso.*

PARIER. v. n. Faire un pari. *Paria. Juga.*

PARIÉTAIRE. s. f. Plante. *Espargoulo. Cambo-rousso.*

PARIEUR. s. m. *Pariaire.*

PARLAGE. s. m. Verbiage. *Barjhun.*

PARLER. v. a. *Parla.*

PARLERIE. s. f. Babil. *Charradisso. Charrado.*

PARLEUR, PARLEUSE. s. et adj. *Charraire. Lengur. Barjhaco. Lenguso.*

PAROIR. s. m. Instrument de chaudronnier. *Rasclet.* Instrument de corroyeur. *Coutcou à para.* — Instrument de maréchal. *Buto.* — Instrument de tonnelier. *Eicetto.*

PARAITRE. v. n. Se montrer. *Pareisse.*

PAROLE. s. f. *Paraoulo.*

PAROTIDE ou OREILLONS. s. f. Tumeur. *Cournudos.*

PARQUER. v. a. Mettre les brebis dans un parc. *Parquejha.*

PARRAIN. s. m. *Peirin.*

PARTAGE. s. m. Portion. Distribution. *Partagi.*

PARTAGER. v. a. Diviser. *Partagea.*

PARTANCE. s. f. Départ. *Partenço.*

PARTIALITÉ. s. f. Prévention. *Parcialita.*

PARTIAL, ALE. adj. Qui est porté pour quelqu'un. *Parciaou.*

PARTIAIRE. adj. Fermier. *Megiè.*

PARTIE. s. f. *Partido.*

PARTNER ou PARTENAIRE. s. m. Associé au jeu. *Manteneire. Assoucia.*

PASCAL. s. m. Nom d'homme. *Pascaou.*

PASCAL, ALE. adj. De Pâques. *Pascaou. Pascalo.*

PAS-D'ANE. s. m. Herbe. *Ounglos chivalinos.*

PASSAGE. s. m. *Passagi.*

PASSAGER, ÈRE. adj. Qui ne fait que passer. *Passagie, ièro.*

PASSANT, ANTE. adj. Chemin, rue. *Passagiè, ièro.*

PASSE-MÉTEIL. s. m. Blé mélangé. *Mesclo.*

PASSE-PARTOUT. s. m. Sorte de clé. *Felipoun.* Terme de scieur-de-long. *Loubo.*

PASSE-VOLANT. s. m. Parasite. *Toundur de nappo. Cerco-dina.*

PASSER. v. a. *Passa.* — Une liqueur *Coula. Coura.* — La farine. *Tamia.* — Des rasoirs. *Amoula.* — Passer de part en part. — *Trepana.* — Passer par les armes. *Fusiha.*

PASSÉ, ÉE. adj. Affadi. *Deifadouri, ido.* — Gâté. *Gasta.*

PASSEREAU. s. m. Oiseau. *Passeroun.*

PASSERELLE. s. f. Espèce de pont. *Passadouiro.*

PASSEUR DE RIVIÈRE. s. m. Barquiè.

PASSION. s. f. *Passien.*

PASTEUR. s. m. Curé. Berger. *Pastour. Pastre.*

PATAC. s. m. Monnaie de compte du ci-devant Comtat. *Pachaou.*

PATAUD. s. m. Enfant joufflu. *Pitooutas.*

PATAUGER. v. n. *Chaoucha. Patouiha.*

PATE. s. f. *Pasto.*

PATE-PELUE. s. m. Fourbe doucereux. *Pato-douço. Aplanaire.*

PATÉ. s. m. Pâtisserie. *Pastis.* — Petit pâté. *Pastissoun.* — D'encre sur le papier. *Pouer.*

PATELIN. s. m. *Maneou.*

PATELINAGE. s. m. *Manelariè.*

PATELINER. v. n. *Manelia.*

PATERNEL, ELLE. adj. *Peiroulaou.*

PATEUX, EUSE. adj. Molasse. *Patoux, ouè. Moulas, asso.*

PATIENCE. s. f. Plante usuelle. *Lapas.*

PATIENTER. v. n. Prendre patience. *Patienta.*

PATINER. v. a. Manier. *Mastrigna.*

PATIS. s. m. Terme rural. *Pasquiè. Relarquiè.*

PATISSERIE. s. f. Art et travail du pâtissier. *Pastissarie.*

PATISSIER. s. m. Ouvrier qui fait des pâtés, des tourtes, etc. *Pastissiè.*

PATON. s. m. Terme de cordonnier. *Renfort d'un souliè.*

PATRE. s. m. Berger. *Pastre.*

PATRIMOINE. s. m. Héritage que l'on tient de ses pères. *Patrimoni. San-frusquin.*

PATRIMONIAL, ALE. adj. Qui est de patrimoine. *Patrimouniaou.*

PATRON, ONE. s. Saint, sainte dont on porte le nom. *Patroun.*

PATROUILLAGE. { s. m. Bourbier. *Patoi.*
PATROUILLIS. { *Fangas.*

PATROUILLER. v. n. *Patouiha. Fanyassia.*

PATTE-D'OIE. s. f. Plante. *Poumbroyo. Armoou-fer.*

PATURAGE. s. m. *Pasturgagi. Pasquiè.*

PATURE. s. f. *Pasturo.*

PATURER. v. n. *Parturqa.*

PAVAGE. s. m. *Caladagi.*

PAVANER (SE). v. récip. *Si barounejha.*

PAVÉ. s. m. *Calado.*

PAVER. v. a. *Calada. Barda.*

PAVEUR. s. m. *Caladaire.*

PAUL. s. m. Nom d'homme. *Paou.*

PAUMELLE. s. f. Sorte d'orge. *Pooumoulo.* — Ferrure. *Paramelo.* Instr. de cordier. *Curet.*

PAUME. s. f. Le dedans de la main. *Paoume.*

PAVOT SIMPLE. s. m. Fleur rouge. *Maouduí. Guerinquinyaou.*

PAUPIÈRE. s. f. *Parpelo.* Ouvrir les paupières. *Si desparpela.*

PAUSE. s. f. *Paouso.*

PAUVRE. s. et adj. Indigent. *Paoure , Paouro.* Chétif, ive. *Mesquin, ino. Pingre.*

PAUVREMENT. adv. *Paourament.*

PAUVRET , ETTE. adj. *Paouret , etto.*

PAUVRETÉ. s. f. Misère. *Paoureta.*

PAYABLE. adj. *Payable.*

PAYE. s. f. *Pago.*

PAYER. v. a. *Paga.*

PAYEUR , EUSE. adj. et s. Qui paye. *Payaire , rello.*

PÉAGE. s. m. Droit de passage. *Peaqi.*

PEAU. s. f. Enveloppe d'un animal ou d'un fruit. *Peou.*

PEAUSSIER. s. m. Marchand de peaux. *Pelissiè.*

PEAUTRE. Envoyer peautre. v. a. Chasser. *Manda pechaourre.*

PECCADILLE. s. f. *Pecatiho.*

PÊCHE. s. f. Fruit. *Pessequi.*

PÉCHÉ. s. m. Faute. *Peccat.*

PÊCHE. s. f. Action de prendre du poisson. *Pesco.*

PÊCHER. v. a. Prendre du poisson. *Pesca.* — v. n. Offenser Dieu. *Pecca.* — s. m. Arbre fruitier. *Pesseguie.*

PÊCHERESSE. s. f. *Pecairis.*

PÊCHETEAU. s. m. Poisson. *Booudroi.*

PÊCHEUR. s. m. Celui qui prend du poisson. *Pescadou. Pescaire.*

PÊCHEUR , PÊCHERESSE. s. *Peccadou , ouè.*

PECUNE. s. f. Argent. *Pecun.*

PÉCUNIEUX , EUSE. adj. Qui a de l'argent. *Argentoux , ouè.*

PÉDANT. s. m. Faux savant. *Letru.*

PÉDONCULE. s. m. Queue de fruit ou de fleur. *Pecou. Pecouil.*

PÉDON. s. m. Courrier à pied. *Pietoun.*

PEIGNE. s. m. *Pigno. Pienchi.* — Dents d'un peigne. *Plues. Pivos.*

PEIGNE. s. f. Coquille bivalve. *Pelerino.*

PEIGNE DE VENUS. s. f. Plante. *Aguihoun.*

PEIGNER. v. a. *Pigna. Penchina.*

PEIGNEUR DE CHANVRE. s. m. *Pignaire. Penchiniè.*

PEILLES. s. f. Chiffons. *Patos. Estrassos.*

PEINDRE. v. a. *Pinta.*

PEINE. s. f. Douleur, travail. *Peno.*

PEINER (SE). v. récip. S'affanna. *Si pena.*

PEINTRE. s. m. *Pintre.*

PEINTURAGE à la brosse. s. m. *Barbouihagi.*

PEINTURE. s. f. Action de peindre. *Peinture. Pinturo.*

PELARD. adj. Écorcé. *Pièla.* Bois pelard. *Bouesc pièla.*

PÊLE-MÊLE. adv. Confusément. *Melouria.*

PELER. v. a. Oter la peau , l'écorce. *Pela , pièla.*

PÉLERIN. s. m. Qui va en pélérirage. *Roumiou.* (Il est vieux).

PÉLICAN. s. m. Oiseau aquatique. *Ganto.*

PELLE. s. f. Instrument. *Palo. Paro.*

PELLÉE , PELLETÉE , PELLERÉE. s. f. *Palado. Paretado.*

PELOTE , PELOTON. s. Boule de fil. *Cabudeou. Peloutoun.*

PELOTON s. m. Petit nombre de personnes. *Mourouetto.*

PELOTONNER. v. a. Mettre en peloton. *Mettre en cabudeou.*

PELU , UE. adj. Garni de poil. *Pièloux , ouè.*

PATE-PÉLUE. s. f. Homme doux et dangereux. *Pato-douço. Maneou.*

PELURE. s. f. Peau ôtée d'un fruit. *Pelueqno.*

PÉNAILLON. s. m. Haillon. *Pedriho.*

PENAUD , AUDE. adj. Confus , honteux. *Neq. Sot. Candit.*

PENCHER. v. n. *Clina. Beissa.*

PENDANT QUE. adv. Entandoment. *Doou tem que.*

PENDANT D'OREILLE. } s. Pendeloto. PENDELOQUE. }

PENDILLER. v. n. *Pendoula. Pendoulia.*

PENDRE. v. n. Suspendre. Pendoula.

PÊNE. s. f. Partie d'une serrure.
Pasteou. Pestcou.

PÉNÉTRER. v. a. Passer à travers.
Penetra.

PÉNITENCE. s. f. Punition. Penitenci.

PENNES. s. f. pl. Terme de tisseur. Pescou. Pezen.

PENSÉE. s. f. Idée. Pensado. —
Fleur. Bello de nuech.

PENSER. v. n. Imaginer. Pensa.

PENSIF, IVE. adj. Pensatiou, ivo.
Pensamenti, ido.

PENSION. s. f. Rente. Pensien.

PENSIONNER. v. a. Donner une
pension. Pensiouna.

PENTE. s. f. Ce qui va en descendant. Pendento.

PENTECOTE. s. f. Fête solennelle.
Pandecousto.

PÉNURIE. s. f. Disette. Carestiè.

PÉPIE. s. f. Pellicule à la langue
des oiseaux. Pepido.

PÉPIER. v. n. Se dit du cri naturel des moineaux. Piouta.

PÉPIN. s. m. Graine de certains
fruits. Grano.

PÉPINIÈRE. s. f. Plant de jeunes
arbres. Bastardièro.

PERÇANT (Froid). adj. Qui pénètre. Couvent.

PERCE (METTRE EN). v. a. Parlant d'une futaille pleine de vin. Entamena. Mettre-man.

PERCE-OREILLE. s. f. Insecte.
Taiho-cebo.

PERCE-PIERRE. s. f. Plante. Tra-
ouquo-peiroou.

PERCER. v. a. Traouca.

PERCELETTE. { s. f. Petite
PERCERETTE. } vrille. Guiounet.

PERCEVOIR. v. a. Recueillir des
droits, des impôts. Faire paga.

PERCHE. s. f. Brin de bois long.
Latto. Biguo. — Sur laquelle on met
le linge sale. Partego.

PERCHER. v. n. Se mettre sur une
perche. Ajhouca. Quiha. — v. récip. Si quiha.

PERCHOIR. s. m. Voyez JUCHOIR.

PERDREAU. s. m. Oiseau. Pardigaou.

PERDRIGON. s. m. Sorte de prune.
Pardigouno.

76

PÈRE. s. m. Terme relatif. Paire.

PÉRIL. s. m. Dangiè.

PÉRILLEUX, EUSE. adj. Dangeiroux, ouè. Maou-segur.

PÉRIPNEUMONIE. s. f. Maladie. Perimouniè.

PÉRITOINE. s. m. Membrane. Crespino.

PÉRORER. v. n. Haranguer. Ha-
rangua. Debita.

PERPENDICULAIREMENT. adv. D'a-
ploumb.

PERPÉTUEL, ELLE. adj. De countuni.

PERRON. s. m. Escalier découvert.
Pountin. Visetto en defouèro.

PERROQUET. s. m. Oiseau étranger. Papogai. Papofigo. Parrouquet.

PERRUQUE. s. f. Par mépris. Tignasso.

PERSÉCUTER. v. a. Vexer. Perse-
cuta.

PERSÉCUTEUR. s. m. Qui persécu-
te. Persecutour.

PERSICAIRE. s. f. Plante. Herbo
de San-Christoou.

PERSIFLAGE. s. m. Raillerie. Tru-
fariè.

PERSIFLER. v. a. Se moquer. Si
trufa. Galejha.

PERSIFLEUR. subs. m. Moqueur.
Trufet. Galejhaire.

PERSIL. s. m. Herbe potagère.
Bouèncis herbos. Jhouvert.

PERSONNAGE. s. m. Personnagi.

PERSONNE. s. f. Individu. Par-
sonno. Gen. — Il n'y a personne. adv.
L'y a degun.

PERSPICACITÉ. s. f. Penetracien.

PERTUIS. s. m. Vieux mot. Traou.
— Ville du département de Vaucluse.
Partus.

PERVENCHE. s. f. Plante et fleur.
Grosso campaneto bluro.

PERVERS, ERSE. adj. Fenat. Des-
terminat. Selerat.

PERVERTIR. Porter quelqu'un au
mal. Gasta.

PERVERSITÉ. s. f. Méchanceté.
Marridarriè.

PESANTEUR. s. f. Qualité pesante.
Pesantou.

PESÉE. s. f. Quantité de ce qui a
été pesé en une fois. Pesado.

PESER. v. a. Juger du poids. Pesa.

PESEUR. s. m. Celui qui pèse. Pesadou.

PESON. s. m. Contrepoids d'une balance à bras. *Bouyoun. Marroun.*

PESSE. s. m. Arbre. Sorte de sapin. *Serento.*

PESTE ! Sorte de juron. *Caspi. Maou despiè.*

PESTER. v. n. *Blastema. Jura.*

PETALE. s. f. Terme de botanique. *Fueiho d'uno flour.*

PETER. v. n. Faire, lâcher un vent. *Peta.*

PÉTEUR, EUSE. s. et adj. *Petaire, petarello.*

PÉTILLER. v. n. Craqueter. *Petenejha.*

PETIT, ITE. adj. *Picho, otto. Pichoun, ouno.* Très-petit, ite. *Pichounet, etto.*

PETITESSE. s. f. *Pichoutiè.*

PETON. s. m. Petit pied. *Petoun.*

PÉTRIN. s. m. Huche où l'on pétrit. *Mastro.*

PÉTRIÈRE. Lieu où l'on pétrit. *Pastièro. Glouretto.*

PÉTRIR. v. a. Faire de la pâte. *Pasta.*

PÉTULANT, ANTE. adj. *Leventi.*

PEU. adv. *Paou. Poou.* — Un peu. *Uno brigo.* Un petit peu. *Un brisoun.*

PEUPLE. s. m. *Pople.*

PEUPLER. v. n. Multiplier. *Pupla.*

PEUPLIER. s. m. Arbre. *Piblo. Piboulo.* — Blanc. *Ooubero.*

PEUR. s. f. Crainte. *Poou. Petouacho.*

PEUREUX, EUSE. adj. *Poouroux, ouè. Espoouri, ido.*

PEUT-ÊTRE. adv. *Beçai. Beleou.*

PHARMACIEN. s. m. *Apouticari.*

PHILIPPE. s. m. Nom d'homme. *Felip. Felipo.*

PHILOMIS. s. f. Plante. *Herbo battudo.*

PHTHISIE. s. f. Maladie. *Secaresso. Thisio.*

PHTISIQUE. adj. Étique. *Atic. Sec.*

PIAFFE. s. f. Ostentation. *Glori.*

PIAFFER. v. n. Faire piaffe. *Si goounfla.*

PIAILLER. v. n. Criailler. *Piaiha. Crida.*

PIAILLEUR, EUSE. s. Bramaire. *Cridaire.*

PIAULER. v. n. Se plaindre en pleurant. *Sousoumia.*

PIC. s. m. Instrument de fer. *Picho.*

PICAREL. s. m. Sorte de canard à large bec. *Cuheiras.*

PIC-GRIVELÉ. s. m. Oiseau. *Fourniguiè.*

PICORÉE. s. f. Maraude. *Picoureyo.*

PICOTÉ de petite vérole. adj. *Grava.*

PICOTER. v. a. *Picouta.* — Parlant des oiseaux. *Pita.* — Au fig. Agacer quelqu'un. *Pougne.*

PICOTERIE. s. f. Parole dite méchamment. *Pouncho. Lardoun.*

PICOTIN. s. m. Petite mesure pour l'avoine. *Miè-civadie.*

PIE. s. f. Oiseau. *Agasso.* — Pie grièche. *Agasso tambourlo.*

PIÈCE. s. f. Morceau d'étoffe. *Pèço. Tacoun.* — Petite pièce. *Pecetto.* — Par pièces. adv. *Acha pèços.*

PIED. s. m. *Pè. Ped.*

PIED-D'ALLOUETTE. s. f. Plante et fleur. *Flous de l'amour. Guihaoume.*

PIED-DE-CHAT. s. m. Plante béchique. *Pè-de-ca.*

PIED-DE-GRIFFON. s. m. Ellébore noir. *Sciourre. Maousuble.*

PIED-DE-VEAU. s. m. Plante. *Fugueiroun.*

PIÈGE. Embûche. *Piegi.*

PIERRE. s. m. Nom d'homme. *Peire. Pierre. Pierretto. Pierroun.*

PIERRE. s. f. Matière dure. *Peiro.* — Terme de pêcheur. *Baoudo.*

PIERRÉE. s. f. Conduit à pierres sèches. *Oouvede.*

PIERRETTE. s. f. Petite pierre. *Peiretto.*

PIERREUX, EUSE. adj. *Graveloux, ouè.*

PIÉTÉ. s. f. Dévotion. *Pieta.*

PIÉTER. v. n. Terme du jeu de boule. *Teni-pè.*

PIÉTINER. v. n. Remuer fréquemment les pieds. *Boulegouria.* — Fouler la terre avec les pieds. *Trapia.*

PIÉTON. s. m. Qui va à pied. *Pietoun.*

PIÈTRE. adj. de tout genre. Chétif. *Piatre. Pingre.*

PIEU. s. m. Pièce de bois pointue. *Paou.* — En fer. *Paou-ferri.*

PIEUX, PIEUSE. adj. Dévot, ote. *Pioux, piouso.*

PIGNOCHER. v. n. *Gnaougna. Manqigoutia.*

PIGNON. s. m. Amande d'une pomme de pin. *Pignoun.*

PIGNON SUR RUE (AVOIR). Prover. *Ave de ben oou souleou.*

PILEAU. s. m. Soupe des levantais. *Peluou.*

PILE. s. f. Un des côtés d'une pièce de monnaie. *Pielo.*

PILER. v. a. Pulvériser. Triturer. *Trissa. Piéla.* — Manger. *Goudi. Chica.*

PILEUR. s. m. homme qui mange beaucoup. *Papaïre.*

PILIER. s. m. *Pieloun.*

PILON. s. m. Instrument pour piler. *Trissoun. Piloun.*

PILOSELLE. s. f. Plante vulnéraire. *Herbo de la guerro.*

PIMBECHE. s. f. Terme de mépris. Impertinente qui fait la précieuse. *Suffisento.*

PIMENT. s. m. Sorte de légume. *Pebroun. Pimentoun.*

PIMPESOUÉE. s. m. Femme qui fait la délicate et la précieuse. *Similicanto.*

PIMPRENELLE. s. f. Herbe. *Armentello. Pimpinello.*

PIN (pomme de pin). s. f. *Pignoun.* — Jeune pin. *Pinateou.* — Forêt de pins. *Pinatelo. Pinedo.*

PINASTRE. s. m. Pin sauvage. *Pinso.*

PINCE. s. f. Barre de fer applatie par un bout. *Paou-ferri.* — Marque que l'on fait en pinçant. *Pessu.*

PINCEAU. s. m. *Pinceou.*

PINCÉE. s. f. Ce que l'on prend avec les doigts. *Pessu. peçu. Pinsado.* — Pincée de sel. *Pessu de saou.*

PINCE-MAILLE. s. m. Avare. *Poungsarra. Esquich'anchoyo.*

PINCER. v. a. Presser la peau. *Pessuga.* — Au fig. Reprendre, blâmer en raillant. *Pougne.*

PINCETTES s. f. pl. Pinces pour le feu. *Mouchettos.*

PINCON. s. m. Marque faite à la peau en pinçant. *Pessu.*

PINSON. s. m. Oiseau. *Quinsoun.*

PINTE. s. f. Mesure pour le vin. *Litro. Miegeo.*

PINTER. v. a. Boire en débauche. *Gadounejha.*

PIOCHE. s. f. Instrument d'agriculture. *Eissado. Magaou.*

PIOCHER. v. a. *Pioucha. Fouire. Garracha.*

PIOCHÉ, ÉE. part. *Fouyu, udo. Gracha, ado.*

PIOLER. v. n. Se dit des cris des petits poulets. *Piouta.*

PIPEAUX. s. f. plur. Terme d'oiseleur. Gluaux. *Varguettos.*

PIPÉE. s. f. Sorte de chasse. *Aoubret.*

PIPER. v. a. Contrefaire la voix des oiseaux. *Chilla. Chiha.*

PIQUER. v. a. Blesser avec une aiguille, etc. *Pougne.* — Terme de cuisinier. *Larda.* — Piquer le gosier. *Couire. Recouire.*

PIQUER. v. a. Terme de cordonnier. *Trepougne. Trepouinta.*

PIQUÉ, ÉE. part. *Poun. Pougnu, udo.*

PIQUETTE. s. f. Boisson. *Trempo.*

PIQUEUR. s. m. Terme d'entrepreneur. *Piquur.* — Terme de rôtisseur. *Lardaire.*

PIQURE. s. f. Petite blessure. *Pougnaduro.* — Terme de cordonnier. *Trepoun.*

PIRE. adj. de tout genre. Plus mauvais. *Pieji.*

PIROUETTE. s. f. Tour que l'on fait en tournant sur un pied. *Virovoou.*

PIROUETTER. v. n. *Viroouta. Virovouta.*

PIS. adv. Plus mal. *Piegi. Pire.* — Pis d'une vache. *Pousso.*

PISSAT. s. m. Urine corrompue. *Pissin. Pissuègno.*

PISSE-EN-LIT. s. m. *Pisso oou liech.*

PISSENLIT. s. m. Dent de lion. Plante. *Mourre-pourcin.*

PISSER. v. n. Uriner. *Pissa. Oourina.*

PISSOT. } s. Morceau de linge
PISSOTE. } qu'on met à l'issue du cuvier d'une lessive. *Panouchoun.*

PISSOTER. v. n. Uriner peu et souvent. *Pissouria.*

PISTOLET. s. m. Arme à feu. *Pistoulet.*

PITAUD. s. m. Paysan lourd et grossier. *Palot. Pastras.*

PITEUX, EUSE. adj. Digne de pitié. *Mesquin, ino.* — Qui fait le piteux, *Sistoun, ouno.*

PIVERT. s. m. Oiseau. *Pic.*

PIVOINE. s. m. Oiseau. *Pesso-ooulivor*

PLACE. s. f. Lieu, espace. Luègo. Endrech. — Petite place. Placetto.

PLAIDER. v. n. Pleidegea.

PLAIDEUR, EUSE. s. Pleidegeaire, rello.

PLAIE. s. f. Plago.

PLAIN, AINE. adj. Uni, plat. Plan. Clouet, etto.

PLAIN. s. m. Cuve de tanneur. Coouquièro. Fosso.

PLAINDRE. v. a. Avoir pitié. Plagne.

PLAINT, PLAINTE. part. Plan, plancho. Plagnu, udo.

PLAINE. s. f. Plate campagne. Plano.

PLAIRE. v. n. Agréer. Agrada.

PLAISANT. Bouffon. Talounaire.

PLAISANTER. v. a. Plesenta. Talouna.

PLAISIR. s. m. Châle. Gaou.

PLANCHE. s. f. Ais, Ponés.

PLANCHE. s. f. Terme de jardinier. Tavrlo.

PLANCHER. s. m. Planchié.

PLRNE ou PLATANE. s. m. Arbre. Platano.

PLANER. v. n. Parlant des oiseaux. Faire l'aletto.

PLANT (JEUNE). s. m. Terme d'horticulture. Plantun.

PLANTIN. s. m. Herbe. Plantagi.

PLANTER. v. a. Planta. — Planter là quelqu'un. Leissa en desohuerh.

PLANTOIR. s. m. Outil de jardinier. Caviho.

PLAQUER. v. a. Plaqua.

PLATINE. Terme de serrurier. Escussoun.

PLATRAS. s. m. Gypas.

PLATRE. s. m. Gyp.

PLATRER. v. a. Couvrir de plâtre. Curbi de gyp. Crespi. — Au fig. Cacher une chose mauvaise sous une enveloppe apparente et bonne. Masca.

PLATRIER. s. m. Gypié.

PLATRIÈRE. s. f. Gypièro.

PLEIGE. s. m. Caution. Respoundent.

PLEIN, PLEINE. adj. Plon, pleno. Claffi, ido.

PLEURER. v. n. Ploura. Lagramejha.

PLEURESIE. s. f. Maladie. Pleuresin.

PLEUREUR, EUSE. s. Plouraire, arèllo.

PLEURNICHER. v. n. Feindre de pleurer. Plourounia.

PLEURS. s. f. plur. Plours. Lagremos.

PLEUVOIR. v. n. Plooure.

PLEYON. s. m. Brin de jonc pour plier la vigne, etc. Liame.

PLIAGE. s. m. Action de plier. Plegagi.

PLIE. s. f. Poisson. Carrelet. Larbo.

PLIER. v. a. Plega. Troussa.

PLIEUR, EUSE. s. Qui plie. Plegaire.

PLISSER. v. a. Faire des plis. Plissa.

PLONGEON. s. m. Oiseau aquatique. Gabian.

PLONGER. v. a. Plounjea.

PLOYER. v. a. Plier. Plega.

PLUIE. s. f. Plueyco. — Petite. Lagagnoro. — Grosse. Rayssu.

PLUMAGE. s. m. Plamagi.

PLUMÉE D'ENCRE. s. f. Plamado.

PLUMER. v. a. Pluma.

PLUMET. s. m. Plamachou.

PLUS. adv. Mai. De plus en plus. De mai en mai.

PLUTOT. adv. Puleou.

PLUVIEUX, EUSE. adj. Pluvioux, ouso. Aplugi, ido.

POCHE. s. f. Filet à prendre des lapins. Pancou.

POCHES. adj. On le dit des œufs. Escuyas.

POCHETER. v. a. Mettre dans les poches. Empouchà.

POELE. s. m. Dais. Pali. Pari. — Instrument de cuisine. Sartan. — Percée. Sartan castagnièro.

POELÉE. s. f. Plein une poêle à frire. Sarteinado.

POIGNANT, ANTE. adj. Pougnent, ento.

POIGNARD. s. m. Arme pointue. Estilet.

POIGNARDER. v. a. Pougnarda.

POIGNÉE. s. f. Plein la main. Pougnado.

POIGNET. s. m. Pougnet. — Terme de lingère. Granatino.

POING. s. m. Main fermée. Poung. Pougnet.

POINDRE. v. n. Apparaître. Pounchejha.

POINTER. v. n. Diriger vers un point. Appointa.

POINTEUR. s. m. Joueur de boule. Appointaire.

POIL. s. m. Peou. — Poil follet. Peou foulletin. — Poil roux. s. m. Misérable. Pevouyoux.

POIL. s. m. Maladie de nouvelle accouchée. Fèbre de lach. — Maladie des cochons. Sedo.

POINT. adv. *Ges.*

POINT. s. m. Marque sur l'i. *Titou.*

POINTE. s. f. *Pouncho.*

POINTILLER. v. n. Tourmenter. *Chicana. Taquina.*

POINTILLEUX , EUSE. s. et adj. *Chicanur.*

POIRE. s. f. Fruit. *Pero. Apero.* — Muscat-Robert. *Pero cremesino.*

POIREAU ou PORREAU. s. m. Plante potagère. *Pouerri. Pouerre.*

POIRÉE. s. f. Herbe potagère. *Bledo. Herbetto.*

POIRIER. s. m. Arbre à fruit. *Perié. Perièro.*

POIS. s. m. Légume. *Pese.* — Chiches. *Ceses.* — Goulus. *Peses groumands.*

POISON. s. m. Venin. *Pouisoun.*

POISSARDE. s. f. Femme de la halle. *Repetièro. Peissounièro.*

POISSER. v. a. *Empega. Emmoustouhi.*

POISSON. s. m. Animal qui vit dans l'eau. *Pey. Peissoun.*

POISSONNERIE. s. f. *Pescarié.*

POISSONNIER , IÈRE. s. *Peissounie, ièro.*

POITRAIL. s. m. *Peitraou.*

POITRINE. s. f. *Peitrino. Piés.* — Farcie. Terme de cuisine. *Fassun.*

POIVRADE. s. f. Sauce au poivre , etc. *Pebrado.*

POIVRE. s. m. Épice. *Pebre.*

POIVRE-D'INDE ou PIMENT. s. m. Sorte de légume. *Pebroun. Pinentoum.*

POIVRER. v. a. *Pebra.*

POIVRIÈRE. s f. Ustensile à mettre du poivre. *Pebrièro.*

POIX. s. f. *Pego.*

POLI , IE. adj. Uni et luisant. *Pouli, ido.* — Doux , civil. *Houneste , esto.*

POLICHINEL. s. m. Bouffon. *Poulichinello.*

POLIMENT. adv. Avec politesse. *Poulidament.*

POLIR. v a. *Lustra. Pouli. Faire lusi.*

POLITESSE. s. f. *Hounesteta. Hounestiso.*

POLTRON, ONNE. adj. et subs. *Petacho. Poouroux. oué.*

POMME. s. f. Fruit à pepins. *Poum. Poum .*

POMME-DE-TERRE. s. f. Légume. *Trufo. Tartiflc.*

POMMER. v. n. Se former en pomme. *Pouma.*

POMMIER. s. m. Arbre fruitier. *Poumié.*

POMPE. s. f. Machine. *Poumpo.*

POMPER. v. a. Faire agir la pompe. *Poumpa.*

PONCEAU. s. m. Coquelicot. Fleur. *Guerinquingaou.*

PONDRE. v. n. Faire ses œufs. *Fai leis noux.*

PONT. s. m. *Pouent. Pouan.*

PONTE. s. f. Œufs pondus. *Poustagno.*

POPULAIRE. adj. Affable. *Poupulari.*

POPULATION. s. f. *Poupulatien.*

PORC. s. m. Animal. *Pouerc.* — Porc à l'auge. *Pouerc à l'engrai.*

PORCEAU. s. m. Animal. *Pouceou.*

PORCHE d'une église. s. f. *Tambour.*

PORCHER. s. m. Gardien des pourceaux. *Pourchié. Pourquié.*

PORTE. s. f. *Pouerto.* — D'une ville. *Pourtaou.*

PORTÉE. s. f. *Pourtado. Ventrado.*

PORTE-ENDOSSE. s. de t. g. Celui qui a le plus de peine dans une maison. *Bardot.*

PORTE-FAIX. s. m. Crocheteur. *Pouerto-fai.*

PORTE-FEUILLE. s. m. *Pouerto-faciho.* — D'un écolier ou d'un peintre. *Cartable.*

PORTE-PLAT. s. m. Petit meuble de table. *Roun. Pouerto-pla.*

PORTER. v. a. *Pourta.*

PORTER (SE). v. récip. *Si pourta.*

PORTEUR. s. et adj. *Pourtur, uso.*

POSER. v. a. *Pousa.*

POSÉ , ÉE. part. et adj. *Poousa, ado.*

POSSÉDER. v. a. *Pousseda. Jhoui.*

POT. s. m. Mesure de liquide. *Poué.* — De terre. *Oulo. Pechié. Toupin.*

POTAGE. s. m. *Soupo. Menestro.*

POTAGER. s. m. Fourneau. *Poutagié.*

POTE. adjectif. Engourdie. Enflée (main). *Gobi. Enflo.*

POTEAU. s. m. *Paou. Piquet.*

POTÉE. s. f. Ce qui est contenu dans un pot. *Pechicirado. Oulado. Toupinado. |*

POTELÉ , ÉE . adj. Gras. *Poupinot, otto.*

POTENCE. s. f. Instrument de supplice. *Poutenci.* — Béquilles d'un estropié. *Crocho.*

POTERIE. s. f. Vaisselle de terre. *Tarraiho.*

POTIER. s. m. Ouvrier en poterie. *Tarrahiè.*

POU. Sorte de vermine. *Peou. Pevou.* — Pou de poule. *Pepidoun.*

POUDRE. s. f. Poussière. *Pouvercou.*

POUDRER. v. a. Couvrir légèrement de poudre. *Poudra.*

POUDRETTE. s. f. Excrémens humains desséchés. *Poudretto. Fento.*

POUDRIER. s. m. Boîte à tenir la poudre pour mettre sur l'écriture fraîche. *Sabliè.*

POUFFER. v. n. Rire aux éclats. *Creba doou rire. Esclata.*

POULAILLER. s. m. Gîte des poules. — Marchand de volaille. *Poulaihiè.*

POULAIN. s. m. Jeune cheval. *Poulin.*

POULET. s. m. Quignon de pain frotté d'ail qu'on met dans la salade. *Capoun.*

POULIE. s. f. *Carrèlo. Marrolo.*

POUILLER. v. n. Dire des injures. *Pouiha. Soutisa.*

POULINER. v. a. Se dit de la cavale qui met bas. *Poulina.*

POUILLES. s. f. Injures. *Soutisos. Pouihos.*

POUILLEUX, EUSE. s. et adj. *Pevouyoux, ouè.*

POULPETON. s. m. Ragoût de viandes hachées. *Poupetoun.*

POULS. s. m. Mouvement des artères. *Pous.*

POUMON. s. m. *Poumoun. Leou.*

POUPARD. s. m. Enfant au maillot. *Pittouet.* Gros poupard. *Pitooutas.*

POUPÉE. s. f. Jouet d'enfant. *Pipado. Titè.*

POUPON. ⎱ s. Jeune enfant ou
POUPONNE. ⎰ fille qui a le visage plein et potelé. *Poupoun. Poupinot. otto.*

POUPONNER. v. a. Choyer, dorloter à la manière des enfans. *Poupounejha.*

POURCEAU. s. m. Animal immonde. *Pourceou. Pourquet.*

POURPIER. s. m. Plante potagère grasse. *Bourtoulaigro.*

POURQUOI. conj. *Parque. Perquet.*

POURSUIVRE. v. n. Courir après. *Accoussegre.*

POURVOIR. v. n. et récip. *Pouvri. Prouvesi.*

POURVU QUE. conj. *Mai que.*

POUSSE. s. f. Terme d'agr. Jets, branches d'arbres. *Jhiè. Greou. Broco.*

POUSSÉE. s. f. Action de pousser. *Poussado.*

POUSSER. v. a. *Poussa. Buta.* — Le bois au foyer. *Empura.*

POUSSIER. s. m. Débris de charbon. *Briés. Curun.*

POUSSIN. s. m. Jeune poulet. *Poulet jhoueine.*

POUTRE. s. f. Pièce de bois de charpente. *Fusto. Gaino.*

POUTRELLE s. f. Pièce de bois *Reimo*

POUVOIR. s. m. *Poudet.*

POUVOIR. v. n. Avoir l'autorité, la force, etc. *Pousque. Pouyé.*

PRAIRIE. s. f. *Pradariè.*

PRATIQUE. s. f. Chalandise d'un marchand. *Chaland.*

PRÉ. s. m. Terre semée de foin. *Pra.* Mettre en pré une terre. *Apradi.*

PRÉCAUTION. s. f. Prudence. *Avisament. Precoutien.*

PRÉCAUTIONNER. v. récip. *Si precoutiouna.*

PRÊCHER. v. a. *Precha.*

PRÊCHEUR. s. m. Prédicateur. *Predicatour.*

PRÉCIEUX, EUSE. adj. De grand prix. *Precioux, ouè.* — Affecté, ée. *Sucra, ado. Similicant, anto.*

PRÉCIEUSE. s. f. Femme ou fille affectée. *Sucrado. Similicanto.*

PRÉCIPICE. s. m. *Precipici. Deboou.*

PRÉCIPITER. v. a. et récip. *Deboussa. Degoula.*

PRÉCOCE. adj. Hâtif. Prématuré. *Premiciren, enco. Premier, ièro.*

PRÉDÉCESSEUR. s. m. Ancêtre. *Devanciè. Devancièro.*

PRÉDESTINÉ, ÉE. adj. Bienheureux. *Predestina, ado.*

PRÉFÉRER. v. a. *Prefera.*

PRÊLE. s. f. Plante rude. *Coussaoudo.* — Petite prêle. *Coussaoudoun.*

PRÉMATURÉ, ÉE. adj. Voyez PRÉCOCE.

PREMIER-NÉ. s. m. *Majhou. Eina.* — Parlant des filles. *Einado. Eineyo.* Voyez AÎNÉ. AÎNÉE.

PRENDRE. v. a. Saisir. *Aganta. Arrapa.* — t. d'agr. Prendre racine. *Arrapa.*

PRENDRE (SE). v. récip. Se figer. *Si cuiha.*

PRÉPARATION. s. f. *Preparacien.*

PRÉPARER. v. a. Disposer. Mettre en état. *Alesti.*

PRÉNOM. s. m. *Noum de batémo.*

PRÈS. adv. et prép. *Prochi. Rasibus.*

PRÉSENCE. s. f. *Presenci.*

PRÉSENT (A). adv. *Aro.*

PRÉSENTEMENT. adv. *Aro-meme.*

PRÉSENTER. v. a. et récip. *Presenta.*

PRÉSERVER. v. n. *Engarda.* Preserva.

PRESQUE. adv. *Quasi. A poou pres.*

PRESSENTIMENT. s. m. ¿*Sentido.*

PRESSENTIR. v. a. *Aguc sentido.*

PRESSÉ, ÉE. part. *Esquicha, ado.*
— adj. Qui a hâte. *Pressa, ado.*

PRESSER. v. a. Étreindre avec force. *Esquicha. Estreyne.* — Mettre en presse. *Pressa.*

PRESSOIR. v. a. Machine à presurer. *Destrech.*

PRESSURAGE. s. m. Action de pressurer au pressoir. *Destreyne.*

PRESSURÉE. s. f. Vin qu'on retire d'une pressure des raisins. *Destrecho.*

PRESSURER. v. a. Presser des raisins. *Destreyne.*

PRESSUREUR. s. m. Ouvrier qui travaille à faire mouvoir un pressoir. *Destregneire.*

PRESTOLET. s. m. Prêtre. *Capelanoun.*

PRÉSURE. s. f. Ce qui sert à faire cailler le lait. *Priuro.*

PRÊT. s. m. Action par laquelle on prête. *Pres. Presto.*

PRÊT, ETTE. adj. Qui est disposé à..... *Lest, lesto.*

PRÉTENTAINE. s. f. Aller et venir çà et là sans dessein. *Courre la patanteino.*

PRÊTER. v. a. *Presta.* — L'oreille pour écouter. *Chooureya.*

PRÊTEUR, EUSE. adj. Qui prête. *Prestaire, prestarello.*

PRÉTINTAILLE. s. f. Ornement futile. *Fanfarlucho.*

PRÊTRE. s. m. Ministre de la religion. *Capelan. Preire.*

PREUVE. s. f. *Provo.*

PRÉVALOIR. v. n. *Prevale.* Se prévaloir. v. récip. *Faire ajhard.*

PRÉVENANT, ANTE. adj. Qui prévient. *Prevenent, ento.*

PRÉVENU, UE. part. du verbe prévenir. *Prevengu, udo.* — s. *Accusa, ado.*

PRÉVENTION. s. f. *Preouccupation.*

PRÉVOIR. v. a. Juger par avance, etc. *Preveire.*

PRÉVOYANCE. s. m. *Avisament.*

PRIE-DIEU. s. m. Marche-pied. *Prego-diou.*

PRIÉ. s. m. Invité à un festin. *Counvida.*

PRIER. v. a. *Prega.*

PRIEUR. s. m. Marguillier. *Priou.*

PRIEURE. s. f. Celle qui a soin d'un autel, etc. *Priouresso.*

PRIEURÉ. s. m. Maison. Bien. *Prioura.*

PRIMEUR. s. f. Première saison des fruits. *Primour. Nouveau. Premeiren.*

PRIMEVÈRE. s. f. Fleur. *Printanièro.*

PRISÉE. s. f. Estimation. *Estimation.*

PRISER. v. a. Mettre le prix. *Estima. Faire l'estimo.*

PRISEUR. s. m. Huissier priseur. *Estimaire.*

PRISON. s. m. *Presoun. Gabiolo.*

PRIVATION. s. f. *Privation.*

PRIVAUTÉ. s. f. Familiarité. *Familiarita.*

PRIVÉ. s. m. Retrait. *Pati. Cagarello.* — Privé. adj. *Priva, ado.* — Apprivoisé. *Aprivada.*

PRIVER. v. a. *Priva.*

PRIX. s. m. Valeur d'une chose. *Prés.* Récompense. Prix de la course, de la bague, etc. *Plato. Joyos.*

PROBATION. s. f. Terme de couvent. Épreuve. *Esprovo.*

PROCÈS. s. m. *Prouces.*

PROCÉDÉ. s. m. *Prouceda.*

PROCÉDER. v. a. Provenir. *Veni. Prouveni.*

PROCESSIF, IVE. adj. *Pleidejhaire.*

PROCESSION. s. f. *Proucession.*

PROCURATION. s. f. *Proucuration. Proucuro.*

PROCUREUR. s. m. *Proucurour.*

PRODIGE. s. m. Effet surprenant. *Proudigi.*

PRODIGUE. adj. et s. de t. g. *Degaihié, iero.*

PRODIGUER. v. a. Donner avec profusion. *Proudiga.*

PROFANER. v. a. *Proufana.*

PROFIT. s. m. *Gazan.*

PROFOND, ONDE. adj. *Afoun, afounço.*

PROFONDEUR. s. f. *Proufoundou.*

PROFUSION. s. f. *Proufusion.* Avec profusion. adv. *A booudres.*

PROHIBER. v. a. Faire défense. *Defendre.*

PROHIBÉ , ÉE. part. *Defendu , udo.*

PROJET. s. m. Entreprise. *Prou-jhet.*

PROJETER. v. a. Former le dessein. *Proujettu.*

PROLONGER. v. a. *Tarmena.* Faire d'alonghis.

PROMENER. v. a. *Próumena.* v. récip. *S'espassa.*

PROMENEUR. s. m. *Proumenaire.*

PROMPT , OMPTE. adj. *Proumpt. Viou.* Empourta , *ado.*

PRONER. v. a. Vanter. *Prouna.*

PRONEUR. s. m. Grand parleur. *Prounaire.*

PRONONCER. v. a. Décider. *Prou-nounça.*

PROPAGER. v. a. Répandre. *Dire partout.*

PROPOS. s. m. *Prepaou.* — Mauvais propos. *Barjhun.* A propos. adv. A *prepaou.*

PROPOSER. v. a. Offrir. *Prou-pousa.*

PROPOSITION. s. f. Chose proposée. *Prounpousition.*

PROPRE. adj. *Couroux, ouc.* Assiouna , *ado.*

PROPREMENT. adv. *Proprament.*

PROPRETÉ. s. f. *Nettici.*

PROSPÉRITÉ. s. f. État prospère. *Prousperita. Bouenhur.*

PROTÉGER. v. a. Soutenir. *Prou-tegea.*

PROTESTANT. s. m. Sectaire. *Hu-yanoou. Proutestant.*

PROTÊT. s. m. Terme de banquier. *Proutest.*

PROTESTER. v. n. *Proutesta.*

PROTUBÉRANCE. s. f. Éminence. *Bosso.*

PROVENCAL. s. m. Qui est de la Provence. *Prouvençuou.*

PROU. adv. Assez. *Proun.*

PROUVER. v. a. *Prouva.*

PROVERBE. s. m. *Prouverbi.*

PROVIGNER. v. a. Terme d'agric. *Cabussa. Faire de cabus.*

PROVIN. s. m. *Cabus.*

PROVISION. s. f. *Prouvisien.*

PRUNE. s. f. Fruit à noyau. *Apru-no.*

PRUNELLE. Prune sauvage. s. f. *Agreno.*

PRUNELLIER. Prunier sauvage. s. m. *Agranus.*

PRUNIER. s. m. Arbre qui porte les prunes. *Aprunièro , prunièro.*

PUANTEUR. s. f. *Sentido. Puan-tour.*

PUBLICATION. s. f. *Publication.*

PUBLIER. v. a. *Publica.*

PUCE. s. f. Insecte. *Nièro.*

PUCERON. s. m. Vermine des plantes. *Pevouhino. Neiroun.*

PUDEUR. s. f. Modestie. *Pudour.* Avoir de la pudeur. *Estre reserva.*

PUER. v. n. *Senti marri.* En-*trouna.*

PUÉRILITÉ. s. f. Action puérile. *Enfantiso.*

PUIS. adv. Ensuite. *Piei. Pui.*

PUISER. v. a. Prendre un liquide. *Poua.*

PUITS. s. m. Trou profond où l'on puise de l'eau. *Pous.*

PULPE. s. f. Substance des fruits. *Poupo.*

PULVERIN. s. m. Poire où les chasseurs mettent la poudre. *Fliasquo.*

PULVÉRISER. v. a. Réduire en poudre. *Pila. Trissa.*

PUNAISE. s. f. Insecte puant. *Su-mi. Punaiso.*

PUNIR. v. a. Châtier. *Castiga.*

PUNITION. s. f. Châtiment. *Puni-tien.*

PUPILLE. s. de t. g. Enfant en tutelle. *Pipiou.*

PURGATIF. } s. m. Médecine.
PURGE. } *Puerjho.*

PURÉE. s. f. Suc tiré des légumes. *Pureyo.*

PURGER. v. a. *Purjha. Droungue-jha.*

PUS. s. m. Sang corrompu. *Pous-temo.*

PUSTULE. s. f. *Boutoun.*

PUTPUT. s. f. Hupe. Oiseau. *Pe-tugo.*

PUTREFIER. } v. a. Corrompre.
PUTRIFIER. } *Pourri. Gasta.*

Q

QUADRILLE. s. m. Sorte de jeu de cartes. *Cadretto.*

QUADRUPÈDE. s. m. *Besti de quatre cambos.*

QUALITÉ. s. f. *Qualita.*

QUANTITÉ. s. f. *Quantita.*

QUARTERON. s. m. Quart d'une livre. *Quarteiroun.*

QUEL, QUELLE. adj. *Caou, qualo.*

QUELQUE. adj. de t. g. *Caouque, caouquo.*

QUELQUEFOIS. adj. *Caouquofes.*

QUELQUES-UNS. s. plur. *Caouqueisuns.*

QUELQU'UN, UNE. s. *Caouqu'un, caouqu'uno.*

QUENOTTE. s. f. Dent. Terme enfantin. *Rato. Ratouno. Ratetto.*

QUENOUILLE. s. f. *Filouso. Fièrouè.*

QUENOUILLÉE DE CHANVRE OU DE LAINE. s. f. *Trachcou. Blestoun.* — Quenouille ou colonne d'un lit. *Pecou de liech.*

QUERELLE. s. f. *Garrouiho. Buiro. Garbugi. Maramagno.*

QUERELLER. v. a. et récip. *Querella. Si chamaiha. Si deigatigna.*

QUERELLEUR, EUSE. adj. et s. *Tracassiè. Bouto-buiro. Bourrouyo. Maoufatan.*

QUÉRIR. v. a. *Sarca. Querre.*

QUEUE. s. f. *Coua. Couè.* Queue d'un fruit ou d'une fleur. *Pecou. Pecoui.* Oter la queue à un fruit. *Despecoula.* Queue de rat. *Chichibelli.*

QUEUE DE CHEVAL. s. f. Prêle. Plante. *Coussaoudo.*

QUÊTER. v. a. Faire la quête. *Queta. Quista.*

QUÊTEUR, EUSE. s. Qui fait la quête. *Quetur, uso. Quistoun, ouno.*

QUI. pronom relatif. *Quu. Quaou.*

QUIGNON DE PAIN. s. m. *Courchoun.*

QUINAUD, AUDE. adj. *Sot, sotto. Candit, ido.*

QUINTAL. s. m. Poids de cent livres. *Quintaou.*

QUINTE-FEUILLE. s. f. Plante. *Frago.*

QUINTEUX, EUSE. adj. Fantasque. *Pasoro. Pasourur. Oouriginaou.*

QUINZE. adj. *Quinze.*

QUINZAINE. s. f. *Quinjheno. Quienzeno.*

QUITTE. adj. de t. g. *Quitti, quitis.*

QUITTER. v. a. *Quitta. Leissa.*

QUOI. pron. *Que.*

QUOIQUE. conj. *Ben que. Debado que. A tou que.*

QUOTTER. v. n. Se dit des dents qui commencent à percer la gencive. *Pounchounia. Troouca.*

R

RABACHAGE. s. m. *Repepiaqi.*

RABACHER. v. n. *Repepia. Repetounia.*

RABACHEUR, EUSE. s. *Repepiaire. Pico-pebre.*

RABAIS. s. m. *Rabai.*

RABAT. s. m. Ornement ecclésiastique. *Coulet.*

RABLE. s. m. Partie d'un lièvre ou d'un lapin. *Riable.*

RABOT. s. m. Terme de maçon. *Pasto-mourtiè.* — Pour retirer la rafle d'un tonneau. *Riable.*

RABOTEUX, EUSE. adj. *Grapeloux, ouè. Rude. Escalabroux.*

RABOUGRIR. v. n. Se dit des arbres. *Embouissouini.*

RABOUGRI, IE. part. *Embouissouini, ido.* — Parlant des personnes. adj. *Tout à n'un mouloun.*

RABOUILLÈRE. s. f. Trou où les lapins font leurs petits. *Counihièro.*

RABROUER. v. a. Rebuter avec rudesse et mépris. *Rebura.*

RACCOUTRER. v. Raccommoder. *Recoudre. Rebiha. Recourdura.*

77

RACHETER. v. a. *Racheta.*

RACHITIQUE. adj. de t. g. *Nousa, ado.*

RACHITIS. s. m. Maladie. *Nousaduro.*

RACINAGE. s. m. *Racinagi.*

RACLER. v. a. Ratisser. *Rascla.*

RACLEUR. s. m. Mauvais joueur de violon. *Rasclaire.*

RACLOIRE. s. f. Rouleau pour passer sur une mesure de grains, etc. *Ravouiro. Radouiro.*

RACORNIR. v. a. et récip. *Si retira.*

RACCOURCIR. v. a. *Escourchu.* — v. récip. *Si retira.*

RACCOURCI. s. m. Chemin, sentier plus court. *Escourcho.*

RACQUITTER (SE). v. récipr. Terme de jeu. *Si desquita.* — Dédommager de quelque perte. *Si refaire.*

RADEAU. s. m. Assemblage de plusieurs pièces de bois. *Radeou.*

RADER. v. a. Terme de mesureur public. *Ravouira. Raza la panaou.*

RADOTER. v. n. *Repepia. Radouta.*

RADOTEUR, EUSE. s. *Radoutur. Repepiaire.*

RADOIRE. Voyez RACLOIRE.

RAFFOLER. v. n. Se passionner pour quelqu'un ou quelque chose. *Ave à la testo.*

RAFFOLIR. v. n. *Veni fouel. Veni tebi.*

RAFLE. s. f. Grappe de raisin dépouillée de grains. *Raco.*

RAFRAICHIR. v. a. et récip. Devenir frais. *Refresca.* — Boire un coup. *Si refresca.*

RAFRAICHISSANT, ANTE. adj. Qui rafraichit. *Refrechissent, ento.*

RAFRAICHISSEMENT. s. m. *Refrescament.*

RAGAILLARDIR. v. a. *Reviscoulia. Charamalia.*

RAGE. s. f. Maladie. *Ragi. Rabi.*

RAGOT, OTTE. adj. et s. *Rabasset, etto. Bouseti. Ta de bouto.*

RAGOTER. v. n. Murmurer. *Remooumia.*

RAGOUT. s. m. Mets préparé pour exciter l'appétit. *Regous.*

RAGOUTANT, ANTE. adj. Qui ragoûte. *Regoustant.*

RAGOUTER. v. a. *Regousta.* — v. récip. *Si regousta.*

RAGRÉER. v. a. Terme d'agricul.

Para. — Terme de maçon. *Uni.*

RAIE. s. f. Trait de plume. *Rego. Ligno. Barro.*

RAIE. s. f. Poisson à cartillage. *Clavelado.*

RAIFORT. s. f. Petite rave. Racine potagère. *Rifouer. Rainfouer. Rabets.*

RAILLER. v. a. *Si trufa.*

RAILLERIE. s. f. *Trufarié. Trufo.*

RAILLEUR, EUSE. s. et adj. *Trufet, etto.*

RAINE. s. f. Grenouille verte. *Reinetto.*

RAIPONCE. s. m. Plante à racine potagère. *Rampochou. Rampouchou.*

RAISIN. s. m. Fruit de la vigne. *Rasin.* — Raisin sec. *Panso.*

RAISINET. s. m. Sorte de confiture. *Rut. Rasinet.*

RAJEUNIR. v. n. *Deveni jhouine. Si retanfa.*

RÂLE. s. m. Oiseau. *Reis de caihos.* — Râle de la mort. *Granouihos. Roufle.*

RALENTIR (SE). v. récip. Au fig. *Se refrejha.*

RALER. s. m. Rendre en respirant un son enroué. *Rounqua. Rangouiha. Ave leis granouihos.*

RAMAGE. s. m. *Ramagi.*

RAMASSER. v. a. *Rebaya. Cuhi.*

RAME. s. f. Terme d'agri. Petite branche d'arbre. *Armadouiro.* — Terme de marine. *Reimo.*

RAMEAU. s. m. *Ramas. Rampaou.*

RAME. s. f. *Ramo. Broundo. Broundiho.*

RAMER. v. a. Garnir les plantes des pois, de branches qui les soutiennent. *Arma.* — Au fig. *Ranqua.*

RAMENDER. v. n. Diminuer de prix. *Amendri. Demeni.*

RAMENER. v. a. *Entourna. Retourna.*

RAMILLES. s. f. plur. Menus rameaux. *Broundihos.*

RAMOLLIR. v. a. Rendre mou. *Remouri.*

RAMOLLISSANT, ANTE. adj. *Remoulissent, ento.*

RAMONER. v. a. Oter la suie d'une cheminée. *Ramouina.*

RAMONEUR. s. m. *Ramounur.*

RAMPANT, ANTE. adj. *Que ti-rasso. Que treino.* (On le dit des plantes).

RAMPE. s. f. Partie d'un escalier. *Viseto.*

RAMPER. v. n. Se traîner. *Rampa. Si tirassa.* — Au fig. *Beisa patin. Faire lou mancou.*

RANCE. adj. *Ranci.*

RANCHER. s. m. Sorte d'échelle d'une charrette. *Ranchiè.*

RANCIDITÉ. s. f. *Rançuro.*

RANCIR. v. n. *Veni ranci.*

RANCISSURE. s. f. Voyez RANCIDITÉ.

RANÇON. s. f. Prix d'une délivrance. *Rançoun.*

RANÇONNER. v. a. Exiger trop. *Rançouna. Faire-passa per lou regalet.*

RANÇONNEMENT. s. m. *Regalet.*

RANCUNE. s. f. Ressentiment. *Rancuno.*

RANIMER. v. a. *Reveni.* Ranimé, ée. *Revengu, udo.*

RANG. s. m. *Renguiéro.*

RANGÉE. s. f. *Tiéro. Renguiéro.*

RANGER. v. a. Mettre en ordre. *Renjha. Assiouna.*

RAPE. s. f. Ustensile de ménage. *Raspo. Gratuè.* — Rape de raisin. *Raco.* — Rape d'un épi de blé. *Aresto d'espigo.*

RAPER. v. a. Mettre en poudre avec la rape. *Gratua. Raspa.*

RAPETASSER. v. a. Raccommoder de vieilles hardes. *Pedassa. Rebiha.*

RAPETISSER. v. a. Rendre plus petit. *Retira. Escourchi.* — v. n. Devenir plus petit. *Si retira. S'escourchi.*

RAPHAEL. s. m. Nom d'homme. *Rafeou.*

RAPIÉCER. v. a. Mettre des pièces à du linge, etc. *Pedassa.*

RAPIÉCETER. v. a. Parlant d'un meuble en bois. *Platela.*

RAPIÈRE. s. f. Vieille et longue épée. *Ligousso.*

RAPPORT (AVOIR DU). v. n. *Retraire.*

RAPPORTEUR, EUSE. adj. et s. *Rapourtiè, iéro.*

RAPPORTS. s. m. plur. Vapeurs incommodes. *Renvois.*

RAPURE. s. f. Ce que l'on enlève avec la rape. *Raspuro. Raspaduro.*

RARE. adj. *Requis, isto. Resserca.*

RASCASSE. s. f. Scorpion de mer. *Escourpeno.*

RASER. v. a. Barbifier. *Rasa.*

RASSASIER. v. a. Satisfaire l'appetit. *Assadoula.*

RASSIS, ISE. part. On le dit du pain. *Pan dur.*

RAT. s. m. Petit animal. *Garri.* — D'eau. *Garri d'aiguo.*

RATATINER (SE). v. récip. Se resserrer. *S'amoulouna.* — Parlant des fruits. *Frounci. Acebenchi.*

RATE. s. f. Partie molasse de l'animal. *Blesquet.*

RATEAU. s. m. Outil d'agricul. *Rastcou.*

RATELÉE. s. f. Ce qu'enlève le râteau. *Rastelado.*

RATELER. v. a. Amasser avec le râteau. *Rastela.*

RATELEUR, EUSE. s. Qui râtèle. *Rastclaire. Rasteluso.*

RATELIER. s. m. *Rastcliè.*

RATIER, IÈRE. adj. Terme populaire. *Garrihoux, ouè. Capriciou.*

RATION. s. f. Portion de vivre. *Ratien.*

RATISSER. v. a. Racler la superficie. *Raspa.*

RATURER. v. a. *Biffa.*

RAUCITE. s. f. *Raoucugi.*

RAUQUE. adj. de t. g. *Raou, raouco.*

RAVAGE. s. m. Dégât. *Ravagi.*

RAVAGER. v. a. Faire du ravage. *Ravajha.*

RAVALER. v. a. Rabaisser. *Ravala.* — Crépir. *Rebouca.*

RAVAUDAGE. s. m. Raccommodage de vieilles hardes. *Sarciduro. Crestaduro.*

RAVAUDER. v. a. Raccommoder. *Eiga leis bas. Sarci. Cresta.*

RAVAUDERIE. s. f. pl. Choses de vil prix. *Recaoudariès.* — Ce qu'on enlève en ravaudant. *Crestaduro. Palo.*

RAVAUDEUSE. s. f. Couturière. *Pedassuso. Qu'eigo leis bas.*

RAVE. s. f. Racine potagère. *Rabbo.* — Petites raves. Voyez RAIFORT.

RAVIGOTER. v. a. Remettre en force. *Restooula. Reviscoulia.*

RAVIN. s. m. Lieu que le ravine a creusé. *Gravas. Eissart. Valat.*

RAVINE. s. f. Torrent formé d'eaux qui tombent subitement et impétueusement des montages après une forte pluie. *Riou. Valat. Eissarriado.* — Lieu creusé par la ravine. *Valat.*

RAVIR. v. a. Enlever de force. *Leva. Gara.*

RAVISER (SE). v. récip. Changer d'avis. *Si reprendre. Si ravisa.*

RAVOIR. v. a. Avoir de nouveau. *Retrapa. Avé mai.*

RAYER. v. a. Effacer. Voyez RATURER.

RAYON. s. m. Trait de lumière du soleil. *Esclarziado.* — Sillon qu'on trace en labourant. *Rego.* — Tablette d'une bibliothèque. *Rayoun.* — Partie d'une roue de charrette. *Rai.* — Séparation sur lesquelles les marchands placent leurs marchandises. *Estagièro. Rayoun.*

RAYON DE MIEL. s. m. Gâteau des abeilles. *Bresco.*

RÉBARBATIF, IVE. adj. Rude et rebutant. *Ménèbre, menèbro. Rustre.*

REBARBOUILLER. v. a. Barbouiller de nouveau. *Repinta.*

RÉBATIR. v. a. Bâtir de nouveau. *Rebasti.*

REBELLER (SE). v. récip. *Si rebella.*

REBEQUER. v. récip. Répondre avec fierté. *Rebeca.*

REBIFFER. v. a. et récip. Régimber. *Reguigna. Rebiffa.*

REBONDI, IE. adj. Arrondi par embonpoint. *Poouffi. Redoun.*

REBONDIR. v. n. Faire un ou plusieurs bonds. *Rebounda.*

REBONDISSEMENT. s. m. *Rebound.*

REBORDER. v. a. *Rebourda.*

REBOUCHER. v. a. Boucher de nouveau. *Retapa.*

REBROUS. adj. Revêche. Peu traitable. *Bourru, udo.*

REBROUSSEPOIL. adv. A contre poil. *Oou rebous. A couentropeou.*

REBROUSSER. v. a. Relever en sens contraire. Se dit des cheveux, etc. *Leivira. Retroussa.* — Retourner en arrière. *Revira brido.*

REBUTADE. s. m. Mauvais accueil. *Remouchinado. Rebaihado.*

REBUTER. v. a. Rejeter avec rudesse. *Repoussa. Rebaiha.* — Décourager. *Deimoucoura.*

REBUTER (SE). v. récip. Se décourager. *Si deimoucoura.*

RECALCITRANT, ANTE. adj. *Entesta, ado. Reculcitrant, anto.*

RECELER. v. a. Cacher un vol, etc. *Recela. Faire la man.*

RECELEUR, EUSE. s. m. *Recelur, uso.*

RÉCEMMENT. adv. *Nouvellament. L'y a gaire.*

RÉCENT, ENTE. adj. *Nouveou. Fach de fresc. Fresc, fresco.*

RECEPER. v. a. Terme d'agri. *Rabeissa. Pouda.*

RECEVOIR. v. a. *Recebre.* — Tendre la main ou un linge pour recevoir quelque chose. *Para.* — Recevoir dans les mains ce que l'on nous jette. *Recassa.*

RECHAPPER. v. a. Être délivré. Échappé d'un péril. *Escapa. Saoua.*

RECHASSER. v. a. Repousser d'un lieu à un autre. *Coucha de partout.*

RECHAUD. s. m. Ustensile de cuisine. *Escooufetto. Richaou.*

RECHAUFFER. v. a. et récip. *Rescoonfa.*

RECHAUSSER. v. a. *Rescooussa.*

RECHERCHE. s. f. *Recerco.* — Poursuite pour un mariage. *Faire la demando.* — Terme de couvreur. *Recoura la toulisso.*

RECHERCHER. v. a. *Recerca.* — En mariage. *Faire demanda.*

RECHIGNER. v. n. *Reguigna. Reguina.*

RECHIGNÉ, ÉE. adj. et partic. *Charpinoux, oué. Mutin, ino.*

RECLAMER. v. a. *Reclama.*

RECLOUER. v. a. *Reclavela.*

RÉCOLTER. v. a. *Recoulta.*

RECOMMENCER. v. a. *Recoumença.* — A recommencer. adv. Terme de jeu de cartes. *De tourni.*

RECONNAITRE. v. a. *Recouneisse. Recounouisse.*

RECOMMANDER. v. a. Prier d'avoir soin. *Recoumanda.*

RÉCOMPENSE. s. f. *Recoumpenso.*

RÉCOMPENSER. v. a. *Recoumpensa.*

RECOPIER. v. a. Copier de nou-veau. *Recoupiha.*

RECOQUILLER. v. a. et récip. *Recrouquiha.*

RECORS. s. m. Aide-huissier. *Gaffeto.*

RECOUDRE. v. a. *Recourdura.*

RECOUPE. s. f. Partie la plus fine du son. Terme de boulanger. *Re-coupaduro.* *Reprin.*

RECOUVRIR. v. a. *Recurbi.*

RECRÉER. v. a. et récip. *Recrea. S'espassa.*

RECREUSER. v. a. Creuser de nouveau. *Recava.*

RECRIER (SE). v. récip. *Si res-crida. Si rancura.*

RECRIBLER. v. a. Cribler de nouveau. *Redraya.*

RECROQUEVILLER (SE). v. ré-cip. *Si recrouquiha. Si retira.*

RECUEILLIR. v. a. Amasser, ser-rer les fruits de la terre. *Ramassa. Rebaya. Rejhougne.*

RECUIRE. v. n. *Recouire.*

RECULADE. s. f. Action de recu-ler. *Requuerado.*

RECULEMENT. s. m. *Requuera-ment.*

RECULER. v. a. *Requuera. Recu-la.*

RECULONS (A). adv. De *requue-roun.*

RÉDACTEUR. s. m. Qui rédige. *Redactour.*

REDEMPTEUR. s. m. Qui rachète. *Redemptour.*

REDINGOTE. s. f. Habillement d'homme. *Reguingoto. Anglesu. Fa-quino. Lerito.*

REDOUBLEMENT. s. m. Accès de fièvre. *Recoupament.*

REDRESSER. v. a. *Redreissa. Re-geissina.*

REDIRE. v. a. *Repeta.*

REDUCTION. s. f. *Reduction.*

REDUIRE. v. a. *Coustregne de faire.*

RÉDUIT. s. m. Retraite. *Cafor-no. Androuno.*

REFAIRE. v. a. *Refaire.* — Refaire la pointe d'un instrument, d'une cheville, etc. *Apouncha.* — Terme culinaire. *Reveni.*

REFLUER. v. n. Se dit des eaux. *Regounfla.*

REFONDRE. v. a. *Refoundre.*

REFROIDIR. v. a. *Refrejha. Re-fresca.*

REFROIDISSEMENT. s. m. *Refre-jhament.*

RÉFROGNER (SE). v. récip. *Si refrougna.*

REGAIN. s. m. Seconde herbe des prés. *Rouibre. Revioure.*

RÉGAL. s. m. Festin. *Calènos. Regoli.*

RÉGALER. v. a. et récip. *Regala.* Se régaler pour se dédommager d'une privation. *Si desgrava.*

REGARDANT. s. m. Celui qui ré-garde. *Regardaire.*

RÉGIE. s. f. Administration. *Re-gido.*

RÉGIMBER. v. n. Ruer. *Reguina.*

RÉGLISSE. s. f. Plante et raci-ne. *Recalissi.* — Suc de réglisse. *Recalissi negre.*

RÉGNER. v. n. *Regna.*

REGORGER. v. n. Abonder. *Regour-jha.*

REGRATTIER. s. m. *Revendeire. Revendur. Boutiguié.*

REGRATTER. v. a. Faire des ré-ductions en payant des petits comp-tes. *Rougna. Retrancha.*

RÉJAILLIR. v. n. *Espousca. Jhis-cla.*

REGRETTER. v. a. *Regretta.*

REJAILLISSEMENT. s. m. *Espous. Jhiscle.*

REJET.   } s. m. Terme d'a-
REJETTON. } griculture. *Jhiès. Regitoun.* — D'olivier. *Sagato.*

REIN. s. m. Viscère. *Rougnoun.*

REINS. s. m. pl. Les lombes. *Leis rens.*

RELACHER. v. a. Rendre moins tendu. *Lacha.* — Laisser aller. *Re-lacha.*

RELANCER. v. a. Répondre rude-ment. *Rebara. Rebufa. Rebaya.*

RELATION. s. f. Récit. *Relation.*

RELAYER. v. a. et récip. Occu-per alternativement. *Releva.*

RELÉGUER. v. a. et récip. *Relega.*

RELENT. s. m. Odeur. Mauvais goût. Aliment trop longtemps gar-dé. *Recru.*

RELEVAILLES. s. f. pl. *Sourtido de coucho.*

RELEVER. v. a. *Dreissa. Releva.* — v. récipr. *Si dreissa.*

RELIAGE. s. m. Terme de tonnelier. *Ciouclagi.*

RELIEF. s. m. Terme de maçon. *Releiffet.*

RELIER. v. a. *Relia.* — Terme de tonnelier. *Cioucla.*

RELIGIEUX, EUSE. s. et adj. *Religiou, iouso.*

RELIEUR. s. m. *Reliur.*

RELIGION. s. f. *Religien.*

RELIRE. v. a. *Releyi.*

RELUIRE. v. n. *Luzi. Relusi.*

REMARIER. v. a. et récip. *Remarida.*

REMBARRER. v. a. Rabrouer. *Rebara.*

REMACHER. v. a. *Remastega.*

REMÈDE. s. m. *Remedi.*

REMÉDIER. v. n. *Remediha.*

REMERCIER. v. a. Rendre grâce. *Remarcia.*

REMEUBLER. v. a. *Remubla.*

REMETTRE. v. a. *Beila.* — Remettre à un autre temps. *Remanda.*

REMONTER (SE). v. récip. S'équiper de nouveau. *Si refanfa. Si remounta.*

REMONTRANCE. s. f. *Lavabo.* Remouchinado.

REMONTRER. v. a. *Remoustra. Remouchina.*

REMORQUE. s. f. Terme de marine. *Remouc.*

REMPART. s. m. *Barri.*

REMPLAGE (Faire le). s. m. *Huya leis veisseoux.*

REMPLI. s. m. Terme de tailleur et de couturière. *Troussis.*

REMPLIER. v. a. Terme de couturière. *Faire d'hooussets.*

REMPLIR. v. a. *Ampli. Claffi.*

REMPLUMER (SE). v. récip. Se refaire. *Si rescatia.*

REMUE-MÉNAGE. s. m. *Reviro-meinagi.*

REMUER. v. a. *Boulega. Gangassa.* — Remuer un enfant. *Muda. Nettejha.*

REMUGLE. s. m. Odeur de renfermé. *Estu. Escooufi.*

RENAITRE. v. n. *Renaisse.*

RENARD. s. m. Animal. *Reinard. Rinard.*

RENCONTRE. s. m. *Rescouentre. Encouentre.*

RENCONTRER. v. a. *Rescountra.*

RÊNES. s. f. plur. Courroies de la bride d'un cheval. *Guidos. Rènos.*

RENFERMER. v. a. *Extrema. Rejhougne.*

RENFLER. v. n. Augmenter de volume en cuisant. *Gounfla.*

RENGORGER (SE). v. récip. Avancer la gorge. *S'espiessa.* — Faire le fier. *Si gounfla.*

RENIER. v. a. *Renega.* — Renier chrême et baptême. *Si descrestiouna.*

RENIEUR. s. m. *Renegaire.*

RENIFLER. v. n. *Narrejha. Tira lou casteou.*

RENOM. s. m. Réputation. *Renoum.*

RENOMMÉ, ÉE. adj. *Renouma, ado.*

RENOMMÉE. s. f. Réputation. *Renoumado.*

RENONCULE SAUVAGE. s. f. Plante. *Adonis. Rubisso.*

RENOUÉE. s. f. Plante. *Lenguo de passeroun.*

RENOUER. v. a. Nouer ce qui est denoué. *Renousa.* — Amitié. *Si mai faire amis.*

RENOUEUR. s. m. Espèce de chirurgien. *Poutingoun.*

RENOUVELER. v. a. *Renouvella.* — Rappeler au souvenir. *Refresca la memori.* — Le contract. Expression figurée et pop. *Refresca l'acte.*

RENTRAIRE. v. a. Terme de couture. *Sarci.*

RENTRAITURE. s. f. *Sarciduro.*

RENTRÉE. s. f. *Rintrado.*

RENTRER. v. n. Se renfermer. *Si rejhougne. Si retira.*

RENVERSER. v. a. *Revessa. Gitta oou soou.*

RENVOYER. v. a. *Remanda.*

REPAIRE. s. m. *Logeo.* — Des voleurs. *Caverno.* — Des bêtes. *Caforno.*

REPAITRE. v. a. Faire manger outre mesure. *Empapoula.*

RÉPANDRE. v. a. Verser. *Escampa. Vessa.*

RÉPANDU, UE. part. *Escampa, ado.*

RÉPARAITRE. v. n. *Reparcisse.* — Revenir. *Reyriha.*

RÉPARATION. s. f. *Reparatien.*

RÉPARER. v. a. *Repara.* — Le couvert d'une maison. *Recoura.*

REPARTIE. s. f. Réplique. Repartido.

RÉPARTIR. v. a. Partager. Partagea.

RÉPARTITION. s. f. Repartition.

REPASSER. v. a. Repassa. — Du linge. Estira. — Un chapeau. Refanfa. — Un couteau. Amoula.

REPASSEUR, EUSE. adj. et s. Repassur, uso. — Repasseuse de linge. Estiruso.

REPEINDRE. v. a. Repinta.

REPENTANT, ANTE. adj. Pentoux, ouè. Regretoux, ouè.

REPÈRE. s. m. Marque pour reconnaitre les pièces d'assemblage. Establissament.

REPÉRER. v. a. Marquer, etc. Establi.

RÉPÉTAILLER. v. a. Repeter plusieurs fois. Repetoulia.

RÉPÉTER. v. a. Repeta.

RÉPÉTITION. s. f. Repetition. — Second coup d'horloge. Repliq, repliquo.

REPEUPLER. v. a. Repupla.

REPLACER. v. a. Replaça.

REPLATRER. v. a. Terme de maçon. Mai passa de gip.

REPLETION. s. f. Grande abondance d'humeur dans une personne. Plenitudo.

REPLIER. v. a. Replega.

REPLIQUER. v. a. et récip. Repliqua. Ripousta.

REPLONGER. v. a. Plonger de nouveau dans un liquide. Retrempa.

REPONSE. s. f. Respouenso. Respouesto.

REPOS. s. m. Repaou.

REPOSER. v. n. Repoousa. Dourmi. — v. récip. Si poouva.

REPOUSSER. v. a. Rejeter quelqu'un. Repoussa. — Terme d'agri. v. n. Reqriha.

RÉPRÉHENSIBLE. adj. de t. g. Blamable.

RÉPRÉHENSION. s. f. Voyez RÉPRIMANDE.

RÉPRENDRE. v. a. Reprendre. — v. n. Critiqua. — Terme d'agr. Arrapa. — Terme de couture. Sarci.

REPRÉSENTER. v. a. Representa. — Exhiber. Moustra.

REPRIMANDE. s. f. Repassado. Remouchinado. (Ancien). Cridesto.

REPRIMANDER. v. a. Chapitra. Remouchina.

REPRISE. s. f. Terme de couture. Sarciduro.

REPROCHE. s. m. Reprochi. Reproches violents. Enflancados.

REPROCHER. v. a. Reproucha.

REPROUVER. v. a. Desaprouva.

REPTILE. s. m. Animal qui rampe. Besti senso alos ni pattos.

RÉPUDIER. v. n. Renounça. — Sa femme. Divourça.

RÉPUTÉ, ÉE. adj. Censa, ado.

RÉPUTATION. s. f. Reputation.

REQUIN. s. m. Poisson vorace. Lami.

REQUINQUER (SE). v. récip. Se parer, etc. Si requinquiha.

RESCIF. s. m. Écueil. Esteou.

RÉSÉDA INODORE. s. f. Plante. Bousso.

RESERVER. v. a. Reserva.

RESERVOIR. s. m. Barquiou. Pesquiè. Servo.

RÉSIDENCE. s. f. Residenci.

RÉSIDU. s. m. Sédiment. Cuou. Liè. Found.

RÉSIGNER. v. a. Si deimettre. v. récip. Se resigna.

RÉSINE. s. f. Parrasino.

RESISTER. v. n. Resista.

RÉSONNER. v. n. Rétentir. Resclanti.

RÉSOUDRE. v. a. Décider. Decida. — Amollir. Foundre.

RESPECTER. v. a. Respecta.

RESPECTUEUX, EUSE. adj. Respectuoux, ouè.

RESPIRER. v. n. Respira.

RESSASSER. v. a. Sasser de nouveau. Retamia.

RESSEAU. s. m. Saillie d'un mur. Relcisset.

RESSEMBLER. v. a. Avoir du rapport. Sembla. — Parlant des couleurs. Retraire.

RESSEMER UNE TERRE. v. a. Ressamena.

RESSERRER. v. a. Ressarra.

RESSOUDRE. v. a. Souder de nouveau. Ressoouda.

RESSOUVENIR (SE). v. récip. S'en souveni.

RESSUAGE. s. m. État d'un corps qui ressue. Susou. Humidi'a.

RESSUER. v. n. Rendre l'humidité intérieure. Susa.

RESSUI. s. f. Retraite des bêtes fauves après les pluies. *Secadou.*

RESSUSCITER. v. a. *Reviouda.*

RESSUYER. v. a. Sécher. *Estaboura. Seca.*

RESTAURATEUR. s. m. *Restoouratour.*

RESTAURER. v. a. *Remounta. Restooula.*

RESTER. v. n. Demeurer. *Ista.* — Être de surplus. *Soubra.*

RESTE. s. m. Ce qui demeure d'une quantité. *Defarco.* — Surplus. *Soubro.*

RESTITUER. v. a. *Restitua.*

RESTREINDRE. v. a. *Restregne.*

RÉTABLIR. v. a. et récip. *Restabli.*

RETAILLE. s. f. Morceau d'étoffe retranché. *Ratayoun.*

RÉTENTION D'URINE. s. f. *Retention.*

RETENIR. v. a. Garder. *Garda. Reteni.*

RETENTIR. v. n. Rendre un son. *Resclanti.*

RETENUE. s. f. Modération. *Retengudo.*

RÉTIF. adj. Qui résiste. On le dit d'un cheval. *Gravouge.*

RETIREMENT. s. m. Contraction. *Retirament.*

RETIRER. v. a. *Retira.*

RETOMBER. v. a. *Retoumba.*

RETORDRE. v. a. *Retouesse.*

RETOUCHER. v. a. Corriger. *Retouca.*

RETOUR. s. m. Équivalent. Surplus pour échange. *Toureni.*

RETOURNE. s. f. Terme de jeu de cartes. *Viro.*

RETOURNER. v. a. et récip. *Retourna. S'entourna. Vira-brido.*

RÉTRACTATION. s. f. *Retractation.*

RETRAIT, AITE. adj. Peu rempli (grain). *Anoui, ido.*

RETRANCHER. v. a. Séparer. *Leva.* — Supprimer. *Retrancha.*

RÉTRÉCIR. v. a. *Restregne.*

RÉTRIBUTION. s. f. Salaire. *Pagament.*

RÉTROGRADER. v. n. S'entourna. *Recula.*

RETROUSSER. v. a. Relever en haut. *Reverteya. Reveissina.*

RETS. s. m. Piège. Arret. *Filet.*

REVALOIR. v. a. Rendre la pareille. *Rendre.*

REVANCHE. s. f. Deuxième partie de jeu. *Revenjhe.* — Réciprocité. *Guierdoun.*

REVANCHER. v. a. *Revenjha.* — Rendre la pareille. *Rendre lou guierdoun.*

REVANCHEUR. s. m. Qui revanche. *Revenjhaire.*

REVE. s. m. Songe. *Pantaih. Souenjhi.*

REVE-CREUX. s. de t. g. *Songeofesto.*

REVÊCHE. adj. Apre au goût. *Aspre.* — Rébarbatif. *Menèbre.*

REVEILLER. v. a. Éveiller. *Reveiha.*

REVEILLEUR. adj. Qui éveille. *Reveihaire.*

REVEILLON. s. m. Repas au milieu de la nuit. *Reveihoun.*

RÉVÉLER. v. a. Découvrir un secret. *Declara. Escudela.*

REVENDEUR, EUSE. adj. et subs. *Boutiquié, ière. Rerendur, uso.*

REVENIR. v. n. Donner des rapports. *Reprouchu.*

REVENU, UE. part. *Revengu, udo.*

REVENU. s. m. Rente. *Revengu.*

REVER. v. a. Faire un rêve. *Pantaya. Rava.*

RÉVERBÉRATION DU SOLEIL. s. f. *Ressort doou souleou.*

REVERDIR. v. n. Reparaître. *Regriha.*

RÉVÉRIE. s. f. *Revarié. Pantai.*

REVETIR. v. a. *Habiha.*

REVETU, UE. adj. *Habiha, udo.* — Gueux revêtu. s. m. *Peou-revengu.*

REVEUR. s. et adj. *Pantayaire.* — Pensif. *Apensamenti.*

REVIRER. v. n. Tourner d'un autre côté. *Vira-brido.*

REVIVRE. v. n. Ressusciter. *Revioure.*

REVOIR. v. a. *Reveire.*

REVOLIN. s. m. Tourbillon de vent. *Remourinado. Remoulun.*

RÉVOLTER (SE). v. récip. *Si revoulta.*

REZ-DE-CHAUSSÉE. s. m. *Plan-pé.*

RHAGADES. s. f. plur. Fentes de la peau. *Escartos.*

RHUMATISME. s. m. Maladie. *Roumatisme.*

RHUME. s. m. *Rooumas.* — De poitrine. *Refrejhament.*

RIANT, ANTE. adj. Gracieux, eusc. *Risent , ento.*

RIBLETTE. s. f. *Chouyo.*

RICHARD. s. m. Homme riche. *Richas.*

RICHE. subs. m. Opulent. *Gouapou.*

RICCIN. s. m. Plante. *Palma Christi.* Fruit ou graine de riccin. *Cacapuço.*

RICOCHET. s. m. Bonds d'une pierre, etc. *Reboumbetto.* — A la façon des ricochets. adv. *De respayetto.*

RIDÉ , ÉE. adj. *Frounci , ido.*

RIDEAU. s. m. *Rideou.*

RIEN. s. m. *Ren.*

RIGOLE. s. f. Petite tranchée. *Rigolo.*

RIGUEUR. s. f. Sévérité. *Rigour.*

RINCER. v. a. *Refresca.*

RINCURE. s. f. *Refrescaduro.*

RIOTER. v. n. *Rirouchia. Fadejha.*

RIPAILLE. s. f. *Repeïssudo. Godcamus.*

RIPE. s. f. Grattoir. Outil de sculpteur et de tailleur de pierre. *Riflar.*

RIPOPÉE. s. f. Mélange de reste de vin. *Escouradis.*

RIPOSTE. s. f. Repartie. *Repartido.*

RIS DE VEAU. s. m. Terme de boucherie. *Gaihos.*

RISÉE. s. f. *Riasso. Riseyo.*

RISQUER. v. a. *Arrisqua. Hasárda.*

RISSOLE. s. f. Terme de cuisine. *Reviolo.*

RISSOLER. v. a. Terme de cuisine. *Roussi.*

RIVAL. s. m. *Rivaou.*

RIVALISER. v. a. *Rivalisa.*

RIVE. s. f. Bord de l'eau. *Ribo.*

RIVER. v. a. *Ribla.*

RIXE. s. f. Querelle. *Sèno. Bru.*

ROBE. s. f. *Raoubo.* — D'enfant. *Fourreou.*

ROBINET. s. m. *Griffoun.*

ROBUSTE. adj. *Gaihard. Vigouroux.*

ROC. ROCHE. s. m. et f. *Roucas. Rôco.*

ROCHET. s. m. Sorte de surplis. *Rouquet.*

RODER. v. n. *Roudejha. Rouda.*

RODEUR , EUSE. adj. *Roudaire. Roudouiro.*

78

RODOMONT. s. m. *Leventi.*

ROGATIONS. s. f. pl. Terme de liturgie catholique. *Rouguesouns.*

ROGATONS. s. m. pl. Restes des mets. *Renoués.* — De pain. *Rouhigoun. Ruisso.*

ROGNER. v. a. *Rougna.*

ROGNE. s. m. Maladie de la peau. *Rouqno.*

ROGNURES. s. f. *Rougnaduros.*

ROGNONER. v. n. *Repetounia. Remoumia.*

ROI. s. m. *Rei.*

ROIDE. adj. *Rege. Tesat. Estela.*

ROIDILLON. s. m. Élévation qui se trouve en un chemin. *Gripet.*

ROIDIR. v. a. *Tesa.* — Se roidir. v. récip. *Si cabra.*

ROITELET. s. m. Petit oiseau. *Petouc. Petouso.* — Roitelet hupé. *Rei deis oousseoux.*

ROMARIN. s. m. Arbuste aromatique. *Roumaniou.*

ROMPEMENT DE TÊTE. s. m. *Roumpament de testo.*

ROMPRE. v. a. Briser. *Roumpre. Espeça.*

ROMPRE l'abstinence du Carême. *Si descarema.*

ROMPRE le jeûne. *Si desparjhuna.*

RONCE. s. f. Arbuste épineux. *Roumi.*

ROND , RONDE. adj. *Rédoun , ouno.*

RONDELET , ETTE. adj. Qui a un peu trop d'embonpoint. *Redounet , etto.*

RONDEUR. s. f. *Roundou.*

RONDIN. s. m. Morceau de bois. Gros bâton. *Bihuiro. Tricot.*

RONDINER. v. a. Bâtonner. *Trica.*

RONFLEMENT. s. m. *Rouncugi.*

RONFLER. v. n. *Rounfla. Rounca.*

RONGER. v. a. *Rouiya. Rata.*

ROSE. s. f. Fleur. *Roso.* — D'outremer. *Passoroso.* — Nom de femme. *Rousoun. Rouscitto.*

ROSEAU. s. m. Plante aquatique. *Cano.* — Plant de roseau *Canié.*

ROSÉE. s. f. *Eiyagno.*

ROSSÉE. s. f. Volée de coups. *Bastounado. Caloussado.*

ROSSER. v. a. Battre violemment. *Roussa. Gounfla.*

ROSSIGNOL. s. m. Oiseau de chant. *Roussignoou.* Petit, jeune rossignol. *Roussiynoulet.*

ROT. s. m. Vent qui sort de l'estomac avec bruit. *Rôt.* — Rôt , viande rôtie. *Rousti.*

ROTER. v. n. Faire des rots. *Routa.*

ROTI. s. m. Viande rôtie. *Rousti.*

ROTIE. s. f. *Roustido.*

ROTIR. v. a. *Rousti.* — Parlant du soleil. *Grasiha.*

ROUE. s. f. Machine ronde. *Rôdo.*

ROUÉ. adj. Fatigué. *Roumpu.*

ROUE (FAIRE LA). v. n. Parlant du coq-d'Inde. *Faire lou banestoun. Si pavana.*

ROUELLE. s. f. Tranche d'une chose coupée en rond. *Roundèlo.*

ROUER. v. a. Punir du supplice de la roue. *Roumpre.* — Roué. *Roumpu.*

ROUET. s. m. Machine à roue servant à filer. *Tour. Roudet.*

ROUGE-GORGE. s. m. Oiseau *Rigaou.*

ROUGE-QUEUE. s. m. Oiseau. *Cuourousset. Rousselto.*

ROUGEOLE. s. f. Maladie qui attaque les enfans. *Senespien. Senespioun.*

ROUGEUR. s. f. *Roujhou.*

ROUGEUR du visage. s. f. *Rouito.*

ROUILLE, s. f. Crasse rougeâtre qui vient sur le fer. *Roui.* — Maladie des blés, etc. *Rouit.*

ROUILLÉ , ÉE. part. *Rouihoux , oué. Enrouhi, ido. Rouiha , ado.*

ROUILLER. v. a. Faire venir de la rouille. *Rouiha. Faire enrouhi.*

ROUIR. v. a. Faire macérer le chanvre ou le lin dans l'eau. *Naya.*

ROULEAU. s. m. Paquet de quelque chose qui est roulé. *Roulcou.* — De pâtissier. *Bistourtié.*

ROULER. v. a. *Roula.* — Dégringoler. *Regoula. Barrula.* — Rouler les yeux. *Trevira leis hueils.*

ROULER. v. n. Plier en rouleau. *Envartouhia.*

ROULETTE. s. f. Petite roue. *Rouletto.* — D'enfant. *Cadiéro courerello.*

ROULIER. s. m. *Carretié. Voituriè.*

ROUPIE. s. f. Goutto doou nas.

ROUPILLER. v. n. Sommeiller à demi. *Penequa.*

ROUSSATRE. adj. *Que roussejho.*

ROUSSEAU. s. m. *Peou roujhe.*

ROUSSIR. v. a. Brûler. *Rebina , ado. Rima , ado.*

ROUTOIR. s. m. Lieu où l'on fait rouir le chanvre. *Nay.*

RUADE. s. f. Brutalité. *Requignado.*

RUCHE. s. f. Brusc. *Souco d'abeiho.*

RUCHER. s. m. Lieu où sont les ruches. *Apiè.*

RUDOYER. v. a. *Escalustra. Eibramassa.*

RUE ou RHUE. s. f. Plante. *Rudo.*

RUE. s. f. *Carriéro.*

RUÉE. s. f. Litière sèche. *Paihado.* Voyez JONCHÉE.

RUELLE. s. f. Petite rue. *Traverso. Androuno.*

RUER. v. n. Lancer les pieds. *Reguina.* — Jeter avec impétuosité. *Ficha. Flanqua.*

RUEUR. s. m. On le dit d'un cheval qui rue. *Requignaire.*

RUILLÉE. s. f. Terme de maçon. *Sarrado.*

RUINE. s. f. *Rouino.*

RUINER. v. a. *Arrouina.*

RUISSEAU. s. m. Courant d'eau. *Riou. Valat.*

RUISSELER. v. n. *Deiboundouna.*

RUMEUR. s. f. *Chamatan. Bru.*

RUMINER. v. a. Remâcher. *Remoumia.* — Penser. *Rumina.*

RUPTURE. s. f. Division entre personnes amies. *Brouiharié.*

RURAL , ALE. adj. Des champs. *De campagno.*

RUPTURE. s. f. Fracture. *Hernie.*

RUSÉ , ÉE. adj. et s. *Retapa , ado.*

RUSTAUD , AUDE. s. et adj. Rustre. *Pantou. Garrot.*

RUSTICITÉ. s. f. Grossièreté. *Groussiéreta.*

RUSTIQUE. adj. Grossier. *Apanti , ido.*

RUT. s. m. État des bêtes en amour. *Fouliè.*

S

SABBAT. s. m. au fig. Grand bruit. *Chamatan. Petuerri.*

SABLE CALCAIRE. s. m. *Saffre.*

SABLON. s. m. *Saveou.*

SABLONNER. v. a. Écurer avec du sablon. *Escura.*

SABOT. s. m. Chaussure de bois

Esclot. — Corne du pied du cheval. *Batto.*

SABOT. s. m. Jouet d'enfant. *Mouine. Booudufo.*

SABOTER. v. n. Jouer au sabot. *Fouita lou mouine, la booudufo.*

SABOULER. v. a. Tirailler. Tourmenter quelqu'un. *Tirassa. Sagagna.*

SABENAUDER. v. a. Travailler mal un ouvrage. *Groulejha. Pourquejha.*

SABRENAUDER. v. a. Terme de vigneron. *Espoudassa.*

SABRER. v. a. *Sabra. Massacra.*

SACCADE. s. f. Secousse violente qu'on donne à quelqu'un. *Gangassado.* — Rude réprimande. *Paragaro.*

SACHÉE. s. f. Ce qu'un sac peut contenir. *Saco pleno. Plen sac.*

SACHET. s. m. Petit sac. *Saquet. Saquetto.*

SACRER. v. a. *Sacra.*

SACRIFICE. s. m. *Sacrifici.*

SACRIFIER. v. a. *Sacrifica.*

SACRISTAIN. s. m. *Sacrestan.*

SACRISTIE. s. f. *Sacrestië.*

SACRISTINE. s. f. *Sacrestano.*

SACRUM (OS). s. m. *Ouès bartrand.*

SAGE. adj. *Sagi.*

SAGE-FEMME. s. f. *Baylo. Sageofremo.*

SAGÈNE. s. f. Terme de boucherie. *Crespino.*

SAGOUIN, OUINE. s. fig. Personne malpropre. *Goujhard, ardo.*

SAIGNANT, ANTE. adj. Qui dégoutte de sang. *Saounoux, ouè.*

SAIGNÉE. s. f. *Soouniè.*

SAIGNER. v. a. *Soouna.*

SAIGNEUR. s. m. *Soounaire.*

SAIGNEUX, EUSE. adj. *Saounoux, oué.* — Bout saigneux. s. m. Cou de mouton. *Bescouil.*

SAILLIE. s. f. au fig. Emportement. Boutade. *Espouscado. Bourascado.*

SAILLIE. s. f. Terme d'architecture. *Saihent. Saihido. Releisset.*

SAILLIR. v. n. Jaillir. *Espousca.*

SAIN, SAINE. adj. *Saniq, iquo. San, sano.*

SAIN-DOUX. s. m. Graisse de porc. *Graisso-blanco. Sain..*

SAINFOIN. s. m. Plante fourragère. *Esparset.*

SAINT, SAINTE. s. *San, santo.* — Petit saint. *Santoun.* — Petite sainte. *Santouno.*

SAINTEMENT. adv. *Santament.*

SAINTETÉ. s. f. *Santeta.*

SAISIE. s. f. *Sesido.*

SAISON. s. f. *Sesoun.* — Terme d'agr. *Menado.*

SALADE. s. f. Mets composé de certaines herbes, ou de certains légumes, etc. *Salado.* — Petite. *Menudo. Merindolo.* — De légumes secs. *Bajhano.*

SALAMANDRE. s. f. Reptile. *Arabreno.*

SALAIRE. s. m. Paiement. *Salari.*

SALE. adj. *Brut, bruto.*

SALER. v. a. Assaisonner de sel. *Sala. Sara.*

SALETE. s. f. *Brutissi. Pourcariè. Goujhardariè.*

SALICOTE. s. f. Sorte de crustacé. Voyez CREVETTE.

SALIGAUD, AUDE. adj. et s. *Goujhard, ardo.*

SALIR. v. a. et récip. *Embruti. Cunchia. Si fa dessous.*

SALISSON. s. f. Terme de mépris. *Saligotto. Souihardo.*

SALISSURE. Voyez SALETÉ.

SALIVE. s. f. *Escupiègno.*

SALIVER. v. n. Cracher. *Escupi.*

SALOIR. s. m. Vase de bois dans lequel on met le sel. *Saliè.*

SALOPERIE. s. f. *Goujhardariè. Saloupariè.*

SALPÊTRE. s. m. *Saou-pétro.*

SAPETRIER. s. m. Celui qui fait du salpêtre. *Saoupetriè.*

SALSIFIX. s. m. Racine potagère. *Salsifi.* — Sauvage. Plante. *Cucurcou.*

SALUBRE. adj. *Saniq, saniquo. San, sano.*

SALUER. v. a. *Saluda. Leva lou capeou.*

SALUT. s. m. *Reveranço. Capelado.*

SALUTAIRE. adj. Utile. *Salutari.*

SAMEDI. s. m. Dernier jour de la semaine. *Sato. Dissoto.*

SANG-DE-RATE. s. m. Maladie des bêtes à corne. *Blesquet.*

SANGLANT, ANTE. adj. *Saounoux, ouè. Ensaounoui, ido.*

SANGLE. s. f. Bande large. *Maihotto. Faisso.*

SANGLER. v. a. Serrer avec une sangle. *Cencha. Cengla.*

SANGLIER. s. m. Poisson de mer. *Cat de mar.*

SANGLOT. s. m. *Souspir.*

SANGLOTER. v. n. Pousser des sanglots. *Goudounfla. Trena.*

SANGUINAIRE. adj *Sanguinari.*

SANIE. s. f. *Pus.*

SANS. prép. *Senso.*

SANSONNET. s. m. Oiseau. *Estourneou.*

SAPIN. s. m. Arbre résineux. *Sapino.*

SAPONAIRE. s. Plante. *Sabounièro.*

SARCASME. s. m. Raillerie insultante. *Lardoun. Insulto.*

SARCLER. v. a. Arracher les mauvaises herbes. *Sioucla.*

SARCLEUR, EUSE. adj. *Siouclaire. Siouclciris.*

SARCLOIR. s. m. Instrument d'agr. *Eissadorn. Eissadounct.*

SARCLURE. s. f. Ce qu'on ôte en sarclant. *Siouclun.*

SARDINAL. s. m. Filet à prendre des sardines. *Sardinaou.*

SARMENT. s. m. Scion de vigne. *Visi.*

SARIETTE. s. f. Plante odoriférante. *Pebre-d'ai.*

SARRAU. s. f. Souquenille. *Blodo.*

SAS. s. m. Crible pour passer la farine. *Tamis. Pisso-paiho.* — Faire tourner le sas. Terme de devin. *Faire leis tamis.*

SASSER. v. a. Passer au sas. *Tamisa. Tamia.* — Bâton à sasser. *Tamiadouiro.*

SASSET. s. m. *Pichoun tamis.*

SATINER. v. a. Donner l'éclat du satin. *Satina.*

SATIÉTÉ. s. f. Réplétion d'alimens. *Assadoulament.*

SATIRIQUE. adj. *Piquant. Mourdent.*

SATISFACTION. s. f. Contentement. *Sastifation. Satisfaction.*

SATISFAIRE. v. a. Payer ce qu'on doit. *Satisfaire.*

SATISFAIT, AITE. adj. *Countent,* ento. *Satisfach, acho.*

SAVANT, ANTE. adj. et s. *Savent,* ento. En mauvaise part. *Letru, udo.*

SAVENTASSE. s. Faux savant. *Saventas.*

SAVATE. s. f. Vieux soulier. *Groulo. Sabato.*

SAVETER. v. a. Mal faire un ouvrage. *Groulejha. Bousiha.* — Mal tailler un arbre. *Espoudassa.*

SAVETIER. s. m. Celui qui raccommode les souliers. *Groulié.*

SAVEUR. s. f. Goût d'une chose. *Sabour.*

SAUCE. s. f. *Saouço.*

SAUCER. v. a. Tremper dans la sauce. *Saouça.*

SAUCISSON. s. m. *Saoucissot.*

SAUGE. s. f. Plante aromatique, médicinale. *Sao wi. Savi.*

SAUGRENÉE. s. f. Salade de légumes secs. *Bajhàna.*

SAULE. s. m. Arbre. *Saouze.*

SAUNIÈRE. s. f. Coffre pour le sel. *Salié.*

SAVOIR. v. a. *Saoupre. Sachet.* Savoir faire. s. m. *Sache faire.* Savoir vivre. *Sache soun vioure.*

SU, SUE. part. *Saoupu, udo.* Sachu, udo.

SAVON. s. Pâte pour nettoyer. *Saboun.*

SAVONNER. v. a. *Sabouna.*

SAVONNERIE. s. f. Fabrique de savon. *Sabounièro.*

SAVONNEUX, EUSE. adj. Qui tient du savon. *Sabounoux, oué.*

SAVOURER. v. a. Goûter avec plaisir. *Saboura.*

SAVOURET. s. m. Gros os de cochon salé. *Saboulaire.*

SAVOUREUX, EUSE. adj. Qui a bonne saveur. *Goustoux, oué. Sabouroux, oué.*

SAUPOUDRER. v. a. *Saoupiqua.*

SAURER. v. a. Faire sécher à la fumée. *Faire seca souto la chamineyo.*

SAUT. s. m. *Saout.*

SAUTELLE. s. f. Plant de vigne enraciné. *Maihoou barba.*

SAUTER. v. n. *Saouta.*

SAUTERELLE. s. f. Insecte. *Saoutarello.*

SAUTEUR. s. m. Qui saute. *Saoutaire.*

SAUTILLER. v. a. Faire de petits sauts. *Saoutriha.*

SAUVAGE. adj. *Fer. Saouvagi.*

SAUVAGEON. s. m. Arbre venu sans culture. *Plantun d'aoubre.*

SAUVAGIN, INE. adj. Odeur. Goût de bête sauvage. *Saouvajhun, uno.*

SAXIFRAGE. s. m. Plante. *Traoucopeiroun.*

SCABIEUSE. s. f. Plante. *Scabiouso.*

SCABREUX, EUSE. adj. Rude. Dangereux. *Escalabroux, oué.*

SCARABÉE. s. m. Genre d'insecte. *Escaravai.*

SCEAU.
SCEL. } s. m. *Sellet. Cachet.*
SCELLÉ. }

SCÉLÉRAT, ATE. *Maoufatan. Escantobarna.*

SCELLER. v. a. *Cacheta.*

SCHALL. s. m. Vêtement de femme. *Fichur. Chale.*

SCIAGE. s. m. Action de scier. *Sarragi.*

SCIE. s. f. Lame dentelée pour diviser le bois, la pierre, etc. *Serro.*

SCIE A SCIEUR DE LONG et à GROSSES DENTS. *Loubo.* — Scie à main. *Sarret. Couteou-serro.*

SCIER. v. a. *Surra. Sarreta.*

SCION. s. m. Rejeton flexible. *Bletto.* —D'osier. *Ooumarino.*

SCIURE. s. f. Ce qui tombe du bois en le sciant. *Sarriho.*

SCOLOPENDRE. s. f. Plante. *Herbo doourado.*

SCORIE. s. f. Ordure de fer fondu. *Macho-ferri.*

SCORPION. s. m. Insecte. *Scrupien. Scourpioun.*

SCRIBE. s. m. *Escrivan.*

SCORPHULAIRE. s. f. Plante. *Ooureihetto.*

SCROPHULES. s. f. Ecrouelles. *Escroros.*

SCROPHULEUX, EUSE. adj. *Qu'a leis escroros.*

SCROTUM. s. m. Terme d'anatomie. *Boussounado.*

SCRUPULEUX, EUSE. s. et adj. *Escrupuloux, oué. l'atet, patetto.*

SCEAU. s. m. Vaisseau pour puiser. *Pouaire. Ferrat. Broc.*

SÉBILE. s. m. Vaisseau de bois. *Cournu. Barnigaou.*

SEC, SÈCHE. adj. Sec, seco. — Parlant des fleurs. *Passi, ido.* — Parlant des raisins. *Ajhebi, ido.* — Parlant des figues. *Pecouletto. Pecouyet.* — Parlant du linge. *Eissuc.*

SÈCHE. Poisson de mer. *Supi.* — Petite. *Supioun.*

SÉCHERIE. s. f. } Lieu où l'on fait
SÉCHOIR. s. m. } sécher. *Estendeire. Estendadou.* — Des tanneurs. *Eissugan.*

SÉCHER. v. a. *Seca.*

SÉCHERESSE. s. f. État, temps sec. *Sacaresso.*

SÉCHERON. s. m. Pré non arrosable. *Pra sec.*

SECOND, SECONDE. adj. *Segoun, segoundo.*

SECONDER. v. a. Aider. Favoriser. *Ajhuda. Segounda.*

SECOUER. v. a. Remuer fortement. *Espoussa. Branda. Bidooussa. Gangassa.*

SECOURABLE. adj. *Piétoux, oué.*

SECOURIR. v. a. *Ajhuda. Douna secour. Assista.*

SECOURS. s. m. *Ajhudo.*

SECOUSSE. s. f. *Brandado. Empencho.*

SECRÉTAIRE. s. m. Qui rédige. *Secretari.*

SÉDIMENT. s. m. Dépôt d'une liqueur. *Liech. Found. Cuou. Seniho.*

SÉDITIEUX. s. m. *Sedicious.*

SÉGOVIE. s. f. Étoffe en laine. *Sigouvié.*

SEIGLE. s. m. Sorte de blé. *Segue.*

SEIGNEUR. s. m. Maître d'une terre. *Segnour.* Notre-Seigneur J.-C. *Noueste-Segne. Nouestre-Signe.*

SEIN. s. f. Le haut du corps. La gorge. *Sen. Pies. Estoumach.*

SEING. s. m. Signature d'une personne. *Signaturo.* Mettre son seing. *Signa.*

SEIZE. adj. numéral. *Sejhe.*

SEL. s. m. Substance pour assaisonner. *Saou.*

SELLE. s. f. Siège de bois. *Sello.* Aller à la selle. *Veni doou corps.*

SELON. prép. *Suivant.*

SEMAILLES. s. f. Grains semés. *Semenço.*

SEMAINE. s. f. Durée de sept jours. *Semano. Semanado.*

SEMBLABLE. adj. *Egaou. Pariè. Meme.*

SEMBLANT. s. m. *Vejhai. Vejhaire. Semblant.*

SEMBLER. v. n. imp. *Parcisse. Sembla.*

SEMENCE. s. f. Ce qu'on sème. *Semenço.*

SEMER. v. a. *Samena.*

SEMEUR. s. m. Celui qui sème. *Samenaire.*

SEMILLANT, ANTE. adj. Éveillé. Vif. *Boulequet. Boulegoun. Boulequetto*

SEMINAIRE. s. m. Collége d'ecclésiastiques. *Seminari.*

SEMOIR. s. m. Sac, machine pour semer. *Semenciè. Samenaire.*

SÉMONCE. s. f. Réprimande. *Lavabo. Perruquo.*

SEMONCER. v. a. Réprimander. *Lava la testo. Faire uno perruquo.*

SEMONDRE v. a. Inviter à quelque

cérémonie. *Invita. Faire leis assachets.*

SEMONEUR, s. m. Celui qui porte les billets d'invitation ou de convocation. *Mandatié. Avertissur.*

SEMOULE. s. f. Pâte en petits grains. *Sooumoulo.*

SÉNÉÇON. s. m. Plante. *Senissoun.*

SÉNEVÉ. s. m. Graine. *Grano de moustardo.*

SENS. s. m. Faculté de sentir, de comprendre. *Sen. Sensé, éc. Sensa, qu'a de ploumb. Ploumba, ado.*

SENSATION. s. f. Impression des sens. *Sensacien.*

SENTÈNE. s. f. Bout de fil qui lie l'écheveau. *Centeno.*

SENTEUR. s. f. Odeur. *Sentido. Sentour. Ooudour.*

SENTIER. s. m. Chemin étroit. *Drayoou. Drayo. Carreiroou.*

SENTIR. v. a. Recevoir une impression. *Senti. Sentir l'enfermé. Senti l'estu.*

SEOIR. v. n. Être assis. *Asseta.*

SÉPARATION. s. f. *Séparacien.*

SEQUELLE. s. f. Troupe de suivans. *Kiriello. Secugi ou secujhi.*

SERAN. s. m. Outil de peigneur de chanvre. *Pienchi. Pigno.*

SERANCER. v. a. Peigner le chanvre ou le lin. *Pigna. Pinchina.*

SEREIN. s. m. Rosée du soir. *Seren.* — adj. Clair, calme. *Seren.*

SERFOUETTE. s. m. Outil de jardinier. *Eyssadoun. Eyssadounet.*

SERFOUIR. v. a. Remuer la terre autour des plantes. *Reclaoure. Entrefouire. Grata la terro.*

SERGE. s. f. Étoffe légère. *Sarjhetto. Rasetto.*

SÉPARER. v. a. Désunir. *Separa.*

SERGENT. s. m. Huissier. *Sarjhan.*

SÉRIEUX, EUSE. adj. Grave. *Seriou, iouso.*

SERIN. s. m. Oiseau de chant. *Canari.*

SÉRODOCIMASIE. s. f. Art d'élever les vers-à-soie. *Magnanarié. Faire de magnans.*

SERPE. Outil de vigneron. *Poudadouiro.* — Outil de bûcheron. *Bouhigou.*

SERPENT. s. m. Reptile. *Ser. Sarpent.*

SERPENTAIRE. s. f. Plante. *Sarpantino.*

SERPETTE. s. f. Petite serpe. *Tranchet. Sarpetto.*

SERPOLET. s. m. Herbe odoriférante. *Faliyoulo.*

SERRE. s. f. Lieu pour abriter les plantes. *Serro.* — Pieds d'oiseaux de proie. *Griffo.* — Action de pressurer. *Destrecho.*

SERRER. v. a. Étreindre. Presser. *Sarra. Estregne.* — Enfermer. *Sarra.*

SERRÉ. part. *Sarra.* — Avare. *Pouny-sarra. Estrechant, ano.*

SERRURE. s. f. Machine à clef pour fermer. *Sarraïho.*

SERRURIER. s. m. Artiste qui fait des serrures. *Sarraïhié.*

SERVANTE. s. f. Domestique femelle. *Chambriéro. Fiho de sarviçi.*

SERVIABLE. adj. Officieux. *Sarviciable.*

SERVITEUR. s. m. *Sarvitour.*

SETIER. s. m. Mesure de grains. *Sestié.*

SETON. s. m. Terme de chirurgie. *Sedoun.*

SEUIL. s. m. Traverse au bas de la porte. *Lintaou.*

SEUL, SEULE. adj. *Soulet, souletto.*

SÉVÉRITÉ. s. f. *Severita. Rudesso.*

SÈVE. s. f. Fluide réproductif des arbres et des plantes. *Sabo.*

SÉVIR. v. n. Agir, traiter avec rigueur. *Maou-mena.*

SEVRAGE. s. m. Action de sévrer un enfant. *Deimamagi.*

SEVRER. v. a. Oter sa nourrice à un enfant. *Deimama.*

SIAMOISE. s. f. Sorte d'étoffe en coton. *Coutouno.*

SIBYLLE. s. f. Magicienne. *Devinarello. Sourciéro.*

SICCITÉ. s. f. Qualité sèche. *Securesso.*

SIÈGE. s. m. Meuble pour s'asseoir. *Sèti.*

SIEN, SIENNE. pron. *Siou, siouvo. Sioune, siouvo.*

SIFFLER. v. n. Former un son aigu. *Sibla.*

SIFFLET. s. m. Instrument pour siffler. *Siblet.*

SIFFLEUR. s. m. *Siblaire.*

SIGNAL. s. m. *Signaou.*

SIGNALEMENT. s. m. *Signalament.*

SIGNER. v. a. Mettre son seing. *Siga.*

SIGNIFIER. v. a. *Significa.*

SILENCE. s. f. Action de se taire.

Silenci. — Garder le silence. *Si crxumpa un chut.*

SILEX. s. m. Pierre à fusil. *Peirard.*

SILIQUE. s. m. Gousse. *Goffo.*

SILLON. s. m. Trace de la charrue. *Laouroun. Rego.*

SILLONNER. v. a. Faire des sillons. *Enrega. Laoura.*

SIMAGRÉE. s. f. Minauderie. *Simagriè.*

SIMPLE. adj. Niais. *Bédigas.* Simplas.

SIMPLICITÉ. s. f. *Simplicita.*

SIMULER. v. a. Feindre. *Faire vejhai.*

SINGE. s. m. Animal. *Mounino.*

SINGER. v. a. Contrefaire. *Couentro-faire.*

SINGERIE. s. f. Grimaces. *Mouninariè.*

SIPHON. s. m. Tuyau recourbé. *Tiro-vin.* — Pour les nourrices. *Tetarello.*

SIRÈNE. s. f. Monstre marin fabuleux. *Sereno.*

SIROTER. v. n. Boire avec plaisir. *Chima.*

SITOT QUE. conj. Dre que. *Tanleou que.*

SIX. adj. numéral. *Sieis.*

SMILAX. s. m. Plante. *Gros gramc.*

SOBRIÉTÉ. s. f. *Soubrieta.*

SOC. s. m. Fer de charrue. *Reyo.*

SOCIÉTÉ. s. f. *Soucieta.*

SOEUR. s. f. Fille née de même père ou mère. *Sur. Souerre.* — Sœurs jumelles. *Bessounado.*

SOI. pronom sing. *Si.* Soi-disant. *Que si dis.*

SOIE. s. f. Fil que produit le ver-à-soie. *Sedo.*

SOIERIE. s. f. Objet de soie. *Sedariè.*

SOIF. s. f. Besoin de boire. *Se.*

SOIGNER. v. a. *Soigna.*

SOIR. s. m. Dernière partie du jour. *Sero. Vespre.*

SOIRÉE. s. f. Durée du soir. *Vesprado. Vesprenado.*

SOIT. adj. et conj. Soyo. *Siè.* Siègue. *Vaque-li.*

SOLANDRES. s. f. plur. Ulcères des bêtes de charge. *Escartos oou jharret.*

SOL. s. m. Monnaie de cuivre va-lant cinq centimes. *Soou.* — Terrain. *Soou.*

SOLAGE. s. m. Terrain ingrat et stérile. *Garrigo. Maroouceno.*

SOLANÉES. s. f. plur. Famille de plantes. *Plantos que pouertoun de fruit poutagiè.*

SOLANUM. s. m. Plante solanée médicinales. — Morelle. *Couterlo.* — Douce amère. *Herbo de nouestodamo.* — Alkekenge. *Mourello.*

SOLE. s. f. Terme d'agr. *Menado.* — Terme de maréchal. *Batto.* — Poisson de mer. *Solo.*

SOLEIL. s. m. L'astre du jour. *Souleou.* — Prendre le soleil. *Si souleya.* — Exposer au soleil. *Faire souleya.*

SOLEIL. s. m. Ostensoir. *Sant sacrament.*

SOLIDE. adj. Fort. *Regissent, ento.*

SOLITAIRE. s. et adj. *Soulitari.*

SOLIVE. s. f. Pièce de charpente. *Travet. Travetto. Quer.*

SOLIVEAU. s. m. Petite solive. *Quer.*

SOLLICITATION. s. f. *Soulicitatien.*

SOLLICITUDE. s. f. *Fastigagi. Trafeque.*

SOMBRE. adj. Peu éclairé. Obscur. *Sourn, sournv.* Souloumbroux. *Fousq.*

SOMME. s. f. Charge de cheval. *Cargo. Begnado.* — Quantité. *Soumo.* — Sommeil. *Penequet.*

SOMMEIL. s. m. Repos. *Souen.*

SOMMEILLER. v. n. *Soumiha.* Penequa.

SOMMELIER. s. m. Qui a soin du vin. *Quintiniè.*

SOMMER. v. a. Signifier. *Souma.*

SOMMET. s. m. Partie la plus élevée. *Cimo. D'haou.*

SOMMIÈRE. s. f. Corde pour serrer une charge. *Tourteilièro.*

SON. SA. SES. pron. posses. *Soun. Sa. Seis. Lours.*

SON. s. m. Peau du blé moulu. *Rasset. Bren. Reprin.*

SONDE. s. f. Instrument pour sonder. *Soundo. Prouvetto.*

SONDER. v. a. *Sounda.*

SONDEUR. s. m. Qui sonde. *Soundaire.*

SONGE. s. m. Idées en dormant. *Pantai. Souenjhi.*

SONGER. v. n. Rêver. Penser. Rava. Sounjha. Pantaiha.

SONNAILLE. s. f. Clochette des bestiaux. Sounaiho.

SONNAILLER. v. n. Sonner souvent. Sounaiha.

SONNER. v. a. Mettre une cloche en branle. Souna. Faire vira.

SONNERIE. s. f. Son de plusieurs cloches. Sounariè.

SONNETTE. s. f. Petite clochette. Campanetto. Clouchetto.

SONNEUR. s. m. Qui sonne. Sounaire. Campaniè.

SORBE. s. f. Fruit du sorbier. Sourbo.

SORCELLERIE. s. f. Opération de sorcier. Mascariè.

SORCIER, IÈRE. s. Magicien, ienne. Masc, masco.

SORNETTE. s. f. Discours frivole. Gandoiso. Talounado.

SORTE. s. f. Espèce. Genre. Façon. Meno.

SORTIE. s. f. Action de sortir. Sourtido.

SORTILÈGE. s. m. Magie. Mascariè. Sourcelejhi.

SORTIR. v. n. Aller au dehors. Sourti.

SOT, SOTTE. adj. et s. Sans esprit. Fada. Dugancou. — Fâcheux. Emplastre. Pegoun.

SOU. s. m. Monnaie de cuivre. Soou.

SOUBERME. s. f. Torrent de pluie et de neige. Rescloouvado.

SOUBRESAUT. s. m. Saut inopiné. Sursaou.

SOUCHE. s. f. Tronc et racines d'un arbre. Matto.

SOUCHET. s. m. Plante marécageuse. Triangle.

SOUCI. s. m. Plante et fleur. Gaouche. Sans-souci. — Chagrin, inquiétude. Pensament. Baboue.

SOUCI. Agreste et sauvage. Gaouche fer.

SOUCIER (SE). v. récip. Si soucita.

SOUCIEUX, EUSE. adj. Dans le souci. Apensamenti, ido.

SOUDAIN. adj. Subito.

SOUDAINEMENT. adj. Subitament. Senso se li espera.

SOUDE. s. f. Cendre alcali. Saoudo. Sorro.

SOUDOYER. v. a. Paga.

SOUDRILLE. s. m. Soldat libertin. Sapin.

SOUFFLE. s. m. Respiration. Halen, halenado. — Agitation de l'air. Bouffado.

SOUFFLER. v. n. Faire du vent, respirer. Souffla. Bouffa.

SOUFFLET. s. m. Instrument pour souffler. Bouffet. — De forge. Goujhos.

SOUFFLET. s. m. Coup du plat de la main sur la joue. Tapin. Emplastre. Gaoulas.

SOUFFLETER. v. a. Donner des soufflets. Tapina. Souffleta.

SOUFFLETEUR. s. m. Qui soufflette. Souffletaire.

SOUFFLEUR. s. m. Qui souffle. Bouffaire. Souflaire.

SOUFFRE. s. m. Minéral inflammable. Soupre.

SOUFFRE-DOULEUR. s. m. Celui qu'on excède. Soufre-doulour. Bardot.

SOUFFRER. v. a. Enduire de soufre. Ensoupra.

SOUILLE. s. f. Lieu bourbeux. Sueiho. Mardas. Fangos.

SOUILLER. v. a. Salir, couvrir d'ordures. Tuca. Sali. Embruti.

SOUILLON. s. m. Enfant, servante sale. Saligot, otto. Souihard, ardo.

SOUILLURE. s. f. Tache, saleté. Brutici. Taco. Pourcariè.

SOUL, SOULE. adj. Rassasié. Sadoul, oulo. — Ivre. Énubria, ado. Empega.

SOULARD. adj. et s. Ivrogne. Empega. Ubri. Saco de vin.

SOULER. v. a. Rassasier. Assadoula. — Enivrer. Enchuscla. Énubria.

SOUMISSION. s. f. Obéissance. Soumissien.

SOUPÇONNEUX, EUSE. adj. Souspichoux, ouè.

SOUPENTE. s. f. Espèce d'entresol. Miè-souliè.

SOUPÉ ou SOUPER. s. m. Repas du soir. Soupa. — v. n. Prendre le repas du soir. Soupa.

SOUPESER. v. a. Juger du poids. Masanta. Souspesa.

SOUPIRAIL. s. m. Sorte de fenêtre. Fenestroun. Traou.

SOUPLE. adj. de t. g. Qui se plie.

bisément. *Imou.* — Docile. *Souple.*
Doucile.

SOURCE. s. f. Eau qui sort de terre. *Eissour.*

SOURCIER. s. m. Celui qui découvre des sources. *Devinaire d'aiguo.*

SOURCIL. s. m. Poil qui est au-dessus de l'œil. *Ceiho.*

SOURDRE. v. n. Sortir de terre. On le dit des eaux. *Saihi. Sourti.* — Veine d'eau qui sourd. *Eissour.*

SOURICEAU. s. m. Petit d'une souris. *Ratouno.*

SOURICIÈRE. s. f. Piège à prendre des souris. *Ratièro.*

SOURIRE. v. n. Rire sans éclater. *Faire bouqueto. Rirouchia.*

SOURIS. s. f. Petit quadrupède. *Rato.* — Les souris. *Lou ratun.*

SOURNOIS, OISE. adj. et s. *Soutaras, asso.*

SOUS. prép. *Souto. Dessouto.*

SOUS-AFFERMER. } v. a. Donner,
SOUS-LOUER. } prendre à sous-fermé. *Sout arrenta.*

SOUTENIR. v. a. *Soustenî.* — Se soutenir. v. récip. *Si rejhi.*

SOUTERRAIN, adj. et s. m. Cavité sous terre. *Soustarren.* — Lieu, voûte souterraine. *Counduc.* — Espèce d'aqueduc. *Oouvede.*

SOUTIEN. s. m. Ce qui soutient. *Sousteneire. Pounchiè. Sepoun.*

SOUVENANCE. } s. Mémoire.
SOUVENIR. } Pensée. *Souvenenço. Remembranço.*

SOUVENIR (SE). v. récip. S'en souveni.

SOUVENT. adv. Fréquemment. *Souvent.* — Très-souvent. *Souventeis-fes.*

SOYEUX, EUSE. adj. Doux, garni de soie. *Moilloux. Fin coumo de sedo.*

SPACIEUX, EUSE. adj. Qui a beaucoup d'étendue. *Qu'a d'espai. Qu'a fouesso estendudo.*

SPARTIER. s. m. Celui qui travaille et qui vend de la sparterie. *Aouffiè.*

SPARTZ. s. m. Sorte de jonc d'Espagne. *Aouffo.*

SPARTON. s. m. Menue corde de spartz. *Brume.*

SPÉCIMEN. s. m. Modèle. *Echantihoun d'un libre.*

SPECTATEUR. s. m. Témoin oculaire. *Espectatour.*
79

SPÉCULATEUR. s. m. Qui spécule. *Especulaire.*

SPÉCULATION. s. f. Action de spéculer. *Especulatien.*

SPÉCULER. v. a. Calculer, méditer. *Especula.*

SPONGIEUX, EUSE. adj. Œilleté et mou comme une éponge. *Traouquiha. Que cucihe l'aiguo.*

SQUELETTE. s. m. Carcasse d'animal. *Atoumiè.*

STAPHIS-AIGRE. s. m. Plante. *Tafia-aigre.*

STALLE. s. f. Siège dans le chœur d'une Église. *Fourmo.*

STATION. s. f. Petite pause. *Statien. Paouso. Tancudo.* — Au fig. *Oouretori.*

STERNUTATOIRE. adj. et s. Qui fait éternuer. *Que fa estournida.*

STIMULER. v. a. Exciter. *Pougne.*

STOCFICHE. s. m. Poisson salé et desséché. *Estocofis.*

STORAX. s. m. Arbrisseau. *Aligoufiè.*

STRAMONIUM. s. m. Pomme épineuse. Plante. *Darboussièro.*

STROPHE. s. f. Morceau de vers. *Coublet.*

STUPÉFAIT, AITE. adj. Étonné. *Neq. Candit. Sot.*

STUPIDE. adj. et s. Sot. Hébété. *Espes. Testourias.*

STUPEUR. s. f. Engourdissement. Assoupissement. *Assoupissament.*

SUAIRE. s. m. Linceul dans lequel on met un mort. *Suari. Susari.*

SUANT, ANTE. adj. Qui sue. *Suserent, ento.*

SUBITEMENT. adv. Vite. *Subitament.*

SUBMERGER. v. a. Inonder, couvrir d'eau. *Nega.* Portion de terre submergée. *Negateou.* Parlant d'un terrain. Être submergé. *Lama.*

SUBORNER. v. a. Séduire. *Subourna.*

SUBRÉCOT. s. m. Surplus de l'écot. *Subrescot.*

SUBROGER. v. a. Substituer. *Ramplaça.*

SUBSISTER. v. n. Vivre. Continuer d'être. *Sussista.*

SUBTERFUGE. s. m. Ruse. Détour. *Escampo.*

SUC. s. m. Liqueur des corps. *Jhus. Suc.*

SUCCOMBER. v. n. Être vaincu. Accablé. *Succoumba.*

SUCER. v. a. Attirer avec les lèvres. *Suça.*

SUCEUR. s. m. Qui suce. *Suçaire. Lipet.*

SUCEUSE. s. f. Femme qui suce et tire le lait qui embarrasse. *Tétarello.*

SUCRER. v. a. Assaisonner de sucre. *Sucra.*

SUCRERIE. s. f. Choses sucrées. *Sucrarié.*

SUD. s. m. Position géographique. Midi. *Miéjhour.* Vent du midi. *Marin.*

SUD-EST. s. m. Sorte de vent. *Eisserot.*

SUD-OUEST. s. m. Vent. *Labech.*

SUÉE. s. f. Crainte, inquiétude subite. *Eiglari. Escooufestre. Tressusou.*

SUER. v. n. Rendre de la sueur. *Susa. Tressusa.*

SUEUR. s. f. Humeur qui sort des pores. *Susou. Tressuzou.*

SUFFIRE. v. n. Être assez. *Basta. Suffi.*

SUFFISAMMENT. adv. *Proun. Basto.*

SUFFISANCE. s. f. Fatuité. *Suffisenci.*

SUFFISANT ou CELA SUFFIT. expression adv. *Basto. N'y a proun.*

SUFFISANT, ANTE. adj. *Suffisent, ento.* — s. Fat. *Suffisent, ento.*

SUFFOCATION. s. f. *Suffoucation.*

SUFFOQUER. v. a. Oter, perdre la respiration. *Estouffa. Suffouca.*

SUGGÉRER. v. a. Insinuer. *Guigna.*

SUIE. s. f. Matière noire que la fumée laisse. *Sujho.*

SUJET. s. m. Cause. Motif. Raison. *Sujhet.* — adj. Soumis. *Sujhet, etto. Soumes, esso.*

SUIF. s. m. Graisse fondue. *Seou.*

SUINT. s. m. Humeur qui suinte des bêtes à laine. *Surjhe.* Laine en suint. *Lano surjho.*

SUINTE. s. f. Endroit d'où une chose coule. *Espiraou.*

SUINTER. v. n. Couler peu à peu. *Expira.*

SUITE. s. f. Cortège. *Suito.* Tous ceux qui suivent. *Secugi.* — De suite. adv. *Adarret. Tout d'un temps.*

SUMAC. s. m. Arbrisseau. *Faouviq.*

SUPERBE. adj. Orgueilleux. *Arrougant, anto.*

SUPERCHERIE. s. f. Fraude. *Magagno.*

SUPÉRIEUR, IEURE. adj. Qui est au-dessus. *Soubeiran.* — Qui a l'autorité. *Superiou.*

SUPPLANTER. v. a. Ravir à quelqu'un son crédit, etc. *Descasa. Supplanta.*

SUPPLÉER. v. a. Remplacer. *Ramplaça.*

SUPPLICE. s. m. Punition. *Supplici.*

SUPPLICIER. v. a. Faire subir un supplice. *Suplicia.*

SUPPLIER. v. a. Prier avec instance. *Prega à man jhounchos.*

SUPPORT. s. m. Ce qui soutient. *Soustencire. Fourcas.*

SUPPORTER. v. a. Porter, soutenir. *Sousteni. Supourta.* — Souffrir. Endurer. *Eissuga. Endura. Supourta.*

SUPPOSER. v. a. Avancer une chose. Alléguer. *Suppousa.* Faire *jhuga lou tandiqan.*

SUPPOSITION. s. f. *Supousitien.*

SUPPRIMER. v. a. Abolir. *Suprima.*

SUPPURER. v. n. Jeter du pus. *Suppura.*

SUR, SURE. adj. Qui a un goût acide et aigret. *Qu'eigrejho.*

SUR, SURE. adj. Certain. Vrai. *Segur, seguro.* — Sur. prépo. Dessus. *Subre.*

SURCHARGER. v. a. Charger trop. *Surcarja.*

SUR-DENT. s. f. Dent hors de rang. *Subre-dent.*

SUR-DOS. s. m. Bande de cuir sur le dos du cheval. *Suffro.*

SUREAU. s. m. Arbre. *Sambequié.*

SUREMENT. adv. Avec sûreté. *De segur.*

SURETÉ. s. f. Garantie. *Sureta.*

SURGEON. s. m. Rejeton qui sort du pied d'un arbre. *Sagato. Jhié.*

SURJET. s. m. Point de couture. *Sarjhet.*

SURJETER. v. n. Coudre en surjet. *Sarjheta.*

SURMONTER. v. a. Vaincre. *Surmounta.*

SURMOUT. s. m. Vin ni cuvé, ni pressé. *Soumousto.*

SURNAGER. v. n. Se soutenir sur la surface d'un liquide. *Veni oou dessus.*

SURNOM. s. m. Nom ajouté au nom propre. *Soubriquet. Faou noum.*

SUROS. s. m. Tumeur dure. *Subroues.*

SURPASSER. v. a. Passer au-delà. Surmonter. *Trebasta. Vira.*

SURPAYER. v. a. Payer plus que la valeur. *Surpaga.*

SURPLIS. s. m. Vêtement d'un ecclésiastique en fonction. *Surpelis.*

SURPLUS. s. m. Excédent. *Ce que l'y a de mai.*

SURPRENDRE. v. a. Prendre quelqu'un sur le fait. *Dessouda.* — Étonner. *Surpendre.*

SURPRISE. s. f. *Surpresso.*

SURSAUT. s. m. Reveil subit. *Sursaout.*

SURSEMER. v. a. Semer une terre qui vient de porter du blé. *Restoubla.* Champ sursemé. *Restouble.*

SURSEOIR. v. a. Différer. Suspendre. *Espera.*

SURVEILLANT. s. m. Sorte d'espion. *Regardadou.*

SURVEILLER. v. a. *Surveiha. Teni damen.*

SURVIDER. v. a. Oter ce qu'il y a de trop dans un sac trop plein. *Vioujha. Leva ce que l'y a de trop.*

SURVIVRE. v. n. Vivre après une autre personne. *Survioure.*

SUS! interj. Allons! *Anen! Hisso!*

SUSCRIPTION. s. f. Parlant d'une lettre. *Adresso.*

SUSPECTER. v. a. Soupçonner. *Suspecta. Si meifisa.*

SUSPICION. s. m. Soupçon. *Meifisenço. Souspiecho.*

SYLLABAIRE. s. m. Livre élémentaire. *Sillabus.*

SYLVESTRE. adj. Qui vient sans culture. *Champètro. Avanturiè.*

SYNCOPE. s. f. Défaillance. *Avaniment. Maou de couar.*

T

TABLE. s. m. Planches sur des pieds. *Taoulo.* — Petite table. *Taouletto. Taouliè.* Rester longtemps à table. *Taoulejha.*

TABLÉE. s. f. Ceux qui sont à table. *Taoulado.*

TABLEAU. s. m. *Tableou.*

TABLETTE. s. f. Planche de bibliothèque, etc. *Estagièro.* — En pierre ou en maçonnerie. *Releisset.*

TABLIER. s. m. Pièce d'étoffe, de peau, etc., qu'on met devant soi. *Fooudaou. Fooudiou.*

TAC. s. m. Maladie contagieuse des bêtes à laine. *Clavelado. Veirolo deis fedos.*

TACHE. s. f. Ouvrage à faire. *Taousso.* Travail à la tâche. *Prefa.* Ouvrier qui travaille à la tâche. *Prefachiè.*

TACHE. s. f. Souillure. *Taco. Bignetto.* — Sur un nouveau né. *Envejho.* — Aux jambes d'une personnes. *Vaquo.*

TACHER. v. a. Souiller. *Taca.*

TACHER. v. n. S'efforcer. *Tacha.*

TACHETÉ, ÉE. adj. Marqueté. *Picouta. Moucheta.*

TACITURNE. adj. de t. g. *Sournachou. Soutaras.*

TAIE. s. f. Enveloppe d'un oreiller. *Fluni. Couissinièro.* — Pellicule sur l'œil. *Taco.*

TAILLADE. s. f. Coupure. *Barafro.* — Faite à des vêtemens. *Fenderasso.*

TAILLANT. s. m. Côté tranchant d'un outil. *Taih.*

TAILLER. v. a. Couper, échancrer. *Taiha.* — La vigne. *Pouda.* — Des arbres. *Eibusca.*

TAILLER un arbre sans ordre, ni règle. *Espoudassa.*

TAILLERETS. s. m. pl. Sorte de pâte à potage. *Talcirets.*

TAILLOIR. s. m. Voyez TRANCHOIR.

TAIRE. v. a. et récipr. Garder le silence. *Si teisa. Croumpa un chut.*

TAMBOURIN. s. m. Long tambour. *Galoubet. Tambourin.*

TALLE. s. f. Branche qu'une plante pousse à son pied. *Coustado.*

TALLER. v. n. Pousser des talles. *Clooussa. Poussa de coustados.*

TALOCHE. s. f. Coup de la main. *Testoun. Tapin.*

TALON. s. m. Partie du pied. *Taloun. Taroun.*

TALONNER. v. n. Importuner. *Enfeta.*

TAMBOURINER. v. n. Jouer du tambourin. *Tambourina.*

TAMBOURINEUR. s. m. Celui qui bat le tambourin. *Tambourinaire.*

TAMPON. s. m. Bouchon. *Boundoun. Tapaire.*

TAMPONNER. v. a. Boucher avec un tampon. *Tapa. Boundouna.*

TAN. s. m. Écorce pour tanner les cuirs. *Rusco.*

TANAISIE. s. f. Plante. *Tanarido.*

TANCER. v. a. Réprimander. *Tança. Reprimanda.*

TANDIS QUE. adv. *Entandomen. Entanterin.*

TANNER. v. a. Préparer du cuir. *Tana.*

TANNERIE. s. f. Fabrique de tanneur. *Tannarié. Curatarié. Coouquiéro.*

TANNEUR. s. m. Ouvrier qui travaille les cuirs. *Tanneur. Curatié. Coouqueiran. Coungreaire.* (Vieux).

TANTOT. adv. Naguère. *Adès. Tout beou jhus.*

TAON. s. m. Grosse mouche. *Mousco bouvino.*

TAPAGE. s. m. Désordre avec grand bruit. *Petuerri. Chamatan.*

TAPE. s. f. Coup de la main. *Couetto. Tapin.*

TAPER. v. a. Frapper. *Tapina. Bacela.*

TAPINOIS (EN). adv. En cachette. *De galapachoun.*

TAPIR (SE). v. récip. Se blottir. *S'amuqa. S'agramoouti.*

TAPISSER. v. a. Poser de la tapisserie. *Tapissa.*

TAPISSERIE. s. f. Papier peint, etc. *Tapissarié.*

TAPOTER. v. a. Donner des petits coups. *Tapouta. Tapina.*

TAQUIN. s. et adj. Contrariant. *Chipoutur. Countrarivour.*

TAQUINER. v. a. Contrarier. *Taquina. Chipouta.*

TARABAT. s. m. Espèce de cresselle. *Reinetto. Tiquetat.*

TARABUSTER. v. a. Importuner par des interruptions. *Festibula.*

TARDER. v. n. Différer. *Tarza.*

TARDIF , IVE. adj. Qui tarde. *En retard. Arrieira.* — Fruit tardif. *Fruit darnié.*

TARÉ , ÉE. adj. Vicié. *Tara , ado.*

TARIÈRE. s. f. Outil pour percer. *Taravelo.*

TARGETTE. s. f. Petit verrou. *Tarjhetto. Guichet.*

TARIN. s. m. Oiseau. *Lucre. Venturoun. Turin.*

TARIR. v. n. et récip. Mettre à sec. S'épuiser. *S'escoula. Agouta.* — Tari, ie. part. *Agouta. Escoula , ado.*

TARTE. s. f. Sorte de pâtisserie. *Tourto oou fruit.*

TARTINE. s. f. Tranche de pain beurrée. *Roustido de buerri. Trancho doourado.*

TARTRE. s. m. Lie de vin desséchée. *Tarto.*

TAS. s. m. Amas. Monceau. *Mouloun. Maguet.* — De pierres. *Clapié.* — Enclume portative. *Encas.*

TASSEAU. s. m. Support de tablette en bois. *Buquet.* — Support en plâtre. *Reglado.*

TASSER. v. a. Mettre en tas. *Amoulouna.* — Terme d'agri. Multiplier. *Clooussa.* — Tasser la terre. *Ensaca. Battre la terro.*

TATER. v. a. Palper. Toucher doucement. *Chaspa. Manejha.* — Goûter. Essayer. *Tasta.*

TATEUR , EUSE. s. et adj. Qui tâte. *Tastaire.* — Irrésolu. *Patet.*

TATILLON, ONNE. s. Qui tatillonne. *Patet , etto. Tastouniaire. Espimpounejhaire.*

TATILLONNER. v. n. S'occuper des moindres détails. *Patetia. Espimpounejha.*

TATONNER. v. a. Chercher dans l'obscurité. *Tastounia. Chaspa.* — Hésiter. *Patetejha. Tastounejha.*

TATONNEUR. s. m. Qui tâtonne , qui hésite. *Tastouniaire.*

TATONS (A). adv. En tâtonnant. De *testoun*.

TAVAIOLE. s. f. Linge garni de dentelle ou de mousseline plissée. *Couverto de batemo. Couissinièro à punto.*

TAUDIS. s. m. Petit logement mesquin. *Canigoun.*

TAUPE. s. f. Petit quadrupède. *Taoupo.*

TAUPIÈRE. s. f. Piège à taupes. *Ooubaresto.*

TAUPINIÈRE. s. f. Morceau de terre élevé par les taupes et les campagnols. *Darbounièro.*

TAURE. s. f. Jeune vache. *Vaqueto.*

TAUREAU. s. m. Mâle de la vache. *Toourcou.*

TAUX. s. m. Prix fixé. *Taxo. Taousso.*

TEIGNE. s. f. Gale sèche qui vient à la tête, *Rasco*, *rasquetto.*

TEIGNE. s. f. Insecte qui ronge les étoffes. *Arno.*

TEIGNEUX, EUSE. adj. et s. Qui a la teigne. *Rascas*, *asso. Rascasseto.*

TEILLE. } s. f. Écorce déliée
TILLE. } d'un brin de chanvre. *Teiho.*

TEILLER. } v. a. Rompre les
TILLER. } brins de chanvre pour en retirer l'écorce. *Bregouna.*

TEINDRE. v. a. Colorer. *Tegne. Tenchura.*

TEINTURE. s. f. Liqueur pour teindre. *Tenchuro.*

TEINTURIER. s. m. Ouvrier qui teint. *Tenchurié.*

TEL, TELLE. adj. Pareil. Semblable. *Taou. Tolo.*

TELS, TELLES. adj. plur. *Taleis. Tales.*

TÉLESCOPE. s. m. Instrument d'optique. *Pouerto visto.*

TÉMOIGNAGE. s. m. Rapport de témoin. *Temoignagi.*

TÉMOIGNER. v. a. Servir de témoin. *Temounia.*

TÉMOIN. s. m. Qui a vu ou entendu. *Temoi. Testimoni.* (Vieux).

TEMPÉRER. v. a. Diminuer l'excès. *Moudera.*

TEMPE. s. f. Partie de la tête entre l'oreille et le front. *Temple. Poux.*

TEMPÊTE. s. f. *Tempesto. Chavano. Bourrascado.*

TEMPÊTER. v. n. Faire grand bruit. *Faire de Petuerri. Tempesta.*

TEMPLE. s. m. Édifice consacré à la divinité. *Egliso. Gleizo.*

TEMPORISER. v. n. User de longueurs inutiles. *Tarmena. Patetia.*

TEMPORISEUR. s. m. Qui temporise. *Loungagno. Patet.*

TEMPS. s. m. Disposition de l'air. *Tems.* — Vain. *Touffourasso.* — Pluvieux. *Aplugi.* A la neige. *Anevachi.*

TEMPS (LES QUATRE). s. m. Jours de jeûne et d'abstinence. *Leis tempouros.*

TENACE. adj. de t. g. Qui s'attache. *Tenent, Tenento.* — Avare. *Estaca*, *ado.*

TÉNACITÉ. s. f. Viscosité. *Tenacita.* — Avarice. *Estacament.* — A une opinion. *Testardiso.*

TENAILLER. v. a. Tourmenter avec des tenailles. *Estanaiha.*

TENAILLES. s. f. Instrument de fer. *Estanaihos.*

TENANTS et aboutissants d'une maison, etc. s. m. plu. *Counfrons.*

TENDRE. v. a. Tirer et bander quelque chose. *Teza.* — La main. *Para la man.* — Un piège. *Dreissa uno leco.*

TENDRE. v. n. Terme de boulanger. Mettre sur couche. *Coucha.* — Tendre une tapisserie. *Tapissa.*

TENDU, UE. part. *Teza. Rejhe. Rede.*

TÉNÉBREUX, EUSE. adj. Sombre. Obscur. *Sourn. Sourne. Souloumbroux*, *oué.*

TENESME. s. m. Épreintes douloureuses. *Esquichament.*

TENON. s. m. Pointe de vitrier. *Pountet. Tenoun.*

TENTATIF, IVE. adj. Qui excite l'envie. *Tantatiou*, *iouvo.*

TENTATION. s. f. Envie. Désir de. ..... *Tentatien.*

TENTE. s. f. Toile tendue pour abriter. *Tendo.*

TENTER. v. a. Essayer. Donner envie. *Tenta.* — Mettre une tente. *Tenda.* — Tenté, ée. part. *Tenta, tentado.*

TENTURE. s. f. Tapisserie. *Tapissarié.*

TENU , UE. part. du verbe Tenir. *Tengu , tengudo.*

TÉNUE. s. f. Durée d'une assemblée, etc. *Durado.*

TÉRÉBENTHINE. s. f. Sorte de résine. *Tourmentino. Bijhoun.*

TÉRÉBINTHE. s. m. Arbre et arbrisseau. *Petelin. Repetelin.*

TERGIVERSER. v. n. Chercher des détours. *Cerca d'escampos. Biasa.*

TERMINER. v. a. Mettre, placer des bornes. *Plaça de termes.* — Achever. *Acaba. Feni.*

TERNE. adj. de t. Sans éclat. *Soumbre. Founça. Affalit , ido.*

TERNIR. v. a. et récip. Oter l'éclat. *Tarni.* — Terni, ie. part. *Passa , ado.*

TERRAIN. s. m. Espace de terre. *Tarren.* — Peu cultivé. *Graviéro. Garriguo.*

TERRASSER. v. a. Jeter par terre. *Gitta nou soou.*

TERRE FINE ou POUSSIÈRE. s. f. *Tarriho.*

TERRER (SE). v. récip. Se cacher sous terre. *S'encaouna. S'encafourna.*

TERREUR. s. f. Grande crainte. *Tarrour. Espravan.*

TERREUX , EUSE. adj. Mélé de terre. *Tarroux , ouè.*

TERRIER. s. m. Cavité dans la terre. *Traou. Caouno.*

TERRINE. s. f. Vase de terre. *Tarrino.*

TERRINÉE. s. f. Plein une terrine. *Tian. Pleno tarrino.*

TERRITOIRE. s. m. Terre dépendante d'une juridiction. *Tarradou. Tarraire.*

TERROTER. v. n. Transporter de la terre, etc. *Tarraya.*

TERSER ou TERCER. v. a. Donner un troisième labour à la terre. *Repassa.*

TESTICULES. s. m. plur. *Boussounado.*

TES. pronom posses. plur. *Teis.*

TET. ⎱ s. m. Morceau de poterie. *Trouès de tarraiho.*
TESSON. ⎰

TÉTARD. s. m. Insecte des marais. *Tosto-d'ai.*

TETASSES. s. f. plur. Mamelles flasques et pendantes. *Poussassos.*

TÊTE. s. f. *Testo.* — Esprit. *Cabosso.* — Tête de pain. *Gringalet.*

TÉTER. v. a. Sucer le lait de la mamelle. *Teta.*

TÉTIN. s. m. Bout de la mamelle. *Poupeou. Mameou.*

TÉTINE. s. f. Pis de vache. *Pousso de vaquo.*

TÉTON. s. m. Mamelle de femme. *Pousso. Tetoun.*

TÊTU , TÊTUE. adj. et s. Obstiné , ée. *Testard , ardo. Testu , udo.*

THÉRIAQUE. s. f. Composition médicinale. *Triaclo.* Faire prendre de la thériaque. *Entriacla.*

THERMAL , ALE. adj. Se dit des eaux minérales chaudes. *Caou , caoudo.*

THLASPI. s. m. Herbe. *Moucelet.*

THON. s. m. Poisson de mer. *Toun.*

THONINE. s. f. *Toun-marina.*

THURIFÉRAIRE. s. m. Celui qui, dans les cérémonies religieuses, porte l'encensoir. *Encensaire.*

THYM. s. m. Plante aromatique. *Faligoulo. Roumaniou.*

TIÈDE. adj. de t. g. Qui est entre le chaud et le froid. *Tebi. Tousc. Tousquo.*

TIEN , TIENNE. adj. et pron. possessif. *Tiou , tiouno. Tiouvo.*

TIGE. s. f. Partie d'une plante. *Troun. Caloues.* — D'un chou. *Cago-trouès.* — De cèdre. *Redouerto.*

TIGNOLLE. ⎱ s. f. Petit bâteau
TILLOTTE. ⎰ de pêcheur. *Negochin.*

TILLE. Voyez TEILLE.

TILLEUL. s. m. Arbre. *Tihoul. Tihot.*

TIMIDE. adj. de t. g. Craintif. *Crentoux , ouè.*

TIMIDITÉ. s. f. *Crento.*

TIMON. s. m. Pièce de voiture. *Timoun.*

TINE. s. f. Espèce de tonneau qui sert à transporter de l'eau. *Cournudo. Barriéro.*

TINTER. v. a. Sonner lentement. *Souna. Dindinia. Tintinia.* Parlant des oreilles *Sib'a. Subla.*

TINTEMENT. s. m. Bruit dans les oreilles. *Sibla deis oureihos.*

TINTOIN. s. m. Au fig. Inquiétude. Souci. *Tintoun en testo. Taffagnoun. Layno.*

TIQUE. s. f. Insecte noirâtre. *Langasto.* — Petite tique. *Langastoun.*

TIQUETTÉ , ÉE. adj. Marqué de petites taches. *Picouta , ado.*

TIRADE. s. f. Suite de phrases que quelqu'un débite. *Passagi.* Plaisant. *Mourrayado.*

TIMBRE (PAPIER). adj. Marqué. *Papiè marqua.*

TIRAILLER. v. a. Houspiller. *Sagagna. Esterigoussa.* — Tirer des coups de fusil. *Poudrejha.*

TIRE-LIRE. s. f. Petit vaisseau de terre où l'on met des pièces de monnaie. *Cacho-maiho.*

TIRE-PIED. s.m. Instrument de cordonnier. *Tiro-ped.*

TIRER. v. a. Amener à soi. *Tira.* — Parlant des couleurs. Avoir du rapport. *Retraire.*

TIREUR. s. m. Chasseur. *Tiraire.*

TIROIR. s. m. Caisse dans une armoire , etc. *Tiradou. Tiroir.*

TIRTOIR. s. m. Outil de tonnelier. *Gaffo.*

TISON. s. m. Bûche brûlée en partie. *Tien. Tiboun.*

TISONNER. v. n. Remuer le feu et les tisons. *Tibouna. Fourgounia.*

TISONNEUR. s. m. Qui tisonne. *Fourgouniaire. Tibounaire.*

TISSER. v. a. Faire un tissu. *Teisse.*

TISSEUR. s. m. Qui tisse. *Teisserand.*

TITHYMALE. s. f. Plante laiteuse. *Chousclo. Luchousclo.*

TOI. pron. de la deuxième personne. *Tu.*

TOILE. s. f. Tissu de fil. *Telo.*

TOILE D'ARAIGNÉE. s. f. *Taragnino.*

TOILETTE. s. f. Garniture de magasin. *Bandinello.*

TOISEUR. s. m. Mesureur. Arpenteur. *Mesuraire. Canejhaire.*

TOISON. s. f. Laine d'un mouton. *Naou de lano.* Temps de la toison. *Toundesoun.*

TOIT. s. m. Couverture de bâtiment. *Tooulisso.*

TOIT A COCHON. s. m. *Pourciou.*

TOMATE. s. f. Fruit potager. *Poumo d'amour.*

TOMBAC. s. m. Métal composé. *Coumpousitien.*

TOMBELIER. s. m. Qui conduit un tombereau. *Carretiè.*

TOMBER. v. n. Choir. *Si degoula. Si deboussa.* — Cesser , discontinuer. *Lacha.* Tomber sur son nez. *S'amourra oou soou.*

TOMBEREAU. s. m. Charrette entourrée d'ais. *Toumbareou.*

TOMBEREAUTÉE. s. f. Charge d'un tombereau. *Toumbarelado.*

TON. TA. TES. pron. pers. *Toun. Ta. Teis.*

TONDEUR. s. m. Qui tond. *Toundeire.*

TONDRE. v. a. Couper la laine , le poil des bêtes, l'herbe , etc. *Toundre.*

TONIQUE. adj. de t. g. Remède qui tend les fibres. *Que douno de ton à l'estoumach.*

TONNE. s. f. Grand tonneau. *Gros veisseou. Touneou.*

TONNEAU. s. m. Vaisseau en bois. *Veisseou. Bouto.*

TONNELLE. s. f. Berceau de treillage couvert de verdure. *Ooutin. Ooutinado.*

TONNELIER. s. m. Ouvrier qui fait les tonneaux , etc. *Touneliè. Bouquiè.*

TONNER. v. n. Se dit du bruit que fait le tonnerre. *Trouna.* Au fig. Parler avec force. *Tempesta. Crida.*

TONNERRE. s. m. Bruit de la foudre. *Tron. Tounerro.*

TONTE. s. f. Action de tondre les brebis. *Toundesoun.*

TOPER. v. n. Adhérer. *Toupa.*

TOPINAMBOUR. s. m. Racine bonne à manger , tuberculeuse. *Gigando. Tartifle.*

TOPIQUE. s. m. Remède qu'on applique. *Taceou. Emplastre.*

TORCHE. s. f. Flambeau en poix. *Pegoun.*

TORCHER. v. a. Frotter pour ôter la saleté. *Tourca.*

TORCHON. s. m. Linge pour torcher. *Tourchoun.*

TORDE. s. f. Terme de marine. Anneau de corde. *Ganso.*

TORDRE. v. a. Tourner de biais. *Touesse.* — Un animal, pour le rendre impuissant. *Bistourna.*

TORDU , TORDUE. part. et adj. *Toussu , udo.*

TORREFACTION. s. f. Action de torréfier. *Tuourragi.*

TORRÉFIER. v. a. Griller. Rôtir. *Toourra.*

TORRENT. s. m. Courant d'eau. *Riou.*

TORS, TORSE. adj. Tordu. *Touer, touerto.*

TORTILLER. v. a. Tordre à plusieurs tours. *Entourtiha.*

TORTILLON. s. m. Bourrelet servant de coussinet. *Touerco.*

TORTOIR. s. m. Garrot de charretier. *Biho.*

TORTUE. s. f. Animal amphibie. *Tourtugo.*

TORTUER. v. a. et récip. *Troussa.*

TORTURE. s. f. Tourment. *Question.*

TOST ou TOAST. s. m. Proposition de boire à la santé de quelqu'un. *Touqua. Santé.*

TOSTER. v. a. Porter un tost. *Touqua lou veire.*

TOT. adv. Vite. *Leou.* Sitôt que adv. *Tant leou que.*

TOUAILLE. s. f. Linge. *Touerco-man.*

TOUCHE. s. f. Petite bûche de bois pour indiquer. *Busco.*

TOUCHER v. a. Mettre la main, etc. *Touca.*

TOUFFE. s. f. Assemblage de certaines choses. — D'arbrisseaux. *Brouas.* — De bois taillis. *Tousco. Touesso.* — De cheveux. *Flotto.* — De plumes. *Bouffetto.*

TOUPIE. s. f. Jouet d'enfant. *Boouduffo.*

TOUPILLER. v. n. Ne faire qu'aller et venir. *Booudufia. Vooutejha.*

TOUPIN. s. m. Instrument de cordier. *Cabro. Cabretto.*

TOUR. s. f. Bâtiment haut et rond. *Tourre.*

TOURBE. s. f. Terre combustible. *Moutos de terro.* — Multitude confuse de peuple. *Mourouctto.*

TOURBILLON. s. m. Vent impétueux. *Poouvarcou. Remoulinado.*

TOUBILLONNER. v. n. Tournoyer. *Remoulina.*

TOURELLE. s. f. Petite tour. *Touretto.*

TOURMENT. s. m. Supplice. *Trument.*

TOURMENTER. v. a. Faire souffrir. *Trumenta. Tartuga.* — v. récip. *Clussi. Si lugna.*

TOURNAILLER. v. n. Roder. *Roudouria. Roudejha. Vooutejha.*

TOURNANT. s. m. Mouvement circulaire des eaux. *Moulinet.* — D'un moulin à huile. *Virant.*

TOURNÉE. s. f. Voyage périodique. *Tournado.*

TOURNER. v. a. et récipr. Mouvoir en rond. *Vira.* — Façonner au tour. *Tournejha.* — Se changer. *Si vira.*

TOURNEUR. s. m. Ouvrier qui travaille au tour. *Tournur.* — Faiseur de chaises. *Cadieiraire.*

TOURNOYER. v. n. Tourner. *Virouria.*

TOURNURE. s. f. Forme. Arrangement. *Brindou. Er.*

TOUSELLE. s. f. Blé, froment. *Tualo. Tuzèlo.*

TOURTERELLE. s. f. Oiseau. *Tourdouro.*

TOUSSAINT. s. m. Nom d'homme. *Toussant.* — La Toussaint. Fête. *Tous-leis-Sants. Toussant.*

TOUSSER. v. n. Faire le bruit que cause la toux. *Tussi.*

TOUSSEUR. s. m. Qui tousse souvent. *Tusseire.*

TOU-TOU. s. m. Nom que les enfans donnent aux chiens. *Tetei.*

TOUX. s. f. Mouvement convulsif de la poitrine. *Tux. Toux.*

TRACAS. s. m. Trouble et embarras. *Embroi. Tracas. Trafegue.* — Tracas pendant la nuit. *Tinteino.*

TRACASSER. v. a. Inquiéter. *Trecassa. Tarabusta.*

TRACASSIER, IÈRE. adj. et s. Qui tracasse. *Tintamarro. Bouto-buiro.*

TRACASSIÈRE. s. f. et adj. *Basaruetto.*

TRACE. s. f. Vestige d'homme ou d'animal. *Piado. Pisto.*

TRACER. v. a. Tirer des lignes. *Traça.* — Parlant des plantes et des racines. *Fiela. S'estendre.*

TRACHÉE. Artère. Canal des poumons. s. f. *Gargamello.*

TRAFIC. s. m. Négoce. *Negoci.*

TRAFIQUER. v. n. Faire un trafic. *Negoucia. Trafiqua.*

TRAIN. s. m. Suite de valets et de chevaux. *Trin.* — Courant des affaires. *Trafegue. Trecana.*

TRAINASSE. s. f. Plante. Voyez RENOUÉE.

TRAINÉE. s. f. Choses répandues en long. *Tirasso. Tirassièro.*

TRAINER. v. a. Traîner après soi.

Tirassa. — **v.** récip. *Si tirassa.*

TRAIRE. v. a. Tirer le lait. *Mouze.*

TRAIT. s. m. Ligne. *Barro.* — Ce qu'on avale sans reprendre haleine. *Sigaou.* — Avoir le trait. Terme de joueur de boules. *Ave lou let.*

TRAITE. s. f. Chemin fait sans s'arrêter. *Trotto.* — Terme de commerce. *Lettro de changi.*

TRAITER. v. a. Discuter. Négocier. Régaler. *Trata.*

TRAITEUR. s. m. Restaurateur. *Tratour. Restouratour.*

TRAITOIRE. s. f. Outil de tonnelier. *Cagno.*

TRAITRE, TRAITRESSE. adj. et s. Qui trahit. *Traite. Caïn, caino.*

TRAME. s. f. Terme de tisseur. Fil qui passe entre la chaîne. *Rampli.*

TRAMER. v. a. Passer la trame. *Trama.*

TRANCHE. s. f. Morceau coupé mince. *Trancho.* — De thon. *Roundèlo.* — De pain. *Lesco.*

TRANCHÉE. s. f. Fossé. *Foussa.* — Terme d'agr. *Taihiè.* — Colique. *Couliquo.*

TRANCHER. v. a. *Coupa.*

TRANCHÉES. s. f. plur. Douleurs des femmes en travail d'enfant. *Ramados.*

TRANCHOIR. s. m. Plateau sur lequel on tranche la viande. *Taouliè. Platèlo.*

TRANSE. s. f. Frayeur. *Eifray.* — Être dans les transes. *Estre dins l'holi bouihent. Tregira.*

TRANSFUGE. s. m. Celui qui passe à l'ennemi. *Desartur.*

TRANSIR. v. a. Saisir, pénétrer de froid ou de peur. *Tremoula.*

TRANSI, IE. part. *Esparoufi, ido. Rejhe doou fre.*

TRANSPARENT. s. m. Terme de calligraphie. *Reglet.*

TRANSPLANTER. v. a. Planter ailleurs. *Replanta.*

TRANSVASER. v. a. Décanter. *Retoumba.*

TRANTRAN. s. m. Cours de certaines affaires. *Trecana.*

TRAPAN. s. m. Le haut d'un escalier où finit la rampe. *Bout de rampo. Repaou.*

TRAPPE. s. m. Piège. *Trebuquet.*

TRAPPU, UE. adj. Gros et court.

On le dit des hommes. *Trappot, otto.*

TRAQUENARD. s. m. Pas du cheval. *Entrepas.*

TREVADE. s. f. Vent de mer irrégulier. *Bourrasco.*

TRAVAIL. s. m. Besougno. *Labori.* — D'enfant. *Maou de l'enfant.* — De quelques heures. *Gatado. Jouncho.*

TRAVAIL. s. m. Terme de maréchal ferrant. Machine de bois à quatre piliers. *Destrech. Gabi.*

TRAVAILLER. v. n. *Trabaiha.* — Avec ardeur. *Ranqua. S'affanat.*

TRAVAILLEUR. s. m. Celui qui travaille habituellement la terre. *Travaihadou. Paysan.*

TRAVÉE. s. f. Espace de deux poutres. *Quersado.*

TRAVERS. adv. Position oblique. *Bistouert.* — En travers. *De boulino. De travès.* — Se mettre en travers. *S'entravessa.*

TRAVERSE. s. f. Pièce de bois en travers. *Travesso.*

TRAVERSÉE. s. f. Trajet par mer. *Traversado.*

TRAVERSER. v. a. Passer à travers. *Travessa.* — Susciter des obstacles. *Couentrecarra.*

TRAVERSIN. s. m. Chevet, oreiller long. *Cabes. Couissin. Traversiè.*

TRAVESTIR. v. a. et récip. Prendre l'habit d'un autre sexe. *S'emmasca. Si dequisa.*

TRAVOUIL. s. m. Dévidoir. *Escan. Escaveou.*

TRAVOUILLETTE. s. f. Chevilles du travouil. *Cavihos, travessos de l'escaveou.*

TRAYON. s. m. Bout du pis d'une vache. *Poumpeou.*

TRÉBUCHER. v. n. Faire un faux pas. *Brunca. Vira lou ped.*

TRÉBUCHET. s. m. Piège. *Trebuquet.*

TRÉBUCHEMENT. s. m. Action de trébucher. *Virado de ped.*

TRÈFLE. s. f. Plante ou herbe à trois feuilles. *Trignouret.* — Trèfle hépatique. *Herbo doou fege.* — Une des quatre couleurs du jeu de cartes. *Trienflo. Flous.*

TREILLAGE. s. m. *Treihagi.*

TREILLE. s. f. Berceau de ceps de vigne entrelacés. *Ooutin. Ooutinado.* — Cep de vigne élevé. *Traiho.*

80

TREILLIS. s. m. Barreaux de bois qui se croisent. *Grihaqi.* — Toile fortement apprêtée. *Treilis. Bouqvan.*

TREILLISSER. v. a. Garnir de treillis. *Mettre de grihaqis.*

TREIZE. adj. numéral. *Trejhe.*

TREMBLE. s. m. Arbre. Espèce de peuplier. *Aoubo. Aoubero.*

TREMBLEMENT. s. m. Secousse de la terre. *Tremblament.* — Grande crainte. *Tramblun. Tremoulun.*

TREMBLER. }
TREMBLOTTER. } v. n. Être agité. *Trambla.* — Appréhender. *Tremoula.*

TRÉMIE. s. f. Auge de moulin. *Entremuèyo.*

TRÉMOIS. s. m. Menu blé que l'on sème pour fourrage. *Barjhalado. Transaïhos.*

TRÉMOUSSEMENT. s. m. Action de trémousser, des oiseaux. *Rampelado. Trampelado.*

TRÉMOUSSER (SE). v. récip. S'agiter, se remuer. *Si viouta. S'esterigooussa.* — Parlant des oiseaux. *Rampela.*

TREMPER. v. a. Plonger dans l'eau. *Saoussa. Trempa.*

TREMPÉ, ÉE. part. et adj. Très-mouillé. *Tout broui. Eissaga. Courant.*

TRENTAINE. s. f. Nombre de trente. *Trenteno.* — Trentaine de bêtes à laines. *Trentaniè d'avet.*

TRÉPASSER. v. n. Mourir. *Trepassa.*

TRÉPIED. s. m. Ustensile de cuisine. *Endès. Tresped.*

TRÉPIGNEMENT. s. m. Action de trépigner. *Reguinado. Muratiado.* Se dit des enfans.

TRÉPIGNER. v. n. Frapper des pieds contre terre. *Pica deis peds. Trépigna.*

TRÉPOINTE. s. f. Piqûre qui joint trois semelles ensemble. *Trepound.*

TRÉPOINTER. v. a. Terme de cordonnier. Coudre plusieurs semelles ensemble. *Trepuyne.*

TRESSAILLIR. v. n. Être subitement ému. *Ressoouta. Tregira.*

TRESSE. s. f. Tissu de cheveux. *Cadenetto.* — De fil. *Vetto.* — En paille pour chapeaux. *Treno.*

TRESSE d'ognons ou d'aulx. s. f. *Couble.*

TRESSEAU. s. m. Fronde sans croisillon. *Cachofuè.*

TRESSER. v. a. Cordonner une tresse. *Trena. Entrena.*

TRÉTEAU. s. m. Chevalet des scieurs de bois. *Aï.* — Théâtre des charlatans. *Tiatre.*

TRIBULATION. s. f. Affliction. *Tribulacien.*

TRIBUNAL. s. m. Juridiction. *Tribunaou.*

TRICHER. v. n. Tromper en jouant. *Tricha.*

TRICHEUR. s. m. Celui qui triche. *Trichur.*

TRICOT. s. m. Bâton gros et court. *Bihouire.*

TRICOTER. v. a. Faire un tissu à mailles à l'aiguille. *Tricouta.*

TRICOTÉ, ÉE. adj. Fait à maille et à l'aiguille. *Fach à l'aguiho.*

TRIDENT. s. m. Fichure à prendre du poisson. *Fichouiro.* — Fourche en fer. *Tren.*

TRIER. v. a. Choisir. *Tria.* — Tiercer. *Separa leis qualitas.*

TRIMER. v. a. Aller vîte. *Trima. Trouta.*

TRINQUER. v. a. Choquer le verre. *Trinca.*

TRIOMPHE. s. m. Honneur. *Trioumphe.* — Atout. Terme populaire du jeu de carte. *Triumphe. Trinfle.*

TRIPAILLE. s. m. Intestins des animaux. *Burbayo. Tripaïho.*

TRIPERIE. s. f. Lieu où l'on vend des tripes. *Triparié.*

TRIPOTAGE. s. m. Mauvais mélange. *Tripoutagi.*

TRIPOTER. v. n. Mélanger ensemble différentes choses. *Tripouta.*

TRIPOTEUR, EUSE. s. Brouillon. *Tripoutur, uso. Marmando.*

TROC. s. m. Échange. *Truc. Barato.*

TROCHET. s. m. Bouquet de fleur ou de fruit. *Brou. Piqno.*

TROESNE. s. m. Arbrisseau. *Ooulivïè soouvaqi.*

TROGNE. s. f. Visage plein. *Trougno.*

TROGNON. s. m. Cœur d'un fruit. *Roniqoun. Trougnoun.* — D'un chou. *Caloués.*

TROGNON. s. m. Jolie figure. *Mourroun.*

TROIS. adj. num. *Tres.*

TROLER. v. a. Mener, promener çà et là. *Tirassa partout.* — v. n.

Courir çà et là. *Courrantia.*

TROMPE. s. f. Instrument de polisson à languette. *Guittaro. Guimbardo*

TROMPER. v. a. Induire en erreur. *Troumpa.* — v. récip. S'abuser. Errer. *S'engana. S'arrapa.*

— Faire erreur en comptant. *Si debescounta.*

TROMPERIE. s. f. Fraude. *Troumpariè. Biganaoudo.*

TRONC. s. m. Tige d'arbre. *Apevoun.* — Boîte qu'on met dans les églises. *Troun.*

TRONCHET. s. m. Gros billot de bois qui porte sur trois pieds. *Sepoun.*

TRONÇON. s. m. Morceau. *Mouceau. Trouès.*

TROQUER. v. a. Échanger. *Truca. Barata. Chanjhouria.*

TROQUEUSE. s. f. Celle qui ne fait que changer. *Patramando.*

TROTER. v. n. Marcher beaucoup. *Trouta. Trima.* — Aller au trot. *Trouta*

TROU. s. f. Ouverture. Creux. *Traou. Coouno.*

TROUBLER. v. a. Rendre trouble. *Trebouta.* — v. récip. *Si troubla.*

TROUÉE. s. f. Espace vide dégarni dans un champ, un bois, etc. *Raro.* Faire des trouées. *Eiracha.*

TROUER. v. a. Percer. *Troouca.*

TROUÉ, ÉE. part. et adj. Percé de petits trous. *Traouquiha, ado.*

TROUILLE. s. f. Pain de marc d'olive. *Moutto de grignoun.*

TROUPE. s. f. Multitude. *Troupo.* — De gens. *Chuermo.* — D'enfants. *Marmaiho. Chuermayo.* — D'oiseaux. *Troupelado.*

TROUPEAU. s. m. Troupe d'animaux. *Troupeou.* — De bêtes à laine. *Escabouè. Avet.*

TROUSSEAU. s. m. Hardes. *Prouvimen. Trousseou.*

TROUSSER. v. a. Replier ses vêtemens. *Haoussa. Revertega.*

TROUSSIS. s. m. Pli fait à une robe. *Hooussel. Ouquetoun.*

TROUVER. v. a. Rencontrer. *Trouba. Atrouba.*

TROUVÉ, ÉE. part. et adj. *Trouva, ado.*

TRUAND, ANDE. adj. *Gusas. Gourrin.*

TRUANDERIE. s. f. Profession de truand. *Gusariè. Gourrinariè.*

TRUELLE. s. f. Outil de maçon. *blo.*

TRUELLÉE. s. f. Ce que peut contenir une truelle. *Tiblado.*

TRUFFE. s. f. Substance végétale tuberculeuse, qui n'a ni feuilles ni racines. *Rabaço.*

TRUFFIÈRE. s. f. Lieu où l'on trouve les truffes. *Rabaciéro.*

TRUMEAU. s. m. Jarret de bœuf. *Brou. Grumeou.*

TUBERCULE. Excroissance à la racine d'une plante. *Nose. Bousserlo.* — Élevure. Abcès. *Sourtiduro. Boutoun.*

TUBÉREUSE. s. f. Fleur odoriférante. *Taperouso.*

TUE-CHIEN. s. m. Plante liliacée. *Bramo-vaquo. Safran-fer.*

TUER. v. a. Ôter la vie. *Tua.*

TUERIE. s. f. Carnage. *Chaple. Bouchariè.* — Abattoir. *Tuariè. Adoubadou.*

TUEUR. s. m. Boucher. *Tuaire. Sagataire.*

TUF. s. m. Sorte de pierre ou terre blanche et sèche. *Marro.*

TUILE. s. f. Carreau de terre cuite pour couvrir les toits. *Teoule. Teoure.*

TUILEAU. s. m. Morceau de tuile. *Trouès-de-teoule.*

TUILÉE. s. f. Terme de maçon. *Sarrado.*

TUILERIE. s. f. Lieu où l'on fait la tuile. *Teouliéro.*

TUILIER. s. m. Ouvrier qui fait des tuiles. *Teouliè.*

TULIPE. s. f. Fleur. *Tulipo.* — Tulipe des champs. *Toulipon.*

TUMEUR. s. f. *Sourtiduro.*

TUMULTE. s. m. Bruit avec désordre. *Grabugi. Sagan. Chamatan.*

TURBOT. s. m. Poisson de mer. *Round.*

TURC. s. m. Qui est de la Turquie. *Tuer.*

TURQUETTE. s. f. Herniole. Plante. *Blanquetto.*

TUSSILAGE. s. m. Pas-d'âne. Plante. *Tussilagi. Ounglos-chivalinos.*

TUTEUR. s. m. Qui a une tutelle. *Tutour.*

TUTOYER. v. a. User des mots de Tu et Toi en parlant à quelqu'un. *Tutejha.*

TUYAU. s. m. Tube ou canal. *Tuyeou. Bourneou.* — Tige de blé. *Clui.* — Bout creux d'une plume. *Canoun* — Garnir de tuyaux. *Bournela.*

U

ULCÈRE. s. m. Plaie. *Plago. Ulcèro.*

ULCÉRÉ, ÉE. adj. En ulcère. *Abrequit, ido.* — Fâché. Irrité. *Irrita. Facha.*

UNI, IE. adj. Poli. *Lis, lisso.* — Aplani. Rendu égal. *Plan. Clouet.*

UNIVALVE. adj. de tout genre. (Parlant des coquilles.) *D'uno souletto peço.*

URÈTRE. s. m. Canal par où sort l'urine. *Canaou de l'oourino.*

URGENT, ENTE. adj. Qui ne permet pas de différer. *Necis. Necido.*

URINAL. s. m. Vase pour uriner. *Oourinaou. Pissadou.*

URINE. s. f. Sécrétion du sang et de la bile. *Oourino. Pissagno. Pissuegno. Pissin.*

URINER. v. a. Evacuer l'urine. *Pissa. Oourina.*

USER. v. a. Faire usage. *Usa. Si servi.* — Détériorer. *Blesi.* — Consommer. *Goousi. Goouvi.*

USÉ, ÉE. adj. et part. *Usa. Goousi. Blesi, ido.*

USUFRUITIER, IÈRE. adj. Qui jouit de l'usufruit. *Enfretuiris, isso.*

USURE. s. f. Etat usé. Détérioration. *Goousissuro. Goouviduro.*

USURPER. v. a. S'emparer par force ou par ruse. *Usurpa. Arrapa.*

UTILISER. v. a. Rendre utile. *Gooubejha. Prouficha.*

UTILITÉ. s. f. Avantage. *Utilita.*

V

VA. Façon de parler adverbiale. Soit. *Sièque. Vaque-li.* — Impératif du verbe Aller. *Vai.*

VACARME. s. m. Tumulte. *Chamatan. Petuerri. Sagan.*

VACATION. s. f. Métier. Profession. *Mestié. Vacacien.*

VACHE. s. f. Femelle du bœuf. *Vaco.* — Vache parée. Terme de tanneur. *Vaco-lissado.* — Petite vache. *Vaquetto.*

VACHER, ÈRE. Gardeur de vaches. *Vachier, ièro.*

VACILLANT, ANTE. adj. Qui vacille, qui chancelle. *Brandihant. Dandraihant.*

VACILLER. v. n. Branler. Chanceler. *Brandoulia. Dandraiha. Gassigna.* — Vaciller dans ses réponses. *S'entrecoupa.*

VADROUILLE. s. f. Balai de navire. *Radasso.*

VAGABOND, ONDE. s. et adj. Qui erre çà et là. *Battur d'estrado. Vaqaboun.*

VAGUE. s. f. Flot de la mer. *Oundo.* — adj. Inculte. *Campas. Garrigo.*

VAGUER. v. n. Aller de côté et d'autre. Errer çà et là. *Roudejha. Vooutejha.*

VAILLANTISE. s. f. Action de valeur. *Vaihantié.*

VAIN, VAINE. adj. Frivole. *Glouriou, ouso.* — Inutile. Qui ne produit rien. *Van, vano.*

VAISSEAU. s. m. Navire. Bastiment. *Veisseou.*

VAISSELLE. s. f. Ustensile en poterie. *Tarraiho.*

VAL. VALLÉE. s. Espace de terre entre des côteaux. *Valado. Vaou. Valounado.*

VALERIANELLE. s. f. Plante. Mousselets. *Doucetto.*

VALET. s. m. Domestique. *Varlet.*

VALÉTUDINAIRE. adj. de t. g. Maladif. *Malaoutour. Malandroux, ouè.*

VALEUR. s. f. Prix d'une chose. *Valour. Près.* — Courage. *Couragi.*

VALLON. s. f. Petite vallée. *Valoun.*

—Étendue d'un vallon. *Valounado.*

VALOIR. v. n. Avoir un prix. *Vaihe.*

VAN. s. m. Instrument pour vanner. *Drai.*

VANNE. s. f. Porte d'une écluse. *Martelièro.*

VANNEAU. s. m. Oiseau. *Vancou.*

VANNER. v. a. Nettoyer le grain avec le van. *Vana. Draiha.*

VANNEUR. s. f. Celui qui vanne des blés. *Vanaire. Vanareou.*

VANNIER. s. f. Artisan qui travaille en osier. *Paniaire. Banestouniaire.*

VANTAIL. s. m. Battant d'une porte. *Battent.*

VANTARD. adj. et subs. Qui se vante. *Avantaire.*

VAPEUR. s. f. Exhalaison. Maladie. *Vapour.* —Hystérique. *Maou de la mèro.* — Hypocondriaque. *Maou de masclun.*

VAPOREUX, EUSE. adj. Qui cause des vapeurs. *Vapouroux, ouè.*

VARECH. s. m. Débris que la mer rejette. *Varai.*

VARIANT, ANTE. adj. Qui change souvent. *Changeant, anto.*

VARIER. v. n. Changer. *Varia.*

VASE. s. m. Vaisseau pour les liquides. *Eisino.*

VASE. s. f. Bourbe. *Fangas. Bouso.*

VAURIEN. s. m. Mauvais sujet. *Mataviat. Paou-vaou Vaourian.*

VAUTRER. v. récip. Se rouler dans la boue. *Si ventoura. Si viouta.*

VEAU. s. m. Petit de la vache. *Vedeou.* — Ris de veau. Terme de boucherie. *Gaiho. Gaihetto.*

VÉGÉTABLE. adj. de t. g. *Que poou creisse. Que poou trachi.*

VEILLÉE. s. f. Veille que plusieurs personnes font ensemble. *Veihado.*

VEILLER. v. n. S'abstenir de dormir. *Veiha.*

VEILLOIR. s. m. Table de cordonnier. *Veiyadou.*

VEINE. s. f. Canal du sang. *Veno.* —Veine d'eau qui sort de la terre. *Eissour.*

VELER. v. n. Faire un veau. *Vedela. Vela.*

VELU, VELUE. adj. Couvert de poil. *Piéloux, ouè.*

VENAISON (SENTIR LA). *Furun. Furunasso.*

VENDANGE. s. f. Récolte du raisin. *Vendumi. Vendumiado.*

VENDANGER. v. a. Faire la vendange. *Vendumia.*

VENDANGEUR, EUSE. adj. Qui vendange. *Vendumiaire, vendumiarello.*

VENDEUR. s. m. Qui vend. *Vendur. Vendeire.* — De volaille. *Poulahiè.* — D'œufs. *Coucouniè.* — D'orviétan. *Brequettian.*

VENDEUSE. s. f. *Venduso.* — D'herbes. *Jhardinièro.*

VENDRE. v. a. *Chabi. Vendre.* — A vil prix. *Gasta lou mestiè. Si deibarata.*

VENDREDI. s. m. Sixième jour de la semaine. *Vendre. Divendre.*

VÉNÉNEUX, EUSE. adj. Qui a du venin. *Qu'empouisouno.*

VENGER. v. a. Tirer raison d'une injure. *Vengea.* — v. récip. *Si vengea.*

VÉNIMEUX, EUSE. adj. Qui a du poison. On le dit des animaux. *Verinoux, ouè.*

VENIN. s. m. Poison. *Verin. Pouyoun.* — Rancune. Haine. *Verin.*

VENT du bureau. s. m. Disposition présumée. *Fum. Ave lou fum: avoir le vent du bureau.*

VENT du Midi. s. m. *Marin.* — Du Nord-Ouest. *Mistraou.* — Du Nord-Est. *Mountagnièro.* — D'Est. *Levant.* — Petit vent. *Ventoulet.*

VENTEUX, EUSE. adj. *Ventoux, ouè.*

VENTRÉE. s. f. Portée. *Ventrado. Pourtado.* — D'une truie. *Poucslado.* — D'une chienne. *Cadelado.*

VENTROUILLER. v. récip. Se vautrer. *Si ventoura.*

VENUE. s. f. Arrivée. *Arribado. Venqudo.*

VÊPRES. s. f. Office du soir. *Vespro.*

VER. s. m. Insecte rampant. *Verme.* — A soie. *Magnam.* — Luisant. *Luzerno. Lusetto.*

VERBAL. s. m. Acte pour constater, etc. *Verbaou.*

VERBEUX, EUSE. adj. Qui abonde en paroles inutiles. *Barjhaire, Barjhaco.*

VERBIAGER. v. n. *Bavardejha. Blaga.*

VERDAGE. s. m. Sorte de foin grossier qui croît sur les côtières. *Baouco. Groussan.*

VERDELET. adj. dimin. de vert. *Verdoulet.* On dit d'un vieillard encore verdelet. *Enca ravoi.*

VERDEUR. s. f. Acidité. *Vardou.*

VERDIER. s. m. Oiseau. *Vardoun. Rousseirolo.*

VERDIR. v. a. Peindre en vert. *Pinta de vert.* — Devenir vert. *Vardejhu.*

VERDURE. s. f. Feuilles vertes. *Varduro.*

VÉREUX, EUSE. adj. Qui a des vers. *Varmenoux, ouè.* — Mauvais. *Tara, ado. Marri, ido.*

VERGADELLE. s. f. Poisson. *Saoupo.*

VERGE. s. f. Baguette flexible. *Badino. Bletto.* — Verge dorée. Plante. *Herbo deis nièros.*

VERGER. s. m. Lieu planté d'arbres fruitiers. *Vargiè.*

VERGETTE. s. f. Brosse de poils. *Varjhetto. Brusti.*

VERGETTER. v. a. Nettoyer avec des vergettes. *Brustia. Varjheta.*

VERGLAS. s. m. Pluie congelée. *Aiquo-neou.*

VERGOGNE. s. f. Honte. Confusion. *Vargougno.*

VÉRIDIQUE. adj. Qui dit la vérité. *Vartadiè.*

VÉRIN. s. m. Machine. Sorte de cric. *Solo.*

VÉRITABLE. adj. de t. g. *Verai. Vartadiè.*

VÉRITÉ. s. f. Conformité de faits. *Verita.*

VERMICELLE. s. m. Pâte dont on fait des potages. *Varmicheli.*

VERMICELLIER. s. m. Fabricant de vermicelle. *Varmicheliaire.*

VERMIFUGE. adj. de t. g. Qui chasse les vers. *Couentro-verme.*

VERMILLON DES JOUES. s. m. *Rouitos.*

VERMINE. s. f. collect. Insectes nuisibles. *Varmino. Pevouhino. Manjhanço.*

VERMISSEAU. s. m. Petit ver. *Varmeou. Vermenoun.*

VERMOULER (SE). v. récip. Être piqué des vers. *Si chirouna. S'arna.*

VERMOULU, UE. part. Percé par les vers, les cirons. *Arna. Chirouna, ado.*

VERMOULURE. s. f. Poudre qui sort d'un bois vermoulu. *Chiroun.*

VERNIR. }v. a. Enduire de
VERNISSER. } vernis. *Varnissa.*

VÉROLE (PETITE). s. f. Maladie des enfans. *Veirolo.* — Marqué de petite vérole. *Grava.*

VÉROLETTE. s. f. *Veirolo voulanto.*

VÉRON. s. m. Petit poisson de rivière. *Veiroun.*

VERRAT. s. m. Mâle de la truie. *Verre.*

VERRE. s. m. Corps transparent. *Veire.* — Tasse de verre. *Goubelet.*

VERRERIE. s. f. Lieu où l'on fait le verre. *Veiriero.*

VERRIER. s. m. Fabricant et marchand de verre. *Veiriè.*

VERROU. s. m. Fermeture de porte. *Farrou. Pestcou.*

VERROUILLER. v. a. Fermer au verrou. *Farrouiha. Pestela.*

VERRUE. s. f. Excroissance de chair qui vient aux mains. *Barrugo.*

VERS. prép. *Prochi.*

VERSER. v. a. Épancher. *Vessa.* Transvaser. *Vioujha.* — Répandre. *Escampa.* Blés versés. *Blas couchas.*

VERTERELLES. s. f. plur. Terme de serrurier. Anneaux de verrou. *Aneou. Anelos.*

VERTIGE. s. m. Tournement de tête. *Lourdugi.* — Égarement des sens. *Paforo.*

VERTIGO. s. m. Caprice. Fantaisie. *Vartigo. Garri.*

VERTUGADIN. s. m. Bourrelet que les dames portent sous leurs corps de robe. *Poulissoun.*

VERTUEUX, EUSE. adj. *Vertuoux, ouè, ouso.*

VERVEINE. s. f. Plante. *Herbo crouzado. Varveno.*

VERVEUX. s. m. Filet à prendre du poisson. *Vertoulen.*

VESCE BLANCHE CULTIVÉE. s. f. *Garouetto.*

VESCE NOIRE. s. f. Plante légumineuse. *Erres.*

VESCERON. s. f. Vesce sauvage. Plante. *Vesso.*

VESICULE. s. f. Petite vessie. *Pichouno booufigo.*

VESOUL. s. m. Sucre commun. *Verzoua.*

VESSE. s. f. Ventosité sans bruit. *Lofi. Loufo.*

VESSER. v. n. Lâcher une vesse. *Loufia. Vessiga.*

VESSEUR , EUSE. s. Qui vesse souvent. *Loufiaire.*

VESSIE. s. f. Sac de l'urine. *Boousigo.*

VESTIGE. s. m. Empreinte du pied d'un homme. *Piado.* — Empreinte du pied d'un animal. *Pisto.*

VÊTEMENT. s. m. *Habihament. Viesti.*

VÉTILLE. s. f. Bagatelle. *Bachiquelo. Chaouchorlo. Ficheso.*

VÉTILLER. v. n. Niaiser. *Tartuflia. Lanternejha.* — Chicaner. *Chipouta.*

VÉTILLEUR. adj. m. Qui vétille. *Chicanur. Chipoutur.*

VÉTILLEUX , EUSE. adj. Plein de difficultés. *Patet. Paterno.*

VÊTIR. v. a. Mettre des habits. *Vesti. Habiha.*

VÉTUSTÉ. s. f. Ancienneté. *Vicihun.*

VEUF , VEUVE. s. et adj. Qui a perdu sa femme, son mari. *Veou. Veouse, veouso.*

VIANDE. s. f. Chair à manger. *Bono. Carn.*

VIBRATION. s. f. Mouvement. Branle. *Balan. Balançament.*

VICAIRE. s. m. Prêtre suppléant de curé. *Vicari. Segoundari.*

VICE. s. m. Défaut. *Vici.* — Inclination qui porte au mal. *Couquinariè.*

VICIEUX , EUSE. adj. Qui a des vices. *Vicioux , ouso. Couquin.*

VICTUAILLES. s. f. collect. Vivres. *Vioures. Manqiho.*

VIDANGES. s. f. plur. Immondices. **Fumiè** *deis patis.* — Évacuation des femmes. *Perto. Reglos. Ourdinaris.*

VIDANGEUR. s. m. Qui nettoie les privés. *Escoubihiè. Recampo peto.*

VIDE. adj. Qui n'est pas rempli. *Vioujhe. Vioujho.* — s. m. *Traou.*

VIDE-BOUTEILLE. s. m. Habitation pour se recréer hors la ville. *Bastidoun. Tubet.*

VIDER. v. a. Rendre vide. *Vioujha. Vejha.* — Un appartement. *Deibaguejha.* — Une volaille. *Cura.* — Un poisson. *Eiburba.*

VIDUITÉ. s. f. Veuvage. *Veousagi.*

VIE. s. f. État des êtres animés. *Vido.*

VIEILLERIES. s. f. plur. Vieux meubles. *Anqounaihos. Antifonis.* —Vieilles hardes. *Guenihos. Roupihos.*

VIELLE. s. f. Instrument de musique. *Violo. Jhambougno.*

VIELLER. v. n. *Turmena.* Voyez TEMPORISER.

VIEUX , VIEILLE. adj. Usé , ancien. *Vieil , vieiho. Ancian.*

VIF , VIVE. adj. Vivant. Actif. *Viou, vivo.* — Yeux vifs. *Hueils que beluguejhoun.* Froid vif. *Fre couyent.*

VIGILE. s. f. Veille de fête. *Veiho.*

VIGNE. s f. Plante qui porte le raisin. *Vigno.* Cep de vigne. *Souco.* Feuille de vigne. *Pampo.*

VIGOUREUX , EUSE. adj. Qui a de la vigueur. *Gaihard , ardo. Vigouroux , ouè.*

VIGUEUR. s. f. Force. *Gaihardiso.*

VILEBREQUIN. s. m. Outil pour percer. *Virobrouquin.*

VILENIE. s. f. Ordure. *Vilaniè.*

VILLE. s. f. Assemblage de beaucoup de maisons. *Villo. Vièro.* Petite ville. *Villoto.* Courir la ville. *Villandria.*

VIN DU MARCHÉ. s. m. Petit repas. *Vinaqi.*

VINDICATIF , IVE. adj. et s. Porté à se venger. *Venjhatiou , iouvo.*

VINGTAINE. s. f. Nombre de vingt. *Vingteno.*

VIOL. s. m. Petit sentier. *Draiho. Draihoou. Carreiroou.*

VIOLENT , ENTE. adj. *Vioulent. Despastelat, ado.*

VIOLER. v. a. Enfreindre. Faire violence. *Vioula.* — Sa promesse. *Defoouta.*

VIOLIER. s. m. Plante à fleurs jaunes ou blanches. *Garaniè. Graniè. Eouqraniè.*

VIOLON. s. m. Instrument de musique. *Viouloun. Viouroun.* — Jouer du violon. *Vioulouna.*

VIOLONISTE. s. m. Joueur de violon. *Vioulounaire.*

VIORNE. s. f. Plante grimpante et flexible. *Caliviè.* — Tiges de la viorne. *Redouerto.*

VIRAGO. s. f. Fille qui a l'air d'un homme. *Houmenas.*

VIRE-VOLTE. s. f. Tour et retour fait avec vitesse. *Virovoou.*

VIRER. v. a. Tourner. *Vira.*

VIS. s. f. Pièce cannelée en spirale. *Avis. Vis. Moureno.* — Escalier à vis. *Viseto. Escaliè à lima-coun.*

VIS-A-VIS (ÊTRE). v. n. *Visagea.*

VISAGE. s. m. La face de l'homme. *Visagi.*

VISÉE. s. f. Direction de la vue. *Miro.*

VISER. v. a. Mirer. *Mira. Amira.* — Mettre le visa. *Visa.*

VISIÈRE. s. f. Bouton au bout d'un fusil. *Miro.*

VISION. s. f. Apparition. *Vision.*

VISIONNAIRE. s. de t. g. *Visiounari.*

VISQUEUX, EUSE. adj. Gluant, ante. *Visquoux, ouè. Moustoux, ouè.*

VISITER. v. a. Faire visite. *Vesita, visita.*

VITREC. s. m. Petit oiseau. *Cuoublanc.*

VITRER. v. a. Garnir de vitres. *Vitra.*

VIVACE. adj. de t. g. Terme de botanique. Qui vit plusieurs années. *Que mouero pas.*

VIVACITÉ. s. f. Activité. *Vivacita.*

VIVIER. s. m. Bassin où l'on conserve le poisson. *Reservoir. Viviè.*

VIVOTER. v. n. Vivre petitement. *Vivooutia. Vivoutia.*

VIVRE. v. n. Être en vie. *Vioure.* Vivre de l'air. adv. *Vioure de regardelos. Vioure de parpelos d'agaço.*

VIVRES. s. m. plur. Alimens. *Vioures Mangiho.*

VŒU. s. m. Promesse faite à Dieu. *Vu.*

VOICI. prép. *Veici, veicita.*

VOIE. s. f. *Camin. Routo.* — Voie d'eau. *Goutièro.*

VOILA. prépo. *Vaqui. Vaquito. Vetaqui.*

VOILE. s. m. Étoffe propre à cacher quelque chose. *Voilo.* — Couverture de tête d'une épousée. *Cubercha.* — D'un navire. *Velo.*

VOILER. v. a. Couvrir d'un voile. *Masca. Tapa.*

VOIR. v. a. Recevoir l'impression des objets par les yeux. *Veire.*

VOIRIE. s. f. Lieu où l'on porte les charognes et les immondices. *Pra batahie. Cnouquiero.*

VOISIN, INE. s. et adj. Qui est proche. *Vesin, ino.*

VOISINAGE. s. m. Proximité. *Vesinagi. Vesinanço.*

VOISINER. v. n. Fréquenter ses voisins. *Vesinejha.*

VOLAILLE. s. f. Oiseaux de basse-cour. *Poulaiho.* Marchand de volaille. *Poulahiè.*

VOLATILE. adj. et s. Animal qui vole. *Voulatiho.*

VOLATILLE. s. f. Petits oiseaux. *Oousselouns. Oousselets.*

VOLÉE. s. f. Vol d'oiseau. *Voulada.* — Volée de coups de bâton. *Gingoulado. Roussado. Derrunado.*

VOLÉE (A LA). adv. Inconsidérément. *A la balin-balet. A touto zuerto.* — Semer à la volée. *Samena à boudres.*

VOLER. v. a. Prendre. Dérober. *Voula. Roouba.* Sujet à être volé. *Rooubatiou.*

VOLER. v. n. Se soutenir en l'air. *Voula. Voura.*

VOLERIE. s. f. Vol. Larcin. *Voulariè.*

VOLETTES. s. f. plur. Cordelettes flottantes d'un émouchoir de cheval. *Paro-mousco.*

VOLETER. v. n. Voler faiblement. *Voulastria. Voulastrejha.*

VOLEUR, EUSE. s. et adj. Larron. Qui dérobe. *Voulur, ouso.*

VOLONTIERS. adv. De bon gré. *Vourountiès. Voulountiers.*

VOLTIGER. v. n. Voler à fréquentes reprises. *Voulastria. Vouletejha.*

VOMIR. v. a. Rejeter par la bouche. *Booumi. Raca.* — Des injures. *Canta qrelo.*

VOMISSEMENT. s. m. Action de vomir. *Bomi. Racaduro.*

VOULOIR. v. a. Avoir la volonté. *Vouye. Vougue.*

VOUTER. v. a. Faire une voûte. *Vouta. Crouta.*

VOUTÉ, ÉE. adj. Courbé. Parlant d'un homme. *Esquina.*

VOYAGE. s. m. Chemin fait d'un lieu à un autre. *Vouyagi.*

VOYAGER. v. n. Faire un voyage. *Vouyajha.*

VOYAGEUR. s. m. Qui voyage. *Vouyajhur.*

VRAI, VRAIE. adj. Véritable. *Verai. Vertadiè, ièro.*

VRAIMENT. adv. Véritablement. *Segurs.*

www.ingramcontent.com/pod-product-compliance
Lightning Source LLC
Chambersburg PA
CBHW071135270326
41929CB00012B/1759